U0923202

Quyu Chengji Guidao Jiaotong Gongcheng

区域城际轨道交通工程

Shigong Jishu Zhinan

施工技术指南

(上册)

言建标　主编

人民交通出版社股份有限公司
China Communications Press Co.,Ltd.

内 容 提 要

本书在吸收杭海城际铁路及周边区域城际轨道交通工程实践经验的基础上，参照现有适用于区域城际轨道交通工程的施工技术指南编写而成，是一本完整的施工技术指南参考书。本书共分为7篇25章，内容涵盖路基、桥梁、隧道、深基坑、轨道、房建等专业的基本作业施工技术及安全管理知识。

本书可供从事区域城际轨道交通工程施工的技术人员和安全管理人员阅读参考，对类似区域城际轨道交通工程施工及工程管理也具有一定的指导和借鉴作用。

图书在版编目(CIP)数据

区域城际轨道交通工程施工技术指南 / 言建标主编．—北京：人民交通出版社股份有限公司，2019.11

ISBN 978-7-114-15840-7

Ⅰ．①区… Ⅱ．①言… Ⅲ．①城市铁路—铁路施工—指南 Ⅳ．①U239.5-62

中国版本图书馆CIP数据核字(2019)第200994号

书　　名：区域城际轨道交通工程施工技术指南(上册)
著 作 者：言建标
责任编辑：钟　伟
责任校对：孙国靖　张　贺
责任印制：张　凯
出版发行：人民交通出版社股份有限公司
地　　址：(100011)北京市朝阳区安定门外外馆斜街3号
网　　址：http://www.ccpress.com.cn
销售电话：(010)59757973
总 经 销：人民交通出版社股份有限公司发行部
经　　销：各地新华书店
印　　刷：北京虎彩文化传播有限公司
开　　本：880×1230　1/16
总 印 张：91
总 字 数：2581千
版　　次：2019年11月　第1版
印　　次：2019年11月　第1次印刷
书　　号：ISBN 978-7-114-15840-7
定　　价：365.00元(上、下册)

序

——这是一套浙江省与长三角地区第一部区域城际轨道交通工程施工技术指南。

——这是一部既与政策、标准、规范以及规程保持一致性，又汇聚杭海城际理论、技术、实践创新的专业技术工具书。

——这是一本为解决城际轨道交通建设工程施工技术和管理等实际问题，培养施工技术管理者不可多得的教材。

习近平总书记在党的十九大报告中提出要建设交通强国、质量强国，并指出，要加快城市交通低碳发展，加快运量大、速度快、能效高、排放低的城市轨道交通和城际铁路建设，使之逐步成为超大、特大城市内部和城市间的骨干客运方式。中共浙江省委、浙江省人民政府围绕国家重大战略部署，确定在《浙江省"十三五"综合交通发展规划》基础上，全面实施"大湾区、大花园、大通道、大都市区"建设，重点推进"四大建设"综合交通重大项目 70 项，总投资超 1 万亿元。其中轨道交通项目 38 项，总投资超 6000 亿元。同时，还将按照《浙江省都市圈城际铁路二期建设规划》，新建 9 条城际轨道交通，线路总长 526.2 公里，总投资近千亿元，努力构建省域、市域和城区"三个 1 小时交通圈"。

杭海城际铁路自 2016 年开工建设以来，浙江杭海城际铁路有限公司高度重视建设施工质量安全，不断创新施工技术和管理，把打造"安全、便捷、高效、绿色、经济"的区域轨道交通作为第一要务。经过多年努力，积累并形成了一系列施工技术、质量、安全等方面的先进理念、先进技术、先进工艺以及先进管理模式。为总结杭海城际铁路建设施工技术和管理经验，统一规范施工技术，提高施工质量安全的先进性和可靠性，在主编的倡导和组织带领下，遵循我国有关标准、规范、规程和规定，历经顶层设计、深入研究、资料搜集、专家论证，编制出版了《区域城际轨道交通工程施工技术指南》（以下简称《指南》）。"有志者、事竟成，破釜沉舟，百二秦关终属楚"。

本《指南》涵盖了路基、桥梁、隧道、深基坑、轨道、房建等专业的基本作业施工技术及安全管理方面的内容。也正是本《指南》的"导航"，使杭海城际铁路建设达到了预期的质量安全目标和工期进度目标，施工技术和管理创新能力迈上了新台阶。本《指南》

的出版，凝聚了浙江杭海城际铁路有限公司广大工程技术、管理人员的智慧和心血，向大家付出的辛勤劳动和作出的首创性贡献表示衷心的感谢！寄望本《指南》能够为规范现场施工以及提升建设标准化水平提供技术支撑和行业范例；能够为轨道交通工程参建单位起到指导、遵循、借鉴和咨询作用。同时，希望浙江杭海城际铁路有限公司坚持新发展理念，发扬“杭海铁军”精神，为浙江省轨道交通高质量发展、推进交通强国建设作出新贡献！

浙 江 省 人 民 政 府 参 事
浙江省轨道交通建设与管理协会会长 赵彦年

2019 年 9 月 26 日

编写委员会

编 写 单 位

主编单位:浙江杭海城际铁路有限公司

参编单位:中铁(上海)投资集团有限公司

中铁四局集团有限公司

中铁十局集团有限公司

中铁三局集团有限公司

浙江交工集团股份有限公司

中铁隧道局集团有限公司

天津城建集团有限公司

中铁大桥局集团有限公司

中铁一局集团有限公司

中铁第四勘察设计院集团有限公司

浙江省交通规划设计研究院

中铁第五勘察设计院集团有限公司

中国铁路设计集团有限公司

山东广信工程试验检测集团有限公司

上海华铁工程咨询有限公司

上海地铁咨询监理科技有限公司

浙江江南工程管理股份有限公司

铁四院(湖北)工程监理咨询有限公司

广东铁路建设监理有限公司

西安铁一院工程咨询监理有限责任公司

目　　录

上　　册

第一篇　路基工程

第二篇 桥梁工程

第三篇 隧道工程

第一篇

路 基 工 程

第一章　路基工程施工

引　　言

本章是针对杭海城际铁路的特点，参照《客货共线铁路路基工程施工技术规程》(Q/CR 9651—2017)，在吸收杭海城际铁路及周边区域城际轨道交通工程实践经验的基础上编制而成。本章以施工质量验收标准为依据，重点对施工过程中的工艺、工法、质量保证措施作出了规定，反映了工程施工的新技术、新材料、新工艺、新设备，充分体现了区域城际轨道交通工程路基工程的技术特点和施工控制要求。本章适用于区域城际轨道交通工程路基工程施工的质量控制，凡在本章中未做规定的，均按国家、行业及地方现行的有关强制性标准执行。

本章主要内容包括：总则、术语和符号、施工准备、地基处理、路堤、路堑、过渡段、支挡结构、路基防护及排水、路基相关工程及附属设施、环境保护等。

主编单位：浙江杭海城际铁路有限公司

参编单位：中铁一局集团有限公司、西安铁一院工程咨询监理有限责任公司、中铁第四勘察设计院集团有限公司

主要执笔人：马锡海、林飞、刘明涛、余传波、张治国、周兆懿、李飞剑、马疆东、曹豪、张航

主要审查人：钟庆华、周强、郑海生、宋技、明红青、时风永

1　总　　则

1.0.1　为了确保城际铁路路基工程施工质量，指导施工单位按照相关技术条件制定施工细则，正确开展施工，提高施工管理水平，特编制本章。

1.0.2　路基工程施工应根据设计要求，并与相关工程密切配合，正确选用施工方法，认真编制施工组织设计。

1.0.3　路基工程施工必须按照批准的设计文件施工。如需变更，应符合客运专线铁路变更设计管理办法的规定。

1.0.4　路基工程作为土工结构物，将地基处理、路基填筑、基床表层、边坡防护、支挡结构、路基排水及沉降观测等作为系统工程施工，严格按照工程质量标准进行管理，加强施工过程控制及质量检测工作，确保路基工程质量。

1.0.5　电缆槽、接触网支柱基础、声屏障基础、预埋管线沟槽、综合接地等工程应与路基工程同步施工。

1.0.6　路基工程施工应实行机械化施工，推广采用新技术、新工艺、新机具、新测试方法。

1.0.7　路基工程施工中采用的大型机械设备、测试设备、爆破器材以及各种原材料，必须符合国家和铁路行业现行有关标准及规定。

1.0.8　路基工后沉降未达到设计要求时，严禁进入轨道工程施工工序。

1.0.9 路基工程填料作为结构物材料,宜优先采用集中供应。

1.0.10 路基工程施工应遵守国家有关安全生产、环境保护和文物保护等法规。

1.0.11 本章未涉及的内容应符合国家及铁路行业现行有关标准的规定。

2 术语和符号

2.1 术语

2.1.1 工后沉降。

路基竣工铺轨开始以后产生的沉降。

2.1.2 过渡段。

路堤与桥台、路堤与横向构筑物、路堤与路堑、路堑与隧道等衔接处的过渡区域。

2.1.3 化学改良土。

通过在土中掺入石灰、水泥等掺合料,改变土的化学成分,提高了工程性能指标的土体。

2.1.4 物理改良土。

通过在土中掺入中、粗砂,卵、碎石及砾石等材料,改变土的颗粒级配,提高了工程性能指标的土体。

2.2 符号

D_{15} ——相邻填层中,颗粒较粗层填料的颗粒级配曲线上,相应于总质量15%颗粒质量的粒径;

d_{85} ——相邻填层中,颗粒较细层填料的颗粒级配曲线上,相应于总质量85%颗粒质量的粒径;

K ——压实系数;

K_{30} ——地基系数;

n ——孔隙率;

O_{95} ——土工合成材料等效孔径;

P_s ——静力触探比贯入阻力;

σ_0 ——地基基本承载力;

$N_{63.5}$ ——标准贯入锤击数;

w ——含水率;

w_{opt} ——最佳含水率;

ρ_d ——干密度;

ρ_{dmax} ——最大干密度;

H ——路堤高度。

3 施工准备

3.0.1 施工单位应在全面熟悉设计文件的基础上,充分了解工程的设计标准、技术条件和要求,对设计文件进行核查,并做好核查记录。

3.0.2 路基工程施工调查,应根据工程特点着重调查收集下列资料,并写出调查报告:

(1)施工范围内的地质、水文、气象等情况。

(2)核对土石类别及分布,调查施工环境条件及取、弃土困难地段的填料来源、弃土位置和运土条件等。

(3)调查核对级配填料,收集级配填料的拌和场地等有关资料。

(4)土石方爆破地段的地形、地貌、地质和附近居民、建筑物、交通与通信设施等情况。

(5)办理用地手续、拆迁补偿所需的资料。

(6)当地可利用的资源和设施。

(7)修建各项临时工程和施工防排水设施的资料。

(8)收集与工程有关的既有线运营情况、路基情况,以及采取安全合理、施工方便的工程措施所需的资料。

(9)采用新技术、新工艺、新机具、新材料、新型结构所需的资料。

3.0.3　开工前,应对全线路基工程的地质情况进行核查。

3.0.4　交接桩及施工复测。

(1)交接桩应在现场进行,并按有关规定办理书面交接手续。

(2)中线、高程必须与相邻地段贯通闭合,两端为桥梁或隧道时,应以桥梁或隧道中线、高程为准。在两个施工单位的分界处,应由双方共同复测签认,线路中线和高程必须与管界外的控制桩和水准点闭合。

(3)线路控制桩和路基中线、高程测量误差,应符合现行客运专线铁路工程测量的有关规定,测量工作必须贯彻"双检制"。对主要的中线控制桩应测设护桩并做好记录。边桩应根据贯通后的中线、高程测设,在地形、地质变化处应加测横断面的地面线。

3.0.5　施工前,根据设计文件提供的资料,按照现行《铁路工程土工试验规程》(TB 10102)对路基填料进行复查和试验,确认填料类别,按规定填写土工试验报告,经审查签证后方可使用。对需改良的特殊岩土,除进行常规试验外,尚需进行专门的鉴别试验,以确认其种类和处理方法。

3.0.6　土工合成材料、固化剂、级配碎石、沥青等原材料运抵现场后,必须进行质量检验,经评定合格后,方可使用;不得以供货商提供的质量检验报告或商检报告代替现场检验。

3.0.7　在施工调查的基础上,根据工程特点、实际工程数量、工期要求编写工程施工组织设计,并制订施工方案。施工组织设计必须按审批制度报批后执行。

3.0.8　施工便道的修筑标准应按施工运量和施工机械的最大荷载确定,并满足施工需要。当有设计要求时,应按设计标准修筑。利用原有道路作为施工便道的,应进行实地检查;当不能满足施工运输要求时,应进行加固改造。

3.0.9　路基工程施工应按试验及检测要求设置工地试验室。试验室必须经认证合格,检测仪器设备应满足质量检测项目的要求。

3.0.10　路基工程施工全面开工前,应选择一定长度的试验区段进行试验,确定机械设备组合、施工工艺、摊铺厚度、压实遍数、改良土配合比、级配料配合比等施工参数及试验、检测的方法。

3.0.11　路基工程开工前,必须办理开工报告。

3.0.12　路基工程施工前,应做好人员的技术培训。

4　地 基 处 理

4.1　一般规定

4.1.1　施工前,应熟悉有关施工图、工程地质报告、土工试验报告,收集地下管线、构造物等资料,并结合工程情况,了解本地区地基处理经验和类似工程的施工情况。

4.1.2　所有运至工地的材料必须分类堆放,妥善保管。

4.1.3　地基处理施工前,应设置永久性平面和高程控制基点,测定边界范围,开挖两侧排水沟,疏通排干地表积水,清除场内杂物、杂草,按设计要求做好抽水、清淤、回填工作。

4.1.4 施工前,应组织施工人员学习和掌握所承担工程地基处理的目的、原理、施工工艺、技术要求、质量标准及检测方法等。

4.1.5 施工前应核查地质资料,并进行地基处理的各项工艺性试验。当核查或施工中发现地质情况与设计不符时,应及时反馈给有关单位。

4.2 原地面处理

4.2.1 路堤填筑前,应清除基底表层植被,挖除树根,做好临时排水设施。

4.2.2 原地面坡度陡于1:5时,应自上而下挖台阶,台阶宽度、高度应符合设计要求。

4.2.3 原地面松软表土及腐殖土应清除干净,翻挖回填压实质量应符合设计要求,基底应平整、密实。

4.2.4 路堤基底处理应符合设计要求。

4.3 换填

4.3.1 挖除需换填的土层,并将底部整平。当底部起伏较大时,可设置台阶或缓坡,并按先深后浅的顺序进行换填施工。底部的开挖宽度不得小于路堤宽度加放坡宽度。

4.3.2 根据换填部分所处的路基部位,采用符合设计要求的填料并分层填筑碾压达到相应的压实标准。

4.3.3 施工控制:

(1)换填范围及深度应符合设计要求,施工中应对需换填土层范围及深度进行核实。

(2)当采用机械挖除需换填土时,应预留厚度30~50cm的土层由人工清理。

(3)所用填料及压实标准应符合本章第5.2~5.5小节的有关规定,对填料应定期进行抽样检验。

4.4 砂(碎石)垫层

4.4.1 砂(碎石)垫层施工前,应将基底清理、整平,并按设计要求做好基底碾压及土拱。

4.4.2 砂垫层应采用中、粗、砾砂,不含草根、垃圾等杂质,其含泥量不得大于5%;当用作排水固结时,其含泥量不得大于3%。

4.4.3 碎石垫层应采用级配良好且未风化的砾石或碎石,其最大粒径不得大于50mm,含泥量不得大于5%,且不含草根、垃圾等杂质。

4.4.4 砂(碎石)垫层施工的分层厚度、压实遍数应通过现场试验确定。

4.4.5 砂(碎石)垫层的压实质量应符合设计要求。

4.4.6 砂(碎石)垫层填筑完后,必须及时完成两侧干砌片石护坡,并同时做好反滤层。

4.4.7 砂(碎石)垫层及反滤层设置应符合设计要求。施工允许偏差应按表1-1的要求控制。

砂(碎石)垫层(反滤层)施工允许偏差 表1-1

序号	项目	允许偏差
1	铺设范围	不小于设计值
2	厚度	不小于设计值
3	顶面高程(mm)	+50,-20
4	横坡(%)	±0.5

4.5　袋装砂井

4.5.1　施工准备：

(1)砂袋的技术指标应符合设计要求。砂料应采用风干的中、粗砂，不应含草根、垃圾等杂质，含泥量不得大于3%。

(2)清理场地，排除积水，并将路基范围内原地面上淤泥、树根、草皮、腐殖土等全部挖除。

(3)在路基范围内应按设计要求填筑土拱，碾压密实。其上按设计要求铺设砂垫层。

4.5.2　袋装砂井施工：

(1)机具按设计桩位就位。

(2)施工时应经常检查桩尖与套管口封闭情况。

(3)用振动法或静压法将套管压入至设计深度。

(4)下砂袋时，应将整根砂袋吊起，将端部放入套管口，徐徐下放至设计深度。

(5)拔管时应启动激振器，连续缓慢提升套管，直至拔离地面。

(6)检查袋装砂井袋口，若砂袋不满，应及时向袋内补砂。露出地面的砂袋应埋入砂垫层中，埋入长度应大于0.3m或符合设计要求。

(7)袋装砂井施工流程如图1-1所示。

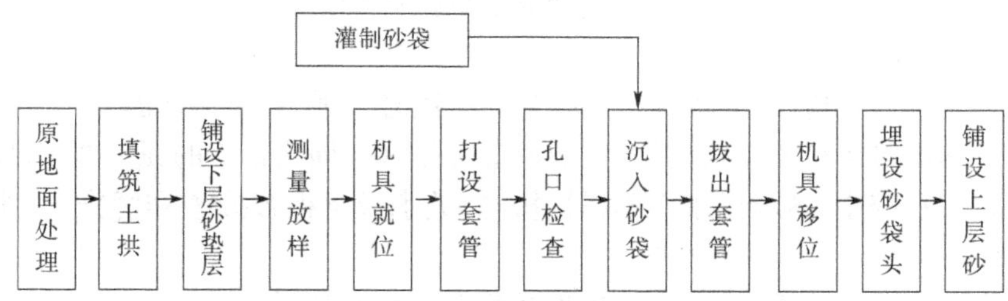

图1-1　袋装砂井施工流程图

4.5.3　施工控制：

(1)应按规定做好砂的质量检测，抽查砂袋的物理力学性质和缝制尺寸。

(2)袋装砂井孔口带出的泥土及时清除，并用砂回填密实。

(3)施工所用钢套管的内径宜略大于砂井直径，以减少施工过程中对地基土的扰动。

(4)套管上应画出控制高程的刻画线，以保证砂井打入长度符合设计要求；当拔套管将砂袋带出长度大于0.5m时，必须重新补打。

(5)砂袋应防止扭结、缩颈、断裂和磨损；砂袋灌制要饱满密实。

(6)砂袋进场后应妥善存放，严禁长时间在阳光下暴晒。

(7)袋装砂井施工允许偏差应按表1-2的要求控制。

袋装砂井施工允许偏差　　表1-2

序　号	项　目	允许偏差
1	井位(纵横向)(mm)	50
2	井深	符合设计要求
3	井身垂直度(%)	1.5
4	砂袋直径(mm)	±5
5	砂袋埋入砂垫层长度(mm)	+100,0

4.6　塑料排水板

4.6.1　施工准备：

(1)塑料排水板技术指标应符合设计要求,滤膜应紧裹芯板,不松皱。

(2)清理场地,排除积水,并将路基范围内原地面上淤泥、树根、草皮、腐殖土等全部挖除。

(3)在路基范围内按设计要求填筑土拱,碾压密实。其上按设计要求铺设砂垫层。

4.6.2 塑料排水板施工:

(1)机具应按设计桩位就位。

(2)塑料排水板经导管内穿出底部,应与桩尖连接、拉紧,与管靴口贴紧,并对准桩位。

(3)沉入导管至设计深度。

(4)拔出导管,切断塑料排水板。

(5)顶部露出地面的塑料排水板应埋入砂垫层中。埋入长度应大于0.3m或符合设计要求。

(6)塑料排水板施工流程如图1-2所示。

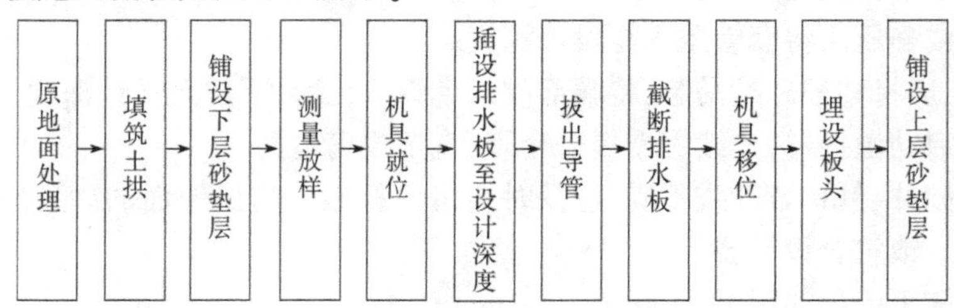

图1-2 塑料排水板施工流程图

4.6.3 施工控制:

(1)排水板与桩尖连接应牢固,桩尖平端与导管靴配合要适当,避免错缝。

(2)打设后外露的排水板不得遭污染,应及时清除排水板周围带出的泥土并用砂回填密实。

(3)安装及打设过程中,塑料排水板不得被扭曲,透水膜不得被撕破和污染,并防止泥土等杂物进入排水板滤膜内。

(4)塑料排水板进场后应妥善存放,严禁长时间在阳光下暴晒。

(5)塑料排水板不得接长使用。

(6)塑料排水板打入深度应符合设计要求;当拔导管将塑料排水板带出长度大于0.5m时,必须重新补打。

(7)塑料排水板施工允许偏差应按表1-3的要求控制。

塑料排水板施工允许偏差 表1-3

序　号	项　目	允许偏差
1	板位(mm)	50
2	板长	不小于设计规定
3	垂直度(%)	1.5
4	伸入砂垫层的长度(mm)	+100,0

4.7 堆载预压

4.7.1 堆载预压应按设计要求进行,预压材料应符合设计要求,不得使用淤泥土或含垃圾杂物的填料。

4.7.2 预压荷载不应小于设计荷载。

4.7.3 预压土的堆载宽度和坡度应符合设计要求。

4.7.4 堆载要严格控制加载速率,分层(级)荷载应符合设计要求,保证在各级荷载下地基的稳定性。堆载时应边堆土边摊平,顶面应平整。

4.7.5 堆载预压过程中,应进行沉降观测并保护好沉降观测设施,如有损坏应及时恢复。

4.7.6　填筑过程应按设计要求或采取有效措施,防止预压土污染填筑好的路基。

4.7.7　当堆载预压时间达到设计要求后,应根据观测资料和工后沉降推算结果,由建设单位组织设计、监理、施工单位共同研究确定卸载时间。

4.8　真空预压

4.8.1　施工准备:

(1)核查地基处理范围内地质条件,检查是否有透气层,保证真空预压效果。

(2)观测点和观测断面应按设计要求设置。

4.8.2　真空预压施工:

(1)铺设水平排水体和打设竖向排水体。

(2)密封系统应采用符合设计要求的密封层,膜与膜之间应采用热粘法粘接;密封沟开挖深度应符合设计要求,密封膜顺密封沟铺设,且四周用黏土压实密封。

(3)连接各系统进行抽真空试验,检查密封性。

(4)在加固范围内应按设计要求设置沉降观测点。

(5)经检查各项指标符合设计要求后,可进行路基填筑作业。

(6)抽真空过程中,应观测泵、真空管、膜内等真空度及地表总沉降、侧向位移等。

(7)当真空预压达到设计规定的技术要求后,停止抽真空,按设计要求现场测试预压效果。

(8)真空预压施工流程如图1-3所示。

图1-3　真空预压施工流程图

4.8.3　施工控制:

(1)密封膜、排水滤管的种类、规格及性能应符合设计要求。

(2)密封膜应粘接牢固,热合加工的搭接长度不得小于15mm;铺设时密封膜要适当放松,表面不得损坏。

(3)抽真空作业前,应按设计要求检查真空预压装置的布设及密封程度。

(4)做好真空度、地面沉降、侧向位移等观测和施工记录。

(5)施工过程检测应符合设计要求。

(6)当真空预压时间和沉降量达到设计要求时,应根据观测资料和工后沉降推算结果,由建设单位组织设计、监理、施工单位共同研究确定卸载时间。

4.9　砂桩、碎石桩

4.9.1　施工准备:

(1)测量放样,平整地表,清除障碍物。

(2)施工前应进行成桩试验,确定施工工艺和参数,试桩数量应符合设计要求且不得少于2根。

(3)砂桩桩体用砂应选用一定级配的中、粗、砾砂,含泥量不得大于5%;碎石桩桩体应选用一定级配且未风化的碎石或砾石,粒径宜为20~50mm,含泥量不得大于5%。

4.9.2 成桩施工宜采用振动成桩法或锤击成桩法。振动成桩法宜采用重复压拔管法,锤击成桩法宜采用双管法。砂桩、碎石桩施工工艺流程如图1-4所示。

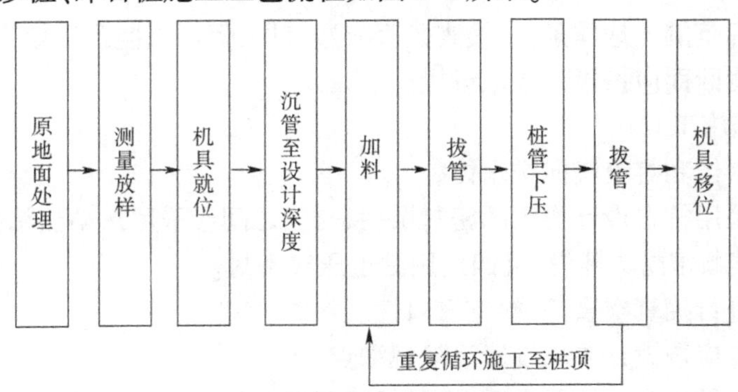

图1-4 砂桩、碎石桩施工流程图

4.9.3 重复压拔管法施工:

(1)机械按设计桩位就位。

(2)桩管沉入至设计深度。

(3)向桩管内加料。

(4)边振动边拔管,拔至设计或试验确定高度。

(5)边振动边下压沉管至设计或试验确定高度。

(6)停止拔管后应继续振动,一般停拔悬振时间为10~20s。

(7)重复循环施工至桩顶。

4.9.4 双管法施工:

(1)机械按设计桩位就位。

(2)桩管沉入至设计深度。

(3)拔起内管,加料至外管内。

(4)放下内管至外管内的砂(或碎石)料面上,拔起外管与内管平齐。

(5)锤击内外管、压实砂(或碎石)料。

(6)重复循环施工至桩顶。

4.9.5 施工控制:

(1)振动法施工应严格控制拔管高度、拔管速度、压管次数和时间、填砂量、电机工作电流,保证桩体连续、均匀、密实。

(2)锤击法施工应根据冲击锤的能量,控制拔管高度、分段填砂量、贯入度,保证桩体质量。

(3)施工中应选用适宜的桩尖结构。当选用活瓣桩靴时,砂性土地基宜采用尖锥形,黏性土地基宜采用平底型。

(4)当实际灌砂(或碎石)量未达到设计要求时,应在原位将桩打入,补充灌砂(或碎石)后复打一次,或在旁边补桩。

(5)砂(或碎石)桩施工时,砂性土地基应从外围或两侧向中间进行,以挤密为主的桩宜隔排施工。软弱黏性土地基宜从中间向外围或隔排施工。

(6)质量检测应在施工结束后间隔一定时间进行,饱和黏性土宜为2周,其他土为3~5d。

(7)砂(或碎石)桩处理软弱土地基应检验成桩及复合地基质量,其复合地基的承载力应符合设计要求。砂(或碎石)桩处理后的可液化土地基,桩间土的加固效果应符合设计要求。

(8)砂桩2m深度以下桩身密实度必须大于中密状态($N_{63.5} \geqslant 10$),碎石桩桩身密实度应符合设计要求。

(9)砂(或碎石)桩施工允许偏差应按表1-4的要求控制。

砂桩、碎石桩施工允许偏差　　表1-4

序　号	项　目		允许偏差
1	桩位(纵横向)(mm)		50
2	桩身垂直度(%)		1.5
3	桩长		不小于设计规定
4	桩径(mm)	振动法	-20
		锤击法	+100,-50

4.10　粉体喷射搅拌桩

4.10.1　施工准备:

(1)测量放样,平整地表,清除障碍物。

(2)在施工现场取样,按设计要求进行室内配合比试验,确定试桩配合比。

(3)固化剂的种类和规格应符合设计要求,并有产品质量合格证。严禁使用受潮、结块和变质的固化剂。

(4)施工前应进行成桩工艺试验,确定各项技术参数,检验成桩效果。试桩数量不得少于2根。

(5)粉体喷射搅拌机械应配置灰量自动记录仪。

4.10.2　粉体喷射搅拌桩施工:

(1)机械按设计桩位就位。

(2)启动钻机,钻头正转,待搅拌钻头接近地面时,启动自动记录仪;空压机送气,下沉钻进至设计深度,关闭送气阀门,打开送料阀门,喷送加固粉料至钻头。

(3)继续喷粉、钻头反转搅拌提升至桩顶或停灰面,停止喷粉。

(4)重复搅拌下沉至设计复搅深度。

(5)反钻提升搅拌,直至桩顶。

(6)粉体喷射搅拌桩施工流程如图1-5所示。

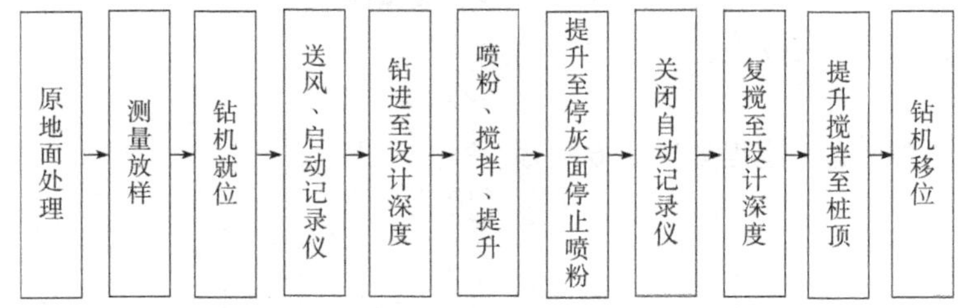

图1-5　粉体喷射搅拌桩施工流程图

4.10.3　施工控制:

(1)严禁在没有喷粉的情况下进行提升钻头作业,严格控制钻进速度、提升速度、喷粉量及空气压力,确保成桩质量。

(2)控制下钻深度、喷粉高程及停灰面。桩头应原位搅拌约2min。

(3)当成桩过程中因故停工时,第二次喷粉必须重叠接桩,接桩长度不得小于1m。

(4)随时检查加固料用量、桩长、复搅长度,评定成桩质量。如有不合格桩或异常情况,应及时采取补桩或其他处理措施。

(5)搅拌钻头直径磨耗量不得大于10mm。

(6)粉体喷射搅拌桩桩体无侧限抗压强度、桩长及桩身均匀性应符合设计要求。

(7)粉体喷射搅拌桩桩顶高程应符合设计要求。

(8)粉体喷射搅拌桩处理后的复合地基承载力应符合设计要求。

(9)钻机成孔和喷粉过程中,应将废弃物回收处理,防止污染环境。

(10)粉体喷射搅拌桩施工允许偏差应按表1-5的要求控制。

粉体喷射搅拌桩施工允许偏差 表1-5

序　号	项　目	允许偏差
1	桩位(纵横方向)(mm)	50
2	桩体垂直度(%)	1.0
3	桩长	不小于设计值
4	桩体有效直径	不小于设计值
5	单桩喷粉量	不小于设计值
6	桩体无侧限抗压强度	不小于设计值

4.11 浆体喷射搅拌桩

4.11.1 施工准备:

(1)测量放样,平整地表,清除障碍物。

(2)在施工现场取样,按设计要求进行室内配合比试验,确定浆液最佳配合比。

(3)固化剂、外掺剂的选用应符合设计要求,并有产品质量合格证。严禁使用受潮、结块和变质的固化剂、外掺剂。

(4)施工前应进行成桩工艺试验,确定各项技术参数,检验成桩效果。试桩数量不少于2根。

(5)浆体喷射搅拌机械应配置浆量自动记录仪。

4.11.2 浆体喷射搅拌桩施工:

(1)机械按设计桩位就位。

(2)预搅钻进至设计深度。

(3)搅拌头自桩底反转喷浆搅拌提升至桩顶或停浆面。

(4)重复搅拌至设计复搅深度。

(5)重复搅拌提升至桩顶。

(6)浆体喷射搅拌桩施工流程如图1-6所示。

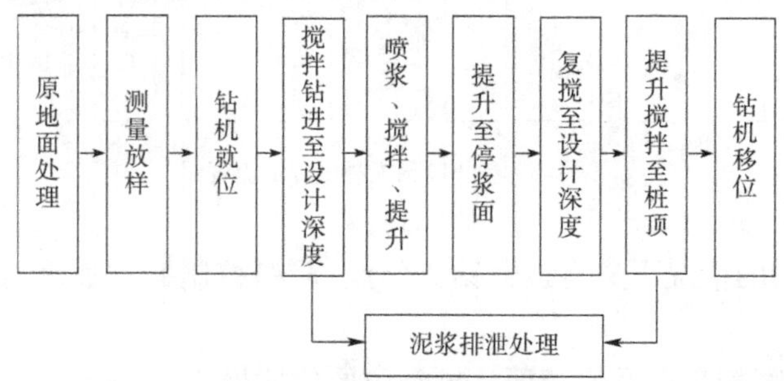

图1-6 浆体喷射搅拌桩施工流程图

4.11.3 施工控制:

(1)严格控制搅拌机钻进和提升速度、供浆与停浆时间,确保成桩质量。

(2)控制下钻深度、喷浆高程及停浆面。桩端必须原位喷浆搅拌一定时间。

(3)成桩过程中,以一次喷浆二次搅拌或二次喷浆四次搅拌为宜。复搅时应避免浆液上冒。

(4)成桩过程中,当因故停浆继续施工时必须重叠接桩,接桩长度不得小于0.5m。若停机超过3h,应在原桩位旁边进行补桩处理。

(5)当钻进搅拌中遇有阻力较大,钻进太慢,应增加搅拌机自重,然后启动加压装置加压,或边输入浆液边搅拌钻进。

(6)配制好的浆液不得离析,供浆应连续,固化剂与外掺剂的用量、泵送浆液时间必须有专人记录。

(7)随时检查施工记录,评定成桩质量,如有不合格桩或异常情况,应及时采取补桩或其他处理措施。

(8)浆体喷射搅拌桩桩顶高程应符合设计要求。

(9)浆体喷射搅拌桩桩体无侧限抗压强度、桩长及桩身均匀性应符合设计要求。

(10)浆体喷射搅拌桩处理后的复合地基承载力应符合设计要求。

(11)钻机成孔和喷浆过程中,应将废弃的加固料及冒浆回收处理,防止污染环境。

(12)浆体喷射搅拌桩施工允许偏差应按表1-6的要求控制。

浆体喷射搅拌施工允许偏差　　表1-6

序　号	项　目	允许偏差
1	桩位(纵横向)(mm)	50
2	桩体垂直度(%)	1.0
3	桩长	不小于设计值
4	桩体有效直径	不小于设计值
5	单桩喷浆量	不小于设计值
6	桩体无侧限抗压强度	不小于设计值

4.12　高压旋喷桩

4.12.1　施工准备:

(1)测量放样,平整地表,设置回浆池。

(2)在施工现场取样,按设计要求进行室内配合比试验,确定浆液最佳配合比。

(3)水泥和外掺剂的种类和规格应符合设计要求,并有产品质量合格证。搅拌水泥浆用的水,应符合现行《混凝土用水标准》(JGJ 63)的有关规定。

(4)施工前必须进行成桩工艺试验,确定各项技术参数,检验成桩效果。试桩数量不少于2根。

4.12.2　高压旋喷桩施工:

(1)桩机按设计桩位就位。

(2)成孔钻进至设计深度。

(3)沉入注浆管至孔底。

(4)高压喷射注浆,注浆管应在前方水泥浆流出喷头后,方可开始提升注浆管,自下而上喷射注浆。

(5)成桩,拔管。

(6)机械清洗。

(7)高压旋喷桩施工流程如图1-7所示。

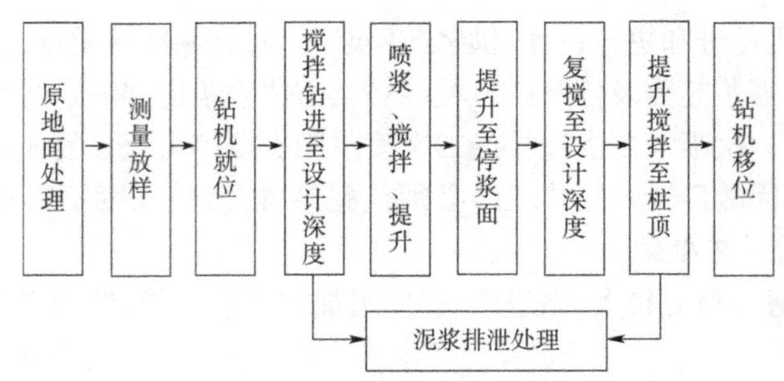

图 1-7 高压旋喷桩施工流程图

4.12.3 施工控制：

(1)机械就位应平稳,立轴、转盘与孔位对正,高压设备与管路系统应符合设计及安全要求,防止管路堵塞,密封良好。

(2)喷射注浆应注意设备开动顺序。二重管、三重管的水、气、浆供应应有序进行,衔接紧密。

(3)对深层长桩应根据地质条件,分层选择适宜的喷射参数,保证成桩均匀一致。

(4)高压喷射注浆过程中,当出现压力突增或突降、大量冒浆或完全不冒浆时,应查明原因,采取相应措施。

(5)注浆完毕应迅速拔出注浆管,桩顶凹坑应及时以水灰比为 0.6 的水泥浆补灌。

(6)高压旋喷桩桩体无侧限抗压强度、桩长及成桩均匀性应符合设计要求。

(7)高压旋喷桩处理后的复合地基承载力应符合设计要求。

(8)钻机成孔和喷浆过程中,应将废弃的加固料及冒浆回收处理,防止环境污染。

(9)高压旋喷桩施工允许偏差应按表 1-7 的要求控制。

高压旋喷桩施工允许偏差 表 1-7

序　号	项　目	允许偏差
1	桩位(纵横向)(mm)	50
2	桩身垂直度(%)	1.0
3	桩长	不小于设计值
4	桩体有效直径	不小于设计值
5	桩体无侧限抗压强度	不小于设计值

4.13 灰土挤密桩

4.13.1 施工准备：

(1)复核地基土的含水率、饱和度,当地基土的含水率小于 12% 或大于 24%、饱和度大于 65% 时,应及时通知设计单位予以确认。

(2)测量放样,平整场地,清除障碍物。

(3)桩体使用的石灰应符合设计要求,并按相关规定进行检验。

(4)桩体使用的土应符合设计要求,且有机质含量不应大于 5%。

(5)进行配合比试验,选定符合设计要求的配合比。

(6)按设计要求,结合现场土质、周围环境及覆盖土层厚度等,选择合适的施工机具和施工方法。

(7)施工前进行成桩试验,确定施工工艺和施工参数。试桩数量应符合设计要求且不得少于 2 根。

4.13.2 灰土挤密桩施工：

(1)处理区段地基土的含水率宜接近最佳含水率,当土的含水率低于 12% 时,宜对处理范围内

的土层进行增湿。增湿处理应在地基处理前4～6d完成,需增湿的水通过一定数量和一定深度的渗水孔均匀地渗入处理范围的土层中。

(2)机械按设计桩位就位。

(3)成孔至设计深度。

(4)孔底夯实,向孔内分层填筑拌和均匀的灰土,夯实至设计要求。

(5)成孔和孔内回填的施工顺序:当整片处理时,宜从中间向外间隔1～2孔进行;当局部处理时,宜由外向内间隔1～2孔进行。

(6)成桩成片后应及时填筑灰土,并碾压至设计要求。

4.13.3　施工控制:

(1)灰土挤密桩的数量、布置形式及间距应符合设计要求。

(2)桩长、桩顶高程及直径应符合设计要求。

(3)桩体无侧限抗压强度和压缩模量应符合设计要求。

(4)灰土挤密桩处理后桩间土的干密度和压缩模量应符合设计要求。

(5)雨季或低温季节施工,应采取防雨或防冻措施,防止灰土和土料受雨水淋湿或冻结。

(6)灰土挤密桩施工允许偏差应按表1-8的要求控制。

灰土挤密桩施工允许偏差　　表1-8

序　　号	项　　目	允许偏差
1	桩位(纵横向)(mm)	50
2	桩身垂直度(%)	1.5
3	桩体有效直径	不小于设计值

4.14　水泥、粉煤灰及碎石混合(CFG)桩

4.14.1　施工准备:

(1)核查地质资料,结合设计参数选择合适的施工机械和施工方法。

(2)测量放样,平整场地,清除障碍物。

(3)选用的水泥、粉煤灰、碎石及外加剂等原材料应符合设计要求,并按相关规定进行检验。

(4)按设计要求进行室内配合比试验,选定合适的配合比。

(5)施工前进行成桩工艺试验,确定施工工艺和参数。试桩数量应符合设计要求且不得少于2根。

4.14.2　CFG桩可采用振动沉管灌注或长螺旋钻管内泵压混合料灌注施工。

4.14.3　振动沉管灌注施工:

(1)机械按设计桩位就位。

(2)振动沉管至设计深度。沉管过程中,每沉1m应记录电流表电流一次,并对土层变化处予以说明。

(3)用搅拌机拌和水泥、粉煤灰、碎石混合料,检查其坍落度。坍落度、拌和时间应按工艺性试验确定的参数进行控制,且拌和时间不得少于1min。向管内一次投放混合料,投放数量按试桩时确定的数量进行,投料后留振5～10s。

(4)拔管速率应按试桩确定参数进行控制,拔管过程中不允许反插;如上料不足,须在拔管过程时空中加料,不允许停拔再投料,拔管至桩顶。施工桩顶高程宜高于设计高程50cm,浮浆厚度不超过20cm。

(5)桩顶采用湿黏土封顶。

(6)机械移位。

(7)CFG 桩振动沉管灌注施工流程如图 1-8 所示。

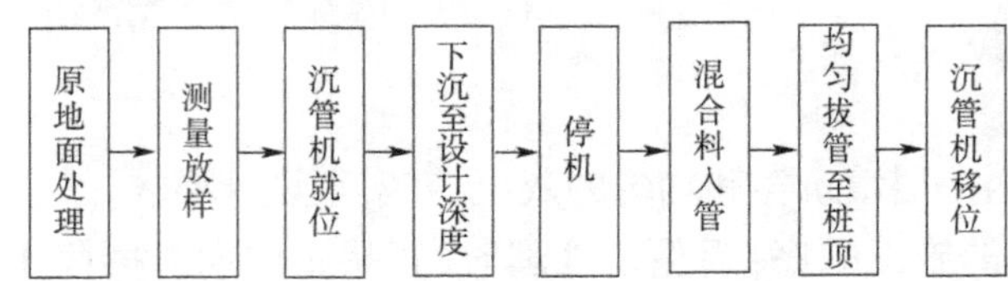

图 1-8　CFG 桩振动沉管灌注施工流程图

4.14.4　长螺旋钻管内泵压混合料灌注施工:

(1)机械按设计桩位就位。

(2)钻至设计深度,停钻。

(3)搅拌水泥、粉煤灰、碎石混合料,检查其坍落度。向管内泵送混合料,混合料的泵送量按试桩确定的数量进行,泵送时不得停泵待料。

(4)拔管速率应按试桩确定参数进行控制,拔管速度均匀,拔管至桩顶。施工桩顶高程宜高于设计高程 50cm。

(5)机械移位。

(6)CFG 桩长螺旋钻管内泵压混合料灌注施工流程如图 1-9 所示。

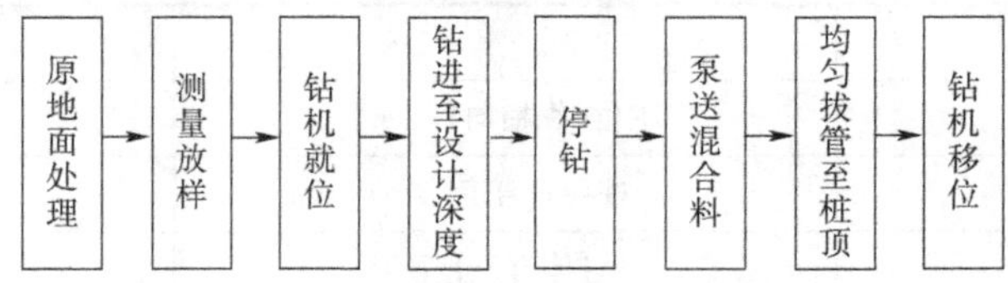

图 1-9　CFG 桩长螺旋钻管内泵压混合料灌注施工流程图

4.14.5　挖表土,截桩。不得造成桩顶设计高程以下的桩体断裂和扰动桩间土。

4.14.6　褥垫层宜采用静压法施工。

4.14.7　施工控制:

(1)CFG 桩的数量、布置形式及间距应符合设计要求。

(2)桩长、桩顶高程及直径应符合设计要求。

(3)褥垫层厚度和密实度应符合设计要求。

(4)CFG 桩施工中,每台班均须制作检查试件,进行 28d 强度检验。成桩 28d 后应及时进行单桩承载力或复合地基承载力试验,其承载力、变形模量应符合设计要求。

(5)CFG 桩施工允许偏差应按表 1-9 的要求控制。

CFG 桩施工允许偏差　　表 1-9

序　号	项　目	允许偏差
1	桩位(纵横向)(mm)	50
2	桩身垂直度(%)	1.0
3	桩体有效直径	不小于设计值

4.15　打入桩

4.15.1　施工准备:

(1)测量放样,平整场地,清除障碍物。

(2)按设计要求检验预制桩的质量。桩头损坏部分应截去,桩顶不平时应修切或修垫(钢筋混凝土桩)平整。

(3)试桩按照现行《高速铁路桥涵工程施工技术指南》的有关规定进行,且不得小于2根。

4.15.2　打入桩施工可根据地质条件、桩型和桩体承载能力等采用锤击法或振动法。打入桩施工流程如图1-10所示。

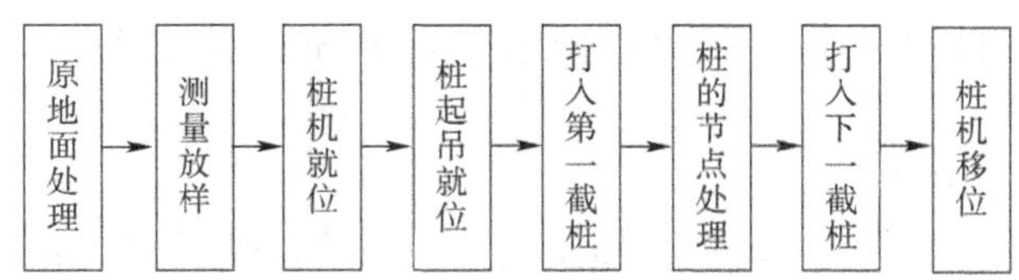

图1-10　打入桩施工流程图

4.15.3　锤击法施工:

(1)打桩机按设计桩位就位。锤击沉桩应采用与桩和锤相适应的弹性衬垫。采用送桩沉桩时,送桩桩顶紧接桩的顶部,应有保护桩顶的装置,桩与送桩的轴线应保持同一条直线。

(2)打桩开始时应用较低落距,并在两个方向观察其垂直度;当入土达到一定深度,确认方向无误后,再按规定的落距锤击。锤击宜采用重锤低击,坠锤落距不宜大于2m,单打汽锤落距不宜大于1m;柴油锤应使锤芯冲程正常。

(3)钢筋混凝土桩、预应力混凝土桩在即将进入软层前,应改用较低落距锤击。

(4)当落锤高度达到最大值,每击贯入度小于或等于2mm时,应停锤。但深度未达到设计要求时,应查明原因,采用换锤或辅以射水等措施,沉桩至设计深度。

(5)机械移位。

4.15.4　振动法施工:

(1)打桩机按设计桩位就位。

(2)插桩后宜先靠桩和锤的自重使桩沉入土中,待桩身入土达到一定深度并确认稳定后再振动下沉。成桩至设计深度。

(3)机械移位。

4.15.5　质量控制:

(1)打入桩的数量、布置形式及间距应符合设计要求。

(2)桩长、桩顶高程及最终贯入度应符合设计要求。

(3)打桩前、后的桩身质量应符合设计要求。振动沉桩在选锤或换锤时,应检算振动上拔力对桩身结构的影响。

(4)打桩后,应及时进行桩的承载力试验,并符合设计要求。

(5)打入桩施工允许偏差应按表1-10的要求控制。

打入桩施工允许偏差　　表1-10

序　号	项　目		允许偏差
1	桩位(纵横向)(mm)	中间桩	$d/2$ 且不大于250
		外缘桩	$d/4$
2	桩身垂直度(%)		1.0
3	斜桩倾斜度		$15\%\tan\theta$

注:d-桩身直径;θ-桩身倾斜角。

4.16　混凝土灌注桩

4.16.1　施工准备:

(1)测量放样,平整场地,清除障碍物。

(2)按设计要求准备施工所需的水泥、砂、石、钢筋等原材料。

(3)进行室内混凝土配合比设计。

(4)试桩按照《高速铁路桥涵工程施工技术指南》的有关规定进行,且不得小于2根。

4.16.2　混凝土灌注桩的成孔施工,可根据地质条件、桩长和桩径等采用钻机成孔或人工挖孔。

4.16.3　钻机成孔法施工:

(1)埋设坚实不漏水的护筒。

(2)钻机按设计桩位就位。钻机可根据地质条件选择冲击钻、旋转钻或套管钻机。

(3)钻进至设计深度。钻孔应一次成孔,不得中途停顿。

(4)钻孔至设计高程经检查后,应立即进行清孔。清孔可采用抽渣法、吸泥法或换浆法。

(5)钢筋笼吊装入孔,并牢固定位。

(6)浇筑水下混凝土。水下混凝土应连续浇筑,不得中途停顿;水下混凝土浇筑宜高出桩顶设计高程1.0m。

4.16.4　人工挖孔法施工:

(1)人工挖孔适用于无地下水或有少量地下水的土层和风化软岩层。

(2)挖孔顺序可视地层性质、桩位布置及间距而定,多孔同时开挖时,宜间隔开挖。

(3)挖孔时必须采取分节孔壁支护,支护应高出地面0.3~0.5m。

(4)挖孔至设计高程后,孔底不应积水,并应进行孔底处理,做到平整,无松渣、泥污等软层。当地质情况与设计不符时,应及时反馈变更。

(5)将钢筋笼吊装入孔内,浇筑桩身混凝土。当自由倾落高度超过2m时,混凝土必须通过溜槽或串筒,并宜采用插入式振捣器振实。

4.16.5　施工控制:

(1)原材料进场应按要求进行检验,并符合设计要求。

(2)配合比设计及桩身强度应符合设计要求。

(3)混凝土灌注桩的数量、布置形式及间距应符合设计要求。

(4)桩长、桩顶高程应符合设计要求。

(5)应及时进行桩的承载力试验,并符合设计要求。

(6)混凝土灌注桩施工允许偏差应按表1-11的要求控制。

混凝土灌注桩施工允许偏差　　表1-11

序　号	项　目	允许偏差	
		钻孔	挖孔
1	桩位(纵横向)(mm)	100	50
2	桩身垂直度(%)	1.0	0.5

4.17　桩帽板

4.17.1　施工准备:

(1)对已施工的桩体进行检验。

(2)按设计要求准备桩帽施工所需的模板、水泥、砂、石、钢筋等原材料。

(3)进行室内配合比设计。

4.17.2　桩帽施工:

(1)采用小型机械或人工方式开挖基坑,并将基底压密至设计要求。

(2)立侧模板及绑扎钢筋。

(3)混凝土拌和、运输、浇筑及养护,并留足混凝土检查试件。

(4)桩帽达到拆模条件后,拆除模板。桩帽四周按设计要求回填密实。

4.17.3　施工控制:

(1)原材料按进场批次、炉号等要求进行检验。

(2)配合比设计及桩帽实体的强度应符合设计要求。

(3)桩帽施工允许偏差应按表1-12的要求控制。

桩帽施工允许偏差　　表1-12

序　号	项　目	允许偏差
1	桩顶高程(mm)	±20
2	平面尺寸(mm)	±30
3	厚度(mm)	+30,-20
4	中心位置(mm)	15

4.18　强夯

4.18.1　施工准备:

(1)依据设计高程及预先估计强夯后可能产生的平均地面变形量,确定夯前地面高程。

(2)夯锤的重量应按欲加固的土层的深度、土的性质及夯锤落距选定,夯锤底面宜采用圆形,面积应符合设计要求。

(3)施工前,按设计初步确定的强夯参数,在有代表性的场地上进行试夯。通过强夯前后测试数据的对比,检验强夯效果,确定各项技术参数。

(4)在整平后的场地上标出第一遍夯击点的位置,并测量场地高程。

4.18.2　强夯施工:

(1)强夯设备就位,使夯锤对准夯点位置。

(2)将夯锤起吊到预定高度,夯锤脱钩自由下落,完成一次夯击。若发现因坑底倾斜而造成夯锤歪斜时,应及时将坑底整平。

(3)按试夯确定的夯击次数及控制标准,完成一个夯点的夯击。

(4)完成第一遍全部夯点的夯击后,应整平夯坑,并测量场地高程。

(5)在规定的间隔时间后,按上述步骤逐次完成全部夯击遍数,最后用低能量满夯将表层松土夯实或碾压达到设计要求。

4.18.3　施工控制:

(1)在满夯时搭接面积不小于1/4。

(2)开夯前应检查夯锤重量和落距,以确保单击夯击能量符合设计要求。

(3)在每遍夯击前,应对夯点放线进行复核,夯完后检查夯坑位置,发现偏差或漏夯应及时纠正。

(4)强夯加固地基的承载力以及强夯处理的实际有效深度应符合设计要求。

(5)强夯处理范围和夯击点布置应符合设计要求。强夯夯坑中心偏移允许偏差不应大于0.1D(D为夯锤直径)。强夯地基处理范围及横坡的允许偏差应按表1-13的要求控制。

强夯地基处理范围及横坡允许偏差　　表1-13

序　号	项　目	允许偏差
1	处理范围	不小于设计值
2	横坡(%)	±0.5

(6)强夯施工产生的噪声应符合现行《建筑施工场界环境噪声排放标准》(GB 12523)的有关

规定。

4.19 土工合成材料垫层

4.19.1 施工准备:

(1)土工合成材料规格及性能应符合设计要求,运至工地后应分批整齐堆放在料棚(库)内,防止日晒雨淋,并保持料棚通风干燥。

(2)土工合成材料进场时,应逐批检查出厂检验单、产品合格证及材料性能报告单。其主要物理力学性能指标应抽样检验。

4.19.2 土工合成材料的铺设:

(1)铺设土工合成材料的下承层表面应整平、压实,并清除表面坚硬凸出物。

(2)铺设土工合成材料时,应将强度高的方向置于路堤主要受力方向,当设计有特殊要求时按设计铺设。

(3)土工合成材料的连接应牢固,受力方向连接强度不低于设计抗拉强度。

(4)土工合成材料铺设时,必须拉紧展平插钉固定,并应与路基面密贴,不得有褶皱、扭曲。

(5)铺设多层土工合成材料时,其上、下层接缝应交替错开,错开距离不宜小于0.5m。

4.19.3 土工合成材料不得直接铺设在碎石等坚硬的下承层上。应在土工合成材料和碎石之间铺设5cm厚的中、粗砂保护层。

4.19.4 土工合成材料铺好后应按设计要求铺回折段,并及时用砂覆盖。

4.19.5 严禁碾压及运输等设备直接在土工合成材料上碾压或行走作业。

4.19.6 施工控制:

(1)土工合成材料的铺设范围、层数及位置应符合设计要求。

(2)铺设的土工合成材料属于隐蔽工程,应按隐蔽工程做好检查记录。

(3)土工合成材料铺设允许偏差应按表1-14的要求控制。

土工合成材料铺设允许偏差　　表1-14

序　号	项　目	允许偏差
1	铺设范围	不小于设计值
2	搭接宽度(mm)	+50,0
3	上下层搭接缝错开距离(mm)	±50
4	层间距(mm)	±30
5	回折长度(mm)	±50

5 路　堤

5.1 一般规定

5.1.1 填料分类应符合本章附件1的要求。

5.1.2 路堤各部分及护道均应分层填筑,并碾压至规定的压实标准。不同填料的压实厚度与碾压工艺应通过试验段工艺试验确定。路堤填筑土工试验及测试记录报表格式应符合本章附件2的要求。

5.1.3 施工允许含水率控制范围应根据填料的性质、要求的压实标准和机械的压实能力综合确定。压实含水率应由重型击实试验的最佳含水率和碾压工艺试验段施工允许含水率范围综合确定。当含水率过高时，应采取疏干、松土、晾晒或其他措施；当含水率过低时，应加水润湿，加水量 m_w(kg)可按下式估算：

$$m_w = \frac{m_s}{1+w} \times (w_{opt} - w) \tag{1-1}$$

式中：m_s ——所取填料的湿质量，kg；

w、w_{opt} ——填料的天然含水率、最佳含水率。

5.1.4　路堤施工应按下列要求及时做好防排水：

(1)施工前应结合永久排水设施做好地表排水设施，排水沟应随挖随砌，铺砌必须及时完成。

(2)基底、坡脚、填层面应及时做好排水处理，不得积水。

(3)傍山修筑路堤时，应防止水渗入路堤结构。

(4)在多雨地区或雨季施工时，应防止地表水流入取土场内，并应将取土场内局部积水随时排除。

5.1.5　填筑路堤应符合下列条件：

(1)施工前，应对地基进行复查、核对，发现地基范围内有局部松软、坑穴、泉眼等，应慎重处理，不得随意填塞。

(2)使用不同填料填筑时，各种填料不得混杂填筑，每水平层的全宽应采用同一种填料。渗水土填在非渗水土上时，非渗水土上层面应设向两侧4%的横向排水坡。

(3)相邻填层使用不同种类或颗粒条件的填料时，其粒径应符合 $D_{15}/d_{85} \leq 4$(两层渗水土间)或 $D_{15} \leq 0.5$mm(非渗水土与渗水土间)的要求。否则，两层之间应铺设隔离作用的土工合成材料。

5.1.6　改良土施工拌和方法应根据设计要求确定，并严格控制填料含水率和掺合料的配合比。场拌时，土料和各种掺合料应分堆存放；路拌时，应先摊铺土料、再均匀撒布掺合料，充分拌和均匀后，方可进行碾压。改良土施工设备和工艺应体现先进的原则，满足拌和施工质量要求和环境保护要求，条件具备时应优先选择场拌法施工。

5.1.7　路堤填筑应进行工后沉降观测。路堤工后沉降量及不均匀沉降应符合设计要求。

5.1.8　软土、松软土地基上的路堤施工：

(1)软土、松软土路基施工组织设计，应充分考虑必需的预压期。

(2)施工现场应按有关规定要求，做好取土、弃土、堆料及运土道路的平面布置，安排好作业程序及机械运行路线，施工中不得随意更改。

(3)反压护道应与路基同步填筑，其填料、填筑压实方法、压实标准应符合一般地基路堤相应部位的规定。护道顶面应平顺，并有向路基两侧的排水坡，边坡应顺直无凹陷。

(4)软土、松软土地基上填筑路堤应符合本章第5.10小节规定进行沉降及位移观测，严格控制填筑速率。对观测设备应采取有效的保护措施。

5.1.9　膨胀土地基上的路堤施工：

(1)基底换填应与开挖紧密衔接。如有困难应预留厚度不小于50cm的保护层。

(2)换填厚度应根据开挖后地基检测结果确定，且应符合设计要求。

5.1.10　盐渍土地基上的路堤施工：

(1)地基和护道范围内应铲除表层盐土，并做成自路基中线向两侧2%的横向坡面、碾压密实。

(2)路堤底部应按设计要求铺设毛细水隔断层及其垫层或反滤层，施工应符合本章第4.4小节和4.19小节的有关规定并符合设计要求。

5.1.11　液化土地基上的路堤施工：

(1)地基处理前，应结合设计文件对液化土地基及处理范围进行核查。

(2)液化土路基施工前，应按设计要求进行试验段工艺试验。

(3)地基处理的施工方法按设计要求进行,并应符合本章第4节的有关规定。

5.1.12 浸水路堤施工:

(1)浸水路堤应选择在枯水季节施工,地基处理及护道施工应在汛期前完成。

(2)水下地基处理应符合设计要求。

(3)浸水路堤的填料种类及使用条件应符合设计要求。

(4)浸水路堤填筑应降低水位,有条件时宜采用围堰疏干。

(5)基底回填及水位下路堤施工应分层填筑碾压,每层松铺厚度不应大于30cm,填料的含水率严格控制在最佳含水率的上限范围内。水下路堤(含护道)超出设计水位线0.5m后按一般路基施工。

(6)浸水路堤填筑的压实质量应符合设计要求,基床以下路基浸水与不浸水部分分界高程的施工允许偏差为0~+100mm。

5.2 填料

5.2.1 基床以下路堤填料:

(1)基床以下路堤应选用A、B组填料和C组碎石类、砾石类填料。

(2)当选用C组细粒土填料时,应根据填料性质进行改良。

(3)当选用硬质岩石及不易风化的软质岩的碎石时,应级配较好,块石类填料的粒径不得大于15cm。

5.2.2 基床底层填料:

(1)基床底层应选用A、B组填料或改良土。

(2)碎石类作为基床底层填料时,应级配良好,其粒径不应大于10cm。

5.2.3 基床表层填料:

(1)基床表层填料应采用级配碎石、级配砂砾石和沥青混凝土。

(2)采用级配碎石时,碎石粒径、级配及材料性能应符合现行《客运专线基床表层级配碎石暂行技术条件》的有关规定。

(3)采用级配砂砾石时,应符合下列要求:

①颗粒的粒径、级配应符合表1-15的规定。

砂砾石级配范围 表1-15

级配编号	通过筛孔(mm)质量百分率(%)									
	60	50	40	30	20	10	5	2	0.5	0.075
1	100~97	100~95	99~90	90~84	94~76	85~65	77~54	67~40	51~23	23~3
2	—	100	100~90	93~80	85~65	70~45	55~30	35~15	20~10	10~4
3	—	—	100	100~90	95~75	70~50	55~30	30~15	20~10	10~4
4	—	—	—	100	100~85	80~60	50~30	30~15	20~10	10~4

②级配曲线应接近圆顺,某种尺寸的颗粒不应过多或过少。

③颗粒中细长及扁平颗粒含量不应大于20%;黏土团及有机物含量不应超过2%。

④粒径小于0.5mm细集料的液限应小于25%,其塑性指数应小于6。

(4)基床表层填料材质、级配必须经室内及现场填筑试验,压实标准满足设计要求后,方可正式填筑。

5.2.4 基床表层沥青混凝土混合料:

(1)沥青混凝土用矿料质量、级配、粉尘含量、软弱颗粒含量等应符合设计要求。

(2)沥青混凝土用沥青质量应符合设计要求。

(3)沥青混凝土的沥青含量、马歇尔稳定度、级配等应符合设计要求。

(4)沥青混凝土及原材料的试验方法应符合客运专线铁路的有关规定。

5.2.5　过渡段填料:

(1)基床表层填料应符合本小节第5.2.3条的规定。

(2)基床表层以下级配碎石级配应符合表1-16的要求,其颗粒中针状、片状碎石含量不应大于20%,质软、易破碎的碎石含量不应超过10%,黏土团及有机物含量不应超过2%。

碎石级配范围　　表1-16

级配编号	通过筛孔(mm)质量百分率(%)									
	50	40	30	25	20	10	5	2.5	0.5	0.075
1	100	95~100	—	—	60~90	—	30~65	20~50	10~30	2~10
2	—	100	95~100	—	60~90	—	30~65	20~50	10~30	2~10
3	—	—	100	95~100	—	50~80	30~65	20~50	10~30	2~10

(3)过渡段内与级配碎石连接段采用A、B组填料。

5.2.6　施工控制:

(1)施工前应对设计取土场的填料进行核对确认。

(2)施工中应核对进场填料,当实际使用填料不符合规定和要求时,应及时予以纠正。

(3)采用改良土时,应按设计文件,控制填料含水率和掺合料的配合比,通过试验段填筑,检查配合比是否能符合填筑要求。

(4)沥青混凝土配合比应符合设计要求。

5.3　基床以下路堤

5.3.1　路堤填筑前准备:

(1)施工前,应做好土石方的调配方案。取土场应根据设计要求和施工地段总的土石方调配计划,并结合路基排水和当地土地利用、环保规划进行布置,不得任意挖取。

(2)施工前,应进行现场填筑压实工艺试验,确定不同压实机械、不同填料施工含水率的控制范围、适宜的松铺厚度和相应的碾压遍数、最佳的机械配套和施工组织。压实机械宜选用重型振动压路机。

(3)试验段位置应选择在地质条件、断面形式均具有代表性的地段,长度不宜小于50m。

5.3.2　基床以下路堤填筑:

(1)基床以下路堤填筑应按"三阶段、四区段、八流程"的施工工艺组织施工,每个区段的长度应根据使用机械的能力、数量确定,一般宜在200m以上或以构造物为界。各区段或流程内严禁几种作业交叉进行。

(2)路堤应沿横断面全宽、纵向分层填筑。当原地面高低不平时,应先从最低处分层填筑,两边向中部填筑。路基边坡两侧超填宽度不宜小于50cm,竣工时应刷坡整平。

(3)分层填筑厚度应根据压实机械压实能力、填料种类和要求的压实密度,通过现场工艺试验确定。采用碎石类土和砾石类土填筑时,分层的最大压实厚度不应大于40cm;采用砂类土和改良细粒土填筑时,分层的最大压实厚度不应大于30cm。分层填筑的最小分层厚度不宜小于10cm。

(4)不同性质的填料应分别填筑,不得混填。每一水平层的全宽应用同一种填料填筑,每种填料层累计总厚不宜小于50cm。当上下相邻填层使用不同种类及颗粒条件的填料时,其粒径应符合本节第5.1.5条的规定。

(5)填料摊铺应使用推土机进行初平,再用平地机进行平整,填层面应无显著的局部凹凸,并应做成向两侧横向排水坡。

(6)用改良细粒土或含细粒成分较多的粗粒土填料填筑路堤时,必须严格控制其填料的含水率在工艺试验确定的施工允许含水率范围内。填料含水率较低时,应及时采用洒水措施,加水量可按本章中式(1-1)计算,洒水可采用取土场内提前洒水闷湿和路堤内搅拌的方法。填料含水率过大时,宜采用场内开挖沟槽降低水位和用推土机松土器翻松晾晒相结合的方法,或将填料运至路堤摊铺晾晒。

(7)压实顺序应按先两侧后中间,先静压后弱振、再强振的操作程序进行碾压。各种压路机的最大碾压行驶速度不宜超过4km/h。各区段交接处,应互相重叠压实,纵向搭接长度不应小于2m,沿线路纵向行与行之间压实重叠不应小于40cm,上下两层填筑接头应错开不小于3.0m。

5.3.3 路堤施工控制:

(1)施工中应检查核对填料的试验和实际使用情况,当实际使用填料发生变化时,应另取样做土工试验进行鉴定。

(2)在每一层的填筑过程中,应确认填料质量、含水率、铺土厚度、填料表面平整度符合设计及本小节第5.3.2条规定后,再进行碾压。

(3)填筑高度小于基床厚度的路堤基底处理应符合本章第4.2小节的有关规定,处理后的质量检验应根据所处路堤部位的要求进行。

(4)基床以下路堤填筑压实质量按表1-17的要求控制。其中,改良细粒土采用K_{30}和K两项指标,砂类土、细砾土、碎石类及粗砾土采用K_{30}和n两项指标。

基床以下路堤填筑压实质量标准 表1-17

填料	压实标准	改良细粒土	砂类土及细砾土	碎石类及粗砾土
A、B组及C组(不含细粒土、粉砂及易风化软质岩)填料及改良土	地基系数K_{30}(MPa/m)	≥90	≥110	≥130
	压实系数K	≥0.90	—	—
	孔隙率n(%)	—	<31	<31

注:当改良土采用物理改良方法时,其压实标准应符合本表规定;当采用化学改良方法时,其压实标准除符合本表规定外,还应符合设计提出的技术要求。

(5)基床以下路堤顶面外形尺寸允许偏差按表1-18的要求控制。

基床以下路堤顶面外形尺寸允许偏差 表1-18

序号	项目	允许偏差
1	中线至边缘距离(mm)	±50
2	宽度	不小于设计值
3	横坡(%)	±0.5
4	平整度(mm)	≤15

5.4 基床底层

5.4.1 基床底层填筑前,应根据所选的机械及计划使用的填料种类进行现场填筑压实工艺试验。试验段的长度不宜小于50m。

5.4.2 基床底层填筑应符合本节第5.3.2条的规定及下列要求:

(1)采用碎石类和砾石类填筑时,分层的最大压实厚度不应大于35cm。

(2)采用砂类土和改良细粒土填筑时,分层的最大压实厚度不应大于30cm。

(3)分层填筑的最小压实厚度不宜小于10cm。

5.4.3　基床底层填筑施工控制：

(1)检查核对填料的试验和实际使用情况，当实际使用填料发生变化时，应另取样进行土工试验鉴定。

(2)在每一层的填筑过程中，应确认填料质量、含水率、铺土厚度、填料表面平整度符合设计及本小节第5.4.2条规定后，再进行碾压。

(3)已填筑好的底层应控制车辆通行。

(4)基床底层压实质量按表1-19的要求控制。其中，改良细粒土采用K_{30}(或E_{v2})和K两项指标，砂类土、细砾土、碎石类及粗砾土采用K_{30}(或E_{v2})和n两项指标。

基床底层压实质量标准　　表1-19

填　料	压实标准	改良细粒土	砂类土及细砾土	碎石类及粗砾土
A、B组填料及改良土	地基系数K_{30}(MPa/m)	≥110	≥130	≥150
	变形模量E_{v2}(MPa)	≥80	≥80	≥80
	压实系数K	≥0.95	—	—
	孔隙率n(%)	—	<28	<28

注：当改良土采用物理改良方法时，其压实标准应符合本表规定；当采用化学改良方法时，其压实标准除符合本表规定外，还应符合设计提出的技术要求。

(5)基床底层外形尺寸允许偏差按表1-20的要求控制。

基床底层外形尺寸允许偏差　　表1-20

序　号	项　目	允许偏差
1	中线至边缘距离(mm)	0，+50
2	宽度	不小于设计值
3	横坡(%)	±0.5
4	平整度(mm)	≤15
5	厚度(mm)	±30

5.5　基床表层级配碎石或级配砂砾石

5.5.1　基床表层级配碎石或级配砂砾石填筑前准备：

(1)施工前应做好级配碎石或级配砂砾石的备料工作。

(2)拌和场内不同粒径的碎石、卵石或砂砾等集料应分别堆放。

(3)级配碎石或级配砂砾石必须采用场拌。

(4)在大面积填筑前，应根据初选的摊铺、碾压机械及试生产出的填料，进行现场填筑压实工艺试验，确定填料级配、施工含水率、松铺厚度和碾压遍数、机械配套方案、施工组织。试验段长度不宜小于100m。

(5)基床表层填筑前应检查基床底层几何尺寸，核对压实标准，不符合标准的基床底层应进行修整，达到基床底层验收标准。

5.5.2　基床表层级配碎石或级配砂砾石填筑施工：

(1)基床表层的填筑宜按验收基床底层、搅拌运输、摊铺碾压、检测修整“四区段”和拌和、运输、摊铺、碾压、检测试验、修整养护“六流程”的施工工艺组织施工。摊铺碾压区段的长度应根据使用机械的能力、数量确定。区段的长度一般宜在100m以上。各区段或流程只能进行该区段和流程的作业，严禁几种作业交叉进行。

(2)基床表层级配碎石或级配砂砾石应分层填筑，每层的最大填筑压实厚度不得大于30cm，最小填筑压实厚度不得小于15cm。

(3)级配碎石或级配砂砾石的摊铺可采用摊铺机或平地机进行,顶层应用摊铺机摊铺。每层的摊铺厚度应按工艺试验确定的参数严格控制。用平地机摊铺时,必须在路基上采用方格网控制填料量,方格网纵向桩距不宜大于10m,横向应分别在路基两侧及路基中心设方格网桩。用摊铺机摊铺时,应根据摊铺机的摊铺能力配置运输车,减少停机待料时间。

(4)在摊铺机或平地机摊铺后,应由人工及时消除粗细集料离析现象。

(5)整型后,当表面尚处湿润状态时应立即进行碾压。如表面水分蒸发较多,明显干燥失水,应在其表面喷洒适量水分,再进行碾压。用平地机摊铺的地段,应用轮胎压路机快速碾压一遍,暴露的潜在不平整再用平地机整平和整型。

(6)碾压时,应采用先静压、后弱振、再强振的方式,最后静压收光。直线地段,应由两侧路肩开始向路中心碾压;曲线地段,应由内侧路肩向外侧路肩进行碾压。沿线路纵向行与行之间重叠压实不应小于40cm,各区段交接处,纵向搭接压实长度不应小于2m,上下两层填筑接头应错开不小于3.0m。

(7)横向接缝处填料应翻挖并与新铺的填料混合均匀后再进行碾压,并注意调整其含水率,纵向应避免工作缝。

(8)碾压后的基床表层质量应符合设计要求,局部表面不平整应补平并补压。

(9)已完成的基床表层应采取措施控制车辆通行,并做好基床表面的保护工作,防止表层扰动破坏。严禁在已完成的或正在碾压的路段上掉头或紧急制动。

5.5.3 基床表层级配碎石或级配砂砾石填筑施工控制:

(1)级配碎石或级配砂砾石混合料的质量应符合本节第5.2.3条的要求。

(2)填料复查试验应在级配碎石厂和摊铺现场取具有代表性的样品进行。

(3)基床表层填筑压实质量按表1-21的要求控制。采用K_{30}(或E_{v2})、n和E_{vd}三项指标。

基床表层填筑压实质量标准 表1-21

填　料	压实标准			
	地基系数K_{30}(MPa/m)	变形模量E_{v2}(MPa)	孔隙率n(%)	动态变形模量E_{vd}(MPa)
级配砂砾石或级配碎石	≥190	≥120	<18	≥55

(4)基床表层外形尺寸允许偏差按表1-22的要求控制。

基床表层外形尺寸允许偏差 表1-22

序　号	项　目	允许偏差
1	中线高程(mm)	±10
2	路肩高程(mm)	±10
3	中线至路肩边缘距离(mm)	0, +20
4	宽度	不小于设计值
5	横坡(%)	±0.5
6	平整度(mm)	≤10
7	厚度(mm)	-20

5.6 基床表层沥青混凝土

5.6.1 基床表层沥青混凝土摊铺施工准备:

(1)施工前应做好沥青混凝土用原材料的备料工作,原材料各项指标应符合规范和设计要求。

(2)拌和场内不同规格的矿物料应分别堆放,细集料堆放应有防止雨淋措施。

(3)沥青混凝土必须采用厂内集中搅拌。

(4)在大面积填筑前,应根据初选的摊铺、碾压机械及试生产出的沥青混凝土,进行现场摊铺压实工艺试验,确定生产配合比、松铺厚度、碾压工艺、机械配套方案、施工组织。试验段长度不宜小于100m。

(5)基床表层沥青混凝土摊铺前,应检查基床表层级配碎石或级配砂砾石层几何尺寸,核对压实标准,不符合标准的应进行修整,达到验收标准。

(6)基床表层沥青混凝土施工必须有施工组织设计,保证合理的施工工期。不得在气温低于10℃、雨天、路面潮湿的情况下施工。

(7)热拌沥青混凝土的施工温度宜按试验确定,无条件的应按沥青标号、气候条件参照表1-23确定。

热拌沥青混凝土的施工温度(℃)　　表1-23

施工工序		石油沥青标号			
		50号	70号	90号	110号
沥青加热温度		160~170	155~165	150~160	145~155
矿料加热温度	间歇式拌和机	集料加热温度比沥青温度高10~30			
	连续式拌和机	矿料加热温度比沥青温度高5~10			
沥青混凝土出料温度		150~170	145~165	140~160	135~155
沥青混凝土储料仓储存温度		储料过程中温度降低不超过10			
沥青混凝土废弃温度		200	195	190	185
运到现场的温度,不低于		150	145	140	135
沥青混凝土摊铺温度,不低于	正常施工	140	135	130	125
	低温施工	160	150	140	135
开始碾压的沥青混凝土内部温度,不低于	正常施工	135	130	125	120
	低温施工	150	145	135	130
碾压终了的表面温度,不低于	钢筒式压路机	80	70	65	60
	轮胎式压路机	85	80	75	70
	振动式压路机	75	70	60	55
可通车的表面温度,不高于		50	50	50	45

5.6.2　基床表层沥青混凝土配合比设计:

(1)沥青混凝土的矿料级配应符合设计要求。

(2)本章采用马歇尔试验配合比设计方法。沥青混凝土的马歇尔稳定度、流值、孔隙率、沥青饱和度等指标应符合设计要求,并具有良好的高温稳定性、水稳定性、低温抗裂性能、防渗水性能等,其技术指标应符合设计要求。

(3)沥青混凝土配合比设计通过目标配合比设计、生产配合比设计及生产配合比验证三个阶段,确定矿料级配、最佳沥青用量。

5.6.3　基床表层沥青混凝土拌制:

(1)沥青混凝土必须在拌和厂采用拌和机械拌制。

①拌和厂的设置必须符合国家有关环境保护、消防、安全等规定。

②考虑交通堵塞等因素,尽可能缩短拌和厂与工地的运输距离,确保混合料温度下降不超过要求,且不致因颠簸造成混合料离析,特别是温度离析。

③各种集料必须分隔储存,细集料场地应设防雨顶棚,料场和场区道路应硬化,严禁泥土等污染集料。拌和厂应做好完整的排水设施。

(2)沥青混凝土可采用间歇式或连续式拌和机,且必须配置计算机控制系统。连续式拌和机使用的集料必须稳定不变,从多处进料、料源或质量不稳定时,不得采用连续式拌和机。拌和机的拌和能力应满足施工进度要求。拌和设备的各种传感器必须先鉴定合格后方可使用,鉴定周期不得超过一年。

(3)沥青混凝土的生产温度宜符合表 1-23 中的有关规定。烘干集料的残余含水率不得大于1%,每天开始几盘集料应提高加热温度,并干拌几锅集料废弃,再正式加沥青拌和混合料。

(4)沥青混凝土出厂时,应逐车检验其质量和温度,记录出厂时间,签发运料单。

5.6.4 基床表层沥青混凝土运输:

(1)沥青混凝土宜采用较大吨位的运输车辆运输,不得在级配碎石或级配砂砾石路面上紧急制动、急掉头,应匀速行驶,避免对级配碎石或级配砂砾石层造成损伤。

(2)运输车辆每次使用前后必须清扫干净,车厢板上涂一薄层防止沥青黏结的隔离剂或防黏结剂,但不得有余液积聚在车厢底部。从拌和机向运料车上装料时,应多次挪动汽车位置,平衡装料,减少混合料离析。运料车运输混合料应覆盖保温、防雨、防污染。

(3)在运输过程中如发现有沥青结合料沿车厢板滴落时,应采取措施予以避免。

(4)运料车每次卸料必须倒尽。

5.6.5 基床表层沥青混凝土摊铺:

(1)沥青混凝土宜采用沥青摊铺机摊铺,摊铺机的受料斗应涂刷薄层隔离剂或防黏结剂。

(2)基床表层沥青混凝土层分两幅摊铺,采用热搭接方法,两幅之间应有 30~60mm 宽度的搭接。

(3)摊铺机开工作业前,应提前 30~60min 预热熨平板至不低于 100℃。铺筑过程中,应选择熨平板的振捣或夯锤压实装置具有适宜的振动频率和振幅,以提高路面的初始压实度。熨平板加宽连接应仔细调节至摊铺的混合料没有明显的离析痕迹。

(4)摊铺机必须缓慢、均匀、连续不间断地摊铺,不得随意变速或中途停顿和频繁收起挡料板,以提高平整度,减少混合料的离析。摊铺速度宜控制在 2~6m/min。当发现混合料出现明显的离析、波浪、裂缝、拖痕时,应分析原因,予以消除。

(5)摊铺机应采用自动找平方式,可采用钢丝绳引导、平衡梁或雪橇式等摊铺厚度控制方式。

(6)沥青混凝土的松铺系数应按工艺试验确定。

(7)在局部机械作业不能到位部分可采用人工摊铺。人工摊铺混合料应符合下列要求:

①沥青混凝土宜卸在铁板上,摊铺时应扣锹布料,不得扬锹抛甩。铁锹等工具宜醮防黏结剂或加热使用。

②边摊铺边用刮板整平,刮平时应轻重一致,控制次数,严防集料离析。

③摊铺不得中间停顿,并加快碾压。如不能及时碾压时,应停止摊铺,并对卸下的沥青混凝土覆盖保温。

5.6.6 基床表层沥青混凝土碾压:

(1)沥青混凝土的压实层最大厚度不宜大于 10cm,当采用大功率的压路机且经验证能达到压实度时允许适当增大。

(2)应配备足够数量的压路机,选择合理的压路机组合方式及初压、复压、终压的碾压步骤,以达到最佳的碾压效果。低温、风大、薄层碾压时,压路机的数量应适当增加。

(3)压路机应以慢而均匀的速度碾压,压路机碾压速度应符合表 1-24 中的要求,压路机的碾压线路、方向不应突然改变,导致混合料推移。

沥青混凝土碾压速度(km/h)　　表1-24

压路机类型	初压		复压		终压	
	适宜	最大	适宜	最大	适宜	最大
钢筒式压路机	2~3	4	3~5	6	3~6	6
轮胎式压路机	2~3	4	3~5	6	4~6	8
振动式压路机	2~3 静压或振动	4 静压或振动	3~5 振动	5 振动	3~6 静压	6 静压

(4)压路机的碾压温度应符合表1-23中的有关要求。在不产生严重推移和裂缝的前提下，碾压在尽可能高的温度下进行，不得在低温状况下反复碾压。

(5)压路机不得在未碾压成型的路段转向、掉头、加水或停留。初压应紧跟摊铺机进行，并保持较短区段。复压紧跟初压后进行，不得随意停顿，碾压长度宜控制在60~80m内。终压紧跟复压后进行，且不少于2遍，至无明显轮迹为止。

(6)在当天成型的沥青混凝土路面上，不得停放各种机械设备或车辆，不得散落矿料、油料等杂物。

5.6.7　基床表层沥青混凝土接缝：

(1)沥青混凝土接缝必须紧密、平顺，不得产生明显的接缝离析。上下层纵缝应错开15cm(热接缝)或30~40mm(冷接缝)。相邻两幅及上下层的横向接缝应错开1m以上。

(2)横向接缝可采用斜接缝、阶梯形接缝或平接缝形式。

5.6.8　基床表层沥青混凝土厚度不应小于设计值。

5.7　改良土填筑

5.7.1　改良土施工的一般要求：

(1)填筑前应按设计提供的配合比进行室内试验，确定施工配合比。物理改良土的施工配合比应保证混合料的压实质量达到设计要求，化学改良土的配合比应保证混合料的无侧限抗压强度能达到设计要求。

(2)原材料应符合设计要求，设计未明确时应符合以下要求：

①石灰应选用钙质生石灰或消解石灰，其指标应达到合格标准。

②掺入水泥时，其初凝时间应大于3h，终凝时间宜大于6h。

③用石灰改良时，土中硫酸盐含量应小于0.8%，有机质含量应小于10%；用水泥改良时，土中硫酸盐含量应小于0.25%。

④当掺加其他化学类固化剂改良时应符合设计要求。

(3)堆放材料的场地应整平、压实，改良剂应采取防风、防潮、防雨措施分类堆放。

(4)在设计规定范围内取土，取土时应清除树木、草皮以及表面腐殖土。当土源发生变化时，必须按要求重做配合比试验。

(5)施工用水质应符合工程用水标准。

(6)化学改良土应保持良好的养护，养护时间不少于7d。当改良土分层施工时，下层碾压合格后，可以立即填筑另一层改良土，不需专门的养护期。

(7)改良土施工应做好场地的临时排水和防雨措施，严禁雨天作业，避免低温施工、人为停工。确需停工时，必须做好养护，防止水分流失。

(8)改良土正式施工前，应进行试验段填筑，确定施工技术参数。分层填筑压实厚度不应大于30cm。

(9)改良土拌和应符合有关环保要求。

5.7.2 改良土场拌法施工:

(1)施工区段应按填筑阶段的不同进行划分,一般宜划分为底层准备区段、拌和摊铺区段、碾压整型区段、检测报验区段。

(2)场拌应采用具有自动计量的专用场拌混合料搅拌机械拌和。混合料中不应含有大于15mm的土块和未消解石灰颗粒;拌和前,应使混合料的组成和含水率达到规定的要求。

(3)在设计规定范围内取土,取土时应清除树木、草皮以及表面腐殖土。当土源发生变化时,必须按要求重做配合比试验。

(4)拌和好的混合料应尽快运送到铺筑现场。混合料在运送过程中应覆盖,减少水分损失。

(5)底层应平整、密实,具有规定的路拱,表面无松散材料和软弱地段。

(6)根据松铺厚度计算每车混合料的摊铺面积,确定堆放密度。混合料应先初平,后精平,设专人及时铲除离析混合料,补以新混合料。当下层为细粒土时,应先拉毛,再摊铺混合料。

(7)混合料应全断面均匀摊铺,不得出现纵向接缝,不宜中断。当因故中断超过2h时,应设置横向施工缝,横向接缝应采用搭接施工。

(8)混合料摊铺完后,先用平地机初平和整型,再用压路机快速碾压1~2遍。对于出现的坑洼应进行平整。

(9)整型应按规定的坡度和路拱进行,并特别注意接缝处的整平。在整型过程中,严禁车辆通行。初步整型后,检查混合料的松铺厚度,必要时应进行补料或减料。

(10)当混合料接近最佳含水率时,应用重型压路机在路基全宽内碾压至要求的压实密度,且表面无明显的轮迹。碾压时纵向应重叠40cm。

5.7.3 改良土路拌法施工:

(1)施工区段应根据施工段所处填筑阶段的不同进行划分,一般宜划分为底层准备区段、上料拌和区段、碾压整型区段、检测报验区段。

(2)路拌法施工应选用专用的撒布、拌和设备。

(3)改良土路拌采用层铺法施工,按填筑宽度及松铺厚度,计算所需被改良填料和改良剂的数量、堆放位置。

(4)按计算被改良填料的数量,在已检验合格的底层上首先摊铺被改良填料,初平静压一遍后,检查其填筑层的厚度,测定其含水率及松散干密度。

(5)按配合比计算改良剂的单位面积摊铺数量,将改良剂均匀摊铺在已经初平初压的被改良填料表面上。

(6)在路拌机拌和一遍后,应检查混合料的含水率。含水率过大时应晾晒;含水率过小时,应用喷管式洒水车洒水。洒水车不应在正在进行拌和以及当天计划拌和的路段上掉头和停留。在洒水拌和过程中,应及时检查混合料的含水率,其值宜大于最佳含水率1%左右。

(7)拌和深度应深入下层承的表面1cm左右。应设专人跟随拌和机,随时检查拌和深度,并配合拌和机操作员调整拌和深度,严禁在拌和层底部留有夹层。

(8)拌和完成的混合料应均匀。

(9)拌和整型后的碾压施工应符合本小节第5.7.2条的有关规定。

5.7.4 施工控制:

(1)改良土用的原材料进场前应按有关规定进行相应试验。

(2)对初步确定使用的混合料,应进行重型击实试验,计算最佳含水率和最大干密度,并进行7d无侧限抗压强度的试验。无侧限抗压强度必须符合设计要求。

(3)化学改良土应色泽均匀,无灰条、灰团。改良剂剂量允许偏差为试验配合比的-0.5%~+1.0%。

(4)无侧限抗压强度在摊铺后碾压前取样,不拌和不加水,直接按现场密度制样,按现行《铁路工程土工试验规程》(TB 10102)有关规定进行无侧限抗压强度试验。

(5)改良土路基压实质量应根据部位分别按本节表1-17或表1-19的要求控制。

(6)改良土路基外形尺寸应根据部位分别按本节表1-18或表1-20的要求控制。

5.8　加筋土路堤

5.8.1　加筋土路堤施工准备:

(1)用于加筋的土工合成材料应符合设计要求,按规定的批次进行检验。

(2)土工合成材料运至工地后,应分批整齐堆放在料棚(库)内,防止日晒雨淋,并保持料棚通风干燥。

5.8.2　加筋土路堤施工:

(1)土工合成材料的铺设应符合本章第4.19.2条的规定。

(2)加筋土路堤填筑应分层摊铺、分层碾压,除符合本节第5.3~5.5小节有关规定外,并应符合下列要求:

①土工合成材料铺设后应及时填筑填料,其受阳光直接暴晒时间不得过长。

②一般路基上填料的摊铺及填筑从路堤中线开始,对称地向两侧填土;软土地基上填料的摊铺及填筑应从两侧开始,平行于路堤中线向中心对称进行。地基面上首层填料宜用轻型压实机具压实,只有当土工合成材料上的填料厚度大于0.6m后,才能采用重型压实机械。

③严禁施工机械直接在土工合成材料上行走作业。

④加筋土路堤与两端路堤应同步施工。

⑤加筋土路堤的边坡防护宜与路堤填筑同步施工。

5.8.3　施工控制:

(1)土工合成材料铺设检验应符合本章第4.19.6条的有关规定。

(2)路堤填料应按第5.2小节的有关要求控制,路基压实质量应按表1-17、表1-19的要求控制。

5.9　路堤边坡

5.9.1　路堤边坡应采用加宽超填或专用边坡压实机械施工。当采用加宽超填方法时,超填宽度不宜小于50cm。

5.9.2　路基施工时,填筑面应平整,并根据现场情况做必要的截水沟和急流槽等截、排水设施。

5.9.3　路基刷坡宜采用刷坡机械。机械刷坡时,应根据路肩线用坡度尺控制坡度。人工刷坡时,应采取挂方格网控制边坡平整度和坡度,方格网桩距不宜大于10m。

5.9.4　路堤边坡应密实、稳固、平顺。

5.9.5　路堤边坡外形尺寸允许偏差按表1-25的要求控制。

路堤边坡坡率、平台外形尺寸允许偏差　　表1-25

序　号	项　目	允许偏差	序　号	项　目	允许偏差
1	边坡坡率(偏陡量)	3%设计值	3	平台位置(mm)	±100
2	变坡点位置(mm)	±200	4	平台宽度(mm)	±50

注:变坡点、平台位置以位于路肩下的高度计。

5.10　路基沉降观测

5.10.1　路基工程施工应按设计要求进行地基沉降、侧向位移的动态观测。观测基桩必须置于不受施工影响的稳定地基内,并定期进行复核校正。观测装置的埋设位置应符合设计要求,且埋设稳定。施工中应保护好观测基桩及观测装置。

5.10.2 沉降观测应采用二等几何水准测量。

5.10.3 边桩及沉降在施工期间每天应进行一次观测,在沉降量突变的情况下,每天应观测2~3次。当两次填筑间隔时间较长时,每3d至少观测一次。路堤经过分层填筑达到预压高程后,在预压期的前2~3个月内,每5d观测一次;三个月后7~15d观测一次;半年后一个月观测一次,一直观测到预压期末。预压期后每三个月观测一次直至移交,当沉降速率变化大时,增加观测频率。

5.10.4 在填土过程中,应根据观测结果整理绘制“填土高—时间—沉降量”关系曲线图,分析土体的侧向位移值及其发展趋势,判断地基的稳定性。

5.10.5 当路堤中心线地面沉降速率每昼夜大于10mm,或坡脚水平位移速率每昼夜大于5mm时,应立即停止填筑,待观测值恢复到限值以内再进行填筑。

5.10.6 路基填筑至设计高程后,应按设计在路肩设观测桩,与边桩和沉降同步进行观测。通过测量路肩观测桩的高程变化,确定路基面的沉降量。

5.10.7 沉降观测资料应及时整理、汇总分析,并提供给相关单位作为工后沉降评估的依据。

5.10.8 竣工验交时,沉降观测设施和观测资料应与工程同时移交给工程接收单位。

5.11 雨季施工

5.11.1 雨季施工前应做好施工准备工作,区分路段,进行适合于雨季施工项目的安排。

5.11.2 雨季施工路段,应在雨季前做好涵洞,并做好防水、防洪、排水工作。必要时采取覆盖措施。

5.11.3 严禁雨天进行非渗水土的填筑施工。

5.11.4 雨季路堤填筑的每一压实层面均须做成2%~4%的横向排水坡,路堤边坡应随时保持平整,每次作业收工前必须将铺填的松土层压实完毕。

5.11.5 雨季施工应根据机械设备的性能和数量,合理安排工作面进行轮流作业,快速施工,不宜全面铺开。

5.11.6 雨后的路基面必须晾晒、刮除表面浮土和复压处理,并经抽检合格后才能继续施工。

6 路 堑

6.1 一般规定

6.1.1 路堑开挖、基床处理、排水系统和弃土等,应根据地形、地质、气象、水文实际情况合理安排施工。

6.1.2 路堑开挖施工前应核对地质资料,开挖后如发现与地质资料不符时,应及时反馈设计和监理单位。

6.1.3 路堑开挖应根据地形情况、岩层产状、断面形状、路堑长度、施工季节和环境保护要求,并结合土石方调配选用下列方式开挖:

(1)全断面开挖适用于平缓地面上短而浅的路堑,用挖装、车运机具施工。

(2)横向台阶开挖适用于平缓横坡上的一般路堑,用挖装、车运机具施工;较深路堑宜分层开挖。

(3)逐层顺坡开挖适用于土质路堑,用铲运、推土机械施工。

(4)纵向台阶开挖适用于傍山路堑,边坡较高时宜分级开挖;路堑较长时,可适当开设马口。对边坡较高的软弱、松散岩质路堑,宜采用分级开挖、分级支挡、分级防护的坡脚预加固

措施。

6.1.4　路堑排水系统施工：

(1)路堑施工应先做好堑顶截、排水；堑顶为土质或有软弱夹层的岩石时，天沟应及时铺砌或采取其他防渗措施。

(2)开挖区应保持排水系统通畅，临时排水设施宜与永久性排水设施相结合，并与原有排水系统相适应。

(3)排出的水不得损害路基及附近建筑物地基、道路和农田，并不得引起淤积和冲刷。

(4)影响边坡稳定的地面水和地下水应及时引排，在路堑的表面设排水坡，以利排水。

6.1.5　路堑开挖施工：

(1)开挖前应先检查坡顶、坡面，并对危石、裂缝或其他不稳定情况妥善处理。

(2)开挖应从上而下进行，严禁掏底开挖。

(3)对岩石的走向、倾斜不利于边坡稳定及施工安全的地段，应按设计要求开挖，并采取减弱施工振动的措施；在设有支挡结构的地段，应采取短开挖或马口开挖、并设临时支护等措施。

(4)开挖及爆破应按岩性、产状、边坡高度选择适当方法，严格控制药量。爆破后应达到边坡和堑顶山体稳定，基床和边坡平顺、不破碎、不松动；凹凸不平处应用混凝土或浆砌片石补齐。

6.1.6　膨胀土路堑施工：

(1)膨胀土路堑不宜在雨季施工。设有支挡和防护结构的边坡应及时砌筑，随挖随砌；当不能紧跟开挖砌筑时，边坡应暂留厚度不小于0.5m的保护层。

(2)膨胀土路堑基床换填要紧随开挖完成，当有困难时，应暂留厚度不小于0.5m的保护层。路堑基床表层应按设计设置封闭层。

6.2　基床

6.2.1　不易风化硬质岩石基床，应将表面做成向两侧的4%排水坡，做到表面平顺，肩棱整齐，对凹凸不平处宜用不小于C25混凝土补齐。

6.2.2　强风化硬质岩石、软质岩石及土质路堑基床表层应换填级配碎石，并符合下列规定：

(1)压实质量按表1-26的要求控制，施工工艺应符合本章第5.5小节的有关规定。

级配碎石基床表层压实标准　　表1-26

填料	压实标准			
	地基系数 K_{30}(MPa/m)	变形模量 E_{v2}(MPa)	孔隙率 n(%)	动态变形模量 E_{vd}(MPa)
级配碎石	≥190	≥120	<18	≥55

(2)基床底层表面应做成向两侧4%的排水坡。施工时，其上宜保留0.1~0.2m厚土层待基床表层施工之前开挖，并应避免对基床底层原地层产生扰动。

(3)当基床范围内有 P_s <1.5MPa或 σ_0 <0.18MPa的土层时，应进行土质改良或加固处理。

(4)土质路堑地基土质不符合填料条件时，应按设计要求进行换填。

6.3　半填半挖路基

6.3.1　开挖应符合第6.2小节的有关规定。

6.3.2　填筑应符合本章第5.3~5.5小节的有关规定。

6.3.3　路基轨道下横跨挖方与填方两部分时，应按设计要求进行换填，并设置4%的向外排水坡。

6.3.4　当采用土工合成材料连接时,其铺设应符合设计要求及本章第4.19.2条的要求。

6.3.5　填筑部分应挖台阶处理,台阶尺寸应符合设计要求。

6.4　地下水路堑

6.4.1　地下水发育地段的路堑开挖时,应核查地下水的出露位置、发育情况及相关的水文地质资料,必须做好地面排水。施工场地内,不得存积地表水,施工中应随时将渗透出的地下水排出施工场地。

6.4.2　渗水暗沟沟槽开挖时,硬质岩石应采用预裂爆破或光面爆破。软质岩石或土质宜采用机械挖槽,使得沟槽两壁平顺。

6.4.3　渗水暗沟基础施工时,混凝土基础表面应平整,不应出现反坡或凹凸不平现象,检查井应与浇筑混凝土基础同时完工。

6.4.4　铺设土工合成材料时,其下端应按设计要求的尺寸平铺于混凝土基础顶面,再将上端沿沟壁抻平。

6.4.5　铺设渗水管时,固定管位后,沟槽内按设计回填碎石滤层,管周及管顶以上30cm范围内松填,30cm以上应分层轻振夯实,碎石应填充密实均匀。

6.4.6　侧沟采用预制件铺设时,应采用水泥砂浆勾缝。

6.5　施工控制

6.5.1　石质路堑边坡开挖应采用光面爆破、预裂爆破,确保坡面平顺无明显局部高低差;边坡上出现坑穴、凹槽应灌注混凝土,不得长期暴露,造成坡面坍塌。边坡变坡点位置及平台位置、宽度施工允许偏差应按表1-27的要求控制。

边坡变坡点位置及平台位置、宽度施工允许偏差　　表1-27

序号	项目	允许偏差	序号	项目	允许偏差
1	变坡点位置(mm)	±100	3	平台宽度(mm)	±50
2	平台位置(mm)	±100			

注:变坡点按路肩以上高度计,平台位置以平台顶面高程计。

6.5.2　路堑开挖应按设计断面测量放样,边开挖边整型;路堑的路基面应平顺,肩棱整齐;爆破时局部缺损的路肩以混凝土修补平整。

6.5.3　天沟、侧沟及其他引、截排水设施,应绘出详图,放线施工。沟水排泄不得对路基产生危害。

6.5.4　路基面施工的允许偏差应按表1-28的要求控制。

路基面施工允许偏差　　表1-28

序号	项目	允许偏差	序号	项目	允许偏差
1	路肩高程(mm)	±10	4	横坡(%)	±0.5
2	中线至路肩边缘距离(mm)	0,+20	5	平整度(mm)	≤10
3	宽度	不小于设计值			

6.5.5　路堑基床表层厚度、边坡允许偏差应按表1-29的要求控制。

路堑基床表层厚度、边坡允许偏差　　表 1-29

序　号	项　目	允许偏差	序　号	项　目	允许偏差
1	基床表层级配碎石厚度(mm)	-20	3	边坡坡率	不陡于设计值
2	基床表层底部砂垫层厚度	不小于设计值			

6.5.6　路堑侧沟施工允许偏差应按表 1-30 的要求控制。

路堑侧沟施工允许偏差　　表 1-30

序　号	项　目	允许偏差	
		石质沟	预制或现浇混凝土沟
1	沟底中心位置(mm)	0，+50	0，+50
2	沟底高程(mm)	±20	±10
3	净空尺寸(上下宽深度)(mm)	±20	±20
4	边坡坡率(偏陡量)	5%设计值	5%设计值
5	铺砌厚度(mm)	-10	-10
6	沟底坡度	±5%设计值	±5%设计值
7	沟底平整度(mm)	20	10
8	平台宽度(mm)	±50	±50
9	沟顶高程(mm)	—	-20,0

7　过　渡　段

7.1　一般规定

7.1.1　在路堤与桥台、路堤与横向结构物、路堤与路堑以及路堑与隧道等的连接路段，应按设计要求施工过渡段。

7.1.2　过渡段施工一般要求：

(1)应优先安排软土地基地段过渡段路堤的填筑施工。

(2)过渡段的桥台、涵洞等建筑物的基坑，应以混凝土回填或以碎石分层填筑，并用小型振动压实设备碾压。回填工作必须在隐蔽工程验收合格后才能进行。

(3)过渡段范围的路堤基底处理应按本章第 4.2 小节的有关规定执行。

(4)过渡段级配碎石施工应符合本章第 5.5 小节的有关规定，分层填筑压实，每层的压实厚度不应大于 30cm，最小压实厚度不宜小于 15cm，具体的摊铺厚度及碾压遍数应按工艺试验确定的工艺参数进行控制。每压实层路拱坡面应符合设计要求，无积水现象。

(5)过渡段 A、B 组填料按本章第 5.4.2 条的规定施工。

(6)过渡段级配碎石和与其连接段的 A、B 组填料填层应与相邻的路堤及锥体同时施工，并将过渡段与连接路堤的碾压面按大致相同的水平分层高度同步填筑并均匀压实。在填筑压实过程中，应保证桥台、横向结构物稳定、无损伤。

(7)路桥过渡段地基采用打入桩、挤密桩等加固时，宜先进行打入桩和挤密桩等施工，再进行桥涵的桩基施工。

7.1.3　过渡段排水要求:

(1)过渡段施工前,应根据场地情况,采取相应的防排水措施。

(2)过渡段桥台背回填料表面,应按设计要求采取措施防止地表水渗入。

(3)过渡段桥台背与回填料之间,应按设计要求设置防排水层。

(4)过渡段级配碎石填料与相邻路堤填料之间的反滤层,应按设计要求进行施工。

(5)过渡段坡脚两侧、路堤底部的纵横向排水措施应符合设计要求。

7.1.4　过渡段路堤两侧防护砌体的施工,应在地基和路堤变形稳定后进行,宜与相邻路堤的防护砌体施工相互协调。

7.2　路堤与桥台过渡段

7.2.1　路堤与桥台过渡段填料和结构形式应满足设计要求。基床表层以下级配碎石及台后20m 范围内基床表层的级配碎石中,应按设计掺适量水泥。

7.2.2　路堤与桥台过渡段填筑:

(1)过渡段路堤应与桥台锥体和相邻路堤同步填筑。

(2)台后 2.0m 范围外大型压路机能碾压到的部位,其填筑施工应符合本章第 5 节的有关规定。

(3)大型压路机碾压不到的部位及在台后 2.0m 范围内,用小型振动压实设备进行碾压,填料的松铺厚度不宜大于 20cm,碾压遍数应通过工艺试验确定。

7.2.3　沉降观测:

(1)过渡段的沉降观测应按设计要求进行,宜在过渡段范围内的路肩上布置 3 ~4 个沉降观测断面(含桥台和过渡段尾端)。

(2)软土地基地段的过渡段还应按设计要求进行软土地基表面沉降观测。测点布置宜与相邻路堤软土地基表面的沉降观测位置相协调。

(3)沉降观测装置埋设、沉降观测精度及频度,应符合本章第 5.10 小节的有关规定。

7.3　路堤与横向结构物过渡段

7.3.1　路堤与横向结构物过渡段填料和结构形式应满足设计要求。当横向结构物顶面至轨底高度小于 1.5m 时,横向结构物顶面以上路堤填筑级配碎石。横向结构物顶面及其两端 20m 范围内路堤级配碎石应按设计掺适量水泥。

7.3.2　路堤与横向结构物过渡段填筑:

(1)横向结构物两端的过渡段填筑必须对称进行,并应与相邻路堤同步施工。

(2)涵洞顶部两端大型压路机能碾压到的部位,其填筑施工应符合本章第 5 节的有关规定;靠近横向结构物的部位,应平行于横向结构物进行横向碾压。大型压路机碾压时,不得影响结构物的稳定。

(3)横向结构物的顶部填土厚度小于 1m 时,不得采用大型振动压路机进行碾压。

(4)大型压路机碾压不到的部位,应采用小型振动压实设备分层进行碾压,填料的松铺厚度不宜大于 20cm,碾压遍数应通过工艺试验确定。

7.3.3　沉降观测应按设计要求进行,并应符合本章第 5.10 小节的有关规定。

7.4　路堤与路堑过渡段

7.4.1　路堤与路堑过渡段设置:

(1)当路堤与路堑连接处为坚硬岩石时,在路堑一侧应顺原地面纵向开挖台阶,台阶高度为 0.6m左右,并应在路堤一侧设置过渡段。其填料和结构形式应满足设计要求。

(2)当路堤与路堑连接处为软质岩石或土质路堑时,应顺原地面纵向挖成 1∶2 的坡面,坡面上开

挖台阶，台阶高度为0.6m左右。其开挖部分应采用相邻路堤同样填料填筑。

7.4.2　路堤与路堑过渡段填筑：

(1)过渡段填筑前，应平整地基表面，碾压密实；并应挖除堤堑交界坡面的表层松土，按设计要求做成台阶状。

(2)过渡段的填筑施工应与相邻路堤同步进行。

(3)大型压路机能碾压到的部位，其施工方法应符合本章第5节的有关规定；靠近堤堑结合处，应沿堑坡边缘进行横向碾压。

(4)大型压路机碾压不到的部位，应采用小型振动压实设备分层进行碾压，填料的松铺厚度不宜大于20cm，碾压遍数应通过工艺试验确定。

7.4.3　沉降观测应按设计要求进行，并应符合本章第5.10小节的有关规定。

7.5　路堑与隧道过渡段

7.5.1　土质、软质岩及强风化硬质岩路堑与隧道连接地段，应按设计要求设置过渡段。

7.5.2　过渡段应采用渐变厚度的混凝土或掺入适量水泥的级配碎石填筑。

7.6　施工控制

7.6.1　过渡段填筑高度H小于基床厚度时，基底压实质量应符合设计要求；填筑高度H大于基床厚度时，基底压实质量应达到地基系数$K_{30}\geqslant 60\text{MPa/m}$的要求。

7.6.2　过渡段采用的填料应符合设计要求，并符合本章第5.2.5条的规定。

7.6.3　过渡段路堤的填筑工艺应通过现场碾压试验确定。

7.6.4　过渡段路基的基床表层压实质量应按本章表1-21的要求控制；基床表层以下路堤压实质量应按表1-31的要求控制。

过渡段基床表层以下路堤填筑压实质量标准　　表1-31

填　料	地基系数 K_{30}(MPa/m)	变形模量 E_{v2}(MPa)	孔隙率 n(%)	动态变形模量 E_{vd}(MPa)
级配碎石和A、B组填料	≥150	≥80	<28	≥50

7.6.5　加入水泥的级配碎石混合料宜在2h内使用完毕。

7.6.6　过渡段基床表层以下级配碎石外形尺寸的允许偏差应符合本章表1-20的要求；基床表层外形尺寸允许偏差应符合本章表1-22的要求；路堤边坡允许偏差应符合本章表1-25的要求。

7.6.7　过渡段路堤坡面防护施工应符合本章第9.2小节的有关要求。

8　支挡结构

8.0.1　岩体破碎或土质松软、有水地段，修建支挡结构应按结构要求适当分段，及时施工，不应长段拉开挖基。

8.0.2　支挡结构基坑开挖前，应做好排水设施。基坑开挖后，应及时进行基础及墙身施工，并做好墙后排水设施，及时回填或填筑路堤。

8.0.3　支挡结构基础基坑开挖后，应认真核对地质资料，经验收合格后，方可进行基础施筑；当与设计不符时，应及时反馈。

8.0.4　支挡结构背后填料及其填筑、压实应符合设计要求。

8.0.5　支挡结构端部伸入路堤或嵌入地层部分应与墙体结合一起施工。路堑支挡结构顶面应抹平与边坡相接，其间孔隙应填实并封闭。

8.0.6　支挡结构与桥台、隧道洞门连接时，应协调配合施工；必要时应加临时支撑，保证相接填方或地基土层的稳定。

8.0.7　支挡结构的各部尺寸应符合设计要求。

8.0.8　泄水孔、反滤层、排水层、隔水层、沉降缝和伸缩缝设置应符合设计要求。

8.0.9　支挡结构施工应符合《铁路路基工程施工质量验收标准》(TB 10414—2018)的有关规定，其中混凝土支挡结构还应满足现行《铁路混凝土工程施工技术指南》的有关规定。施工允许偏差应按表1-32的要求控制。

支挡结构施工允许偏差　表1-32

<table>
<tr><th>部　位</th><th colspan="3">项　目</th><th>允许偏差(mm)</th></tr>
<tr><td rowspan="3">基础</td><td colspan="3">前边缘距路基中线</td><td>0，+20</td></tr>
<tr><td colspan="3">宽度(前缘至后缘)</td><td>0，+20</td></tr>
<tr><td colspan="3">顶面高程(水平基线)</td><td>±20</td></tr>
<tr><td rowspan="5">墙身</td><td colspan="3">前边缘距路基中线</td><td>0，+20</td></tr>
<tr><td colspan="3">厚度(前缘至后缘)</td><td>0，+20</td></tr>
<tr><td colspan="3">顶面高程</td><td>±20</td></tr>
<tr><td rowspan="2">垂直度</td><td colspan="2">$h \leq 5m$</td><td>10</td></tr>
<tr><td colspan="2">$h > 5m$</td><td>15</td></tr>
<tr><td rowspan="10">预制钢筋混凝土构件
(板、柱、块体)</td><td rowspan="2">长度</td><td colspan="2">柱</td><td>+10，-5</td></tr>
<tr><td colspan="2">板、块体</td><td>+10，-5</td></tr>
<tr><td colspan="3">板对角线差</td><td>10</td></tr>
<tr><td rowspan="4">横截面尺寸</td><td colspan="2">柱、块体</td><td>±5</td></tr>
<tr><td rowspan="3">板</td><td>宽</td><td>+3，-5</td></tr>
<tr><td>高</td><td>+5，-3</td></tr>
<tr><td>厚</td><td>+4，-2</td></tr>
<tr><td rowspan="2">侧向弯曲</td><td colspan="2">柱</td><td>L/750</td></tr>
<tr><td colspan="2">板、块体</td><td>L/1000</td></tr>
<tr><td colspan="3">上表面平整度</td><td>5</td></tr>
</table>

9　路基防护及排水

9.1　一般规定

9.1.1　路堤防护应安排在适宜时间施工，堑坡防护应随施工完成。软土、松软土地基地段的路基防护工程应在沉降稳定后进行施工。

9.1.2　各种防护设施应在稳定的基脚和坡体上施工。在设有支挡结构物及排除地下水设施地段，应先做好支挡结构物、排水设施，再施作防护工程。防护的坡体表面应进行检查处理，防护设施应与坡面密贴结合。

9.1.3　路基工程施工前，对影响路基稳定的地下水，应予以截断、疏干、降低水位，并引排到路基范围以外，防止漫流、聚积和下渗。

9.1.4　路基施工中应核对全线排水系统，全线的沟渠、管道、桥涵应构成完整的排水体系。

9.1.5　路基施工中，具备条件的地段应按设计做好排水工程以及施工场地附近的临时排水设

施，然后再做主体工程。不具备条件的地段应先做好临时排水设施，正式排水工程可与路基同步施工，并随路基施工逐步成型。

9.1.6 在路基施工期，不得任意破坏地表植被或堵塞水的通路；各类排水设施应及时维修和清理，保持排水畅通、有效。

9.1.7 防护及排水工程所用的砂浆、混凝土应采用机械拌和。

9.1.8 采用土工合成材料作为路基防护的工程，施工应符合《铁路路基土工合成材料应用技术规范》(TB 10118—2006)的有关规定。

9.1.9 各种水泥砂浆的强度等级和石料的强度均应符合设计要求，并应符合《铁路混凝土工程施工质量验收标准》(TB 10424—2018)的有关规定。各种混凝土的强度等级均应符合设计要求，并应符合现行《铁路混凝土工程施工技术指南》的有关规定。

9.1.10 泄水孔的位置、布置形式、孔径尺寸及泄水孔背反滤层的材料、设置应符合设计要求，且排水畅通。砌体及反滤层(或垫层)的材料、设置应符合设计要求。

9.2 坡面防护

9.2.1 边坡植物防护施工：

(1)植物防护施工应符合设计要求，并符合《铁路路基边坡绿色防护技术暂行规定》的有关规定。

(2)植物防护工程施工应根据植物的特性，适时种植，避免在暴雨季节、大风和高温条件下施工。

(3)植物播种前应进行种子发芽率试验或植株移植试验，根据试验结果确定种植密度和种植时间，确保在雨季来临之前形成一定防护能力。在防护未形成一定能力时，宜采取排水和覆盖等临时保护措施。

(4)铺草皮防护宜选用带状或块状草皮，草皮厚度不宜小于10cm。铺设时，应由坡脚自下而上施工，并用尖木(或竹)桩将其固定于边坡上。

(5)种草防护草籽应均匀撒布在已清理好的坡面上，同时做好保护措施。对不利于草类生长的土质，应在坡面先铺一层10～15cm厚的种植土。

(6)喷播植草应先将生长液与草籽按设计要求混合并搅拌均匀，采用喷播设备将其喷洒在已清理好的坡面上，喷洒应自下而上进行，草籽喷洒均匀，不得流淌。对不利于草类生长的土质，应按设计要求在坡面上先铺一层种植土，然后再进行草籽喷洒。草籽喷洒完毕后，应及时做好养护直至植物覆盖坡面。

(7)植物防护覆盖率、成活率应符合表1-33的要求。

植物防护覆盖率、成活率 表1-33

序号	项目			覆盖率(%)	成活率(%)
1	一般地区	植草防护	土质路基边坡	85	—
2			石质路基边坡	70	—
3		种植藤本植物、灌木、乔木防护	土质路基边坡	—	80
4			石质路基边坡	—	70
5	干旱地区	植草防护	土质路基边坡	65	—
6		种植藤本植物、灌木、乔木防护		—	70

9.2.2 边坡固土网垫植草防护施工：

(1)边坡固土网垫植草防护施工宜在植物生长的季节铺设。铺设前，应整平坡面并适量洒水湿润边坡，再夯拍5～8cm耕植土并整平与洒水。铺设时，土工网垫应与土面密贴，其下边按L形埋入土中,埋入深度不应小于0.4m,回转长度不应小于0.3m。

(2)土工网垫搭接宽度不应小于5cm, 土工网搭接宽度不应小于10cm,并采用长度不小于15cm的固定钉与坡面连接,固定钉间距应小于1.5m,铺设范围应包括路肩、平台及堑顶以外1m。

(3)草籽应均匀撒播于土工网内,并用松散种植土填满网穴,在坡面再进行二次撒播草籽并施肥后夯拍密实、洒水养护,直至植物成长覆盖坡面。

(4)边坡固土网垫铺设允许偏差应符合表1-34的要求。

固土网垫铺设允许偏差 表1-34

序 号	项 目	允许偏差	序 号	项 目	允许偏差
1	搭接宽度(mm)	+30, -0	4	固定钉长度	不小于设计值
2	上、下边埋入土深度	不小于设计值	5	固定钉间距(mm)	+50
3	回转长度	不小于设计值			

9.2.3 喷浆、喷射混凝土(或带锚杆铁丝网)防护施工:

(1)施工前,坡面如有较大裂缝或凹坑时应先嵌补牢实,使坡面平顺整齐;岩体表面应冲洗干净,土体表面应平整、密实、湿润。

(2)锚杆孔应冲洗干净,插入锚杆应用水泥砂浆固定,铁丝网应与锚杆连接牢固,并与坡面保持设计要求的间隙。

(3)喷层厚度应均匀,厚度均不得小于设计值;喷后一般应养护7~10d。

(4)铁丝网及锚杆头均不得外露。

(5)喷层周边与未防护坡面的衔接处应做好封闭处理,防止水从缝隙浸入。

(6)喷射纤维混凝土时,应进行现场试验确定配合比、风压、喷射距离和角度。喷射材料应分两次拌和,钢纤维增黏剂在第二次拌和时掺入。

(7)喷浆、喷射混凝土的拌和料应在规定的时间内喷射完毕,喷射2h后即应开始养护。

(8)在喷射混凝土过程中,应采用有效措施保证泄水孔不被堵塞。

(9)喷射混凝土施工允许偏差应符合表1-35的要求。

喷射混凝土施工允许偏差方法 表1-35

序 号	项 目	允许偏差	序 号	项 目	允许偏差
1	锚杆孔深(mm)	-50	5	底面高程(mm)	±50
2	锚杆间距(mm)	+50	6	坡顶高程(mm)	-20,0
3	锚杆长(mm)	-30	7	坡度(%)	0.5
4	平面位置(mm)	±50			

9.2.4 浆(干)砌片石防护、浆砌片石骨架防护施工:

(1)浆(干)砌片石应分层、分段砌筑。分层水平砌缝应大致水平,各砌块的砌缝应相互错开。

(2)基础埋置深度除符合设计要求外,当其边侧存在取土坑或其他不利于基础稳定的因素时,应采取必要的措施保护基脚。

(3)浆砌片石应采用挤浆法砌筑,养护良好。

(4)护坡厚度均匀。砌层片石纵、横向搭接压缝,间隙塞满,外露面整齐。

(5)设有垫层的护坡,应随垫随砌。

(6)干砌护坡勾缝应在路堤沉降已趋稳定后进行;勾缝前,应先将松动和变形处修整完好。

(7)浆砌片石骨架应嵌入坡面一定深度,骨架表面应与草皮衔接。

9.2.5 砌筑预制块防护施工:

(1)砌筑时,反滤层、垫层应随垫随砌。

(2)基础埋置深度应符合设计要求,还应按现场情况采取必要措施保护基脚。

(3)砌筑预制块间砂浆应饱满,砌筑后外面整齐,各方向缝顺直。

(4)勾缝应于路堤已趋稳定后进行。

(5)预制块预制应符合设计要求并符合现行《铁路混凝土工程施工技术指南》的有关规定。

9.2.6　勾缝、灌浆、嵌补、支顶等施工:

(1)勾缝及灌浆填缝,应先清除草根、泥土,并冲洗缝隙。

(2)勾缝砂浆应嵌入缝中,并与岩石牢固结合。灌注较大的裂缝可用 M5 水泥砂浆或 C10 混凝土,应插捣密实,满至缝口抹平。

(3)嵌补坡面空洞及凹槽,应先清除松动岩石并将基座凿平一定宽度后再行砌筑;应做到嵌体稳固、表面平顺、周边封严。

(4)支顶危岩落石,其圬工基座应置于完整、稳定的岩体上并整平或凿成台阶。

9.2.7　路堑边坡护坡护墙防护施工:

(1)施工前松动岩石应予清除;局部超挖或凹陷处应挖成台阶后用与墙身相同的材料砌平。

(2)基础应埋置在侧沟底的可靠岩层上;当地基软弱时,应采用加强或加深措施。

(3)墙面及两端面砌筑平顺,墙背与坡面密贴结合,墙顶与边坡间缝隙封严。

(4)坡面有地下水出露时,应做好引水设施;每隔 10 ~ 15m 应设一道伸缩缝。

(5)砌体应采用坚硬、不易风化的片石砌筑,严禁通缝、叠砌、贴砌和浮塞。砌体勾缝应牢固、美观。

9.2.8　边坡渗沟施工:

(1)沟底铺砌应置于稳定地层上;台阶连接处应砌筑密贴。

(2)填充石块应采用硬块石,沟底部应选用较大石块。顶部应采取防地表水渗入的措施。

(3)渗沟出口与纵向排水设施或挡土构筑物的衔接应密贴牢固,做到渗沟排水通畅。

9.2.9　砌体施工允许偏差应符合表 1-36 的要求。

砌体施工允许偏差　　表 1-36

<table>
<tr><th rowspan="2">序　号</th><th rowspan="2" colspan="2">项　目</th><th colspan="4">允许偏差</th></tr>
<tr><th>浆砌片石</th><th>干砌片石</th><th>带截水沟浆砌片石</th><th>混凝土预制块</th></tr>
<tr><td>1</td><td colspan="2">平面位置(mm)</td><td>±50</td><td>±50</td><td>±50</td><td>±50</td></tr>
<tr><td>2</td><td colspan="2">基底高程(mm)</td><td>±50</td><td>±50</td><td>±50</td><td>±50</td></tr>
<tr><td>3</td><td colspan="2">坡顶高程(mm)</td><td>-20,0</td><td>-20,0</td><td>-20,0</td><td>-20,0</td></tr>
<tr><td>4</td><td colspan="2">坡度(%)</td><td>±0.5</td><td>±0.5</td><td></td><td>±0.5</td></tr>
<tr><td>5</td><td colspan="2">护肩、镶边及基础厚度、宽度</td><td>不小于设计值</td><td>不小于设计值</td><td>不小于设计值</td><td>不小于设计值</td></tr>
<tr><td>6</td><td colspan="2">砌石厚度</td><td>不小于设计值</td><td>不小于设计值</td><td></td><td></td></tr>
<tr><td>7</td><td colspan="2">垫层厚度</td><td>不小于设计值</td><td>不小于设计值</td><td></td><td>不小于设计值</td></tr>
<tr><td>8</td><td colspan="2">坡面平整度(mm)</td><td>30</td><td>30</td><td>30</td><td>10</td></tr>
<tr><td>9</td><td rowspan="3">骨架</td><td>净距(mm)</td><td></td><td></td><td>±50</td><td></td></tr>
<tr><td>10</td><td>宽度及边槽高度</td><td></td><td></td><td>不小于设计值</td><td></td></tr>
<tr><td>11</td><td>骨架厚度及嵌置深度</td><td></td><td></td><td>不小于设计值</td><td></td></tr>
<tr><td>12</td><td colspan="2">踏步宽度、厚度</td><td></td><td></td><td>不小于设计值</td><td></td></tr>
<tr><td>13</td><td rowspan="3">混凝土板(mm)</td><td>边长</td><td></td><td></td><td></td><td>+6,-3</td></tr>
<tr><td>14</td><td>对角线长</td><td></td><td></td><td></td><td>+6,-3</td></tr>
<tr><td>15</td><td>厚度</td><td></td><td></td><td></td><td>+4,-2</td></tr>
</table>

9.3 冲刷防护

9.3.1 路基冲刷防护应加强基础处理,保证混凝土质量,防止水流冲刷和淘空。

9.3.2 坡岸防护施工:

(1)坡岸防护应按设计要求施工。

(2)基坑开挖中应核对地质情况、基础高程和嵌入基岩深度。明挖基坑应随时排干坑内积水,挖至设计高程后应立即检查基底承载力;水下和深基础采用沉井、桩基础施工时,应符合现行《高速铁路桥涵工程施工技术指南》的规定。基础及其护基设施均宜在枯水期内完成。

(3)坡面铺砌应在填料和填筑压实符合设计要求及坡体沉降已趋稳定后进行。铺砌前应整平夯实坡面。

(4)护坡上下游两端及顶部与边坡或岸坡的衔接应牢固、平顺、密贴。

(5)所用的砂浆或混凝土必须按配合比进行强度等级试验,石料强度应符合设计要求。

9.3.3 导流构造物施工:

(1)导流构造物施工时,应调查核对坝址情况;当地质、河道、水文条件在核查时或在施工中发现与设计不符时,应及时反馈给有关单位。

(2)导流构造物施工,应按设计要求并符合水工构筑物有关规定。应特别注意坝基处理、坝根与相连地层或其他防护设施的嵌接。

9.3.4 改河工程施工:

(1)改河工程应在枯水期施工。旱季不能完成时,应妥善采取防洪措施。

(2)河道开挖应先挖中段,再挖未段。必须经检查确认新河床已符合要求后,方可挖通其上游河段。

(3)利用开挖新河道的土石填平旧河道时,在新河道未通流前,不得堵断旧河道。

(4)通流时,改河上游进口河段的河床纵坡应稍大于设计坡度。

(5)河床加固设施及导流构造物的施工进度应合理,及时配套完成。

9.4 路基排水

9.4.1 路基排水设施施工:

(1)各类排水设施的位置、断面、尺寸、坡度、高程及使用材料应符合设计要求。

(2)沟渠边坡必须平整、稳定。

(3)排水设施应纵坡顺适、沟底平整、排水畅通、无冲刷和阻水现象。

(4)排水沟、天沟要求线形美观,直线线形顺直,曲线线形圆顺。

(5)各类防渗加固设施要求坚实稳定,表面平整美观。浆砌片石工程砂浆配合比应通过试验确定,砌体咬扣紧密,嵌缝饱满、密实,勾缝平顺无脱落,缝宽大体一致。干砌片石工程要求咬扣紧密、错缝,严禁叠砌、贴砌。

9.4.2 地面排水设施施工:

(1)侧沟、路堤横向排水沟采用混凝土预制构件砌筑,砌缝砂浆应饱满,沟身不漏水。预制混凝土构件强度、尺寸应符合设计要求,有破损、裂缝的构件严禁使用。

(2)路堤横向排水沟沟底纵坡由中心向两侧为4%;横向排水沟与路堤边坡排水沟应相接将水排出路基。路堤横向排水沟和路堤边坡上的排水沟均应在路堤处于稳定后方可施工。

(3)采用浆砌片石加固水沟时,砌缝砂浆应饱满,沟身不漏水。

(4)截水沟应防止水流下渗和冲刷。地质不良地段和土质松软、透水性较大或裂隙较多的岩石路段,对沟底纵坡较大的土质截水沟及截水沟的出水口,均应采用加固措施,防止渗漏和冲刷沟底及沟壁。

(5)急流槽、平台截水沟应随路基防护圬工同步砌筑,排水坡度、沟槽断面不得小于设计要求。

(6)当路堤基本成型或跨雨季填筑时,路堤边坡较高地段宜每隔30m左右于路堤边坡上设置临时排水沟,路堤面边缘设置土埂,以免冲毁路基。

9.4.3　地下排水设施施工:

(1)当地下水位较高、潜水层埋藏不深时,可采用排水沟或暗沟截流地下水及降低地下水位,沟底宜埋入不透水层内。沟壁最下一排渗水孔的底部宜高出沟底不小于0.2m。

(2)排水沟或暗沟采用混凝土浇筑或浆砌片石砌筑时,应在沟壁与含水地层接触面的高度处,设置一排或多排向沟中倾斜的渗水孔。沟壁外侧应填以粗粒透水材料或土工合成材料作为反滤层。沿沟槽每隔10~15m或当沟槽通过软硬岩层分界处时,应设置伸缩缝或沉降缝。

(3)排除地下水的渗沟均应设置排水层、反滤层和封闭层。渗沟沟内用作排水和渗水的填充料在使用前须经过筛选和清洗。

(4)渗沟的出水口宜设置端墙,端墙下部留出与渗沟排水通道大小一致的排水沟,端墙排水孔底面距排水沟沟底的高度不宜小于0.2m;端墙出口的排水沟应进行加固,防止冲刷。

(5)当管式渗沟长度为100~300m时,其末端宜设横向泄水管分段排除地下水。

(6)渗沟的开挖宜自下游向上游进行,应随挖随即支撑并迅速回填,不可暴露太久,以免造成坍塌。支撑渗沟应间隔开挖。

(7)用于排水隔离层的土工合成材料,其种类、性能指标和其上铺筑的材料应符合设计要求。

(8)施工过程中遇有与设计不符时,应报监理和设计单位。

9.4.4　检查井施工:

(1)检查井应按设计位置、尺寸施工。

(2)检查井基础应与渗水暗沟混凝土基础同时施工。

(3)井身混凝土强度及井盖形状、强度、拉手安设应符合设计要求,井身混凝土表面平顺光洁,井盖安装平稳、密贴,拉手牢固。

(4)检查井基坑回填应按路基相同部位的材料和压实要求,采用人工分层回填,夯击密实。施工时应避免机械损伤检查井壁。

(5)检查井施工允许偏差应符合表1-37的规定。

检查井施工允许偏差　　表1-37

序　号	项　目		允许偏差
1	中心位置(mm)	纵向	±50
		横向	+50,-20
2	井底高程(mm)		±30
3	净空尺寸(内径、深度)(mm)		±30
4	井盖直径(mm)		±10
5	井盖厚度		不小于设计值
6	井盖与相邻路基面高差(mm)		0,+10

10　路基相关工程及附属设施

10.1　相关工程

10.1.1　修筑于路基上的电缆槽、接触网支柱基础、声屏障基础、预埋管线、综合接地等应与路基同步施工,不得因其施工而损坏、危及路基的稳固与安全。

10.1.2　电缆槽、接触网支柱基础、声屏障基础开挖应采用专用机械设备。

10.1.3　通信、信号电缆槽施工:

(1)电缆槽应按设计要求位置、形状、尺寸与路基同步施工。

(2)电缆槽施工不应破坏侧沟和侧沟平台、堑坡坡脚及路肩。

(3)电缆槽开挖后应按设计要求做好防水。

(4)电缆槽预制和安装应符合设计要求。

(5)电缆槽施工允许偏差应符合表1-38的要求。

电缆槽施工允许偏差　表1-38

序　号	项　目	允许偏差	序　号	项　目	允许偏差
1	距线路中心线位置(mm)	0,+20	2	顶面高程(mm)	±10

10.1.4　电力牵引接触网支柱基础施工:

(1)接触网支柱基础施工应符合设计要求。基坑施工时,不得破坏路基及防护工程结构。

(2)接触网支柱基础基坑必须全部用混凝土浇筑;有渗水暗沟地段,应在接触网支柱基础浇筑并达到一定强度后,再挖渗水暗沟。接触网支柱基础和渗水暗沟施工后,要保证基床表层底面4%的排水坡。

(3)接触网拉线基础与下锚支柱基础平面位置应符合设计要求,下锚拉线的下锚环方向应在支柱基础中心与拉线基础中心连线上。

(4)接触网支柱基础施工允许偏差应按表1-39的要求控制。

接触网支柱基础施工允许偏差　表1-39

序　号	项　目	允许偏差	序　号	项　目	允许偏差
1	距线路中心线位置(mm)	0,+20	3	埋置深度	不小于设计值
2	形状尺寸(截面尺寸)(mm)	±20			

10.1.5　预埋管线、综合接地等应按设计要求与路基同步施工。

10.1.6　声屏障基础施工:

(1)声屏障基础应设置于电缆槽外侧。

(2)基础应按设计要求位置、形状尺寸、深度施工。当采用柱式基础时,基坑必须全部用混凝土浇筑。

(3)声屏障基础所用材料应符合设计要求。

(4)声屏障基础施工允许偏差应按表1-40的要求控制。

声屏障基础施工允许偏差　表1-40

序　号	项　目	允许偏差	序　号	项　目	允许偏差
1	距线路中心线位置(mm)	0,+20	3	埋置深度	不小于设计值
2	形状尺寸(截面尺寸)(mm)	±30	4	声屏障基础顶面高程(mm)	±50

10.2　附属设施

10.2.1　检查台阶、检查梯、栏杆等设备施工:

(1)应按设计设置检查设备,连接应牢固,外观应顺直整齐。

(2)检查梯等检查设备杆件的涂料品种、涂刷遍数应符合设计要求,并不得漏涂、露底、脱皮。涂刷应均匀,色泽一致。

(3)栏杆及检查设施施工允许偏差应按表1-41的要求控制。

栏杆及检查设施施工允许偏差　　表1-41

序　号	项　目	允许偏差	序　号	项　目	允许偏差
1	构件断面尺寸	±5%设计尺寸	3	柱垂直度	0.5%柱高
2	安装尺寸(mm)	±20	4	检查梯、台尺寸(mm)	±30

10.2.2　防护栅栏施工:

(1)防护栅栏支柱、栅栏材料应符合设计要求。

(2)应按设计要求埋设防护栅栏支柱,支柱埋设应稳固。

(3)栅栏应按设计要求安装牢固,不松动。

(4)防护栅栏在区间线路贯通封闭,应按设计位置、形状尺寸设"严禁入内"的标志。

10.3　取、弃土场

10.3.1　取土时应注意环境保护,取土后的裸露面应按设计采取土地整治或防护措施。风景区或有特殊要求的施工地段,应按设计要求及时配套完成环保工程。

10.3.2　取土场的位置、深度、边坡应符合设计要求,并结合当地土地利用、环保规划进行布置,不得随意取土及在水下取土。

10.3.3　弃土场应符合设计要求并及时完成防护工程。

10.3.4　弃土场的位置与高度应保证路堑边坡、山体和自身的稳定,并不得影响附近建筑物、农田、水利、河道、交通和环境等。不符合要求时,应加设挡护或采取其他措施。

10.3.5　弃土堆不宜设置在堑顶上方。

10.3.6　弃土应符合下列要求:

(1)严禁在岩溶漏斗、暗河口、泥石流沟上游及贴近桥墩、台处弃土、弃渣。

(2)沿河岸或傍山路堑的弃土,不得弃入河道、挤压桥孔或涵管口、改变水流方向和加剧对河岸的冲刷,必要时应设置挡护设施。

(3)严禁向江、河、湖泊、水库、沟渠弃土、弃渣。

11　环境保护

11.1　一般规定

11.1.1　铁路路基工程施工要认真贯彻"预防为主,防治结合,综合治理"的原则,做到统一规划,合理布局,综合利用,严格控制污染源,保护生态环境。

11.1.2　路基施工组织设计应按环境保护设计的各项要求,并结合工程实际,对在施工中可能造成环境的破坏和不利影响提出具体防治措施和方案,并付诸实施。

11.1.3　施工便道、施工场地等临时工程的规划和修建应符合当地环境保护要求。

11.1.4　铁路路基两侧绿化应符合设计要求。

11.2　水土保持

11.2.1　路基土石方调配应尽可能考虑移挖作填,对取土、弃土、弃渣场址应按设计要求,结合当地土地利用规划统筹考虑,对其裸露面必须进行整治或防护。平原地区的路堤要采取集中取土,以保护沿线的原有地形地貌。

11.2.2 路基土石方施工应做到随挖、随填、随碾压,并应合理安排好施工场地的临时排水。路堑坡面防护工程应及时施工,以减少水土流失对环境影响。

11.2.3 在地基钻孔注浆加固施工中,钻孔内溢出的浆液应回收集中处理,不得任意排放。

11.2.4 使用工业废渣填筑路基时,应按有关规范进行试验。当废渣中含有害物质易造成土质和水质污染时,应提出报告,采取相应措施,批准后方可使用。

11.2.5 清洗施工机械和设备的废水、废油以及生活污水、废弃材料、垃圾等均应集中处理,严禁随意排放、丢弃,防止污染环境。

11.2.6 工程完工后,必须进行施工场地清理。

11.3 空气污染、噪声控制

11.3.1 施工和各项临时设施、施工机械运输组装场地、材料加工厂和混凝土厂等,均宜设在远离居民区常年主风向的下风区。当无法满足时,应采取适当的防尘、防噪声等环境保护措施。

11.3.2 在城镇居民地区施工时,由机械设备和工艺操作所产生的噪声不得超过表1-42规定限值,并符合当地政府的有关规定,否则应采取消声措施。

施工场所噪声限值表 表1-42

施工阶段	主要噪声源	噪声限值 L_{eq}[db(A)]	
		昼间	夜间
土石方	推土机、挖掘机、装载机等	70	55
打桩	各种打桩机等	70	55
结构	混凝土搅拌机、振捣棒、电锯等	70	55
装修	吊车、升降机等	70	55

注:1. 表中所列噪声值是指与敏感区域相应的施工场地边界线处的限值。

2. 如有几个施工阶段同时进行,以高噪声阶段的限值为准。

11.3.3 各种机械设备及运输车辆的废气排放量,应符合现行《铁路工程环境保护设计规范》(TB 10501)和地方政府的有关规定。

11.3.4 各种运输车辆,不得超量装载运输,防止土石散落污染路面,施工便道要采用洒水抑尘措施。

11.3.5 工程用的粉末材料,应采用密封或袋装运输,不得散装散卸。在露天堆存时,应采取防止尘埃飞扬和因雨水流失的措施。

11.3.6 改良土施工时,应采取有效措施防止粉尘污染。

本章附件

附件1　路基填料分类

(1)一般土作为路基填料时,可按土颗粒的粒径大小分为巨粒土、砂类土和细粒土。

(2)巨粒土、粗粒土填料应根据颗粒组成、颗粒形状、细粒含量、颗粒级配、抗风化能力等,按附表1-1进行分组。

巨粒土、粗粒土填料分组　　附表1-1

<table>
<tr><th colspan="6">一级定名</th><th colspan="3">二级定名</th><th rowspan="2">填料分组</th></tr>
<tr><th colspan="3">类别</th><th colspan="2">名称</th><th>说明</th><th>细粒含量(%)</th><th>颗粒级配</th><th>名称</th></tr>
<tr><td rowspan="23">巨粒土</td><td rowspan="23">碎石类土</td><td rowspan="11">块石类</td><td rowspan="5">块石土</td><td>硬块石土</td><td>粒径大于200mm颗粒的质量超过总质量的50%(不易风化,尖棱状为主)</td><td>—</td><td>—</td><td>硬块石</td><td>A</td></tr>
<tr><td rowspan="4">软块石土</td><td rowspan="4">粒径大于200mm颗粒的质量超过总质量的50%(易风化,尖棱状为主)</td><td rowspan="4">—</td><td rowspan="4">—</td><td>R_c >15MPa的不易风化软块石</td><td>A</td></tr>
<tr><td>R_c ≤15MPa的不易风化的软块石</td><td>B</td></tr>
<tr><td>易风化的软块石</td><td>C</td></tr>
<tr><td>风化的软块石</td><td>D</td></tr>
<tr><td colspan="2" rowspan="6">漂石土</td><td rowspan="6">粒径大于200mm颗粒的质量超过总质量的50%(浑圆或圆棱状为主)</td><td rowspan="2"><5</td><td>良好</td><td>级配好的漂石</td><td>A</td></tr>
<tr><td>不良</td><td>级配不好的漂石</td><td>B</td></tr>
<tr><td rowspan="2">5~15</td><td>良好</td><td>级配好的含土漂石</td><td>A</td></tr>
<tr><td>不良</td><td>级配不好的含土漂石</td><td>B</td></tr>
<tr><td>15~30</td><td>—</td><td>土质漂石</td><td>B</td></tr>
<tr><td>>30</td><td>—</td><td>土质漂石</td><td>C</td></tr>
<tr><td rowspan="12">碎石类</td><td colspan="2" rowspan="6">卵石土</td><td rowspan="6">粒径大于60mm颗粒的质量超过总质量的50%(浑圆或圆棱状为主)</td><td rowspan="2"><5</td><td>良好</td><td>级配好的卵石</td><td>A</td></tr>
<tr><td>不良</td><td>级配不好的卵石</td><td>B</td></tr>
<tr><td rowspan="2">5~15</td><td>良好</td><td>级配好的含土卵石</td><td>A</td></tr>
<tr><td>不良</td><td>级配不好的含土卵石</td><td>B</td></tr>
<tr><td>15~30</td><td>—</td><td>土质卵石</td><td>B</td></tr>
<tr><td>>30</td><td>—</td><td>土质卵石</td><td>C</td></tr>
<tr><td colspan="2" rowspan="6">碎石土</td><td rowspan="6">粒径大于60mm颗粒的质量超过总质量的50%(尖棱状为主)</td><td rowspan="2"><5</td><td>良好</td><td>级配好的碎石</td><td>A</td></tr>
<tr><td>不良</td><td>级配不好的碎石</td><td>B</td></tr>
<tr><td rowspan="2">5~15</td><td>良好</td><td>级配好的含土碎石</td><td>A</td></tr>
<tr><td>不良</td><td>级配不好的含土碎石</td><td>B</td></tr>
<tr><td>15~30</td><td>—</td><td>土质碎石</td><td>B</td></tr>
<tr><td>>30</td><td>—</td><td>土质碎石</td><td>C</td></tr>
</table>

续上表

一级定名			二级定名			填料分组
类别	名称	说明	细粒含量(%)	颗粒级配	名称	
粗粒土 碎石类土 砾石类	粗砾土 粗圆砾土	粒径大于20mm颗粒的质量超过总质量的50%(浑圆或圆棱状为主)	<5	良好	级配好的粗圆砾	A
				不良	级配不好的粗圆砾	B
			5~15	良好	级配好的含土粗圆砾	A
				不良	级配不好的含土粗圆砾	B
			15~30	—	土质粗圆砾	B
			>30	—	土质粗圆砾	C
	粗砾土 粗角砾土	粒径大于20mm颗粒的质量超过总质量的50%(尖棱状为主)	<5	良好	级配好的粗角砾	A
				不良	级配不好的粗角砾	B
			5~15	良好	级配好的含土粗角砾	A
				不良	级配不好的含土粗角砾	B
			15~30	—	土质粗角砾	B
			>30	—	土质粗角砾	C
	细砾土 细圆砾土	粒径大于2mm颗粒的质量超过总质量的50%(浑圆或圆棱状为主)	<5	良好	级配好的细圆砾	A
				不良	级配不好的细圆砾	B
			5~15	良好	级配好的含土细圆砾	A
				不良	级配不好的含土细圆砾	B
			15~30	—	土质细圆砾	B
			>30	—	土质细圆砾	C
	细砾土 细角砾土	粒径大于2mm颗粒的质量超过总质量的50%(尖棱状为主)	<5	良好	级配好的细角砾	A
				不良	级配不好的细角砾	B
			5~15	良好	级配好的含土细角砾	A
				不良	级配不好的含土细角砾	B
			15~30	—	土质细角砾	B
			>30	—	土质细角砾	C
粗粒土 砂类土	砾砂	粒径大于2mm颗粒的质量超过总质量的25%~50%	<5	良好	级配好的砾砂	A
				不良	级配不好的砾砂	B
			5~15	良好	级配好的含土砾砂	A
				不良	级配不好的含土砾砂	B
			>15	—	土质砾砂	B
	粗砂	粒径大于0.5mm颗粒的质量超过总质量的50%	<5	良好	级配好的粗砂	A
				不良	级配不好的粗砂	B
			5~15	良好	级配好的含土粗砂	A
				不良	级配不好的含土粗砂	B
			>15	—	土质粗砂	B
	中砂	粒径大于0.25mm颗粒的质量超过总质量的50%	<5	良好	级配好的中砂	A
				不良	级配不好的中砂	B
			5~15	良好	级配好的含土中砂	A
				不良	级配不好的含土中砂	B
			>15	—	土质中砂	B
	细砂	粒径大于0.075mm颗粒的质量超过总质量的85%	<5	良好	级配好的细砂	B
				不良	级配不好的细砂	C
			5~15	—	含土细砂	C
	粉砂	粒径大于0.075mm颗粒的质量超过总质量的50%	—	—	粉砂	C

注:1. 颗粒级配分为良好($C_u \geq 5$,且$C_c = 1 \sim 3$)和不良($C_u < 5$,且$C_c \neq 1 \sim 3$)。

式中,不均匀系数$C_u = d_{60}/d_{10}$;曲率系数$C_c = {d_{30}}^2/(d_{10} \times d_{60})$;$d_{10}$、$d_{30}$、$d_{60}$分别为颗粒级配曲线上相应于总质量10%、30%、60%含量颗粒的粒径。

2. 硬块石为单轴饱和抗压强度$R_c > 30\text{MPa}$的块石;软块石为单轴饱和抗压强度$R_c \leq 30\text{MPa}$的块石。

3. 细粒含量指黏粒($d \leq 0.075\text{mm}$)的质量占总质量的百分数。

(3)细粒土填料应根据土的塑性指数 I_p 和液限含水率 w_L，按附表 1-2 进行分组。

细粒土填料分组 附表 1-2

一级定名				二级定名			填料分组
土　名				液限含水率 w_L	土名	塑　性　图	
细粒土	粉土		$I_p \leq 10$，且粒径大于 0.075mm 颗粒的质量不超过全部质量的 50% 的土	$w_L < 40\%$	低液限粉土	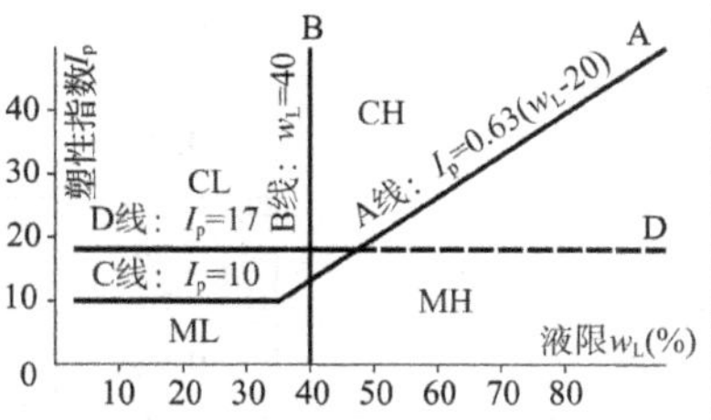 塑性指数 I_p；B；A；B线：$w_L=40$；CH；A线：$I_p=0.63(w_L-20)$；CL；D线：$I_p=17$；D；C线：$I_p=10$；ML；MH；液限 w_L(%)；0 10 20 30 40 50 60 70 80；10 20 30 40	C
				$w_L \geq 40\%$	高液限粉土		D
	黏性土	粉质黏土	$10 < I_p \leq 17$	$w_L < 40\%$	低液限粉质黏土		C
				$w_L \geq 40\%$	高液限粉质黏土		D
		黏土	$I_p > 17$	$w_L < 40\%$	低液限黏土		C
				$w_L \geq 40\%$	高液限黏土		D
	有机土			有机质含量大于 5%			E

注：1. 液限含水率试验采用圆锥仪法，圆锥仪总质量为 76g，入土深度 10mm。

2. A 线方程中的 w_L 按去掉% 后的数值进行计算。

附件 2　路基填筑土工试验及测试记录报表格式

1. 地基系数 K_{30} 试验(记录)报告(附表 1-3)

地基系数 K_{30} 试验(记录)报告 附表 1-3

施　工　单　位：________　填　土　层　次：________　报告编号：________

工　程　名　称：________　测点位置及高程：________　试验日期：________

施工里程及部位：________　试　验　编　号：________　报告日期：________

仪器设备		压力表或测力计		百分表编号			填料名称
		编号	示值范围	1	2	3	
加载顺序	压力表或测力计读数(MPa)	承载板荷载强度(MPa)	百分表读数(0.01mm)				累计沉降量 S(0.01mm)
			1	2	3	平均	
预压		0.01					
复位		0.00					
1		0.04					
2		0.08					

续上表

仪器设备		压力表或测力计		百分表编号			填料名称
		编号	示值范围	1	2	3	
加载顺序	压力表或测力计读数(MPa)	承载板荷载强度(MPa)	百分表读数(0.01mm)				累计沉降量 S(0.01mm)
			1	2	3	平均	
3		0.12					
4		0.16					
5		0.20					
6		0.24					
7		0.28					
8		0.32					
9		0.36					

P(MPa)

0　0.04　0.08　0.12　0.16　0.20　0.24　0.28　0.32　0.36

0.5

1.0

1.25

1.5

2.0

S(mm)

P-S 曲线

沉降 1.25mm 对应荷载(MPa)	
地基系数 K_{30} 值(MPa/m)	
规定值	实测值
检测环境描述：	

检测评定依据：	试验意见：

试验：________　复核：________　技术负责人：________

2. 灌砂法记录（附表 1-4）

路基填土压实试验记录（灌砂法）　　附表 1-4

施 工 单 位：____________________　　试验编号：____________________

工 程 名 称：____________________　　委托编号：____________________

施工里程及部位：____________________　　试验日期：____________________

仪器设备	名称	型号	编号	示值范围	分辨率
采用标准					

试验条件	填料名称	压实方式	颗粒密度 ρ_s (g/cm³)	最大干密度 ρ_{dmax} (g/cm³)	最佳含水率 w_{opt} (%)	试验砂密度 (g/cm³)

里程	位置	高程(m)	层次	填土厚度(cm)	碾压遍数	试验砂质量(g)	试验余砂质量(g)	试坑内砂质量(g)	试坑体积(cm³)	试坑土质量(g)	湿密度(g/cm³)	含水率				干密度(g/cm³)	压实系数、孔隙率(%)	
												湿土质量(g)	干土质量(g)	含水率(%)	平均含水率(%)		规定值	实测值

附注：

试验：________________　　复核：________________　　技术负责人：________________

3. 灌水法记录(附表1-5)

路基填土压实试验记录(灌水法) 附表1-5

施工单位：______________ 试验编号：______________

工程名称：______________ 委托编号：______________

施工里程及部位：______________ 试验日期：______________

仪器设备	名称	型号	编号	示值范围	分辨率
采用标准					
试验条件	填料名称	压实方式	颗粒密度 ρ_s(g/cm³)	最大干密度 ρ_{dmax}(g/cm³)	最佳含水率 w_{opt}(%)

里程	位置	高程(m)	层次	填土厚度(cm)	碾压遍数	试坑土质量(g)	试坑体积(cm³)	湿密度(g/cm³)	含水率				干密度(g/cm³)	压实系数、孔隙率(%)	
									湿土质量(g)	干土质量(g)	含水率(%)	平均含水率(%)		规定值	实测值

附注：

试验：______________ 复核：______________ 技术负责人：______________

4. 气囊法记录(附录 1-6)

路基填土压实试验记录(气囊法)

附表 1-6

施 工 单 位:________________ 试验编号:________________

工 程 名 称:________________ 委托编号:________________

施工里程及部位:________________ 试验日期:________________

仪器设备	名称	型号	编号	示值范围	分辨率

采用标准	

试验条件	填料名称	压实方式	最大干密度 ρ_{dmax}(g/cm³)	最佳含水率 w_{opt}(%)

里程	位置	高程(m)	层次	填土厚度(cm)	碾压遍数	显测尺读数(mm)			试坑体积(cm³)	试样质量(g)	湿密度(g/cm³)	含水率(%)				干密度(g/cm³)	平均干密度(g/cm³)	压实系数、孔隙率(%)	
						初始	终了	读数差				湿土质量(g)	干土质量(g)	含水率(%)	平均含水率(%)			规定值	实测值

附注:

试验:________________ 复核:________________ 技术负责人:________________

5. 核子射线法记录(附表 1-7)

路基填土压实试验记录(核子射线法) 附表 1-7

施工单位：______ 试验编号：______

工程名称：______ 委托编号：______

施工里程：______ 试验日期：______

<table>
<tr><td rowspan="2" colspan="2">仪器设备</td><td colspan="2">名称</td><td colspan="2">型号</td><td colspan="2">编号</td><td colspan="3">示值范围</td><td colspan="2">分辨率</td></tr>
<tr><td colspan="2"></td><td colspan="2"></td><td colspan="2"></td><td colspan="3"></td><td colspan="2"></td></tr>
<tr><td colspan="2">采用标准</td><td colspan="11"></td></tr>
<tr><td colspan="2">试验条件</td><td colspan="2">填料名称</td><td colspan="2">压实方式</td><td colspan="2">最大干密度
ρ_{dmax}(g/cm^3)</td><td colspan="3">最佳含水率
w_{opt}(%)</td><td colspan="2">密度
ρ_h(g/cm^3)</td></tr>
<tr><td colspan="2"></td><td colspan="2"></td><td colspan="2"></td><td colspan="2"></td><td colspan="3"></td><td colspan="2"></td></tr>
<tr><td rowspan="2">里程</td><td rowspan="2">位置</td><td rowspan="2">填土层次</td><td rowspan="2">高程
(m)</td><td rowspan="2">填土厚度
(cm)</td><td rowspan="2">碾压遍数</td><td rowspan="2">湿密度
(g/cm^3)</td><td rowspan="2">含水率
(%)</td><td colspan="2">干密度
(g/cm^3)</td><td colspan="3">压实系数、
孔隙率(%)</td></tr>
<tr><td>单个值</td><td>平均值</td><td>规定值</td><td colspan="2">实测值</td></tr>
<tr><td rowspan="5"></td><td rowspan="5"></td><td rowspan="5"></td><td rowspan="5"></td><td></td><td></td><td></td><td></td><td></td><td rowspan="5"></td><td rowspan="5"></td><td colspan="2" rowspan="5"></td></tr>
<tr><td></td><td></td><td></td><td></td><td></td></tr>
<tr><td></td><td></td><td></td><td></td><td></td></tr>
<tr><td></td><td></td><td></td><td></td><td></td></tr>
<tr><td></td><td></td><td></td><td></td><td></td></tr>
<tr><td rowspan="5"></td><td rowspan="5"></td><td rowspan="5"></td><td rowspan="5"></td><td></td><td></td><td></td><td></td><td></td><td rowspan="5"></td><td rowspan="5"></td><td colspan="2" rowspan="5"></td></tr>
<tr><td></td><td></td><td></td><td></td><td></td></tr>
<tr><td></td><td></td><td></td><td></td><td></td></tr>
<tr><td></td><td></td><td></td><td></td><td></td></tr>
<tr><td></td><td></td><td></td><td></td><td></td></tr>
<tr><td rowspan="5"></td><td rowspan="5"></td><td rowspan="5"></td><td rowspan="5"></td><td></td><td></td><td></td><td></td><td></td><td rowspan="5"></td><td rowspan="5"></td><td colspan="2" rowspan="5"></td></tr>
<tr><td></td><td></td><td></td><td></td><td></td></tr>
<tr><td></td><td></td><td></td><td></td><td></td></tr>
<tr><td></td><td></td><td></td><td></td><td></td></tr>
<tr><td></td><td></td><td></td><td></td><td></td></tr>
<tr><td rowspan="5"></td><td rowspan="5"></td><td rowspan="5"></td><td rowspan="5"></td><td></td><td></td><td></td><td></td><td></td><td rowspan="5"></td><td rowspan="5"></td><td colspan="2" rowspan="5"></td></tr>
<tr><td></td><td></td><td></td><td></td><td></td></tr>
<tr><td></td><td></td><td></td><td></td><td></td></tr>
<tr><td></td><td></td><td></td><td></td><td></td></tr>
<tr><td></td><td></td><td></td><td></td><td></td></tr>
<tr><td rowspan="5"></td><td rowspan="5"></td><td rowspan="5"></td><td rowspan="5"></td><td></td><td></td><td></td><td></td><td></td><td rowspan="5"></td><td rowspan="5"></td><td colspan="2" rowspan="5"></td></tr>
<tr><td></td><td></td><td></td><td></td><td></td></tr>
<tr><td></td><td></td><td></td><td></td><td></td></tr>
<tr><td></td><td></td><td></td><td></td><td></td></tr>
<tr><td></td><td></td><td></td><td></td><td></td></tr>
<tr><td rowspan="5"></td><td rowspan="5"></td><td rowspan="5"></td><td rowspan="5"></td><td></td><td></td><td></td><td></td><td></td><td rowspan="5"></td><td rowspan="5"></td><td colspan="2" rowspan="5"></td></tr>
<tr><td></td><td></td><td></td><td></td><td></td></tr>
<tr><td></td><td></td><td></td><td></td><td></td></tr>
<tr><td></td><td></td><td></td><td></td><td></td></tr>
<tr><td></td><td></td><td></td><td></td><td></td></tr>
<tr><td colspan="13">附注：</td></tr>
</table>

试验：______ 复核：______ 技术负责人：______

6. 填土压实试验报告(附表 1-8)

路基填土压实试验报告

附表 1-8

施工单位：________　报告编号：________

工程名称：________　委托编号：________

施工里程：________　试验编号：________

压实方式：________　报告日期：________

试验条件	填料名称	试验方法	最大干密度 ρ_{dmax}(g/cm^3)	最佳含水率 w_{opt}(%)	密度 ρ_h(g/cm^3)

里程	高程(m)	层次	填土厚度(cm)	碾压遍数	试验位置	湿密度(g/cm^3)	含水率(%)	干密度(g/cm^3)	规定值		实测值	
									压实系数	孔隙率(%)	压实系数	孔隙率(%)

检测评定依据：	试验意见：

试验：________　复核：________　技术负责人：________

7. E_{vd}路基动态变形模量检测试验报告(附表1-9)

E_{vd}检测试验报告

附表1-9

施工单位：________________ 报告编号：________________

工程名称：________________ 委托编号：________________

施工里程：________________ 试验编号：________________

压实方式：________________ 报告日期：________________

试验条件		填料名称			试验方法		测试部位				
里程	检测日期	高程(m)	层次	填土厚度(cm)	碾压遍数	试验位置	沉陷值1(mm)	沉陷值2(mm)	沉陷值3(mm)	E_{vd}值(MN/m²)	E_{vd}平均值(MN/m²)

检测评定依据：	试验意见：

试验：____________ 复核：____________ 技术负责人：____________

8.路堤填筑质量统计表(附表1-10)

路堤填筑质量统计表

附表1-10

工程名称：________________　填筑部位：________________

填报单位：________________　施工时间：________________

填报日期：________________

施工单位	里程	填土数量（m^3）	应检查组数	实测组数	地基系数 K_{30} ≥ ____ MPa/m		压实系数 K≥ ____ MPa/m		变形模量 E_{vd} ≥ ____ MPa		孔隙率 n≤ ____ %	
					合格点数	不合格点数	合格点数	不合格点数	合格点数	不合格点数	合格点数	不合格点数

制表：　试验室主任：

技术主管：　单位(章)：

第二章 地基加固处理施工

引 言

本章是针对杭海城际铁路的特点,参照《建筑地基处理技术规范》(JGJ 79—2012)和《刚-柔性桩复合地基技术规程》(JGJ/T 210—2010),在吸收杭海城际铁路及周边区域城际轨道交通工程实践经验的基础上编制而成。本章以施工质量验收标准为依据,重点对施工过程中的工艺、工法、质量保证措施作出了规定,反映了工程施工的新技术、新材料、新工艺、新设备,充分体现了区域城际轨道交通工程地基处理的技术特点和施工控制要求。本章适用于区域城际轨道交通工程地基处理的质量控制,凡在本章中未做规定的,均按国家、行业及地方现行的有关强制性标准执行。

本章主要内容包括:总则,术语,基本规定,换填垫层,预压地基,压实、夯实、挤密地基,复合地基处理,注浆加固等。

主编单位:浙江杭海城际铁路有限公司

参编单位:中铁四局集团有限公司、上海华铁工程咨询有限公司、中铁第四勘察设计院集团有限公司

主要执笔人:黄群勇、范润东、严剑锋、付威、李小平、杨佳乐、田传海、李星星、张雄伟

主要审查人:龚东时、薛文静、夏海宾、马彪、李新发、时风永

1 总 则

1.0.1 为了在地基处理施工中贯彻执行国家的技术经济政策,做到安全适用、技术先进、经济合理、确保质量、保护环境,特编制本章。

1.0.2 本章适用于城际铁路工程地基处理的施工和质量检验控制。

1.0.3 地基处理除应满足工程设计要求外,尚应做到因地制宜、就地取材、保护环境和节约资源等。

1.0.4 城际铁路工程地基处理参考本章外,尚应执行《建筑地基处理技术规范》(JGJ 79—2012)及符合国家现行的有关强制性标准的规定。经处理后的地基计算时,尚应符合国家标准《建筑地基基础设计规范》(GB 50007—2011)的有关规定。

2 术 语

2.0.1 地基处理。

提高地基强度,改善其变形性质或渗透性质而采取的技术措施。

2.0.2 复合地基。

部分土体被增强或被置换，形成的由地基土和增强体共同承担荷载的人工地基。

2.0.3　地基承载力特征值。

由荷载试验测定的地基土压力变形曲线线性变形段内规定的变形所对应的压力值，其最大值为比例界限值。

2.0.4　换填垫层。

挖去表面浅层软弱土层或不均匀土层，回填坚硬、较粗粒径的材料，并夯压密实形成的垫层。

2.0.5　加筋垫层。

在垫层材料内铺设单层或多层水平向加筋材料形成的垫层。

2.0.6　预压地基。

对地基进行堆载预压或真空预压，或联合使用堆载和真空预压，形成的地基土固结压密后的地基。

2.0.7　堆载预压。

对地基进行堆载使地基土固结压密的地基处理方法。

2.0.8　真空预压。

通过对覆盖于竖井地基表面的不透气薄膜内抽真空排水使地基土固结压密的地基处理方法。

2.0.9　压实地基。

利用平碾、振动碾或其他碾压设备将填土分层密实的处理地基。

2.0.10　夯实地基。

反复将夯锤提到高处使其自由落下，给地基以冲击和振动能量，将地基土密实的处理地基。

2.0.11　挤密地基。

利用横向挤压设备成孔或采用振冲器水平振动和高压水共同作用下，将松散土层密实的处理地基。

2.0.12　砂石桩复合地基。

将碎石、砂或砂石挤压入已成的孔中，形成密实砂石增强体的复合地基。

2.0.13　水泥搅拌桩复合地基。

以水泥作为固化剂的主要材料，通过深层搅拌机械，将固化剂和地基土强制搅拌形成增强体的复合地基。

2.0.14　旋喷桩复合地基。

高压水泥浆通过钻杆由水平方向的喷嘴喷出，形成喷射流，以此切割土体并与土拌和形成水泥土增强体的复合地基。

2.0.15　注浆加固。

将水泥浆或其他化学浆液注入地基土层中，增强土颗粒间的联结，使土体强度提高、变形减少、渗透性降低的加固方法。

3　基 本 规 定

3.0.1　地基处理方法很多，各种处理方法有它的适用范围、局限性和优缺点，没有一种方法是万能的。工程地质条件千变万化，各个工程间地基条件差别很大，具体工程对地基的要求也不同，而且机具、材料等条件也会因工作部门不同、地区不同有较大差别。因此，对每一具体工程都要进行具体分析，应从地基条件、处理要求(包括经处理后地基应达到的各项指标、处理范围、工程进度等)、工程费用以及材料、机具来源等各方面进行综合考虑，以确定合适的地基处理方法。在确定地基处理方法时，可根据工程的具体情况，对几种地基处理方法进行技术、经济以及施工进度等方面的比较。

合理的地基处理方法,原则上一定要是技术上可靠的、经济上合理的,又能满足施工进度的要求。通过比较分析,可以采用一种地基处理方法,也可采用两种或两种以上的地基处理方法组成的综合处理方案。在确定地基处理方法时,还要注意环境保护、节约能源,避免因为处理地基对地表水和地下水产生污染,振动噪声对周围环境产生不良影响等。

3.0.2 在选择地基处理方案前,应完成下列工作:

(1)搜集详细的岩土工程勘察资料、上部结构及基础设计资料等;

(2)根据工程的要求和采用天然地基存在的主要问题,确定地基处理的目的、处理范围和处理后要求达到的各项技术经济指标等;

(3)结合工程情况,了解当地地基处理经验和施工条件,对于有特殊要求的工程,尚应了解其他地区相似场地上同类工程的地基处理经验和使用情况等;

(4)调查邻近建筑、地下工程和有关管线等情况;

(5)了解建筑场地的环境情况。

3.0.3 在选择地基处理方案时,应考虑上部结构、基础和地基的共同作用,并经过技术经济比较,选用处理地基或加强上部结构和处理地基相结合的方案。

3.0.4 地基处理方法的确定宜按下列步骤进行:

(1)根据结构类型、荷载大小及使用要求,结合地形地貌、地层结构、土质条件、地下水特征、环境情况和对邻近建筑的影响等因素进行综合分析,初步选出几种可供考虑的地基处理方案,包括选择两种或多种地基处理措施组成的综合处理方案;

(2)对初步选出的各种地基处理方案,分别从加固原理、适用范围、预期处理效果、耗用材料、施工机械、工期要求和对环境的影响等方面,进行技术经济分析和对比,选择最佳的地基处理方法;

(3)对已选定的地基处理方法,宜按建筑物地基基础设计等级和场地复杂程度,在有代表性的场地上进行相应的现场试验或试验性施工,并进行必要的测试,以检验设计参数和处理效果;如达不到设计要求时,应查明原因,修改设计参数或调整地基处理方法。

3.0.5 经处理后的地基,当按地基承载力确定基础底面积及埋深而需要对本章确定的地基承载力特征值进行修正时,应符合下列规定:

(1)基础宽度的地基承载力修正系数应取零;

(2)基础埋深的地基承载力修正系数应取1.0。

对具有胶结强度的增强体复合地基,尚应根据修正后的复合地基承载力特征值进行桩身强度验算。

3.0.6 经处理后的地基,当在受力层范围内仍存在软弱下卧层时,应验算下卧层的地基承载力。

3.0.7 按地基变形设计或应做变形验算且需进行地基处理的建筑物或构筑物,应对处理后的地基进行变形验算。

3.0.8 受较大水平荷载或位于斜坡上的建筑物及构筑物,当建造在处理后的地基上时,应进行地基稳定性验算。

3.0.9 存在较弱夹层的地基处理设计时,对软塑、流塑状态的土层不仅应验算竖向力的作用效应,还应验算水平力作用效应;对液化土层应验算地震作用效应。

3.0.10 复合地基设计的地基承载力验算,除满足轴心荷载作用要求外,还应满足偏心荷载作用要求。

3.0.11 处理后的地基整体稳定分析可采用圆弧滑动法,其稳定安全系数不应小于1.20。散体加固材料的抗剪强度,可按加固体的密实度通过试验确定;胶结材料对整体稳定的作用可按材料面的摩擦考虑。

3.0.12　刚度差异的整体大面积基础地基处理，宜根据结构—基础—地基共同作用进行承载力和变形验算。

3.0.13　采用多种地基处理方法综合使用的地基处理工程验收检验时，处理地基的综合安全系数不应小于2.0。

3.0.14　对于国家标准《建筑地基基础设计规范》（GB 50007—2011）规定需要进行地基变形计算的建筑物或构筑物，经地基处理后，应进行沉降观测，直至沉降达到稳定为止。

3.0.15　地基处理采用的材料，应根据场地环境类别，符合有关标准耐久性设计的要求。

3.0.16　施工技术人员应掌握所承担工程的地基处理目的、加固原理、技术要求和质量标准等。施工中应有专人负责质量控制和监测，并做好施工记录。当出现异常情况时，必须及时会同有关部门妥善解决。施工过程中应进行质量监理。施工结束后，必须按国家有关规定进行工程质量检验和验收。

4　换填垫层

4.1　一般规定

4.1.1　换填垫层适用于浅层软弱土层或不均匀土层的地基处理。

4.1.2　换填垫层根据换填材料不同，可分为土、石垫层和土工合成材料加筋垫层。

4.1.3　换填垫层的厚度应根据置换软弱土的深度以及下卧土层的承载力确定，厚度不宜小于0.5m，也不宜大于3m。

4.1.4　应根据建筑体型、结构特点、荷载性质、场地土质条件、施工机械设备及填料性质和来源等进行综合分析，进行换填垫层的设计和选择施工方法。

4.2　施工

4.2.1　换土垫层的施工可按换填材料（如砂石垫层、素土垫层、灰土垫层、粉煤灰垫层和矿渣垫层等）分类，或按压（夯、振）实方法分类。目前国内常用的垫层施工方法，主要有机械碾压法、重锤夯实法和振动压实法。

（1）机械碾压法是采用各种压实机械，如压路机、羊足碾、振动碾等来压实地基土的一种压实方法。这种方法常用于大面积填土的压实、杂填土地基处理、道路工程基坑面积较大的换土垫层的分层压实。施工时，先按设计挖除要处理的软弱土层，把基础底部土碾压密实后，再分层填土，逐层压密填土。

（2）重锤夯实法是利用起重设备将夯锤提升到一定高度，然后自由落锤，利用重锤自由下落时的冲击能来夯实浅层土层，重复夯打，使浅部地基土或分层填土夯实。主要设备为起重机、夯锤、钢丝绳和吊钩等。重锤夯实法一般适用地下水位距地表0.8m以上非饱和的黏性土、砂土、杂填土和分层填土，用以提高其强度，减少其压缩性和不均匀性，也可用于消除或减少湿陷性黄土的表层湿陷性；但在有效夯实深度内存在软弱土时，或当夯击振动对邻近建筑物或设备有影响时，不得采用。因为饱和土在瞬间冲击力作用下水不易排出，很难夯实。

（3）振动压实法是利用振动压实机将松散土振动密实。地基土的颗粒受振动而发生相对运动，移动至稳固位置，减小土的孔隙而压实。此法适用于处理无黏性土或黏粒含量少、透水性较好的松散杂填土以及矿渣、碎石、砾砂、砾石、砂砾石等地基。

总的来说，垫层施工应根据不同的换填材料选择施工机械。粉质黏土、灰土宜采用平碾、振动碾和羊足碾，中小型工程也可采用蛙式打夯机、柴油夯；砂石等宜采用振动碾；粉煤灰宜用平碾、振动碾、平板式振动器、蛙式夯;矿渣宜采用平碾、振动碾、平板式振动器。

4.2.2 施工控制。

(1)材料要求:

在垫层施工中,填料质量的好坏是直接影响垫层施工质量的关键因素。对于砂、石料和矿渣等垫层主要检验其粒径级配以及含泥量,对于土、石灰填料主要检查其含水率是否接近最佳含水率,石灰的质量等级以及活性 CaO + MgO 的含量、存放时间等。

(2)施工参数、机具及方法选择:

砂石垫层选用的砂石料应进行室内击实试验,根据曲线确定最大干密度和最佳含水率,然后根据设计要求的压实系数确定设计要求,以此作为检验砂石垫层质量控制的技术指标。在无击实试验数据时,砂石垫层的中密状态可作为设计要求的干密度:中砂 $1.6t/m^3$,粗砂 $1.7t/m^3$,碎石、卵石 $2.0 \sim 2.1t/m^3$ 即可。砂和砂石垫层采用的施工机具和方法对垫层的施工质量至关重要。下卧层是高灵敏度的软土时,在铺设第一层时应注意不能采用振动能量大的机具扰动下卧层;除此之外,一般情况下,砂及砂石垫层首先用振动法。因为,振动法更能有效地使砂和砂石密实。我国目前常采用的方法有振动压实法(包括平振和插振)、夯实法、碾压法等。常采用的机具有:振捣器、振动压实机、平板振动器、蛙式打夯机、压路机等。

(3)施工要点:

①砂垫层施工中的关键是将砂加密到设计要求的密实度。加密方法常用的有振动法(包括平振、插振、夯实)、碾压法等。这些方法要求在基坑内分层铺砂,然后逐层振密或压实,分层的厚度视振动力的大小而定,一般为 15 ~ 20cm。施工时,应将下层的密实度经检验合格后,方可进行上层施工。

②砂及砂石料可根据施工方法的不同控制最佳含水率。最优含水率由工地试验确定。

③铺筑前,应先行验槽。浮土应清除,边坡必须稳定,防止塌土。基坑(槽)两侧附近如有低于地基的孔洞、沟、井和墓穴等,应在未做垫层前加以填实。

④开挖基坑铺设砂垫层时,必须避免扰动软弱土层的表面,否则坑底土的结构在施工时遭到破坏后,其强度就会显著降低,以致在建筑物荷重的作用下,将产生很大的附加沉降。因此,基坑开挖后应及时回填,不应暴露过久或浸水,并防止践踏坑底。

⑤砂、砂石垫层底面应铺设在同一高程上,如深度不同时,基坑地基土面应挖成踏步(阶梯)或斜坡搭接,搭接处应注意捣实,施工应按先深后浅的顺序进行。

⑥人工级配的砂石垫层,应将砂石拌和均匀后,再行铺填捣实。采用细砂作为垫层的填料时,应注意地下水的影响,且不宜使用平振法、插振法。

⑦地下水位高出基础底面时,应采用排水降水措施,这时要注意边坡的稳定,以防止塌土混入砂石垫层中影响垫层的质量。

4.3 质量检验

4.3.1 对粉质黏土、灰土、粉煤灰和砂石垫层的施工质量检验,可用环刀法、贯入仪、静力触探、轻型动力触探或标准贯入试验检验;对砂石、矿渣垫层可用重型动力触探检验,并均应通过现场试验以设计压实系数所对应的贯入度为标准检验垫层的施工质量。

4.3.2 垫层的施工质量检验必须分层进行,应在每层的压实系数符合设计要求后铺设下层土。

4.3.3 采用环刀法检验垫层的施工质量时,取样点应位于每层厚度的 2/3 深度处。检验点数量,对大基坑每 $50 \sim 100m^2$ 不应少于 1 个点;对基槽每 10 ~ 20m 不应少于 1 个点;每个独立柱基不应少于 1 个点。采用贯入仪或动力触探检验垫层的施工质量时,每分层检验点的间距应小于 4m。

4.3.4 竣工验收采用荷载试验检验垫层承载力时,每个单体工程不宜少于 3 点;对于大型工程则应按单体工程的数量或工程的面积确定检验点数。在有充分试验依据时,也可采用标准贯入试验或静力触探试验。

4.3.5　对加筋垫层中土工合成材料应进行如下检验:

(1)土工合成材料质量符合设计要求、外观无破损、无老化、无污染;

(2)土工合成材料要求张拉平整、无皱折、紧贴下承层,锚固端锚固牢固;

(3)上下层土工合成材料搭接缝要交替错开,搭接强度应满足设计要求。

4.4　常见问题及处理方法

4.4.1　机械开挖基坑时,出现超挖现象,使垫层的下卧土层发生扰动,降低了基底软土的强度。

预防的方法是:机械开挖基坑时,预留 30 ~ 50cm 的土层由人工清理。

处理的方法是:如实际中出现了超挖的现象或基坑底的土受到扰动,如高程允许的话,适当调整垫层的高程,由人工清理掉基坑底的扰动软土,再进行垫层施工。

4.4.2　进厂材料不符合质量要求。常见的材质方面的问题有:进厂的砂石材料级配不合理,含泥量过大;石灰、粉煤灰不符合质量等级要求,含水率过大或过小,有机质含量过高,石灰的存放时间过长等;灰土拌和不均匀;土料含水率过大或过小,土料没过筛就使用,土料含有机质、杂质过多。如此种种。

预防和处理方法:要针对不同的质量不合格原因,采取相应的措施。总的来说,就是要严把材料进料关,定期对材料进行抽样检查,甚至对每批进厂材料均要抽样检查,严禁不合格的填料用于垫层工程中。

4.4.3　分层填筑密实度不均匀或密度值太小。产生的原因主要是由于施工时分层厚度太大,导致分层铺筑密实度达不到设计要求,或者由于填土的含水率远大于或小于其最佳含水率以及压实遍数不够,均会导致垫层密实度达不到设计要求。另外,密实度不均匀也是由于施工方法不当引起。

预防和处理方法:改进施工方法,采用恰当的分层厚度、压实遍数,严格控制施工时填料的含水率接近其最佳含水率。对于砂石垫层、干渣垫层,一般要保持洒水饱和时进行施工。对素土、灰土和粉煤灰垫层,含水率要在 w_{op} ±4% 范围内施工才能达到设计密实度,最佳含水率 w_{opt} ±4% 可通过击实试验确定,也可按当地经验选取。另外在垫层搭接部位要严格控制,避免发生密实度不均匀,适当增加质量抽检数量和次数,防止这种现象出现。基坑底已存在的古穴、古井、空洞等未及时发现,也会导致垫层施工后密实度不均匀,所以在验槽时,对这些问题要详细勘查、排除。

4.5　检查方法应用

4.5.1　施工前应对换填的范围和深度进行核实。结合城际铁路沉降控制的需要,应对土质地基和软质岩及强风化硬质岩地基进行原位测试检测,检查下承层地基土层是否满足设计要求,其目的是充分掌握下承层地基的土质特性,足够准确地评价地基和路基土工结构物的变形状态,如发现与设计不符时应及时反馈信息,以便优化调整地基换填处理措施。

4.5.2　当采用机械挖除换填土时,应预留保护层由人工清理,保护层的厚度宜为 30 ~ 50cm。基底为软质岩及强风化硬质岩,当底部起伏较大时,可设置台阶或缓坡,并按先深后浅的顺序进行换填。

4.5.3　换填深度应满足设计要求。

检验数量:施工单位沿线路每 100m 抽样检验 5 处。监理单位沿线路每 100m 抽样检验 1 处。

检验方法:尺量、测量仪器测量。

4.5.4　换填深度范围内的土层应挖除干净,坑底应按设计要求整平。

检验数量:施工单位、监理单位全部检验。

检验方法:观察。

4.5.5 换填基底开挖处理后的基底压实质量应符合设计要求。

检验数量:施工单位沿线路纵向每 100m 抽样检验 3 点,其中线路中间 1 点,两侧距换填边缘 2m 处各 1 点。监理单位按施工单位抽样检验数量的 10% 平行检验。

检验方法:按《铁路工程土工试验规程》(TB 10102—2010)规定的试验方法进行检验。

4.5.6 换填基坑坡脚线位置的允许偏差为 -50mm。

检验数量:施工单位每换填基坑沿线路纵向及横向各抽样检验 4 处。

检验方法:经纬仪测量。

4.5.7 换填顶面高程、横坡的允许偏差、检验数量及检验方法应符合表 2-1 的规定。

换填顶面高程、横坡的允许偏差、检验数量及检验方法如下。

换填顶面高程、横坡检验表 表 2-1

序号	检验项目	允许偏差	施工单位检验数量	检验方法
1	顶面高程(mm)	±50	沿线路纵向每 100m 抽样检验 5 处	测量仪器测
2	横坡(%)	±0.5	沿线路纵向每 100m 抽样检验 5 个断面	坡度尺量

5 预压地基

5.1 一般规定

5.1.1 预压地基是指采用堆载预压、真空预压或真空和堆载联合预压处理淤泥质土、淤泥、冲填土等饱和黏性土地基。

5.1.2 对塑性指数大于 25 且含水率大于 85% 的淤泥,应通过现场试验确定其适用性。加固土层上覆盖有厚度大于 5m 以上的回填土或承载力较高的黏性土层时,不宜采用真空预压加固。

5.1.3 预压处理地基应预先通过勘察,查明土层在水平和竖直方向的分布、层理变化,查明透水层的位置、地下水类型及水源补给情况等。同时应通过土工试验,确定土层的先期固结压力、孔隙比与固结压力的关系、渗透系数、固结系数、三轴试验抗剪强度指标以及原位十字板抗剪强度等。

5.1.4 对重要工程,应在现场选择试验区进行预压试验,在预压过程中应进行地基竖向变形、侧向位移、孔隙水压力、地下水位等项目的监测,并进行原位十字板剪切试验和室内土工试验。根据试验区获得的监测资料,确定加载速率控制指标、推算土的固结系数、固结度及最终竖向变形等,分析地基处理效果,对原设计进行修正,并指导全场的设计与施工。

5.1.5 对堆载预压工程,预压荷载应分级逐渐施加,保证每级荷载下地基的稳定性,而对真空预压工程,可一次连续抽真空至最大压力。

5.1.6 对以变形控制设计的建筑物,当塑料排水带或砂井等排水竖井处理深度范围和竖井面以下受压土层预压所完成的变形量及平均固结度符合设计要求时,方可卸载。对以地基承载力或抗滑稳定性控制设计的建筑物,当地基土经预压而增长的强度满足建筑物地基承载力或稳定性要求时,方可卸载。

5.1.7 当建筑物的荷载超过真空预压的压力,且建筑物对地基变形有严格要求时,可采用真空和堆载联合预压,其总压力宜超过建筑物的竖向荷载。

5.1.8 采用真空预压或真空和堆载联合预压时,加固区边线与周边建筑物、地下管线等的距离应考虑真空预压对其造成的附加沉降,并根据土质条件、建筑物与管线等设施重要性、对沉降的敏感性等确定,且不宜小于 20m。当距离较近时,应采取相应保护措施。

5.1.9　当预压时间、残余沉降或工后沉降不满足工程要求时,可采取超载预压。

5.2　施工

Ⅰ　堆载预压

5.2.1　塑料排水带的性能指标必须符合设计要求。塑料排水带在现场应妥加保护,防止阳光照射、破损或污染。破损或污染的塑料排水带不得在工程中使用。

5.2.2　砂井的灌砂量,应按井孔的体积和砂在中密状态时的干密度计算,其实际灌砂量不得小于计算值的95%。

5.2.3　灌入砂袋中的砂宜用干砂,并应灌制密实。

5.2.4　塑料排水带和袋装砂井施工时,宜配置能检测其深度的设备。

5.2.5　塑料排水带需接长时,应采用滤膜内芯带平搭接的连接方法,搭接长度宜大于200mm。

5.2.6　塑料排水带施工所用套管应保证插入地基中的带子不扭曲。袋装砂井施工所用套管内径略大于砂井直径。

5.2.7　塑料排水带和袋装砂井施工时,平面井距偏差不应大于井径,垂直度偏差不应大于1.5%,深度不得小于设计要求。

5.2.8　塑料排水带和袋装井砂袋埋入砂垫层中的长度不应小于500mm。

5.2.9　堆载预压工程在加载过程中应满足地基强度和稳定控制要求。在加载过程中,应进行竖向变形、水平位移及孔隙水压力等项目的监测。根据监测资料控制加载速率,应满足如下要求:

(1)对竖井地基,最大竖向变形量不应超过15mm/d,对天然地基,最大竖向变形量不应超过10mm/d;

(2)边缘处水平位移不应超过5mm/d;

(3)根据上述观察资料综合分析、判断地基的强度和稳定性。

Ⅱ　真空预压

5.2.10　真空预压的抽气设备宜采用射流真空泵,空抽时必须达到95kPa以上的真空吸力。真空泵的设置应根据预压面积大小和形状、真空泵效率和工程经验确定,但每块预压区至少应设置两台真空泵。

5.2.11　真空管路设置应符合如下规定:

真空管路的连接应严格密封,在真空管路中应设置止回阀和截门。

水平向分布滤水管可采用条状、梳齿状及羽毛状等形式,滤水管布置宜形成回路。

滤水管应设在砂垫层中,其上覆盖厚度100~200mm的砂层。

滤水管可采用钢管或塑料管,外包尼龙纱或土工织物等滤水材料。

5.2.12　密封膜应符合如下要求:

密封膜应采用抗老化性能好、韧性好、抗穿刺性能强的不透气材料。

密封膜热合时宜采用双热合缝的平搭接,搭接宽度应大于15mm。

密封膜宜铺设三层,膜周边可采用挖沟埋膜,平铺并用黏土覆盖压边、围埝沟内及膜上覆水等方法进行密封。

5.2.13　地基土渗透性强时应设置黏土密封墙。黏土密封墙宜采用双排水泥土搅拌桩。搅拌桩直径不宜小于700mm。当搅拌桩深度小于15m时,搭接宽度不宜小于200mm;当搅拌桩深度大于15m时,搭接宽度不宜小于300mm。成桩搅拌应均匀,黏土密封墙的渗透系数应满足设计要求。

Ⅲ　真空和堆载联合预压

5.2.14　采用真空和堆载联合预压时,先进行抽真空;当真空压力达到设计要求并稳定后,再进行堆载,并继续抽真空。

5.2.15 堆载前,需在膜上铺设土工编织布等保护层。保护层可采用编织布或无纺布等,其上铺设100~300mm厚的砂垫层。

5.2.16 堆载时应采用轻型运输工具,并不得损坏密封膜。

5.2.17 在进行上部堆载施工时,应密切观察膜下真空度的变化,发现漏气应及时处理。

5.2.18 堆载加载过程中,应满足地基稳定性控制要求。在加载过程中,应进行竖向变形、边缘水平位移及孔隙水压力等项目的监测,并应满足如下要求:

(1)地基向加固区外的侧移速率不大于5mm/d;

(2)地基沉降速率不大于30mm/d;

(3)根据上述观察资料综合分析、判断地基的稳定性。

5.2.19 真空和堆载联合预压施工除上述规定外,尚应符合“Ⅰ堆载预压”和“Ⅱ真空预压”的有关规定。

5.3 质量检验

5.3.1 施工过程质量检验和监测应包括以下内容:

(1)塑料排水带必须在现场随机抽样送往试验室进行性能指标的测试,其性能指标包括纵向通水量、复合体抗拉强度、滤膜抗拉强度、滤膜渗透系数和等效孔径等。

(2)对不同来源的砂井和砂垫层砂料,必须取样进行颗粒分析和渗透性试验。

(3)对于以抗滑稳定控制的重要工程,应在预压区内选择代表性地点预留孔位,在加载不同阶段进行原位十字板剪切试验和取土进行室内土工试验。加固前的地基土检测应在打设排水塑料板前进行。

(4)对预压工程,应进行地基竖向变形、侧向位移和孔隙水压力等项目的监测。

(5)真空预压和真空-堆载联合预压工程,除应进行地基变形、孔隙水压力的监测外,尚应进行膜下真空度和地下水位的量测。

5.3.2 预压地基竣工验收检验应符合下列规定:

(1)排水竖井处理深度范围内和竖井底面以下受压土层,经预压所完成的竖向变形和平均固结度应满足设计要求。

(2)应对预压的地基土进行原位十字板剪切试验和室内土工试验,对真空预压和真空-堆载联合预压,加固后的检测应在卸载3~5d后进行。

(3)必要时,尚应进行现场荷载试验,试验数量不应少于3点。

6 压实、夯实、挤密地基

6.1 压实地基

6.1.1 压实地基处理应符合下列规定:

(1)本节压实地基系指大面积填土经处理后形成的地基,浅层软弱地基以及不均匀地基换填处理按照本章第4节的有关规定执行。

(2)压实填土包括分层压实和分层夯实的填土。碾压法用于地下水位以上填土的压实;振动压实法用于振实非黏性土或黏粒含量少、透水性较好的松散填土地基;(重锤)夯实法主要适用于稍湿的杂填土、黏性土、砂性土、湿陷性黄土和碎石土、砂土、粗粒土与低饱和度细粒土的分层填土等地基。

(3)应根据建筑体型、结构与荷载特点、场地土层条件、变形要求及填料等综合分析后，选择施工方法并进行压实地基的设计。

(4)当利用压实填土作为建筑工程的地基持力层时，应根据结构类型、填料性能和现场条件等，对拟压实的填土提出质量要求。未经检验查明以及不符合质量要求的压实填土，均不得作为建筑工程的地基持力层。

(5)对大型的、重要的或场地地层复杂的工程，在正式施工前应通过现场试验确定其处理效果。

6.1.2　压实填土的设计应符合下列规定：

(1)压实填土的填料可选用粉质黏土，灰土，粉煤灰，级配良好的砂土或碎石土，土工合成材料，质地坚硬、性能稳定、无腐蚀性和放射性危害的工业废料等，并符合下列规定：

①以砾石、卵石或块石作填料时，分层压实时其最大粒径不宜大于200mm，分层夯实时其最大粒径不宜大于400mm；

②以粉质黏土、粉土作填料时，其含水率宜为最佳含水率，可采用击实试验确定；

③采用振动压实法时，宜降低地下水位到振实面下600mm；

④不得使用淤泥、耕土、冻土、膨胀性土以及有机质含量大于5%的土。

(2)碾压法和振动压实法施工时，应根据压实机械的压实能量、地基土的性质、压实系数和施工含水率等来控制，选择适当的碾压分层厚度和碾压遍数。碾压分层厚度、碾压遍数、碾压范围和有效加固深度等施工参数，宜由现场试验确定。

(3)重锤夯实法常用锤重为1.5～3.2t，落距为2.5～4.5m，夯打遍数一般取6～10遍。宜通过试夯确定施工方案，试夯的层数不宜小于两层。当最后两遍的平均夯沉量，对于黏性土和湿陷性黄土等一般不大于1.0～2.0cm，对于砂性土等一般不大于0.5～1.0cm。

(4)压实填土地基承载力特征值，应根据现场原位测试(静荷载试验、动力触探、静力触探等)结果确定。

(5)压实填土的质量以压实系数 c 控制，并应根据结构类型和压实填土所在部位按表2-2的数值确定。

压实填土的质量控制　　表2-2

结构类型	填土部位	压实系数 c	控制含水率(%)
砌体承重结构和框架结构	在地基主要受力层范围内	≥0.97	$w_{op}\pm2$
	在地基主要受力层范围以下	≥0.95	
排架结构	在地基主要受力层范围内	≥0.96	
	在地基主要受力层范围以下	≥0.94	

注：地坪垫层以下及基础底面高程以上的压实填土，压实系数不应小于0.94。

压实填土的最大干密度和最佳含水率，宜采用击实试验确定，当无试验资料时，最大干密度可按式(2-1)计算：

$$\rho_{dmax}=\eta\frac{\rho_w d_s}{1+0.01w_{opt}d_s} \tag{2-1}$$

式中：ρ_{dmax}——分层压实填土的最大干密度，t/m³；

η——经验系数，粉质黏土取0.96，粉土取0.97；

ρ_w——水的密度，t/m³；

d_s——土粒相对密度，t/m³；

w_{opt}——填料的最佳含水率，%。

当填料为碎石或卵石时，其最大干密度可取2.1t/m³。

(6)压实填土的边坡允许值,应根据其厚度、填料性质等因素,按表2-3的数值确定。

压实填土的边坡允许值 表2-3

填料类别	压实系数 c	边坡允许值			
		填土厚度 H(m)			
		$H \leqslant 5$	$5 < H \leqslant 10$	$10 < H \leqslant 15$	$15 < H \leqslant 20$
碎石、卵石	0.94~0.97	1:1.25	1:1.50	1:1.75	1:2.00
砂夹石(其中碎石、卵石占全重的30%~50%)		1:1.25	1:1.50	1:1.75	1:2.00
土夹石(其中碎石、卵石占全重的30%~50%)		1:1.25	1:1.50	1:1.75	1:2.00
粉质黏土、黏粒含量≥10%的粉土		1:1.50	1:1.75	1:2.00	1:2.25

注:当压实填土厚度大于20m时,可设计成台阶进行压实填土的施工。

冲击碾压法的设计应根据土质条件、工期要求等因素综合确定,施工前应进行试验段工程,每层松铺厚度通过试验确定。

6.1.3 压实地基的施工应符合下列规定:

(1)铺填料前,应清除或处理场地内填土层底面以下的耕土或软弱土层等。

(2)分层填料的厚度、分层压实的遍数,宜根据所选用的压实设备,并通过试验确定。

(3)采用重锤夯实分层填土地基时,每层的虚铺厚度宜通过试夯确定。当使用重锤夯实地基时,夯实前应检查坑(槽)中土的含水率,并根据试夯结果决定是否需要增湿。当含水率较低,宜加水至最佳含水率,需待水全部渗入土中一昼夜后方可夯击。若含水率过大,可采取铺撒干土、碎砖、生石灰等、换土或其他有效措施处理。分层填土时,应取用含水率相当于最佳含水率的土料。每层土铺填后应及时夯实。

(4)在雨季、冬季进行压实填土施工时,应采取防雨、防冻措施,防止填料(粉质黏土、粉土)受雨水淋湿或冻结,并应采取措施防止出现“橡皮土”。

(5)压实填土的施工缝各层应错开搭接,在施工缝的搭接处,应适当增加压实遍数。先振基槽两边,再振中间。压实标准以振动机原地振实不再继续下沉为合格。边角及转弯区域应采取其他措施压实,以达到设计标准。

(6)性质不同的填料,应水平分层、分段填筑,分层压实。同一水平层应采用同一填料,不得混合填筑。填方分几个作业段施工时,接头部位如不能交替填筑,则先填筑区段,应按1:1坡度分层留台级;如能交替填筑,则应分层相互交替搭接,搭接长度不小于2m。

(7)压实施工场地附近有需要保护的建筑物时,应合理安排施工时间,减少噪声与振动对环境的影响。必要时可采取挖减振沟等减振隔振措施或进行振动监测。

(8)施工过程中,严禁扰动垫层下卧层的淤泥或淤泥质土层,防止受冻或受水浸泡。施工结束后应根据采用的施工工艺,待土层休止期后再进行基础施工。

6.1.4 设置在斜坡上的压实填土,应验算其稳定性。当天然地面坡度大于20%时,应采取防止压实填土可能沿坡面滑动的措施,并应避免雨水沿斜坡排泄。

6.1.5 当压实填土阻碍原地表水畅通排泄时,应根据地形修筑雨水截水沟,或设置其他排水设施。设置在压实填土区的上、下水管道,应采取防渗、防漏措施。

6.1.6 压实填土地基的质量检验应符合下列规定:

(1)压实地基的施工质量检验应分层进行,每完成一道工序应按设计要求及时验收,合格后方可进行下道工序。

(2)在压实填土的过程中,应分层取样检验土的干密度和含水率。每50~100m^2面积内应有一个检测点,压实系数不得低于表2-2的规定,对碎石土干密度不得低于2.0t/m^3。

(3)重锤夯实的质量验收,除符合试夯最后下沉量的规定要求外,同时还要求基坑(槽)表面的总下沉量不小于试夯总下沉量的90%为合格。如不合格应进行补夯,直至合格为止。

(4)冲击碾压法垫层宜进行沉降量、压实度、土的物理力学参数、层厚、弯沉、破碎状况等的监测和检测。

(5)工程质量验收可通过荷载试验并结合动力触探、静力触探、标准贯入试验等原位试验进行。每个单体工程荷载试验不宜少于3点,大型工程可按单体工程的数量或面积确定检验点数。

6.2 夯实地基

6.2.1　夯实地基处理应符合下列规定:

(1)夯实地基是指采用强夯法或强夯置换法处理的地基。

(2)强夯法适用于处理碎石土、砂土、低饱和度的粉土、黏性土、湿陷性黄土、素填土和杂填土等地基。强夯置换法适用于高饱和度的粉土与软塑~流塑的黏性土等地基上对变形控制要求不严的工程。

(3)强夯置换法在设计前,必须通过现场试验确定其适用性和处理效果。

(4)强夯和强夯置换施工前,应在施工现场有代表性的场地上选取一个或几个试验区,进行试夯或试验性施工。试验区数量应根据建筑场地复杂程度、建筑规模及建筑类型确定。

6.2.2　强夯地基的设计应符合下列规定:

(1)强夯法的有效加固深度应根据现场试夯或当地经验确定。在缺少试验资料或经验时,可按表2-4预估。

强夯法的有效加固深度　表2-4

单击夯击能(kN·m)	碎石土、砂土等粗颗粒土(m)	粉土、黏性土、湿陷性黄土等细颗粒土(m)
1000	4.0~5.0	3.0~4.0
2000	5.0~6.0	4.0~5.0
3000	6.0~7.0	5.0~6.0
4000	7.0~8.0	6.0~7.0
5000	8.0~8.5	7.0~7.5
6000	8.5~9.0	7.5~8.0
8000	9.0~9.5	8.0~9.0
10000	10.0~11.0	9.5~10.5
12000	11.5~12.5	11.0~12.0
14000	12.5~13.5	12.0~13.0
15000	13.5~14.0	13.0~13.5
16000	14.0~14.5	13.5~14.0
18000	14.5~15.5	—

注:强夯法的有效加固深度应从最初起夯面算起。

(2)夯点的夯击次数,应按现场试夯得到的夯击次数和夯沉量关系曲线确定,并应同时满足下列条件:

①最后两击的平均夯沉量不宜大于下列数值:当单击夯击能小于3000kN·m时为50mm;当单击夯击能不小于3000kN·m,不足6000kN·m时为100mm;当单击夯击能不小于6000kN·m,不足10000kN·m时为200mm;当单击夯击能不小于10000kN·m,不足15000kN·m时为250mm;当单击

夯击能不小于15000kN·m时为300mm。

②夯坑周围地面不应发生过大的隆起。

③不因夯坑过深而发生提锤困难。

(3)夯击遍数应根据地基土的性质确定,可采用点夯2~4遍,对于渗透性较差的细颗粒土,必要时夯击遍数可适当增加。最后再以低能量满夯1~2遍,满夯可采用轻锤或低落距锤多次夯击,锤印搭接。

(4)两遍夯击之间应有一定的时间间隔,其取决于土中超静孔隙水压力的消散时间。当缺少实测资料时,可根据地基土的渗透性确定,对于渗透性较差的黏性土地基,间隔时间不应少于3~4周;对于渗透性好的地基可连续夯击。

(5)夯击点位置可根据基底平面形状,采用等边三角形、等腰三角形或正方形布置。第一遍夯击点间距可取夯锤直径的2.5~3.5倍,第二遍夯击点位于第一遍夯击点之间。以后各遍夯击点间距可适当减小。对处理深度较深或单击夯击能较大的工程,第一遍夯击点间距宜适当增大。

(6)强夯处理范围应大于建筑物基础范围,每边超出基础外缘的宽度宜为基底下设计处理深度的1/2~2/3,并不宜小于3m 。对可液化地基,扩大范围不应小于可液化土层厚度的1/2 ,并不应小于5m;对湿陷性黄土地基,尚应符合国家标准《湿陷性黄土地区建筑规范》(GB 50025—2004)有关规定。

(7)根据初步确定的强夯参数,提出强夯试验方案,进行现场试夯。应根据不同土质条件待试夯结束一至数周后,对试夯场地进行检测,并与夯前测试数据进行对比,检验强夯效果,确定工程采用的各项强夯参数。

(8)根据试夯夯沉量确定起夯面高程和夯坑回填方式。

(9)强夯地基承载力特征值应通过现场荷载试验确定,初步设计时,也可根据地区经验和土工试验指标按国家标准《建筑地基基础设计规范》(GB 50007—2012)有关规定确定。

(10)强夯地基变形计算应符合国家标准《建筑地基基础设计规范》(GB 50007—2012)有关规定。夯后有效加固深度内土层的压缩模量应通过原位测试或土工试验确定。

6.2.3 强夯法施工应符合下列规定:

(1)强夯夯锤质量可取10~60t,其底面形式宜采用圆形或多边形,锤底面积宜按土的性质确定,锤底静接地压力值可取25~80kPa,单击夯击能高时取大值,单击夯击能低时取小值,对于细颗粒土锤底静接地压力宜取较小值。锤的底面宜对称设置若干个与其顶面贯通的排气孔,孔径可取300~400mm。

(2)强夯法施工应按下列步骤进行:

①清理并平整施工场地。

②标出第一遍夯点位置,并测量场地高程。

③起重机就位,夯锤置于夯点位置。

④测量夯前锤顶高程。

⑤将夯锤起吊到预定高度,开启脱钩装置,待夯锤脱钩自由下落后,放下吊钩,测量锤顶高程;若发现因坑底倾斜而造成夯锤歪斜时,应及时将坑底整平。

⑥重复步骤⑤,按设计规定的夯击次数及控制标准,完成一个夯点的夯击;当夯坑过深出现提锤困难,又无明显隆起,而尚未达到控制标准时,宜将夯坑回填不超过1/2 深度后,继续夯击。

⑦换夯点,重复步骤③至⑥,完成第一遍全部夯点的夯击。

⑧用推土机将夯坑填平,并测量场地高程。

⑨在规定的间隔时间后,按上述步骤逐次完成全部夯击遍数,最后用低能量满夯,将场地表层松土夯实,并测量夯后场地高程。

6.2.4　强夯置换地基的设计应符合下列规定：

(1)强夯置换墩的深度由土质条件决定，除厚层饱和粉土外，应穿透软土层，到达较硬土层上。深度不宜超过10m。

(2)强夯置换法的单击夯击能应根据现场试验确定。

(3)墩体材料可采用级配良好的块石、碎石、矿渣、建筑垃圾等坚硬粗颗粒材料，粒径大于300mm的颗粒含量不宜超过全重的30%。

(4)夯点的夯击次数应通过现场试夯确定，且应同时满足下列条件：

①墩底穿透软弱土层，且达到设计墩长。

②累计夯沉量为设计墩长的1.5～2.0倍。

③最后两击的平均夯沉量不大于本章第6.2.2条第(2)款的规定值。

④墩位布置宜采用等边三角形或正方形。对独立基础或条形基础，可根据基础形状与宽度相应布置。

⑤墩间距应根据荷载大小和原土的承载力选定，当满堂布置时可取夯锤直径的2～3倍，对独立基础或条形基础可取夯锤直径的1.5～2.0倍。墩的计算直径可取夯锤直径的1.1～1.2倍。

⑥当墩间净距较大时，应适当提高上部结构和基础的刚度。

⑦强夯置换处理范围应符合本章第6.2.2条第(6)款的规定。

⑧墩顶应铺设一层厚度不小于500mm的压实垫层，垫层材料可与墩体相同，粒径不宜大于100mm。

⑨强夯置换设计时，应预估地面抬高值，并在试夯时校正。

⑩强夯置换法试验方案的确定，应符合本章第6.2.2条第(7)款的规定。检测项目除进行现场荷载试验检测承载力和变形模量外，尚应采用超重型或重型动力触探等方法，检查置换墩着底情况及承载力与密度随深度的变化。

⑪确定软黏性土中强夯置换墩地基承载力特征值时，可只考虑墩体，不考虑墩间土的作用，其承载力应通过现场单墩荷载试验确定，对饱和粉土地基可按复合地基考虑，其承载力可通过现场单墩复合地基荷载试验确定。

⑫强夯置换地基的变形计算应符合本章第6.2小节有关条款的规定。

6.2.5　强夯置换地基的施工应符合下列规定：

(1)强夯置换夯锤底面形式宜采用圆柱形，夯锤底静接地压力值宜大于100kPa。

(2)强夯置换施工应按下列步骤进行：

①清理并平整施工场地，当表土松软时可铺设一层厚度为1.0～2.0m的砂石施工垫层。

②标出夯点位置，并测量场地高程。

③起重机就位，夯锤置于夯点位置。

④测量夯前锤顶高程。

⑤夯击并逐一记录夯坑深度。当夯坑过深而发生起锤困难时停夯，向坑内填料直至与坑顶平，记录填料数量，如此重复直至满足规定的夯击次数及控制标准，完成一个墩体的夯击；当夯点周围软土挤出影响施工时，可随时清理并在夯点周围铺垫碎石，继续施工。

⑥按由内而外，隔行跳打原则完成全部夯点的施工。

⑦推平场地，用低能量满夯，将场地表层松土夯实，并测量夯后场地高程。

⑧铺设垫层，并分层碾压密实。

6.2.6　起吊夯锤的起重机械宜采用的带有自动脱钩装置履带式起重机、强夯专用施工机械，或其他可靠的起重设备，夯锤的质量不应超过起重机械自身额定起重质量。采用履带式起重机时，可在臂杆端部设置辅助门架，或采取其他安全措施，防止落锤时机架倾覆。

6.2.7　当场地表土软弱或地下水位较高,夯坑底积水影响施工时,宜采用人工降低地下水位或铺填一定厚度的砂石材料,使地下水位低于坑底面以下 2m。坑内或场地积水应及时排除,对细颗粒土,应经过晾晒,含水率满足要求后施工。

6.2.8　施工前应查明影响范围内地下建构筑物的位置及高程,并采取必要措施予以保护。

6.2.9　施工时应设置安全警戒;强夯引起的振动对邻近建构筑物可能产生影响时,应进行振动监测,必要时应采取隔振或减振措施。

6.2.10　施工过程中应有专人负责下列监测工作:

(1)开夯前应检查夯锤质量和落距,以确保单击夯击能量符合设计要求;

(2)在每一遍夯击前,应对夯点放线进行复核,夯完后检查夯坑位置,发现偏差或漏夯应及时纠正;

(3)按设计要求检查每个夯点的夯击次数、每击的夯沉量、最后两击的平均夯沉量和总夯沉量,夯点施工起止时间。对强夯置换尚应检查置换深度。

6.2.11　施工过程中应对各项参数及情况进行详细记录。

6.2.12　夯实地基施工结束后,应根据地基土的性质和采用的施工工艺,待土层休止期后再进行基础施工。

6.2.13　夯实地基的质量检验应符合下列规定:

(1)检查施工过程中的各项测试数据和施工记录,不符合设计要求时应补夯或采取其他有效措施。

(2)强夯处理后的地基竣工验收承载力检验,应在施工结束后间隔一定时间方能进行,对于碎石土和砂土地基,其间隔时间可取 7~14d;粉土和黏性土地基可取 14~28d。强夯置换地基间隔时间可取 28d。

(3)强夯处理后的地基竣工验收时,承载力检验应采用静载试验、原位测试和室内土工试验。强夯置换后的地基竣工验收时,承载力检验除应采用单墩荷载试验检验外,尚应采用动力触探等有效手段查明置换墩着底情况及承载力与密度随深度的变化,对饱和粉土地基可采用单墩复合地基荷载试验检验。

(4)竣工验收检验工作量,应根据场地复杂程度和建筑物的重要性确定,对于简单场地上的一般建筑物,每个建筑地基的荷载试验检验点不应少于 3 点;对于复杂场地或重要建筑地基应增加检验点数。强夯置换地基荷载试验检验和置换墩着底情况检验数量均不应少于墩点数的 1%,且不应少于 3 点。其他检测工作量可根据工程实际确定。

6.3　挤密地基

6.3.1　挤密地基处理应符合下列规定:

(1)挤密地基是指利用沉管、冲击、夯扩、振冲、振动沉管等方法在土中挤压、振动成孔,使桩孔周围土体得到挤密、振密,并向桩孔内分层填料形成的地基。适用于处理湿陷性黄土、砂土、粉土、素填土和杂填土等地基。

(2)当以消除地基土的湿陷性为主要目的时,宜选用土桩挤密法。当以提高地基土的承载力或增强其水稳性为主要目的时,宜选用灰土桩(或其他具有一定胶凝强度桩,如二灰桩、水泥土桩等)挤密法。当以消除地基土液化为主要目的时,宜选用振冲或振动挤密法。

(3)对重要工程或在缺乏经验的地区,施工前应按设计要求,在现场进行试验。如土性基本相同,试验可在一处进行,如土性差异明显,应在不同地段分别进行试验。

6.3.2　土桩、灰土桩挤密地基承载力特征值,应通过单桩静荷载试验或复合地基荷载试验确定。

6.3.3　土桩、灰土桩挤密地基的变形计算，应符合国家标准《建筑地基基础设计规范》(GB 50007—2012)的有关规定，其中复合土层的压缩模量，可采用荷载试验的变形模量代替。

6.3.4　土桩、灰土桩挤密地基的施工应符合下列要求：

(1)成孔应按设计要求、成孔设备、现场土质和周围环境等情况，选用沉管(振动、锤击)、冲击或钻孔夯扩等方法。

(2)桩顶设计高程以上的预留覆盖土层厚度宜符合下列要求：

①沉管(锤击、振动)成孔，宜不小于1.0m。

②冲击成孔、钻孔夯扩法，宜不小于1.5m。

(3)成孔时，地基土宜接近最佳(或塑限)含水率，当土的含水率低于12%时，宜对拟处理范围内的土层进行增湿，应于地基处理前4～6d，将需增湿的水通过一定数量和一定深度的渗水孔，均匀地浸入拟处理范围内的土层中。

(4)成孔和孔内回填夯实应符合下列要求：

①向孔内填料前，孔底应夯实，并应抽样检查桩孔的直径、深度和垂直度。

②桩孔的垂直度偏差不宜大于1.5%。

③桩孔中心点的偏差不宜超过桩距设计值的5%。

④经检验合格后，应按设计要求，向孔内分层填入筛好的素土、灰土或其他填料，并应分层夯实至设计高程。

(5)成孔和孔内回填夯实的施工顺序，当整片处理时，宜从里(或中间)向外间隔1～2孔进行，对大型工程，可采取分段施工；当局部处理时，宜从外向里间隔1～2孔进行。

(6)铺设灰土垫层前，应按设计要求将桩顶高程以上的预留松动土层挖除或夯(压)密实。

(7)施工过程中，应有专人监理成孔及回填夯实的质量，并应做好施工记录。如发现地基土质与勘察资料不符，应立即停止施工，待查明情况或采取有效措施处理后，方可继续施工。

(8)雨季或冬季施工，应采取防雨或防冻措施，防止填料受雨水淋湿或冻结。

(9)成桩后，应及时抽样检验挤密地基的质量。对一般工程，主要应检查施工记录、检测全部处理深度内桩体和桩间土的干密度，并将其分别换算为平均压实系数λ_c和平均挤密系数η_c。对重要工程，除检测上述内容外，还应测定全部处理深度内桩间土的压缩性和湿陷性。

(10)桩孔夯填质量检验应随机抽样检测，抽检的数量不应少于桩总数的1%；且总计不得少于9根桩。

6.3.5　土桩、灰土桩挤密地基的荷载试验检验数量不应少于桩总数的0.5%，且每项单体工程不应少于3点。

6.3.6　沉管挤密地基的施工应符合下列规定：

(1)可采用振动沉管、锤击沉管或冲击成孔等成桩法。当用于消除粉细砂及粉土液化时，宜用振动沉管成桩法。

(2)施工前应进行成桩工艺和成桩挤密试验。当成桩质量不能满足设计要求时，应在调整设计与施工有关参数后，重新进行试验或改变设计。

(3)振动沉管成桩法施工应根据沉管和挤密情况，控制填砂石量、提升高度和速度、挤压次数和时间、电机的工作电流等。

(4)施工中应选用能顺利出料和有效挤压桩孔内砂石料的桩尖结构。当采用活瓣桩靴时，对砂土和粉土地基宜选用尖锥形；对黏性土地基宜选用平底形；一次性桩尖可采用混凝土锥形桩尖。

(5)锤击沉管成桩法施工可采用单管法或双管法。锤击法挤密应根据锤击的能量，控制分段的填砂石量和成桩的长度。

(6)砂石桩的施工顺序：对砂土地基宜从外围或两侧向中间进行，对黏性土地基宜从中间向外围或隔排施工;在既有建(构)筑物邻近施工时,应背离建(构)筑物方向进行。

(7)施工时桩位水平偏差不应大于0.3倍套管外径;套管垂直度偏差不应大于1%。

(8)砂石桩施工后,应将基底高程下的松散层挖除或夯压密实,随后铺设并压实砂石垫层。

6.3.7 振动挤密地基施工后,应检查施工各项记录,如有遗漏或不符合规定要求的桩或振冲点,应补做或采取有效的补救措施。

6.3.8 施工结束,间隔一定时间后方可进行质量检验。对粉质黏土地基间隔时间可取21~28d,对粉土地基可取14~21d,对砂土和杂填土地基不宜少于7d。

6.3.9 桩的施工质量检验可采用单桩荷载试验,检验数量不应少于总桩数的0.5%,且不少于3根。对桩体可采用动力触探试验检测,对桩间土可采用标准贯入、静力触探、动力触探或其他原位测试等方法进行检测。桩间土质量的检测位置应在等边三角形或正方形的中心。检测数量不应少于桩孔总数的2%。

6.3.10 振动挤密地基竣工验收时,承载力检验应采用静荷载板试验。

6.3.11 振动挤密地基荷载试验检验数量不应少于总桩数的0.5%,且每个单体工程不应少于3点。

对不加填料振冲挤密处理的砂土地基,竣工验收承载力检验应采用标准贯入、动力触探、荷载试验或其他合适的试验方法。检验点应选择在有代表性或地基土质较差的地段,并位于振冲点围成的单元形心处及振冲点中心处。检验数量可为振冲点数量的1%,总数不应少于5个点。

7 复合地基处理

7.1 一般规定

7.1.1 复合地基设计应满足建筑物承载力和变形要求。对于地基土为欠固结土、膨胀土、湿陷性黄土、可液化土等特殊土,设计时应综合考虑土体的特殊性质,选用适当的增强体和施工工艺。

7.1.2 复合地基设计应在有代表性的场地上进行现场试验或试验性施工,并进行必要的测试,以确定设计参数和处理效果,取得地区经验后方可推广使用。

7.1.3 复合地基增强体应进行桩身完整性和承载力检验。

7.1.4 复合地基承载力特征值应通过现场复合地基荷载试验确定,或采用增强体的荷载试验结果和周边土的承载力特征值根据经验确定。

7.2 砂石桩复合地基

7.2.1 砂石桩复合地基处理应符合下列规定:

(1)砂石桩施工方法,根据成孔的方式不同可分为振冲法、振动沉管法等。根据桩体材料可分为碎石桩、砂石桩和砂桩。碎石桩、砂石桩施工可采用振冲法或沉管法,砂桩施工可采用沉管法。

(2)砂石桩复合地基适用于处理松散砂土、粉土、挤密效果好的素填土、杂填土等地基。

砂石桩挤密法处理可液化地基应符合本章第6.3小节的规定。

(3)对大型的、重要的或场地地层复杂的工程,在正式施工前应通过现场试验确定其处理效果。

7.2.2 振冲砂石桩的施工应符合下列有关规定。

(1)振冲施工可根据设计荷载的大小、原土强度的高低、设计桩长等条件选用不同功率的振冲器。施工前应在现场进行试验,以确定水压、振密电流和留振时间等各种施工参数。

(2)升降振冲器的机械可用起重机、自行井架式施工平车或其他合适的设备。施工设备应配有电流、电压和留振时间自动信号仪表。

(3)振冲施工可按下列步骤进行：

①清理平整施工场地，布置桩位。

②施工机具就位，使振冲器对准桩位。

③起动供水泵和振冲器，水压可用200～600kPa，水量可用200～400L/min，将振冲器徐徐沉入土中，造孔速度宜为0.5～2.0m/min，直至达到设计深度。记录振冲器经各深度的水压、电流和留振时间。

④造孔后边提升振冲器边冲水直至孔口，再放至孔底，重复两三次扩大孔径并使孔内泥浆变稀，开始填料制桩。

⑤大功率振冲器投料可不提出孔口，小功率振冲器下料困难时，可将振冲器提出孔口填料，每次填料厚度不宜大于50cm。将振冲器沉入填料中进行振密制桩，当电流达到规定的密实电流值和规定的留振时间后，将振冲器提升30～50cm。

⑥重复以上步骤，自下而上逐段制作桩体直至孔口，记录各段深度的填料量、最终电流值和留振时间，并均应符合设计规定。

⑦关闭振冲器和水泵。

(4)施工现场应事先开设泥水排放系统，或组织好运浆车辆将泥浆运至预先安排的存放地点，应尽可能设置沉淀池重复使用上部清水。

(5)桩体施工完毕后应将顶部预留的松散桩体挖除，如无预留应将松散桩头压实，随后铺设并压实垫层。

(6)不加填料振冲加密宜采用大功率振冲器，为了避免造孔中塌砂将振冲器抱住，下沉速度宜快，造孔速度宜为8～10m/min，到达深度后将射水量减至最小，留振至密实电流达到规定时，上提0.5m，逐段振密直至孔口，一般每米振密时间约1min。在粗砂中施工如遇下沉困难，可在振冲器两侧增焊辅助水管，加大造孔水量，但造孔水压宜小。

(7)振密孔施工顺序宜沿直线逐点逐行进行。

7.2.3　沉管砂石桩复合地基的施工应符合下列规定：

(1)砂石桩施工可采用振动沉管、锤击沉管或冲击成孔等成桩法。当用于消除粉细砂及粉土液化时，宜用振动沉管成桩法。

(2)施工前应进行成桩工艺和成桩挤密试验。当成桩质量不能满足设计要求时，应在调整设计与施工有关参数后，重新进行试验或改变设计。

(3)振动沉管成桩法施工应根据沉管和挤密情况，控制填砂石量、提升高度和速度、挤压次数和时间、电机的工作电流等。

(4)施工中应选用能顺利出料和有效挤压桩孔内砂石料的桩尖结构。当采用活瓣桩靴时，对砂土和粉土地基宜选用尖锥形；一次性桩尖可采用混凝土锥形桩尖。

(5)锤击沉管成桩法施工可采用单管法或双管法。锤击法挤密应根据锤击的能量，控制分段的填砂石量和成桩的长度。

(6)砂石桩桩孔内材料填料量应通过现场试验确定，估算时可按设计桩孔体积乘以充盈系数确定，充盈系数可取1.2～1.4。如施工中地面有下沉或隆起现象，则填料数量应根据现场具体情况予以增减。

(7)砂石桩的施工顺序：对砂土地基宜从外围或两侧向中间进行，在既有建(构)筑物邻近施工时，应背离建(构)筑物方向进行。

(8)施工时，桩位水平偏差不应大于0.3倍套管外径；套管垂直度偏差不应大于1%。

(9)砂石桩施工后，应将基底高程下的松散层挖除或夯压密实，随后铺设并压实砂石垫层。

7.2.4　施工质量控制：

(1)在制桩过程中，各段桩体均应符合密实电流、填料量和留振时间等方面的要求。制桩时宜将水量关小,填料方法或将振冲器提出孔口加料,或边振边填。加料不宜过猛,原则上“少吃多餐”。

(2)施工现场应实现开设泥水排放系统,将制桩过程中产生的泥水集中引入沉淀池,沉淀池底部沉积的泥浆可定期挖出送至指定地点。

(3)碎石桩的施工顺序从中间向外围进行,或由一边推向另一边的方式施工。

(4)碎石桩施工结束后,路堤进行填筑前,注意设置沉降观测设备。

(5)搅拌桩的质量控制应贯穿在施工的全过程,实施全程的施工抽查。施工过程中必须随时检查施工记录和计量记录,并对照规定的施工工艺,对每根桩都要进行质量评定。

(6)当实际贯入量未达到设计要求时,应在原位将桩管打入,补充灌碎石后复打一次,或在旁边补桩。

(7)施工中选用适宜的桩尖结构。当选用活瓣桩靴时,砂性土地基宜采用尖瓣形,黏性土地基宜采用平底形。

7.2.5 砂石桩复合地基的检测与检验应符合下列规定:

(1)检查碎石桩施工各项施工记录,如有遗漏或不符合规定要求的桩,应补做或采取有效的补救措施。

(2)施工后应间隔一定时间,方可进行质量检验。对砂土地基,不宜少于7d;对粉土和杂填土地基,不宜少于14d。

(3)砂石桩复合地基施工质量,对桩体可采用动力触探试验检测,对桩间土可采用标准贯入、静力触探、动力触探或其他原位测试等方法进行检测。桩间土质量的检测位置应在等边三角形或正方形的中心。检测数量不应少于桩孔总数的2%。

(4)砂石桩地基竣工验收时,承载力检验应采用复合地基荷载试验。

复合地基荷载试验数量不应少于总桩数的0.5%,且每个单体建筑不应少于3点。

7.3 水泥土搅拌桩复合地基

7.3.1 水泥土搅拌桩复合地基处理基本要求:

(1)水泥土搅拌桩的施工工艺分为浆液搅拌法(以下简称湿法)和粉体搅拌法(以下简称干法)。适用于处理淤泥、淤泥质土、素填土、软~可塑黏性土、松散~中密粉细砂、稍密~中密粉土、松散~稍密中粗砂和砾砂、黄土等土层。不适用于含大孤石或障碍物较多且不易清除的杂填土,硬塑及坚硬的黏性土、密实的砂类土以及地下水渗流影响成桩质量的土层。当地基土的天然含水率小于30%(黄土含水率小于25%)、大于70%时,不应采用干法。寒冷地区冬季施工时,应考虑负温对处理效果的影响。

(2)水泥土搅拌法用于处理泥炭土、有机质含量较高或pH值小于4的酸性土、塑性指数大于25的黏土或在腐蚀性环境中以及无工程经验的地区采用水泥土搅拌法时,必须通过现场和室内试验确定其适用性。

(3)水泥土搅拌法可采用单头、双头、多头搅拌或连续成槽搅拌形成水泥土加固体;湿法搅拌可插入型钢形成排桩(墙)。加固体形状可分为柱状、壁状、格栅状或块状等。

(4)拟采用水泥土搅拌法处理地基的工程,除按现行规范规定进行岩土工程详勘外,尚应查明拟处理土层的pH值、有机质含量、地下障碍物及软土分布情况、地下水及其运动规律等。

(5)设计前应进行拟处理土的室内配合比试验。针对现场拟处理的软弱层软土的性质,选择合适的固化剂、外掺剂及其掺量,为设计提供不同龄期、不同配合比的强度参数。对竖向承载的水泥土强度宜取90d龄期试块的立方体抗压强度平均值;对承受水平荷载的水泥土强度宜取28d龄期试块的立方体抗压强度平均值。

(6)固化剂宜选用强度等级不低于32.5级的普通硅酸盐水泥(型钢水泥土搅拌墙不低于P·O

42.5 级)。水泥掺量应根据设计要求的水泥土强度经试验确定;块状加固时水泥掺量不应小于被加固天然土质量的 7%,作为复合地基增强体时不应小于 12%,型钢水泥土搅拌墙(桩)不应小于 20%。

湿法的水泥浆水灰比可选用 0.45 ~0.55,应根据工程需要和土质条件选用具有早强、缓凝、减水以及节约水泥等作用的外掺剂;干法可掺加二级粉煤灰等材料。

(7)竖向承载水泥土搅拌桩复合地基宜在基础和桩之间设置褥垫层,刚性基础下褥垫层厚度可取 150 ~300mm。褥垫层材料可选用中粗砂、级配砂石等,最大粒径不宜大于 20mm,褥垫层的压实系数不应小于 0.94。

(8)竖向承载的水泥土搅拌桩复合地基承载力特征值不宜大于 180kPa。

(9)型钢水泥土搅拌墙(桩)的设计和施工应符合《型钢水泥土搅拌墙技术规程》(JGJ/T 199—2010)的规定。型钢水泥土搅拌桩或水泥土中插入混凝土预制桩时,单桩竖向抗压承载力应通过单桩静荷载试验确定,桩身强度的计算不应考虑水泥土的作用。

(10)水泥土搅拌形成水泥土加固体,用于基坑工程围护挡墙、被动区加固、防渗帷幕、大面积水泥稳定土等的设计、施工,可按本小节规定进行。

7.3.2　水泥土搅拌桩复合地基施工:

(1)水泥土搅拌法施工现场事先应予以平整,必须清除地上和地下的障碍物。遇有明浜、池塘及洼地时应抽水和清淤,回填土料应压实,不得回填生活垃圾。

(2)水泥土搅拌桩施工前应根据设计进行工艺性试桩,数量不得少于 3 根,多头搅拌不得少于 3 组。应对工艺试桩的质量进行必要的检验。

(3)搅拌头翼片的枚数、宽度、与搅拌轴的垂直夹角、搅拌头的回转数、提升速度应相互匹配;钻头每转一圈的提升(或下沉)量以 1.0 ~1.5cm 为宜,以确保加固深度范围内土体的任何一点均能经过 20 次以上的搅拌。

(4)竖向承载搅拌桩施工时,停浆(灰)面应高于桩顶设计高程 300 ~500mm。在开挖基坑时,应将桩顶以上 500mm 土层及搅拌桩顶端施工质量较差的桩段用人工挖除。

(5)施工中应保持搅拌桩机底盘的水平和导向架的竖直,搅拌桩的垂直偏差不得超过 1%;桩位的偏差不得大于 50mm;成桩直径和桩长不得小于设计值。

(6)水泥土搅拌法施工主要步骤如下:

①桩机定位、对中、调平。

放好搅拌桩桩位后,移动搅拌桩机到达指定桩位,对中,调平(用水准仪)。

②调整导向架垂直度。

采用经纬仪或吊线锤双向控制导向架垂直度。按设计及规范要求,垂直度小于 1.0 % 桩长。

③预先拌制浆液。

深层搅拌机预搅下沉同时,后台拌制水泥浆液,待压浆前将浆液放入集料斗中。选用强度等级为 P · O 42.5 级的普通硅酸水泥拌制浆液,水灰比控制在 0.45 ~0.50 范围,按照设计要求每米深层搅拌桩水泥用量不少于 50kg。

④搅拌下沉。

启动深层搅拌桩机转盘,待搅拌头转速正常后,方可使钻杆沿导向架边下沉边搅拌,下沉速度可通过挡位调控,工作电流不应大于额定值。

⑤喷浆搅拌提升。

下沉到达设计深度后,开启灰浆泵,通过管路送浆至搅拌头出浆口,出浆后启动搅拌桩机及拉紧链条装置,按设计确定的提升速度(0.50 ~0.8m/min)边喷浆搅拌边提升钻杆,使浆液和土体充分拌和。

⑥重复搅拌下沉。

搅拌钻头提升至桩顶以上500mm高后,关闭灰浆泵,重复搅拌下沉至设计深度,下沉速度按设计要求进行。

⑦喷浆重复搅拌提升。

下沉到达设计深度后,喷浆重复搅拌提升,一直提升至地面。

⑧桩机移位。

施工完一根桩后,移动桩机至下一根桩位,重复以上步骤进行下一根桩的施工。

在预(复)搅下沉时,也可采用喷浆(粉)的施工工艺,必须确保全桩长上下至少再重复搅拌一次。

对地基土进行干法咬合加固时,如复搅困难,可采用慢速搅拌,保证搅拌的均匀性。

(7)湿法施工:

①水泥浆液到达喷浆口的出口压力不应小于1MPa。

②施工前应确定灰浆泵输浆量、灰浆经输浆管到达搅拌机喷浆口的时间和起吊设备提升速度等施工参数,并根据设计要求通过工艺性成桩试验确定施工工艺。

③所使用的水泥都应过筛,制备好的浆液不得离析,泵送必须连续。拌制水泥浆液的罐数、水泥和外掺剂用量以及泵送浆液的时间等应有专人记录;喷浆量及搅拌深度必须采用经国家计量部门认证的监测仪器进行自动记录。

④搅拌机喷浆提升的速度和次数必须符合施工工艺的要求,并应有专人记录。

⑤当水泥浆液到达出浆口后,应喷浆搅拌30s,在水泥浆与桩端土充分搅拌后,再开始提升搅拌头。

⑥搅拌机预搅下沉时不宜冲水,当遇到硬土层下沉太慢时,方可适量冲水,但应考虑冲水对桩身强度的影响。

⑦施工时如因故停浆,应将搅拌头下沉至停浆点以下0.5m处,待恢复供浆时再喷浆搅拌提升。若停机超过3h,宜先拆卸输浆管路,并妥加清洗。

⑧壁状加固时,相邻桩的施工时间间隔不宜超过24h。如间隔时间太长,与相邻桩无法搭接时,应采取局部补桩或注浆等补强措施。

(8)干法施工应符合下列要求:

①喷粉施工前,应仔细检查搅拌机械、供粉泵、送气(粉)管路、接头和阀门的密封性、可靠性。送气(粉)管路的长度不宜大于60m。

②水泥土搅拌法(干法)喷粉施工机械必须配置经国家计量部门确认的、具有能瞬时检测并记录出粉体计量装置及搅拌深度自动记录仪。

③搅拌头每旋转一周,其提升高度不得超过16mm。

④搅拌头的直径应定期复核检查,其磨耗量不得大于10mm。

⑤当搅拌头到达设计桩底以上1.5m时,应即开启喷粉机提前进行喷粉作业。当搅拌头提升至地面下500mm时,喷粉机应停止喷粉。

⑥成桩过程中因故停止喷粉,应将搅拌头下沉至停灰面以下1m处,待恢复喷粉时再喷粉搅拌提升。

7.3.3 水泥土搅拌桩复合地基质量检验控制:

(1)水泥土搅拌桩应进行施工全过程的施工质量控制。施工过程中应做好施工记录和计量记录,并对照规定的施工工艺对每根桩进行质量评定。检查重点是:喷浆压力、水泥用量、桩长、搅拌头转速和提升速度、复搅次数和复搅深度、停浆处理方法等。

(2)水泥土搅拌桩的施工质量检验可采用以下方法:

①成桩 7d 后,采用浅部开挖桩头进行检查,开挖深度宜超过停浆(灰)面下 0.5m,目测检查搅拌的均匀性,量测成桩直径。检查量为总桩数的 5%。

②成桩后 3d 内,可用轻型动力触探(N_{10})检查上部桩身的均匀性。检验数量为施工总桩数的 1%,且不少于 3 根。

③桩身强度检验应在成桩 28d 后,用双管单动取样器钻取芯样做搅拌均匀性和水泥土抗压强度检验,检验数量为施工总桩(组)数的 0.5 %,且不少于 6 点。钻芯有困难时,可采用单桩抗压静荷载试验检验桩身质量。

(3)竖向承载水泥土搅拌桩复合地基竣工验收时,承载力检验应采用复合地基荷载试验和单桩荷载试验。

(4)荷载试验必须在桩身强度满足试验荷载条件时,并宜在成桩 28d 后进行。验收检测检验数量为桩总数的 0.5% ~1%,其中每单项工程单桩复合地基荷载试验的数量不应少于 3 根(多头搅拌为 3 组),其余可进行单桩静荷载试验或单桩、多桩复合地基荷载试验。

(5)基槽开挖后,应检验桩位、桩数与桩顶质量;如不符合设计要求,应采取有效补强措施。

7.4　旋喷桩复合地基

7.4.1　旋喷桩复合地基基本要求:

(1)旋喷桩复合地基适用在淤泥、淤泥质土、一般黏性土、粉土、砂土、黄土、素填土等地基中采用高压旋喷注浆形成增强体的地基处理;当土中含有较多的大粒径块石、大量植物根茎或有较高的有机质时,以及地下水流速过大和已涌水的工程,应根据现场试验结果确定其适应性。

(2)高压旋喷桩施工根据工程需要和土质条件,可分别采用单管法、双管法和三管法。

(3)在制订高压旋喷桩方案时,应搜集邻近建筑物和周边地下埋设物等资料。

(4)高压旋喷桩方案确定后,应结合工程情况通过现场试验、试验性施工确定施工参数及工艺。

(5)高压旋喷注浆用于土层加固或用于基坑工程防水,可按照本小节规定进行。

7.4.2　高压旋喷桩形成的增强体强度和直径,应通过现场试验确定。

7.4.3　单桩竖向承载力特征值应通过现场荷载试验确定。

7.4.4　旋喷桩复合地基的地基变形计算应符合相关要求。

7.4.5　当旋喷桩处理范围以下存在软弱下卧层时,应按国家标准《建筑地基基础设计规范》(GB 50007—2011)的有关规定进行下卧层承载力验算。

7.4.6　旋喷桩复合地基宜在基础和桩顶之间设置褥垫层。褥垫层厚度可取 200 ~ 300mm,其材料可选用中砂、粗砂、级配砂石等,最大粒径不宜大于 30mm。

7.4.7　旋喷桩的平面布置可根据上部结构和基础形式确定。独立基础下的桩数一般不应少于 4 根。

7.4.8　旋喷桩复合地基施工:

(1)施工前应根据现场环境和地下埋设物的位置等情况,复核高压喷射注浆的设计孔位。

(2)高压旋喷注桩的施工参数,应根据土质条件、加固要求通过试验或根据工程经验确定,并在施工中严格加以控制。单管法及双管法的高压水泥浆和三管法高压水的压力宜大于 30MPa,流量大于 30L/min,气流压力宜取 0.7MPa,提升速度可取 0.1 ~0.2m/min。

(3)高压喷射注浆,对于无特殊要求的工程宜采用强度等级为 P·O 42.5 级的普通硅酸盐水泥,根据需要可加入适量的外加剂及掺合料。外加剂和掺合料的用量,应通过试验确定。

(4)水泥浆液的水灰比应按工程要求确定,可取 0.8 ~1.2,常用 0.9。

(5)高压喷射注浆的施工工序为机具就位、贯入喷射管、喷射注浆、拔管和冲洗等。

(6)喷射孔与高压注浆泵的距离不宜大于 50m。钻孔的位置与设计位置的偏差不得大于 50mm。

垂直度偏差不大于1%。实际孔位、孔深和每个钻孔内的地下障碍物、洞穴、涌水、漏水及岩土工程勘察报告不符等情况均应详细记录。

(7)当喷射注浆管贯入土中,喷嘴达到设计高程时,即可喷射注浆。在喷射注浆参数达到规定值后,随即按旋喷的工艺要求,提升喷射管,由下而上旋转喷射注浆。喷射管分段提升的搭接长度不得小于100mm。

(8)对需要局部扩大加固范围或提高强度的部位,可采用复喷措施。

(9)在高压喷射注浆过程中,出现压力骤然下降、上升或冒浆异常时,应查明原因并及时采取措施。

(10)高压喷射注浆完毕,应迅速拔出喷射管。为防止浆液凝固收缩影响桩顶高程,必要时可在原孔位采取冒浆回灌或第二次注浆等措施。

(11)施工中应做好泥浆处理,及时将泥浆运出或在现场短期堆放后作土方运出。

(12)施工中应严格按照施工参数和材料用量施工,用浆量和提升速度应采用自动记录装置,并如实做好各项施工记录。

7.4.9 旋喷桩复合地基质量检验控制:

高压旋喷桩可根据工程要求和当地经验,采用开挖检查、取芯(常规取芯或软取芯)、标准贯入试验、动力触探荷载试验等方法进行检验。

(1)检验点应布置在下列部位:

①有代表性的桩位。

②施工中出现异常情况的部位。

③地基情况复杂,可能对高压喷射注浆质量产生影响的部位。

(2)检验点的数量为施工孔数的2%,并不应少于5点。

(3)质量检验宜在高压喷射注浆结束28d后进行。

(4)旋喷桩地基竣工验收时,承载力检验可采用复合地基荷载试验和单桩荷载试验。

荷载试验必须在桩身强度满足试验条件时,并宜在成桩28d后进行。检验数量为桩总数的0.5%~1%,且每项单体工程不应少于3点。

8 注浆加固

8.1 一般规定

8.1.1 注浆加固适用于砂土、粉土、黏性土和人工填土等地基加固。根据加固目的,可分别选用水泥浆液、硅化浆液、碱液等固化剂。

8.1.2 注浆加固设计前,应进行室内浆液配合比试验和现场注浆试验,确定设计参数,检验施工方法和设备。有地区经验时,可参考类似工程经验确定设计参数。

8.1.3 注浆加固应保证加固地基在平面和深度连成一体,满足土体渗透性、地基土的强度和变形的设计要求。

8.1.4 在地基处理中,注浆加固宜与其他地基处理方法联合使用。当采用单一注浆加固方法处理地基时,要充分论证其可靠性。

8.1.5 采用水泥搅拌注浆加固、高压旋喷注浆加固可按本章第7.3小节、第7.4小节有关规定进行设计、施工。

8.2　施工

8.2.1　水泥为主剂的注浆施工应符合下列规定：

(1)施工场地应预先平整，并沿钻孔位置开挖沟槽和集水坑。

(2)注浆施工时，宜采用自动流量和压力记录仪，并应及时对资料进行整理分析。

(3)注浆孔的孔径宜为 70 ~ 110mm，垂直度偏差应小于 1%。

(4)花管注浆法施工可按下列步骤进行：

①钻机与注浆设备就位。

②钻孔或采用振动法将花管置入土层。

③当采用钻孔法时，应从钻杆内注入封闭泥浆，然后插入孔径为 50mm 的金属花管。

④待封闭泥浆凝固后，移动花管自下向上或自上向下进行注浆。

(5)压密注浆施工可按下列步骤进行：

①钻机与注浆设备就位。

②钻孔或采用振动法将金属注浆管压入土层。

③采用钻孔法时，应从钻杆内注入封闭泥浆，然后插入孔径为 50mm 的金属注浆管。

④待封闭泥浆凝固后，捅去注浆管的活络堵头，然后提升注浆管自下向上或自上向下对地层注入水泥—砂浆液或水泥—水玻璃双液快凝浆液。

(6)封闭泥浆 7d 立方体试块(边长为 70.7mm)的抗压强度应为 0.3 ~ 0.5MPa，浆液黏度应为 80 ~ 90s。

(7)浆液宜用强度等级为 P · O 42.5 级的普通硅酸盐水泥。

(8)注浆时可掺用粉煤灰代替部分水泥，掺入量可为水泥重量的 20% ~ 50%。

(9)根据工程需要，可在浆液拌制时加入速凝剂、减水剂和防析水剂。

(10)注浆用水不得采用 pH 值小于 4 的酸性水和工业废水。

(11)水泥浆的水灰比可取 0.6 ~ 2.0，常用的水灰比为 1.0。

(12)注浆的流量可取 7 ~ 10L/min，对充填型注浆，流量不宜大于 20L/min。

(13)当用花管注浆和带有活堵头的金属管注浆时，每次上拔或下钻高度宜为 0.5m。

(14)浆体应经过搅拌机充分搅拌均匀后才能开始压注，并应在注浆过程中不停缓慢搅拌，搅拌时间应小于浆液初凝时间。浆液在泵送前液压经过筛网过滤。

(15)日平均温度低于 5℃或最低温度低于 -3℃的条件下注浆时，应在施工现场采取措施，保证浆液不冻结。

(16)水温不得超过 30 ~ 35℃，并不得将盛浆桶和注浆管路在注浆体静止状态暴露于阳光下，防止浆液凝固。

(17)注浆顺序应按跳孔间隔注浆方式进行，并宜采用先外围后内部的注浆施工方法。当地下水流速较大时，应从水头高的一端开始注浆。

(18)对渗透系数相同的土层，首先应注浆封顶，然后由下向上进行注浆，防止浆液上冒。如土层的渗透系数随深度而增大，则应自下向上注浆。对互层地层，首先应对渗透性或孔隙率大的地层进行注浆。

(19)当既有建筑地基进行注浆加固时，应对既有建筑及其邻近建筑、地下管线和地面的沉降、倾斜、位移和裂缝进行监测，并应采用多孔间隔注浆和缩短浆液凝固时间等措施，减少既有建筑基础因注浆而产生的附加沉降。

8.2.2　硅化浆液注浆施工应符合下列规定：

(1)压力灌浆溶液的施工步骤如下：

向土中打入灌注管和灌注溶液,应自基础底面高程起向下分层进行,达到设计深度后,将管拔出,清洗干净可继续使用;加固既有建筑物地基时,在基础侧向应先施工外排,后施工内排。

灌注溶液的压力值由小逐渐增大,但最大压力不宜超过 200kPa。

(2)溶液自渗的施工步骤如下:

①在基础侧向,将设计布置的灌注孔分批或全部打(或钻)至设计深度。

②将配好的硅酸钠溶液注满各灌注孔,溶液面宜高出基础底面高程 0.50m,使溶液自行渗入土中。

③在溶液自渗过程中,每隔 2 ~ 3h,向孔内添加一次溶液,防止孔内溶液渗干。

(3)计算溶液量全部注入土中后,所有注浆孔宜用 2:8 灰土分层回填夯实。

8.2.3 碱液注浆施工应符合下列规定:

灌注孔可用洛阳铲、螺旋钻成孔或用带有尖端的钢管打入土中成孔,孔径为 60 ~ 100mm,孔中填入粒径为 20 ~ 40mm 的石子,直到注液管下端高程处,再将内径 20mm 的注液管插入孔中,管底以上 300mm 高度内填入粒径为 2 ~ 5mm 的小石子,其上用 2:8 灰土填土并夯实。碱液可用固体烧碱或液体烧碱配制,加固 $1m^3$ 黄土需要 NaOH 量约为干土质量的 3%,即 35 ~ 45kg。碱液浓度不应低于 90g/L,常用浓度为 90 ~ 100g/L。双液加固时,氯化钙溶液的浓度为 50 ~ 80g/L。配制溶液时,应先放水,而后徐徐放入碱块或浓碱液。

应在盛溶液桶中将碱液加热到 90℃ 以上才能进行灌注,灌注过程中桶内溶液温度应保持不低于 80℃。

灌注碱液的速度,宜为 2 ~ 5L/min。

碱液加固施工,应合理安排灌注顺序和控制灌注速率。宜间隔 1 ~ 2 孔灌注,并分段施工,相邻两孔灌注的间隔时间不宜少于 3d。同时灌注的两孔间距不应小于 3m。当采用双液加固时,应先灌注氢氧化钠溶液,间隔 8 ~ 12h 后,再灌注氯化钙溶液,后者用量为前者的 1/4 ~ 1/2。

8.3 质量检验

8.3.1 水泥为主剂的注浆加固质量检验控制:

(1)注浆检验时间应在注浆结束 28 d 后进行。可选用标准贯入、轻型动力触探或静力触探对加固地层的均匀性进行检测。

(2)应在加固土的全部深度范围内每隔 1m 取样进行室内试验,测定其压缩性、强度或渗透性。

(3)注浆检验点可为注浆孔数的 2% ~5%。当检验点合格率小于或等于 80%,或虽大于 80 % 但检验点的平均值达不到强度或防渗的设计要求时,应对不合格的注浆区实施重复注浆。

(4)硅化注浆加固质量检验应符合下列规定:

①硅酸钠溶液灌注完毕,应在 7 ~ 10d 后,对加固的地基土进行检验。

②必要时,尚应在加固土的全部深度内,每隔 1m 取土样进行室内试验,测定其压缩性和湿陷性。

8.3.2 碱液加固质量检验控制:

碱液加固施工应做好施工记录,检查碱液浓度及每孔注入量是否符合设计要求。

可通过开挖或钻孔取样,对加固土体进行无侧限抗压强度试验和水稳性试验。取样部位应在加固土体中部,试块数不少于 3 个,28d 龄期的无侧限抗压强度平均值不得低于设计值的 90 %。将试块浸泡在自来水中,无崩解。当需要查明加固土体的外形和整体性时,可对有代表性加固土体进行开挖,量测其有效加固半径和加固深度。

第三章 路基施工安全

引 言

本章是针对杭海城际铁路的特点,参照《铁路路基工程施工安全技术规程》(TB 10302—2009),在吸收杭海城际铁路及周边区域城际轨道交通工程实践经验的基础上编制而成。本章体现了对施工现场安全管理的针对性和可操作性,突出了对区域城际轨道交通工程路基工程施工安全的控制作用。本章适用于区域城际轨道交通工程路基工程施工的安全控制,凡在本章中未做规定的,均按国家、行业及地方现行的有关强制性标准执行。

本章主要内容包括:总则、基本规定、地基处理、路堤、路堑、过渡段、特殊路基、支挡防护及防排水工程、路基相关施工等。

主编单位:浙江杭海城际铁路有限公司

参编单位:中铁一局集团有限公司、西安铁一院工程咨询监理有限责任公司、中铁第四勘察设计院集团有限公司

主要执笔人:林晓峰、张秀源、刘明涛、张治国、周兆懿、李飞剑、马疆东、曹豪、李娟、余传波、张航

主要审查人:孙承军、黄群勇、候宪军、明红青、时风永

1 总 则

1.0.1 为贯彻“安全第一,预防为主,综合治理”的安全生产方针,体现以人为本的理念,落实质量、安全、工期、投资效益、环境保护、技术创新“六位 一体”的铁路建设管理要求,规范铁路工程施工安全管理和施工作业行为,保障人身、设备、设施及行车安全,预防事故发生,特编制本章。

1.0.2 本章适用于新建、改建铁路路基工程施工。

1.0.3 铁路工程施工应建立健全质量、环境、职业健康安全管理体系,对施工安全管理、施工安全技术、施工安全作业进行全过程、全方位管理与控制。

1.0.4 工程施工应严格按设计文件进行,全面贯彻设计意图,达到设计要求的安全使用功能,保障铁路运营安全。

1.0.5 建设、勘察设计、施工和监理单位等建设各方应坚持“管生产必须管安全”的原则,设置安全管理机构,配备安全管理人员,制定安全生产规章制度,落实安全生产责任制。

1.0.6 建设各方人员必须熟悉和遵守有关安全生产法律法规和本章的规定,经培训合格方准上岗。特种作业人员必须经专业培训并考核合格后持证上岗。

1.0.7 建设各方必须采用合格的机械设备、仪器仪表、材料和安全防护用品等。

1.0.8 施工组织设计应包含安全保障措施。危险性较大的工程应编制专项施工方案,并按有关规定经审批后实施。

1.0.9 建设各方应根据工程特点和施工环境进行危险源辨识,对重大危险源应编制应急预案,成立应急组织,配备应急物资,并按规定组织培训和演练。

1.0.10 安全生产费用应及时足额拨付并专项管理使用。

1.0.11 铁路工程施工必须遵守国家有关劳动保护的法规,积极改善施工条件,降低作业人员劳动强度,按规定配备劳动保护和安全防护等用品。

1.0.12 同一工点有多个单位同时施工或不同专业交叉作业时,应共同拟定现场安全技术管理办法,做好协调,共同执行。

1.0.13 施工过程中应及时掌握气象、水文和地质灾害等相关信息,做好防范和应急工作。

1.0.14 建设方应按规定进行安全生产检查,对事故隐患必须及时采取整改措施。

1.0.15 铁路路基工程施工中采用新技术、新工艺、新设备、新材料时,必须制定相应的安全技术措施,并对有关施工人员进行安全生产教育培训。

1.0.16 联调联试应纳入施工组织设计,保证必要的人员、机具及测试仪器的配备,并必须严格做到试车不施工,施工不试车。

1.0.17 营业线施工及有可能影响营业线运行安全的施工,必须严格执行现行国家及铁路有关安全生产及施工安全的规定。

1.0.18 本章应与《铁路工程基本作业施工安全技术规程》(TB 10301—2009)配套使用。

1.0.19 铁路工程路基工程施工安全除应符合本章内容外,尚应符合国家现行有关标准的规定。

2 基本规定

2.0.1 建设各方应按《铁路工程基本作业施工安全技术规程》(TB 10301—2009)第2.1节的规定,结合工程实际和项目特点,明确施工安全责任,制订施工安全措施,加强施工安全管理,有效预防事故发生。

2.0.2 建设各方应按《铁路工程基本作业施工安全技术规程》(TB 10301—2009)第2.2节的规定,做好施工安全管理工作。施工安全管理工作应按表3-1进行检查并做好记录。

施工安全管理检查表 表3-1

项目(工程)名称			
建设单位		项目负责人	
勘察设计单位		项目负责人	
监理单位		总监理工程	
施工单位		项目负责人	
序号	检查项目	检查情况	
1	安全管理组织机构		
2	安全资源配置		
3	安全管理制度		
4	安全管理目标		
5	安全教育培训		
6	专项施工方案		
7	安全技术交底		
8	风险管理		
9	应急救援预案		
检查单位:		被检查单位:	
负责人:(签名)		负责人:(签名)	
日期: 年 月 日		日期: 年 月 日	

2.0.3　建设各方应按《铁路工程基本作业施工安全技术规程》(TB 10301—2009)第2.3节的规定,做好施工安全技术工作。施工安全技术工作应按表3-2进行检查并做好记录。

施工安全技术检查表　　表3-2

<table>
<tr><td colspan="2">项目(工程)名称</td><td colspan="2"></td></tr>
<tr><td colspan="2">施工单位</td><td>项目负责人</td><td></td></tr>
<tr><td>序号</td><td colspan="2">主要检查内容及要求</td><td>检查情况</td></tr>
<tr><td rowspan="2">1</td><td rowspan="2">设计文件</td><td>设计文件齐全</td><td></td></tr>
<tr><td>设计文件现场核对</td><td></td></tr>
<tr><td>2</td><td>安全技术标准</td><td>安全标准齐全、有效</td><td></td></tr>
<tr><td rowspan="2">3</td><td rowspan="2">实施性施工组织设计</td><td>包含相应的安全技术措施</td><td></td></tr>
<tr><td>编制、审批程序符合要求</td><td></td></tr>
<tr><td rowspan="5">4</td><td rowspan="5">专项施工方案</td><td>软弱路基、陡坡路基和危及既有建(构)筑物及交通的填筑等工程</td><td></td></tr>
<tr><td>高边坡、不良地质、周边环境复杂等路堑工程及爆破施工</td><td></td></tr>
<tr><td>锚杆(索)、桩板墙、抗滑桩、不良地段支护等工程</td><td></td></tr>
<tr><td>风沙地区、滑坡崩塌地段、高原地区等路基施工,营业线施工</td><td></td></tr>
<tr><td>编制、审批程序符合要求</td><td></td></tr>
<tr><td rowspan="2">5</td><td rowspan="2">机械设备</td><td>制定操作规程和维修保养计划、检验、鉴定</td><td></td></tr>
<tr><td>建立管理台账</td><td></td></tr>
<tr><td rowspan="2">6</td><td rowspan="2">安全生产培训</td><td>按规定对管理人员和作业人员进行培训、考核并有记录</td><td></td></tr>
<tr><td>特种作业人员持证上岗</td><td></td></tr>
<tr><td>7</td><td>施工安全协议</td><td>签订相关施工安全协议</td><td></td></tr>
<tr><td rowspan="2">8</td><td rowspan="2">作业指导书</td><td>包含相应的安全操作要求</td><td></td></tr>
<tr><td>编制、审批程序符合要求</td><td></td></tr>
<tr><td rowspan="2">9</td><td rowspan="2">安全技术交底</td><td>编制各级施工安全技术交底文件并按规定交底</td><td></td></tr>
<tr><td>交底记录签认齐全</td><td></td></tr>
<tr><td rowspan="2">10</td><td rowspan="2">安全检查</td><td>制订安全检查计划</td><td></td></tr>
<tr><td>检查、整改记录齐全</td><td></td></tr>
<tr><td>11</td><td>施工日志</td><td>施工安全情况记载真实完整</td><td></td></tr>
<tr><td rowspan="2">12</td><td rowspan="2">大型临时工程及过渡工程</td><td>编制设计、施工方案</td><td></td></tr>
<tr><td>检查验收</td><td></td></tr>
<tr><td colspan="2">检查单位:</td><td colspan="2">被检查单位:</td></tr>
<tr><td colspan="2">负责人:(签名)</td><td colspan="2">负责人:(签名)</td></tr>
<tr><td colspan="2">日期:　　年　月　日</td><td colspan="2">日期:　　年　月　日</td></tr>
</table>

2.0.4　作业班组每班应按本章各节中"施工作业安全检查表"进行检查并做好记录。

2.0.5　对安全检查中发现的不符合规定的情况,应按表3-3签发整改通知单,限期整改,并跟踪验证。

安全检查整改通知单　　表3-3

<table>
<tr><td>项目(工程)名称</td><td></td></tr>
<tr><td colspan="2">存在问题及整改要求：

限　　年　月　日前整改完成

检查方：　　受检方：
检查人：(签名)　　接收人：(签名)
日期：　　日期：</td></tr>
<tr><td colspan="2">整改措施：

受检方负责人：(签名)　　计划完成日期：　年　月　日</td></tr>
<tr><td colspan="2">验证结果：

验证人：(签名)　　验证日期：　年　月　日</td></tr>
</table>

2.0.6　建设各方应按《铁路工程基本作业施工安全技术规程》(TB 10301—2009)第2.5节的规定，对参建人员进行有针对性的培训，未经培训或培训不合格者不得上岗。

2.0.7　作业班组负责人在每天开工前，应进行班前安全讲话，向作业人员强调安全注意事项。

2.0.8　进入施工现场的所有人员，必须按规定佩戴相应的劳动保护用品。

3　地基处理

3.1　一般规定

3.1.1　地基处理工程应结合现场环境、施工方法、机械设备等情况进行危险源辨识和风险评估，制订应急预案并采取相应的安全措施。

3.1.2　地基处理应考虑下列主要危险源、危害因素：

(1)机械作业时倾覆；

(2)施工影响毗邻的既有建(构)筑物和设备、管线；

(3)机械现场组装和操作、机械作业用电及防雷；

(4)大风等恶劣气候条件下人员和机械安全；

(5)施工噪声、排放泥浆等环境因素。

3.1.3　施工现场应按规定设置防护设施和安全警示标志，并由专人管理，如图3-1所示。

3.1.4　机械设备的管理与防护除应符合《铁路工程基本作业施工安全技术规程》(TB 10301—2009)第8章的规定外，尚应符合下列规定：

(1)机械进场前，应调查行驶道路和作业现场的情况，了解影响范围内既有建(构)筑物和设备的分布，探明地下和空中的管线并制订相应的安全措施。

图3-1　施工现场应设安全警示标志和专人管理

(2)作业场地及行走范围应保持平整，并满足相应的承载力等要求。

(3)机械系统的能力应与施工要求相匹配，现场装配应由专业人员负责。作业时应严格按照操作规程操作。

(4)大型机械作业或多机配合作业时，应设专人统一协调指挥。

(5)作业人员登高检查或维修时，应系安全带并防止坠物伤人。

(6)大雾、暴雨、大风等气候条件下，应提前对现场机械采取防护措施。情况特别恶劣时应停止作业。

3.1.5　施工用电和高耸设备防雷应符合《铁路工程基本作业施工安全技术规程》(TB 10301—2009)第4章的规定。

3.1.6　施工前应做好临时防、排水系统。

3.1.7　使用有腐蚀性、有害的材料或掺合剂时，作业人员应按规定佩戴防护用品。

3.1.8　施工时产生的噪声应符合《建筑施工场界环境噪声排放标准》(GB 12523—2011)的有关规定，对有可能造成其他环境污染的施工应进行相应的处理。

3.1.9　地基处理时，应对影响范围内的既有建(构)筑物和设备进行监测，发现异常及时采取措施。

3.2　原地面处理和换填

3.2.1　严禁火烧杂草、树木等。砍伐树木时，应设置防护和警示标志，严禁在山坡上重叠伐树作业。

3.2.2　清除淤泥或处理空穴时，应查明地质情况，采取保证人员和机械安全的防护措施。

3.2.3　换填施工时，应符合下列规定：

(1)清淤作业应防止人员陷入，软土地段机械作业应考虑地基承载力能否满足机械作业要求，不能满足应采取必要的安全措施。

(2)开挖、运输装卸、填筑碾压应符合本章第4节、第5节的相关规定。

(3)重锤夯实时，应符合本章第3.1.4条的规定。

(4)接触灰土的作业人员，应佩戴口罩和手套等防护用品并在上风口作业。

3.2.4　原地面处理和换填施工作业应按表3-4进行检查，并认真填写检查记录表。对检查中发现的不符合规定的情况，应按表3-3签发安全检查整改通知单，限期整改，并跟踪验证。

原地面处理和换填施工作业安全检查表 表3-4

<table>
<tr><td colspan="3">项目(工程)名称</td><td colspan="2"></td></tr>
<tr><td colspan="3">施工地点</td><td colspan="2"></td></tr>
<tr><td>序号</td><td colspan="2">检查项目</td><td>对应条文号</td><td>检查情况</td></tr>
<tr><td>1</td><td colspan="2">班前安全讲话</td><td>2.0.7</td><td></td></tr>
<tr><td>2</td><td colspan="2">劳动保护用品佩戴</td><td>2.0.8</td><td></td></tr>
<tr><td>3</td><td colspan="2">现场安全防护</td><td>3.1.3</td><td></td></tr>
<tr><td>4</td><td colspan="2">临时防、排水系统</td><td>3.1.6</td><td></td></tr>
<tr><td>5</td><td colspan="2">伐树作业</td><td>3.2.1</td><td></td></tr>
<tr><td>6</td><td colspan="2">清淤</td><td rowspan="2">3.2.2</td><td></td></tr>
<tr><td>7</td><td colspan="2">处理空穴</td><td></td></tr>
<tr><td rowspan="4">8</td><td rowspan="4">换填</td><td>软弱区人员和机械作业安全</td><td rowspan="4">3.2.3</td><td></td></tr>
<tr><td>挖、装、卸、碾压作业</td><td></td></tr>
<tr><td>夯实作业</td><td></td></tr>
<tr><td>灰土作业</td><td></td></tr>
<tr><td colspan="5">检查方：
检查人(签名)：
年　月　日
受检方：
接收人(签名)：
年　月　日</td></tr>
</table>

3.3 强夯和强夯置换

3.3.1 强夯机械的性能应满足施工要求,并根据计算结果设置必要的辅助门架或采取其他稳固措施。

3.3.2 施工防护应符合下列规定:

(1)施工现场应封闭管理并按规定设置安全警示标志,由专人负责统一指挥。

(2)当强夯施工产生的振动对邻近建(构)筑物和设备产生影响时,应设置相应的监测点,必要时应挖设防振沟。

(3)应在吊锤机械驾驶室前,在不影响司机视线的情况下设防护网,司机应佩戴防护镜,防止弹石。

3.3.3 强夯施工时,应符合下列规定:

(1)夯机的作业场地应平整,门架底座与夯机触地部位应保持水平,当下沉超过100mm时,应重新垫高并保持稳定。

(2)施工前应检查机械各部位的状态、钢丝绳的完好情况并试夯。

(3)起吊夯锤速度应均匀,夯锤或挂钩不得碰吊臂,并在适当位置挂轮胎等进行防护。严禁锤上站人随锤提升。

(4)夯锤下落后,应在吊钩降至夯锤吊环附近时,操作人员方可下坑挂钩。

(5)在夯锤起吊及下落过程中,填筑及清土人员,应撤离至安全地点。

(6)作业完成后,夯锤应放实在地面。

3.3.4 变换夯位后,应重新检查门架支腿,然后再将锤提升100~300mm检查整机的稳定性,确认可靠后方可作业。

3.3.5 强夯和强夯置换施工作业应按表3-5进行检查,并认真填写检查记录表。对检查中发现的不符合规定的情况,应按表3-3签发安全检查整改通知单,限期整改,并跟踪验证。

强夯和强夯置换施工作业安全检查表 表3-5

<table>
<tr><td colspan="2">项目(工程)名称</td><td colspan="3"></td></tr>
<tr><td colspan="2">施工地点</td><td colspan="3"></td></tr>
<tr><td>序号</td><td colspan="2">检 查 项 目</td><td>对应条文号</td><td>检 查 情 况</td></tr>
<tr><td>1</td><td colspan="2">班前安全讲话</td><td>2.0.7</td><td></td></tr>
<tr><td>2</td><td colspan="2">劳动保护用品佩戴</td><td>2.0.8</td><td></td></tr>
<tr><td>3</td><td colspan="2">强夯机械选用</td><td>3.3.1</td><td></td></tr>
<tr><td>4</td><td colspan="2">现场安全防护</td><td>3.1.3,3.3.2</td><td></td></tr>
<tr><td>5</td><td colspan="2">机械设备管理与防护</td><td>3.1.4</td><td></td></tr>
<tr><td>6</td><td colspan="2">施工用电和防雷</td><td>3.1.5</td><td></td></tr>
<tr><td>7</td><td colspan="2">临时防、排水系统</td><td>3.1.6</td><td></td></tr>
<tr><td>8</td><td colspan="2">噪声控制</td><td>3.1.8</td><td></td></tr>
<tr><td>9</td><td colspan="2">影响范围监测</td><td>3.1.9</td><td></td></tr>
<tr><td rowspan="5">10</td><td rowspan="5">强夯作业</td><td>作业场地平整</td><td rowspan="5">3.3.3</td><td></td></tr>
<tr><td>吊锤、钢丝绳检查</td><td></td></tr>
<tr><td>起吊速度</td><td></td></tr>
<tr><td>取、挂锤作业</td><td></td></tr>
<tr><td>夯锤放置</td><td></td></tr>
<tr><td rowspan="2">11</td><td rowspan="2">变换夯位</td><td>行走路线处理</td><td>3.1.4</td><td></td></tr>
<tr><td>稳定性检查</td><td>3.3.4</td><td></td></tr>
<tr><td colspan="5">检查方:
检查人(签名):
年 月 日
受检方:
接收人(签名):
年 月 日</td></tr>
</table>

3.4 钢筋混凝土打(压)入桩

3.4.1 桩身强度达到设计强度时方可运输。桩的堆放场地应平整、坚实并有防止桩滚动的措施。吊运作业应符合《铁路工程基本作业施工安全技术规程》(TB 10301—2009)第11章的规定。

3.4.2 机械作业时,安全防护人员必须在距桩锤中心5m以外监视,发现异常及时预警并采取相应的措施。

3.4.3 打入桩作业应符合下列规定:

(1)作业前应检查所有紧固螺栓,不得在松动及缺件情况下启动。

(2)严禁吊桩、吊锤、回转与行走等动作同时进行。

(3)插桩时,应及时校正桩的垂直度。桩进土较深时,严禁用打桩机行走或回转动作来纠正桩的倾斜度。

(4)桩锤、桩帽和桩应在同一轴线上,不得偏心打桩。

(5)作业后,应将桩锤放至最低处并垫实。

3.4.4　振动沉桩作业应符合下列规定：

(1)悬挂振动桩锤的起重机，其吊钩上必须有防松脱的保护装置。

(2)作业前，应检查振动桩锤减振器与连接螺栓的紧固性，禁止在螺栓松动或缺失状态下启动。

(3)振动沉桩收紧钢丝绳加压时，应随桩沉入深度随时调整离合器，防止桩架抬起而发生事故。

(4)作业中，如发现液压管破损、液压操作箱失灵时，应立即采取措施，防止桩从夹持器中脱落。

(5)作业后，应将振动桩锤放至最低处并垫实。

3.4.5　静力压桩作业应符合下列规定：

(1)作业前，应对紧固螺栓进行检查，在其未拧紧前不得启动。

(2)起重机的起重臂下，严禁站人。

(3)压桩过程中，应保持桩的垂直度，如遇地下障碍物使桩产生倾斜时，应先将桩拔起，待地下障碍物清除后，重新插桩。

(4)当桩在压入过程中，夹持机构与桩侧出现打滑时，不得任意提高液压缸压力强行操作，应查明原因，排除故障后方可继续进行。

(5)当压桩引起周围土体隆起影响桩机行走时，应将隆土平实，不得强行通过。

3.4.6　沉桩过程中，有下列情况应暂停作业，经处理后再行施工：

(1)贯入度突变。

(2)桩身发生倾斜、位移或有异常回弹。

(3)桩顶或桩身出现裂缝或破碎。

3.4.7　钢筋混凝土打(压)入桩施工作业应按表3-6进行检查，并认真填写检查记录表。对检查中发现的不符合规定的情况，应按表3-3签发安全检查整改通知单，限期整改，并跟踪验证。

钢筋混凝土打(压)入桩施工作业安全检查表　　表3-6

<table>
<tr><td colspan="3">项目(工程)名称</td><td colspan="2"></td></tr>
<tr><td colspan="3">施工地点</td><td colspan="2"></td></tr>
<tr><td>序号</td><td colspan="2">检查项目</td><td>对应条文号</td><td>检查情况</td></tr>
<tr><td>1</td><td colspan="2">班前安全讲话</td><td>2.0.7</td><td></td></tr>
<tr><td>2</td><td colspan="2">劳动保护用品佩戴</td><td>2.0.8</td><td></td></tr>
<tr><td>3</td><td colspan="2">现场安全防护</td><td>3.1.3</td><td></td></tr>
<tr><td>4</td><td colspan="2">机械设备管理与防护</td><td>3.1.4</td><td></td></tr>
<tr><td>5</td><td colspan="2">施工用电和防雷</td><td>3.1.5</td><td></td></tr>
<tr><td>6</td><td colspan="2">临时防、排水系统</td><td>3.1.6</td><td></td></tr>
<tr><td>7</td><td colspan="2">噪声控制</td><td>3.1.8</td><td></td></tr>
<tr><td>8</td><td colspan="2">影响范围监测</td><td>3.1.9</td><td></td></tr>
<tr><td>9</td><td colspan="2">预制桩堆放</td><td rowspan="2">3.4.1</td><td></td></tr>
<tr><td>10</td><td colspan="2">预制桩吊运</td><td></td></tr>
<tr><td>11</td><td colspan="2">安全员监护</td><td>3.4.2</td><td></td></tr>
<tr><td rowspan="5">12</td><td rowspan="5">打入桩作业</td><td>作业前检查</td><td rowspan="5">3.4.3</td><td></td></tr>
<tr><td>吊桩，吊锤与行走</td><td></td></tr>
<tr><td>插桩</td><td></td></tr>
<tr><td>锤击沉桩</td><td></td></tr>
<tr><td>作业后桩锤置放</td><td></td></tr>
</table>

续上表

项目(工程)名称				
施工地点				
序号	检查项目		对应条文号	检查情况
13	振动沉桩	吊钩保护装置	3.4.4	
		作业前检查		
		沉桩作业		
		应急处理		
		作业后桩锤置放		
14	静力压桩	作业前检查	3.4.5	
		起重臂下禁止站人		
		压桩遇阻		
		夹持打滑		
		行走安全		
15	应急处理	贯入度突变	3.4.6	
		桩倾斜、位移,回弹异常		
		桩裂或破碎		
检查方: 检查人(签名): 年　月　日				受检方: 接收人(签名): 年　月　日

3.5　混凝土灌注桩

3.5.1　作业场地应平整、坚实。钻机安装时,机架应垫平,并设置必要的缆风绳及地锚等以保持稳固。

3.5.2　钻机成孔作业应符合下列规定:

(1)作业前,应检查各部位情况,确认一切正常后方可启动。

(2)钻进中,应随时观察钻机的运转情况,当发生异响、钻机摇晃异常等情况时,应立即停机检查,排除故障后方可继续施钻。

(3)提钻、下钻时,应轻提轻放,严禁钻杆在旋转时提升。

(4)高压胶管下,禁止站人。

(5)改变钻杆回转方向时,应先停钻后改变钻向。

3.5.3　钢筋笼吊装及混凝土灌注应符合《铁路工程基本作业施工安全技术规程》(TB 10301—2009)第10章、第11章的相关规定。

3.5.4　泥浆池应设防护栏和警示标志,废浆、废渣处理应符合环保要求。

3.5.5　成孔后应及时灌注。未及时灌注的孔应加盖保护并设置警示标志。

3.5.6　混凝土灌注桩施工作业表按表3-7进行检查,并认真填写检查记录表。对检查中发现的不符合规定的情况,应按表3-3签发安全检查整改通知单,限期整改,并跟踪验证。

混凝土灌注桩施工作业安全检查表　　表 3-7

<table>
<tr><td colspan="3">项目(工程)名称</td><td colspan="2"></td></tr>
<tr><td colspan="3">施工地点</td><td colspan="2"></td></tr>
<tr><td>序号</td><td colspan="2">检 查 项 目</td><td>对应条文号</td><td>检 查 情 况</td></tr>
<tr><td>1</td><td colspan="2">班前安全讲话</td><td>2.0.7</td><td></td></tr>
<tr><td>2</td><td colspan="2">劳动保护用品佩戴</td><td>2.0.8</td><td></td></tr>
<tr><td>3</td><td colspan="2">现场安全防护</td><td>3.1.3</td><td></td></tr>
<tr><td>4</td><td colspan="2">机械设备管理与防护</td><td>3.1.4</td><td></td></tr>
<tr><td>5</td><td colspan="2">施工用电和防雷</td><td>3.1.5</td><td></td></tr>
<tr><td>6</td><td colspan="2">临时防、排水系统</td><td>3.1.6</td><td></td></tr>
<tr><td>7</td><td colspan="2">噪声控制</td><td>3.1.8</td><td></td></tr>
<tr><td>8</td><td colspan="2">影响范围监测</td><td>3.1.9</td><td></td></tr>
<tr><td>9</td><td colspan="2">场地平实</td><td>3.5.1</td><td></td></tr>
<tr><td>10</td><td colspan="2">钻机安装</td><td>3.5.1</td><td></td></tr>
<tr><td rowspan="7">11</td><td rowspan="7">钻孔</td><td>作业前检查</td><td rowspan="7">3.5.2</td><td></td></tr>
<tr><td>钻进观察、应急处理</td><td></td></tr>
<tr><td>提钻、下钻</td><td></td></tr>
<tr><td>高压管下禁止站人</td><td></td></tr>
<tr><td>改变转向</td><td></td></tr>
<tr><td>稳定性观察</td><td></td></tr>
<tr><td>卡孔处理</td><td></td></tr>
<tr><td>12</td><td colspan="2">泥浆池防护</td><td></td><td></td></tr>
<tr><td>13</td><td colspan="2">废浆、废渣处理</td><td>3.5.5</td><td></td></tr>
<tr><td>14</td><td colspan="2">钢筋笼吊装及混凝土灌注</td><td>3.5.4</td><td></td></tr>
<tr><td>15</td><td colspan="2">成孔防护</td><td>3.5.6</td><td></td></tr>
<tr><td colspan="4">检查方：
检查人(签名)：
年　月　日</td><td>受检方：
接收人(签名)：
年　月　日</td></tr>
</table>

3.6 砂桩、碎石桩

3.6.1 应根据所选用机械的操作规程和场地等情况,采取相应的安全措施。

3.6.2 砂桩、碎石桩施工前,应评估对邻近的既有建(构)筑物的影响,并选用相应的施工工艺。以挤密作用为主的桩施工时,应从逐渐远离既有建(构)筑物及设备方向顺序进行施工。

3.6.3 锤击法沉管作业时,加料与锤击压实应采取相应的安全措施并符合本章第 3.4.3 条的规定。

3.6.4 采用振动法施工时,重复压拔管与加料、挤压作业应协调一致,加料时应暂停振动并符合本章第 3.4.4 条的规定。

3.6.5 砂桩、碎石桩施工作业应按表 3-8 进行检查,并认真填写检查记录表。对检查中发现的不符合规定的情况,应按表 3-3 签发安全检查整改通知单,限期整改,并跟踪验证。

砂桩、碎石桩施工作业安全检查表　　表 3-8

项目(工程)名称			
施工地点			
序号	检 查 项 目	对应条文号	检 查 情 况
1	班前安全讲话	2.0.7	
2	劳动保护用品佩戴	2.0.8	
3	现场安全防护	3.1.3	
4	机械设备管理与防护	3.1.4,3.6.1	
5	施工用电和防雷	3.1.5	
6	临时防、排水系统	3.1.6	
7	噪声控制	3.1.8	
8	影响范围监测	3.1.9	
9	施工工艺	3.6.2	
10	锤击沉管	3.6.3	
11	振动法施工	3.6.4	
检查方： 检查人(签名)： 年　月　日			受检方： 接收人(签名)： 年　月　日

3.7 挤密桩

3.7.1　施工前,应评估挤密作业对影响范围内的既有建(构)筑物和设备的影响,并根据评估结果采取挖防振沟或选用适宜的施工方法。

3.7.2　采用振动法或锤击法沉管作业时,应符合本章第 3.4 小节的规定。

3.7.3　挤密作业应从逐渐远离既有建(构)筑物及设备方向顺序施工。

3.7.4　成孔后应及时填料,成排施工时应间隔进行。

3.7.5　挤密桩施工作业应按表 3-9 进行检查,并认真填写检查记录表。对检查中发现的不符合规定的情况,应按表 3-3 签发安全检查整改通知单,限期整改,并跟踪验证。

挤密桩施工作业安全检查表　　表 3-9

项目(工程)名称			
施工地点			
序号	检 查 项 目	对应条文号	检 查 情 况
1	班前安全讲话	2.0.7	
2	劳动保护用品佩戴	2.0.8	
3	现场安全防护	3.1.3	
4	机械设备管理与防护	3.1.4,3.7.1	
5	施工用电和防雷	3.1.5	
6	临时防、排水系统	3.1.6	
7	噪声控制	3.1.8	
8	影响范围监测	3.1.9,3.7.2	
9	挤密顺序	3.7.3	
10	填料	3.7.4	
检查方： 检查人(签名)： 年　月　日			受检方： 接收人(签名)： 年　月　日

3.8 水泥粉煤灰碎石桩(CFG 桩)

3.8.1 机械进场前,应对作业场地进行平实,其承载力应满足机械作业要求。

3.8.2 钻孔作业应符合下列规定:

(1)钻机就位后应调整钻杆垂直并对准桩位中心。

(2)启动前应检查各部位连接情况。

(3)启动后应做空运转试验,检查仪表、温度、制动等各项正常后,方可作业。

(4)钻进中如机架出现异常的摇晃、移动、偏斜或发出异常响声时,应立即停钻,经处理后方可继续施钻。

(5)改变钻杆回转方向时,应待钻杆完全停转后再进行。

(6)严禁直接用手清除螺旋片中的泥土。

(7)发现紧固螺栓松动时应立即停机,紧固后方可继续作业。

3.8.3 采用振动法作业时,应符合本章第3.4小节的规定。

3.8.4 灌注作业应符合下列规定:

(1)应由专人负责输送泵和钻机的配合,并随时检查连接软管及接头情况。

(2)应在钻杆芯管充满混合料后,方可开始提管;严禁先提管后泵料。

(3)应控制提管速度使之与泵料速度相协调,并连续灌注成桩。

3.8.5 机械移位时,应根据行走装置的操作规程,由专人指挥,协调行动,防止机械倾覆。移位后应再次对机械各部位进行检查。

3.8.6 成桩区严禁大型机械进入,开挖及清土作业应采用小型机械,不得扰动桩间土。

3.8.7 截桩机处理桩头时,应防止锯片伤人。

3.8.8 CFG 桩施工作业应按表3-10进行检查,并认真填写检查记录表。对检查中发现的不符合规定的情况,应按表3-3签发安全检查整改通知单,限期整改,并跟踪验证。

CFG 桩施工作业安全检查表 表3-10

项目(工程)名称			
施工地点			
序号	检查项目	对应条文号	检查情况
1	班前安全讲话	2.0.7	
2	劳动保护用品佩戴	2.0.8	
3	现场安全防护	3.1.3	
4	机械设备管理与防护	3.1.4	
5	施工用电和防雷	3.1.5	
6	临时防、排水系统	3.1.6	
7	噪声控制	3.1.8	
8	影响范围监测	3.1.9	
9	场地平实	3.8.1	
10	钻孔法	3.8.2	
11	振动法	3.8.3	
12	灌注	3.8.4	
13	机械移位	3.8.5	
14	开挖及清土	3.8.6	
15	桩头处理	3.8.7	
检查方: 检查人(签名): 年 月 日			受检方: 接收人(签名): 年 月 日

3.9　柱锤冲扩桩

3.9.1　施工机械应有自动脱钩装置,作业前应检查钢丝绳及卡扣等情况。

3.9.2　柱锤装配时应连接牢固。施工时柱锤应对准桩位并保持垂直。

3.9.3　柱锤在升降过程中,禁止作业人员向孔内填料。

3.9.4　柱锤冲扩桩施工作业应按表3-11进行检查,并认真填写检查记录表。对检查中发现的不符合规定的情况,应按表3-3签发安全检查整改通知单,限期整改,并跟踪验证。

柱锤冲扩桩施工作业安全检查表　　表3-11

项目(工程)名称			
施工地点			
序号	检 查 项 目	对应条文号	检 查 情 况
1	班前安全讲话	2.0.7	
2	劳动保护用品佩戴	2.0.8	
3	现场安全防护	3.1.3	
4	机械设备管理与防护	3.1.4	
5	施工用电和防雷	3.1.5	
6	临时防、排水系统	3.1.6	
7	噪声控制	3.1.8	
8	影响范围监测	3.1.9	
9	施工装置和检查	3.9.1	
10	柱锤装配和对位	3.9.2	
11	填料作业	3.9.3	
检查方: 检查人(签名): 年　月　日			受检方: 接收人(签名): 年　月　日

3.10　高压旋喷桩

3.10.1　应根据所选用机械的操作规程和场地情况,采取相应的安全措施。

3.10.2　高压喷射注浆时,应符合下列规定:

(1)注浆前,应检查高压设备和管路系统,密封圈必须完好,各管道和喷嘴内不得有杂物。

(2)作业时,应控制空压机、高压水泵、送浆泵的压力和提管喷浆速度。

(3)喷射过程中出现压力突变时,应停工查明原因并采取相应措施。

(4)近地面喷射时,应控制压力和流量,防止伤人。

(5)清洗机具时,喷头严禁对人。

3.10.3　高压旋喷桩施工作业应按表3-12进行检查,并认真填写检查记录表。对检查中发现的不符合规定的情况,应按表3-3签发安全检查整改通知单,限期整改,并跟踪验证。

高压旋喷桩施工作业安全检查表 表3-12

项目(工程)名称				
施工地点				
序号	检查项目		对应条文号	检查情况
1	班前安全讲话		2.0.7	
2	劳动保护用品佩戴		2.0.8	
3	现场安全防护		3.1.3	
4	机械设备管理与防护		3.1.4,3.10.1	
5	施工用电和防雷		3.1.5	
6	临时防、排水系统		3.1.6	
7	噪声控制		3.1.8	
8	影响范围监测		3.1.9	
9	高压注浆	注浆前检查	3.10.2	
		作业时系统控制		
		喷射时观察		
		近地面喷射		
		清洗机具		

检查方：　　　　　　　　　　受检方：
检查人(签名)：　　　　　　　接收人(签名)：
年　月　日　　　　　　　　　年　月　日

3.11 粉(浆)体喷射搅拌桩

3.11.1 粉(浆)体喷射搅拌桩施工应符合环境保护方面的规定。

3.11.2 粉体喷射搅拌作业应符合下列规定：

(1)作业人员应按规定佩戴口罩和防护镜等防护用品。

(2)应在孔口设喷料防护装置,当喷嘴提升近地面时,应减压喷粉,当距地面50cm时应停止喷粉。

(3)清洗机具时,喷头严禁对人。

3.11.3 浆体喷射搅拌作业应符合下列规定：

(1)喷嘴提升近地面时,应控制压力和流量。

(2)作业时的废浆、废渣应及时处理。

(3)清洗机具时,喷头严禁对人。

3.11.4 粉(浆)体喷射搅拌桩施工作业应按表3-13进行检查,并认真填写检查记录表。对检查中发现的不符合规定的情况,应按表3-3签发安全检查整改通知单,限期整改,并跟踪验证。

粉(浆)体喷射搅拌桩施工作业安全检查表 表3-13

项目(工程)名称			
施工地点			
序号	检查项目	对应条文号	检查情况
1	班前安全讲话	2.0.7	
2	劳动保护用品佩戴	2.0.8,3.11.2	

续上表

<table>
<tr><td colspan="2">项目(工程)名称</td><td colspan="3"></td></tr>
<tr><td colspan="2">施工地点</td><td colspan="3"></td></tr>
<tr><td>序号</td><td colspan="2">检 查 项 目</td><td>对应条文号</td><td>检 查 情 况</td></tr>
<tr><td>3</td><td colspan="2">现场安全防护</td><td>3.1.3</td><td></td></tr>
<tr><td>4</td><td colspan="2">机械设备管理与防护</td><td>3.1.4</td><td></td></tr>
<tr><td>5</td><td colspan="2">施工用电和防雷</td><td>3.1.5</td><td></td></tr>
<tr><td>6</td><td colspan="2">临时防、排水系统</td><td>3.1.6</td><td></td></tr>
<tr><td>7</td><td colspan="2">噪声控制</td><td>3.1.8</td><td></td></tr>
<tr><td>8</td><td colspan="2">影响范围监测</td><td>3.1.9</td><td></td></tr>
<tr><td>9</td><td colspan="2">环境保护</td><td>3.11.1</td><td></td></tr>
<tr><td rowspan="3">10</td><td rowspan="3">粉体喷射搅拌</td><td>人员防护</td><td rowspan="3">3.11.2</td><td></td></tr>
<tr><td>近孔口作业</td><td></td></tr>
<tr><td>清洗机具</td><td></td></tr>
<tr><td rowspan="3">11</td><td rowspan="3">浆体喷射搅拌</td><td>近地面作业</td><td rowspan="3">3.11.3</td><td></td></tr>
<tr><td>废浆回收</td><td></td></tr>
<tr><td>清洗机具</td><td></td></tr>
<tr><td colspan="4">检查方：
检查人(签名)：
年　　月　　日</td><td>受检方：
接收人(签名)：
年　　月　　日</td></tr>
</table>

3.12　袋装砂井

3.12.1　袋装砂井施工采用锤击打入法、振动贯入法和静力压入法沉管时，应符合本章第3.4小节的规定。

3.12.2　套管起吊后应对准井位。锤击作业应先轻后重。

3.12.3　砂袋投入套管时，严禁发生扭结、断裂等问题。

3.12.4　振动拔管时，应先启动激振器后提升套管并连续缓慢提升，中途不得放松吊绳。

3.12.5　袋装砂井施工作业应按表3-14进行检查，并认真填写检查记录表。对检查中发现的不符合规定的情况，应按表3-3签发安全检查整改通知单，限期整改，并跟踪验证。

袋装砂井施工作业安全检查表　　表3-14

<table>
<tr><td colspan="2">项目(工程)名称</td><td colspan="2"></td></tr>
<tr><td colspan="2">施工地点</td><td colspan="2"></td></tr>
<tr><td>序号</td><td>检 查 项 目</td><td>对应条文号</td><td>检 查 情 况</td></tr>
<tr><td>1</td><td>班前安全讲话</td><td>2.0.7</td><td></td></tr>
<tr><td>2</td><td>劳动保护用品佩戴</td><td>2.0.8</td><td></td></tr>
<tr><td>3</td><td>现场安全防护</td><td>3.1.3</td><td></td></tr>
<tr><td>4</td><td>机械设备管理与防护</td><td>3.1.4</td><td></td></tr>
<tr><td>5</td><td>施工用电和防雷</td><td>3.1.5</td><td></td></tr>
<tr><td>6</td><td>临时防、排水系统</td><td>3.1.6</td><td></td></tr>
</table>

续上表

项目(工程)名称			
施工地点			
序号	检 查 项 目	对应条文号	检 查 情 况
7	噪声控制	3.1.8	
8	影响范围监测	3.1.9	
9	机械施工	3.12.1	
10	套管起吊	3.12.2	
11	砂袋投入	3.12.3	
12	振动拔管	3.12.4	
检查方： 检查人(签名)： 年 月 日			受检方： 接收人(签名)： 年 月 日

3.13 塑料排水板

3.13.1 塑料排水板施工机械应与作业场地的承载力相适应,导架高度、打设能力应满足打设深度要求。

3.13.2 打设塑料排水板应采用套管式打设,并提前做好周边排水设施。

3.13.3 打设塑料排水板时严禁出现断裂、扭结和撕裂滤膜等问题。

3.13.4 塑料排水板施工作业应按表3-15进行检查,并认真填写检查记录表。对检查中发现的不符合规定的情况,应按表3-3签发安全检查整改通知单,限期整改,并跟踪验证。

塑料排水板施工作业安全检查表 表3-15

项目(工程)名称			
施工地点			
序号	检 查 项 目	对应条文号	检 查 情 况
1	班前安全讲话	2.0.7	
2	劳动保护用品佩戴	2.0.8	
3	现场安全防护	3.1.3	
4	机械设备管理与防护	3.1.4	
5	施工用电和防雷	3.1.5	
6	临时防、排水系统	3.1.6	
7	噪声控制	3.1.8	
8	影响范围监测	3.1.9	
9	施工机械	3.13.1	
10	打设方式	3.13.2	
11	排水板打设	3.13.3	
检查方： 检查人(签名)： 年 月 日			受检方： 接收人(签名)： 年 月 日

3.14　堆载预压和真空预压

3.14.1　施工前应做好周边排水设施。

3.14.2　堆载体的装、运、卸应符合本章第5.4小节的规定，并不得破坏竖向排水体以及埋设的其他装置。

3.14.3　堆载预压施工应分期、分级堆载并满足沉降速率。预压期间应随时检查，发现异常应采取相应的措施。

3.14.4　真空预压作业应符合下列规定：

(1)管路中应设止回阀和截门。

(2)薄膜热粘时，严禁有热穿及热粘不紧等问题。

(3)过滤管周围必须填实，严禁架空漏填。

(4)密封沟回填应避免回填料直接撞击密封膜，防止被击破漏气。

(5)真空预压前，应检查真空泵各部位、连接管以及仪表的完好情况。

(6)预压期间应随时检查预压情况，发现异常应采取相应措施。

3.14.5　堆载预压和真空预压施工作业应按表3-16进行检查，并认真填写检 查记录表。对检查中发现的不符合规定的情况，应按表3-3签发安全检查整改通知单，限期整改，并跟踪验证。

堆载预压和真空预压施工作业安全检查表　　表3-16

<table>
<tr><td colspan="3">项目(工程)名称</td><td colspan="2"></td></tr>
<tr><td colspan="3">施工地点</td><td colspan="2"></td></tr>
<tr><td>序号</td><td colspan="2">检 查 项 目</td><td>对应条文号</td><td>检 查 情 况</td></tr>
<tr><td>1</td><td colspan="2">班前安全讲话</td><td>2.0.7</td><td></td></tr>
<tr><td>2</td><td colspan="2">劳动保护用品佩戴</td><td>2.0.8</td><td></td></tr>
<tr><td>3</td><td colspan="2">现场安全防护</td><td>3.1.3</td><td></td></tr>
<tr><td>4</td><td colspan="2">机械设备管理与防护</td><td>3.1.4</td><td></td></tr>
<tr><td>5</td><td colspan="2">施工用电和防雷</td><td>3.1.5</td><td></td></tr>
<tr><td>6</td><td colspan="2">临时防、排水系统</td><td>3.1.6,3.14.1</td><td></td></tr>
<tr><td>7</td><td colspan="2">噪声控制</td><td>3.1.8</td><td></td></tr>
<tr><td>8</td><td colspan="2">影响范围监测</td><td>3.1.9</td><td></td></tr>
<tr><td>9</td><td colspan="2">堆载体的装、运、卸</td><td>3.14.2</td><td></td></tr>
<tr><td>10</td><td colspan="2">堆载速率</td><td>3.14.3</td><td></td></tr>
<tr><td rowspan="6">11</td><td rowspan="6">真空预压</td><td>管路要求</td><td rowspan="6">3.14.4</td><td></td></tr>
<tr><td>薄膜热粘</td><td></td></tr>
<tr><td>过滤管填埋</td><td></td></tr>
<tr><td>密封沟回填</td><td></td></tr>
<tr><td>抽真空前检查</td><td></td></tr>
<tr><td>预压期间检查</td><td></td></tr>
<tr><td colspan="5">检查方：　　　　　　　　　　　　　　　　　　受检方：
检查人(签名)：　　　　　　　　　　　　　　　接收人(签名)：
年　月　日　　　　　　　　　　　　　　　　　年　月　日</td></tr>
</table>

4 路　　堤

4.1 一般规定

4.1.1 路堤施工应考虑下列主要危险源、危害因素：

(1)复杂环境条件下的软弱路基、陡坡路基和危及既有建(构)筑物及交通的路堤填筑工程；

(2)施工影响范围内的既有建(构)筑物、设备设施、管线等；

(3)影响施工的水；

(4)人机混合作业；

(5)深取土场(坑)。

4.1.2 复杂环境条件下的软弱路基、陡坡路基和危及既有建(构)筑物及交通的路堤填筑等工程,应编制专项施工方案。

4.1.3 混凝土、改良土、级配碎石、沥青等路基用料生产时,应符合下列规定：

(1)拌和站设置应符合《铁路工程基本作业施工安全技术规程》(TB 10301—2009)第17章的相关规定。

(2)搅拌筒启动前应盖好仓盖。机械运转中,严禁人员将手伸入料斗或搅拌筒内探摸。严禁人员从提升斗下通过。

(3)沥青拌和时,严禁人员在溢流管周围逗留或从溢流管下通过。

(4)设备维修时,必须关掉电源开关,悬挂维修警示牌。

(5)接触石灰以及有腐蚀性添加剂的人员,应按规定穿戴防护用品。

4.1.4 路堤施工应先做好临时防、排水系统；基底、坡脚及影响路基稳定的范围内不得积水浸泡。傍山修筑路堤时,应防止地表、地下水渗入路堤结构各部位。

4.1.5 填筑地面横坡陡于1:2.5和池塘、软土等复杂路堤,必须进行沉降和位移观测,控制填筑速率,发现异常,应立即停工处理。

4.1.6 在不稳定的地面斜坡及易于倾塌滑动的斜坡上施工时,人行道离填方坡脚线不得小于5m并应设警示标志。

4.1.7 机械设备的管理与防护应符合本章第3.1.4条的规定。多机在同一作业面作业时,应设专人指挥,明确指挥信号,相互间保持安全距离。

4.1.8 配合机械作业的清底、摊铺、平整、修坡等人员,应在机械回转半径以外工作。

4.2 填筑作业

4.2.1 运输车辆装、运、卸作业应符合本章第5.4小节的相关规定。

4.2.2 采用机械填筑时,在填筑作业区边缘应设置明显的安全标志。

4.2.3 车辆严禁在走行中卸土,卸土下方不得有作业人员。

4.2.4 推土机作业应符合下列规定：

(1)上下坡道的坡度不得超过机械自身允许坡度。

(2)多机相邻作业时,前后距离应大于8.0m,左右距离应大于2m。

(3)在高边坡、陡坡、高坎上作业时,必须设专人指挥、防护。

4.2.5 平地机作业应符合下列规定：

(1)作业时应与路堤边缘保持一定的安全距离。

(2)作业时应将刮刀下降到接近地面,起步后再下降铲刀铲土。

(3)刮土、平整等各类铲刮作业应低速行驶。

4.2.6　碾压作业应符合下列规定：

(1)压路机必须在前后、左右无障碍物和人员时方可启动。

(2)两台以上压路机同场作业时，前后间距不得小于3m。

(3)压路机距边缘距离及其停放应符合《铁路工程基本作业施工安全技术规程》(TB 10301—2009)第8.3.7条的相关规定。

4.2.7　振动冲击夯作业时，应控制夯机前进速度，防止倾覆伤人。

4.2.8　雨季填筑时，应严格按设计控制路基填层面和表面路拱横坡坡度，避免路基积水引起下陷。严禁在雨天进行非渗水土的填筑施工。

4.2.9　填筑施工作业应按表3-17进行检查，并认真填写安全检查记录表。对检查中发现的不符合规定的情况，应按表3-3签发安全检查整改通知单，限期整改，并跟踪验证。

填筑施工作业安全检查表　　表3-17

项目(工程)名称				
施工地点				
序号	检查项目		对应条文号	检查情况
1	班前安全讲话		2.0.7	
2	劳动保护用品佩戴		2.0.8	
3	复杂路基填筑监测		4.1.5	
4	人工配合作业		4.1.8	
5	现场安全防护	既有设施防护	4.1.7	
		人行道及警示标志设置	4.1.6	
		临时防、排水系统	4.1.4	
		机械设备管理与防护	4.1.7	
		作业边缘安全标志设置	4.2.2	
6	装运卸作业		4.2.1，4.2.3	
7	推土机作业	上下坡道行驶	4.2.4	
		相互间安全距离		
		危险段作业防护		
		推土操作		
		边缘距离		
8	平地机作业	边缘距离	4.2.5	
		刮刀控制		
		作业行驶		
9	碾压作业	启动时周围环境	4.2.6	
		相互间安全距离		
		边缘距离		
		停放位置		
10	振动夯作业	前进速度控制	4.2.7	
11	雨季作业		4.2.8	
检查方： 检查人(签名)： 年　月　日			受检方： 接收人(签名)： 年　月　日	

4.3 取土场(坑)

4.3.1 取土场的边坡、深度等应符合设计要求,不得危及周边建(构)筑物等既有设施的安全。

4.3.2 取土场地应平顺并设有临时向外的排水设施,防止积水浸泡坡脚,造成边坡坍塌。

4.3.3 取土场(坑)边周围应设置必要的警示标志和安全防护设施。应自上而下取土并保证边坡的稳定,严禁掏底取土。

4.3.4 取土后的裸露面应及时整治,取土场边坡不得超出设计坡率,并应采取防护措施,避免产生泥石流等次生灾害。

4.3.5 取土场(坑)应按表3-18进行检查,并认真填写安全检查记录表。对检查中发现的不符合规定的情况,应按表3-3签发安全检查整改通知单,限期整改,并跟踪验证。

取土场(坑)施工作业安全检查表 表3-18

项目(工程)名称			
施工地点			
序号	检查项目	对应条文号	检查情况
1	班前安全讲话	2.0.7	
2	劳动保护用品佩戴	2.0.8	
3	取土场设置	4.3.1	
4	防、排水	4.3.2	
5	取土时的防护	4.3.3	
6	取土后的整治及防护	4.3.4	
检查方: 检查人(签名): 年 月 日			受检方: 接收人(签名): 年 月 日

5 路 堑

5.1 一般规定

5.1.1 路堑施工应考虑下列主要危险源、危害因素:

(1)高边坡、不良地质、周边环境复杂路堑工程。

(2)施工影响范围内的既有建(构)筑物、设备、管线等。

(3)毗邻和施工范围内的既有交通设施。

(4)影响施工的水。

(5)危岩和坡面坡顶危石。

(6)爆破器材的运输、储存、使用、销毁等及爆破施工。

(7)弃土作业。

5.1.2 高边坡、不良地质段、周边环境复杂、爆破施工等路堑工程,应编制专项施工方案。

5.1.3 机械设备的管理与防护应符合本章第3.1.4条的相关规定。

5.1.4 路堑工程施工期间,应由专人对施工影响范围内的情况进行监测、巡查,发现异常应立即停工,撤离机具和人员,并及时采取安全措施。

5.1.5　路堑开挖前,应先做好引、截、排水和防渗设施。施工中如遇地下水涌出,应先排水,后开挖;每级边坡开挖后应及时施作坡面防护和排水设施。

5.1.6　开挖高陡边坡、崩塌、落石和岩堆地段路堑,应先清理危石,修建拦截设施,并设警示标志和专人防护。

5.1.7　高处作业应符合《铁路工程基本作业施工安全技术规程》(TB 10301—2009)第12章的相关规定。清理危石、刷坡应自上而下进行,严禁上下重叠作业。

5.2　开挖作业

5.2.1　开挖应自上而下进行,严禁掏底开挖。

5.2.2　路堑施工应分段分层开挖、支护。作业面应相互错开,严禁上下重叠作业。

5.2.3　在岩石走向、倾向不利于边坡及施工安全的地段,应顺层或加固后开挖,并采取减弱施工振动的措施。

5.2.4　滑坡地段开挖应符合本章第7.4小节的规定。

5.2.5　多台机械在同一作业面作业时,应符合本章第4.1.7条的规定。

5.2.6　挖掘机作业应符合下列规定:

(1)起动后,铲斗内、管杆、履带和机棚上严禁站人(图3-2)。

(2)上下坡道的坡度不得超过机械自身允许坡度。

(3)挖掘时停留地面必须平坦稳固,并应制动履带,轮胎式挖掘机应顶好支腿;车身方向应与挖掘工作面延伸方向一致。

(4)履带式挖掘机距工作面边缘距离应大于1m。

(5)作业时,最大开挖高度和深度不得超过机械本身性能的规定。

(6)在高陡工作面上挖掘夹有石块的土方时,应将较大的石块和杂物清除。严禁用铲斗碰砸悬空土石。

图3-2　履带和机棚上严禁站人

5.2.7　严禁在松动危石下方作业。多人相邻挖土时,相互距离不得小于3m,禁止面对面开挖作业。

5.2.8　严禁在松动危石下方、滑坡体范围内停留和停放机具。

5.2.9　开挖作业应按表3-19进行检查,并认真填写检查记录表。对检查中发现的不符合规定的情况,应按表3-3签发安全检查整改通知单,限期整改,并跟踪验证。

开挖施工作业安全检查表　　表3-19

项目(工程)名称				
施工地点				
序号	检查项目		对应条文号	检查情况
1	班前安全讲话		2.0.7	
2	劳动保护用品佩戴		2.0.8	
3	现场安全防护	既有设施防护	5.1.3	
		现场围挡、警示		
		坡体监测	5.1.4	
		引、截、防、排水设施、施作	5.1.5	
		危险段清理危石、修建拦截设施	5.1.6、5.1.7	

续上表

<table>
<tr><td colspan="2">项目(工程)名称</td><td colspan="3"></td></tr>
<tr><td colspan="2">施工地点</td><td colspan="3"></td></tr>
<tr><td>序号</td><td colspan="2">检 查 项 目</td><td>对应条文号</td><td>检 查 情 况</td></tr>
<tr><td>4</td><td colspan="2">机械设备管理与防护</td><td>5.1.3、5.2.5</td><td></td></tr>
<tr><td>5</td><td colspan="2">开挖方法及程序</td><td>5.2.1~5.2.4</td><td></td></tr>
<tr><td rowspan="5">6</td><td rowspan="5">挖掘机作业</td><td>上下坡道行驶</td><td rowspan="5">5.2.6</td><td></td></tr>
<tr><td>工作时的稳固情况</td><td></td></tr>
<tr><td>开挖高度、深度</td><td></td></tr>
<tr><td>距边缘安全距离</td><td></td></tr>
<tr><td>挖掘操作</td><td></td></tr>
<tr><td rowspan="2">7</td><td rowspan="2">人工开挖</td><td>作业位置</td><td rowspan="2">5.2.7</td><td></td></tr>
<tr><td>多人间距离</td><td></td></tr>
<tr><td>8</td><td colspan="2">停留和停放机具环境</td><td>5.2.8</td><td></td></tr>
<tr><td colspan="5">检查方:
检查人(签名):
年 月 日
受检方:
接收人(签名):
年 月 日</td></tr>
</table>

5.3 爆破施工

5.3.1 爆破器材的采购、运输(搬运)、储存、使用、销毁等,应符合国家现行规定和《铁路工程基本作业施工安全技术规程》(TB 10301—2009)第7.2节的规定。

5.3.2 爆破施工应编制专项施工方案并符合下列规定:

(1)岩石边坡坡率为1:0.1~1:0.75的路堑,必须采用光面或预裂爆破,并应符合《铁路路堑边坡光面(预裂)爆破技术规程》(TB 10122—2008)的规定。

(2)城市、风景名胜区及重要工程设施附近的路堑爆破应采用控制爆破技术。

5.3.3 爆破作业应成立爆破指挥机构,设专人指挥,建立畅通的通信网络。

5.3.4 作业人员禁止穿戴易引起静电的衣物及携带手机等物品。应由专人对杂散电流进行测试,不符合规定时应采取相应的措施。

5.3.5 炮孔设置应符合下列规定:

(1)钻眼机械支架应稳固。钻眼时,应避免凿穿残留炮孔,严禁在残眼上钻孔。

(2)钻眼与装药在同一分区不得平行作业。

5.3.6 起爆前防护应符合下列规定:

(1)应在经设计计算的安全距离以外设置警示标志和必要的围挡,安排警戒人员,约定预警、起爆、解除警戒信号,防止无关人员进入。

(2)对影响范围内的既有建(构)筑物和设施,以及不能撤离的施工机具等应有可靠的防护措施。

(3)对爆体应采取必要的减振、覆盖防护措施。

5.3.7 爆后应对影响范围内的边坡、既有设施等进行检查,清理危石,确认其安全性。

5.3.8 爆破施工作业应按表3-20进行检查,并认真填写检查记录表。对检查中发现的不符合规定的情况，应按表3-3签发安全检查整改通知单，限期整改，并跟踪验证。

爆破施工作业安全检查表　　　　表3-20

<table>
<tr><td colspan="3">项目(工程)名称</td><td colspan="2"></td></tr>
<tr><td colspan="3">施工地点</td><td colspan="2"></td></tr>
<tr><td>序号</td><td colspan="2">检 查 项 目</td><td>对应条文号</td><td>检 查 情 况</td></tr>
<tr><td>1</td><td colspan="2">班前安全讲话</td><td>2.0.7</td><td></td></tr>
<tr><td>2</td><td colspan="2">劳动保护用品佩戴</td><td>2.0.8</td><td></td></tr>
<tr><td>3</td><td colspan="2">爆破器材管理、使用</td><td>5.3.1</td><td></td></tr>
<tr><td rowspan="3">4</td><td rowspan="3">爆破施工</td><td>编制专项方案</td><td rowspan="3">5.3.2</td><td></td></tr>
<tr><td>边坡坡率为1:0.1～1:0.75的路堑</td><td></td></tr>
<tr><td>城市、风景名胜区及重要工程设施附近爆破</td><td></td></tr>
<tr><td>5</td><td colspan="2">指挥机构</td><td>5.3.3</td><td></td></tr>
<tr><td>6</td><td colspan="2">作业人员穿戴及杂散电流测试</td><td>5.3.4</td><td></td></tr>
<tr><td rowspan="2">7</td><td rowspan="2">炮孔设置</td><td>钻眼</td><td rowspan="2">5.3.5</td><td></td></tr>
<tr><td>钻眼与装药</td><td></td></tr>
<tr><td>8</td><td colspan="2">起爆前防护</td><td>5.3.6</td><td></td></tr>
<tr><td>9</td><td colspan="2">爆后检查、处理</td><td>5.3.7</td><td></td></tr>
<tr><td colspan="5">检查方：
检查人(签名)：
年　月　日
受检方：
接收人(签名)：
年　月　日</td></tr>
</table>

5.4　装运和弃土

5.4.1　挖掘机向运输车辆卸土石时，应符合下列规定：

(1)应降低铲斗，减小卸落高度，防止偏载或砸坏车厢。

(2)铲斗回转范围内，严禁人员停留或通过，如图3-3所示。

5.4.2　装载机向运输车辆卸土石时，应符合下列规定：

(1)铲斗动作应缓慢，前翻及回位不得碰撞车厢。

(2)在边坡、壕沟、凹坑装卸时，轮胎离边缘距离应大于1.5m。

(3)在大于3°的坡面上，不得前倾卸料。

5.4.3　运输车辆不得超载，严禁人料混载，如图3-4所示。

图3-3　铲斗回转半径内严禁站人

图3-4　严禁人料混载

5.4.4　运输车辆卸料时，应符合下列规定：

(1)在陡坡、高坡、坑边处卸料时,应设专人指挥。

(2)停卸地面必须平整坚实,与边缘保持一定的安全距离。

(3)自卸车卸料时,应防止刮断电线和伤及人员。

5.4.5 弃土场及弃土作业应符合下列规定:

(1)应对弃土场的情况进行核查,并严格按设计位置弃土,不得超量堆弃。

(2)应在弃土堆坡脚拦渣坝或支挡结构施工完成后方可弃土。

(3)不得在路堑上方弃土,严禁在不良地质体上、不稳定斜坡上方弃土。

(4)弃土场应及时做好防排水设施,严禁在岩溶漏斗、暗河口等位置和铁路上游的沟槽内弃土,避免堵塞水流通道。

(5)应采取措施保证弃土堆自身的稳定,不得影响铁路工程和运营的安全,并防止产生泥石流等次生灾害。

5.4.6 装运和弃土作业应按表3-21进行检查,并认真填写检查记录表。对检查中发现的不符合规定的情况,应按表3-3签发安全检查整改通知单,限期整改,并跟踪验证。

装运和弃土施工作业安全检查表 表3-21

项目(工程)名称				
施工地点				
序号	检查项目		对应条文号	检查情况
1	班前安全讲话		2.0.7	
2	劳动保护用品佩戴		2.0.8	
3	机械设备管理与防护		5.1.3,5.2.5	
4	挖掘机装卸	装载操作	5.4.1	
		周围人员防护		
5	装载机装卸	装载操作	5.4.2	
		轮胎离边缘距离		
		坡面卸料		
6	车辆运卸	载运情况	5.4.3	
		坡、坑边指挥防护	5.4.4	
		倾卸位置		
		卸料操作		
		上方、四周电缆线和人员防护		
7	弃土场及弃土	弃土场设置	5.4.5	
		先挡后弃		
		特殊地点弃土		
		防排水及避免堵塞水流通道		
		弃土堆稳定		
检查方: 检查人(签名): 年 月 日			受检方: 接收人(签名): 年 月 日	

6 过 渡 段

6.0.1　过渡段施工前，应根据现场情况采取防排水措施并清除基底表面植被，挖除树根。过渡段坡脚两侧、路堤底部的纵横向防排水设施应符合设计要求。

6.0.2　回填工作必须在隐蔽工程验收合格后方可进行施工。

6.0.3　过渡段施工应按设计及要求进行沉降观测。

6.0.4　应优先安排软土地基地段过渡段路堤的填筑。

6.0.5　路堤与桥台过渡段施工应符合下列规定：

(1)路堤应与桥台锥体和相邻路堤同步填筑。

(2)台后2m范围外，大型机械能碾压到的部位，其填筑应符合本章第4节的有关规定。

(3)台后2m范围内以及大型机械碾压不到的部位，应采用小型压实机械碾压。

(4)过渡段桥台背后回填料表面应按设计要求采取措施防止地下水渗入。

6.0.6　路堤与横向结构物过渡段施工应符合下列规定：

(1)横向结构物两端的过渡段应对称填筑，并与相邻路堤同步施工。

(2)涵洞顶部两端大型机械能碾压到的部位，其填筑施工应符合本章第4节的有关规定。靠近横向结构物的部位，应平行横向结构物进行横向碾压。大型机械碾压时，不得影响结构物的稳定。

(3)横向结构物的顶部填土厚度小于1m时，不得采用大型振动压路机进行碾压，以免影响结构物的稳定和结构安全。

6.0.7　路堤与路堑过渡段施工应符合下列规定：

(1)施工前，应平整地基表面，碾压密实，并应挖除堤堑交界坡面的表层松土，按设计要求做成台阶状。

(2)过渡段的填筑施工应与相邻路堤同步进行。

(3)大型机械能碾压到的部位，其施工应符合本章第4节的有关规定。靠近堤堑结合处，应沿堑坡边缘进行横行碾压。

(4)大型机械碾压不到的部位，应采用小型压实机械分层碾压。

6.0.8　过渡段路基施工作业应按表3-22进行检查，并认真填写检查记录表。对检查中发现的不符合规定的情况，应按表3-3签发安全检查整改通知单，限期整改，并跟踪验证。

过渡段路基施工作业安全检查表　　表3-22

项目(工程)名称				
施工地点				
序号	检 查 项 目		对应条文号	检 查 情 况
1	班前安全讲话		2.0.7	
2	劳动保护用品佩戴		2.0.8	
3	防排水设施		6.0.1	
4	软土地基地段施工		6.0.2	
5	沉降观测		6.0.3	
6	路桥过渡段	路堤、锥体、相邻路堤填筑	6.0.5	
		台后2m外		
		台后2m内		
		防地下水渗入		

续上表

项目(工程)名称				
施工地点				
序号	检 查 项 目		对应条文号	检 查 情 况
7	路堤与横向物过渡段	填筑顺序	6.0.6	
		靠近横向物部位碾压		
		横向结构物顶部碾压		
8	路堤与路堑过渡段	前期处理	6.0.7	
		填筑顺序		
		碾压		
检查方： 检查人(签名)： 年　月　日			受检方： 接收人(签名)： 年　月　日	

7　特殊路基

7.1　一般规定

7.1.1　特殊路基施工应考虑下列主要危险源、危害因素：

(1)施工影响范围内的既有建(构)筑物、设备、管线等；

(2)毗邻和施工范围内的既有交通设施；

(3)影响施工的水；

(4)滑坡、崩塌、岩堆地段、泥沼地段、地区施工；

(5)弃土；

(6)特殊场所作业、季节性施工。

7.1.2　坡、崩塌、岩堆地段，地区路基施工应编制专项施工方案。

7.1.3　特殊路基施工应重视环境保护、水土保持工作，减少对天然植被和山体的破坏，防止诱发次生灾害。

7.1.4　特殊场所作业和季节性施工应符合《铁路工程基本作业施工安全技术规程》(TB 10301—2009)第14章、第15章的相关要求。

7.2　特殊土地区路基

7.2.1　土地区的路基应提前安排施工，施工中严格控制填筑速率，并按设计要求设置观测点。

7.2.2　土路基施工应符合下列规定：

(1)应避开雨天集中力量快速施工，施工前应先做好地面排水设施。边坡坡脚不得受水浸泡、冲刷。

(2)路堑施工必须自上而下进行，应按边坡平台的高度分级开挖、分级排水、防护，并保持坡面平顺，不得放缓设计坡度。

(3)弃土堆应远离边坡边缘,避免影响边坡稳定,路堑边坡上方不得弃土。

7.2.3　特殊土地区路基施工应按表3-23进行检查,并认真填写检查记录表。对检查中发现的不符合规定的情况,应按表检查结果签发安全检查整改通知单,限期整改,并跟踪验证。

特殊土地区路基施工作业安全检查表　　表3-23

项目(工程)名称				
施工地点				
序号	检查项目		对应条文号	检查情况
1	班前安全讲话		2.0.7	
2	劳动保护用品佩戴		2.0.8	
3	环境保护、水土保持		7.1.3	
4	软土	施工时机	7.2.1	
		填筑速率		
		沉降及位移观测		
		坡面防护		
检查方: 检查人(签名): 年　月　日				受检方: 接收人(签名): 年　月　日

7.3　滑坡地段路

7.3.1　设计单位应提供详尽的地质资料,并提出有针对性的安全施工监测方案。

7.3.2　施工单位应核查滑坡影响范围并设安全警示标志,根据现场情况设置围挡等防护设施。施工期间应由专人负责滑坡体的监测。

7.3.3　严禁在滑坡影响范围设置临时生产、生活设施,停放机械,堆放机具等。

7.3.4　施工前应先做好截、排水设施,并随开挖随铺砌。对施工用水严格管理,防止渗入滑坡体内。

7.3.5　在滑坡体上开挖路堑和修筑抗滑支挡结构时,应符合下列规定:

(1)应分段跳槽开挖,严禁大段拉槽开挖,并随挖、随砌、随填并夯实。

(2)开挖与砌筑时应加强支撑和临时锚固,并随时监测其受力状态。

(3)抗滑桩、锚索施工应从两端逐步向滑坡主轴方向进行。

(4)采用抗滑桩挡土墙共同支挡时,应先做抗滑桩,后做挡土墙。

7.3.6　采取减重、加载措施时,开挖和填筑应按设计进行。施工应符合下列规定:

(1)减重应自上而下开挖,开挖面应立即整平压实。

(2)弃土应堆置在滑坡区以外或设计指定的阻滑区域。

(3)加载的填土和减重的弃土,不得堵塞滑坡体下部的渗、排水口。

7.3.7　应避免在冰雪融化期开挖滑坡体,雨后不得立即施工,禁止夜间施工。

7.3.8　滑坡地段路基施工应按表3-24进行检查,并认真填写检查记录表。对检查中发现的不符合规定的情况,应按表3-3签发安全检查整改通知单,限期整改,并跟踪验证。

滑坡地段路基施工作业安全检查表　　表 3-24

项目(工程)名称				
施工地点				
序号	检查项目		对应条文号	检查情况
1	班前安全讲话		2.0.7	
2	劳动保护用品佩戴		2.0.8	
3	环境保护、水土保持		7.1.3	
4	设计要求		7.3.1	
5	核查情况		7.3.2	
6	现场安全防护、监测			
7	临时设施及机具停放		7.3.3	
8	截、排水设施		7.3.4	
9	路堑及支挡	开挖	7.3.5	
		支撑及监测		
		施工顺序		
		抗滑支挡施工		
10	减重及加载	减重开挖	7.3.6	
		弃土作业		
		填土、弃土		
11	特殊时期施工		7.3.7	
检查方： 检查人(签名)： 年　月　日				受检方： 接收人(签名)： 年　月　日

7.4 危岩、落石、岩堆与崩塌地段路基

7.4.1　危岩、落石、岩堆与崩塌地段路基施工前,应对影响范围进行评估,并对既有的建(构)筑物和交通设施等采取相应的安全防护或迁移措施。

7.4.2　施工期间应设观测点,由专人监测和巡查,发现异常应立即停工,人机撤离,评估危险程度后采取相应的措施。

7.4.3　危岩、落石、岩堆与崩塌地段影响范围内严禁搭盖临时房屋、堆放机具。

7.4.4　刷坡时应明确清刷范围,并设置警示标志。施工应先清理危岩、危石,并根据情况修建拦截建筑物等防护设施。

7.4.5　施工前应先清理危岩、危石或对其采取加固措施,并根据现场情况修建拦截建筑物等防护设施。各项防治工程应及时配套完成。

7.4.6　爆破开挖时应采取控制爆破技术,并加强现场防护及爆破后的检查。

7.4.7　危岩、落石、岩堆与崩塌地段路基施工应按表 3-25 进行检查,并认真填写检查记录表。对检查中发现的不符合规定的情况,应按表 3-3 签发安全检查整改通知单,限期整改,并跟踪验证。

危岩、落石、岩堆与崩塌地段路基施工作业安全检查表　　表 3-25

项目(工程)名称			
施工地点			
序号	检 查 项 目	对应条文号	检 查 情 况
1	班前安全讲话	2.0.7	
2	劳动保护用品佩戴	2.0.8	
3	影响范围评估及防护	7.4.1	
4	施工监测	7.4.2	
5	建临时房屋、停放机具	7.4.3	
6	刷坡、清理危岩、危石	7.4.4	
7	修建拦截设施	7.4.5	
8	爆破作业	7.4.6	
检查方： 检查人(签名)： 年　月　日		受检方： 接收人(签名)： 年　月　日	

8　支挡防护及防排水工程

8.1　一般规定

8.1.1　路基支挡防护及防排水工程施工应考虑下列主要危险源、危害因素：

(1)锚杆(索)、桩板墙、抗滑桩工程。

(2)施工影响范围内的既有建(构)筑物、设备、管线等。

(3)毗邻和施工范围内的既有交通设施。

(4)影响施工的水。

(5)危岩和危石。

(6)较深基础开挖。

8.1.2　锚杆(索)、抗滑桩、桩板墙及不良地质段支挡防护工程施工应编制专项施工方案。

8.1.3　施工现场应按规定设围挡和警示标志等防护设施。机械设备的管理与防护应符合本章第 3.1.4 条的规定。

8.1.4　施工前应对影响施工安全的危岩、危石应予清除或采取必要的防护措施。

8.1.5　脚手架应经施工设计后搭设,其平台应用锚杆固定在岩壁上,并应符合《铁路工程基本作业施工安全技术规程》(TB 10301—2009)第 12.5 节的相关规定，验收后方可使用。

8.1.6　支挡防护施工时应由专人进行监测,发现异常,立即停工,撤离人员,采取安全措施后方可复工。

8.1.7　支挡结构施工前,应做好截、排水及防渗设施。支撑渗沟开挖深度超过 1.5m 时,应加设支撑。

8.1.8　砌筑挡土墙时,严禁上下重叠作业。

8.1.9　施工用电、吊装作业、材料堆放、混凝土与砌体(模板)作业应符合《铁路工程基本作业施工安全技术规程》(TB 10301—2009)的相关规定。

8.1.10　高处作业应符合《铁路工程基本作业施工安全技术规程》(TB 10301—2009)第12章的相关规定。

8.2　重力式挡土墙

8.2.1　挡土墙明挖基础施工应符合下列规定:

(1)当基础开挖较深或边坡稳定性较差时,应分段、跳槽开挖,并采取临时支护措施。

(2)临时弃土或堆放材料距坑边的距离不应小于2m,机械行驶不得影响施工安全。

(3)基坑应随基础施工分层回填夯实,顶面做成向外不小于4%的排水坡。

8.2.2　墙身施工应符合下列规定:

(1)墙面应平顺整齐,墙顶排水及防渗设施应及时施作。

(2)泄水孔应在砌筑墙身时留置,必须保持排水通畅。

(3)墙背拆模时,应在墙背侧设置必要的临时支撑。

8.2.3　挖孔桩基础施工应符合本章第8.5小节的规定。

8.2.4　钻孔桩基础施工应符合本章第3.5小节的相关规定。

8.2.5　重力式挡土墙施工应按表3-26进行检查,并认真填写检查记录表。对检查中发现的不符合规定的情况,应按表3-3签发安全检查整改通知单,限期整改,并跟踪验证。

重力式挡土墙施工作业安全检查表　　表3-26

项目(工程)名称				
施工地点				
序号	检查项目		对应条文号	检查情况
1	班前安全讲话		2.0.7	
2	劳动保护用品佩戴		2.0.8	
3	现场安全防护		8.1.3	
4	机械设备管理与防护			
5	清理危石		8.1.4	
6	截、排水、防渗设施		8.1.7	
7	施工用电		8.1.9	
8	混凝土、砌体(模板)			
9	明挖基础	开挖	8.2.1	
		施工防护		
		基坑施工		
10	墙身施工	墙面及墙顶防排水	8.2.2	
		泄水孔设置		
		墙背拆模		
11	挖孔桩基础施工		8.2.3	
12	钻孔桩基础施工		8.2.4	
检查方: 检查人(签名): 年　月　日			受检方: 接收人(签名): 年　月　日	

8.3　悬臂式和扶臂式挡土墙

8.3.1　凸榫必须按照设计尺寸及位置开挖，并与墙底混凝土一同浇筑。

8.3.2　每段墙的底板、面板和肋的钢筋应一次绑扎。

8.3.3　墙体必须达到设计强度的70%以上时，方可进行墙背填土，并分层填筑、碾压密实。墙背反滤层应随填土同步施工。

8.3.4　悬臂式和扶臂式挡土墙施工应按表3-27进行检查，并认真填写检查记录表。对检查中发现的不符合规定的情况，应按表3-3签发安全检查整改通知单，限期整改，并跟踪验证。

悬臂式和扶臂式挡土墙施工作业安全检查表　　表3-27

项目(工程)名称			
施工地点			
序号	检查项目	对应条文号	检查情况
1	班前安全讲话	2.0.7	
2	劳动保护用品佩戴	2.0.8	
3	现场安全防护	8.1.3	
4	机械设备管理与防护		
5	清理危石	8.1.4	
6	施工监测	8.1.6	
7	截、排水、防渗设施	8.1.7	
8	高处作业	8.1.10	
9	凸榫施工	8.3.1	
10	钢筋绑扎	8.3.2	
11	墙背施工	8.3.3	
检查方： 检查人(签名)： 年　月　日		受检方： 接收人(签名)： 年　月　日	

8.4　预应力锚杆(索)

8.4.1　锚杆(索)挡土墙边坡应跳槽开挖，分层、分级自上而下进行，严禁重叠作业。

8.4.2　钻孔施工应符合下列规定：

(1)施工机具应布置在安全地带。

(2)施钻时严禁重叠作业；当水钻可能影响边坡或山体稳定时，应采用干钻。

(3)吹孔时作业人员应站在孔的侧面，以防吹出的泥水、砂土、小石子伤人。

8.4.3　对不稳定的坡面应随挖随安设锚杆(索)，并及时灌注。

8.4.4　灌浆时，禁止罐体放空，防止砂浆喷出伤人；处理管路堵塞前应消除罐内压力，注浆管嘴严禁对人。

8.4.5　张拉时除应符合《铁路工程基本作业施工安全技术规程》(TB 10301—2009)第10.4节的相关规定外，尚应符合下列规定：

(1)张拉设备必须配套，张拉前应对设备及锚索进行全面检查，并固定牢靠。

(2)孔内砂浆强度未达到规定强度时，不得进行张拉。

8.4.6 禁止在锚杆(索)端部悬挂重物。

8.4.7 预应力锚杆(索)施工应按表3-28进行检查,并认真填写检查记录表。对检查中发现的不符合规定的情况,应按表3-3签发安全检查整改通知单,限期整改,并跟踪验证。

预应力锚杆(索)施工作业安全检查表 表3-28

项目(工程)名称			
施工地点			
序号	检查项目	对应条文号	检查情况
1	班前安全讲话	2.0.7	
2	劳动保护用品佩戴	2.0.8	
3	现场安全防护	8.1.3	
4	机械设备管理与防护		
5	清理危石	8.1.4	
6	脚手架搭设	8.1.5	
7	施工监测	8.1.6	
8	截、排水、防渗设施	8.1.7	
9	材料堆放	8.1.9	
10	施工用电		
11	吊装作业		
12	高处作业	8.1.10	
13	边坡开挖	8.4.1	
14	钻孔作业	8.4.2	
15	不稳定坡面锚杆安设	8.4.3	
16	灌浆作业	8.4.4	
17	张拉作业	8.4.5	
18	禁止锚杆(索)挂物	8.4.6	
检查方: 检查人(签名): 年 月 日		受检方: 接收人(签名): 年 月 日	

8.5 抗滑桩

8.5.1 施工前应核查地质资料,制订防止流沙、管涌、有害气体等危及施工安全的预防措施。

8.5.2 抗滑桩作业前应做好下列工作:

(1)应编制井下作业和撤出人员的应急预案,并进行演练。

(2)设置对滑坡变形、移动的观测标桩,安排专人监测。

(3)整平孔口地面并设置地表截排水、防渗设施和防止坠物的护栏,加筑不低于0.3m高的锁口并加盖。

(4)雨季施工时,孔口应搭设雨棚,做好锁口。

8.5.3 安全防护应符合下列规定:

(1)孔上设专人负责安全监护。在影响范围设置必要的围挡和警示标志。

(2)孔内应设置爬梯,不得使用麻绳或尼龙绳吊挂,禁止人员脚踏井壁凸缘、攀扶钢筋上下。

(3)孔内用电应符合《铁路工程基本作业施工安全技术规程》(TB 10301—2009)第 4 章的相关规定,电缆必须有防磨损、防潮等措施。

(4)作业人员下孔前必须检测井下有害气体,浓度超标或开挖深度超过 10m 时,应向井下送风。

(5)挖出的土石应及时运离孔口。机动车的通行不得对井壁的安全造成影响。

8.5.4　开挖及支护作业应符合下列规定:

(1)应分节开挖,按设计要求紧贴围岩浇筑混凝土护壁,浇筑前应清除孔壁上的松动土石。

(2)不得在土层变化处和滑动面处分节。

(3)滑动面处的护壁应予加强,承受较大推力的护壁和锁口的混凝土中应增加钢筋。

(4)开挖应在上一节护壁混凝土拆模后进行。

(5)在围岩松软、破碎和有滑动面的节段,应在护壁内顺滑动方向设置临时横撑加强支护,并经常观察其受力情况,及时进行加固。当发现横撑变形、破损而失效时,孔下作业人员必须立即撤离。

(6)开挖桩群应从两端向滑坡主轴方向隔桩开挖,桩体混凝土浇筑 1d 后方可开挖邻桩。

(7)爆破应采取减振措施并符合《爆破安全规程》(GB 6722—2016)的相关规定。

8.5.5　钢筋笼绑扎、吊装除应符合《铁路工程基本作业施工安全技术规程》(TB 10301—2009)第 11 章的相关规定外,尚应符合下列规定:

(1)起吊钢筋笼入孔前,应清理孔口附近的杂物、工具等,起吊过程中钢筋笼不得碰、挂电缆和其他机具;钢筋笼倒伏范围内禁止站人。

(2)孔内搭接钢筋时,接头不得设在土石分界和滑动面处;钢筋应自下而上顺序绑扎,绑扎时应加设脚手板并系好安全带,不得攀扶钢箍上下。

8.5.6　灌注混凝土必须连续进行。

8.5.7　抗滑桩施工应按表 3-29 进行检查,并认真填写检查记录表。对检查中发现的不符合规定的情况,应按表 3-3 签发安全检查整改通知单,限期整改,并跟踪验证。

抗滑桩施工作业安全检查表　　表 3-29

<table>
<tr><td colspan="3">项目(工程)名称</td><td colspan="2"></td></tr>
<tr><td colspan="3">施工地点</td><td colspan="2"></td></tr>
<tr><td>序号</td><td colspan="2">检 查 项 目</td><td>对应条文号</td><td>检 查 情 况</td></tr>
<tr><td>1</td><td colspan="2">班前安全讲话</td><td>2.0.7</td><td></td></tr>
<tr><td>2</td><td colspan="2">劳动保护用品佩戴</td><td>2.0.8</td><td></td></tr>
<tr><td>3</td><td colspan="2">现场安全防护</td><td rowspan="2">8.1.3</td><td></td></tr>
<tr><td>4</td><td colspan="2">机械设备管理与防护</td><td></td></tr>
<tr><td>5</td><td colspan="2">清理危石</td><td>8.1.4</td><td></td></tr>
<tr><td>6</td><td colspan="2">截、排水、防渗设施</td><td>8.1.7</td><td></td></tr>
<tr><td>7</td><td colspan="2">材料堆放</td><td rowspan="3">8.1.9</td><td></td></tr>
<tr><td>8</td><td colspan="2">施工用电</td><td></td></tr>
<tr><td>9</td><td colspan="2">混凝土施工及吊装</td><td></td></tr>
<tr><td>10</td><td colspan="2">现场核查</td><td>8.5.1</td><td></td></tr>
<tr><td rowspan="3">11</td><td rowspan="3">施工前</td><td>编制预案并演练</td><td rowspan="3">8.5.2</td><td></td></tr>
<tr><td>设观测点</td><td></td></tr>
<tr><td>孔口防护</td><td></td></tr>
</table>

续上表

<table>
<tr><td colspan="2">项目(工程)名称</td><td colspan="3"></td></tr>
<tr><td colspan="2">施工地点</td><td colspan="3"></td></tr>
<tr><td>序号</td><td colspan="2">检 查 项 目</td><td>对应条文号</td><td>检 查 情 况</td></tr>
<tr><td rowspan="5">12</td><td rowspan="5">安全防护</td><td>围挡及警示标志</td><td rowspan="5">8.5.3</td><td></td></tr>
<tr><td>人员上下设施</td><td></td></tr>
<tr><td>施工用电</td><td></td></tr>
<tr><td>气体监测</td><td></td></tr>
<tr><td>孔口安全</td><td></td></tr>
<tr><td rowspan="7">13</td><td rowspan="7">开挖及支护</td><td>分节开挖</td><td rowspan="7">8.5.4</td><td></td></tr>
<tr><td>护壁</td><td></td></tr>
<tr><td>支撑设置</td><td></td></tr>
<tr><td>开挖时机</td><td></td></tr>
<tr><td>临时横撑及观察</td><td></td></tr>
<tr><td>桩群开挖</td><td></td></tr>
<tr><td>孔内爆破</td><td></td></tr>
<tr><td>14</td><td colspan="2">钢筋笼作业</td><td>8.5.5</td><td></td></tr>
<tr><td>15</td><td colspan="2">灌注混凝土</td><td>8.5.6</td><td></td></tr>
<tr><td colspan="4">检查方:
检查人(签名):
年　月　日</td><td>受检方:
接收人(签名):
年　月　日</td></tr>
</table>

8.6 土钉墙

8.6.1 作业面开挖应自上而下分层进行,每层开挖的最大高度应与土体的自稳能力相适应,以保持边坡稳定。

8.6.2 土钉施工应符合下列规定:

(1)应选用对坡面扰动较小的施工机具和施工方法,在开挖中应防止上部和上下层连接处局部失稳。

(2)注浆式土钉的钻孔、安装、灌浆应符合本章第8.4小节的规定。

(3)在土层中钻孔时,严禁向孔内灌水,防止塌孔、缩孔。

8.6.3 墙面喷射混凝土应符合本章第8.8小节的规定。

8.6.4 土钉墙施工应按表3-30进行检查,并认真填写检查记录表。对检查中发现的不符合规定的情况,应按表3-3签发安全检查整改通知单,限期整改,并跟踪验证。

土钉墙施工作业安全检查表 表3-30

<table>
<tr><td colspan="2">项目(工程)名称</td><td colspan="2"></td></tr>
<tr><td colspan="2">施工地点</td><td colspan="2"></td></tr>
<tr><td>序号</td><td>检 查 项 目</td><td>对应条文号</td><td>检 查 情 况</td></tr>
<tr><td>1</td><td>班前安全讲话</td><td>2.0.7</td><td></td></tr>
<tr><td>2</td><td>劳动保护用品佩戴</td><td>2.0.8</td><td></td></tr>
</table>

续上表

项目(工程)名称			
施工地点			
序号	检 查 项 目	对应条文号	检 查 情 况
3	现场安全防护	8.1.3	
4	机械设备管理与防护		
5	清理危石	8.1.4	
6	脚手架搭设	8.1.5	
7	施工监测	8.1.6	
8	截、排水、防渗设施	8.1.7	
9	施工用电	8.1.9	
10	高处作业	8.1.10	
11	作业面开挖	8.6.1	
12	土钉施工	8.6.2	
13	喷射混凝土	8.6.3	
检查方： 检查人(签名)： 年　月　日			受检方： 接收人(签名)： 年　月　日

8.7　桩板式挡土墙

8.7.1　桩身施工应符合本章第8.2小节的规定。

8.7.2　桩身混凝土达到设计强度后，方可进行桩间土体开挖、挡土板安装及墙背填土作业。滑坡地段桩间土体应间隔开挖。

8.7.3　当桩间为土钉墙或喷锚支护时，桩间土体应分层开挖、分层加固；当锚固桩上部设有多排锚索(杆)时，应待上一排锚索(杆)施工完成后，方可开挖下一层的桩前土体。

8.7.4　当锚固桩上端加设锚索(杆)时，应符合本章第8.4小节的规定。

8.7.5　桩板式挡土墙施工应按表3-31进行检查，并认真填写检查记录表。对检查中发现的不符合规定的情况，应按表3-3签发安全检查整改通知单，限期整改，并跟踪验证。

桩板式挡土墙施工作业安全检查表　　表3-31

项目(工程)名称			
施工地点			
序号	检 查 项 目	对应条文号	检 查 情 况
1	班前安全讲话	2.0.7	
2	劳动保护用品佩戴	2.0.8	
3	现场安全防护	8.1.3	
4	机械设备管理与防护		
5	清理危石	8.1.4	
6	脚手架搭设	8.1.5	
7	施工监测	8.1.6	

续上表

项目(工程)名称			
施工地点			
序号	检 查 项 目	对应条文号	检 查 情 况
8	截、排水、防渗设施	8.1.7	
9	施工用电	8.1.9	
10	吊装作业		
11	混凝土(模板)		
12	高处作业	8.1.10	
13	桩身施工	8.7.1	
14	挡土板安装、墙背填土	8.7.2	
15	桩间土体、桩前土体开挖	8.7.3	
16	锚索(杆)作业	8.7.4	
检查方: 检查人(签名): 年 月 日		受检方: 接收人(签名): 年 月 日	

8.8 锚喷及防护工程

8.8.1 坡面挂网、喷护作业时,应设置脚手架,不得攀扶锚杆头上下。

8.8.2 操作人员应按规定穿戴防护面具等防护用品。

8.8.3 锚杆施工应符合本章第8.4小节的规定。

8.8.4 喷射混凝土应符合下列规定:

(1)机械设备应布置在安全地带。

(2)施工中喷嘴前方严禁站人,作业人员应站在已喷射过的支护面一侧。

(3)处理堵管时,作业人员应紧握喷嘴,防止管道甩动伤人;当管道中有压力时,不得拆卸管接头。

(4)供风、供水、供料软管不得随地拖拉和折弯。

8.8.5 路基防护工程应符合下列规定:

(1)应在稳定的路基和坡体上施工,所用的砂浆、混凝土应采用机械拌和。

(2)路堑开挖后应及时防护。软土、松软土地基的防护工程应在沉降稳定后进行。

(3)在设有支挡结构物及排水设施地段,应先行施作后再进行防护工程施工。

(4)膨胀土、湿陷性黄土、粉土等特殊路基边坡,不得采用浆砌片石全封闭坡面护坡。

(5)防护设施应与坡面密贴结合。

8.8.6 锚喷支护及防护工程施工应按表3-32进行检查,并认真填写检查记录表。对检查中发现的不符合规定的情况,应按表3-3签发安全检查整改通知单,限期整改,并跟踪验证。

锚喷及防护工程施工作业安全检查表 表3-32

项目(工程)名称			
施工地点			
序号	检 查 项 目	对应条文号	检 查 情 况
1	班前安全讲话	2.0.7	

续上表

<table>
<tr><td>项目(工程)名称</td><td colspan="4"></td></tr>
<tr><td>施工地点</td><td colspan="4"></td></tr>
<tr><td>序号</td><td colspan="2">检 查 项 目</td><td>对应条文号</td><td>检 查 情 况</td></tr>
<tr><td>2</td><td colspan="2">劳动保护用品佩戴</td><td>2.0.8,8.8.2</td><td></td></tr>
<tr><td>3</td><td colspan="2">现场安全防护</td><td rowspan="2">8.1.3</td><td></td></tr>
<tr><td>4</td><td colspan="2">机械设备管理与防护</td><td></td></tr>
<tr><td>5</td><td colspan="2">清理危石</td><td>8.1.4</td><td></td></tr>
<tr><td>6</td><td colspan="2">脚手架搭设</td><td>8.1.5,8.8.1</td><td></td></tr>
<tr><td>7</td><td colspan="2">截、排水、防渗设施</td><td>8.1.7</td><td></td></tr>
<tr><td>8</td><td colspan="2">施工用电</td><td rowspan="2">8.1.9</td><td></td></tr>
<tr><td>9</td><td colspan="2">材料堆放</td><td></td></tr>
<tr><td>10</td><td colspan="2">高处作业</td><td>8.1.10</td><td></td></tr>
<tr><td>11</td><td colspan="2">锚杆施工</td><td>8.8.3</td><td></td></tr>
<tr><td rowspan="3">12</td><td rowspan="3">喷射混凝土</td><td>设备布置</td><td rowspan="3">8.8.4</td><td></td></tr>
<tr><td>施工人员站位</td><td></td></tr>
<tr><td>处理堵管</td><td></td></tr>
<tr><td rowspan="6">13</td><td rowspan="6">路基防护工程</td><td>施工环境</td><td rowspan="6">8.8.5</td><td></td></tr>
<tr><td>施工材料</td><td></td></tr>
<tr><td>开挖防护</td><td></td></tr>
<tr><td>支挡及排水施作</td><td></td></tr>
<tr><td>特殊土边坡</td><td></td></tr>
<tr><td>防护设施与坡面</td><td></td></tr>
<tr><td colspan="3">检查方：
检查人(签名)：
年　月　日</td><td colspan="2">受检方：
接收人(签名)：
年　月　日</td></tr>
</table>

8.9　防排水工程

8.9.1　路基防排水工程是铁路工程的重要组成部分,对铁路的运营安全有重大影响,建设各方必须高度重视。

8.9.2　施工前应对施工图进行审核,编制防排水工程专项作业指导书,明确施工技术标准和施工操作程序。

8.9.3　防排水工程的基础应稳定,沟渠边坡必须平整,所用的砂浆、混凝土应采用机械拌和。

8.9.4　排水沟采用混凝土预制构件砌筑时,砌缝砂浆应饱满,沟身不漏水,沟身两侧应回填密实。

8.9.5　渗沟的开挖应自下游向上游进行,应随挖随支撑并迅速回填,防止造成坍塌;支撑渗沟应间隔开挖。

8.9.6　边坡平台截水沟必须引入相邻排水设施,天沟不应向路堑侧沟排水。湿陷性黄土、砂性土以及填土等可能发生不均匀沉降地段的天沟、排水沟,应采取防渗和保证基底稳定的措施。

8.9.7　防排水设施应沟底平整、排水畅通,无冲刷和阻水现象。

8.9.8 施工期间应做好防排水工程的成品保护。雨季应加大防排水工程的检查频次,发现隐患及时整改。

8.9.9 防排水工程施工应按表3-33进行检查,并认真填写检查记录表。对检查中发现的不符合规定的情况,应按表3-3签发安全检查整改通知单,限期整改,并跟踪验证。

防排水工程施工作业安全检查表 表3-33

项目(工程)名称			
施工地点			
序号	检查项目	对应条文号	检查情况
1	班前安全讲话	2.0.7	
2	劳动保护用品佩戴	2.0.8	
3	现场安全防护	8.1.3	
4	机械设备管理与防护		
5	清理危石	8.1.4	
6	施工用电	8.1.9	
7	材料堆放		
8	高处作业	8.1.10	
9	专项作业指导书编制	8.9.2	
10	砂浆、混凝土生产	8.9.3	
11	防排水工程基础		
12	排水沟砌筑	8.9.4	
13	渗沟开挖、支撑	8.9.5	
14	截水平台、天沟、排水沟	8.9.6	
15	排水系统	8.9.7	
16	成品保护、雨季检查	8.9.8	
检查方: 检查人(签名): 年 月 日		受检方: 接收人(签名): 年 月 日	

9 路基相关施工

9.0.1 相关工程施工应制订安全技术措施并报相关单位核备,需配合时应向所涉及单位进行安全技术交底或提前通报。

9.0.2 新建铁路修筑于路基上的电缆槽、接触网支柱基础、声屏障基础、预埋管线、综合接地等工程应与路基同步施工,并不得损坏、危及路基本体及边坡防护、防排水设施的稳固与安全。

9.0.3 防护栅栏、挡风墙等设施的吊装、埋设作业应根据现场情况和所用机械,制订安全措施,支柱埋设须稳固。检查台阶、检查梯、栏杆等附属设施施工不得影响路基稳定和后期运营安全。

9.0.4 建设各方应按本章及相关专业的规定,制订检查计划,并进行安全检查。

第二篇

桥 梁 工 程

第四章　桥涵工程施工

引　　言

本章是针对杭海城际铁路的特点,参照《高速铁路桥涵工程施工技术规程》(Q/CR 9603—2015),在吸收杭海城际铁路及周边区域城际轨道交通工程实践经验的基础上编制而成。本章以施工质量验收标准为依据,重点对施工过程中的工艺、工法、质量保证措施作出了规定,反映了工程施工的新技术、新材料、新工艺、新设备,充分体现了区域城际轨道交通工程桥涵工程的技术特点和施工控制要求。本章适用于区域城际轨道交通工程桥涵工程施工的质量控制,凡在本章中未做规定的,均按国家、行业及地方现行的有关强制性标准执行。

本章主要内容包括:总则、术语、基本规定、施工准备、施工测量、明挖基础、桩基础、沉井基础、墩台、钢桁梁架设、结合梁、预应力混凝土简支箱梁预制及架设、预应力混凝土简支梁桥位制梁、混凝土连续梁、拱桥、涵洞、防水层和沉降缝、桥梁支座、桥面及附属结构、环境保护等。

主编单位:浙江杭海城际铁路有限公司

参编单位:中铁大桥局集团有限公司、铁四院(湖北)工程监理咨询有限公司、中铁第四勘察设计院集团有限公司、浙江省交通规划设计研究院

主要执笔人:徐立明、张铁军、杨敏龙、徐晗、张秀源、查本怡、袁昊、许益帆

主要审查人:钟庆华、王兴陈、林晓峰、舒冬林、张红星、郭栋良、郭刚

1　总　　则

1.0.1　为统一城际铁路轨道交通桥涵工程施工技术要求,加强施工管理,保证施工质量,特编制本章。

1.0.2　本章适用于旅客列车设计速度为 80～160km/h 的标准轨距城际铁路轨道交通桥涵工程的施工。

1.0.3　铁路桥涵工程施工应贯彻国民经济可持续发展战略和提高结构耐久性的原则,采取有效的措施加强环境保护和节约土地,加强对农田水利、文物和风景区的保护,节约能源,合理利用资源,并做到安全文明施工。

1.0.4　在铁路桥涵工程施工中,应积极推广采用新技术、新工艺、新设备、新材料、新检测方法。当采用未列入本章的新技术、新工艺、新设备、新材料、新检测方法时,必须制定不低于本章水平的质量标准和工艺要求,并经有关部门批准后方可执行。施工中应认真做好原始记录、积累资料,不断总结经验,提高桥涵施工技术水平。

1.0.5　铁路桥涵工程施工中采用的大型机械、工程材料、试验和检测设备等应符合国家现行标准,并具有合格证件,设备应有铭牌,主要工程材料应符合国家及相关标准的规定。

1.0.6　铁路桥涵工程跨越既有铁路、公路、航道及地下管线施工时,应与有关部门紧密配合,采

取可靠措施,减少施工与运行的相互干扰,确保安全。

1.0.7　铁路桥涵工程施工应根据总体施工组织计划,结合施工单位的具体情况,做好以下工作:

(1)根据现场特点,针对桥涵的具体结构形式,结合施工设计文件,选定经济合理的施工方法。

(2)做好施工准备,为桥涵施工创造有利条件。

(3)合理安排工序进度和关键工序作业,组织均衡生产。

(4)根据施工条件和工期要求,进行机械的选型配套,充分发挥设备的综合能力,提高机械化施工水平。

(5)制定相应的安全措施,严格遵守安全规程,确保施工安全。

(6)做好技术交底和工程试验工作,严格遵守各项操作规程,确保工程质量。

1.0.8　铁路桥涵工程施工除应符合本章的有关规定外,还应符合国家和行业现行有关强制性标准的规定。

2　术　　语

2.0.1　桥梁跨度。

桥梁顺桥方向两支承中心之间的距离。

2.0.2　刚架桥(刚构桥)。

桥跨结构与桥墩或桥台刚性连接的桥。

2.0.3　斜拉桥。

以斜拉(斜张)索连接索塔和主梁作为桥跨结构的桥。

2.0.4　桥下净空。

桥跨结构底面至通航(流筏)或设计水面、路面或轨面之间的空间。

2.0.5　结合梁。

由钢筋混凝土板与钢梁结合成整体的梁。

2.0.6　预应力混凝土梁。

设置预应力钢筋并被施加预应力,在设计荷载作用下不容许出现拉应力或受力裂缝的混凝土梁。

2.0.7　钢板梁。

由钢板或型钢组成Ⅰ形截面主梁,并由纵、横联结系连接的梁。

2.0.8　钢箱梁。

由纵、横向加劲肋加强的钢板组成的单室或多室箱形截面的梁。

2.0.9　钢桁梁。

由钢板或型钢组成各种截面杆件所组成的不同桁架的梁。

2.0.10　桥墩。

支承相邻桥跨结构,并将其荷载传给地基的建筑物。

2.0.11　桥台。

连接桥跨结构和路基的支挡建筑物。

2.0.12　锥体护坡。

桥台侧面与路基连接锥体上的坡面铺砌层。

2.0.13　明挖基础。

由开挖地基进行施工的基础。

2.0.14　沉井基础。

由上、下开口的井筒状结构物下沉至设计高程所构成的基础。

2.0.15　桥面。

轨底以下至桥梁顶面以上的部分。

2.0.16　明桥面。

不铺设道砟,在纵梁或主梁上直接铺设桥枕的桥面。

2.0.17　爬模。

爬升架与模板组成的附着式升降施工设备。

2.0.18　转体施工。

在同桥轴线夹某一角度(水平角或竖直角)的位置预先拼装或浇筑全部或部分桥体,形成临时稳定结构后借助转动装置(平面或竖向)转体就位的施工方法。

2.0.19　交通涵。

用于车辆及行人通过的涵洞。

2.0.20　倒虹吸管。

横穿铁路路基,呈倒虹形的有压涵管。

2.0.21　安全系数。

表明结构或构件达到某种失效状态(破坏或开裂)时的计算临界承载力与计算荷载作用力之间比例关系的系数。

2.0.22　预应力钢筋。

用于混凝土结构构件中施加预应力的钢筋、钢丝和钢绞线的总称。

2.0.23　胶凝材料。

用于配制混凝土的水泥与粉煤灰、矿渣粉和硅灰等活性矿物掺合料的总称。矿物掺合料掺量以其占胶凝材料总量的百分比计。

2.0.24　水胶比。

混凝土配制时的用水量与胶凝材料总量之比。

3　基本规定

3.1　一般规定

3.1.1　建设各方应制定项目管理策划,重点加强对混凝土原材料质量、预制梁架设、桥位制梁等的控制,注意过渡段、系统防排水、接口工程协调等细节管理。

3.1.2　建设各方应建立健全质量保证体系,对工程施工质量进行全过程控制管理,落实质量责任终身追究制度。

3.1.3　建设各方应建立健全安全生产管理体系,严格执行有关标准的规定,设置专门的安全管理机构,配备专职安全管理人员,落实安全生产责任制,保证工程施工安全。

3.1.4　桥涵工程施工应建立并持续改进环境管理体系,制定并实施环境计划,有效减少施工对环境的影响,并应考虑环境变化对桥涵工程产生的不利影响。

3.1.5　桥涵工程施工应重视职业健康和劳动卫生保护,制订管理计划并进行有效控制,防止发生职业健康安全事故。

3.1.6　桥涵工程施工应根据相关规定编制施工组织设计,加强控制过程、重难点及高风险工程的管理。

3.1.7　桥涵工程施工应根据工程类型、施工条件、工期要求、气象水文条件等因素,按照技术先进、安全适用、节能环保的原则,合理配置机械设备,积极推进机械化施工。

3.1.8　混凝土拌制、钢筋加工、预制梁和小型构件预制应采用工厂化生产方式,现浇梁宜满足工厂化生产条件。

3.1.9　混凝土工程、钢筋工程、预应力工程、预制梁架设等关键工序应组建专业化的作业队伍进行施工,管理和作业人员应相对固定。

3.1.10　桥涵工程施工应建立信息管理系统并定期维护,保证工程施工管理信息传递及时、可靠有效。

3.1.11　桥涵工程施工现场管理应执行相关规定。施工现场规划应遵循以人为本、因地制宜、节约用地、满足施工需要的原则,合理布置生产区、辅助生产区、办公生活区等,并考虑防火、防爆、防自然灾害等要求。

3.1.12　桥涵工程施工现场应按照相关规定设置安全文明标志。

3.1.13　桥涵工程施工应结合项目规模和特点,按照相关规定设置工程试验室,满足工程质量控制要求。

3.1.14　在桥涵工程施工期间,应严格按照设计要求尽量不改变原地貌,严禁在线路附近挖砂、取土、堆载,严格限制线路两侧地下水的抽取,确保桥涵工程结构安全稳定。

3.1.15　桥涵工程如需开展沉降变形观测及评估,应符合设计要求或相关规定。

3.2　建设单位

3.2.1　建设单位应严格执行国家、行业有关建设管理办法和本章的管理规定,组织编制指导性施工组织设计,并负责落实重点控制工程的建设条件。

3.2.2　施工前,建设单位应组织做好涵洞设置、系统防排水等的施工图纸审核和设计技术交底工作。

3.2.3　建设单位应组织重难点工程施工方案评审和高风险工程风险评估。

3.2.4　建设单位应加强混凝土原材料质量、动气施工、营业线施工及接口工程等的专项检查,根据现场实际进一步完善工程措施。

3.2.5　建设单位应统筹协调桥涵工程和其他专业工程接口工程的相关工作。

3.2.6　建设单位应组织建设各方,将工程建设有关资料移交运营管理单位。

3.3　勘察设计单位

3.3.1　勘察设计单位应严格执行国家、行业有关建设管理办法和本章的管理规定。

3.3.2　地址勘查、水文调查等工作应满足工程设计要求,做好与其他专业的协调和配合。

3.3.3　勘察设计单位应加强墩台和梁部结构形式、排水涵洞设置等的方案研究和工程设计,不得盲目套用标准设计。

3.3.4　勘察设计单位应加强设计接口管理,桥涵工程设计应与相关的路基过渡段、隧道洞口、轨道工程和站后工程基础、过轨设施等相关工程同步设计。

3.3.5　勘察设计单位应按规定向各参建单位做好施工图技术交底及答疑工作,对关键设计内容作出详细说明。

3.3.6　勘察设计单位应做好现场施工配合并加强现场地质核对确认工作。

3.4　施工单位

3.4.1　施工单位应严格执行国家、行业有关建设管理办法和本章的管理规定。

3.4.2　施工单位应参加建设单位组织的现场核对、设计技术交底、检查及验收等工作。

3.4.3　施工单位应编制实施性施工组织设计及关键工序的作业指导书，明确施工作业标准及工艺要求。

3.4.4　施工单位应做好施工调查和地质核对工作，编制重难点工程施工方案和高风险工程的应急预案，按规定进行应急预案的演练。

3.4.5　施工单位应加强进场原材料的检查验收。

3.4.6　施工单位应该统筹安排专业接口工程的施工。“四电”等后续工程施工方案应经建设单位批准后实施，并不得影响已完工施工质量。

3.4.7　施工单位应做好已完工程的成品保护，制定冬、夏季施工方案及防护措施。

3.4.8　施工单位应按有关规定文明施工，并及时进行施工场地清理和复耕工作。

3.5　监理单位

3.5.1　监理单位应严格执行国家、行业有关建设管理办法和本章的管理规定。

3.5.2　监理单位应对深基坑施工、桥位制梁、营业线施工等的施工方案和应急预案进行重点审查。

3.5.3　监理单位应做好混凝土原材料、预应力材料、防水材料、支座、构配件等的进场检查验收。

3.5.4　监理单位应熟悉设计文件，做好现场核对工作，提出优化设计方案。

3.5.5　监理单位应加强对混凝土浇筑、预应力筋张拉、连续梁合龙段施工等重要工序和高风险工程施工的现场监理。

4　施工准备

4.1　一般规定

4.1.1　施工调查应根据项目工程和单项工程实施性施工组织设计需要按不同深度分别进行。单项工程施工调查应结合施工放样测量进行。

4.1.2　施工调查、施工复测和施工设计文件核对发现设计与实际不符合时，应及时联系勘察设计部门和其他相关单位。

4.2　施工调查和技术准备

4.2.1　施工单位中标后，必须组织有关人员对设计文件进行全面核对和研究，并经设计单位进行设计交底，据以进行施工调查。

4.2.2　施工调查前应编制施工调查提纲。编制施工调查提纲时应明确施工调查的依据、施工调查的主要内容、参加调查的人员及各自的分工。

4.2.3　施工调查的依据：

(1)工程招、投标文件。

(2)施工承发包合同。

(3)施工设计文件。

4.2.4　施工调查的主要内容包括：

(1)跨越河流的最高洪水位、最低水位、浪高、常年水位及相应水位的流速，河道通航条件及标准，河流洪水期和枯水期，当地降雨、降雪量，冰冻期，风向和风速，全年温度及气候状况。

(2)桥涵附近地形地貌、河床地质构造、地下水位、当地最大冻结深度等。

(3)可供利用的山坡荒地、需要占用的耕地和拆迁的建筑物、施工期内对当地水利排灌和交通设施的影响。

(4)当地劳动力和生产物资供应、工业加工、通信设施和水陆交通运输、水源和电源等供应能力,砂石料源、可供利用的房屋数量、生活物资等供应情况,当地计量、检验机构情况。

(5)当地有无地区性的病疫和卫生防疫状况、风俗习惯以及施工队伍应注意的事项等。

(6)修建各项临时工程、施工机械运输组装场地、施工防排水措施的资料。

(7)桥梁所在的位置、地形、交通运输及跨线工程情况,并提出可行性施工方案(现场桥位制梁或预制后架设)。

(8)采用现场桥位制梁时,应调查地基承载力、排水条件、桥下通行和通航条件等。

(9)当采用桥梁预制和运架施工方案时,还应调查以下内容:

①施工便道、路基、桥梁墩台等有关运架梁的设计承载力、施工情况及施工资料能否满足运梁要求。

②对运梁车及组装后的架桥机运行地段的高压线、通信线、广播线、立交桥、隧道、渡槽及一切影响架桥机走行净空和工作净空的障碍物进行调查测量,提出解决办法并要求在运架梁前完成整治工作。

③特殊困难架梁地段的地形、各桥电力供应情况及道路运输情况。

④材料及梁运输路径和架桥机架设顺序。

⑤桥梁预制厂址及地质地貌、附近水电供应、道路交通情况。

4.2.5 现场施工调查应采用现场勘察和沿线走访的方法进行。进行施工调查时,还应携带必要的文件、设计资料等,现场对图纸资料进行核对。

4.2.6 现场调查工作完毕,应编写施工调查报告。施工调查报告的内容包括:

(1)工程概况:如线路的经由,工程、水文地质情况,工程分布,重点桥梁工程情况,施工的特点和难易程度,工程数量等。

(2)施工条件:工程场地情况,沿线交通和供水、供电、供油情况,主要材料和地方材料的供应条件和供应方式、砂石料源情况,临时房屋和临时通信的解决条件等。

(3)提出以下施工建议方案:

①施工区段划分,施工队伍驻地、大型临时工程的布置。

②施工便道的布局及现有道路的改扩建方案。

③施工供水、供电线路和工地发变电站的设置。

④砂石料场选定和场地布置、开采规模、运输方法及供应范围。

⑤主要材料供应基地、桥头制梁场等的位置和规模。

⑥重点桥梁工程施工方法及措施。

⑦施工机具设备和利用地方机械设备的意见。

⑧影响施工的障碍物的拆迁方案。

⑨梁的运输路径和架设顺序。

⑩施工调查过程中发现的主要问题和优化设计的意见。

⑪计量、检验、试验方案。

4.2.7 开工前,应根据设计文件、施工调查报告和合同要求编制实施性施工组织设计,其主要内容包括:

(1)编制依据、工程概况、工期要求、工程特点。

(2)组织管理机构、施工总体部署、施工场地布置、材料运供方法、临时用地计划、临时工程修建计划、机械使用计划和劳力使用计划,制架梁辅助工程和水、电供应方案等。

(3)主要施工方法、技术措施和施工进度计划。

(4)计划采用的保证施工安全、质量措施,创优规划和措施,保证工期、进度措施,环保、水保、节能、节料、节约用地、降低工程成本等措施。

4.2.8　开工前应做好所需材料机具的准备工作,包括材料供应渠道、材料储存、机具配备方案、机具购置和调配、砂石料供应等。

施工单位在施工调查的过程中,应详细调查当地水资源及电力供应情况,制定完善的水电供应方案。充分利用地方通信设备,必要时也可架设临时通信线路。

4.2.9　开工前,施工单位必须组织有关人员对设计文件进行全面核对,主要包括以下内容:

(1)地形、地貌、水文和地质资料。

(2)桥涵的结构、孔径、跨度及与其他建筑物的协调。

(3)桥涵的平面位置、设计高程和主要结构尺寸。

(4)施工方案和技术措施。

(5)主要工程数量、物资与设备的品种规格。

(6)采用的新技术、新工艺和新材料。

(7)征用土地界线及构筑物拆迁补偿的数量。

(8)排水系统及导流设备。

4.2.10　实施性施工组织设计中规划的临时设施,应包括生产房屋、生活房屋、施工便桥、工程现场内外交通道路、工地供电和供水设备及其他小型临时设施等,宜在正式开工前完成。起重设备、施工便桥在使用前应予以验收并做好记录,使用过程中应有安全防护措施。高空作业过程中要做好安全防护。

4.2.11　开工前应对施工方案、技术措施和保证工程质量、施工安全等认真进行研究和深入细致的讨论,做到有计划、有步骤地完成施工。

4.2.12　正式工程开工前,要做好各项施工准备工作和施工图(资料)核对优化工作,经审查合格后,才能申请开工。工程开工必须具备以下条件:

(1)经批准的设计文件、施工图或施工资料能满足施工需要。

(2)征地、拆迁能满足施工需要。

(3)中线、水准复测及工点放线已完成,施工桩橛完备。

(4)实施性施工组织设计已经编制完成,并已按规定的程序审核批准。

(5)地质复核工作已经完成。

(6)施工图(资料)核对优化设计工作已经完成。

(7)机械、设备、材料和劳动力准备能满足开工需要。

(8)质量、安全、环保保证体系和措施已建立和健全。

(9)工地试验室已经建立并通过验收,各种原材料检测、试验设备取得认证并经验收合格;与开工有关的材料试验已完成。砂石料源选定后应立即进行碱-集料试验。

(10)工地布置、施工用水、用电、临时房屋和便道能满足开工要求。

(11)对有关施工人员的技术培训和技术交底已完成,特殊工种人员必须持证上岗。

(12)核实地下管线的位置和分布。

4.2.13　施工单位在施工过程中应严格执行开工报告审批制度,未经批准的工程不得开工。

4.3　主要施工机械设备的选择

4.3.1　桥涵工程主要施工设备有以下几种:

(1)基础施工设备:锤击沉桩机、振动沉桩机、冲击钻机、旋转钻机、旋挖钻机、套管钻机、双(单)壁钢围堰、钢套箱、钢沉井和必要的土石方施工设备等。

(2)墩台主要施工设备:钢筋设备、混凝土设备、模板提升设备。

(3)桥位制梁设备:膺架、移动支架、移动模架、挂篮、张拉设备、混凝土设备、钢筋设备、试验和检测设备,以及其他辅助施工设备。

(4)预制梁设备:台座、模板、张拉设备、混凝土设备、钢筋设备、吊装及滑移设备、试验和检测设备;采用蒸汽养生时还有蒸汽养生设备;以及其他一些辅助施工设备。

(5)运架梁设备:吊装、运输和架设设备。

(6)混凝土施工设备:混凝土拌和机(站)、混凝土运输车、混凝土输送泵等。

(7)钢筋施工设备:钢筋调直机、钢筋切断机、钢筋弯曲机、电焊机、对焊机等。

(8)桥涵顶进及线路加固设备。

4.3.2 施工单位应根据桥梁及涵洞的结构、尺寸、质量、形状和施工条件等,并结合本单位实际情况合理选择配备施工所需机械设备,确定其参数,提前做好准备,以保证工程安全、质量和工期。

4.4 辅助工程

4.4.1 铁路桥涵工程施工辅助工程主要包括:临时便道(桥)、临时码头、混凝土拌和站、预制场、存梁场、场内运梁线、大型门式起重机走行线、砂石料场、修建临时承托结构、钢构件、架桥机的运梁道路等。开工前,应考虑辅助工程特点及施工工期,做到统筹规划、合理布局,提出设计文件,经相关单位批准后,修建辅助工程。

4.4.2 当桥梁工程施工采用预制架设施工方案时,运梁便线及桥上临时轨道应满足不同运梁车的要求,具有足够的承载能力且平整、顺直,以便预制梁的顺利移运。施工前应制定相应标准,经相关单位批准后实施。

4.4.3 施工便道应直通工地并与国家公路网连接,满足各种设备运输进场的需要。

5 施工测量

5.1 一般规定

5.1.1 在桥涵的施工准备阶段和施工过程中,应按图4-1所示流程进行测量控制工作。

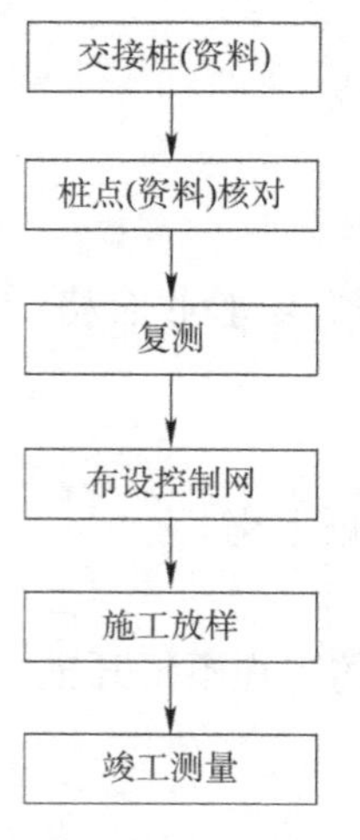

图4-1 施工测量流程图

5.1.2 交接桩工作应由建设单位组织进行,施工单位和设计单位应按下列内容和方法进行具体交接桩工作:

(1)交接桩应按照线路平面图、控制桩表、水准基点表、线路精测成果书逐一接收导线点、水准基点桩以及精测地段的全部精测桩。

(2)交接桩双方对桩位逐一现场查看,做好记录,绘制桩位平面图。

5.1.3 交接桩后,应按程序进行下列具体测量工作:

(1)对设计单位所交付的所有测量资料进行检查、核对。

(2)对设计单位所交付的所有桩点进行复核测量。

(3)联系建设单位及监理单位组织与相邻标段进行搭接联测。

(4)建立满足施工精度要求的施工控制网,并进行平差计算。

(5)补充施工需要的桥涵中线桩及水准点。

(6)测定墩台纵横向中线及基础桩的位置。

(7)进行构筑物的高程测量和施工放样,将设计高程及必需的几何尺寸移

设于实地。

(8)对有关构筑物进行必要的施工变形观测和精度控制。

(9)测定并检查施工部分的位置和高程,为工程质量评定提供依据。

(10)施工过程中对导线点和水准点定期进行复核测量。

(11)对已完工程进行竣工测量。

5.1.4　测量前应按下列要求收集桥址地区已有的测量资料:

(1)近期各种比例尺的地形图及其所属系统。

(2)国家系统、地方系统的三角点、导线点和水准点资料及系统间的换算关系。

(3)桥梁设计所采用的高程系统与铁路、公路、水文、水利、电力及航运等有关部门的高程换算关系。

5.1.5　桥梁测量中应建立独立的平面坐标系统,并应符合下列规定:

(1)桥中线为 x 轴,里程增加方向为其正向,与 x 轴垂直方向的轴线为 y 轴。

(2)起算点的里程值(x 值)可自行设定,全桥里程不出现负值。

5.1.6　桥址控制点应按下列规定进行联测:

(1)两岸桥位控制点宜与铁路测量采用系统或国家、地方系统的三角点和水准点进行联测。

(2)当线路测量已先行通过桥址时,桥中线应与线路中心桩进行联测,以取得里程和高程的换算关系。当为双线桥或多线桥时,应按贯通的中线线别和冠号进行联测。当其他线不与贯通线平行时,则应分别联测。

(3)在桥梁施工测量前,应由相关单位组织相邻施工单位对桥位中线控制点和水准控制点进行贯通联测,以保证线路与桥梁和全桥分段施工时中线、高程符合设计要求。

5.1.7　桥梁施工过程中,应测定并经常检查桥涵结构浇筑和安装部分的位置和高程,并做好测量记录、得出结论。如超过允许偏差,应分析原因,并予以补救和改正。

桥梁控制网应每半年复测一次,以确保施工准确。

5.1.8　测量记录、计算成果和图表应记录清楚,签署完整,并应复核和检算,未经复核和检算的资料严禁使用。

5.1.9　应定期检校各种测量仪器和工具,并做好经常性维护工作。

5.1.10　测量工作应建立复核制度并严格执行,测量资料经不同人员分别进行计算核对无误后方可使用,外业测量应采用不同的测量人员或不同的测量仪器或不同的测量方法复核无误后方可交付施工使用。

5.2　桥梁平面控制测量

5.2.1　桥位勘测阶段所建立的控制网,在精度方面能满足桥梁定位放样要求时,应予以复测利用。放样点位不足时,应予以补充。如原控制网精度不能满足施工放样要求,或原控制网基点桩已移动或丢失,则必须建立施工控制网。

5.2.2　三角网的布设除应满足三角测量本身的需要外,还应遵循以下原则:

(1)构成三角网的各点,应便于采用前方交会法进行墩台放样,并使各点间能互相通视。

(2)桥轴线应作为三角网的一边。两岸轴线上应各设一个三角点,使之与桥台相距不远,以便计算桥轴线的长度,并利于墩台放样。

(3)三角点不可设在可能被河水淹没处、存储材料区、地下水位升降易使之移位处、车辆来往频繁及地势过低需建高塔方能通视处。

(4)三角网的图形主要根据跨河桥位轴线的长度而定。在满足精度要求的前提下,图形应力求简单,平差计算方便。

(5)单三角形的任一夹角应大于30°。

5.2.3　基线的设置应符合下列要求:

(1)基线位置的选择,应满足相应测距方法对地形因素的要求,宜设在土质坚硬、地形平坦且便于准确丈量的地方,如有纵坡,坡度宜在1:12～1:10之间,与桥轴线的交角宜小于90°或接近垂直。

(2)为提高三角网的精度,使其具有较多的校核条件,两岸宜各设一条可丈量基线。

(3)当采用电磁波测距仪测距时,其基线宜选在地面覆盖物相同的地段,且基线上不应有树枝、电线等障碍物,并避开高压线等电磁场的干扰。

(4)基线长度宜大于桥轴线长度的0.7倍,困难地段也不应小于0.5倍。

5.2.4　三角测量、导线测量等级和精度应符合表4-1的规定。

控制三角网等级和精度　　表4-1

等级	测角中误差(")	桥轴线相对中误差	最弱边相对中误差	基线相对中误差
一	0.7	1/175000	1/150000	1/400000
二	1.0	1/125000	1/100000	1/300000
三	1.8	1/75000	1/60000	1/200000
四	2.5	1/50000	1/40000	1/100000
五	4.0	1/30000	1025000	1/75000

5.2.5　用钢尺直接丈量距离时,应考虑钢尺的尺长改正、温度改正、拉力改正、斜度改正和垂度改正。

5.2.6　用电磁波仪器测距,有下列情况之一时应对仪器进行校验:

(1)新购的测距仪在使用前。

(2)仪器修理后,由于调换了电子元件或拆动光路等,可能使原来的常数发生变化。

(3)在使用过程中发现异常情况。

(4)用于桥梁控制测量的测距仪应每年检定一次。

5.2.7　应根据仪器性能和需要的测角精度,选择下列角度测量方法:

(1)单测法:在水平角观测时,对每一个角度都进行测量。

(2)复测法:将某一角度在水平度盘的不同处进行两次以上观测,经平均求得水平角。

(3)全测回法:用望远镜正镜和倒镜观测同一目标,求得正镜和倒镜的平均角度,即为一个测回。

(4)全圆测回法:从一点测量几个角并把这些角作为一组的测量方法。当一个测站上有三个以上的方向时,用此法测角既简单又有相当高的精度。

5.2.8　三角测量结束后,应进行三角平差。三角平差宜以条件观测平差为主。三、四等三角网按条件观测平差时,多数采用按角度平差,基线网和要求较高的桥梁控制网可采用按方向平差。平差计算结束后,应验算三角网测角中误差和桥轴线边长相对中误差。

5.2.9　桥梁三角网的施测和近似平差步骤:

(1)根据河流两岸的地形和河床宽度选择桥梁三角形的图形。

(2)丈量基线。

(3)在各测站进行角度观测,当一个测站上需观测多个角时,用全圆测回法;观测个别角时,宜采用复测法。

(4)整理外业观测成果进行近似平差计算,应使三角网中各三角形满足等于180°的几何条件,求出各角的第一次改正值。

(5)根据丈量得到的第一条基线长度和第一次调整后的角度值计算出最后一边的长度,与丈量的结果相比较,求出边长闭合差。

(6)应用近似平差公式将边长闭合差调整到与推算边长有关的角上,得到角度的第二次改正值。

(7)经过两次角度调整后,可利用得到的基线计算三角网的各边长和三角点坐标。

5.3　桥涵水准测量

5.3.1　水准基点的布设应符合下列规定:

(1)桥涵施工水准点的测设精度,应不低于四等水准测量规定,桥头两岸应设置不少于2个水准点,桥轴线上每公里不少于1个水准点,每岸至少设1个稳固水准点。

(2)水准点应设在桥址附近安全稳固处,并便于施工观测。

(3)根据施工需要以及地质不良或易受破坏的地段应适当增加辅助水准点,其精度应符合四等水准测量精度要求。辅助点与基准点间转镜不超过2次,高差不超过2m,且不在同一地质或结构物基础上。

5.3.2　基准点和施工水准点可采用混凝土标石、钢管标石、岩标石、管柱标石、钻孔桩标石或基岩标石制成。

中、小桥和涵洞及工期短、桥型简单、精度要求较低的大桥,可在附近建筑物上设立标点,或埋设大木桩设铁钉标志,作为施工辅助水准点,但必须加强复核。

小桥和涵洞也可利用线路测量的水准点。

5.3.3　水准测量精度见表4-2。

水准测量精度(mm)　　表4-2

水准测量等级	每千米水准测量的偶然中误差 M_{Δ}	限差				
		检测已测段高度之差	往返测不符值	附合路线闭合差	环闭合差	左右路线高差不符值
三	≤3.0	$20\sqrt{R}$	$12\sqrt{R}$	$12\sqrt{L}$	$12\sqrt{F}$	$8\sqrt{R}$
四	≤5.0	$30\sqrt{R}$	$20\sqrt{R}$	$20\sqrt{L}$	$20\sqrt{F}$	$14\sqrt{R}$

注:表中R为测段长度,L为附合路线长度,F为环线长度,均以km计。

5.3.4　各等水准测量作业结束后,每条水准线路应以测段往返测高差不符值,并按式(4-1)计算每千米水准测量的偶然中误差M_{Δ}。高程偏差在允许范围内时,取平均值为测段间高差,超过允许偏差时应重测。

$$M_{\Delta}=\sqrt{\frac{1}{4n}\cdot\left[\frac{\Delta^{2}}{R}\right]} \tag{4-1}$$

式中:Δ——测段往返测高差不符值,mm;

n——测段数。

5.3.5　跨河水准测量应选在桥址附近河面最狭处,应避免水准视线从沙丘、草丛、沙滩、芦苇的上方通过,两岸置镜点高差不宜过大,至水边的距离应接近。当跨河水准测量的视线长度在300m以下时,可采用单线过河,否则应采用双线过河,并应按等精度在两岸联测,组成四边形闭合环。

5.3.6　水准测量应在成像清晰稳定时进行往返观测,并应在仪器与外界气温接近时开始观测,同时应防止日光直接照晒,同一测站不得进行两次调焦。

5.3.7　水准测量操作应注意下列事项:

(1)测量前校验好仪器。

(2)应在坚实地面上设站和选点,并尽可能使前后视距相等。

(3)视线长度可在100m以内,视线高度高于地面不宜小于0.3m。瞄准和读数时,要仔细对光,消除视差。

(4)读数不应漏掉大数或零。

(5)标尺应扶竖直。

(6)仪器搬站时,前视尺垫不能动,但可以将标尺取下,待下站观测时再将标尺放上。

(7)观测时间应选在成像清晰的时候,阳光较强时应使用遮阳伞。

5.3.8 当需要进行墩台变形观测时,应对两岸水准点及各墩顶水准点以不低于三等水准测量精度联测。

5.4 桥梁中线定位和墩台中心定位

5.4.1 对于干河或浅水中的中、小桥,可用测距仪或全站仪直接标定桥中线长度并定出墩台的中心位置。跨越江河的大桥或特大桥,通常需要采用三角网来测算桥中线的长度,并利用三角网放样桥梁墩台,放样多采用前方交会法。

5.4.2 前方交会法设置桥梁墩台中心时,应至少选择三个以上交会方向。

其中一个方向为桥中线时,如图4-2a)、图4-2b)所示,其他两交会线之间的夹角γ,当置镜点位于桥中线两侧时,宜在90°~150°之间;当置镜点位于桥中线一侧时,宜在60°~110°之间。偏差三角形的最大边长或两交会方向与桥中线交会点间长度不应大于20mm。以交会点投影至桥中线上的点作为交出的墩台中心。

各方向都不在桥中心方向时,应以交会得到的三角形的重心作为桥墩中心,如图4-2c)所示。误差三角形的边长不应大于30mm。

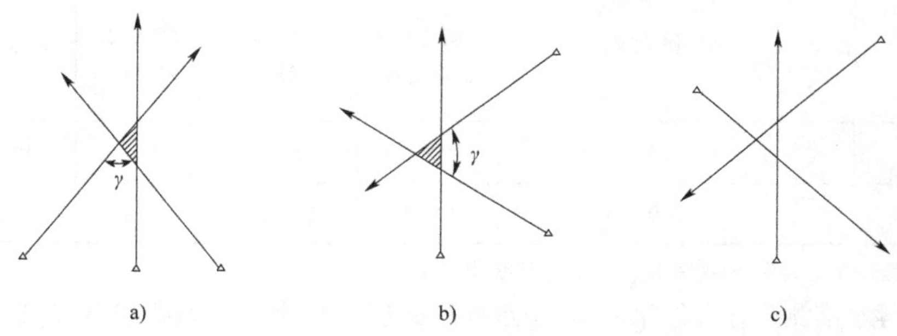

图4-2 墩台中心交会示意图

5.4.3 曲线桥梁墩台的放样方法有偏角法、支距法、坐标法、交会法和综合法,可根据下列原则选用:

(1)对于桥跨短、跨数多的曲线桥,可采用偏角法测设曲线和确定墩位。测设时首先测出各墩位的线路中心,从线路中心向曲线外测出偏心距E定出墩位中心,如图4-3所示。

(2)桥跨长、跨数少的曲线桥可沿桥中线附近布设一组导线,根据各墩台中心的理论坐标与邻近的导线点坐标差,求出导线点与墩台中心连线的方向和距离。置镜该导线点拨角测距即可定出墩台中心,如图4-4所示。

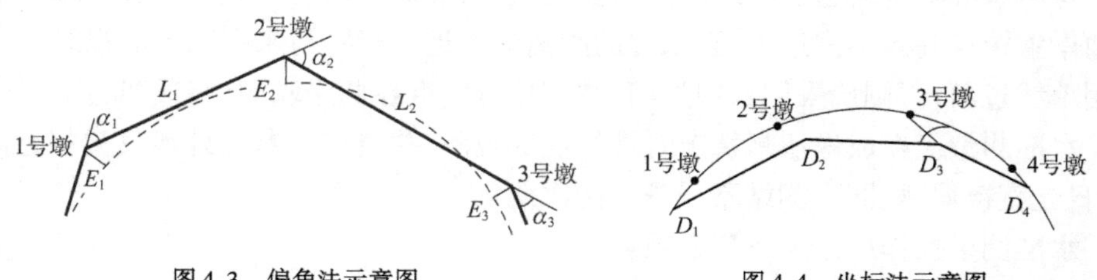

图4-3 偏角法示意图

图4-4 坐标法示意图

(3)位于水中的曲线桥墩台中心,可采用交会法测定。

(4)桥梁一部分为直线,一部分为曲线且曲线在岸上时,直线部分采用交会法测定墩台中心,曲线部分采用偏角法或坐标法测定墩台中心。

5.4.4　墩台施工前应设置墩台中心护桩。护桩数量及其设置、保护措施视现场具体情况确定,并应满足正确定位和施工放样的要求。

5.4.5　小桥、涵洞、渡槽位置可根据线路中线控制桩或曲线控制点测设,涵洞护桩应沿其轴线设置,渡槽墩台中心护桩比照桥梁墩台护桩测设。

5.5　施工放样和竣工测量

5.5.1　在进行放样以前,测量人员应熟悉结构物的总体布置图和细部结构设计图,结合现场条件与控制点的分布,确定适宜的放样方法。

5.5.2　桥梁施工放样工作主要包括以下主要内容:

(1)墩台纵横向轴线的确定。

(2)基坑开挖及墩台扩大基础的放样。

(3)桩基础的桩位放样。

(4)承台及墩身结构尺寸、位置放样。

(5)墩帽及支座垫石的结构尺寸、位置放样。

(6)各种桥型的上部结构中心及细部尺寸放样。

(7)桥面系结构的位置、尺寸放样。

(8)各阶段的高程放样。

5.5.3　墩台纵横向十字线的测设方法:

(1)位于旱地的直线桥,在墩台中心位置定出后,可直接在其点位上用大木桩标定(在木桩上钉一铁钉),然后在点位上安置经纬仪,以桥轴线为基准,放出与桥轴线相重合的墩台纵向十字线和与桥轴线相垂直的墩台横向十字线。

(2)对位于水中采用交会法设置中心的墩台,可在交会点的围堰上置镜,根据墩台纵横向十字线的方位角和交会方向线方位角的关系,后视基线点控制施工。

(3)墩台纵横十字线确定后,根据设计的结构物尺寸选择适宜的方法进行细部放样。

5.5.4　涵洞施工放样应符合下列规定:

(1)当涵洞位于线路的直线部分时,其中心里程应根据线路控制桩的方向和附近百米桩里程确定;位于曲线上时,应按曲线测设方法测定。

(2)涵洞轴线的线路中心确定后量出上下游涵长,确定涵端,并以轴线为基准测定基坑和基础在平面上的所有尺寸。基础建成后,安装管节或浇(砌)筑涵身均应以涵洞轴线为基准详细放样。

(3)测量放样时,应确保涵洞长度、涵底高程准确。对位于曲线和陡坡上的涵洞,应考虑加宽和纵坡的影响。

5.5.5　架梁前,应对墩、台顶的水准点高程、桥中线方向及每孔的跨距进行测定。

(1)架梁前应精密测定墩台中心,并设出纵横十字线及梁中心线交点(曲线梁工作线交点)。

(2)以墩台中心十字线或梁中心线交点(曲线桥)为准,在墩顶上用钢尺按设计尺寸放出支座十字线及梁端轮廓线,并用墨线标出。

(3)检查垫石面高程。

(4)根据采用的架梁方法进行相应的水文、拖拉滑道、架桥机走行道等的测量。

5.5.6　桥梁竣工后应进行竣工测量,其内容包括:

(1)测定桥梁中线、丈量距离。

(2)丈量墩台各部尺寸。

(3)检查顶帽及支承垫石的高程。

(4)检查支座位置及底板高程。

5.5.7　应在施工过程中注意收集墩台各部竣工尺寸,并做好记录。

6　明挖基础

6.1　一般规定

6.1.1　基坑开挖前应按地质、水文资料和环保要求,结合现场情况,制定施工方案,确定开挖范围、开挖坡度、支护方案、弃土位置和防、排水措施。

6.1.2　基坑土方施工应对支护结构、周围环境进行观察和监测。当发现异常情况时,妥善处理后方可继续施工。

6.1.3　基础底面不得处于软硬不匀地层。当发现地质条件与设计不符时,应联系勘察设计部门和相关单位。

6.1.4　工地昼夜平均气温连续3d低于5℃或最低气温低于0℃时,混凝土或砌体施工应采取冬期施工措施保证工程质量。冬期施工热工计算可按本章附件1办理。

6.1.5　大体积混凝土施工前应进行专项施工设计,必要时要进行温度监控。

6.1.6　明挖基础施工流程如图4-5所示。

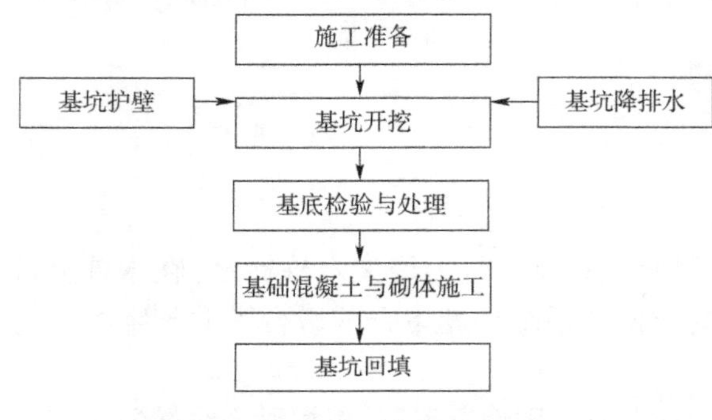

图4-5　明挖基础施工流程图

6.2　基坑开挖

6.2.1　基坑宜在枯水或少雨季节开挖,开挖不宜间断。

6.2.2　基坑开挖前应测定基坑中心线、轮廓线、方向和高程。有地面水淹没的基坑,应先修筑围堰、改河、改沟、筑坝排开地面水后再开挖基坑。

6.2.3　基坑可采用垂直开挖、放坡开挖、支撑加固或其他加固的开挖方法。

6.2.4　基坑坑壁坡度应在确保边坡稳定、施工安全的原则下确定。当在天然土层上挖基,基坑深度在5m以内,施工期较短,基坑底在地下水位以上,土的湿度接近最佳含水率,土层构造均匀时,基坑坡度可采用表4-3中的数值。

基坑坑壁坡度　　表4-3

坑壁土	坑壁坡度		
	基坑顶缘无荷载	基坑顶缘有静载	基坑顶缘有动载
砂类土	1:1	1:1.25	1:1.5
碎石类土	1:0.75	1:1	1:1.25
黏性土、粉土	1:0.33	1:0.5	1:0.75
极软岩、软岩	1:0.25	1:0.33	1:0.67
较软岩	1:0	1:0.1	1:0.25
极硬岩、硬岩	1:0	1:0	1:0

注:1.挖基通过不同的土层时,边坡可分层选定,并酌留平台。

2.在山坡上开挖基坑,当地质不良时,应防止滑坍。

3.在现有建筑物旁开挖基坑时,应符合设计文件的要求。

4.当基坑深度大于5m时,应将坑壁坡度适当放缓或加设平台。

5.当土的湿度可能引起坑壁坍塌时,坑壁坡度应缓于该湿度土的天然坡度。

6.2.5　当地下水位在基坑底以上时,地下水位以上部分可放坡开挖;地下水位以下部分,当土质易坍塌或基坑底以上水位较深时,应加固坑壁开挖。

6.2.6　基坑顶有动载时,坑顶缘与动载间应留有大于1m的护道;当动载过大或地质、水文条件不良时,应进行基坑开挖边坡检算,根据检算结果确定采用增宽护道或其他加固措施。

6.2.7　弃土应统筹安排,不得妨碍施工。弃土堆坡脚距坑顶缘距离不宜小于基坑的深度,且应弃在下游指定地点,不得淤塞河道,影响泄洪和造成水体及环境污染。

6.2.8　无水土质基坑底面,宜按基础设计平面尺寸每边放宽不小于50cm。

适宜垂直开挖且不立模板的基坑,基底尺寸应按基础轮廓确定。

有水基坑底面,应满足四周排水沟与汇水井的设置需要,每边放宽不宜小于80cm。

6.2.9　基底应避免超挖,松动部分应铲除。

当使用机械开挖时,不得破坏基底土的结构,应在设计高程以上保留一定厚度由人工开挖。

6.3　基坑护壁

6.3.1　基坑开挖后坑壁无法保证稳定时,可采用挡板支撑、混凝土支护等方法进行护壁加固。

6.3.2　挡板支撑护壁应符合下列规定:

(1)挡板支撑结构应经设计计算确定,一般可采用横、竖向挡板与钢(木)框架支撑方式护壁。基坑每层开挖深度应根据地质情况确定,不宜超过1.5m,并应边挖边支。

(2)支撑结构应随时检查,发现变形,及时加固或更换,更换时应先撑后拆。

支撑拆除顺序应自下而上,待下层支撑拆除并回填后,再拆除上层支撑。

(3)用吊斗出土时,应有防护措施,防止吊斗碰撞支撑。

6.3.3　喷射混凝土护壁应符合下列规定:

(1)喷射混凝土护壁适用于坑壁稳定性较好、渗水量较少的基坑。

(2)喷护基坑的深度应按地质条件决定,但不宜超过10m。

(3)喷射混凝土厚度可采用表4-4中的数值。

喷射混凝土厚度(cm)　　表4-4

地质类别	基坑渗水情况	
	无渗水	少量渗水
砂类土	10~15	不小于15
黏性土、粉土	5~8	8~10
碎石类土	3~5	5~8

注:1.本表喷射混凝土厚度适用于不大于10m直径的基坑,未考虑基坑顶缘荷载。

2.每次喷射混凝土厚度,取决于土层和混凝土的黏结力与渗水量的大小。

(4)喷射混凝土护壁的坡度,根据土质情况与渗水量的大小可采用1:0.07~1:0.1。

(5)所选用的喷射机必须具有良好的密封性且输料均匀。

(6)喷射混凝土应掺入外加剂,其掺量应通过试验确定。当使用速凝剂时,应满足初凝时间不大于5min,终凝时间不大于10min。

(7)混合料应随拌随喷。

(8)基坑开挖前,应在坑口顶缘采取加固措施,防止土层坍塌。

(9)根据土质与渗水情况,每次下挖0.5~1.0m应即时喷护。对无水或少水坑壁,喷射顺序应由下而上,但对渗水坑壁应由上而下。

(10)当一次喷护达不到要求厚度时,可在第一层混凝土终凝后再喷第二次或第三次,直到达到要求厚度。续喷前应将混凝土表面污渍、泥块清洗干净。

(11)喷射混凝土终凝2h后,应进行湿润养护。

(12)开挖基坑遇有较大渗水时,可采取下列措施:

①每层开挖深度不大于0.5m,随挖随喷,汇水坑应设于基坑中心。

②开挖进入含水层时,宜扩挖40cm,以石料码砌扩挖部位,并在表面喷射一层5~8cm厚的混凝土。

③对流沙、淤泥等夹层,除打入小木桩外,应在桩间缠以竹篱等,然后喷射混凝土。

6.3.4 混凝土护壁应符合下列规定:

(1)混凝土围圈护壁,除流沙及呈流塑状态的黏性土外,适用于各类土的开挖防护。

(2)混凝土的强度等级、结构形式和断面尺寸应符合设计要求,拆模强度应达到设计强度的100%。

(3)混凝土围圈的开挖面应均匀分布,对称开挖并及时浇筑,无支护总长度不得超过1/2周长。

(4)围圈混凝土应由上而下逐层浇筑,顶层应一次整体浇筑,以下各层可分段开挖浇筑。上下层混凝土纵向缝应相互错开。分层高度以垂直开挖面不坍塌为原则。顶层高度宜为2m,以下每层高宜为1.0~1.5m。

6.4 基坑围堰

6.4.1 围堰工程应符合下列要求:

(1)围堰顶面应高出施工期间可能出现的最高水位0.5m。

(2)对河流断面被围堰压缩而引起的冲刷,应有防护措施。

(3)围堰应做到防水严密,减少渗漏。

(4)堰内面积应满足基础施工的需要。

(5)围堰应满足强度和稳定性的要求。

6.4.2 土围堰应符合下列规定:

(1)土围堰适用于水深在2m以内,流速小于0.3m/s,冲刷作用很小,且河床为渗水性较小的土。

(2)土围堰断面应根据使用的土质、渗水程度及围堰本身在水压力作用下的稳定性而定。堰顶宽度不应小于1.5m,外侧坡度不陡于1:2,内侧坡度不陡于1:1。

(3)土围堰宜用黏性土填筑,填土出水面后应进行夯实。

(4)筑堰引起流速增大时,可在外坡面用草皮、片石或土袋等进行防护。

6.4.3 土袋围堰应符合下列规定:

(1)土袋围堰适用于水深不大于3m,流速不大于1.5m/s,河床为渗水性较小的土。

(2)堰顶宽度可为1~2m,外侧边坡为1:0.5~1:1,内侧为1:0.2~1:0.5,堰底内侧坡脚距基坑顶缘距离不应小于1.0m。

(3)土袋围堰应用黏土填心。袋内装入松散黏性土后,袋口应缝合,装填量约为袋容量的60%。流速较大处,外侧土袋内可装粗砂或小卵石。

(4)堆码时土袋应平放,其上下层和内外层应相互错缝,搭接长度为1/2~1/3。

6.4.4 土、土袋围堰填筑前,应清理堰底的树根、草皮、石块等杂物。当有冰块时,必须彻底清除。

填筑时,均应自上游开始至下游合龙。

6.4.5 钢板桩围堰应符合下列规定:

(1)钢板桩围堰适用于深水基坑,河床为砂类土、黏性土、碎石土及风化岩等地层。

(2)新钢板桩应有出厂合格证,机械性能和尺寸符合有关技术标准的规定。经整修或焊接后的

钢板桩,应经同类型的钢板桩作锁口通过试验检查。验收后的钢板桩应分类、编号、登记存放,锁口内不得积水。

(3)钢板桩堆存、搬运、起吊时,不得损坏锁口和产生由于自身质量引起的变形。

(4)钢板桩接长应等强度焊接。

(5)当起吊设备许可时,可将2~3块钢板桩拼成一组,组拼后用坚固夹具夹牢。

(6)插打钢板桩应符合下列规定:

①插打前,在锁口内应涂抹防水混合料,组拼桩时应用油灰和棉絮捻塞拼接缝。

②插打顺序应按施工组织设计进行,一般应由上游分两侧插打至下游合龙。

③插打时必须有可靠的导向设备。宜先将全部钢板桩逐根或逐组插打稳定,然后依次打到设计高程。

④起始打的几根或几组钢板桩,应检查其平面位置和垂直度;当发现倾斜时,应即予纠正。

⑤当吊桩起重设备高度不够时,可改变吊点位置,但不得低于桩顶以下1/3桩长。

⑥钢板桩可用锤击、液压、振动或辅以射水等方法下沉。但在黏土中,不宜使用射水,锤击时应使用桩帽。

⑦钢板桩因倾斜无法合龙时,应使用特别楔形钢板桩,楔形的上下宽度之差不得超过桩长的2%。

⑧钢板桩相邻接头应上下错开不小于2m。

⑨围堰将近合龙时,应经常观测四周的冲淤状况,并采取预防上游冲空或下游淤积的措施。

⑩当同一围堰内,使用不同类型的钢板桩时,接口处应将两种不同类型钢板桩的各一半拼接成异型钢板桩。

(7)锁口漏水时,可用板条、旧棉絮条等在内侧嵌塞,同时在漏缝外侧水面撒细煤渣与木屑等,任其随水流自行堵塞。较深处的渗漏,可将煤渣等沉送到漏水处进行堵漏。

(8)潮汐地区或河流水位涨落较大地区的围堰,应采取措施防止围堰内水位高于外侧。

(9)拔桩前应向围堰内灌水,保持内外水位相等。拔桩应从下游开始。

(10)插打钢板桩过程中,当导向设备失效,钢板桩顶达到设计高程时,平面位置允许偏差:在水中打桩为20cm,在陆地打桩为10cm。

6.5　基坑降、排水

6.5.1　明挖基坑可采用汇水井、井点法降、排水,应保持基坑底不被水淹。

6.5.2　粉、细砂土质的基坑,宜用井点法降低水位。当用汇水井排水时,应采取防止带走泥沙的措施。

6.5.3　水下挖基时,抽水能力应为渗水量的1.5~2.0倍。

6.5.4　基坑排出的水应以水管或水槽远引。

6.5.5　各类型井点法降水的适用条件可按表4-5进行选用。

降水类型及适用条件　　表4-5

序　号	适用条件	土层渗透系数(cm/s)	可能降低的水位深度(m)
1	轻型井点	10^{-2}~10^{-5}	3~6
2	多级轻型井点	10^{-2}~10^{-5}	6~12
3	喷射井点	10^{-3}~10^{-6}	8~20
4	电渗井点	$<10^{-6}$	宜配合其他形式降水使用
5	深井井管	$\geqslant 10^{-5}$	>10

6.5.6 井点法降水应符合下列规定:

(1)井点布置应随基坑形状、土壤类别、地下水位和要求降水深度等各种条件而定,集水管出口应确保排水畅通。

(2)安装井点管,应先造孔后下管,不得将井点管硬打入土内,造孔应垂直,深度宜比滤管底深约0.5m。滤管底应低于基底以下1.5m。

(3)井点管四周,应以粗砂灌实,距地面0.5~1.0m深度内,用黏土填塞严密。

(4)集水管与水泵的安装高度应尽量降低,以增加其吸程。集水总管向水泵方向宜设有0.25%~0.50%的下坡。

(5)井管系统各部件均应安装严密,不得漏气。

(6)降水过程中,应加强对井点降水系统的维护和检查,保证不断抽水。

(7)对水位降低区域建筑物可能产生的沉降,应进行观测,并采取防护措施。

(8)拆除多层井点应自底层开始逐层向上进行。在下层井点拆除期间,上部各层井点应继续抽水。

6.6 基底检验与处理

6.6.1 基底应检验下列内容:

(1)基底平面位置、尺寸、基底高程是否符合设计要求。

(2)基底地质情况和承载力是否符合设计要求。

(3)基底处理和排水情况是否符合有关规定。

(4)施工记录及有关试验资料是否齐全和符合要求。

6.6.2 基底处理应符合下列规定:

(1)岩层基底应清除岩面松碎石块、淤泥、苔藓,凿出新鲜岩面,表面应洗清干净。对于倾斜岩层,应将岩面凿平或凿成台阶。

(2)易风化的岩层基底,应按基础尺寸凿除已风化的表面岩层。在砌筑基础时,应边砌边回填封闭。

(3)碎石类及砂类土层基底承重面应修理平整,对松散表层应进行夯实。

(4)黏性土层基底整修时,应在天然状态下铲平,不得用回填土夯平。必要时,可向基底夯入10cm以上厚度的碎石,碎石层顶面不得高于基底设计高程。

(5)应用堵塞的方法妥善处理泉眼。堵眼有困难时,可采用先引排水施工方案,基础施工完成后再堵塞。采用引流排水时应防止沙土流失引起基础沉陷。

(6)基底处理后应再次进行基底检验。

6.6.3 基底检验合格后应立即进行混凝土与砌体基础施工。如基底暴露过久,则应重新检验。

6.7 混凝土与砌体基础

6.7.1 混凝土基础施工应符合下列规定:

(1)模板及支撑。

①模板及支撑应具有足够的强度、刚度和稳定性,能承受浇筑混凝土的侧压力,并保证基础尺寸正确。

②模板安装应稳固可靠,接缝严密不漏浆。模板与混凝土的接触面应清理干净,并涂刷隔离剂。模型内的积水和杂物应清理干净。

③混凝土浇筑前,应对基础平面位置、尺寸、底面及顶面高程和基底地质条件等进行检查并形成记录。

④在浇筑混凝土过程中,应对模板及支撑进行观察维护,发现异常情况及时采取补救措施。

⑤拆除非承重模板时,不得损伤混凝土的表面和棱角,混凝土强度不应低于2.5MPa。拆除承重模板时,混凝土强度应符合设计要求。

(2)钢筋。

①钢筋进场时,必须按现行有关规定抽取试件做力学性能试验和工艺性能试验,合格后方可使用。

②钢筋的连接方式必须符合设计要求,并按规定对焊接接头抽取试件试验、合格后方可使用。

③钢筋表面应洁净,无油渍、锈皮和油污等。

④浇筑混凝土前,应对已安装的钢筋进行检查并形成记录,检查项目包括钢筋的品种、规格、数量、位置、间距,钢筋的连接方式、接头位置,预埋件的规格、数量、位置,保护层厚度等。

(3)混凝土。

①混凝土所用原材料必须按现行有关规定取样进行检验,合格后方可使用。

②根据原材料性能、混凝土的技术条件和设计要求进行混凝土的配合比设计。混凝土拌制前应测定砂、石含水率,并根据测试结果,按调整后的材料用量提出施工配合比。混凝土的坍落度应符合配合比设计的要求。

③混凝土应使用机械拌制,并采用自动计量装置。

④混凝土运输过程中不得出现离析、漏浆、严重泌水和坍落度损失过多等现象。

⑤混凝土应采用滑槽、串筒等器具分层浇筑,自由倾倒高度不得大于2m。

⑥混凝土应采用机械振捣。

⑦混凝土浇筑过程中应按现行有关规定要求制作检查试件。

⑧混凝土浇筑完成后,应及时对混凝土覆盖保湿养护。混凝土保湿养护的时间要求:采用硅酸盐水泥、普通硅酸盐水泥、矿渣硅酸盐水泥时不得少于7d;对掺入缓凝型外加剂或有抗渗等要求的混凝土不得少于14d。

6.7.2　砌体基础施工应符合下列规定:

(1)砌体所用的原材料必须按批取样,经试验合格后方可使用。

(2)砌体砂浆的强度等级应符合设计要求,并具有适度的流动性和良好的和易性,砂浆配合比应通过试验确定。

(3)砂浆应随拌随用。当在运输和储存过程中发生离析和泌水现象时,应重新拌制。凝结的砂浆不得使用。

(4)砌体砌筑应采用挤浆法分层、分段砌筑,石料和砌块不得向已砌完的砌体上抛掷,砌体表面勾缝的形式和砂浆强度应符合设计要求。砌筑基础时,应在基础底面先铺一层5~10cm的水泥砂浆。

(5)砌筑过程中应随机抽样制作砂浆抗压强度标准养护的检查试件。

(6)石料或砌块砌筑完毕应及时覆盖保湿养护,常温下保湿养护时间不得少于7d。

6.7.3　混凝土与砌体基础应在基底无水情况下施工,需要抽水施工的基坑应在混凝土和砌体砂浆终凝后方可停止抽水。

6.7.4　基础与墩台身的施工接缝处理应符合设计要求;当无设计要求时,应符合下列规定:

(1)接缝面一般应为水平面,边缘应处理平整。

(2)混凝土与混凝土之间接缝,周边应设置直径不小于16mm的钢筋,埋入与露出长度不应小于钢筋直径的30倍,间距不应大于钢筋直径的20倍(设计有连接或护面钢筋时可不另设)。使用光面钢筋时两端应设半圆形标准弯钩,螺纹钢筋时可不设弯钩。连接钢筋的混凝土保护层厚度应符合有关规定。

(3)混凝土与浆砌片石或浆砌片石之间接缝,应预埋片石作榫,片石厚度不小于15cm,片石露出接缝面一半左右,且外露高度不小于15 cm。片石应均匀安放,净距不得小于15cm;片石与模板的间距不宜小于25cm,且不得与钢筋接触。

(4)混凝土间施工接缝还应符合下列规定:

①施工缝处的水泥砂浆薄膜、松动石子或松弱混凝土层应凿除,浇筑混凝土前应用水冲净、湿润,但不得存有积水。凿毛应在距混凝土外缘2~3cm内进行,并使接缝面露出70%以上新鲜混凝土面。

②混凝土凿毛时须达到下列强度:

a.水冲凿毛不小于0.5MPa;

b.人工凿毛不小于2.5MPa;

c.机械凿毛不小于10MPa。

6.7.5 混凝土基础拆除模板和砌体基础砂浆终凝后,基坑应按设计要求的填料和质量及时回填,并分层夯实。

7 桩 基 础

7.1 一般规定

7.1.1 桩基础施工应根据设计文件和环保要求,结合现场情况,编制实施性施工组织设计和施工工艺细则。

7.1.2 沉入桩、钻孔桩应按有关规定和设计要求进行试桩,确定施工工艺参数和检验桩的承载力,并具有完整的试桩资料。

7.1.3 钢筋混凝土和预应力混凝土桩在沉桩时,桩身混凝土应达到设计强度,桩的规格、结构、质量应符合设计要求。

7.1.4 承台为大体积混凝土时,施工前应进行专项施工设计,必要时要进行温度监控。

7.2 沉桩基础

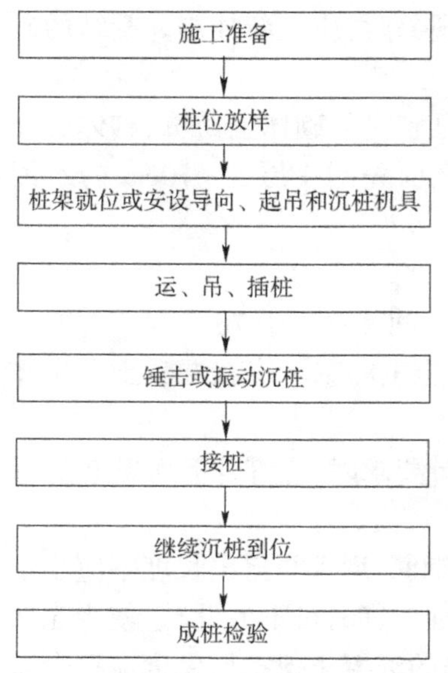

图4-6 陆地沉桩施工流程图

7.2.1 沉桩按桩体材质分为钢筋混凝土桩和预应力混凝土桩。预应力混凝土桩一般采用工厂化生产,钢筋混凝土桩可现场制作。陆地沉桩施工流程如图4-6所示。

7.2.2 沉桩基础施工前应进行如下准备工作:

(1)沉桩前应掌握施工所需的工程地质、水文和试桩等资料。

(2)查明施工区(高空、地面、地下和水中)妨碍沉桩的障碍物,并应及时处理。对沉桩设备移动范围内的场地进行平整,对松软地面应进行加固。

(3)测定墩、台和基桩的纵、横轴线并做好记录,在陆地上或静水区每根桩基轴线与设计位置的允许偏差不得大于2cm;单排桩轴线与设计位置允许偏差不得大于1cm,轴线的控制点应设在不受沉桩或其他影响的地点,并以标志标记。

7.2.3 桩的制作应符合下列规定:

(1)钢筋混凝土和预应力混凝土桩现场制作应符合下列规定:

①浇筑混凝土及预应力张拉工艺,应符合本节的有关规定。

②混凝土应连续浇筑，不得中断，并填写制桩记录。吊运桩身应在桩身混凝土达到设计要求的吊运强度，且不低于设计强度70%的情况下进行。

③桩节间的连接部件，应符合设计强度和耐久性要求；采用法兰盘连接时，接头位置不受限制；采用钢套筒焊接接头时，接头方法及位置应符合设计要求，设计对接头位置无要求时，在一个墩台桩基中，同一水平面内的接头数不应大于基桩总数的25%。

法兰盘和桩靴的中心必须在桩的中轴线上，接桩铁件应作防锈处理。

④验收成桩时，应具备材料试验记录、混凝土试验单和制桩记录。桩上应标明基桩编号及节段长度和制作日期。

(2)现场用重叠法浇筑钢筋混凝土桩时，应符合下列规定：

①预制场地应平整、坚实，并能够防止浸水沉陷。

②桩与桩间接触面不得互相黏连。

③浇筑上层桩或邻桩，应在下层桩或邻桩的混凝土达到设计强度的50%后进行。

④桩的重叠层数应根据地面容许荷载和施工条件确定，一般不宜超过3层。

7.2.4　桩的堆放、起吊和搬运应符合下列规定：

(1)应按桩的种类和使用顺序堆放；堆放场地应平整、坚实，堆放层数不宜超过4层。采用两点支垫时，堆放桩的支垫木应设在距两端0.21倍桩长处；采用三点支垫时，应设在距两端0.15倍桩长和中点处。每层垫木必须保持在同一平面上，各层垫木应在同一竖直线上。雨季和春融期间，应防止因地面软化发生不均匀下沉造成基桩断裂和损坏。

(2)起吊时，桩的吊点位置和混凝土强度应符合设计要求；应平稳提升，使各吊点同时受力。一个吊点吊桩时，吊点应设在距桩上端0.3倍桩长处，在起吊过程应用钢丝绳捆绑并控制桩的下端。

(3)桩在起吊、搬运和堆码时，应防止冲撞和发生附加弯矩。

(4)用驳船运桩，装卸时应对称施作，保持驳船稳定。

7.2.5　沉桩开始前，应按设计要求进行静载试验或动力振动试验。当需通过试验确定沉桩工艺和检验桩的承载力时，试验项目应包括：

(1)工艺试验和冲击试验。

(2)单桩静载试验，分为静压、静拔和静推三种；试验办法应符合本章附件2的规定。

7.2.6　单桩承载力可按下列各种情况确定：

(1)按静载试验取得的极限荷载，除以设计要求的安全系数，作为单桩允许承载力。

(2)没有条件作静载试验的，可结合具体情况做静力触探试验，取得资料，选用当地地区性静力触探经验公式，估算单桩允许承载力。

(3)没有条件作静载试验又无静力触探资料的，可结合具体情况，选用可靠的动力振动方法估算单桩允许承载力或采用动力公式，根据锤击沉桩的贯入度估算单桩允许承载力。锤击动力公式可按本章附件3选用。

(4)因结构要求，必须限制位移时，应按设计要求的单桩位移量确定单桩允许承载力。

(5)允许的抗拔力和承推力，应满足设计要求。

7.2.7　沉桩施工应符合下列要求：

(1)沉桩顺序可根据水流、地形、地质和桩架移动难易等因素确定。当桩基平面尺寸较大或桩距较小时，宜由中间向外周进行沉桩；在较松软的土层中宜由外周向中间进行沉桩。

(2)吊插桩前，应复查桩位、桩身、桩架质量，确认合格后方可插桩。

沉桩前，应在纵、横两个方向检查桩锤、桩帽与桩身的中心线，确保其在同一轴线上；直桩的垂直度或斜桩的倾角应符合要求。

(3)接桩方法应符合设计要求和本章第7.2.3条的有关规定。接桩时，应保持各节桩的轴线在一条直线上,上下节桩轴线的偏斜不应大于3‰,且各节偏斜应反向错开。采用法兰盘连接时,连接螺栓应逐个拧紧并采用加设弹簧垫圈或点焊等措施,防止锤击时螺栓松动。法兰盘及钢套筒焊接头防锈处理应符合设计要求。

(4)沉桩过程中应防止出现偏移。遇下列情况应停止沉桩,经分析研究并采取措施后,方可继续施工。

①贯入度发生急剧变化或振动打桩机的振幅异常。

②桩身突然倾斜、移位或锤击时有严重回弹。

③桩头破碎或桩身开裂。

④附近地面有严重隆起现象。

⑤打桩架发生偏斜或晃动。

(5)同一基础,当土质与设计不符,致使桩的入土深度相差很大时,应提交设计部门确定处理办法。

(6)沉桩时应按本章附件4的要求逐一填写沉桩记录表及沉桩记录整理表。每个墩、台应绘制桩位示意图。

7.2.8 桩的下沉可根据地质条件、桩型和桩体承载能力等采用锤击法、振动法和静压法,附近有重要建筑物(如高层建筑、堤防工程、运营铁路等)时,不宜选用振动沉桩。沉桩施工还应符合下列规定:

(1)锤击沉桩。

①锤击沉桩应重锤低击,不应采用大能量锤击沉桩,防止桩头、桩身损坏。选择锤型时应依据桩重及类型、设计荷载、地质情况、设备条件和对邻近建筑物产生的影响等因素确定。应采用与桩和锤相适应的桩帽及适合桩帽大小的弹性衬垫,桩帽及及其上下衬垫的顶面和底面应平整并与桩的中轴线垂直。

②采用送桩沉桩时,桩与送桩的纵轴线应保持在同一直线上,送桩紧接桩顶部分应有保护桩顶的装置。送桩应有足够的强度、刚度和长度。安放送桩前,应截除桩头损坏部分并保持桩顶平整。

③锤击沉桩开始时,应用较低落距,并从纵横两方向观察、控制桩位和桩的竖直度或倾斜度,待桩入土一定深度并确认位置正确方向无误后,再按规定落距进行锤击。坠锤落距不宜大于2m,单打汽锤落距不宜大于1m,柴油锤应使锤芯冲程正常。在桩的沉入过程中,应观察并保持桩锤、桩帽和桩身在同一轴线上。锤击沉桩应连续进行,中途不得停顿。

④钢筋混凝土桩和预应力混凝土桩,在预计或有迹象进入软土层时,应改用较低落距锤击。

⑤当落锤高度已达规定最大值和每击贯入度小于或等于2mm时,应立即停锤。当沉桩深度尚未达到设计要求时,应查明原因,并采用换锤或辅以射水等措施,但桩尖距设计高程不大于2m时一般不应采用射水下沉。

⑥桩尖设计位于硬塑及半干硬状态的黏性土、碎石土、中密状态以上的砂类土或风化岩层时,应根据贯入度的变化和工程地质资料,确认桩尖已深入设计土层。确认贯入度符合要求时,即可停锤。但考虑硬层有可能冲刷时,应采取措施使桩尖达到设计要求高程。

⑦桩尖设计位于一般土层时,应以桩尖设计高程为主、贯入度为辅控制沉桩施工。当桩尖达到设计高程,但贯入度与试桩所确定的最终贯入度或与地质资料对比有出入时,应与设计部门研究停锤控制标准。

⑧水上沉桩,可用固定平台、浮式平台或打桩船施工。有潮汐的水域,宜用固定平台或专用打桩船施工。如采用打桩船施工,当波浪超过2级(波峰高0.25~0.50m)、流速大于1.5m/s或风力超过5级(风速大于8.0~10.7m/s)时,均不宜沉桩。当其他船舶通过施工区,船行波影响打桩船稳定时,应暂停沉桩。已沉好的水中桩,宜用钢制杆体将相邻桩连成一体加以防护,并在水面设置标志;严禁

在已沉好的桩上系缆。

⑨使用打桩船进行沉桩时，对锚碇布置、船的停位及移动顺序等均应作出设计，施工过程应保持船体平衡。

⑩锤击沉桩应考虑锤击振动对新浇混凝土的影响，当距离在30m范围内的新浇混凝土强度未达到5MPa时，不得进行锤击沉桩。

(2)振动沉桩。

①振动沉桩适用于松软的或塑态的黏性土和较松散的砂土中，在紧密黏性土和砂质土中可用射水配合施工。

②振动锤的振动力应大于下沉桩的土的摩擦阻力。振动打桩机和机座(桩帽)必须与桩顶连接紧密、牢固。

③当插完桩后，初期宜依靠桩和振动锤的自身质量下沉，待桩身入土达到一定深度并确认桩位竖直度符合要求后再振动下沉；每根桩的沉桩作业应连续完成，接桩和停水干振时间不可过久。

④采用振动为主射水配合沉桩时，桩尖沉至距设计高程2m时，应停止射水并将射水管提高，进行干振直至设计高程；当最后下沉贯入度小于或等于试桩最后下沉贯入度和振幅符合规定时，即可认定沉桩合格。

⑤同一基础的基桩全部沉完后，宜将全部基桩再进行一次干振，以保证全部基桩达到合格标准。

(3)静力压桩。

①静力压桩通常适用于可塑状态黏性土，但不宜用于坚硬状态的黏土和中密以上的砂土；当有夹砂层时，应采取相应的施工措施。

②压桩前应根据压桩地区的土层、地质情况估算压桩阻力，根据压桩阻力选择压桩设备。

③压桩所用量测压力仪表应注意维护、及时检修和定期标定，保证正确反映压力值。

④施工过程中，应保持压桩力和桩轴线重合，若有偏移，应及时调整。

⑤压桩时应避免中途停歇，如必须停歇时应减少停歇时间，防止再压时启动阻力过大。

⑥静压沉桩深度控制应按设计高程、压桩力和稳压下沉量相结合的原则，并根据地质条件和设计要求综合确定。

7.2.9　基桩的复打应符合下列规定：

(1)对发生“假极限”现象的桩、射水下沉的桩和有上浮现象的桩，均应复打。

(2)复打前的“休息”天数及复打的要求，应符合本章附件2的有关规定。

7.3　钻孔桩基础

7.3.1　钻孔桩施工流程如图4-7所示。

7.3.2　钻孔桩施工根据不同的地质条件可分别选用冲击钻机、回旋钻机、旋挖钻机以及套管钻机等不同的钻孔设备。

7.3.3　钻孔场地要求：

(1)在旱地上应清除杂物，换除软土，平整压实。场地位于陡坡时，可用枕木或型钢等搭设工作平台。

(2)在浅水中宜用筑岛或围堰法施工，筑岛面积应按钻孔方法，设备大小等决定。

(3)钻孔场地在深水中或淤泥较厚时，可搭设水上工作平台施工，平台搭设应符合本章第7.3.4条的有关规定。

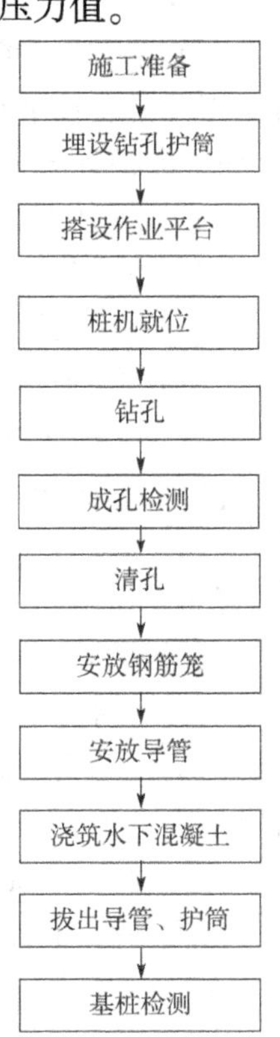

图4-7　钻孔桩施工流程图

(4)采用旋转法或冲击法钻孔时,应在场地布置中安排泥浆循环净化系统。

7.3.4 钻孔桩水上施工作业平台应符合下列规定:

(1)平台应能支撑钻孔机械、护筒加压、钻孔操作及浇筑水下混凝土等施工过程中的所有静、动荷载,并保持坚固稳定,同时应满足各项有关施工作业和施工设备安全进、退场的要求。

(2)工作平台可利用浮吊或打桩船打入钢筋混凝土桩或钢管桩作为基桩,顶面纵横梁和支撑架可用木料、型钢、万能杆件、钢桁架或其他材料搭设。当流速不大,且河床地质条件较好、承载力较高时,也可部分利用钻孔桩钢护筒加高兼作基桩设置作业平台,但钢护筒刚度、埋深等必须同时满足基桩的设置要求。

(3)当水流平稳时,钻机可设在组合船舶或浮箱上钻孔,但必须保证锚碇稳固。

(4)当水流速较大,但河床较平顺时,可采用薄壁浮运沉井。就位后灌水下沉、落床,在其顶面搭设工作平台。

(5)水上工作平台的设置应考虑泥浆的循环、过滤和排放要求。

7.3.5 桩基中心位置测设完成后,应在纵横向设护桩,以备对桩位进行复核。

7.3.6 钻孔前应设置坚固不漏水的护筒:

(1)钢护筒在旱地或水中均可使用,筒壁厚度可根据钻孔桩径、埋深和埋设方法选定,一般钻孔桩可为4~12mm,必要时可按钻孔桩孔径、埋设方法和深度通过计算确定。

(2)钢筋混凝土护筒可在水深不大的钻孔中使用,筒壁厚度为8~10cm。

(3)护筒内径应大于钻头直径,当使用旋转钻机时应大于钻头20cm,使用冲击钻机时应大于钻头40cm。

(4)护筒顶面宜高出施工水位或地下水位2m,并高出施工地面0.5m,其高度还应满足孔内泥浆面高度的要求。

(5)在岸滩上护筒埋置深度为:黏性土、粉土不小于1m,砂类土不小于2m。当表层土松软时,宜将护筒埋置在较坚硬密实的土层中至少0.5m。埋设时应在护筒四周回填黏土并分层夯实。可用锤击、加压或振动等方法下沉护筒。

(6)在水中筑岛护筒宜埋入河床面以下1m左右,在水中平台上设置护筒,可根据施工最高水位、流速、冲刷及地质条件等因素确定埋深,必要时打入不透水层;在水中平台上下沉护筒,应有足够的导向设备控制护筒位置。

(7)护筒顶面中心与设计桩位允许偏差不得大于5cm,倾斜度不得大于1%。

7.3.7 钻孔桩施工应根据地层情况及钻孔方法制造泥浆护壁,并应符合下列规定:

(1)在砂类土、碎(卵)石类土或黏土夹层中钻孔时,应制备泥浆护壁;在黏性土中钻孔当塑性指数大于15,浮渣能力能满足施工要求时,可利用孔内原土造浆护壁;冲击钻机钻孔,可将黏土加工后投入孔中,利用钻头冲击造浆。

(2)泥浆性能指标应符合下列规定:

①相对密度:正循环旋转钻机、冲击钻使用管形钻头钻孔时,入孔泥浆相对密度可为1.1~1.3;冲击钻机使用实心钻头时,孔底泥浆相对密度应符合如下要求:黏土、粉土不宜大于1.3;大漂石、卵石层不宜大于1.4;岩石不宜大于1.2;反循环旋转钻机入孔泥浆相对密度可为1.05~1.15。

②黏度:入孔泥浆黏度,一般地层为16~22s;松散易坍地层为19~28s。

③含砂率:新制泥浆含砂率不大于4%。

④胶体率:胶体率不小于95%。

⑤pH值:pH值应大于6.5。

(3)泥浆原料宜选用优质黏土,有条件时,应优先采用膨润土造浆。为提高泥浆黏度和胶体率,可在泥浆中掺入烧碱或碳酸钠等添加剂,其掺量应经过试验决定。造浆后应试验全部性能指标,钻进中应随时检验泥浆相对密度和含砂率，并按本章附件5填写泥浆试验记录表。

7.3.8　安装钻机前，对主要机具及配套设备进行检查、维修，底架应平整，保持稳定，不得产生位移和沉陷。钻机顶端应用缆风绳对称拉紧，钻头或钻杆中心与护筒中心的偏差不得大于5cm。

7.3.9　钻孔施工的基本要求：

(1)钻孔前，按施工设计所提供的地质、水文资料绘制地质剖面图，挂在钻台上。针对不同地质层选用不同的钻头、钻进压力、钻进速度及适当的泥浆相对密度。

(2)无论采用何种方法钻孔，开孔的孔位必须准确，确保初成孔壁竖直、圆顺、坚实。

(3)钻孔时，孔内水位宜高于护筒底脚0.5m以上或地下水位以上1.5～2.0m。在冲击钻进中取渣时和停钻后，应及时向孔内补水或泥浆，保持水头高度和泥浆相对密度及黏度。

(4)钻进过程中，钻头起、落速度宜均匀，不得过猛或骤然变速，孔内出土不得堆积在钻孔周围。

(5)钻孔作业应连续进行，因故停钻时，有钻杆的钻机应将钻头提离孔底5m以上，其他钻机应将钻头提出孔外，孔口应加护盖。

(6)钻孔过程中应经常检查并记录土层变化情况，并与地质剖面图核对；钻孔达到设计深度后，应对孔位、孔径、孔深和孔形进行检查，并按本章附件5填写钻孔记录表。

(7)孔位偏差不得大于10cm(钻头直径可根据不同地层进行选择，一般不宜小于设计桩径3cm，软弱地层可适当减小，但必须确保成孔桩径符合设计要求)。

7.3.10　冲击钻机钻孔应符合下列规定：

(1)冲击钻机适用于卵石、坚硬漂石、岩层及各种复杂地质的桩基施工。在碎石类土、岩层中宜用十字形钻头，在黏性土、砂砾类土层中宜用管形钻具；卷扬机的起重能力应满足钻头、钢丝绳和吊具质量以及泥浆吸附作用的要求。

(2)吊钻头的钢丝绳必须选用同向捻制、柔软优质、无死弯、无断丝者，安全系数不应小于12，钢丝绳与钻头间应设转向装置并连接牢固，主绳与钻头的钢丝绳搭接时，两根绳径应相同，捻扭方向必须一致。

(3)开始钻孔时，应采用小冲程开孔，使初成孔坚实、竖直、圆顺，能起导向作用，并防止孔口坍塌。当钻进深度超过钻头全高加正常冲程后，方可进行正常的冲击钻孔；钻进过程中，应勤松绳、适量松绳，不得打空锤；勤抽渣，使钻头经常冲击新鲜地层；每次松绳量应根据地质情况、钻头形式和钻头质量决定。

(4)钻孔工地应有备用钻头，检查发现钻孔钻头直径磨损超过15mm时，应及时更换修补；更换新钻头前，应先检孔到孔底，确认钻孔正常时方可放入新钻头。

(5)为防止冲击振动导致邻孔孔壁坍塌或影响邻孔已浇筑混凝土强度，应待邻孔混凝土强度达到2.5MPa后方可施钻。

7.3.11　旋转钻机钻孔应符合下列规定：

(1)旋转钻机按照泥浆的循环方式：分正循环钻机和反循环钻机。正循环钻机适用于黏土、粉土、砂性土等各类土层。反循环钻机适用于黏性土、砂性土、卵石土和风化岩层，但卵石粒径少于钻杆内径的2/3，且含量不大于20%。可根据地质条件、钻孔直径及钻进深度选用钻机和钻头。

(2)旋转钻机的起重滑轮和固定钻杆的卡机，应在同一垂直线上，保持钻孔垂直。

(3)开钻前应在护筒内存进适量泥浆；开钻时宜低挡慢速钻进，钻至护筒下1m后再以正常速度钻进；钻进过程中，应经常检查土层变化，对不同的土层采用不同的钻速、钻压、泥浆相对密度和泥浆量；在砂土或软土等容易坍孔的土层中钻孔时，宜采用慢速轻压钻进，同时应提高孔内水头和加大泥浆相对密度。

(4)使用反循环钻机时，应将钻头提离孔底约20cm，待泥浆循环畅通方可开始钻进。

(5)使用潜水钻机钻孔，应按钻孔孔径和地质条件选择钻头，钻头切削方向应与主轴旋转方向一致;钻进时,应按土质软硬控制进尺,钻机应控制在额定电流范围内;钻机运行发现不正常情况时,应立即停机检查,找出原因,清除故障。

7.3.12 套管钻机钻孔应符合下列规定:

(1)套管钻机适用于砂类土或黏性土层钻孔。

(2)当地下水位以下有厚于5m的细砂时,应选用上拔力较大的钻机;钻机就位后应将机身支平支牢,确保套管竖支度满足要求。

(3)套管钻机在开孔下压套管时,钻进速度宜慢,并应反复上提下压校正套管位置和竖直度。

(4)在中密或密实的土层中钻孔,宜随钻进随下套管;在松散的土层中钻孔,应先下套管并深于抓土面1.0~1.5m,然后钻进;在地下水位较高的粉、细砂土层中钻孔,应随时向套管中补水,保持套管内水位不低于地下水位。

(5)钻孔作业过程中,应观察主机所在地面和支腿支承处地面变化情况,发现下沉现象应及时停机处理,停机时间较长时,应将套管口保险钩挂牢。

7.3.13 旋挖钻机钻孔应符合下列规定:

(1)旋挖钻机是自备动力的履带自行式钻机,具有钻进速度快、成孔质量高、环境污染小的特点,适用于各种土质地层、砂性土、砂卵砾石层和中等硬度以下基岩的施工。施工前应根据不同的地质条件选用不同类型的钻头。

(2)钻孔时,孔口护筒应高出地面50cm,并及时向孔内补充浆液,以保持足够的泥浆压力;套管跟随钻进时,套管底口应与钻头旋挖深度相适应,确保不超挖。

(3)当地质条件许可时,可不进行泥浆护壁,实现干挖成孔;当遇有较大的冻结层上水和冻结层下水时,可向孔内投入稳定液或泥浆,利用旋挖过程所产生的离心力将浆液挤入孔壁进行护壁。

(4)钻孔作业过程中,应经常观察钻机所在地面变化情况,发现沉陷或变形现象,应及时停机处理。停机时间较长时,应将套管口保险钩挂牢。

7.3.14 钻进过程中应及时滤渣,经常检查泥浆的各项指标,同时经常注意地层的变化。在地层的变化处均应捞取渣样,判断地质类型,并将结果记入记录表中,与设计提供的地质剖面图相对照。钻渣样应编号保存,以便分析备查。

7.3.15 钻孔过程发现异常现象时,可按下列情况处理:

(1)钻孔中发生坍孔后,应查明原因和位置,进行分析处理。坍孔不严重时,可采用加大泥浆相对密度、加高水头等措施后继续钻进;坍孔严重时,可回填重钻;用冲击法钻孔时,可投入黏土块夹小片石,用低锤冲击,将黏土块和小片石挤入孔壁,制止坍孔。

(2)钻孔中发生弯孔和缩孔时,可将旋转钻机的钻头,提起到偏斜处进行反复扫孔,直到钻孔正直;当发生严重弯孔、梅花孔和探头石时,应采用小片石或卵石与黏土混合物回填到偏斜处,待填料沉实后再重新修孔。

(3)发生卡钻时,不宜强提,应查明原因和钻头位置,采取晃大绳及其他措施,使钻头松动后再提起。

(4)发生掉钻时,应查明情况尽快处理。

(5)处理卡钻和掉钻时,严禁人员进入没有护筒或其他防护设施的钻孔内;必须进入有防护设施的钻孔时,应在探明孔内无有害气体和备齐防毒、防溺等安全设施后进入。

7.3.16 当钻孔深度达到设计要求时,应对孔深、孔径、孔位和孔形等进行检查,可采用笼式井径器或超声波检测等检查方法。确认满足设计要求后,方可进行孔底清理和浇筑水下混凝土的准备工作。笼式井径器的制作应符合下列规定:

(1)井径器应有足够的刚度,外径应与设计桩径相同(外径应满足考虑成孔倾斜率折角后桩径要求)。

(2)井径器长度宜为4~5倍设计桩径，且不宜小于6m。

(3)井径器两端宜制作成锥形，锥形高度不宜小于井径器半径。

7.3.17 清孔应符合下列规定：

(1)清孔可采用下列方法：

①抽渣法适用于冲击钻机或冲抓钻机钻孔。

②吸泥法适用于土质密实不易坍塌的冲击钻机钻孔。

③换浆法适用于正、反循环钻机钻孔。

(2)严禁采用加深钻孔深度的方法代替清孔。

(3)无论采用何种方法清孔，在抽渣或吸泥时，应及时向孔内注入清水或新鲜泥浆保持孔内水位。

(4)清孔应符合下列标准：

①孔内排出或抽出的泥浆手摸无2~3mm的颗粒。

②泥浆相对密度不大于1.1。

③含砂率小于2%。

④黏度为17~20s。

⑤浇筑水下混凝土前允许沉渣厚度应符合设计要求。当无设计要求时，支撑桩不大于5cm，摩擦桩20~30cm，否则应进行二次清孔。

⑥柱桩在浇筑水下混凝土前应用射水或射风冲射钻孔孔底3~5min，将孔底沉淀物翻动上浮，然后立即浇筑水下混凝土。射水(风)压力应比孔底压力大0.05MPa。

7.3.18 清孔达标后应及时吊装钢筋笼，钢筋笼的原材料、加工、接头和安装应符合下列规定：

(1)钢筋笼主筋接头可采用双面搭接焊，当需吊装搭接时也可采用单面焊或冷挤压套筒连接。每一截面上接头数量不超过50%，加强箍筋与主筋连接全部焊接。

(2)钢筋骨架的保护层厚度可用焊接钢筋或同强度等级混凝土旋转垫块。设置密度按竖向每隔2m设置一道，每一道沿圆周布置4~6个。

(3)钢筋笼制作完成后宜整体吊装入孔，吊装过程严防孔壁坍塌。钢筋笼入孔后，应准确、牢固定位，上端应均匀设置吊环或固定杆件。

(4)钢筋笼吊装入孔后不影响清孔时，应在清孔前进行吊放。

(5)声测管的设置应符合设计要求，确保接头严密不漏水(浆)。

7.3.19 钻孔桩孔口浇筑混凝土工作平台应在吊放导管前搭设，平台应坚固稳定，高度满足导管吊放、拆除和充满混凝土后的升降要求。

7.3.20 浇筑水下混凝土导管及漏斗应符合下列规定：

(1)水下混凝土导管在平面上的布设根数和间距，应由每根导管的作用半径和桩底面积共同确定。

(2)导管内壁应光滑，内径一致，接口严密。直径范围为20~30cm，中间节长度宜为2m等长，底节可为4m。漏斗下可用1m长导管。

(3)使用前应试拼试压，不得漏水，并编号按自下而上标示尺度。导管组装后轴线偏差不宜大于孔深的0.5%，亦不宜大于10cm。组装时，连接螺栓的螺帽宜在上，试压的压力宜为孔底静水压力的1.3倍。

(4)导管长度可根据孔深和孔口工作平台高度等因素确定，漏斗底距钻孔口应大于一节中间导管长度；漏斗容量应满足首批混凝土灌注量要求。

(5)导管接头法兰盘宜加锥形活套，底节导管下端不得有法兰盘，有条件时可采用螺旋丝扣型接头，但必须有防止松脱装置。

(6)导管应位于钻孔中央,在浇筑混凝土前应进行升降试验,导管吊装升降设备能力应与全部导管充满混凝土后的总质量和摩擦阻力相适应,并留有一定的安全储备。

(7)导管底端距孔底的距离应能使混凝土球塞或其他隔水物沿导管流入水中,同时将导管内的水、空气和球塞或其他隔水物排出管外。

7.3.21　水下混凝土浇筑应符合下列规定:

(1)混凝土的初存量应满足首批混凝土入孔后,导管埋入混凝土中的深度不得小于1m并不宜大于3m。当桩身较长时,导管埋入混凝土中的深度可适当放大。漏斗底口处必须设置严密的隔水装置,具有良好的隔水性能并能顺利排出。

(2)水下混凝土应连续浇筑,中途不得停顿,拆除导管的间断时间应尽量缩短,每根桩的浇筑时间宜安排在8h内完成。混凝土浇筑完毕,位于地面以下及桩顶以下的护筒,应在混凝土初凝前拔出。

(3)套管钻机成孔后,在浇筑混凝土过程中,应经常转动和逐渐提升套管,套管刃脚埋入混凝土不宜小于1.5m,也不宜大于5m。混凝土浇筑完毕,应将套管立即拔出。

(4)在混凝土浇筑过程中,应测量孔内混凝土顶面位置,一般宜保持导管埋深在2~6m。当混凝土内掺有缓凝剂、浇筑速度较快、导管较坚固并有足够的起重能力时,可适当加大埋深,但不宜超过6m。当混凝土浇筑面接近设计高程时,应用取样盒等容器直接取样确定混凝土的顶面位置,保证混凝土浇筑面高出桩顶设计高程0.5~1.0m。

(5)在浇筑过程中,应防止混凝土拌和物从漏斗顶溢出或从漏斗外掉入孔底,使泥浆内含有水泥而变稠凝结,致使测探不准确。浇筑过程中,应注意观察管内混凝土下降和孔内水位升降情况,及时测量孔内混凝土面高度,正确指挥导管的提升和拆除。

(6)在浇筑将近结束时,由于导管内混凝土柱高减小,超压力降低,而导管外的泥浆及所含渣土稠度增加,相对密度增大,此时可在孔内加水稀释泥浆,并掏出部分沉淀土,确保浇筑工作顺利进行。

7.3.22　当混凝土面升到钢筋骨架下端时,为防钢筋骨架被混凝土顶托上升,可采取以下措施:

(1)使用缓凝剂、粉煤灰等增大其流动性。

(2)当混凝土面接近和初进入钢筋骨架时,应使导管底口处于钢筋笼底口3m以下和1m以上处,并慢慢浇筑混凝土,以减小混凝土从导管底口出来后向上的冲击力。

(3)当孔内混凝土进入钢筋骨架4~5m以后,适当提升导管,减小导管埋置长度,以增加骨架在导管口以下的埋置深度,从而增加混凝土对钢筋骨架的握裹力。

7.4　挖孔桩基础

7.4.1　挖孔桩施工流程如图4-8所示。

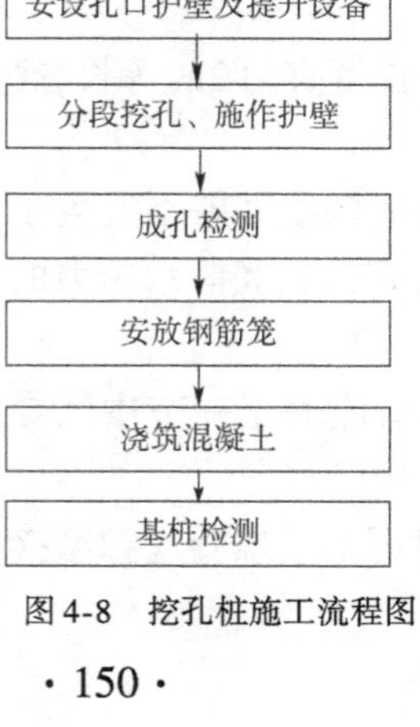

安设孔口护壁及提升设备
↓
分段挖孔、施作护壁
↓
成孔检测
↓
安放钢筋笼
↓
浇筑混凝土
↓
基桩检测

图4-8　挖孔桩施工流程图

7.4.2　挖孔桩基础适用于无地下水或有少量地下水的土层和风化软质岩层。桩体可为圆形或方形。

7.4.3　挖孔前要做好以下施工准备:

(1)平整场地,修通弃土道路,接通水电,备好机具、料具。

(2)做好孔口防排水设施。

(3)施测墩台及孔位控制中线,做好护桩。

(4)对挖孔场地进行围护,防止土石等杂物滚入孔内。孔口附近堆放机具材料以不增加孔壁压力为宜。

7.4.4　孔口护壁可用钢护筒或混凝土护壁,高度根据地层情况确定,地面上外露20~30cm,应安设牢固。

7.4.5　同一墩台各桩开挖顺序,可视地质条件、桩位布置及其间距而定。桩间距较大、地层紧密不需爆破时,可对角开挖,反之宜单孔开挖。桩孔为梅花式布置时,宜先挖中孔,再挖其他各孔。

7.4.6　挖孔过程中,应经常检查桩身净空尺寸和平面位置,孔的中轴线偏斜不得大于孔深的0.5%,截面尺寸应满足设计要求。孔口平面位置的允许偏差为5cm。

7.4.7　挖孔施工过程中,必须有可靠的安全措施。

7.4.8　应经常检查孔内有害气体浓度。当二氧化碳浓度超过0.3%、其他有害气体超过允许浓度或孔深超过10m时,均应设置通风设备。

7.4.9　挖孔时必须采取孔壁支护,支护方式可采用就地浇筑混凝土或便于拆装的钢、木支撑支护结构应通过检算。无法拆除的木框架支撑不得用于摩擦桩。护壁混凝土强度不得低于15MPa,当其作为桩身混凝土的一部分时,不得低于桩身混凝土的强度等级。

7.4.10　挖孔和施作护壁必须交替连续作业,不宜中途停顿,以防坍孔。

7.4.11　遇有局部或厚度不大于1.5m的流动性淤泥和可能出现涌沙时,应加强护壁或降水措施,必要时采用钢护筒防护。

7.4.12　孔内爆破应符合如下规定:

(1)应采用浅眼爆破。炮眼深度,硬岩层不得超过0.4m,软岩层不得超过0.8m;装药量不得超过炮眼深度的1/3,孔内爆破应采用导爆管或电雷管起爆。

(2)爆破前,对炮眼附近的支撑应采取防护措施。护壁混凝土强度未达到2.5MPa前,不得进行爆破作业。

(3)放炮后,施工人员下孔前,应测试确认孔内有害气体已完全排出。确认无误后,方可下孔操作。

(4)一孔内进行爆破作业时,其他孔内不得留有施工作业人员,所有施工作业人员必须全部撤离至安全地带。

7.4.13　挖孔至设计高程后,孔底应清除积水,并应进行孔底处理,做到平整、无松渣和泥污等软层。当地质条件与设计不符时,应会同有关单位妥善处理。成孔检验合格后,应立即安装钢筋笼、浇筑混凝土。

7.4.14　钢筋笼制作、安放应符合本章第7.3.18条的有关规定。

7.4.15　混凝土浇筑应符合本章第6.7.1条的有关规定。

7.5　岩溶地区钻(挖)孔桩基础

7.5.1　岩溶地区桩基础根据不同地质水文情况可采用冲击钻钻孔桩、挖孔桩等施工方法。

(1)对于由土石粒径较大、风化不很严重的砾石、碎石、卵石、漂石等土壤或基岩组成,且软硬差别较小的岩溶地区,当地下水含量较丰富或有害气体含量超限而不能采用挖孔施工时,可采用冲击钻钻孔施工。

(2)对于由粒径大小参差不齐、分布无规律、软硬不均的含有大量大块石、卵石、漂石的间隔土构成,并伴有溶沟、溶槽、洞穴、石芽等发育的岩溶地质构造和含有一定地下水层的岩溶地区,可采用挖孔桩施工。

7.5.2　应根据桩位处地质、水文等资料,对岩溶地区桩基础施工制定相应的专项施工方案和施工技术措施。

7.5.3　岩溶地区钻(挖)孔桩基础施工及工序流程应符合本章第7.3节、第7.4节的有关规定。

7.5.4　钻孔桩施工通过岩溶地层时应符合下列规定:

(1)可采用投入黏土块、碎石、片石等方式加大泥浆稠度,并使之挤入松散破碎土层、溶洞及其裂缝中,保持孔壁稳定。同时,应及时向孔内补水,保持孔内水位高度,防止坍孔。

(2)密切注意观察钻机工作情况、周围地表沉降和护筒内水位变化,防止异常情况发生。

(3)接近岩溶时主绳应采用较小松绳量,防止击穿岩壳时卡钻。

(4)钻孔过程中应及时抽渣,并对钻渣取样分析,核对设计地质资料。当钻至设计桩底高程时,应联系设计部门进行桩底地质确认。

(5)清孔应采用抽渣吹风法。

7.5.5 挖孔桩施工通过岩溶地层时应符合下列规定:

(1)必须针对岩溶地区复杂的地质构造,制定周密可靠的安全技术措施。

(2)宜采用现浇混凝土或钢筋混凝土护壁,保证孔壁安全。

(3)应备齐装泥麻包、碎石和压浆设备及材料,出现涌水时及时封堵,处理安全后方可继续下挖。

(4)通过溶沟、溶槽、洞穴时应根据设计对桩孔外空洞部分进行封闭处理。

(5)挖至设计桩底高程时,应联系设计部门确认桩底地质。

7.6 桩基承台

7.6.1 桩基承台施工流程如图4-9所示。

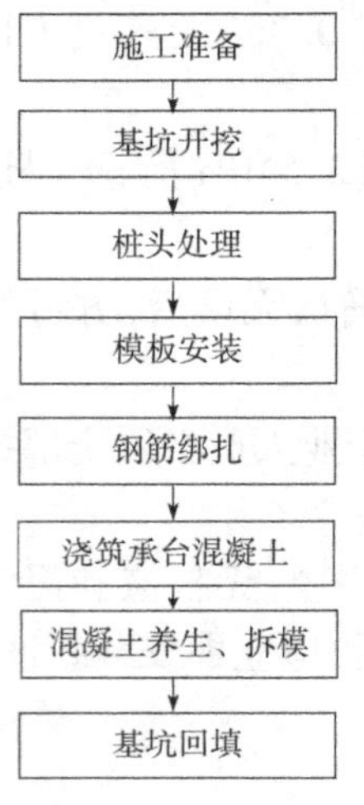

图4-9 桩基承台施工流程图

7.6.2 在水中修建承台时,可根据设计要求和水文条件采取不同的防水结构施工。当设计承台底面位于河床以下时(低承台),可采用钢板桩围堰、双壁钢围堰修建承台;当设计承台底面位于低水位以上时(高承台),可采用吊箱围堰修建承台。

7.6.3 钢板桩围堰施工承台应符合下列规定:

(1)插打钢板桩应有导向设备,导向围笼可一次下沉到位,也可在直桩基础中先将围笼整体高出水面,插打定位桩后与定位桩组成稳定的施工平台,利用平台先进行基桩作业,再将围笼下沉到位,插打钢板桩。

(2)钢板桩围堰合龙到封底完成过程中,应经常检查围堰外河床冲刷情况,必要时应抛石防护。

(3)在围堰内吸泥至设计封底底面高程后,应整平基底、清除淤泥、浇筑水下封底混凝土。待达到要求的强度后抽水,浇筑承台和墩、台身混凝土。

(4)钢板桩的导向围笼制造、组拼、起吊、浮运、定位、锚碇及下沉应符合设计要求;钢板桩施工的其他要求,应符合本章第6.4.5条的规定。

7.6.4 双壁钢围堰施工承台应符合下列规定:

(1)双壁钢围堰系由内外壁板、竖向加劲肋及水平环形桁架组成的整体钢壳,壁内设竖向隔舱板,为全焊水密结构。

围堰的尺寸、强度、刚度、结构稳定性和锚碇方法等应满足设计及施工要求,围堰顶面可作为施工平台。

(2)双壁钢围堰可分节制造,每节又分块作成数个基本单元并编号,块件大小可根据制造设备、运输条件和工地安装起吊能力决定。

(3)拼焊质量应符合下列规定:

①上下隔舱板以及各相邻水平环形板应对齐。

②上下竖向肋角必须与水平环形板焊牢;相邻块体、外壁板对接应准确,相互错开允许偏差为1mm,接缝缝隙为2mm;当拼缝不能对接焊时,可采用搭接焊或贴板焊接,但必须满焊并保证水密。

③所有壁板和隔舱板的工地焊缝应做煤油渗透试验,不合格者应铲除重焊。

(4)出厂前,应按设计检验块件结构尺寸和块件的焊接质量,必要时应做水压试验,发现焊缝渗漏处应将焊缝铲除烘干后重焊。每节钢围堰拼装完成后,保证总体尺寸符合设计要求。

(5)双壁钢围堰的底节,可在岸边的拼装船上组拼,拼装船应在设计荷载作用下,保持船体的稳定。组拼前应在船面上准确放出围堰各单元的轮廓位置,沿周边逐件组拼,操作时应待全部点焊完成后,方可全面焊接。

(6)锚碇、导向船及起吊设备应按设计要求,提前作出安排:

①底节钢围堰在岸边拼装船上组拼的同时,应将墩位和上下游定位船的锚碇设施,按设计要求的位置抛设完成。

②在岸边组拼导向船,并用联结梁将导向船与围堰底节拼装船连成牢固的整体。

③在导向船上设置起吊设备,由起吊塔架、吊点结构、滑轮组、卷扬机和相应的电器设备等组成,当底节围堰一次起吊质量较大时,可在导向船联结梁上设辅助吊点,起吊设备总起吊能力应大于底节围堰及其附加荷载。

(7)浮运就位和起吊下水按下列步骤进行:

①底节围堰拼装完毕经检查合格后,拼装船与导向船组用拖轮拖运至上游定位船附近,连接锚绳及拉缆,导向船与拼装船组顺流至墩位初步定位。

②系好围堰上、下层拉缆,绞紧锚绳和收紧定位船与导向船间的拉缆。

③安装测试供电和通信设施。

④利用导向船上的起吊设备将底节围堰吊离拼装船面约10cm,观察10min,若无异常现象,则继续提升至适当位置,将拼装船向下游方向退出。

⑤拼装船退出后,底节围堰利用起吊设备缓慢平稳地落入水中,借助导向船导向架、锚绳和拉缆的共同作用,使底节围堰稳定、垂直地悬浮于墩位处。

(8)悬浮状态下围堰的接高和下沉:

①底节钢围堰下水后,及时向围堰内对称注水,保持垂直状态下沉至一定高度后,按单元体的编号对称拼装接高,再注水下沉,再拼装接高,交替施工。注意在拼装注水下沉过程中,围堰内外和相邻单元体的水头差,必须满足设计要求。

②伴随围堰接高和注水下沉过程,围堰上层拉缆亦应随之拆除、安装,交替倒换、上移。注意要随时调整拉缆受力状态。

③围堰刃脚接近河床时,应提前测量墩位处的河床状况,按冲刷及水位的实际情况,调整围堰落河床时的高度。

(9)围堰落床的准确定位:

①围堰落床宜安排在低水位、小流速的情况下进行。

②围堰落床前,应对所有锚碇设备进行一次全面检查和调整,用调整锚绳和拉缆的办法,使围堰准确定位。

③落河床前,墩位河床高差较大时,可抛填小片石调平,使围堰刃脚平稳着床。

④围堰定位后,应及时对称向围堰内注水,进入稳定深度后,解除所有拉缆。

(10)围堰下沉:

①围堰进入稳定深度后,应继续接高,并在围堰内注水(或按设计要求浇筑混凝土),增加围堰下沉质量,或辅以吸泥(或配合高压射水),使围堰下沉,如此进行接高、注水、吸泥、下沉的交替施工,直至刃脚达到设计高程。同时,围堰顶面高程应满足承台和墩台身施工期间不被水淹没的条件。

②围堰下沉时,应根据围堰位移和倾斜情况及时调整吸泥位置,并经常观测围堰内外水头差及时补水,防止翻砂。

③围堰下沉完毕,应对其平面位置、高程进行检测,堰底泥沙清理干净,经检验符合设计要求及有关规定标准后,方可浇筑封底混凝土。

(11)双壁钢围堰落底的允许偏差应满足设计要求,当无设计要求时,应符合下列规定:

①围堰底面平均高程符合设计要求;

②围堰最大倾斜度不大于围堰高度的1/50;

③围堰顶、底面中心位移不大于25cm再加围堰高度的1/50;

④平面扭转角不大于2°。

7.6.5 吊箱围堰施工承台应符合下列规定:

(1)吊箱围堰是由钢板、加劲肋焊成的侧、底板和支撑体系组拼成的带底的箱式水密结构,应进行专门设计,除结构尺寸、强度、刚度、吊装方法应满足施工要求外,还应满足抗浮力、防漏水和整体吊运的要求。

(2)吊箱底板结构除应满足浇筑水下封底混凝土和抽水浇筑承台混凝土时受力要求外,还应根据成桩的实际偏差确定箱底高程处的预留桩孔位置,并不得伤及底板的加劲肋和横梁。封底前应将底板与桩身间的缝隙封堵。

(3)围堰侧板可采用单壁形式,并做成拆装式。当利用侧板作承台外模时,应保证承台的设计尺寸。

(4)吊箱围堰可视水深情况,采取在浮箱上或工作平台上组拼成整体,再浮运、吊装到已沉好的定位桩上,或采取在桩基外侧搭设工作平台进行组拼、吊装到定位桩上。吊箱围堰的定位桩,可利用正式桩,也可在桩基范围以外另打定位桩,利用吊装后的吊箱围堰搭设工作平台,再进行桩基施工。

(5)测量墩、台纵、横向中心线和每根基桩中心线及高程的工作平台,应稳固、安全、拆装方便并能够满足测量精度的要求。围堰的定位桩,应按围堰安装和要求认真整修。

(6)吊箱围堰封底水下混凝土的厚度,应按抽水时围堰不上浮和混凝土强度应满足受力要求的原则计算确定,但不宜小于1m。在水位变化较大的施工环境中,还应考虑当发生施工水位低于吊箱底面的特殊工况下浇筑承台混凝土时吊箱不会下沉。水下混凝土的施工应符合本章第7.3.21条的有关规定。

7.6.6 桩基承台施工应符合下列规定:

(1)承台混凝土应在无水条件下浇筑,可根据地质、地下水位和水深条件采用排水或防水措施。

(2)承台底面以上到设计高程的桩基顶部范围,应将桩顶锤击面破损部分清除并露出新鲜混凝土面;桩体埋入承台长度及桩顶主筋锚入承台的长度应符合设计要求。

(3)绑扎承台钢筋前,应核实承台底面高程及每根桩体埋入承台长度,并对基底面进行修整。当基底为软弱土层时,应按设计要求进行处理。

(4)当采用基桩顶主筋伸入承台连接时,承台底层钢筋网在越过桩顶处不得截断;当采用基桩顶直接埋入承台连接,承台底层钢筋网碰及桩身时,可调整钢筋间距或在桩身两侧改用束筋越过,确需截断时,应在截断处增设附加等强度钢筋连续绕过。

(5)承台混凝土宜一次连续浇筑。

(6)在高承台结构中,当承台及墩、台混凝土浇筑完成后,应将承台顶面以上的钢结构切除,不得危及通航安全和漂浮物的堆积。

7.6.7 承台混凝土满足设计强度拆除模板及围堰后,基坑应按设计要求的填料和质量及时回填。

8 沉井基础

8.1 一般规定

8.1.1 沉井施工前,应根据水文和地质资料制定施工方案,并对洪汛、凌汛、潮汐、河床冲刷、通

航、漂流物、山洪及泥石流等情况做调研，制定相应的安全措施。

8.1.2 在堤防、建筑物附近下沉时，应按设计文件的防护设计及安全要求施工，并注意观察。

8.1.3 沉井浮运设施必须经过检查试运转并符合施工工艺设计要求。

8.1.4 沉井基础施工流程如图4-10所示。

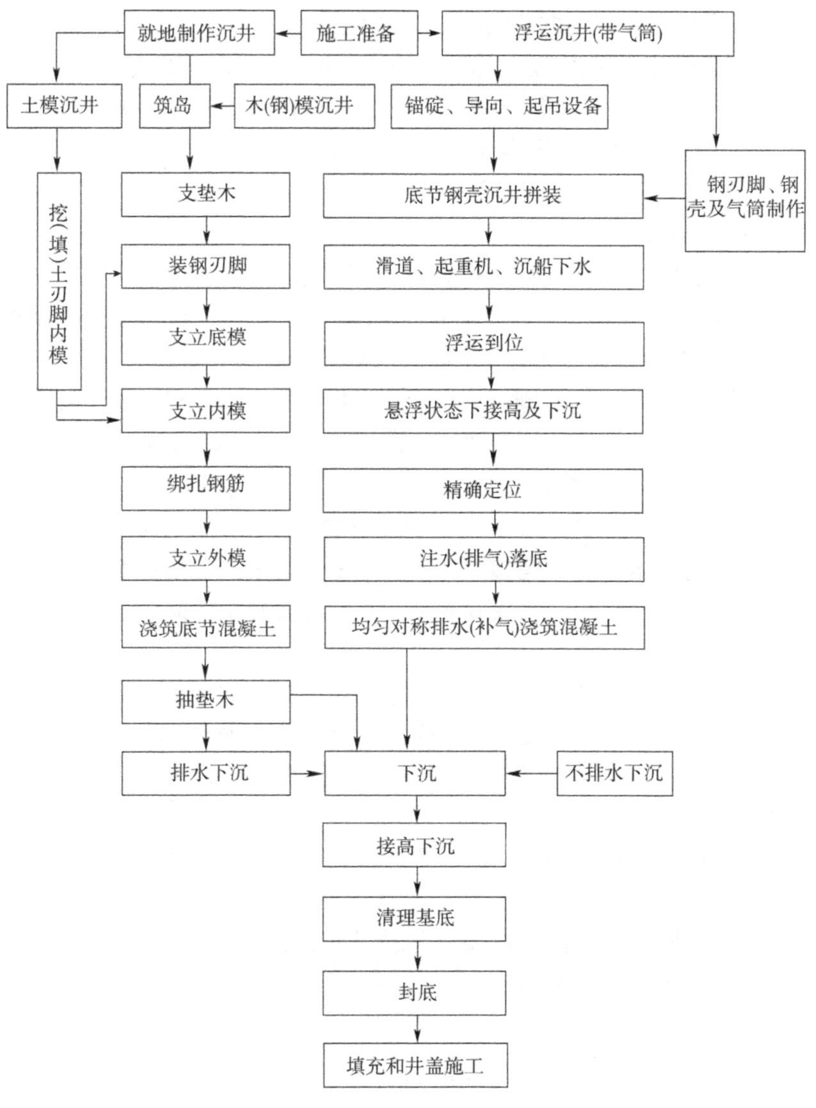

图4-10 沉井基础施工流程图

8.2 沉井制作

8.2.1 就地制作沉井应符合下列规定：

(1)在浅水中或可能被水淹没的旱地，应筑岛制作沉井；在旱地，可在整平夯实的地面上制作沉井；当地下水位低、土壤较好时，可先开挖基坑至地下水位以上适当高程再制作沉井。

(2)制作沉井处的地面及岛面承载力应符合设计要求。当地面以下的软弱地层不能满足承载力要求时，应采取换填、打砂桩、填筑反压土体等加固措施。

(3)筑岛应符合下列规定：

①筑岛材料应用透水性好、易于压实的土(砂类土、砾石、较小的卵石)且不应含有影响岛体受力及抽垫下沉的块体(包括冻块)。

②筑岛的尺寸，应满足沉井制作及抽垫等施工的要求；无围堰筑岛护道宽度不宜小于2m，临水

面坡度可设置为1:2;有围堰筑岛确定护道宽度时,应满足沉井质量等荷载产生的对围堰侧压力的要求。

③岛面应高出施工水位0.5m以上,有流冰时应适当加高。

④在斜坡上或靠近堤防两侧筑岛时,应制定防止滑移的措施。

(4)采用土内模支承制作底节沉井应符合下列规定:

①填筑土模宜采用黏性土;当地下水位低,土质较好时,可采取开挖基坑而形成土模。

②刃脚部分的外模应能承受井壁混凝土的质量在刃脚斜面上的水平分力。

③土模顶面的高度及承载力,应根据土质及荷载计算确定,对有隔墙的沉井,可填筑至隔墙底部。

④应具备良好的排水措施。

⑤土模表面应用水泥砂浆、油毡或塑料薄膜等作保护层。

⑥拆除土模及开始挖土下沉时,不得先挖沉井外围的土,土模的残留物应予清除。

(5)采用模板及支垫支撑制作底节沉井应符合下列规定:

①支垫布置应满足设计和抽垫的要求并进行分区编号;垫木下应用砂填实,其厚度不宜小于0.3m,垫木间用砂填平;调整垫木高程时,不得在其下垫塞木块、木片或石块等物。

②各垫木的顶面应与刃脚的底面相吻合。

③模板及支撑应具有足够的强度、刚度和稳定性,模板应光滑平顺,其上口尺寸不得大于下口尺寸;内隔墙与井壁连接处的垫木应相互搭接联成整体,底模支撑应支在垫木上。

④沉井混凝土应沿井壁对称浇筑,并逐层振捣,浇筑完成12h后即应覆盖并洒水养护,但应防止洒水过程中发生不均匀下沉。

⑤底节沉井混凝土强度达到70%以上方可拆除隔墙底面和刃脚斜面的模板和支撑,沉井的直立侧模当混凝土强度达到2.5MPa时即可拆除,但应防止沉井表面及棱角受损。

⑥沉井模板支撑拆除后,应测量沉井中线和刃脚高程,并形成记录。

(6)底节沉井抽垫应符合下列规定:

①混凝土强度应满足设计对沉井抽垫受力的要求,并将抽垫次序和垫木编号,用油漆标明在沉井外壁上。

②抽垫前应将沉井内外杂物清除,并准备适量待回填的沙土。

③抽垫应统一指挥,按规定的联系方式分区、对称、同步进行;抽出垫木后,应随即用沙土回填捣实,防止沉井偏斜。

④定位支垫处的垫木,应在最后阶段同时抽出。

8.2.2　浮运沉井应符合下列规定:

(1)浮运沉井的制造除应符合施工工艺设计要求外,还应符合下列规定:

①沉井的底节应做水压试验,其余各节应经水密检验合格后方可下水。

②沉井的气筒应按受压容器的有关规定检验合格后方可使用。

③沉井的临时性井底,除作水密检验合格外,还应满足在水下拆除方便的要求。

(2)浮运沉井下水前,应对所经水域和沉井位置的河床进行探测,掌握河床、水文、气象及航运等资料,并与有关单位取得联系,检查锚碇设备及定位船、导向船等施工设备的准备情况;在汛期必须经常检查锚碇设备、导向船和沉井的边锚绳的受力状态。

(3)沉井的底节,可采用滑道、起重机具和沉船等方式入水。当采用沉船方式入水时,应具备在船顶面即将淹没时使沉船体系平稳下沉的措施。

(4)沉井底节入水后的初步定位位置,应根据水深、流速、河床面土质及高低状况、沉井尺寸及形状等因素,并考虑沉井在悬浮状态下接高和下沉过程中,墩位处的河床面受冲淤的影响,综合分析确

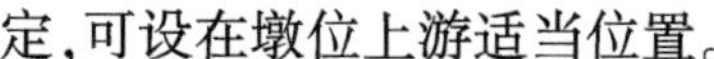

定,可设在墩位上游适当位置。

(5)沉井落河床定位应符合下列规定:

①落河床前应对所有锚碇设备进行全面检查和调整,并注意潮水涨落对锚碇的影响。同时,应详细探明墩位处河床面的状况。

②落河床宜安排在枯水期、低潮位和流速平稳时进行。

③落河床位置应根据河床面高差、冲淤情况、地层及沉井入土下沉深度等因素确定,宜向河床面较高一侧偏移适当尺寸。

④沉井落河床后,应尽快下沉,并随时观测沉井的倾斜、位移及河床冲刷情况,必要时采取调整措施。

8.3 沉井下沉及接高

8.3.1 在渗水量小的稳定土层中下沉第一节沉井时,可采用排水开挖下沉;易涌水翻砂的地层,可采用机械抓土和吸泥等不排水下沉。

当下沉困难时,在结构受力允许情况下,可采用高压射水、降低井内水位和压重等措施下沉。

8.3.2 沉井下沉应符合下列规定:

(1)沉井应连续下沉,减少中途停顿的时间,在下沉过程中应掌握土层情况,做好下沉记录。随时分析判断土层摩擦阻力与沉井质量的关系,选用最有利的下沉方法。

(2)沉井下沉时,应防止内隔墙受到支承。井内除土应先从中间开始,均匀、对称地逐步向刃脚处挖土。采用排水下沉的底节沉井,支承位置的土,应在分层除土阶段最后同时挖除。

(3)沉井下沉过程特别是下沉初期,应随时调整倾斜和位移。应根据土质、沉井大小和入土深度等因素,控制井孔内除土深度和井孔间的土面高差。

(4)弃土不应靠近沉井或污染环境;在水中下沉时,应检查河床因冲刷或淤积引起的土面高差,必要时应对河床面采取防护措施或利用出土调整。

(5)在不稳定的土层或砂土中下沉时,应保持井内水位高于井外一定的水位差,防止翻砂,必要时可向井内补水。

8.3.3 沉井接高应符合下列规定:

(1)沉井接高前应尽量调平,接高时井顶露出水面不得小于1.5m,井顶露出地面不得小于0.5m。接高上节模板时,支撑不得直接撑在地面上,并应考虑沉井因接高加重下沉时,模板支撑不致接触地面。

(2)应防止沉井在接高加重时突然下沉或倾斜,必要时可在刃脚下回填或支垫。接高时应均匀加重。

(3)接高后的各节沉井中轴线应为一直线。

(4)混凝土施工接缝应按设计要求布置接缝钢筋,浇筑混凝土前应清除浮浆并凿毛。

8.3.4 浮运沉井接高和下沉除应符合本节的有关规定外,还应符合下列规定:

(1)沉井悬浮于水中,施工各阶段应随时检算沉井的稳定性和出水高度。在接高和下沉中,当实际情况与设计条件不符时,应通过计算加以调整。

(2)接高沉井前,应向沉井内注水或从气筒内排气,必须均匀、对称地加载,使沉井顶面高出水面1.5m以上、在均匀、对称的浇筑混凝土的过程中,应同时向井外排水或向气筒内补气,以维持沉井的入水深度,并随时检查和调整固定沉井位置的锚碇设备。

(3)应随时测量墩位处河床冲刷情况,必要时采取防护措施。

(4)带气筒的浮式沉井,气筒应加防护。

(5)带临时性井底的浮式沉井及浮式双壁沉井,应控制各灌水隔舱间的水头差不超过设计要求。

8.3.5　纠正沉井倾斜和位移应符合下列规定：

(1)纠偏前应先摸清情况，分析原因，然后采取相应措施。当有障碍物时，应首先排除。

(2)纠正倾斜时，可采取偏除土、偏压重、顶部施加水平力或刃脚下支垫等方法。

(3)纠正位移时应按下列情况进行：

①当沉井倾斜方向有利于纠正位移时，应继续下沉，待沉井底面中心接近设计中心，再纠正倾斜。

②当沉井垂直或沉井倾斜方向不利于纠正位移时，沉井应调至有利方向倾斜下沉，直至沉井符合要求。

8.3.6　沉井下沉排除障碍物可按下列方法进行：

(1)遇孤石时可采取潜水员水下排除或爆破等方法。在水下爆破时，每次总装药量不应超过0.2kg TNT当量。井内无水时，通过计算后，可适当加大装药量。

(2)遇铁件时，可采取水下切割排除。

(3)施工前已经查明在沉井通过的地层中，夹有胶结硬层时，可采取钻孔投放炸药爆破的办法预先破碎硬层。

8.3.7　当沉井顶在施工水位或土面以下时，应设井顶防水(土)围堰，可根据施工水位抽水高度、入土深度、沉井类型及井孔布置等因素，采用钢板围堰、混凝土围堰或砌砖围堰，并应符合下列规定：

(1)围堰平面尺寸和高度应满足沉井在允许偏差范围内，安装墩台身模板和支撑的需要，并应防止施工水位(含波浪高、壅高和冲高)的水流从上游侧灌入围堰。

(2)围堰各部结构，除应满足抽水或入土时的受力要求外，还应便于浇筑沉井顶盖及墩台身混凝土过程中分批拆除的要求，直到墩台身完成后全部清除。

(3)沉井顶须沉入土中的沉井，其井顶防水围堰底部与沉井顶应连接牢固。

8.4　沉井基底清理、封底及填充

8.4.1　不排水情况下清理基底应符合下列规定，并填写检查记录：

(1)沉井下沉至设计高程后，基底面地质应符合设计要求，当地质条件不符时，应联系设计单位确定处理方案。

(2)基底面应整平，整平后的基底面距隔墙底面的高度及刃脚斜面露出的高度，应满足设计要求的最小高度。

(3)基底浮泥或岩面残留物(风化岩碎块、卵石、砂等)均应清除，基底与封底混凝土间不得产生有害夹层。清理后的有效面积(即沉井底面积扣除在刃脚斜面下一定宽度内不能完全清除干净的面积)不得小于设计要求。

(4)隔墙底部及封底混凝土高度范围内井壁上的泥污应清除。

8.4.2　沉井采用水下混凝土封底时，应符合本章第7节有关水下混凝土的相关规定。

8.4.3　应待封底混凝土强度满足受力要求后，进行沉井抽水，并按设计要求的材料进行填充和施工井盖板。

8.4.4　封底混凝土在浇筑过程中发生故障或对封底记录有疑问时，应通过钻孔取样检查鉴定。

9　墩　　台

9.1　一般规定

9.1.1　墩台施工流程如图4-11所示。

9.1.2　墩台身施工前,应将基础顶面浮浆凿除并冲洗干净。整修连接钢筋,并在基础顶面测定中线、高程,标出墩台底面位置。

9.1.3　墩台施工完毕,应对全桥中线、高程及跨度进行贯通测量,并标出各墩台的纵横向中心线、支座十字线、梁端线及锚栓孔位置。暂不架梁的锚栓孔或其他预留孔,应在排除孔内积水后将孔口封闭。

9.1.4　位于隧道口或路堑处的桥台,宜尽早安排施工,严禁自一侧倾倒弃土,以免造成墩台偏压,并不得堵塞流水断面。

9.1.5　支承垫石施工前应复核桥梁跨度和支承垫石高程,施工中应确保支承垫石钢筋网和锚栓孔位置、尺寸正确。垫石顶面应平整,高程符合设计要求。

9.1.6　当墩台位于纵横坡较陡、开挖边坡较高的场地时,应按设计要求及时施工回填线以上的边坡支护及坡脚排水沟工程。

9.1.7　墩台为大体积混凝土时,施工前应进行专项施工设计,必要时要进行温度监控。

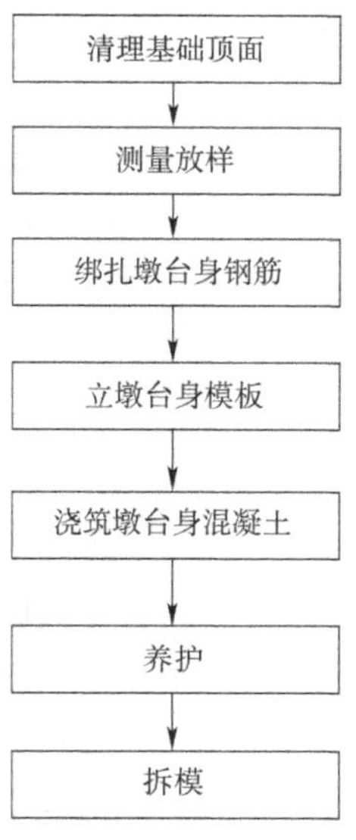

图4-11　墩台施工流程图

9.1.8　当工地昼夜平均气温连续3d低于5℃或最低气温低于0℃时,混凝土应按冬期施工的规定办理。当工地昼夜平均气温高于30℃时,应采取夏期施工措施。混凝土冬、夏期施工应根据工程结构、尺寸、施工条件、预计环境温度等制定专项施工方案和技术措施,并对有关人员进行技术交底和培训。混凝土冬、夏期施工还应符合本节的有关规定。

9.2　墩台身模板

9.2.1　墩台身常用模板有固定式模板、拼装式模板、整体吊装模板、组合式定型模板。

9.2.2　墩台身模板及支架应有足够的强度、刚度与稳定性,能可靠地承受施工过程中可能产生的各项荷载,保证结构物各部形状、尺寸准确。

9.2.3　模板宜采用大块钢模板,模板板面应平整,接缝严密不漏浆,拆装容易,施工操作方便,保证安全。

9.2.4　墩台施工前,应根据结构形式进行模板设计,在计算荷载作用下按受力程序分别检算其强度、刚度和稳定性,并制定模板的安装、使用、拆卸及维护等有关技术安全措施和注意事项。

9.2.5　墩、台模板的荷载主要有新浇混凝土对侧面模板的压力和倾倒混凝土时产生的水平荷载。

9.2.6　新浇混凝土对模板侧面的计算可采用下列方法:

(1)采用内部振捣器,当混凝土的浇筑速度在6m/h以下时,新浇筑的普通混凝土作用于模板的最大侧压力可按式(4-2)进行计算:

$$P_{max} = k \cdot \gamma \cdot h \tag{4-2}$$

式中:P_{max}——新浇混凝土对模板的最大侧压力,kPa;

k——外加剂影响修正系数,不掺加外加剂时取1.0,掺缓凝剂时取1.2;

γ——混凝土的容重,kN/m^3;

h——有效压头高度,m;

当$v/t < 0.035$时,$h = 0.22 + 24.9v/t$;

当$v/t > 0.035$时,$h = 1.53 + 3.8v/t$;

v——混凝土的浇筑速度,m/h;

t——混凝土入模时的温度,℃。

(2)采用泵送混凝土浇筑,混凝土入模温度在10℃以上时,模板的侧压力可按式(4-3)进行计算：

$$P_{max}=4.6v^{1/4} \tag{4-3}$$

式中：P_{max}——新浇混凝土对模板的最大侧压力，kPa；

v——混凝土的浇筑速度，m/h。

(3)采用外部振捣时，模板侧压力可按式(4-4)、式(4-5)进行计算：

$$P_{max}=k\cdot H \quad (v<4.5,H\leqslant 2R) \tag{4-4}$$

$$P_{max}=\gamma\cdot(0.27v+0.78)\cdot k_1\cdot k_2 \quad (v\geqslant 4.5,H\leqslant 2R) \tag{4-5}$$

式中：P_{max}——新浇混凝土对模板的最大侧压力，kPa；

v——混凝土的浇筑速度，m/h。

H——对模板产生压力的混凝土浇筑层高度，m；

R——外部振捣器作用半径，m，$R=1$；

k_1——混凝土拌合物的稠度影响系数，坍落度为0～2cm时其值为0.8；坍落度为4～6cm时其值为1.0；坍落度为6～8cm时其值为1.2；

k_2——混凝土拌合物的温度影响系数，温度为5～7℃时其值为1.15；温度为12～17℃时其值为1.0；温度为28～32℃时其值为0.85。

9.2.7 倾倒混凝土冲击产生的水平荷载可按表4-6取值。

倾倒混凝土时产生的水平荷载 表4-6

序 号	向模板中供料方法	水平荷载(MPa)
1	用溜槽、串筒或导管输出	20
2	用容量小于等于0.2m³的运输器具倾倒	20
3	用容量0.2～0.8m³的运输器具倾倒	40
4	用容量大于0.8m³的运输器具倾倒	60

9.2.8 验算模板刚度时，其变形值不宜超过下列规定：

(1)结构表面外露的模板挠度为模板构件跨度的1/400。

(2)结构表面隐蔽的模板挠度为模板构件跨度的1/250。

(3)墩、台支架模板的弹性挠度为相应自由跨度的1/400。

(4)钢模板的面板变形为1.5mm。

(5)钢模板的角棱、柱箍变形为3.0mm。

9.2.9 模板宜采用工厂加工，安装前应进行试拼，试拼质量达到设计及规范要求，对其进行编号后再安装模板。墩台身模板采用整体吊装时，其吊装高度视吊装能力并结合墩台施工分段而定，一般宜为2～4m，并应有足够的整体性与刚度。

9.2.10 滑动模板施工应符合下列规定：

(1)滑动模板施工流程如图4-12所示。

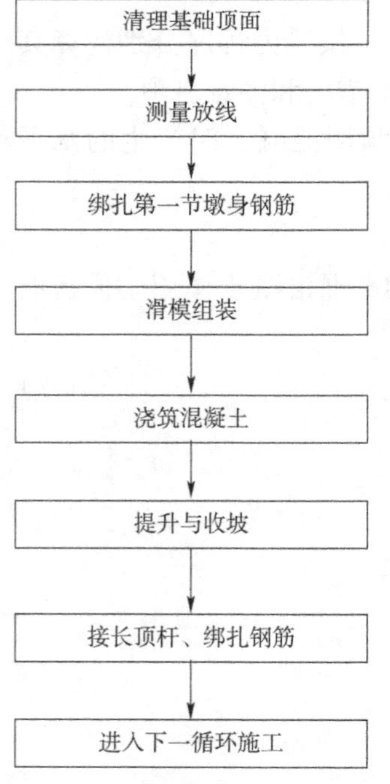

图4-12 滑动模板施工流程图

(2)滑模适用于较高的墩、台和吊桥、斜拉桥的索塔施工。滑模可由模板、围圈、支承杆(也称爬杆、顶杆)、千斤顶、顶架、操作平台和吊架等组成。

(3)模板高度宜为1.0～1.2m，并应有0.5%～1.0%的锥度，支承杆和提升设备应按墩身截面形状及滑动模板和施工临时荷载的全部质量布置。模板在组装完毕经检验合格后才能浇筑混凝土。

(4)采用滑动模板浇筑的混凝土，坍落度宜为1～3cm。混凝土应分层对称浇筑。

(5)当底层混凝土强度达到0.2~0.3MPa时,可继续提升。

(6)浇筑混凝土面距模板顶面距离应保持不少于10cm。

(7)混凝土应使用插入式振捣器捣固,振捣时不得提升模板,并避免接触模板、钢筋。

(8)焊接墩身底节垂直钢筋及安装支承杆件,应按规定将接头互相错开。

(9)滑动模板操作平台的荷载应均衡,不得超载,严禁混凝土吊斗碰撞平台。

(10)模板提升过程中,应检查中线、水平情况,如发现问题应及时纠正。

顶架横梁或液压千斤顶座间的水平允许高差为20mm,位移允许偏差为30mm,扭转允许偏差为2°。

模板纠偏应先调整平台水平,再纠正位移和扭转。每滑升1m纠正位移值不得大于10mm。

(11)滑模到达预定高度停止浇筑后,每隔1h左右,应将模板提升5~10cm,提升3~4次,防止混凝土与模板黏连。

(12)混凝土应连续浇筑。当因故停歇后继续提升模板时,应符合本条第(10)款的规定,但提升后模板与混凝土必须保持不少于30cm的搭接高度。接续浇筑时应确保上下层混凝土结合良好。

(13)混凝土达到拆模强度后,应及时拆除模板,拔出支承顶杆,以砂浆封孔。

(14)手动或电动丝杠千斤顶的丝扣旋转方向应分左右对称安装。

(15)墩身混凝土脱模部分,应立即将表面修整抹平,并应及时覆盖保湿养护。

(16)滑动模板不宜在冬期施工。

9.2.11 爬升模板施工应符合下列规定:

(1)爬升模板施工流程如图4-13所示。

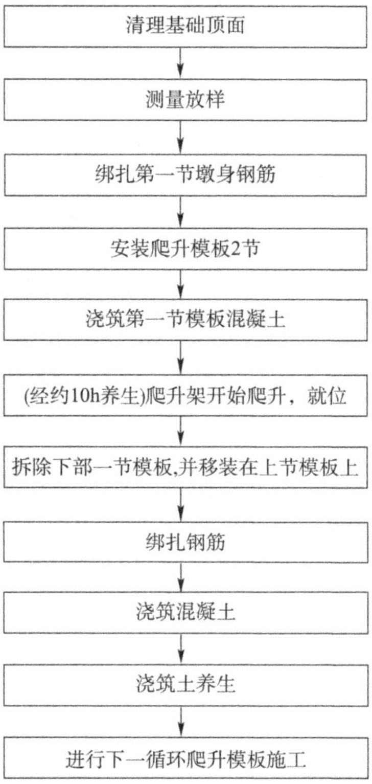

清理基础顶面
↓
测量放样
↓
绑扎第一节墩身钢筋
↓
安装爬升模板2节
↓
浇筑第一节模板混凝土
↓
(经约10h养生)爬升架开始爬升，就位
↓
拆除下部一节模板,并移装在上节模板上
↓
绑扎钢筋
↓
浇筑混凝土
↓
浇筑土养生
↓
进行下一循环爬升模板施工

图4-13 爬升模板施工流程图

(2)爬升模板适用于空心高桥墩的施工。爬升模板主要由网架工作平台、中心塔吊、L形支架、内外套架、内爬支脚机构、液压顶升机构和模板体系等部分组成。

(3)爬升模板的结构除应满足强度、刚度及稳定性的要求外,还应符合下列规定:

①应由2~3组相同规格的钢模板及构、配件组合成一套爬升模板,每套爬升模板均应设置脚手平台、接料平台、吊挂脚手及安全网。

②宜采用缆索吊机或其他提升设备提升。

③宜采用大块模板施工,模板两侧和下部应设置板翼。

④模板再组装完毕经检验合格后方可浇筑混凝土。

(4)每次浇筑混凝土面距模板顶面不应少于5cm。

(5)浇筑混凝土时,应使用插入式振捣器捣固,并应避免接触模板、对拉螺栓、钢筋或空心支撑。

(6)混凝土浇筑后,当强度达到2.5MPa以上时方可拆模翻倒。

(7)每一节模板安装前均应清除表面灰浆污垢,整修变形部位并涂刷脱模剂。

(8)模板沿墩身周边方向应始终保持顺向搭接。

(9)爬升模板施工过程中,应经常检查中线、水平情况,如发现问题应及时纠正。

(10)混凝土可采用覆盖保湿养生,当桥墩过高供水困难时,可采用混凝土养生液养生。

(11)对于墩身混凝土脱模部分,应及时用水泥砂浆堵塞对拉螺栓孔及修补表面缺陷。

(12)爬模的接料平台、脚手平台、拆模吊篮的荷载应均匀,不得超载,严禁混凝土吊斗碰撞爬升模板系统。

9.2.12 滑升翻模施工应符合下列规定:

(1)滑升翻模施工流程如图4-14所示。

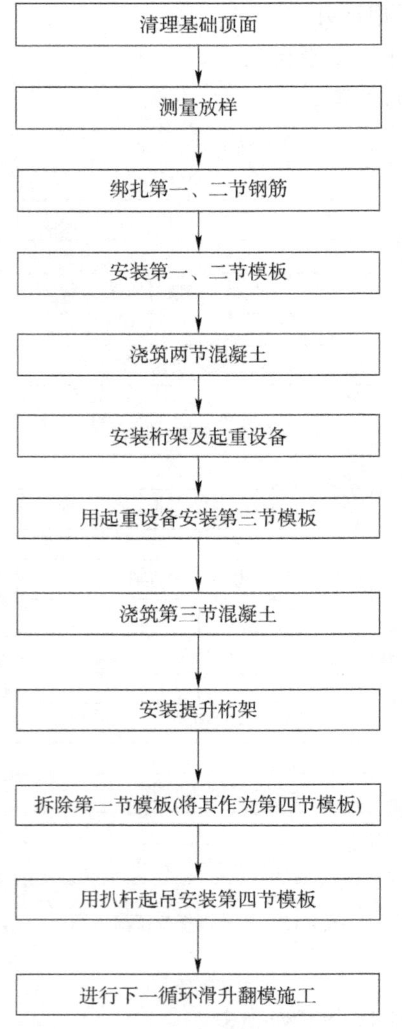

图4-14 滑升翻模施工流程图

(2)滑升翻模适用于高桥墩的施工。滑升翻模主要由竖向桁架的爬升轨道、水平桁架摇头扒杆、作业平台、三组同样规格的模板组成。

(3)桁架由万能杆件组拼,竖向桁架向作为起重扒杆的中心立柱,与摇头扒杆共同受力。

(4)滑升翻模由结构规格相同的上、中、下三节模板组成,循环倒用,每块模板质量不超过1.5t,以适应扒杆起质量。

(5)浇筑混凝土要分层对称进行,一般每层厚度不超过30cm。

(6)当混凝土浇筑强度达到1.2MPa时进行接灌面凿毛,绑扎或焊接钢筋。

(7)利用吊挂垂球方法检查控制桥墩中心和方位时,应安排专人负责,跟踪观测,发现偏差及时纠正。

(8)每浇筑5~10节墩身混凝土,应用经纬仪、水准仪对中心和高程进行核对一次。

(9)应利用减少内外模板的块数和相邻模板的搭接长度,实现桥墩的收坡和曲率变化。

(10)模板搭接时,应沿桥墩周围向一个方向搭接。

(11)作业平台应铺设牢固,安全网布设严密。

9.2.13 浇筑墩台混凝土时,脚手架、工作平台等不得与模板、支架连接。支撑应支于可靠的地基上。

9.2.14 混凝土拆模时的强度应符合设计要求,当无设计要求时,应符合下列规定:

(1)非承重模板应在混凝土浇筑强度达到不小于2.5MPa,且能保证其表面及棱角不因拆模而受损时拆除。

(2)承重模板应在混凝土达到设计要求强度且能安全地承受其结构自身质量和外加施工荷载时拆除。

9.2.15 当模板使用对拉筋时,应采取措施保证拆模后将对拉筋抽出或拉筋端头的保护层厚度满足设计要求,并对孔洞进行堵塞处理。

9.3 墩台身混凝土

9.3.1 墩台身钢筋的加工安装、混凝土的施工、养护和拆模等除应符合本节规定。同一结构物应使用同厂家、同标号的水泥和同产地的骨料,以确保混凝土的外观质量。

9.3.2 浇筑混凝土时,应经常检查模板、钢筋、沉降观测点及预埋部件的位置和保护层的尺寸,确保其位置正确且不发生变形。

9.3.3 墩台身混凝土浇筑至墩、台帽下30~50cm处时应停止浇筑,剩余部分应待墩、台帽模板支立后一次浇筑。

9.3.4 混凝土的配制、输送及浇筑速度应符合式(4-6)的规定:

$$v = \frac{A \cdot h}{t} \tag{4-6}$$

式中：v——混凝土配制、输送和浇筑的容许最小速度，m^3/h；

A——浇筑的面积，m^2；

h——浇筑层的厚度，m；

t——所用水泥的初凝时间，h。

9.3.5 墩台身混凝土的浇筑应在整个截面内按一定的厚度、顺序和方向分层浇筑，应在下层混凝土初凝或能重塑前浇筑完上层混凝土。分层应保持水平，分层厚度可参照表4-7所列数值。

混凝土分层浇筑厚度 表4-7

序 号	振捣方法		浇筑层厚度(cm)
1	用插入式振捣器		30
2	用附着式振捣器		30
3	用表面振捣器	无筋或少筋	25
		配筋较密	15
4	人工振捣	无筋或少筋	20
		配筋较密	15

9.3.6 混凝土应采用机械振捣。用振捣器振捣时应符合下列规定：

(1)使用插入式振捣器时，移动间距不应超过振捣器作用半径的1.5倍，与侧模应保持5～10cm的距离，插入下层混凝土5～10cm，每一层振捣完毕后应边振动边缓慢提出振动棒，避免振动棒碰撞模板、钢筋及其他预埋件。

(2)表面振捣器的移位间距，应以振捣器平板能覆盖已振实部分10cm为宜。

(3)附着式振捣器的布置间距，应根据构造形状及振捣器性能等情况通过试验确定。

(4)对每一振动部位，必须振动到该部位混凝土密实为止。混凝土密实的标志是混凝土停止下沉、不再冒出气泡、表面呈平坦状、泛浆。

9.3.7 墩台身混凝土终凝前不得浸水。

9.3.8 浇筑大体积混凝土结构可采取下列方法控制混凝土水化温度：

(1)采用改善骨料材质和级配、降低水灰比、掺入掺合料、掺入外加剂等方法减少水泥的用量。

(2)宜采用水化热低的掺合料水泥。

(3)减小浇筑层厚度，加快混凝土散热速度。

(4)降低混凝土原材料的初始温度。

(5)混凝土内部埋设散热管。

9.3.9 混凝土浇筑完成后，应及时进行养护。混凝土养护应符合下列规定：

(1)混凝土浇筑完成后，应在收浆后尽快形成覆盖，并采取洒水的方式进行养护。

(2)当气温低于5℃时，应覆盖保温，不得向混凝土面上洒水。

(3)混凝土养护用水的要求与拌合用水相同。

(4)混凝土洒水养护时间一般为7d，可根据不同气温、湿度、水泥品种、掺入外加剂情况，适当延长或缩短养护时间。

(5)当结构物与流动性地表水接触时，应采取防水措施，使混凝土在浇筑后7d内不受水的冲刷作用影响。

(6)混凝土浇筑强度达到2.5MPa前，不得承受各种外加荷载。

(7)必要时可对混凝土采用薄膜包裹保湿养护。

9.3.10　混凝土冬期施工应符合下列规定：

(1)冬期施工配制混凝土应优先选用硅酸盐水泥和普通硅酸盐水泥，并宜选用较小的水胶比和坍落度。

(2)混凝土宜掺加引气型减水剂等外加剂，以提高混凝土的抗冻性能。

(3)蓄热法施工对原材料采取预热措施时，水和骨料预热温度应通过热工计算和试拌确定。水加热温度不宜大于80℃。当骨料不加热时，水可加热至80℃以上，但应先与骨料搅拌均匀后再投入水泥拌和。骨料加热温度不应大于60℃，水泥、矿物掺合料和外加剂不得直接加热。拌制和运输设备应采取保温措施，应保证混凝土的入模温度不低于5℃。

(4)冬期施工期间，应防止新浇筑混凝土在达到抗冻强度前受冻。混凝土抗压强度未达到5MPa前不得受冻。对于使用硅酸盐水泥或普通硅酸盐水泥配制的混凝土，抗压强度达到设计强度的30%前也不得受冻。浸水冻融条件下混凝土抗压强度达到设计强度的75%前不得受冻。

(5)在已硬化的混凝土上续浇混凝土时，接缝面处理应符合本章第6.7.4条的有关规定。混凝土需加(蓄)热养护时，已硬化混凝土的接合面温度不应低于2℃，新浇混凝土开始养护的温度不得低于5℃，细薄截面结构不宜低于10℃，且新旧混凝土间温差应不大于15℃。防寒保温应按施工方案施作，使新浇混凝土继续保持正温，直到达到规定的抗冻强度。

(6)混凝土养护宜优先选用蓄热法。当气温较低、结构表面系数较大、蓄热法不能满足强度增长要求时，可根据具体情况采用蒸汽加热法、暖棚加热或电加热等方法。

9.3.11　混凝土夏期施工应符合下列规定：

(1)混凝土配制宜选用水化热较低的水泥，可根据施工气温掺用缓凝型减水剂以适当增加坍落度。混凝土配合比设计应考虑高温导致坍落度损失。

(2)应对原材料采用降温措施，保证混凝土的入模温度满足设计要求。当无设计要求时，混凝土的入模温度不宜高于30℃。

(3)混凝土浇筑应选在一天气温较低的时间进行，浇筑完成后表面应及时覆盖保湿，保湿状态不应少于7d。保湿养护应不间断，不得形成干湿循环。

9.3.12　桥墩破冰体在切削棱缘处设置角钢或钢板时，应符合下列规定：

(1)棱缘角钢或钢板应用整根制作，当破冰体端部为圆弧时，应用钢板加工成型。

(2)加工完成的角钢或钢板与牵钉应垂直焊接牢固。

(3)浇筑混凝土前，应先将角钢或钢板准确定位，并与模板密贴牢固。

(4)角钢或钢板外露面，应按设计要求进行防锈处理。

9.4　桥台填土及锥体护坡

9.4.1　桥台后及锥体填土必须待桥台混凝土达到设计强度后方可进行。填料的种类及填筑要求应符合设计规定。

9.4.2　台后填土施工应符合下列规定：

(1)台后填土范围应符合设计要求。当无设计要求时，顺线路方向长度应自台身起，底面不小于桥台高度加2m，顶面不小于2m，拱桥台后填土长度不应小于台高的3～4倍。

(2)拱桥台后填土必须与拱圈施工的程序相配合，使拱的推力与台后土的侧压力保持一定的平衡。拱桥台后填土可在拱圈安装以前完成，如有设计要求时，应按设计要求进行。

9.4.3　锥体施工应符合下列规定：

(1)锥体填筑前应对原地面进行处理、压实，并准确放样。

(2)锥体填土应按设计范围及坡度一次填足，不得边砌石边补填土。锥坡拉线放样时，坡顶应预先放高2～3cm，确保锥坡随同锥体沉降后，坡度仍满足设计要求。

(3)锥体护面铺砌应自下而上分段进行。砌石时放样拉线应拉紧,表面应平顺,反滤(垫)层规格、质量应符合设计要求,并应边做反滤(垫)层边砌筑,同时做好沉降缝和泄水孔。干砌片石护坡勾缝宜待锥体稳定后进行。

(4)锥体护面的品种、规格、质量和表面坡度应符合设计要求。

(5)在大孔隙土地区,应检查锥坡基底及其附近有无陷穴,如发现陷穴应彻底进行处理。

9.4.4　锥体与桥台填土应同步施工。施工中应采用机械分层填筑压实,严格控制分层厚度和压实密度。邻近桥台边缘不能碾压处应采用内燃冲击夯等小型机具夯实,以达到密实度要求。

9.4.5　锥体和台后路基填土,应在设计边坡之外适当加宽,待整修边坡时再把多余土刷去。

9.5　桥台排水及防护

9.5.1　桥台道砟槽顶面应按设计要求做好防水层、保护层,其表面排水坡度应符合设计要求,并确保平顺无凹坑。

9.5.2　桥台采用预埋泄水管向台外排水时,应符合下列规定:

(1)铸铁管或钢管内外面均应清除铁锈污斑,并按设计要求进行防锈处理,管身排水坡度不得小于3%。

(2)进水口应设有孔铁板或铁篦子,两面均应按设计要求进行防锈处理。

(3)泻水管口伸出桥台侧面或底面长度不应小于设计要求长度。

(4)道砟槽防水层与泄水管进水口必须衔接良好。

9.5.3　桥台背后及两侧防水层应按设计要求设置,两侧防水层不应高出锥体护面。

9.5.4　桥头导流建筑物应与路基、桥梁工程综合考虑施工,并应符合下列要求:

(1)不得在设计导流范围内取土、弃土。

(2)砌筑用料应符合设计要求。

(3)导流建筑物的填土密实度应达到设计要求。

(4)混凝土护面板砌缝为1~2cm,除设计另有规定外应用沥青麻筋填塞。

(5)抛石防护宜在冬期枯水时施工。石块规格应符合设计要求,应按大小不同规格掺杂抛投,但底部及迎水面宜采用较大石块。水下边坡不宜陡于1:1.5,顶面可预留10%~20%的沉落量。

(6)石笼防护应按设计要求施工,基底应铺设垫层,石笼外层用较大石块填充,内层可用较小石块码砌密实,装满石块后用铁线封口,石笼间应用铁线连成整体。

(7)在水中安放石笼可按脚手架或船只顺序投放。

9.5.5　桥台后设置钢筋混凝土搭板时,搭板施工范围内的路基应提前施工,并应待其稳定后进行搭板施工。搭板所用原材料的品种、规格和质量应符合设计要求,搭板与路基接触面应设置具有防渗、保湿和隔离性能的隔离层。

10　钢桁梁架设

10.1　一般规定

10.1.1　钢桁梁架设的基本施工流程如图4-15所示。

10.1.2　钢桁梁拼装架设前,应具备下列主要技术资料:

(1)桥梁平面、纵断面设计图及墩台结构设计图。

(2)钢桁梁结构设计图、杆件质量表及应力表。

(3)桥址地形、地质图。

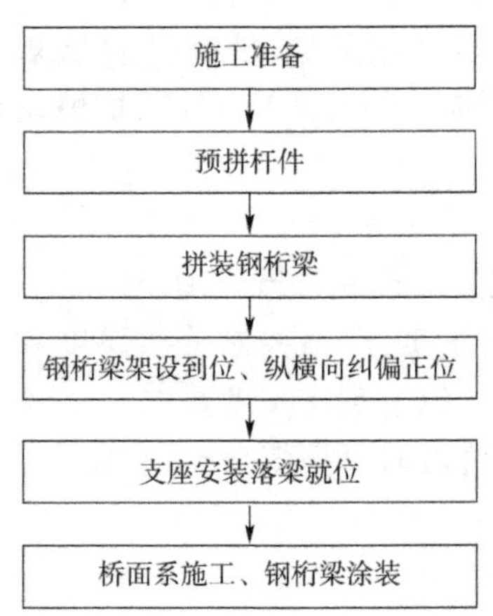

图4-15　钢桁梁架设施工流程图

(4)桥址水文、气象资料。

(5)钢桁梁制造厂应提供的主要技术资料,包括产品合格证和钢材质量证明书或检验报告,按杆件编号绘制的施工(制造)图,工地安装螺栓表及拼装简图,杆件发送表及包装清单,钢桁梁试拼记录,栓接板面抗滑移系数试验报告和杆件焊缝检验记录等。

(6)高强度螺栓连接副出厂合格证或产品质量保证书。

10.1.3　钢桁梁拼装架设前,应根据钢桁梁设计架设方案及设计要求和桥址地形、地质、水文、气象、交通、航运等自然条件,结合工期要求及机械设备情况等施工因素,编制实施性施工组织设计、架梁施工辅助工程设计和施工工艺设计,并应对杆件预拼和钢桁梁拼装时高强度螺栓穿入方向作出规定,一般应使水平安装螺母向外,纵梁上及上鱼形板的垂直螺母放在下侧以减小桥面枕木刻槽。对长大悬臂拼装钢桁梁可能发生较大振晃的减振措施做出预案。

10.1.4　钢桁梁拼装架设前,应根据钢桁梁设计图、钢桁梁拼装顺序和起重机械起重能力等编制杆件预拼图。杆件预拼图应标明预拼单元杆件的位置、编号、质量、节点板预拼安装钉栓位置和吊装重心等,预拼单元杆件质量不得大于吊机起重能力,杆件及钉栓布置不得妨碍接续拼梁施工。

10.1.5　钢桁梁拼装架设前,应测量检查桥梁中线、墩台跨距、支座垫石的位置、尺寸、顶面高程及平整度和锚固螺栓预留孔的位置、尺寸,符合设计要求和现行规定方可进行架梁。支座垫石顶面应划线标明支座下座板的纵、横中心线,桥墩顶面应划线标明其纵、横中心线和按施工工艺设计要求设置中线及高程标点。

10.1.6　钢桁梁杆件存放应符合下列规定:

(1)杆件存放及预拼场地,应平整、压实、排水良好和具有足够承载力,并应位于汛期洪水位以上。

(2)杆件应按安装顺序分类存放,支点应放在不因自身质量而产生永久变形的地方。同类杆件多层水平堆放时,层间垫块应在同一垂直线上,主桁的弦、斜、立杆叠放不宜超过5层,并应防止杆件积水、锈蚀和栓接板面磨损、污染。

(3)高强度螺栓应按包装箱注明的批号及规格分类保存,应防雨、防潮、防尘、防损伤,以避免安装时产生"跟转"现象。

10.1.7　杆件预拼台座和钢桁梁拼装使用的墩旁托架、中间膺(支)架或临时支墩等施工辅助设施,必须经过设计计算且具有足够的强度、刚度、稳定性和承载力。杆件预拼台座一般应按上下弦杆、纵横梁和上下平联分别设置,台座布置应便利杆件运输和施工操作。

10.1.8　钢桁梁拼装使用的机械设备应符合下列规定:

(1)龙门吊机、缆索吊机等非标准起重设备应经过结构设计计算,具有足够的强度、刚度及稳定性和起重能力及吊装高度。

(2)杆件拼装使用的轨行吊机等专用起重机械的性能,应与杆件预拼单元尺寸及质量、起吊高度及回转半径相适应,并应具备良好的走行性能。

(3)任何吊机在使用前均应进行组装质量检验和吊重试运转检查,确认符合设计要求后方可使用。

10.1.9　钢桁梁杆件进场检查应符合下列规定:

(1)杆件进场后,应根据设计文件及制造厂提供的技术资料对杆件的规格、数量及质量进行全面检查。

(2)对主桁弦杆、斜杆、立杆及纵、横梁的外形及尺寸、端头宽度(节点板和拼接板覆盖范围)、杆件边缘及孔边飞刺、磨光顶紧部件公差等,应逐件进行检查。

(3)对制造厂随梁发送的栓接板面抗滑移系数试件,应在杆件拼装前进行摩擦系数检验,检验合格方可使用或拼装。

(4)检查(验)发现的问题应在杆件拼装前进行处理,当遇杆件缺陷部位距焊缝较近等原因工地不能矫正处理时,应及时通报制造厂处理。

10.1.10　高强度螺栓连接副进场后,应根据设计要求,按包装箱注明的批号及规格,分批检查规格、数量、外观质量和扭矩系数,检验合格方可安装使用。

高强度螺栓连副的扭矩系数检测,应在钢桁梁杆件拼装前,根据施工期内环境温度及相对湿度变化幅度分别测定扭矩系数,以便在钢桁梁拼装时根据环境温度及相对湿度变化对扭矩系的影响情况,选用相应的扭矩系数进行杆件拼装,保证高强度螺栓准确达到设计预紧力。

10.1.11　拼装使用的冲钉可选用35号碳素结构钢或相当于同等硬度钢号制造,公称直径宜小于设计孔径0.1~0.3mm(悬臂拼装时应取上限),并应与制造厂试拼工地钉孔重合率相适应。冲钉圆柱部分长度应大于板束厚度。冲钉直径应经常检查,多次使用后直径偏小时,应及时更换。

10.1.12　高强度螺栓施工扳手使用应符合下列规定:

(1)施工扭矩扳手使用前,必须按计算的施工扭矩值进行标定,标定扭矩偏差不得大于计算施工扭矩值的±5%。施工扭矩值M可按式(4-7)进行计算:

$$M = K \cdot P \cdot D \tag{4-7}$$

式中:K——螺栓扭矩系数;

P——螺栓施工预拉力(为设计预拉力的1.1倍);

D——螺栓公称直径。

(2)各种施拧扳手每天应有专人检查校正,并由校正人员登记、鉴认校正结果。

(3)施工用扳手每工班操作前、后都应由专人进行扭矩检查,如发现扭矩偏差超出规定范围,则应对该工班使用该扳手终拧的高强度螺栓全部进行检查、处理。

10.1.13　钢桁梁支座安装,应符合下列规定:

(1)使用千斤顶顶梁位置及千斤顶在墩台上安放位置、连续梁支座安装的先后顺序及顶梁升降幅度均应符合设计要求,当设计对落梁顺序及顶落梁幅度无要求时,应采用间隔交替落梁方式施作,始终保持相邻支点高差不大于5cm、一次落梁高度不大于10 cm。

(2)顶落梁时应有保险设施随千斤顶活塞起落及时加高或降低,同一梁端的两侧支点应同步起落,千斤顶行程不应大于有效行程的80%,以确保施工安全。

(3)支座安装应以高程为主,支点反力作为校核。

10.1.14　钢桁梁采用厚板焊接整体节点拼装前,应计算和标示出整体节点的吊装重心位置以便吊装,并应对其栓(焊)接接头杆件外形、尺寸等进行全面检查,以保证顺利拼装。

10.1.15　钢桁梁拼装过程中,应随时测量检查平、立面位置和预拱度,并做好记录,以便指导、控制整孔钢桁梁施工。

10.2　钢桁梁拼装

10.2.1　在预拼场预拼杆件的施工流程如图4-16所示。

10.2.2　杆件预拼应符合下列规定:

(1)杆件必须按照钢桁梁拼装顺序和杆件预拼图拼装。

(2)每一预拼单元杆件拼装完成后,应全面检查杆件拼装各部尺寸、缝(间)隙、编号、数量、位置、方向等,上述情况全部符合设计要求后方可拴合。同时,应做好预拼单元杆件吊装重心、拼装顺序编号等标记。

(3)为便于钢桁梁拼装时上、下弦杆等顺利入档,应按施工工艺设计保留适量冲钉和高强度螺栓暂不安装和拧紧。

(4)应将梁上拼装用的零(配)件与预拼单元杆件一并捆绑发送。

10.2.3 杆件拼装应符合下列规定:

(1)栓接板面及栓孔必须保持洁净、干燥、平整。应使用18号钢丝刷、细铜丝刷或干净棉丝清除脏物,除油污应使用汽油或丙酮清洗,消除潮湿应使用高压风吹干,清污后宜涂上防锈油。

(2)由板厚不大于32mm板组成的板束,其板层间隙使用0.3mm塞尺检查时,深入缝隙深度应不大于20mm;由板厚大于32mm板组成的板束,其密贴标准应符合设计要求。

(3)磨光顶紧节点组拼时,必须按照制造厂的编号对号组拼,不得调换、调边或翻面拼装,磨光顶紧处缝隙。使用0.2mm塞尺检查时,不大于0.2mm的密贴面积不应小于75%。

(4)高强度螺栓的长度应符合设计要求。当无设计要求时,应根据连接板总厚度和高强度螺栓螺母及垫圈厚度等综合计算确定。

10.2.4 钢桁梁采用梁上吊机拼装时施工流程如图4-17所示。

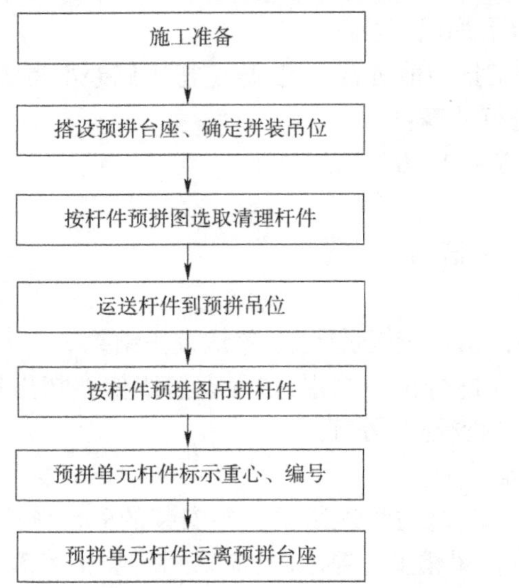

图4-16 杆件预拼施工流程图

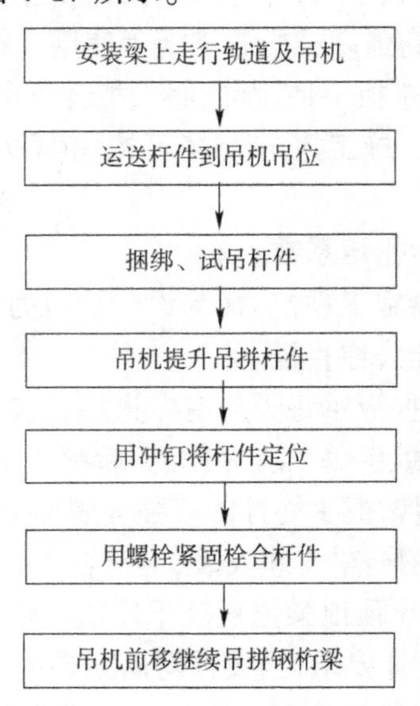

图4-17 采用梁上吊机拼装钢桁梁施工流程图

10.2.5 梁上吊机拼装钢桁梁应符合下列规定:

(1)主桁杆件拼装顺序必须符合设计要求。当无设计要求时,应按钢桁梁主桁节间依次进行纵向拼装施工,主桁杆件应左右两侧对称拼装成闭合三角形。较长杆件应避免长时间处于悬臂状态,并应尽快安装纵横向联结系,以保证结构空间稳定性。

(2)杆件对孔应用数个冲钉按梅花形均匀插入孔中,用小锤轮番轻击冲钉使杆件孔眼重合,严禁用大锤猛击冲钉强行过孔。

(3)栓孔重合后宜先用普通螺栓夹紧板层,然后再换用高强度螺栓栓合。吊装杆件的吊钩,必须等杆件完全固定后(主桁杆件上足50%冲钉和35%高强度螺栓,其他杆件上足30%冲钉和30%的高强度螺栓并作一般拧紧)方可松钩,松钩后应立即补足剩余孔的高强度螺栓,并按规定施拧工艺进行初拧及终拧。

(4)杆件吊装应根据杆件形态和安装要求采用安全可靠、便于安装的吊法,杆件捆绑要牢固,要有保险钢丝绳及防滑垫以保证拼装顺利和施工安全。

(5)杆件拼装栓合时间,不应落后于杆件拼装作业2个节间(图4-18)。

(6)每组拼完成一个节间或一孔梁,应即检测调正钢桁梁中线及预拱度。

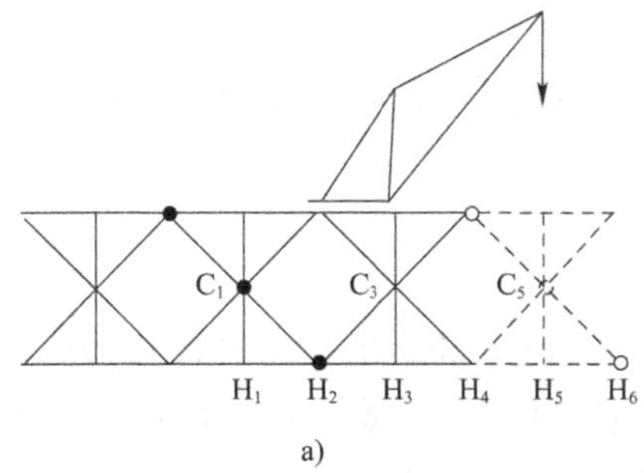

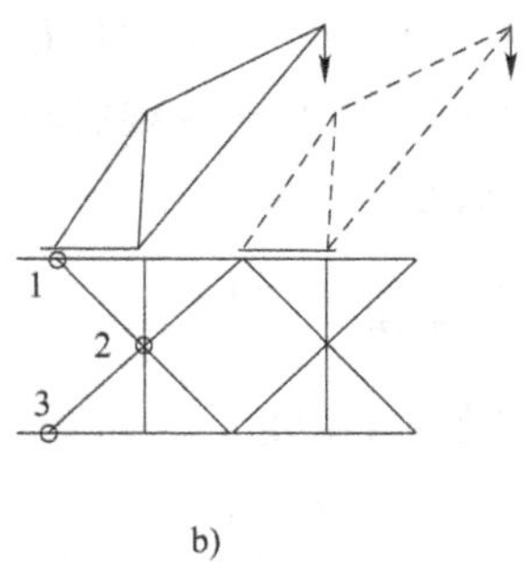

图4-18　钢梁节点栓合与拼装间隔示意图

●-表示正在终拧或铆合　○-表示正在拼装

钢桁梁悬臂拼装过程中，应跟踪测量拼梁中心线偏差情况，当发现拼梁前端偏向一侧时，可采用先拼另一侧弦、斜、竖杆方法进行纠正。

10.2.6　在支架上拼装钢桁梁时，冲钉和高强度螺栓总数量不得少于孔眼总数的1/3，其中冲钉应占2/3，孔眼较少部位冲钉和高强度螺栓数量不得少于6个。

10.2.7　采用悬臂法或半悬臂法拼装钢桁梁时，连接处冲钉数量应按所承受的荷载计算决定，但不得少于孔眼总数的1/2，其余孔眼布置高强度螺栓，冲钉和高强度螺栓应均匀安装。应在已装高强度螺栓终拧后再将冲钉换成高强度螺栓并作一般拧紧，同时拆卸冲钉数量不应超过冲钉总数的20%。

10.2.8　高强度螺栓连接副必须按生产厂提供的批号配套使用，不得改变其出厂状态。安装时严禁强行穿入螺栓，对不能自由穿入螺栓的栓孔，应用与栓孔直径相同的铰刀或钻头进行整修或扩钻，严禁气割扩孔。

10.2.9　高强度螺栓施拧应符合下列规定：

(1)高强度螺栓连接副的施拧工艺，并应优先采用扭矩法施拧。施拧时应由节点中心向外侧扩散施拧，并应严格按照施拧工艺施拧，使螺栓准确达到设计预拉力。

(2)对完成初、终拧的高强度螺栓，为防止漏拧和重拧，应及时点涂白、红色油漆以示区别。

(3)在螺栓终拧过程中，应随时抽查施拧质量，以便及时掌握施拧情况和施拧扳手是否正常。

(4)使用电动扳手时，应连续施拧中途不得停顿，防止发生超拧。电动扳手应与控制箱配套使用，并应使用独立电源和配稳压装置，确保输出扭矩准确。

10.2.10　高强度螺栓连接副施拧质量检查，应符合下列规定：

(1)终拧质量检查必须由具备规定资质的专职质量检查人员进行。

(2)检查使用的扭矩扳手，使用前必须标定，其扭矩偏差不得大于计算施工扭值的±3%。

(3)扭矩法终拧检查扭矩，可采用螺母松扣法或紧扣法进行检查，并应在终拧4h以后、24h之内对全部高强度螺栓完成检查，欠拧和超拧值均不得大于规定值的10%，每个栓群或节点检查的螺栓合格率不得小于抽查总数的80%(不足80%时应继续抽查，直至累计总数合格率达80%为止)，并应对欠拧者补拧至规定扭矩，超拧大于10%者更换连接副后重新拧紧。

(4)扭角法终拧用量角器检查转角，应在终拧后及时对全部高强度螺栓进行检查，不足转角值应补拧至规定转角，超拧角度大于5°者应更换连接副后重新拧紧。

10.2.11　使用千斤顶顶梁应符合下列规定：

(1)千斤顶中心轴应与支顶结构中心线重合，同一断面左右两桁的两支点应同时起落。

(2)顶落梁前支点附近各大节点及相关联结系应完成的栓合部位，应符合设计要求。当无设计要求时，应符合施工组织设计规定。

(3)顶落梁与拼装梁不得同时进行施工。

10.2.12　杆件预拼前发现涂装层剥落或破损的部位,应按照设计要求的涂装体系进行底漆、中间漆和第一道面漆涂装层恢复。

10.3　悬臂拼装钢桁梁

10.3.1　钢桁梁悬臂拼装方式,应根据设计单位编制的施工组织设计和桥位地形、地质、水文、气象、交通、航运等施工条件,结合桥梁跨度、孔数及工期要求等因素,选择由一端进行全悬臂拼装、由中墩向两端进行全悬臂对称拼装、跨中合龙半悬臂拼装、在膺(支)架和墩旁托架上进行半悬臂拼装。

10.3.2　悬臂拼装抗倾覆稳定系数应大于1.3,计算采用的施工荷载必须与实际质量及位置相符合,并应在悬臂拼装过程中严格管理控制防止超载。钢桁梁非对称悬臂拼装时,平衡梁安装应符合设计要求。

10.3.3　第一孔钢桁梁作为第二孔钢桁梁悬臂拼装的平衡梁时,应符合下列规定:

(1)第一孔梁采用在跨内设置膺(支)架拼装时,膺(支)架的顶面高程,应能保证第一孔梁半悬臂拼装时终端下挠后不低于前方墩台支点顶面。

(2)第一孔梁与第二孔梁连接处应设置临时固定支座,当设置两支点时,第一孔梁端应设置活动支座,第二孔梁端应设置固定支座。临时支座设置应符合本章第10.3.16条的有关规定,确保钢桁梁悬拼顺利施工。

(3)第一孔梁拼装及栓合质量符合设计要求方可进行第二孔梁悬臂拼装。

(4)第一孔梁与第二孔梁间的临时连接或杆件加固应符合设计要求。

(5)为保证满足第二孔梁悬臂拼装抗倾覆稳定系数大于1.3的要求,可在第一孔梁的非外连接端采用压重或使用预应力筋与桥墩台基础承台相连接等方式作为悬拼稳定措施。

10.3.4　在引桥或路基上拼装平衡梁时应符合下列规定:

(1)平衡梁应从与悬臂梁连接的端节点开始拼装。

(2)平衡梁与悬臂梁接头无专门传递剪力的杆件而为框架结构时,除悬臂梁端节点设置固定支座外,平衡梁端节点和平衡梁的其余支点均设活动支座。

(3)在已架梁的引桥上平衡梁不能安装下平联时,应检算下弦杆的压杆稳定性,必要时应设置临时稳定结构。临时稳定结构可参照图4-19设计成将下弦与墩台临时固定式或将下弦与横联使用临时撑杆固定式。

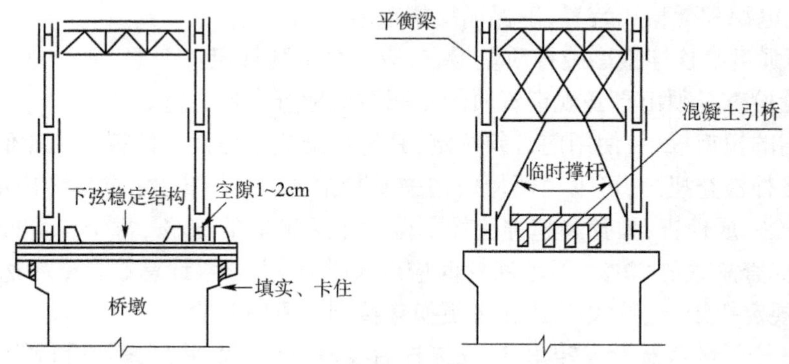

图4-19　在引桥上组拼平衡梁临时加固措施

(4)平衡梁的中线和两侧主桁支点高程应符合设计要求。

10.3.5　平衡梁拆除应在杆件不受力情况下进行,保证杆件无扭斜、无弯曲、无刻损边缘,拆除顺序应按平衡梁设计图规定办理。拆卸高强度螺栓时,应用吊机将杆件吊稳。

10.3.6　半悬臂拼装采用墩旁托架或中间膺(支)架时应符合下列规定:

(1)墩旁托架或中间膺(支)架必须经过设计计算,且具有足够强度、刚度、稳定性和承载能力。

(2)托架承受的荷载应按钢桁梁的垂直荷载乘以超载系数(1.3)和钢桁梁传至托架的风力计算。

(3)托架顶面应设置活动支座和设有压力表的千斤顶,托架安装完毕应作压重检验。

(4)托架对墩台身产生的弯矩应进行检算,必要时可采用钢丝束对墩台身施加反向预应力等措施进行加固。

(5)采用中间膺(支)架拼装钢桁梁时,因支点反力较大,应按设计要求对钢桁梁杆件采取加固措施或设置临时竖杆,膺(支)架顶面结构及托梁支墩必须按照设计要求施工,以便能够安全传递悬臂拼装梁段的支点反力。

10.3.7 半悬臂拼装采用跨中合龙时应符合下列规定:

(1)合龙前应根据合龙梁段安装荷载和施工温度等因素,计算合龙处上下弦杆悬臂端变位情况,制定合龙杆件纵、横、竖三向调整就位方案及墩(台)顶纵、横移设备设置方案。

(2)应在合龙梁跨两端墩(台)设置临时固定支座,其余支点设置活动支座。合龙梁跨两端墩(台)上应设有灵活、精确和可靠的纵、横移设施,并应符合本章第10.3.16条的有关规定。

(3)合龙口最后节间杆件拼装前,应测量、调整已拼梁段平立面位置,使合龙口两悬臂端主桁中线偏差小于2mm、间隔距离宜较设计距离稍大。

(4)为保证合龙后钢桁梁结构尺寸和内力分布符合设计要求,节点合龙时应符合下列规定:

①两悬臂端高程一致。

②两悬臂端间距与设计间距一致。

③两悬臂端的钢梁纵向中心线一致。

(5)调整已拼梁段平立面位置时,应先横移后纵移,横移及纵移不得同时进行。纵横移梁前各大节点、上下平联及断面联结系等部位的高强度螺栓应全部拧紧,使梁体具有充分的横向刚度。

(6)两侧梁段悬拼完成后,应先采用墩顶调整设施进行初调。当合龙口接近闭合要求位置后,安装好两端固定支座,然后进行微差精调,安装合龙杆件。纵向微差精调宜采用温差调整法,横竖向错位精调可采用加力调整法。

(7)合龙处所有连接栓孔应在制造厂内一次钻足设计直径,并宜在上下弦合龙节点采用临时节点板及较小直径的销轴,利用温差或施加外力使上下弦杆临时闭合,然后利用辅助合龙设施,强制合龙杆件达到设计合龙尺寸。合龙处一般采用长圆孔、圆孔、冲钉三级合龙措施逐步调整合龙,并应按以下步骤施作:先调整横向中线,再调整竖向错位合龙圆孔,然后调整纵向偏差合龙圆孔,取出长圆孔销轴,并宜在腹杆合龙后再打入冲钉。

(8)校正钢梁中线、拱度和错位偏差时,应在受力较大部位设置应力测试元件监测应力,防止合龙杆件及销轴超载。

(9)合龙工作应连续进行,节点合龙后应立即将一侧墩(台)的固定支座改为活动支座以免合龙节点板和销轴因温度变化而遭到破坏。

(10)跨中合龙后,体系转换时应以支点设计高程为主,复核支点反力。

10.3.8 全悬臂拼装钢桁梁为避免搭拆墩(台)旁托(支)架和减小悬臂端挠度而采用水上吊船安装最后一个节间杆件时,除应符合本章第10.4小节的有关规定外,还应符合下列规定:

(1)吊船应在使用前按有关规定进行试航和试吊,起吊高度应能满足最低施工水位时吊装要求,并应考虑吊臂转动、超重和风力作用引起船体倾斜对起吊高度的影响。

(2)应在流速不大、水位平稳、风力较小的时段进行施工,如为通航航道,应在施工期内联系有关管理部门改变或封闭航道。

(3)吊船停泊位置应在桥梁中线下游,必须具有可靠的锚碇设备保证吊船能平稳对位进行杆件拼装。吊装杆件顺序应为先上游侧主桁后下游侧主桁,当主桁拼装完毕并搭支在前方墩(台)后,可再利用梁上吊机继续拼装主桁纵横联结系等其他杆件。杆件运输供应方式应符合施工组织设计的规定。

(4)应有防止漂流物碰撞吊船的防护设施。

10.3.9 大跨度钢桁梁采用吊索架全悬臂拼装时,施工流程如图4-20所示,架梁吊索架布置如图4-21所示。

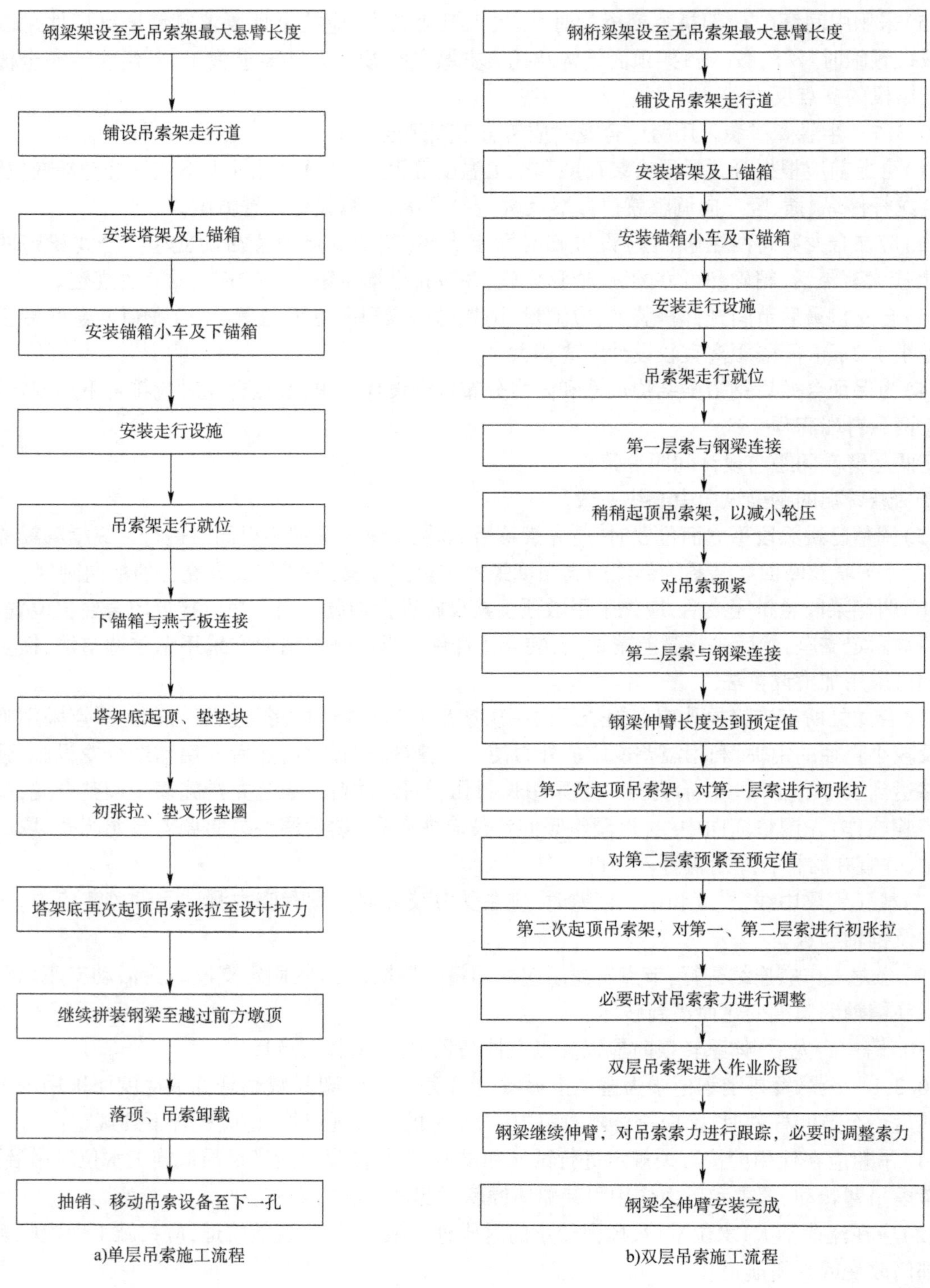

图4-20 吊索架拼装钢桁梁施工流程图

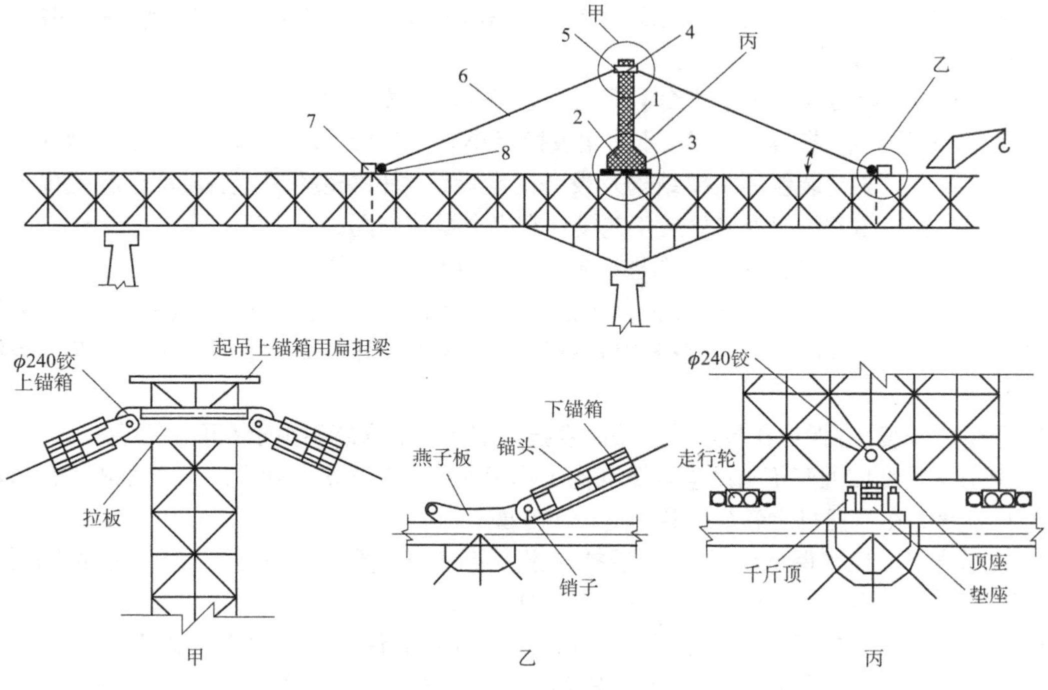

甲　　乙　　丙

a)单层吊索架示意图

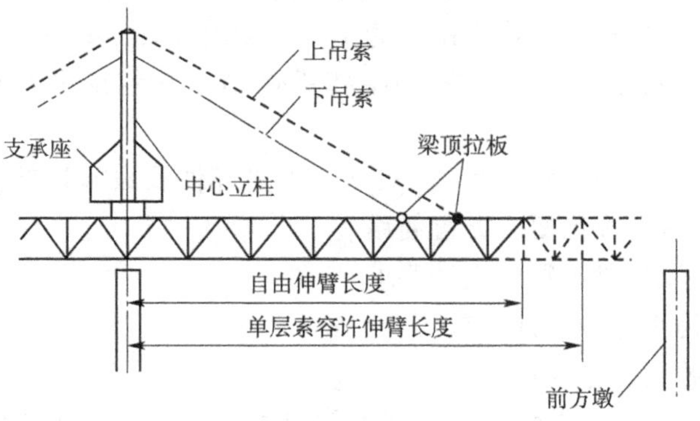

b)双层吊索架示意图

图 4-21　吊索架架梁示意图

1-塔架;2-底座;3-垫座;4-拉板;5-上锚箱;6-吊索;7-燕子板;8-下锚箱

采用吊索架施工应符合下列规定:

(1)吊索架施工前应进行吊索塔架结构设计及安装工艺设计、起顶塔架张拉吊索工艺设计、吊索架行走工艺设计。吊索架设备初次使用前,应按设计荷载的 1.1 倍进行荷载试验。

(2)吊索锚头与吊索应等强并应进行强度试验,吊索锚头与吊索的允许应力不应大于其抗拉极限强度的 0.5 倍。

(3)吊索塔架纵横向抗倾覆稳定性计算,应根据施工期内当地最大风力乘以动力系数(1.5 ~ 2.0)、吊索可能出现的不平衡拉力及钢桁梁纵向坡度进行计算。

(4)采用设置在塔架底部的千斤顶顶高塔架逐根张拉吊索时,必须做到前后平衡对称、左右同步,油压千斤顶应集中并联供油,起顶高度、顶力、吊索张力和钢梁悬拼前端挠度四者应互相校核,确保达到设计要求的吊索张拉力,索力应用谐振测力仪测定。对于双层吊索,当采用起顶吊索塔架使第二层吊索产生设计所需拉力时,第二层吊索应在锚箱中先行预紧使其进入受力状态。外索也可采用拉伸机张拉。

(5)吊索塔架走行应符合行走工艺设计要求,保持前后吊索的曲度或拉力一致,必要时可在锚箱小车与塔架之间设托索小车辅助走行。

10.3.10　悬臂拼装采用固定式缆索吊机吊运杆件进行施工时应符合下列规定:

(1)缆索吊机的支(塔)架及索鞍、承重索及搬运小车、起重索及起重滑车组、牵引索、抗风索、锚碇装置、起重及牵引驱动装置等主要结构及设备的设计计算和安装使用,必须符合有关规定。缆索吊机安装前,应编制缆索吊机安装施工工艺设计和安全操作细则。

(2)缆车吊机安装必须按照设计图进行施工,两条承重索应与钢桁梁主桁等宽布置。承重索安装前,应制定测控安装垂度的方法,保证承重索安装垂度符合设计值,防止因垂度偏小造成支(塔)架、承重索、锚碇装置等部件发生超载和因垂度偏大而增加牵引力及减小吊装所需的安全操作净空高度。

(3)起重索长度,应保证在最远处起吊时卷扬机钢丝绳的卷绕不少于6圈。

(4)牵引索垂度应处于不与承重索及其他工作索发生相互干扰的状态。为增加牵引索与卷扬机的摩擦力,钢丝绳在卷扬机上卷绕圈数不应少于6圈。

(5)抗风索必须经常保持拉紧状态,后抗风索应始终处于受力状态,并应经常观测支(塔)架顶部位移情况,发现位移量超过设计允许值时应及时调整。

(6)起重及牵引卷扬机设置地点至支(塔)架的距离,应保证钢丝绳在卷筒上卷绕时不发生干扰,对光面卷筒一般不应小于20倍卷筒工作长度。当导向滑轮对卷筒中心的偏心距较大时,应按有关规定进行计算确定最小距离。卷扬机设置地点的高程,应使起重及牵引钢丝绳接近水平状态从卷筒下方绕入,并应使卷扬机司机对缆索吊机的整个跨度内具有良好的通视条件。

(7)通过滑轮的钢丝绳,不得有接头、扭结和变形,作业中卷扬机上钢丝绳必须排列整齐,并应最少保留卷绕3圈。

(8)缆索吊机安装完毕,必须在使用前对下列主要部件及设施进行全面检验和进行整体试运转及试吊检查,确认全部符合设计要求方可使用。

①检验各种机、电设备是否符合设计要求。

②检验锚碇装置是否符合设计要求。

③检验承重索初始垂度是否符合设计要求。

④检验缆索吊机吊重试运转情况是否符合设计要求。试运转吊重宜为设计吊重的1.25倍,应按先空后重、先静后动、分级加载、逐级试吊方法施作。

⑤检验缆索吊机在设计最大吊重时运转情况和承重索垂度是否符合设计要求,吊重运转不宜少于2次往返。

(9)缆车吊机在使用中,须设专人进行检查、检修和维护,发现异常情况应立即停止使用,查明原因并及时处理,以确保施工安全。

(10)缆车吊机操作人员、指挥人员和施工作业人员,必须经过岗前培训、合作演练,考试合格后方可上岗工作。指挥信号(语言、旗语)必须统一、明确、清晰,指挥工作应及时、准确,指挥、操作和作业人员之间配备的通信设备应状态完好、声音清晰。

10.3.11　连续钢桁梁采用由中墩向两端全悬臂对称拼装时,应符合下列规定:

(1)在中间桥墩墩顶两侧支座垫石上应设置施工托梁(图4-22),作为墩顶钢桁梁2个节间拼装作业平台的主梁和使钢桁梁与桥墩形成T型刚构。

(2)施工托梁高度应根据受力情况和钢桁梁悬臂端挠度、支座高度、千斤顶工作高度等综合计算确定,保证悬臂端顺利上墩(台),施工托梁结构、长度及宽度和与桥墩锚固结构等,均应根据其承受的荷载及自身质量通过设计计算确定。

(3)施工中应经常观测施工托梁挠度变化情况及焊、栓接部位变形情况,确保结构安全。

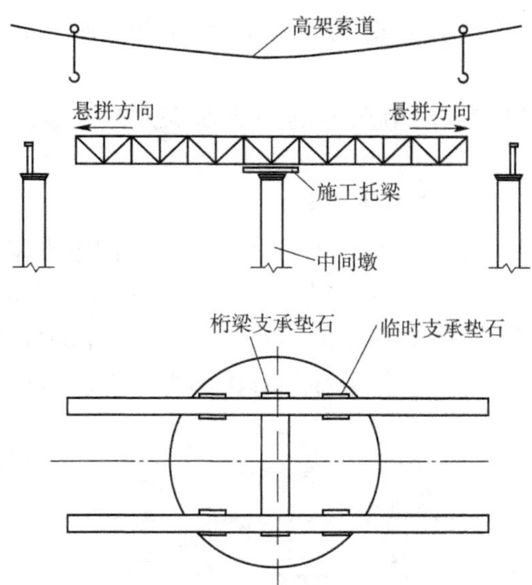

图4-22　施工托架设置示意图

(4)钢桁梁拼装时,两侧杆件必须对称平衡进行拼装,并应尽快使主桁形成稳定结构和安装好纵横向联结系,保证钢桁梁结构的空间稳定性。

(5)拼装过程中,每拼装一个节间均应对钢桁梁的平、立面位置及时进行测量调整。

(6)拼装过程中,施工临时荷载及其位置必须严格控制在两侧对称、平衡状态,当悬臂拼装接近前方桥墩(台)时,应尽量减少临时荷载和钢桁梁自身质量(纵梁、检查设备等可暂不安装),以保证钢桁梁顺利上墩。

10.3.12　对于钢桁梁长悬臂拼装,当悬臂端出现较大振荡时,应按施工组织设计方案及时采取减振措施保证施工安全。防止振晃可采用以下主要措施:

(1)尽可能减少悬臂梁上人、物等施工荷载,运料车应限速平稳运行、避免紧急制动,吊装杆件时起动、旋臂、制动等应缓慢平稳、避免冲撞。

(2)采用大致水平设置的钢丝绳,以交叉形式将悬臂梁端与前方墩台相连,并在前方墩台设置转向定滑轮组连吊平衡重。

(3)拼装钢桁梁时,应随时将上下平联、横联等安装好和按规定上紧冲钉、螺栓,增强钢桁梁的整体刚度。

10.3.13　为防止在恒载作用下因下弦伸缩对横梁平面变形产生影响,钢桁梁拼装栓合与起顶的相互关系应符合下列规定:

(1)主桁大节点栓合进度,不应落后于正在拼装的大节点2个大节间,每个大节点应一次栓合完成达到终拧程度。

(2)悬臂拼装至墩(台)顶后,支点附近主桁各大节点和与其相关的桥门架、断面联结系,原则上应在起顶前栓合完成或按设计要求办理。

(3)纵梁的上下鱼形板和联结角在纵梁腹板上的高强度螺栓,应在一孔简支梁或一联连续梁拼装完毕并起顶达到设计高程后再拴合或按设计要求办理。

10.3.14　当平衡梁与悬臂孔的连接或两孔(联)之间的连接为双支点的框架结构时,由于悬臂拼装使框架结构上部位移而产生的弯曲应力(次应力),应根据设计要求分段进行调整。消除框架结构弯曲应力可采用下列方法:

(1)落低平衡梁后支点高程,使框架结构正位。

(2)调整双支点中的后支点反力,并以反力值为准,以高程作为参考。

施工前应计算出上下联结板中心的倾斜度与悬臂长度的关系,也可用应变仪直接测量杆件弯曲应力,以便核查调整效果。

10.3.15　拆除两孔或两联之间联结板时,应先调整支点的高程,使其内力减小至零时再进行拆除,严禁在受力状态下拆除。

10.3.16　悬臂拼装墩顶布置应符合下列规定:

(1)悬臂拼装过程中,应由设置于节点中心的永久或临时固定支座支承钢梁,另在支座前后两侧各设带有辊轴或聚四氟乙烯板和千斤顶的临时支座作为保险,并兼作调整钢桁梁高程和纵横移梁之用(图4-23)。调整钢梁高程和纵、横向移梁时,应以中心支座作为保险,但不得将钢梁支承在带千斤顶的临时支座上进行悬臂安装。顶落梁或纵横移梁不得与拼装同时进行。

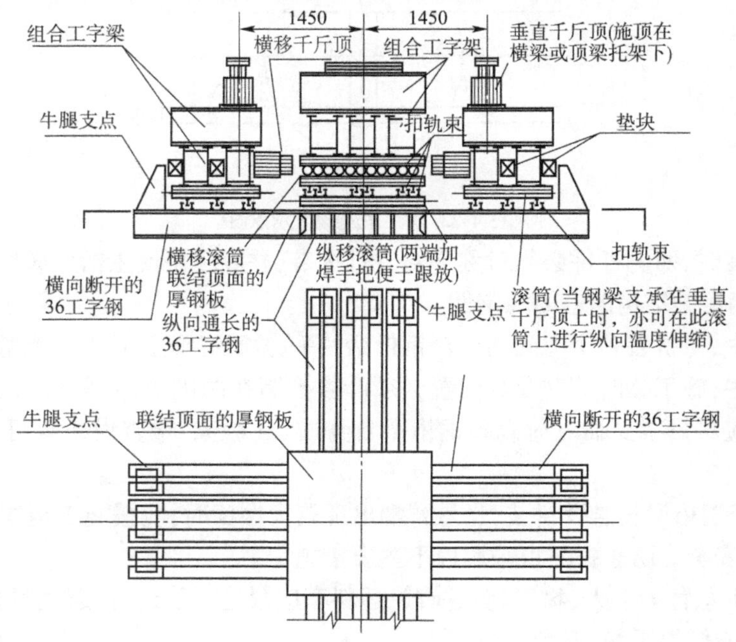

图4-23　墩顶调整设施布置示意图(单位:mm)

(2)全悬臂拼装时,悬臂孔始端墩顶临时支座的高度,应根据悬臂端的最大挠度、钢梁工厂制造拱度、桥梁设计纵坡高差及前方墩顶设备高度等因素综合计算确定,确保悬臂端顺利上墩。

(3)采用跨中合龙方式施工时,墩顶应设置良好的顶落梁和纵横移梁设备,保证两端梁段悬拼完后能通过三向微调使闭合间隙与设计尺寸相符。

(4)悬臂拼装施工过程中,主要受力支点如采用工字钢束、钢垫块或钢轨束等组成的临时支座时,除必须具有足够的强度和稳定性外,还应具有固定支座与活动支座可以相互转换和支座顶面能随钢桁梁下挠而略予转动的性能。

(5)悬臂拼装施工过程中,每孔或每联钢桁梁必须在悬臂孔始端设置一处固定支座,使其摩擦力足以抵消水平外力。

10.3.17　钢桁梁横移,宜在支点反力较小和每孔钢桁梁拼装完毕后立即进行。在反力大的情况下横移钢桁梁时,横移设备不宜集中于一处,可分别设于下弦节点和顶梁下。

10.3.18　钢桁梁纵移,简支梁可利用水平千斤顶纵移,连续梁可利用温差调整法、起落梁调整法或顶推法进行纵移。

10.3.19　采用温差调整法纵向移梁时,应合理选定固定支座位置,并需使其摩擦力大于所有活动支座的摩擦力之和,以保证非移动梁端固定不动。采用温差法时还应掌握好温差转折点,在最低温度时锁定伸缩孔起点活动支座和将伸缩端固定支座改为临时活动支座,温度升高后钢梁伸长达到

计划纵移量时,及时恢复伸缩端固定支座和伸缩孔起点活动支座完成钢梁纵移。

10.3.20　采用起落梁调整法纵向移梁时,除临时固定支座必须具有足够的反力以确保非移动梁端固定不动外,还应检算起落梁时对钢桁梁杆件内力的影响和做好起落梁法纵移钢梁施工工艺设计。

10.4　浮运架设钢桁梁

10.4.1　浮运架梁方案,应根据施工季节、河床断面、河岸地形、水文变化、交通道路和机具设备等条件选择下列方法:

(1)纵移装船浮运架梁:在岸上拼装的钢桁梁沿着与河岸垂直的临时码头纵向拖拉装上两组浮船,然后浮运架梁。纵移装船浮运架梁的施工流程如图4-24所示。

(2)横移装船浮运架梁;在岸边拼装的钢桁梁,沿与河道垂直并伸入河中的两座临时码头横移到码头端部后,用驶入两码头间的两组浮船托起钢桁梁,然后浮运架梁。

(3)纵向浮拖架梁:拼装完的钢桁梁沿桥梁中线滑道纵向移入桥孔后,由驶入桥孔中的一组浮船托起钢桁梁端部,然后边浮运边拖拉使梁就位。纵向浮拖架梁的施工流程如图4-25所示。为减小拼装场地,可采用分段拼装、逐步拖拉、整孔浮拖方式架梁。

图4-24　纵移装船浮运架梁施工流程图　　图4-25　纵向浮拖架梁施工流程图

(4)横向浮移架梁:岸边第一孔梁架梁,可采用由一组浮船承托钢桁梁一端浮运,另一端沿与桥梁垂直的岸边膺架滑道横移的方法使梁就位。

(5)船上拼梁浮运架梁:在浮船上设置拼梁支(托)架进行钢桁梁拼装,然后浮运架梁。船上拼装浮运架梁的施工流程如图4-26所示。船上拼装钢桁梁,必须从中间向两边对称拼装,防止浮船产生较大偏载。

对于无潮汐影响的河流,临时码头宜设于桥位下游,以便从下游方向浮运钢梁逆水进入桥孔。

10.4.2　钢桁梁浮运架梁开始前,应具备下列施工辅助设施设计和计算:

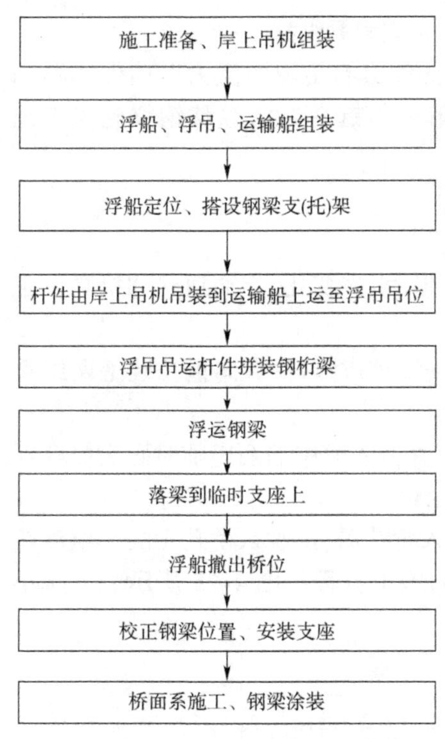

图4-26　浮船上拼梁浮运架梁施工流程图

(1)浮船结构受力计算及其加固结构设计,浮船稳定性计算,隔舱压舱排、灌水量计算及浮船承载力检算。

(2)浮船上支(托)架结构设计和支(托)架中心位置计算。

(3)缆索牵引设备或拖轮计算。

(4)钢桁梁纵、横移码头(膺架)结构设计和移梁滑道设计。

(5)钢桁梁在浮拖、浮移、浮运各阶段受力情况计算。

10.4.3　两组浮船一般可用船上的钢桁梁作为联结梁,船上支(托)架顶面布置枕木垛直接承托钢梁时,应具有足够的水平摩擦阻力,并应用联结件使其与浮船牢固地连接在一起,保证不发生相对位移。

10.4.4　船组的稳定性,应按有钢梁及无钢梁进行纵横向稳定性检算、船体倾斜度和水面上船弦高度检算,其允许限度应符合下列规定:

(1)纵、横向倾角应小于5°。

(2)水面上船弦高度应大于50cm。

(3)船体最大吃水深时,船底高于河床应大于60cm。

(4)在风力作用下,纵、横向稳定系数应大于2。

10.4.5　浮船的隔舱应做水压试验,防止漏水。对船体加固部位应全面检查,合格后方可使用。

10.4.6　浮运前应向当地或中心气象台、水文站了解浮运期内气象与水文情况,应组织专人每天测量记录水位、流速、风速及风向,切实掌握预报与实测值的关系和规律。

10.4.7　浮运准备工作应符合下列规定:

(1)浮运前应对所经过的浮运航道全部进行探测,充分掌握河床情况,并清除障碍物。

(2)对锚碇、地垄、船上将军柱等均应进行检验,上述物体符合设计要求方可使用。

(3)核实压舱水数量和排灌设备能力。灌排水量必须能使浮船作业符合浮船升降高度的要求,即保证浮船底至河床最小距离大于0.6m,灌水后浮船能安全顺利进出梁底,排水后能支顶钢桁梁正确就位。

10.4.8　浮运时,在桥址上游约2km、下游约1km处应设置控制航道信号及监视哨,预防船只或木筏等意外侵入封锁的航道内。必要时,应联系航道管理部门派船监视巡逻和监督执行封航要求。

10.4.9　钢桁梁采用纵移法装船和采用纵向浮托法架梁时,应随着钢梁伸出长度加大及时调整浮船舱水数量,保持钢桁梁水平状态。

10.4.10　浮运钢桁梁应符合下列规定:

(1)浮运、浮拖工作宜在风力不大于5级、流速不大于设计值和水位涨落不超过设计范围时进行。

(2)采用缆绳绞车牵引就位时应符合下列要求:

①缆绳、绞车、水中锚碇、岸边地垄等牵引设备,应按施工期间可能发生的水位变化、最大水流阻力和最大风力设计。

②浮船上的绞车大小应与锚碇、地垄相适应,两者应同时检算。选用锚碇设备时应经过计算,锚碇缆索与水流方向夹角不宜太大,以免因水流冲击力影响难控浮船位置。

③倒换缆索时,两组浮船中应保持首尾缆绳中各有一根直向、两根八字形缆绳受力。

④应在桥跨上下游布置锚碇设备和在桥墩附设索具,并应与浮船首尾绞车联系,将浮船绞进桥

孔使钢桁梁对位,然后将浮船灌水使钢桁梁落于桥墩临时支座上。

(3)采用拖轮浮运就位时应符合下列要求:

①拖轮牵引力应能平衡风力和水流阻力。

②拖轮可采用顶推或帮靠方式与浮船联系,另需增加拖轮1~2艘系挂牵引缆绳或以其中一艘与浮船帮靠。

③拖运浮船到桥孔下游后应改用缆绳绞车牵引,使浮船平稳就位。

10.4.11　浮船进入桥孔时,钢梁底面宜高于墩台临时支座顶面20~30cm。浮船退出桥孔时,浮船上塔架顶面宜低于梁底20~30cm(加算波浪影响后)。在受潮汐影响的河流地区,应掌握涨落潮的时间规律。

10.4.12　使用千斤顶顶梁拆除临时支座安装永久支座时,应符合本章第10.2.12条的有关规定。

10.5　拖拉架设钢桁梁

10.5.1　拖拉架设钢桁梁,应根据设计架梁方案和桥址地形、水文、交通、桥高、跨度、孔数及拼装钢梁的施工场地条件等,经过技术经济比选确定拖拉方式和方法。拖拉架梁的基本施工流程如图4-27所示。

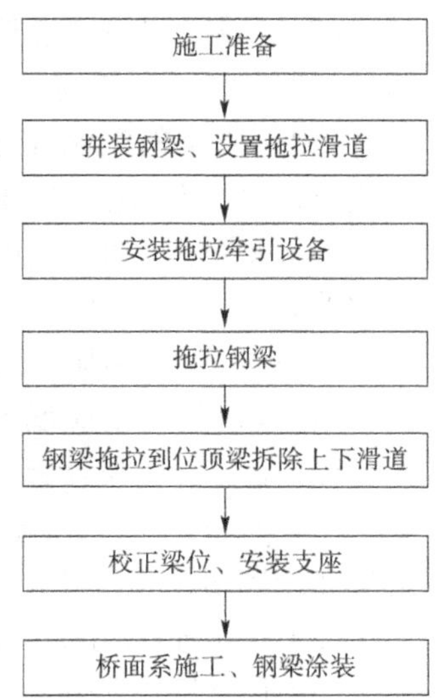

图4-27　拖拉架梁施工流程图

10.5.2　钢桁梁拖拉架设前,应做好下列技术准备工作:

(1)绘制钢桁梁拼装施工步骤图。

(2)设计上下滑道布置图。

(3)绘制导梁及连接结构图、主桁杆件加固图。

(4)计算拖拉过程中主桁或纵梁等杆件应力和各支点的反力值,对简支梁多孔拖拉时进行孔间连接杆件设计计算。

(5)计算拖拉过程中各主要阶段的钢梁稳定性和悬臂挠度。

(6)计算拖拉及制动牵引力并进行拖拉(牵引)设施布置设计。

10.5.3　纵拖钢桁梁采用临时支墩(架)施工应符合下列规定:

(1)临时支墩(包括墩顶临时墩架)的顺桥方向长度,当上滑道设于主桁下弦节点时,不得小于钢桁梁节间长度的1.25倍,以保证在纵移过程中主桁节点始终支承在临时支墩(架)上。当钢桁梁的小节点竖杆不能承受支点反力时,节间长度应以大节点间距计算。

(2)支墩(架)间的距离应根据计算确定,支墩结构应经过设计计算,并具有足够的强度、刚度和稳定性,稳定系数应不小于1.5。

(3)临时支墩(架)上应设有导引钢梁或导梁上墩设施,以及便于能够随时调整高度的设施。

(4)对较高支墩(架)应进行预压检验,并宜沿顺桥方向采取钢丝绳捆绑、设置撑拉杆等措施以增加其纵向稳定性。

(5)纵拖施工时应随时测量各支墩(架)的沉陷及位移变形情况,当沉陷量影响钢桁梁杆件应力时应及时采用措施进行调整。拖拉一孔钢梁上墩后,应对经过的各临时支墩(架)顶面高程进行测量检查,发现与原有高程不符时应进行调整。测量发现支墩(架)位移变形值大于设计容许值时,应及时采取措施进行调整。

(6)临时支墩(架)两侧应设置人行通道、护栏、安全网,以保证作业人员安全。

10.5.4　上滑道布置应符合下列规定:

(1)上滑道布置在纵梁底面时,一般采用通长连续滑道,应按钢桁梁拱度和悬臂挠度之和设置反拱曲线,并应在下滑道外侧主桁下弦中心下设置净空为5cm的保险垫座。

(2)上滑道布置在主桁下弦节点底面时,除应按上述原则设置上滑道反拱曲线外,还应按设计尺寸和间距布置上滑道与下弦间的支承垫枕,以防拖拉时弦杆或上滑道结构遭到局部弯曲破坏。

(3)滑道纵向不得有死弯,与设计中线偏差应不大于20mm,两侧滑道高差应不大于10mm。上滑道一般选用38kg/m以上钢轨2~3根并置,用道钉反钉在横向铺设的枕木上。钢轨接头应错开并将轨缝顶紧,滑道两端钢轨宜按1:5~1:10的坡度向上弯起。

10.5.5　当导梁中心距和节间距与主梁不同时,导梁滑道设置还应符合下列规定:

(1)导梁上滑道与主梁上滑道底面应保持相同高度,在相接处应互相重叠30~100cm,以便平稳过渡。

(2)导梁的前方桥台或路基上应设一段导梁专用下滑道,以保证主梁能够顺利拖拉到设计位置。

10.5.6　下滑道布置应符合下列规定:

(1)下滑道应与上滑道上下相对设置,纵坡一般应按桥梁设计纵坡,当桥梁设计纵坡较大或有变坡时,应符合施工组织设计坡度要求。

(2)下滑道设置在膺架上或墩台枕木垛上时,应通过试验预留沉落量,防止下沉对钢梁产生不利影响。路基上的下滑道,应按对地基承载力要求进行检算及处理。

(3)下滑道的钢轨宜比上滑道多设置一根,中间轨面不得高于两侧轨面且不应低于2mm。钢轨轨缝应顶紧,接头应错开,两端应做成坡度小于1:5的下坡,并直接钉在支墩(架)的横向枕木上。

(4)两条下滑道轨面的相对高差应不大于10mm,滑道纵向应顺直无死弯,间段设置的各段滑道高程偏差应不大于10mm,滑道中线与设计中线偏差应不大于20mm。

10.5.7　拖拉钢桁梁上下滑道间采用辊轴纵移和纠偏时应符合下列规定:

(1)辊轴硬度不应低于滑道材质的硬度。

(2)辊轴直径和数量应根据承重、滚轴表面光洁度和滑道间摩擦系数等因素综合计算确定。辊轴直径宜在70~120mm范围内,长度应较滑道宽出200~300mm,辊轴间净距不宜小于其直径,便于把持和敲击时调整位置进行纠偏。每排滑道上的辊轴数不宜少于5根。

(3)滑道前后端应做成坡度小于1:5的坡度以利于辊轴喂进和滚出。

(4)辊轴两端宜用直径为8mm的钢筋焊成手环,便于把持、搬运。

(5)填、接滚轴时,应在滑道侧面操作,以保证作业安全。

10.5.8　拖拉钢梁的牵引设施布置应符合下列规定:

(1)拖拉牵引设施布置应根据牵引力大小和桥梁的具体工况,在编制拖拉架梁实施性施工组织设计时加以规定。

(2)拖拉钢梁一般选用单筒慢速电动卷扬机,使用两台在钢梁两侧同向拖拉或使用一台在钢梁中线上拖拉。动滑车宜用钢丝绳拴系在钢梁下平联节点处,定滑车应用钢丝绳拴系在坚固的地垄或附近墩台上。

(3)当采用背带式千斤绳(将墩下缠绕的千斤绳引上墩顶)或在墩顶直接拴系定滑车时,应检算桥墩强度。

(4)当采用连续作用千斤顶作为牵引动力时,牵引传力索的钢丝绳应等长和无交叉、扭转,并应预紧调匀松紧度使其受力均匀。

(5)拖拉钢梁在下滑道纵坡为平坡或下坡时,应设置可靠的制动卷扬机作牵引制动等用。

10.5.9　拖拉钢梁应符合下列规定:

(1)正式拖拉前,应进行试拖拉,检查牵引动力系统的机械性能和检测起动牵引力。

(2)拖拉时两侧主桁绞车的拖拉力及速度应保持均匀一致。

(3)钢梁中线对设计中线的偏移值应不大于50mm,且前后两端不得同时偏向设计中线的一侧。

(4)拖拉过程中应随时观测钢梁中线横向偏移情况,如发生较大偏差,应及时通知墩台作业人员纠正。纠偏可将墩台上左右两侧滑道前方滚轴同时同向适当打斜,梁位纠正后即将滚轴打正。

(5)拖拉作业应连续进行,在主梁前端支点到达墩台支点时方可停止拖拉。当中途停止拖拉时,应使钢桁梁主节点位于墩台上方。

10.5.10　单孔大跨度钢桁梁采用前导梁悬臂拖拉架设时,应符合下列规定:

(1)钢梁拖拉时抗倾覆稳定系数应大于1.3。

(2)导梁长度及与主梁的连接方法应符合设计要求。导梁结构应经过设计计算,并具有足够的强度和刚度,与主梁间需有一个强度较大、连接可靠的连接段。导梁宽度宜全长保持一致,前端应设计为能直接承受千斤顶顶力的顶升式牛腿结构或上翘式斜腿结构。

(3)宜在主桁大节点设置上滑道。在纵梁设置上滑道时应检算纵梁承载力,纵梁承载力不足时可在纵梁外增设临时纵梁后再设置上滑道。下滑道宜采用连续式,当在主桁大节点设置上滑道时,下滑道间断设置时应符合相关规定。

(4)采取随拼随拖以减少下滑道长度时,除必须按拼装的不同工况计算钢梁拖拉抗倾覆稳定系数应大于1.3和支点反力不应大于设计允许值外,还应根据支点不同位置,分别检算主桁节点的局部应力稳定性及交会该节点的主桁杆件次应力和检算主桁梁拉杆临时变成压杆后的稳定性。

(5)应在节点板下垫上厚度为2~3mm的铅板,使节点板与钢垫块密贴。

(6)在拖拉间歇期,应将钢梁锚固防止滑动。

10.5.11　采用拖拉法在曲线上架设钢桁梁时,应符合下列规定:

(1)拖拉中线:单孔梁应取桥梁设计中线,多孔梁应取各孔桥梁设计中线的平均值或接近的梁跨中线,待拖拉完毕后再横移到位。

(2)墩台的强度和顶帽的宽度应满足架梁要求。

(3)当墩台需用临时结构加宽时,应考虑其与墩台同时受力时的不同压缩量对桥梁结构的影响。

10.5.12　钢桁梁拖拉前,应向当地或中心气象台(站)了解拖拉施工期间的气象情况,在风力达到6级时不应拖拉钢梁。

10.5.13　使用千斤顶顶梁拆除滑动装置安装支座时,应符合本章第10.2.12条的有关规定。

10.6　钢梁涂装

10.6.1　钢梁工地涂料涂装施工流程如图4-28所示。

10.6.2　杆件表面除锈作业应符合下列规定:

(1)杆件除锈应以喷砂除锈为主。

(2)喷砂除锈前,应先对喷枪、砂室、风包、管路和油水分离器等设备进行检查、试验。

(3)喷砂应用粒径为1.5~2mm的洁净、干燥、无盐分、无沾污的石英砂,喷枪嘴直径宜为5~7mm,喷射角宜为45°~80°,风压宜为0.4~0.6MPa,喷枪嘴距钢表面距离宜为150~250mm。

(4)当缺少合格的石英砂时,应使用符合标准《铸钢丸》(YB/T 5149—1993)和《铸钢砂》(YB/T 5150—1993)规定的钢丸或钢砂除锈。

(5)喷砂完毕后,应使用干燥清洁的压缩空气或软毛刷彻底清除钢件表面的积砂、锈屑和灰尘。

(6)喷砂除锈时,应按国家标准《涂装作业安全规程　涂漆前处理工艺安全及其通风净化》(GB 7692—2012)的规定,采取防尘、消尘措施,做好劳动保护和环境保护工作。

10.6.3　钢桁梁涂装体系必须符合设计要求。涂装使用的各种

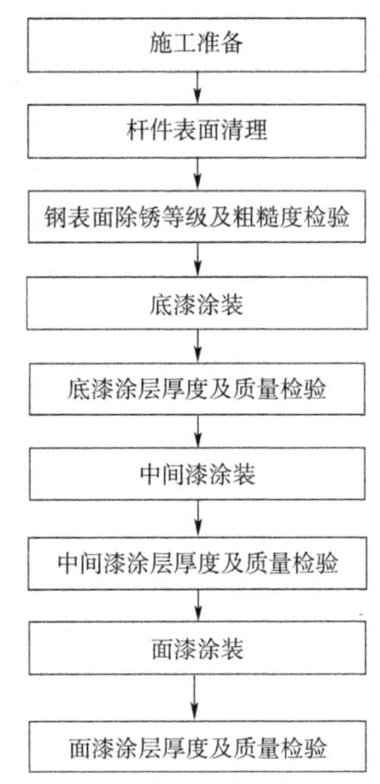

图4-28　钢梁工地涂装施工流程图

涂料的品种、质量应符合设计要求和相关标准的规定,涂料应有质量合格证和出厂日期,进场检查对质量有疑问时应按国家标准《色漆、清漆和色漆与清漆用原材料取样》(GB/T 3186—2006)的规定进行取样,对底、面漆的细度、干燥时间、耐水性、配套性、附着力、弯曲性能等进行检验和试涂,合格后方可使用。纵梁上盖板顶面涂装所用涂料的品种、性能和涂装道数、干膜厚度,当有设计要求时应按设计要求办理。

10.6.4 杆件涂装前,对结合点可能积水的缝隙必须进行封填,缝隙不大于0.3mm时用底漆封填,缝隙大于0.3mm时用泥子封填。泥子的使用寿命不应低于油漆寿命,且应具有耐水、耐候、防渗、防锈性能。

10.6.5 钢桁梁底漆涂装应符合下列规定:

(1)钢梁杆件涂装前,表面的污泥、油垢、铁锈等必须清除干净。

(2)底漆涂装前应检查杆件表面除锈情况,钢梁杆件表面除锈应达到《涂装前钢材表面锈蚀等级和除锈等级》(GB/T 8923.1—2011)规定的等级:涂装富锌防锈底漆时应达到Sa3级,涂装红丹醇酸、红丹酚醛或聚氨酯底漆时应达到Sa2.5级,附属钢结构(钢栏杆、人行道托架、墩台吊围篮等)涂装红丹防锈底漆和箱形梁内涂装环氧沥青涂料时应达到Sa2级,附属钢结构的光圆钢涂装红丹防锈底漆时应达到St3级。

(3)底漆涂装前,应检查杆件表面粗糙度情况。

(4)涂装首道底漆应在除锈后8h内完成,当相对湿度大于70%时应在4h内完成。不能在上述规定时间内完成首道底漆涂装时,须用清亚麻仁油、松节油、松香水擦洗清洁或重新除锈清理后再涂底漆。

(5)下一道底漆必须在上一道底漆实干后方可进行涂装,但暴露时间最长不得超过7d,超过时应先用细砂纸打磨成细微毛面后再行涂装。

(6)对距离水面较近和跨越受污染的河流的钢梁底面,应增加涂装底漆和中间漆各一道。

10.6.6 钢桁梁中间漆及面漆涂装应符合下列规定:

(1)第一道中间漆必须在全部底漆实干并清理粉尘、杂质后进行涂装,但底漆暴露时间最长不得超过7d,超过时应先将底漆表面用细砂纸打磨成微细毛面后再涂中间漆。

(2)在水性无机富锌防锈底漆涂层上进行棕红云铁环氧中间漆涂装时,应将棕红云铁环氧中间漆稀释一倍后涂装首遍漆,待其干燥后再正常涂装棕红云铁环氧中间漆到规定的干膜厚度。

(3)下一道中间漆或面漆须在上一道漆实干后才能进行涂装,间隔时间为1~7d,超过7d时需用细砂纸打磨成细微毛面后再行涂装。

(4)栓焊钢桁梁螺栓连接部分摩擦面涂装所用涂料,当无设计要求时,应采用无机富锌防锈防滑涂料。

(5)氟碳面漆涂装时,双组分涂料配漆应严格按照产品说明书要求比例进行调漆,混合搅拌均匀30min后方可使用,并应按涂装作业进度现用现配。

(6)各种涂料最低干透时间:醇酸涂料、环氧涂料和聚氨酯涂料为24h,油性涂料、酚醛涂料为48h,富锌涂料为72h。

10.6.7 涂料涂装作业环境应符合下列规定:

(1)水性无机富锌防锈底漆、酚醛漆、醇酸漆、聚氨酯漆、氟碳面漆应在气温5℃以上施工,环氧类漆应在气温10℃以上施工。

(2)室外施工时应避免底材被太阳直接照晒,钢表面温度达50℃以上时不应进行涂漆施工。

(3)不允许在相对湿度大于80%及雨、雾、雪天和有风沙时涂漆;风力大于3级时应停止刷涂和喷涂。

10.6.8 涂料涂装作业应符合下列规定:

(1)各种涂料应按产品说明书或试验数据掌握配合比例和黏度。掺用与涂料相适应的稀释剂

时，不得超过产品说明书或试验确定的最高限量。严禁使用煤油、柴油和汽油作钢桥涂料的稀释剂。

(2)各种涂料调至施工黏度后，应经30～40目筛网过滤后再行涂装，并应在施工过程中进行缓慢搅拌以保持涂料混合均匀的状态。涂层厚度应适当，防止一次涂层过厚发生流挂及产生裂纹。需要增加膜厚时，应待涂层干燥至可以操作时再行补涂。

(3)喷涂底、中、面漆时，高压风应通过油水分离器使其不含油水，风压宜保持在0.2～0.4MPa，喷嘴距钢表面的距离宜保持在200～300mm，每次应压叠一半保持喷涂均匀，不易喷涂的地方应及时用漆刷补刷均匀。

(4)涂料涂装施工，应按《涂装作业安全规程　涂漆工艺安全及其通风净化》(GB 6514—2014)的规定做好劳动保护和环境保护工作。

10.6.9　涂料涂装的道数和涂层厚度必须符合设计要求。涂装体系干膜最小厚度和每一涂层平均厚度不得小于设计要求厚度，且每一涂层的最小厚度应不小于设计要求厚度的90%。当设计要求涂装道数达不到涂装体系干膜最小厚度时，应增加涂装道数，以保证底漆、中间漆和面漆涂层厚度。涂装过程中，应按国家标准《色漆和清漆　漆膜厚度的测定》(GB/T 13452.2—2008)的规定测量湿膜厚度和干膜厚度。

10.6.10　钢桁梁涂装时，应采用国家标准《色漆和清漆拉开法附着力》(GB/T 5210—2006)检查涂料涂层对底材的附着力，采用国家标准《色漆和清漆　漆膜的划格试验》(GB/T 9286—1998)检查涂装体系涂层间的附着力。发现不符合规定时，应查明原因并及时整改，确保每一杆件的涂装质量。

10.6.11　钢桁梁涂装时，每一涂料涂层表面都应达到平整光泽、颜色均匀和无漏涂、起泡、气孔、裂纹、剥落等缺陷，发现存在起泡、气孔、裂纹、剥落、橘皮、起皱、流挂、涂料颗粒及尘土微粒等缺陷时，应查明原因并认真处理，确保每一涂层的涂装质量。

10.6.12　为减少高空作业量，应在预拼场内完成底漆、中间漆涂装和至少一道面漆喷涂，但最后一道面漆必须在钢桁梁拼装完成后进行涂装。

10.7　明桥面

10.7.1　明桥面铺设应符合设计要求。明桥面施工流程如图4-29所示。

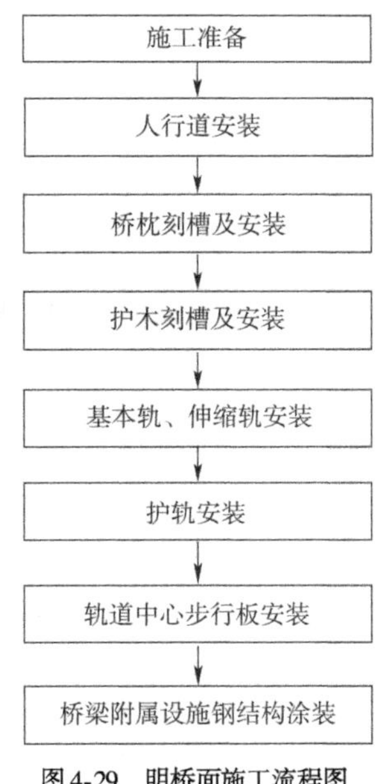

图4-29　明桥面施工流程图

10.7.2　桥上线路铺设中线与设计中线的偏差不得大于50mm，双线时两线间距偏差允许为±10mm，但两线间距不得小于4m。

10.7.3　桥上线路纵断面应符合设计坡度和梁跨拱度要求。调整钢轨上拱度时，桥枕挖槽深度及垫板厚度，应根据实测纵梁拱度曲线与设计拱度曲线计算确定。桥枕挖槽深度应不大于30mm。挖槽宽度比钢梁上翼缘宽度不应大于4mm，与螺栓头或铆钉头接触处可挖纵槽。桥枕的新加工面和栓钉孔眼应按有关规定做好防腐处理。

10.7.4　曲线上明桥面的外轨超高可采用以下方法设置：

(1)在桥枕挖槽限度内调整。

(2)采用楔形枕木。

(3)在曲线外侧的桥枕下加垫木垫板，并用木螺钉(或螺栓)连接牢固。木垫板净厚应不少于30mm，每边伸出钢梁上翼缘盖板边缘不少于200mm。

10.7.5　明桥面在下列位置不应有钢轨接头，无法避免时应将其冻结或焊接：

(1)桥长在20m及以下时。

(2)钢梁端及纵横梁连接处前后各2m范围内。

(3)设有伸缩调节器时，在温度跨度(由一孔钢梁的固定支座至相邻钢梁固定支座或桥台挡渣墙的距离)的范围内。

10.7.6 伸缩调节器铺设位置应符合设计要求。伸缩调节器的尖轨尖端在单线桥上应与重车运行方向相同,在复线桥上应与行车方向相同,轨距不得大于1451mm和小于1433mm。

10.7.7 桥枕应采用油质防腐枕木,其规格、质量应符合国家有关标准和设计要求。桥枕铺设应符合设计要求,当无设计要求时,应符合下列规定:

(1)桥枕净距为100~180mm(横梁处除外),专用线可放宽至210mm。

(2)桥枕不能铺设在横梁上,与横梁翼缘边应留出15mm及以上缝隙。横梁两侧桥枕间净距在300mm以上且桥枕顶面高出横梁顶面50mm以上时,应在横梁上垫短枕承托,短枕与护轨应连接牢固,与基本轨底应留出5~10mm的空隙。

(3)桥枕不容许压在钢梁联结系杆件、节点板或螺栓上,在行车情况下应留有3mm空隙。

(4)每根桥枕应用两根经过防锈处理的M22mm标准型钩螺栓(应配有相应的铁、木或胶垫圈)与钢梁钩紧。在自动闭塞区间,钩螺栓铁垫圈与钢轨扣件间应有不小于15mm的空隙,以防止轨道电路短路。

10.7.8 护木铺设方式(Ⅰ式或Ⅱ式)应符合设计要求,铺设标准和铺设方法无设计要求时,应符合下列规定:

(1)护木的断面尺寸为150mm×150mm,材质为一级松(杉)木。

(2)护木接头应采用半木搭接设在桥枕上,并用M20~22mm螺栓串联牢固。护木与桥枕连接处应将护木挖深20~30mm的槽口紧扣在桥枕上。

(3)护木与桥枕的连接螺栓顶端不应超过基本轨顶面20mm。

(4)护木内侧与基本轨头部外侧的距离,应符合图4-30所示明桥面布置图的规定。护木应安装顺直,在钢梁活动端处必须断开并留出空隙。

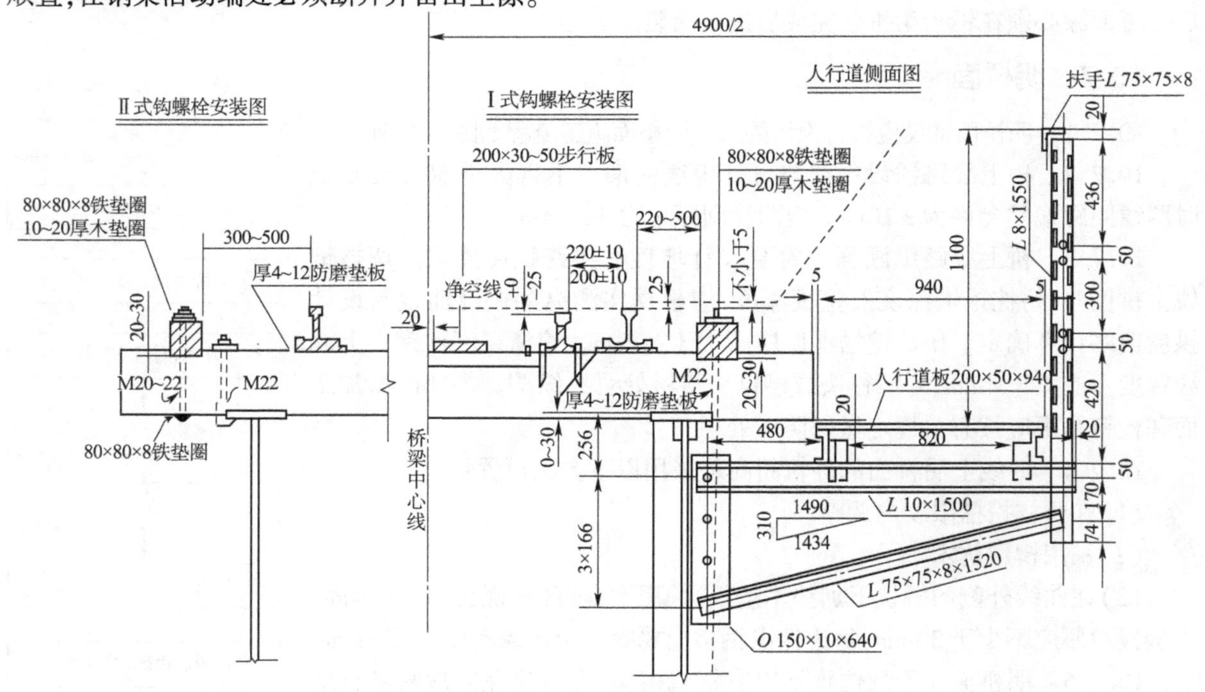

图4-30 明桥面布置图(横桥断面)

注:1.人行道栏杆也可采用钢筋混凝土、木料或其他材料和形式,步行板也可采用梯行步行板、花纹钢板、钢筋混凝土板或其他形式和结构。

2.图中尺寸以mm计。

3.K形扣件未作示意。

(5)每隔一根桥枕,主梁或纵梁安装防爬角钢处、护木连接处,护木与桥枕均应用 M20 ~ 22mm 螺栓串联牢固。

10.7.9　防爬角钢尺寸和安装数量、位置、方向必须符合设计要求,防爬角钢的长肢与桥枕应用直径 20 ~ 22mm 螺栓串联牢固(此处桥枕可不安装钩螺栓)。

10.7.10　护轨铺设应符合设计要求,当无设计要求时,应符合下列规定:

(1)一般应采用与基本轨同类型的钢轨。

(2)护轨顶面不应超出基本轨顶面,(特殊情况不得高出基本轨顶面 5mm),也不应低于 25mm。护轨与基本轨头部间净距,当基本轨为 50kg/m 及以下时为(200 ± 10)mm,当基本轨为 60kg/m 及以上时为(220 ± 10)mm。安装钢轨伸缩调节器区段其净距可为(320 ~ 350) ± 10mm,护轨过渡段长度不小于 10m。

(3)护轨下允许加垫厚度不大于 30mm 的垫板。垫板厚度在 20mm 及以下时,每股护轨应在每隔一根桥枕上钉 2 个道钉;垫板厚度大于 20mm 不大于 30mm 或桥枕净距大于 150mm 时,每股护轨应在每根桥枕上钉 2 个道钉。当护轨下必须加垫总厚度小于 35mm 的垫板时,垫板总厚度大于 30mm 应加设铁垫板(可以切边),并采用加长道钉。

(4)护轨应伸出桥台碴墙以外,直轨部分长度不应少于 5m。当直线上桥长大于 50m 及曲线上桥长大于 30m 时,直轨部分长度应不少于 10m,然后弯曲交会于线路中心。弯轨部分长度不少于 5m,轨端伸出台尾的长度不应少于 2m。因道口、道岔等影响,护轨伸出长度不足时应按设计要求进行特殊处理。轨端顶部应切成坡度不大于 1:1 的斜面并连接密贴,梭头尖端悬空不得大于 5mm。护轨在桥头布置的其他规定如图 4-31 所示。

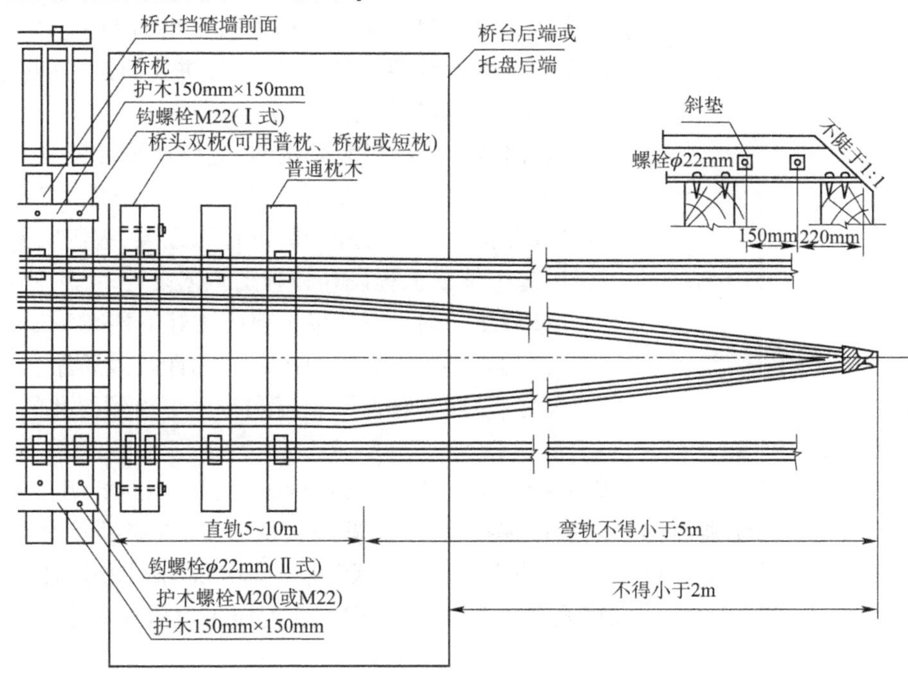

图 4-31　护轨在桥头的布置图

(5)护轨接头每侧安装 2 个螺栓,螺帽安装在线路中心一侧,在伸缩调节器处应采用一端带长圆孔的夹板。

(6)在自动闭塞区间,护轨应安装绝缘装置。

10.7.11　轨道中心步行板和人行道板的品种、材质、规格应符合设计要求,并应铺装平稳、板面平整。

10.7.12　人行道、避车台及其支架与钢梁的连接和连接螺栓的规格、质量均应符合设计要求及有关规定。人行道及栏杆等在梁的活动端处应按设计要求断开,并不得影响梁的伸缩。

10.7.13　围栏、吊篮、检查梯及梁下检查车等桥梁附属设施应按设计要求施工。

11　结　合　梁

11.1　一般规定

11.1.1　钢-混凝土连续结合梁的施工流程如图4-32所示。简支结合梁桥面板混凝土浇筑应按设计要求施工,一次成型。

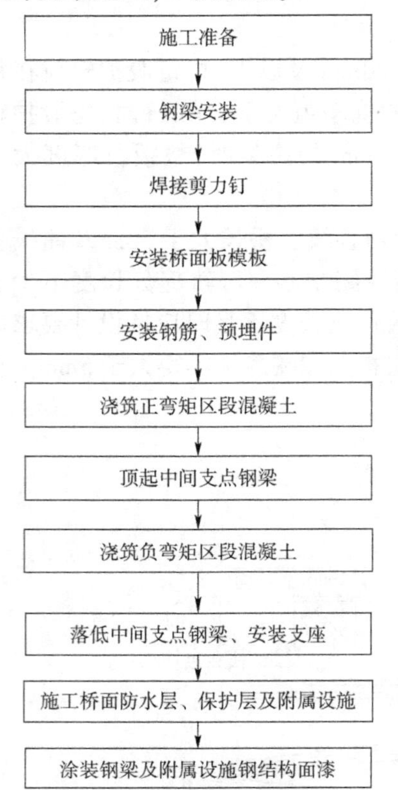

图4-32　钢-混凝土连续结合梁施工流程图

11.1.2　钢梁拼装架设前,应具备下列主要技术资料:

(1)桥梁平面、纵断面设计图及墩台结构设计图。

(2)钢梁结构设计图,钢梁杆件质量表及应力表。

(3)桥址地形、地质设计图。

(4)桥址水文、气象资料。

(5)钢梁制造厂应提供的资料:产品合格证和钢材质量证明书或检验报告、施工(制造)图及拼装简图、栓接板面抗滑移系数试验报告、钢桁梁试拼记录、杆件焊缝检验记录、杆件发送表及包装清单等。

(6)高强度螺栓连接副出厂合格证或产品质量保证书。

11.1.3　钢板梁及钢箱梁进场时,应检查结构尺寸、涂装质量,均符合设计要求后方能进行拼装架设。钢桁梁杆件进场检查,应符合本节的相关规定。

11.1.4　钢梁拼装架设前,应根据设计架梁方案和桥址地形、地质、水文、气象、交通、航运等自然条件,结合工期要求及机械设备情况等因素综合确定施工方案,编制实施性施工组织设计、施工辅助工程设计和施工工艺设计。

11.1.5　钢梁拼装架设前应做好下列准备工作:

(1)应测量检查桥梁中线,墩台距离及跨距,支座垫石的位置、尺寸、顶面高程及平整度和锚固螺栓预留孔的位置和尺寸,符合设计要求方可进行架梁。

(2)支座垫石顶面应划线标明支座下座板的纵、横中心线,桥墩顶面应划线标明其纵、横中心线。

11.1.6　钢梁剪力联结器由钢梁制造厂焊接时,联结器焊接位置、尺寸必须符合设计要求。采用栓钉柔性联结器时制造厂应提供栓钉30°弯曲试验合格证,采用马蹄形刚性联结器时制造厂应提供“推出”试验合格证。钢梁上翼缘顶面及剪力联结器均不涂装,但应采取措施防止在桥面板安装前锈蚀。

11.1.7　工地焊接栓钉柔性联结器(剪力钉)时,应按设计要求施焊,当无设计要求时,应符合下列规定:

(1)焊接前应根据规定,进行焊接工艺评定试验和焊接栓钉30°弯曲试验。

(2)焊接材料应通过焊接工艺评定确定,并应有生产厂家质量证明书,焊接材料型号应与焊件材质相匹配。栓钉的规格、质量应符合国家标准《电弧螺柱焊用圆柱头焊钉》(GB/T 10433—2002)的规定和设计要求。

(3)栓钉焊接前,栓钉应除去锈污、水分及其他不利于焊接的物质。配套使用瓷环应在150℃烤炉中烘干 2h。钢梁上翼缘应处在平焊位置,焊钉位置及超过栓钉直径 2 倍范围应打磨清理,清除铁锈、氧化皮、油污等,使表面显露金属光泽。

(4)栓钉施焊时,栓钉与钢板应保持垂直,焊枪保持稳定不动直至焊接金属完全固化,焊缝冷却过程中不得受到冲击或振动。

(5)栓钉位置应符合设计要求,沿钢梁纵向栓钉根部与顶部偏差应不大于 3mm,沿钢梁横向偏差根部不大于 3mm、顶部不大于 5mm,栓钉高度偏差应不大于栓钉公称长度 1.5mm,栓钉底角应保证 360°周边挤出焊脚。30°弯曲试验抽检合格的栓钉,可保留其弯曲位置。

(6)栓钉焊接工作,必须由经过栓钉焊接培训考试合格的焊工担任,严格按栓钉焊接工艺焊接,并应在每班开始正式焊接前先在试板(应与钢梁材质相同)上试焊 2 个栓钉,经外观检查及 35°弯曲试验合格方可进行正式焊接。

11.1.8　钢梁剪力联结器采用高强度螺栓联结器时,预埋联结器套管的种类、规格、位置、数量均应符合设计要求,套管应使用螺栓固定,确保其与钢梁上翼缘板垂直和桥面板混凝土浇筑过程中不变位。桥面板混凝土强度达到设计要求后安装联结器时,应按设计要求施作。

11.2　钢梁安装

11.2.1　钢梁架设方法及吊装施工应符合下列规定:

(1)钢箱(板)梁架设方法应根据跨径大小、桥位地形及水文、交通情况和架梁设备情况等施工条件,选择拖拉架设、整孔吊装架设等方法施工。拖拉架设时可参照本章第 10 节的有关规定进行施工。

(2)钢桁梁架设可参照本章第 10 节的有关规定进行施工。

(3)短跨钢梁采用吊装方式架设时,应编制专项作业指导书,对钢梁运输方法、吊装时停放位置及吊点位置,对移动式吊机站位、吊臂倾斜角度及伸出长度等均应作出明确规定。吊机额定起重量应满足所吊钢梁的实际质量要求,并应有足够的安全系数。

(4)使用两台吊机吊装钢梁时,应设专人指挥,钢梁两端应同步起落,两端高差不得大于 30cm。

(5)吊装钢梁应正确选择和使用吊具,钢丝绳与钢梁接触处应采取隔垫措施,保护钢梁不受损伤。

(6)移动式吊机使用前应经过调试、检测,钢梁运输和吊装过程中应严防发生碰撞、扭转、翘曲和侧倾,在墩台上就位时,钢梁两端应同步、平稳、轻放。

11.2.2　工地拼装钢桁梁应符合本章第 10 节的有关规定。

11.2.3　工厂分段分片制造的钢箱梁和分段制造的钢板梁在工地使用高强度螺栓拼装时应符合下列规定:

(1)拼装使用的杆件、零件和高强度螺栓连接副均应符合设计要求和相关标准的规定,并应有出厂合格证。

(2)钢梁组拼前,应清除构件的附着物,摩擦面应保持洁净、干燥。

(3)拼装钢梁的临时支架应有足够的承载力及刚度,支架顶部工作面应设有起顶位置和滑移装置,以满足钢梁线型的调整需要。

(4)在支架上拼接钢梁时,应采用冲钉配合施工,冲钉和高强度螺栓总数应不少于孔眼总数的 1/3,其中冲钉占 2/3。对于孔眼较少部位,冲钉和高强度螺栓总数不得少于 6 个。

(5)钢梁栓合前,必须保证钢梁拱度和纵向平直度符合设计要求。高强度螺栓连接施工,应符合相关规定。

(6)顶梁时,千斤顶应安置在钢梁腹板中心线上,每个中间支点处宜设置 4 台千斤顶,千斤顶与钢梁间应垫石棉板或胶合板,并应使千斤顶顶程控制在有效顶程的 80% 以内。在顶梁过程中,应用吊线球方法随时监视梁体偏斜及位移情况,并应设置保险木垛紧跟钢梁起落加高或降低,以确保施工安全。

11.2.4 钢梁拼装采用焊接施工时应符合下列规定:

(1)钢梁焊接应按批准的焊接工艺评定报告编制焊接工艺,施焊时必须严格执行焊接工艺,焊接参数不得随意修改。

(2)钢梁各部位按顺序依次拼装就位,调整好拱度及旁弯和将组对连接件紧固后,应先进行定位焊接,待部件组拼完毕和经检验合格后方可进行整体焊接。

(3)进行焊接前,必须彻底清除待焊区域的铁锈、氧化皮及油污等有害物质,使钢材表面露出金属光泽。

(4)焊接工地应设防风雨设施遮盖全部焊接处,雨天不得焊接(箱形梁内部除外),箱梁内部采用 CO_2 气体保护焊时,必须采取通风防护安全措施。

(5)工地焊缝必须按工艺要求进行全长范围内外观检查,对接焊缝除全部进行超声波探伤外,还应按接头数量的10%(不少于一个焊接接头)抽样进行射线探伤。

11.2.5 钢梁涂装前应进行表面清理。钢梁工地焊接完成后,应将钢梁拼接接头表面部位的铁锈、油污及其他杂物清除干净,钢梁除锈施工应符合相关规定,除锈等级要求和粗糙度要求应符合相关规定。

11.2.6 钢梁工地涂装应符合下列规定:

(1)涂装前,应进行表面清理质量检查,合格后方可进行涂装。

(2)钢梁涂装体系必须符合设计要求,涂装使用的涂料品种、质量应符合设计要求和相关标准的规定。

(3)涂装时发现有漏涂、发白、流挂、皱皮、针孔、裂纹等缺陷时应及时处理,并应及时测定每层湿膜厚度、干膜厚度和附着力。

11.2.7 钢梁支座安装除应符合下列规定:

(1)使用千斤顶顶梁位置和千斤顶在墩台上安放位置应符合设要求,千斤顶中心轴应与桥梁结构中心线重合。

(2)起落梁时应有保险设施随千斤顶活塞起落及时加高或降低确保施工安全,同一梁端的两侧支点应同步起落。

(3)连续钢梁支座安装顺序及每次落梁高度应符合设计要求,当无设计要求时,应采用间隔交替落梁方式施作,始终保持相邻支点落梁高差不大于5cm和一次落梁高度不大于10cm。

11.3 混凝土桥面板安装

11.3.1 混凝土桥面板施工前,应根据桥址地形、水文、交通、桥高及桥长等施工条件,编制实施性施工组织设计和施工工艺设计。

11.3.2 混凝土桥面板施工前,应将钢梁与桥面板的结合面及剪力联结器表面妨碍钢与混凝土结合的铁锈、油污等彻底清理干净,剪力联结器应无变形、无锈蚀等缺陷,并应采取措施防止在浇筑混凝土时污染钢梁。

11.3.3 现浇混凝土桥面板的模板及支架、钢筋、混凝土、预应力施工,应符合下列规定:

(1)桥面板的悬臂板采用支架支立模板时,可将角钢支架安装在钢梁上,为此宜委托钢梁制造厂在钢梁腹板(杆)上预钻孔眼。

(2)桥面板的底模板无法拆除时,宜采用钢板底模与钢梁焊接严密并应对其进行防锈蚀处理。采用钢筋混凝土预制板做底模时,预制板应有足够的承载力,与钢梁间接缝应封严密,并确保不漏浆。

(3)桥面板上预埋件数量、位置、结构、规格、尺寸应符合设计要求,预埋件安装时应采取可靠措施牢固定位,保证在浇筑混凝土过程中不变位,外露部分应采取措施防止锈蚀和损伤。

(4)连续结合梁桥面板的正、负弯矩区段混凝土浇筑顺序及间隔时间和分段浇筑混凝土时接缝处理方法应符合设计要求,混凝土浇筑方法应符合施工工艺设计要求。桥面板混凝土顶面应按设计坡度抹平压实以利铺设防水层。

(5)进行混凝土浇筑时,模板及钢梁顶面温度宜在5~35℃,混凝土拌合物入模温度宜在10~30℃,环境温度应在0℃以上。当昼夜平均气温低于5℃或最低气温低于0℃时,应按冬期施工办理。

(6)对于混凝土养护,在环境相对湿度小于60%时,其自然养护应不少于14d。在环境相对湿度高于60%时,其自然养护不少于10d。当混凝土强度达到80%设计强度时,方可拆模。

(7)连续结合梁桥面板施加预应力方式必须符合设计要求,顶落梁及张拉预应力筋方法应符合施工工艺设计。

11.3.4　采用预制桥面板在钢梁上安装应符合下列规定:

(1)桥面板安装前应进行检验,其规格、质量符合设计要求方可安装。

(2)桥面板分段安装顺序,桥面板接缝方法,桥面板预留剪力联结器窗孔的钢筋规格、质量及安装位置和现浇混凝土的材料种类、质量及强度等级,桥面板与钢梁间缝隙处理方法,均应符合设计要求。

(3)连续结合梁钢梁中间支点顶升高度及方法和落低钢梁施工时间及方法等应符合设计要求和施工工艺设计。

11.3.5　桥面板防水层施工应符合设计要求和本章第17节的规定。

12　预应力混凝土简支箱梁预制及架设

12.1　一般规定

12.1.1　制梁场应按现行《铁路后张法预应力混凝土梁预制场建设技术指南》的有关规定进行建设和验收。制梁单位应具备规定的制梁生产资质。

12.1.2　预制梁应按铺架施组安排的顺序安排生产和存放。组合箱梁的同一孔梁应配套生产和存放,用于同一孔梁的各件梁,浇筑混凝土日期及施加预应力的龄期相差应符合设计要求且不应超过6d。

12.1.3　模板体系应进行施工设计,其强度、刚度及稳定性应能满足施工荷载要求和工艺要求。模板的全长及跨度应考虑反拱度及预留压缩量。模板使用前应配套试拼,检验合格后方可投产使用。

12.1.4　预制梁必须经检验合格方可出场。桥梁静载试验应符合《简支梁试验方法 预应力混凝土梁静载弯曲试验》(TB/T 2092—2018)的规定。

12.1.5　箱梁在吊、移、存、运过程中,应保证各吊点或支点受力均匀,各种工况下梁体支点应位于同一平面,误差应不大于2mm。

12.2　后张法预应力混凝土简支箱梁预制

12.2.1　后张法预应力简支箱梁预制施工流程如图4-33所示。

12.2.2　后张梁模板应符合下列规定:

(1)侧、底模长度和底模支座螺栓孔应预留压缩量,底模应设置反拱。预留压缩量和反拱应根据设计要求和实际情况设置,并在生产过程中根据实测梁长和上拱度等数据及时进行调整。

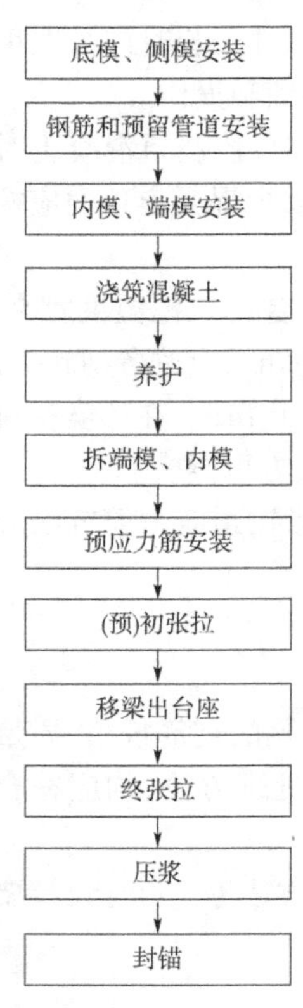

图4-33 后张法预应力简支箱梁预制施工流程图

(2)箱梁侧模可焊接成整体,按梁长分段制作,并应设置具有微调功能的支、拆结构和安装附着式振捣器的模板支架。

(3)箱梁内模可采用拼装式或液压式。拼装式内模由工具式钢模板、型钢环形骨架和支撑体系构成。液压式内模由分段或整体的钢模和液压部分构成。内模顶部可留置底板混凝土浇筑下料口,底部做成敞口,两侧加水平活动压板,以防止底板混凝土上涌。内模拼装成整体后,采用吊装或滑移方式进行安装。内模安装应定位准确,固定牢靠,确保浇筑混凝土时不上浮、不偏移。

后张梁端模应采用刚度较大的整体钢模板,预留孔位置和尺寸应符合设计要求和工艺要求。锚垫板应固定牢靠,位置正确,端面应垂直于预留孔道中心。端模应设置振捣器支架,以便安装预应力简支箱梁预制附着式振捣器。

模板预留孔洞位置及尺寸应符合设计要求,接缝应严密不漏浆、平齐无错台,板面应平整无凹凸。

侧模及端模安装可设拉杆固定位置,浇筑在混凝土中的拉杆应按拔出或不拔出的要求采取相应的措施。内外模安装完毕后,应对其形状、尺寸、纵横向稳定性及与支座的相关位置进行全面检查,符合设计要求方可浇筑混凝土。

12.2.3 钢筋制作安装应符合下列规定:

(1)钢筋的品种、规格、数量应符合设计要求。

(2)钢筋的接头类型、接头位置及接头百分率均应符合设计要求和相关标准的规定。钢筋接头应采用闪光对焊方式。

(3)钢筋骨架宜在专用胎具上制作。钢筋加工后的型式、尺寸应符合设计要求,弯曲成型时应按设计弯曲角度一次弯曲成型,箍筋末端应向内弯曲。

(4)钢筋安装时,箍筋除设计有特别要求外应与主筋垂直安装,弯钩接合处应沿梁体纵向交错布置。

(5)钢筋交叉点应用铁丝绑扎结实,也可使用电焊焊牢。使用铁丝绑扎时,相邻绑扎点的铁丝应成八字形,铁丝扣头应弯向内侧,不得伸入混凝土保护层内。

(6)钢筋保护层厚度应符合设计要求,并应在钢筋与模板间设置不少于每平方米4个且不低于梁体混凝土强度等级及耐久性能的垫块。

(7)固定预应力管道的定位钢筋应设置牢固顺直,间距应符合设计要求,必要时可与梁体钢筋焊接,以确保管道位置正确和在浇筑混凝土时不沉浮、不旁移。

(8)梁体预埋件的类型、结构、数量、位置应符合设计要求,并应设置牢固,保证在浇筑混凝土过程中不变位。预埋件外露部分应按设计要求进行防锈处理。

12.2.4 预应力筋、锚具等的品种、规格应符合设计要求,并经检验合格后可使用。

12.2.5 预应力筋制作、安装应符合下列规定:

(1)预应力钢绞线下料长度应符合设计要求。当无设计要求时,可按式(4-8)进行计算,并在试用后进行修正。

$$L = l + 2l_1 + n(l_2 + l_3) + 2l_4 \tag{4-8}$$

式中:L——钢绞线下料长度,mm;

l——锚具支承板间管道长度,mm;

l_1——工作锚具厚度,mm;

l_2——张拉千斤顶长度,mm;

l_3——工具锚具厚度,mm;

l_4——长度富余量,可取 100mm;

n——单端张拉为 1,两端张拉为 2。

(2)预应力筋下料应在保持预应力筋顺直情况下采用切断机、砂轮切割机等机械切割,且不应损伤和污染其表面。不得使用电弧切割。

(3)预应力钢绞线下料后应梳整编束,捆扎牢固,保持预应力筋束顺直不扭转。

编好的预应力筋束应按编号分类存放。搬运时支点距离不得大于 3m,端部悬出长度不得大于 1.5m。搬运时不得在地上拖拉。

(4)预应力筋的品种、级别、规格、数量和穿入管位必须符合设计要求。

(5)预应力筋穿束前应清除孔道内杂物、积水,观察孔道有无串孔现象。

(6)预应力筋穿束可采用人工或机械进行,预应力筋束前端应扎紧并裹缠胶布或套上弹头型壳帽,以便顺利通过孔道。穿束时,应使两端外露长度保持一致。

12.2.6　预应力管道施工应符合下列规定:

(1)采用抽拔胶管(棒)预留孔道时,胶管(棒)直径应保证成孔孔径符合设计要求,其极限抗拉力不得小于 7.5 kN,且弹性恢复性能较好,胶管内应插入芯棒,以增加刚度。胶管(棒)接头宜设在跨中处,接头用铁皮套接,长度不得小于 30 cm,并应密封不漏浆。胶管(棒)抽拔后,应用检孔器对预留孔道逐孔检查、疏通。

(2)采用金属波纹管预留孔道时,波纹管规格、质量应符合设计要求和相关技术标准规定。接长时,可采用大一号同型波纹管作为接头管,接头管长度不得小于 30cm,接头位置宜避开孔道弯曲处。接头管两端应用密封胶带或塑料热缩管封裹严密。管内应预先穿入塑料管或预应力筋束以增加刚度,并宜在混凝土初凝前窜动。

(3)采用塑料波纹管预留孔道时,波纹管的规格应符合设计要求,制作材料和管道性能应符合相关标准的规定。波纹管的波峰和纵向接缝处,内径低于 100mm 的管,壁厚不小于 2mm;内径等于或大于 100mm 管,壁厚不小于 2.5mm。接头应采用专门焊接机焊接或采用本身具有密封性能的塑料连接器连接。

(4)预应力管道应采取措施防止出现位移。浇筑混凝土前应检查管道位置及完好情况,符合设计要求方可浇筑混凝土。

12.2.7　梁体混凝土施工应符合下列规定:

(1)梁体混凝土浇筑前,应全面仔细检查模板、钢筋、预应力管道、预埋件和钢筋保护层垫块的位置、数量及其稳固程度,符合设计要求方可浇筑混凝土。

(2)梁体混凝土浇筑时,模板温度宜在 5 ~ 35℃,当模板温度低于 0℃或高于 40℃时应采取升、降温措施。

(3)梁体混凝土拌和物入模温度宜在 5 ~ 35℃。

(4)梁体混凝土浇筑应快速连续一次浇筑成形,并应在最先浇筑的混凝土初凝前完成。一般可采取斜向分段、水平分层的浇筑方法,斜向分段长度宜为 4 ~ 5m,水平分层厚度不宜大于 30cm。

(5)混凝土振捣应符合施工工艺设计要求,保证混凝土具有良好的密实性。底板混凝土振捣应采用插入式振捣器;腹板混凝土振捣宜以插入式振捣器为主,附着式振捣器为辅;顶板混凝土振捣应以插入式振捣器为主,平板振捣器为辅。采用插入式振捣器振捣混凝土时,应严防振捣器触及预留孔道胶管(棒)或波纹管。

(6)采用泵送混凝浇筑梁体时,起始水平段长度不应小于 15m,除出口处采用软管外,输送管路其他部位不得采用软管和锥形管。输送管路应固定牢固,且不得与模板及钢筋直接接触。

12.2.8　梁体混凝土的养护应符合下列规定：

(1)梁体采用蒸汽养护时应实施跟踪养护,使棚温与梁体内水化热相适应。蒸汽养护分为静停、升温、恒温、降温四个阶段。静停期间棚温应不低于5℃,静停4h后方可升温,升温速度不应大于10℃/h。恒温养护期间蒸汽温度不宜超过45℃,梁体芯部(梁端中央300mm处)混凝土温度不应超过65℃,恒温时间应根据梁体拆模对混凝土强度要求及环境条件等由试验确定。降温速度不应大于10℃/h。梁体养护期间及拆除保护设施时,混凝土芯部与表层、表层与环境温度之差均不应超过15℃。蒸汽养护结束后,应立即进入自然养护状态。

(2)梁体采用自然保湿养护或蒸汽养护后进入自然养护时,混凝土外露面宜采用保湿、保温材料严密覆盖,梁体洒水次数应能使混凝土表面保持充分湿润,保湿养护时间应根据梁体拆模对混凝土强度要求及环境条件等确定,但不应少于14d。梁体混凝土表层温度与养护水温度之差不应超过15℃。气温低于5℃时应采取保湿、保温措施,不应向混凝土浇水。

12.2.9　梁体模板拆除应符合下列规定：

(1)拆模时的混凝土强度应符合设计要求,当无设计要求时,应达到设计强度的60%以上。

(2)采取蒸汽养护时,拆除保温措施除应符合本章第12.2.8条的规定外,一般至拆除模板的时间间隔不应小于2h。

(3)梁体拆模时,梁体内部温度与表层温度、表层温度与环境温度之差不应大于15℃。大风天气及气温急剧变化时不应拆模。当环境温度低于0℃时,应待表层混凝土冷却至5℃以下方可拆模。

(4)拆模后混凝土表面应及时保湿保温,直到满足本章第12.2.8条规定的养护时间。

(5)拼装式内模应采用人工拆除方法,由外向内,两端同时进行。液压式内模采用液压收缩装置将内模各部分移到脱模车上,然后分段或整体滑移脱出。

12.2.10　预应力筋张拉应符合下列规定：

(1)预应力筋用锚具在首次使用前应按规定要求进行组装件静力及工艺性能抽样试验,并测回缩量。

(2)试生产时,应进行预应力管道、扩孔段和锚口摩擦阻力测试,以确定预应力的实际损失,必要时应由设计单位对张拉控制应力进行调整。不同梁型、不同类型管道应分别测试。

(3)预应力筋张拉应按设计要求的预张拉、初张拉和终张拉三阶段进行：

①预张拉时,端模应拆除,内模应松开,不应对梁体压缩造成阻碍,预应力筋张拉数量、位置和张拉力值应符合设计要求。

②初张拉应在梁体混凝土强度达到设计强度80%后进行,预应力筋张拉数量、位置和张拉力值应符合设计要求。初张拉后可将梁吊移出台位。

③终张拉应在梁体混凝土强度和弹性模量值达到设计要求,且混凝土龄期不少于10d时方可进行。张拉时应以控制应力相应的油压表读数为主,以钢绞线的伸长值做校核。

(4)张拉应按设计要求的张拉顺序进行,应使千斤顶、锚具和孔道位于同一轴线上;张拉时宜两端同步张拉,保持千斤顶加压速度相近和两端钢绞线伸长量基本一致。张拉时,应左右两腹板对称张拉,防止梁体发生扭曲。

(5)采用夹片式锚具钢绞线的张拉程序为：

0→初始应力(终张拉控制应力的10%,测钢绞线伸长值并做标记,测工具锚夹片外露量)→张拉控制应力(各期规定值,测钢绞线伸长值,测工具锚夹片外露量)→静停5min,校核到张拉控制应力4个主油缸回油锚固(油压回零,测总回缩量,测工作锚夹片外露量)→4个副油缸供油→卸千斤顶。

终张拉完成后,应在锚圈口处的钢绞线上做标记,以观察是否滑丝。经复查合格后,应用机械切割钢绞线头,切断处距锚具外不宜小于30mm。

(6)张拉时预应力筋实际伸长值与计算伸长值之差、断丝或滑丝数量等张拉质量控制应符合设计要求和相关标准的规定。

12.2.11　终张拉后应实测梁体弹性上拱,实测值不宜大于1.05倍设计计算值。

12.2.12　孔道压浆应符合下列规定:

(1)孔道压浆应在预应力筋终张拉完成后48h内进行。压浆前应清除孔道内杂物及积水,压浆过程中及压浆后3d内,梁体温度不应低于5℃,否则应采取养护措施使之满足规定温度。当环境温度高于35℃时,应在温度较低时段进行压浆。

(2)压浆前应采用密封罩或水泥浆封闭锚具孔隙。

(3)孔道压浆用水泥浆应按设计要求强度配制,水胶比不大于0.33,且不应泌水。水泥浆初凝时间不小于4h,终凝时间不大于24h。

(4)水泥应来用性能稳定、强度等级不低于42.5级的低碱硅酸盐或低碱普通硅酸盐水泥,水泥熟料中C3A含量不应大于8%。不应使用其他品种水泥。

(5)矿物掺合料宜为I级粉煤灰、矿渣或硅灰。

(6)外加剂应采用与所用水泥具有良好适应性的高效减水剂,减水率不应小于20%,其他指标应符合国家标准《混凝土外加剂》(GB 8076—2008)中高效减水剂一等品的要求。

(7)压浆材料中不得含有高碱膨胀剂(总碱含量不应超过0.75%)或以铝粉为膨胀源的膨胀剂。严禁掺加氯盐类、亚硝酸盐类或其他对预应力筋有腐蚀作用的外加剂。气离子含量不应超过胶凝材料总量的0.06%。

(8)水泥浆应随拌随用,置于储浆罐的浆体应持续搅拌,从拌制到压人孔道的时间间隔一般不应超过40min。水泥浆拌制均匀后,应经孔格不大于3mm×3mm筛网过滤后方可压入孔道。压浆时浆体温度应在5~35℃。

(9)孔道压浆应自下而上进行。孔道压浆工艺应符合设计要求,设计对压浆工艺无要求时,应优先采用真空辅助压浆。同一孔道应连续压浆一次完成。

(10)真空辅助压浆应符合下列规定:

①真空栗性能应能达到0.1MPa的负压力。

②压浆前应用真空泵将孔道抽到真空度-0.06~-0.1MPa,并应在真空度稳定后,立即开启进浆口阀门以0.6MPa压力进行连续压浆,待抽真空端透明胶管内流出的浆体稠度与压入端一致时,关闭抽真空阀门及真空泵,继续按0.6MPa压力保压不少于3min,然后关闭压浆口阀门,使孔道内维持正压力直至水泥浆凝固。

③水泥浆终凝后,方可卸拔压浆阀门。

(11)水泥浆试件应在压浆地点随机取样制作。每孔梁留置3组标准养护试件(40mm×40mm×160mm),进行抗压强度和抗折强度试验。对在压浆后28d内需要移动的桥梁,必要时应留置一组同条件养护试件。

(12)孔道压浆施工设备选型、材料称量精度、压浆浆体搅拌工艺和检验项目及方法等,还应符合《铁路后张法 预应力混凝土梁管道压浆技术条件》(TB/T 3192—2008)的规定。

12.2.13　后张梁封锚应符合下列规定:

(1)封锚前锚具和预应力筋应按设计要求进行防锈处理。

(2)封锚处混凝土表面应凿毛和清理干净。

(3)锚穴内应按设计要求设置钢筋网。

(4)封锚混凝土种类、强度等级及钢筋保护层厚度应符合设计要求。封锚混凝土填充宜首先用较干硬的混凝土填充并捣固密实,然后用正常稠度混凝土填平。

(5)封锚混凝土应进行保温保湿养护,养护结束后,对封锚处混凝土面应按设计要求进行防水处理。

(6)封锚混凝土应按批留置试件,每批至少2组(1组标准养护,1组随梁同条件养护)。

12.2.14　后张法预应力混凝土简支梁的起吊、移梁和存放应符合下列规定:

(1)移梁可采用拖拉(顶推)滑移或提梁机吊运方法。滑移或吊运所用的设备应通过荷载试验和试运转,经验收合格后方可使用。

(2)移梁时,梁体混凝土强度应符合设计要求。当无设计要求时,梁体混凝土强度不应小于计强度的80% ,并应在预应力筋初张拉完成后进行。

(3)梁体压浆后移梁时,水泥浆强度应符合设计要求。设计无要求时场内移梁时应大于设计强度的80%。压浆水泥浆强度未达到28d强度要求(抗压强度不小于50MPa、抗折强度不小于10MPa),不得进行静载试验或运梁出场架设。

(4)梁体封锚后移梁时,封锚混凝土强度不得低于设计强度的50%。

(5)吊、移梁时,梁端悬出长度应符合设计要求。吊索或千斤顶与梁体接触部位应设置护铁或垫木,保护梁体不受损伤。

(6)千斤顶顶落梁时,千斤顶顶梁位置应符合设计要求。顶梁时应两端交替进行,不得同起同落。设顶处基础应可靠牢固,受力后不沉陷。顶落梁应缓慢进行,千斤顶行程不得超过有效行程的80%,顶落梁端须设保险垫木,应边顶边垫、边落边撤,以保证施工安全。

(7)吊机吊梁时,应严格按吊机操作规程进行施作,吊臂回转范围内不应有任何障碍物。如采用一台吊机吊梁时,应在吊点位置上部配备起吊扁担。如采用两台吊机吊梁时,两端应同步起落,两端高差不得大于30 cm。

(8)滑移梁时,滑移梁底部与滑移轨道间应放置滑板,保护梁体不受损伤。滑移时两端应同步,滑移轨道应与梁纵轴线垂直。滑移轨道宜采用重型钢轨,并应设在坚固稳定的基础上,滑移轨道必须保持平整无突变点,梁底四个支点相对高差不得大于2mm。在滑移方向可设坡度不超过2‰的下坡,以利于滑移。

(9)箱梁存放时,四支点应均匀受力,箱梁底面任一支点与其他三个支点组成平面的高差应不大于2mm。双层存梁时,上下层箱梁支点位置应符合设计要求。

(10)存梁台座及其地基应有足够的承载力,以保证存梁期间台座顶面不发生大于允许偏差的沉陷。对有盐雾侵蚀影响的梁场,存梁台座顶面应高出地面0.2m以上。存梁场地应排水畅通,无积水。

12.3　预应力混凝土简支箱梁架设

12.3.1　梁体运输、架设应符合国家现行《特种设备安全监察条例》(中华人民共和国国务院令第373号)、《建筑起重机械安全监督管理规定》(中华人民共和国建设部令第166号)和《铁路架桥机架梁暂行规程》(铁建设〔2006〕181号)的相关规定。

12.3.2　提运架设备的安装、调试和架梁作业均应严格按照操作规程和使用说明书进行施作,并应建立完善的检修、维护制度,定期对重要部件(如轮、轨、吊钩等)进行探伤检查。

12.3.3　架梁前应编制相应的架梁施工组织设计、施工工艺和安全操作细则,并认真组织实施。对运架范围内的运架通道应进行验收,保证满足运梁荷载和运行净空要求。

12.3.4　运梁车重载在已架好的梁上通行,应经桥梁设计单位检算确认。

12.3.5　运架梁应符合下列规定:

(1)运梁前应检查确认运架设备通过的线路和结构物能安全承受运梁车的荷载。在新建的路基上运行时,轮胎式运梁车的接地比压不得超过路基的允许承载能力。

(2)运梁线路的纵横向坡度、最小曲线半径和路面宽度等应符合运架设备走行的要求。走行界

限内障碍物应清除,在平交道口处应设专人防护。

(3)运梁车运梁起步及运行时应缓慢平稳,严禁突然加速或紧急制动。当运梁车接近架桥机时应一度停车,在得到指令后才能喂梁。架桥机拖拉架梁时,前后支点高差不应大于100mm。

12.3.6　架梁时,梁体到达设计平面位置后,应先落在临时支点千斤顶上调整支点高程及反力,使每个支点反力不超过4个支点平均反力的5%,然后采用流动性强的支座砂浆在支座与支承垫石之间进行重力灌浆填满空隙,待浆体材料强度达到20MPa后,方可撤除千斤顶。临时支点千斤顶撤除前严禁架桥机过孔。同一梁端的千斤顶油压管路应采用单端并联,保证同端的支座受力一致。

12.3.7　支座安装应符合本章第18节的规定。

13　预应力混凝土简支梁桥位制梁

13.1　一般规定

13.1.1　桥位制梁应根据桥位地形、地质、水文、气象、交通、航运等实际施工条件,结合工程结构特点编制专项施工方案。

13.1.2　桥位制梁施工前,应测量检查桥梁中线、墩台跨距和支承垫石的位置、尺寸及顶面高程。

13.1.3　桥位制梁应根据梁体结构特点和所处环境条件,确定混凝土养护措施。

13.1.4　桥位制梁的模板和支撑体系应进行施工设计和检算,并应具有足够的强度、刚度及稳定性。浇筑混凝土前应按规定进行预压。

13.1.5　梁体施工除应符合本节规定外,尚应符合本章第12节的有关规定。

13.2　支架法制梁

13.2.1　支架法制梁可适用于地基条件较好,跨越旱地或浅水河流且桥墩高度较低的简支梁现场浇筑施工。支架形式可采用满堂支架、梁式支架或其组合结构。

13.2.2　支架法制梁施工流程如图4-34所示。

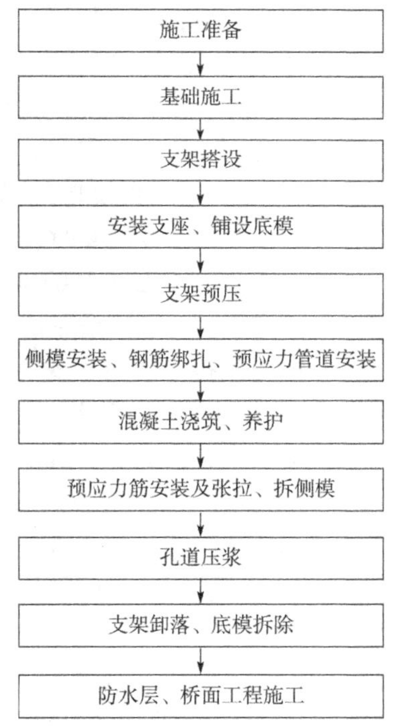

图4-34　支架法制梁施工流程图

13.2.3　支架法制梁可根据现场施工条件选择原位浇筑、旁位浇筑或高位浇筑方法施工。当选择旁位或高位浇筑方法时,支架及相关施工设施应充分考虑梁体横移及落梁工况。

13.2.4　支架应采用钢结构。支架结构型式一般应根据桥长、桥下净空、通车通航要求、桥位地质和环境条件、现有可用临时器材及其受力性能等因素,经技术经济比较选择。

13.2.5　支架必须有足够的承载能力,并应做好地面排水处理,严格控制不均匀沉降,以满足设计要求。支架的基础类型、面积和厚度应根据其结构型式、受力情况、地基承载力等条件确定。利用桥墩台承台作支架基础时,应按最不利荷载组合对桥墩台基础及基底进行受力检算。

13.2.6　支架结构应具有足够的承载力和整体稳定性,其承载力和稳定性必须进行检算。支架设计检算应考虑梁体、模板、支架质量、施工荷载、风荷载等荷载,并应考虑梁体预应力筋张拉和移、落梁的不同工况可能出现的最不利荷载情况。冬期施工时还应考虑雪荷载和保温养护设施荷载,水中施工时还应考虑流水侧压力。

13.2.7　支架应根据施工设计图进行制作和安装,所用钢支架或钢构件的规格、质量应符合国家相关标准的规定。使用碗扣式钢管支架拼装支架时,必须严格掌握可调底托和顶托的可调范围,留在立杆内长度应不少于30cm,防止因“过调”导致底、顶托失稳。严格控制竖杆的垂直度、剪刀撑及扫地杆的间距和数量,保证钢管及支架整体稳定性。施工用脚手架和便道(桥)不应与支架相连接。

13.2.8　支架安装结束经检查符合要求后,方可进行模板安装。

13.2.9　支架应进行预压,以检验结构的承载能力和稳定性、消除其非弹性变形、观测结构弹性变形及基础沉降情况。预压荷载应不小于最大施工荷载的1.1倍。预压加载可按最大施工荷载的60%、100%、110%分三次加载,每级加载完毕1h后进行支架的变形观测,加载完毕后宜每6h测量一次变形值。预压卸载时间以支架地基沉降变形稳定为原则确定,最后两次沉落量观测平均值之差不大于2mm时,即可终止预压卸载。

13.2.10　底模应依据检算变形量并结合预压数据,预留适当的沉落量和施工预拱度,确保梁体线型符合设计要求。预拱度的最高值一般设在梁跨中,并以梁的两端支点为零按设计线型(圆曲线或二次抛物线)进行分配。

13.2.11　安装桥梁支座时应根据计算设置预偏量。桥梁支座及与梁体连接的预埋件应先于桥梁底模安装。同一梁端的支座支承面的相对高差应不大于1mm,支座螺栓的规格、埋入梁体深度及梁底面外露长度等均应符合设计要求,螺栓的平面位置偏差应不大于2mm。

13.2.12　梁体混凝土应在最先浇筑的混凝土初凝前一次浇筑完成,浇筑方法应符合设计要求,当无设计要求时,宜从跨中向两端按混凝土浇筑工艺设计施作。

13.2.13　支架的卸落应符合设计文件和施工技术方案的要求。

13.2.14　高位制梁时,支架设置及卸落应符合下列规定:

(1)支架应设有可靠的落梁装置,一般在梁体每端设置四个临时支墩,其中两个设置在支承垫石上,两个放置在桥墩或桥台之外兼作支架支敏。

(2)支架拆除后在外侧支墩安放千斤顶,严格按照施工工艺设计顶落梁体,使梁体质量在内、外侧支墩上反复转换并逐步拆除落梁支墩垫块,确保在拆除支架时梁体能平稳的降落在内侧落梁支墩上,实现梁体准确就位。落梁垫块应采用钢制材料。

(3)落梁千斤顶的额定起重能力宜大于实际起重量的1.5倍,以保证在不平衡受力时落梁安全。每个梁端的两台千斤顶应采用双顶单泵并联形式,确保落梁端两台千斤顶同步运行,并应在每个千斤顶上设置截流阀,与油泵上的截流阀共同对落梁过程进行双控,保证两个支点的梁底高差在设计允许范围内。

(4)两梁端应交替落梁,每端每次下落约10cm,保持两端高差在5cm左右。用外侧支墩千斤顶顶起梁体后,应立即将内侧落梁支墩上层垫块更换为不同厚度组合的钢垫板,并随梁体下落逐渐拆除钢垫板,使钢垫板与梁底始终保持约2cm的距离。

(5)落梁时应有专人观察内、外侧落梁支墩及其纵、横连接系等临时设施变形情况,如发现异常情况应立即停止落梁作业,查明原因并及时处理。

13.2.15　旁位制梁时,梁体顶、落及横移应符合下列规定:

(1)梁体横移前应顶升梁体使其与底模分离并安放移梁器具。移梁器具与梁体间应加垫工程橡胶板,以便移梁器具在梁体横移中发生小角度偏移时能自动调节。

(2)梁体顶升应两端交替进行,每端两台千斤顶应采用双顶单栗并联形式,两台并联千斤顶的规格、高压油管的长度和规格均应一致,确保终端压力及顶升力相同、同步顶升和停止,使顶升的梁端形成同一支点,确保两台千斤顶可以同步运行。非顶升端须将千斤顶备帽锁紧,使梁体形成受力相

同的两个支点，从而和梁体顶升端形成三点支承。

(3)千斤顶顶梁位置应符合设计要求，施顶中心至梁端的距离不得大于设计允许长度。

(4)顶落梁时应设置保险支墩，支墩宜采用钢垫块组装，紧随梁体起落加高或降低。

(5)梁体的横移滑道应确保连接成一条稳固、等高、平顺的整体滑道，同一梁端滑道的任一点高程偏差应不大于2mm且无突变点。梁体梁端滑道应平行等高无翘曲现象，梁体横移时，两端应同步进行，速度保持一致。梁体横移到位后，应交替顶升梁体取出移梁器具进行支座安装。

14 混凝土连续梁

14.1 一般规定

14.1.1 预应力混凝土连续梁可采用悬臂浇筑、悬臂拼装、顶推法、转体法、支架法施工。

14.1.2 混凝土连续梁、连续刚构施工应编制专项施工方案。

14.1.3 混凝土连续梁、连续刚构应进行施工设计，承托体系应具有足够的强度、刚度和稳定性。

14.1.4 施工阶段应对重要结构进行应力、变形监测控制，确保结构物的强度和稳定。

14.2 支架法现浇连续梁

14.2.1 支架法现浇连续梁适用于桥墩台较低且地基条件较好的旱地或浅水桥位制梁。支架法整体浇筑连续梁施工流程如图4-35所示。

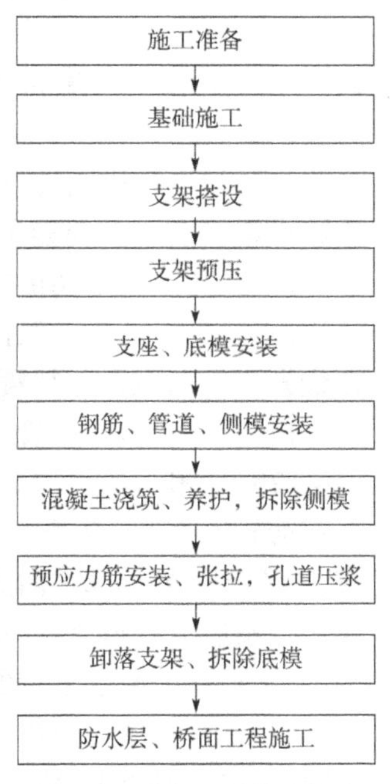

图4-35 支架法整体浇筑连续梁施工流程图

14.2.2 支架法现浇连续梁施工除应符合本节规定外，还应符合本章第11.2小节的有关规定。

14.2.3 支架法现浇梁体混凝土宜一次性连续完成。设计要求分段现浇时，分段长度、位置以及分段浇筑、张拉顺序应符合设计要求。

14.2.4 分段浇筑时，应考虑预应力筋张拉时梁体上拱对支架受力的影响，在支架受力增大位置采取加强措施，必要时设置临时刚性支墩。

14.2.5 梁体底模及支架应严格按照设计要求的顺序进行卸载、拆除。当无设计要求时，应从梁体挠度最大处支架节点开始，逐步对称卸落相邻节点。

14.3 悬臂浇筑连续梁

14.3.1 悬臂浇筑预应力混凝土连续梁施工流程如图4-36所示。

14.3.2 施工挂篮的设计除应符合强度、刚度及稳定性要求外，还应符合下列要求：

(1)挂篮设计总质量应控制在连续梁设计要求的限制质量之内，当无设计要求时，挂篮设计总质量与梁段混凝土质量的比值宜控制在0.3~0.5。

(2)施工时挂篮总质量的变化，不应超过设计质量的10%，且挂篮总质量不得超过设计限制质量。

(3)挂篮施工及走行时的抗倾覆稳定系数不得小于2。

(4)挂篮锚固系统、限位系统等结构的安全系数不得小于2。

14.3.3 施工单位在挂篮加工时，必须对原材料、加工工艺等作出全面质量监控和检查。挂篮

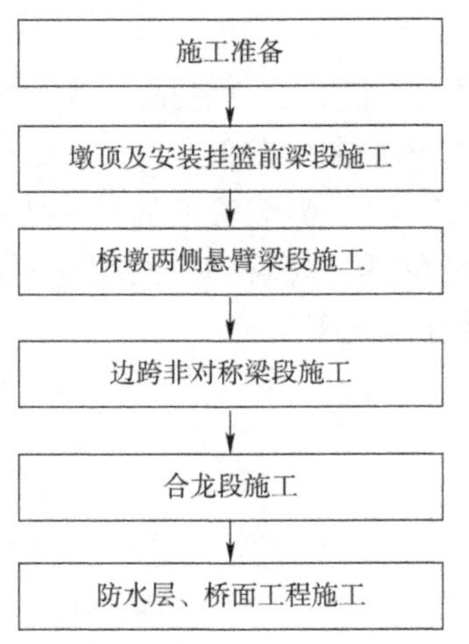

图4-36 悬臂浇筑预应力混凝土连续梁施工流程图

出厂前应进行工厂组装、试拼,对主桁架、前后吊带、销子等关键部件进行力学性能试验,对销座等关键焊缝进行超声波探伤检验。

14.3.4 挂篮现场组拼完成投入使用前,应全面检查安装质量,并应进行走行性能试验和静载试验,预压荷载为最大施工荷载的1.2倍。

14.3.5 挂篮前端应设置作业平台,四周应设置围栏,作业平台下应设置安全网,人员上下应设置安全扶梯。

14.3.6 墩顶梁段及墩顶相邻梁段、边跨现浇梁段可采用托架或支架进行现浇施工。托架、支架必须经过设计计算,浇筑混凝土前必须进行静载试验。托架、支架预压荷载为最大施工荷载的1.1倍。

14.3.7 连续梁悬臂施工时,为保证梁体稳定设置的临时支座或临时支撑必须经过设计计算。

14.3.8 施工单位在悬臂浇筑连续梁施工过程中,应对梁体进行线形控制,根据现场实际挂篮形变、临时荷载、环境温度等情况和实测已完梁段变形情况,对每节梁段的理论立模标高进行修正。设计有要求时,还应配合进行应力监测。

14.3.9 在梁段混凝土浇筑前,必须对托架或支架、挂篮、模板、预应力管道、钢筋、预埋件、混凝土原材料、配合比、混凝土接缝处理、机械设备情况进行全面检查。

14.3.10 桥墩两侧梁段应对称、平衡浇筑,施工不平衡偏差不得超出设计允许值。

14.3.11 悬臂梁段混凝土应连续浇筑、一次成形。悬臂梁段应自悬臂端向锚固端分层浇筑,并在最先浇筑的混凝土初凝前完成本梁段的全部混凝土浇筑。

14.3.12 预应力管道宜采用成品镀锌金属波纹管,并应符合《预应力混凝土用金属波纹管》(JG 225—2007)的要求。施工中应保证管道定位网的数量和精度,特别在曲线段应采取加密措施,在钢筋施工中避免对管道踩踏,混凝土振捣时应避开管道。在悬灌过程中应做好管道接头,使其顺直,减小接头处的摩擦阻力。安装锚具时,应保证锚具承压面与管道端口轴线垂直。施加预应力前应防止预应力孔道进水、进入杂物。

14.3.13 两端下弯的长大预应力筋孔道和直线段孔道应在适当位置设置排气孔。

14.3.14 预应力筋张拉设备、锚具、喇叭口应采用成套产品,并符合《铁路工程预应力筋用夹片式锚具、夹具和连接器》(TB/T 3193—2016)的要求,并采用相匹配的限位板、千斤顶等设备进行张拉。

14.3.15 梁体混凝土施工应符合设计要求和本章第12.2小节的有关规定。

14.3.16 连续梁悬臂浇筑应尽量避开冬期施工。如必须进行冬期施工,除应符合《铁路混凝土工程施工技术指南》(铁建设〔2010〕241号)的相关规定外,还应采取有效措施,保证压浆过程中及压浆后3d内,梁体温度不低于5℃。

14.3.17 锚垫板下孔道、钢筋及预埋件等交叉密集部位,应采取有效预防措施,避免产生混凝土松散、粗骨料与砂浆分离、空洞等现象。

14.3.18 梁端模板拆除后,需对梁端接缝面混凝土进行凿毛时,应使梁体接缝面露出不少于75%新鲜混凝土面积。凿毛时的混凝土强度,人工凿毛应不小于2.5MPa,机械凿毛应不小于10MPa。

14.3.19 连续梁、连续刚构预应力筋张拉应符合设计要求。当无具体设计要求时,应符合下列规定:

(1)梁段预应力筋张拉应按先纵向再竖向后横向的顺序进行。

(2)预施应力完成后应及时压浆。

(3)预施应力应采取双控措施,预施应力值以油压表读数为主,以预应力筋伸长值进行校核。预应力筋张拉前应计算每一束(根)预应力筋的理论伸长值,作为张拉时与预应力筋实际伸长值的比对依据。实际伸长值与理论伸长值的差值,不得超出理论伸长值的 ±6%,超出规定范围时应停止张拉锚固,并查明原因,确保梁体预应力控制应力符合设计要求。

(4)预应力筋在使用前必须做张拉、锚固试验,并应进行管道摩擦阻力、喇叭口摩擦阻力等预应力损失测试,以保证预施应力准确。

(5)纵向预应力筋张拉应在梁段混凝土强度达到设计值的 95%、弹性模量达到设计值的 100% 后进行,且必须保证张拉时混凝土的龄期不小于 5d。

(6)纵向预应力筋应两端同步且左右对称张拉,最大不平衡束不得超过 1 束。张拉顺序应为先腹板再顶板后底板,从外向内左右对称进预施应力过程中应保持两端的伸长量基本一致。

(7)竖向预应力筋应左右对称单端张拉,宜从已施工端顺序进行。为减少竖向预应力损失,竖向预应力筋应采用两次张拉方式,即在第一次张拉完成 1d 后进行第二次张拉,弥补由于操作和设备等原因造成的预应力损失,并且采取措施切实保证压浆质量。

(8)横向预应力筋应在梁体两侧交替单端张拉,宜从已施工端顺序进行。每一梁段伸臂端的最后 1 根横向预应力筋,应在下一梁段横向预应力筋张拉时进行张拉,防止由于梁段接缝两侧横向压缩不同引起开裂。

(9)竖向和横向预应力筋张拉滞后纵向预应力筋张拉不宜大于 3 个悬浇梁段。

14.3.20 挂篮前移时,纵向预应力筋必须张拉完成。

14.3.21 当采用夹片式锚具时,钢绞线的张拉方法为:0→初始应力(终张拉控制应力的 10% ~ 20%,测钢绞线伸长值并做标记,测工具锚夹片外露量)→张拉控制应力(各期规定值,测钢绞线伸长值,测工具锚夹片外露量)→静停 5min,校核到张拉控制应力→主油缸回油锚固(油压回零,测总回缩量,测工作锚夹片外露量)→副油缸供油卸千斤顶。

14.3.22 预应力筋张拉锚固完成后,应在锚口处的钢绞线上做标记,观察是否存在断、滑丝。经复查符合相关标准规定后,应用机械切割多余钢绞线头,切断处距锚具外端不宜小于 30mm。

14.3.23 预应力筋为螺纹钢筋时,千斤顶的张拉头应拧入钢筋螺纹的长度不得小于 40mm,一次张拉至控制吨位,持续 1 ~ 2min,并实测伸长量做校核,然后拧紧螺帽锚固。

14.3.24 孔道压浆方法应符合设计要求。孔道压浆应在预应力筋终拉后 24h 内完成,有特殊情况时必须在 48h 内完成,并应按先纵向、再竖向、后横向顺序进行施工,竖向预应力孔道应从最低点开始压浆。同一孔道压浆,应一次性连续完成。

14.3.25 孔道压浆顺序应自下而上。竖向孔道压浆,应由下端进浆孔压入,压力应达到 0.3 ~ 0.4MPa,上升不宜太快,待顶部出浆槽口流出浓浆后,堵死槽口,然后关闭压浆阀。水泥浆终凝后,方可卸拔压浆及出浆阀门。

14.3.26 梁体封锚(端)应符合下列规定:

(1)封锚(端)处混凝土表面应凿毛和清理干净,并对锚具进行防锈处理。

(2)应按设计要求对封锚(端)进行防水处理。

(3)锚穴内应按设计要求设置钢筋网。

(4)封锚(端)混凝土应符合设计要求。当无设计要求时,应采用不低于梁体同等级混凝土封锚(端)。

(5)封锚(端)混凝土应采用保湿、保温养护。

14.3.27 连续梁的合龙顺序应符合设计要求。当无设计要求时,一般为先边跨,后次中跨,再中跨。多跨一次合龙时,必须同步、对称进行。

14.3.28　连续梁合龙施工除应符合设计要求外,还应符合下列规定:

(1)合龙口宜在一天中梁体温度最低时进行临时锁定。锁定措施应可靠,能保证合龙段混凝土强度及弹性模量达到100%设计值及混凝土龄期不小于5d进行预应力张拉时混凝土不开裂。锁定后应尽快浇筑合龙段混凝土,并使混凝土浇筑后温度开始缓慢上升为宜。

(2)应加强对合龙段混凝土的养护,梁体受日照部位必须加以覆盖。

(3)为防止温度降低时两端梁体对合龙段新浇筑混凝土产生拉力,需临时张拉纵向预应力筋。

14.3.29　连续梁合龙时的体系转换、支座反力调整应符合设计要求。

14.3.30　边跨现浇梁段的梁底与支架之间应设置滑动装置,使合龙后的边跨现浇梁段可随全梁在支架上纵向滑动。

15　拱　　桥

15.1　一般规定

15.1.1　拱桥施工前应根据设计施工方案及要求和桥位地形、地质及施工条件等,编制施工组织设计和施工工艺设计。

15.1.2　拱圈(拱肋)放样应符合下列规定:

(1)样台应平整牢固,不变形。

(2)放样的比例应为1:1。

(3)宜采用半跨放样。

(4)放样时,水平长度偏差及拱轴线偏差应满足如下要求:当跨度大于20m时,不得大于计算跨度的1/5000;当跨度等于或小于20m时,不得大于4mm。

15.1.3　拱圈(拱肋)放样时的预加拱度,可根据跨度大小、拱架类型、拱架刚度、地质情况和荷载大小等因素综合决定,宜取计算跨度的1/500~1/1000。

拱桥的预加拱度在拱顶宜为总量,拱脚为零,其间按二次抛物线计算分配于各节点;对于小跨度拱桥可简化按直线比例分配。

大跨度拱桥的预加拱度,应符合设计要求。

15.1.4　拱架(包括梳形木)应按设计制造,并在放样台上放样,制成样板。

如采用常备构件拼装拱架,应进行刚度和稳定性检算。

15.1.5　拱架支承部分应置于可靠基础上,不得产生不均匀下沉。

钢拱架在安装前,应对支承面的高程、中线和跨度进行复测,复测无误后方可安装。

15.1.6　拱架无支承安装方法可采用悬臂拼装、半跨转体、浮运架设、悬索拼装等,也可综合使用上述方法进行安装。

15.1.7　拱架安装固定后,应测出拱架各节点高程,再安装梳形木。梳形木顶部高程允许偏差不应大于计算跨度的1/1000,且位于-1~3cm范围内。

15.1.8　拱圈(拱肋)施工时,应采取有效措施减少钢拱架发生的温度变形(包括因单侧日晒引起的扭曲现象)。

15.1.9　对于多跨连续拱桥,相邻孔的施工顺序应按设计控制条件确定,以减小相邻孔产生的不平衡水平推力。工序不宜划分过多,可按拱圈、边墙(或立柱、腹拱)和填腹(桥面系)三个工序安排。

15.1.10　拱圈(拱肋)使用千斤顶调整应力时,应按设计要求进行,千斤顶在拱圈截面内位置的偏差不得大于1cm。全部千斤顶应连成一个或两个系统,并分别进行控制。

15.1.11　拱圈封顶合龙时的温度和混凝土(砂浆)强度,必须符合设计要求,当无设计要求时,应符合下列规定:

(1)封顶合龙温度宜安排在昼夜平均温度接近年平均温度时进行。

(2)分段浇筑的拱圈,填塞空缝时混凝土(砂浆)应达到设计强度的50%。

(3)全宽浇筑的拱圈,浇筑封顶拱圈时,拱圈混凝土(砂浆)应达到设计强度的70%。

(4)拱顶合龙采用千斤顶调整应力时,已浇筑拱圈的混凝土(砂浆)应达到设计强度。

15.1.12　当拱圈(拱肋)混凝土(砂浆)达到设计强度的70%时,在拱上结构施工前,宜先卸落拱架,使之脱离拱圈(拱肋)。对于中小跨度拱桥,也可在拱上结构全部完成,待拱圈(拱肋)及拱上结构混凝土(砂浆)分别达到设计强度后,一次拆除拱架。

各片拱架应同时卸落,依次拆除。

拆除拱架时,应对称、少量、多次循环、逐步完成,并应观测、记录拱圈(拱肋)的变形情况。

15.1.13　当多孔拱桥的桥墩设计允许承受单孔施工时,可单孔拆除拱架。

当利用空腹式拱桥的拱圈设置吊点拆除拱架时,应检算拱圈的应力。

15.1.14　卸落拱架采用砂筒(箱)或木楔时,应符合下列规定:

(1)采用砂筒(箱)时,砂子应匀净干燥,并应预压到设计要求。泄砂孔及砂筒(箱)与活塞之间的缝隙应封闭严密。

(2)木楔应采用硬木,热油浸制,楔面涂润滑油。当跨度较大时,应将木楔安置于拱顶区段内方木与梳形木之间。

15.1.15　对于上承式拱桥拱上结构混凝土浇筑,应符合下列规定:

(1)拱上立柱混凝土宜从底部开始一次浇完。立柱上端的施工接缝,应设在横梁梗肋的底面上。

(2)桥面系的梁与板宜同时浇筑,当横梁过高浇筑困难时,可分别浇筑,其施工接缝应在板肋底面上。对直接支承在横梁上的板为桥面时,横梁和立柱应同时浇筑。

(3)两相邻伸缩缝间桥面板应一次浇完。

15.1.16　系杆拱桥施工应符合下列规定:

(1)系杆拱桥采用先拱后梁顺序施工时,在系梁施工完成之前,应采取临时措施限制拱脚位移。施工过程中的临时水平拉索,应分次分批张拉克服拱脚处水平推力,当无设计要求时,可采用系梁的上层永久预应力束作为临时拉索。

(2)拱肋拱脚混凝土应和系梁端横梁(隔板)混凝土一次浇筑成型。

(3)拱肋及横撑梁施工方法应符合设计要求,钢管混凝土拱肋及横撑施工可按本章第15.4小节的有关规定办理,钢筋混凝土拱肋与横撑混凝土须分开浇筑,但横撑端部混凝土应与拱肋同时浇筑。

(4)系梁施工方法应符合设计要求。当采用预制拼接和利用系梁上层预应力束作临时拉索方法施工时,预制梁段长度及梁体竖向混凝土分层浇筑位置、梁段安装顺序、接头方法等,均应符合设计要求。

(5)系梁梁体上层混凝土和接头混凝土浇筑前,应对系梁梁段及拱肋的高程及平面位置进行精调定位,保证吊杆位置和系梁线形符合设计要求。浇筑混凝土前应对临时水平拉索的套管进行检查、整修、清理,保证浇筑混凝土时不漏浆和使临时拉索顺利转换成永久拉索。

(6)系梁的横梁(隔板)施工方法应符合设计要求,当采用吊模现浇混凝土施工时,吊模支架及模板应经过设计计算,且具有足够强度和刚度。

(7)系梁和横梁(隔板)混凝土达到设计要求强度时方可进行预应力束张拉,张拉顺序及预应力值应符合设计要求。当张拉方法无设计要求时,应从两端同时张拉纵向通长预应力束,横向预应力束可单端张拉。

(8)吊杆位置、预应力张拉顺序及张拉力值均须符合设计要求。当张拉方法无设计要求时,可采

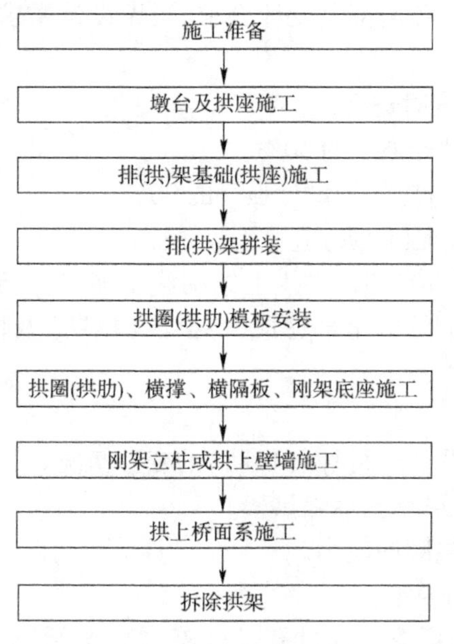

图4-37　上承式混凝土拱桥支架法施工流程图

用单端张拉,张拉过程中应观测拱肋及系梁高程和应力变化情况。

(9)系梁和拱肋设置向上预拱度应符合设计要求。

15.2　拱桥支架法施工

15.2.1　上承式混凝土拱桥采用支架法施工流程如图4-37所示,下承式混凝土拱桥采用支架法施工流程如图4-38所示。

15.2.2　上承式拱桥的施工,可按下列三个阶段进行:

(1)拱圈、横隔板、横撑、刚架底座应一次性连续浇筑,然后浇筑分段间隔槽。当拱圈需预施应力调整时,应符合本章第15.1.10条的规定。

(2)从拱脚向拱顶方向对称浇筑刚架立柱或拱上壁墙。

(3)从拱脚向拱顶方向对称浇筑桥面系。

(4)每一阶段混凝土达到设计强度后,方能进行下一阶段施工。

15.2.3　跨径等于或小于16m的拱圈或拱肋混凝土,应按拱圈全宽分段从两端拱脚向拱顶对称连续浇筑,并在拱脚混凝土初凝前全部完成。如预计不能在限定时间内完成,则应在拱脚预留一个间隔缝并最后浇筑间隔缝混凝土,间隔缝端面应与拱轴线相垂直。

15.2.4　跨径大于16m的拱圈或拱肋,应沿拱跨方向分段对称浇筑,分段位置、间隔槽宽度应符合设计要求。当无设计要求时,采用拱式拱架时,分段位置宜设置在拱架受力反弯点、拱架节点、拱顶及拱脚处;采用满布式拱架时分段位置宜设置在拱顶、$L/4$部位、拱脚及拱架节点处。各段的接缝面应与拱轴线垂直,各分段点应预留间隔槽。

15.2.5　两相邻拱段之间预留的间隔槽,不宜设在拱肋横撑、隔板、吊杆或刚架节点处。当使用千斤顶调整拱圈应力时,应在拱顶间隔槽内预留千斤顶位置。

间隔槽宽度宜为0.5～1.0m,并应满足对钢筋接头设置位置的要求。

15.2.6　拱圈底模铺好后,应标定拱圈(拱肋)中线、主筋、刚架、边模及混凝土分段浇筑的位置。

15.2.7　分段浇筑时,各分段混凝土应一次性连续浇筑完毕。因故中断时,应浇筑成垂直于拱轴线的施工缝。

15.2.8　下承式和中承式拱桥悬吊桥面系的混凝土,应在拆除拱架后浇筑。拱肋横撑混凝土应与拱肋分开浇筑,但横撑端部混凝土应与拱肋同时浇筑。横撑预留间隔槽端面应与横撑的轴线垂直。吊杆混凝土应在吊杆钢筋承受桥面系全部恒载后对称浇筑,以防止混凝土出现裂缝。

15.2.9　各拱段混凝土浇筑顺序应符合设计要求,与拱顶对称的拱段,应沿拱的全宽同时浇筑。

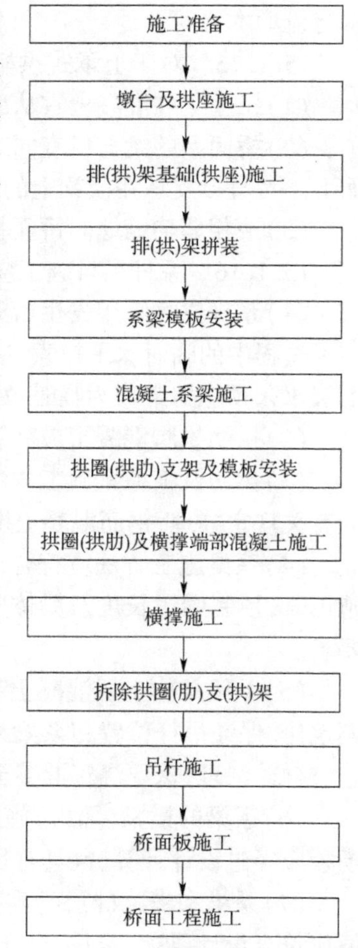

图4-38　下承式混凝土拱桥支架法施工流程图

在施工过程中,应随时观察拱架的变形情况,并应根据变形情况采用调整混凝土浇筑数量及速度或临时局部加载等措施纠正拱架变形。

15.2.10　当大跨度拱圈采用分层分段法浇筑混凝土时,各层的间隔槽不得错开,待各层拱段全部浇筑完毕,再填塞间隔槽。

分层浇筑时,应按有关规定和设计要求处理好层间混凝土的连接。除有设计要求外,前层混凝土达到设计强度30%以上时,方可浇筑次层混凝土。

15.2.11　对于间隔槽混凝土,应在拱圈各分段混凝土全部完成且强度达到设计强度70%和养护时间不少于7d后,方可对拱顶进行浇筑。拱顶间隔槽混凝土应最后浇筑,拱顶合龙温度应符合设计要求。当无设计要求时,宜安排在昼夜平均温度接近年平均温度时进行。

封顶前用千斤顶调整拱圈应力时,拱圈(包括间隔槽)混凝土强度应达设计强度。

填塞间隔槽时,应用坍落度较小的混凝土分层浇筑、捣固密实,新旧混凝土接缝面处理应符合设计要求和本章第6.7.4条的有关规定。

15.2.12　分段浇筑拱圈时,除有设计要求外,严禁沿拱圈采用通长钢筋,且全部钢筋接头应设在间隔槽内。

15.2.13　浇筑大跨径拱圈(拱肋)混凝土时,宜采用分环(层)分段法浇筑,也可沿纵向分成若干条幅,中间条幅先行浇筑合龙,再按横向对称、分次浇筑合龙其他条幅,其浇筑顺序和养护时间应根据拱架荷载和各环负荷条件通过计算确定,并应符合设计要求。

15.2.14　劲性骨架浇筑混凝土拱圈应符合下列规定:

(1)大跨径劲性骨架混凝土拱圈(拱肋)的浇筑,应严格按照设计方案及要求进行施工。当采用分环多工作面均衡浇筑法施工时,混凝土浇筑应严格按设计加载程序施作,并应在施工过程中跟踪监控劲性骨架变形情况。

(2)分环多工作面均衡浇筑劲性骨架混凝土拱圈(拱肋)时,可根据模板长度分成若干工作面,各工作面必须对称均衡浇筑,以保证劲性骨架变形均匀和稳定。

(3)浇筑劲性骨架混凝土拱圈(拱肋)时,应严格监测和控制钢骨架及先期混凝土层的竖、横向变形,发现对应断面竖向高差和横向位移不符合设计要求时,应及时分析原因并采取措施进行调整和纠正。

15.3　拱桥转体法施工

15.3.1　转体施工法一般适用于各类单孔拱桥的施工,其基本原理是:将拱圈或整个上部结构分为两个半跨,分别在河流两岸利用地形或简单支架现浇或预制装配半拱,然后利用动力装置将其两半跨拱体转动至桥轴线位置(或设计标高)合龙成拱。拱桥转体施工法根据转动方位的不同分为平转、竖转、平竖结合转体施工。

I　平转施工

15.3.2　平转施工可分为有平衡重平转、无平衡重平转。

15.3.3　平转施工(有平衡重) 流程如图4-39所示。

15.3.4　桥体混凝土达到设计规定强度或设计强度等级的80%时,方可分批、分级张拉扣索,同时应对扣索索力进行检测,允许偏差为±3%。当张拉达到设计应力时,桥体脱离支架成为以转盘为支点的悬臂平衡状态,再根据合龙高程(考虑合龙温度)的要求精调张拉扣索。

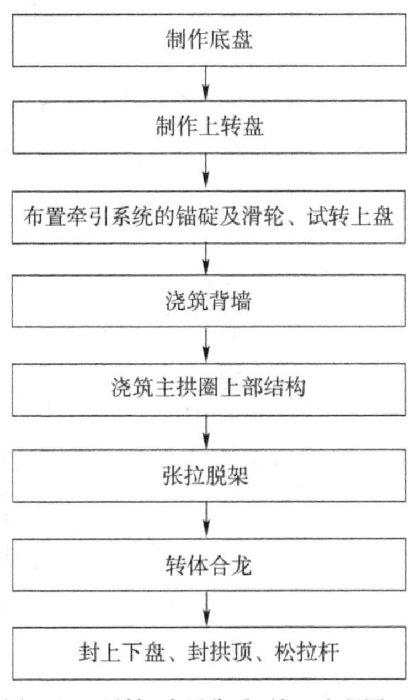

图4-39　平转(有平衡重)施工流程图

15.3.5　扣索施工应符合下列规定：

(1)扣索宜采用精扎螺纹钢筋、带扎丝锚的Ⅳ级圆钢筋、带镦头锚的高强钢丝、预应力钢绞线等高强材料,安全系数不应低于2。

(2)扣点应设在梁悬臂端点或拱顶点附近,控制好扣索合力作用点的位置,使桥体截面应力处于允许的受力状态。扣索的位置宜与所吊的拱肋在同一竖直面内。

(3)扣索锚点高程不应低于扣点,宜与通过锚点的水平线成0°~5°的角度,以利于扣索调整和桥体脱架。

(4)宜用千斤顶张拉扣索,张拉力先按设计张拉力控制,再按桥体脱开支架的要求适当调整。

(5)张拉前应设立桥轴向和桥轴向支撑以及拱体轴线上拱顶、3/8、1/4、1/8跨径处的平面位置和高程观测点,在张拉前和张拉过程中随时进行观测。

15.3.6　尾索张拉应符合下列规定：

(1)两组尾索应按照上下左右对称、均衡张拉的原则,对桥轴向和斜向尾索分次、分组交叉张拉。

(2)张拉一级荷载时,应按照上一级荷载张拉后的伸长值与拉索中的应力进行分析,调整本次张拉荷载,力求各尾索内力均衡。

(3)尾索张拉荷载达到设计要求后,应对尾索观测和内力测量1~3d,如发现内力损失导致尾索内力相差过大时,应再进行一次尾索张拉,以求均衡达到设计内力。

15.3.7　扣索与锚索之间通过置于扣、锚支承(桥台或立柱)的顶部交换梁相连接。有平衡重转体施工视情况利用桥台或另设临时配重。

15.3.8　当两岸拱体旋转至桥轴线位置就位后,两岸拱顶高程超差时,宜采用千斤顶张拉、松卸扣索的方法调整拱顶高程。

15.3.9　转体合龙应符合下列规定：

(1)严格控制桥体高程和轴线偏差符合要求,合龙接口允许相对偏差为±10mm。

(2)严格控制合龙温度。当温度与设计要求相差3℃或影响高程偏差在±10mm以上时,应计算温度影响,修正合龙高程。合龙过程应选择当日最低温度时进行。

(3)合龙时,应先采取钢楔刹尖等瞬时合龙措施,再施焊接头钢筋,浇筑接头混凝土,封固转盘。待混凝土达到设计强度的80%以上时,再分批、分级松扣,拆除扣、锚索。

15.3.10　牵引动力可用卷扬机、牵引式千斤顶等,也可用普通千斤顶斜置在上、下转盘之间。转动时应控制速度,通常角速度不宜大于0.01~0.02rad/min,桥体悬臂线速度不大于1.5~2.0m/min。

15.3.11　转动牵引力按式(4-9)进行计算：

$$T = \frac{2fGR}{3D} \tag{4-9}$$

式中：T——牵引力,kN;

G——转体总质量,kN;

R——铰柱半径,m;

D——牵引力偶臂,m;

f——摩擦系数,无试验数据时,可取静摩擦系数为0.1~0.12,动摩擦系数为0.06~0.09。

15.3.12　当台座和拱顶合龙口混凝土达到设计强度等级的75%后,可按下述规定拆除扣索：

(1)按对称均匀原则,分级卸除扣索,同时应复测扣索内力、拱轴线和高程。

(2)全部扣索卸除后,再测量轴线位置和高程。

Ⅱ　竖转施工

15.3.13　竖向转体施工有两种方式：一种是竖直向上预制半拱,然后向下转动成拱；另一种是

在桥面以下俯卧预制半拱,然后向上转动成拱。

15.3.14　竖转施工流程如图4-40所示。

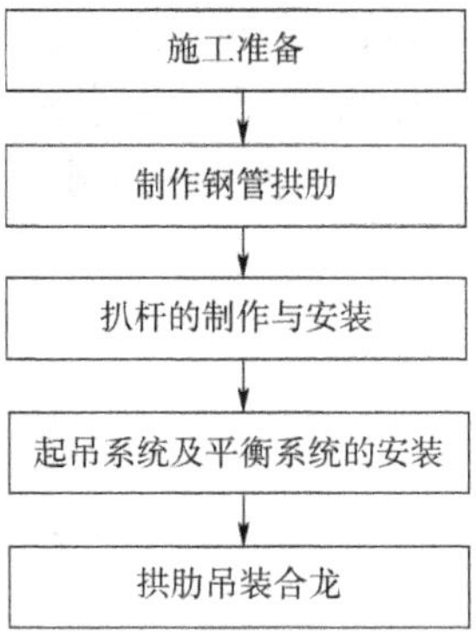

15.3.15　对混凝土肋拱、刚架拱、钢管混凝土拱,当地形、施工条件许可时,可选择竖转法施工。转动体系由转动铰、提升体系(动、定滑轮组,牵引绳等)、锚固体系(锚索、锚碇等)等组成。

15.3.16　待转桥体在桥轴线的河床上架设或拼装,应根据提升能力确定转动单元为单肋或双肋。

15.3.17　支承提升和锚固体系的台后临时塔架可由引桥墩或立柱代替,提升动力可选用30~80kN卷扬机。

15.3.18　转动时应符合下列规定:

施工准备
↓
制作钢管拱肋
↓
扒杆的制作与安装
↓
起吊系统及平衡系统的安装
↓
拱肋吊装合龙

图4-40　竖转施工流程图

(1)转动前应进行试转,以检验转动系统的可靠性。竖转速度可控制在0.005~0.01rad/min,提升质量大者宜采用较低的转速,以力求平稳。

(2)桥体竖转就位,调整高程和轴线,楔紧合龙缺口,焊接钢筋,浇筑合龙混凝土,封填转动铰至混凝土达到设计强度后,可拆除提升系统,进而完成竖转工作。

15.4　拱桥悬臂法施工

15.4.1　悬臂施工法是以桥墩为中心向两岸对称的、逐节悬臂接长的施工方法,分为悬臂浇筑法和悬臂拼装法两种。采用缆索吊装悬拼法施工钢管混凝土拱桥应符合本小节下列规定。

15.4.2　钢管混凝土拱肋施工流程如图4-41所示。

15.4.3　钢管混凝土拱桥所用钢管直径超过600mm的应采用卷制焊接管,卷制钢管宜在工厂进行。在有条件的情况下,应优先选用符合国家标准系列的成品焊接管。

15.4.4　钢管拱肋制作应按半跨拱肋进行1:1精确放样,同时考虑温度和焊接变形的影响,并精确确定合龙段的尺寸,直接取样下料加工。

15.4.5　拱肋节段焊接应与母材等强度焊接,对焊缝应100%进行超声波探伤检查。

15.4.6　在钢管拱肋制作过程中,应按设计施工方案要求设置混凝土压注孔、防倒流截止阀、排气孔及扣点、吊点节点板。采用整榀钢管对称压注、一次到位方法施工时,压注孔宜分别设在距拱座1.5~2.0m的位置。排气孔应设在拱肋钢管最高点及其两侧对称处不少于3个,排气管高度应高出拱肋最高点不小于1.5m。在钢管拱肋节段形成后,钢管外露面应按设计要求做长效防护处理。

15.4.7　钢管拱肋成拱过程中,应同时安装横向联结系。未安装横向联结系时,不得多于一个节段,并应采取临时横向稳定措施确保过程顺利完成。

15.4.8　节段间环焊缝的施焊应对称进行,施焊前保证节段间有可靠的临时连接并用定位板控制焊缝间隙,不得采用堆焊。对于合龙口的焊接或栓接作业,应选择在结构温度相对稳定的时间内尽快完成。

15.4.9　钢管混凝土压注施工流程如图4-42所示。

15.4.10　钢管混凝土压注施工前,应根据施工方案和混凝土拌合物运输距离等施工条件,对选用的混凝土泵机进行作业排量计算,据以选择配备与其相适应的混凝土拌合及运输设备,保证钢管混凝土压注施工连续进行。

15.4.11　泵压混凝土选择配合比时,应加入适量减水剂和膨胀剂,以便降低混凝土用水量,减小水灰比及孔隙率,增大流动性和提高混凝土强度,保证混凝土坍落度入泵时不小于18cm。

15.4.12　钢管内混凝土采用泵送顶升压注应按设计要求顺序施工,单榀钢管无设计要求时应由两拱脚至拱顶对称、均衡、一次压注完成。多榀钢管拱肋混凝土压注必须按设计要求施工。

15.4.13　钢管混凝土压注前应泵入适量水泥浆清洗管内污物、湿润管壁,然后再压注混凝土,直至钢管顶端排气孔排出合格的混凝土。压注混凝土完成后应关闭设于压注口的倒流截止阀。管内混凝土的压注应连续进行,不得中断。施工过程中,应通过调节两端泵送混凝土速度及节奏,控制两侧混凝土顶面高差在100cm以内,同时应做好压注混凝土过程中的排气工作,必要时可采用间停泵送,以便充分排出气体和浮浆。

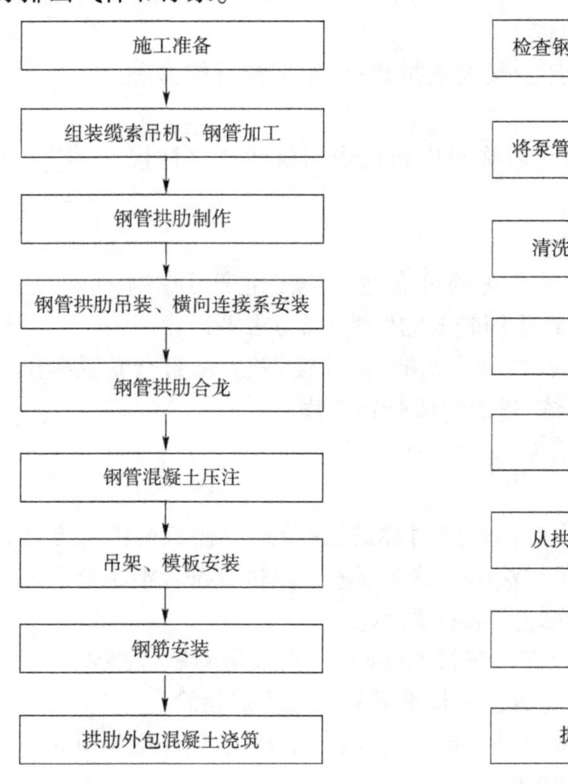

图4-41 钢管混凝土拱肋施工流程图

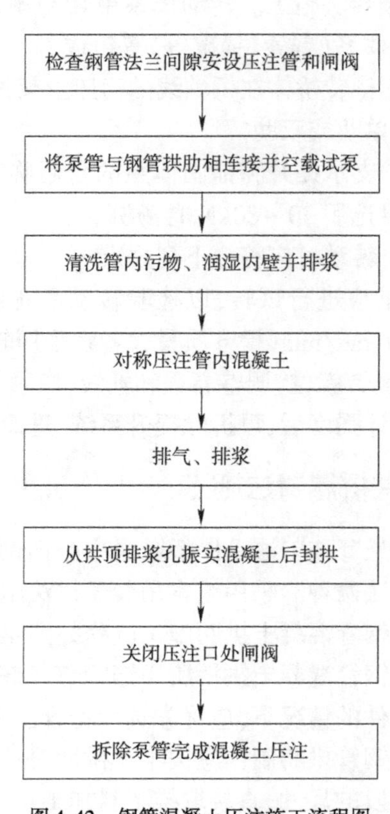

图4-42 钢管混凝土压注施工流程图

15.4.14 封拱时应采用低速、低压泵送混凝土,通过排气孔振捣检查混凝土无气泡、无浮浆时停止混凝土泵送,关闭压注口倒流截止阀,拆除泵管结束泵压混凝土施工。

15.4.15 钢管混凝土达到设计要求强度后,在钢管拱肋上安装吊架、模板、浇筑拱肋外包混凝土应符合下列规定:

(1)钢管拱肋外包混凝土支(吊)架及模板须经过设计计算,具有足够强度和刚度,安装和拆除时应按施工工艺设计施作,保证人员及设备安全。

(2)钢筋布置应符合设计要求。

(3)外包混凝土浇筑应符合设计要求,无设计要求时应符合本章第15.2.14条的有关规定。

16 涵 洞

16.1 一般规定

16.1.1 涵洞开工前,除应按本章第3节的有关规定做施工准备外,还应对涵位、孔径、涵长、方向以及对排灌系统的连接等,结合现场实际与设计文件进行核对。

16.1.2 涵洞基础施工应符合本章第6节的有关规定,并按设计要求进行地基处理。

16.1.3 基坑开挖经检验合格后,应及时进行涵洞基础和其他部位施工。

16.1.4 涵洞沉降控制应符合设计要求,沉降缝端面应竖直、平整,上下不得交错搭压。填缝材

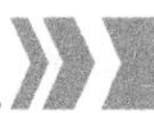

料应具有弹韧性、不透水性和耐久性,并应连续填塞密实。

圆形涵洞和盖板涵的沉降缝,应设在管节或盖板的接缝处,管节或盖板不得搭压管座基础或边墙的沉降缝。

防水层类型应符合设计要求,应具有防水、耐久、黏结牢固的弹性及韧性。

16.1.5　涵洞进出口的沟床应整理顺直,铺砌工程应与上下游沟床、排水设施连接圆顺、稳固,流水畅通。

帽石和端、翼墙应平直、无翘曲现象,并应棱角鲜明、表面整洁。

16.1.6　涵洞处路堤缺口填筑,应符合设计要求,当未提出设计要求时,应符合下列规定:

(1)填筑施工应待涵身结构混凝土或砌体砂浆达到设计强度后进行。

(2)填筑必须从涵身两侧同时、对称、水平、分层施工,并应逐层碾压密实。当涵顶填筑厚度超过1.0m后,方可通行大型机械。

(3)涵洞两侧紧靠边、翼墙和涵顶1.0m以内,宜采用人工配合小型机械的方法夯填密实,并应防止小型机械碰撞、推压结构物。

(4)填石路堤的填料和施工应符合设计要求,并不得破坏涵洞的防水层。当未提出设计要求时,涵身顶面以上1.0m度高内应分三层填筑:底层填筑20cm厚黏性土;中层填筑50cm厚碎石、卵石或粗砂、中砂;顶面填筑30cm厚小片石。在涵身两侧两倍孔径的宽度范围内,应堆码片石至涵身顶面以上1.0m高度。

16.1.7　混凝土或钢筋混凝土预制构件,在移动装卸、运输、支垫过程中,应防止碰撞,不得用金属或其他坚硬垫块支垫。

16.2　圆形涵洞

16.2.1　圆形涵洞施工流程如图4-43所示。

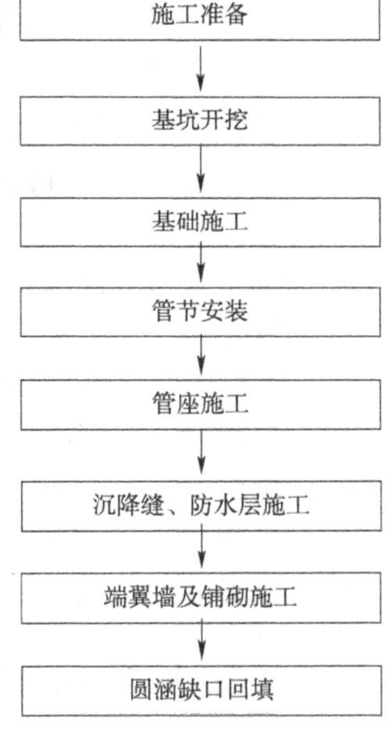

图4-43　圆形涵洞施工流程图

16.2.2　钢筋混凝土圆管制作应符合下列规定:

(1)钢筋混凝土圆管宜在预制场集中制作。

(2)管节端面应平直并与其轴线垂直,斜交涵洞进出口管节的外端面,应按设计斜交角度进行处理。

(3)管节内外壁表面应光滑圆顺,无蜂窝麻面和露筋等缺陷,钢筋保护层厚度应符合设计要求。

(4)管节混凝土强度符合设计要求。

16.2.3　当圆形涵洞设计为混凝土或砌体基础时,应设置混凝土管座,其顶部弧形面应与管身密贴。

16.2.4　当圆形涵洞设计为无基涵洞时,应采取将管座土层夯压密实或回填砂垫层等措施,然后做成与管身密贴的弧形管座,并符合设计要求。

16.2.5　安装管节应符合下列规定:

(1)管节应按设计坡度安装,每一沉降段内管底内壁应调整平顺,管节必须坐稳垫实;管座范围内基础顶面应清洗干净,不得有泥土等杂物。

无基涵安装管节时,应保持管座形状完整;管节安装定位后,管节两侧应用与管座相同的材料填实。

(2)插口管接口应按承插口迎水面安装,接口应平直,环形间隙应均匀,并按设计要求的防水材料将环形间隙填塞密实。

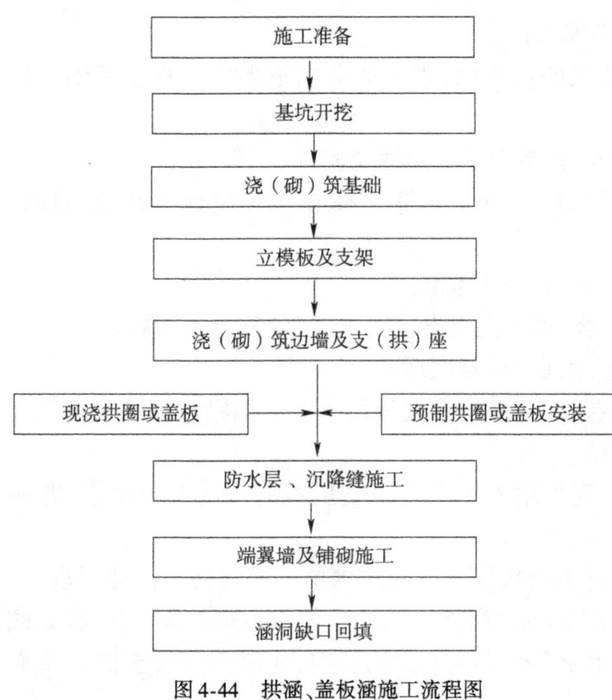

图4-44 拱涵、盖板涵施工流程图

平口管接口宽度应为1.0~2.0cm,表面应平直,采用设计要求的防水材料填塞密实。

所有接口不得出现间断、裂隙、空鼓、漏水等现象。

16.3 拱涵、盖板涵

16.3.1 拱涵、盖板涵可现场浇筑或预制安装,其施工流程如图4-44所示。

16.3.2 拱圈和盖板现场浇筑宜采用钢模板,并按设计沉降段连续进行;当不能一次连续完成时,可按垂直涵身轴线方向设置施工缝,分段浇筑,并符合本章第16.1.4条的规定。

16.3.3 现场浇筑拱圈和拱上端墙应由拱脚向拱顶同时、对称施工。

16.3.4 预制拱圈和盖板及安装应符合下列规定:

(1)预制拱圈和盖板的宽度,应按起重设备和运输能力确定;吊装孔或吊装环的位置和制环钢筋应符合设计要求。

(2)预制拱圈和盖板的混凝土,达到设计要求的强度后,方可进行吊运和安装。

(3)安装前应检验成品和涵身与安装有关部位的质量,影响安装的部位应提前整修达到标准。

(4)安装结合面应刷洗干净;安装时应浇水润湿,按设计要求的水泥砂浆等级将接缝填满、塞实后抹平表面。

16.3.5 支(拱)架拆除和涵顶填土应符合下列规定:

(1)混凝土或砌体达到设计强度的75%后可拆除支(拱)架,但必须达到设计强度后,方可进行涵顶填土。

(2)当支(拱)架未拆除时,混凝土或砌体达到设计强度的75%后,可进行涵顶填土,但必须达到设计强度后,方可拆除支(拱)架。

16.4 矩形涵、框架涵

16.4.1 矩形涵施工流程如图4-45所示。

16.4.2 当矩形涵设计为无基涵洞时,应采取夯实天然基础或换填砂垫层等措施。

16.4.3 拼装式矩形涵施工应符合下列规定:

(1)预制涵节宜采用钢模板,当采用木模板时,应具有足够的刚度,且内外模板间应设有控制涵节尺寸的措施。

(2)拼装前应将结合面刷洗干净,影响拼接的部位应提前整修达到标准。

(3)可从线路中心向上下游依次进行拼装,拼装过程应防止碰撞。涵节底面应填满垫实,接缝位置和宽度符合设计要求,并按设计要求的水泥砂浆等级填满,塞实后抹平表面。

(4)涵节结合面水泥砂浆达到设计强度后方可填筑路基。

16.4.4 框架涵施工流程如图4-46所示。

图4-45　矩形涵施工流程图　　图4-46　框架涵施工流程图

16.4.5　就地浇筑框架涵除应符合下列规定：

(1)涵身混凝土可分两阶段浇筑：先浇筑底板(包括下梗肋)，当底板混凝土强度达到设计强度的50%后，再浇筑中、边墙及顶板混凝土。当两阶段浇筑有困难时，也可分为三阶段浇筑，但中、边墙的施工缝不应设在同一水平面上。

(2)施工缝应平直、无错台和漏浆等现象，对施工缝进行处理后再浇筑上部混凝土。

(3)拆除顶板模板时，混凝土强度应符合设计要求。

16.5　渡槽、倒虹吸管

16.5.1　渡槽施工流程如图4-47所示。

16.5.2　渡槽施工应符合下列规定：

(1)渡槽施工必须确保原有水渠输水畅通。

(2)当槽梁设计为U形时，可采用反置浇筑混凝土的方法预制槽梁。

(3)槽梁必须达到设计强度后，方可进行起吊和架设，架设时不得与墩、台和已架设的槽梁碰撞。

(4)支座安装应平整、垫实。

(5)对于渡槽的梁与台和梁与梁的连接处，应在预留的止水缝或预埋止水缝螺栓以及槽梁架设就位后，安装止水缝和填塞止水材料，且符合设计要求并不得漏水。

(6)渡槽台尾端与进出口连接处的沉降缝，应按设计要求的防水材料和填缝深度施工，不得渗漏；边坡防护工程应按设计要求封缝。

16.5.3　倒虹吸管施工流程如图4-48所示。

16.5.4 倒虹吸管施工应符合下列规定:

(1)倒虹吸管的水平管,可采用预制管做内模、外套梁混凝土连续浇筑的方法施工。内模预制管安装时,应使用与外套梁同等级混凝土的垫块支稳垫实,内模管接缝采用高强度水泥砂浆封填密实,并经检验合格后,方可浇筑外套梁混凝土。混凝土应振捣密实并加强保湿养护工作。

图4-47 渡槽施工流程图　　图4-48 倒虹吸管施工流程图

(2)倒虹吸管进出口矩形槽止水缝和矩形槽与渠道加固连接处的沉降缝,应按设计要求做好塞缝。

(3)边坡防护工程应同时施工,并按设计要求封缝。

(4)倒虹吸管竣工后,进出口应及时完成上盖操作。

17 防水层和沉降缝

17.1 一般规定

17.1.1 防水层应具备防水、牢固、耐久和必要的弹韧性等性能。防水层及沉降缝所用原材料应按现行国家标准做性能检验,符合有关标准规定后方可使用。

17.1.2 构筑物基面、防水层和保护层表面应平顺、不得有明显的凸凹,各层间必须黏连牢固。

17.1.3 防水层严禁在雨、雪天和5级以上强风天气时施工。

17.1.4 防水涂料在运输和保存时,严禁遇水和接近火源。在低温度环境(温度低于0℃)施工时,严禁用明火加热防水涂料。

17.2　桥面防水层、保护层

17.2.1　钢筋混凝土桥面防水层采用卷材类防水层,铺设位置及范围应符合设计要求。卷材类防水层由防水卷材与防水涂料组成,防水层结构如图4-49所示。

17.2.2　卷材类防水层的材料规格及质量规定:

(1)防水卷材当采用N类或L类氯化聚乙烯防水卷材时,N类防水材料为无复合层卷材,顶面压花成方格网状,纹高为0.1±0.02mm,铺设数量为25~30块/cm^2。L类防水卷材为纤维复合卷材,即双面热融复合无纺纤维布。防水卷材的规格及物理力学性能指标应符合设计要求和有关产品标准的规定。

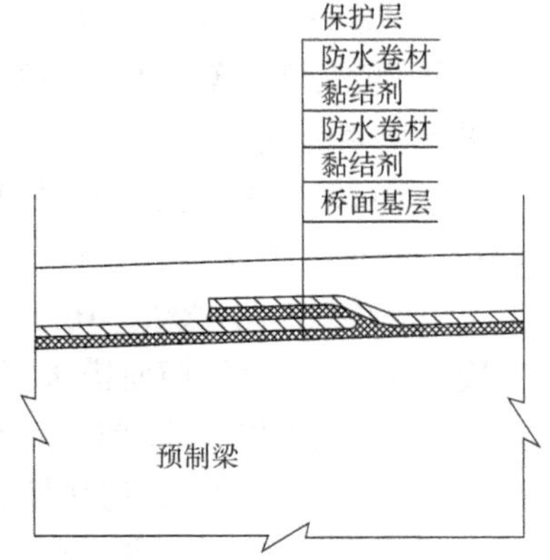

图4-49　卷材类防水层结构图

(2)黏结剂:N类防水卷材采用聚氨酯防水涂料粘贴,L类防水卷材采用聚氨酯防水涂料或水泥基胶黏结剂粘贴。

(3)聚氨酯防水涂料的物理力学性能,应符合有关产品标准的规定,施工时应按产品使用说明进行甲乙两种组分配制,每种组分的称量误差不得大于±2%。配制时,应按先主剂后固化剂的顺序将涂料投入容器内,固化剂掺入主剂后,应充分搅拌3~5min,待其混合均匀后方可使用。

(4)水泥基胶黏结剂,采用强度等级42.5普通硅酸盐水泥、390水泥基胶粉、增强剂及水进行搅拌,其技术标准应符合有关产品标准的规定,配合比例应符合设计要求。当无设计要求时,可按100kg水泥、30kg水、120g水泥基胶粉、800g增强剂配比配制。水泥基胶黏结剂的配制方法是:先将胶粉掺入水中搅拌5~8min后,再加入增强剂搅拌约2min,最后再加入水泥搅拌约10min即可使用。注意水泥基胶黏结剂应在4h内用完(超过4h禁止使用)。

(5)防水卷材通过黏结剂粘贴后,在拉、压应力幅为6MPa、200万次疲劳荷载作用下,防水卷材与混凝土应粘贴良好,无脱离、缝隙、裂缝。

(6)当设计采用其他类型防水材料时,应按设计要求和相关技术标准的规定进行施工。

17.2.3　混凝土桥面基层检查及处理:

(1)防水层施工前应对桥面基层进行验收,基层表面应做到平整、无尖锐异物、不起砂、不起皮及无凹凸不平,平整度用1m长靠尺测量空隙不大于3mm,空隙只允许平缓变化,每米不应超过一处。对于不符合上述要求的部位,可用凿除方法或采用水泥砂浆进行找平处理。

(2)桥面基层应无浮渣、浮灰、油污等,防撞墙根部应无蜂窝、麻面。铺设防水层前,应使用高压风(水)彻底清除基层表面灰尘。

(3)对蜂窝、麻面应作填补,并应在填补前清除蜂窝、麻面中的松散层、浮渣、浮灰、油污等,填补前应使之湿润。填补蜂窝、麻面的水泥浆中应添加适量类似107胶的水溶性胶黏剂,以增强其与基底的连接。

(4)采用聚氨酯防水涂料黏结剂涂刷时基层应干燥。基层干燥鉴别,可采用边长1m方形塑料布覆盖在基层上,采用阳光照射或用吹风机加热1h后观察,无水汽出现时即可视为干燥。

(5)采用水泥基胶黏结剂涂刷时,应对基层进行湿润检查,如太干燥应对基层进行表面湿润。雨期施工时,当确认雨停后基层表面无积水即可施工。

17.2.4　防水卷材铺贴施工应符合下列规定:

(1)使用防水卷材前,除应对产品包装上的制造厂名、产品名称、产品标准号、产品规格、制造日期、生产批号等进行检查外,还应按批次进行抽样检验,当质量符合设计要求和有关标准规定后方可使用。

(2)防水卷材铺贴应按水流方向从低到高、从下往上进行施工,挡渣墙根部及泄水管处应先做防水附加层,附加层卷材厚度不小于0.5mm(不含无纺布)。附加层卷材应用聚氨酯涂料或水泥基胶黏结剂粘贴。

(3)铺贴防水卷材时,黏结剂应涂刮均匀,厚度应控制在1.2~1.5mm,防水卷材搭接处两层之间的黏结剂厚度不得小于1mm。

(4)铺贴防水卷材时,应边涂黏结剂边铺贴卷材,同时用橡皮刮板在卷材上部来回刮实,严禁出现起鼓、起泡等现象。卷材铺贴应做到平直,卷材的搭接缝应使用聚氨酯防水涂料或水泥基胶黏结剂进行密封处理。

(5)对铺贴好的防水卷材应进行保护。除正常养护外,在防水层胶黏材料固化前,不得在其上行走和进行下道工序施工作业。

(6)当梁的跨度大于16m时,允许防水卷材纵向搭接一次,搭接宽度不得小于120mm。横向搭接应采用整幅卷材,横向搭接宽度不得小于100mm。

(7)对铺贴的防水卷材应及时进行质量跟踪检查,可用肉眼观察有无空鼓、起泡、翘边等现象,如出现空鼓、起泡等现象应及时进行补救处理,保证防水层黏结牢固。

(8)铺贴防水卷材时,气温不得高于35℃和低于5℃。当气温高于35℃或低于5℃时,应采取措施使施工场所气温保持在上述允许范围,否则不得进行施工。

17.2.5 保护层采用C40细石纤维混凝土,可采用聚丙烯纤维网或聚丙烯腈纤维拌和混凝土。保护层纤维混凝土指标及所用材料的规格、质量、性能等应符合设计要求,当设计无要求时,应符合《城际铁路轨道交通桥梁防水体系》的有关规定,即纤维混凝土材料应满足如下要求:水泥采用强度等级42.5普通硅酸盐水泥,中砂粒径小于1mm,碎石粒径不大于10mm,聚丙烯纤维网及聚丙烯腈纤维在混凝土中掺量分别为1.8kg/m^{3}及1.0kg/m^3。

17.2.6 保护层纤维混凝土施工应符合下列规定:

(1)纤维混凝土应采用强制搅拌,施工时应将各种材料同时倒入强制拌和机中搅拌,搅拌时间应不少于3min。

(2)将混合均匀的纤维混凝土均匀铺在防水层上,使用平板振捣器进行轻缓振捣,振捣时间应达20s左右,直到无可见空洞为止。

(3)抹面应在混凝土接近初凝时进行,抹面工具表面应光滑,以免带出纤维。

(4)保护层制作完成后,应采用覆盖措施保持其表面潮湿。常温条件下进行自然养护时,当环境相对湿度小于60%时,保湿养护应不少于28d;相对湿度在60%以上时,保湿养护应不少于14d。

17.2.7 保护层应按桥面纵向每隔4m设置一道宽约10mm、深约20mm的横向断缝,当保护层混凝土强度达到设计强度的50%以上时,用聚氨酯防水涂料将断缝填实、填满,并不得污染保护层及梁体。

17.2.8 纤维混凝土保护层厚度和顶面的流水坡应符合设计要求,表面应平整,排水应畅通。

17.3 涵洞防水层、保护层

17.3.1 涵洞的沥青防水层分甲、乙、丙三种,使用范围和铺设位置、尺寸等应符合设计要求。

(1)甲种防水层:再生橡胶沥青涂料型防水层即"二布三涂"冷作再生橡胶沥青防水层,防水层结构如图4-50所示。

(2)乙种防水层:采用沥青砂胶作防水层兼保护层。

(3)丙种防水层:在需设防水层的混凝土表面上涂刷再生橡胶沥青涂料作为防水层。

17.3.2 "二布三涂"冷作再生橡胶沥青防水层(甲种防水层)的保护层应符合设计要求。当无设计要求时，钢筋混凝土盖板涵板顶填土高度不大于1m时，可采用M40水泥砂浆钢丝网保护层。板顶填土高度大于1m的钢筋混凝土盖板涵及拱涵、钢筋混凝土圆管沉降缝的甲种防水层外面和丙种防水层外面，需包一层15～20cm厚的不透水土壤作保护层。

17.3.3　防水层的混凝土基面检查及缺陷处理，应符合本章第16.2.3条的有关规定。

17.3.4　甲种防水层施工应符合下列规定：

(1)防水卷材采用中碱玻璃纤维布，防水涂料采用再生橡胶沥青防水涂料(分为溶剂型和水乳型)，其规格、质量标准应符合现行有关标准的规定。

(2)防水层的混凝土基面必须清理干净。使用溶剂型涂料时，基面必须保持干燥，使用水乳型涂料时基面可略显潮湿，但不得有积水。

(3)防水涂料应涂刷均匀，厚度一致，不得漏刷。涂料在涂刷前应充分搅拌均匀。

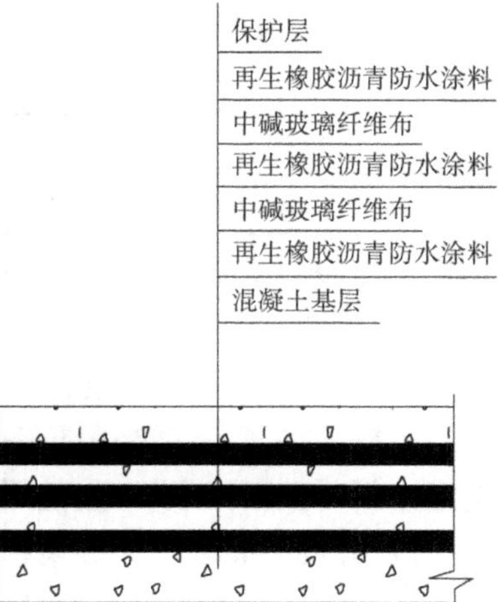

图4-50　再生橡胶沥青“二布三涂”冷作防水层结构图

(4)玻璃纤维布铺贴，应沿纵向从一端开始，采用后退铺贴方式紧跟涂料涂刷进行施作，并应采用橡胶磙磙压，使涂料浸透玻璃纤维布，直到无白茬为止。

(5)铺贴玻璃纤维布时，可将布幅边缘每隔1m剪一长度不大于10mm的小口，以便将玻璃纤维布拉直，铺贴平整、紧密。

(6)玻璃纤维布应顺流水方向搭接，搭接宽度不应小于200mm，搭接处应涂刷防水涂料粘牢。

(7)第二层涂料及玻璃纤维布涂铺，须待第一层涂料干燥具有一定强度，且可以承受施工人员踩踏后，方可进行施工。

(8)最后一层涂料涂刷，须待第二层涂料干燥具有一定强度，且可以承受施工人员踩踏后，方可进行涂刷。

(9)玻璃纤维布应粘贴紧密，表面应平整，无皱折、鼓泡、翘边等缺陷。

(10)“二布三涂”冷作再生橡胶沥青防水层施工气温应符合如下要求：使用水乳型再生橡胶沥青涂料时不低于5℃，使用溶剂型再生橡胶沥青涂料时不低于-15℃。溶剂型涂料在低温施工时，可将涂料用蒸汽间接预热(严禁使用明火加热)，以降低稠度和便于操作。施工时，各种涂料不得敞口放置，用后应及时将容器盖盖严，溶剂型涂料应注意防火。

17.3.5　乙种防水层(沥青砂胶)所用的沥青应采用石油沥青，其软化点不得低于50℃，针入度在25℃时不得低于30(1/10mm)，延伸度在25℃时不得低于30cm。

17.3.6　沥青砂胶用石粉颗粒级配应符合表4-8的规定。

沥青砂胶用石粉颗粒级配　　表4-8

目数(目)	筛孔净宽(mm)	通过率(%)
30	0.59	100
200	0.071	85～100

17.3.7　沥青砂胶用砂颗粒级配应符合表4-9的规定。

沥青砂胶用砂颗粒级配　　表4-9

目数(目)	筛孔净宽(mm)	通过率(%)	目数(目)	筛孔净宽(mm)	通过率(%)
10	2.00	100	80	0.18	10～70
40	0.45	60～90	200	0.071	0～55

17.3.8 沥青砂胶配合比(质量比),应参考表4-10所列配合比,经试验后决定。

沥青砂胶配合比(质量比)　　表4-10

材料	石油沥青	砂	石粉
配合比(%)	10~15	72~78	12~13

17.3.9 铺设沥青砂胶防水层的混凝土基面,必须清洁、干燥。沥青砂胶应碾压密实,表面应拍平、不得有凹坑、裂缝等缺陷,厚度及表面坡度应符合设计要求,铺设温度宜保持在120~150℃。

17.3.10 对于丙种防水层的设置,只需在混凝土基面上分两层涂刷再生橡胶沥青防水涂料,第二层涂料须在第一层涂料具有一定强度后方可进行涂刷。防水层混凝土基面必须清理干净,使用溶剂型涂料时基面必须干燥,使用水乳型涂料时,基面可略显潮湿,但不得有积水。

17.3.11 M40水泥砂浆钢丝网保护层,水泥应用不低于42.5普通硅酸盐水泥,细骨料应用粒径0.3~0.5mm、含泥量不大于3%的中砂。钢丝网应用普通低碳冷拉钢丝直径为1mm、直线编织孔径为20mm的钢丝网。钢丝网应置于水泥砂浆表面下10mm处。

17.4 沉降缝

17.4.1 填塞沉降缝前,必须将沉降缝清扫干净,并保持干燥。填塞材料应符合设计要求。

17.4.2 有基无压涵洞沉降缝施工应符合下列规定:

(1)沉降缝外侧用再生橡胶沥青浸制麻绳等弹性耐久材料填塞深约5cm,内侧用M10水泥砂浆填塞深约15cm。在沉降缝外面敷设一层0.5m宽的甲种防水层,防水层应铺至基础顶面以下20 cm。

(2)基础部分的沉降缝可将原施工时嵌入的沥青木板留做防水用,如施工时不用木板,应用黏土或亚黏土填塞密实。

(3)沉降缝内、外侧塞缝应连续贯通、填塞密实、外表光洁、不得漏水。

(4)钢筋混凝土圆涵的非沉降缝涵节接缝,内外侧用M10水泥砂浆勾缝深约3cm,外侧按沉降缝标准敷设50cm宽甲种防水层。

17.4.3 无基及有压涵洞和渡槽沉降缝,应按设计要求进行施工。

17.4.4 安装橡胶止水带应符合下列规定:

(1)止水带接头应连接牢固,密不透水。

(2)止水带接头应设在沉降缝的平直部位,不得设在沉降缝的转角处。

(3)施工时,止水带位置应按设计要求设置正确。当采用埋入式止水带时,浇筑混凝土前必须将止水带清洗干净。

(4)采用螺栓安装时,止水带与夹板及预埋件之间均应采用石棉纸或软金属片补垫严密。

17.4.5 西北部雨水极少地区和其他类似地区(指历年平均年降雨量在200mm以下,同时历年日平均降雨量在30mm以下的地区),沉降缝防水层应按设计要求办理。

18 桥梁支座

18.1 一般规定

18.1.1 桥梁支座安装施工流程如图4-51所示。

18.1.2 桥梁支座进入工地后,除应检验支座包装标志与产品合格证等是否相符外,应对支座外形尺寸、外观质量和组装质量进行检验,当支座品种、类型、性能、规格、结构和涂装质量均符合设计要求和相关标准规定后,方可进行安装。盆式橡胶支座、圆柱面钢支座等新型支座,宜在安装前拆开包装,检查支座组装位置是否正确、组装后全高是否符合设计及相关标准要求,检查时不得松动临时连接螺栓。

18.1.3 各类支座工地检验项目应包括:

(1)盆式橡胶支座:支座型号、适用温度,支座组装后的整体高度、上下座板螺栓孔中心距,橡胶承压板及密封圈外露面和钢件表面缺陷等外观质量。

(2)板式橡胶支座:支座名称代号、规格尺寸、使用性能、适用温度、上下座板螺栓孔间距,橡胶板的外观质量。

(3)钢支座:支座型号、性能、组装后全高、上下座板(上下摆)螺栓孔中心距,支座铸件不加工面及机加工面的外观缺陷,支座防锈涂装及受力接触面润滑涂油情况。

18.1.4 桥梁支座安装前,应检查墩台跨距及距离、支承垫石顶面尺寸、高程及平整度和锚栓预留孔位置及尺寸,发现不符合设计要求和相关标准规定时,应提前进行处理。支承垫石顶面应划线标明支座下座板的纵、横中心线,并设置高程标点。

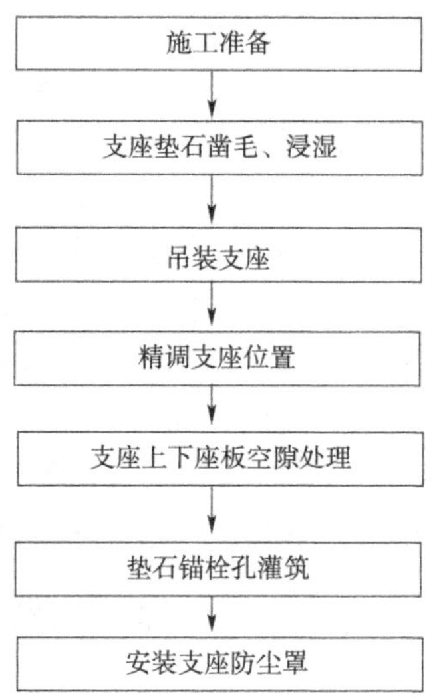

图4-51 桥梁支座安装施工流程图

18.1.5 桥梁支座安装前,应将支承垫石和锚拴孔清理干净,做到无泥土、无浮砂、无积水雪冰及油污,并对支座范围的支承垫石进行凿毛处理。

18.1.6 桥梁支座安装应符合下列规定:

(1)桥梁支座应根据设计线路纵向坡度和设计要求选用支座类型。

(2)支座上、下座板应水平安装,坡道上的桥梁支座安装方法应符合设计要求。当采用上座板可调整纵坡的支座时,下座板应水平安装,上座板应按设计要求松紧顺桥向支座两边的临时连接螺栓调整纵坡,并使调坡后的支座上、下座板顺桥向水平投影保持重合,偏差不得大于0.5mm。

(3)固定支座上、下座板应互相对正。纵向活动支座上、下座板横向应对正,纵向应根据支座实际安装温度与设计安装温度之差和梁体混凝土未完成收缩、徐变量及弹性压缩量计算预留错动量,计算方法可参照本章附件7。

(4)固定支座和活动支座位置和方向必须符合设计要求。支座上、下座板与梁底及支承垫石之间和支座各层承压面之间应密贴、无缝隙,整孔桥梁支座应均匀受力无“三条腿”,支座配件应齐全无损伤,锚栓螺母应拧紧、无松动。

18.1.7 桥梁支座安装因成品梁或墩台偏差等影响致伸缩缝偏小时,应在保持梁梗竖直和桥梁顶面中心线与墩台纵向中心线相一致条件下,按下列原则调整支座位置:

(1)纵向偏差应在保证梁体活动端自由伸缩条件下,将偏差向梁体两端分配。

(2)横向偏差应在保证桥梁顶面宽度符合设计要求和梁片间缝宽度满足挡渣盖板安装要求条件下,向墩台中心两侧分配。

18.1.8 支座上下座板空隙处理应符合下列规定:

(1)安装桥梁支座过程中,发现支座下座板与支承垫石间有空隙时,应先将支承垫石顶面支座范围凿毛并清理干净、用水浸湿,然后用设计要求的材料坐浆或压力注浆垫实,当无设计材料要求时,应使用铺设适当厚度的M50干硬性无收缩水泥砂浆坐浆垫实或使用不低于垫石混凝土设计强度的注浆材料压浆垫实。

(2)采用坐浆法施工时,砂浆垫层必须夯实,顶面应平整、高程应符合设计要求,安装支座后应将下座板四周垫层砂浆砸实整修成坡度不超过1:1的斜面,并覆盖完整,保湿保温不少于24h。

(3)支座下座板与支承垫石间用作调整支座高度的铁楔,应在垫层材料达到设计要求强度(无设计要求时,可按设计强度的70%处理)后取出,并将孔洞用与垫层相同材料的干硬性砂浆填堵密实。

(4)支座上座板与梁体预埋钢板间有空隙时,应采用注浆方法将空隙填满。注浆材料宜采用环氧树脂或聚氨酚涂料。

18.1.9 垫石支座锚栓安装应符合下列规定:

(1)桥梁支座锚栓的规格、质量、埋置深度和外露长度,必须符合设计要求和相关标准的规定。

(2)锚栓固结应在支座及锚栓位置调整准确后及时进行施工,墩台锚栓孔填料种类及质量应符合设计要求。当无设计要求时,应采用C30细石混凝土或M30水泥砂浆压力填实或分层填捣密实,并应做到锚栓孔孔口平整、无裂缝及积水。

(3)支座锚栓应在支座安装时安放入墩台锚栓预留孔中,并应使其与支座下座板保持垂直。严禁采用将锚栓下端标准弯钩截去后插入锚栓孔方法施工。

18.2 盆式橡胶支座

18.2.1 储存和搬运盆式橡胶支座时,应避免日晒、雨雪浸淋和抛掷、撞击,严禁与酸、碱、油类及有机溶剂等接触,并应保持清洁和距热源 lm 以上。

18.2.2 盆式橡胶支座应按工厂组装状态进行安装。必须在工地组装时,应用丙酮或酒精擦净支座相对滑动面的不锈钢板和聚四氟乙烯板表面的灰尘和杂质,支座的其他钢件表面应清除铁锈、灰尘和油污,钢盆中的橡胶板应在盆腔内清洁和均匀涂抹一层5201-2硅脂后,使用木槌将其轻轻敲入,并应使橡胶板与钢盆盆底密贴,确保无空气间层。

18.2.3 盆式橡胶支座的安装,除应符合本章第18.1小节的有关规定外,还应符合下列规定:

(1)固定支座和纵向、横向及多向活动支座的安装位置和方向必须符合设计要求。

(2)安装支座时,应先将支座安装在梁体上,然后随梁吊装对位安装到支承垫石上。支座安装完毕后,方可拆除支座的临时连接。

(3)盆式橡胶支座安装应按有关规定施作,保证每个支座反力与四个支座反力的平均值相差不大于±5%。支座与梁底及支承垫石接触面应密贴、无空隙。

(4)同一孔梁四个支座的对位允许偏差经检查确认符合有关规定后,方可同步平稳落梁,使四个支座均匀受力。

(5)应及时安装支座防尘罩,并应做到严密、牢固、栓钉齐全。防尘罩开启时,不应与防落梁装置或梁端限位装置相抵触。

18.3 板式橡胶支座

18.3.1 板式橡胶支座储存和搬运时,应避免日晒、水淋和严禁接触酸、碱、油类及有机溶剂等,并应保持清洁和距热源 lm 以上。

18.3.2 板式橡胶支座安装除应符合本章第18.1小节的规定外,还应符合下列规定:

(1)采用上下座板夹持橡胶板式支座时,固定支座和纵向活动支座的安装位置和方向必须符合设计要求,纵向活动支座的上下导向块应保持与梁体中线相平行和间隙均匀。支座橡胶板与上下座板轴线、固定支座纵横向和纵向活动支座纵向应对正安装。橡胶板与上下座板接触面应紧密、无脱空及松动。

(2)同一片梁两个支座对位允许偏差经检查确认符合现行有关规定后,方可同步平稳落梁,以防止支座偏心受压或局部超载产生初始剪切变形。落梁后发现支座对位超过允许偏差时,应将梁体吊起重放,不得使用撬棍等强行拨移支座就位。

18.3.3 安装板式橡胶支座后,一旦发现下列情况,应及时进行调整:

(1)个别支座脱空,不均匀受力。

(2)支座偏压出现非均匀鼓出或局部脱空。

(3)支座发生较大初始剪切变形。

18.3.4 板式橡胶支座脱空或局部脱空时,应采用千斤顶将梁端顶起或采用钢楔将支座下座板顶起,在支座下座板底面铺垫或压注 M30 水泥砂浆消除脱空。

18.3.5 板式橡胶支座横向限位装置,应按设计要求设置准确,确保支座横向位移偏差不大于1mm。

18.4 钢支座

18.4.1 钢支座进入工地检验后,如发现铸件存在缺陷,应在安装支座前进行电焊修补并将其修磨平整、光洁。发现防锈漆脱落时,应按相关规定标准进行补涂。

18.4.2 储存钢支座时,应防止潮湿锈蚀和尘土污染。搬运钢支座时,其起吊、下落应缓慢进行,防止由于冲撞产生变形。

18.4.3 安(组)装弧形和摇、辊轴等普通钢支座前,应将支座弧形承压面及滑(滚)动面清理干净、涂满钙基润滑脂。支座的上座板应提前在梁体上进行试装,如发现问题应及时进行整改。

18.4.4 安装圆柱面、双曲面等新型钢支座前,不得松动支座临时连接螺栓。检查支座组装全高是否符合设计要求及相关标准规定,如完全符合,则应按工厂组装状态进行安装。支座安装完毕后,方可拆除支座临时连接设施。

18.4.5 安装钢支座时,小型支座应采用将支座整体安装在梁体上随梁吊装。大型支座则宜采用将支座下座板等部件临时安放在支承垫石上,将支座上座板安装在梁体上随梁吊装再对合进行支座安装。落梁时应先落固定支座,后落活动支座。

18.4.6 桥位拼装钢桁梁等大跨度桥梁,需要先行安装的摇辊轴等大型钢支座,应在支座各部件相对位置调整准确后,采取临时固定措施防止支座在施工过程中发生平面扭转及纵、横向位移。调整支座下座板高度应使用铁楔在支座四角抄垫稳固,当支座垫石顶面与支座下底板间隙大于50mm 时,应在铺垫或压注水泥砂浆时铺设一层 φ12@100×100mm 钢筋网。

18.4.7 钢支座安装除应符合本章第18.1小节的有关规定外,还应符合下列规定:

(1)支座安装应做到位置正确、平稳密贴,活动支座滑(滚)动面洁净润滑能保证梁体自由伸缩、转动,固定支座应稳固可靠。

(2)摇轴支座上座板槽口与中摆或固定支座头部之间的衔接、中摆底面与下座板槽口之间的衔接,顺桥方向前后空隙应均匀,允许偏差不大于±1mm。

(3)支座各层受力接触面之间应密贴、无缝隙。

(4)安装钢支座时,应保持支座各部件清洁,应按设计要求及时安装支座围板(防尘罩),围板(防尘罩)开启时,不应与防落梁装置或梁端限位装置相抵触。

19 桥面及附属结构

19.0.1 桥面及附属结构施工使用的材料品种、规格、质量,应符合设计要求和现行国家有关技术标准规定,施工前应经过检验,检验合格方可使用。

19.0.2 人行道角钢支架及栏杆、避车台及角钢支架、检查梯的位置、结构、尺寸和人行道栏杆内侧与相邻线路中心的距离,均应符合设计要求。栏杆顶面应安装平直顺畅,栏杆立柱高度应考虑梁跨中部拱度影响,保证栏杆高度符合设计要求。人行道及栏杆在梁的活动端,应按设计要求断开,不得妨碍桥梁伸缩。

19.0.3 人行道和避车台的角钢支架与梁体及墩台的连接,应符合设计要求,当连接螺栓防锈方法无设计要求时,应采用多元真空复合渗锌+达可乐技术+封闭层进行处理。

19.0.4 人行道混凝土步板的结构、尺寸、混凝土强度等级必须符合设计要求。预制时应标明上下面,铺设时不得倒置(翻面)安装。步板应安装平稳,顶面应平整无明显错台,板间缝隙应均匀顺直。

19.0.5 挡渣墙(块)结构、尺寸、位置及设置范围应符合设计要求。预制挡渣块安装前,应将桥梁挡渣墙顶面清理干净并浸湿,砌筑所用水泥砂浆强度等级应符合设计要求,砌筑时水泥砂浆应饱满密实,砌筑后应及时覆盖保湿养护,挡渣块顶面应齐平顺直,挡渣块间接缝应用 M10 水泥砂浆勾缝。

19.0.6 桥面泄水管的品种、规格、位置、伸出梁体表面长度应符合设计要求和现行有关技术标准的规定。挡渣墙内侧的泄水管 45°弯头方向应指向梁体外侧。

19.0.7 梁端伸缩缝预埋件的品种、规格、位置、螺栓外露长度应符合设计要求和现行有关技术标准规定。预制桥梁时,应准确定位、安装牢固。橡胶止水带和钢压板的品种、尺寸应符合设计要求和有关技术标准的规定,安装时橡胶止水带应与梁端预埋角钢密贴、无缝隙。

19.0.8 梁端及挡渣墙伸缩缝挡渣钢板的结构、尺寸应符合设计要求,栓钉焊接技术条件应符合《电弧螺柱焊用圆柱头焊钉》(GB/T 10433—2002)的相关规定。安装梁端挡渣钢板时,应按设计要求位置在挡渣钢板两侧铺设沥青防水胶砂,以调平和稳定挡渣钢板。

19.0.9 防护网的品种、网眼尺寸、结构、高度、位置及设置范围,应符合设计要求。防护网设置在挡渣墙上时,挡渣墙施工时应按设计要求预埋防护网立柱连接钢件。

19.0.10 声屏障的品种、规格、质量、结构、高度、位置及设置范围,应符合设计要求和现行有关技术标准的规定。

19.0.11 电缆槽的品种、规格、质量、位置、与人行道角钢支架连接方法及连接件的品种、规格、质量,均应符合设计要求和现行有关技术标准的规定。

19.0.12 接触网支柱基座在进行墩台施工时,应按设计要求位置、结构、尺寸预埋准确、牢固,基座螺栓的品种、规格、长度、间距应符合设计要求。

19.0.13 墩台围栏、吊篮和梁下检查车等检查设施的结构、尺寸、位置应符合设计要求。吊篮的混凝土踏板结构、尺寸、混凝土强度等级应符合设计要求,墩台施工时应按设计要求预埋好围栏、吊篮连接钢件。检查车安装完毕后,应进行走行试验。

19.0.14 桥面及附属结构的钢结构焊接方法、焊缝长度及高度等应符合设计要求,焊接工艺及焊接技术条件应符合有关技术标准的规定。

19.0.15 桥面及附属结构的钢结构外露表面防锈涂装应符合设计要求及相关规定。

20 环境保护

20.1 一般规定

20.1.1 铁路桥涵工程施工的环境保护要认真贯彻"预防为主,防治结合,综合治理"的原则,做到统一规划、合理布局、综合利用、化害为利,严格控制污染源,保护生态环境,并符合国家有关环境保护法律法规的要求。

20.1.2 桥涵施工组织设计应按设计要求,并结合工程实际,对施工中可能造成的环境破坏和不利影响提出具体预防措施并付诸实施。施工完成后,应及时清理施工垃圾,做到文明施工。

20.2　防止水土流失和污染

20.2.1　在桥涵工程施工中，对取弃土、弃渣场、临时用地应结合当地土地利用规划，统筹考虑。取弃土、弃渣要少占用耕地，保护植被和沿线的原有地形地貌。在土方运输过程中，应采取措施防止撒漏。

20.2.2　清洗施工机械、设备的废水、废油以及生活污水，不得直接排放于溪流、湖泊或其他水域中，也不得排泄于饮用水源附近的土地上，以防止污染水源和土地。

20.2.3　采用泥浆护壁进行钻孔桩施工时，应采取措施防止泥浆对环境造成污染。

20.3　防止空气和噪声污染

20.3.1　施工和各项临时设施，施工机械运输组装场地，材料加工厂，混凝土工厂等，均宜远离居民区并处于下风区。如无法满足时，应采取适当的防尘、防噪声等保护措施。

20.3.2　在城镇居民地区施工时，由机械设备和工艺操作所产生的噪声不能超过国家规定的建筑施工临界噪声排放标准，否则应采取消声措施。

20.3.3　工程用的粉末材料，不得散装散卸。露天堆存时，应防止尘埃飞扬和因水流失。

20.4　文物和景区保护

20.4.1　桥涵工程施工中应加强对文物、古迹的保护。在施工中发现文物古迹时，应立即与当地文物保护部门联系，并采取必要的保护措施。

20.4.2　在文物古迹附近进行桥涵施工时，应采取必要的措施加强对文物古迹的保护。施工不得损坏文物古迹。

20.4.3　在景区进行桥涵施工时，不得破坏景区的环境。施工结束后，应按设计要求进行必要的恢复。

本章条文说明

6.5.5 表4-5采用国家标准《建筑地基基础工程施工质量验收标准》(GB 50202—2018)规定的数值。

6.7.1 混凝土结构模板拆除时,混凝土强度应以混凝土结构物同条件养护的混凝土试件强度为准,混凝土强度增长情况可参考说明表4-1和说明表4-2估算。

拆除非承重模板的估计期限表 说明表4-1

混凝土强度(MPa)	水泥品种及强度等级	混凝土强度达2.5MPa所需时间(h)及硬化时昼夜平均温度(℃)						
		+5	+10	+15	+20	+25	+30	+35
20	32.5矿渣水泥	23	16	13	10	9	8	7
40	42.5矿渣水泥	22	10	9	7	6	5	5
	52.5普通水泥	15	11	9	8	6	5	4
	52.5硅酸盐水泥	14	9	7	6	4	4	4

注:1.本表拆模期限按混凝土强度达到2.5MPa的时间考虑。
2.当采用火山灰水泥、粉煤灰水泥时,可参照矿渣水泥考虑。
3.混凝土强度≤C15时,拆模时间应酌情予以延长。

拆除承重模板的估计期限表 说明表4-2

达到设计强度(%)	水泥		拆模期限(d)及硬化时昼夜的平均温度(℃)						
	品种	强度等级	+5	+10	+15	+20	+25	+30	+35
50	硅酸盐、普通	52.5	6.5	5	4.2	3	3	2.5	2
	矿渣	42.5	17	13	9.5	6	4	3	2.5
	矿渣	32.5	18	15	12	8	6.5	5	3.8
70	硅酸盐、普通	52.5	11	9.5	8	6	4.5	3.5	3
	矿渣	42.5	31	19	14	11.5	8.5	6	4.5
	矿渣	32.5	34	26	18	15	12.5	8.5	7
100	硅酸盐、普通	52.5	41	36	32	28	19	15	13
	矿渣	42.5	56	47	39	28	26	19	17
	矿渣	32.5	62	51	41	28	25	22	18

注:1.本表按C20级以上一般混凝土考虑。
2.火山灰水泥、粉煤灰水泥可参照表中矿渣水泥考虑。
3.普通水泥强度等级不超过42.5的,拆模期限应酌情予以延长。
4.采用干硬性、低流动性或掺有外加剂的混凝土时,拆模期限应通过试验确定。

6.7.4 基础与墩台身接缝混凝土凿毛时,混凝土强度增长情况可参考说明表4-3、说明表4-4和说明表4-5确定。

混凝土达到0.5MPa强度所需时间表(h) 说明表4-3

混凝土强度等级	日平均气温(℃)		
	5~15	16~20	21~30
30	10	7	4
15~20	11	8	5

混凝土达到1.2MPa强度所需时间表(d) 说明表4-4

水泥品种及强度等级	外界平均气温(℃)			
	≤5	≤10	≤15	>15
硅酸盐水泥及强度等级大于等于32.5的普通水泥	2.5	2.0	1.5	1.0
矿渣水泥、火山灰水泥、粉煤灰水泥及强度等级小于32.5的普通水泥	4.0	3.0	2.0	1.5

混凝土强度在不同温度下与龄期的关系表 说明表4-5

水泥种类	混凝土强度(%) / 强度龄期(d) / 平均温度(℃)	10	20	30	40	50	60	70	80	90	100
普通水泥	1	2.5	5	7.5	13	20	28	—	—	—	—
	5	1.8	3	5	8.5	13	21	28	—	—	—
	10	1.3	2	3	6	9	14	21	28	—	—
	15	1	1.5	2	4	7	10	14	21	28	—
	20	0.9	1.3	1.6	2.5	5	8	10	15	22	28
	25	0.8	1.1	1.4	2	4	6	8.5	12	15	20
	30	0.7	0.9	1.2	1.8	3	5	7	10	13	17
	35	0.6	0.7	1.0	1.6	2.5	4	6	8.5	11	14
矿渣水泥	1	5	10	15	28	—	—	—	—	—	—
	5	3.5	6	8.5	13	21	28	—	—	—	—
	10	2.7	5	7	10	13	19	25	30	—	—
	15	2	4	5.5	7.5	10	13	18	23	28	—
	20	1.5	2.8	4	6	8	11	14	18	23	28
	25	1.0	2	3	5	6.5	8	11	15	18	23
	30	0.8	1.4	2	3.5	5	6.8	9	12	15	19
	35	0.6	1	1.5	2.5	4	5	7	8.5	12	15

8.1.1 沉井施工前,应对施工范围的地质资料进行调研分析,并根据地质钻孔资料,摸清沉井施工可能遇到的各种障碍,有针对性地制定施工方案和采取相应措施,防止由于地质钻孔资料不充分导致施工中被迫处理障碍,进而延缓工期并造成经济损失。

8.1.2 沉井下沉时,位于邻近的部分土体可能随着下沉,因此土体范围内的堤防和建筑物将受到危害,故应根据设计提供的防护要求和安全措施进行下沉。尽量不采用抽水下沉方案,当采用不排水下沉方案时,应维持井内水位不低于井外水位,防止井外土沙涌入井内造成地面下沉。

8.2.1 根据土质、水流和风浪情况,可选用无围堰的土岛或有围堰的筑岛(围堰施工参见本章

第6.4小节的有关规定)。

在水深小于1.5m、流速不大的情况下,可采用无围堰的凸形土岛,即在有水的河床上填筑卵石、中砾石、粗砂和细砂等筑岛填料。在无水的滩地上,可先挖到初见地下水后,填筑砂砾,在其上筑造沉井。

刃脚下应满铺垫木,并使长短垫木相间布置。刃脚在直线段应垂直铺设,在弧线段应径向铺设。

沉井模板和钢筋的安装顺序为:刃脚斜面及隔墙底面模板→井孔模板→绑扎钢筋→设内外模间支撑→支立外模板→设内外模间连接筋→调整各部尺寸→全面紧固支顶、拉杆、拉箍→固定撑杆和拉缆。

当混凝土强度达到2.5MPa以上时,方可拆除直立的侧面模板,且应先内后外拆除。当混凝土强度达到70%后,方可拆除隔墙底面和刃脚斜面的支撑与模板,拆模的顺序为:井孔模板→外侧模板→隔墙支撑及模板→刃脚斜面支撑及模板。

拆除隔墙及刃脚下支撑应对称依次进行,宜从隔墙中部向两边拆除。拆除时,可先挖除支撑架垫木下面的砂,抽出支撑架及垫木。当支撑排架顶面(或底面)设有楔形木时,可先打掉楔形木,然后再拆除支撑。拆模后下沉抽垫前,仍应将刃脚下回填密实,防止下沉不均匀。

抽除垫木是沉井施工重要工序之一,当混凝土达到设计强度后方可抽除垫木。抽除垫木应按设计拟定的次序,分区、对称、同步抽除。同一编号垫木同时抽除并回填后,方可抽除下一编号的垫木。回填材料以粗、中砂和砂夹卵石为宜。在抽除垫木的过程中,应在沉井上下左右各设置观测点,观测其下沉量。当发现沉井向一侧倾斜度大于1%、一次抽除垫木后的下沉量超过上一次一倍、垫木被挤断和回填材料被挤出产生隆起或裂缝等现象时,应立即研究处理。

8.2.2 在水深流急筑岛困难的条件下修建沉井基础,可使用浮运沉井。浮运沉井种类较多,在中小河流上可采用钢丝网水泥薄壁浮运沉井,在大江大河上则可采用带钢气筒的浮运沉井。

钢丝网水泥薄壁浮运沉井是由角钢骨架、钢筋网、钢丝网和水泥砂浆组成。钢丝网水泥薄壁通常将钢筋网敷设在角钢制成的骨架上,再将若干层钢丝网均匀地铺设在钢筋网的两侧,外面抹以水泥砂浆,使之充满整个钢筋网和钢丝网之间的空隙,保护层厚为1~3mm。钢丝网水泥薄壁的特点是结构薄而轻,且具有足够的强度和刚度,入水后能自浮于水中。就位后,可向壳体内灌水使沉井落于河床后,再向壳体内浇筑水下混凝土,使空腹薄壁沉井变为重力式沉井。

带钢气筒的浮运沉井,其平面形状可为圆形、矩形或圆端形。底节钢沉井高约6m,有能自浮于水中的双壁钢刃脚,井壁内设有平面为井字形、八角形及扇形钢板梁,作为井壁的内支撑。各钢板梁间的底部形成V形隔舱壳体和空腹井壁,共同承受水压以浮托底节钢沉井质量。沉井在平面上设若干井孔,当底节钢沉井入水后,在井孔位置安装钢气筒,向气筒内充以压缩空气来浮托沉井,并按工序要求,调整充气量,以便沉井实现接高和下沉。

底节钢沉井、钢气筒及钢板梁可在工厂或工地加工制造,在岸边或导向船上平台组拼焊接成型,按设计文件规定的压力,经水压试验后浮运到墩位。可借助导向船、定位船及锚碇设备,将该节沉井悬浮锚碇于墩位上游适当位置。根据沉井在悬浮状态下的结构受力情况、水位和稳定等因素,逐步分批安装钢气筒、浇筑刃脚和井壁混凝土,接高井壁钢壳、浇筑井壳内混凝土,同时逐步向气筒内充气,以浮托调平沉井。待刃脚接近河底时,经复核测量、精确定位后,气筒放气,使沉井准确地落入河床。

沉井落入河床后,即可切除部分气筒顶盖,然后在井孔内取土,使沉井尽快下沉至稳定深度,最后完成水下切割气筒的操作。至此,浮运沉井便可同普通沉井一样,继续接高下沉,直至设计高程。

8.3.1 沉井下沉主要是通过从井孔中用机械或人工的方法均匀除土,削弱基底对刃脚的正面阻力和沉井壁与土之间的摩擦阻力后,依靠自身质量下沉。从井口内除土的方式有排水除土和不排水除土两种。在稳定的土层中且渗水量小(每平方米沉井面积渗水量小于$1m^3/h$)时,可采用排水除土下沉,对于不排水除土下沉的沉井,可采用抓泥、吸泥和射水交替作业。沉井下沉的辅助措施包括高压射水、炮震、压重、降低井内水位等。

8.3.2 无论采用任何下沉方法,井内除土应从中间开始,均匀、对称地逐步分层向刃脚进行。除沉井纠偏外,不得偏斜除土,以免沉井发生偏斜。正常情况下,应根据土质情况、沉井大小和入土深度等,控制井内除土深度及井孔间底面高差。

(1)近刃脚处,除清理风化岩及在胶结层外,除土面不宜低于刃脚。

(2)周边井孔的除土底面不宜低于刃脚 1 ~ 2m。

(3)中间井孔的除土底面不宜低于刃脚 2 ~ 3m。

(4)相邻井孔间底面高差不宜大于 0.5 ~ 1.5m。

(5)隔墙底部不得支撑于土层上。

在下沉过程中,应经常测量底面高程、下沉量、倾斜和位移,并随时注意纠偏。应及时观测沉井周围地面塌陷和开裂情况,以便采取有效措施,确保附近施工设施的安全。对于水中沉井,还应注意观测沉井周围河床的变化情况。冬期施工时,严禁将井内除土弃于井壁或井顶围堰附近,防止冻结后阻滞沉井下沉或造成井顶围堰开裂或向一侧倾斜,进而酿成事故。

8.3.4 沉井底节入水后,初步定位于墩位上游附近,并在悬浮状态下实现接高和下沉。在此期间,墩位处河床面的冲刷和淤积会不断变化,故应经常量测墩位处的河床的冲淤情况,以便及时采取措施,使墩位处的河床高差保持较小数值,以利于沉井接高下沉。

悬浮状态下沉井接高时,稳定性和水面上的高度是关键,故应经常核算沉井实有质量、沉井入水深度、稳定条件等是否与设计数据相符,并经常检查沉井与导向设备接触处的受力情况。

为使沉井尽快地全面沉入河床达到稳定,每次接高浇筑混凝土前,应先在气筒内放出与混凝土质量相当的气量,对河床进行预压。若此时沉井产生的倾斜在 1.5% 以内,且沉井的刃脚高程已达到低潮时沉井在悬浮状态下的刃脚高程,并保证其在低潮水位时不致产生较大的倾斜时,即可浇筑接高混凝土。若沉井仍产生倾斜,则可在气筒内补气调整。

当沉井位置的河床为斜面时,可在河床较高一侧的沉井外围吸泥或在沉井悬空的一侧抛填河卵石,防止河床继续冲刷,抛填卵石的粒径以不妨碍沉井取土下沉为度。

当沉井刃脚沉入河床后,若采取放气及加载的方式已不能有效地使沉井尽快下沉,应将靠中部和靠刃脚入土较深的边孔气筒顶盖割开,放入吸泥机吸泥,使之尽快下沉至稳定深度。此时,即可向井内灌水至与外平衡,由潜水员水下切割拆除气筒及钢壳。至此,浮运沉井即等同于普通沉井。

8.3.5 沉井产生位移和倾斜的原因一般有取土不均匀、刃脚下土层软硬不均、一边刃脚被障碍物搁住、井内大量翻砂外侧土压力不平衡等。纠正倾斜一般以在井顶高的一侧刃脚下偏除土为主,也有的采用外侧射水(或外侧偏除土)等措施。偏压重和顶部施加水平力的方法在沉井下沉初期才有效果。在承载力较差的软塑性土中,有的曾在沉井顶面设置悬臂桁架进行偏压重,使低侧刃脚压应力减少,高侧刃脚压应力增加,效果良好;有的采用在低侧刃脚下设垫块,迫使该侧刃脚停沉以纠正倾斜。纠正倾斜应处理适当,防止沉井向另一侧倾斜。

8.3.6 本条第(3)款对于已查明含有胶结硬层的地层,在修筑沉井前,可用地质钻探的办法钻孔,装入炸药,预先爆炸破碎。如某大桥 1 号墩沉井,在地面以下 27 ~ 29m 深度处,有厚 0.3 ~ 2.9m 的灰白钙质粒砂胶结层,极限抗压强度约为 11.6MPa,其采用预爆的方法,收到了很好的效果。

8.3.7 井顶围堰是在沉井下沉到设计高程而井顶在水(土)面以下时,用来修建沉井顶盖和墩台身混凝土的施工结构,同时又是沉井最后下沉阶段和浇筑封底、顶盖和墩台身混凝土的施工平台。因此,需对其平面尺寸和高度作出规定。在高度上,要求在施工水位中计入波浪高、壅高和冲高等是因为在某特大桥曾由此发生过江水从上游侧倒灌入围堰,冲击下游钢板桩内侧,而在下游钢板桩外侧又因回流急卷,形成漩涡,致使围堰内外水头差高达 3.0m 左右,冲垮下游侧钢板桩的事故。为避免今后发生类似事故,特要求应在制定围堰高度时所采用的施工水位中计入规定的内容。

井顶围堰需具有防水土,抵抗静水压力、土压力,抵抗水流冲击力和靠船力以及作为施工平台等功能的临时结构规定。井顶围堰的结构布局一般为壁板和水平支承梁承受静水压力、土压力,支撑桁架承受由水平支承梁体传来的支点作用力、壁板传来的动水压力、波浪力、靠船力等不对称水平力和平台上传来的垂直力及结构自身质量。其中,支撑桁架和水平支承梁的受力情况与施工过程有关,其体系须根据施工条件妥善安排,便于拆装改变,以减少埋入混凝土中的杆件数量。

10.1.1~10.7.13 钢桁梁架设方法很多,如悬拼架梁、浮运架梁(包括浮托及水上平转)、拖拉架梁、吊装架梁(包括浮吊架梁)、支架架梁、顶推架梁(包括纵推和横推)、转体架梁、龙门吊机架梁等。本章第10小节仅就常用的悬拼、浮运、拖拉三种架梁方法中的主要事项作出原则性规定,施工时应根据设计要求和参照有关工程施工工法进行施作。

10.1.10 高强度螺栓连接副的扭矩系数大小与很多因素有关,包括环境温度及相对湿度变化的影响等因素。侯月铁路浍河栓焊钢桁梁特大桥施工试验表明:环境温度每升高10℃,扭矩系数值降低3%;环境温度每降低10℃,扭矩系数值上升5%。九江长江铁路大桥施工时,根据环境温度T(℃)和相对湿度V(%),经试验确定在正温和一般湿度时,扭矩系数调整值Y计算公式如说明式(4-1):

$$Y = 0.9811 - 3.1597 \times 10^{-3} T + 0.1329V \tag{4-1}$$

因此,高强度螺栓施拧除应严格按施工工艺操作外,还应考虑环境温度及相对湿度变化对扭矩系数的影响,以保证准确的使螺栓达到设计预紧力。

10.2.10 高强度螺栓连接副采用扭角法工艺施拧时,初拧应采用扭矩控制(扭矩值由试验确定),终拧采用螺母转动角度控制(即将初拧完划线标定的螺母再扭转一规定角度)。扭角法终拧转角θ应按说明式(4-2)进行计算:

$$\theta = a + b(n-1) + cB \tag{4-2}$$

式中:a——螺栓连接副的弹性压缩对转角的影响值;

b——与连接钢板层数和所喷涂保护层种类有关的每增加一层连接钢板所需的转角;

c——连接钢板每毫米厚度所需的转角;

n——连接钢板层数;

B——连接钢板总厚度,mm。

扭角法终拧转角由于与螺栓的设计轴力、钢板厚度及层数、钢板表面处理方法和初拧工艺等因素有关,因此对a、b、c值应经过多次试验后确定。一般经验表明,当初拧扭矩为300kN·m、设计轴力为200kN、板面处理为酸洗后涂2次固化无机富锌漆、预拉力损失为15kN时,试验所得$a=43.26°$,$b=6.34°$/层,$c=0.54°$/mm。

10.3.9 采用吊索架全悬臂拼装的钢桁梁,一般用于大跨度长悬臂悬拼施工,可以减小悬拼应力及悬臂端挠度、振晃等。可参照大桥局编制的《单层吊索法悬臂架设大跨度钢梁工法》和《双层吊索架安装大跨度钢梁工法》使用。

10.3.10 采用固定式缆索吊机吊运杆件悬臂拼装钢桁梁的有关规定,是参考《工程机械施工手册第一分册》《130m公路箱形拱桥无支架吊装工法》等资料拟定的,缆索吊机有关部件设计计算可参考上述资料的有关规定。

整体试运转和试吊应分三步进行:

(1)空载试运转:空载运行往返一次。

(2)静载试吊:按设计吊重的80%、100%、125%分别进行一次静载起吊。

(3)动载试运转:按静载三种吊重分别进行一次往返运行。

每次试吊时都应检查承重索垂度及接头、支(塔)架及锚碇装置位移、牵引能力及各种机电设备

情况等是否正常。

10.3.11　连续钢桁梁采用中墩向两端全悬臂拼装施工规定，是参照南(宁)昆(明)铁路横口3号桥梁等桥梁施工经验编制的《2×64m 连续钢桁梁T形对称全悬拼工法》拟定的，连续钢桁梁采用由中墩向两端进行全悬臂拼装施工可参照该工法施作。

10.3.12　钢桁梁长悬臂拼装时，由于杆件起落、平移、碰撞、摩擦等施工冲击作用会和风力作用产生振动，一般在悬臂长度与桁梁宽度之比达到6:1时开始发生使人感觉不安的振晃，并且随着悬臂加长，振晃将越加强烈，当长宽比达到12:1时即应采取减振措施。因此，为保证施工安全，在编制钢桁梁悬拼施工组织设计时，应根据桥梁悬拼长度，当地风力风向和桥址地形等工况制定减少振晃预案，以便在悬臂端出现较大振晃时及时采取措施，保证施工安全。

10.3.19　温差法纵移钢梁是利用钢梁冷缩热胀使其产生位移的方法。例如，某桥4×160m 连续钢桁梁(说明图4-1)，固定支座设在1号墩，计划将1号墩钢梁支点向0号墩纵移31mm。首先，在最低温度时将4号墩活动支座改为临时固定支座，将1号墩固定支座改为临时活动支座，使钢梁随温度升高能向0号墩纵向移动；然后在温度达到最高时再将1号墩支座恢复为固定支座，完成一个温度循环。通过将1号墩支座在低温时改活、在高温时固定循环操作，实现钢梁纵移的目标，并在低温时将4号墩临时固定支座恢复为活动支座。

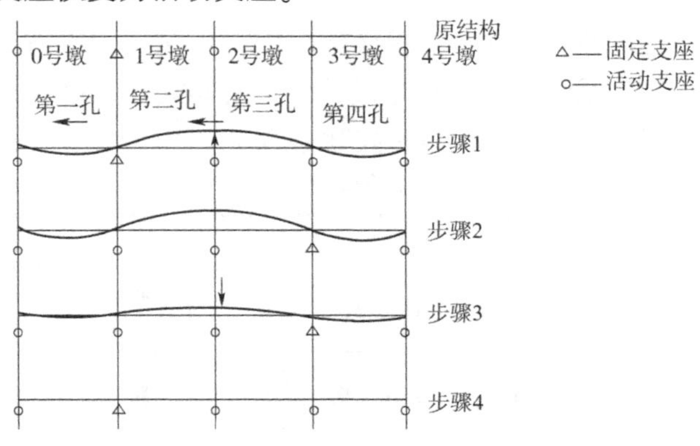

说明图4-1　起落梁法纵移钢梁分步示意图

10.3.20　起落梁法纵移钢梁是利用主梁下弦弹性收缩和伸长使其产生位移的方法。例如，某桥4×160m 连续钢桁梁，固定支座设在1号墩，计划将1号墩钢梁支点向0号墩纵移38mm，纵移方法如说明图4-1：

(1)按原设计梁位布置(1号墩支座仍按原设计设置固定支座)顶高2号墩钢梁，使第3孔梁向0号墩纵移。

(2)将1号墩固定支座改为临时活动支座，将3号墩活动支座改为临时固定支座。

(3)落低2号墩钢梁，使第2、3孔钢梁向0号墩纵移。

(4)恢复1号墩固定支座和3号墩活动支座，完成一个纵移循环。该桥采用上述施工工艺，经6次循环实现计划纵移目标。

10.4.10　浮运钢桁梁采用缆绳绞车牵引方案或拖轮牵引方案，应根据浮运距离、水深及其他水文条件和机具设备情况等进行选定。采用缆绳绞车牵引方案时，开始浮运和浮运至指定桥孔牵引就位，可参照下列方法施作：

如架设第4孔钢桁梁时，浮船牵引设施可按说明图4-2布置，然后绞紧①、②、⑤钢丝，放松③、④钢丝绳使浮船前进。

浮船至第4孔桥孔下游后，可按说明图4-3布置方法使浮船进入桥孔就位。

①联系(30)、(31)钢丝绳。

②绞紧(11)、(12)，放松④、⑤钢丝绳，将浮船拖入桥孔就位。

③利用①、②、(11)、(12)、④、⑤、(30)、(31)钢丝绳精调船位,待达到架梁要求条件后,落梁在桥墩临时支座上。

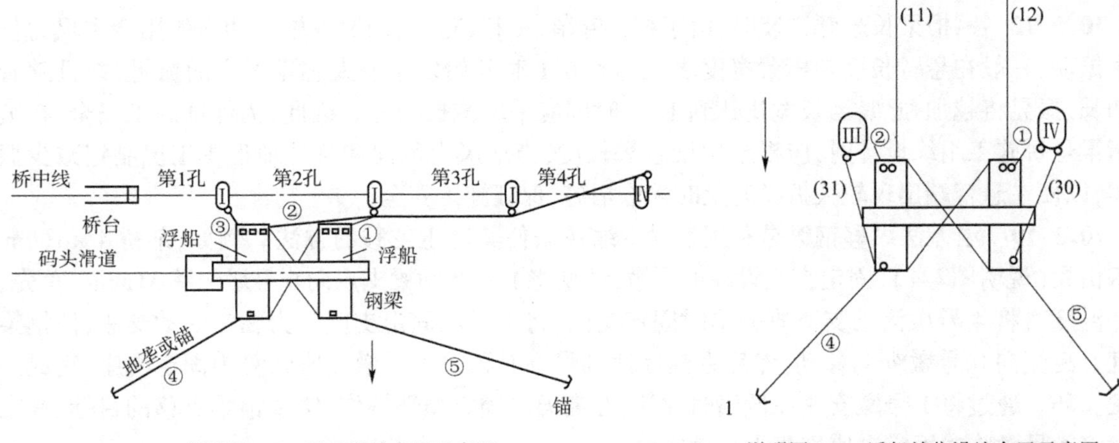

说明图 4-2　浮运设施布置示意图　　　说明图 4-3　浮船就位设施布置示意图

10.5.1~10.5.13　钢梁拖拉架梁方法有很多种(说明表 4-6),本小节仅对拖拉架设钢桁梁施工中的主要事项作出原则性规定。施工时,应根据设计要求的架梁方法和结合桥位具体工况及桥位两端拼梁施工场地条件等,参考说明表 4-6 选定拖拉架梁方法。

各种拖拉架梁方法特征　　说明表 4-6

类别		拖拉方法名称	特征	适用范围
(一)纵拖	按孔内是否组立临时支墩分	1. 全悬臂拖拉	孔内不组立临时支墩	跨度较短桥梁或跨度较长时在梁端安装长导梁适用
		2. 半悬臂拖拉	孔内组立一个或几个临时支座	跨度较长桥梁适用
		3. 移动墩架拖拉	孔内设轨行或移动墩架托住钢梁前端	跨公路桥梁或桥下地势平坦可铺轨道时适用
	按导梁长短分	4. 长导梁拖拉	导梁长度一般在跨长的 2/3 以上	跨度较长,孔内不设支墩时用
		5. 短导梁拖拉	导梁长度一般在跨长的 1/2 以下	半悬臂拖拉或多孔连接时用
		6. 无导梁拖拉	不设导梁,但一般设 1m 长度以下鼻梁	两连以上多孔连拖或桥孔内设临时支墩时用
	按拖拉孔跨数目分	7. 单孔拖拉	每次只拖一孔,一般前端装导梁和后端压重	只有一孔桥梁时适用
		8. 多孔连拖	能自行解决稳定问题,但孔与孔间须用临时杆件连接	桥梁的孔数较多时适用
	按滑道类型分	9. 纵梁上滑道拖拉	在钢梁的纵梁下设通长上滑道,在路基面和墩台面设间断下滑道	80m 跨度以下桁梁适用
		10. 下弦节点滑道拖拉	在桁梁大节点下设间断式上滑道在路基面设通长下滑道和在墩台顶面设长度不小于节间长度 1.25 倍的间断下滑道	80m 以上桁梁,支点反力很大时适用,一般只用在单孔全悬臂拖拉大跨度梁

续上表

类　别		拖拉方法名称	特　征	适用范围
(一)纵拖	按牵引方式分	11. 通长式拖拉	用一个通长的牵引滑车组一拖到底	拖拉距离较短时适用
		12. 接力式拖拉	将拖拉全程分为几段各用一个滑车组接力拖拉	拖拉距离较长时适用
		13. 往复式拖拉	在桥梁两侧的桥头路基上各设一个滑车组与一根贯通全桥的钢丝绳,首尾相接,卷紧一个滑车组,同时放松另一滑车组,使钢索在桥孔内往复移动,当钢索前进时,用夹具与钢梁连接,使钢梁前进,钢索后退时,放开夹具,使钢梁不动,反复几次,即可拖拉到位	桥梁孔数很多,需要多次长距离拖拉时适用
	按下滑道位置高低分	14. 高位拖拉	在已完工的桥头路基上设下滑道拖拉,需要大幅度落梁	在已完工的路基上架梁时采用
		15. 低位拖拉	桥头路基只填筑到桥墩台顶面时,设下滑道拖拉,落梁幅度小	桥头路基可待架梁后,继续填筑时适用
	按拼装台位长短分	16. 一次拖拉就位	拼装台位长,将梁拼装完后,一次拖拉就位	桥头路基有充分长度可以拼完全部结构时适用
		17. 边拼边拖	拼装台位严重不足,只能拼好一般拖出一段,让出位置后,再拼再拖	桥台后有隧道或其他障碍物,无适当组拼场地时适用
	按压重的加载方法分	18. 固定式压重	一次加足压重,不再调整和移动	一般拖拉架梁适用
		19. 活动式压重	压重可以根据稳定需要随时调整和移动位置	边拼边拖适用
(二)横移		20. 端节点滑道	在钢梁两端节点下安装短滑橇,在墩台顶面安装通长下滑道拖拉	一般换梁工程适用
		21. 横梁滑道	在端横梁或其他横梁下安装上滑道横移	一般换梁工程适用
		22. 横向转动	以一端作为旋转中心,另一端作横向移动,调整方向后,再做平行式纵向移动	用于调整钢梁纵横向平面移位用

10.5.3　钢桁梁纵向拖拉架设时,钢梁或导梁的上墩设施,常用的有自爬式、顶升式、摆柱式三种形式(说明图4-4)。施工时应根据实际工况选择适当的上墩方式,但一般应将顶升式下滑道上墩方案作为备用方案以确保顺利上墩。

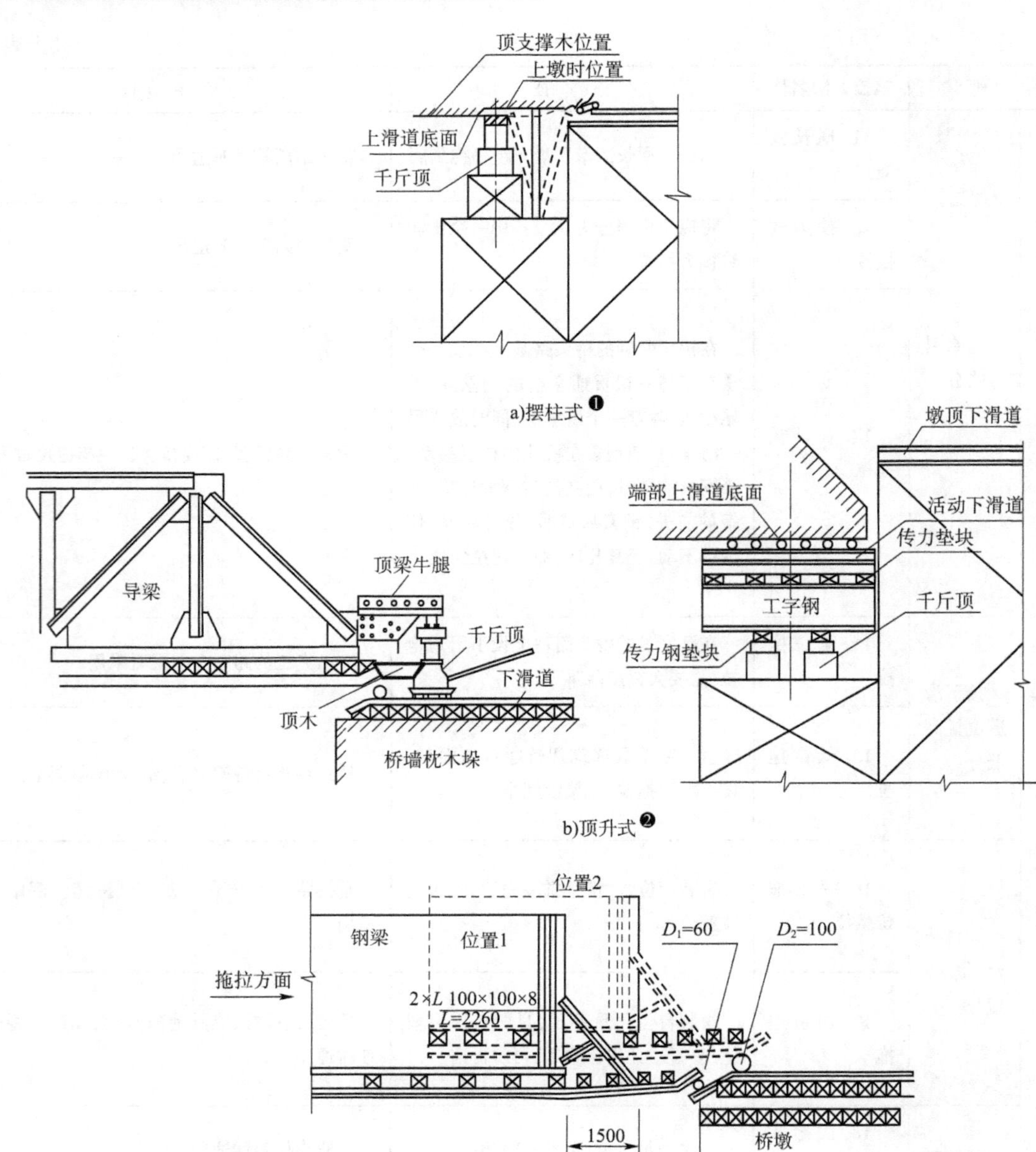

说明图 4-4　上墩导引设施示意图

10.7.7　在横梁上垫短枕承托时,短枕与基本轨底应留出 5～10mm 的空隙。

10.7.10　特殊情况时护轨顶面不应高出基本轨顶面 5mm,应满足安装钢轨伸缩调节器区段护轨与基本轨头部间净距及护轨过渡段长度的规定。允许护轨顶面高出基本轨顶面不大于 5mm,有利于护轨类型选用和铺设。

11.1.1　钢-混凝土连续结合梁施工流程,是参照时速 250km 客运专线铁路有砟轨道钢-混凝土连续结合梁参考图拟定的,施工时应按设计要求和有关通用设计图的规定施作。

---

❶ 用方木或其他柱件作为摆柱,在摆柱升到最高度时,撤去千斤顶或使其直接上墩。

❷ 当钢梁前端反力很大,可采用顶升式下滑道上墩。

❸ 利用上下滑道端部设置的倾斜面,使导梁在拖拉中沿着斜面升高到顶面上。

11.1.7　工地焊接剪力钉规定，是根据“芜湖长江大桥结合梁栓钉及其焊接质量检验规则”拟定的。

11.3.3　对于向钢-混凝土连续结合梁现浇混凝土桥面板施加预应力，目前设计有两种方式：一是采取顶落钢梁中间支点对桥面板施加预应力方式，二是采取顶落钢梁中间支点和张拉桥面板预应力筋相结合方式。如客运专线(40+56+40)m有砟轨道钢箱梁——混凝土连续结合梁，设计采取顶落钢梁方式对桥面板施加预应力，施工程序如下：

钢梁架设就位→同时浇筑正弯矩区混凝土→待正弯矩区混凝土达设计强度100%时顶起钢梁中支点20cm→待正弯矩区混凝土龄期大于20d时同时浇筑负弯矩区混凝土→待负弯矩区混凝土达设计强度100%时落下钢梁安装中支点支座。

又如秦沈客运专线(40+50+40)m钢箱梁——混凝土连续结合梁，设计采用顶落钢梁和张拉桥面板预应力筋相结合方式施加预应力，施工程序如下：

钢梁架设就位→顶起钢梁中支点40 cm→浇筑正弯矩区混凝土→待正弯矩区混凝土达设计强度100%时浇筑负弯矩区混凝土→待负弯矩区混凝土达设计强度100%时，张拉其受拉区预应力筋→浇筑接缝混凝土→待接缝混凝土达设计强度时落下钢梁安装中支点支座。

11.3.4　本条规定是根据《铁路结合梁设计规定》(TBJ 24—1990)拟定的。预制混凝土桥面板与钢梁之间必然会存在缝隙，当设计对缝隙处理方法无明确要求时，应采用不低于M30水泥砂浆将桥面板垫实，并在垫层厚度大于50mm时加设φ12@100×100mm钢筋网加强砂浆垫层。预制混凝土桥面板之间的横向接缝，应按设计要求处理使桥面板形成整体，当设计要求采用不低于桥面板强度等级混凝土接缝时，应使用无收缩混凝土或干硬性混凝土施工以减少收缩应力。连续结合梁采用预制混凝土桥面板中间支点预施应力方法，应按设计要求施作，当设计采用预应力筋对桥面板施加预应力预制混凝土桥面板时，应做好预留管道等预施应力前期工作。

12.2.13　预制梁封锚(端)的聚氨酯防水涂料施工应符合设计要求。如无设计要求时，可参照下列要点进行：

基层应平整清洁，油污和铁锈等应彻底清理干净。表面应干燥，含水率不宜大于9%。涂布底胶。将聚氨醋甲、乙组份和二甲苯按1:1.5:2(质量比)比例配合并用电动搅拌器强力搅拌均匀，然后用滚刷或油漆刷涂布于基层表面，涂布量一般以0.3kg/m^{2}左右为宜。涂布后干燥固化4h以上，然后进行面层涂料施工。

涂布面层涂料，将聚氨酯甲、乙组份和二甲苯按1:1.5:0.3(质量比)比例配合并用电动搅拌器强力搅拌均匀，随用随配，配好的涂料应在2h内用完。

涂料用滚刷或油漆刷涂布，平面部位可涂刷3~4度，每度涂布量为0.6~0.8kg/m^2；立面部位可涂刷4~5度，每度涂布量为0.5~0.6kg/m^2。一度涂布后，一般要固化5h以上再涂布下一度。后一度的涂布方向应于前一度的涂布方向垂直。

涂料成膜后厚度应不小于1.5mm，角根部位应较大面涂布厚度增加0.5mm。

13.2.1~13.2.15　“支架”在以往的技术文件中也有称为“膺架”，经调研膺架的词义不是很确切，各人有各人的解释和理解，且目前膺架一词的使用在逐渐减少。为统一表述，采用“支架”称谓，包括各种满堂支架、门式支架等。

13.2.3　温采用旁位或高位浇筑法制梁时，需要对大吨位的梁体进行短距离的横向移动或落梁就位作业，因此，应对支架及相关的移梁、落梁设施进行工艺设计，进行检算时要充分考虑梁体横移及落梁工况对支架结构及移梁、落梁设施的影响。

13.2.4　钢结构具有施工方便、受力明确等优点，因此支架推荐采用钢结构。由于桥下条件复杂多变，支架结构型式关系到安全、质量、成本等，因此，应根据桥长、桥下净空、通车通航要求、桥位地质和环境条件，结合施工单位现有可用临时器材及其受力性能等因素，经技术经济比较后作出选择。

13.2.6 现浇结构施工支架多由现场技术人员进行设计检算,因以往出现过由于对施工条件掌握不全面及施工经验掌握不足而发生的事故,因此现浇支架的设计检算显得非常重要。

13.2.7 虽然相关手册、标准对碗扣式钢管有完整的技术要求,但由于碗扣式钢管支架杆件多,拼装节点多,其底托和顶托留在立杆内长度、竖杆的垂直度、剪力撑及扫地杆的间距和数量等都关系到支架能否达到设计承载能力,因此需在本节中予以明确。

13.2.11 原位制梁不同于预制梁,安装桥梁支座时除对支座本身的位置、支座螺栓的规格、埋入梁体深度及梁底面外露长度等提出要求外,还应根据施工环境温度、梁体弹性压缩及收缩徐变等影响因素,经计算设置预偏量。

13.2.13 关于支架卸落的分级,既有技术文件要求每次卸落量控制在1~2cm。鉴于高速铁路现浇简支梁刚度大,建议每次卸落量控制在5~10mm。

14.3.2 移动挂篮法悬臂浇筑梁段常用的挂篮,主要有平行桁架式挂篮、平弦无平衡重挂篮、三角形组合梁式挂篮、弓形式挂篮、滑动斜拉式挂篮、菱形桁架式挂篮(说明图4-5)。各种挂篮结构形式及质量、行走方法及操作工艺各异,但其悬臂浇筑梁段的施工流程基本相同,可根据设计要求挂篮质量和常备定型材料情况等选择挂篮形式。

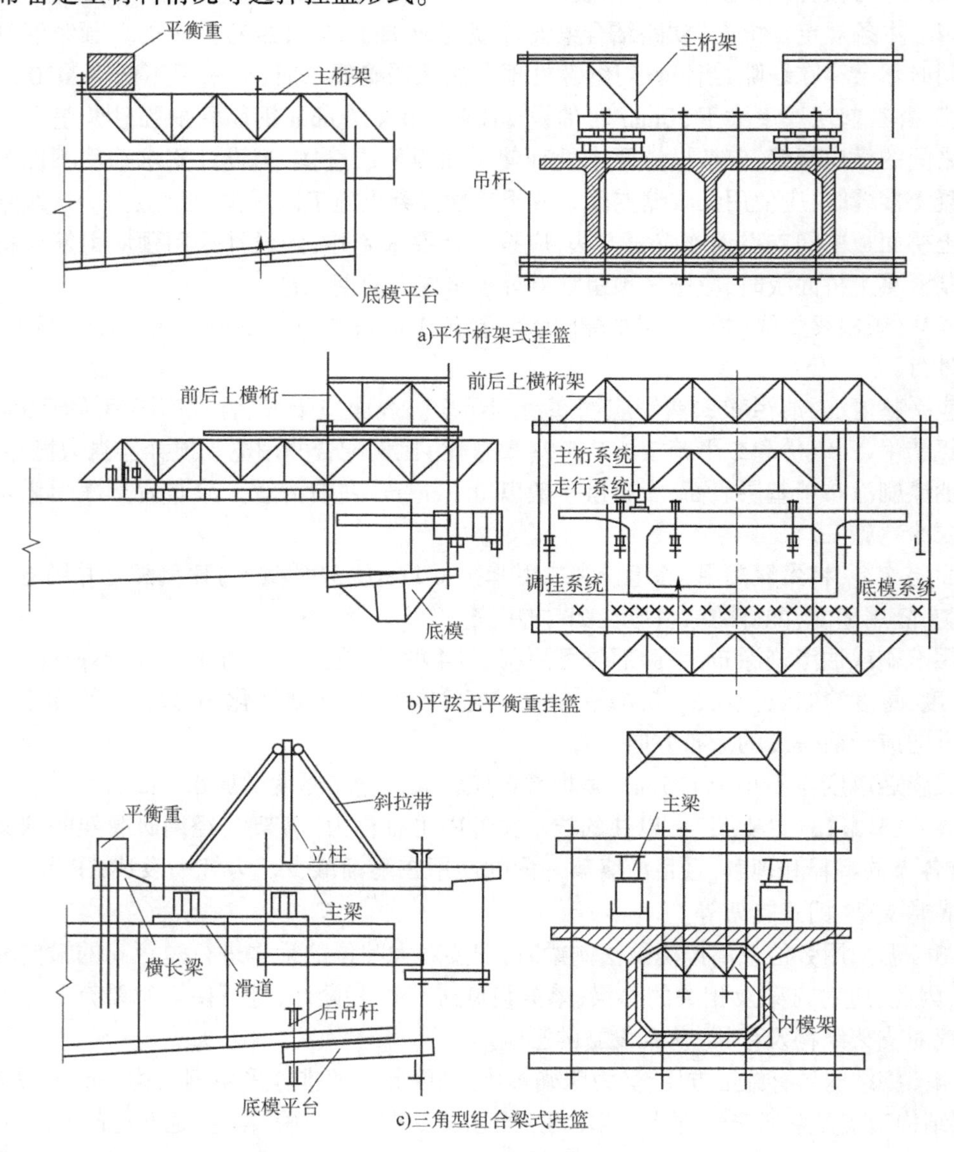

说明图 4-5

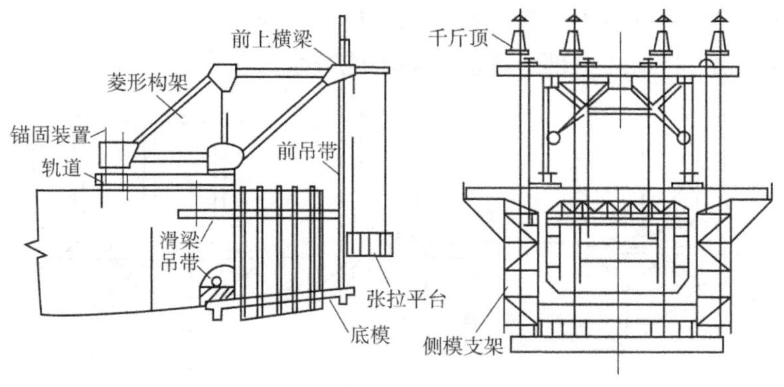

d)菱形桁架式挂篮

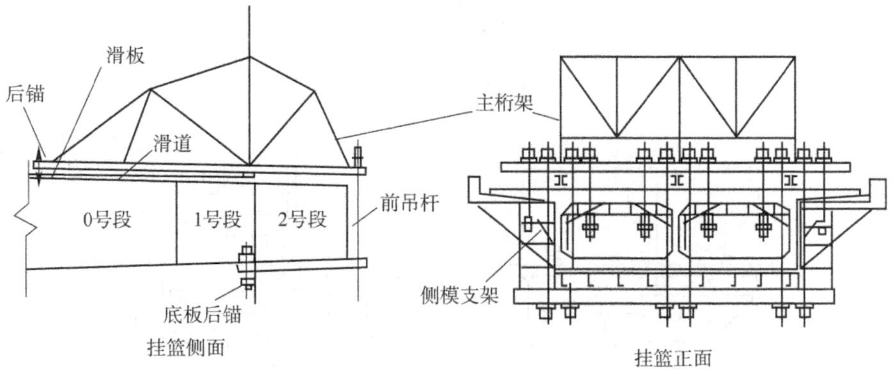

e)弓弦式挂篮

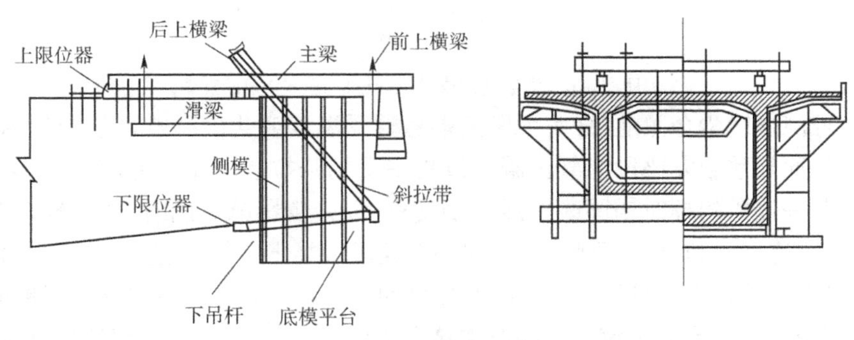

f)滑动斜拉式挂篮

说明图4-5　悬臂浇筑梁段常用挂篮形式示意图

14.3.6　墩顶梁段及墩顶相邻梁段可采用托架、支架进行现浇施工,边跨现浇梁段根据设计情况和现场条件可选择托架、支架或利用挂篮悬臂浇筑施工。墩旁托(支)架形式很多,施工中常用的3种如说明图4-6所示,施工前可根据墩旁地形、地质、水文、交通、墩高和常备定型材料等情况,经综合比选确定托(支)架结构形式。

14.3.12　在浇筑梁体混凝土时,如果发生预应力筋孔道漏浆,即使使用了通孔器或孔道内提前穿入保护衬管,也只能实现孔道不被堵塞,虽可以进行预应力筋穿束作业,但由于孔道漏浆,会使梁体内混凝土出现局部失浆,影响强度;孔道漏浆还会使穿束困难,增加孔道摩擦阻力,影响有效张拉力;如果漏浆严重,还会导致孔道之间串通,进而在分批张拉、压浆时,使浆液被压入尚未穿束的孔道内,造成孔道堵塞。因此,必须使用强度高、密封性好的合格材料制作制孔管道,同时最大限度地保护预应力筋孔道制孔管道不被损坏,不能仅仅依靠穿入保护衬管或使用通孔器疏通。

14.3.13　连续梁预应力孔道压浆施工时,一般采取由一侧端压入浆液的方式操作,对于两端下弯的预应力筋孔道,必须在孔道高点设置排气孔并保证排气畅通,否则两端浆液已充满,而浆液不能进入排气孔高度以上的孔道,将造成这部分预应力筋不能被浆液包裹。

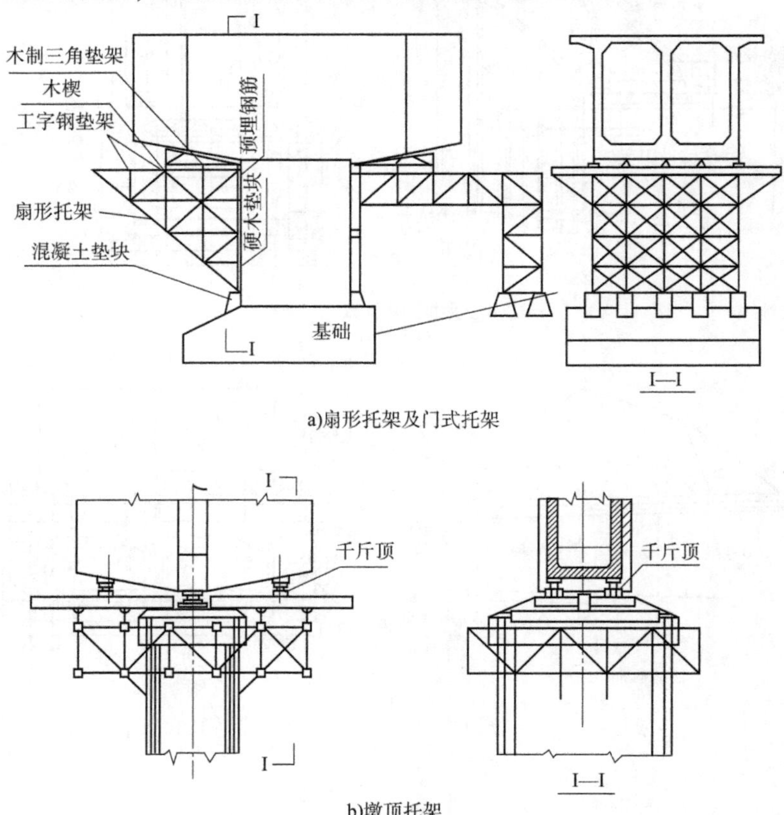

说明图 4-6　安装挂篮或吊机前梁段托(支)架示意图

14.3.28　悬浇连续梁合龙前,合龙梁段两端悬臂受温度变化的影响可能产生纵向伸缩而使合龙口间距变化,从而导致合龙梁段混凝土凝固过程中受到张拉或压缩的超应力的影响而产生裂缝。此时,需将合龙跨一侧墩的押时锚固改换成活动支座,以减少影响。同时,在浇筑合龙段混凝土前,应将两端悬臂临时连接,临时形成刚性连接,保护合龙段混凝土完整,直至合龙段混凝土养护到一定强度并施加预应力与悬臂形成整体。悬臂临时连接的方法是在合龙口设置支撑型钢或钢管(可兼作制孔管用),并张拉一部分预应力钢材。临时连接力应大于支座摩擦阻力,以使连接构造与悬臂共同变形。

14.3.30　连续梁边跨现浇段进行预应力筋张拉时,支架尚不能拆除,须在支架与梁底间设置滑动装置,使张拉时梁体自由伸缩。

16.1.2、16.1.3　在涵洞施工中,如果基底处理不当,承载力不足或不均,特别是半填半挖或半土半石的基底处理不当,基础便很容易发生不均匀下沉,涵洞各部结构也会随之发生不均衡错动,造成涵身裂缝。因此,一定要根据实际地质情况,按设计要求加强检测,认真做好地基处理,经检验合格后及时进行基础等部位的施工。

16.1.4　基础和涵身的沉降缝均应竖直,砌筑端面应整齐、方正,不得交错,以防止相邻段不同时下沉或不均匀下沉时,出现互相挤裂、折断、卡死的现象。

16.1.5　涵洞进出口与上下游排水系统(天沟、吊沟、侧沟、排水沟、取土坑等)的连接好坏,直接影响到涵洞修建后沿线路基、农田、村舍、道路等的安全。故在施工中,应特别注意排水沟畅通,达到上游不积水,下游不冲毁田、舍等要求。

16.1.6　涵洞处路堤缺口填筑的方法与密实度,会直接影响涵洞的受力情况和使用寿命。因

此,应十分重视对涵洞处路堤缺口的填筑。如果涵洞处路堤缺口填筑不严格按照从涵身两侧同时、对称、水平、分层碾压的工艺施工,或者碾压时使用重型机械且紧靠边墙强力振动和挤压,过大的偏压将造成边墙变形。若是拱涵,则容易引起拱圈裂缝。所以,在填筑涵洞处路堤缺口时,应从涵身两侧同时、对称、水平、分层碾压施工。同时,还应根据具体情况用人力配合小型机械认真夯填,以达到设计密实度。

16.1.7　涵洞预制构件,一般具有体积小、厚度薄的特点。在施工过程中,若受到碰撞或用金属等质地坚硬的垫块支垫,因压力过分集中,构件易发生裂纹、损坏、掉角、掉块,难于修补和保证质量。

16.2.2　涵节扭斜,会造成安装时接缝不能贴近、涵节错牙等现象,有时会造成基础摆不开涵节的情况。圆管出现偏心,管壁厚度就不均匀。因此,要求涵节端面要平整,并与其轴线互相垂直。预制涵节时,模板轴线一定要垂直于平整的底盘或地坪,以免发生扭斜。内外模位置要正确,使圆管四周管壁厚度一致。

管节长度偏差,根据以往施工经验宜短不宜长。如果超长,会发生基础上摆不下管节的情况,沉降缝也不能互相配合。所以预制管节的长度一般较设计长度短10mm为宜。所列管节长度系指预制管节长度。

16.2.3　圆形涵洞的管座是保证管节上的荷载均匀地传递到基础上的部件。根据以往对竣工管涵的调查,管座施工不好而形成集中反力是造成管涵开裂的主要原因之一。因此,要求管座混凝土必须与圆管紧密相贴。

16.2.4　无基涵洞基底处理的好坏,直接影响管节的沉陷与开裂情况。因此,一定要做好对基底的夯实工作。对于圆形涵洞,还应做好弧形管座的修整,安装前要用样板进行检查。

16.3.2　为确保拱圈或盖板工程质量,本条要求在现浇混凝土施工时,应尽量一次浇筑完成,不留施工缝。如不能一次完成而必须设置施工缝时,也应将施工缝留在沉降缝处,做到内实外美,达到设计强度。否则,拱节间留施工缝或混凝土强度不足,就容易发生拱裂。

16.3.3　拱圈和拱上端墙的施工,不论是砌筑或现浇混凝土施工,都应从两侧向中间同时、对称施工。这是预防拱裂的重要措施之一。否则,混凝土或砌体的偏载很容易造成拱架偏斜,进而导致拱圈偏斜。偏斜的拱圈在路基和铁路荷载的重压下,其受力是不均匀的,极易引起拱裂。

16.3.4　预制拱圈和盖板混凝土强度达到设计要求后,方可搬运、安装。否则,拱圈或盖板会受到损伤。涵洞受力后,将会因强度不足而发生裂纹,严重者将发生破坏。

16.3.5　本条规定了拱圈拆除拱架和拱顶填土的时间限制,一定要严格执行。因为当拱圈混凝土的强度不足时,过早地拆除拱架或拱顶填土,会造成拱裂,这样的事例屡见不鲜。

16.5.2　渡槽因施工时间的不同,可分为路堑施工前修筑、路堑施工后修筑和铺轨通车后修筑三种,可根据施工条件结合三种方法的特点进行选择:

(1)路堑施工前修筑:适用于路堑较浅,渡槽位于路堑中部,不影响土方施工的情况。路堑施工前修筑的优点是可减少架设渡槽梁的工作和辅助设备、可与路堑平行作业、可不设临时输水设施;但仍存在渡槽墩台挖基、施工效率低和增加支撑等工作的缺点。

(2)路堑施工后修筑:适用于路堑完工后铺轨前施工。路堑施工后修筑的优点是墩台及基础开挖支护简单、墩台施工方便;但存在增加架设渡槽梁的辅助设备、需要增设临时输水设施和不能平行作业、工期较长的缺点。

(3)铺轨通车后修筑:当上述两种方法均不能被采用时,只能在通车后施工。铺轨通车后修筑的优点是可利用轨行吊车架设渡槽梁和充分利用轨道运送渡槽材料;但存在行车干扰、工效低、增加基础开挖支撑及扣轨设施和需增设临时输水设施等缺点。

17.1.1～17.4.5　桥梁混凝土道砟槽防水层是根据《城际铁路轨道交通桥梁防水体系》拟定的,涵洞防水层是参照《铁路混凝土桥涵防水层》拟定的,施工时除应符合本节规定外,还应符合上述两图的有关规定。桥台和拱桥的钢筋混凝土道砟槽防水层当设计采用再生橡胶沥青“两布三涂”防水层时,可按本节有关规定施作。

防水卷材和聚氨酯防水涂料的物理力学性能及水泥基胶黏结剂的技术指标,均应符合《城际铁路轨道交通桥梁防水体系》的规定。中碱玻璃纤维布和再生橡胶沥青涂料的规格、质量标准应符合设计要求,当无明确设计要求时,应符合《铁路混凝土桥涵防水层》的规定。

17.3.5 沥青砂胶防水(保护)层施工熬制石油沥青时应符合下列规定:

(1)熬制沥青宜采用专用消烟沥青锅炉,并根据产品说明操作。

(2)用敞口大锅熬制沥青,锅中盛装沥青不宜超过其容量的3/4。

(3)熬制沥青必须用高温温度计测温。

(4)当沥青表面停止起泡,温度达到175~190℃时,即可停止升温,以温火保持此温度待用。

(5)每次熬制沥青,用微火温热的时间,不得超过8h,如未用完需再用时,应与新熬的沥青混合使用,必要时应做性能检验。

(6)每次熬制沥青后,必须将锅底剩余沥青铲除干净。

(7)熬制沥青和铺设沥青砂胶防水层时,必须符合有关安全防火和劳动保护的规定。

18.1.2 对于桥梁支座的组成部件质量和整体支座质量,由制造厂家质量检验部门在生产过程中和出厂前,根据支座设计图纸对检验合格者签发产品合格证。因此,桥梁支座进入工地后,施工单位对附有产品合格证的各类支座,只需根据设计要求和相关标准对支座品种、类型、性能、规格、结构和涂装质量等进行外形尺寸、外观质量及组装质量检验,符合设计要求和相关标准规定的支座即可安装使用。

18.1.6 预制的简支桥梁架设安装时,应按有关规定,统一安排调整好梁体的顶面高程、平面位置、梁缝宽度、相邻梁端顶面及梁端顶面与相邻墩台胸墙顶面的相对高差和支座的安装偏差。

18.1.7 桥梁支座安装过程中,发生梁端伸缩缝小于设计要求宽度时,支座位置的调整原则如下:

安装桥梁支座时,因墩台距离和梁体长度施工误差累计,发生相邻梁端之间或梁端与墩、台挡渣墙之间伸缩缝偏小不能满足设计要求伸缩缝宽度时,原《铁路架桥机架梁规程》(TB 10213—1999)规定梁的活动端必须保持按100℃温差计算的最小伸缩空间,这是符合我国最北方地区和西南方高寒地区气温条件的(如嫩江最大温差为80.3℃),但对我国中部和南方广大地区,则显规定过于严格和不符合当地温度条件下梁的活动端实际伸缩情况,故本次对其进行了修改。为保证梁端缝宽度符合设计要求,进行墩台施工前的墩台定位测量时,应考虑小半径曲线桥梁内侧梁端缝变小的因素,使墩台距离在测量允许偏差范围内“宁大勿小”。墩台施工后,发现因墩台距离偏小和梁体全长偏大等导致梁端缝宽度较设计要求偏小的个别工况时,可按梁的活动端必须保持根据当地最大温差加20℃(考虑垂直荷载、预留拱度等因素引起梁端水平变位的换算温度近似值)计算的最小伸缩空间,对支座位置进行调整。

18.2.2 盆式橡胶支座、双曲面铸钢支座及圆柱面钢支座等新型支座,在工厂组装时,已经按规定进行预压、调平和将上下座板对中后使用连接角钢等将支座连成整体,因此在进行工地检验时,不应任意松动上下座板的连接螺栓,而应保持支座清洁及出厂组装状态。如遇必须拆解工厂组装的支座时,重新组装应按有关技术规定施作,盆式橡胶支座应按本条文规定办理。

18.4.6 钢支座下座板与支座垫石间间隙大于50mm应加铺钢网的规定,原《铁路桥涵施工规范》(TB 10203—2002)规定大于40mm时加铺钢筋网。本次根据青藏铁路拉萨河特大桥施工经验和《铁路结合梁设计规定》(TBJ 24—1990)进行修改,以确保垫层材料填(压)筑密实。

本章附件

附件1　冬期施工热工计算

1. 混凝土拌机物温度计算

混凝土拌和物的温度按附式(4-1)进行计算：

$$T_0 = [0.9(W_c \cdot T_c + W_s \cdot T_s + W_g \cdot T_g) + 4.2T_w(W_g - P_s \cdot W_s - P_g \cdot W_g) + c_1(P_s \cdot W_s \cdot T_s + P_g \cdot W_g \cdot T_g) - c_2(P_s \cdot W_s + P_g \cdot W_s)] \div [4.2W_w + 0.9(W_c + W_s + W_g)] \tag{4-1}$$

式中：T_0——混凝土拌和物的温度，℃；

W_w、W_c、W_s、W_g——水、水泥、砂、石的用量，kg；

T_w、T_c、T_s、T_g——水、水泥、砂、石的温度，℃；

P_s、P_g——砂、石的含水率，%；

c_1——水的比热容，kJ/(kg·k)；

c_2——水的溶解热，kJ/kg。

当骨料温度>0℃时，$c_1 = 4.2$，$c_2 = 0$；

当骨料温度≤0℃时，$c_1 = 2.1$，$c_2 = 335$。

2. 混凝土拌和物出机温度计算

混凝土拌和物的出机温度按附式(4-2)进行计算：

$$T_1 = T_0 - 0.16(T_0 - T_b) \tag{4-2}$$

式中：T_1——混凝土拌和物的出机温度，℃；

T_b——搅拌机棚内温度，℃。

3. 混凝土拌和物成型完成温度计算

(1)混凝土拌和物经运输至成型完成时的温度按附式(4-3)进行计算：

$$T_2 = T_1 - (\alpha t + 0.032n)(T_1 - T_a) \tag{4-3}$$

式中：T_2——混凝土拌合物经运输至成型完成时的温度，℃；

α——温度损失系数，当使用混凝土搅拌输送车时，$\alpha = 0.25$；当使用开敞式大型自卸汽车时，$\alpha = 0.20$；当使用开敞式小型自卸汽车时，$\alpha = 0.30$；当使用封闭式自卸汽车时，$\alpha = 0.10$；当使用手推车时，$\alpha = 0.50$；

t——混凝土自运输至浇筑成型完成的时间，h；

n——混凝土转运次数；

T_a——运输时的环境气温，℃。

(2)考虑模板和钢筋吸热影响，混凝土成型完成时的温度按附式(4-4)进行计算：

$$T_3 = (c_c \cdot W_c \cdot T_2 + c_t \cdot W_t \cdot T_t + c_g \cdot W_g \cdot T_g)/(c_c \cdot W_c + c_t \cdot W_t + c_g \cdot W_g) \tag{4-4}$$

式中：T_3——考虑模板和钢筋吸热影响，混凝土成型完成时的温度，℃；

c_c、c_t、c_g——混凝土、模板材料、钢筋的比热容，kJ/(kg·K)；

W_c——每立方米混凝土的质量，kg；

W_t、W_g——与每立方米混凝土相接触的模板、钢筋的质量，kg；

T_t、T_g——模板、钢筋的温度，未预热者可采用当时环境气温，℃。

4. 混凝土蓄热养护过程中温度计算

(1)混凝土蓄热养护开始至任一时刻 t 的温度,按附式(4-5)进行计算:

$$T = \eta e^{-\theta v t} - \varphi e^{-vt} + T_m \tag{4-5}$$

(2)混凝土蓄热养护开始至任一时刻 t 的平均温度按附式(4-6)进行计算:

$$T = \frac{1}{vt}\left[\varphi e^{-vt} - \left(\frac{\eta}{\theta}\right)e^{-\theta vt} + \left(\frac{\eta}{\theta}\right) - \varphi\right] + T_m \tag{4-6}$$

附式(4-5)、附式(4-6)中,综合参数 θ、φ、η 如下:

$$\theta = \frac{\omega K \varphi}{v c_c \rho_c},\ \varphi = \frac{v c_c W_c}{v c_c \rho_c - \omega K \varphi},$$

$$\eta = T_s - T_m + \varphi$$

式中:T——混凝土蓄热养护开始至任一时刻 t 的温度,℃;

T_m——混凝土蓄热养护开始至任一时刻 t 的平均温度,℃;

t——混凝土蓄热养护开始至任一时刻的时间,h;

ρ_c——混凝土质量密度,kg/m^3;

W_c——每立方米混凝土水泥用量,kg/m^3;

c_c——水泥累积最终放热量,kJ/kg;

v——水泥水化速度系数;

ω——透风系数;

φ——结构表面系数;

K——围护层的总传热系数;

e——自然对数之底,可取 e = 2.72。

注:1. 结构表面系数 φ 值可按下式计算:

$$\varphi = \frac{A_c(\text{混凝土结构表面积})}{V_c(\text{混凝土结构总体积})}$$

2. 平均气温 T_m 的取值,可参照蓄热养护开始至 t 时气象预报的平均气温,若遇大风雪及寒潮降临,可取每时或每日平均气温值。

3. 围护层的总传热系数 K 可按下式计算:

$$K = \frac{3.6}{0.04 + \sum_{i=1}^{n}\frac{d_i}{k_i}}$$

式中:d_i——第 i 围护层的厚度,m;

k_i——第 i 围护层的导热系数。

4. 水泥累积最终放热量 c_c、水泥水化速度系数 v 及透风系数 w 按附表 4-1 和附表 4-2 所列数据取值。

水泥累积最终放热量 c_c 和水泥水化速度系数 v 附表 4-1

水泥品种及强度等级	c_c(kJ/kg)	v(h^{-1})
52.5 硅酸盐水泥	400	0.013
52.5 普通硅酸盐水泥	360	
42.5 普通硅酸盐水泥	330	
42.5 矿渣、火山灰、粉煤灰水泥	240	

透 风 系 数 w　　附表 4-2

保温层的种类	透风系数 w		
	小风	中风	大风
保温层由容易透风材料组成	2.0	2.5	3.0
在容易透风材料外面包以不易透风材料	1.5	1.8	2.0
保温层由不易透风材料组成	1.3	1.45	1.6

注：v_w <3m/s 为小风；3≤v_w≤5m/s 为中风；v_w >5m/s 为大风。

(3)当施工需要计算混凝土蓄热养护冷却至0℃的时间时，可根据附式(4-5)采用逐次逼近的方法进行计算。如果实际采取的蓄热养护条件满足 $\varphi/T_m \geqslant 1.5$，且 $K \cdot \varphi \geqslant 50$ 时，也可按附式(4-7)直接计算：

$$t_0 = \frac{1}{v}\ln\frac{\varphi}{T_m} \tag{4-7}$$

式中：t_0——混凝土蓄热养护冷却至0℃的时间，h。

混凝土蓄热养护开始冷却至0℃时间 t_0 内的平均温度，可根据附式(4-6)取 $t = t_0$ 进行计算。

附件2　试桩试验办法

1. 一般规定

(1)本办法适用于施工阶段的检验性试桩，包括工艺试验及静压、静拔和静推试验。

(2)检验性试桩主要是为确定施工工艺和检验桩的承载力。

(3)试桩宜选在修建桩基的处所，且宜靠近静力触探孔或地质钻孔，其间距不应大于5m也不应小于1m。

(4)工艺试验数量由施工单位确定，静载试验(包括静压、静拔、静推试验)数量由设计单位确定。

(5)沉入桩、钻孔桩试桩的施工，应符合本附件中的有关规定。

(6)试验过程中，应做好试验记录，并整理、绘制试验曲线。

2. 准备工作

(1)做静压试验的桩，如果桩头破损，应将破损段凿除后修补平整。

(2)做静推试验的桩，如系空心桩，则应按设计要求，或于直接受力部位填充混凝土。

(3)在冬期试桩时，应将桩的侧面冻土全部融化，其融化范围为：静压、静拔试验时，离试桩侧面不应小于1m；静推试验时，应不小于2m。融化状态应保持到试验结束。在结冰的水域做试验时，桩与冰层之间应保持不小于10cm的间隙。

(4)试验用的各种测量仪表、千斤顶等，在使用前应进行校验。

(5)测桩必须牢固可靠，设于不受试桩及锚桩位移影响的位置，其净距不宜小于试桩桩径的5倍，在任何情况下不得小于3倍。固定测量仪表的基准梁，应有相当的刚度，并应避免日晒和雨淋。

测量位移的仪表在桩的对称位置设置，数量不少于2个。

3. 工艺试验和冲击试验

(1)施工阶段工艺试验和冲击试验的主要目的是：

①检验桩沉入土中的深度能否达到设计要求。

②选定桩锤、衬垫(即锤垫、桩垫)及其参数。

③选定射水设备及射水参数(水压、水量)等。

④查明打桩时土质有无“假极限”或“吸入”现象，并确定是否需要复打，以及从停打到复打之间应该“休息”的天数。

⑤确定施工工艺和停止沉桩的控制标准。

如果在类似土中有施工经验,施工阶段可以不做工艺试验和冲击试验。

(2)选用单打锤或筒式柴油锤,可参照附表4-3中相关数据。

单打锤和筒式柴油锤参考数据 附表4-3

项目			6.5t单动蒸汽锤	10t单动蒸汽锤	MB-40 柴油锤	MB-70 柴油锤
锤型资料	锤芯重(t)/锤总重(t)		3.5~4.5 / 6.5	6.6 / 9.0	4.1 / 10.9	7.2 / 21.1
锤型资料	常用冲程(m)		0.4~0.6	0.4~0.6	1.8~2.3	1.8~2.3
与锤型相适应的桩断面尺寸(桩宽,cm)			40~50	45~55	50~60	55~60
可贯穿中密状砂夹层的厚度(m)			1.5~2.5	2.0~4.0	3.5~5.5	5.0~7.0
锤击沉桩时桩可打入硬土层的能力	硬黏性土	可打入的深度(m)	2.5~4.0	4.0~6.0	5.0~8.0	7.0~10.0
	中密至密实状的砂	桩尖所能达到的硬土层的N值(击)	20~30	30~40	40~50	约50
		可打入的深度(m)	0.5~1.0	1.0~2.0	1.5~2.5	2.5~3.5
	砾砂	可打入的深度(m)	难以打入	难以打入	0~0.5	0.5~1.0
	风化岩	桩尖所能达到的风化岩的N值(击)	25~30	30~40	40~5	—
		可打入的深度(m)	0~0.5	0~1.0	1.0~2.0	—
所用锤型可能达到的极限承载力值(kN)			1500~3000	2500~4000	3000~5000	4000~6000
锤的控制贯入度(cm/击)			0.1~0.5	0.2~1.0	0.3~1.0	0.5~1.5

注:1. 本表仅供施工选锤参考,不得作为确定承载力和控制贯入度的依据。

2. D-25柴油锤可照6.5t单动蒸汽锤使用。

3. 本表仅限于桩宽(或桩径)为40~60cm,入土深度在15~30m范围内的预应力混凝土桩和钢筋混凝土桩。

(3)振动锤的选用:

振动锤的振动力F_V应能克服桩在振动下沉中的土壤摩擦力F_R,即附式(4-8):

$$F_V > F_R \tag{4-8}$$

①土壤摩擦力的计算公式如附式(4-9):

$$F_R = f \cdot \mu \cdot L \tag{4-9}$$

式中:L——桩的入土深度,m;

μ——桩的周边长度,m;

f——土壤单位面积的动摩擦力,kPa,可按附表4-4取值。

f 值 (kPa)　　附表4-4

砂类土		黏性土	
标准贯入击数	f	标准贯入击数	f
0~4	10	0~2	10
4~10	10	2~4	10
10~30	20	4~8	20
30~50	20	8~15	25
>50	40	15~30	40
		>30	50

②振动锤的振动力可按附式(4-10)进行计算:

$$F_V = 0.0004n^2M \tag{4-10}$$

式中:$M = AW$;

n——振动锤转数,r/min;

M——振动锤的偏心力矩,N·cm;

A——振幅,在软土地基中 $A > 0.7$cm,其他地基中 $A \geqslant 1.1$cm;

W——桩和锤的总质量,N。

(4)射水参数可参照附表4-5中数据选用。

射水参数　　附表4-5

土质	桩入土深(m)	水泵性能		射水管直径(mm)(无缝钢管)	水泵出水处水压(MP_a)
		流量(m^3/h)	扬程(m)		
松砂及中密砂层	8~16	100~140	100~150	75	0.4~0.8
	16~24	120~188	120~190	75	0.6~1.0
密实砂层夹砾石砂层	8~16	120~180	120~190	75~100	0.6~1.0
	16~24	160~190	160~240	75~100	0.8~1.2

注:本表适用于桩宽(或桩径)为40~60cm的预应力混凝土桩和钢筋混凝土桩。

(5)试验过程中,应记录如下数据:

①用坠锤、单打锤沉桩,应记录每下沉1m的锤击数和全桩的总锤击数;应记录最后1m左右每下沉10cm的锤击数;最后加打5锤,记录桩的下沉量;算出每锤平均值,作为停打贯入度,单位以mm计。

②用柴油锤、双动汽锤、振动锤沉桩,应记录每下沉1m的锤击时间和全桩的总锤击时间;在剩余1m左右时,记录每10cm的锤击时间,取最后10cm的每分钟平均值作为停打贯入度,单位以mm计。

(6)最终贯入度的取值,对坠锤、单打锤沉桩,取复打最后5锤的平均值。对柴油锤、双动汽锤、振动锤沉桩,取复打最后锤击10cm所需时间每分钟的平均值。

(7)复打应使用停打时同一设备,保证同一落锤高度。对于弹性衬垫的状态,也应尽量与停打时相近。

复打应达到最终贯入度小于或等于停打贯入度。

(8)复打应经"休息"后进行。"休息"时间按土质不同而异,可由试验确定,一般应满足如下要求:

①桩穿过砂类土,桩尖位于大块碎石类土或紧密的砂类土或坚硬的黏性土上时,不少于1d。

②在粗、中砂和不饱和粉细砂中,不少于3d。

③在黏性土和饱和的粉细砂中,不少于6d。

4. 静压试验

(1)静压试验是为了验证桩的承载力以及荷载与位移的关系。

(2)加载装置(锚桩、加载平台、分配梁及千斤顶等),宜按试桩预计最大荷载量的1.3倍设计,加载平台周围应有支承架,防止平台倾覆。试桩与锚桩的中心距,或试桩到加载平台的支承架边缘,当试桩直径小于或等于80cm时,可为试桩直径的5倍;当试桩直径大于80cm时,上述距离不得小于4m。

(3)荷载重心应加在桩的轴线上,并且方向与桩轴一致。

(4)位移值取全部仪表的算术平均值。

(5)试桩应符合本附件第3条第(8)款关于"休息"的规定,当符合规定要求时,方可开始静压试验。

加载应均匀、无冲击、分级进行。每级加载量应按要求试验的精确度决定,并不大于预计最大荷载的1/10。

当桩的下端埋入在大块碎石类土、密实的砾砂以及坚硬的黏性土中时,允许最先三个阶段的每级加载量,为预计最大荷载的1/5。

除非设计另有要求,均按单循环加载。加载需加到本附件第4条第8款规定的终止条件,然后卸载到零。

每级卸载量为两个加载级的荷载值。

(6)沉降观测:

下沉未达稳定时,不得进行下一级加载。每级加载的观测时间应符合如下规定:

每级荷载加完后应立即观测,然后在第一个小时内,每隔15min观测一次;第二个小时内,每隔0.5h观测一次;第三个小时起,每1h观测一次。

(7)稳定标准:

每级加载的下沉量,在下列时间内如不大于0.1mm,即可视为稳定;

①桩尖下为大块碎石类土、砂类土、坚硬黏性土的最后30min;

②桩尖下为半坚硬和软塑黏性土的最后1h。

(8)加载的终止及极限荷载的取值,应符合下列规定:

①总位移量大于或等于40mm,本级荷载的下沉量等于或大于前级荷载的下沉量5倍时,加载即可终止。可取此终止时荷载小一级的荷载作为极限荷载。

②总位移量大于或等于40mm,本级荷载加上后24h未达稳定,加载即可终止。可取此终止时荷载小一级的荷载为极限荷载。

③在大块碎石类土、紧密砂土以及坚硬的黏性土中,总位移量小于40mm,但荷载已大于容许荷载(设计荷载乘设计规定的安全系数),加载可终止。取此时的最大荷载为极限荷载。施工过程中进行的检验性试验,最大荷载不应超过由材料强度条件确定的桩的承载力。

(9)桩的卸载回弹量观测:

每次按顺序卸除荷载后应观测桩顶回弹量,观测办法与沉降观测相同,直至回弹稳定之后再卸下一阶段卸载量,回弹的稳定标准与下沉稳定标准同。

卸载到零后,在此后的至少2h内需每30min观测一次。其中,如果桩尖下为砂类土,则开始的30min内,每15min观测一次。若桩尖下为黏性土,则应在第一小时内,每15min观测一次。

(10)所有试验观测读数,应按附表 4-6 的样式填写记录,并绘制静压试验曲线图。如附图 4-1 所示,P 为荷载,S 为位移,t 为时间。

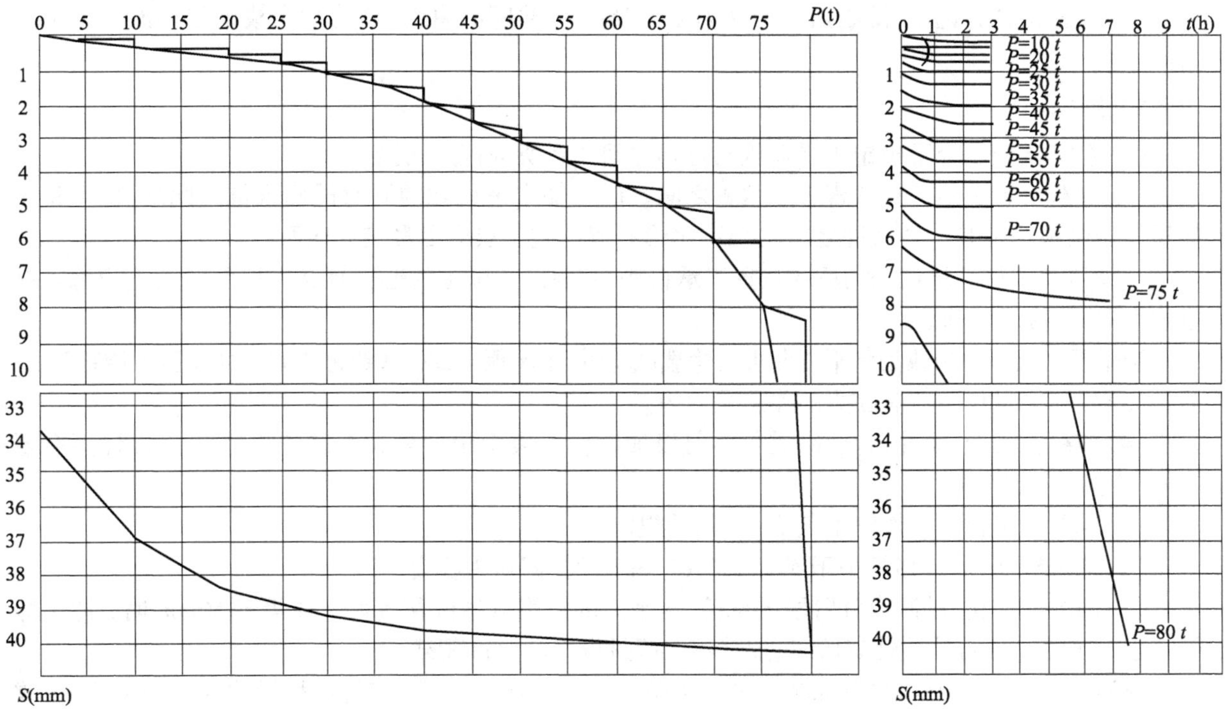

附图 4-1　静压试验曲线

静压试验记录表　　　　附表 4-6

________线________桥________号墩(台)________号桩　最终贯入度________mm/击桩的入土深度________m　设计承载力________kN　加载顺序:________　桩的类型________

荷载编号	起止日、时、分	间歇时间(min)	当时荷载(kN)	各表读数(0.01mm)		平均读数(0.01mm)	下沉(mm)	气温(℃)	备　注
				1 号	2 号				

记录:________　　　　主管工程师:________

5. 静拔试验

(1)静拔试验是为了确定桩的抗拔力所进行的试验。

(2)静拔力必须作用于桩的中轴线。

(3)位移值取全部仪表的算术平均值。

(4)沉桩完毕做静拔试验或做了静压试验再做静拔试验的,均应符合本附件第 3 条第(8)款关于"休息"的规定。

加载应均匀、无冲击、分级进行。每级加载量不得大于预计最大荷载的 1/10。

(5)观测应符合本附件第 4 条第(6)款的规定。

(6)稳定标准:位移量小于或等于 0.1mm/h,即认为稳定。

(7)加载的终止:勘测设计阶段,总位移量不小于25mm,加载即可终止;施工阶段,加载不应大于设计的允许抗拔荷载。

(8)应根据试验记录,绘制如本附件第4条第(10)款所示曲线(需将代表拔出位移的纵坐标改为向上)。

6. 静推试验

(1)静推试验是为了确定水平荷载与位移之间关系所进行的试验。

(2)加载装置可用千斤顶横置于两桩之间。应在加水平荷载的同时试两根桩。此外,也可将千斤顶置于两根锚桩和一根试桩之间成“品”字形布置。施工点应尽量接近地面。

千斤顶和位移测量仪表均应尽量置于承台底面高程处,试桩附近当有高出地面的填土或地表有重物堆置时,应予清除。

当采用立式千斤顶改为水平方向进行静载试验时,千斤顶与试桩或锚桩之间应加设压力传感器。

(3)位移测量仪表应装在力的作用平面内。

(4)加载应均匀、无冲击、分级进行。每级加载量不大于预计最大荷载的1/10。除设计另有要求外,均按单循环加载。

(5)观测应符合本附件第4条第(6)款的规定。

(6)稳定标准:当位移量小于或等于0.05mm/h时,即认为稳定。

(7)加载的终止:勘测设计阶段的试验,水平力的作用点的位移量大于或等于50mm时,加载即可终止。施工中进行检验性试验时,加载不应超过设计的允许荷载。

(8)应根据试验记录,绘制如本附件第4条第(10)款所示曲线(需将位移量改为横坐标,荷载改为纵坐标)。

附件3　锤击动力公式

1. (日)建筑基准公式

(日)建筑基准公式(振动锤不适用)如附式(4-11):

$$(P) = \frac{E}{5S + 0.1} \tag{4-11}$$

其中,E在不同情况下的计算公式分别如附式(4-12)~附式(4~14):

对于坠锤、单打汽锤:

$$E = Q \cdot H \tag{4-12}$$

对于双动汽锤:

$$E = (a \cdot P + Q) \cdot H \tag{4-13}$$

对于筒式柴油锤:

$$E = 2Q \cdot H \tag{4-14}$$

附式(4-11)~附式(4-14)中:

(P)——允许承载力,kN;

S——最终贯入度(最终锤击平均每次下沉量),m/击;当为双动汽锤时,采用1min平均每锤下沉量,m;

E——一次冲击能,kN·m;应由打桩锤产品说明书中的曲线或表格查用,当无此项资料时,可按附式(4-12)~附式(4-14)进行计算;

Q——锤的冲击部分重力,kN;

H——锤冲击部分的落高,m;

a——气缸换算面积,m^2;

P——气缸压力,kPa。

2. (英)希列(Hiley)公式

(英)希列(Hiley)公式(振动锤不适用)如附式(4-15):

$$(P) = \frac{f_1}{m} \cdot \frac{f_2 \cdot E}{S + C/2} \tag{4-15}$$

附式(3-5)中,f_2 的取值需满足附式(4-16):

$$f_2 = \frac{Q + k^2 q}{Q + q} \tag{4-16}$$

附式(4-15)、附式(4-16)中:m——安全系数,一般可取3;

(P)、E、S——意义同上;

C——桩、土和桩帽三者弹性压缩量之和,$C = C_1 + C_2 + C_3$,C_1、C_2均用现场实测值,测量方法如附图4-2所示;C_3也尽量用实测值,当无资料时,可参照附表4-7取值,单位为cm;

f_1——锤的机械效率(筒式柴油锤取0.7;双动汽锤取0.9;坠锤取0.5);

f_2——锤击效率;

Q——锤的冲击部分重力,kN;

q——桩、锤帽及锤的冲击部分重力,kN;

k——恢复系数,可按以下情况取值:

完全弹性的,如直接打钢桩,$k = 1.00$;

桩头上有钢垫层,$k = 0.55$;

桩头上有钢垫层及硬木垫层,$k = 0.40$;

混凝土桩上有木垫层,$k = 0.25$;

完全非弹性的,如开花的木桩头或极软的垫层,$k = 0$。

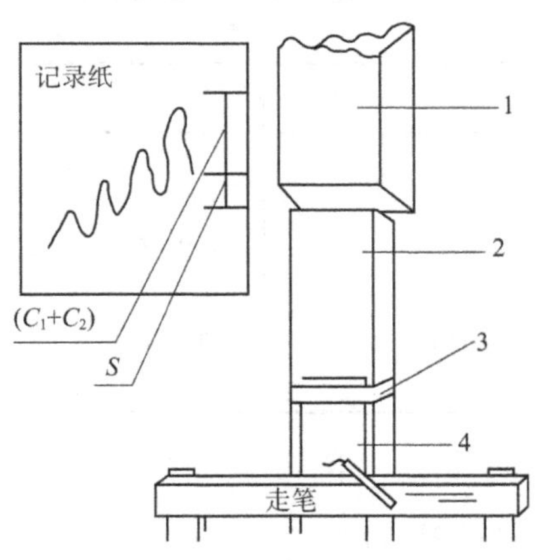

附图4-2　实测示意图

1-锤;2-桩;3-固定记录仪的线带;4-硬面光滑的纸

C_3桩帽弹性压缩值　　附表4-7

桩帽情况		打桩时桩帽上的应力(kPa)			
		易打3500 (cm)	一般7000 (cm)	难打10500 (cm)	极难14000 (cm)
钢筋混凝土桩	有8~10cm厚的木质锤垫	0.13	0.25	0.38	0.50
	有8~10cm厚的木质桩垫	0.18	0.38	0.56	0.76
	有1.3~2.5cm厚的桩垫衬	0.06	0.13	0.19	0.25
钢桩	有钢皮包着的木质垫层	0.1	0.2	0.3	0.4
	直接打桩头	0	0	0	0

注:钢筋混凝土桩采用表列各垫层值时可以叠加。

3.(苏联)建筑法规公式

(苏联)建筑法规公式(振动锤不适用)如附式(4-17):

$$(P) = \frac{1}{m} \cdot \frac{nA}{2}\left(-1 + \sqrt{1 + \frac{4E}{nAS} \cdot \frac{Q + k^2 q}{Q + q}}\right) \tag{4-17}$$

式中:(P)——桩的允许承载力,kN;

m——安全系数,临时建筑用1.5,永久建筑用2;

A——实心或空心桩身截面面积(不扣除空心部分的面积),cm^2;

S——最终贯入度(最终平均每击下沉量),cm/击;

n——系数,可参照附表4-8取值;

E——锤击能量,kN·cm,可参照附表4-9取值;

k——恢复系数,有木质锤垫时,$k=0.45$。

本公式适用的条件为S大于或等于2mm/击。

***n* 值** 附表4-8

情况	n(kN/cm^2)
1.钢筋混凝土桩 (1)有硬木桩垫; (2)有硬木桩垫加麻袋垫层	 0.15 0.10
2.钢桩,无桩垫	0.50

附表4-9

锤击	E(kN·cm)
1.坠锤或单动汽锤 2.筒式柴油锤 3.导杆式柴油锤 4.柴油锤,当不供燃料,作控制性单次锤击复打时	QH $0.9QH$ $0.4QH$ $Q(H-h)$

注:Q——锤的冲击部分重力,kN;

H——锤芯的落高,cm;

h——锤芯由于气垫作用实测的第一次回跳高度,cm。

4.折减计算

对于坠锤、单打汽锤,其允许承载力按附表4-10所列数值进行折减。

折减系数 附表4-10

倾斜率	1:10~1:8	1:6	1:5	1:4
折减系数	0.98	0.97	0.95	0.94

对于其他锤(不包括振动锤),可将打桩公式中的锤击能量E改为E'。

$$E' = E - QH(1 - \cos\theta)$$

式中:θ——斜桩与垂直线之间的夹角。

附件4 沉桩记录、沉桩记录整理

沉桩记录及沉桩记录整理表样式可分别参照附表4-11、附表4-12。

沉 桩 记 录 表

附表4-11

________线________桥________号墩(台)　第________页共________页　第________号桩

月日	工作项目	起时分	止时分	锤击次数（次）	射水压力（MPa）	落锤高度（cm）	下沉量（cm）		附注（记述沉桩情况及有关迹象）
							本次	累计	

记录:________　　　　复核:________

沉 桩 记 录 整 理 表

附表4-12

________线________桥________号墩(台)第________号桩　第________页共________页

第____号桩,桩长____ + ____ + ____ + ____ + ____ + ____ + ____ = ____ m

桩断面积______ cm^2,系________桩,直(斜)桩

沉桩开始____年__月__日__时__分,完毕____年__月__日__时___分

沉桩时地面(或河床)高程____ m,停锤时桩尖高程____ m 桩入土____ m

停锤时贯入度____ mm,落锤高____ cm

复打____年___月___日___时,5 锤贯入度____ mm,落锤高____ cm

沉桩共用____时____分,总计击锤次数______________

水压____ MPa

射水嘴直径______ mm,射水总时间____时____分

桩尖类型__________　桩锤类型______________

桩顶实际偏位__________实际对垂直线倾斜____________

初打时锤垫、桩帽和桩垫情况________________

复打时锤垫、桩帽和桩垫情况________________

其他说明______________

整理:________　　复核:________　　主管工程师:________　　检查工程师:________

附件5　泥浆试验记录、钻孔记录、水下混凝土浇筑记录

泥浆试验记录、钻孔记录、水下混凝土浇筑记录表样式可分别参照附表4-13~附表4-15。

泥浆试验记录表 附表 4-13

工程名称						
墩台号				桩号		
施工单位				泥浆原料		
测定时间	试验项目	泥浆指标				
年 月 日		比重	黏度	含砂率	胶体率	pH 值

注:试验项目按以下情况填写:(1)孔外造浆;(2)孔内造浆;(3)工序检查;(4)清孔检查。

试验员:________ 施工负责人:________

钻 孔 记 录 表 附表 4-14

工程名称							
墩台号			桩号			起讫日期	年 月 日
设计桩径			设计孔深			钻孔方法	
设计孔底高程			护筒顶高程			钻头型式	
设计桩顶高程			钻头直径				
时间		工作项目	钻进深度(m)		孔底高程	记事	
起	止		本次	累计			

注:记事栏中应:(1)绘制桩位示意图;(2)记录成孔检查情况。

记录:________ 施工负责人:________

水下混凝土浇筑记录表 附表 4-15

工程名称								
墩台号			桩号			成孔孔底高程		
浇筑前孔底高程			桩顶设计高程			钢筋笼底高程		
护筒顶高程			每盘混凝土数量(m^3)			设计混凝土数量(m^3)		
测量时间	混凝土面高程(m)	底口高程(m)		埋入深度(m)		浇筑混凝土		附注
		导管	套管	导管	套管	累计盘数	累计数量(m)	

注:1. 附注栏中应绘桩位示意图;

2. 采用套管钻机时,应增列套管底口高程和套管理埋入深度。

记录:________ 施工负责人:________

附件6 后张法制梁孔道摩擦阻力试验

(1)孔道摩擦阻力试验的目的是验证设计数据和调整张拉控制应力。

(2)孔道摩擦阻力试验应在梁体混凝土强度达到设计要求后进行。

(3)对于每种梁型,孔道摩擦阻力试验应分别进行。对选定的实体梁上可选取有代表性的不同部位的4~6个孔道进行试验(应含最大、最小弯曲角度)。

(4)孔道摩擦阻力试验采用的预应力筋和锚具应符合设计要求。当采用预应力钢绞线和夹片锚时,孔道摩擦阻力试验应符合下列规定:

①孔道摩擦阻力试验布置如附图4-3所示。

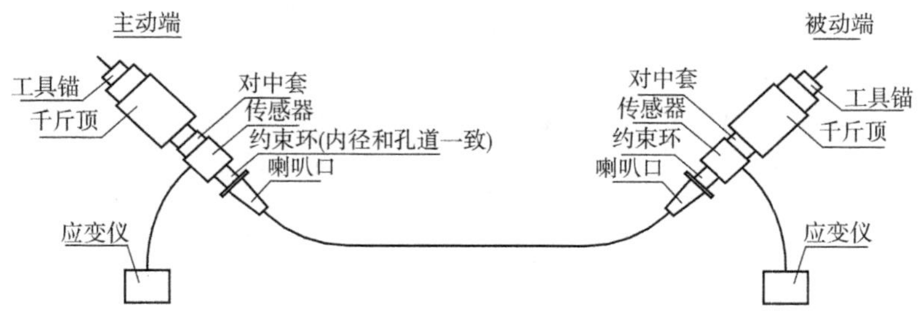

附图4-3 孔道摩擦阻力试验布置图

②孔道摩擦阻力试验应按下列步骤进行:

a. 根据试验布置图安装试验装置。

b. 锚固端千斤顶进油空顶约150mm时关闭,两端预应力筋束均匀楔紧于千斤顶上,两端试验装置对中。

c. 张拉端千斤顶进油逐级张拉。层级可分为8级,每级两端同时读取和记录有关数据。

d. 锚固端千斤顶回油,张拉端千斤顶回油、退锚。

e. 将预应力筋束窜动数次后,按步骤进行第二次测试。

(5)孔道摩擦阻力系数μ和孔道偏差影响系数K可按附式(4-18)进行计算:

$$\left.\begin{aligned}\sum x_i^2K+\sum x_i\theta_i\mu=\sum x_i\ln r_i\\ \sum x_i\theta_iK+\sum\theta_i^2\mu=\sum\theta_i\ln r_i\end{aligned}\right\} \tag{4-18}$$

式中:x_i——第i束孔道长度,m;

θ_i——第i束曲线孔道切线夹角之和,rad;

r_i——第i束主动端与被动端传感器压力之比;

μ——预应力筋与管道壁间的摩擦系数;

K——管道每米与设计位置偏差系数。

附件7 纵向活动支座预留错动量计算

纵向活动支座应按梁的温度变化、混凝土梁未完成的收缩徐变和弹性压缩量产生的错动量,调整上下座板的相对位置。

错动量可参考附式(4-19)进行计算:

$$\delta=(T-T_o)\ aL+\delta_s \tag{4-19}$$

式中:δ——上下座板的计算错动量,cm;

a——线膨胀系数,可取值1.0×10^{-5};

L——梁跨度,cm;

T——架梁时温度,℃;

δ_s——成品梁未完成的收缩徐变值,cm,其值可按《铁路桥涵混凝土设计规范》(TB 10092—2017)规定计算;

T_o——收缩徐变完成后上下座板中线重合时的计算温度(简称计算温度),℃。

T_o 应按附式(4-20)进行取值:

$$T_o = T_{平} + \frac{\delta_{活}}{2aL} \tag{4-20}$$

式中:$T_{平}$——年度中最高和最低温度的算术平均值,℃;

$\delta_{活}$——梁端部下缘因活载产生的纵向位移,cm;

$\delta_{活}/2aL$——换算温度,℃,也可取为10℃。

第五章　箱梁预制施工

引　　言

本章是针对杭海城际铁路的特点，参照《铁路混凝土工程施工技术指南》(铁建设〔2010〕241号)，在吸收杭海城际铁路及周边区域城际轨道交通工程实践经验的基础上编制而成。本章以施工质量验收标准为依据，重点对施工过程中的工艺、工法、质量保证措施作出了规定，反映了工程施工的新技术、新材料、新工艺、新设备，充分体现了区域城际轨道交通工程箱梁预制施工的技术特点和质量控制要求。本章适用于区域城际轨道交通工程箱梁预制施工的质量控制，凡在本章中未做规定的，均按国家、行业及地方现行的有关强制性标准执行。

本章主要内容包括：总则、术语、基本规定、材料准备、钢筋工程、模板工程、混凝土工程、预应力工程、施工质量保证措施、冬期施工、夏期施工等。

主编单位：浙江杭海城际铁路有限公司

参编单位：中铁十局集团有限公司、上海地铁咨询监理科技有限公司、中铁第四勘察设计院集团有限公司、浙江省交通规划设计研究院

主要执笔人：罗士瑾、杨敏龙、马锡海、王兴陈、严剑锋、徐晗、徐照普、李胜、曹晨晨、吴飞

主要审查人：张铁军、胡竹炉、舒冬林、陈剑伟、张红星、郭栋良、郭刚

1　总　　则

1.0.1　为统一后张法预制箱梁工程施工技术要求，加强施工管理，保证工程质量，特编制本章。

1.0.2　后张法预制箱梁工程施工应贯彻国民经济可持续发展战略和提高结构耐久性的原则，采取有效的措施加强环境保护和节约土地，要加强对农田水利、文物和风景区的保护，合理利用资源，做到文明安全施工。

1.0.3　在预制箱梁施工中，应积极推广采用新技术、新工艺、新装备、新材料和新检测方法。施工中应认真做好原始记录，积累资料，不断总结经验，提高施工技术水平。

1.0.4　预制箱梁施工中采用的大型机械、工程材料、试验和检测设备等应符合国家现行标准，并具有合格证件，设备应有铭牌。

1.0.5　预制箱梁工程施工除应符合本章的要求外，还应符合国家现行有关强制性标准的规定。

2　术　　语

2.0.1　混凝土结构。

以混凝土为主制成的结构，包括素混凝土结构、钢筋混凝土结构和预应力混凝土结构等。

2.0.2　混凝土结构的耐久性。

在预定作用和预期的维护与使用条件下,混凝土结构及构件在设计使用年限内保持其适用性和安全性的能力。

2.0.3 设计使用年限。

设计人员用以作为结构耐久性设计依据并具有足够安全度或保证率的目标使用年限。

2.0.4 模板。

使混凝土浇筑成型,并能在混凝土达到一定强度前承受混凝土自身质量的临时性结构。

2.0.5 模板工程。

支承所浇筑混凝土的整个系统,包括与混凝土表面直接接触的模板面板和支撑杆件,以及相关的连接件和剪刀撑等。

2.0.6 钢筋闪光对焊。

将两钢筋安放成对接形式,利用电阻热使接触点金属熔化,产生强烈飞溅,形成闪光,迅速施加顶锻力完成的一种压焊方法。

2.0.7 钢筋机械连接。

通过钢筋与连接件的机械咬合作用或钢筋端面的承压作用,将一根钢筋中的力传递至另一根钢筋的连接方法。

2.0.8 钢筋的混凝土保护层最小厚度。

为防止钢筋锈蚀从混凝土表面到最外层钢筋最外缘所必需的混凝土最小厚度。

2.0.9 矿物掺合料。

在混凝土搅拌过程中加入的具有一定细度和活性的,用于改善新拌和硬化混凝土性能(特别是耐久性能)的矿物类产品,如粉煤灰、磨细矿渣粉、硅粉等,可以单一使用,也可复合使用。

2.0.10 胶凝材料。

用于配制混凝土的水泥和矿物掺合料的总称。

2.0.11 水胶比。

混凝土拌和物中的总用水量与胶凝材料总量的质量比。

2.0.12 碱活性骨料。

在一定条件下会与混凝土中的碱发生化学反应,导致混凝土结构产生膨胀、开裂、甚至破坏的骨料。

2.0.13 氯离子扩散系数。

描述混凝土孔隙水中氯离子从高浓度区向低浓度区扩散过程的参数。

2.0.14 气泡间距。

硬化混凝土中相邻气泡边缘之间距离的平均值。

2.0.15 后张法。

混凝土浇筑并达到一定强度后,张拉预应力筋施加预应力的方法。

2.0.16 锚具。

在后张法结构或构件中,用于保持预应力筋的拉力并将其传递到混凝土上所用的永久性锚固装置。

2.0.17 夹具。

在后张法结构或构件施工时,在张拉千斤顶或设备上夹持预应力筋的临时性锚固装置,又称工具锚。

2.0.18 锚垫板。

在后张预应力混凝土结构中,预埋在混凝土构件中或置于混凝土构件端部,用以承受锚具传来的预加力并传递给混凝土的部件。

2.0.19 工序。

施工过程中具有相对独立特点的作业活动，或由必要的技术间歇或停顿分割的作业活动，是施工过程的基本单元。

3 基本规定

3.0.1 建设各方应严格执行国家和铁路行业现行有关建设管理办法和本章的管理规定。

3.0.2 施工前应制定项目管理规划，重点加强混凝土原材料质量、配合比设计、模板及支架安装、预应力施工等的控制，并注重对混凝土浇筑、振捣和养护等细节的管理。

3.0.3 应建立健全质量保证体系，对工程施工质量进行全过程控制，落实质量责任终身追究制度。

3.0.4 应建立健全安全生产管理体系，严格执行相关铁路工程施工安全技术规程的规定，设置专门安全管理机构，配备专职安全管理人员，落实安全生产责任制，保证工程施工安全。

3.0.5 应建立并持续改进环境管理体系，制定并实施环境管理计划，有效减少施工对环境的影响。

3.0.6 应制定混凝土拌和站和工程试验室的验收制度并组织进行验收，加强对混凝土与砌体原材料质量、冬期施工等的专项检查。

3.0.7 勘察设计单位应在设计文件中明确结构设计使用年限、环境类别及作用等级、混凝土耐久性指标等，明确钢筋连接方式和接头位置等有关施工技术要求。混凝土工程施工前，应对结构所处化学侵蚀环境、氯盐环境等作出复核确认。

3.0.8 监理单位应重点做好原材料进场验收、配合比审批、关键工序旁站监理等工作。

3.0.9 做好逐级技术交底，对混凝土拌和、浇筑、振捣、养护、钢筋连接、预施应力、孔道压浆等编制作业指导书，明确作业标准和工艺要求。

3.0.10 施工应根据工程类型、施工条件、工期要求、气象水文条件等因素，按照技术先进、安全适用、节能环保的原则合理配置机械设备，积极推进机械化施工。

3.0.11 混凝土拌制、钢筋加工、小型构件预制等应采用工厂化生产。

3.0.12 钢筋工程、混凝土工程、预应力工程等关键工序应组建专业化的作业队伍进行施工，管理和作业人员应相对固定。

3.0.13 应建立相应的信息管理系统，保证工程施工管理信息传递及时、可靠有效。

3.0.14 施工应按照《铁路工程施工组织设计指南》（铁建设〔2009〕226号）的规定编制施工组织设计，加强控制工程、重难点及高风险工程的管理。

3.0.15 施工现场管理应符合《铁路建设项目现场管理规范》（Q/CR 9202—2015）的相关规定，合理布置生产区、办公生活区等，并考虑防洪、防火、防爆、防地质灾害等要求。

3.0.16 施工现场应按照《铁路建设项目现场安全文明标志》的规定设置安全文明标志。

3.0.17 工程施工应结合项目规模和特点，按照《铁路建设项目工程试验室管理标准》（Q/CR 9204—2015）的规定设置工程试验室，满足工程质量控制要求。

3.0.18 应重视施工人员的职业健康和劳动卫生保护，制定管理计划并进行有效控制，防止发生职业健康安全事故。

3.0.19 应结合工程特点和施工环境进行危险源辨识，对重大危险源应编制应急预案，并按规定组织培训和演练。

3.0.20 施工前应提前开展原材料的调研、混凝土配合比的选定和试验等工作。

4 材料准备

4.0.1 原材料采购前必须按照 ISO9001 的要求进行合格供方评价,供应商必须在合格供方名录中。所有原材料应有供应商提供的出厂检验合格证,并应按有关检验项目、批次规定,严格实施进场检验。

4.0.2 水泥应采用品质稳定、强度等级不低于 42.5 级的低碱硅酸盐水泥或低碱普通硅酸盐水泥(掺合料采用粉煤灰或矿渣)。水泥的比表面积不应超过 $350m^2/kg$,碱含量不应超过 0.60%,游离氧化钙含量不应超过 1.0%。水泥熟料中 C3A 含量不大于 8%,在强腐蚀环境下不大于 5%。水泥的其余性能应符合《通用硅酸盐水泥》(GB 175—2007)的有关规定。

4.0.3 细骨料采用级配合理、硬质洁净的天然中粗河砂,细度模数为 2.6 ~ 3.0,其余技术性能应符合《普通混凝土用砂、石质量及检验方法标准》(JGJ 52—2006)的规定。

4.0.4 粗骨料采用级配合理、质地均匀、坚硬耐久的碎石。粒径为 5 ~ 20mm,最大不超过 25mm,且不超过混凝土设计保护层厚度的 2/3 和钢筋最小间距的 3/4,并分两级[5 ~ 10 和 10 ~ 20(25)mm]储存、运输、计量。使用时,粒径为 5 ~ 10mm 的碎石与 10 ~ 20(25)mm 碎石的质量之比为(40 ±5)%:(60 ±5)%;其余技术要求应符合《普通混凝土用砂、石质量及检验方法标准》(JGJ 52—2006)的规定。

4.0.5 制梁所选用的骨料应在试生产前进行碱活性试验。当所采用骨料的碱-硅酸盐反应膨胀率在 0.10% ~0.20% 时,混凝土的总碱含量不大于 $3kg/m^3$。

4.0.6 专用复合外加剂具有减水率高、坍落度损失少、适量引气、能细化混凝土孔结构、能明显改善或提高混凝土耐久性、与水泥有良好的适应性等性能。外加剂的掺量由试验确定,严禁掺入氯盐类外加剂。

4.0.7 掺合料混凝土矿物活性掺合料(Ⅰ级粉煤灰)应符合《用于水泥和混凝土中的粉煤灰》(GB 1596—2017)的规定。粉煤灰品质应满足表 5-1 的要求。

粉煤灰品质指标 表 5-1

混凝土强度等级	细度(0.045 方孔筛筛余,%)	氯离子(%)	需水量比(%)	烧失量(%)	含水率(%)	SO_3 含量(%)	活性指数	
							7d	28d
C25 ~ C45	≤20	≤0.02	≤105	≤5	≤1.0	≤3.0	≥65	≥70
≥C50	≤12		≤100	≤3			≥75	≥80

4.0.8 混凝土的拌和与养护用水,应按《混凝土用水标准》(JGJ 63—2006)的规定进行检验,不应含有能影响水泥正常凝结与硬化的有害杂质或油脂、糖类等。污水、海水、pH 值小于 5 的酸性水和含硫酸根的水均不得使用。凡能供饮用的水,即可使用。当混凝土处于氯盐环境时,拌和水中氯离子含量应不大于 200mg/L。混凝土拌和物中各种原材料引入的氯离子含量不超过胶凝材料总量的 0.06%。

4.0.9 预应力钢绞线应满足如下要求:

(1)预应力钢绞线采用强度级别为 1860MPa 公称直径 15.2mm 的低松弛钢绞线,应符合《预应力混凝土用钢绞线》(GB/T 5224—2014)的规定并满足设计要求,采用的钢绞线厂家必须提供每批钢绞线的弹性模量值。

(2)非预应力钢筋(带肋、光圆钢筋及盘条)性能应分别符合《钢筋混凝土用钢 第 2 部分:热轧带肋钢筋》(GB 1499.2—2018)和《钢筋混凝土用钢 第 1 部分:热轨光圆钢筋》(GB 1499.1—2017)以及《低碳钢热轧圆盘条》(GB/T 701—2008)的有关规定,并满足设计要求。对 HRB335 钢筋,还应符合碳含量不大于 0.5% 的规定。

4.0.10　钢配件材质选用普通碳素钢,其性能应符合《碳素结构钢》(GB/T 700—2006)的规定,并满足设计要求。支座板应采用与设计规定的支座相匹配的支座板。

4.0.11　钢配件包括:支座板、防落梁支架预埋板和预埋螺杆、伸缩缝预埋件、一般接触网支柱预埋板、下锚支柱预埋板、下锚拉线预埋板、泄水管固定螺母、综合接地螺母、梁体接地螺母、防撞墙、电缆槽竖墙、人行道挡板等,在相应位置将预埋钢筋及预埋件与梁体钢筋一同绑扎、安装,以保证预埋筋与梁体的连接。安装时严格按设计图纸施工,确保其位置准确无误。

4.0.12　对于梁体所有的预埋件位置准确,外露部分进行锌铬涂层防锈处理(即达可乐技术)。

4.0.13　支座板加工时,套筒与底钢板焊接时应先用螺栓将其与钢板连接,校准位置后再将其用电焊焊牢,并保证套筒与底钢板垂直。施工中必须保证底钢板的平整性。支座板的套筒尺寸的制作误差必须严格控制,其尺寸偏差不超过1mm。支座板螺栓与板面垂直焊接,对角线尺寸偏差不超过1mm,每块四角高差小于2mm。

4.0.14　锚具、夹片应符合《预应力筋用锚具、夹具和连接器》(GB/T 14370—2015)的有关规定,并经检验合格后方可使用。采用的锚具应通过省、部级鉴定,并符合设计要求。锚垫板应安装密封盖帽。

4.0.15　抽拔橡胶管。根据国家相关部门和经济规划研究院发布的图纸的要求,可以采用直径为80mm和90mm的抽拔橡胶管成孔。采用的胶管应无表面裂口、无表面热胶粒、无胶层海绵。胶层气泡、表面杂质痕迹长度不应大于3mm、深度不应大于1.5mm,且每米不多于一处。外径偏差为±4mm,不圆率应小于20%,硬度(邵氏A型)为65±5。拉伸强度不小于12MPa,扯断伸长率不小于350%,300%定伸强度不小于6MPa。

4.0.16　泄水管采用的PVC管材,其性能应符合《无埋压地排污、排水用硬聚氯乙烯(PVC-U)管材》(GB/T 20221—2006)的要求。

5　钢筋工程

5.1　一般规定

5.1.1　混凝土结构用钢筋的牌号、规格、接头连接方式及部位应符合设计要求和国家现行标准的规定。

5.1.2　预制混凝土构件的吊环应符合设计要求。吊环材料不得采用冷拉处理钢筋。

5.1.3　钢筋在运输和储存过程中应上盖下垫,防止锈蚀、污染和变形。装卸钢筋时不得从高处抛掷。

5.1.4　钢筋加工应设置专用加工场地。场内钢筋应按牌号、炉罐号、规格、检验状态分别标识存放。

5.1.5　预埋件和钢配件(含钢筋机械连接套筒)应符合下列规定:

(1)所用钢板、型钢及圆钢的材质和规格应符合设计要求及国家现行标准的规定。

(2)防腐处理应满足设计要求。

(3)运输和储存过程中应分类包装、标识,码放整齐,不得混淆和锈蚀。

5.1.6　焊工必须有相应的特种作业操作证,并应在规定的范围内进行焊接操作。

5.1.7　在正式钢筋焊接之前,参与该项施焊的焊工应进行现场条件下的焊接工艺试验,并经质量检验合格后,方可正式作业。当改变钢筋牌号、规格、炉罐号、焊条型号或调换焊接设备、焊工时,应重新进行现场条件下的焊接工艺试验,经质量检验合格后,方可正式作业。

5.2　钢筋加工

5.2.1　钢筋加工前应清除表面的油渍、漆污、水泥浆和用锤敲击能剥落的浮皮、铁锈等。钢筋应平直,无局部折曲。当钢筋需要调直时,调直后的钢筋表面不应有削弱钢筋截面的伤痕。

5.2.2　钢筋的弯制和末端的弯钩应符合设计要求。当无设计要求时,应符合下列规定:

(1)所有受拉光圆钢筋(HPB235)的末端应制成180°的半圆形弯钩,弯钩的内径不得小于2.5d,钩端应留有不小于3d的直线段(图5-1)。

(2)受拉带肋(月牙肋、等高肋)钢筋的末端应采用直角形弯钩,弯钩的内侧半径不得小于2.5d(HRB335)或3.5d(HRB400),钩端应留有不小于3d(HRB335)或5d(HRB400)的直线段(图5-2)。

(3)弯起钢筋应弯成平滑的曲线,HPB235钢筋的最小曲率半径应为10d,HRB335钢筋的最小曲率半径应为12d,HRB400钢筋的最小曲率半径应为14d(图5-3)。

5.2.3　用光圆钢筋制成的箍筋,其末端应有弯钩(半圆形、直角形或斜弯钩,图5-4)。弯钩的弯曲内直径应大于受力钢筋直径,且不应小于箍筋直径的2.5倍。对一般结构,箍筋弯钩的弯折角度不应小于90°,弯钩平直部分的长度不宜小于箍筋直径的5倍。对有抗震设防要求的结构构件,圆形箍筋的接头必须采用焊接,焊接长度不应小于10倍箍筋直径;矩形箍筋端部应有135°弯钩,弯钩伸入核心混凝土的平直部分长度不应小于20cm。

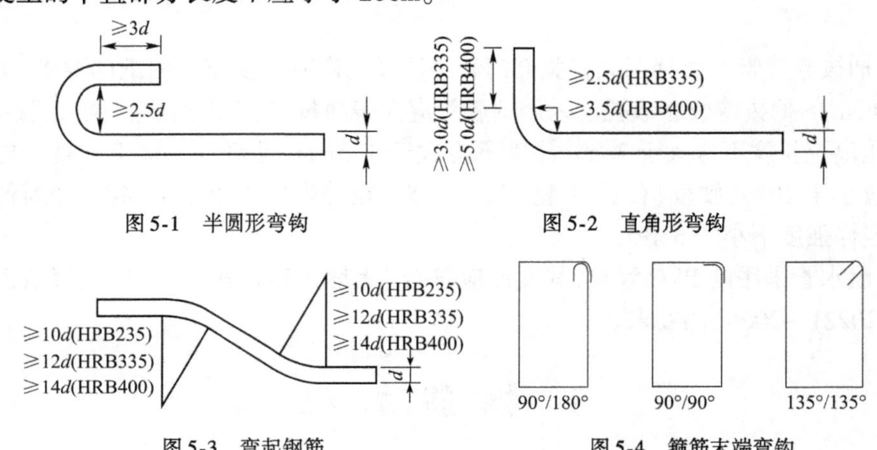

图5-1　半圆形弯钩　　图5-2　直角形弯钩

图5-3　弯起钢筋　　图5-4　箍筋末端弯钩

5.2.4　钢筋宜在常温状态下加工,不宜加热(梁体横隔板锚固钢筋若采用HRB335钢筋,应采用热弯工艺)。弯制钢筋宜从中部开始,逐步弯向两端,且应一次性弯成。

5.2.5　钢筋冷拉采用调直机,钢筋的冷拉伸长率应控制在如下范围内:Ⅰ级钢筋不得超过2%;Ⅱ、Ⅲ级钢筋不得超过1%。钢筋拉伸调直后不得有死弯。

5.2.6　钢筋加工质量应符合表5-2的要求。

钢筋加工误差要求　　表5-2

序　号	项　目	允许偏差(mm)
1	受力钢筋顺长度方向全长的净尺寸	±10
2	弯起钢筋的位置	±20
3	箍筋内边距离尺寸差	±3

5.2.7　预应力管道定位网片采用点焊加工,其尺寸误差为±2mm。其中,水平筋的尺寸是对最下一根钢筋中心而言,竖向钢筋的尺寸是对网片中心而言。网眼尺寸误差不得超过3mm。

5.3　钢筋连接

5.3.1　钢筋连接可分为焊接连接、机械连接和绑扎连接三种。钢筋机械连接接头和焊接连接接头的类型及质量应符合国家和铁路行业现行有关标准的规定。

5.3.2　钢筋连接方式、接头位置应符合设计要求。当无设计要求时,应符合下列规定:

(1)钢筋纵向接头应优先采用闪光对焊连接。当缺乏闪光对焊条件时,可采用电弧焊。钢筋接头采用搭接或帮条电弧焊时,宜采用双面焊缝;双面焊缝困难时,可采用单面焊缝。

(2)轴心受拉及小偏心受拉杆件中的钢筋接头均应采用焊接连接。

(3)以承受静力为主(动应力幅不大于35MPa)的混凝土结构钢筋可采用机械连接,但当机械连接不能满足连接件之间横向净距小于25mm的条件时,不得采用机械连接。

5.3.3 钢筋接头应设置在承受应力较小处,并应分散布置。“同一连接区段”内有接头的受力钢筋截面面积占受力钢筋总截面面积的比例,应符合设计要求。当无设计要求时,应符合下列规定:

(1)焊接接头在受弯构件的受拉区不得大于50%,轴心受拉构件不得大于25%。

(2)机械连接接头的受弯构件不应大于50%,轴心受拉构件不得大于25%。

(3)绑扎接头在构件的受拉区不得大于25%,在受压区不得大于50%。

(4)钢筋接头应避开钢筋弯曲处,距弯曲点的距离不得小于钢筋直径的10倍。

(5)在同一根钢筋上应少设接头,“同一连接区段”内,同一根钢筋上不得超过一个接头。

(6)“同一连接区段”长度应满足下列要求:焊接接头或机械连接接头为$35d$(d为纵向受力钢筋的较大直径),且不小于500mm;绑扎接头为1.3倍搭接长度且不小于500mm。凡接头中点位于该连接区段长度内的接头均属于“同一连接区段”。

(7)当施工中分不清受拉区或受压区时,接头设置应符合受拉区规定。

5.3.4 钢筋焊接应符合下列规定:

(1)各种焊接材料应分类存放、妥善管理,并应采取防止锈蚀及受潮变质的措施。

(2)雨天、雪天不宜在现场进行施焊。必须施焊时,应采取有效的遮蔽措施。焊后未冷却的接头不得碰到冰雪。

(3)在现场进行闪光对焊或电弧焊,当风速超过7.9m/s时,应采取挡风措施。

(4)焊机应经常维护和定期检修,以确保能够正常使用。

5.3.5 钢筋闪光对焊应符合下列规定:

(1)除正式焊接之前进行焊接工艺试验外,每位焊工均应在每班工作开始时,先按实际条件试焊2个对焊接头试件,并进行冷弯试验,待其结果合格后方可正式施焊。

(2)钢筋牌号、直径在表5-3范围内时,可采用“连续闪光焊”;超出表5-3范围,且钢筋端面较平整的,宜采用“预热闪光焊”;超出表5-3范围,且钢筋端面不平整的,宜采用“闪光-预热闪光焊”。

可连续闪光焊的钢筋 表5-3

钢筋类别	钢筋直径(mm)	钢筋类别	钢筋直径(mm)
HPB235	8~20	HRB400	6~40
HRB335	6~40		

(3)连续闪光焊所能焊接的钢筋上限直径,还应视焊机容量、钢筋牌号等具体情况而定,并符合表5-4的规定。

连续闪光焊钢筋上限直径 表5-4

焊机容量(kV·A)	钢筋类别	钢筋直径(mm)
160(150)	HPB235	20
	HRB335	22
	HRB400	20
100	HPB235	20
	HRB335	18
	HRB400	16

续上表

焊机容量(kV·A)	钢筋类别	钢筋直径(mm)
80(75)	HPB235	16
	HRB335	14
	HRB400	12
40	HPB235	10
	HRB335	
	HRB400	

(4)闪光对焊时,应选择合适的调伸长度、烧化留量、顶锻留量以及变压器级数等焊接参数。连续闪光焊时的留量应包括烧化留量、有电顶锻留量和无电顶锻留量;闪光-预热闪光焊时的留量应包括一次烧化留量、预热留量、二次烧化留量、有电顶锻留量和无电顶锻留量。

(5)应根据钢筋牌号、直径、焊机容量以及焊接工艺方法等具体情况选择变压器级数。

(6)采用电动机凸轮传动对焊机或气、液压传动对焊机进行大直径钢筋焊接时,宜首先采取锯割或气割方式对钢筋端面进行平整处理,然后采用预热闪光焊工艺。

(7)闪光对焊接头的外观质量应符合下列规定:

①接头周缘应有适当的镦粗部分,并呈均匀的毛刺外形。

②钢筋表面不得有明显的烧伤或裂纹。

③接头弯折的角度不得大于3°。

④接头轴线的偏移不得大于0.1d,且不得大于2mm。

5.3.6 采用电弧焊接头时,除应满足强度要求外,还应符合下列规定:

(1)在加工场进行电弧焊接时,均应采用双面焊缝;仅在脚手架上施焊时,方可采用单面焊接。

(2)不同牌号、直径钢筋帮条的长度、搭接的长度应符合表5-5的规定。

搭接焊或帮条焊接头构造　　表5-5

序号	接头类型	接头构造图	钢筋牌号	帮条长度
1	双面焊缝帮条焊	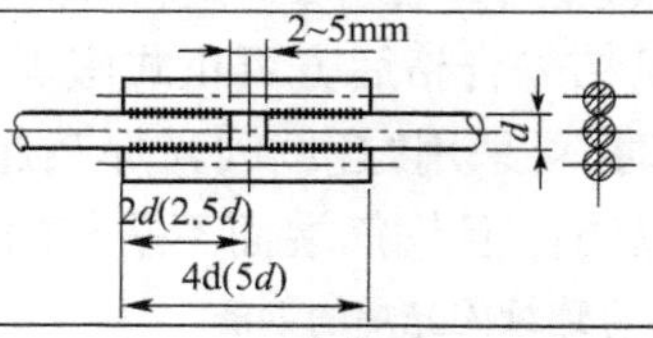 2~5mm; d; 2d(2.5d); 4d(5d)	HPB235	≥4d
			HRB335	≥5d
			HRB400	
2	单面焊缝帮条焊	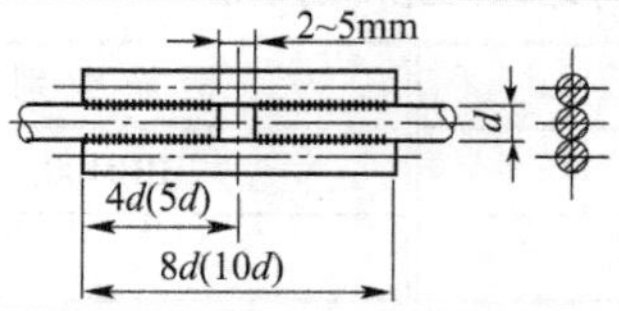 2~5mm; d; 4d(5d); 8d(10d)	HPB235	≥8d
			HRB335	≥10d
			HRB400	
3	双面焊缝搭接焊	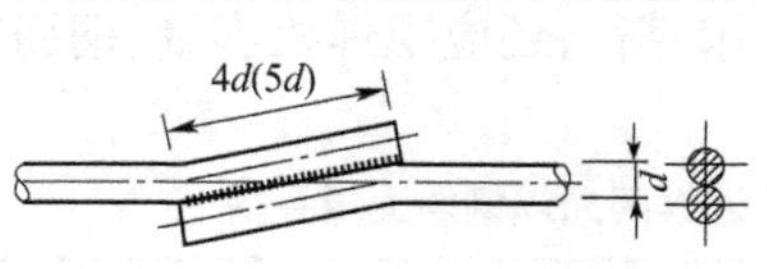 4d(5d); d	HPB235	≥4d
			HRB335	≥5d
			HRB400	
4	单面焊缝搭接焊	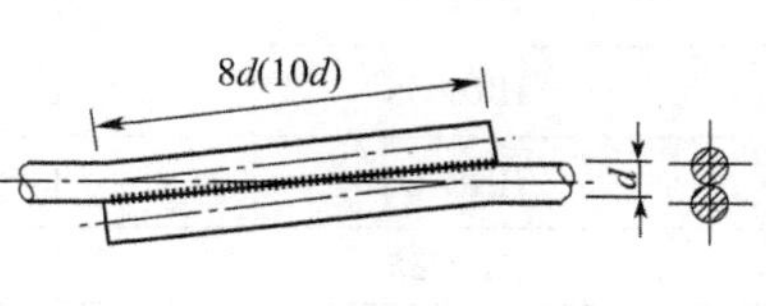 8d(10d); d	HPB235	≥8d
			HRB335	≥10d
			HRB400	
			HRB335	≥5d
			HRB400	

注:在无条件进行序号1、3的双面焊缝电弧焊时,可采用序号2、4的单面焊缝电弧焊。

(3)缝长度不应小于帮条或搭接长度。

(4)钢筋搭接、帮条焊接的焊缝计算厚度 h 应不小于 $0.3d$,焊缝宽度 b 应不小于 $0.8d$。

(5)搭接接头钢筋的端部应预先折向一侧,搭接钢筋的轴线应位于同一直线上。

(6)帮条和被焊钢筋的轴线应在同一平面上。

(7)焊接地线应与钢筋接触良好,不得因接触不良而烧伤主筋。

(8)帮条与被焊钢筋间应采用四点固定;搭接焊时,应采用两点固定。定位焊缝应距离帮条端部或搭接端部20mm以上。

(9)焊接时,应在帮条或搭接钢筋的一端引弧,并应在帮条或搭接钢筋端头上收弧,弧坑应填满。第一层焊缝应有足够的熔深,主焊缝与定位焊缝应熔合良好。

(10)采用电弧搭接焊、帮条焊的接头,应逐一进行外观检查,并应符合下列规定:

①用小锤敲击接头时,钢筋发出与基本钢材相同的清脆声。

②电弧焊接接头的焊缝表面应平顺,无缺口、裂纹和较大的金属焊瘤和其他缺陷。

5.3.7　钢筋绑扎连接应符合下列规定:

(1)光圆钢筋末端应作成彼此相对的180°弯钩(图5-5),带肋钢筋应作成彼此相对的90°弯钩。在钢筋搭接部分的中心及两端共三处,应用铁丝绑扎结实。

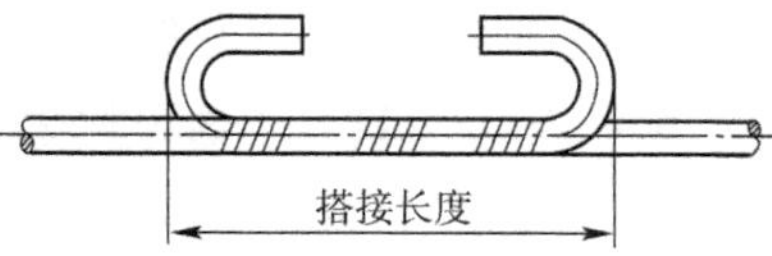

图5-5　钢筋的绑扎连接

(2)绑扎接头的最小搭接长度应符合表5-6的要求。

钢筋绑扎接头的最小搭接长度　表5-6

钢筋类别	受拉区		受压区	
	<C30	≥C30	<C30	≥C30
光圈钢筋 HPB235	$35d$	$30d$	$25d$	$20d$
带肋钢筋 HRB335	$45d$	$35d$	$35d$	$25d$
带肋钢筋 HRB400	$55d$	$40d$	$40d$	$30d$

注:1. d 为钢筋直径,C30为混凝土强度等级。

2. 绑扎接头的搭接长度除应符合本表规定外,且在受拉区不得小于300mm,在受压区不得小于200mm。

3. 对环氧树脂涂层的带肋钢筋,其最小搭接长度应按相应数值乘以系数1.25取用。

4. 对有抗震设防特殊要求的结构构件,其受力钢筋的最小搭接长度应按有关抗震设计规范进行加长。

5.3.8　钢筋机械连接接头试件实测抗拉强度应不小于被连接钢筋抗拉强度标准值,且具有高延性及反复拉压性能。接头的变形性能应符合表5-7的规定。

接头的变形性能　表5-7

检验项目		性能要求
单向拉伸	残余变形(mm)	$u_0 \leq 0.14(d \leq 32)$ $u_0 \leq 0.16(d > 32)$
	最大力总伸长率(%)	$A_{sgt} \geq 6.0$
高应力反复拉压	残余变形(mm)	$u_{20} \leq 0.3$
大变形反复拉压	残余变形(mm)	$u_4 \leq 0.3$ 且 $u_s \leq 0.6$

注:u_0——接头试件加载至 $0.6f_{yk}$ 并卸载后在规定标距内的残余变形,mm;

u_{20}——接头经高应力反复拉压20次后的残余变形,mm;

u_4——接头经大变形反复拉压4次后的残余变形,mm;

u_s——接头经大变形反复拉压8次后的残余变形,mm;

A_{sgt}——接头试件的最大力总伸长率;

d——钢筋公称直径,mm。

5.4 钢筋安装

5.4.1 钢筋的牌号、规格、数量、位置和混凝土保护层的厚度均应符合设计文件的要求。

5.4.2 为保证混凝土保护层厚度,应在钢筋与模板之间采用垫块支垫。垫块应符合下列规定:

(1)垫块互相错开,分散布置,不得横贯保护层的全部截面;垫块数量不得少于 4 个/m^2,绑扎垫块和钢筋的铁丝头不得伸入保护层内。

(2)保护层垫块的尺寸应保证钢筋混凝土保护层厚度的准确性,其形状(宜为工字形或锥形)应有利于钢筋的定位。

(3)垫块的耐久性和抗压强度应不低于构件本体混凝土,且细石混凝土水胶比不大于 0.4。

(4)不得采用砂浆垫块。

5.4.3 钢筋骨(网)架宜先行预制,并应有足够的刚度,必要时可补入辅助钢筋或在钢筋的某些交叉点处焊牢,但不得在主筋上起弧。

5.4.4 焊接网和焊接骨架的焊点,应符合设计要求。当无设计要求时,应按下列规定进行焊接:

(1)焊接骨架的所有钢筋相交点必须焊接。

(2)当焊接网片只有一个方向受力时,受力主筋与两端边缘的两根锚固横向钢筋的全部相交点必须焊接;当焊接网两个方向受力时,则四周边缘的两根钢筋的全部相交点均应焊接;其余的相交点可间隔焊接。

5.4.5 钢筋的交叉点应用铁丝绑扎牢固,除设计有特殊规定外,梁中的箍筋应与主筋垂直。箍筋的末端应向内弯曲,箍筋转角与钢筋的交接点均需绑扎牢固。箍筋的接头(弯钩接头处)在梁中应沿纵向线方向交叉布置。绑扎钢筋用的铁丝要向内弯曲,不得伸向保护层内。

5.4.6 梁体钢筋在胎具上整体绑扎,绑扎胎具按钢筋骨架中钢筋间距与钢筋直径利用角钢割缺口进行钢筋定位。管道定位钢筋的间距不大于 500mm。

5.4.7 钢筋骨架整体吊装至外模后 ,桥面钢筋绑扎的技术要求同梁体底腹板钢筋绑扎。绑扎桥面泄水管处的钢筋时,由于桥面泄水孔直径远远大于钢筋间距,在绑扎时可采取两种方法,其一是将泄水管周围的钢筋在制作时制成弧形;其二是将其断开,然后用“井”字形钢筋进行加固。

5.4.8 钢筋骨架吊入模型之前须放置垫块,以保证混凝土所需要的保护层功能正常。钢筋骨架底部的垫块需要承担整个骨架的质量,因此要求有足够的强度和刚度,以免发生变形。侧面垫块由于不承受骨架的质量,但在安装外模时容易错动,因此,应采用与梁体混凝土同标号的碎石混凝土垫块,以保证侧面的保护层功能正常。

5.4.9 预应力钢束通过的混凝土管道,采用抽拔橡胶管形成。当钢筋骨架绑扎完毕后,才可以进行穿管,穿管时要注意以下事项:

(1)后张梁里钢绞线通过的管道,是采用橡胶管作为芯棒,预埋在混凝土里然后定时抽出而形成的。管长根据图纸的要求不同而不等,每个孔道需要两根胶管接用成孔。

(2)制孔橡胶管的接头位置约在梁的跨中附近。橡胶管的接头构造是:两根管内的钢丝分别插入对接的管内,用塑料薄膜包裹好,或接头处使用铁皮管套接,套接长度不得小于 30cm,胶管与铁皮管间隙不得大于 1mm,并应密封不漏浆。橡胶管接头用扎丝绑好,以防漏浆。

(3)在排扎钢筋骨架时,管道定位网片应同时按设计位置安放定位,定位网片在沿梁长方向的定位误差不得超过 15mm。

(4)定位网片及定位的腹板钢筋,应与梁体纵向分布筋绑在一起,并要求绑扎牢固。

(5)制孔胶管在穿入钢筋骨架时,应小心操作,避免碰坏钢筋骨架。胶管位置应与设计相符,预

留管道任何方向的允许偏差应满足下列要求：距跨中 4m 范围内不得大于 4mm，其余部位不得大于 6mm，否则应整修合格（表 5-8）。

后张梁预留管道及钢筋绑扎要求　　表 5-8

序　号	项　目	要　求
1	抽拔橡胶管在任何方向与设计位置的偏差	≤4mm
2	桥面主筋间距及位置偏差（拼装后检查）	≤15mm
3	底板钢筋间距及位置偏差	≤8mm
4	箍筋间距及位置偏差	≤15mm
5	腹板箍筋的不垂直度（偏离垂直位置）	≤15mm
6	混凝土保护层厚度与设计值偏差	+5mm、0
7	其他钢筋偏移量	≤20mm

（6）制孔胶管在定位网及定位镫筋处，应与其下托的 U 形钢筋绑在一起，每个定位点之间应加设绑扎点，胶管轨道纵筋绑扎在一起。加设绑架点间距不大于 30cm。

（7）胶管与钢筋的定位捆绑要求结扣扭紧，但围管铁丝又不能陷入在自然状态下的胶管体内。同样，由于胶管本身在接头处裹封捆绑，也要注意到薄膜的绑扎钢丝不能超劲拧缩在自然状态下的胶管管壁内。

（8）制孔胶管表面刮伤、直径不圆以及有死弯制孔胶管的不准使用。

5.4.10　钢筋骨架吊装采用专门制作的吊架，吊架具有足够的强度和刚度，以保证在吊运过程中不会发生变形及扭曲。

5.4.11　起吊及移运过程中，严禁急速升降和快速行走制动，以避免钢筋骨架出现扭曲变形。同时，应注意保护预应力管道在吊运过程中不受到损坏。

5.4.12　整体钢筋骨架吊入外模后，钢筋绑扎人员应对顶板及底腹板钢筋进行调整，以保证钢筋不偏离设计位置。然后，对顶板钢筋与底腹板钢筋进行焊接或绑扎，以形成一个整体骨架。

6　模板工程

6.1　一般规定

6.1.1　模板应根据设计文件、施工技术方案和施工工艺等要求进行施工设计。

6.1.2　模板应优先采用钢材制作，且应符合下列规定：

（1）应保证混凝土结构和构件各部分设计形状、尺寸和相互间位置正确。

（2）应具有足够的强度、刚度和稳定性，连接牢固，能承受新浇筑混凝土的重力、侧压力及施工中可能产生的各项荷载。

（3）接缝不漏浆，制作简单，安装方便，便于拆卸和多次使用。

（4）能与混凝土结构和构件的特征、施工条件和浇筑方法相适应。

6.1.3　模板及支架的钢材应按国家标准《钢结构设计标准》（GB 50017—2017）的规定选用，宜优先采用 Q235 钢。

6.1.4　焊接用电焊条应与钢材强度相适应，焊条质量应符合国家现行标准的规定。

6.1.5　模板与混凝土相接触的表面应涂刷隔离剂。模板使用后应按规定修整保存。

6.1.6　在浇筑混凝土前，应对模板进行验收。

6.1.7　施工过程中应对模板进行检查和维护，发生异常情况时应及时处理。

6.1.8　模板安装与拆除的顺序及安全措施应符合施工技术方案的规定。

6.1.9 模型进场后应对模型进行细致全面的检查,并进行试拼装。模板制作及安装尺寸允许误差见表5-9。

模板制作及安装允许误差　　表5-9

序　号	项　目	允许偏差
1	模板总长	±10mm
2	底模板宽	+5 0
3	底模板中心线与设计位置	≤2mm
4	桥面板中心线与设计位置	≤10mm
5	腹板中心线与设计位置	≤10mm
6	横隔板中心位置	≤5mm
7	模板倾斜度	≤3‰
8	底模不平整度	±2mm/m
9	桥面板宽	±10mm
10	腹板厚度	+10 0
11	底板厚度	+10 0
12	顶板厚度	+10 0
13	支座板处底模相对高差	≤2mm
14	端模板预留孔偏离设计位置误差	≤3mm

6.2 模板的安装

6.2.1 底模安装及要求。

(1)预制箱梁采用固定钢底模。底模是分段运输进场的,底模拼接时需要注意保证各段的中心线位于同一直线上。

(2)底模预设反拱,在放置钢筋骨架之前,必须对底模进行调整,使之符合要求。每次预制梁时,都要对台座进行测量和观测,使底模控制在规范要求内。

6.2.2 侧模安装及要求。

(1)侧模底边应加工成与底模一致的反拱,安装前必须检查模板面是否平整光滑、有无凸凹变形、残存灰渣,特别是接口处及端模凹穴内应清除干净。

(2)检查模板连接端面、底部有无碰撞而造成不符合使用要求的缺陷和变形,振动器支架及其模板焊缝是否有开裂和破损。如发现有上述问题,均应及时整修合格。

(3)模板面应仔细均匀地刷脱模剂或脱模漆,不得漏刷。

(4)安装侧模前,还要检查底模是否有下沉以及反拱是否符合设计的要求,特别注意梁体的四个支座板安放处的相对高差不得大于2mm。

(5)侧模与底模进行拼接,外侧一端调整千斤顶(或可调螺杆),使侧模的高度与梁体的设计高度符合后,侧模的倾斜角度也与梁体侧面的设计倾角相吻合。待两侧的模板与底模密贴后,再用螺栓将侧模与底模连接成一个整体,在侧模的外侧根据需要增设相应的支撑杆件,从而保证模型的整体刚度。

6.2.3　内模的安装及要求。

(1)内模为全液压外力牵引整体式。在内模托架上,依靠油缸的驱动使模板张开到设计箱梁的内腔尺寸后,安装好机械螺杆,利用龙门吊将其整体吊入已放好底腹板钢筋的台位。

(2)安装通风孔成孔器、泄水管及固定装置、预留孔成孔器、固定管卡的预埋螺母等预埋件。

(3)为保证腹板厚度,防止灌注混凝土时内模左右移动,将内模与外模(在通风孔处)及端模用螺栓连接,内模的支撑通过在底模上泄水孔里放置支墩的形式实现,同时使该支墩兼做底模与内模的拉杆。

内模安装的顺序如下:

①在胎具上绑扎整体钢筋成型,将其吊装至外模,如图5-6所示。

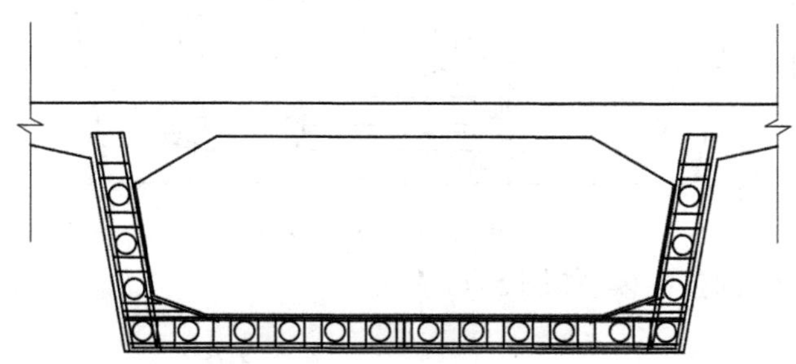

图5-6　绑扎整体钢筋成型示意图

②利用卷扬机将内模拖入钢筋骨架腹腔内。此时,模型为收缩状态,如图5-7所示。

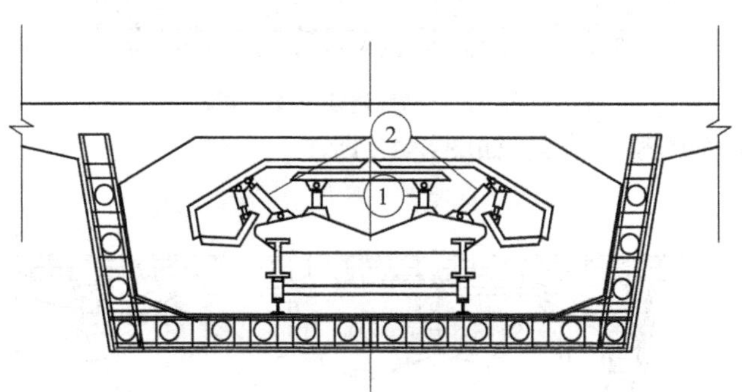

图5-7　托内模至钢筋骨架腹腔内示意图

③千斤顶供油,活塞伸长,将腹板内侧上部模板顶伸到位,如图5-8所示。

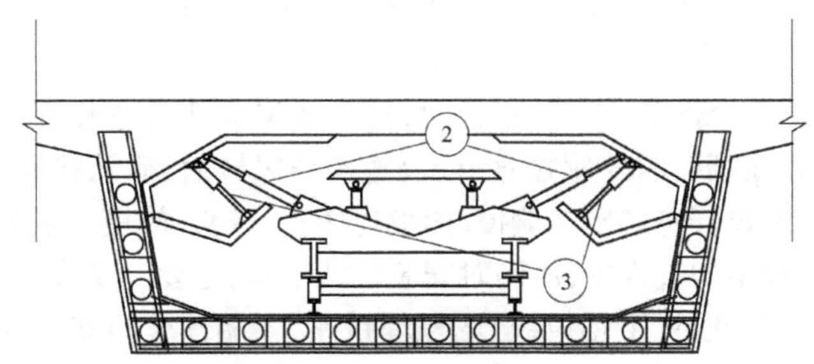

图5-8　腹板内侧上部模板顶伸示意图

④千斤顶供油,活塞伸长,将腹板内侧下部模板顶伸到位,如图5-9所示。

⑤千斤顶供油,活塞伸长,将顶板模板顶伸到位,如图5-10所示。

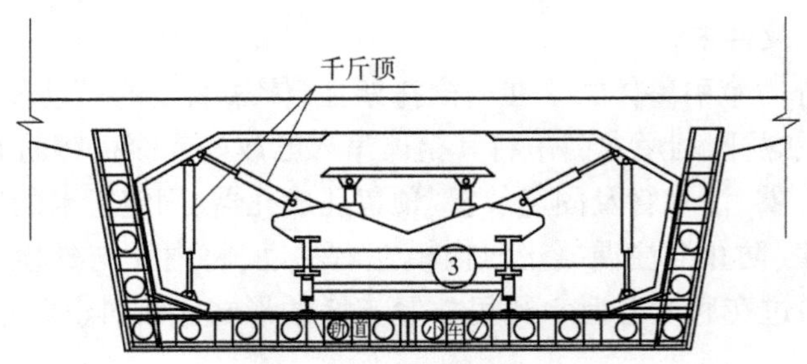

图 5-9　腹板内侧下部模板顶伸示意图

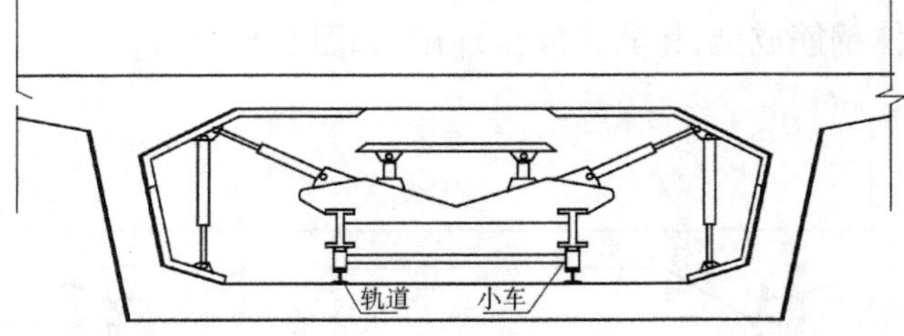

图 5-10　顶板模板顶伸示意图

⑥增加支撑螺杆,精确调整内模,如图 5-11 所示。

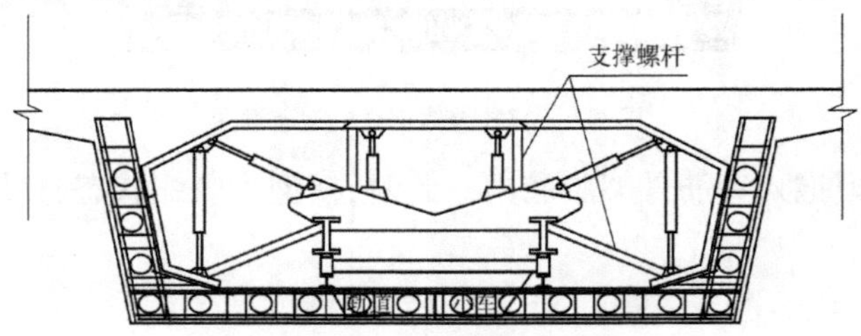

图 5-11　精确调整内模示意图

⑦对内、外模进行全面调整和检查,如图 5-12 所示。

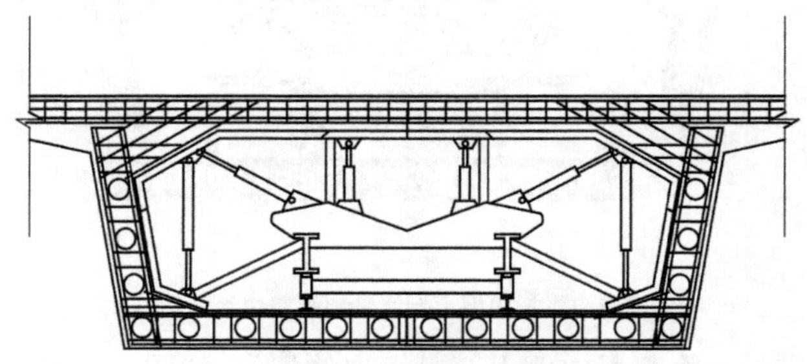

图 5-12　对内、外模进行全面调整和检查示意图

⑧检查合格后灌注梁体混凝土,完毕后进行混凝土养护,如图 5-13 所示。

6.2.4　端模的安装及要求。

端模板分为上、中、下三个部分。安装模板时,首先要将成孔的橡胶管穿入相对应的端模孔位。端模安装到位后要由专人在端模的外侧拉直,待拉直操作完毕后,确认橡胶管道在端部无弯曲的现象。连接时,应使用螺栓和撑杆将端模与侧模、内模连接在一起。端模安装如图 5-14 所示。

6.2.5　在安装钢筋骨架的过程中,应同时安装预埋装置,主要包括支座板、防落梁、泄水管固定预埋螺母、接触网支柱(下锚支柱、下锚拉线)的预埋铁座、梁端预埋伸缩缝以及各类成孔装置(腹板的通风孔、底板、顶板的泄水孔、顶板的吊装孔以及梁端电缆槽预留孔等)。

6.2.6　模板安装完毕后,必须按标准进行最终调整。当各部位尺寸等均达到要求后,按桥梁模型检查表中项目内容,并填入检查数据。

6.2.7　灌注混凝土时,必须设专人值班,负责检查模型、联结螺栓及扣件,如有松动应随时紧固。

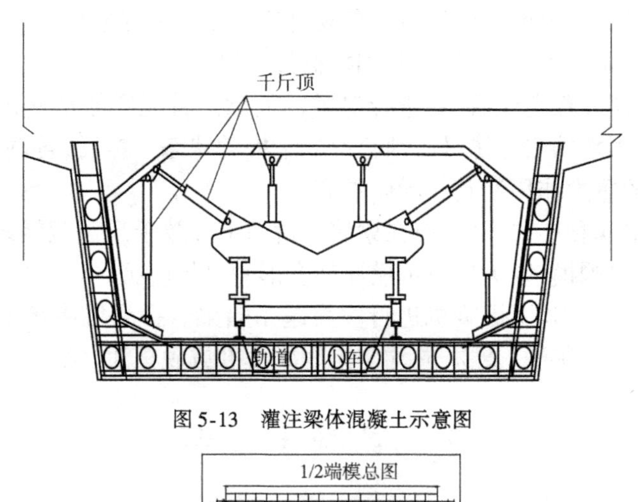

图 5-13　灌注梁体混凝土示意图

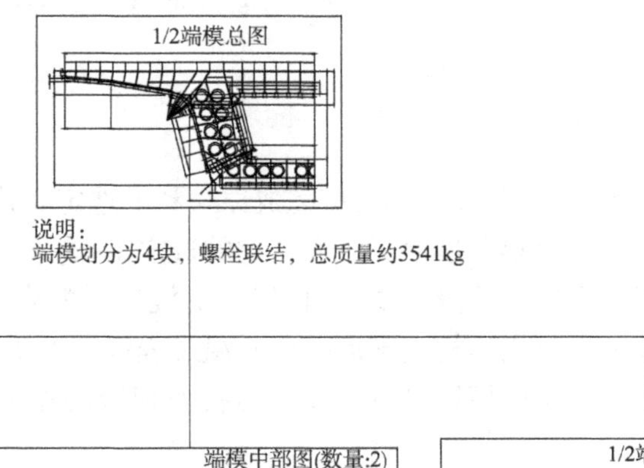

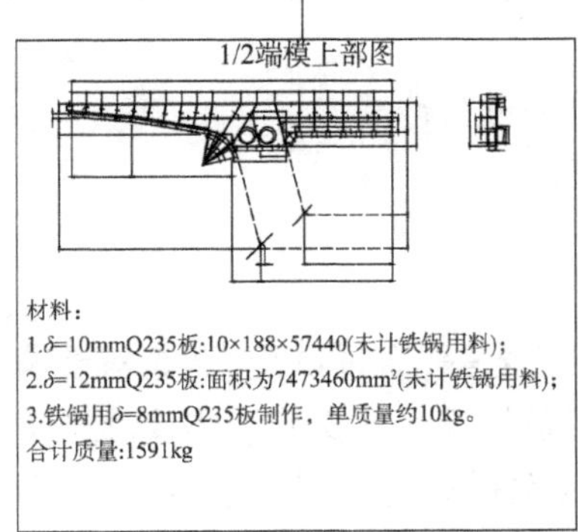

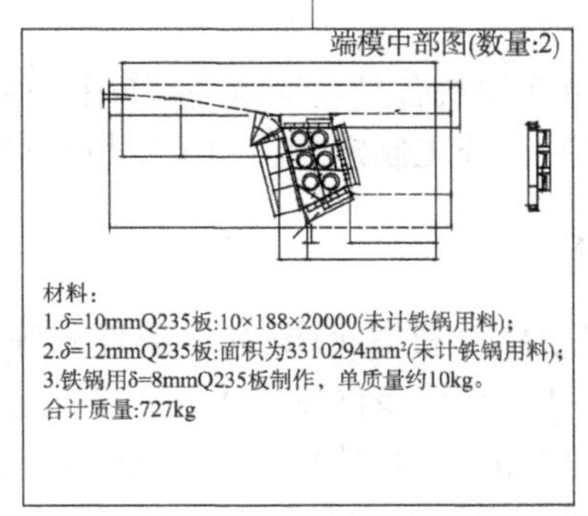

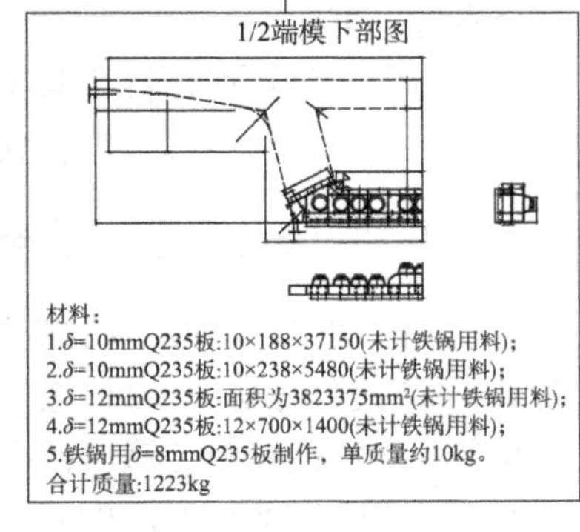

图 5-14　端模安装图

6.3　模型的拆卸

6.3.1　模型的拆卸是模型安装的逆向操作,即首先拆除端模,其次拆除内模,最后拆除侧模。

6.3.2　当梁体混凝土强度达到设计要求后,图纸上要求混凝土强度达到设计强度的60%以上,梁体混凝土芯部与表面、箱内与箱外、表层与环境温差均不大于15℃,且能保证梁体棱角完整时可以拆模。但应注意的是,气温急剧变化时不宜拆模。

6.3.3　拆除端模,需把端模上的所有紧固螺丝全部拆除,然后吊住该端模,借助千斤顶顶端模上的反力架使端模与梁体脱离。

6.3.4　施工时不能硬拉硬撬,避免造成端模变形。下部端模的拆除也要注意上述问题。

6.3.5　端模拆除完成后,要将其放置在开阔的地方进行检查,同时要进行清灰、涂油处理。

6.3.6　混凝土的拆模强度达到设计要求后,应首先松开内模与侧模、内模与底模在对应通风孔、泄水孔的紧固连接件,再把内模的内腔中的支撑螺杆全部松开,并运到内模的外部放在一起。最后,利用内模的自动收缩系统把内模收缩至原始状态。

6.3.7　应利用卷扬机把内模拉出至内模存放台位。在内模存放台位上,应进行模型清理、检查以及涂油工作,然后将其张开到设计尺寸,并用机械撑杆撑好。

6.3.8　当内、外端模拆除完成后,要进行侧模的松动。首先要松动侧模与底模的螺栓,此时应注意检查侧模上各种紧固件的固定螺母必须全部处于松动状态。然后,再调节条形基础上的千斤顶或可调螺杆,利用模型的重力作用使其与梁体脱离。

6.3.9　如果局部出现黏连的现象,应在梁体的桥面上安放千斤顶缓缓地施加外力,使其与梁体脱离。严禁使用大锤敲击侧模,以免造成钢模局部变形和梁体磕损。

6.3.10　梁体初张后,应利用提梁机进行垂直起吊箱梁。提梁机将箱梁吊离制梁台位后,应及时清除模板表面和接缝处的灰渣、杂物,并均匀涂刷脱模剂或脱模漆。

7　混凝土工程

7.1　一般规定

7.1.1　混凝土工程正式施工前,应完成原材料的选定和检验工作,并应充分考虑试验周期和可能出现的原材料变化,尽早开展混凝土配合比的选定工作。

7.1.2　施工前宜进行混凝土试浇筑,以便对混凝土配合比、施工工艺、施工机具的适应性进行检验,对有代表性的混凝土结构内部混凝土升温过程进行测定,如发现问题应及时调整。

7.1.3　混凝土工程所用原材料应按铁路行业现行的相关施工质量验收标准进行进场验收,验收合格后方可使用。

7.1.4　当粗、细骨料的含泥量或泥块含量超标时,应采用专用设备进行冲洗。

7.1.5　应针对冬期和夏期混凝土施工制定专门的施工技术措施。

7.2　混凝土配合比及拌和

7.2.1　混凝土的配合比应根据设计使用年限、环境条件和施工工艺等,通过试配、调整等步骤选定,并应充分考虑原材料、施工工艺、环境条件可能出现的变化进行备用配合比选定。混凝土配合比选定试验的检验和计算项目应符合表5-10的规定。混凝土的耐久性指标应由《铁路混凝土工程施工质量验收标准》(TB 10424—2018)确定。当设计对混凝土的耐久性指标有更高要求时,其配合比的要求应经另行研究确定。

混凝土配合比选定试验的检验和计算项目　　表5-10

序号	检验项目	试验方法	备注
1	坍落度或维勃稠度	《普通混凝土拌和物性能试验方法标准》(GB/T 50080—2016)	基本试验检测项目
2	泌水率		
3	抗压强度	《普通混凝土力学性能试验方法标准》(GB/T 50081—2002)	
4	抗裂性	《普通混凝土长期性能和耐久性能试验方法标准》(GB/T 50082—2009)	
5	电通量	《普通混凝土长期性能和耐久性能试验方法标准》(GB/T 50082—2009)	
6	含气量	《普通混凝土拌和物性能试验方法标准》(GB/T 50080—2016)	引气混凝土

续上表

序号	检 验 项 目	试 验 方 法	备　　注
7	弹性模量	《普通混凝土力学性能试验方法标准》(GB/T 50081—2002)	预应力混凝土
8	抗冻性	《普通混凝土长期性能和耐久性能试验方法标准》(GB/T 50082—2009)	冻融破坏环境
9	气泡间距系数	《铁路混凝土工程施工质量验收标准》(TB 10424—2018)	冻融、盐结晶破坏环境
10	氯离子扩散系数	《普通混凝土长期性能和耐久性能试验方法标准》(GB/T 50082—2009)	氯盐环境
11	56d 抗硫酸盐结晶干湿循环次数	《普通混凝土长期性能和耐久性能试验方法标准》(GB/T 50082—2009)	盐结晶破坏环境
12	抗蚀系数	《铁路混凝土工程施工质量验收标准》(TB 10424—2018)	化学侵蚀环境
13	抗渗性	《普通混凝土长期性能和耐久性能试验方法标准》(GB/T 50082—2009)	隧道衬砌混凝土、梁体混凝土
14	碱含量	水泥、矿物掺合料、外加剂及水的碱含量之和	基本计算项目
15	三氧化硫含量	水泥、矿物掺合料、外加剂及水的碱含量之和	
16	氯离子含量	水泥、矿物掺合料、粗骨料、细骨料、外加剂及水的碱含量之和	

7.2.2　混凝土的配合比可按下列步骤计算、试配和调整：

(1)核对供应商提供的水泥熟料的化学成分和矿物组成、混合材种类和数量等资料，并根据设计要求，初步选定水泥、矿物掺合料、骨料、外加剂、拌和水以及水胶比、胶凝材料总用量、矿物掺合料和外加剂的掺量。

(2)计算单方混凝土中各原材料组分用量，并核算单方混凝土的总碱含量、三氧化硫含量和氯离子总含量是否满足要求。如不满足要求，则应重新选择原材料或调整计算的配合比，直至满足要求为止。计算时，以干燥状态骨料为基准，矿物掺合料和外加剂的掺量均以占胶凝材料总量比例计，外加剂中的水计入混凝土用水量。

(3)通过适当调整混凝土外加剂用量或砂率，调配出坍落度、含气量、泌水率、凝结时间、表观密度符合要求的混凝土配合比。试拌时，每盘混凝土的最小搅拌量应在 15L 以上，且不少于搅拌机容量的 1/4。该配合比可作为基准配合比。

(4)适当改变基准配合比的水胶比、胶凝材料用量、矿物掺合料掺量、外加剂掺量或砂率等参数，调配出 3 ~ 5 个拌和物性能与要求值接近的配合比。

(5)按要求对上述不同配合比混凝土制作力学性能和抗裂性能对比试件，应在养护至规定龄期时进行试验。其中，抗压强度试件每种配合比宜制作 4 组，标准养护至 1d、3d、28d、56d 时试压。强度等级 C50 以下的混凝土试件边长可选择 150mm 或 100mm，C50 及以上的混凝土试件边长应为 150mm。

(6)从上述配合比中优选出拌和物性能和抗裂性优良、抗压强度适宜的一个或多个配合比各制作一组或多组耐久性试件。应在养护至规定龄期时进行试验。

(7)根据上述不同配合比对应混凝土的拌和物性能、力学性能、抗裂性以及耐久性能试验结果，按照工作性能优良、力学性能和耐久性满足要求、经济合理的原则，从不同配合比中优选一个配合比。

(8)采用优选的配合比拌和混凝土，测定混凝土的表观密度。根据实测拌和物的表观密度，求出

校正系数,对该配合比进行校正,形成理论配合比。校正系数可按下式进行计算:

校正系数=实测拌和物表观密度/优选配合比拌和物表观密度

7.2.3 施工前应对砂、石含水率进行测定,根据测定结果对理论配合比进行计算,确定施工配合比。

7.2.4 当混凝土的原材料品质、施工工艺发生较大变化时,应重新进行配合比选定试验。

7.2.5 当施工工艺及环境条件未发生明显变化,但原材料的品质在合格的基础上产生波动时,可对混凝土外加剂用量、粗骨料分级比例、砂率进行适当调整,调整后的混凝土拌和物性能应与理论配合比一致。

7.2.6 混凝土拌和用强制式混凝土搅拌机,应具有微机控制自动计量系统,并配备制冰及加热拌和用水的设备。

7.2.7 应及时测定粗、细骨料中的含水量,并按实际测定值调整用水量及砂石骨料用量。禁止拌和物出机后加水。

7 2.8 搅拌时应依次投入细骨料、水泥、矿物掺合料和外加剂。搅拌均匀后再加入所需用水,待砂浆充分搅拌均匀后再投入粗骨料,并继续搅拌至均匀为止。

7.2.9 每阶段的搅拌时间不少于30s,总搅拌时间为2.5~3min。任何人不得随意增减搅拌时间,搅拌好的混凝土出机前,不得投入新料。

7.2.10 混凝土出机后不得任意加水,以确保混凝土的和易性、黏聚性、保水性和流动性能够满足泵送要求。

7.2.11 在配制混凝土拌和物时,水、水泥、掺合料、外加剂的称量应准确到±1%,粗、细骨料的称量应准确到±2%(均以质量计)。

7.3 混凝土运输

7.3.1 运输混凝土宜采用内壁平整光滑、不吸水、不渗漏的运输设备。当运输距离较长时,宜采用搅拌运输车运输;当运输距离较近时,宜采用混凝土泵、混凝土料斗或皮带机运输。在装运混凝土前,应认真检查运输设备内是否存留有积水,内壁黏附的混凝土是否完全清除干净。

7.3.2 使用混凝土搅拌运输车运送混凝土时,运输过程中宜以2~4r/min的转速搅动。当搅拌运输车到达浇筑现场时,应高速旋转20~30s后,再将混凝土拌和物喂入泵车受料斗或混凝土料斗中。运输车每天使用完后应清洗干净。

7.3.3 采用混凝土泵输送混凝土应符合下列规定:

(1)混凝土泵送施工应根据施工进度要求,加强组织和调度,确保连续均匀供料。

(2)混凝土泵的输运能力应与混凝土的供应能力相适应。

(3)配置输送管时,应缩短管线长度,少用弯头管。输送管应平顺,内壁光滑,接口处不得漏浆。

(4)泵送混凝土时,输送管路起始水平管段长度不应小于15m。除出口处外,输送管路的其他部位均不得采用软管。输送管路应用支架、吊具等加以固定,不得与模板和钢筋接触。

(5)泵送混凝土前,应先用同水胶比的水泥砂浆或与泵送混凝土配合比相同、但粗骨料减少50%的混凝土通过管道。当用活塞泵泵送混凝土时,泵的受料斗内应具有足够的混凝土,以防止吸入空气。

(6)向下泵送混凝土时,管路与垂线的夹角不宜小于12°。

(7)混凝土泵的位置宜靠近浇筑地点。泵送下料口应能移动。当泵送下料口固定时,固定的间距不宜大于3m。不得用插入式振捣器平拖混凝土,也不得用插入式振捣器将下料口处堆积的混凝土推向远处。

(8)搅拌后的混凝土应在1/2初凝时间内入泵,并在初凝前浇筑完毕。在气候炎热等情况下,应

采取措施防止混凝土坍落度损失过大。

(9)如停泵时间超过15min,应每隔4~5min开泵一次。对于正转和反转两个冲程,可同时开动料斗搅拌器,防止料斗中混凝土离析。如停泵超过45min或混凝土出现离析现象时,宜将管中混凝土清除,并清洗泵机。

7.3.4　混凝土拌和物入模前含气量应控制在2%～4%。混凝土拌和物的坍落度应为16~18cm,且45min损失不大于10%。

7.4　混凝土灌注

7.4.1　箱梁梁体混凝土灌注采用纵向分段、竖向分层、顶板紧跟、整体推进、连续浇筑、一次成型方式。如图5-15所示,首先,从腹板下混凝土依次灌注①、②、③、④区域,这四个区域的高度不超过1.2m。灌注时,以侧部高频振捣器振捣为主,插入式振捣器振捣为辅,使混凝土向底板流动。若底板混凝土未能一次性封底,则应打开内模顶板上预留的天窗,通过天窗灌注区域⑤内的混凝土。灌注完后,关闭天窗,再分层灌注腹板区域⑥及其以上区域。但需注意,每层的厚度控制在30cm左右,自⑥及其以上区域振捣主要采用高频振捣棒。灌注时,两台布料机分别从梁的两腹板同一端部开始向另一端方向,边移动边灌注混凝土。

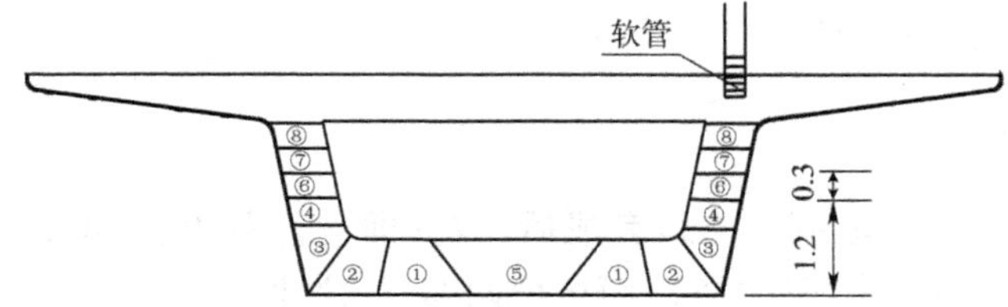

图5-15　底、腹板混凝土的灌注过程示意图(单位:m)

7.4.2　底板浇筑:当混凝土灌注到腹板处比底板混凝土略厚时,可启动侧模高频振动器,在上、下插入式振动棒的配合下振捣混凝土以使混凝土充分流动封底。若坍落较小、流动性小且无法一次性封底时,可从内模顶的灌注窗口浇筑封底混凝土。底板混凝土应采用插入式振动器振捣。

7.4.3　腹板浇筑:从梁的一端两侧腹板开始同时对称向另一端方向灌注本段腹板混凝土,防止两边混凝土面高低悬殊,造成内模偏移等其他后果。当本段两腹板槽灌平后,开始浇注桥面板混凝土。应实行连续灌注,整平、收面、覆盖工序紧跟方式施工。

7.4.4　在底、腹板整个灌注过程中应注意以下几点:

(1)混凝土不得附着在钢筋骨架上,必要时可利用捣固铲人工捣固。

(2)在腹板灌注过程中,应由专人用小锤敲击内模,检查混凝土是否密实,但切记不可用铁锹铲动翻浆混凝土。

(3)为避免因侧振使混凝土出现局部下陷,造成腹板空洞,当灌注②区域以上混凝土时,应停止侧振,全部采用插入式高频振捣棒振捣。这样做的最大好处是即使下部混凝土出现局部下陷现象,借助插入式振捣棒的振捣也能予以弥补。

(4)整个腹板振捣过程以插入式振捣棒为主,侧振为辅。侧振要短振、勤振。

(5)混凝土应分层浇注、分层振捣,每层浇注厚度不超过30cm,插入式振捣棒移动间距不大于振捣棒作用范围的1.5倍。一般每点振捣30~50s。振捣时,要注意钢筋密集及洞口部位不得出现漏振、欠振或过振。每一振点延续的时间以表面出现浮浆和不再有显著沉落、不再有大量气泡上升为止。为使上下层混凝土结合成整体,上层混凝土振捣要在下层混凝土初凝之前进行,并要求振捣棒插入下层混凝土50~100mm。

(6)灌注腹板混凝土时,应两侧同时进行。严禁单侧灌注或两侧灌注混凝土量不均匀造成内模向一边倾斜。

7.4.5 顶板混凝土浇筑采用从一端向另一端浇注的方式,两台布料杆采用S形逐步向前推进,每次下料宽度不超过2m。浇注完一段后,便可以采用收浆整平机机对顶面进行收浆整平,用水准仪测量定位收浆整平机滚筒坡度,并锁紧上下螺旋铰固定滚筒,使滚筒底坡度能够符合箱梁顶面坡度要求。最后,通过人工的方式进行最后的收浆抹面。

7.4.6 收面时应边收面边覆盖,防止风吹出现干缩裂纹。

7.4.7 在灌注混凝土过程中,要随机取样进行温度和坍落度检验,同时随机取样制作混凝土强度、弹性模量试件。其中,强度和弹性模量试件应分别从箱梁底板、腹板及顶板取样。

7.4.8 试件应随现浇梁在同条件下振动成型,施工试件随梁同条件下养护,28d标准试件按标准养护办理。

7.4.9 施工过程中,混凝土试件的制作要具有代表性,抗压:拆模一组、初张顶腹底各1组、终张顶腹底各一组、28d顶腹底各5组,弹模:终张顶腹底各一组、28d顶腹底各一组。

7.4.10 试生产前,应对所选用水泥、砂、碎石、掺合料、外加剂等原材料制作抗冻融循环、抗渗性、抗氯离子渗透性、耐磨性、抗裂性、抗钢筋锈蚀和抗碱-骨料反应的耐久性试件各一组,进行耐久性试验。

7.4.11 批量生产中,预制梁每20000m^3混凝土抽取抗冻融循环、抗渗性、抗氯离子渗透性、碱骨料反应的耐久性试件各一组,进行耐久性试验。

7.5 混凝土养护

7.5.1 进行自然养护时,混凝土浇筑完成后,应立即进行覆盖,防止表面水分蒸发。暴露面混凝土初凝前,应卷起覆盖物,用抹子搓压表面至少两遍,使之平整后再次覆盖,此时应注意覆盖物不要直接接触混凝土表面,直至混凝土终凝为止。混凝土自然养护期间,应重点加强对混凝土湿度和温度的控制,养护龄期应符合本小节的相关规定。

7.5.2 进行蒸汽养护时,混凝土静停环境温度不应低于5℃,且在浇注结束4~6h、混凝土终凝后方可升温。混凝土周围蒸汽的升、降温速度不宜大于10℃/h。恒温期间,混凝土内部温度不宜超过60℃,最高不得超过65℃。恒温养护时间应根据构件脱模强度要求、混凝土配合比情况以及环境条件等通过试验确定。蒸汽养护的预制梁脱模后的保温保湿养护时间不少于14d,蒸汽养护的预制轨道板脱模后的保温保湿养护时间不少于10d。

7.5.3 混凝土养护应包括一定的带模养护时间。混凝土带模养护期间,应采取带模包裹、浇水、喷淋洒水或通蒸汽等措施进行保湿、保温养护。

7.5.4 采用喷涂养护液养护混凝土时,应确保养护液不会对混凝土结构表面产生侵蚀、不会造成混凝土表面色差,并应确保不漏喷。

混凝土拆模后,应及时对新暴露的混凝土表面进行保湿养护。混凝土浇筑完毕后的保湿养护最短时间应满足表5-11的规定。

不同混凝土保湿养护的最低期限 表5-11

水胶比	大气潮湿(RH ≥50%),无风,无阳光直射		大气干燥(20% ≤RH <50%)有风,或阳光直射		大气极端干燥(RH<20%)大风,大温差	
	日平均气温 T(℃)	养护时间(d)	日平均气温 T(℃)	养护时间(d)	日平均气温 T(℃)	养护时间(d)
>0.45	$5\leq T<10$	21	$5\leq T<10$	28	$5\leq T<10$	35
	$10\leq T<20$	14	$10\leq T<20$	21	$10\leq T<20$	28
	$T\geq 20$	10	$T\geq 20$	14	$T\geq 20$	21

续上表

水胶比	大气潮湿(RH ≥50%)，无风，无阳光直射		大气干燥(20% ≤RH <50%)有风，或阳光直射		大气极端干燥(RH <20%)大风，大温差	
	日平均气温 T(℃)	养护时间(d)	日平均气温 T(℃)	养护时间(d)	日平均气温 T(℃)	养护时间(d)
≤0.45	$5 \leq T < 10$	14	$5 \leq T < 10$	21	$5 \leq T < 10$	28
	$10 \leq T < 20$	10	$10 \leq T < 20$	14	$10 \leq T < 20$	21
	$T \geq 20$	7	$T \geq 20$	10	$T \geq 20$	17

7.5.5　在养护期间，养护水温与混凝土表面温度之差不得超过15℃。

7.5.6　在暴晒、气温骤降等情况下，应采取保温措施防止混凝土表面温度受环境因素影响而发生剧烈变化。养护期间，混凝土的芯部与表面、表面与环境之间的温差不得超过20℃(轨道板、预应力箱梁不得超过15℃)。大体积混凝土施工前应制定严格的养护方案，控制混凝土内外温差满足设计要求。

7.5.7　混凝土在冬期或夏期拆模后，若天气骤然变化，应采取适当的保温(冬期)或隔热(夏期)措施，防止混凝土产生过大的温差应力。

7.5.8　混凝土拆模后可能与流动水接触时，养护时间应在表5-11规定的时间上至少延长至14d，且混凝土的强度应达到设计强度的75%以上。

7.5.9　当环境温度低于5℃时，禁止对混凝土表面进行洒水养护，但应采取保温、保湿养护。

7.5.10　在混凝土养护期间，应对有代表性的结构进行温度监控，定时测定混凝土芯部温度、表面温度以及环境的气温、相对湿度、风速等参数，并根据混凝土温度和环境参数的变化情况及时调整养护制度，严格控制混凝土的内外温差能够满足要求。

7.6　预留管道的形成与穿束

7.6.1　拔管。

(1)混凝土浇筑完毕后，根据经验，应在混凝土灌注完毕4~6h，且混凝土强度达到4~11MPa时抽拔橡胶管，抽拔后混凝土孔道不得发生变形及坍落现象。

(2)拔管采用拔管机，即可将胶管拔出来。特别应注意，拔管机必须预先检查、维修完好，不能临时拔管出故障。

(3)拔管顺序，应从主梁混凝土先灌注的一端开始，自上而下进行，每次拔管的根数最多不得超过3根，拔管速度应缓慢进行。

(4)拔出来的胶管，应立即将其表面的污物清理干净，并理顺放好，以备下次再用。如发现胶管表面破损剥皮，则应将其抽出来，禁止再次使用。

(5)存放胶管时，禁止在上面施压重物，以免胶管发生变形。

7.6.2　制束。

(1)钢束下料：先将钢绞线盘立放在钢绞线施放支架内，抽出内圈的钢绞线的端头，使之从前端的施放孔中牵引出来。然后，利用人工或机械牵引至规定的长度，并用砂轮机切断。钢束下料长度误差不得超过±40mm。应注意检查外观，发现劈裂、死弯、锈蚀、油污等缺陷者，不得使用。

(2)将钢绞线按规定的要求制成钢束并捆绑好。钢绞线成束时应保证顺直、不扭转，钢束的两端应注意齐平(参差不齐的不能超过±50mm)。

7.6.3　穿束。

(1)穿束前应清除管道内的水分及其他污物。

(2)钢束在移运过程中，应采用多支点支承，支点间距不得大于3m，端部悬出长度不得大于

1.5m。严禁在地面上长距离拖拉,以免刨伤钢绞线。

(3)钢束穿入梁体混凝土孔道,可采用卷扬机进行引拉,也可采用人工穿入方式穿入。如采用卷扬机引拉,应先穿入一根钢丝作为引线,将钢丝绳拉进孔道,再将钢丝绳与钢束连接起来,然后开动卷扬机,人工扶正钢束。上述操作均完成后,可将钢束拉入管道。

8 预应力工程

8.1 一般规定

8.1.1 预应力筋用锚具、夹具和连接器应根据预应力筋品种、锚固要求和张拉工艺等配套选用,其性能应符合设计要求和相关标准的规定。

8.1.2 后张法制梁台座应针对施工工艺进行设计,其强度、刚度、稳定性和构造应能满足预应力筋张拉及放张、混凝土浇筑及养护、模板安装及拆除等施工各阶段施工荷载和施工操作要求。

8.1.3 预应力工程应依照设计要求的施工顺序施工,并应考虑各施工阶段偏差对结构安全度的影响。对大跨度预应力工程应进行施工监测,并采取相应调整措施。

8.2 预应力筋、锚具、夹具和连接器

8.2.1 预应力筋、锚具、夹具和连接器的品种、规格、质量应符合设计要求和国家现行标准的规定。

8.2.2 预应力筋应平顺,不得有弯折;表面不应有裂纹、小刺、机械损伤、氧化铁皮和油污等。

8.2.3 夹片式锚具的锚具夹片回缩量不应大于6mm,锚具的锚口摩擦阻力和喇叭口摩擦阻力损失合计不宜大于6%。

8.2.4 锚具应满足分级张拉、补张拉以及放松预应力筋的要求。用于后张结构时,锚具或其附件上宜设置压浆孔或排气孔,压浆孔的孔位及孔径应符合压浆工艺要求,且应有与压浆管相连接的结构。采用封闭罩时,锚具或其附件上应设置连接结构。

8.2.5 夹具应具有良好的自锚性能、松锚性能和重复使用性能。需敲击才能松开的夹具,必须保证其对预应力筋的锚固没有影响,且能保证操作人员的安全。

8.2.6 锚具、夹具和连接器所使用的材料性能指标不得低于45号钢的要求,并应符合设计要求,有机械性能和化学成分合格证明书及质量保证书。

8.2.7 用于锚固直径为15.2mm钢绞线的锚具,其1~21孔锚板的最小直径和最小厚度应符合表5-12的规定,22孔及以上锚板可参照设计文件执行。

1~21孔锚板的最小直径和最小厚度 表5-12

锚具孔数	锚板尺寸(mm)		锚具孔数	锚板尺寸(mm)		锚具孔数	锚板尺寸(mm)	
	直径	厚度		直径	厚度		直径	厚度
1	48	48	8	136	55	15	186	68
2	86	50	9	146	55	16	196	70
3	91	50	10	156	58	17	196	73
4	102	50	11	166	58	18	206	75
5	112	50	12	166	60	19	206	75
6	126	52	13	170	63	20	226	80
7	126	53	14	176	65	21	226	80

8.2.8 夹片式锚具的限位板槽深应和钢绞线的直径相匹配。限位板和工具锚应采用同生产厂的配套产品,不得分别使用不同生产厂的产品。

8.2.9 使用锚具、夹具和连接器前,应按批次和数量抽样检验外观和外形尺寸、硬度和静载锚固性能。工作锚和工具锚不得互相代替使用。

8.2.10 锚垫板应有足够的刚度和强度,长度应保证钢绞线在锚具底口处的最大折角不大于4°,端面的平面度不应大于0.5mm,端面应设有锚具对中凹口。

8.3 预应力筋制作和安装

8.3.1 预应力筋下料长度应经计算确定。计算时,应考虑结构的孔道长度或台座长度、锚夹具厚度、千斤顶长度、镦头预留量、冷拉伸长值、弹性回缩值、张拉伸长值和外露长度等因素。首次使用应经试验,符合要求后方可成批下料。预应力筋下料切断后,端头应齐整,其同束内长度相对差值不应大于计算下料长度的1/5000,且其极差不得大于5mm。

8.3.2 预应力筋应采用砂轮锯切断,不得采用电弧或气焊切断,也不得使预应力筋经受高温、焊接火花或接地电流的影响。钢绞线下料后不得散头。下料场地应平整、洁净。

8.3.3 预应力钢绞线编束时,梁体同一张拉截面上的钢绞线束应由同一厂家、同一品种、同一规格、同一批号的钢绞线组成。编束时应先梳理顺直,每隔1~1.5m捆扎成束。制束及移运时,应防止变形、碰伤和污染。

8.3.4 后张法预应力混凝土构件的预应力筋可在浇筑混凝土之前或之后穿入管道,但采用蒸汽养护时,在养护完成之前不应安装力筋。穿束前,应检查锚垫板和孔道,锚垫板应位置准确,孔道内应畅通,无水和其他杂物。钢绞线应编束后整体装入管道中。

8.3.5 锚具定位应符合下列规定:

(1)锚具应按设计规定的位置、方向和形状安装、固定,并配置锚固区加强钢筋。

(2)锚具的承压面应与预应力筋垂直。

(3)内埋式锚固端锚垫板不应重叠,锚具与锚垫板应贴紧。

(4)安装锚具时,应与锚垫板应对中,夹片应击紧且缝隙均匀。

8.3.6 预应力筋安装后的保护应符合下列规定:

(1)对在混凝土浇筑或养生之前安装在孔道中但未在规定时限内压浆的预应力筋,应采取防锈措施,直至压浆。

(2)预应力筋安装在孔道中后,应采取适当的方式,保护外露预应力筋,在后续工程施工中还应避免预应力筋、管道、锚垫板及锚具损伤和移位。

(3)在任何情况下,在安装有预应力筋的构件附近进行电焊作业时,均应对全部预应力筋和金属件进行保护,防止溅上焊渣或造成其他损坏。

8.4 预应力工艺流程

8.4.1 后张法预应力混凝土结构在施加预应力前应进行预应力损失试验,并由设计单位根据试验结果调整张拉控制应力。同时,还应根据实测摩擦阻力损失、预应力筋弹性模量精确计算预应力筋理论伸长值。

8.4.2 预应力损失试验的方法、频次应符合设计要求。

8.4.3 张拉预应力筋前,应计算所需初拉力、张拉控制力,相应的压力表读数、张拉伸长值,并明确张拉顺序和程序。预应力筋的初拉力、张拉控制力应符合设计要求。

8.4.4 预应力筋的张拉应从零拉力加载至初拉力,测量伸长值初读数,再分级以均匀速度加载并测量伸长值至张拉控制力。达到张拉控制力后,宜持续2min。

8.4.5 预施应力值以压力表读数为主,校核预应力筋伸长值,并应符合下列规定:

(1)实际伸长值与理论伸长值的差值应符合设计要求,否则应暂停张拉,待查明原因并采取措施予以调整后,方可继续张拉。

(2)计算理论伸长值的应采用实测预应力筋弹性模量、孔道摩擦阻力系数。

8.4.6 张拉钢绞线之前,应对梁体混凝土强度、弹模及外观质量做全面检查,如有缺陷,须事先征得监理同意,将缺陷修补完好且使梁体达到设计强度,并将锚垫板及锚下管道扩大部分的残余灰浆铲除干净,否则不得进行张拉。

8.4.7 高压油表必须经校验合格后方可允许使用。使用期间,校验期限不得超过7d。高压油表的精度不得低于1.0级。

8.4.8 张拉千斤顶必须经校验合格后方可允许使用。使用期间,校验期限不得超过一个月。千斤顶的校正系数不得大于1.05。

8.4.9 张拉钢绞线时,必须由两边同时给千斤顶主油缸徐徐供油张拉。张拉时,两端伸长应基本保持一致,严禁只从一端张拉。如有特殊设计规定,可按设计要求办理。

8.4.10 张拉期间应对锚具进行遮盖,以避免锚具、预应力筋受雨水、养护用水浇淋,从而使锚具及预应力筋出现锈蚀。

8.4.11 张拉千斤顶额定吨位宜为张拉力的1.5倍,且不得小于张拉力的1.2倍。校正有效期为一个月且不超过200次张拉作业。张拉千斤顶的行程应满足张拉工艺的要求。

8.4.12 压力表应为防振型,最大读数应为张拉力对应压力值的1.5~2.0倍,精度应不低于1.0级。首次使用压力表前,其必须经计量部门检定。使用时必须定期检定,检定有效期为7d。当使用0.4级压力表时,检定有效期可为一个月。

8.4.13 在预制梁试生产期间,应至少对两孔梁进行管道摩擦阻力、喇叭摩擦阻力预应力瞬时损失测试,确定预应力的实际损失,必要时应由设计方对张拉控制应力进行调整。正常生产后,每100孔进行一次损失试验 。

8.4.14 后张法预应力混凝土构件的张拉应符合下列规定:

(1)预施应力之前,应对构件的外观和尺寸以及锚垫板后的混凝土密实性进行检查,并将孔道中的灰浆清理干净。

(2)预应力筋的张拉程序应符合设计要求。集中预制的混凝土箱梁宜按预张拉、初张拉和终张拉三个阶段进行。

(3)各阶段预施应力时的混凝土强度、弹性模量和龄期应符合设计要求。

(4)预应力筋的张拉顺序应符合设计要求。

(5)预应力筋张拉端的设置应符合设计要求。

(6)预施应力时,锚垫板、锚具和千斤顶应位于同一轴线上。进行两端张拉时,预施应力过程中应保持两端同步,并且两端的伸长量基本一致。

(7)预应力筋在张拉控制应力达到稳定后方可锚固。锚固完结并经检验合格后即可切割端头多余的预应力筋,切割端头多余预应力筋应符合本章第8.3小节的有关规定,切割后的外露长度不宜小于其直径的1.5倍,且不宜小于30mm。

(8)后张法预应力构件的预应力筋断丝或滑脱数量不得超过预应力筋总数的5‰,并不得位于结构的同一侧,且每束内断丝不得超过一根。

8.4.15 安全要求。

(1)高压油管使用前应做耐压试验,不合格者不能使用。

(2)油压泵上的安全阀应调至最大油压下能自动打开的状态。

(3)油压表安装必须紧密,油泵与千斤顶之间采用的高压油管连同油路的各部接头均须完整紧

密,油路畅通,在最大工作油压下保持5min不得漏油,若有损坏者应及时修理更换。

(4)在张拉时,所有人不得站在千斤顶后面,也不得踩高压油管。

(5)张拉时若发现张拉设备运转异常,应立即停机检查维修。

(6)锚具均应设专人妥善保管,避免锈蚀、沾污、遭受机械损伤或散失。施工时,在终张拉完后,应按设计文件要求对锚具进行防锈处理。

8.5　压浆、封锚

8.5.1　压浆原材料应符合下列规定:

(1)水泥应采用性能稳定、强度等级不低于42.5级的低碱硅酸盐或低碱普通硅酸盐水泥(混合材仅为粉煤灰或矿渣),水泥熟料中C3A含量不应大于8%;其余性能应符合《通用硅酸盐水泥》(GB 175—2007)的规定,不应使用其他品种的水泥。

(2)矿物掺合料的品种宜为Ⅰ级粉煤灰、矿渣粉或硅灰。

(3)梁体孔道压浆应采用高效减水剂,减水剂的性能应与所用水泥具有良好的适应性。减水剂的减水率不应小于20%,其他指标应符合《混凝土外加剂》(GB 8076—2008)的规定。外加剂匀质性按《混凝土外加剂匀质性试验方法》(GB/T 8077—2012)进行检验。

(4)压浆材料中不应含有高碱(总碱量不应超过0.75%)膨胀剂或以铝粉为膨胀源的膨胀剂。严禁在压浆材料中掺入含氯盐类、亚硝酸盐类或其他对预应力筋有腐蚀作用的外加剂。

(5)压浆材料中总氯离子含量不应超过胶凝材料总量的0.06%。

8.5.2　孔道压浆浆体的强度、流动度、凝结时间、泌水率、膨胀率、含气量等性能应符合设计要求。当无设计要求时,预应力混凝土梁应符合下列规定:28d强度的预应力混凝土梁抗压不低于50MPa,抗折不低于10MPa;30min流动度不超过30s;初凝时间不低于4h,终凝时间不超过24h;24h自由泌水率为0,压力泌水率不超过3.5%;24h自由膨胀率为0~3%;含气量为1%~3%。

8.5.3　孔道压浆前,应事先对采用的压浆材料进行试配验证。各种材料的称量应准确到±1%(均以质量计)。水胶比不应超过0.33。

8.5.4　施工设备及称量精度应符合下列规定:

(1)搅拌机的转速不低于1000r/min,浆叶的最高线速度限制在15m/s以内。浆叶的形状应与转速相匹配,并能满足在规定的时间内搅拌均匀的要求。压浆机采用连续式压浆泵,其压力表的最小分度值不应大于0.1MPa,最大量程应使实际工作压力在其25%~75%量程范围内。储料罐应带有搅拌功能。过滤网空格不应大于3mm×3mm。如选用真空辅助压浆工艺,真空泵应能达到0.092MPa的负压力。

(2)在配制浆体拌和物时,各组分的称量应准确到±1%(均以质量计)。计量器具均应经法定计量检定合格,且在有效期内使用。

8.5.5　搅拌工艺应符合下列规定:

(1)搅拌前,应先清洗设备。清洗后的设备内不应有残渣、积水。在压浆材料由搅拌机进入储料罐时,应经过滤网过滤。

(2)浆体搅拌操作顺序为:首先在搅拌机中先加入实际拌和水用量的80%~90%,开动搅拌机,均匀加入除水泥外的全部压浆材料,边加入边搅拌,然后均匀加入全部水泥。待全部粉料加入后再搅拌2min;最后加入剩余的10%~20%的拌和水,继续搅拌2min。

(3)搅拌均匀后,在现场进行出机流动度试验,出机流动度范围应为(18±4)s,每10盘进行一次检测当流动度符合标准后,即可通过过滤网进入储料罐。浆体在储料罐中应继续搅拌,以保证浆体的流动性。

(4)对于因延迟使用导致流动度降低的浆体,不得通过加水的方式增加其流动度。

8.5.6　压浆工艺应符合下列规定：

(1)压浆前应清除梁体孔道内的杂物和积水。

(2)压浆前,应采用密封罩或水泥浆等对锚具夹片空隙和其他可能漏浆处封堵,待封堵料达到一定强度后方可压浆。

(3)压浆顺序为先下后上,曲线孔道和竖向孔道宜从最低点的压浆孔压入,由最高点的排气孔排气或泌水。

(4)浆体压入梁体孔道之前,应首先开启压浆泵,使浆体从压浆嘴排出少许,以排除压浆管路中的空气、水和稀浆。当排出的浆体流动度和搅拌罐中的流动度一致时,开始压入梁体孔道。

(5)梁体纵向或横向孔道压浆的最大压力不宜超过0.6MPa,当孔道较长或采用一次压浆时,最大压力宜为1.0MPa;梁体竖向孔道压浆的压力宜为0.3~0.4MPa。压浆充盈度应达到孔道另一端饱满并于排气孔排出与规定流动度相同的浆体为止。关闭出浆口后,应保持压力为0.50~0.60MPa且不少于3min的稳压期。

(6)应优先选用真空辅助压浆工艺。压浆前应首先进行抽真空,使孔道内的真空度稳定在-0.08~-0.06MPa之间。真空度稳定后,应立即开启管道压浆端阀门,同时开启压浆泵进行连续压浆。

(7)同一孔道压浆应连续进行,一次性完成。从浆体搅拌到将浆体压入梁体的时间不应超过40min。

(8)压浆后应从压浆孔和出浆孔检查压浆的密实情况,如有不实,应及时补灌,以保证孔道完全密实。

(9)对于连续梁或者进行压力补浆时,应让孔道内水——浆悬液自由地从出口端流出。此后再次泵浆,直到出口端有均质浆体流出,并在0.5MPa压力条件下保持5min。此过程应重复1~2次。

8.5.7　终张拉完毕,应在48h内进行孔道压浆。移动预制混凝土构件时压浆强度必须符合设计要求。当无设计要求时,压浆强度应大于设计强度的75%。

8.5.8　压浆时梁体、浆体及环境温度应符合下列规定：

(1)压浆时的浆体温度应在5~30℃之间,压浆时及压浆后3d内,梁体及环境温度不得低于5℃,否则应采取保温措施。

(2)在环境温度高于35℃时,应选择温度较低的时间(如夜间)压浆。

9　施工质量保证措施

9.1　高性能混凝土

9.1.1　配合比设计原则。

进场后,应根据原材料的性能指标及不同的环境温度设计多种配合比,确定不同环境下最优配合比设计方案,以确保高性能混凝土耐久性达到100年的要求。

(1)混凝土的配制全部按高性能混凝土配制技术进行配制,并按高性能混凝土的施工技术进行施工,以提高混凝土的密实性和耐久性,且在满足设计要求和施工要求的同时尽量降低水胶比和胶凝材料用量,防止混凝土表面收缩开裂。

(2)混凝土的初凝时间由试验确定。所有混凝土的浇筑均应在初凝时间之前完成。

(3)在满足混凝土设计技术要求和施工要求的前提下,配制混凝土时,要尽量降低混凝土的早期弹性模量,避免弹性模量过大而产生拉应力,造成混凝土开裂,这对于防止混凝土开裂是至关重要的。

9.1.2　各种原材料的选择。

(1)原材料必须有供应商提供的出厂检验合格证书,并应按有关检验项目、批次规定,严格实施进场检验。

(2)水泥应采用强度等级不低于42.5级的低碱硅酸盐或低碱普通硅酸盐水泥(掺合料仅为粉煤灰或矿渣),水泥熟料中C3A含量不应大于8%,在强腐蚀环境下不应大于5%;其余性能符合《通用硅酸盐水泥》(GB 175—2007)的规定,禁止使用其他品种的水泥。

(3)细骨料采用硬质洁净的天然砂,细度模数为2.6~3.0,含泥量不大于1.5%,其余技术要求符合《铁路混凝土工程施工技术指南》的规定。

(4)粗骨料为坚硬耐久的碎石,压碎指标不应大于8%。母岩抗压强度与梁体混凝土设计强度之比应大于2。粒径宜为5~20mm,最大粒径不应超过25mm,且不得超过设计混凝土保护层厚度的2/3和钢筋最小间距的3/4,并分两级5~10mm和10~20(25)mm储存、运输、计量。使用时,粒径5~10mm碎石与粒径10~20(25)mm的质量比为(40±5)%:(60±5)%。含泥量不应大于0.5%,针片状颗粒含量不应大于5%,其余技术要求应符合《铁路混凝土工程施工技术指南》和《建设用砂》(GB/T 14684—2011)的规定。

(5)选用的骨料在试生产前均进行碱活性试验。不使用碱-碳酸盐反应的活性骨料和膨胀率大于0.20%的碱-硅酸盐反应的活性骨料。当所采用骨料的碱-硅酸盐反应膨胀率在0.10%~0.20%时,混凝土中的总碱含量不超过$3kg/m^3$。

(6)混凝土外加剂采用符合《混凝土外加剂》(GB 8076—2008)的规定或经中国铁路总公司鉴定的产品,经检验合格后方可使用。外加剂掺量由试验确定,严禁使用掺入氯盐类外加剂。采用高效减水剂,其性能与所用水泥具有良好的适应性,30min减水率不应低于20%,碱含量不得超过10%,硫酸钠含量不大于5%,氯离子含量不大于0.1%。

(7)阻锈剂采用复合氨基醇类,且具有良好的均匀分散性、不降低水泥浆的流动度、不与其他外加剂反应、不降低对钢绞线束的黏结性能、不影响硬化水泥的性能,其性能指标符合《钢筋阻锈剂应用技术规程》(YB/T 9231—2009)的要求。

(8)混凝土矿物活性掺合料(Ⅰ级粉煤灰)符合《用于水泥和混凝土中的粉煤灰》(GB/T 1596—2017)的规定,Ⅰ级粉煤灰需水量比不应大于100%。掺入的引气剂、保坍剂及其他改善混凝土性能的外加剂应符合《混凝土外加剂》(GB 8076—2008)的规定,其品种及数量由试验确定,具体规定应符合《时速350km铁路高性能混凝土技术条件》的要求。

9.1.3　梁体大体积混凝土灌注工艺与质量控制。

(1)在试生产前,制作大体积混凝土试件。混凝土试件分一块大体积混凝土(1m×1m×1m)试件和一块1/10的箱梁外形相同的试件,并在试件中按照试件设计图预设测温管,进行混凝土芯部、表面、环境温度的测定和养护控制实验。在试验过程中应做好记录,总结出温度的变化与强度的发展规律,作为正式施工时前三孔箱梁测温位置设计的指导依据。

(2)混凝土正式灌注前,应进行模拟试浇筑和试养护及温度测控,并做具体的测温部位设计。在前三孔箱梁灌注时按照设计图埋设测温管,详细记录测温数据,总结出温度变化及强度发展规律,以对浇筑工艺、养护方法与工序进行最终验证和确定,并给出施工过程中温度参数的合理控制值。

9.1.4　高性能混凝土振捣。

混凝土一经灌注,应立即进行全面的捣实,使之形成密实、均匀的整体。混凝土的密实采用高频插入式振捣棒和附着式振动器联合振捣的方式进行。

9.2　钢筋施工措施

9.2.1　钢筋加工技术措施。

(1)钢筋调直。

采用单控冷拉工艺时,应严格执行试验室规定,准确控制钢筋伸长值,Ⅰ级钢筋冷拉伸长率不超过2%。

调直后钢筋外表不得有裂纹、擦伤、缩颈及重皮现象。调直后的钢筋,其抗拉强度、弯曲性能均应满足设计要求。调直后的钢筋应分类堆放整齐,不得再出现弯折现象。

(2)钢筋连接。

焊接接头处不得有横向裂纹,电极接触处不得有烧伤现象,焊接接头处弯折角不得大于40°,钢筋轴线的偏移不得大于钢筋直径的0.1倍且不得大于2mm。

(3)钢筋切断。

下料槽钢切口并横向加挡板,固定于台架上控制下料长度,切断机下料。钢筋下料尺寸准确,受力钢筋顺长度方向允许误差为±10mm,弯起位置误差为±20mm,箍筋内边距离尺寸误差为±3mm。钢筋不得有马蹄形切口、重皮、油污或弯起现象,下料好的钢筋应分类堆放整齐。

(4)钢筋弯曲。

钢筋弯制应严格按操作平台大样图控制成型质量。

钢筋弯钩应严格按相关标准执行。成型钢筋应做到外观无污染,无翘曲、不平现象,并分类堆放整齐。

(5)预应力管道定位网制作。

采用专用模具加工。加工成型定位网分类堆码,防止错误使用。定位网加工时要确保焊接质量。

9.2.2 钢筋骨架保护层厚度控制技术措施。

(1)根据箱梁设计图纸对钢筋保护层的要求设计加工不同型号与梁体同标号的碎石混凝土垫块,垫块加工尺寸应满足误差要求。对每批进场垫块,由试验室负责进行检查,重点检查垫块强度。

(2)所用垫块按工艺及技术交底安放,注意垫块安装间距控制。垫块呈梅花形布置,加强受力效果。

(3)所有垫块必须安装在箱梁钢筋骨架最外层箍筋上,以充分保证钢筋骨架刚度。

(4)混凝土灌注时,应以箱梁两侧外模为支点搭建操作人员走行板,避免施工人员直接站在钢筋骨架上造成钢筋局部塌陷。

9.2.3 钢筋防锈技术措施。

(1)进场钢材堆放在钢筋棚内时,应修建专用平台。平台表面采用1cm厚砂浆处理,平台呈排水坡状。堆放钢材用防雨盖布遮盖。

(2)钢筋加工及绑扎区应搭建防雨棚,加工区应设排水设施。成品料及骨架半成品使用专用台架架空,防止地面返潮锈蚀钢筋。

9.3 混凝土养护的精确控制

9.3.1 整个养护过程分别对表层、环境温度进行监控,表层及环境测温仪最高报警温度设置在48℃,最低报警温度设置在42℃。当梁体表层与环境温差超过15℃时,立即采取增大或减小供热量的措施,防止因温差造成箱梁开裂。

9.3.2 混凝土常规蒸汽养护。

(1)混凝土灌注完毕后应盖好养护罩,早期进行蒸汽养护跟踪养护,将蒸汽发生器直接接入梁体腹腔内外。采用压力式温度计测温,在梁两端各设两组,1/2跨、1/4跨处腹板两侧各设一组,箱内1/2跨、1/4跨处设两组。恒温情况下每1h测温一次,升、降温同理每1h测定一次,并做好详细的温度记录。根据实测温度确定蒸汽放入量,以调节跟踪蒸汽养护升温、降温情况,防止混凝土表面开裂。

根据室外气温的高低以及梁体强度的增长情况等适当缩短或延长蒸汽养护时间。

(2)预制箱梁采用蒸汽养护时,静停期间保持棚温不低于5℃,灌注完4h后方可升温,升温速度不大于10℃/h,恒温时蒸汽温度不超过45℃,梁体芯部混凝土温度不应超过60℃,降温速度不大于10℃/h。进行蒸汽养护期间及撤除保温设施时,梁体混凝土芯部与表层、表层与环境温差不宜超过15℃。蒸汽养过程结束后,立即进入自然养护过程,时间不少于10d。

(3)依据混凝土凝结硬化原理,蒸汽养护分为静停、升温、恒温、降温四个阶段。采用分段升温方案时,若假定环境温度10℃,可将混凝土箱梁的蒸汽养护制度制定为:静停4h;升温不少于3.5h,升温速度为10℃/h;恒温18h,最高温度45℃;降温速度不大于10℃/h,用时不超过17h。

(4)蒸汽养护过程结束后,立即进入自然养护过程。

9.3.3　混凝土后期养护。

高性能混凝土后期养护主要采取自然养护。自然养护采用草袋或麻袋覆盖洒水,并在其上覆盖塑料薄膜养护。当环境相对湿度小于60%时,养护不少于28d;相对湿度在60%以上时,养护不少于14d。在冬期施工时,采取混凝土表面喷涂养护剂并覆盖保温,不得洒水养护。养护剂应符合《水泥混凝土养护剂》的要求。

9.4　压浆技术控制措施

9.4.1　预制梁终张拉完成后,宜在48h内进行管道真空压浆。压浆时及压浆后3d内,梁体及环境温度不得低于5℃。

9.4.2　压浆用水泥应为强度等级不低于42.5级低碱硅酸盐或低碱普通硅酸盐水泥,掺入的粉煤灰应符合相关规范的规定。水胶比不超过0.33,且不得泌水,流动度为(18±4)s,抗压强度不小于设计强度。压入管道的水泥浆应饱满密实,体积收缩率应小于1%。

9.4.3　水泥浆应掺高效减水剂、阻锈剂;高效减水剂应符合《混凝土外加剂》(GB 8076—2008)的规定,阻锈剂应符合《钢筋阻锈剂应用技术规程》(YB/T 9231—2009)的规定,掺量由试验确定。严禁掺入氯化物或其他对预应力筋有腐蚀作用的外加剂。

9.4.4　预应力管道压浆应采用真空压浆工艺,压浆泵应采用连续式。同一管道压浆应连续进行,一次性完成。管道出浆口应装有三通管,必须在确认出浆浓度与进浆浓度一致后,方可封闭保压。压浆前管道真空度应稳定在-0.10~-0.06MPa;浆体注满管道后,应在0.50~0.60MPa下持续压2min;压浆最大压力不宜超过0.60MPa。

9.4.5　水泥浆搅拌结束至压入管道的时间间隔不应超过40min。

9.4.6　冬季压浆时应采取保温措施,并掺加防冻剂。

9.4.7　压浆完毕后必须逐孔检查管道压浆密实性,防止管道压浆出现不密实的现象。

9.4.8　应认真做好管道压浆记录,尤其重点记录管道真空度。

10　冬期施工

10.1　一般规定

10.1.1　当工地昼夜平均气温(最高和最低气温的平均值或当地时间6时、14时及21时室外气温的平均值)连续3d低于5℃或最低气温低于-3℃时,混凝土与砌体施工应按冬期施工办理。

10.1.2　冬期施工期间,在混凝土强度达到设计强度的40%之前,不得受冻。浸水冻融条件下的混凝土开始受冻时,其强度不得小于设计强度的75%。砌体砂浆强度达到设计强度的70%前,不得受冻。

10.1.3 进入冬期施工前,应收集工地气象台(站)历年气象资料,设置工地气象观测点,建立观测制度,及时掌握气象变化情况。落实有关工程材料、防寒物资、能源和机具设备。编制冬期施工方案及技术措施,对有关人员进行技术交底或培训。

10.1.4 冬期施工应根据工程类别、气象资料、材料来源和工期等要求,通过热工计算及经济分析,选择下列两类施工方法:

(1)在养护期间不需对混凝土加热的蓄热法、掺外加剂法和综合法。

(2)在养护期间,需利用外部热源对混凝土加热的暖棚法、蒸汽加热法、电热法和热综合法。

10.1.5 冬期施工期间,当混凝土与环境之间的温差大于 20°C 时,宜采用保温模板。

10.1.6 混凝土与砌体工程在冬期施工期间,应采取有效的防火、防滑等安全保证措施。

10.2 钢筋施工

10.2.1 钢筋冷弯温度不宜低于 -20℃。当温度低于 -20℃时,不得对 HRB335、HRB400 钢筋进行冷弯操作。

10.2.2 钢筋的闪光对焊宜在室内进行,焊接时的环境气温不宜低于 0℃。钢筋应提前运入车间,焊毕后的钢筋应待完全冷却后才能运往室外。

10.2.3 钢筋的电弧焊接应有防雪、防风及保温措施,并应选用韧性较好的焊条。严禁焊接后的接头立即接触冰雪。

10.2.4 钢筋的电弧焊接宜采取分层控温施焊。热轧钢筋焊接的层间温度宜控制在 150 ~ 350℃。应根据钢筋牌号、直径、接头形式和焊接位置选择焊条和焊接电流。焊接时,应采取防止产生过热、烧伤、咬肉和裂缝等措施。

10.3 混凝土施工

10.3.1 冬期混凝土施工应专门进行配合比选定试验。宜选用较小水胶比和较小坍落度的混凝土。

10.3.2 冬期混凝土施工应定期检测水、外加剂及骨料加入搅拌机时的温度,以及混凝土拌和、浇筑、养护时的环境温度,每一工作班至少检测 4 次。

10.3.3 搅拌混凝土前,应先经过热工计算,并经试拌确定水和骨料需要预热的最高温度,保证混凝土的出机温度不低于 10℃、入模温度不低于 5℃。

10.3.4 混凝土原材料预热应符合下列规定:

(1)水泥、矿物掺合料、外加剂等可在使用前运入暖棚进行自然预热,但不得直接加热。

(2)当需要对水进行加热处理时,水的加热温度不宜高于 80℃。不加热骨料时,水可加热至 80℃以上,但搅拌时应先投入骨料和已加热的水,拌匀后再投入水泥。

(3)当加热水还不能满足要求时,可将骨料均匀加热,其加热温度不应高于 60℃。片石混凝土掺用的片石可预热。

(4)当拌制的混凝土出现坍落度减小或发生速凝现象时,应重新调整拌和料的加热温度。

10.3.5 骨料中不得混有冰雪、冻块及易被冻裂的矿物质。

10.3.6 搅拌设备宜安装在气温不低于 10℃的厂房或暖棚内。搅拌混凝土前及停止搅拌后,应用热水冲洗搅拌机鼓筒。

10.3.7 混凝土搅拌时间宜较常温施工延长 50% 左右。

10.3.8 运输混凝土的容器应有保温设施。运输时间应缩短,并尽量减少中间倒运环节。

10.3.9 混凝土浇筑应符合下列规定:

(1)混凝土浇筑前,应清除模板及钢筋上的冰雪和污垢。

(2)混凝土浇筑应采用分层连续的方法浇筑,分层厚度不得小于20cm。

(3)采用加热养护的整体结构,当混凝土的养护温度高于40℃时,应预先确定混凝土的浇筑顺序和施工缝的位置。

10.3.10　混凝土开始养护时的温度应按施工方案通过热工计算确定,但不得低于5℃,细薄截面结构不宜低于10℃。

10.3.11　当采用电热法养护混凝土时,应符合下列规定:

(1)所有混凝土外露面均覆盖后,方可通电加热。

(2)必须采用交流电源,电极的布置应保证混凝土的温度均匀。当达到设计强度的50%时,应停止通电加热。

(3)宜采用50~110V工作电压。当每立方混凝土内钢筋用量不大于50kg时,工作电压也可采用120~220V。严禁采用工作电压大于380V的电源。

(4)养护过程中应观察混凝土表面的湿度。当表面开始干燥时,应暂停通电,并以温水湿润混凝土表面。

(5)掺用减水剂的混凝土,应经试验确认电热法养护对其强度无影响后,方可采用。

10.3.12　当采用暖棚法养护混凝土时,棚内底部温度不得低于5℃,且混凝土表面应保持湿润。采用燃煤加热时,应将烟气排出棚外。

10.3.13　拆除模板和保温层应符合下列规定:

(1)混凝土与环境的温差不得大于15℃。当温差在10℃以上但低于15℃时,拆除模板后的混凝土表面宜采取临时覆盖措施。

(2)采用外部热源加热养护的混凝土,当养护完毕后的环境气温仍在0℃以下时,应待混凝土冷却至5℃以下且混凝土与环境之间的温差不大于15℃后,方可拆除模板。

11　夏期施工

11.1　一般规定

11.1.1　当昼夜平均气温高于30℃时,混凝土与砌体工程的施工应按夏期施工办理。

11.1.2　夏期混凝土与砌体工程施工除符合本小节的规定外,还应满足本章的其他相关规定。

11.2　混凝土施工

11.2.1　原材料储存、降温应符合下列规定:

(1)应对水泥、砂、石的储存仓、料堆等进行遮阳防晒处理,或在砂石料堆上喷水降温,以便降低原材料进入搅拌机的温度。

(2)可采用冷却装置冷却拌和水,并对水管及水箱加遮阳和隔热设施。也可在拌和水中加碎冰冷却,碎冰应作为拌和水进行质量控制和计量。

(3)水泥进入搅拌机的温度不宜大于40℃。

11.2.2　混凝土配合比设计应考虑坍落度损失,宜选用水化热较低的水泥。当掺用缓凝型减水剂时,可根据气温适当增加坍落度。

11.2.3　拌和生产线应尽可能采取遮阳、降温措施,尽量缩短搅拌时间。

11.2.4　宜采用混凝土搅拌运输车运输混凝土,混凝土运输容器应设防晒设施,尽量缩短运输时间。运输混凝土过程中宜慢速搅拌混凝土,不得在运输过程加水搅拌。

11.2.5　采用泵送混凝土时,应将输送管遮盖、洒水、垫高或涂成白色。

11.2.6 要尽量缩短混凝土从搅拌到入模的时间及浇筑时间,并尽快开始养护。

11.2.7 宜在夜间或气温较低的时段搅拌和浇筑混凝土,保证混凝土的入模温度满足设计要求。当无设计要求时,混凝土的入模温度不宜超过30℃。混凝土入模前模板和钢筋的温度以及附近的局部气温不宜超过40℃。

11.2.8 浇筑场地应遮阴,以降低模板、钢筋的温度;也可在模板、钢筋和地基上喷水以降温,但在浇筑时不能有附着水。

11.2.9 混凝土浇筑完毕后的表面平整或抹面应尽快完成,抹面时可用喷雾器喷少量水防止表面裂纹,但不得直接往混凝土表面洒水。

11.2.10 混凝土浇筑完成后,应立即在表面覆盖清洁的塑料膜,初凝后撤去塑料膜,用浸湿的土工布覆盖,再加盖一层塑料膜,保持潮湿状态最少7d。也可采取在混凝土表面喷雾降温、湿润空气等养护措施。当条件许可时,在模板底部采取预先冷却等技术措施。在保湿养护期间,应采取遮阳和挡风措施,以控制温度和干热风的影响。

11.2.11 混凝土拆模后的洒水养护宜用自动喷水系统和喷雾器。保湿养护应不间断,不得形成干湿循环。

本章条文说明

2.0.1～2.0.19　术语的解释不一定是其理论含义,可能与其他标准中的解释也不尽一致。列出术语及其解释的主要目的是为了在工程施工中统一其内容、界定其范围,避免产生理解上的不同甚至歧义。

5.2.2　钢筋的弯折应一次到位,对于弯折过度的钢筋,不得回弯。如果一次弯钩不到位,再调整弯曲部分或内径时,会使钢筋受到损伤或隐伤,严重的甚至会引发断裂。对于多根钢筋(特别是箍筋)共同弯折的情况,弯折后应及时分开各根钢筋,以便于绑扎、安装施工。

5.3.2　本条中规定焊接连接接头有闪光对焊接头、电弧焊接头。电弧焊接头按接头钢筋的构造分为搭接电弧焊接头和帮条电弧焊接头,按焊缝分布分为单面焊缝和双面焊缝。

5.4.9　定位钢筋有两种形式,一是井字形,管道穿入井字内,四个方向依靠钢筋限位;二是十字形,管道靠在十字处,用钢筋绑扎铁线固定。第二种形式在混凝土浇筑时极易被振捣器破坏,造成管道上浮、旁移,从而增大孔道摩擦阻力系数。

7.2.2　合理的配合比是确保混凝土气密性能的关键,因此应严格控制混凝土配合比设计参数。硅灰、粉煤灰和减水剂等掺合料及外加剂的加入可以改善混凝土的微观结构,降低混凝土的孔隙率,改善混凝土的孔结构,从而提高混凝土的密实性、抗渗性和耐腐蚀性。

水胶比是控制混凝土密实性的主要因素,水胶比越高,其自由水蒸发后留下的空隙也就越多,混凝土的透气系数也就越大。因此在气密性混凝土中,水胶比的控制对混凝土的气密性具有极其重要的作用。试验表明,混凝土的水胶比宜小于0.4,且不得超过0.45,否则混凝土透气系数难以满足设计要求(一般 $K \leq 1.0 \times 10^{-11}$ cm/s)。

7.5.1　混凝土温度控制的原则是:①升温不要太早和太高;②降温不要太快;③混凝土中心和表面之间以及混凝土表面和气温之间的温差不要太大。温度控制的方法和制度要根据气温(季节)、混凝土内部温度、构件尺寸、约束情况、混凝土配合比等具体条件来确定,不能不管条件采用千篇一律的方式和方法。在气温很高的夏季,如果对混凝土的温度提升不加控制,即使掺用了矿物掺合料,温度提升也会很高,而且到达温峰的时间很快。这时就不宜在浇筑后的升温阶段采取保温措施来减小温差,而应该遏制温度的上升,比如对模板进行预冷,并在浇筑过程中不间断冷却模板。

7.5.4　拆模时,混凝土应具有一定的强度,表面及棱角不能因为拆模而受损,其不同结构对拆模时混凝土应具备的强度要求不一致,因此,拆模强度应满足相关专业规范的要求。大风天气或气温急剧变化时不宜拆模。混凝土内部开始降温以前以及混凝土内部温度最高时不得拆模。拆除模板或撤除保温防护后,如表面温度骤降,混凝土就可能会产生龟裂。只有当混凝土任何部位的温度都处于逐渐下降状态时才能撤除保温防护。混凝土采用干热保温时,必须补充足够的水分。

7.5.6　混凝土养护期间,应对有代表性的结构进行温度监控,定时测定混凝土中心温度、表面温度以及环境的气温、相对湿度、风速等参数,并根据混凝土温度和环境的变化情况及时调整养护制度,严格控制混凝土的内外温差。控制混凝土的各种温差主要是为了防止温差过大引起混凝土产生裂缝。混凝土养护要注意湿度和温度两个方面。养护不仅是浇水保湿,还要注意控制混凝土的温度变化。在湿养护的同时,应该保证混凝土表面温度与内部温度和所接触的大气温度之间不出现过大的差异。

7.6.3　预应力筋穿入孔道,根据其与混凝土浇筑的关系分为先穿束和后穿束。混凝土浇筑前将预应力筋穿入管道内的工艺方法称为先穿束,而待混凝土浇筑完毕再将预应力筋穿入孔道的工艺方法称为后穿束。一般情况下,先穿束工艺占用工期,而且预应力筋在孔道内时间较长,在环境湿度较大的南方地区或雨季比较容易造成预应力筋的锈蚀,进而影响孔道摩擦,甚至影响预应力筋的力学性能;而后穿束工艺可在混凝土强度达到设计强度后施加预应力前,将预应力筋穿入孔道,所以预应力筋在孔道内的时间较短,而且张拉后立即灌浆,其对预应力筋的锈蚀影响可忽略,同时不占用结构施工工期,有利于加快施工速度,是较好的工艺方法。对一端为锚固端,另一端为张拉端的预应力筋,宜采用先穿束工艺;而可两端张拉的预应力筋,宜采用后穿束工艺。

将钢绞线逐根穿入孔道可能会造成扭曲,导致增大松弛量减小整束的平均弹性模量,从而增大伸长值,故不宜提倡该做法。

8.2.1 预应力筋锚具通常与预应力钢材配套使用。制造商设计生产的锚具,都是针对特定的预应力筋开发的,所以必须配套使用。成套锚具包括锚板、夹片、锚垫板和螺旋筋等,并应遵守其相应的限制规定。有些工程的环境条件特别,应注意常规锚具的适用性问题,比如锚具的使用环境温度。

第六章　预应力混凝土梁支架法施工

引　言

本章是针对杭海城际铁路的特点，参照《铁路混凝土梁支架法现浇施工技术规程》(TB 10110—2011)，在吸收杭海城际铁路及周边区域城际轨道交通工程实践经验的基础上编制而成。本章以施工质量验收标准为依据，重点对施工过程中的工艺、工法、质量保证措施作出了规定，反映了工程施工的新技术、新材料、新工艺、新设备，充分体现了区域城际轨道交通工程预应力混凝土梁支架法施工的技术特点和质量控制要求。本章适用于区域城际轨道交通工程预应力混凝土梁支架法施工的质量控制，凡在本章中未做规定的，均按国家、行业及地方现行的有关强制性标准执行。

本章主要内容包括：总则、术语、基本规定、支架施工、支架预压、梁体施工、落梁和横移梁、施工保障措施等。

主编单位：浙江杭海城际铁路有限公司

参编单位：浙江交工集团股份有限公司、浙江江南工程管理股份有限公司、铁四院(湖北)工程监理咨询有限公司、中铁第四勘察设计院集团有限公司、浙江省交通规划设计研究院

主要执笔人：张铁军、羊勇、周杨、孙烈、杨康、江显昶、李新琴、陈喜晖、刘成丰、罗伟林

主要审查人：杨敏龙、韩学明、易学文、邹恩东、张红星、郭栋良、郭刚

1　总　则

1.0.1　为指导城际铁路混凝土梁支架法现浇施工，统一主要技术要求，加强施工管理，保证工程质量，特编制本章。

1.0.2　本章适用于采用支架法进行现浇施工的城际铁路混凝土简支梁、连续梁。

1.0.3　城际铁路混凝土梁支架法现浇施工应严格执行设计文件，全面贯彻设计意图，达到设计要求的使用功能。

1.0.4　城际铁路混凝土梁支架法现浇施工应有健全的质量保证体系，对施工质量实施全过程控制。

1.0.5　设计单位对支架法现浇施工的预应力混凝土连续梁宜采用分段设计，并考虑体系转换的影响以及混凝土的收缩、徐变等因素。

1.0.6　城际铁路混凝土梁支架法现浇施工前，施工单位应编制包括支架设计、拼装、预压、拆除和梁体施工等内容的专项施工方案，经监理单位审查批准后实施。

1.0.7　跨越既有铁路或公路等建筑物的混凝土梁施工前，施工单位应专门编制安全施工方案，明确安全保障措施，报监理单位和建设单位审查批准。建设单位应组织联系既有铁路或公路等管理部门协商办理相关施工手续。

1.0.8　城际铁路混凝土梁支架法现浇应避免冬期施工。当因工期等特殊原因需进行冬期施工时,应制定可靠的施工质量保障措施。

1.0.9　施工单位应对预应力混凝土梁由锚具、喇叭口及管道摩擦阻力等引起的预应力损失进行现场测试,设计单位根据实测数据调整预应力筋张拉控制有关参数。

1.0.10　监理单位应对支架基础施工、拼装、预压、拆除和梁体施工等过程进行监督和控制,对混凝土浇筑、预应力张拉和压浆施工等关键工序进行旁站监理。

1.0.11　施工中采用的机械设备、常用器材、工程材料、试验及检测仪器等应符合国家和行业现行有关标准的规定。

1.0.12　参加城际铁路混凝土梁支架法现浇施工的各类人员经培训合格后方可上岗,特种作业人员必须持证上岗。

1.0.13　施工单位应严格执行逐级技术交底制度,技术交底采用书面形式并签字确认。

1.0.14　施工中应加强环境保护和水土保持,并做到文明施工。

1.0.15　城际铁路混凝土梁支架法现浇施工除应符合本章的有关规定外,还应符合国家现行有关标准的规定。

2　术　　语

2.0.1　混凝土梁支架现浇。

采用支架在梁体的原位、旁边或高位现场浇筑混凝土梁。

2.0.2　满堂式支架。

支承立杆密布于梁体下的混凝土梁现浇支架。

2.0.3　梁柱式支架。

由支墩及其上部纵梁、横梁构成的混凝土梁现浇支架。

2.0.4　常用器材。

铁路军用梁(墩)、贝雷梁、万能杆件、碗扣式钢管支架等常用的T制标准器材。

2.0.5　支架预压。

模拟梁体荷载对支架进行预加载,以检验支架承载能力和量测支架弹性、非弹性变形量。

2.0.6　施工预拱度。

为抵消支架变形和梁体在荷载作用下产生的位移,在支架安装时所预留的与变形和位移方向相反的校正量。

2.0.7　横移梁。

采用移动装置将旁位现浇的混凝土梁横向移动至原位。

2.0.8　落梁。

采用下落装置将高位现浇的混凝土梁下放至原位。

3　基 本 规 定

3.1　一般规定

3.1.1　建设各方应严格执行国家和铁路作业现行有关建设管理办法和本章的管理规定。

3.1.2　建设各方应制定项目管理规划,重点加强对混凝土原材料质量、配合比设计、模板及支架安装、预应力施工等的控制,并注重对混凝土的浇筑、振捣和养护等细节的管理。

3.1.3　建设各方应建立健全质量保证体系，对工程施工质量进行全过程控制，落实质量责任终身追究制度。

3.1.4　建设各方应建立健全安全生产管理体系，严格执行相关铁路工程施工安全技术规程的规定，设置专门安全管理机构，配备专职安全管理人员，落实安全生产责任制，保证工程施工安全。

3.1.5　建设各方应建立并持续改进环境管理体系，制定并实施环境管理计划，有效减少施工对环境的影响。

3.1.6　混凝土拌制、钢筋加工等应采用工厂化生产。

3.1.7　对于支架工程、钢筋工程、混凝土工程、预应力工程等关键工序，应组建专业化的作业队伍进行施工，管理和作业人员应相对固定。

3.1.8　混凝土梁支架法现浇施工应建立相应的信息管理系统，保证工程施工管理信息传递及时、可靠有效。

3.1.9　混凝土梁支架法现浇施工应按照铁道部现行《铁路工程施工组织设计指南》（铁建设〔2009〕226号）的规定编制施工组织设计，加强控制工程、重难点及高风险工程的管理。

3.1.10　混凝土梁支架法现浇施工现场管理应符合《铁路建设项目现场管理规范》（Q/ck 9202—2015）的相关规定，合理布置生产区、辅助生产区、办公生活区等，并考虑防洪、防火、防爆、防地质灾害等要求。

3.1.11　混凝土梁支架法现浇施工现场应按照《铁路建设项目现场安全文明标志》的规定设置安全文明标志。

3.1.12　混凝土梁支架法现浇施工应重视职业健康和劳动卫生保护，制定管理计划并进行有效控制，防止发生职业健康安全事故。

3.1.13　混凝土梁支架法现浇施工应结合工程特点和施工环境进行危险源辨识，对重大危险源应编制应急预案，并按规定组织培训和演练。

3.2　支架

3.2.1　支架结构应采用以概率理论为基础的极限状态设计法用分项系数的设计表达式进行设计。支架结构极限状态可分为下列两类：

(1)承载能力极限状态。支架结构或结构构件达到最大承载能力或不适于继续承载变形，当支架结构或结构构件出现下状态之一时，应认为超过了承载能力极限状态：

①支架结构构件或连接因超过材料强度而破坏，或因过度变形而不适于继续承载。

②整个支架结构或结构的一部分作为刚体失去平衡。

③支架结构转变为机动体系。

④支架结构或结构构件丧失稳定性。

⑤支架结构因局部破坏而发生连续倒塌。

⑥地基丧失承载能力而被破坏等。

(2)正常使用极限状态。正常使用极限状态是指支架结构或结构构件达到正常使用的某项规定限值。当支架结构或结构构件出现下列状态之一时，应认为超过了正常使用极限状态：

①影响支架结构正常使用的变形。

②影响支架结构正常使用的局部损坏。

③影响支架结构正常使用的其他特定状态等。

3.2.2　支架结构应根据施工环境、荷载和施工条件等因素合理选用，其结构型式应简单，便于制作、安装和拆除，宜采用常用器材。

3.2.3　支架结构材料应以钢结构为主，材料选用和设计强度取值应符合相关标准的规定。

3.2.4 支架结构应具有足够的强度、刚度和稳定性。构件间应结合紧密,设置足够连接系,支架应成为稳定整体。

3.2.5 支架结构应根据受力情况分别计算其强度、刚度及稳定性,计算结果应满足以下要求:

(1)支架结构或构件的应力应满足有关规范要求。

(2)支架结构的抗倾覆稳定系数不得小于1.5。

3.2.6 支架结构应进行预拱度计算并合理设置。

3.2.7 支架结构地基及基础应根据荷载、地基承载力及沉降要求进行设计。

3.2.8 水中支架应考虑水流作用、漂浮物、冰凌等的影响,其基础应采取必要的防冲刷措施。有船舶近邻支架作业或通行时应设置防撞设施。

3.2.9 跨越既有铁路、公路或其他建筑设施的支架结构应按规定进行安全防护设计。

3.2.10 支架结构设计可按下列顺序进行:

(1)制定基本方案。

(2)绘制初步结构图和荷载图。

(3)按工况进行强度、刚度和稳定性计算。

(4)根据计算结果进行支架结构设计。

3.2.11 支架结构设计应包括模板、支架、地基和基础,支架结构设计成果应包括支架总体结构及细部结构设计图、材料数量表、设计计算书和设计说明书等。

3.2.12 支架结构按结构形式可分为满堂式支架、梁柱式支架及其组合形式支架。

3.2.13 满堂式支架可分为碗扣式钢管支架、门式钢管支架和蟹钳式钢管支架等。铁路混凝土梁支架法现浇的满堂式支架应采用碗扣式钢管支架或门式钢管支架,不得采用扣件式钢管支架。

3.2.14 碗扣式钢管支架结构应由基础、立杆(含底座、顶托)纵横向连接系(含水平杆、剪刀撑等)、立杆顶分配梁、模板等部分组成,如图6-1所示。支架的基础、立杆间距、水平杆步距、分配梁和模板结构应根据计算确定。

3.2.15 门式钢管支架结构应由基础、门架(含底座、顶托)纵横向连接系(含小交叉杆、剪刀撑等)、门架顶分配梁、模板等部分组成,如图6-2所示。门架的基础、间距、分配梁和模板结构应根据计算确定。

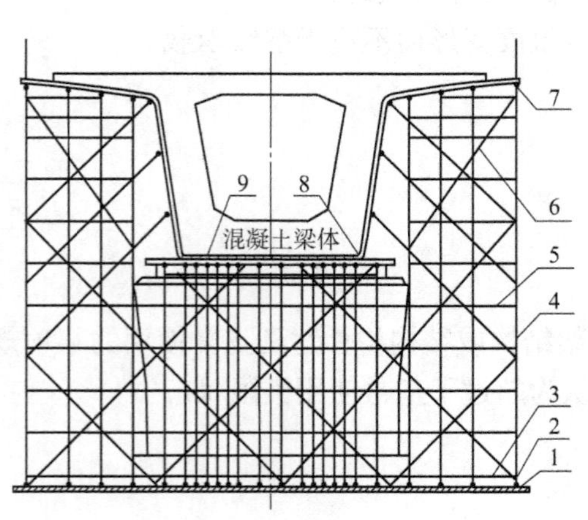

图6-1 碗扣式钢管支架结构示意图

1-基础;2-底座;3-扫地杆;4-立杆;5-水平杆;6-剪刀撑;7-顶托;8-横梁;9-模板及分配梁

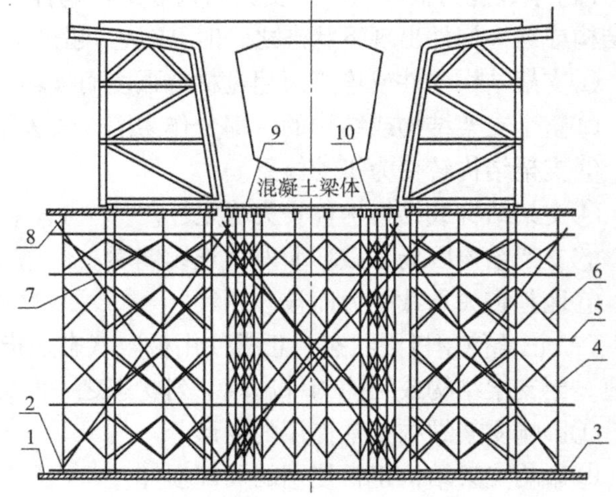

图6-2 门式钢管支架结构示意图

1-基础;2-底座;3-扫地杆;4-立杆;5-水平杆;6-交叉杆;7-剪刀撑;8-顶托;9-纵梁;10-模板及分配梁

3.2.16 梁柱式支架结构应由基础、支墩(含支墩顶分配梁和落架装置)、纵梁、横梁、模板等部

分组成,如图6-3所示。支架的基础、支墩和纵梁、横梁、模板应通过计算确定。

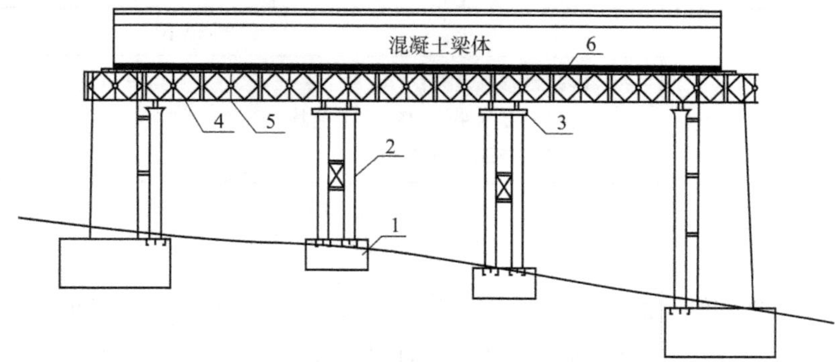

图6-3　梁柱式支架结构示意图

1-基础;2-支墩;3-横梁;4-纵梁;5-分配梁;6-模板

(1)基础应根据地质条件、荷载、孔跨布置等选择明挖基础或桩基础。

(2)支墩可使用钢管、钢管混凝土、型钢格构柱、万能杆件、六五式铁路军用桥墩和八三式铁路轻型军用桥墩等。

(3)承重梁可使用型钢、六四式及加强型六四式军用梁、贝雷梁、钢板梁或钢箱梁等。

3.2.17　蟹钳式三角钢管支架(以下简称蟹钳三角支架)由三角构件、基杆、水平连接杆、水平对角拉杆和竖向对角斜杆等组成,蟹钳三角支架结构如图6-4所示。

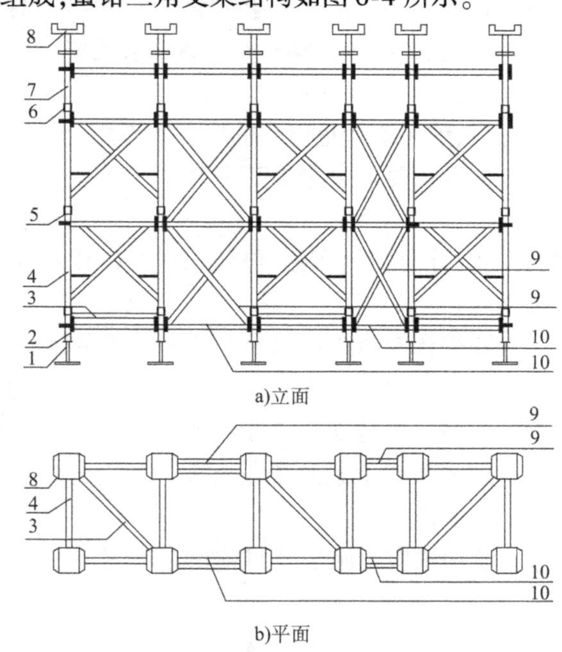

图6-4　蟹钳三角支架结构示意图

1-可调底座;2-基杆;3-水平对角拉杆;4-三角构件;5-弧形插销;6-定心套管;7-顶杆;8-可调顶托;9-竖向对角斜杆;10-水平连接杆

3.2.18　支架结构类型应根据水文、地质、地形、梁体结构、荷载和施工条件等因素合理选用。满堂式支架、梁柱式支架使用范围应符合表6-1的要求。

支架结构适用范围　　表6-1

支架结构	适用范围
满堂式支架	(1)支架高度不宜大于20m; (2)梁体的高度不宜大于7m; (3)地基不需特殊处理即可满足承载力和沉降变形要求

续上表

支架结构	适用范围
梁柱式支架	(1)地形高差大; (2)跨越铁路、公路、河道、管线; (3)特殊地质条件

3.3 梁体施工

3.3.1 梁体所用原材料的品种、规格、质量应符合设计要求和现行有关标准的规定,使用前应按有关规定进行试验和检验,经试验和检验合格后方可使用。

3.3.2 预应力筋张拉设备应配套标定、配套使用。使用前,应对张拉千斤顶吨位、压力表最大读数、高压油泵额定压力等进行全面检查。

3.3.3 预应力筋及锚夹具及连接器的品种、规格、质量应符合设计要求和现行有关标准的规定。使用前,应按有关规定进行试验和检验,经试验和检验合格方可使用。

3.3.4 梁体钢筋、预埋件的品种、规格、数量、位置、间距和加工、连接、安装质量等应符合设计要求和现行有关标准的有关规定。

3.3.5 钢筋的下料长度应根据钢筋弯曲角度、直径和接头方式经计算确定。采用搭接接头时,钢筋下料长度 = 直段长度 + 斜段长度 + 搭接长度 + 弯钩增加长度 - 弯曲伸长值。

3.3.6 钢筋表面有严重麻坑、斑点的,应截除不用。钢筋表面能用锤敲击剥落的铁锈、浮皮等,必须被清除干净。

3.3.7 钢筋切断时,对有劈裂、缩头或严重弯头的应切除不用,焊接钢筋断口不得有马蹄形。

3.3.8 钢筋弯曲成型时,应按设计要求弯曲角度一次弯曲成型,不得弯过头后再反弯过来。钢筋弯曲点处不得有裂纹。

3.3.9 梁体混凝土的配合比设计、拌和、运输、浇筑、养护、拆模和新旧混凝土接缝施工等应符合设计要求和现行标准的有关规定。

3.3.10 大体积混凝土应采取综合措施防止混凝土产生温度裂缝。

3.3.11 梁体混凝土冬、夏期施工应符合现行混凝土工程有关标准的规定。

3.3.12 梁端模板拆除后应对梁端接缝面的混凝土进行凿毛。接缝面凿毛应在距混凝土外缘2~3cm以内进行,并使接缝面露出75%以上新鲜混凝土面。凿毛时的混凝土强度应满足人工凿毛不小于2.5MPa,机械凿毛不小于10MPa 。

3.3.13 梁体预应力管道安装和预应力施工及封锚(端)等除应符合设计要求和现行有关标准的规定外,还应符合下列规定:

(1)当采用抽拔胶管成孔时,胶管必须具有足够的强度及刚度,在拉力作用下不被拉断且管壁径向收缩不大于2mm。去消拉力后无残余变形。必要时,应插入芯棒或充满压力水增强刚度。胶管外径与设计孔道直径偏差应在±2mm内,胶管接头宜设于梁段中间,接头处应使用长度不小于30cm的铁皮管套接紧密,铁皮套管两端应密封确保不漏浆。胶管长度应不小于“梁段长度 + 1m”的长度。

(2)胶管成孔抽拔时间应根据水泥品种、水胶比、养护方法及气温等,经试验确定,宜在混凝土抗压强度为0.4~0.8MPa(约为100~200温度小时)时进行抽拔。

(3)张拉预应力筋前,应根据实测锚圈口及喇叭口和管道摩擦阻力损失,经设计单位确认后,再对设计预应力筋张拉控制应力进行调整,并报监理单位确认。

(4)预应力筋张拉理论伸长值应按实测预应力筋弹性模量和预应力管道摩擦阻力进行计算,经设计单位确认后作为与预应力筋张拉实际伸长值对比的依据。

3.3.14　梁体施工机械设备及主要工具选配应符合下列规定：

(1)机具设备进场后，除应检查确认其种类、性能、数量等是否与施工组织设计的配备计划相符外，还应对主要机具状态进行全面检查，按规定进行必要的试运转及试运行，试运转及试运行合格后方可使用。

(2)高墩梁体施工使用的起重机械和泵送混凝土机械，应按最大负荷及吊(运)距，检查确认起重机械的起重高度、回转范围，混凝土泵的最大实际排出量、最大输送压力及最大输送距离等性能。

3.3.15　支架必须经过设计计算，具有足够的强度、刚度和稳定性，满足模板安装和施工操作要求。

3.4　人员培训及技术交底

3.4.1　支架法现浇施工前，应对参加施工的各类人员进行技术培训，内容包括梁体结构特点、施工方法、质量标准、操作要求、高处作业特点及安全注意事项等。

3.4.2　支架法现浇施工前，施工单位应编制书面的施工技术交底资料，并按工序进行现场施工技术交底。交底资料应直观、明确、具有可操作性，附有必要的图表和说明。交底资料及所附图表应按规定由相关人员签字。

3.4.3　技术交底应包括地基处理及基础施工、支架搭设及预压、模板安装、钢筋及预应力管道安装、混凝土浇筑及养护、预应力张拉及管道压浆、落架、支架及模板拆除等工序的施工准备、技术要求、质量标准、工艺流程及操作要点、安全防护措施、质量通病防治、成品保护措施等内容。

3.5　施工前准备

3.5.1　铁路混凝土梁采用支架法现浇施工前，应进行详细的施工调查。施工调查应包括以下内容：

(1)支架施工范围内的地形地貌、地基承载力等情况。

(2)支架施工范围内的道路、建筑物、管线等设施情况。

(3)全年的气温、风力等气候状况。

(4)跨越河流的水位变化、流速情况及河道通航条件。

3.5.2　施工调查后应形成施工调查报告。施工调查报告应包括以下内容：

(1)设计概况，包括桥梁类型、桥跨布置、梁体结构型式、墩台结构型式及高度、梁体主要工程数量等。

(2)施工条件，包括工程场地情况，道路交通情况，供水、供电主要材料和地方材料的供应条件和供应方式，桥址地区地质、水文和气候情况。

(3)施工调查中发现的设计与实际不一致的情况。

(4)建议施工方案应包括以下内容：

①根据工程实际、现场条件、支架材料来源等确定使用支架的类型。

②施工队伍驻地、临时工程(包括施工便道、便桥、拌和站等)和支架安装、拆除及材料存放等施工场地布置。

③施工供水、供电方案。

④施工限界内建筑物及障碍物的拆迁方案、交通疏解方案。

⑤施工机具设备配置方案。

⑥混凝土运输、浇筑、养护方案。

3.5.3 支架法现浇施工的铁路混凝土梁开工前,施工单位应组织有关人员对设计文件进行全面核对,并重点核对以下内容:

(1)桥梁位置地形、地貌、水文和地质资料。

(2)桥梁的结构、孔径、跨度和设计位置与既有铁路、公路及建筑物等的位置关系。

(3)桥梁的平立面位置、设计高程和主要结构尺寸的协调情况。

(4)设计施工方案和技术措施的可行性。

(5)设计主要工程量、材料的品种及规格的准确性。

3.5.4 施工单位应在设计文件核对和施工调查的基础上编制专项施工方案,内容包括支架设计、安装、预压、拆除及梁体施工等,并编制作业指导书。

3.5.5 支架法现浇的专项施工方案应按相关规定审批后方可实施。有下列情况之一者,应由建设单位组织评审:

(1)满堂式支架高度大于20m,梁柱式支架高度大于25m。

(2)跨越既有铁路、高等级公路、交通繁忙的市政道路、重要航道等。

(3)支架位于水中或特殊地质上。

3.5.6 梁体施工前,应在高程和平面控制网复测的基础上,对线路中线、桥梁跨度、垫石高程、锚栓孔和预埋连接件的位置及尺寸、支座型号等进行检查,并在墩台上标志出支承垫石的十字中心线。

4 支架施工

4.1 一般规定

4.1.1 支架施工前,应按规定进行技术交底,明确施工方法、工艺流程和安全质量标准等相关要求。

4.1.2 跨越公路、铁路或通航河道的支架在施工前,应办理施工许可相关手续,完成导向、限高、限宽、减速、防撞等附属设施及标识后,方可进行支架施工。

4.1.3 支架原材料及构配件使用前应进行质量检查验收;经检验合格的支架原材料和构配件应按品种、规格分类存放,并挂设材料标识牌。

4.1.4 支架施工前,应对桥梁墩台位置、高程进行测量复核,并对支架进行施工放样。

4.1.5 支架施工应遵守高空作业相关安全管理规定。

4.1.6 支架吊装作业除应符合《铁路工程基本作业施工安全技术规程》(TB 10301—2009)和《铁路桥涵工程施工安全技术规程》(TB 10303—2009)外,还应符合下列要求:

(1)起重机械应根据支架构件的质量、长度和吊装高度、作业半径等进行选型。

(2)起重机械的安放位置应考虑地基承载力、周围环境等因素。

(3)吊装过程中应采取措施防止吊运物件碰撞支架及其他既有设施。

4.1.7 在寒冷地区,应对冬期停工时已完成的支架及地基基础采取保护措施。恢复施工时,应对支架及地基基础进行全面检查,待支架符合要求后方可进行后续施工。

4.1.8 对受洪水、大风等因素影响暂停施工的支架,恢复施工时应对支架进行全面检查,待支架符合要求后方可进行后续施工。

4.1.9 支架中钢结构的二级及以上焊缝应编制专项焊接工艺,焊接质量应符合设计要求。

4.1.10　支架原材料及构配件进场后,施工单位应进行检查验收, 合格后方可使用。

4.1.11　施工单位应对支架地基、基础、立杆(支墩)、纵横梁、模板等结构的施工质量进行全面检验。

4.1.12　监理单位应对支架施工进行全过程控制。

4.1.13　支架的各类质量检测报告、检查验收记录和其他工程技术管理资料,应按相关规定及时填写,并且严格履行责任人签字确认手续。

4.1.14　支架原材料及构配件进场后应检查验收其材质、规格尺寸、焊缝质量、外观质量等。

4.1.15　进入现场的新购支架原材料及构配件应具备下列证明资料:

(1)产品标识及产品质量合格证。

(2)供应商配套提供的管材、铸件、冲压件等材料的材质、产品性能检验报告。

4.1.16　重复使用的支架材料及构配件,经检查合格后方可使用,必要时应通过荷载试验确定其实际承载能力。

4.2　地基处理及基础施工

4.2.1　满堂式支架地基处理和基础施工应符合下列规定:

(1)地基处理前,应对处理范围测量放样,标示出处理边界。处理范围应比支架平面投影周边宽50 cm 以上。

(2)支架范围内地面附着物和腐殖土、淤泥、冻融循环深度内的冻土等软弱土质应全部清除,清理后的坑槽应及时填筑、避免积水浸泡。

(3)桥梁墩台的基坑应填筑到承台顶面以上,且不低于地下水位;地基表层清除后的坑槽应填筑到原地面以上。填筑应分层进行、逐层压实,填筑材料及其压实度应能够满足地基承载力要求。

(4)处理完成后的地基应进行承载力检测,合格后方可施工垫层。

(5)垫层施工时应控制其顶面标高和平整度。

(6)基础周边应设置排水沟,将地表水引排到基础 5m 以外。排水沟及基础至排水沟之间宜采用砂浆抹面封闭。

(7)地基处理和基础施工完成后应检查验收,合格后方可进行支架安装。

4.2.2　梁柱式支架的明挖基础和桩基础应按照《高速铁路桥涵工程施工技术指南》(铁建设〔2010〕241 号)的相关规定进行施工。

4.2.3　满堂式支架的地基及基础质量检查项目、质量要求、检验方法、检验数量应符合表 6-2 的规定。

满堂式支架基础质量要求　　表 6-2

序号	检查项目	质量要求	检验方法	检验数量
1	地基承载力	符合设计要求	触探等	每 100mm^2 不少于 3 个点
2	垫层平面尺寸	不小于设计要求	尺量	—
3	垫层厚度	不小于设计要求	尺量	每 100mm^2 不少于 3 个点
4	垫层顶面平整度	20mm	2m 直尺测量	每 100mm^2 不少于 3 个点
5	垫层强度或密实度	符合设计要求	试验	—
6	排水设施	完善	查看	全部
7	施工记录、试验资料	完善	查看资料	全部

4.2.4　梁柱式支架的明挖基础质量检查项目、质量要求、检验方法、检验数量应符合表 6-3 的规定。

梁柱式支架明挖基础质量要求　　表6-3

序号	检查项目	质量要求	检验方法	检验数量
1	地基承载力	符合设计要求	触探等	每个基础不少于3个点
2	基础平面位置	±50mm	测量	全部
3	基础结构尺寸	不小于设计要求	尺量	全部
4	基础顶面高程	±10mm	测量	每个基础不少于3个点
5	预埋件位置/数量	符合设计要求	测量、查看	全部
6	混凝土强度	符合设计要求	取样试验	每个基础3组试件
7	施工记录、试验资料	完整	查看资料	全部

4.2.5　梁柱式支架的钻(挖)孔桩基础质量检查项目、质量要求、检验方法、检验数量应符合表6-4的规定,沉入桩基础检查项目、质量要求、检验方法、检验数量应符合表6-5的规定。

梁柱式支架钻(挖)孔桩基础质量要求　　表6-4

序号	检查项目	质量要求	检验方法	检验数量
1	孔的中心位置	±50mm	测量	全部
2	孔径、孔深	不小于设计值	检孔、测量	全部
3	垂直度	钻孔:<1% 挖孔:<0.5%	测量	全部
4	沉渣厚度	摩擦桩≤300mm; 支承桩≤50mm	测量	全部
5	钢筋笼	钢筋间距:±20mm; 结构尺寸:±20mm; 顶面标高:±20mm	尺量	每个
6	混凝土强度	符合设计要求	取样试验	每根桩2组试件
7	桩顶高程和桩头处理	符合设计要求	测量、查看	全部
8	施工记录、试验资料	完整	查看资料	全部

梁柱式支架沉入桩基础质量要求　　表6-5

<table>
<tr><th>序号</th><th colspan="2">检查项目</th><th>质量要求</th><th>检验方法</th><th>检验数量</th></tr>
<tr><td rowspan="2">1</td><td rowspan="2">桩位</td><td>中间桩</td><td>桩径或短边长的1/2且不大于250mm</td><td rowspan="2">测量</td><td rowspan="2">全部</td></tr>
<tr><td>边缘桩</td><td>桩径或短边长的1/4</td></tr>
<tr><td>2</td><td colspan="2">倾斜度</td><td>直桩≤1%;
斜桩≤15% tanθ</td><td>测量</td><td>全部</td></tr>
<tr><td>3</td><td colspan="2">入土深度和最终贯入度</td><td>符合设计要求</td><td>测量</td><td>全部</td></tr>
<tr><td>4</td><td colspan="2">桩身接长</td><td>符合设计要求,连接牢固</td><td>查看</td><td>全部</td></tr>
<tr><td>5</td><td colspan="2">桩顶高程和桩头处理</td><td>符合设计要求</td><td>测量、查看</td><td>全部</td></tr>
<tr><td>6</td><td colspan="2">桩加工制造质量</td><td>满足相关规范要求</td><td>检查、检测</td><td>全部</td></tr>
<tr><td>7</td><td colspan="2">施工记录、试验资料</td><td>完整</td><td>查看资料</td><td>全部</td></tr>
</table>

注:θ为斜桩轴线与垂线间的夹角。

4.3　满堂式支架施工

4.3.1　支架安装前应根据支架设计图在垫层顶面标示出支架立杆的平面位置线。

4.3.2　支架安装应从一端向另一端或从跨中向两端延伸，按照垫木、底座、立杆、水平杆（水平加固件）、剪刀撑的顺序自下向上逐层搭设，每层高度不宜大于3m。

4.3.3　垫木和底座应准确地放置在位置线上。底座的轴心线应与地面垂直，垫木与垫层之间空隙应填塞密实。

4.3.4　碗扣式钢管支架的首层应采用不同长度的立杆交错布置，使相邻立杆的接头位于不同步距内。

4.3.5　支架立杆在1.8m高度内的垂直度偏差不得大于5mm。支架全高的垂直度偏差应小于支架高度的1/600，且不得大于35mm。

4.3.6　水平杆安装时应控制直线度和水平度。各层水平框架的纵、横向直线度应小于立杆间距的1/200，相邻水平杆的高差应小于5mm。

4.3.7　剪刀撑、交叉支撑等加固件应与立杆和水平杆等同步安装，扣件、锁臂等应安装齐全并及时拧紧，扣件螺栓的拧紧扭力矩不应小于40N·m，且不应大于65N·m。

4.3.8　立杆顶托上的下层承重方木接头一般应设置在顶托上，否则应用绑条钉牢，并加垫木支垫。同一断面上的承重方木接头数量不应超过50%。上层方木应交错搭接在下层方木上。

4.3.9　在各层支架安装过程中，应及时校正立杆间距、垂直度、纵横向直线度和水平杆水平度等，避免误差累积导致支架质量不合格。

4.3.10　满堂式支架构造应符合下列规定：

（1）同一桥跨的支架宜采用同类型支架材料构筑，不宜将不同类型、直径、壁厚或材质的钢管材料混合使用。

（2）满堂式支架的高宽比不宜大于2。当高宽比大于2时，应扩大下部支架宽度或采取其他构造措施，扩大部分支架的高度和扩大后支架的总宽度应大于支架总高度的1/2。

（3）满堂式支架的高度超过其平面最小边尺寸时，应采用刚性结构将支架与墩身进行可靠连接；连接结构的竖向间距不应大于支架的平面最小尺寸，横向间距不应大于2m。

（4）支架的地基顶面宜设置混凝土垫层。采用其他材料作垫层时，应满足地基承载力和防排水要求。地基处理范围至少要宽出支架之外50cm。

（5）垫层顶面高程应综合考虑梁底高程、地形条件、支架步距和立杆长度、底座及顶托伸出立杆的长度，并通过计算确定。当垫层顶面不能设置在同一高程时，可采用纵向台阶形式，且应采取加固措施保证台阶稳定。

4.3.11　碗扣式钢管支架构造应符合下列规定：

（1）立杆间距和水平杆步距应根据支架所承受的荷载通过设计计算确定，并利于支架安装、拆除作业。

①立杆间距应按30cm的倍数选取，且不得大于120cm。立杆纵向间距应根据梁体高度分段设置，横向间距对应梁体腹板、底板、翼缘板等不同部位分别设置。

②水平杆步距应按60cm或120cm选取。立杆底端和顶端的碗扣节点应设置纵、横向水平杆。底层水平杆兼作扫地杆时，其与底座支承板的高差不得大于50cm。

（2）每根立杆的底部应设置可调底座，底座螺杆插入立杆内的长度不得小于15cm，伸出立杆的长度不应大于15cm。底座下宜设置垫木，垫木长度应大于三跨长度。

（3）每根立杆的顶部应设置U形可调顶托，顶托上设置方木或型钢承受梁体荷载。严禁采用水平杆直接承受梁体荷载。顶托螺杆插入立杆的长度不得小于15cm，伸出立杆的长度不得大于30cm，也不得小于10cm。

(4)剪刀撑设置应符合下列规定：

①支架四周及中间纵、横向每隔四排应从底到顶连续设置竖向剪刀撑，剪刀撑水平倾角应在45°~60°之间。

②支架高度大于6m时，其顶部和底部应设置水平剪刀撑，水平剪刀撑设置间距应不大于6m。

③剪刀撑采用与支架立杆规格相同的钢管，用旋转扣件与立杆扣接。当剪刀撑不能与立杆扣接时，应与该立杆相邻的水平杆扣接，扣接点距碗扣节点的距离不应大于15cm。

④每根剪刀撑钢管的长度不宜小于6m，扣接的立杆和水平杆数量不得小于4根。

⑤剪刀撑应采用搭接接长，搭接长度应大于100cm，搭接处应等间距设置3个旋转扣件扣紧，扣件边缘至杆端的距离应大于10cm。

4.3.12　碗扣式钢管支架质量检查项目、质量要求、检验方法、检验数量应符合表6-6的规定。

碗扣式钢管支架质量要求　　表6-6

序号	检查项目		质量要求	检验方法	检验数量
1	底座与垫木、垫木与地基接触面		无松动或脱空	查看	全部
2	可调底座	插入立杆长度	≥150mm	查看、尺量	全部
		伸出立杆长度	≤150mm		
3	可调底托	插入立杆长度	≥150mm	查看、尺量	全部
		伸出立杆长度	100mm≤伸出立杆长度≤300mm		
4	立杆	间距	符合设计要求	查看、尺量	全部
		接头	相邻立杆接头不在相同步距内		
		垂直度	1.8m高度内偏差小于5mm		
		纵、横向轴线	偏差小于间距的1/200		
5	水平杆	步距	符合设计要求	查看、尺量	全部
		水平度	相邻水平杆高差小于5mm		
6	碗扣	水平杆端头未插入碗扣	不允许	查看	全部
		上碗扣未旋紧锁紧	不允许		
7	剪刀撑	位置和间距	符合设计要求	查看、尺量	全部
		与地面交角	45°~60°		
		搭接长度及扣件数量	搭接长度大于1000mm，搭接处扣件不小于3个		
		与立杆(水平杆)扣接	每步扣接，与节点距离不超过100mm		
		扣接拧紧力	不小于40N·m，且不大于65N·m	复拧	
8	顶托与纵(横)梁接触面		对中、不允许脱空或线接触	查看	全部

续上表

序号	检查项目		质量要求	检验方法	检验数量
9	纵(横)梁	间距	偏差小于20mm	查看、尺量	全部
		下层纵(横)梁接头	置于顶托上,交错布置		
		上层纵(横)梁接头	交错搭接在下层纵(横)梁上		
10	支架全高垂直度		≤ H/600,且小于35mm	测量	四周每面不少于4根杆

注：H为支架总高度。

4.3.13　门式脚手架与模板支架的搭设程序应符合下列规定：

(1)门式脚手架的搭设应与施工进度同步,一次搭设高度不宜超过最上层连墙件两步,且自由高度不应大于4m。

(2)满堂脚手架和模板支架应采用逐列、逐排和逐层的方法搭设。

(3)门架的组装应自一端向另一端延伸,应自下而上按步架设,并应逐层改变搭设方向。不应自两端相向搭设或自中间向两端搭设。

(4)每搭设完两步门架后,应校验门架的水平度及立杆的垂直度。

4.3.14　搭设门架及配件除应符合本章第6节的规定外,还应符合下列要求：

(1)交叉支撑、脚手板应与门架同时安装。

(2)连接门架的锁臂、挂钩必须处于锁住状态。

(3)钢梯的设置应符合专项施工方案组装布置图的要求,底层钢梯底部应加设钢管并应采用扣件扣紧在门架立杆上。

(4)在施工作业层外侧周边应设置180mm高的挡脚板和两道栏杆,上道栏杆高度应为1.2m,下道栏杆应居中设置。挡脚板和栏杆均应设置在门架立杆的内侧。

4.3.15　加固杆的搭设除应符合下列要求：

(1)水平加固杆、剪刀撑等加固杆件必须与门架同步搭设。

(2)水平加固杆应设于门架立杆内侧,剪刀撑应设于门架立杆外侧。

4.3.16　门式脚手架连墙件的安装必须符合下列规定：

(1)连墙件的安装必须随脚手架搭设同步进行,严禁滞后安装。

(2)当脚手架操作层高出相邻连墙件以上两步时,在连墙件安装完毕前必须采用确保脚手架稳定的临时拉结措施。

4.3.17　加固杆、连墙件等杆件与门架采用扣件连接时,应符合下列规定：

(1)扣件规格应与所连接钢管的外径相匹配。

(2)扣件螺栓拧紧扭力矩值应为40～65N·m。

(3)杆件端头伸出扣件盖板边缘长度不应小于100mm。

4.3.18　悬挑脚手架的搭设应符合本章第6.1～6.5小节和第6.9小节的要求,搭设前应检查预埋件和支承型钢悬挑梁的混凝土强度。

4.3.19　门式脚手架通道口的搭设应符合本章第6.6小节的要求,斜撑杆、托架梁及通道口两侧的门架立杆加强杆件应与门架同步搭设,严禁滞后安装。

4.3.20　满堂脚手架与模板支架的可调底座、可调托座宜采取防止砂浆、水泥浆等污物填塞螺纹的措施。

4.3.21　门式钢管支架构造应符合下列规定：

(1)门架的间距和跨距应根据支架所承受的荷载通过设计计算确定,并利于支架安装、拆除作业。

(2)门架可平行或垂直于梁轴线布置,跨距按0.19m、0.255m、0.465m、0.93m、1.21m和1.4m选取。

(3)门式钢管支架的底座、顶托和剪刀撑设置应符合本章第4.3.11条的相关规定。

(4)每步每列门架的两侧均应连续设置交叉杆,并应与门架立杆上的锁销连接牢固。

(5)门式钢管支架纵、横向水平加固杆设置应符合下列规定:

①水平加固杆应在每步门架上纵、横向连续设置,并采用扣件固定在门架立杆下端,扣接点距门架接头不得大于15cm。

②水平加固杆应采用与门架立杆相同规格的扣件式钢管。

③水平加固杆应采用搭接接长,搭接长度应大于100cm;搭接处应等间距设置3个旋转扣件扣紧,扣件边缘至杆端的距离应大于15cm。

④支架底层应设置纵、横向扫地杆,扫地杆距地面高度不应大于35cm。

(6)上、下榀门架间应全部设置连接棒和锁臂,连接棒直径应小于立杆内径1~2mm。

4.3.22　满堂式支架内门洞构造应符合下列规定:

(1)门洞净高不宜大于5.5m、净宽不宜大于4.0m。当需设置的机动车道净宽大于4.0m时或与梁体中心线斜交时,应按照梁柱式支架构造要求设置门洞。满堂式支架内门洞总体构造如图6-5所示。

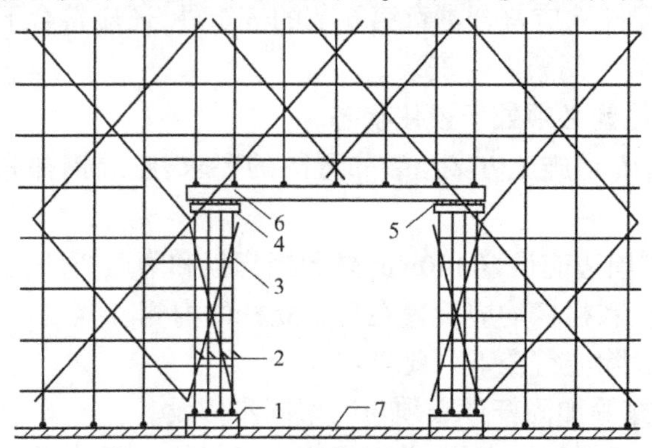

图6-5　满堂式支架内门洞总体构造示意图

1-基础;2-加密立杆;3-剪刀撑;4-横向分配梁;5-纵向分配梁;6-横梁;7-路面

(2)通道上部应架设转换横梁,横梁设置应经过设计计算确定。

(3)横梁下立杆应与相邻支架连接牢固,纵、横向剪刀撑应加密设置。

(4)立杆基础应采用扩大基础,基础结构应满足防撞要求。

(5)立杆与横梁之间应设置纵、横向分配梁。

(6)门洞顶部应采用木板或其他硬质材料全封闭,两侧应设置防护栏杆和安全网。

(7)通行机动车的门洞,还应符合本章第4.4.8条的相关构造要求。

4.3.23　门式钢管支架质量检查项目、质量要求、检验方法、检验数量应符合表6-7的规定。

门式钢管支架质量检查验收表　　表6-7

序号	检查项目		质量要求	检验方法	检验数量
1	底座与垫木、垫木与地基接触面		无松动或脱空	查看	全部
2	可调底座	插入立杆长度	≥150mm	查看、尺量	全部
		伸出立杆长度	≤150mm		
3	可调底托	插入立杆长度	≥150mm	查看、尺量	全部
		伸出立杆长度	100mm≤伸出立杆长度≤300mm		

续上表

序号	检查项目		质量要求	检验方法	检验数量
4	门架	间距	符合设计要求	查看、尺量	全部
		垂直度	2m 高度内偏差小于 5mm		
		纵、横向轴线	偏差小于间距的 1/200		
		接头连接	连接棒和锁销齐全、紧固		
		交叉杆	齐全、紧固		
5	水平杆	步距	符合设计要求	查看、尺量	全部
		水平度	相邻水平杆高差小于 5mm		
		扫地杆距地面距离	≤350mm		
6	剪刀撑	位置和间距	符合设计要求	查看、尺量	全部
		与地面交脚	45°～60°		
		搭接长度及扣件数量	搭接长度大于 1000mm，搭接处扣件不小于 3 个		
		与立杆（水平杆）扣接	每步扣接，与节点距≤100mm		
		扣接拧紧力	不小于 40N·m，且不大于 65N·m	复拧	
7	顶托与纵（横）梁接触面		对中、不允许脱空或线接触	查看	全部
8	纵（横）梁	间距	偏差小于 20mm	查看、尺量	全部
		下层纵（横）梁接头	置于顶托上，交错布置		
		上层纵（横）梁接头	交错搭接在下层纵（横）梁上		
9	支架全高垂直度		≤ H/600，且＜35mm	测量	支架四周每面不少于 4 根杆

注：H 为支架总高度。

4.3.24　蟹钳式满堂支架施工参照碗扣式及门式支架施工相关要求。

4.4　梁柱式支架施工

4.4.1　支墩预埋件位置及标高应准确设置，满足支墩安装精度要求。支墩安装过程中应及时校正，垂直度偏差不应大于支墩高度的 1/500，且柱顶偏移值不得大于 50mm。

4.4.2　钢管支墩安装应符合下列要求：

（1）应根据施工现场吊装设备能力和场地条件分节、分层安装。

（2）钢管与基础及钢管接头之间应连接牢固，接头空隙应采用适当厚度的钢板填塞紧密。

（3）下层剪刀撑安装完成后方可进行上层钢管安装。剪刀撑安装之前，应采取临时措施稳定钢管。

4.4.3　万能杆件支墩安装应符合下列要求：

（1）支墩的立杆、水平杆、斜杆及节点板等构件应逐节拼装完整形成稳定结构，螺栓应及时拧紧。拼装过程中应及时检查、调整支墩垂直度。

（2）支墩拼装完成后应逐个拧紧螺栓。螺栓头尾的垫圈都不得多于 2 个，螺杆伸出螺母不得少于 3 丝。

（3）支墩墩顶应设置 2 层垫梁。垫梁与墩身及垫梁之间应连接牢固，垫梁顶应支垫平整。

4.4.4　军用墩底的垫梁两层应纵、横叠置，下层垫梁与基础连接牢固。上层垫梁对应立柱设置，并与下层垫梁及立柱连接牢固。军用墩安装还应符合本章第 4.4.3 条的相关规定。

4.4.5　横梁和纵梁安装应符合下列要求：

（1）纵梁和横梁安装前应准确标示安装位置，安装误差不得大于 20mm。

(2)横梁宜拼接成整体后吊装就位。横梁与支墩应连接牢固。横梁与其支承之间有空隙时,应使用适当厚度的钢板填塞密实并焊接牢固。

(3)贝雷梁、万能杆件、军用梁等桁架梁应在平整、坚实的场地上拼装,并采取临时稳定措施。

(4)桁架梁应拼装成一跨及以上长度的节段,根据吊装能力采用单片或多片组合进行吊装。吊点位置应设置在距桁架梁两端约0.2倍长度的节点上。桁架梁就位后,待采取措施保证其横向稳定后,方可松脱吊钩。

(5)纵、横梁安装时应严格控制侧向弯曲,侧向弯曲矢高应小于跨度的1/1000且不大于20mm。

4.4.6 贝雷梁、军用梁、军用墩、万能杆件等常用器材的安装作业还应遵守其使用手册的有关要求。

4.4.7 梁柱式支架构造应符合下列规定:

(1)同一桥跨的支架宜采用相同类型的基础、立柱和承重梁结构。

(2)支墩的立柱底面应根据其基础的承压强度设置钢垫板,钢垫板与立柱及基础应密贴并连接牢固。

(3)对于支墩的立柱顶端构造,应考虑局部应力加强措施,立柱顶上横梁与立柱顶端应紧密接触并连接牢固。

(4)应根据支架结构型式、承受荷载大小及需要的落架量,在支架的适当部位设置落架装置。

(5)支墩的立柱钢管应符合下列构造要求:

①钢管的外径与壁厚之比不得超过100。

②钢管应采用法兰盘或环焊缝对接,接头强度不得小于钢管自身强度。

③当钢管的长细比大于150时,应采用连接系形成格构式框架柱。连接系与钢管之间通过节点板进行连接,连接强度不得小于连接系自身强度。

④邻近墩身的单排钢管宜采用刚性结构将钢管与墩身进行可靠连接。

(6)采用型钢作支架横梁或纵梁时,应符合下列构造要求:

①两根及以上型钢构成的组合梁,应采用垫板、加劲肋将型钢连接成整体。

②型钢可采用栓接或焊接接长,接头强度不得小于型钢自身强度。

③在有较大集中荷载的横梁或纵梁支承位置应设置支承加劲肋。支承加劲肋与横梁或纵梁应连接牢固。

④应根据纵梁的跨度和材料规格,适当设置横向连接系,以将同跨内全部纵梁连接成整体。

(7)采用贝雷梁、万能杆件、军用梁等常用器材作支架横梁或纵梁(以下统称桁架梁)时,应符合下列构造要求:

①应根据桁架梁的跨度和结构特点,设置通长横向连接系将同跨内全部纵梁连接成整体;贝雷梁两端及支承位置均应设置通长横向连接系,且其间距不应大于9m。

②当桁架梁支承位置不在其主节点上时,应设置加强竖杆或V形斜杆对桁架进行加强。

③应在桁架梁支承位置设置侧向限位装置,不宜将桁架梁直接焊接在其支承结构上。

(8)支墩顶横梁应适当加长,以便于支架纵梁横移拆除。

4.4.8 支架跨越通航河道和公路、铁路等既有设施时应符合下列构造规定:

(1)支架下净空必须满足既有设施的安全限界要求。

(2)支架结构应按规定设置导向、限高、限宽、减速、防撞等设施及标识。

(3)既有设施上方的支架底部应全部封闭,并在其两侧设置安全网等防护设施。

(4)跨电气化铁路的支架,应设置静电屏蔽防护和安装接地防护装置。

4.4.9 支架附属设施构造应符合下列规定:

(1)支架顶面四周应设置宽度不小于90cm的作业平台,平台面应满铺脚手板并在四周设置高度不小于18cm的挡脚板。

①脚手板的长度宜大于2m，并应支承在三根以上水平杆上，且与水平杆连接固定。

②脚手板铺设宜采用搭接方式，搭接接头应设置在水平杆上，搭接长度应大于20cm，接头伸出水平杆的长度应不小于10cm。

③挡脚板应设置在支架立杆的内侧，并固定在立杆上。

④作业平台的临空面应设置高度不小于1.2m的防护栏杆，栏杆外应挂设安全网。栏杆的立柱与支架应连接牢固，立柱顶部和中部内侧应各设置一道水平杆。

(2)支架应设置人行梯架或坡道，梯架或坡道的构造应符合下列规定：

①梯架或坡道应与支架连接固定，宽度不小于90cm。

②梯架或坡道两侧及转弯平台应按作业平台构造的相关要求设置脚手板、防护栏杆和安全网。

③梯架的坡度宜小于1∶1；坡道的坡度宜小于1∶3，坡面应设置防滑装置。

4.4.10　梁柱式支架的支墩质量检查项目、质量要求、检验方法、检验数量应符合表6-8的规定，梁柱式支架的梁部质量检查项目、质量要求、检验方法、检验数量应符合表6-9的规定。

梁柱式支架的支墩质量要求表　　表6-8

序号	检查项目			质量要求	检验方法	检验数量
1	支墩	与基础接触面		密贴、平整	查看、尺量	全部
		平面位置		50mm	测量	全部
		垂直度		$\leq H/500$，且 <50mm	测量	全部
		连接系		位置准确，连续牢固	查看、尺量	全部
		预埋件位置和结构尺寸		符合设计要求	查看、尺量	全部
2	钢管	规格		符合设计要求	查看、尺量	全部
		外观质量		纵轴线弯曲矢高 $\leq L/1000$，且 <10mm，不得有严重锈蚀，脱皮	查看、尺量	全部
		焊缝	外观质量	符合设计要求	查看、尺量	全部
			内部质量	符合设计要求	探伤检查	全部
3	钢管混凝土	混凝土强度等级		符合设计要求	检查记录	全部
		饱满、密实		符合设计要求	敲击	全部
4	万能杆件	截面杆件根数、连接螺栓直径和个数，垫板、填板设置等		符合设计要求	查看	全部
		螺栓拧紧程度		符合设计要求	复拧检查	全部
5	军用墩	立柱接头板、拉撑连接螺栓		符合设计要求		
		螺栓拧紧程度		符合设计要求	复拧检查	全部
6	横梁	规格		符合设计要求	查看	全部
		外观质量		弯曲矢高 $\leq L/1000$，且 <10mm，不得有严重锈蚀	查看、尺量	全部
		加工、安装质量		加劲肋符合设计	查看、尺量	全部

注：H 为支架总高度；L 为钢管长度或横梁跨度。

梁柱式支架的梁部质量要求表 表6-9

序号	检查项目			质量要求	检验方法	检验数量
1	型钢	型号、数量、位置		符合设计要求	查看、尺量	全部
		加劲肋设置间距		符合设计要求	尺量	全部
		加劲肋焊缝		符合设计要求	查看	全部
		侧向弯曲矢高		≤ L/1000,且不大于10mm	尺量	全部
		扭曲		≤ h/250,且不大于5mm	尺量	全部
		纵、横向连接系		符合设计要求	查看	全部
		焊缝	外观质量	符合设计要求	查看、尺量	全部
			内部质量	符合设计要求	探伤检查	20%
2	军用墩	型号、数量、位置		符合设计要求	查看	全部
		连接系		符合设计要求	查看	全部
		钢销		齐全	查看	全部
		销栓		齐全	查看	全部
		构件检查和整修		—	查看记录	全部
		侧向弯曲矢高		≤ L/1000,且不大于20mm	尺量	全部
3	贝雷梁	型号、数量、位置		符合设计要求	查看	全部
		连接系和支撑架安装		加劲肋符合设计要求	查看	全部
		桁架连接销		齐全	查看、尺量	全部
		加强弦杆螺栓		不得漏设	查看	全部
		支架处增设竖杆、斜杆		符合设计要求且应磨光顶紧	查看	全部
		构件检查和整修情况		—	查看记录	全部
		侧向弯曲矢高		≤ L/1000,且不大于20mm	尺量	全部

注:h 为型钢高度;L 为横梁跨度。

4.4.11 支架安全设施质量检查项目及质量要求应符合表6-10的规定。

支架安全防护及附属设施质量要求表 表6-10

序号	检查项目		质量要求	检验方法	检验数量
1	通道安全防护	安全限界	符合设计要求	查看、尺量	全部
		导向、限高、限宽、减速、防撞等设施及标识、标示	符合设计要求	查看	全部
		顶部封闭、两侧防护栏杆及安全网			
		防静电屏蔽和接地装置			
2	作业平台	宽度	≥90cm	查看、尺量	全部
		脚手板材质、规格和安装	符合设计要求		
		挡脚板位置	立杆内侧、牢固		
		安全网	牢固、连续		
		防护栏杆高度、水平杆位置、连接	符合设计要求		

续上表

序号	检查项目		质量要求	检验方法	检验数量
3	梯步	宽度	≥90cm	尺量	全部
		坡度	≤1:1	尺量	全部
		防滑措施	符合规定	查看、尺量	全部
		脚手板材质、规格和安装	符合设计要求		
		安全网	牢固、连续		
		防护栏杆高度、水平杆位置、连接	符合设计要求		

5　支架预压

5.1　一般规定

5.1.1　支架预压应在支架结构检查合格后进行。

5.1.2　地基条件、基础、构造形式相同和高度相近的支架，可选择代表性浇筑段进行预压，首次浇筑段的支架必须进行预压。

5.1.3　支架预压完成后，监理单位应组织施工单位进行检查验收。

5.2　加载和卸载

5.2.1　支架预压荷载应符合设计要求。当无具体设计要求时，不应小于支架所承受最大施工荷载的 110 %。

5.2.2　支架预压应选用质量稳定和易于计量、装卸的材料。当采用砂(土)作加载材料时，应防止雨水影响其质量。

5.2.3　支架预压可按支架所承受最大施工荷载的 60%、100%、110% 三级进行，预压荷载分布应与支架施工荷载分布基本一致，加载质量偏差应控制在同级荷载的 ±5% 以内。加载过程中如出现异常情况，应立即停止加载，经查明原因并采取措施保证支架安全后，方可继续加载。

5.2.4　支架预压加载和卸载应按照对称、分层、分级的原则进行，严禁集中加载和卸载。

5.3　预压监测

5.3.1　支架预压时应进行竖直和水平位移监测，监测内容包括：

(1)基础沉降变形。

(2)支架竖向位移。

(3)支架顶面水平位移。

(4)梁柱式支架纵(横)梁的挠度。

(5)近邻结构物变形。

5.3.2　满堂式支架监测点布置应符合下列规定：

(1)监测断面应设置在预压区域的两端及间隔 1/4 长度位置。

(2)每个监测断面的基础及支架顶面应在混凝土梁中心线对称位置各布置 5 个以上监测点。

5.3.3　梁柱式支架监测点布置应符合下列规定：

(1)监测断面应设置在预压区域的支墩和纵梁跨中位置。

(2)支墩的基础、横梁顶面和纵梁跨中应在梁体中心线对称位置各布置 5 个以上监测点。纵梁上设置有满堂式支架时,还应在满堂式支架顶面对应设置监测点。

5.3.4 支架预压监测频率应符合下列规定:

(1)支架加载前,应监测记录各监测点初始值。

(2)每级加载完成1h后进行支架的变形观测,以后每间隔6h监测记录各监测点的位移量。当相邻两次监测位移平均值之差不大于2mm时,方可进行后续加载。

(3)全部预压荷载施加完成后,应每间隔6h监测记录各监测点的位移量。当连续12h监测位移平均值之差不大于2mm时,方可卸除预压荷载。

(4)支架卸载6h后,应监测记录各监测点位移量。

5.3.5 支架沉降监测宜采用水准仪,测量精度应符合三等水准测量要求。支架平面位移宜采用全站仪进行观测。

5.3.6 支架预压完成后,应根据监测数据计算分析基础沉降量和支架弹性变形量、非弹性变形量及平面位移量,评价支架安全性和确定立模标高,形成支架预压报告。

6 梁体施工

6.1 一般规定

6.1.1 梁体施工前,应对支座的类型、规格、方向、平面位置及高程等进行检查确认。

6.1.2 梁体施工前,应先核对张拉空间是否满足预应力筋张拉要求。

6.1.3 梁体混凝土浇筑应避开雨、雪天气和6级及以上大风天气。雨季施工时,应制定防雨措施并预备防雨材料。

6.2 施工流程

混凝土梁支架法现浇施工流程如图6-6所示。

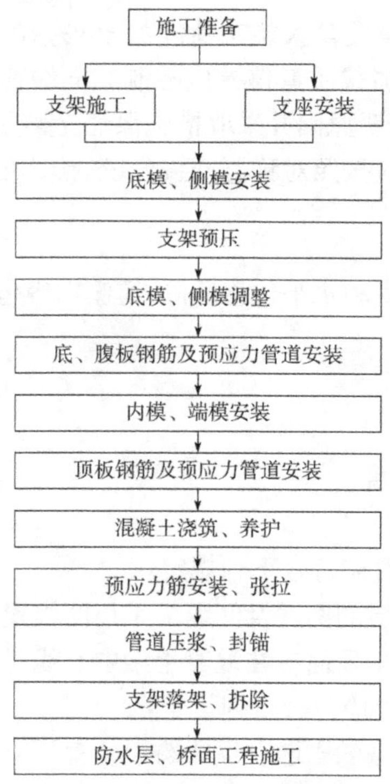

图6-6 混凝土梁支架法现浇施工流程图

6.3　支座安装

6.3.1　混凝土梁在原位进行现浇施工时,支座及其与梁体连接的预埋件安装应在梁体底模安装前完成。若在高位或旁位现浇时,应先安装预埋钢板和锚栓,待梁体就位时完成支座安装。

6.3.2　纵向和多向活动支座应设置纵桥向预偏量。预偏量值应根据支座实际安装温度与设计安装温度之差、预应力施加引起的弹性压缩量和梁体混凝土收缩、徐变量计算确定。

6.3.3　支座上下座板与梁底及支承垫石之间和支座各部件之间应密贴、无缝隙,支座配件应齐全、无损伤,螺栓螺母应拧紧、无松动。

6.3.4　对于高速铁路和无砟轨道桥梁,同一座桥上固定支座设置应满足"同桥同侧"的要求,避免梁缝处相邻梁端出现横向反方向温度位移。

6.4　模板施工

6.4.1　梁体模板安装应按照底模→外侧模→内模→端模的顺序进行,梁体模板拆除应按照与安装相反的顺序进行。

6.4.2　模板及支架应经过设计计算,并具有足够的强度、刚度及稳定性。模板结构应简单、牢固,便于安装、拆卸和周转使用。板面应平整、光洁,接缝应平齐、严密。底模与支座及侧模之间的缝隙应采取措施封堵严密,严防漏浆。

6.4.3　梁体底模和外侧模应根据计算预拱度值并结合支架预压成果设置施工预拱度,确保梁体线形符合设计要求。预拱度一般按梁体两端支点为零、跨中为最大值、其余按二次抛物线分配的原则进行设置。

6.4.4　梁段底模安装必须按照模板设计结构图和梁体设计线形施作。永久支座周边底模应与支座上座板顶面等高设置。模板底梁(分配钢梁)的位置、规格、数量应严格按设计要求设置,不得随意变更。模板底梁使用楔块垫平时,楔块应有保险措施,保证浇捣混凝土时不发生松脱。底模的卸落,可借助楔块、千斤顶、砂箱辅助完成。当采用组合式楔块时,其尺寸应与施工托(支)架结构相匹配。

6.4.5　梁体端模宜采用整体钢模,并按设计位置、尺寸和角度设置张拉槽口,将锚垫板固定在端模上。

6.4.6　梁体外侧模安装过程中及完成后,均应采用临时锚固或支撑措施防止其失稳。

端模与外侧模连接,宜采用侧模夹端模形式安装。端模的预应力管道位置应按设计要求准确设置。模板的焊接板缝应打光、磨平,当非焊接板缝及端模板与预应力管道间、底模与支座及侧模间缝隙较大时,应嵌入弹性材料塞缝并使表面封贴平整。一般模板接缝表面应对接平顺,非焊接板缝较小时应使用胶带贴封严密,防止浇捣混凝土时漏浆。

6.4.7　梁体内模安装应符合下列规定:

(1)内模安装应在梁体底板、腹板钢筋及腹板内预应力筋安装完成后进行。

(2)内模宜拼装成节段后用吊装就位,应采取措施防止吊装变形。采用散拼内模时,内模框架与内模宜同时安装。

(3)内模在箱梁底板顶面部分不应封闭,梁体内箱下倒角宜设置适当宽度的压脚模板。变高度连续梁混凝土浇筑时,应采取措施防止底板混凝土向低处自由流动。

(4)内模的支架立杆应采用架立钢筋支撑,不得直接插入梁体底板混凝土内。

6.4.8　梁体外模拆除宜在纵向预应力张拉完成后进行,否则应考虑其拆除对底模支架的不利影响。

6.4.9　内、外模位置应按梁体结构尺寸、高程并考虑预留预拱度进行安装。内模与底模间应设置支拉杆牢固定位,防止浇捣混凝土时内模下移或上浮。

6.4.10 应在安装前全面检查梁体的内膜(包括孔洞模)、外侧模(包括堵头模、端模、悬臂板底模)及支架的尺寸、形状。对分段、分块制作的模板,也应对其组合长度及高度进行详细检查。

6.4.11 模板安装应与钢筋安装配合进行,妨碍钢筋连接及安装的模板应待钢筋安装完后进行安装。模板安装还应与混凝土浇捣工作相配合,必须按高度分两次或多次浇筑成型时,宜将外模一次性安装到位,内模则按浇筑要求分阶段安装,以方便插入式振捣器进行振捣。

6.4.12 模板安装精度应高于梁体要求精度。模板间支拉紧固件的安装,必须按照模板及支架结构设计要求安装齐全、牢固且松紧适度,保证模板在混凝土浇捣过程中不变位、不变形、不松动。模板与施工操作平台应分别设置,不得连为一体。

6.4.13 模板与混凝土的接触面应全部涂刷脱模剂。对于底板和顶板等部位的底部模板,应在安装钢筋前涂刷脱模剂。脱模剂的选用应符合下列规定:拆模时不黏附混凝土和对混凝土表面无污染、无侵害,对钢模板无侵蚀,对木模及其他吸附性模板能起防止板面隆起、开裂等保护作用,能够长期储存不变质,涂刷后有效时间较长。钢模板宜选用具有防锈作用、不含水分的脱模剂。木模板宜选用石蜡油类、机油类或滑石粉、洗衣粉混合液作脱模剂。胶合板模板宜选用石蜡油类脱模剂。脱模剂应涂刷均匀,且不得漏涂。严禁使用废机油作脱模剂,以免黏结在混凝土上影响美观。

6.5 钢筋及预应力管道安装

6.5.1 钢筋的品种、规格、数量及施工应符合设计要求和现行标准的有关规定。

6.5.2 采用预制钢筋网片或骨架安装时,宜按下列方法制作:

底板钢筋分上下层制成网片,腹板钢筋制成骨架,顶板及悬臂板钢筋分上下层制成网片,锚头垫板与螺旋钢筋焊成整体。钢筋网片或骨架应有足够的连接强度和刚度,保证其在吊运过程中不松脱、不变形。

6.5.3 钢筋网片或骨架宜按下列程序进行安装:

(1)底板下层钢筋网片安装应使用符合设计标注或不低于梁体混凝土耐久性能的垫块,垫块应错开放置在底模与钢筋间。

(2)安装底板管道定位钢筋网片。

(3)安装底板上层钢筋网片,应采用[形钢筋将上下层钢筋网片按设计标间距布置、卡住,并将上下层钢筋网片支承焊牢。

(4)腹板钢筋骨架插入底板钢筋网片定位后,安装腹板根部的倒角钢筋,安装腹(隔)板的竖向预应力钢筋(包括螺母、垫板、螺旋钢筋、注浆管、套管等),安装底(腹)板纵向预应力筋的锚头垫板(垫板、螺旋钢筋、注浆管、定位网片等),然后穿入预应力筋成孔管道。

(5)顶板及翼缘板下层钢筋网片安装定位后,安装腹板上部的倒角钢筋。

(6)安装顶板管道定位钢筋网片和锚头垫板及螺旋钢筋等,穿顶板预应力管道。

(7)安装顶板及翼缘板上层钢筋网片,采用[形钢筋将上下层钢筋网片按设计标间距布置、卡住,并将上下层钢筋网片支承焊牢。

6.5.4 锚头垫板端面应与螺旋钢筋的中轴线垂直焊接,并与预留管道垂直安装。锚头垫板与端模板固定宜采用螺钉代替直钉,以防振捣混凝土时松动而造成锚头垫板偏斜。

6.5.5 钢筋的连接方式和弯曲型式应符合设计要求和相关标准的规定。

6.5.6 钢筋的交叉点应靠紧焊牢。当采用绑扎搭接时,相邻绑扎点的铁丝扣,绑扎方向应呈八字形。铁丝扣头应弯入内侧,不得伸入钢筋保护层中。

6.5.7 除有特殊设计要求外,箍筋应与主筋垂直设置。箍筋末端弯钩应向内弯曲,弯钩接合处应沿梁体纵向方向交错布置。

6.5.8 钢筋保护层厚度应符合设计要求。在混凝土振捣时可能发生位移处(竖直面、倾斜面、圆弧面等)，应将垫块与钢筋绑牢。梁体底面及侧面的钢筋垫块每平方米不应少于4个。

6.5.9　梁体预埋件位置、规格、数量等应符合设计要求，并应与梁体钢筋或模板连接牢固，防止混凝土浇筑振捣时发生变位。

6.5.10　预应力管道定位钢筋间距应符合设计要求，并应与梁体钢筋连接牢固，以确保管道在混凝土浇筑和振捣过程中不弯沉、不上浮、不旁移。当对定位钢筋间距无设计要求时，金属波纹管道不宜大于0.8m，橡胶抽拔管不宜大于0.5m，对曲线管道还应适当加密。

6.5.11　钢筋及预应力管道应在梁体底模和外模安装完成后同步协调进行安装。安装顺序为：先安装底板、腹板钢筋及预应力管道(含竖向预应力筋)，经检查合格后安装内模，最后安装顶板钢筋及预应力管道(含横向预应力筋)。

6.5.12　当梁体高度较大时，腹板钢筋安装前应在箱内搭设钢管脚手架作为支撑体系，以防止腹板钢筋在安装过程中失稳，并利于施工人员操作。

6.5.13　钢筋焊接时，应对焊接影响部位的模板和预应力管道采取保护措施，并配备灭火器材，防止焊渣灼伤预应力管道或引燃非钢质模板。

6.5.14　预应力管道施工还应符合以下规定：

(1)预应力管道类型、规格和质量应符合设计要求和相关技术标准规定。

(2)波纹管接头位置宜避开孔道弯曲处。金属波纹管接长可采用大一号同型波纹管作为接头管，接头管长度不得小于30cm，且接头管两端应采用密封胶带或塑料热缩管封裹严密。对于塑料波纹管接长，可采用专门焊接机焊接或采用本身具有密封性能的塑料连接器进行连接。

(3)安装管道前，应按照设计规定的管道坐标进行放样，并应采用定位钢筋将管道固定在梁体钢筋骨架上。定位钢筋的结构形式、间距应符合设计要求，当无设计要求时，定位钢筋间距不宜大于0.5m。此外，对于曲线管道应适当加密。

(4)梁体混凝土浇筑前，应在纵向预应力管道中穿入内衬塑料管。在混凝土浇筑过程中，应安排专人抽动内衬塑料管，防止预应力管道堵塞。

6.6　混凝土浇筑

6.6.1　梁体混凝土施工除应符合现行有关标准的规定外，还应符合本小节的规定。

6.6.2　梁体混凝土应按设计划分的节段分别连续浇筑、一次成型，并在最先浇筑的混凝土初凝前完成。

6.6.3　梁体混凝土浇筑前应按施工组织安排，对施工场地布置、施工人员配置及职责分工、混凝土原材料储备、施工设备(含电源)配置和应急预案进行检查落实，并认真做好技术交底和浇筑预演，确保混凝土浇筑施工连续、不间断进行。

6.6.4　梁体混凝土浇筑应按下列顺序进行：

(1)纵桥向应按“斜向分段、水平分层”的方法，从低端往高端浇筑。斜向分段长度宜为4～5m，分层厚度根据混凝土生产供应能力、浇筑速度、捣固能力和梁体结构特点等条件确定，一般不宜超过40cm。

(2)横桥向应按“先底板与腹板倒角，后底板，再腹板，最后顶板”的顺序进行浇筑，两侧腹板混凝土的高度应保持基本一致。

(3)内模应定位牢固，保证混凝土浇筑振捣过程中不下沉、不上浮。

(4)底板混凝土浇筑完毕，应及时安装底板混凝土顶面反压模板或采取其他有效措施，防止隔、腹板混凝土下沉致底板顶面隆起。

(5)浇筑混凝土时，应将洒落在浇筑区以外待浇筑区的混凝土及时清理干净。

6.6.5　梁体采用竖向分二次浇筑混凝土方式施工时，还应符合下列规定：

(1)水平施工缝处内模宜按混凝土满模浇筑高度立模、以方便施工缝凿毛和清理。

(2)第二次安装内模时,应保持第一次所立模板紧贴混凝土不松动,以防止第二次浇筑混凝土时下溢影响混凝土表面质量。第二次所立模板应与既有模板板面平齐、接缝严密。

(3)新、旧混凝土接缝施工应符合下列规定:

①接缝表面松弱层应凿除、清理干净,露出不少于75%的新鲜混凝土面。

②应将接缝面及附近的钢筋和模板上黏附的水泥砂浆清理干净。

③接缝面凿毛时,混凝土强度应满足如下要求:人工凿毛不低于2.5MPa,机械凿毛不低于10MPa。

④接缝面混凝土强度达到2.5MPa以上时,方可进行模板安装和混凝土浇筑。

⑤浇筑混凝土前,应将接缝面混凝土充分润湿,但不应有积水。

6.6.6 混凝土浇筑振捣应实行分区质量责任制,以保证混凝土振捣质量,并应符合下列规定:

(1)对于钢筋密集、结构复杂的部位,应选用插入式振捣器振捣或采用附着式振捣器辅助振捣方式进行振捣施工。

(2)附着式振捣器的作用深度一般在250mm左右,其设置间距、振动时间应根据振捣器功率、混凝土坍落度大小和模板坚固程度等因素经过试验确定。一般情况下,间距可按1~1.5m设置,待入模混凝土面高于振捣器安装位置时方可开动振捣器。当混凝土表面呈水平面、不下沉及不出现气泡时即应停止振捣。安装附着式振捣器时,电动机轴线应呈水平状态。

(3)插入式振捣器振捣混凝土时应符合下列规定:

①振捣器应缓慢、自然、垂直插入混凝土中,避免触碰模板、钢筋、管道及预埋件。振捣器与模板间距离宜为10~20cm。

②振捣器插点应均匀排列,插点距离(图6-7)不应大于振动作用半径R的1.5倍。振动作用半径与振捣器功率、混凝土坍落度大小有关,应通过试验确定具体数值(一般情况为30~50cm)。

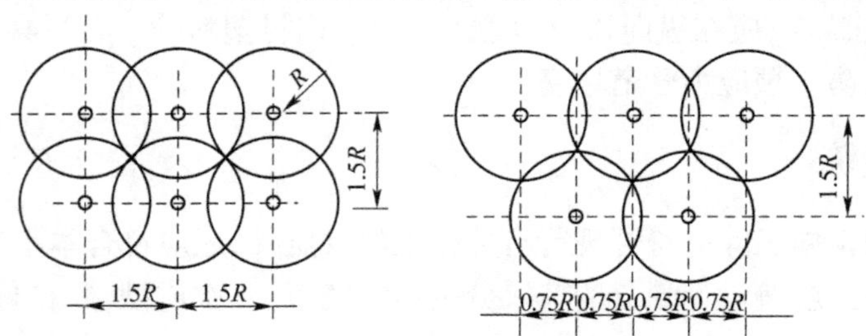

图6-7 振捣器插点距离示意图

③在振捣过程中,应将振捣器上下抽动几次,以使混凝土层上下振捣均匀。

④掌握好混凝土振捣时间,防止欠振或过振。每一插点可按下列表征判定停止振捣时间:混凝土表面呈水平及出现浮浆并将模板边角部位填满、混凝土不再显著下沉及出现气泡。

⑤振捣器应快插慢拔。混凝土振捣完毕后,应将振捣器缓慢拨出,以便插孔闭合不留空隙和防止出现砂浆柱(只有水泥砂浆没有粗骨料)而影响混凝土匀质性。

6.6.7 底板混凝土浇筑还应符合下列规定:

(1)底板混凝土应采用混凝土输送管、溜管、串筒等直接下料到工作面,混凝土自由落体高度不应大于2m。

(2)对于底板钢筋、管道密集的情况,应采用插入式振捣器进行振捣,必要时底板顶面还应使用平面振捣器进行振捣,确保混凝土振捣密实和表面平整。

(3)当底板顶面不设置反压模板时,应采取有效措施防止在底板与隔、腹板根部相连接处因水泥浆外溢而产生麻面、蜂窝、漏筋等缺陷。

6.6.8 梁体腹板高度大、厚度小,钢筋、管道密布,混凝土入模困难,因此应制定针对其的专项混凝土下料及振捣方案。为保证顶板模板、钢筋、管道不受水泥浆沾污、混凝土入模时不离析和每一浇筑层顶面处于同一水平面上，宜采用通长储料槽按每层浇筑混凝土数量均匀配置混凝土，通过储料槽下面均匀设置的串筒下料方法施作，每一浇筑层厚度不应大于50cm，下料串筒间距宜为1.3～1.5m。

6.6.9　顶板厚度较小，钢筋、管道密集且纵横重叠，因此混凝土宜分两层入模、分层振捣，防止发生隔空假实现象（管道下面混凝土空洞不实而表面混凝土假实现象）。进行混凝土浇筑时，应先将顶板与腹板相连部位的混凝土填满捣实，然后从两侧悬臂向中间对称浇筑混凝土，并应使用平板振捣器将顶层混凝土分块辅助振捣密实平整。

6.6.10　在梁体混凝土浇筑过程中，应安排人员对支架、模板随时检查，如发现异常情况，应立即暂停混凝土浇筑，待查明原因并妥善处理后方可继续施工。

6.6.11　梁体混凝土养护应符合现行有关标准的规定。在梁体混凝土浇筑前，应根据不同季节及可能发生的气温变化等情况，制定专项养护方案并做好混凝土养护的各项准备工作，保证混凝土浇筑完毕后，能够及时对混凝土外露面进行严密覆盖，实行保温保湿养护和对梁体混凝土的温度进行监控。梁体拆模后，当环境温度低于5℃或遇高温天气时，梁体内、外暴露表面应喷涂混凝土养护剂。夏期施工时还应对可能受到日晒部位采取防晒措施，以防日晒后出现裂纹，影响混凝土养护质量。宜选用清亮透明型混凝土养护剂，以防对梁体外观产生不利影响。

6.6.12　梁体混凝土拆模时间及方法应根据不同养护方式（自然养护、蒸汽养护、电热养护等）、不同季节及环境变化情况确定，既要考虑混凝土强度，又要考虑环境条件对混凝土质量的影响。拆模时，混凝土强度应符合设计要求。当无设计要求时，非承重模板拆模时应达到2.5MPa，承重结构及悬臂梁拆模时应达到100%设计强度。

6.6.13　梁体混凝土在下列情况下不得拆模：

(1)混凝土内部温度最高时及开始降温以前。

(2)混凝土内部与表层之间的温差、混凝土表层与环境之间的温差大于15℃时。

(3)大风天气及气温急剧变化时。

(4)寒冷季节及环境温度低于0℃，表层混凝土温度未降至5℃以下时。

(5)炎热或大风干燥天气，没有采取边拆边盖边洒水措施或边拆边喷涂养护剂时。

6.7　预应力筋张拉及管道压浆

6.7.1　两端张拉的纵向预应力筋宜在混凝土浇筑后安装。如在混凝土浇筑前安装，则应采取可靠措施防止混凝土浇筑过程中管道堵塞。

6.7.2　预应力张拉前，施工单位应对预应力混凝土梁的锚具、喇叭口及管道摩擦阻力等进行现场测试，并由设计单位根据实测数据调整预应力筋张拉控制有关参数。

6.7.3　预应力筋制作、搬运、存放应符合下列规定：

(1)预应力筋下料长度应符合设计要求。当无设计要求时，预应力筋下料长度可按式(6-1)进行计算：

$$L=l+2l_1+n(l_2+l_3)+2l_4 \tag{6-1}$$

式中：L——下料长度，mm；

l——锚具支承板间管道长度，mm；

l_1——工作锚具厚度，mm；

l_2——张拉千斤顶长度，mm；

l_3——工具锚具厚度，mm；

l_4——长度富余量，可取100mm；

n——单端张前提下为1，两端张拉为2。

(2)预应力筋下料应在保持预应力筋顺直情况下采用机械切割,且不应损伤和污染其表面。不得使用电、气焊切割预应力筋下料。

(3)预应力筋下料后应逐根理顺梳整编束,每隔1~1.5m绑扎一道18~22号铁线,保证预应力筋束顺直不扭转、不松散。

(4)预应力筋编成束后,应编号分类存放。搬运时支点距离不得大于3m,端部悬出长度不得大于1.5m,搬运时不得在地上拖拉。存放和搬运过程中,应保持清洁、干燥,避免受水浸淋、锈蚀、污染和遭受机械及电火花损伤。

6.7.4 预应力筋穿入前,应检查预应力管道是否通畅并观察有无串孔现象。预应力管道宜用压力水冲洗并用高压风吹干。预应力筋可采用人工或机械方式穿束,预应力筋束前端应扎紧并裹缠胶布或套装弹头型壳帽。采用蒸气养护的,养护完成前不得安装预应力筋;非蒸气养护的,当未采取防腐蚀措施时,预应力筋安装后至压浆的间隔不应超过下列规定:

(1)空气平均相对湿度大于70%或盐分过大时,7d。

(2)空气平均相对湿度40%~70%时,15d。

(3)空气平均相对湿度小于40%时,20d。

6.7.5 预应力筋张拉顺序和方法应符合下列规定:

(1)纵向预施力筋应两端同步且左右对称张拉,最大不平衡束不得超过1束。张拉顺序应为先腹板再顶板后底板,从外向内左右对称进行。预施应力过程中应保持两端的伸长量基本一致。

(2)当采用夹片式锚具时,预应力的张拉方法为:

0→初始应力(终张拉控制应力的10%~20%,测预应力筋伸长值并做标记,测工具锚夹片处露量)→张拉控制应力(各期规定值,测预应力筋伸长值,测工具锚夹片外露量)→静停5min,校核到张拉控制应力→主油缸回油锚固(油压回零,测总回缩量,测工作锚夹片外露量)→副油缸供油卸千斤顶。

(3)预应力筋张拉完成锚固后,应在锚口处的预应力筋上做标记,观察是否断、滑丝,经复查符合相关标准规定后,应用樱花切割多余预应力筋头,切断处距锚具外端不宜小于30mm。

6.7.6 为防止混凝土产生早期裂纹,支架法现浇的混凝土梁宜采取预张拉措施;预张拉前应拆除端模、松开内模。当无设计要求时,可在梁体顶板和底板(或腹板)各选取2~3束对称的预应力束作为预张拉束,在混凝土强度达到设计强度的60%时进行预张拉,预张拉应力宜为设计终张拉应力的30%。

6.7.7 预应力筋初始张拉应力应结合管道几何参数和实测摩擦阻力系数确定,宜在终张拉控制应力的10%~25%内取值。

6.7.8 预应力筋张拉施工还应符合下列规定:

(1)预应力筋张拉应在梁体混凝土强度达到设计值的95%、弹性模量达到设计值的100%后进行,且必须保证张拉时混凝土的龄期不小于5d。

(2)张拉预筋应力前,应清除锚垫板上的混凝土,检查疏通压浆孔。检查锚垫板是否与预应力管道垂直,如不垂直应加楔形垫板改正。检查锚垫板处混凝土质量,如有蜂窝、空洞等缺陷时,应采取措施补强。

(3)预应力筋张拉前,应进行张拉控制应力调整计算及确认,并计算每一束(根)预应力筋的理论伸长值,作为张拉时与预应力筋的实际伸长值比对依据。实际伸长值与理论伸长值的差值,不得超过理论伸长值的6%,超出规定范围时,应停止张拉锚固查明原因,确保预应力控制应力符合设计要求。预应力筋实际伸长值应包括初始应力后的实测伸长值和初始应力时的推算伸长值。

(4)张拉预应力筋前,应进行油泵及千斤顶排气。浆油泵空转1~2min使油缸进、回油1~2次,排出千斤顶及油管中的空气,以保证张拉时压力平稳。

(5)张拉预应力筋时,应采取预应力筋张拉应力与预应力筋伸长值双控措施,以油压表控制应力为主进行锚固。张拉至初始应力值时，应在预应力筋上标记位置，作为测量伸长值起始点。两端同时张拉时，张拉过程中应保持两端伸长量基本一致，测量伸长值应两端同时进行。

(6)预应力筋应按设计要求进行一端或两端张拉。

(7)对于未压浆的锚头，不得敲击、振动和脚踩、手攀，防止发生断丝和安全事故。

6.7.9　孔道压浆方法应符合设计要求，并应在预应力筋终拉后24h内完成，特殊情况时必须在48h内完成。同一孔道压浆，应连续进行，并一次完成压浆。因故中断压浆不能连续施工时，应用高压水冲洗干净后重新压浆。

6.7.10　孔道压浆应符合下列规定：

(1)压浆时，浆体温度应在5～30℃之间。冬期压浆过程中及压浆后3d内，梁体混凝土温度不应低于5℃，否则应采取预热、保湿措施。夏期压浆当气温高于35℃时，应在夜间气温较低时进行压浆。

(2)压浆前应使用高强度水泥浆封闭锚具孔隙，覆盖层厚度不应小于15mm。

(3)孔道压浆应采用强度等级不低于42.5级的低碱硅酸盐水泥或低碱普通硅酸盐水泥拌制水泥浆，并应按设计要求配制。

(4)拌制水泥浆时，应先放入水和外加剂，后加入水泥使用转速不低于1000r/min搅拌机进行搅拌，搅拌不少于5min。水泥浆应做到随拌随用，置于带有搅拌功能的储浆罐中的浆体继续搅拌，从拌制到压入孔道的时间间隔不应超过40min。水泥浆拌制均匀后，应经孔格不大于3mm×3mm筛网过滤后方可压入孔道。

(5)孔道压浆顺序应自下而上进行。

(6)水泥浆试件应在压浆地点随机取样制作3组，2组标准养护进行抗压和抗折强度试验，1组随梁体进行同条件养护。

(7)沙漏浆终凝后，方可卸拔压浆及出浆阀门。

(8)同一孔道压浆应使用活塞式压浆泵连续进行，一次性完成。互相串通的孔道应同时进行压浆。

6.7.11　梁体封锚(端)应符合下列规定：

(1)封锚(端)处混凝土表面应凿毛和清理干净，并对锚具进行防锈处理。

(2)封锚(端)前应对锚具与锚垫板表面及外露预应力筋按设计要求进行防水处理。

(3)锚穴内应按设计要求设备钢筋网，可利用原锚板螺孔拧入带钩的连接螺钉，将钢筋网与锚垫板连接。

(4)封锚(端)混凝土性能和强度等级应符合设计要求。封端混凝土填充宜分两步进行，即先用较干硬的混凝土填充至距离锚穴顶2cm左右，并捣固密实，然后再用正常稠度混凝土填满抹平。封端混凝土养护结束后，应对周边新旧混凝土接缝按设计要求进行防水处理。

(5)封端混凝土自然养护时，应采用保湿、保温材料覆盖混凝土表面，保持混凝土的充分潮湿。当环境温度低于5℃或高温露天暴晒时，混凝土表面应喷涂养护剂并采取保温、防晒措施。

6.8　模板支架落架及拆除

6.8.1　模板支架的落架和拆除应根据设计文件要求编制专项施工技术方案，并对操作人员进行技术交底，明确支架落架、拆除顺序和安全措施。

6.8.2　支架落架应按设计要求的顺序进行。当无设计要求时，宜按照“从梁体跨中向梁端”的顺序和“纵桥向对称均衡、横桥向基本同步”的原则，分阶段循环进行支架落架。

6.8.3　梁体支架拆除必须自上而下逐层进行，严禁上下层同时拆除作业，分段拆除的高度不应大于两层。

6.8.4　非承重模板应在混凝土抗压强度达到2.5MPa，且能保证其表面及棱角不致因拆模而受损坏时拆除。

6.8.5　芯模和预留孔道的内模,应在混凝土强度能保证其表面不发生塌陷或裂缝现象后,方可拆除。

6.8.6　钢筋混凝土结构的承重模板、支架,应在混凝土强度达到设计强度后方可进行;预应力混凝土梁的支架落架和拆除应在梁体预应力施工完成后方可进行。

6.8.7　在低温、干燥或大风环境下拆除模板时,应采取必要的措施,防止混凝土表面产生裂缝。

6.8.8　拆除模板、支架时,不得损伤混凝土结构。

6.8.9　拆除现场必须设警戒区域,张挂醒目的警示标志。严禁非操作人员在警戒区域内通行和在支架下方施工。地面应设监护人员,并配备良好的通信设备。

7　落梁和横移梁

7.1　一般规定

7.1.1　采用支架法现浇施工的铁路混凝土简支梁,受施工条件限制不能原位浇筑时,应在高位支架上或旁位浇筑后,采用落梁、横移梁方式安装到设计位置。

7.1.2　高位或旁位现浇支架设计时,应考虑预应力筋张拉后,梁体荷载重分布对支架强度、刚度和稳定性的影响。

7.1.3　落梁或横移梁施工前,应编制专项施工方案,并进行施工技术和安全交底。专项施工方案中应根据施工工况对落梁或横移梁装置进行详细设计,保证装置的强度、刚度和稳定性能够满足相关要求。

7.1.4　落梁或横移梁装置应在荷载试验和试运行验收合格后方可投入使用。

7.1.5　落梁或横移梁应在梁体预应力张拉、压浆并封锚完成后进行。

7.1.6　严禁在雨、雪天气和6级及以上大风条件下进行落梁或横移梁作业。

7.2　落梁

7.2.1　采用支架法高位现浇施工的铁路混凝土简支梁,一般采用高位落梁方式安装到设计位置。高位落梁分为门式提升架落梁和梁底支墩落梁两种方式,分别如图6-8和图6-9所示。

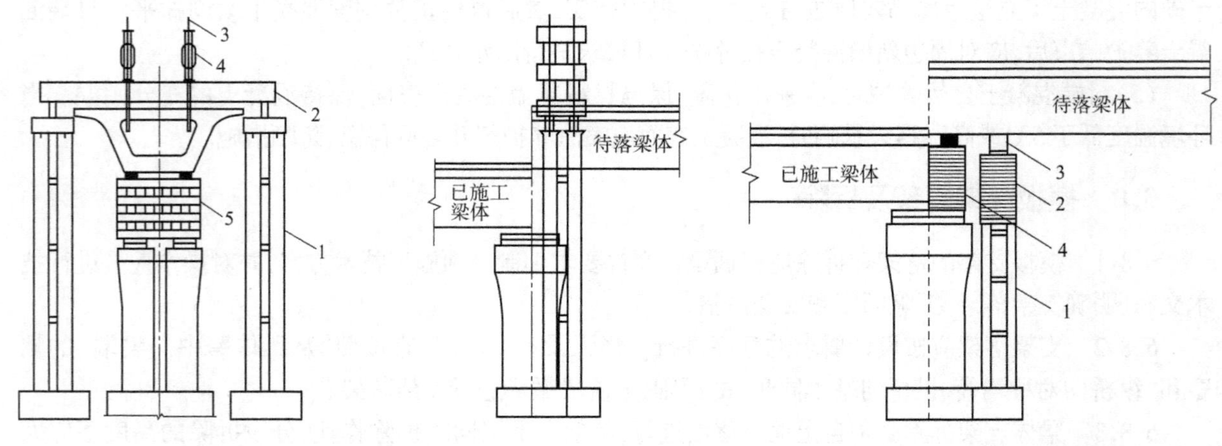

图6-8　门式提升架落梁装置示意图

1-门式支墩;2-横梁;3-吊杆;4-千斤顶;5-保险支墩

图6-9　梁底支墩落梁装置示意图

1-梁底支墩;2-换顶支垛;3-千斤顶;4-保险支墩

7.2.2　门式提升架落梁和梁底支墩落梁施工流程分别如图6-10和图6-11所示。

图6-10　门式提升架落梁施工流程图　　图6-11　梁底支墩落梁施工流程图

7.2.3　支墩结构设计除应符合本小节梁柱式支架支墩的相关规定外,还应符合下列规定:

(1)支墩设置位置应满足梁体受力要求,宜尽量靠近墩身。

(2)当无可靠措施保证四个支点均匀承载时,应按照四个支点中的三点承受梁体荷载的最不利工况对支墩及其基础进行检算。

(3)应设置足够的纵、横向连接系将支墩立柱连接成整体,并与桥墩进行刚性连接。

(4)支墩预应设置作业平台和防护栏杆等安全设施。

7.2.4　门式提升架落梁装置的横梁和吊杆设计应符合下列规定:

(1)横梁宜采用组拼型钢或钢箱梁结构,并应根据局部稳定性检算设置加劲肋和缀板,其最大挠度不得大于跨度的1/500。

(2)支墩立柱顶部应合理设置纵、横向分配梁,横梁、分配梁和支墩立柱之间应连接牢固。

(3)横梁顶部应设置作业平台和防护栏杆等安全设施。

(4)吊杆孔的位置及数量应满足梁体受力要求。吊杆孔应在梁体现浇施工时预留,预留孔周围应设置加强钢筋。

(5)吊杆宜采用钢绞线或钢棒等材料,应按4根吊杆中的3根承受梁体荷载的最不利工况进行检算,吊杆应力应小于其强度设计值的50%。

(6)吊杆下端锚固螺栓与梁体顶板之间应设置厚度不小于30mm的钢垫板。钢垫板应水平放置,且与梁体顶板之间密贴。

(7)落梁千斤顶的额定起重能力不得小于其设计承受荷载的1.5倍。

7.2.5　梁底支墩落梁装置设计应符合下列规定:

(1)落梁千斤顶设置位置应满足梁体受力要求,宜设置在靠近梁休两端的腹板下区域。千斤顶和梁体之间应设置钢垫板和工程橡胶板,其底部应设置限位和稳定装置。

(2)落梁千斤顶的额定起重能力不得小于其设计荷载的1.5倍。

7.2.6　门式提升架落梁和梁底支墩落梁应在梁体与桥墩(台)顶之间设置保险支墩。保险支墩可采用型钢或方木构筑,其顶部千斤顶行程高度内设置钢垫块。保险支墩宜与梁体支架同步安装。

7.2.7 梁体两端的落梁千斤顶应分别采用单泵双顶方式并联，并在每个千斤顶上设置截流阀，与油泵上截流阀共同对落梁过程进行双控。并联千斤顶的规格、高压油管的长度及规格均应相同，确保梁体一端的千斤顶终端压力和顶升力相同且同步运行。

7.2.8 落梁作业应符合下列规定：

(1)落梁千斤顶安装完成后，应将梁体提升(顶升)脱离底模板 5～10 mm 并停留 30min，以检验落梁装置承载能力和工作状况。

(2)落梁装置经检查合格后，将千斤顶油路锁闭，并用保险支墩顶紧梁底，然后从跨中向两端拆除其余梁体现浇支架和模板。

(3)梁体两端应交替落梁，每端每次下落高度不得大于 100mm，保证梁体两端高差不大于 50mm。落梁过程中应及时抽换保险支墩上的钢垫板，始终保持钢垫板顶面和梁底面的距离不大于 20mm。当梁体一端稳固支承在保险支墩的钢垫板上并锁闭该端千斤顶油路后，方可进行梁体另一端的落梁作业。

(4)千斤顶回缩至其最大行程的 80% 时，应暂停落梁作业并锁闭油路，将保险支墩降低约一个千斤顶行程高度后，重新安装保险支墩顶的钢垫块，再按照上述方法进行落梁。

(5)落梁至梁体支座安装高度后，应停止落梁作业，锁闭千斤顶油路，然后拆除保险支墩。

(6)清理桥墩顶支承垫石和锚栓孔，将组装好的梁体永久支座安装就位，落梁至设计高程，保持千斤顶受力状况，对支座下座板和支承垫石之间、锚栓孔内进行压力注浆。待浆体达到设计强度后，方可松脱千斤顶，完成落梁施工。

(7)落梁过程中应有专人观测落梁支墩(或门式提升架)及其连接系等临时设施变形情况，如发现异常情况应暂停落梁，待查明原因并妥善处理后，方可继续落梁。

7.3 横移梁

7.3.1 采用支架法旁位现浇施工的铁路混凝土简支梁，宜采用横移梁和低位落梁的方式，将混凝土简支梁安装到设计位置。

7.3.2 简支梁横移梁施工流程如图 6-12 所示。

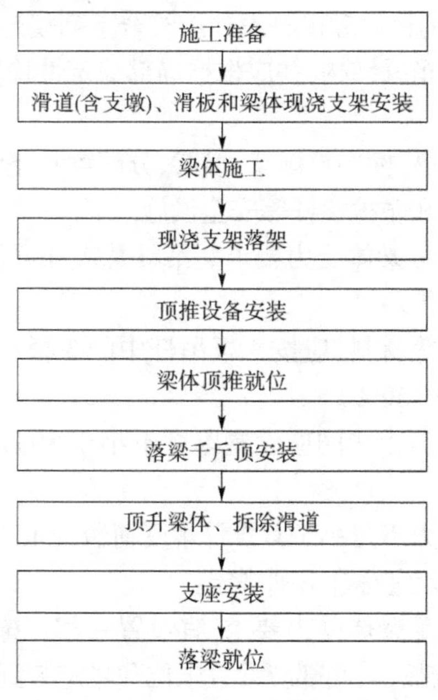

图 6-12 横移梁施工流程图

7.3.3 横移梁应采用摩擦型滑道，横移梁装置由滑道支墩、滑道、滑板、顶推或拖拉设施等组成。横移梁装置如图 6-13 所示。

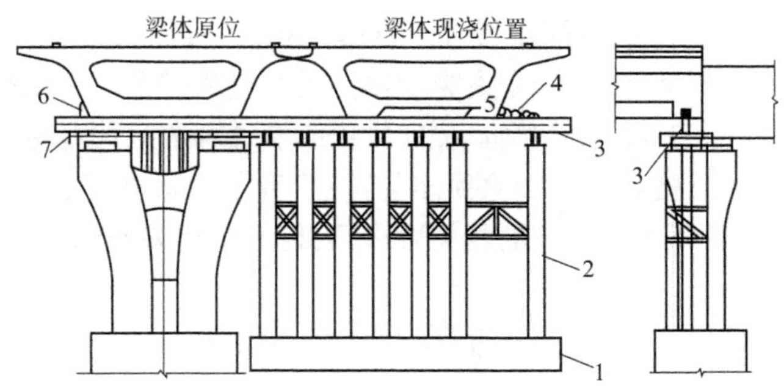

图 6-13　横移落梁装置示意图

1-支墩基础;2-支墩立柱;3-滑道;4-顶推装置;5-滑板;6-梁体限位装置;7-滑道限位装置

7.3.4　滑道支墩结构设计和施工除符合本小节梁柱式支架支墩的相关规定外,还应符合下列要求:

(1)支墩应对应滑道设置,并与桥墩连接牢固。

(2)应将梁体荷载作为活载,选取最不利工况对支墩及其基础进行检算。如移梁荷载需直接传至桥墩,应验算桥墩结构的承载力是否满足要求。

(3)支墩顶应设置作业平台和防护栏杆等安全设施。

7.3.5　滑道结构设计和施工应符合下列要求:

(1)应在梁体两端允许范围内垂直于梁体中心线各设置一股滑道,两股滑道应相互平行,其间距误差不应大于 10mm,顶面高差不得大于 50mm。

(2)应采用组拼型钢或钢轨作为滑道的轨道梁。轨道梁设计应符合下列要求:

①在最不利荷载工况下,轨道梁的最大挠度不得大于 2mm。

②单股轨道梁应连接成一条稳固、等高、平顺的整体,且与支墩连接牢固。同一轨道顶面的任一点高程差应不大于 2mm。

③应根据局部稳定性检算结果对轨道梁支承位置设置加劲肋。

④应在梁体平移终端的轨道梁上准确设置限位装置。

⑤滑道顶面高程应根据梁体支座安装需要的净空高度确定。

(3)滑道梁顶面应设置厚度不小于 3mm 的通长不锈钢板,钢板表面应平顺、无突变点,平整度误差不得大于 1mm/m。

7.3.6　滑板宜采用聚四氟乙烯板,且应支承在梁体腹板区域,并与滑道的中心线保持一致,其数量宜与梁体支座数量相同。在滑板与梁体之间应加设工程橡胶板。

7.3.7　顶推(或拖拉)装置设计应符合下列要求:

(1)顶推力(或拖拉力)应根据滑道结构、梁体荷载计算确定。

(2)横移梁的动力装置应采用千斤顶(或链条葫芦),动力装置的额定动力应不小于设计顶推力(或拖拉力)的 1.5 倍。

(3)反力座应根据顶推(或拖拉)装置的行程设置在轨道梁上,保证顶推力(或拖拉力)与梁体垂直。千斤顶与梁体间应采用弹性材料支垫。

(4)T 形梁应设置横向稳定措施,防止梁体侧向失稳。

7.3.8　横移梁装置的支墩、滑道、滑板应与梁体现浇支架同时安装和检查验收。

7.3.9　横移梁作业应符合下列要求:

(1)梁体施工完成后,应先拆除滑道上方的支架、模板,然后从跨中向两端拆除其他支架及模板,使梁体荷载平稳地转移到滑道上。支架拆除过程中应观测滑道和支墩受力及变形情况,如有异常,应立即终止支架拆除作业,待查明原因并采取加固措施后,方可恢复支架拆除施工。

(2)支架拆除完成并安装好顶推(或拖拉)装置后,应将滑道滑动面清理干净并涂上润滑油脂。

(3)横移梁体过程中,应保证两端同步行进,行程差不应超过20mm,行进速度不大于10cm/min。可在滑道上预先设置20mm刻度尺,安排专人观测梁体横移进程并及时将横移情况报告给指挥员。

(4)梁体横移就位后,应仔细复核梁体纵向、横向位置偏差,如果发现偏差超标,应调整至合格范围内。

7.3.10 梁体位置调整合格后方可拆除顶推装置,然后在支承垫石范围外的桥墩顶帽上适当位置安装落梁千斤顶,按照本章第7.2小节的相关要求顶升梁体、拆除滑道、安装支座和落梁就位。

8 施工保障措施

8.1 质量保证措施

8.1.1 影响混凝土梁支架法施工工程质量的因素较多,施工单位应建立健全施工质量管理体系及质量检查制度,编制好实施性施工组织设计及施工工艺设计,做好对施工人员的操作技术培训及施工技术交底工作。施工技术交底应执行交、接方责任人签认制度。

8.1.2 梁体施工工支架等辅助工程设施,必须经过设计计算,且具有足够的强度、刚度和稳定性。应充分做好梁体监测各项准备工作,保证能及时、准确对梁体施工中梁体中线、高程及预拱度进行监控。量测工作应实行二次独立量测复核制,当复核无差错后方可进行施工。

8.1.3 梁体混凝土施工前,应对施工支架和挂篮进行加载预压,消除其塑性变形和测定其弹性变形值,并检验承载力。此外,还应合理设置梁体施工预拱度,以保证梁体结构线形符合设计要求。

8.1.4 钢筋(包括预应力筋和预埋钢件)加工成型、接头连接、布置位置等,均应符合设计要求和相关技术标准规定,钢筋保护层垫块应按本章有关规定设置稳固。

8.1.5 预应力管道应按设计要求的规定、数量、位置精心施工,做到位置准确、线形平顺、定位牢固,保证在混凝土浇筑、振捣过程中不移位、不弯沉。

8.1.6 预应力筋张拉顺序和方法必须符合设计要求。预应力筋施工张拉力值,应严格按照实测锚口、喇叭口预应力损失和管道摩擦阻力值对设计张拉力值进行调整后的数值进行张拉锚固,并应尽快进行孔道压浆。

8.1.7 施工前应做好工程材料、构配件及主要机具设备进场检查验收和试验检验工作,上述物品经检验合格后方可用于工程施工。

8.1.8 施工现场工程技术人员,应全面了解、掌握设计文件及设计要求,备齐并熟悉有关工程质量验收标准等技术规范,做到能够准确、及时地指导工程施工作业。

8.1.9 每次梁体混凝土浇筑前,施工及监理单位均应对模板及支架、钢筋及预埋件、预应力管道及定位钢筋等高程、尺寸、位置、表面质量、安装牢固性、钢筋与模板间距离及垫块设置数量、牢固程度等进行全面检查、验收。对梁体模板的平、立面位置和横向位置应会同测量人员共同检查确定,当全部符合设计要求后,方可进行混凝土浇筑施工。

8.1.10 混凝土配合比应根据设计要求和施工工艺等经试验确定。梁体预应力施工前,施工单位应做好预应力筋张拉操作工艺技术交底。

8.2 安全保证措施

8.2.1 混凝土梁支架法浇筑施工安全工作,必须认真贯彻执行《铁路桥涵工程施工安全技术规程》(TB 10303—2009)的有关规定。

8.2.2 高空作业的安全保障设施如安全网、安全梯、防护栏等必须设置齐全、完善,挂篮四周侧面及底部应全部挂满安全网。

8.2.3 建立健全安全生产岗位责任制和岗前安全教育制度,严格执行安全专人检查和安全技

术培训及考试制度，人员安全防护不到位和安全技术考核不合格者不得独立上岗工作。从事高处作业的人员应按规定进行身体状况检查，身体状况合格者方可上岗工作。上班工作前严禁饮酒，并应保证足够睡眠。

8.2.4　施工现场动力、照明电线路必须符合现行安全用电有关标准的规定，并由专业电工进行敷设和应经常检查、整理，消除漏电、短路隐患。施工使用的电器设备，应有可靠的漏电保护设施。雷区施工应设置防雷击设施。

8.2.5　根据相关规范要求配备消防器材，以防止由于电焊作业等原因可能引燃防雨及防晒篷布和安全网等而发生的火灾。

8.2.6　采用起重机整片（体）吊装梁体钢筋时，必须准确计算，吊体质量、起吊高度、起重机位置及回转角度等，防止发生吊装事故。

8.2.7　梁体底板与腹板钢筋分片（块）吊装和混凝土分层浇筑时，须对称、均衡进行施作。

8.2.8　雨季施工时，应根据当地气象预报及施工现场具体情况，制定防、排洪措施。对处于洪水可能淹没地段的机械、设备、材料等，需采取防洪措施以保证安全度洪，暴雨前后及降雨时应加强检查。

8.3　环境保护和水土保持措施

8.3.1　混凝土梁支架法浇筑施工前，应根据设计要求并结合桥梁墩台所处环境位置等实际情况，对施工中可能发生的环境破坏及不利影响，在桥梁施工组织设计中提出具体预防措施。

8.3.2　施工中生产及生活所需临时用地，应结合当地土地利用规划统筹考虑，尽量做到不占或少占耕地和保护原有地形地貌及植被。

8.3.3　施工机械停放、维护、修理场地，工程材料存放及加工场地，混凝土拌和场地等，均宜远离居民区并应位于下风区设置。应尽量推广采用清洁生产工艺，采取适当的防尘、防噪声措施，减少对周围环境的影响。

8.3.4　对于粗、细骨料装卸，混凝土拌和等作业，应采用湿式操作法和将可能产生扬尘的设备（混凝土拌和站等）密封起来，以防止扬尘散发，污染空气环境。

8.3.5　清洗施工机械设备发生的废水、废油以及生活污水，不得直接排入河流、湖泊及其他水域中，也不得排放于饮用水源附近的土地上，防止其污染水质和土质。对上述废水、废油和污水，应在过滤池、沉淀池、隔油池、化粪池中添加适量消毒剂进行处理，待达到排放标准后，方可向外排放。

8.3.6　做好完（竣）工工地恢复工作，及时消除施工临时设施和工地生活设施。对污水池（沟）、垃圾场（站）及厕所等，还应做好消毒灭菌工作，并应用净土填埋、填平压实。

本章条文说明

1.0.2 本章也适用于采用支架法现浇施工的铁路混凝土连续刚构、框架桥,公路、市政等工程中采用支架法现浇施工的类似混凝土梁也可参考本章进行施工。

1.0.6 铁路混凝土梁支架法现浇施工安全风险高,影响梁体施工质量的因素多。为保证工程施工安全质量,施工单位需要按规定编制专项施工方案。专项施工方案包括的支架设计、拼装、预压、拆除和梁体施工等内容可以分册编制,也可以合并成整体进行编制。无论采用何种方式,施工单位都需要提供详细的支架结构设计专项资料。

3.2.12 组合形式支架可分为竖向组合形式支架、纵向组合形式支架等。竖向组合形式支架通常下部结构为梁柱式支架、上部为满堂式支架,以实现下部满足梁柱式支架工程的特殊要求,以及上部可实现调整梁体线型的综合优势。纵向组合形式支架中的梁柱式支架通常为满足跨越特殊地质、特殊地形或通道等,但在沿桥梁纵向方向的其他部分仍然采用满堂式支架,以满足支架结构的经济要求。

3.2.13 扣件式钢管支架在用作铁路混凝土梁支架法现浇的模板支撑体系时,作为周转材料的扣件抗滑性能难以得到可靠保证,从而难以保证支架结构的几何不变性,故本章要求不得采用扣件式钢管支架作为模板支撑体系。但是,在施工中可将扣件式钢管支架用于不承担现浇桥梁荷载的临时脚手架等位置。

3.2.16 万能杆件、六五式铁路军用桥墩、八三式铁路轻型军用桥墩、六四式及加强型六四式军用梁、贝雷梁等材料均为常用器材,当上述常用器材用于支架结构时,其结构在满足整体强度要求外还需根据工程技术条件和受力状态对平面内稳定、平面外稳定、局部承载能力进行验算。

4.1.6 各类型支架施工都存在大量起重吊装作业,其中梁柱式支架的大部分构件长度和质量较大,具有较高安全风险,因此需规范支架施工中的吊装作业。

4.1.7 支架的地基可能会在冬期形成冻土。冬期过后,地基冻土发生融化,会导致支架地基基础承载力不满足要求,进而严重影响支架承载安全,故作出本条规定。

4.2.2 桥梁明挖基础和桩基础施工方法和施工工艺在《高速铁路桥涵工程施工技术指南》(铁建设〔2010〕241 号)中已有详细规定,故本章未作细述。

4.3.10 满堂式支架构造要求。

(1)不同类型的支架材料(如碗扣式钢管支架和门式钢管支架)的结构尺寸、承载力和连接方式等都差异较大,相互间难以连接牢固。不同直径、壁厚或材质的钢管,在支架安装时难以判别、易导致错用,对支架承载力和整体性有较大影响。

(2)满堂式支架的高宽比不大于 2 的规定,是参照《建筑施工碗扣式钢管脚手架安全技术规范》(JGJ 166—2016)中第 6.2.5 条拟定的,其也适用于门式钢管支架,目的是保证满堂式支架的整体稳定性。当支架高宽比大于 2 时,横向风荷载作用极易使立杆产生拉力,进而会导致支架整体倾斜甚至倾覆。

(3) 设置垫层混凝土既可封闭地基、防止雨水或养护水浸泡,也可减少地基不均匀沉降。

4.3.11 碗扣式钢管支架的构造要求。

(1) 碗扣式钢管支架的水平杆步距为 60cm 的倍数。当水平杆步距为 180cm 时,立杆受压的稳定系数为 0.489,立杆承载力效能很低,且不能保证每根短立杆 LG-120 都有水平杆连接,也不能保证每根长立杆 L0-240、LG-300 有两层水平杆连接,影响支架的整体稳定性。

(2) 为进一步加强支架的整体性,本章结合铁路梁支架法现浇的碗扣式支架常采用扣件式钢管作剪刀撑的实际情况和《建筑施工碗扣式钢管脚手架安全技术规范》(JGJ 166—2016)、《建筑施工扣

件式钢管脚手架安全技术规范》(JGJ 130—2011)的相关规定，制定了扣件式钢管作剪刀撑的构造要求。

(3)碗扣式钢管支架的立杆下端与最近的碗扣中心间距为35cm，底座螺杆允许伸出立杆15cm，故规定扫地杆与底座板间距离不大于50cm。

4.3.21　《建筑施工门式钢管脚手架安全技术规范》(JGJ 128—2010)中规定“水平架或脚手板应每步设置”“水平加固杆应在满堂脚手架的周边顶层、底层及中间每隔5列、5排通长连续设置，并采用扣件与门架立杆扣牢”。考虑到每步门架高度较大(190mm)、榀与榀之间的交叉支撑刚度较小、立杆连接间隙较大、整体容易晃动，故本章提出“应在支架的每步连续设置纵、横向水平加固杆”的连接方式，既能减少水平架或脚手板材料数量，又能保证门式支架的整体稳定性。

4.3.22　满堂式支架内门洞构造要求是针对满堂式支架内需设置的人行通道或与梁体中心线正交的机动车单行道的门洞构造作出的规定。

4.4.5　军用梁、贝雷梁的桁架节间都是销轴连接。销轴与销孔之间的间隙会导致军用梁或贝雷梁产生过大侧向弯曲，降低桁架梁竖向承载能力。目前，计算手段还不能准确分析出承重桁架梁的侧向弯曲对桁架梁力学性能影响程度，但能通过构造措施增强桁架梁的横向刚度、减少其侧向弯曲矢高，所以本条对军用梁和贝雷梁的侧向弯曲矢高作出了较严格的规定。

4.4.6　贝雷梁、军用梁、万能杆件等常用器材都有专用使用手册，其中已明确了相关使用方法和安装质量要求，故本章未作细述。上述常用器材作为支架的承重梁使用时，需查阅相关使用手册并制定针对性施工方法和施工工艺。

4.4.7　作为支架纵梁(或横梁)的型钢，是支架中的重要承载结构，其接头质量通常是薄弱环节。当按有关规定采用“对焊+接头加强钢板”方式接长型钢时，接头中所有焊缝可按三级焊缝质量标准进行外观检查；当只采用对接焊、不设置接头加强钢板时，该对接焊缝需按二级焊缝质量标准进行外观和无损探伤检查。

4.4.8　本章对本条内容作出强制性规定，是考虑到支架跨越通航河道、公路、铁路等既有设施时的桥梁施工安全和桥下的河道通航、公路和铁路交通运输安全。

(1)支架下净空安全限界需满足既有设施产权单位或管理部门的有关要求。

(2)设置导向、限高、限宽、减速、防撞等设施及标识、是为了保证交通通畅和防止车辆意外撞击支架结构。上述设施及标识可按设施产权单位或管理部门要求设置。

(3)对既有设施上方的支架底部进行全部封闭和两侧设置安全网等防护设施是为了防止其上方的桥梁施工作业坠落物危及车辆和行人安全。

(4)静电屏蔽防护、安装接地防护装置是跨越近邻电气化铁路施工的重要安全措施，需根据支架与铁路电气化设施间的相对距离进行专门设计。

5.1.2　代表性浇筑段是针对多跨简支梁或多节段连续梁支架法现浇施工，综合考虑支架地基条件、构造形式、高度和梁体荷载情况，所选择支架受力最不利的一跨或一个节段梁体。一次性连续浇筑的连续梁，是指靠主墩位置中跨或边跨梁体的一半长度段。

5.2.1　支架预压的主要目的是为了掌握支架在荷载作用下的沉降、变形规律，为梁体预拱度的合理设置提供依据，同时检验支架的安全可靠性。在预压荷载标准的选取上，参考《钢管满堂支架预压技术规程》(JGJ/T 194—2009)和其他相关施工技术规范，考虑到预压荷载标准过高增加现场预压工作量和施工难度，因此要求以满足设计要求为原则。当无设计要求时，应以不小于支架所承受最大施工施工荷载的110%为标准。要求预压荷载在支架上的分布应与支架实际承受荷载情况相一致，目的是要真实反映支架上实际荷载分布特点和荷载集中情况，以保证预压效果和质量。

5.2.2　在支架预压期间，降雨可能带来预压荷载的增加和地基承载能力的减弱。因此，在预压材料的选取、支架承重平台排水和地基基础防排水措施上，要考虑周全。

5.2.4 强调支架预压过程中对称、分层、分级加载和卸载的目的是为了避免偏载或局部集中荷载过大对支架造成不利影响,不对称、不合理加载或卸载程序容易造成支架局部变形过大,继而引发支架结构失稳倒塌事故。

5.3.3 针对梁柱式支架的下部构造特点,需对支架基础、立柱及柱顶横向分配梁等进行变形观测,系统掌握各部位的受力变形情况。通过对观测数据进行分析,为支架结构安全性提供客观评价依据。

6.1.2 由于部分桥梁工程施工中出现支座安装类型、规格、方向和预偏量设置错误以及平面位置、高程控制精度不高等问题,本条规定在梁体施工前需对支座进行检查及验收,以避免出现梁体施工后不易处理的情况。

6.6.1 为减小后浇混凝土引起的支架变形对先浇混凝土的影响,对于简支梁和分段浇筑的连续梁,梁体混凝土需按设计划分节段一次浇筑成型。当一次性浇筑混凝土数量较大,无法在最先浇筑的混凝土初凝前完成浇筑时,需采取加大支架结构的刚度、延长混凝土初凝时间和优化混凝土浇筑顺序等技术措施,尽可能减小后浇混凝土对先浇混凝土的影响。

6.7.7 为准确量测和计算预应力筋实际伸长值,对于简支梁和连续梁中管道长度和偏角较小的预应力筋,其初始张拉应力值一般为终张拉控制应力的10% ~15%;对于连续梁中管道长度和偏角较大的预应力筋,其初始张拉应力值宜适当增大,可按终张拉控制应力的15% ~25%取值。

7.1.6 落梁或横移梁属高风险作业,在雨、雪天气及6级以上大风天气条件下进行作业将增大风险控制难度,故作出本条规定。

第七章　预应力混凝土连续梁(刚构)悬臂浇筑施工

引　言

本章是针对杭海城际铁路的特点，参照《铁路预应力混凝土连续梁(刚构)悬臂浇筑施工技术指南》(TZ 324—2010)，在吸收杭海城际铁路及周边区域城际轨道交通工程实践经验的基础上编制而成。本章以施工质量验收标准为依据，重点对施工过程中的工艺、工法、质量保证措施作出了规定，反映了工程施工的新技术、新材料、新工艺、新设备，充分体现了区域城际轨道交通工程预应力混凝土连续梁(刚构)悬臂浇筑施工的技术特点和质量控制要求。本章适用于区域城际轨道交通工程预应力混凝土连续梁(刚构)悬臂浇筑施工的质量控制，凡在本章中未做规定的，均按国家、行业及地方现行的有关强制性标准执行。

本章主要内容包括：总则、术语、基本规定、0 号梁段、悬臂浇筑梁段、边跨非对称梁段、合龙梁段，施工保障措施等。

主编单位：浙江杭海城际铁路有限公司

参编单位：浙江交工集团股份有限公司、浙江江南工程管理股份有限公司、铁四院(湖北)工程监理咨询有限公司、中铁第四勘察设计院集团有限公司、浙江省交通规划设计研究院

主要执笔人：张铁军、夏海宾、羊勇、周杨、孟德生、孙烈、杨康、张钊、王洋、江显昶、陈喜晖、刘成丰

主要审查人：沈惠荣、杨敏龙、韩学明、易学文、邹恩东、张红星、郭栋良、郭刚

1　总　　则

1.0.1　为指导铁路预应力混凝土连续梁(刚构)施工，统一主要技术要求，加强施工管理，保证工程质量，特编制本章。

1.0.2　本章适用于铁路预应力混凝土连续梁(刚构)的施工。

1.0.3　铁路预应力混凝土连续梁(刚构)施工应严格执行设计文件，全面贯彻设计意图，达到设计要求的安全使用功能。

1.0.4　铁路预应力混凝土连续梁(刚构)施工应有健全的质量保证体系，对施工质量实施全过程控制。

1.0.5　铁路预应力混凝土连续梁(刚构)施工应编制专项施工方案，明确安全保障措施，并按有关规定经审批后实施。

1.0.6　铁路预应力混凝土连续梁(刚构)施工应做好环境保护和水土保持工作，并做到安全文明施工。

1.0.7　设计单位应加强对梁段悬臂浇筑和线形监测等的全面监控，对预应力张拉、合龙段施工

等重要工序进行旁站监理。

1.0.8　监理单位应加强对梁段悬臂浇筑和线形监测等的全面监控,对预应力张拉、合龙段施工等重要工序进行旁站监理。

1.0.9　施工中采用的机械设备、工程材料、试验及检测仪器等应符合现行有关标准的规定。

1.0.10　参加铁路预应力混凝土连续梁(刚构)施工的各类人员应经培训合格后方可上岗。特种作业人员必须经专门培训并考试合格后持证上岗。

1.0.11　铁路预应力混凝土连续梁(刚构)施工应严格实行逐级技术交底制度,技术交底应采用书面形式并签字确认。

1.0.12　铁路预应力混凝土连续梁(刚构)施工除应符合本章的有关规定外,还应符合国家现行有关标准的规定。

2　术　　语

2.0.1　连续梁。

沿梁长方向有三处或三处以上由支座支承的梁。

2.0.2　连续刚构。

在桥墩两侧设置工作平台,平衡地逐段向跨中悬臂浇筑混凝土梁体,并逐段施加预应力的施工方法。

2.0.3　挂篮。

用悬臂浇筑法浇筑斜拉、刚构、连续梁等混凝土梁时,用于承受施工荷载及梁体自身质量,能逐段向前移动经特殊设计的主要工艺设备。挂篮主要组成部分有承重系统、提升系统、锚固系统、行走系统、模板及支架系统。

2.0.4　托架。

墩顶梁段及附近梁段施工时,利用墩身预埋件与型钢或万能杆件拼制连接而成的支架。

2.0.5　支架。

墩(台)顶梁段及附近梁段施工时,根据墩(台)高度、承台型式和地形情况分别支承在地面上、承台上的用型钢或万能杆件等拼制的支架。

2.0.6　施工荷载。

施工阶段为验算桥梁结构或构件安全度所考虑的临时荷载,如结构重力、施工设备、人群、风力、拱桥单向推力等。

3　基本规定

3.1　一般规定

3.1.1　连续梁(刚构)悬臂浇筑的一般施工方法如图 7-1 所示:

(1)墩顶梁段与桥墩实施临时固结(连续刚构墩顶梁段与桥墩本体浇筑)形成 T 构施工单元。

(2)采用挂篮在 T 构两侧按设计梁段长度,对称浇筑混凝土。

(3)在梁段混凝土达到设计要求的强度、弹性模量及养护龄期后施加预应力。

(4)将挂篮前移进行下一梁段施工,直到 T 构两侧全部对称梁段浇筑完成。

(5)边跨非对称梁段一般采用支架法现浇施工。

(6)按设计要求合龙顺序进行合龙梁段现浇施工。

(7)实现梁体结构体系转换,使全桥连接成为连续结构(刚构)。

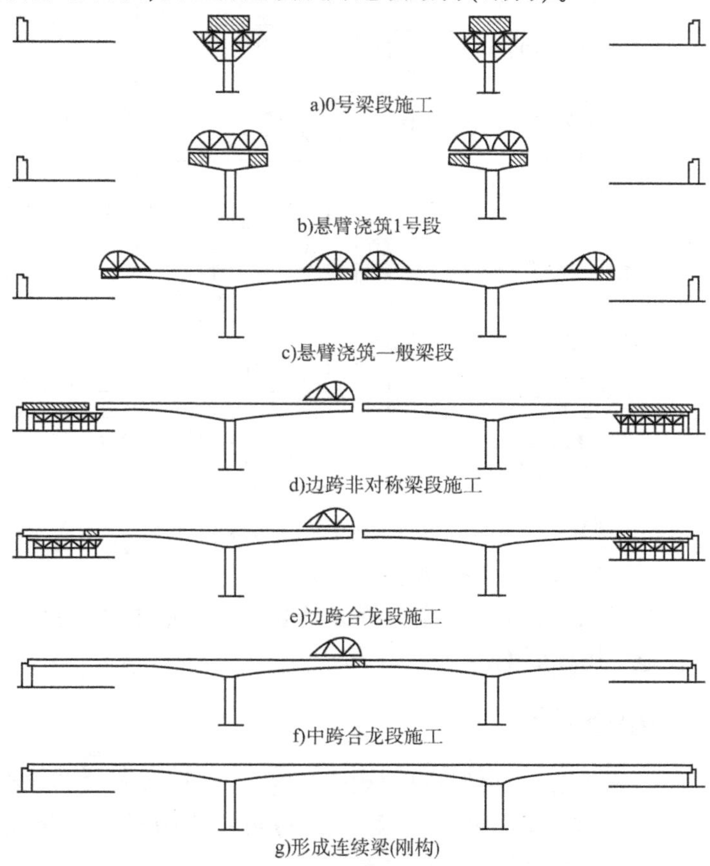

a)0号梁段施工

b)悬臂浇筑1号段

c)悬臂浇筑一般梁段

d)边跨非对称梁段施工

e)边跨合龙段施工

f)中跨合龙段施工

g)形成连续梁(刚构)

图 7-1　连续梁(刚构)悬臂浇筑施工方法示意图

3.1.2　悬臂浇筑施工方法适用于跨越江河、深谷、交通道路、桥位地质不良等条件下的高墩、大跨度混凝土连续梁(刚构)。

3.1.3　连续梁(刚构)悬臂浇筑施工流程如图 7-2 所示。

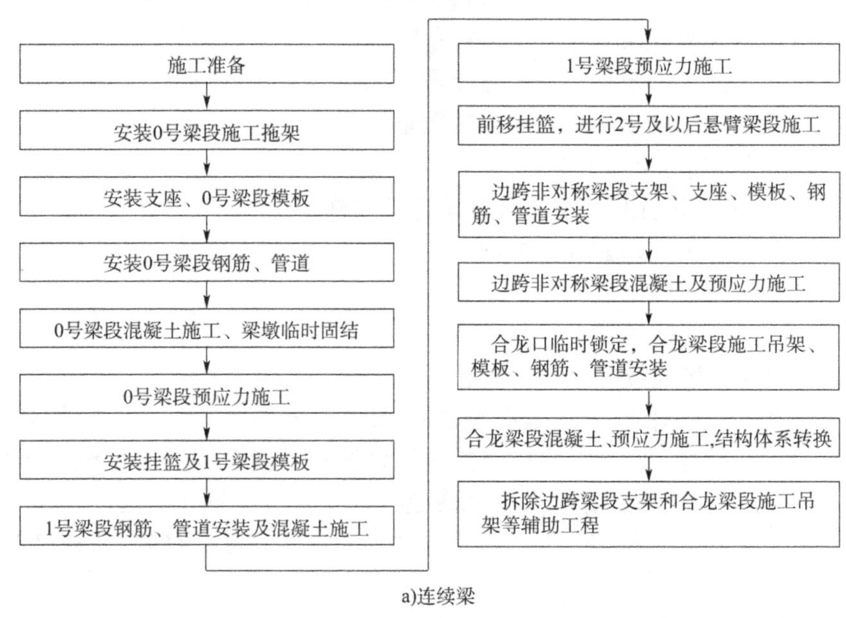

a)连续梁

图　7-2

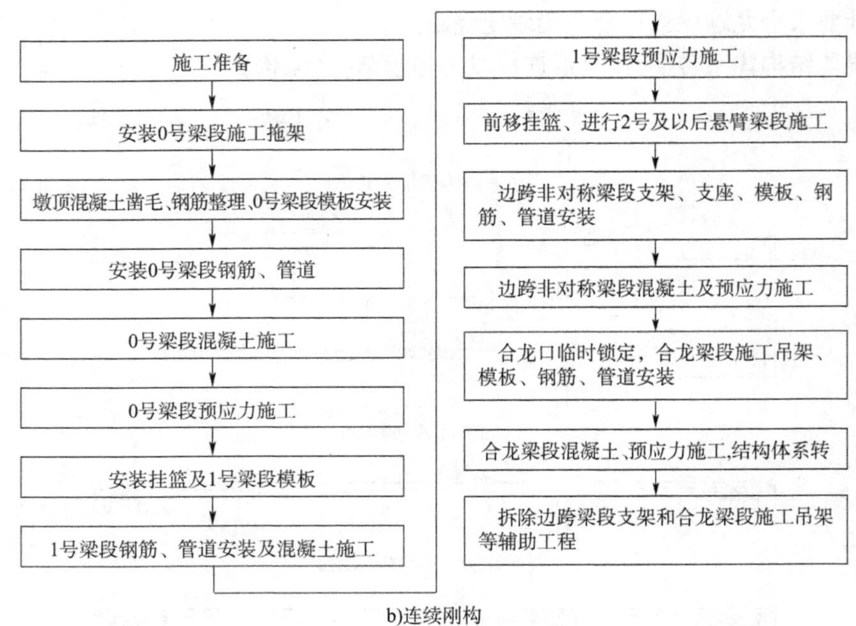

b)连续刚构

图7-2 连续梁(刚构)悬臂浇筑施工流程图

3.1.4 连续梁(刚构)悬臂浇筑施工,应根据设计要求达到的混凝土强度、弹性模量及养护龄期,确定预施应力时间和施工循环周期。

3.2 实施性施工组织设计

3.2.1 连续梁(刚构)施工前,应根据招投标文件、施工合同、设计文件、有关技术标准的要求,结合全桥每一墩台的高度及周围地形、地质、水文、交通等条件,编制全桥实施性施工组织设计。

3.2.2 实施性施工组织设计应明确下列内容:

(1)全桥施工平面布置图和按每一T构及边跨非对称梁段划分的施工区段图。

(2)悬臂浇筑梁段、边跨非对称梁段和合龙梁段的施工方案及施工进度计划。

(3)每一施工区段现浇梁体的混凝土数量、供应及浇筑方法。

(4)每一施工区段现浇梁体的其他工程材料、构配件数量。

(5)每一施工区段的机械设备及主要工具配备数量。

(6)每一施工区段的施工人员分工种配备数量。

(7)每一施工区段的施工辅助工程材料备料数量。

(8)每一施工区段的水、电供应方案。

(9)冬、夏期及大体积混凝土施工方案及质量保证措施。

(10)施工安全和环境保护、水土保持措施。

3.3 挂篮

3.3.1 悬臂浇筑挂篮设计应符合下列规定:

(1)挂篮结构必须经过设计计算,并具有足够的强度、刚度和稳定性。因0号梁段设计较短须采用联体挂篮进行首批悬臂梁段施工时,除应对挂篮联体结构强度及刚度进行设计计算外,还应检算联体挂篮解联加长等施工工况的稳定性,并须编制施工工艺和安全操作细则。

(2)挂篮模板的结构形式、几何尺寸,应能适应梁段长度及高度、腹(隔)板厚度等变化和与已浇筑梁段紧密搭接的要求。

(3)挂篮应设有纵向走行设备和抗倾覆稳定设施。挂篮安装、走行及浇筑梁段混凝土等各种工

况的抗倾覆安全系数不得小于2。挂篮锚固系统、限位系统等结构安全系数均不得小于2。

(4)挂篮质量与梁段混凝土质量的比值必须符合设计要求,当无设计要求时,挂篮质量与梁段混凝土质量的比值宜为0.3～0.5。

(5)挂篮应设有能够调控前吊杆高低的设备和调整模板前端高程的设备。

(6)梁体混凝土采用蒸汽养护时,蒸汽养护设备应与挂篮同时设计并计入挂篮总质量。

3.3.2　挂篮应根据实际可能发生的荷载及其最不利组合进行设计,应考虑的主要荷载如下:

(1)最大现浇节段梁段质量。

(2)挂篮自身质量。

(3)最大梁段模板质量。

(4)施工机具质量及振捣器振动力。

(5)施工人群荷载。

(6)平衡重质量。

(7)冬期施工防寒设施质量。

3.3.3　使用挂篮前,应对制作及安装质量进行全面检查,并进行走行性能试验及按设计要求进行静载试验。当对静载试验无设计要求时,应按1.2倍最大静荷载进行静载试验,消除挂篮在加载状态的非弹性变形并测量挂篮的弹性变形值,以便合理设置悬臂浇筑梁段的立模高程。

3.3.4　挂篮静载试验应模拟最大现浇梁段施工荷载分布情况,分级进行加载。每级加载完毕1h后,测量挂篮变形值。测点宜布置在前后支点、上下横梁、后横梁等部位的两侧及中部相应位置。全部加载完毕后,宜每隔1h测量一次每个测点变形值,并连续预压4h,当最后测量时间段的两次变形量之差小于2mm时即可结束。按分级加载的相同质量逐级卸载并测量各级卸载后的变形量。根据加、卸载实测数据,绘制各测量点位的加、卸载过程变形曲线,通过分析,计算挂篮在各阶段荷载作用下的变形值。

3.4　梁体施工

3.4.1　梁体所用原材料的品种、规格、质量应符合设计要求和现行有关标准的规定,使用前应按有关规定进行试验及检验,合格后方可使用。

3.4.2　预应力筋张拉设备应配套标定、配套使用。使用前应对张拉千斤顶吨位、压力表最大读数、高压油泵额定压力等进行全面检查。

3.4.3　预应力筋及锚夹具及连接器的品种、规格、质量应符合设计要求和现行有关标准的规定,使用前应按有关规定进行检验及试验,合格后方可使用。

3.4.4　梁体钢筋、预埋件的品种、规格、数量、位置、间距和加工、连接、安装质量等应符合设计要求和现行有关标准的有关规定。

3.4.5　钢筋的下料长度应根据钢筋弯曲角度、直径和接头方式经计算确定。采用搭接接头时,钢筋下料长度=直段长度+斜段长度+搭接长度+弯钩增加长度-弯曲伸长值。

3.4.6　钢筋表面有严重麻坑、斑点的,应截除不用。必须清除干净钢筋表面能用锤敲击剥落的铁锈、浮皮等。

3.4.7　钢筋切断时,对有劈裂、缩头或严重弯头的应切除不用,焊接钢筋断口不得有马蹄形。

3.4.8　钢筋弯曲成型时,应按设计要求弯曲角度一次性弯曲成型,不得在弯过头后再反弯过来。钢筋弯曲点处不得有裂纹。

3.4.9　梁体混凝土的配合比设计、拌和、运输、浇筑、养护、拆模和新旧混凝土接缝施工等应符合设计要求和现行标准的有关规定。

3.4.10　大体积混凝土应采取综合措施防止混凝土产生温度裂缝。

3.4.11　梁体混凝土冬、夏期施工应符合现行混凝土工程有关标准的规定。

3.4.12 梁端模板拆除后应对梁端接缝面的混凝土进行凿毛。接缝面凿毛应在距混凝土外缘2~3cm以内进行,并使接缝面露出75%以上新鲜混凝土面。凿毛时的混凝土强度应满足如下要求:人工凿毛不低于2.5MPa,机械凿毛不低于10MPa。

3.4.13 对于梁体预应力管道安装和预应力施工及封锚(端)等,除应符合设计要求和现行有关标准的规定外,还应符合下列规定:

(1)当采用抽拔胶管成孔时,胶管必须具有足够的强度及刚度,在拉力作用下不被拉断且管壁径向收缩不大于2mm,去消拉力后无残余变形,必要时应插入芯棒或充满压力水增强刚度。胶管外径与设计孔道直径偏差应在±2mm内,胶管接头宜设于梁段中间,接头处应使用长度不小于30cm的铁皮管套接紧密,铁皮套管两端应密封确保不漏浆。胶管长度应不小于“梁段长度+1m”的长度。

(2)胶管成孔抽拔时间应根据水泥品种、水胶比、养护方法及气温等通过试验确定,宜在混凝土抗压强度为0.4~0.8MPa时进行抽拔为宜。

(3)张拉预应力筋前,应根据实测锚圈口及喇叭口和管道摩擦阻力损失,经设计单位确认后,再对设计预应力筋张拉控制应力进行调整,并报监理单位确认。

(4)对于预应力筋张拉理论伸长值,应按实测预应力筋弹性模量和预应力管道摩擦阻力计算,经设计单位确认后,作为与预应力筋张拉实际伸长值对比的依据。

3.4.14 梁体施工机械设备及主要工具选配应符合下列规定:

(1)机械设备及主要工具进场后,除应检查确认其种类、性能、数量等是否与施工组织设计的配备计划相符外,还应对其状态进行全面检查,按规定进行必要的试运转及试运行,合格后才能使用。

(2)高墩梁体施工使用的起重机械和泵送混凝土机械,应按最大负荷及吊(运)距,检查确认起重机械的起重高度、回转范围,混凝土泵的最大实际排出量、最大输送压力及最大输送距离等性能。

3.4.15 0号梁段施工托架、边跨非对称梁段施工支架、合龙梁段施工吊架、合龙口临时锁定支拉撑架,必须经过设计计算,且具有足够的强度、刚度和稳定性,托、支、吊架的长度及宽度等还应满足模板安装和施工操作的要求。

3.5 人员培训及技术交底

3.5.1 连续梁(刚构)悬臂浇筑施工前,应对参加施工的各类人员进行技术培训和交底,使其了解和掌握梁体结构特点、施工方法及程序、质量标准及操作要求、高处作业特点及安全注意事项等内容。

3.5.2 连续梁(刚构)悬臂浇筑施工前,应进行现场施工技术交底。现场技术交底工作,应由工程技术人员按分部或分项工程,运用工前讲解和工中指导相结合的方法进行。

3.5.3 施工技术交底必须编制书面交底资料。交底资料应直观、明确、有指导性,附有必要的图、表及说明。交底资料内容应包括负责施工的工程名称及范围,梁体结构尺寸,钢筋、管道预埋件位置、尺寸及施工要求,中线及高程测量放样控制桩测控数据,工程施工流程和分项工程施工质量标准及操作工艺要求,施工安全技术操作注意事项等。

3.6 施工前测量

3.6.1 在梁体施工前,应做好高程控制网和平面坐标控制网的复核测量,并布设加密控制点。

3.6.2 在梁体施工前,应对全桥墩台顶面中线、高程进行贯通测量检查,划线标定每一墩台和支座的中心位置及纵、横向中心线,测定每一墩台支承垫石顶面高程和确定支座顶面高程。

3.6.3 在0号梁段施工前,应测量检查桥墩预埋(留)连接件(孔)的位置、规格、尺寸、数量等情况,如发现与设计要求不符或可能影响托(支)架安装质量的情况,应及时采取措施纠正。

3.6.4 在0号梁段托(支)架安装前,应进行托(支)架中线、高程及支点位置等施工放样测量。施工放样测量必须进行独立测量复核,确认无误后方可进行安装施工。

4　0号梁段

4.1　施工流程

4.1.1　0号梁段(包括墩顶梁段和安装挂篮前的悬臂梁段)应在托(支)架上立模现浇施工,如图7-3所示。

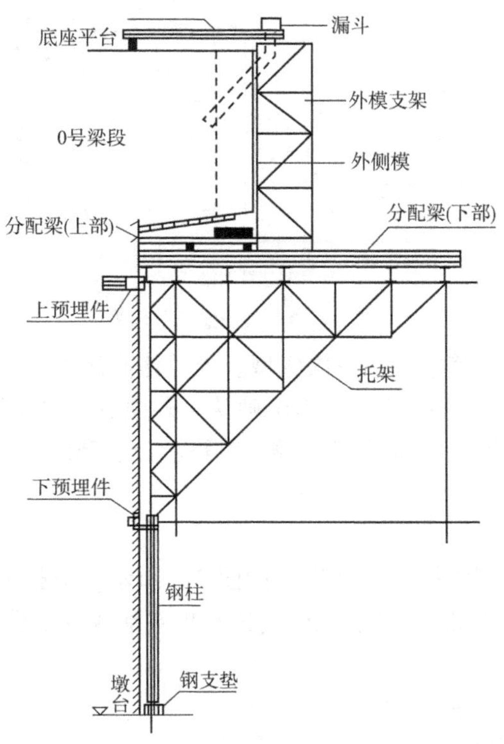

图7-3　0号梁段施工方法示意图

4.1.2　0号梁段施工流程如图7-4所示。

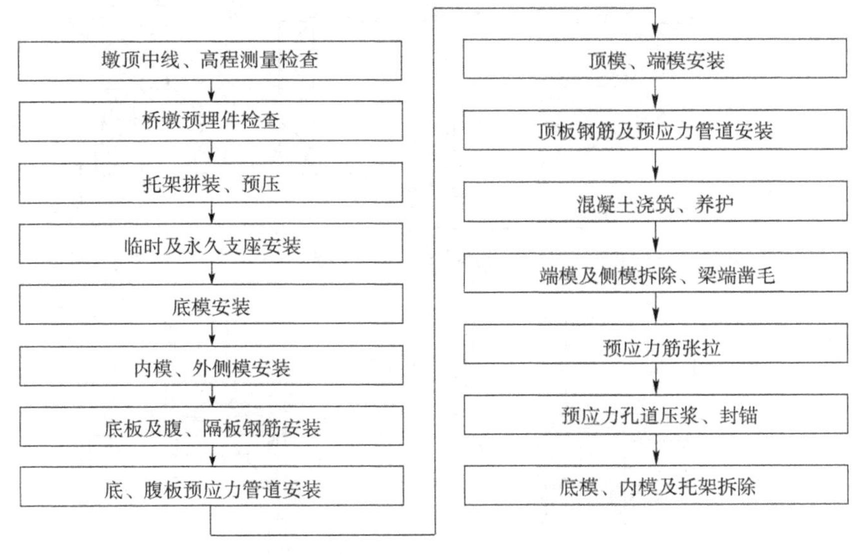

a)连续梁

图　7-4

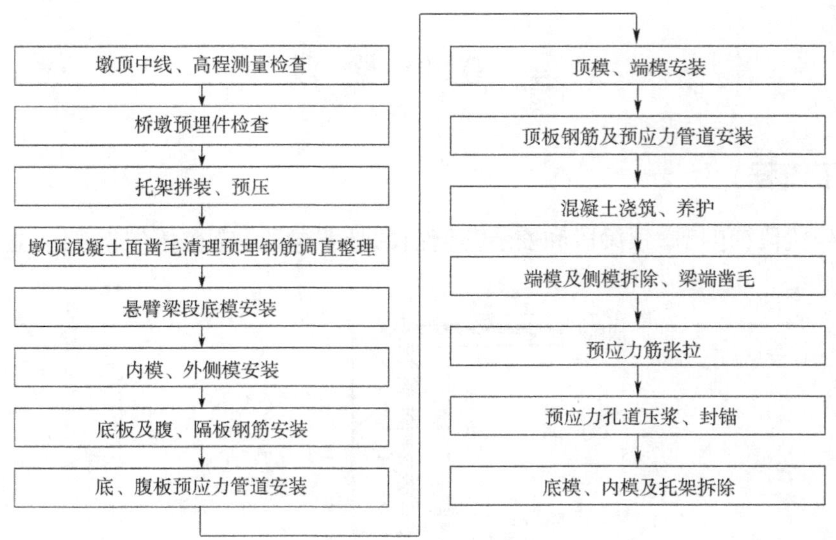

b)连续刚梁

图 7-4　0 号梁段施工流程图

4.1.3　0 号梁段混凝土应连续浇筑一次成型。当梁体高度大、混凝土数量多或梁体结构复杂，需要竖向分层浇筑时，施工缝位置应经设计单位确认。外模宜一次安装就位，内模可按混凝土浇筑要求分段安装。先浇筑底板及腹、隔板下部混凝土，再浇筑上部腹、隔板及顶板混凝土。

4.2　墩旁托(支)架

4.2.1　0 号梁段施工常用的托(支)架形式如图 7-5 所示。应根据桥墩高度、墩台断面大小、基础情况及梁体悬臂长度、墩旁地形、地质、水文、交通和现有常备定型材料等情况，经综合比选后确定结构形式。

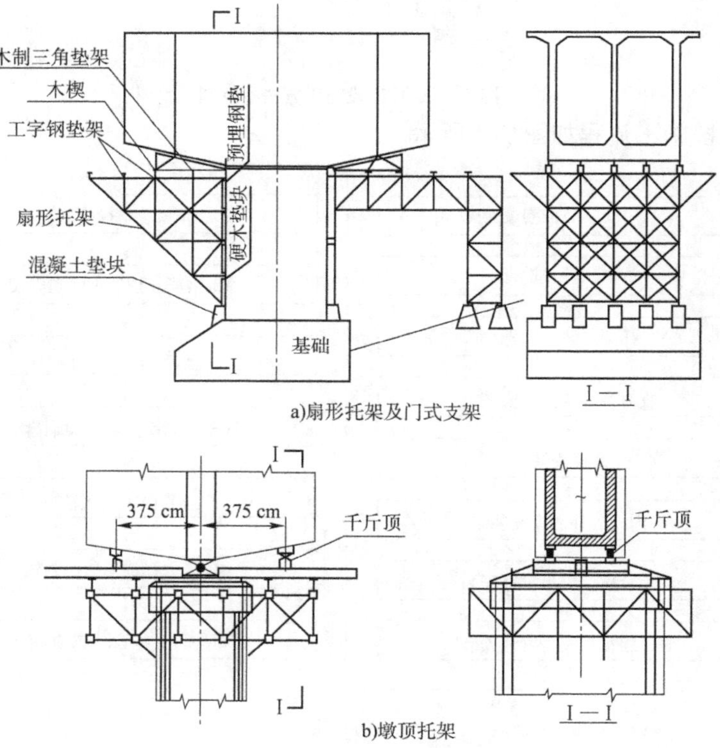

图 7-5　0 号梁段常用托(支)架示意图

4.2.2　0号梁段托(支)架设计应符合下列规定：

(1)托(支)架设计时应按下列荷载的最不利组合确定最大荷载：现浇梁体、模板及支架的质量，施工荷载(含振动力)，风荷载，水中施工时的流水压力，冬期施工时的雪荷载及保温养护设施荷载。

(2)托(支)架强度检算时，构件应力安全系数不小于1.3。

(3)托(支)架刚度检算时，应考虑单个构件刚度与整体刚度的协调，应适当加密梁体腹板处的纵梁或杆件间距，保证梁体局部平整度。

(4)检算托(支)架稳定性时，应重点检算横向稳定性，并应考虑洪水及漂流物的冲击作用，稳定安全系数应大于1.5。

(5)托(支)架与桥墩的连接方式应经设计计算确定，并应绘制连接件(孔)在桥墩上预埋(留)布置详图。

(6)采用墩旁扇形托架并利用桥墩基础(承台)作支承时，应检算桥墩基础(承台)的局部强度及基底应力，必要时应采取措施对桥墩基础(承台)进行加固。

(7)采用门式支架时，支墩基础类型、埋深、结构形式及尺寸等，应根据支架结构形式、跨度、地基承载力等工况，经设计计算确定。在旱地采用浅埋式明挖基础时，还应考虑地面浸水时对地基承载力的影响。支墩基础必须具有足够的承载力，且应同时做好地面防、排水设施设计。

(8)托(支)架结构应根据选用的常备式钢脚手架或型钢的种类、规格、力学性能等，经设计计算确定。托架上的分配梁，应适当加密、合理搭接，以保证在梁体混凝土浇筑和施工荷载不均匀作用下不发生突变。

(9)托(支)架与梁体模板之间或分配梁之间，应设置底模板高程调整装置和底模板卸落装置。当采用钢楔块(图7-6)时，其尺寸及位置应与托(支)架分配梁尺寸及位置相匹配。

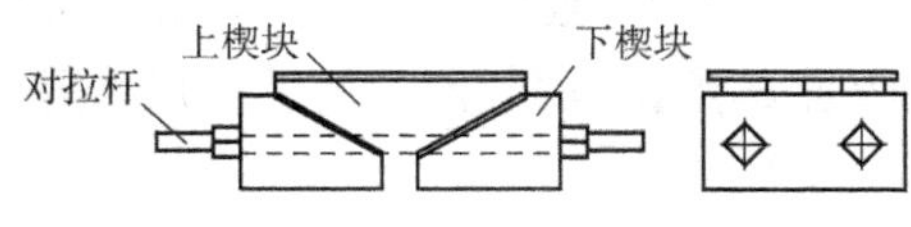

图7-6　组合式钢楔块示意图

4.2.3　墩旁托架必须按照托架设计图及设计要求安装，不得随意改变托架结构、尺寸、位置。

4.2.4　墩旁扇形托架支承在桥墩承台(基础)上时，安装前应对支承点位进行测量、清理、找平。安装时，应按设计要求将托架与桥墩拉紧、靠实，上下游托架顶面高差不应大于10mm。

4.2.5　对于墩旁门式支架，支墩基础必须按设计要求施工即采用旱地浅埋式明挖基础，基坑回填应及时、密实、填满，防止积水降低基底承载力。

4.2.6　安装托(支)架时，杆件的栓接板面及栓孔应保持洁净、干燥、平整，连接螺栓应按设计要求施拧到设计预紧力。

4.2.7　使用碗扣式钢管脚手架拼装墩旁支架时，应严格掌握可调底托和顶托的调整范围，留在立杆内长度不应少于30cm。此外，还应严格控制竖杆的垂直度和剪力撑及扫地杆的间距和数量。

4.2.8　在浇筑0号梁段混凝土前，须托(支)架对进行预压，预压荷载应不小于最大施工荷载的1.2倍，以检验托(支)架的整体承载能力和消除托(支)架的非弹性变形，并观测弹性变形量。

4.2.9　托(支)架预压方法应符合设计要求。当无设计要求时，应使加载位置和顺序尽可能与梁体混凝土施工加载情况相一致。预压加载可按施工荷载的60%、100%和120%分别加载。各级加载后静停1h测量竖向及横向变形值。第三级加载后静停24h可开始分级卸载，并逐级观测弹性变形值。

4.3　临时支座及梁墩固结

4.3.1　混凝土连续梁临时支座(临时支座)既要求能在永久支座不承受压力的情况下承受梁体压力和施工过程中的不平衡弯矩，又要求在承受荷载情况下容易拆除，故宜采用在桥墩顶面永久支座的两侧对称设置临时支座的方式支撑悬臂浇筑梁体,如图 7-7 所示。当因桥墩长度较短或 0 号梁段悬臂较长时,可在桥墩纵向两侧设置临时支墩支承悬臂浇筑梁体,如图 7-8 所示。临时支座的抗倾覆稳定系数不得小于 1.5。

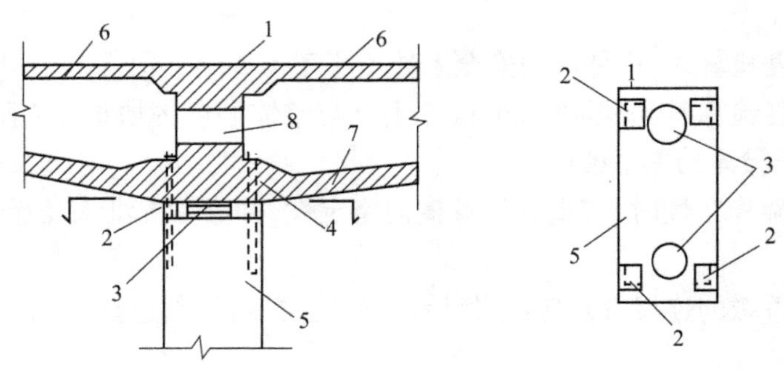

图 7-7 墩顶临时支座布置示意图

1-悬浇箱梁;2-临时锚固支座;3-支承垫石及永久支座;4-临时支座预埋临时锚固钢筋;5-桥墩;6-梁体顶板;7-梁体底板;8-通道

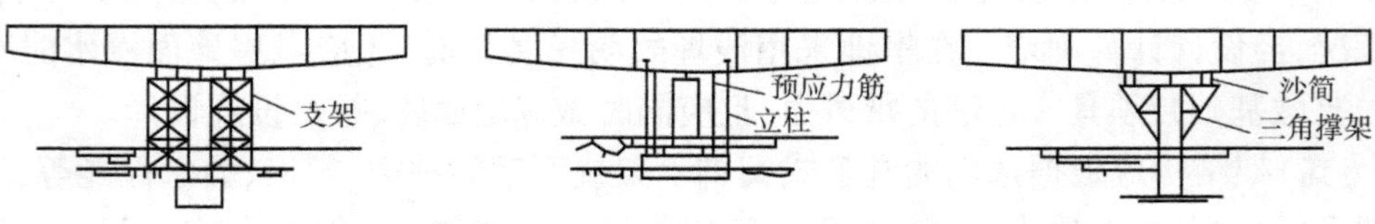

图 7-8 墩侧临时临时支撑措施示意图

4.3.2 连续梁墩顶临时支座应对称设置在永久支座两侧的箱梁腹板处。每一桥墩上设置临时支座的数量、承载能力及结构尺寸等,应根据梁底宽度及腹板数量经设计计算确定(一般设置 4 个临时支座)。

4.3.3 墩顶临时支座应在 0 号梁段立模前安装完毕,每一墩顶的各临时支座顶面高程应符合设计要求。

4.3.4 墩顶临时支座可采用强度等级不小于 C40 的钢筋混凝土块或在上下两块钢筋混凝土块中间夹垫厚度约为 10cm 硫黄砂浆结构。

4.3.5 墩顶临时支座,应按设计要求设置钢筋或型钢,并使其与梁、墩相连接,如图 7-9 所示。桥墩施工时,应按设计要求准确预埋竖向连接钢筋、设置水平钢筋网,确保墩顶梁段与桥墩的临时固结符合设计要求。

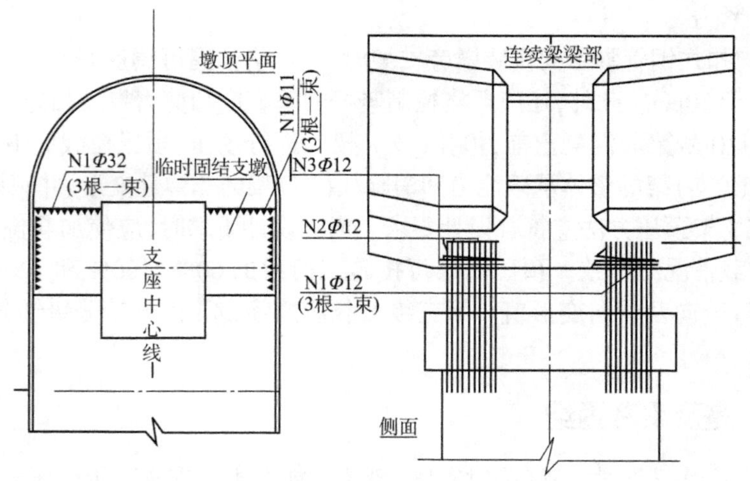

图 7-9 梁墩临时固结示意图(单位:mm)

4.3.6　对于墩顶梁段与桥墩的临时固结，当设计采用在桥墩内设置锚固钢筋与梁体实施预应力张拉连接时，桥墩施工时应按设计要求准确定位预埋竖向连接钢筋，且竖向连接钢筋安装的隔离套管应严密不漏浆。

4.4　永久支座安装

4.4.1　连续梁永久支座应在底模安装前安装。固定支座和活动支座(包括纵向、横向及多向活动支座)安装位置及方向和坡道上的支座安装方法应符合设计要求。

4.4.2　支座安装前应进行检查，确认规格、类型和外观质量。

4.4.3　支座安装前现场应检验的项目如下：

(1)盆式橡胶支座：支座型号、适用温度、支座组装后的整体高度、上下座板螺栓孔中心距、橡胶承压板及密封圈外露面和钢件表面缺陷等外观质量。

(2)钢支座：支座型号、性能、组装后全高、上下座板(上下摆)螺栓孔中心距、支座部件不加工面及机加工面的外观缺陷，涂装质量及受力接触面润滑涂油情况。

4.4.4　安装支座前，应对支座安装范围的支承垫石顶面进行凿毛清理，使其露出75%以上新鲜混凝土面，并应将支承垫石预留锚栓孔清理干净，做到无泥土、杂物和积水、雪、冰等。

4.4.5　安装支座时，上座板顶面高程应符合设计要求和现行铁路桥涵工程施工质量验收标准的规定，永久支座与临时支座顶面高差允许值为0～－2mm(永久支座不得高于临时支座)。

4.4.6　支座上座板与梁底钢板必须平整、密贴、无空隙，并应上紧连接螺栓。支座下座板与支承垫石间应用设计要求的材料，如坐浆或灌浆垫实。

4.4.7　安装纵向活动支座时，上下座板横向应对正安装，纵向应根据支座施工与设计安装温差、梁体混凝土未完成收缩徐变量及梁体弹性压缩量计算预设偏移量，并应采取措施将其临时固定，防止梁体浇筑过程中发生错位。

4.4.8　支座锚栓的规格、质量、埋置深度和外露长度，均应符合设计要求和相关标准规定。支承垫石锚栓孔填料的种类和质量标准应符合设计要求，支座和锚栓位置调整准确后，应立即进行锚栓固结施工。

4.5　模板安装

4.5.1　模板及支架应经过设计计算，且具有足够的强度、刚度及稳定性。模板结构应简单、牢固，便于安装、拆卸和周转使用。板面应平整、光洁，接缝应平齐、严密。底模与支座及侧模之间的缝隙应采取措施封堵严密，严防漏浆。

4.5.2　应在安装前对0号梁段的内膜(包括孔洞模)、外侧模(包括堵头模、端模、悬臂板底模)及支架的尺寸、形状进行全面检查。对分段、分块制作的模板，其组合长度及高度等也应被详细检查。

4.5.3　0号梁段的模板宜在墩下拼装成块后吊运到墩顶进行安装，以减少高空作业时间，提高模板拼装质量。

4.5.4　0号梁段底模安装必须按照模板设计结构图和梁体设计线形施作。永久支座周边底模应与支座上座板顶面等高设置。模板底梁(分配钢梁)的位置、规格、数量应严格按设计要求设置，不得随意变更。模板底梁使用楔块垫平时，楔块应有保险措施，保证浇捣混凝土时不发生松脱。底模的卸落，可使用楔块、千斤顶、砂箱等辅助。当采用组合式楔块时，其尺寸应与施工托(支)架结构相匹配。

4.5.5　应按梁体结构尺寸、高程并考虑预留预拱度设置内、外模位置。内模与底模间应设置支拉杆牢固定位，防止浇捣混凝土时，内模下移或上浮。

4.5.6 端模与外侧模相连接,宜采用侧模夹端模形式安装。端模(包括悬臂端堵头模板)的预应力管道位置应按设计要求准确设置。模板的焊接板缝应打光、磨平,非焊接板缝及端模板与预应力管道间、底模与支座及侧模间缝隙较大时,应嵌入弹性材料塞缝并使表面封贴平整。一般模板接缝表面应对接平顺,当非焊接板缝较小时,应使用胶带贴封严密,防止浇捣混凝土时漏浆。

4.5.7 模板安装与钢筋安装应配合进行,妨碍钢筋连接及安装的模板应待钢筋安装完后进行安装。模板安装还应与混凝土浇捣工作相配合,必须按高度分两次或多次浇筑成型时,宜将外模一次性安装到位,内模按浇筑要求分阶段安装,以方便插入式振捣器进行振捣。

4.5.8 模板安装精度应高于梁体要求精度。安装模板间支拉紧固件,必须按照模板及支架结构设计要求安装齐全、牢固且松紧适度,保证混凝土浇捣过程中模板不变位、不变形、不松动。模板与施工操作平台应分别设置,不得连为一体。

4.5.9 模板与混凝土接触面应全部涂刷脱模剂,底板和顶板等部位的底部模板,应在安装钢筋前涂刷脱模剂。脱模剂的选用应符合下列规定:拆模时不黏附混凝土和对混凝土表面无污染、无侵害,对钢模板无侵蚀,对木模及其他吸附性模板能起防止板面隆起、开裂等保护作用,能够长期储存不变质,涂刷后有效时间较长。钢模板宜选用具有防锈作用、不含水分的脱模剂,木模板宜选用石蜡油类、机油类或滑石粉、洗衣粉混合液作脱模剂,胶合板模板宜选用石腊油类脱模剂。脱模剂应涂刷均匀,且不得漏涂。严禁使用废机油作脱模剂,以免机油黏附在混凝土上影响美观。

4.6 钢筋及预应力管道安装

4.6.1 钢筋的品种、规格、数量及施工应符合设计要求和现行标准的有关规定。

4.6.2 采用预制钢筋网片或骨架安装时,宜按下列方法制作:

底板钢筋分上下层制成网片,腹板钢筋制成骨架,顶板及悬臂板钢筋分上下层制成网片,锚头垫板与螺旋钢筋焊成整体。钢筋网片或骨架应有足够的连接强度和刚度,以保证在吊、运过程中不松脱、不变形。

4.6.3 钢筋网片或骨架宜按下列程序进行安装:

(1)底板下层钢筋网片安装应使用符合设计标注或不低于梁体混凝土耐久性能的垫块,垫块应错开放置在底模与钢筋间。

(2)底板管道定位钢筋网片安装。

(3)底板上层钢筋网片安装,应采用[形钢筋将上下层钢筋网片按设计标间距布置、卡住,并将上下层钢筋网片支承焊牢。

(4)腹板钢筋骨架插入底板钢筋网片定位后,安装腹板根部的倒角钢筋,腹(隔)板的竖向预应力钢筋(包括螺母、垫板、螺旋钢筋、注浆管、套管等),底(腹)板纵向预应力筋的锚头垫板(垫板、螺旋钢筋、注浆管、定位网片等),然后将其穿入预应力筋成孔管道。

(5)顶板及悬臂板下层钢筋网片安装定位后,安装腹板上部的倒角钢筋。

(6)安装顶板管道定位钢筋网片、锚头垫板及螺旋钢筋,穿顶板预应力管道。

(7)顶板及悬臂板上层钢筋网片安装,采用[形钢筋将上下层钢筋网片按设计标间距布置、卡住,并将上下层钢筋网片支承焊牢。

(8)对于0号梁段的两端,应按设计要求位置、规格、数量和埋入及外露长度设置梁段间连接钢筋。

4.6.4 锚头垫板端面应与螺旋钢筋的中轴线垂直焊接并与预留管道垂直安装。锚头垫板与端模板固定宜采用螺钉代替直钉,以防振捣混凝土时松动而造成锚头垫板偏斜。

4.6.5 钢筋的连接方式和弯曲型式应符合设计要求和相关标准的规定。

4.6.6　钢筋的交叉点应靠紧焊牢。当采用绑扎搭接时,相邻绑扎点的铁丝扣,绑扎方向应呈八字形,铁丝扣头应弯入内侧,不得伸入钢筋保护层中。

4.6.7　除有特殊设计要求外,箍筋应与主筋垂直设置。箍筋末端弯钩应向内弯曲,弯钩接合处应沿梁体纵向方向交错布置。

4.6.8　钢筋保护层厚度应符合设计要求。对于混凝土振捣时可能发生位移处(竖直面、倾斜面、圆弧面等),应将垫块与钢筋绑牢。梁体底面及侧面的钢筋垫块不应少于每平方米4个。

4.6.9　梁体预埋件位置、规格、数量等应符合设计要求,并应与梁体钢筋或模板连接牢固,防止混凝土浇筑振捣时出现变位。

4.6.10　预应力管道定位钢筋间距应符合设计要求,并应与梁体钢筋连接牢固,以确保管道在混凝土浇筑和振捣过程中不弯沉、不上浮、不旁移。当对定位钢筋间距无设计要求时,对金属波纹管道不宜大于0.8m,对橡胶抽拔管不宜大于0.5m,对曲线管道还应适当加密。

4.6.11　预应力管道的成孔方法和管道材料的性能及安装位置应符合设计标注。当对成孔方法和材料无设计要求时,除应符合本章第3.4.13条的有关规定外,还应符合下列规定:

(1)采用金属波纹管成孔时,接头管应采用大一号的同类波纹管套接,长度不应小于30cm。接头位置宜避开预留管道弯曲处,接头管两端应使用密封胶带封闭严密,防止漏气、漏浆。

(2)管道波纹管安装前,应进行通孔检查,如发现管壁变形、局部障碍等可能影响预应力筋穿通缺陷,应及时调整或截除不用。

(3)对于先安装的下部管道,当位于其上方的钢筋安装完毕时,应再次对管道位置进行全面检查,如发现局部弯沉及横向变位,应及时调整,保证预留管道位置符合设计要求和线形平顺。

(4)0号梁段梁体结构复杂,钢筋、管道密集、重叠交叉、间距较小,一般不宜全部采用橡胶抽拔管方法成孔,可采用金属波纹管与橡胶抽拔管间隔设置方式成孔。应避免出现全部采用抽拔胶管成孔时容易产生周围混凝土松动和局部损伤,从而引起管道间互相通气和串浆,进而影响管道压浆质量的现象出现。

4.7　混凝土施工

4.7.1　0号梁段混凝土施工除应符合现行有关标准的规定外,还应符合本小节的规定。

4.7.2　0号梁段采用一次浇筑混凝土方式施工时,应符合下列规定:

(1)应采取适当的缓凝措施,保证梁体混凝土在最先浇筑的混凝土初凝前全部浇筑完毕。梁体混凝土浇筑方法应符合设计要求,当无设计要求时,应从悬臂端开始向桥墩位置方向浇筑,并应按0号梁段全部平面面积等高水平分层,进行纵、横向对称连续浇筑。

(2)内模应定位牢固,以保证混凝土浇筑振捣过程中不下沉、不上浮。

(3)底板混凝土浇筑完毕后,应及时安装底板混凝土顶面反压模板或采取其他有效措施,防止隔、腹板混凝土下沉致底板顶面隆起。

(4)浇筑混凝土完毕后,应及时将洒落在浇筑区以外待浇筑区的混凝土清理干净。

4.7.3　0号梁段采用竖向分二次浇筑混凝土方式施工时,还应符合下列规定:

(1)水平施工缝处内模宜按混凝土满模浇筑高度立模,以方便施工缝凿毛和清理。

(2)第二次安装内模时,应保持第一次所立模板紧贴混凝土不松动,以防止第二次浇筑混凝土时下溢,影响混凝土表面质量。第二次所立模板应与既有模板板面平齐、接缝严密。

(3)新、旧混凝土接缝施工应符合下列规定:

①接缝表面松脱层应凿除、清理干净,露出不少于75%的新鲜混凝土面。

②应清理干净接缝面及附近的钢筋和模板上黏附的水泥砂浆。

③接缝面凿毛时,混凝土强度应满足如下要求:人工凿毛不低于2.5MPa,机械凿毛不低

于10MPa。

④接缝面混凝土强度达到2.5MPa以上时,方可进行模板安装和混凝土浇筑。

⑤浇筑混凝土前,应将接缝面混凝土充分润湿,但不应有积水。

4.7.4 混凝土浇筑振捣应实行分区质量责任制,保证混凝土振捣质量,并应符合下列规定:

(1)0号梁段钢筋密集、结构复杂,应选用插入式振捣器振捣或采用附着式振捣器辅助振捣方式进行振捣施工。

(2)附着式振捣器的作用深度一般在250mm左右,其设置间距、振动时间应根据振捣器功率、混凝土坍落度大小和模板坚固程度等因素经过试验确定。一般情况下,间距可按1~1.5m设置,待入模混凝土面高于振捣器安装位置时方可开动振捣器。当混凝土表面呈水平面、不下沉及不出现气泡时即应停止振捣。安装附着式振捣器时,电动机轴线应呈水平状态。

(3)插入式振捣器振捣混凝土时应符合下列规定:

①振捣器应缓慢自然垂直插入混凝土中,避免触碰模板、钢筋、管道、预埋件。振捣器与模板间距离宜为10~20cm。

②振捣器插点应均匀排列,插点距离(图7-10)不应大于振动作用半径R的1.5倍。振动作用半径与振捣器功率、混凝土坍落度大小有关,应通过试验确定(一般情况为30~50cm)。

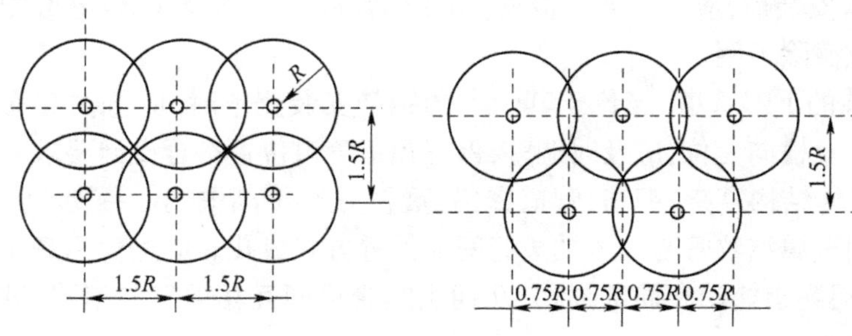

图7-10 振捣器插点距离示意图

③振捣过程中应将振捣器上下抽动几次,以使混凝土层上下振捣均匀。

④应掌握好混凝土振捣时间,防止欠振或过振。每一插点可按下列表征判定停止振捣时间:混凝土表面呈水平及出现浮浆并将模板边角部位填满、混凝土不再显著下沉及出现气泡。

⑤振捣器应"快插慢拔"。混凝土振捣完毕后,振捣器应缓慢拔出,以便插孔闭合不留空隙和防止出现砂浆柱(只有水泥砂浆没有粗骨料)而影响混凝土均匀度。

4.7.5 底板混凝土浇筑还应符合下列规定:

(1)底板混凝土应采用混凝土输送管、溜管、串筒等直接下料到工作面,混凝土自由落体高度不应大于2m。

(2)底板钢筋、管道密集,应采用插入式振捣器进行振捣,必要时底板顶面还应使用平面振捣器进行振捣,以确保混凝土振捣密实和表面平整。

(3)当底板顶面不设置反压模板时,应采取有效措施防止在底板与隔、腹板根部相连接处因水泥浆外溢而产生麻面、蜂窝、漏筋等缺陷。

4.7.6 0号梁段腹板高度大、厚度小,钢筋、管道密布,混凝土入模困难,因此应制定专项混凝土下料及振捣方案。为保证顶板模板、钢筋、管道不受水泥浆沾污、混凝土入模时不离析和每一浇筑层顶面处于同一水平面上,宜采用通长储料槽按每层浇筑混凝土数量均匀配置混凝土,通过储料槽下面均匀设置的串筒下料方法施作,每一浇筑层厚度不应大于50cm,下料串筒间距宜为1.3~1.5m。

4.7.7 顶板厚度较小,钢筋、管道密集且纵横重叠,故混凝土宜分两层入模、分层振捣,防止发生隔空假实现象(管道下面混凝土空洞不实而表面混凝土假实的现象)。浇筑混凝土时,应先将顶板与腹板相连部位的混凝土填满、捣实，然后从两侧悬臂向中间对称浇筑混凝土，并应使用平板振捣器将顶层混凝土分块辅助振捣密实平整。

4.7.8 0号梁段的墩顶梁段与悬臂梁段分界处托架刚度不同。为确保0号梁段整体质量，在梁体混凝土浇筑前，应对悬臂梁段范围预加与悬臂梁段现浇混凝土质量相等的荷载，使托架充分变形。浇筑混凝土时，应从悬臂端向桥墩对称浇筑。

4.7.9 混凝土连续刚构墩顶梁段混凝土应与桥墩整体浇筑，梁体与墩身施工缝位置应符合设计要求。当无具体设计要求时，应设置在梗肋底下方0.5～1.0m范围内。接缝面混凝土的凿毛、清理，应符合本章第4.7.3条的有关规定。

4.7.10 0号梁段混凝土养护应符合现行有关标准的规定。在梁体混凝土浇筑前，应根据不同季节及可能发生的气温变化情况等工况，制定专项养护方案，并做好混凝土养护的各项准备工作，保证混凝土浇筑完毕后，能够及时对混凝土外露面进行严密覆盖，实行保温、保湿、养护和对梁体混凝土的温度进行监控。梁体拆模后，当环境温度低于5℃或遭遇高温天气时，梁体内、外暴露表面应喷涂混凝土养护剂。夏期施工时还应对可能受到日晒部位采取防晒措施，以防日晒后出现裂纹影响混凝土养护质量。混凝土养护剂宜选用清亮透明型，以防对梁体外观产生不利影响。

4.7.11 梁体混凝土拆模时间及方法应根据不同养护方式(自然养护、蒸汽养护、电热养护等)、不同季节及环境变化情况确定，既要考虑混凝土强度又要考虑环境条件对混凝土质量的影响。拆模时，混凝土强度应符合设计要求。当无设计要求时，非承重模板拆模时应达到2.5MPa，承重结构及悬臂梁拆模时应达到100%设计强度。

4.7.12 梁体混凝土在下列情况下不得拆模：

(1)混凝土内部温度最高时及开始降温以前。

(2)混凝土内部与表层之间的温差、混凝土表层与环境之间的温差大于15℃时。

(3)大风天气及气温急剧变化时。

(4)寒冷季节及环境温度低于0℃，表层混凝土温度未降至5℃以下时。

(5)炎热或大风、干燥天气，没有边拆边盖边洒水或边拆边喷涂养护剂时。

4.8 预应力施工及压浆

4.8.1 预应力筋制作、搬运、存放应符合下列规定：

(1)预应力筋下料长度应符合设计要求。当无设计要求时，预应力筋下料长度可按式(7-1)进行计算：

$$L = l + 2l_1 + n(l_2 + l_3) + 2l_4 \tag{7-1}$$

式中：L——下料长度，mm；

l——锚具支承板间管道长度，mm；

l_1——工作锚具厚度，mm；

l_2——张拉千斤顶长度，mm；

l_3——工具锚具厚度，mm；

l_4——长度富余量，可取100mm；

n——单端张前提下为1，两端张拉为2。

(2)预应力筋下料应在保持预应力筋顺直情况下采用机械切割，且不应损伤和污染其表面。不得使用电、气焊切割。

(3)预应力筋下料后应逐根理顺梳整编束，每隔1～1.5m绑扎一道18～22号铁线，保证预应力筋束顺直不扭转、不松散。

(4)预应力筋编成束后，应编号分类存放。搬运时，支点距离不得大于3m，端部悬出长度不得大于1.5m,且不得在地上拖拉。在存放和搬运过程中,应保持清洁、干燥,避免受水浸淋、锈蚀、污染和遭受机械及电火花损伤。

4.8.2 预应力筋穿入前,应检查预应力管道是否通畅并观察有无串孔现象。预应力管道宜用压力水冲洗并用高压风吹干。预应力筋可采用人工或机械方式穿束,预应力筋束前端应扎紧并裹缠胶布或套装弹头型壳帽。采用蒸汽养护的,在养护完成前不得安装预应力筋;采用非蒸汽养护的,当未采取防腐蚀措施时,预应力筋安装后至压浆的间隔不应超过下列规定:

(1)空气平均相对湿度大于70%或盐分过大时,7d。

(2)空气平均相对湿度40% ~70%时,15d。

(3)空气平均相对湿度小于40%时,20d。

4.8.3 预应力筋张拉顺序和方法应符合下列规定:

(1)预应力筋张拉顺序应符合设计要求。当无具体设计要求时,应按先纵向、再竖向、后横向顺序进行预应力筋张拉。预施应力完成后应及时压浆。竖向和横向预应力筋张拉滞后纵向预应力筋张拉不宜大于3个悬浇梁段。

(2)纵向预施力筋应两端同步且左右对称张拉,最大不平衡束不得超过1束。张拉顺序应为先腹板再顶板后底板,从外向内左右对称进行。预施应力过程中应保持两端的伸长量基本一致。

(3)竖向预施力筋应左右对称单端张拉,宜从已施工端顺序进行。为减少竖向预应力损失,竖向预应力筋应采用两次张拉方式,即在第一次张拉完成1d后进行第二次张拉,弥补由于操作和设备等原因造成的预应力损失,并且采取措施切实保证压浆质量。

(4)横向预应力筋应梁体两侧交替单端张拉,宜从已施工端顺序进行。每一梁段伸臂端的最后1根横向预应力筋,应在下一梁段横向预应力筋张拉时进行张拉,防止由于梁段接缝两侧横向压缩不同引起开裂。

(5)当采用夹片式锚具时预应力的张拉方法为:

0→初始应力(终张拉控制应力的10% ~20%,测预应力筋伸长值并做标记,测工具锚夹片处露量)→张拉控制应力(各期规定值,测预应力筋伸长值,测工具锚夹片外露量)→静停5min,校核到张拉控制应力→主油缸回油锚固(油压回零,测总回缩量,测工作锚夹片外露量)→副油缸供油卸千斤顶。

(6)预应力筋张拉完成锚固后,应在锚口处的预应力筋上做标识,观察是否断、滑丝,经复查符合相关标准规定后,应用樱花切割多余预应力筋头,切断处距锚具外端不宜小于30mm。

4.8.4 预应力筋张拉施工应符合下列规定:

(1)预应力筋张拉应在梁段混凝土强度达到设计值的95%、弹性模量达到设计值的100%后进行,且必须保证张拉时混凝土的龄期不小于5d。

(2)张拉预应力筋前,应清除锚垫板上的混凝土,检查疏通压浆孔。检查锚垫板是否与预应力管道垂直,不垂直时应加楔形垫板改正。检查锚垫板处混凝土质量,如有蜂窝、空洞等缺陷时,应采取措施补救。

(3)张拉预应力筋前,应进行张拉控制应力调整计算及确认,并计算每一束(根)预应力筋的理论伸长值,作为张拉时与预应力筋的实际伸长值比对依据。实际伸长值与理论伸长值的差值,不得大于理论伸长值的±6%,超出规定范围时应停止张拉锚固查明原因,确保预应力控制应力符合设计要求。预应力筋实际伸长值应包括初始应力后的实测伸长值和初始应力时的推算伸长值。

(4)张拉预应力筋前,应进行油泵及千斤顶排气。浆油泵空转1 ~2min使油缸进、回油1 ~2次,排出千斤顶及油管中的空气,以保证张拉时压力平稳。

(5)张拉预应力筋时,应采取预应力筋张拉应力与预应力筋伸长值双控措施,以油压表控制应力为主进行锚固。张拉至初始应力值时,应在预应力筋上标记位置,作为测量伸长值起始点。两端同时张拉时,张拉过程中应保持两端伸长量基本一致,测量伸长值应两端同时进行。

(6)预应力筋应按设计要求进行一端或两端张拉。

(7)对于未压浆的锚头,不得敲击、振动和用脚踩、手攀,防止发生断丝和安全事故。

4.8.5　孔道压浆方法应符合设计要求并应在预应力筋终拉后24h内完成,特殊情况时必须在48h内完成。竖向预应力孔道应从最低点开始压浆。同一孔道压浆,应连续进行,并一次性完成压浆。因故中断压浆不能连续施工时,应用高压水冲洗干净后重新压浆。

4.8.6　孔道压浆应符合下列规定:

(1)压浆时,浆体温度应在5℃~30℃之间。冬期压浆过程中及压浆后3d内,梁体混凝土温度不应低于5℃,否则应采取预热、保湿措施。夏期压浆当气温高于35℃时,应在夜间气温较低时进行压浆。

(2)压浆前应使用高强度水泥浆封闭锚具孔隙,覆盖层厚度不应小于15mm。

(3)孔道压浆应采用强度等级不低于42.5级的低碱硅酸盐水泥或低碱普通硅酸盐水泥拌制水泥浆,并应按设计要求配制。

(4)拌制水泥浆时,应先放入水和外加剂,后加入水泥,使用转速不低于1000r/min搅拌机进行搅拌,搅拌不少于5min。水泥浆应随拌随用,置于带有搅拌功能的储浆罐中的浆体应继续搅拌,从拌制到压入孔道的时间间隔不应超过40min。水泥浆拌制均匀后,经孔格不大于3mm×3mm筛网过滤,方可压入孔道。

(5)孔道压浆应自下而上进行。

(6)水泥浆试件应在压浆地点随机取样制作3组,2组标准养护进行抗压和抗折强度试验,1组随梁体进行同条件养护。

(7)沙漏浆终凝后,方可卸拔压浆及出浆阀门。

(8)同一孔道压浆应使用活塞式压浆泵连续进行,一次性完成。互相串通的孔道应同时进行压浆。

4.8.7　梁体封锚(端)应符合下列规定:

(1)封锚(端)处混凝土表面应凿毛和清理干净,并对锚具进行防锈处理。

(2)封锚(端)前应对锚具与锚垫板表面及外露预应力筋按设计要求进行防水处理。

(3)锚穴内应按设计要求设备钢筋网,可利用原锚板螺孔拧入带钩的连接螺钉,将钢筋网与锚垫板连接。

(4)封锚(端)混凝土性能和强度等级应符合设计要求。封端混凝土填充宜分两步进行,即先用较干硬的混凝土填充至距离锚穴顶2cm左右,并捣固密实,然后再用正常稠度混凝土填满、抹平。封端混凝土养护结束后,应对周边新旧混凝土接缝按设计要求进行防水处理。

(5)封端混凝土自然养护时,应采用保湿、保温材料覆盖混凝土表面,保持混凝土充分潮湿。当环境温度低于5℃或高温露天暴晒时,应在混凝土表面喷涂养护剂,并采取保温、防晒措施。

5　悬臂浇筑梁段

5.1　施工流程

5.1.1　悬臂浇筑梁段一般采用独立挂篮,在T构两侧对称进行施工。当设计0号梁段长度较短不能满足独立挂篮安装要求时,应采用联体挂篮进行首批梁段施工。在首批梁段施工完成后按独立挂篮进行施工。

5.1.2　悬臂浇筑梁段采用独立挂篮施工时,施工流程如图7-11所示。

施工准备
挂篮安装
底、外模板调整
底、腹板钢筋及预应力管道安装
内、端模安装
顶板钢筋、预应力管道安装
混凝土浇筑、养护
拆端模、穿预应力筋
预应力筋张拉
落底模、挂篮前移、孔道压浆

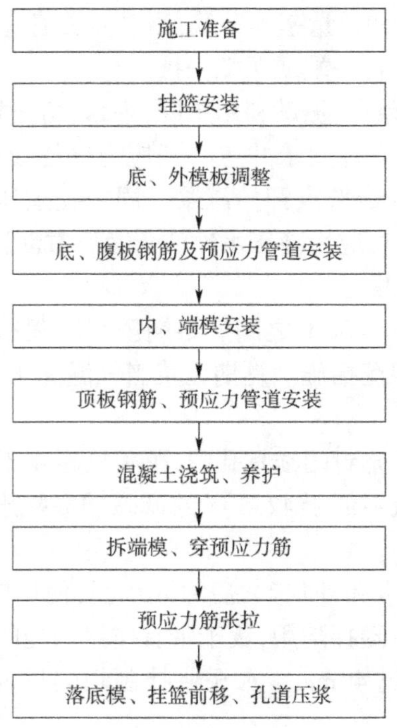

图 7-11　悬臂梁段施工流程图

5.2　挂篮及模板安装

5.2.1　挂篮安装准备工作应符合下列规定:

(1)0 号梁段顶(底)板施工时,必须按挂篮施工设计要求精确预埋预留孔和预埋件。安装挂篮前应进行测量检查,确认符合要求后方可进行挂篮拼装。

(2)挂篮吊装前应调试、准备好吊装机具,清理好 0 号梁段顶面。

(3)挂篮吊装前应精确测设、标明桥梁的中线和高程控制点、挂篮滑轨和支座位置。

(4)挂篮安装前,宜由设计、制造和施工单位对各个构件的外观尺寸及质量进行一次联合检查,确认合格后才能进行吊装。

5.2.2　一般挂篮安装流程如图 7-12 所示。

测量放线
调平底座
吊装滑轨
吊装主桁、安装后主锚
吊装横联
吊装前横梁
安装吊带(吊杆)
吊装底模
安装侧模、外滑梁
安装内模、内滑梁
安装端模

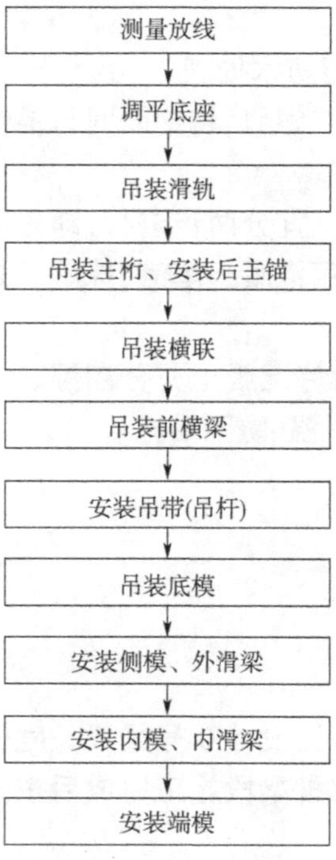

图 7-12　一般挂篮安装流程图

5.2.3　挂篮安装应符合下列规定:

(1)挂篮应在 0 号梁段的纵向预应力筋压浆完成后对称进行安装,并应按施工工艺设计要求及时在主桁架尾部采取稳定措施,以保证后续的施工安全。挂篮的支座必须用钢板调平。

(2)当主梁 0 号梁段长度不能满足独立挂篮拼装要求时,应采用联体挂篮浇筑首批梁段。联体挂篮的连接结构应经过设计计算,且应在解联后的独立挂篮的基础上进行设计改装。安装挂篮前,应编制联体挂篮安装时连接、加长及解体施工工艺设计和安全操作细则,挂篮安装及解联时应严格按其要求进行施工。

(3)挂篮组装完毕后,应全面检查安装质量和复核挂篮中线、高程。使用挂篮前,应按规定进行走行性能和静载试验。

(4)挂篮四周应设置操作平台及围栏,操作平台下应设置安全网,人员上下应有安全扶梯。

(5)挂篮吊、安装除应符合《铁路桥涵工程施工安全技术规程》(TB 10303—2009)的规定外,还应符合下列规定:

①安装挂篮前,应根据施工现场环境、起重机械性能、位置和吊重物件情况等,编制实施性吊装方案和操作安全技术细则,并对施工作业人员进行技术交底。

②吊装每一个构件前,必须计算确定出构件的吊装重心。吊装时应使吊钩和理论重心在同一竖直线上。

③在6级及以上大风和雷雨、大雾及可见度差的天气条件下,不得进行挂篮吊装作业。

④起重吊装作业必须由专职人员统一指挥,高处作业人员应系牢安全带、戴好安全帽。

⑤主桁吊装到位后,必须首先安装后锚。各吊带、吊杆连接销轨和插销必须按规定安装齐全,并由专人检查确认合格后才可进行下一道工序施工。

5.2.4 挂篮模板安装应符合下列规定:

(1)底模和底模支架宜采取在墩下施工平台上拼装成整体,然后用滑轮组提升到位安装。安装在底模支架上的底模顶面高低位置应由底模支架的吊杆(带)进行调整。对斜腹板桥梁,随着悬臂浇筑梁段延伸需逐渐加宽底模时,底模支架的外部纵梁应设计为可移动式,以便使用加条方法调整底模宽度。

(2)挂篮外侧模宜采用桁架式,并宜按悬臂节段的高度分成两节。内侧模一般也应采用桁架式钢模,内顶模应采用可调宽度的组合钢模,外侧模和内侧模之间用拉杆固定位置。起吊安装时,用塔吊或吊车平稳吊装外侧模放到外滑梁上、吊装内侧模到内滑梁上,就位后安装滑梁下滚轮。拼装立模时,用千斤顶(螺旋杆)和拉杆调整定位,接缝处应用密封胶条贴封严密。

(3)安装梁段变高度模板,应按悬浇梁段模板设计规定的调整方法进行施作。梁体侧模因梁段高度分段变化,外侧模下部多余的部分可割除或拆除,内侧模一般宜采用木模抽条的方法进行调整。

(4)封端模板因梁高、预应力管道位置不同及拆模时易损坏等原因,一般宜采取木模重新改制的方法进行调整。

5.3 线形控制

5.3.1 混凝土连续梁(刚构)悬臂浇筑施工,在施工全过程应对每一施工梁段的中线、高程及预拱度等,进行严格监测和控制,以保证成桥线形与内力状态符合设计要求。

5.3.2 梁体悬臂浇筑施工前,应根据结构设计参数和每一梁段计划施工进度、施工时环境温度、混凝土龄期和所用挂篮的结构类型及质量等施工技术参数,进行悬臂浇筑梁段施工预拱度计算,作为每一梁段立模高程计算依据和全桥桥梁线形控制依据。

5.3.3 确定施工预拱度时应考虑下列因素:

(1)设计预拱度。

(2)在荷载作用下已施工梁段的变形。

(3)挂篮在荷载作用下的弹性变形。

(4)由混凝土预施应力和收缩、徐变引起的挠度。

(5)由施工时温度变化引起的挠度。

5.3.4 梁体施工前,应制定线形控制工作计划和措施,以便及时进行每一梁段的施工监测和全桥施工联测工作,并根据梁段施工线形误差,及时进行预拱度计算和采取跟踪调整预拱度措施,保证全桥施工线形符合设计要求和有关施工质量验收标准的规定。

5.3.5 在每一梁段悬臂浇筑施工过程中,应跟踪监测挂篮走行前后、混凝土浇筑前后和预应力筋张拉前后六种工况下,已施工及在施工梁段的高程(挠度)变化情况,与理论计算值进行比较分析,合理调整确定下一施工梁段的施工立模高程。

5.3.6　在梁体施工过程中,应在悬臂浇筑梁段前端顶面设置高程测量桩,如图7-13所示。高程测量桩应设置在每一梁段的前端顶面边缘约0.2m范围内,并宜在桥梁中心处及两侧共预设5个钢质测量桩(桩顶应高出混凝土面5～10mm)。同时,应在挂篮变形和监控混凝土横桥向对称平衡浇筑使用。

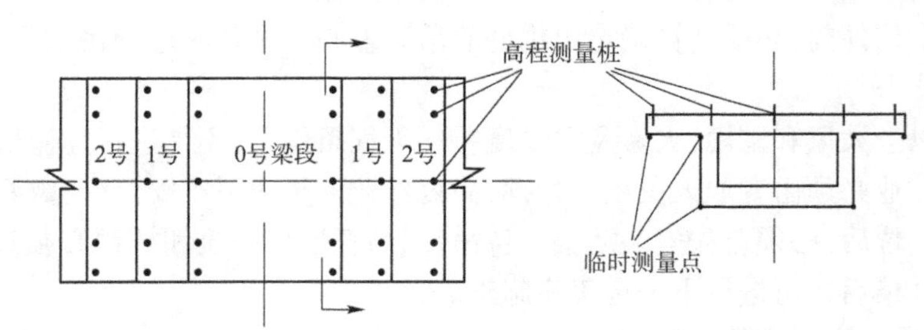

图7-13　高程测量桩布置图

5.3.7　调整挂篮模板立模高程时,主要调整待施工梁段前端模板高程,模板后端须与已施工梁段紧密、牢固连接为一体。当已施工梁段前端高程偏差较大时,应分次逐步调整待施工梁段前端模板高程,以保持梁体顶面及底面平顺,且无明显凸凹变化。

5.3.8　悬臂浇筑 n 号梁段合龙侧(前端)施工立模高程 H_n,可根据式(7-2)进行计算:

$$H_n = A_n + B_n + C_n \pm D_n \tag{7-2}$$

式中:A_n——n 号梁段前端设计高程;

B_n——n 号梁段前端计算挠度;

C_n——n 号梁段前端预计挂篮变形值;

D_n——n 号梁段前端高程调整值,包括考虑模板间隙、托架沉降、$(n-1)$号梁段高程偏差调整值、计算与实际挠度差值调整值等。

5.3.9　测定梁段温度变化影响值,宜选择先行施工的较大悬臂端(如悬臂长度达70%及合龙口两侧梁端)进行定时,定点观测。可在梁段混凝土养生期间保持施工荷载不变情况下,连续进行一昼夜高程随气温变化情况的观测,为确定施工立模调和、合龙口临时锁定时间和采取措施减小气温对合龙梁段混凝土质量影响提供依据。

5.3.10　相邻T构悬臂梁段的中线、高程联测及监控,应在距合龙口2～3个梁段时开始进行,以保证将合龙口两侧悬臂端中线及高程偏差控制在允许范围内。

5.3.11　对悬臂梁段中线、高程测量的监控,应重视气温变化带来的影响。中线、高程测量工作宜在日出前的固定时段进行,以避免由于梁体变形与气温变化不同步(变形滞后约2～3h)影响测量结果评估。

5.3.12　梁段中线测量应符合下列规定:

(1)对于特大桥应编制专项的测量方案,有特殊要求的还要建立专项的测量控制网。

(2)用三角形控制网把中线引测到0号梁段顶面上,同时要定期进行复测。

(3)挂篮组装完毕,在浇筑混凝土前应全面检查安装质量和挂篮中线,符合设计要求后,方可浇筑梁段混凝土。

5.3.13　梁段高程测量应符合下列规定:

(1)应使用经过校定的钢尺和高精度水平仪把高程引测到0号梁段顶面方便测量的位置,测量精度不低于四等水准测量的规定。

(2)待浇梁段挂篮前端模板立模高程,应根据本章第5.3.8条的规定计算确定,各测点高程测量偏差不应大于2mm。

(3)挂篮模板安装完毕后,应在浇筑混凝土前全面检查各部位纵、横向高程,并测核挂篮各部位

变形量,符合设计立模高程后,方可浇筑梁段混凝土。

(4)在梁段混凝土浇筑过程中,应跟踪监测模板前端高程变化情况,当发生大于允许偏差的情况时,应及时进行调整和纠正。

5.4　钢筋及预应力管道安装

5.4.1　钢筋加工、连接及安装应符合本章第4.6.1～4.6.10条的规定。

5.4.2　预应力管道安装应符合本章第4.6.11条的规定。

5.5　混凝土施工

5.5.1　悬臂浇筑梁体混凝土施工应符合本章第4.7.1～4.7.10条的规定。

5.5.2　混凝土的浇筑方向应从梁段前端开始,在根部与已浇筑梁段连接。

5.5.3　桥墩两侧梁段混凝土浇筑应对称、平衡施工,两侧施工荷载的实际不平衡偏差应不大于设计允许值,保证T构平衡稳定。

5.5.4　混凝土拆模应符合本章第4.7.11、4.7.12条的规定。

5.6　预应力施工及压浆

5.6.1　预应力筋制作、搬运、存放应符合本章第4.8.1条的规定。

5.6.2　预应力筋安装应符合本章第4.8.2条的规定。

5.6.3　预应力筋张拉应符合本章第4.8.3～4.8.4条的规定。

5.6.4　预应力孔道压浆应符合本章第4.8.5～4.8.6条的规定。

5.6.5　梁体封锚(端)应符合本章第4.8.7条的规定。

5.7　挂篮前移及拆除

5.7.1　挂篮前移前应做好下列准备工作:

(1)测量标出已施工梁段的中线及高程,并宜按间距不大于0.5m测量标出移位位置横向标线,以观测和保证T构两侧挂篮同步对称前移。

(2)铺设滑道或安放滚轮箱等走行设施。

(3)对挂篮的结构状态和各部位连接情况应进行详细检查并做好记录,对发现的缺陷应及时整改、纠正。

(4)解除挂篮主桁架后锚和前支点处的锚固,拴好安全绳及尾绳。

(5)安装并调试前移动力装置。

5.7.2　挂篮前移应符合下列规定:

(1)桥墩两侧挂篮必须在梁段的纵向预应力筋张拉完毕后同时对称移动,并应设专人指挥。

(2)挂篮前移应根据不同移动方式(滑动式、滚轴式、支架滚轮等)、驱动动力(倒链、千斤顶和液压驱动走行)的操作要求进行,并应保持主桁处于水平状态。挂篮前移不得使用卷扬机钢丝绳作为牵引动力。

(3)挂篮移动速度不宜大于0.1m/min,就位时中线偏差不应大于5mm。

(4)挂篮移动时后端应有牢固可靠的防倾覆、防溜走的保护措施。

5.7.3　挂篮拆除应按设计要求进行。T构两荷载偏差不得大于设计允许值。

5.7.4　挂篮拆除一般应在浇筑梁段位置拆除,也可退到0号梁段进行拆除。拆除顺序一般为:底模→内、外侧模→滑梁→吊带→前横梁→横联→主桁架→滑动装置→走行轨道→钢枕→清理场地。

6 边跨非对称梁段

6.1 施工流程

6.1.1 边跨非对称梁段的施工方法应符合设计要求。

6.1.2 边跨非对称梁段采用支架现浇的施工流程如图7-14所示。

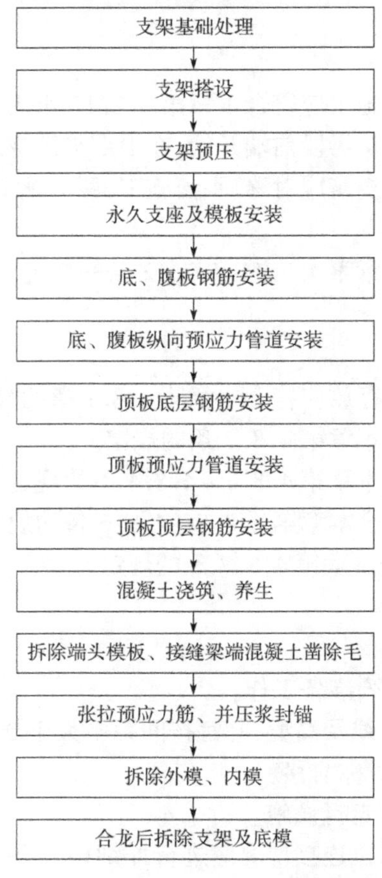

图7-14 边跨非对称梁段采用支架现浇施工流程图

6.2 支架及预压

6.2.1 支架法一般适用于地基条件较好、跨越旱地或浅水河流且桥墩高度较低的边跨非对称梁段现浇施工。遇高墩、深水、深谷以及地质不良等不适合搭设满布式支架的工况时,可采用墩(台)旁托架或悬吊式支架施工。

6.2.2 支架结构应为钢结构,所用材料应符合现行有关标准的规定。

6.2.3 支架基础必须具有足够承载力,不得出现不均匀沉降。支架基础类型、面积和厚度应根据支架结构型式、受力情况、地基承载力等条件确定。旱地采用浅埋基础时,应同时设置好地面的防、排设施。

6.2.4 支架结构应经过设计计算,且具有足够的强度、刚度和稳定性。支架设计时,构件应力安全系数应不小于1.3,稳定安全系数应大于1.5。采用悬吊式支架时,应对与其连接的桥墩(台)进行抗拉强度检算,对于梁段较长的支架,还应考虑梁体纵向预应力筋张拉时对支架受力的影响。支架的长度和宽度,应满足模板安装等施工作业要求。

6.2.5　支架应预留施工拱度，在确定施工拱度值时，应考虑下列因素：

(1)支架承受全部荷载时的弹性变形。

(2)加载后由于构件接头挤压所产生的非弹性变形挤压值。

(3)由于恒载及静活载作用结构所产生的挠度。

(4)由于支架基础下沉而产生的非弹性变形。

6.2.6　为便于拆卸支架，应根据结构形式、承受的荷载大小拆除底模及需要的卸落量，在支架适当部位设置相应的楔块、砂筒或千斤顶等落模设备。

6.2.7　支架安装完毕，经检查验收复合设计要求后，方可进行模板安装。

6.2.8　底模安装完成后应对支架进行静载预压，以检验支架及地基的强度和稳定性，消除支架的非弹性变形和地基的沉降变形，并测量出支架的弹性变形。

6.2.9　支架预压荷载应符合设计要求，当无设计要求时，应不小于最大施工荷载的1.1倍。预压加载部位及顺序应与边跨梁段施工时支架实际受力状况匹配。

6.2.10　支架预压可采用沙袋加重或水箱加重等方法进行加载。预压加载可按照预压荷载的60%、100%、110%分三次加载。每级加载完毕1h后，应进行支架变形观测，测点布置在边跨段的两端、$L/4$、$L/2$、$3/4L$处(L为跨长)。横桥向应根据截面的结构形式，宜将测点布置在边跨截面的底、顶板中间位置和腹板中间位置。支架预压荷载全部加载完毕后，宜每6h测量一次每个测点的变形值。

6.2.11　在支架预压过程中，应对支架及基础进行沉降落量观测。支架预压荷载全部加载完毕后，最后两次沉降落量观测平均值之差不大于2mm时，即可终止预压卸除预压荷载。

6.2.12　预压荷载卸除时，应按预压加载时的分级逐步卸载，并在卸载的过程中进行沉降量观测，分级卸载观测点应与加载时观测点相同。然后，根据加、卸载实测数据，绘制各测量点位的加、卸载过程变形曲线，计算支架的弹性变形。

6.2.13　当采用悬吊式支架时，除应符合上述有关规定外，还应符合下列规定：

(1)悬吊式支架结构和与桥墩(台)及悬浇梁体连接方法应符合设计要求。

(2)悬吊式支架连接的桥墩(台)和悬浇梁体，在其施工时，应按支架连接设计要求精确预埋(留)与支架连接的预埋件(预留孔)。

6.3　永久支座及模板安装

6.3.1　支座进场后应按本章第4.4.2~4.4.3条规定的项目进行检查及验收，合格后方可安装使用。

6.3.2　支座安装前应做好高程控制网、平面坐标网的测量，布设加密控制点，同时连续梁永久支座应在底模安装前安装完成，固定支座和活动支座安装位置及方向和坡道上的支座安装应符合设计要求的规定外，还应符合下列规定：

(1)边跨端支点梁段施工时，应设置临时支座或对永久支座采取保护措施，以保护永久支座在边跨合龙施工中不遭破坏。

(2)顶梁拆除临时支座或调整永久支座位置时应符合技术章第7.5.3条的规定。顶梁高度不得大于5mm。顶梁时应两侧同步施作，两侧梁底顶落高差不得大于1mm。

(3)永久支座的安装，应符合本章第4.4.4~4.4.8条的规定。

6.3.3　梁体模板安装应符合本章第4.5小节的规定。

6.4　钢筋及预应力管道安装

6.4.1　安装钢筋时，钢筋的品种、规格、材质等应符合设计要求。上、下层钢筋间宜使用[形钢筋将上、下层钢筋网片按设计间距卡住并支撑焊牢。

6.4.2 钢筋安装应符合本章第4.6.1~4.6.9条的规定。

6.4.3 预应力管道安装应符合本章第4.6.10~4.6.11条的规定。

6.5 混凝土施工

6.5.1 梁体混凝土施工应符合本章第4.7.1~4.7.9条的规定。

6.5.2 梁体混凝土养护应符合本章第4.7.10条的规定。

6.5.3 梁体混凝土拆模应符合本章第4.7.11、4.7.12条的规定。

6.6 预应力施工及压浆

6.6.1 预应力筋制作、搬运、存放应符合本章第4.8.1条的规定。

6.6.2 预应力筋安装应符合本章第4.8.2条的规定。

6.6.3 预应力筋张拉应符合本章第4.8.3、4.8.4条的规定。

6.6.4 预应力孔道压浆应符合本章第4.8.5、4.8.6条的规定。

6.6.5 梁体封锚(端)应符合本章第4.8.7条的规定,并应严格控制封端后的梁体长度,保证梁端缝宽度符合设计要求。

6.7 支架拆除

6.7.1 支架拆除时间,应在边跨合龙施工完毕后,根据设计要求混凝土强度等级、混凝土养护时间和混凝土与环境之间的温差等天气情况决定。

6.7.2 拆除现场必须设警戒区域,张挂醒目的警示标志。严禁非操作人员在警戒区域内通行和在支架下方施工。拆除现场地面应设监护人员,并配备良好的通信设备。

6.7.3 支架拆除应严格按照设计要求进行,当无具体设计要求时,应从梁体挠度最大处的支架节点开始按横桥向同步卸落,然后逐步向两端对称、均匀地卸落相邻支架节点,并应符合下列规定:

(1)在支架开始拆除前,应明确规定落架设备的每一次落量。

(2)落梁应分级对称循环进行,宜按先跨中后两边的顺序循环落架。

(3)拆除悬吊式支架时,应先制定拆除专项措施,并严格按其规定进行落、拆架施工作业,确保施工安全。

(4)拆除满布式支架时,应遵循自上往下、后搭先拆的原则进行施工,拆除作业不应采用猛烈敲打、强扭等方法,拆除的构配件应采用捆吊等方法运输,严禁抛掷。

(5)参加拆除支架施工的人员,必须戴安全帽、拴安全绳。

6.7.4 在支架卸落过程中,应注意观察梁端支架变形情况,发现集中荷载节点出现异常情况时,应立即停止落架并及时采取加固措施保证安全。

6.7.5 遇强风、雨、雪等特殊天气及夜间,不应进行支架拆除作业。

6.8 悬臂浇筑施工方法

6.8.1 边跨非对称梁段在次边跨合龙后进行悬臂浇筑施工时,边跨悬臂浇筑段施工应符合本章第5节的有关规定。

6.8.2 边跨非对称梁段在次边跨未合龙工况下进行悬臂浇筑施工时,除应符合本章第5节的规定外,还应符合下列规定:

(1)应在T构非施工设置配置,配重可采用水箱加重或沙袋加重等方法,配重质量应符合设计要求,当无设计要求时,应与边跨悬臂浇筑梁段施工荷载相同。

(2)配重加载应与边跨悬臂浇筑梁段施工同步进行,T构两端施工荷载的实际不平衡偏差不得

大于设计允许数值。

6.8.3　边跨悬臂浇筑梁段在混凝土浇筑和预应力张拉规程中,应严格按设计要求进行线形控制。

6.8.4　边跨非对称梁段的端支点梁段应在支架上现浇施工。

7　合 龙 梁 段

7.1　施工流程

7.1.1　混凝土连续梁(刚构)合龙梁段的施工顺序,必须符合设计要求,以确保连续(刚构)结构体系转换后梁体内力及变形符合设计要求。合龙梁段施工流程如图7-15所示。

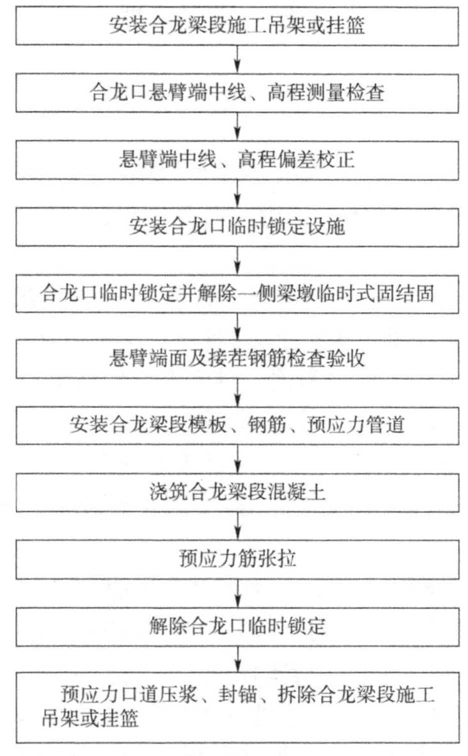

图7-15　合龙梁段施工流程图

7.1.2　相邻T构梁体悬臂端中线、高程,应在距合龙口2~3个梁段施工时开始贯通测量控制,以保证合龙口的两悬臂端中线、高程偏差控制在允许范围内。

7.1.3　合龙梁段施工前,应对两悬臂端的中线、高程进行测量检查,当发现两悬臂端中线和高程及其相对偏差大于15mm时,应采取措施实施纠正。合龙口纠偏措施应经设计单位和监理单位同意。

7.1.4　纠偏措施须待合龙梁段预应力筋张拉完毕后才能解除。

7.2　合龙口临时锁定

7.2.1　混凝土连续梁的合龙口临时锁定力,必须大于解除合龙口任何一侧梁墩临时固结后各墩全部活动支座的摩擦力,以保证合龙梁段混凝土从开始浇筑至纵向预应力筋实施张拉过程中,不承受任何挤拉外力,避免引起混凝土开裂。

7.2.2　混凝土连续梁(刚构)合龙口临时锁定方法,应符合设计要求。

7.2.3　应在合龙口最大,且悬臂端高程符合设计要求和相关规定时,实施合龙口临时锁定。由于梁体收缩变形滞后于最低环境温度约为2～3h,故一般宜在一日之晨进行锁定。锁定前,应先刚性支撑的一端与梁端埋件(拴)接,到计划锁定时间时,再对称、快速地将刚性支撑的另一端与梁体预埋件焊(拴)接。当设计采用支拉共同锁定方法时,刚性支撑联锁后,应将临时预应力筋按设计要求张拉钢筋设计要求张拉力值尽快张拉,形成支拉锁定结构,将合龙口锁定。

7.2.4　混凝土连续梁合龙口临时锁定后,应立即将合龙口一侧的梁墩固结及支座临时锁固约束接触,使梁的一侧能在合龙口临时锁定装置连接下沿支座自由伸缩。

7.2.5　合龙口临时锁定设施,应在合龙梁段纵向预应力孔道压浆前拆除。梁体预应力筋张拉时,用作临时锁定的永久预应力束,其张拉时间应符合设计要求。当无时间要求时,应在其他纵向预应力筋张拉完毕后,再补充张拉到设计值。设于梁体内部的刚性支撑,应在浇筑混凝土时,在其中部留出长、宽约为10cm的缺口,以便在梁体预应力孔道压浆前,从预留缺口切断刚性支撑,然后用与梁体同等级混凝土封闭缺口。

7.3　吊架施工及模板安装

7.3.1　合龙梁段施工可采用支架、悬臂挂篮或另设施工吊架作为施工作业平台。采用支架施工时,应符合本章第6.2小节的有关规定。利用挂篮施工时,需按合龙梁段结构要求对挂篮及模板进行改制,使其适应与合龙口两端梁段搭接的需要。

7.3.2　合龙梁段采用吊架施工时,除应符合本章第3.4.15条的规定外,还应符合下列规定:

(1)施工吊架的支点,应设置在梁体腹板上,且宜设在跨悬臂端部50cm以内的位置。

(2)施工吊架结构,应根据选用的型钢类型、规格、力学性能等经设计计算确定,并应便利安装和拆除。进行吊架承载力验算时,构件应力安全系数不小于1.3,稳定安全系数应不小于1.5。

(3)施工吊架安装时,必须按吊架结构安装设计要求进行施工,梁体横向应同时、对称进行结构件安装,并应按照先锚固梁体上面承重梁后,再安装下部结构件进行施工,确保吊架安装施工安全。

(4)施工吊架拆除时间应符合设计要求,当无设计要求时,应在合龙梁段全部纵向预应力筋张拉完毕和混凝土达到设计要求强度等级后进行拆除。拆除施工一般应按照先下后上、先外后内的顺序进行,并应做好警戒区域内安全防护工作和拆除作业人员安全保护工作。

7.3.3　模板设计、安装除应符合现行标准的有关规定外,合龙梁段模板与两悬臂端梁体表面搭接长度不应小于30cm。搭接缝必须紧密、牢固,搭接缝内应设置弹性胶条,以防止振捣混凝土时漏浆。附着式混凝土振捣器及其他施工荷载,应对称、均衡布置。

7.4　混凝土施工

7.4.1　合龙梁段混凝土浇筑前,应全面检查模板及支(吊)架、钢筋及预应力管道、钢筋保护层垫块及模板紧固件等的安装情况。

7.4.2　合龙梁段混凝土浇筑前,应在合龙口两端悬臂预加压重稳定悬臂。每一悬臂端预压质量应符合设计要求,当无设计要求时,可按合龙梁段现浇混凝土质量的1/2加载,并应于混凝土浇筑过程中按等量换重方式逐步撤除。为调整合龙口悬臂段高程、高差所加压重,应在合龙梁段预应力筋张拉完毕后才能拆除。

7.4.3　合龙梁段应按设计要求采用微膨胀混凝土,混凝土强度等级宜较设计要求提高一级。

7.4.4　合龙梁段混凝土应在一天中气温最低时间段内快速、连续浇筑。

7.4.5　合龙梁段混凝土浇筑完成后应加强保湿保温养护,控制梁体内外温差,并应将合龙梁段及梁悬臂端部1m范围进行覆盖洒水,以降低日照带来的温差影响。拆模后,除梁体顶面外的其他混凝土表面,应喷涂混凝土养护液对混凝土进行保护,梁体顶面仍应继续覆盖洒水保湿养护。

7.4.6 梁体混凝土施工应符合本章第4.7.11、4.7.12条的规定。

7.5 预应力施工及体系转换

7.5.1 混凝土连续梁(刚构)合龙梁段混凝土达到设计要求条件时,应技术进行预应力筋张拉,预应力筋张拉顺序及张拉力值必须符合设计要求。合龙口临时锁定利用永久预应力筋作为临时预应力筋时,其补充张拉施工应符合设计要求。当无设计要求时,应在其他纵向预应力筋全部张拉完毕后,再补充张拉到设计锚固吨位。

7.5.2 混凝土连续梁(刚构)合龙梁段纵向预应力筋全部张拉完毕后,应立即解除相应T构全部永久活动支座的临时锁定设施,实现连续梁结构体系转换。

7.5.3 当混凝土连续梁(刚构)合龙梁段纵向预应力筋全部张拉完毕后,拆除相应T构梁墩临时固结设施和临时支座时,应对称、均匀施作,并应观测墩顶梁体高程及应力和永久支座受力状态变化情况。如发现异常情况,应立即停止作业,查明原因,保证施工安全。

7.5.4 混凝土连续梁(刚构)永久支座安装位置和方向应符合设计要求。当合龙梁段全部按设计要求施工完毕形成连续梁体系之后,发生永久活动支座预偏量大于允许值等情况,必须顶起梁体进行调整施工时,应根据有关规定制定专项顶梁施工方案,并在征得设计单位和监理单位同意后进行施工,严防梁体破损。

7.5.5 混凝土连续梁(刚构)合龙梁段预应力筋张拉应符合本章第4.8.1~4.8.4条的规定。

7.5.6 混凝土连续梁(刚构)合龙梁段预应力筋孔道压浆应符合本章第4.8.5、4.8.6条的规定。

7.5.7 混凝土连续梁(刚构)合龙梁段预应力筋封锚应符合本章第4.8.7条的规定。

8 施工保障措施

8.1 质量保证措施

8.1.1 混凝土连续梁(刚构)悬臂浇筑施工作业环节多,影响工程质量的因素较多,施工单位应建立健全施工质量管理体系及质量检查制度,编制好实施性施工组织设计及悬臂施工工艺设计,做好对施工人员的操作技术培训及施工技术交底工作。施工技术交底应执行交、接方责任人签认制度。

8.1.2 0号梁段施工托架、边跨非对称梁段施工支架、合龙梁段施工吊架、悬臂浇筑梁段施工挂篮等辅助工程设施,必须经过设计计算,且具有足够的强度、刚度和稳定性。应充分做好梁体线形监测各项准备工作,保证梁体施工全过程能够及时、准确地对各梁段中线、高程及预拱度进行监控。量测工作应实行二次独立量测复核制,复核无差错后方可进行施工。

8.1.3 梁体混凝土施工前,应对施工托、支架和挂篮进行加载预压,消除其塑性变形和测定其弹性变形值,并检验承载力。应合理设置各悬臂浇筑梁段施工预拱度,保证梁体结构线形符合设计要求。

8.1.4 钢筋(包括预应力筋和预埋钢件)加工成型、接头连接、布置位置等,均应符合设计要求和相关技术标准规定,钢筋保护层垫块应按本章有关规定设置稳固。

8.1.5 预应力管道应按设计要求的规定、数量、位置精心施工,做到位置准确、线形平顺、定位牢固,保证在混凝土浇筑、振捣过程中不移位、不弯沉。

8.1.6 预应力筋张拉顺序和方法必须符合设计要求。预应力筋施工张拉力值,应严格按照实测锚口、喇叭口预应力损失和管道摩擦阻力值对设计张拉力值进行调整后的数值进行张拉锚固,并应尽快进行孔道压浆。

8.1.7 梁体合龙应在低温时段进行,合龙梁段施工顺序必须符合设计要求。合龙口锁定结构及预应力,应经过设计计算,并具有足够强度和刚度,保证能够抵消温度力对合龙梁段混凝土挤、拉的不利影响。合龙梁段预应力筋张拉,应按设计要求张拉顺序施工,保证全部梁体体系转换符合设计要求。

8.1.8 施工前应做好工程材料、构配件及主要机具设备进场检查验收和试验及检验工作,上述物品经检验合格后方可用于工程施工。

8.1.9 施工现场工程技术人员,应全面了解、掌握设计文件及设计要求,备齐并熟悉有关工程质量验收标准等技术规范,以准确、及时地指导工程施工作业。

8.1.10 每次梁体混凝土浇筑前,施工及监理单位均应对模板及支架、钢筋及预埋件、预应力管道及定位钢筋等高程、尺寸、位置、表面质量、安装牢固性、钢筋与模板间距离及垫块设置数量、牢固程度等进行全面检查、验收,对梁段模板的平、立面位置和横向位置,应会同测量人员共同检查确定,当全部符合设计要求后,方可进行混凝土浇筑施工。

8.1.11 混凝土连续梁(刚构)悬臂浇筑梁段施工线形测量控制工作,应设专业小组负责,做到测量方法统一、测量数据真实并具有代表性及可比性,以便进行计算、分析。通过对每一梁段调整、控制立模高程减少误差积累,保证相邻T构顺利合龙和梁体线形符合设计要求。

8.1.12 应根据设计要求和施工工艺等,经试验确定混凝土配合比。梁体预应力施工前,施工单位应做好预应力筋张拉操作工艺技术交底。

8.1.13 挂篮走行轨道中线应与桥梁中线重合,就位偏差应不大于5mm。为确保挂篮走行轨道位置的准确性,安装梁体竖向预应力筋时,应严格控制其纵横向偏差在3mm以内。

8.1.14 各悬臂浇筑梁段施工过程中,梁段顶面的材料、机具设备等施工荷载的数量及位置,均应符合施工线形控制的要求。

8.1.15 对于曲线梁段平面位置,应采用梁段施工测量(宜采用支距法)和全桥三角控制网测量相结合的方法,对每一梁段的起、终点的平面曲线坐标进行测控,误差应不大于5mm。

8.1.16 悬臂浇筑梁段高程测量的水准点,应尽可能设在岸边稳固地点。水准点设置在0号梁段顶面或桥墩顶面时,应在悬臂梁段延伸浇筑过程中定期进行复核测量,发现桥墩下沉影响线形控制时,应及时修正与线形控制有关的高程测量数据。

8.2 安全保证措施

8.2.1 混凝土连续梁(刚构)悬臂浇筑施工安全工作,必须认真贯彻执行《铁路桥涵工程施工安全技术规程》(TB 10303—2009)的有关规定。

8.2.2 高空作业的安全保障设施如安全网、安全梯、防护栏等必须设置齐全、完善,挂篮四周侧面及底部,应全部挂满安全网。

8.2.3 建立健全安全生产岗位责任制和岗前安全教育制度,严格执行安全专人检查和安全技术培训及考试制度,人员安全防护不到位和安全技术考核不合格者不得独立上岗工作。从事高处作业的人员应按规定进行身体状况检查,身体状况合格者方可上岗工作。上班工作前,严禁人员饮酒,并应确保睡眠充足。

8.2.4 挂篮走行应以千斤顶或倒链作动力,不应使用卷扬机钢丝绳牵引。

8.2.5 挂篮前移前,尾部锚固装置如后锚梁、压紧器、限位器等应及时安装到位,并由专人进行检查验收。应对模板滑梁吊杆进行检查,防止因吊杆损坏引发掉模事故。

8.2.6　在悬臂浇筑施工过程中,必须安排专人经常检查挂篮后端锚固螺杆、前后吊杆(带)、前支点等关键承力杆件的情况,并加强对起重千斤顶、倒链、钢丝绳等机具设备的维修养护,如发现异常,应及时修理或更换。应有专人负责监控T构两侧施工荷载的平衡度,保证悬臂浇筑施工安全。

8.2.7　挂篮中动力、照明线路必须符合现行安全用电有关标准的规定,并由专业电工进行敷设。应经常对动力和照明线路进行检查、整理,消除漏电、短路隐患。施工使用的电器设备,应具备可靠的漏电保护设施。在雷区施工时,应设置防雷击设施。

8.2.8　每套挂篮都应配备消防器材,以防止由于电焊作业等原因可能引燃防雨及防晒篷布和安全网等而发生的火灾。

8.2.9　位于同一T构上的两套挂篮移位,必须同步对称进行,行走速度不应大于0.1/min,中线偏差不应大于5mm,两套挂篮位移距离差不应大于40cm。移动挂篮时,后部应具备稳定及防溜保护措施。

8.2.10　采用起重机整片(体)吊装0号梁段钢筋时,吊体质量、起吊高度、起重机位置及回转角度等,必须经过准确计算,防止发生吊装事故。吊装挂篮主桁架杆件在0号梁段上面就位时,必须用倒链将其临时固定后,方可松、摘吊钩。更换临时后锚时,应先做好锚固,然后再拆除临时锚固措施。

8.2.11　悬臂梁段底板与腹板钢筋分片(块)吊装、混凝土分层浇筑及拆除挂篮时,必须对称、均衡进行施作,保证T构两侧的平衡总质量不大于设计要求限值。

8.2.12　拆除挂篮时,必须按照其拆除工艺设计程序进行施作。拆除硫黄砂浆临时支座时,施工人员应佩戴口罩,以防范通电熔化过程中产生的有害气体。

8.2.13　雨季施工时,应根据当地气象预报及施工现场具体情况制定防、排洪措施。对处于洪水可能淹没地段的机械、设备、材料等,更需采取防洪措施保证其安全度洪,暴雨前后及降雨时应加强对上述物品的检查。

8.3　环境保护和水土保持措施

8.3.1　混凝土连续梁(刚构)悬臂浇筑施工前,应根据设计要求,并结合桥梁墩台所处环境位置等实际情况,对施工中可能发生的环境破坏及不利影响,在桥梁施工组织设计中提出具体预防措施。

8.3.2　施工中生产及生活所需临时用地,应结合当地土地利用规划统筹考虑,尽量做到不占或少占耕地和保护原有地形地貌及植被。

8.3.3　施工机械停放、维修及修理场地,工程材料存放及加工场地,混凝土拌和场地等,均宜远离居民区并应位于下风区设置。应尽量推广采用清洁生产工艺,采取适当的防尘、防噪声措施,减少其对周围环境的影响。

8.3.4　粗、细骨料装卸,混凝土拌和等作业,应采用湿式操作法和将可能产生扬尘的设备(混凝土拌和站等)密封起来,以防扬尘污染空气环境。

8.3.5　清洗施工机械设备发生的废水、废油以及生活污水,不得直接排入河流、湖泊及其他水域中,也不得排放于饮用水源附近的土地上,防止污染水质和土质。对上述废水、废油和污水,应在过滤池、沉淀池、隔油池、化粪池中添加适量消毒剂进行处理,当达到排放标准后,方可向外排放。

8.3.6　做好完(竣)工工地恢复工作,及时拆除施工临时设施和工地生活设施。对污水池(沟)、垃圾场(站)及厕所等,还应做好消毒、灭菌工作,并应用净土填埋、填平压实。

本章条文说明

3.1.1 预应力混凝土连续梁(刚构)悬臂浇筑施工前,当遇桥墩纵向长度较短或0号梁段的悬臂梁段较长等工况时,应采用在桥墩前后对称设置临时支墩、支座支承悬臂梁体方式进行施工。秦(皇岛)沈(阳)客运专线跨阜锦公路昏头连续梁大桥,采用钢管混凝土临时支墩,并在支墩混凝土中预埋 ϕ32mm 精轧螺纹钢筋与0号梁段实施预应力筋张拉连接,形成支拉型临时T构(说明图7-1)。武(昌)广(州)客运专线麻塘里混凝土连续大桥,采用在钢管混凝土临时支墩上部设置支承平台方案形成T构支承两侧梁体。

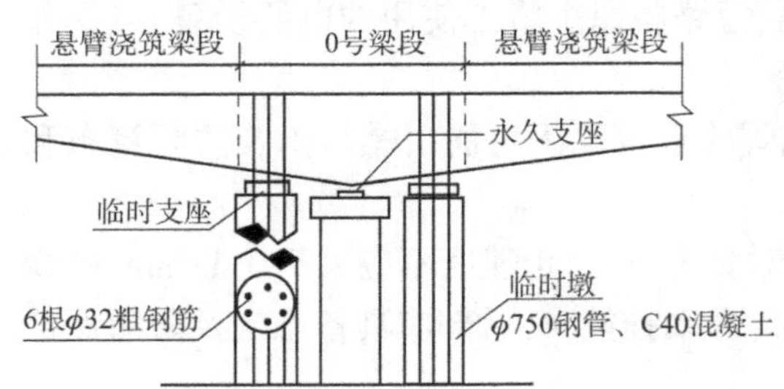

说明图7-1　墩侧临时支、拉措施示意图(单位:mm)

对于边跨非对称梁段,也有采用悬臂浇筑方法施工部分梁段的,详见本章条文说明6.8.1~6.8.4。

3.3.1 悬臂浇筑施工使用的挂篮,是利用已施工梁段作挂靠、能承担待施工梁段模板及梁体质量等施工荷载和能沿梁顶滑道移动的悬臂梁式空中施工设备,甚主要结构一般包括承重系统、平衡系统、模板系统、走行系统、操作平台。常用挂篮根据承重主梁的结构形式不同,可以划分为平衡桁架式挂篮、平弦无平衡重式挂篮、弓弦桁架式挂篮、菱形桁架式挂篮,三角形组合梁式挂篮、滑动斜拉式挂篮。

(1)承重系统,包括主桁梁和悬吊系统。主桁梁是挂篮的主要受力结构,可用型钢、万能杆件、贝雷桁架等拼制成型。悬吊系统的作用是将底模和侧模吊架、操作平台的自身质量及其上的荷载传递到主桁梁上,一般是用分节段连续并钻有锁孔的16Mn钢带或精轧螺纹钢筋等组成。

(2)平衡系统,位于主桁梁后部,分为压重式、全锚式和半压重半锚固式三种,主要作用是平衡挂篮前移和浇筑梁体混凝土时产生的倾覆力矩,保证施工安全。

(3)模板系统,包括底模及侧模吊架和梁段模板等,是直接承受悬浇梁体质量的施工荷载结构,也是钢筋及预应力管道安装、混凝土浇筑等施工作业平台。

(4)走行系统,包括移动装置和动力设施,是支承主桁梁通过滚、滑移的设施及使挂篮沿桥梁纵向移动的设备。

(5)操作平台,主要用于张拉梁体纵向和横向预应力筋、压浆、封锚等作业。

侯(马)月(山)铁路海子沟(63+2×84+63)m混凝土连续梁,悬臂浇筑施工使用的斜拉式挂篮结构及构件规格、数量分别如说明图7-2、说明图7-3和说明表7-1所示。该型挂篮质量轻(每套总质量34t)、结构简单、刚度大、非弹性变形小,加工、运输、安装、拆卸等均较方便,可节省大量施工费用。该型挂篮曾用于武广客运专线跨武(汉)九(江)铁路南环线连续梁特大桥、株洲湘江公路大桥、乐天溪公路大桥等施工中,并均取得了令人满意的技术经济效果。

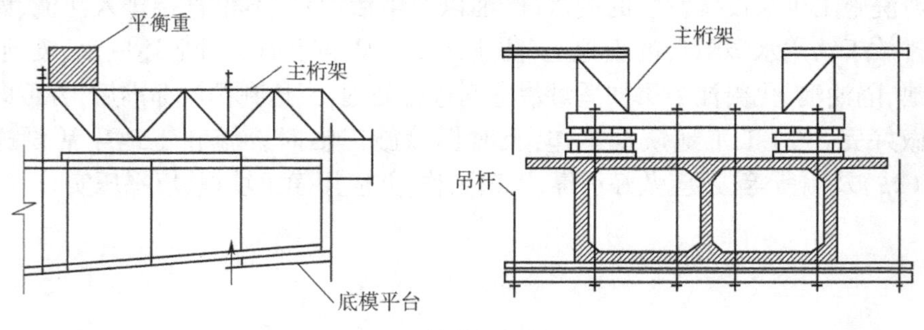

a)平行桁架式挂篮

说明图　7-2

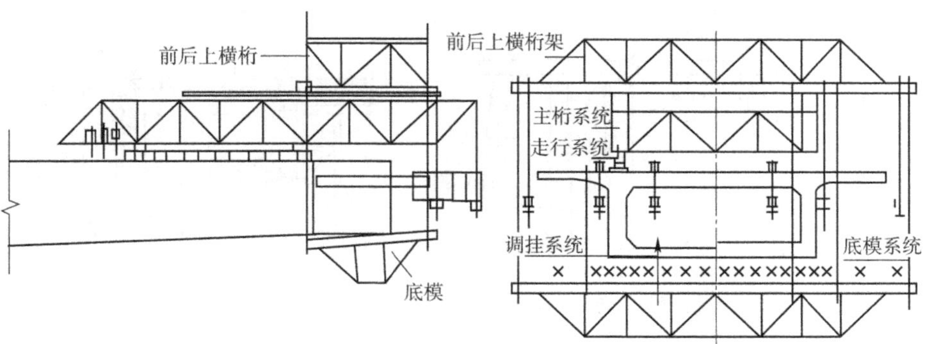

b)平弦无平衡重挂篮

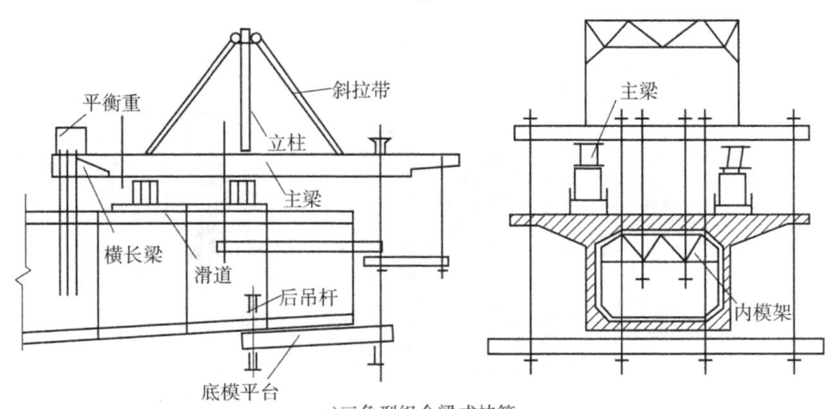

c)三角型组合梁式挂篮

d)菱形桁架式挂篮

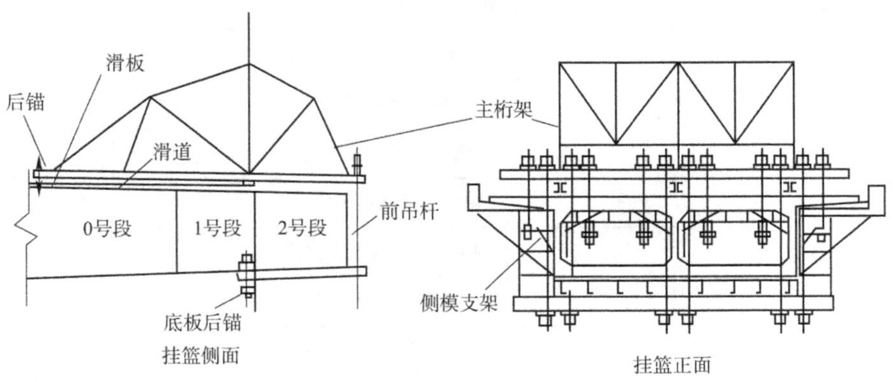

e)弓弦式挂篮

说明图　7-2

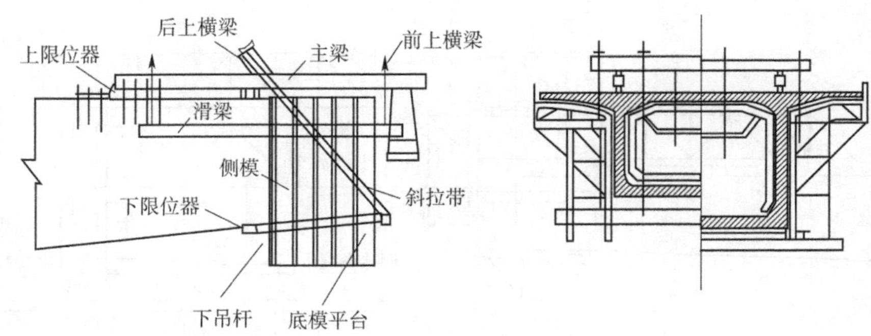

f)滑动斜拉式挂篮

说明图 7-2　常用挂篮结构型式示意图

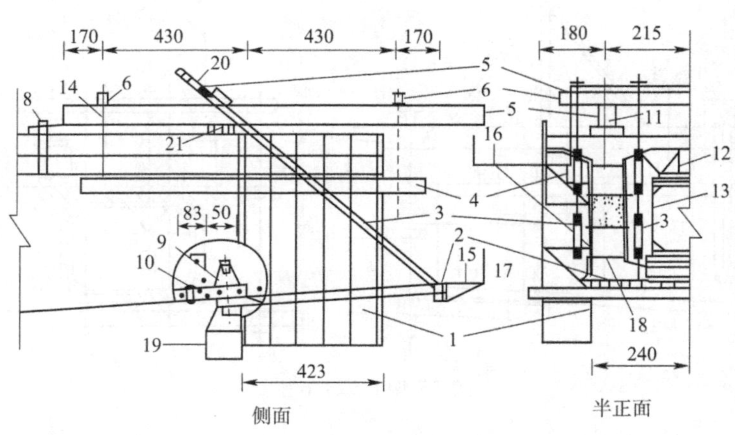

说明图 7-3　斜拉式挂篮结构示意图(单位:mm)

斜拉式挂篮构件规格与数量(每套)　　说明表 7-1

编号	构件名称	规　格	单位	数量
1	外侧模	由型钢与钢板焊成,高 658cm,宽 423cm	套	2
2	底模	由型钢与钢板焊成,长 530cm,宽 480cm	个	1
3	斜拉带	由钢板制成,长 730 ~ 854cm	条	4
4	滑梁	由型钢与钢板焊成,长 960cm	根	2
5	主导梁	由 2 跟 56 号工字钢做成,长 12m	根	2
6	挂侧模横梁	由型钢与钢板焊成,长 6.8m	根	2
7	挂斜拉带横梁	由型钢与钢板焊成,长 6.1m	根	1
8	上限位器	由钢板制成	套	2
9	后锚系统	由螺栓及千斤顶组成	套	2
10	下限位器	由方钢及螺栓组成	套	2
11	压片总成	由钢板与二联螺母等组成	套	12
12	内模桁架	由型钢与螺栓组成	套	1
13	内模桁架	由万能杆件拼装而成	套	1
14	滑梁吊杆	45 号钢,M44 螺杆,长 2m	根	4
15	前工作平台	三角支架及步板,尺寸 1.3m × 8m	个	1

续上表

编号	构件名称	规　　格	单位	数量
16	侧工作平台	由角钢焊成,尺寸1.4m×4.3m	个	2
17	可拆式板	由钢板焊成	块	45
18	对拉螺栓	直径16mm	根	1/0.8m²
19	后吊篮	直径48×3(m)钢管拼装而成,长6m	个	1
20	螺旋千斤顶	ϕ32	个	12
21	木墩	尺寸为200mm×200mm×500mm	个	12

3.3.3、3.3.4　挂篮按1.2倍最大施工荷载进行加载试验是参考襄渝铁路二线流水河大桥等施工经验确定的,加载试验方法应符合逐渐分级、连续加载和同质量分级卸载基本要求。根据设计要求,襄渝铁路二线流水河连续刚构大桥施工时,按1.2倍施工荷载对挂篮进行预压试验,预压时按50%、75%、100%、120%分四级加载,前三级加载完毕分别持荷60min后进行变形测量,变形稳定后按100%、75%、50%、0分级卸载。该桥三角形挂篮采用在墩下对挂篮的主桁架进行加载预压,将两片主桁架水平放置在平台上,后端用直径为32mm的精轧螺纹钢筋锁定,在前支点位置用钢垫块使两片主桁架分开,然后在前端上横梁位置用千斤顶加载对拉进行预压试验。

在墩上进行挂篮加载试验时,可采用沙袋加重、水箱加重(说明图7-4)等方法,分级进行加(卸)载试验。

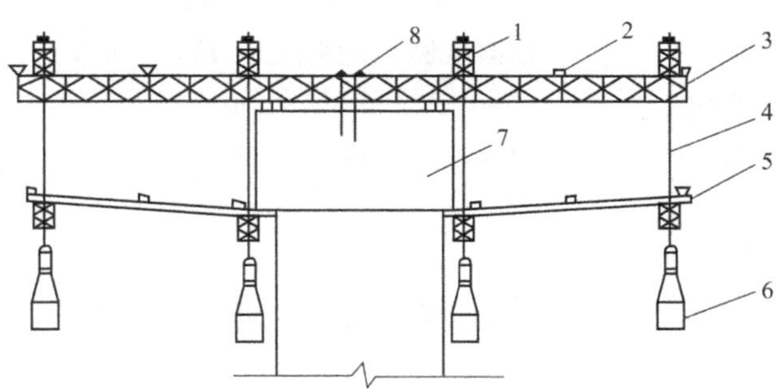

说明图7-4　挂篮水箱法试压示意图

1-横桁梁;2-观测点;3-纵桁梁;4-吊杆;5-底篮;6-水箱;7-0号梁段;8-后锚固

3.4.3　锚具和连接器是预应力筋的配套连接装置,也是保证预应力筋的拉力传递到混凝土上的永久性连接装置。夹具又称工具锚,是保证千斤顶等张拉设备的张拉力传递到预应力筋的临时性锚固装置。锚、夹具和连接器的质量是影响混凝土连续梁(刚构)预应力施工质量的重要因素之一,因此在使用前,必须按《铁路工程预应力筋用夹片式锚具、夹具和连接器》(TB/T 3193—2016)的规定进行检查试验。

3.4.10　对于大体积混凝土的定义,目前国内外解释不尽一致。本章按照现行《铁路混凝土与砌体工程施工质量验收标准》(TB 10424—2018)规定的最小尺寸等于或大于1m、或易由温度应力引起裂缝的混凝土结构。对大体积混凝土施工,应按设计要求和大体积混凝土施工技术条件等,制定专项施工技术方案,防止产生混凝土温度裂缝。防止大体积混凝土产生温度裂缝的基本措施,主要包括降低混凝土的水化热、入模温度及浇筑温度(振捣完毕距混凝土面50~100mm深处的温度),以及降低混凝土内部与面部温差和进行严格的保湿、保湿养护。

3.4.13　预留预应力管道的形状和内横截面积应符合设计要求,管道的内横截面积一般不应小于预应力筋净截面积的2~2.5倍,以便利预应力筋穿通和增强管道压浆浆体对预应力筋的防腐保护。对长度超过 70m 的预留管道,还应通过穿束试验确定其面积比,以保证穿束和压浆顺利施工。

采用抽拔胶管成孔时,抽拔胶管时的混凝土强度,是参考衡(阳)广(州)铁路复线白面石武水大桥施工经验和以往施工经验确定的。试抽拔制孔胶管时间 H 可按说明式(7-1)计算,也可参考说明表 7-2 确定。

$$H = \frac{100}{T} \tag{7-1}$$

式中:H——由混凝土浇筑完毕至抽拔胶管时间,h;

T——现浇梁体所处环境温度,℃。

试抽拔胶管时间参考表 说明表 7-2

环境稳定(℃)	抽拔时间(h)	环境温度(℃)	抽拔时间(h)
30 以上	3	20～10	5～8
30～20	3～5	10 以下	8～12

可引起混凝土连续梁(刚构)预应力钢筋应力损失的因素较多,包括钢筋与管道之间的摩擦阻力、锚头变形、钢筋回缩及松弛、混凝土弹性压缩及收缩徐变、钢筋与锚圈口及喇叭口的摩擦阻力、预应力钢筋张拉程度及方法的影响等。但由于影响因素很多,为确保混凝土连续梁(刚构)桥的工程质量,本规定应根据施工单位实测预应力钢筋与锚圈口、喇叭口和管道摩擦阻力损失值,对设计单位提供的预应力钢筋张拉控制应力进行适当调整,并应经过设计单位和监理单位确认,据此来实施预应力钢筋张拉锚固。经历几十年的后张法制梁实践,铁路后张法制梁预应力钢筋与锚口及管道之间摩擦阻力损失测算方法几经变化。

《公路桥涵施工技术规范》(JTG/T F50—2011)规定的锥形锚具预应力损失测定方法如下,可供施工人员参考使用。

(1)锚圈口摩擦阻力损失的测定。

用油压千斤测定时,可在张拉台下或用一根直孔道钢筋混凝土柱进行。两端均用锥形锚时,其步骤如下:

①两端同时充油,使油表数值均保持在 4MPa,然后将甲端封闭作为被动端,乙端作为主动端,张拉至控制吨位。设乙端控制吨位为 N_a 时,甲端相应吨位为 N_b,则锚圈口摩擦阻力如说明式(7-2):

$$N_0 = N_a - N_b \tag{7-2}$$

克服锚圈口摩擦阻力的超张拉系数可根据说明式(7-3)计算:

$$n_0 = \sqrt{\frac{N_a}{N_b}} \tag{7-3}$$

反复进行 3 次测试,取平均值。

②将乙端封闭,甲端张拉,同样按上述方法进行 3 次测试,取平均值。

③对两次测试的 N_0 和 n_0 平均值,再予以平均,即为测定值。

(2)孔道摩擦阻力损失的测定。

用千斤顶测定曲线孔道摩擦阻力时,测试步骤如下:

①在梁的两端安装千斤顶后同时充油,保持一定数值(约 4MPa)。

②将甲端封闭,乙端张拉。张拉时分级升压,直至张拉控制应力。如此反复进行 3 次测试,取两端压力差的平均值。

③仍按上述方法,但将乙端封闭,甲端张拉,取两端3次测试压力差的平均值。

④将上述两次压力差的平均值再次平均,该平均值即为孔道摩擦阻力的测定值。如两端为锥形锚,上述测定值应扣除锚圈口摩擦阻力。

预应力筋张拉理论伸长值ΔL可按说明式(7-4)进行计算:

$$\Delta L = \frac{P_p \cdot L}{A_p \cdot E_p} \tag{7-4}$$

式中:L——预应力筋的长度,mm;

A_p——预应力筋的截面面积,m^2;

E_p——预应力筋的弹性模量,N/mm^2;

P_p——预应力筋平均张拉力,N;$P_p = \frac{P \cdot [1 - e - (kx + \mu\theta)]}{kx + \mu\theta}$,当预应力筋为直线时$P_p$取张拉端的拉力值;

P——预应力筋张拉端的张拉力,N;

x——从张拉端至计算截面的孔道长度,m;

θ——从张拉端至计算截面曲线孔道部分切线的夹角之和,rad;

k——孔道每米局部偏差对摩擦的影响系数,可按说明表7-3进行取值;

μ——预应力筋与孔道壁的摩擦阻力系数,可按说明表7-3进行取值。

系数k及μ值　　说明表7-3

孔道成型方式	k	μ		
		钢丝束、钢绞线、光面钢筋	带肋钢筋	精轧螺纹钢筋
预埋铁皮管道	0.0030	0.35	0.40	—
抽芯成型孔道	0.0015	0.55	0.60	—
预埋金属螺旋管道	0.0015	0.20~0.25	—	0.50

南昆铁路清水河连续刚构大桥施工时,采用说明式(7-5)计算每一束钢绞线理论伸长值:

$$\Delta L = \frac{\alpha k}{E}\left(L - \frac{1}{2}KL^2 - \frac{1}{2}\mu\theta L_c\right)100 + \delta \tag{7-5}$$

式中:αk——张拉平均应力,$\alpha k = \alpha k'[1 - 1/2(KL + \mu\theta)]$,$\alpha k'$为锚下控制应力;

K——孔道偏差系数;

μ——孔道曲线摩擦阻力系数;

θ——孔道弯曲角度;

L_c——孔道曲线段长度;

L——孔道长度;

E——钢绞线弹性模量;

δ——混凝土弹性压缩修正值。

4.2.9　0号梁段施工托架预压方法,应根据墩高和施工条件等工况选定,本章采用三级加载预压方法,是参考秦沈客运专线扬士岗刚构连续梁满布支架预压方法确定的。襄渝铁路二线益家河混凝土连续梁大桥,墩高18.5m的0号梁段施工托架预压,采用在基础承台预埋ϕ32mm精轧螺纹钢筋,通过墩顶施工托架与设在托架上面的穿心式千斤顶连接,使用千斤顶对托架分三级(50%、100%、120%倍施工荷载)张拉预压。高墩0号梁段托架预压也可在墩下进行,如可参考南昆铁路清水河主跨128m连续刚构大桥,即采用在墩下对悬臂梁段托架预压的方法施工。清水河大桥主跨4号墩T构0号梁段为矩形空心墩与箱形桥梁正交结构,三角形托架固定在墩身上(说明图7-5),托架预压试验方法如下。

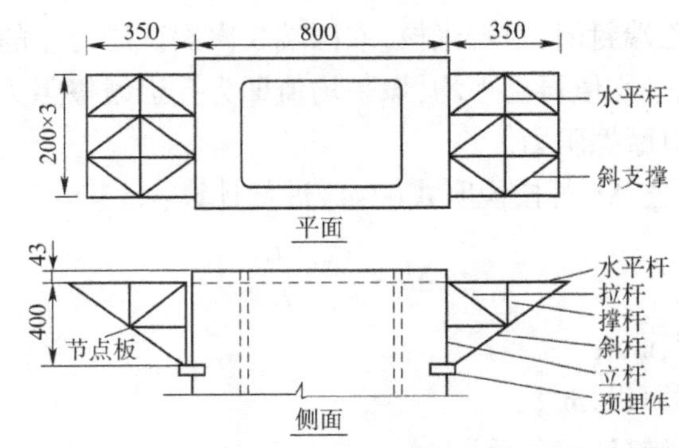

说明图 7-5　墩顶托架设置示意图(单位:mm)

(1)预压测试方法。

选择试验场地做钢筋混凝土预压测试台座,台座形式如说明图 7-6 所示;将拼装好的托架用 50kN 汽车吊装在已制作的台座上,每个台座按说明图 7-6 安装四片托架,并排两片托架之间用 L90×8角钢水平连接杆连接,组成稳固的托架网架。

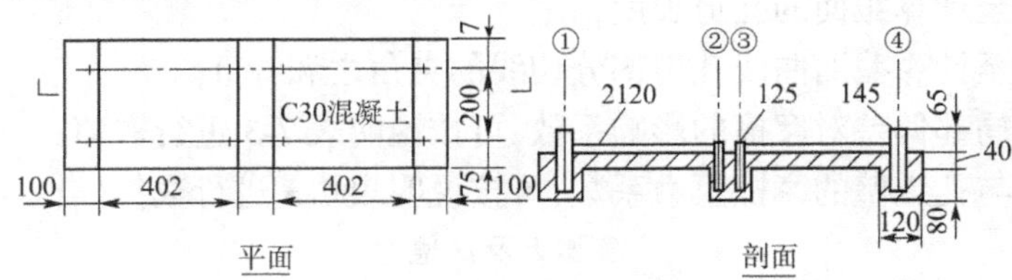

说明图 7-6　试验台座示意图(单位:mm)

将千斤顶悬挂在②与③轴之间,按设计荷载位置将四台千斤顶分别设在说明图 7-7 中 $a-a'$、$b-b'$之间进行预压试验。

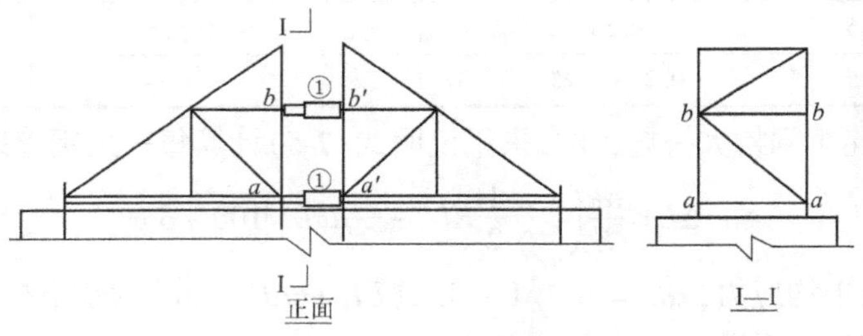

说明图 7-7　托架顶压示意图

(2)预压步骤。

加压力前先量出 $a-a'$、$b-b'$之间的距离,得到 S_1、S_2 的具体数值;四台千斤顶同时分三次施加压力,第一次施加压力 30%,间隔 1.5h;第二次施加压力 50%,间隔 2h;第三次施加压力 20%;第三次施加压力 2h 后测量 $a-a'$点之间距离 S_1',测出 $b-b'$点距离 S_2'。

千斤顶回油,取下千斤顶 2h 之后再次测量 $a-a'$之间距离 S''_1 及 $b-b'$之间距离 S''_2。

(3)数据整理分析。

$a-a'$、$b-b'$之间的弹性和非弹性变形总和分别为 $S'_1-S'_1$、$S'_2-S'_2$。

$a-a'$、$b-b'$点之间的弹性变形值分别为 $S'_1-S''_1$、$S'_2-S''_2$。

以上结果为两个托架变形值总和,再将以上数值除以 2,即近似等于单个托架的变形值。此时,托架本身的非弹性变形值经预压已消除,弹性变形值在立模时进行调整。

4.3.4　混凝土连续梁墩顶临时支座采用两块钢筋混凝土块夹置硫黄砂浆块时,硫黄砂浆块在下层混凝土块强度达到 10MPa 时立模浇筑成型,并再浇筑时买入一段做成 W 形的 3kV 电阻丝,电阻丝两端应伸出硫黄砂浆块外面一定长度,以便拆除临时支座时接通 36V 直流电源(接电后壳 15min 内使硫黄砂浆软化)。上层混凝土块应在硫黄砂浆凝固后立模浇筑。

硫黄砂浆可按下列质量比配置:硫黄: 水泥: 石英砂: 石墨: 聚硫乙胶 =48: 5.5: 40: 5: 1.5. 按该配合比配置的硫黄砂浆抗压强度较高。

熬制硫黄砂浆时,应采用间接加热法在135~155℃温度区间内加热熬制硫黄,当其完全融化脱水后,将干燥的石英砂均匀地加入液态硫黄中,搅拌均匀后再加入石墨、水泥,并升温至150~155℃搅拌均匀,排出气泡,最后将聚硫乙胶缓慢均匀地加入硫黄砂浆中,并应注意使温度控制在150~160℃,防止温度过高导致聚硫乙胶发生分解。待硫黄砂浆液体浓度均匀、颜色一致、泡沫消失时,即可浇筑使用。浇筑入模时,硫黄砂浆温度应控制在140~150℃,注意避免出现不密实、分层及顶面凹陷现象。

硫黄砂浆通电软化时间、配合比及熬制方法等,是根据某高速公路东周水库特大桥施工经验资料编制的。掺加石墨可减少硫黄的收缩,聚硫乙胶可减小硫黄砂浆在冷却、凝固过程中形成的体积收缩能力,经改善后的硫黄砂浆,其耐热稳定性、黏结强度及冲击性能均可大幅提高。

4.4.1~4.4.8　永久支座安装除应符合本小节的规定外,还宜按照下列规定施作:

(1)检查盆式橡胶支座时,应在安装前拆开包装检查,不得随意松动上下座板的临时链接螺栓,以保证按工厂组装状态进行安装。

(2)坡道上的桥梁支座安装方法,必须符合设计要求。当采用可调整纵向坡度的盆式橡胶支座时,下座板应水平安装,上座板采用松紧支座两侧顺桥向的临时链接螺栓调整纵坡,使其符合设计要求。调整纵坡后的上下座板,顺桥向的水平投影应重合,偏差不应大于0.5mm。

(3)支座上下座板与梁底支撑钢板及墩台支撑垫石间应密贴、无空隙。上座板与梁底支撑钢板间有空隙时,应采用压力注浆的方法将空隙填满。下座板与支撑垫石的空隙,应使用设计要求的材料坐浆或重力注浆垫实。当设计对垫层材料无要求时,可采用不低于M50无收缩干硬性水泥砂浆坐浆垫实,或采用其他不低于支撑垫石混凝土强度等级垫层材料垫实。

(4)下座板与支撑垫石间空隙采用坐浆方法垫实施工时,必须夯实砂浆垫层,垫层顶面应平整、坚实并与下座板密贴。下座板周边的垫层砂浆,应砸实并整修成坡度不大于1:1的斜面,并应覆盖保温保湿养护不少于24h。

(5)下座板与支撑垫石间空隙采用重力注浆方法垫实施工时,应调整下座板高度,可使用铁楔在下座板四周支垫稳固。压降前,应在下座板四周设置坚固、严密、不漏浆的临时挡板,并预留进出浆口。进行压力注浆时,应从支座中心部位开始向四周压注,直到出浆口全部出浆为止,注浆压力不应小于1.0MPa。压浆完毕后,应在垫层材料达到设计强度70%后拆除临时挡板和支撑铁楔,并用与垫层相同强度等级的干硬性砂浆将拆除铁楔的空洞填实。

(6)混凝土连续梁的纵向活动支座下座板的锚栓孔,宜在桥梁体系转换完毕、支座位置及预留偏移量调整准确后,进行填实锚固。

4.7.4　混凝土振捣工作,是影响混凝土均匀密实、提高强度和耐久性的重要因素。混凝土经过适当的振捣,在激振力作用下可以排除气泡,使混凝土组成材料分布均匀密实和在模板内充填良好、棱角完成、内实外光。但应注意不可过振,否则会使混凝土中水泥浆上升、粗集料下沉,出现分层离析、麻面现象,降低混凝土质量。因此,应根据混凝土和结构的特点,选择适宜的振捣设备和制定适当的操作工艺,防止发生欠振和过振情况,确保梁体混凝土质量。在混凝土浇筑过程中,应经常观察模板、支架、钢筋、预埋件及预应力管道位置情况,如发现模板变形、移位或明显漏浆时,应立即暂停下料和振捣,迅速查明原因及时处理,尽快恢复混凝土浇筑作业。

4.7.11　梁体混凝土模板拆除、模板接装、接缝混凝土凿毛施工时,混凝土强度应以与梁体结构同条件养护的混凝土试件的抗压强度为准。

4.8.4　张拉预应力筋时,一般分两步进行:先进行初始预应力张拉(一般按10%~20%张拉控制应力),使松紧及弯值程度不一定相同的预应力筋调整一致,然后再按张拉控制应力进行锚固张拉。初始应力张拉时的预应力筋伸长值,因预先制作的预应力筋束松紧及弯值程度不一致,不宜采用测量方法测定,而应采用由10% ~20%张拉控制应力级推算伸长值,将其作为预应力筋实际伸长值。

4.8.5 压浆工艺一般分为一次压浆、二次分端压浆和真空辅助压浆。

(1)一次压浆。

由进浆口一端向出浆口一端进行,待出浆口流出的浆体稠度与压入端一致时,关闭出浆口阀门。压浆最大压力不宜超过0.6MPa。关闭出浆口后,应在不小于0.5MPa压力下保压不少于5min,然后关闭进浆口阀门。竖向预应力筋孔道压浆压力宜控制在0.3~0.4MPa。

(2)二次分端压浆。

第一次由甲端压入,待另一端(乙端)阀门流出的浆体稠度与压入端一致时,关闭乙端阀门。当压力达到0.6MPa后,关闭甲端阀门。等待30min后,打开甲端阀门,由乙端进行第二次压浆,待甲端阀门有浓浆溢出后,关闭甲端阀门,待压力达到0.6MPa时再关闭乙端阀门。

(3)真空辅助压浆。

压浆前在管道乙端用真空泵将管道真空度抽到-0.06~-0.1MPa之间,待真空度压力稳定后开启另一端进浆口阀门,以0.7MPa的压力进行压浆。当抽真空端的透明胶管内有水泥浆流出时,关闭抽真空阀及真空泵,打开排浆阀继续压浆,待出浆口流出的浆体稠度与压入端一致时,关闭出浆口阀门,继续以0.7MPa的压力保压不少于3min,然后关闭压浆口阀门,使管道内维持正压力直至水泥浆凝固。真空辅助压浆设备如说明图7-8所示。

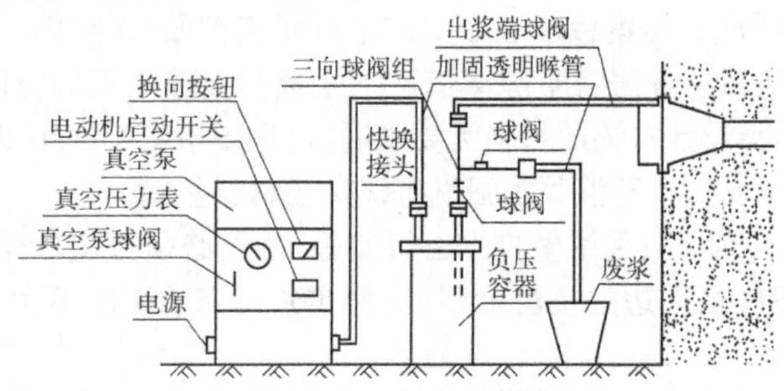

说明图7-8 真空辅助压浆设备示意图

真空辅助压浆工艺可提高管(孔)道压浆的饱满度和密实度,尤其对管(孔)道高、低、弯曲等关键部位,可减少由于浆体自身形成原因的压头差,便于浆体充盈整个管(孔)道。此外,真空辅助压浆过程是连续、快速的过程,可缩短了压浆时间,因此应推广使用。对于压浆前封锚,在条件允许的情况下,应采用与锚具相配套的密封罩封闭锚具空隙(说明图7-9),密封罩应在浆体初凝后拆除。采用高等水泥浆封锚时(说明图7-10),必须将锚垫板及夹片、外漏钢绞线全部封严,且宜在24h后压浆。

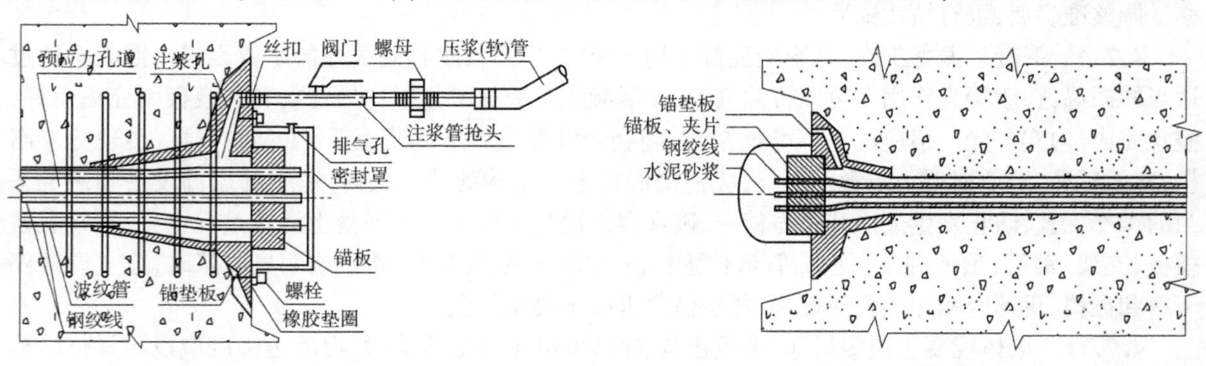

说明图7-9 密封罩封锚示意图

说明图7-10 水泥砂浆封锚示意图

4.8.6 对于梁体预应力管道压浆浆体性能,《铁路后张法预应力混凝土梁管道压浆技术条件》(TB/T 3192—2008)中对其作出的规定见说明表7-4。当对压浆浆体性能无具体设计要求时,应遵照上述规定办理。

浆体性能指标 说明表7-4

序号	检验项目		指标
1	凝结时间(h)	初凝	≥4
2		终凝	≤24
3	流动度(a)	出机流动度	18±4
4		30min 流动度	≤30
5	泌水率(%)	24h 自由泌水率	0
6		3h 毛细泌水率	≤0.1
7	压力泌水率(%)	0.22MPa(当孔道垂直高度≤1.8m 时)	≤3.5
8		0.36MPa(当孔道垂直高度>1.8m 时)	
9	充盈度		合格
10	7d 强度(MPa)	抗折	≥6.5
11		抗压	≥35
12	28d 强度(MPa)	抗折	≥10
13		抗压	≥50
14	24h 自由膨胀率		0~3
15	对钢筋的锈蚀作用		无锈蚀
16	含气量(%)		1~3

4.8.7 梁体封锚时,聚氨酯防水涂料施工应符合设计要求,如无具体设计要求时,可参照下列方法施作:

(1)基层应平整、清洁、干燥,油污及铁锈应清理干净。

(2)涂布底层时,将聚氨酯甲、乙组份和二甲苯按质量比1:1.5:2配合,用电动搅拌均匀后涂刷于基础表面,待干燥固化4h以后,再进行面层涂料施工。

(3)涂布面层时,将聚氨酯甲、乙组份和二甲苯按质量比1:1.5:0.3配合,用电动搅拌器搅拌均匀后分3~5度涂刷。每一度涂布后,宜在干燥固化5h后,再涂刷一度,后一度的涂刷方向应与前一度的涂刷方向垂直。

(4)聚氨酯防水涂料成膜厚度不应小于1.5mm,根角部位应较平面涂布厚度增加0.5mm。

梁体封锚微膨胀混凝土施工,可参照本章第7.4.3条条文说明施作。

5.3.1 混凝土连续梁(钢构)桥施工监测的目的及任务,是根据桥梁施工实际工况跟踪监测取得的真实施工结构参数,运用预控制技术及时进行施工阶段线形计算,对桥体结构的未来状态作出预测,确定每一悬浇梁段立模高程,并在施工过程中依据施工监测成果,对施工偏差进行分析、识别、预测后,对下一施工梁段的立模高程进行调整,以此来保证每一悬浇梁段和合龙梁段的两悬臂端中线及高程变差符合相关规定,保证成桥线形和结构内力状态符合设计要求。

5.3.3 拟施工梁段前端挂篮变形值,包括在荷载作用下已施工梁体的变形(也称成桥梁体刚性变形)和挂篮在荷载作用下的弹性变形两部分。浇筑第 n 号梁段时,挂篮前端变形值 F_n,可根据实测挂篮高程数据资料,按说明式(7-6)计算后,经综合比对分析确定。

$$F_n = \Delta h_n - \left(\frac{l_n - 1 + l_n}{l_n}\Delta h_{n-1} - \frac{l_n}{l_{n-1}}\Delta h_{n-2}\right) \tag{7-6}$$

式中: Δh_n——梁段模板前端定位高程与浇注混凝土后高程的差值,包括已施工梁体的变形引起

的竖向变形值和挂篮的弹性变形值;

Δh_{n-1}、Δh_{n-2}——第 n 号梁段浇注混凝土后,第($n-1$)号及($n-2$)号梁段前端竖向变形值;

l_n、l_{n-1}——悬浇梁段长度。

5.3.4 大跨径、多孔数混凝土连续梁(刚构)桥,通常需经历一个漫长而又复杂的施工及体系转换过程才能建成,因此在施工中许多偏差需根据理论计算值不断进行修整、调整,才能保证全桥设计线形和内力状态符合设计要求。施工监控是一项"施工→检测→识别→修整→预告→施工"的循环过程,此项工作不仅是桥梁施工技术工作的重要组成部分,而且是实施难度相对较大的部分,对保证桥梁结构施工质量和成桥线形及内力状态符合相关规定标准及设计要求,以及保证桥梁安全顺利施工都是至关重要的。因此,在梁体施工前,应制定线形控制工作计划及措施,成立检测小组(最好由设计、监理、施工三方组成),负责施工全过程的跟踪监控工作,以保证在施工全过程使桥梁结构变形及内力状态,始终控制在设计容许范围内。对于梁体施工线形偏差的调整,一般均采用调整悬臂浇筑梁段的预拱度方法进行调整,必要时可由设计单位决定采用改变预应力筋的张拉顺序或改变预应力筋的张拉力值进行跟踪调整。

5.3.7、5.3.8 每一悬臂浇筑梁段的立模高程,都是根据该梁段的设计高程及施工预拱度设计值、已施工梁段的实际高程偏差值等多项参数,经过分析识别、修正计算后预设的,在施工过程中发现实际高程与预设高程偏差超过设计容许值时,应及时进行调整。如遇特殊情况,已施工梁段发生实际高程与设计高程偏差较大时,宜按每一次调整值不大于50mm,在以后施工梁段逐步调整的方式调整,以保证梁体线形平顺美观。

5.3.11 梁体变形滞后于温度变化2~3h和悬臂端随气温升降而下挠、上翘现象,是根据南昆铁路喜旧溪河连续刚构大桥施工测量结构编制的。另外,据黄石长江公路大桥施工时观测,气温变化1℃,主桥(梁跨245m)悬臂端便会产生约3mm竖向变位。铁一院设计主跨112m单线铁路混凝土连续梁桥时,经计算求得每降温1℃将产生4040kN的拉力。

5.7.4 拆除挂篮时应注意下列事项:

(1)拆除挂篮前,应先对挂篮进行详细的安全、质量检查,确认挂篮的各部件状态良好、挂篮的各部件已经按拆除状态调整好之后,方可进行拆除。

(2)挂篮拆除前,应编制拆除操作细则及作业指导书,并对操作人员进行岗前培训。

(3)挂篮拆除前,应进行安全操作技术交底,做好临边施工防护。

(4)高处作业人员必须佩戴好安全带、安全帽,穿好防滑鞋。

(5)起重吊装必须由专人统一指挥,构件拆下后应及时运走并堆码整齐。

6.1.1 边跨非对称梁段施工方法有两种,一种为支架浇筑法,一种为悬臂浇筑法(端头梁段仍需采用支架浇筑法)。施工时应以设计要求为准选用施工方法,当无设计要求时,应根据桥台(墩)附近地形场地情况、成本投入等因素综合考虑后选取。目前,边跨非对称梁段施工大多采用支架浇筑法。

6.2.1 在高墩、深水、深谷或地质不良等不适于搭设满布式支架的情况下,当边跨非对称梁段长度较短时,可采用墩(台)旁托架施工;当边跨非对称梁段较长时,则宜采用悬吊式支架施工。侯(马)月(山)铁路海子沟混凝土连续梁大桥,边跨非对称梁段长23.2m,采用单柱悬吊式支架(说明图7-11)现浇施工,支架后端与桥墩(台)顶部铰接,前端通过吊杆与悬浇梁体连接,共同承受23.2m现浇梁段的施工荷载。

6.2.9 目前,铁路桥梁及公路桥梁相关规范及书籍对支架预压荷载取值的表述均不够统一,在实际施工中支架预压有采用等载预压的,也有采用超载预压的,采用超载预压时超载系数也不统一。本条根据《铁路桥涵工程施工质量验收标准》(TB 10415—2018)第9.5.2条的规定,采用1.1倍最大施工荷载预压。

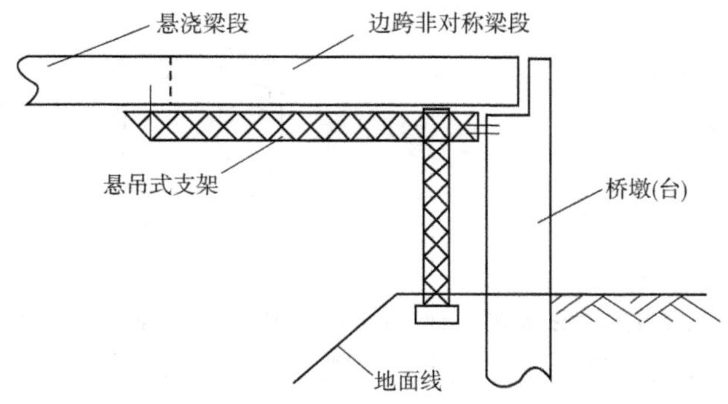

说明图 7-11　悬吊式支架示意图

6.3.2　对于混凝土连续梁(刚构)边跨端支点梁段的永久支座安装,应考虑边跨梁段较长时,受环境温度影响发生伸缩对永久支座产生不利影响的问题。襄渝铁路二线牛角坪混凝土连续刚构特大桥(主桥跨度 100m + 192m + 100m),边跨非对称梁段及合龙梁段全长 5.95m,采用在悬吊式支架上一次整体浇筑梁体混凝土方法施工时,将底模纵梁的边墩端支撑在边墩墩顶可滑动的临时支座上,使现浇梁段可随同边跨悬臂浇筑梁段自由伸缩,从而有效地保护永久支座在边跨合龙施工时不遭受损坏和防止边跨合龙时梁体混凝土产生裂纹。

6.8.1～6.8.4　目前国内边跨非对称梁段采用悬臂浇筑方法施工的较少,本小节内容是参考长江埠—荆门铁路汉江连续梁特大桥和南宁—昆明铁路喜旧溪连续梁刚构大桥施工方法编制的。两桥都采用次中跨先行合龙后再悬臂浇筑非对称梁段 4m,端支点梁段长度分别为 3.6m 和 3.5m,仍采用支架法现浇施工。

7.2.1　混凝土连续梁(刚构)合龙梁段施工,应遵循“合龙口又拉又撑、混凝土低温浇筑”的原则,保证合龙梁段混凝土从开始浇筑至张拉预应力筋过程中不承受任何挤、拉外力,以免引起混凝土开裂。南昆铁路清水河大桥(主跨 128m)和黄石长江公路大桥(主跨 245m),为克服混凝土连续刚构合龙时因气温较高对合龙梁段混凝土质量产生的不良影响,在设置合龙口支拉撑架之前,应先对量测悬臂端面试用千斤顶施压,增大悬臂端面间距。这种相当于降低合龙温度的施工方法值得借鉴。

7.2.2　混凝土连续梁(刚构)合龙口临时锁定方式常用有四种,可根据梁跨及合龙口挤、拉应力大小、施工现场型钢材料情况等施工条件选用。

(1)在梁体内、外设置刚性支撑锁定的方式,如说明图 7-12 所示,该锁定方式即在箱梁顶、底板的顶面预埋钢板,将体外刚性支撑焊(拴)按其上,并在箱梁顶、底板中沿纵向设置体内刚性支撑、共同锁定。

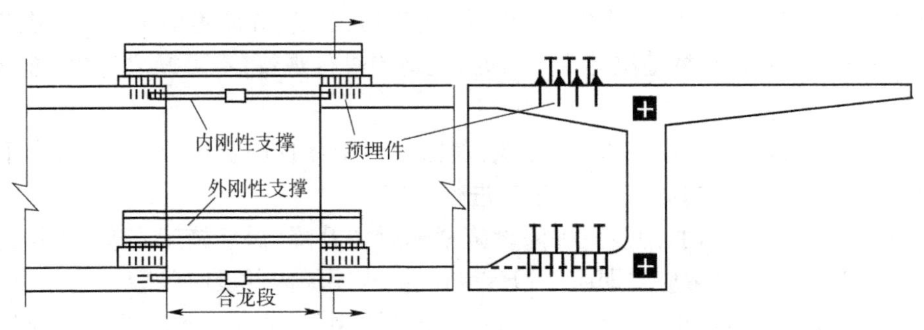

说明图 7-12　梁体内外刚性支撑示意图

(2)在梁体内设置刚性支撑和利用梁体永久预应力筋进行临时张拉共同锁定方式,如说明图 7-13 所示。

(3)在梁体外设置刚性支撑和利用梁体永久预应力筋进行临时张拉共同锁定方式,如说明图 7-14 所示。

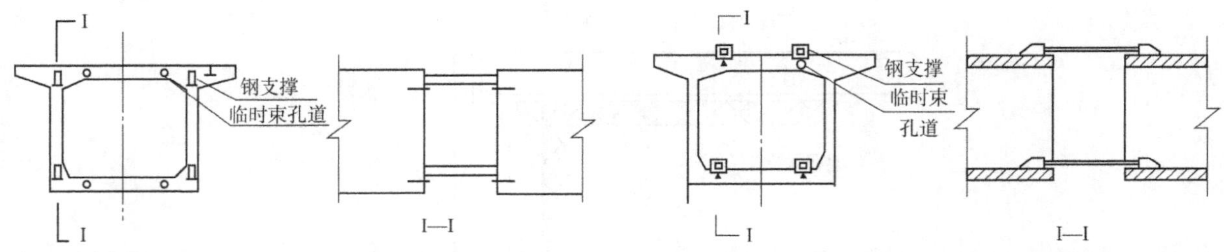

说明图 7-13　梁体内设置刚性支撑和临时张拉锁定示意图　　说明图 7-14　梁体外设置刚性支撑和临时张拉锁定示意图

(4)在梁体外设置刚性支撑进行支拉锁定的方式。

混凝土连续梁(刚构)合龙口临时锁定方式按设计要求施作时,因为各地环境温度、桥梁跨度、桥墩高低、施工荷载、梁体收缩徐变不同等原因,导致合龙口拉压轴压力不同,此时需由设计单位根据根据桥梁具体工况,综合考虑各项因素影响,经计算确定合龙口轴力和临时锁定结构强度。在常用的四种临时锁定的方式中,在梁体外设置刚性撑架锁定的方式既方便施工操作又能保证梁体结构受力均匀,因而在铁路及公路混凝土连续梁施工中普遍采用。南(宁)昆(明)铁路喜旧溪连续刚构大桥合龙口临时锁定,即采用梁体外设置钢轨撑架和梁体内临时张拉预应力筋临时锁定方式。梁体外设置刚性撑架设计实例,详见《时速 250km 客运专线铁路有砟轨道预应力混凝土连续梁(双线)》。

7.4.3　微膨胀混凝土可用于补偿抵消混凝土收缩、防止开裂。在限制条件下,微膨胀混凝土可提高混凝土强度约 10%,以及提高混凝土抗渗性、抗冻性。微膨胀混凝土施工时应注意下列事项:

(1)新、旧混凝土结合面应充分湿润,并应至少保湿 12h。

(2)微膨胀混凝土凝结时间较短,应及时进行抹面、整修。

(3)微膨胀混凝土浇筑完毕,应立即进行保湿保温养护,养护时间应不少于 14d。

(4)另外,微膨胀混凝土配合比选定时,必须严格控制自由膨胀率。有试验资料表明,当自由膨胀率超过 0.1% 时,混凝土强度将显著下降。

7.5.4　混凝土连续梁(刚构)合龙梁段全部按设计要求施工完毕形成连续体系之后,当发生永久活动支座预偏量大于允许值等情况,需顶起量体进行调整施工时,可参照《客货共线铁路桥涵施工技术规程》(Q/CR 9652—2017)顶推施工连续梁的落梁规定施作。

(1)支座安装应以高程控制为主,以反力作为校核。

(2)梁体顶升高度不得大于设计要求限值,当无设计要求时,不得大于 5mm。当需加大起顶高度时,应采用相邻桥墩交替升高方法施作,但相邻桥墩各顶点高差不应大于 5mm,下落高度不应大于 10mm,同一墩、台两侧梁底顶、落高差不应大于 1mm。

(3)顶升桥梁的起顶反力值,不得大于容许反力值的 1.1 倍,并应考虑梁体"变形滞后"现象,即当千斤顶行程及油压达到预计数值梁体未上升时,应适当等待观察,不可操之过急,继续加大起顶反力值。

(4)梁体顶升千斤顶,应采用双顶单泵形式,确保梁台千斤顶同步运行,并在每个千斤顶上设置截流阀,与油泵上的截流阀共同对顶、落梁过程进行双控。

(5)当梁体顶落高度较大时,应设置保险设施紧随梁体升降,保证施工安全。同时,应有专人观察梁体受力等情况,如发现异常应立即叫停顶落梁作业,查明原因并及时处理。

顶升混凝土连续梁(刚构)时,应考虑"梁体变形滞后"现象,防止顶梁时操之过急继续加大顶力损坏梁体。在西(安)延(安)铁路狄家河混凝土连续顶升梁体施工时,曾发生千斤顶行程和油压达到设计值后,梁体才开始缓慢上升的情况。

第八章　架桥机架梁施工

引　　言

本章是针对杭海城际铁路的特点，参照《铁路架桥机架梁技术规程》(Q/CR 9213—2017)，在吸收杭海城际铁路及周边区域城际轨道交通工程实践经验的基础上编制而成。本章以施工质量验收标准为依据，重点对施工过程中的工艺、工法、质量保证措施作出了规定，反映了工程施工的新技术、新材料、新工艺、新设备，充分体现了区域城际轨道交通工程架桥机架梁施工的技术特点和质量控制要求。本章适用于区域城际轨道交通工程架桥机架梁施工的安全质量控制，凡在本章中未做规定的，均按国家、行业及地方现行的有关强制性标准执行。

本章主要内容包括总则、术语、基本规定、施工准备支座安装、箱梁架设、特设条件下架梁、架梁安全等。

主编单位：浙江杭海城际铁路有限公司

参编单位：中铁十局集团有限公司、上海地铁咨询监理科技有限公司、中铁第四勘察设计院集团有限公司、浙江省交通规划设计研究院

主要执笔人：钟庆华、杨敏龙、马锡海、林晓峰、徐照普、李胜、曹晨晨、吴飞

主要审查人：苟向元、张铁军、沈惠荣、张卓军、郭栋良、郭刚

1　总　　则

1.0.1　为统一铁路架桥机架梁施工作业技术要求，保证工程质量，保障施工安全，特编制本章。

1.0.2　本章适用于采用架桥机进行的架梁施工作业。当采用新技术、新工艺、新材料、新设备时，应制定相应的规定。

1.0.3　架桥机应具备足够的安全可靠性能，按国家有关规定通过型式试验后方可使用。使用中应定期进行检查确认，严禁超范围使用和带故障作业。

1.0.4　架梁施工作业必须建立安全生产责任制度，进入施工现场的人员应按规定使用劳动保护用品。

1.0.5　跨越既有铁路、公路等设施架梁施工前，应联系既有设施产权单位，制定切实可靠的措施，保证既有设施的安全。

1.0.6　架梁施工作业除应符合本章规定外，还应符合国家现行有关强制性标准的规定。

2　术　　语

2.0.1　架桥机。

架设铁路预制混凝土箱梁的专用成套施工设备。

2.0.2 运梁车。

运送箱梁的专用自行车辆。

2.0.3 提梁机(龙门吊机)。

吊装混凝土梁的专用起重设备。

2.0.4 主机。

能在铁路线上行驶的,并能进行架桥作业的专用施工设备。

2.0.5 辅机(机动平车)。

承托梁片,并能沿铁路线路自行的专用设备。

2.0.6 换装龙门吊。

将轨排垛、梁片从运载平车上换装到辅机(机动平车)上的门式起重机。

2.0.7 喂梁。

架桥作业时,梁片从机动平车上移至主机吊梁位置的过程。

2.0.8 三点平衡装置。

箱梁吊运过程中为保证梁体平稳、不受扭力、设备受力均衡而采用的装置。

2.0.9 箱型梁架桥机。

架设铁路混凝土箱型桥梁的专用施工设备。

3 基本规定

3.0.1 架桥机应具有特种设备制造许可证、产品质量合格证明、安装使用维修说明书、制造监督检验证明。架桥机的性能、型号应与现场环境、施工条件相适应,对其技术性能、安全性能等应按照现行行业标准的要求进行检查或试验,符合要求后方可投入使用。

3.0.2 架梁作业人员应身体状况良好,无妨碍作业的疾病和生理缺陷,且必须持特种设备作业操作资格证书上岗,并严格按照本规程规定作业。

3.0.3 架梁作业人员在作业过程中,应集中精力正确操作,监控机械工况,不得疲劳操作,不得擅自离开工作岗位或将机械交予他人操作。

3.0.4 架桥机产权单位应在其工商注册所在地县级以上地方人民政府建设主管部门备案登记。架桥机在投入使用前或投入使用后30d内,架桥机使用单位应当向直辖市或者设区的市的特种设备安全监督管理部门登记。登记标志应当置于或者附着于该特种设备的显著位置。

3.0.5 架桥机的装拆企业必须具备建设主管部门颁发的特种设备安装维修许可证。架桥机的使用单位应与安装单位签订架桥机安装、拆卸合同,明确双方的安全生产责任。

3.0.6 架梁作业应做好施工准备工作,进行全面的施工调查及技术准备,编制合理的施工组织设计,并落实安全保障措施。

3.0.7 架梁作业前应对成品梁及相关工程、部件、材料等进行检查及验收,其质量应符合相关标准的规定。

(1)制梁及运输吊装造成的梁体缺陷,应在架梁前整改完毕。

(2)制梁单位与线下单位应及时沟通,预制梁应与墩台防落梁结构的细部几何尺寸匹配。

(3)桥梁架设完成后,现场施工部分应严格按照设计文件及现行规范的要求及时施作。

(4)架梁过程中必须做好对已架桥梁的成品保护,造成局部零星损伤的应及时修补,修补工艺应得到设计等相关单位的认可。

3.0.8 架桥机必须制定安全操作规程,并按安全操作规程正确操作,严禁任意扩大使用范围。当机械运转中出现异常情况时,必须停机检查,故障排除后方可继续作业。

3.0.9　架梁作业区域应设置明显的警告标志及必要的安全防护设施，非工作人员未经允许不得进入。

3.0.10　施工现场应满足正常作业要求，消除对架梁作业有妨碍或不安全的因素，夜间作业应设置充足的照明。进行墩台顶作业时，应有可靠的安全防护措施，墩台的吊围栏应提前安装。

3.0.11　在架梁作业会产生对人体有害的气体、液体、尘埃、振动、噪声等场所，应配备相应的安全保护设备和“三废”处理装置。

3.0.12　特殊条件下施工，应制定相应的具体施工方案。跨公路、航道、铁路及临近既有线、特殊孔跨和特殊结构桥梁的架设，应编制专项施工方案，并应对既有设施及架梁的安全性进行评估。

3.0.13　对于新制造、新安装、改造和大修的架桥机在初次使用之前及架桥机发生重大事故之后再次使用前，除进行安装检查外，还应进行荷载起升能力试验，符合要求后方可使用。对于再次安装的架桥机，应进行额定荷载试验。

3.0.14　架桥机和运梁车通过的路基沉降、承载能力评估合格后，方可进行架梁作业。

3.0.15　架梁设备必须有自锁、互锁、联锁保护、安全监控装置，防止误操作，避免事故的发生。

3.0.16　当有下列情况之一时，严禁进行架梁作业：

(1)架桥机卷扬和走行系统的制动设备、机身稳定设备失灵，或架桥机杆件、吊具及设备有损坏未彻底修复时。

(2)架梁人员未经培训，或架梁人员之间分工不明确，指挥不统一、信号不一致时。

(3)气候恶劣妨碍瞭望操作，或夜间照明不足影响安全作业时。

(4)桥头路基或线路未按设计要求进行填筑或处理时。

(5)架梁通过的桥梁不能确保安全时。

(6)在特殊的墩台、桥梁上架梁未经检算时。

(7)在运输、装卸过程中，梁表面受到损伤又未整修完好时。

3.0.17　架桥机达到下列条件之一时，应进行使用状态安全评估：

(1)铁路架桥机已架梁片达到1000孔。

(2)铁路架桥机安装拆卸转场次数4次。

(3)出厂年限达到5年。

3.0.18　使用状态的安全评估应包括所有会影响架桥机安全使用的结构件、零部件及电气件，并应包括下列部件组：

(1)承载结构。

(2)机械系统。

(3)液压系统。

(4)电气系统。

(5)安全系统。

3.0.19　架桥机使用者应保留用来确定架桥机接近设计寿命的使用记录。除制造商提供的有关记录外，还应包括维护、检查、意外事件(如误操作导致的不正常荷载等)、故障、修理和改装等记录。在定期检查中应检查这些记录，保证在适当的时间进行安全评估。

3.0.20　高强度螺栓连接的设计施工及验收应符合《钢结构高强度螺栓连接技术规程》(JGJ 82—2011)的要求，并应符合下列规定：

(1)构件拼装接头采用摩擦型高强度螺栓连接副时，高强度螺栓经使用拆卸后不能重复使用。

(2)在同一连接接头中，高强度螺栓连接不应与普通螺栓连接混用。承压型高强度螺栓连接不应与焊接连接并用。

(3)高强度螺栓连接副应按批配套进场，并附有出厂质量保证书。高强度螺栓连接副应在同批内配套使用。

(4)高强度螺栓连接处的钢板表面处理方法及除锈等级应符合设计要求。连接处钢板表面应平整、无焊接飞溅、无毛刺、无油污。经处理后的摩擦型高强度螺栓连接的摩擦面抗滑移系数应符合设计要求。

(5)在安装过程中,不得使用螺纹损伤及沾染脏物的高强度螺栓连接,不得使用高强度螺栓兼作临时螺栓。

(6)安装高强度螺栓时,严禁强行穿入。当不能自由穿入时,该孔应用铰刀进行修整,修整后孔的最大直径应不大于螺栓直径的1.2倍,且修孔数量不应超过该节点螺栓数量的25%。修孔前应将四周螺栓全部拧紧,使板迭密贴后再进行铰孔。严禁气割扩孔。

(7)严禁使用其他材料代替高强度螺栓、销轴。

3.0.21 架桥机应安装安全监控管理系统,安全监控管理系统应符合《起重机械 安全监控管理系统》(GB/T 28264—2017)的规定。

4 施工准备

4.1 施工调查

4.1.1 架梁前应进行专项施工调查,线下工程施工单位应派人参加。

4.1.2 施工调查内容应包括:

(1)对架梁机械运行地段的管线及其他工程等可能影响机械通行的净空及其他障碍物进行调查测量。通过公路运输架梁设备或桥梁时,还应对运输线路经过的既有公路和桥涵的承载能力以及沿途地下管线、地面其他附属设施的安全风险进行调查评估。对上述调查中发现的问题应提出处理意见。

(2)应对桥梁存放、架梁机械组装及拆解、工程宿营车停放等场地的位置、地形地貌、交通道路及水电供应情况等进行调查,并提出设场意见。

(3)了解与架梁相关工程的施工进度及工后沉降观测、评估情况,提出架梁进度计划。

(4)调查了解线路、桥梁中线贯通测量情况,核实线间距、桥头线路中线桩及线路基桩、桥梁支座十字线等设置情况。

(5)调查了解沿线水、电源情况和每座桥的电力供应及交通道路情况,提出施工供水、供电方案意见。

(6)调查在特殊道路、特殊桥梁条件下架梁的施工条件和地形地质情况,提出应采取的方案及意见。

4.2 施工组织设计及施工技术准备

4.2.1 架梁前应根据设计文件和施工调查情况编制实施性施工组织设计,报有关部门审批后实施。

4.2.2 架梁施工组织设计应包括以下内容:

(1)编制依据、施工范围、工程概况、工期计划、施工方法。

(2)机构设置、职责分工、人员及施工机械设备计划、架梁主要机具材料及检测设备计划。

(3)架梁施工方案及进度计划。

(4)成品梁类型、规格、数量、运输供应计划和运梁专用车组及其他配套设备配备计划。

(5)桥梁存放场设置位置、规模、平面布置及临时工程(水电供应、道路交通、临时房屋、通信设施等)设置方案。

(6)特殊条件下架梁施工时辅助工程(墩台预埋螺栓构件、临时承托结构等)设置位置、结构方案。

(7)机车、车辆等运输设备需要数量计划、使用调配方案、机车整备设施计划方案。

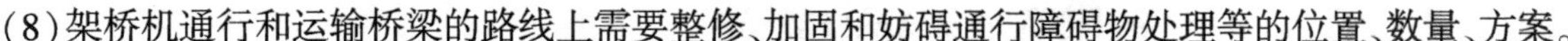

(8)架桥机通行和运输桥梁的路线上需要整修、加固和妨碍通行障碍物处理等的位置、数量、方案。

(9)进行立交桥架梁时,保证交通畅通、安全采取的措施。

(10)工程宿营车停放位置及水、电、交通生活设施解决方案。

(11)保证架梁施工质量、安全生产及环境保护采取的措施和相关的应急预案。

4.2.3　架梁前应做好下列技术准备工作:

(1)联系线下工程施工单位交接桥梁架设需要的下列竣工资料:变更设计资料、车站表、桥梁表、桥梁墩台距离实测与设计对照表、桥头线路中线基桩表、水准基点表、桥头路基竣工检查表、沉降观测资料及评估报告。

(2)检查核对架梁所需工程设计文件和线下工程施工单位移交的竣工资料,如发现问题应及时联系有关单位解决。

(3)编制架梁作业技术交底资料。

(4)联系线下工程施工单位现场交接桥头线路中线及水平桩橛和桥梁墩台竣工标桩标线,复查线间距离和桥梁支座锚栓孔位置、深度、尺寸,测量设置架梁作业需要的标桩和标线。

(5)进行存梁承托结构和架梁辅助工程设计,经有关单位审批后实施。

(6)复查桥梁长度、跨度及高度,做好桥梁配对、配置计划。同一孔梁配对成梁时间差应符合设计要求和相关技术条件中的规定。相邻孔跨桥梁配置应考虑墩台实际距离及桥梁实际长度等因素对梁端缝的影响。

(7)各类架桥机架设错置梁、变跨梁、小半径曲线梁等工况进行架梁方案设计和桥梁结构安全检算,详见本章附件1。

4.3　存梁场布置

4.3.1　架梁施工的存梁场,应选在靠近架梁桥位、方便桥梁装卸、与运营线路相互干扰较小的地点,工地制梁时应与制梁场统筹规划。应尽量选用车站、变电所等用地,少占用或不占用耕地。建设规模应根据架梁工程规模、进度要求、梁场使用年限、储存数量等经技术经济比较后确定。

4.3.2　存梁场设施布置应符合下列规定:

(1)存梁台位应根据直、曲线梁的跨度、孔数、架梁顺序、装卸方法等统筹安排设置,两排桥梁端部应留有足够的空间。

(2)应统筹布置吊梁龙门吊轨道、搬梁机走行道路、卷扬机房、桥梁配件存放场等设施。

(3)存梁台座的承托结构应根据存梁时间长短、桥梁质量、存移梁方式、地形地质情况等条件进行设计。承托结构应与桥梁装卸车线路(道路)方向垂直设置,应有足够的强度、刚度和基底承载力,并应满足设计对存移梁支、吊点距离和高差要求。利用原地面或填筑土台存梁时,地面上的底层枕木应密铺。承托结构最外边缘与装卸车线路中心距离不得小于2m。

(4)存梁场地应设有良好的排水系统,防止积水浸泡存梁承托结构发生不均匀沉降。需度汛的存梁场地,不得设在低洼易积水地带,并应能够满足汛期防洪的要求。

4.4　架梁机械安装

4.4.1　架桥机安拆作业应由具备相应资质的单位完成,应将随机文件如图纸和技术资料等备齐,并以此为依据编制专项施工方案。进行安拆作业所必要的临时设施需设计检算,经相关单位审批后实施。

4.4.2　架桥机安拆人员应具备相应的特种作业人员上岗证,严禁无证人员上岗作业。特殊条件下的架桥机组装和拆解作业应安排有经验的人员操作。

4.4.3　应事先对架桥机安拆作业所使用的起重设备、索具等进行全面的检查,确认状态良好方可投入使用,吊运时要严格遵守起吊安全操作规程。

4.4.4　架桥机组装和拆解应在道路和场地条件好的地点进行,应根据各型架桥机的技术要求对组装和拆解场地进行必要的整平和地基处理。场地周边及上应空无影响组装和拆解作业的高压线等障碍物,场地应排水良好,运输道路顺畅。

4.4.5　架桥机组装前应对到场的设备部件进行全面的清点和检查,发现有损伤、锈蚀等缺陷的应在安装前处理完毕。架桥机组装和拆解应严格按照架桥机的设计说明书和专项方案的要求进行。

4.4.6　架桥机组装完毕后,必须按照国家现行的有关规定进行静载、动载以及型式试验,经地方主管部门验收合格,取得相应的特种设备检定证书后,方可投入使用。

4.5　成品梁验收、运输和存放

4.5.1　成品梁出厂时应附有桥梁质量证明文件。由制梁单位供给的桥梁配件应随梁同时配套发送,垫圈及螺帽应拧在螺栓上并涂油包扎严密。桥梁防水层、保护层铺设质量及预埋件安装符合设计要求和相关规定。成品梁的外观质量和结构尺寸应按照铁路现行的施工规范和验收标准进行查验核对,制梁单位与架梁单位共同参与并办理验收交接。成品梁验收交接中发现的梁体缺陷由制梁单位进行处理。

4.5.2　成品梁装卸可采取龙门吊机或专用搬梁机的方式,吊、支点位置应符合设计要求,起吊装车时梁片两端的高差不得大于30cm。吊运或滑移梁作业除应符合本章第6节的有关规定外,还应符合下列规定:

(1)箱梁在存放过程中,箱梁底面任一支点与其他三个支点所成平面的高差应不大于2mm。

(2)多层存梁时,存梁台座必须进行专门设计,做好场地防排水,严格控制存梁台座的不均匀沉降变形。两层桥梁之间必须有可靠的支垫,上下层桥梁的重心应一致。

(3)滑移梁时,梁底与滑道之间应安放移梁托具,滑板移梁时滑板面积应大于按混凝土容许压力计算的承压面积。

4.5.3　存梁时应按架梁的先后顺序摆放,保证用梁方便。

5　支 座 安 装

5.1　一般规定

5.1.1　支座进场后,必须检查包装标志与产品合格证是否相符、附件清单和有关材质报告单或检查报告,并对支座外形尺寸、外观质量和组装质量进行检验,支座品种、类型、性能、规格、结构和涂装质量应符合设计要求和有关标准。

5.1.2　支座工地检验项目包括支座型号、适用温度、支座整体高度、涂装质量等,并对支座外观尺寸进行全面的检查。

5.1.3　支座配件应齐全、无损伤,质量应满足设计要求,支座连接正常,不得任意松动上、下支座板连接螺栓。

5.1.4　在储存和搬运支座时,应避免阳光直接照射、雨雪浸淋和撞击,严禁与酸、碱、油类及有机溶剂等接触,并应保持清洁和距热源1m以上。

5.2　支座安装

5.2.1　安装桥梁支座前,应检查墩台中心距离及桥梁跨距、支承垫石顶面尺寸、高程及平整度和预留锚栓孔位置及尺寸,发现不符合设计要求和相关标准规定时,应提前进行处理。支承垫石顶面应划线标明墩台中心以及支座下座板的纵、横向中心线。

5.2.2　安装桥梁支座前,应将支承垫石和锚拴孔清理干净,做到无泥土、无浮砂、无积水、无冰雪及油污,并对支承垫石进行凿毛处理。

5.2.3　桥梁支座安装时,固定支座和活动支座的位置和方向必须符合设计要求。支座上、下座板与梁底及支承垫石之间和支座各层部件之间应密贴、无缝隙,整孔桥梁的支座应均匀受力、无“三条腿”现象,支座配件应齐全、无损伤,螺栓螺母应拧紧、无松动。

5.2.4　应根据线路设计纵向坡度和设计要求选择桥梁支座类型,坡道上的桥梁支座安装应符合设计要求。固定支座上、下座板应互相对正。在纵向活动支座上,下座板横向应对正,纵向应根据支座实际安装温度与设计安装温度之差和梁体混凝土未完成收缩、徐变量及弹性压缩量计算预留错动量,计算方法应符合本章附件 2 的要求。

5.2.5　支座就位后,在支座底板与桥墩支承垫石顶面之间应留有 20 ~ 30mm 的空隙,用以灌注无收缩高强度灌浆材料。灌注时,应采用重力灌浆方式灌注支座下部及锚栓孔间隙,由支座中心部位向四周注浆,直至从模板与支座底板周边间隙观察到灌浆材料全部灌满为止。重力灌浆如图 8-1 所示。

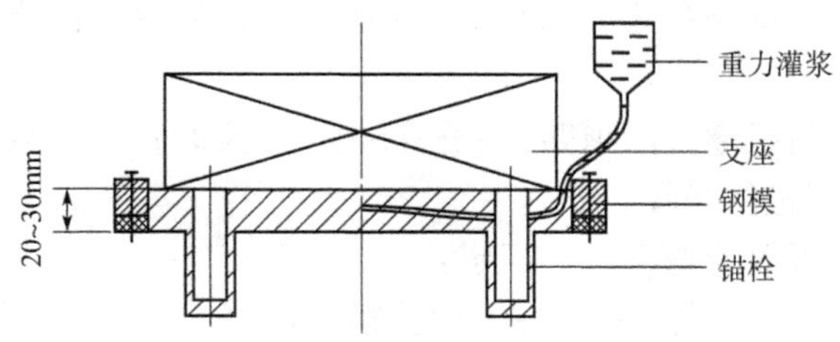

图 8-1　重力灌浆示意图

(1)灌浆前应计算所需浆体体积,使用浆体体积与计算所需相差不应过大,以防止中间缺浆。

(2)浆体强度达到 20MPa 后,可拆除钢模板,并检查是否有漏浆处,必要时对漏浆处进行补浆。拧紧下支座板锚栓,拆除各支座的上、下支座连接锚栓,并拆除临时支撑千斤顶。

5.2.6　支座安装具体要求。

(1)安装支座时,固定支座和活动支座的位置和方向必须符合设计要求。

(2)支座上下板螺栓的螺帽应安装齐全,无松动现象。

(3)要精确找平垫石顶面,准确定出下支座螺栓位置,并检查其孔径大小和深度,用灌浆料把螺栓锚固。

(4)桥梁支座锚栓的规格、质量、埋置深度和外露长度,必须符合设计要求和相关标准的规定。

(5)应在支座及锚栓位置调整准确后及时进行锚栓固结施工,墩台锚栓孔填料种类及质量应符合设计要求。

(6)支座与梁底,支座与支承垫石之间应密贴、无缝隙,各支座应均匀受力。

5.2.7　支座安装控制要求。

(1)支座中心纵向位置偏差不超过 20mm。

(2)支座中心横向位置偏差不超过 10mm。

(3)支座板四角高差不超过 1mm。

(4)固定支座上下座板的纵横错动量不超过 1mm。

(5)活动支座中线的纵横错动量不超过 3mm。

(6)支座中心线与墩台十字线的纵向错动量不超过 20mm。

(7)支座中心线与墩台十字线的横向错动量不超过 10mm。

6 箱梁架设

6.1 一般规定

6.1.1 箱梁架设前应完成下列工作:

(1)箱梁架设前,应编制相应的施工组织设计、施工工艺,应对桥墩里程、支承垫石高程、支座中心线及预埋件等有关竣工资料进行复测核对,清除支承垫石面上的杂物及预留锚栓孔内的冰雪、雨水、石块等,并对支承垫石进行凿毛处理。

(2)箱梁装上运梁车前应通过质量全面检查,并具备相关技术证明书。

(3)架梁施工单位应根据承建区段的地理、地形、线路特征、箱梁种类、分布状况等,选择合适的架桥机类型。

(4)架桥机及配套设备如运梁车、吊具等在厂内应按国家《特种设备安全监察条例》(国务院令第373号)等有关规定,完成型式试验、试运转和荷载试验,确认符合设计要求后,方可由架梁单位验收再投入使用。动、静载试验的荷载量和试验方法应符合设计要求和国家有关规定,试吊、验收均应作正式签证。

6.1.2 组装后整台架桥机通过的道路,架桥机拼装、架梁时临时支点的位置及反力对已有建筑结构的影响均应由相关部门进行检算。

6.1.3 架桥机支撑点设置应符合下列规定:

(1)支腿作用在箱梁顶面时,应尽量支在下面箱梁腹板中心线上。偏移较大时,应对箱梁顶板进行检算。

(2)架设每座桥的末跨箱梁时,前端立柱收短支立于桥台上面,对支点位置亦应进行相应检算。

6.1.4 架桥机过孔抗倾覆稳定系数不得小于1.5,其他作业情况下抗倾覆稳定系数不得小于1.3。

6.1.5 架桥机架设箱梁应符合以下规定:

(1)架桥机在桥墩(台)上或已架设的箱梁顶面左右两支腿的高差不宜大于设计规定值。两支腿顶升必须同步。

(2)梁体吊运应按架梁施组安排的顺序、编号吊运。

(3)运梁设备装载箱梁时中轴线偏差不应大于容许限值,运梁设备经检查确定无误后才能起动。起步应缓慢平稳,匀速前进,运行中速度宜控制在3~5km/h,曲线、坡道地段应严格控制在3km/h以内。严禁突然加速或急剧制动。

(4)桥面上应设运梁标线,运梁车进入桥面时应开启自动导航功能,并沿标线运行。

(5)当运梁设备接近卸梁地点或架桥机时,应减速慢行。运梁车接近架桥机时应一度停车,得到指令后才能对位。

(6)进行架桥机喂梁作业时,必须确认立柱间净空能使重载运梁车安全通过。必须严格控制运梁车走行的喂梁速度和运行速度的制动距离,以保证运梁车前端不碰撞立柱。

(7)架桥机喂梁操作须在有关支腿经检查完全支好受力后才能进行。

(8)箱梁起吊、落位时,应利用两台起重小车将箱梁吊起。当箱梁被吊离运梁车支承面30~50mm后,应暂停起升,将梁下落20~30mm,待检查无误后继续吊高,直至离开运梁车200~300mm后停止起升,箱梁纵向前进到落梁位置,落梁就位。行走时应平稳,严禁箱梁碰撞架桥机支腿。

(9)当箱梁的一端在运梁车上,另一端用起重小车吊起前移时,起重小车与运梁车上的拖(移)梁小车应同步前进。

(10)架梁时,落梁速度不应超过0.5m/min,同时应有人监视落梁速度和位置。起动前后,起重小车液压卷扬机应低速、平稳运行，并分三个步骤完成落梁：

①距支座垫石顶面500mm时，液压卷扬机制动，安装支座下底板套筒和锚固螺栓，然后起动卷扬机徐徐落梁；

②距墩台支承垫石顶面200mm左右时，采用线锤对中引导、监视并检查支座中心的位移量；

③距墩台支承垫石上水泥砂浆面50mm左右时，液压卷扬机制动，利用架梁机起重小车纵、横移装置微量调整箱梁位置，预留出桥梁伸缩缝。箱梁精确对位，然后启动液压卷扬机，落梁到测力千斤顶上。

(11)坡道落梁应特别注意观察。

(12)架桥机过孔前，应进行一次全面检查，确保设备各部件处于规定的状态。

(13)架桥机走行过程中，应安排专人监控两侧走行速度及前支腿垂直度等；走行到位后应检查中线、支腿高程等，并将其尽快恢复至架梁前状态，将各部位螺栓拧紧，支腿支垫牢固。

(14)6级以上大风天气条件下，不得架梁。架桥机过孔，转移时的允许风力应根据架桥机设计规定和具体情况确定。

(15)墩顶临时支承所用千斤顶的型号及位置必须符合设计要求。四个临时支承千斤顶应受力均匀且须构成三点平衡系统。顶落梁时每一端的千斤顶应同步起落。

(16)箱梁就位后，箱梁支座的位置必须符合设计要求，梁底与支座必须密合，整孔箱梁的轴线允许偏差为±10mm；相邻梁跨梁端桥面之间、梁端桥面与相邻胸墙顶面之间的相对高差不得大于10mm。桥面高程不得高于设计高程，也不得低于设计高程20mm，无砟轨道梁的架设就位精度应符合设计要求。

(17)架梁作业过程中，各种限位装置应全部安装牢固，且能正常工作。

(18)箱梁架设完毕后，应用补偿收缩混凝土填充吊梁孔洞。

6.1.6　架桥机正常作业所需的环境温度应与架桥机的设计要求相符合。在冬期施工时，对于液压系统较多的架桥机，应将液压油预热至系统要求的温度，再进行作业。气温低于-20℃时宜停止作业。

6.1.7　应制定架桥机安全操作规程及维护制度。应对连接箱梁的吊具及重要的轮、轨等部位进行定期探伤检查，并须有检查签证。此外，还应检查各类限位器是否可靠，吊点及吊具有无变形缺损，钢丝绳有无断丝，电路仪表、通信设备、报警系统否正常工作等，如发现异常情况，应立即整修。钢丝绳要求见本章附件3。

6.2　架桥机组装、运输、调头及拆卸

6.2.1　架桥机组装与调试应符合下列规定：

(1)架桥机可在大解体的状态下运到组装现场进行组装，亦可在转场时利用运梁车驮运架桥机机臂主梁等直接到达组装现场。

(2)应按组装架桥机顺序，在组装现场有序地摆放架桥机的各部构件。

(3)组装工作必须严格按架桥机说明书进行。

(4)拼装螺栓应按规定的规格、数量上足、拧紧；主梁拼装拱度及线型应符合架桥机设计规定。

(5)动力、液压、电气系统安装完毕后应进行调试。调试内容包括柴油发电机组的供电试验、液压系统试验、立柱伸缩及走行试验、机臂纵移试验、起重小车升降走行试验和吊梁横移试验等，并检测各部件的制动性能。起重小车提梁走行，其整体稳定性和机械动力性能应能满足检测要求。

6.2.2　架桥机的转场应符合下列规定：

(1)桥间转场短距离内宜采用架桥机自行行走方式。

(2)桥间转场长距离内宜采用运梁车驮运，运梁车车身放置驮运支架，进入架桥机腹内，驮运架桥机整机运输。

6.2.3 架桥机掉头应按架桥机说明书要求执行。一般采用由运梁车驮运架桥机在场地上调转180°的方式或采用转盘自转180°实现掉头。

6.2.4 应按架桥机说明书规定步骤拆除架桥机。

6.3 箱梁运输

6.3.1 箱梁通过便道运送到线路上时,便道的宽度、坡度及平整度必须满足设备的要求。便道需要日常养护。采用提运机运梁时,需要在梁场设置专用提梁台座。

6.3.2 箱梁采用跨线提运送到线路上时,跨线提的跨度、净空必须满足运梁要求。对于采用运梁车运梁的情况,需要在跨线提下放设置专用提梁台座,箱梁先由提梁机放置在专用提梁台座上,然后由跨线提吊装至运梁车上。

6.3.3 运梁车经过的便道和桥涵均应满足运梁荷载的要求。在运梁车通过的界限内,不得有任何障碍物。运梁便道的宽度、净空、纵向坡度、横向坡度、最小曲线半径等应与选用的架桥机有关性能相符合。梁厂装梁线的基础及运梁便道应进行专门勘测设计。

采用轮胎式运梁车运送箱梁,应根据运梁时总质量、轴线布置、轴线荷载、单轮胎荷载、轮胎着地面积等资料检算路面承载能力,并确保路基平整度、纵坡等满足要求。

6.3.4 箱梁运输过隧道时,应复核隧道与箱梁尺寸,采用配套运梁车,使其能够满足安全通过隧道的要求。运梁车必须保证与架桥机匹配,保证喂梁过程衔接顺利。

6.3.5 运梁时,支点距梁端的距离及起吊位置应符合设计要求。每个吊具在混凝土梁体上的承压面积不应小于混凝土允许计算值。运、架过程中必须保持梁体支点均匀受力,应采用三点平衡装置,不使梁体受扭。

6.3.6 运梁车驮运架桥机在高压输电线路下运行时或架桥机在高压输电线路下架梁作业时,高压输电线路距架桥机的最小安全距离应满足有关规范的要求。

6.3.7 运梁车装载箱梁完毕后,应由控制室控制箱梁运输。运梁车两侧应有专人监控其运行。运梁车应沿线路中线行进。运梁车负载时,在线路上需匀速前进,空载时速度应低于5km/h,上下坡及弯道时速度小于3km/h,重载爬坡时,坡度要小于3%。

6.3.8 运梁车前端面距架桥机后支腿50m处时,应停车转换成爬行速度,并激活防碰撞保护系统,继续以爬行速度向架桥机靠近,当运梁车前端面距架桥机外侧5m时报警、距离为0.8m时停车。停车对位后必须打好止轮器,支撑好运梁车前后支腿(必要时用楔形硬杂木或铁板找平)。

6.3.9 在架桥机的控制下,1号起重小车提起箱梁前部,1号起重小车与运梁车托梁小车同步牵引箱梁,直至托梁小车到达2号起重小车取梁位置,然后由2号起重小车提起箱梁后部。

6.4 架桥机架设箱梁

6.4.1 标准孔跨架设采用以下步骤进行施工。

(1)运梁车运梁开进架桥机后跨下方,运梁车前端与架桥机2号支腿横梁对接,如图8-2所示。

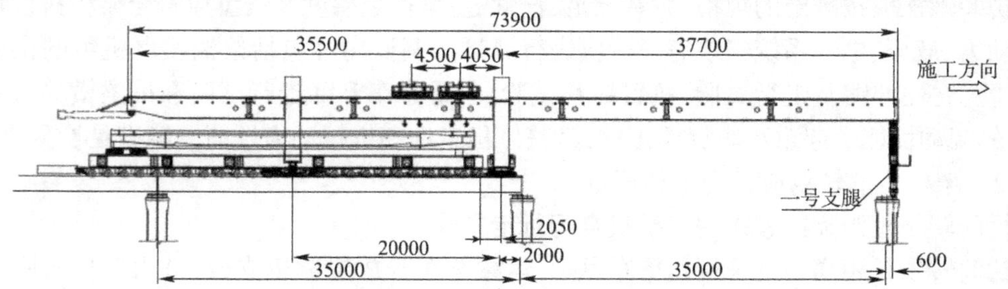

图8-2 运梁车前端与架桥机支腿横梁对接示意图(单位:mm)

(2)运梁车移梁小车携梁前移至指定位置,两天车移至2号腿后侧,前天车吊梁,吊装高度不超过30cm,如图8-3所示。

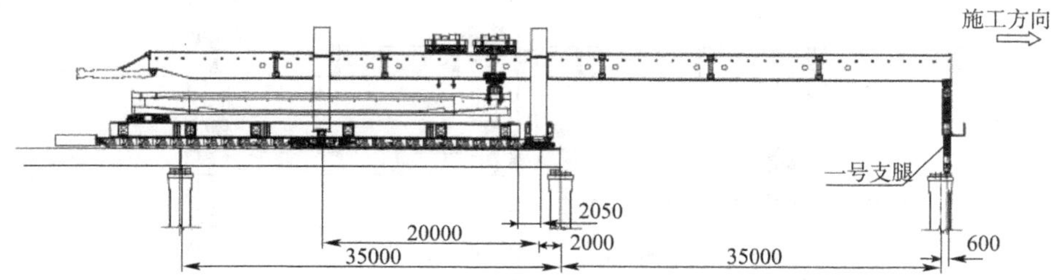

图8-3　前天车吊梁示意图(单位:mm)

(3)前天车及运梁车后移梁小车携梁前移至指定位置,后天车提梁,如图8-4所示。

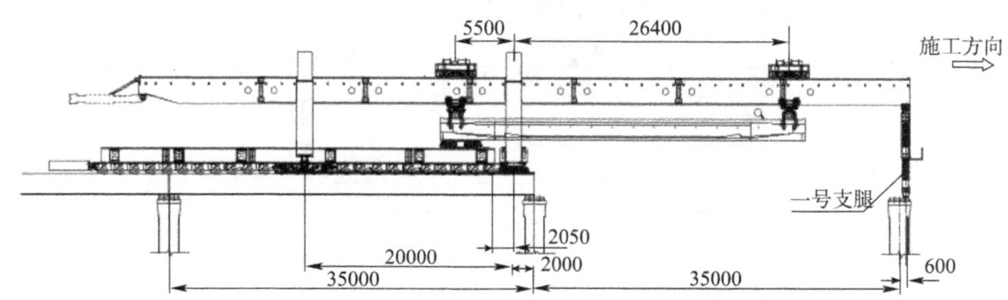

图8-4　后天车提梁示意图(单位:mm)

(4)两天车携梁前移至前跨指定位置,移梁小车退回到运梁台车上,运梁台车退出,如图8-5所示。

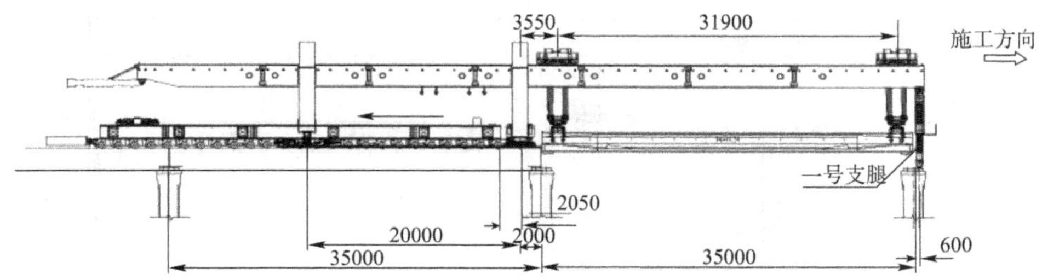

图8-5　运梁台车退出示意图(单位:mm)

(5)两天车同步架梁,到位后有专人指挥进行落梁,落梁速度不大于0.5m/min,调整位置完成后落至反力千斤顶上,完成架设,如图8-6所示。

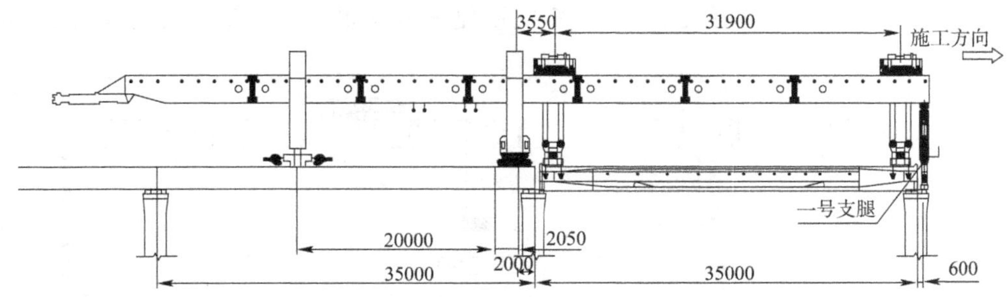

图8-6　架设完成示意图(单位:mm)

6.4.2　箱梁变跨架设。

变跨架梁作业时,需根据所架梁跨度通过主梁的滑道调整1号支腿的位置,具体操作步骤如下:

(1)根据标准跨架梁步骤进行调整,如图 8-7 所示。

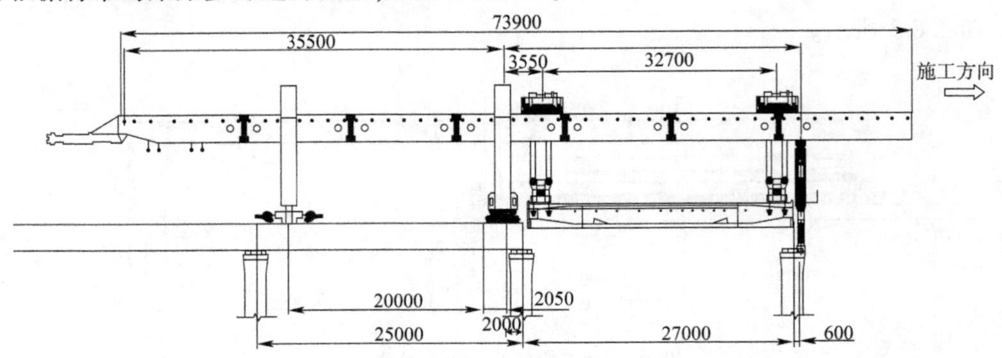

图 8-7 调整位置示意图(单位:mm)

(2)箱梁精准定位后,解除天车吊具,如图 8-8 所示。

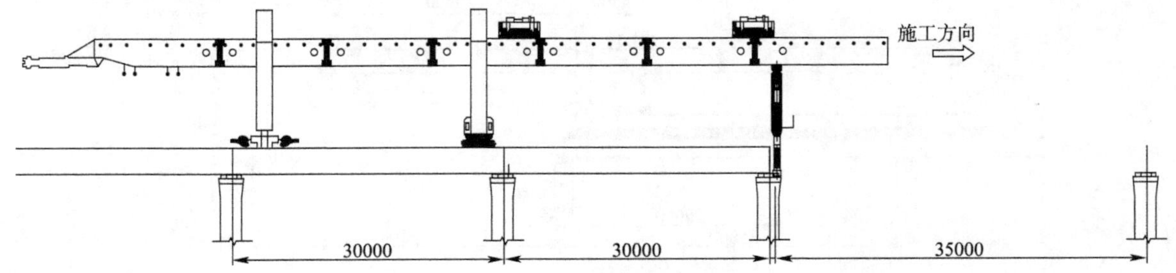

图 8-8 解除天车吊具示意图(单位:mm)

(3)架桥机过孔步骤进行架桥机过孔,在进行过孔之前,调节 1 号支腿与 2 号支腿间距,如图 8-9 所示。

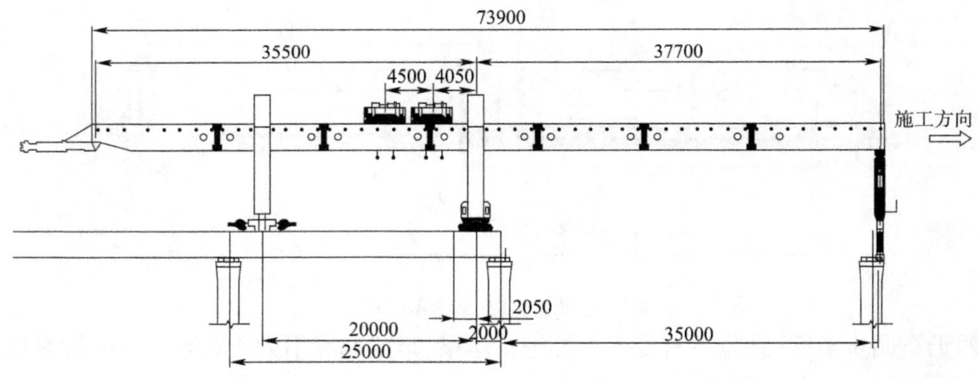

图 8-9 调节支腿间距示意图(单位:mm)

(4)调整完成之后完成架桥机过孔,架桥机恢复至喂梁状态,准备箱梁架设施工,如图 8-10 所示。

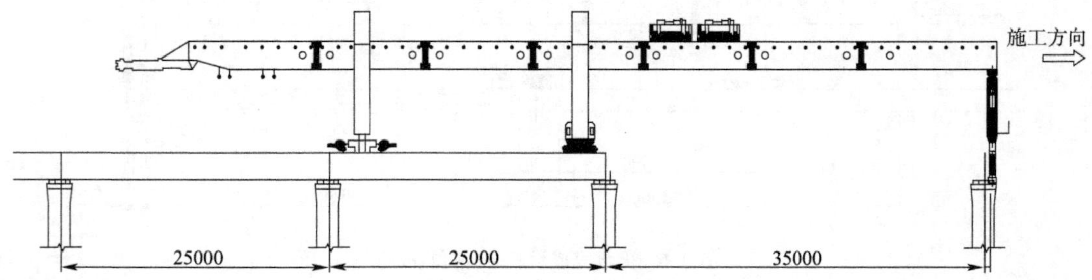

图 8-10 架桥机恢复喂梁状态示意图(单位:mm)

(5)按标准孔跨架设步骤进行箱梁架设,完成箱梁变跨架设,如图 8-11 所示。

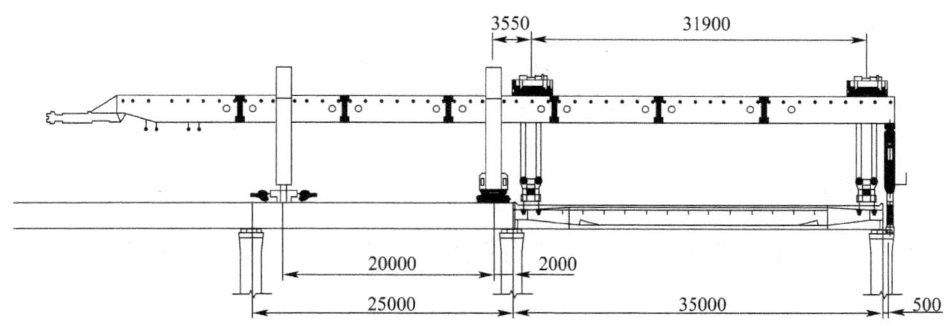

图 8-11　箱梁变跨架设示意图(单位:mm)

6.4.3　架桥机过孔采用如下步骤进行施工。

(1)箱梁精确定位后,解除天车吊具,如图 8-12 所示。

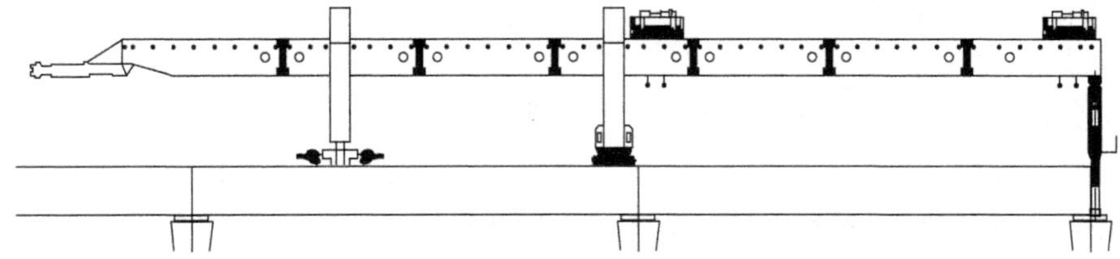

图 8-12　解除天车吊具示意图

(2)起重天车转移至主梁尾部配重。铺设桥面专用轨道完毕后,转移轨道止轮器至最前端安装。三号支腿油缸收回,转换为走行轮支承状态。二号支腿轮箱油缸继续顶升使一号支腿脱空,架桥机准备过孔走行,如图 8-13 所示。

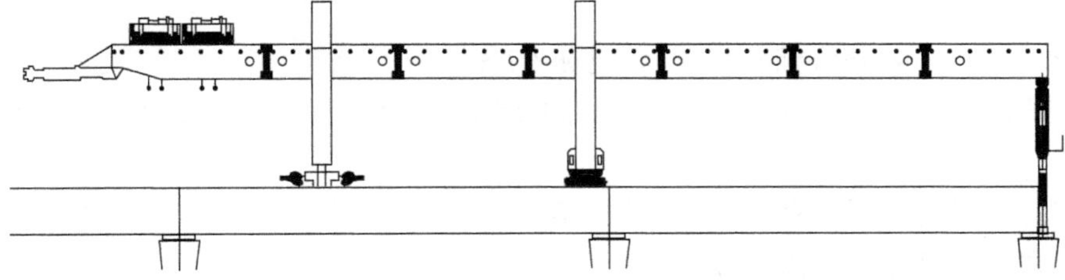

图 8-13　架桥机准备过孔走行示意图

(3)架桥机走行一孔到位,一号支腿支承于前墩墩顶,如图 8-14 所示。

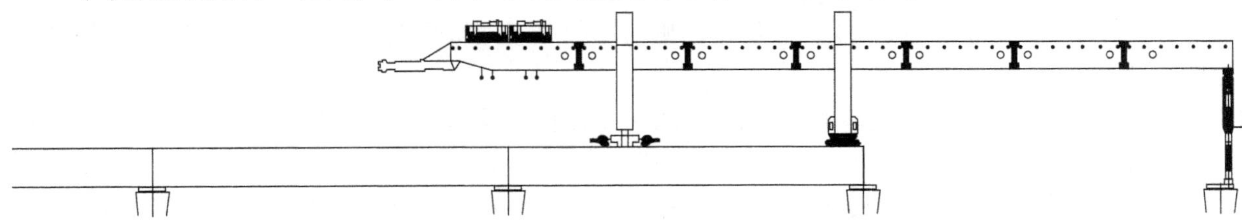

图 8-14　架桥机走行一孔到位示意图

(4)两台天车走行至前跨跨中附近配重,架桥机恢复至喂梁状态,准备下一跨施工,如图 8-15 所示。

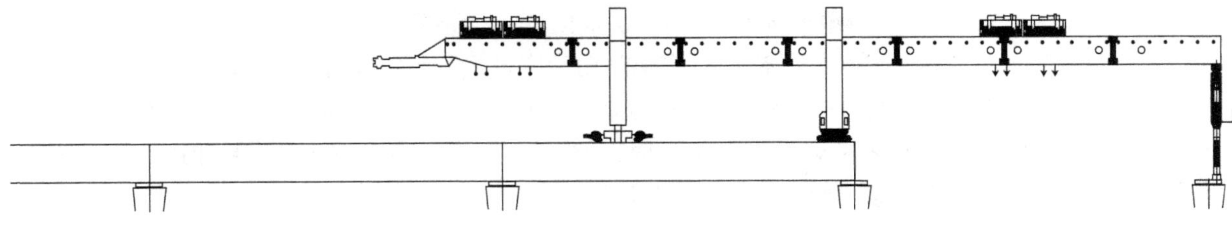

图 8-15　架桥机恢复喂梁状态示意图

7 特殊条件下架梁

7.1 一般规定

7.1.1 当在特殊线路、特殊气候、特殊桥梁条件下架梁,既有线及邻线换架梁,需要采取特殊措施时,应符合本章的有关规定。

7.1.2 特殊条件下架梁应选用技术性能适合于特殊条件下作业的架桥机,并根据需要增加辅助架梁设施或设计新型吊具等特殊措施进行架设。

7.1.3 特殊条件下架梁应符合下列规定:

(1)经过分析计算,应有足够的安全系数。

(2)操作前应进行必要的试运、试吊。

(3)采取的措施应符合安全技术规程和施工质量验收标准的规定。

(4)架梁方案应报请有关单位批准。

(5)既有线及邻线换架梁必须贯彻执行《铁路技术管理规程》和既有线上施工安全的有关规定。

7.2 特殊线路条件下架梁

7.2.1 特殊线路条件下架梁主要包括下列内容:

(1)小半径曲线架梁:桥位道路的曲线半径位于400m以下的T梁架设或位于2000m以下的箱梁架设。

(2)隧道口及隧道内架梁:桥台胸墙与隧道洞门间的距离在50m以内。

(3)大坡度地段架梁:桥梁和桥头道路在12‰以上坡度的T梁架设或20‰以上坡度的箱梁架设。

(4)高压线下架梁:桥位道路位于高压线下的T梁或箱梁架设。

7.2.2 箱梁架桥机在大坡道上架梁,宜采取下列措施:

(1)辅助导梁式架桥机箱梁运架梁应符合下列规定:

①架桥机需经设计或改造,满足大坡道架梁要求。

②桥机下坡过孔时,需要在下导梁尾端两侧与已架梁之间增设安全拉锚,保证架桥机过孔的安全性。

③在吊梁行车起吊、纵移、落梁时,要有专人巡视监护吊梁行车上的卷扬机、制动器运行情况及观察箱梁的运行位置。

④箱梁接近设计位置时,要提前减速,点动对位,但每次点动时必须待箱梁平稳后方可再次点动。

⑤在过孔时,走行轨道的最后2.5m需要垫平,形成局部平道,以防止架桥机对位时制动不足,减少前冲力,保证过孔安全。

⑥在大坡道下坡运梁时,要缓慢施加制动。

⑦运梁车大坡道运梁时,重载速度不得超过3km/h,保证运梁安全。

⑧在坡道驻车时,应保证制动系统可靠,实施制动后应打好防溜木楔,以确保安全。

⑨在距离架桥机150m处停放运梁车,试验运梁车制动性能,保证制动性能良好,并与架桥机人员确认后方可继续前行。在距离架桥机30m处时,调整为微动模式接近桥机,并通知接梁人员根据运梁车停靠位置摆好防溜木楔,确保运梁车对位安全。

(2)对于其他类型桥机,应根据桥机结构特点,在制定相应的专项安全措施后,方可架梁。

7.2.3　架桥机高压线下架设桥梁,可按照以下规定执行:

(1)在不停电的情况下,架桥机与高压线最小净距满足表8-1的要求时,可以正常架梁。

架桥机与高压线最小安全净距值　　表8-1

高压线路电压值(kV)	<1	1~20	35~110	154	220	330
最小净距(m)	≥1.5	≥2	≥4	≥5	≥6	≥7

(2)架桥机与高压线最小净距的数值以中午12时至下午4时(气温最高)时的测量数据为准。

(3)当架桥机与高压线最小净距的数值不能满足表8-1的要求,但可以满足表8-2的要求时,在架梁时需要采取以下措施:

①架梁时,需要在架桥机最高点、前、中、后各做一处接地措施,接地电阻应小于10Ω,接地线采用面积大于$20mm^2$的铜线。在接地附近5m内需要设置防护设施,禁止人员靠近。

②架桥机最高点需要绝缘覆盖。

③遇雨、雪、大雾、大风天气,严禁在高压线下架梁。

④如果架桥机与高压线最小净距值不能满足表8-1和表8-2的要求,需要停电作业或制定专项方案,并请专家论证,符合要求后方可继续作业。

架桥机与高压线最小净距值　　表8-2

高压线路电压值(kV)	1~10	20~35	66~110	220	330
最小净距(m)	≥0.7	≥1	≥1.5	≥4	≥5

7.3　特殊气候条件下架梁

7.3.1　特殊气候条件下架梁主要包括下列内容:

(1)在5~6级风条件下架设箱梁,风力风速等级见本章附件4。

(2)暴雨后或在长期阴雨中架梁。

(3)架梁时的温度在-20℃以下。

7.3.2　当最大风力等级大于6级时不应架梁。在4~6级风中架梁时采取下列措施:

(1)架梁单位应与当地气象部门及时联系,掌握风向、风力情况,并密切观测风速变化。各型架桥机均应配备风速仪。

(2)作业人员在风中架梁时,必须配备可靠的安全设施。墩台顶面应装围栏或设置安全网。

(3)吊梁走行及落梁时,应选在风力较小时进行。

(4)轮轨式架桥机应在对位后用枕木支垫架桥机背风面。单梁式架桥机应让摆臂钢丝绳处于受力状态,以平衡风压。双梁式架桥机摆臂时,为防止闪动或摆臂时遭突发性大风,可用钢丝绳穿滑车拉住大臂前端,配合摆臂速度收放。落梁时,宜用环链手拉葫芦拉住梁缓慢下落。

7.3.3　暴雨后或在长期阴雨中架梁时,应根据路基质量、连续下雨的天数、总降雨量和排水等情况,采取下列措施:

(1)运梁和架梁前,应检查作业范围的路基、桥涵有无病害,并进行加固或整治。

(2)雨中作业易发生漏电及电气短路等故障,应加强检查与防护。

(3)对于已压过道或已架过梁的路基,在暴雨或久雨后,必须整修加固重新压道后,方可继续架梁。

(4)使用轮胎式运梁车的地段,应清除路基级配碎石上的污泥及沟痕,严防运梁时轮胎侧滑。

7.3.4　架梁时的温度在-20℃以下时,应采取下列措施;

(1)必须除尽墩台顶面、支承垫石面上和预埋锚栓孔内的冰雪及杂物,严禁将支座安放在带有薄冰层的垫石上。

(2)焊接联结板前,宜先将角钢预热,脚手板应设置有防滑设备。

(3)浇筑锚栓孔砂浆或细石混凝土和横隔板混凝土时,应按冬期施工有关规定施工。

(4)必须采用和冬期施工温度相适应标号的各类油料和防冻液。

7.4 特殊桥梁架设

7.4.1 特殊桥梁条件下架梁主要包括以下内容:

(1)墩台顶宽度不足6m时。

(2)板凳式或托盘式桥墩帽悬出长度较大,并可能直接承受架梁荷载时。

(3)架设超宽和超高梁。

(4)架设变跨箱梁。

(5)架设错置箱梁口。

(6)跨连续梁或结合梁架箱梁。

7.4.2 墩台顶帽宽度不足6m时,应采取下列措施:

(1)架桥机对位时,可采用本章第8.2.2条的措施。

(2)移梁过程中,应采取防止梁倾倒或溜动的措施。滑道前端应设置止动设备。

(3)加宽墩台顶帽时,可预埋锚螺栓,用型钢做牛腿,承托移梁设备;也可利用常备杆件拼成临时支架或搭设枕木垛,上置工字梁或轨束梁与墩台顶联成一体。承受架梁荷载的加宽部分必须经过检算。当梁落到加宽部分后,应及时移至墩台上,不得长期停放。

7.4.3 板凳式桥墩帽或悬出长度较大的托盘式墩帽,应满足在悬出部分的一侧或两侧支立架桥机零号柱和安放顶梁千斤顶的要求,必要时应请有关单位变更设计。

7.4.4 架设错置箱梁,可采用混凝土或钻孔柱基础连接钢墩的临时支墩方案,将架桥机的1号支腿的左右分支腿置于同一水平面上。架桥机起吊梁时,采用2、3、4号支腿同时受力的方法,分散作用在已架的梁面上。架梁过程中应观测1号支腿的垂直度和临时支墩的沉降。

7.4.5 跨连续梁或结合梁架设箱梁时,可根据支腿支垫位置采取下列措施:

(1)跨连续梁前,架桥机1号支腿支垫在连续梁或结合梁上时,应按连续梁或结合梁的腹板位置,调整1号支腿横梁左右两支点的距离,并用木板抄垫。

(2)跨连续梁后,架桥机其他支腿支垫在连续梁或结合梁上,应以横梁将4号支腿的左右两支腿连接,横梁下按连续梁或结合梁腹板位置,设置两个支点,并用木板抄垫。2号支腿内侧的两台支撑油缸,应按连续梁或结合梁腹板位置向外移动,油缸与横梁间垫厚度为2cm的厚木板。

8 架梁安全

8.0.1 使用架桥机前,应根据现场实际情况,检算架桥机走行及支腿支撑部位桥梁、路基和临时结构的强度、稳定性和刚度。并应复核架桥机作业和走行过程中是否满足现有结构安全净空的要求。以上检算时应符合标准《铁路线路设计规范》(GB 50090—2006)、《铁路路基设计规范》(TB 10001—2016)和《铁路桥涵设计规范》(TB 10002—2017)以及本章的有关规定。

8.0.2 安全管理应符合下列要求:

(1)架梁施工单位应建立施工现场安全管理体系、完善的监督检查制度和安全生产责任制,实现对施工全过程安全生产的有序监控。

(2)对架桥机针对每项工程的作业,无论作业量多少,都应建立一个安全工作制度并遵守。该安全工作制度应包括作业计划、架桥机选用、架桥机维护、人员的培训及要求、应急措施、故障报告制度等。

(3)各项安全管理活动应有计划、有部署、有落实、有监督检查、有整改措施和再制定安全管理活动计划。

(4)建立健全以岗位责任制为核心内容的机械管理制度,以持证上岗和实行定人、定机、定责为中心内容的机械使用制度,以清洁、润滑、紧固、调整、防腐为工作内容的机械维护制度,定期对重要部件进行探伤检查,保证架桥机经常保持完好状态。

(5)进行架梁作业前,应按安全规程和使用说明书的要求制定严密的作业程序表,并在作业时严格履行作业程序表。

(6)管理人员应保证坚持有效的故障及事故报告制度。该制度应包括告知管理人员、记录故障排除的结果以及架桥机再次投入使用的许可手续。

8.0.3　架梁作业安全应符合下列规定:

(1)使用架桥施工机械前,应按本章的有关规定进行机况检查、试运转和试吊,确定符合要求并签证后,方可投入使用。对影响架梁作业安全的特殊线路条件、施工临时设施、运梁道路等,应在运架梁施工前进行预先检查,并应结合具体工况制定保障作业安全操作细则。

(2)轮轨架桥机架梁时,应指定专人负责架桥机运行线路的检查、加固和整修。

(3)架桥机架梁时的线路条件,应符合架桥机设计使用的有关要求。

(4)架桥机0号柱支立于墩台时,应垫平垫实并垂直于墩台顶面。当支立于T形桥台时,应在0号柱底部安装钢制枕梁。

(5)架桥机在大坡道上停车对位、架梁时,应设专人安放止轮器和操作紧急制动阀。起重小车的制动装置应安全可靠,并设制动失灵的保险设施。应有专人防止起重小车向下坡方向滑动,并备有止滑设施。

(6)在架桥机前移过程中,组织工作应严密,做到统一指挥,明确联络信号。每个支腿及锚固点应派安全观察员观测,如发现偏移应及时纠正。

(7)架桥机前移和就位后,应严格检查各项锚固措施是否已经完成。整个作业过程应有专人进行指挥。

(8)在6级以上大风天气时严禁架桥机过孔作业;10级风以上天气时,应停止一切作业,并对架桥机进行可靠锚固。遇气候恶劣(大风、大雾、大雨、大雪)妨碍瞭望操作或夜间照明不足时,严禁施工。

8.0.4　架桥机安全防护工作应符合下列规定:

(1)架桥机停留地点应有专人监护,严禁非工作人员走近及走上架桥机,严禁非操作人员进入操纵室。架桥机停留时应采取防溜措施。

(2)架梁作业时,施工现场应设防护人员劝阻围观架梁人员避到安全距离外,严禁非作业人员上桥进入作业地点。

(3)指挥人员和操作人员工作位置应得当,防止作业过程中被挤伤、坠落。

(4)架梁时,严禁行人、车辆和船只在桥下通过。

8.0.5　带电作业安全防护工作应符合下列规定:

(1)在架桥机组装后运行通过的地段,高压线与架桥机最高点的垂直距离及最外侧的水平距离应符合国家和铁路行业现行安全技术规程的规定。

(2)架桥机组装后运行通过高压线时,运行速度不应超过5km/h。

(3)夜间作业应有足够的照明设备,在桥墩台上作业的人员应使用36V安全电压的工作灯具。

(4)电源开关应加箱上锁,设有防雨、防潮措施,并应指定专人开合电闸。

(5)施工用电应符合国家现行的有关规定。

8.0.6　架梁作业人员安全防护应符合下列规定:

(1)起重工、电工、电焊工等特种作业人员上岗条件应符合本章的有关规定。

(2)架梁作业人员上班前及工作中严禁喝酒,并应保证充足的睡眠,不得连续疲劳作业。作业中必须集中精力,严禁在作业中聊天、阅读、饮食、嬉闹及从事与工作无关的事情。

(3)墩台作业人员必须戴安全帽、穿防滑鞋、系安全带,冬期施工应采取保暖防冻措施,必要时应在墩台拴挂安全网。

(4)作业人员必须在体检合格并经过严格的技术培训及考试合格后持证上岗,严禁无证操作。架桥机机组人员必须熟悉架桥机的结构、原理、性能、操作、维护及维修要求。

(5)机组人员在作业前、作业中、作业后必须严格执行所有安全措施及安全警示。

(6)所有在高处作业的起重工、电焊工、墩台作业人员等均应符合高处作业人员的健康规定。

(7)作业人员应保持相对稳定。

(8)作业人员必须有专人指挥,指挥信号统一,多岗位人员分工必须明确,保持协调一致。

(9)架梁作业人员进行双层作业时,上层人员应将工具、材料堆放在可靠地方并采取有效的防止掉落措施。对于桥面道砟,应在梁的两端各留出500mm以上的安全距离。

(10)桥梁吊起后,严禁有人在梁下停留。正在移动或起落的梁上不应进行其他作业。

(11)架桥机、桥墩台及梁上作业人员上下地点应设置上下扶梯,梁体横向张拉及湿接缝施工时应设置吊篮或工作平台。严禁作业人员利用吊钩上下。

(12)脚手板及捆扎材料等应经过检查,确认质量合格后方可使用。

(13)在深水的河道上架梁时,应备有救生圈、救生衣,必要时应备有救生船只。

8.0.7 铁路架桥机架梁除必须遵守有关安全操作细则和本章的有关规定外,还应符合国家关于安全生产的有关规定。

本章附件

附件1　架桥机拨道架梁时拨道量计算方法

(1)直线上。

如附图8-1所示,直线上拨道量可按附式(8-1)进行计算:

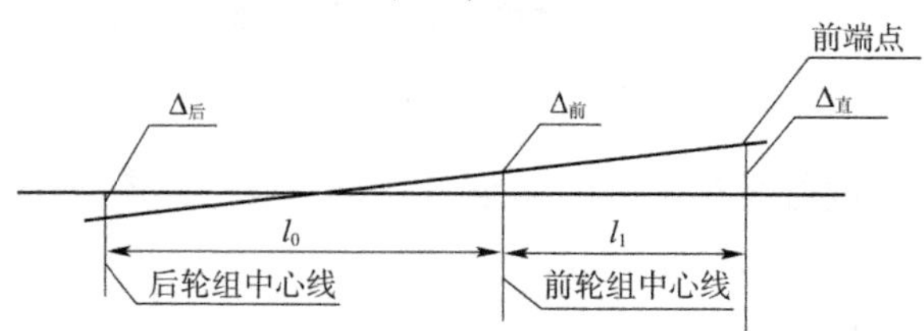

附图8-1　直线拨道计算图

$$\Delta_{直}=\frac{l_1+l_0}{l_0\times\Delta_{前}-l_1/l_0\times\Delta_{后}} \tag{8-1}$$

式中:$\Delta_{直}$——前端点偏移量;

l_0——前后轮组中心距;

l_1——前轮组中心至前端点的水平距离;

$\Delta_{前}$——前轮组中心拨道量,与$\Delta_{直}$方向相同者为正,反之为负;

$\Delta_{后}$——后轮组中心拨道量,与$\Delta_{直}$方向相同者为正,反之为负。

(2)曲线上。

如附图8-2所示,曲线上拨道量可按附式(8-2)进行计算:

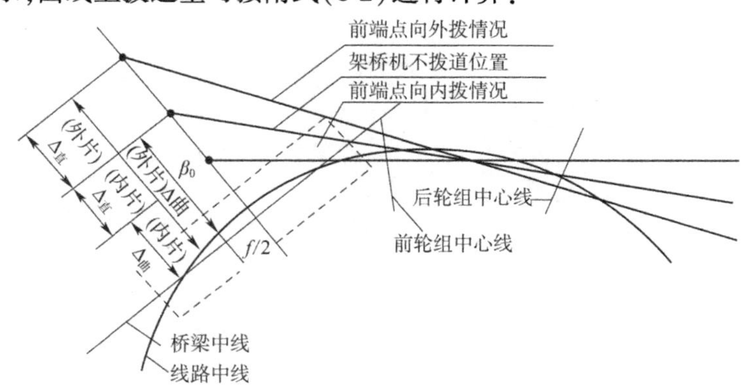

附图8-2　曲线拨道计算图

$$\Delta_{曲}=\Delta_{直}\pm(\beta_0-f/2) \tag{8-2}$$

式中:$\Delta_{曲}$——拟定拨道后或拨道并摆臂后前端点距桥梁中线的偏移量;

$\Delta_{直}$——拨道后前端点距未拨道前割线前端点的偏移量(包括机臂的摆臂量$\Delta_{臂}$);

β_0——前端点对曲线线路中心的偏距;

+——括号外"+"适用于向外侧拨道;

-——括号外"-"适用于向内侧拨道;

$f/2$——线路中心对桥梁中心的偏距:切线布置时$f/2=0$,平分中矢布置时$f/2=l^2/16R$或视设计而定;

l——梁的全长加一个梁端伸缩缝;

R——曲线半径。

如附图 8-3 所示,前端点对曲线线路中心的偏距可按附式(8-3)进行计算:

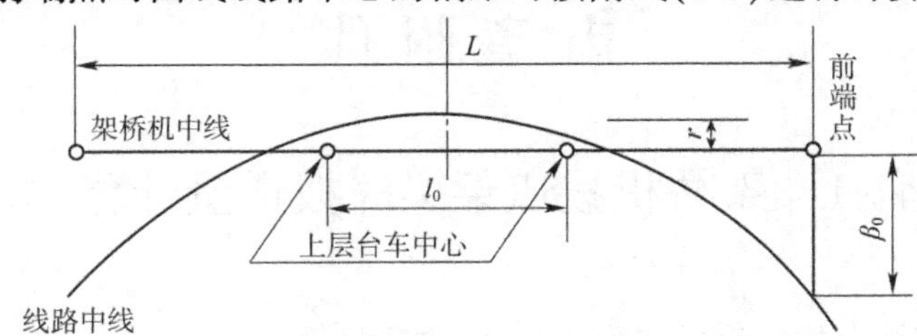

附图 8-3 前端点偏离线路中心图

$$\beta_0 = \frac{L^2}{R-\gamma} \tag{8-3}$$

式中:β_0——架桥机前端点与线路中心的偏距,m;

L——前后端点中心的水平距离,m;

R——线路曲线半径,m;

γ——机身中心与线路中心的偏距,m。

如附图 8-4 所示,机身中心与线路中心偏距 γ 为各层台车中心偏距的总和,可按附式(8-4)进行计算:

$$\gamma = \gamma_1 + \gamma_2 + \gamma_3 + \gamma_0 = \frac{1}{8R}(l_1^2 + l_2^2 + l_3^2 + l_0^2) \tag{8-4}$$

式中:R——线路曲线半径,m;

l_1——轴距,m;

l_2——转向架中心距,m;

l_3——下台车中心距,m;

l_0——上台车中心距,m。

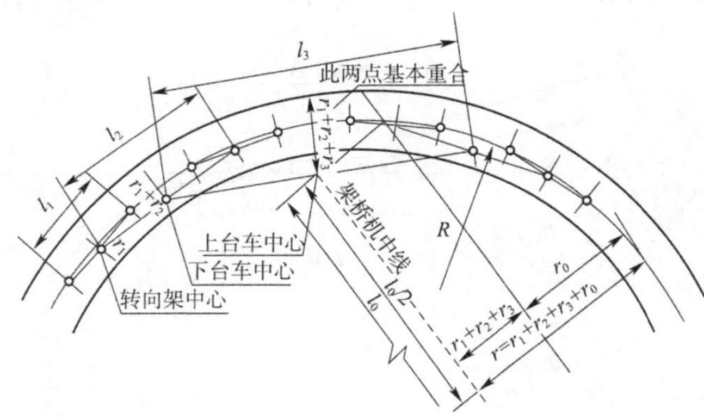

附图 8-4 偏距计算示意图

(3)精确计算拨道量时,应按下列各种因素对拨道量进行适当修正:

①架桥机转向架在曲线上的内偏量(即架桥机中线向曲线内侧的偏移量);

②成品梁重心与梁梗中心间的距离;

③机臂中线偏离架桥机中线的偏移量;

④曲线线路中心与桥梁中心线间的偏差量;

⑤在某些情况下,障碍物对拨道量的影响。

附件 2 纵向活动支座预留错动量计算

纵向活动支座应按梁的温度变化、混凝土梁未完成的收缩徐变和弹性压缩量产生的错动量,调整上下座板的相对位置。

错动量可参考附式(8-5)进行计算：

$$\delta = (T - T_0)\alpha l + \delta_s \quad (8\text{-}5)$$

式中：δ——上下座板的计算错动量，cm；

α——线膨胀系数，可取为 1.0×10^{-5}℃；

l——梁跨度，cm；

T——架梁时温度，℃；

T_0——收缩徐变；

δ_s——成品梁未完成的收缩徐变值，cm。

其值可按《铁路桥涵混凝土结构设计规范》(TB 10092—2017)计算。

完成后，上下座板中线重合时的计算温度(简称计算温度，℃)，其值可取为

$$T_0 = T_{平} + \frac{\delta_{活}}{2\alpha l}$$

式中：$T_{平}$——年度中最高和最低温度的算术平均值，℃；

$\delta_{活}$——梁端部下缘因活载产生的纵向位移，cm；

$\delta_{活}/2\alpha l$——换算温度，℃，可取为10℃。

附件3 施工机械使用钢丝绳的规定

(1)机械用钢丝绳应符合国家标准《重要用途钢丝绳》(GB/T 8918—2006)的规定。

(2)用于走行的钢丝绳不得有接头、扭结、变形。

(3)起重用钢丝绳的接头必须采用插接，其插接长度不得小于钢丝绳直径的20倍，总长不得小于300mm。非起重用钢丝绳接头可用索卡连接，但必须经常检查紧固情况。与钢丝绳直径匹配的卡子数量和间距应按附表8-1中的规定执行。

与钢丝绳直径匹配的卡子数量和间距 附表8-1

钢丝绳直径(mm)	10及以下	10~20	21~26	28~36	36~40	45~55
最少绳卡数(个)	3	4	5	6	7	21(卡板)
绳卡子间距(mm)	80	140	160	220	240	10

(4)钢丝绳有磨损或锈蚀时，应按附表8-2的规定进行折减，并按折减结果决定降低使用等级或更换。当钢丝直径小于公称直径的93%时，即使未断丝，该钢丝绳亦应报废。

钢丝绳折减系数 附表8-2

钢丝绳表面磨损或锈蚀量(%)	10	15	20	25	30~40	>40
折减系数(%)	85	75	70	60	50	0

注：钢丝绳表面磨损或锈蚀量以每根钢丝的直径计。

(5)钢丝绳断丝达到附表8-3的规定时，应予更换。

钢丝绳断丝更换标准 附表8-3

钢丝绳的股数及丝数	6×19=114，加麻芯一根		6×37=222，加麻芯一根		6×61=366，加麻芯一根		18×19=342，加麻芯一根	
钢丝绳结构形式	交叉绞丝	顺向绞丝	交叉绞丝	顺向绞丝	交叉绞丝	顺向绞丝	交叉绞丝	顺向绞丝
每扭节距中不准超过的断丝数	12	6	22	11	36	18	36	18

(6)起重吊装用的钢丝绳，其安全系数必须符合附表8-4的规定。

起重吊装钢丝绳的安全系数

附表 8-4

用　途	安全系数	用　途	安全系数
缆风绳	3	吊索(无弯曲时)	6
手动起重设备	4.5	捆绑吊索	8
机动起重设备	5	载人升降机	14

附件4　蒲福风力风速等级表和热带气旋等级划分表

蒲福风力风速等级见附表 8-5。热带气旋等级划分见附表 8-6。

蒲福风力风速等级

附表 8-5

风力级数	名称	海面状况		海岸船只征象	陆地地面征象	相当于空旷平地上标准高度10m处的风速		
		海浪						
		一般(m)	最高(m)			海里/h	m/s	km/h
0	静风	—	—	静	静,烟直上	小于1	0~0.2	小于1
1	软风	0.1	0.1	平常渔船略觉摇动	烟能表示风向,但风向标不能动	1~3	0.3~1.5	1~5
2	轻风	0.2	0.3	渔船张帆时,每小时可随风移行2~3km	人面感觉有风,树叶微响,风向标能转动	4~6	1.6~3.3	6~11
3	微风	0.6	1.0	渔船渐觉颠簸,每小时可随风移行5~6km	树叶及微枝摇动不息,旌旗展开	7~10	3.4~5.4	12~19
4	和风	1.0	1.5	渔船满帆时,可使船身倾向一侧	能吹起地面灰尘和纸张,树的小枝摇动	11~16	5.5~7.9	20~28
5	清劲风	2.0	2.5	渔船缩帆(即收去帆之一半)	有叶的小树摇摆,内陆的水面有小波浪	17~21	8.0~10.7	29~38
6	强风	3.0	4.0	渔船加倍缩帆,捕鱼须注意风险	大树枝摇动,电线呼呼有声,举伞困难	22~27	10.8~13.8	39~49
7	疾风	4.0	5.5	渔船停泊港中,在海者下锚	全树摇动,迎风步行感觉不便	28~33	13.9~17.1	50~61
8	大风	5.5	7.5	进港的渔船皆停留不出	微枝折毁,人行向前感觉阻力甚大	34~40	17.2~20.7	62~74
9	烈风	7.0	10.0	汽船航行困难	建筑物有小损(烟囱顶部及平屋摇动)	41~47	20.8~24.4	75~88
10	狂风	9.0	12.5	汽船航行颇危险	陆上少见,见可使树木拔起或使建筑物损坏严重	48~55	24.5~28.4	89~102
11	暴风	11.5	16.0	汽船遇之极危险	陆上很少见,有则必有广泛损坏	56~63	28.5~32.6	103~117
12	飓风	14.0	—	海浪滔天	陆上绝少见,摧毁力极大	64~71	32.7~36.9	118~133

续上表

风力级数	名称	海面状况		海岸船只征象	陆地地面征象	相当于空旷平地上标准高度10m处的风速		
		海浪						
		一般(m)	最高(m)			海里/h	m/s	km/h
13	—	—	—	—	—	72～80	37.0～41.4	134～149
14	—	—	—	—	—	81～89	41.5～46.1	150～166
15	—	—	—	—	—	90～99	46.2～50.9	167～183
16	—	—	—	—	—	100～108	51.0～56.0	184～201
17	—	—	—	—	—	109～118	56.1～61.2	202～220

热带气旋等级划分　　附表 8-6

热带气旋等级	底层中心附近最大平均风速(m/s)	底层中心附近最大风力(级)
热带低压(TD)	10.8～17.1	6～7
热带风暴(TS)	17.2～24.4	8～9
强热带风暴(STS)	24.5～32.6	10～11
台风(TY)	32.7～41.4	12～13
强台风(STY)	41.5～50.9	14～15
超强台风(SuperTY)	≥51.0	16 或以上

注：以上两表中数值均采用国家标准《热带气旋等级》(GB/T 19201—2006)中规定数值。

第九章　桥梁施工安全

引　　言

本章是针对杭海城际铁路的特点,参照《铁路桥涵工程施工安全技术规程》(TB 10303—2009),在吸收杭海城际铁路及周边区域城际轨道交通工程实践经验的基础上编制而成。本章体现了对施工现场安全管理的针对性和可操作性,突出了对区域城际轨道交通工程桥梁工程施工安全的控制作用。本章适用于区域城际轨道交通工程桥梁工程施工的安全控制,凡在本章中未做规定的,均按国家、行业及地方现行的有关强制性标准执行。

本章主要内容包括:总则、术语、基本规定、基础、墩台、预应力混凝土简支箱梁预制及运架、桥位制梁、桥梁支座安装、桥面系及附属工程等。

主编单位:浙江杭海城际铁路有限公司

参编单位:中铁大桥局集团有限公司、铁四院(湖北)工程监理咨询有限公司、中铁第四勘察设计院集团有限公司、浙江省交通规划设计研究院

主要执笔人:杨敏龙、张铁军、查本怡、袁昊、许益帆、周日前、王兴陈、金立

主要审查人:马锡海、舒冬林、胡竹炉、侯宪军、易学文

1　总　　则

1.0.1　为贯彻“安全第一,预防为主,综合治理”的安全生产方针,体现以人为本的理念,落实质量、安全、工期、投资效益、环境保护、技术创新“六位一体”的铁路建设管理要求,规范铁路工程施工安全管理和施工作业行为,保障人身、设备、设施及行车安全,预防事故发生,特编制本章。

1.0.2　本章适用于新建、改建铁路桥涵工程施工。

1.0.3　铁路桥梁工程施工应建立健全质量、环境、职业健康安全管理体系,对施工安全管理、施工安全技术、施工安全作业进行全过程、全方位管理与控制。

1.0.4　铁路工程施工应严格按设计文件进行,全面贯彻设计意图,达到设计要求的安全使用功能,保障铁路运营安全。

1.0.5　建设、勘察设计、施工和监理单位等建设各方应坚持“管生产必须管安全”的原则,设置安全管理机构,配备安全管理人员,制定安全生产规制度,落实安全生产责任制。

1.0.6　建设各方人员必须熟悉和遵守有关安全生产法律法规和本章的规定,经培训合格方准上岗。特种作业人员必须经专业培训并考核合格后持证上岗。

1.0.7　建设各方必须采用合格的机械设备、仪器仪表、材料和安全防护用品等。

1.0.8　施工组织设计应包含安全保障措施。对于危险性较大的工程,应编制专项施工方案,并按有关规定经审批后实施。

1.0.9　建设各方应根据工程特点和施工环境进行危险源辨识,对重大危险源应编制应急预案,

成立应急组织,配备应急物资,并按规定组织培训和演练。

1.0.10　安全生产费用应及时足额拨付并专项管理使用。

1.0.11　铁路桥梁工程施工必须遵守国家有关劳动保护的法规,积极改善施工条件,降低作业人员劳动强度,按规定配备劳动保护和安全防护等用品。

1.0.12　同一工点有多个单位同时施工或不同专业交叉作业时,应共同拟定现场安全技术管理办法,做好协调,共同执行。

1.0.13　施工过程中应及时掌握气象、水文和地质灾害等相关信息,做好防范和应急工作。

1.0.14　建设各方应按规定进行安全生产检查,对事故隐患必须及时采取整改措施。

1.0.15　铁路桥梁工程施工中采用新技术、新工艺、新设备、新材料时,必须制定相应的安全技术措施,并对有关施工人员进行安全生产教育培训。

1.0.16　联调联试应纳入施工组织设计,保证必要的人员、机具及测试仪器的配备,并必须严格做到试车不施工,施工不试车。

1.0.17　本章规定应与《铁路工程基本作业施工安全技术规程》(TB 10301—2009)配套使用。

1.0.18　铁路桥梁工程施工安全除应符合本章的规定外,还应符合国家现行有关标准的规定。

2　术　　语

2.0.1　安全生产。

在生产过程中,通过人、机、物料、环境的和谐运作,使生产过程中潜在的各种事故风险和伤害因素始终处于有效控制状态,切实保护劳动者的生命安全和身体健康。

2.0.2　安全管理。

针对生产过程中的安全问题,运用有效的资源,发挥人的智慧,通过人的努力,进行有关决策、计划、组织和控制等活动,实现生产过程中人与机器设备、物料、环境的和谐,达到安全生产的目标。

2.0.3　危险区域。

可能造成人员伤害、财产损失的工作场所。

2.0.4　安全防护设施。

建筑施工现场为预防施工时发生人员伤亡事故而设置的各类安全设施、设备、器具等。

2.0.5　劳动防护用品。

为使施工人员在职业活动过程中免遭或减轻事故和职业危害因素的伤害而提供的个人穿戴用品。

2.0.6　特种作业。

容易发生人员伤亡事故,对操作者本人、他人及周围设施的安全有重大危害的作业。

2.0.7　预应力混凝土梁。

设置预应力钢筋并被施加预应力,在设计荷载作用下不容许出现拉应力或受力裂缝的混凝土梁。

2.0.8　明挖基础。

由开挖地基进行施工的基础。

2.0.9　沉井基础。

由上、下开口的井筒状结构物下沉至设计高程所构成的基础。

2.0.10　桥面。

轨底以下至桥梁顶面以上的部分。

2.0.11　安全系数。

表明结构或构件达到某种失效状态(破坏或开裂)时的计算临界承载力与计算荷载作用力之间比例关系的系数。

2.0.12　预应力钢筋。

用于混凝土结构构件中施加预应力的钢筋、钢丝和钢绞线的总称。

3　基本规定

3.1　一般规定

3.1.1　建设各方应按《铁路工程基本作业施工安全技术规程》(TB 10301—2009)第2.1节的规定,结合工程实际和项目特点,明确施工安全责任,制定施工安全措施,加强施工安全管理,有效预防事故发生。

3.1.2　建设各方应按《铁路工程基本作业施工安全技术规程》(TB 10301—2009)第2.2节的规定,做好施工安全管理工作。施工安全管理工作应按表9-1进行检查并做好记录。

施工安全管理检查表　　表9-1

项目(工程)名称			
建设单位		项目负责人	
勘察设计单位		项目负责人	
监理单位		总监理工程师	
施工单位		项目负责人	
序号	检查项目	检查情况	
1	安全管理组织机构		
2	安全资源配置		
3	安全管理制度		
4	安全管理目标		
5	安全教育培训		
6	专项施工方案		
7	安全技术交底		
8	风险管理		
9	应急救援预案		
10			
检查单位:		被检查单位:	
负责人(签名):		负责人(签名):	
日期:　年　月　日		日期:　年　月　日	

3.1.3　建设各方应按《铁路工程基本作业施工安全技术规程》(TB 10301—2009)第2.3节的规定,做好施工安全技术工作。施工安全技术工作应按表9-2进行检查并做好记录。

施工安全技术检查表　　　　表9-2

项目(工程)名称			
施工单位		项目负责人	
序号	检查内容及要求		检查情况
1	设计文件	设计文件齐全	
		设计文件现场核对	
2	安全技术标准	安全标准齐全、有效	
3	实施性施工组织设计	包含相应的安全技术措施	
		编制、审批程序符合要求	
4	专项施工方案	双壁钢围堰、吊箱围堰、深基坑、挖孔桩、沉井、高大模板、爬模、翻模、箱梁搬(提)运架设备安装和箱梁运架、高压输电线路下运架梁、桥位制梁、水上作业等应编制专项施工方案	
		编制、审批程序符合要求	
5	作业指导书	包含相应的安全操作要求	
		编制、审批程序符合要求	
6	安全技术交底	编制各级施工安全技术交底文件并按规定交底	
		交底记录签认齐全	
7	施工日志	施工安全情况记载真实完整	
8	机械设备	制定操作规程和维修保养计划	
		设备检验、鉴定记录	
		建立管理台账	
9	施工安全协议	签订相关施工安全协议	
10	安全生产培训	按规定对管理人员和作业人员进行培训、考核并有记录	
		特种作业人员持证上岗	
11	安全检查	制定安全检查计划	
		检查、整改记录齐全	
12	大型临时工程及过渡工程	编制设计、施工方案	
		检查验收	

3.1.4　作业班组每班应按本章中“施工作业安全检查表”进行检查并做好记录。

3.1.5　对安全检查中发现的不符合规定的情况,应按表9-3式样签发整改通知单,限期整改,并跟踪验证。

安全检查整改通知单　　表9-3

<table>
<tr><td>项目(工程)名称</td><td></td></tr>
<tr><td colspan="2">存在问题及整改要求：

限　年　月　日前整改完成

检查方：　　受检方：
检查人(签名)：　　接收人(签名)：
日　期：　　日　期：</td></tr>
<tr><td colspan="2">整改措施：

受检方负责人(签名)：　　计划完成日期：　年　月　日</td></tr>
<tr><td colspan="2">验证结果：

验证人(签名)：　　验证日期：　年　月　日</td></tr>
</table>

3.1.6　建设各方应按《铁路工程基本作业施工安全技术规程》(TB 10301—2009)第2.5节的规定,对参建人员进行有针对性的培训,未经培训或培训不合格者不得上岗。

3.1.7　作业班组负责人在每天开工前,应进行班前安全讲话,向作业人员强调安全注意事项。

3.1.8　进入施工现场的所有人员,必须按规定佩戴相应的劳动防护用品。

3.2　水上施工

3.2.1　水上施工应符合国家关于海上和内河交通方面的有关规定。

3.2.2　施工单位应按照河道、航道的相关管理规定,编制跨河道专项施工方案,报监理和建设单位审查批准。建设单位负责组织办理在河道、航道内施工的各项手续。

3.2.3　在通航河道上施工影响通航安全时,应向所在地的海事管理机构提出施工作业通航安全审核申请,取得《水上水下施工作业许可证》,并办理准予发布航行警告、航行通告的相关手续。

3.2.4　水上施工用船舶应取得经海事管理机构认可的船舶检验机构依法检验并持有合格的船舶检验证书,以及经海事管理机构依法登记并持有船舶登记证书。

3.2.5　施工用船舶应配备符合交通运输主管部门规定的掌握水上交通安全技能的船员,并经海事管理机构考试合格,取得相应的适任证书或者其他适任证件。

3.2.6　水上施工应按照海事管理机构的意见,设置必要的安全作业区或警戒区,设置有关标志或配备警戒船。作业船舶或警戒船上应配备有效的通信设备,专人警戒应在指定的频道上守听。

3.2.7　施工单位应制定防汛安全专项预案并进行演练,并指定专人24h值班。

3.2.8　栈桥、施工平台等施工区域应布置禁航信号标志、临时航道设助航标志等。

3.2.9　施工使用的各种船只,应按相关规定设置航运标志,并备有救生、消防及靠绑设备,并加以保管。

3.2.10　水上施工应设专用救生船,并派人值班。

3.2.11　船上在夜间应有照明设备,没有照明设备的船只,应备有防风灯及电池灯具。

3.2.12　用船只接送施工人员时,应由船员确定人数,不得超员,乘船人员必须遵守乘船规则,穿着救生衣，服从船员和安全员指挥。船头、船尾、船帮上人员不得站立和骑坐。驾驶人员不得私自操作。船上应备足够的救生设备。遇有雨雪、大风天气时，应设置防滑设施。

3.2.13　船必须按规定吨位装卸，不得偏载。装载的料具符合安全规定。船到位后，应靠稳拴好，待搭好跳板后，方可卸料。运料船之间的空隙应铺脚手板或挂安全网，防止人员落水。

3.2.14　水上运输大型构件应符合下列规定：

（1）驳船装卸、运输时，应考虑河道限宽、限高要求，符合航运部门的有关规定，船长必须事先熟悉运输航道和所运构件的特点。

（2）装运构件时，应根据驳船的载运能力装载，不准超载，并均匀布载。大型构件放落到船仓，如构件质量不够，则应用重物压仓，以提高船只稳定性。

（3）构件吊装入船后，应绑扎牢固，支垫平稳。驳船使用拖轮牵引转弯时，应减速慢行，防止离心力作用将人或重物甩入江河或导致船舶发生倾覆，并不得与其他建筑物碰撞而发生沉船事故。拖轮拖运构件时，应随时检查牵引索和大型构件的可靠性和稳定性，发现有异常现象时，应及时采取处理措施。

（4）拖轮牵引构件时，应事先了解航线经过处的水深、流速、障碍物等情况，并制定拖轮牵引方案。如使用多只拖轮牵引时，应配备对讲机或移动电话等通信器材，并有统一的指挥机构。

（5）大型预制构件在水运中，应计算构件的稳定性及露出水面的高度，并不应小于浪高加0.5m。

3.2.15　应定时与当地气象、水文站联系。当遇6级以上大风或暴雨天气时，应停止工作，并检查加固水面上的船只和锚缆等设施。如确有需要继续作业时，应采取有效措施。

3.2.16　应制定渡船载人、载质量及风级、雾天航行等安全规定。

3.2.17　对于遗留在航道内的碍航物，施工单位应在规定期限内完成清除工作。

3.2.18　水上施工作业应对照表9-4所列内容进行检查，并认真填写检查记录表。对检查中发现的不符合规定的情况，应按表9-3式样签发安全检查整改通知单，限期整改，并跟踪验证。

水上施工作业安全检查表　　表9-4

项目(工程)名称				
施工地点				
序号	检查项目		对应条文号	检查情况
1	班前安全讲话		3.1.7	
2	劳动保护用品佩戴		3.1.8	
3	专项施工方案		3.2.2	
4	施工手续办理		3.2.3	
5	施工用船舶及船上安全设施		3.2.4～3.2.6,3.2.9～3.2.11,3.2.13,3.2.16	
6	安全作业区(或警戒区)		3.2.6	
7	防汛预案及演练		3.2.7	
8	船只运送人员		3.2.12	
9	水上运输大型构件	运输构件的高度、宽度	3.2.14	
		驳船载运能力	3.2.14	
		构件的稳定性	3.2.14	
		航道调查	3.2.14	
		构件出水高度	3.2.14	
		拖船牵引稳定性	3.2.14	
10	防风防雨		3.2.15	

续上表

序号	检 查 项 目	对应条文号	检查情况
11	碍航物清理	3.2.17	
检查方： 检查人(签名)： 年 月 日		受检方： 接收人(签名)： 年 月 日	

3.3 潜水作业

3.3.1 进行潜水作业前,潜水员应掌握下潜任务,对下潜环境、工作部位、水深、流速、流向等向潜水员进行技术交底,并执行有关的安全操作规定。

3.3.2 潜水及加压前应对潜水设备进行检查,确认良好后方可进行作业。

3.3.3 供给潜水员呼吸用的气源纯度,必须符合国家有关规定。

3.3.4 潜水作业点的水面上不得进行起吊作业或有船只通过。在2000m半径内不得进行爆破作业,在200m半径内不得有抛锚、振动打桩、锤击打桩、空气幕沉井下沉、电击鱼类等作业。

3.3.5 水面有超过4级的浪时,不得进行潜水作业。

3.3.6 通风式重潜水作业应符合下列规定:

(1)潜水员下潜或上升时,供气软管、信号绳、下潜导绳应分开。

(2)潜水员不得在杂乱杆件档内穿越,不得穿越隔梁进入其他井孔。

(3)检查或排除机动船推进器上的绞缠物时,应派专人在机房内看守。

(4)水下作业面高低悬殊较大时,供气软管和信号绳应适量收紧。

(5)信号绳和供气软管放出、收回的速度,应与潜水员下潜或上升的速度保持一致。

3.3.7 轻潜水作业应符合下列规定:

(1)潜水时间应根据潜水深度计算确定。

(2)深潜水时应配备潜水医生及必要的潜水减压设备。

3.3.8 流速大于1m/s时进行潜水作业应符合下列规定:

(1)潜水员的头盔面罩应加防护罩,压铅、潜水鞋、下潜导绳的坠砣应加重,供气软管、信号绳应做拉力试验。

(2)潜水工作船应抛锚在潜水作业点上游。

(3)下潜员应使用安全带,套在下潜导绳上下潜或上升;在水底,不得抛开导向绳,应减少用气量,行走时应面向上游。

3.3.9 夜间潜水作业时,除潜水工作船、潜水平台应有照明外,还应安装照明度较大的灯具,照在潜水点的水面上。

3.3.10 炎热环境潜水作业时,潜水前应将储气筒充满压缩空气,储气筒上面应安装冷水管降温,待压缩空气冷却后再使用或用冷气泵供气;在沉井或管柱内潜水,应有通风设备。

3.3.11 寒冷环境潜水作业应符合下列规定:

(1)潜水前供气管路应用压缩空气吹通几分钟,接头部位用棉垫包裹。

(2)水面有浮冰时,供气软管、信号绳与断冰接触处应有防止磨损或割断的措施。

(3)潜水梯的横撑、潜水员行走的路面或厚冰上,应有防滑的措施。

3.3.12 在水库中潜水作业时应派专人看守闸门点,在潜水员未出水之前,不得开启闸门。

3.3.13 在沉井、围堰内潜水作业应符合下列规定:

(1)井内水位应高于沉井外的水位,多孔沉井各孔内的水位应一致。

(2)井内壁不得有钢筋、扒钉头、铁钉头等外露;严禁潜水员穿越邻孔。

(3)井内吸泥清基,吸泥机和高压射水枪的闸阀应派人看守,由潜水电话员指挥。

(4)潜水员用手扶持吸泥机作业时,应制定安全防护措施,严禁用手和脚去探摸吸泥机头部或骑在吸泥机弯头上。

3.3.14　水下起吊作业应符合下列规定:

(1)作业前应熟悉被起吊物件的结构、沉没原因,并制定打捞方案。

(2)在起吊时,潜水员应将沉没物件拴牢,待潜水员上升出水后,方可起吊出水。

(3)打捞沉船、钢结构、圆筒等物件时,严禁潜水员在沉船、钢架、圆筒内穿行。

(4)潜水员不得在悬浮水中的物体上工作,不得从悬空物件和锚链下穿越。

3.3.15　水下焊接或切割作业应符合下列规定:

(1)潜水员应熟练掌握焊接及切割技术和作业要领。

(2)电焊钳、割刀把、电缆等必须绝缘,头盔外面和领盘应涂一层绝缘漆或包裹一层薄橡皮。

(3)电路在水面部分应安装自动接触器或闸刀开关,由电话员看管。

3.3.16　水下爆破作业应符合下列规定:

(1)潜水员应熟悉爆破器材的性能、操作技术和安全规定。

(2)同一起爆中,不得使用不同型号的雷管。

(3)引爆导线与电源之间,应安装闸刀开关,由专人看管。

(4)炸药包密封后,潜水员应将炸药包随身带入水下,不得用绳传递。

(5)发生"瞎炮"时应切断电源,15min 后再下潜取出。

3.3.17　潜水作业应对照表 9-5 进行检查,并认真填写检查记录表。对检查中发现的不符合规定的情况,应按表 9-3 式样签发安全检查整改通知单,限期整改,并跟踪验证。

潜水作业安全检查表　　表 9-5

项目(工程)名称			
施工地点			
序号	检 查 项 目	对应条文号	检 查 情 况
1	技术交底	3.3.1	
2	潜水设备检查	3.3.2	
3	气源纯度	3.3.3	
4	作业环境	3.3.4	
5	水面浪级	3.3.5	
6	通风式重潜水作业	3.3.6	
7	轻潜水作业	3.3.7	
8	流速大于 1m/s 时的潜水作业	3.3.8	
9	夜间潜水作业	3.3.9	
10	炎热环境潜水作业	3.3.10	
11	寒冷环境潜水作业	3.3.11	
12	水库中潜水作业	3.3.12	
13	围堰、沉井内潜水作业	3.3.13	
14	水下起吊作业	3.3.14	

续上表

序号	检查项目	对应条文号	检查情况
15	水下焊接或切割作业	3.3.15	
16	水下爆破作业	3.3.16	
检查方： 检查人(签名)： 年　月　日		受检方： 接收人(签名)： 年　月　日	

3.4 跨越道路施工

3.4.1 跨越道路施工前,施工单位应编制跨越道路专项施工方案,报监理和建设单位审查批准。建设单位组织联系道路主管部门、公安机关交通管理部门协商办理施工或封锁道路的相关手续。

3.4.2 跨越道路施工应符合以下规定:

(1)应根据道路交通的实际需要设置施工标志、路栏、锥形交通路标等安全设施,夜间应有反光或施工警告灯光信号,必要时应使用信号或派旗手管制交通。行车道前方应设置限位门架,禁止超高、超宽车辆通行,支架支墩应设置防撞墩加以保护。

(2)对未中断交通的施工作业道路,施工单位应当协助当地公安机关交通管理部门做好交通安全监督检查,维护道路交通秩序。

(3)跨越公路架设桥梁时,梁体落位前,应封锁该行车道交通,落位稳定后恢复交通。

(4)应采取防护棚等防坠落设施防止落物伤及行人和车辆。

(5)施工作业完毕,施工单位应当迅速清除道路上的障碍物,消除安全隐患,经道路主管部门和公安机关交通管理部门验收合格后,方可恢复通行。

3.4.3 跨越道路施工作业应对照表9-6进行检查,并认真填写检查记录表。对检查中发现的不符合规定的情况,应按表9-3式样签发安全检查整改通知单,限期整改,并跟踪验证。

跨越道路施工作业安全检查表　　表9-6

项目(工程)名称			
施工地点			
序号	检查项目	对应条文号	检查情况
1	班前安全讲话	3.1.7	
2	劳动保护用品佩戴	3.1.8	
3	专项施工方案	3.4.1	
4	施工手续办理	3.4.1	
5	施工警示标志	3.4.2	
6	夜间施工警示设施	3.4.2	
7	防撞设施	3.4.2	
8	交通安全指挥(疏导)	3.4.2	
9	跨道路架设桥梁	3.4.2	
10	防坠物设施	3.4.2	
11	障碍物清除	3.4.2	
检查方： 检查人(签名)： 年　月　日		受检方： 接收人(签名)： 年　月　日	

4　基　　础

4.1　一般规定

4.1.1　基础施工作业过程中应考虑下列主要危险源及危害因素：

(1)地下管线、地下构筑物等调查不明，盲目施工。

(2)机械设备未按规定进行检查验收。

(3)危险处所未按规定设置防护设施和警示标志。

(4)围堰施工时，对其变形、渗水和冲刷等情况不进行监测或发现问题处理不及时。

(5)钢板桩吊环焊接质量不合格。

(6)双壁钢围堰的尺寸、强度、刚度、稳定性和锚定方法不能满足施工要求。

(7)基坑开挖未按规定进行放坡。

(8)基坑支护变形检查、处理不及时。

(9)基坑降水影响周边建筑物，观测处理不及时。

(10)打桩机或钻机基底不坚固。

(11)挖孔桩护壁施工不及时。

(12)承台施工时平台及支撑系统搭设、连接不牢固。

(13)违规拆除沉井垫木。

(14)违规进行爆破作业。

(15)作业人员不按规定佩戴劳动防护用品。

(16)施工现场违规用电。

(17)水上施工无救生和消防等设施，无防汛措施。

4.1.2　进行双壁钢围堰、吊箱围堰、深基坑、挖孔桩及沉井施工前，应编制专项施工方案。

4.1.3　基础工程开工前，必须调查探明作业区内地下管线、地下构筑物及地面以上通信、电力线路等，有碍施工时，应先进行加固防护或改移。

4.1.4　机械设备等在施工前应经检查验收合格后方可使用。

4.1.5　基坑、挖井、沉井、泥浆池、挖孔桩、浇筑后的钻孔桩四周必须设置护栏及明显的警示标志，夜间应悬挂示警红灯，非工作人员不得入内。钻、挖孔桩停止施工时，孔口应加盖防护(图9-1)。

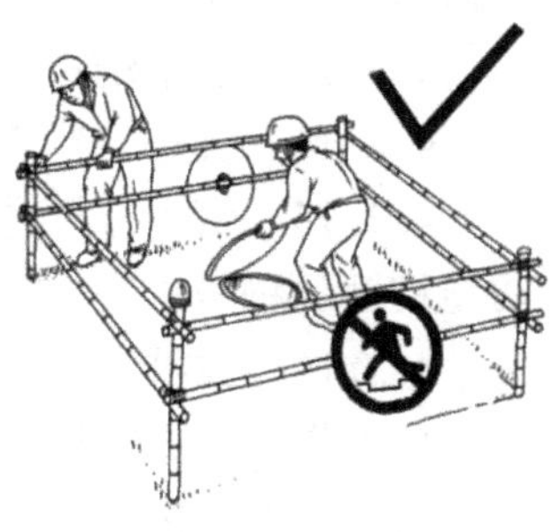

图9-1　钻、挖孔桩防护

4.1.6　基坑及围堰施工，应根据水文、地质条件、机械设备能力等因素选择适当的支护方案。

4.1.7　在不稳定的土或砂土中采用吸泥、吹砂等方法下沉围堰或沉井时，应备有向围堰(沉井)内补水的设备，保持围堰(沉井)内外水压平衡，防止翻砂。吸泥器应均匀移动作业，防止吸泥过深造成结构下沉偏斜。

4.1.8　对于深水钢围堰、水上作业平台施工，当遇到大风、暴雨等恶劣天气时，应停止施工作业并采取有效的应对措施。

4.1.9　桥梁地基处理应符合《铁路路基工程施工安全技术规程》(TB 10302—2009)有关规定的要求。

4.1.10　桥梁基础施工中的起重吊装、施工用电、现场防火、危险物品管理、季节性施工、钢筋、模板和混凝土施工等应符合《铁路工程基本作业施工安全技术规程》(TB 10301—2009)的相关规定。

4.2 围堰

4.2.1 围堰应经设计检算,围堰结构应能承受水、土和外来的压力,并防水严密。

4.2.2 围堰顶高出施工期间可能出现的最高水位的高度,应根据水文、地质及施工需要等实际情况确定。

4.2.3 围堰施工过程中,应加强对其变形、渗水和冲刷情况的监测,发现异常应及时处理。

Ⅰ 土、石围堰

4.2.4 土、石围堰填筑宽度应满足承受水压力和流水冲刷的要求。围堰外侧迎水面应采取防冲刷措施。

4.2.5 围堰填筑内侧坡脚与基坑开挖边缘距离应根据河床土质和基坑深度而定,且不得小于1.0m。

4.2.6 当河床横坡较大时,应在围堰外侧打设防滑桩,在桩内侧放入竹笆后堆码土袋围堰。

4.2.7 采用吸泥船吹砂筑岛,严禁其他船舶和无关人员进入作业区。不得在承载吸泥管道的浮筒上行走。

4.2.8 对于钢筋笼卵(片)石围堰,在钢筋笼下水时应打桩固牢。

Ⅱ 钢板桩围堰

4.2.9 水中插打钢板桩,必须有安全可靠的打桩船或工作平台,四周设安全防护。

4.2.10 吊桩时吊点位置不得低于桩顶以下1/3桩长处。

4.2.11 钢板桩组拼插打,应沿桩长设置横向夹板,确保组拼钢板桩刚度,夹板间距视具体情况确定;严禁将吊具拴在钢板桩夹具上或捆在钢板桩上进行吊装。

4.2.12 钢板桩吊环的直径和焊接长度应通过计算确定。施工时必须确保吊环的焊接质量,进行试吊后方可正式起吊。

4.2.13 起吊钢板桩时,应拴好溜绳;吊起钢板桩未就位前,桩位附近不得站人。

4.2.14 桩帽(垫)与钢板桩连接牢固,初始阶段应轻打贯入,桩帽(垫)变形时,应及时更换。

4.2.15 钢板桩插进锁口后,因锁口阻力不能插放到位而需桩锤压插时,应控制桩锤下落行程,防止桩锤随钢板桩突然下滑。

4.2.16 拔桩时应符合下列规定:

(1)拔桩前应向围堰内灌水,使围堰内外水位基本相等;从下游开始,向上游依次进行。

(2)拔桩设备应有超载限制器,严禁超载硬拔。

(3)钢板桩顶层围檩不得一次性预先拆除,应拆除一组拔一组。

(4)拔桩前应拴好溜绳。拔桩作业、机械作业范围及桩位附近不得站人。

Ⅲ 双壁钢围堰

4.2.17 双壁钢围堰应进行专门设计,围堰的尺寸、强度、刚度及结构稳定性、锚碇方法等应满足设计及施工要求。

4.2.18 在壁板或隔板内焊接钢围堰时,应采用机械通风,舱内的空气温度不得超过25℃,二氧化碳等有害气体的浓度含量不得超过1.0%。

4.2.19 在浮船或浮箱上组装钢围堰时,四周应设置缆风绳,并下锚固定,在锚碇线路上应设浮标。船锚在施放时,位置应准确,并要采取措施,防止下锚时锚链(绳)缠绕或剐伤人。浮船及浮箱上,应备有足够数量的救生及防火设备。

4.2.20 当双壁钢围堰使用两台以上吊车或吊船起吊时,其吊点、吊具及围堰加固应进行设计。

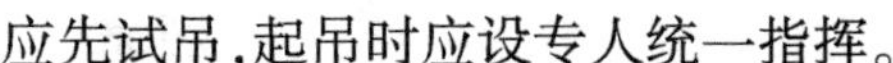

应先试吊，起吊时应设专人统一指挥。

4.2.21 双壁钢围堰在浮运前，应对定位船、导向船上的马口、系缆桩、复式滑车组、绞车、固定座、钢丝绳、连接设备、起吊塔架、水上供电、通信以及导向船压舱等进行全面检查，确认合格后，方可使用。

4.2.22 双壁钢围堰浮运前，应与气象、水文站(台)联系，掌握天气和水文情况，并向海事部门办好封锁航道手续。浮运时，应选择风小、正常流速、无雨的白天进行。

4.2.23 双壁钢围堰浮运过程中，应有救生船并配备救生、消防及通信设施设备；围堰到位下锚时，应防止锚链(绳)缠绕或剐伤人。围堰着床前，应根据水位的涨落情况，随时调整锚缆的受力状态。锚碇系统应派专人负责检查。

4.2.24 双壁钢围堰接高下沉加载时，应对称均匀加载，采取缆风绳加固等措施，防止围堰倾斜。围堰顶应高出施工期间可能出现的最高水位，有涨潮或风浪时应适当加高。

4.2.25 双壁钢围堰内取土下沉时，抓泥斗不得碰撞钢围堰侧壁。钢围堰落床尚未稳定前，应防止往来船舶、漂流物等碰撞导向船、浮标和锚索等。

4.2.26 需要进行水下爆破时，应符合本章第3.3.16条和《爆破安全规程》(GB 6722—2014)的有关规定。

4.2.27 水下切割拆除双壁钢围堰时，应符合本章节3.3.15条的有关规定。当围堰切割成上、下两节时，在连接构件处，应装倒插连接装置，并加设支撑。在吊卸时，起吊绳不得反弹。

Ⅳ 吊箱围堰

4.2.28 吊箱围堰应进行专门设计。其强度、刚度及吊装方法应满足施工要求，并做好抗浮力和防漏水设计。围堰的支撑体系应满足吊装整体吊箱围堰和浇筑封底混凝土整体受力的需要。围堰的底板结构应满足浇筑水下封底混凝土和抽水浇筑承台混凝土时的受力需要。

4.2.29 在船上组装、整体浮运吊装应符合本章第4.2.19~4.2.23条的有关规定。

4.2.30 在平台上组装时，底板、侧板应连接牢固，并有可靠的防漏水措施。采用多吊点同步吊放，整体下落时，应使各吊杆受力均匀。对吊点的受力焊缝应进行探伤检查。

4.2.31 封底混凝土应采用多导管对称浇筑，厚度应均匀。对抽水过程应加强观测，如发现有异常应及时处理。采用水密板封底时结构接缝应满足水密要求，并采取措施防止吊箱上浮。

4.2.32 在单壁钢吊箱内抽水时，应及时设置内支撑，保证围堰结构的稳定。

4.2.33 水下拆除钢吊箱时，应符合本章第3.3小节的有关规定。

4.2.34 围堰施工作业应表9-7进行检查，并认真填写检查记录表。对检查中发现的不符合规定的情况，应按表9-3式样签发安全检查整改通知单，限期整改，并跟踪验证。

围堰施工作业安全检查表 表9-7

项目(工程)名称			
施工地点			
序号	检查项目	对应条文号	检查情况
1	班前安全讲话	3.1.7	
2	劳动保护用品佩戴	3.1.8	
3	施工调查	4.1.3	
4	机械设备验收	4.1.4	
5	围堰观测	4.2.3	

续上表

序号	检查项目		对应条文号	检查情况
6	土、石围堰	围堰设计	4.2.1,4.2.2	
		围堰填筑宽度	4.2.4	
		迎水面防冲刷措施	4.2.4	
		围堰填筑内侧坡脚与基坑开挖边缘距离	4.2.5	
		河床横坡较大时的围堰防护	4.2.6	
		吸泥船吹砂筑岛	4.2.7	
		钢筋笼卵(片)石围堰	4.2.8	
7	钢板桩围堰	水中插打钢板桩	4.2.10	
		吊桩吊点位置	4.2.10	
		钢板桩组拼插打	4.2.11	
		钢板桩吊环	4.2.12	
		钢板桩起吊	4.2.13	
		桩帽(垫)	4.2.14	
		桩锤压插钢板桩	4.2.15	
		拔桩	4.2.16	
8	双壁钢围堰	专项施工方案	4.1.2	
		围堰设计	4.2.17	
		钢围堰焊接通风	4.2.18	
		围堰组装用浮船(浮箱)	4.2.19	
		双机起吊钢围堰	4.2.20	
		浮运前准备工作	4.2.21,4.2.22	
		浮运围堰	4.2.23	
		围堰下沉和接高	4.2.23~4.2.25	
		水下爆破	4.2.26	
		水下拆除围堰	4.2.27	
9	吊箱围堰	专项施工方案	4.1.2	
		围堰设计	4.2.28	
		船上组装围堰及围堰浮运、吊装	4.2.29	
		平台上组装围堰	4.2.30	
		围堰封底	4.2.31	
		单壁钢吊箱内抽水	4.2.32	
		水下拆除钢吊箱	4.2.33	
10	水上施工		3.2.1~3.2.17	
11	潜水作业		3.3.1~3.3.16	
12	起重吊装		4.1.10	

续上表

序号	检查项目	对应条文号	检查情况
13	施工用电	4.1.10	
14	现场防火	4.1.10	
15	危险物品管理	4.1.10	
16	防风	4.1.8,4.1.10	
17	季节性施工	4.1.10	
检查方： 检查人(签名)： 年　月　日		受检方： 接收人(签名)： 年　月　日	

4.3　明挖基础

4.3.1　深基坑施工应对支护结构的位移和应力、邻近建筑物的沉降与位移、地下水位变化、基底隆起等项目开展系统的监测，及时进行分析并采取可靠措施，预防基坑安全事故的发生。

Ⅰ　放坡开挖

4.3.2　基坑开挖对邻近建(构)筑物或临时设施有影响时，应采取安全防护措施。

4.3.3　基坑顶面四周应开挖排水沟，防止地表水流入基坑。

4.3.4　开挖基坑应视地质和水文情况、基坑深度按规定坡度分层进行。严禁采用局部开挖深坑，从底层向四周掏土的方法施工。

4.3.5　基坑顶有动载时，坑口边缘与动载间的安全距离应根据基坑深度、坡度、地质和水文条件及动载大小等情况确定，且均不应小于1.0m。弃土堆坡脚与坑口边缘的距离不得影响基坑边坡的稳定。

4.3.6　在土石松动地层或在粉、细砂层中开挖基坑时，应先设置好安全防护设施；软基开挖必须进行支护。当基坑开挖需要爆破时，应执行《爆破安全规程》(GB 6722—2014)的规定。

4.3.7　采用垂直运输出土时，应每班检查吊斗绳索、挂钩、机具等是否完好牢固。装土或卸土后必须将斗门关好，斗门扣件应有防脱措施。升降吊斗时，坑内作业人员应躲离吊斗升降移动范围以外。不使用吊斗时，应及时摘下，不得悬挂。

4.3.8　基坑开挖时，应观测坡面稳定情况。当发现坑沿顶面出现裂缝、坑壁松塌或遇涌水、涌砂时，应立即停止施工，经加固处理后，方可继续施工。

4.3.9　采用天然冻结法开挖基坑时，必须根据地质、水文、气象等实际情况，制定施工安全技术措施。开挖时应分层冻结，逐层开挖，严禁破坏周边冻结层，并且应在冻融前完成基础工程施工。

Ⅱ　支护开挖

4.3.10　当基坑边坡不能自稳并受地下水影响，或因条件限制不能放坡时，必须对坑壁进行支护加固后开挖。

4.3.11　挡板护壁施工应符合下列规定：

(1)基坑每层开挖深度应根据地质情况确定，并应边挖边支。

(2)支撑结构应随时检查，发现变形，及时加固或更换。支撑拆除时应自下而上，待下层支撑拆除并回填土后，再拆除上层支撑。

(3)用吊斗出土应有防护措施，吊斗不得碰撞支撑。

4.3.12　排桩支护施工应符合下列规定：

(1)排桩支护结构应进行设计检算,并按设计施工,严格遵守先支撑后开挖的原则。

(2)钢支撑的连接必须牢固、顺直;钢支撑端头与冠梁或腰梁的连接应能满足支撑端头局部稳定和传递支撑力的要求。支撑端面与支撑轴线不垂直时,应采取构造措施承受支撑与冠梁或腰梁之间的剪力。对拉锚应进行抗拔试验,确保锚固稳定可靠。

(3)当地下水位高于基坑底面时,应先行降水或在排桩外围施工隔水帷幕后再开挖基坑。

4.3.13 锚喷支护施工应符合下列规定:

(1)喷射混凝土作业前应检查现场环境、管路、接头、压力表及安全阀。作业过程中应设专人指挥,由专人操作喷射设备。严禁喷射过程中碾压、踩踏管路。

(2)根据土质与渗水情况,每次下挖后应及时喷护,对无水或少水坑壁,喷射顺序应由下而上,但对渗水坑壁的喷射应由上而下。喷射混凝土终凝2h后,应进行湿润养护。

(3)喷射混凝土时,喷嘴不得朝向有人和方向,喷射机发生故障时,应先停风、水后再处理。

(4)锚杆施工所用的钢材、锚具、砂浆等材料和钻孔、张拉、注浆设备等均应按国家有关规定进行检验。

(5)锚杆施工前应进行现场拉拔试验、锚杆群锚效果试验等,以判明锚杆能否满足设计要求的性能。

(6)锚杆锚固段的强度达到设计要求后方可进行张拉,锚杆锁定应按设计要求进行。锚杆的张拉顺序应考虑对临近锚杆的影响。

Ⅲ 基坑降、排水

4.3.14 基坑防水和降、排水施工应进行方案设计。

4.3.15 基坑降、排水时,对周边的建(构)筑物应加强观测,必要时采取防范措施。

4.3.16 在降、排水过程中,当出现大量涌砂、涌水、坑壁坍塌等情况时,应停止抽水,采取加固措施。

4.3.17 拆除多层井点应自底层开始逐层向上进行,在下层井点拆除中,上部各层井点应继续抽水。

4.3.18 在地下水位较高,基坑降、排水措施效果不佳时,应考虑在基坑围护结构外围设置隔水帷幕。

4.3.19 明挖基础施工作业应对照表9-8进行检查,并认真填写检查记录表。对检查中发现的不符合规定的情况,应按表9-3式样签发安全检查整改通知单,限期整改,并跟踪验证。

明挖基础施工作业安全检查表 表9-8

项目(工程)名称			
施工地点			
序号	检查项目	对应条文号	检查情况
1	班前安全讲话	3.1.7	
2	劳动保护用品佩戴	3.1.8	
3	施工调查	4.1.3	
4	机械设备验收	4.1.4	
5	基坑护栏及警示设施	4.1.5	
6	深基坑专项施工方案	4.1.2	
7	深基坑施工监测	4.3.1	

续上表

序号	检查项目		对应条文号	检查情况
8	开挖方案选择		4.3.10	
9	放坡开挖	对邻近建(构)筑物、设施等的影响	4.3.2	
		地面排水	4.3.3	
		开挖方法	4.3.4	
		坑顶安全距离	4.3.5	
		特殊地层及软基开挖	4.3.6	
		爆破作业	4.3.6	
		垂直出土	4.3.7	
		边坡安全监测	4.3.8	
		冻结法施工	4.3.9	
10	挡板护壁	分层开挖深度	4.3.11	
		支护及时性	4.3.11	
		支撑结构	4.3.11	
		支撑结构拆除	4.3.11	
		吊斗出土	4.3.11	
11	排桩支护	设计检算	4.3.12	
		支撑和开挖顺序	4.3.12	
		钢支撑连接	4.3.12	
		钢支撑端头与冠梁或腰梁的连接	4.3.12	
		拉锚系统	4.3.12	
		基坑降水或隔水	4.3.12	
12	锚喷支护	喷射混凝土施工	4.3.13	
		锚杆施工	4.3.13	
13	基坑降、排水	降水方案设计	4.3.14	
		周边建(构)筑物观测	4.3.15	
		异常情况处理	4.3.16	
		多层井点拆除	4.3.17	
		隔水帷幕	4.3.18	
14	施工用电		4.1.10	
15	现场防火		4.1.10	
16	危险物品管理		4.1.10	
17	季节性施工		4.1.10	

检查方：　　　　　　　　　　　　　　　　受检方：

检查人(签名)：　　　　　　　　　　　　　接收人(签名)：

年　月　日　　　　　　　　　　　　　　　年　月　日

4.4 沉桩

Ⅰ 锤击沉桩

4.4.1 锤击沉桩应考虑对邻近建(构)筑物和周边土体的影响,对其沉降和位移应进行观测,如发现异常应停止沉桩并研究处理。

4.4.2 打桩机的移动轨道应铺设平顺、轨距正确,轨道钉牢,钢轨端部应设止轮器。

4.4.3 对有潮汐的水域,应采用固定平台或专用打桩船。水上打桩平台应与打桩机底座连接牢固。当采用专用打桩船沉桩时,桩架与船体的连接和船体的锚碇应牢固。当其他船舶通过施工区,船行波影响打桩船稳定性时,应暂停沉桩。

4.4.4 桩的吊点应符合设计要求。吊桩时应在桩上拴好溜绳,不得与桩锤或桩机碰撞。

4.4.5 在起吊桩或桩锤时,作业人员不得在吊钩下或桩架龙门口停留。

4.4.6 接长钢筋混凝土管桩时,严禁把手伸入桩头和法兰螺栓孔中。

4.4.7 管桩打好后,应随即将桩口盖好。

4.4.8 在沉桩过程中,遇地基沉陷、桩机倾斜、吊具损坏,必须立即停止施工,采取措施处理。

4.4.9 打桩机处于工作状态时,严禁进行任何维修。严禁对悬挂状态下的桩锤进行检查、维修。

4.4.10 打桩机移动时,机体应平稳,桩锤应放在机架的最低位置。采用滚杠滑移打桩机时,工作人员不得在打桩机架内操作。

Ⅱ 振动沉桩

4.4.11 振动打桩机与桩帽及桩的连接螺栓,应上满、拧紧,每振动一次必须进行检查。若有松动,应予处理。

4.4.12 用起重机具悬吊振动锤沉桩时,其吊钩上方应有防松脱的保护装置,并应控制吊钩下降速度与沉桩速度一致,保持桩身稳定。

4.4.13 在沉桩过程中,遇有桩倾斜、回跳,打桩机有异响及其他异常情况时,应立即停振,待查明原因并处理后方可继续施工。

4.4.14 振动下沉过程中,严禁进行机械维修及维护。

4.4.15 桩机停止作业后,应立即切断动力源。

Ⅲ 静压沉桩

4.4.16 压桩前,应根据压桩地区的水文、地质情况正确估算压桩阻力,选用适当的压桩设备。

4.4.17 桩的吊点应符合设计要求。吊桩时应在桩上拴好溜绳,不得碰撞桩机。

4.4.18 在起吊桩或压桩时,作业人员不得在吊钩或桩架下停留。

4.4.19 压桩过程中,应保持桩机压梁中轴线与桩中轴线在同一直线上。发生桩身倾斜应立即停止加压,待查明原因并处理后方可继续施工。

4.4.20 严禁压桩机超负荷运行。当压桩阻力超过压桩机能力时,应立即停止施工,避免发生断桩或倒架事故。

Ⅳ 射水辅助沉桩

4.4.21 采用高压射水辅助沉桩施工时,应防止沉桩急剧下沉,造成桩身和桩架倾斜,射水沉桩时,应待桩身入土达到稳定时再射水。

4.4.22 采用高压水泵等辅助沉桩措施时,高压水泵的压力表、安全阀、水泵、输水管道及水压

大小应符合安全要求。高压射水辅助沉桩,应根据地质情况,采用相应水压。

4.4.23　靠近既有桥梁部位的基桩,不得采用射水辅助沉桩。

4.4.24　在地势低洼处采用辅助射水沉桩时,应设置排水设施,保证排水正常。施工中严禁射水管口朝向人、设备和设施。

4.4.25　沉桩施工作业应对照表 9-9 进行检查,并认真填写检查记录表。对检查中发现的不符合规定的情况,应按表 9-3 式样签发安全检查整改通知单,限期整改,并跟踪验证。

沉桩施工作业安全检查表　　表 9-9

<table>
<tr><td colspan="2">项目(工程)名称</td><td colspan="3"></td></tr>
<tr><td colspan="2">施工地点</td><td colspan="3"></td></tr>
<tr><td>序号</td><td colspan="2">检 查 项 目</td><td>对应条文号</td><td>检 查 情 况</td></tr>
<tr><td>1</td><td colspan="2">班前安全讲话</td><td>3.1.7</td><td></td></tr>
<tr><td>2</td><td colspan="2">劳动保护用品佩戴</td><td>3.1.8</td><td></td></tr>
<tr><td>3</td><td colspan="2">施工调查</td><td>4.1.3</td><td></td></tr>
<tr><td>4</td><td colspan="2">机械设备验收</td><td>4.1.4</td><td></td></tr>
<tr><td>5</td><td colspan="2">水上平台施工</td><td>4.1.8</td><td></td></tr>
<tr><td rowspan="11">6</td><td rowspan="11">锤击沉桩</td><td>邻近建(构)筑物观测</td><td>4.4.1</td><td></td></tr>
<tr><td>桩机移动轨道</td><td>4.4.2</td><td></td></tr>
<tr><td>水上打桩平台</td><td>4.4.3</td><td></td></tr>
<tr><td>打桩船</td><td>4.4.3</td><td></td></tr>
<tr><td>吊桩</td><td>4.4.4</td><td></td></tr>
<tr><td>作业人员站立位置</td><td>4.4.5</td><td></td></tr>
<tr><td>管桩接长</td><td>4.4.6</td><td></td></tr>
<tr><td>管桩桩口防护</td><td>4.4.7</td><td></td></tr>
<tr><td>异常情况处理</td><td>4.4.8</td><td></td></tr>
<tr><td>设备维修</td><td>4.4.9</td><td></td></tr>
<tr><td>桩机移动</td><td>4.4.10</td><td></td></tr>
<tr><td rowspan="5">7</td><td rowspan="5">振动沉桩</td><td>桩机、桩帽及桩的连接</td><td>4.4.11</td><td></td></tr>
<tr><td>起重机悬吊振动桩锤沉桩</td><td>4.4.12</td><td></td></tr>
<tr><td>异常情况处理</td><td>4.4.13</td><td></td></tr>
<tr><td>设备维修</td><td>4.4.14</td><td></td></tr>
<tr><td>停止作业后工作</td><td>4.4.15</td><td></td></tr>
<tr><td rowspan="5">8</td><td rowspan="5">静压沉桩</td><td>设备选用</td><td>4.4.16</td><td></td></tr>
<tr><td>吊桩</td><td>4.4.17</td><td></td></tr>
<tr><td>作业人员站立位置</td><td>4.4.18</td><td></td></tr>
<tr><td>压桩</td><td>4.4.19,4.4.20</td><td></td></tr>
<tr><td>异常情况处理</td><td>4.4.19,4.4.20</td><td></td></tr>
</table>

续上表

序号	检查项目		对应条文号	检查情况
9	射水辅助沉桩	射水时机	4.4.21	
		射水压力	4.4.22	
		高压水泵	4.4.22	
		靠近既有桥梁施工	4.4.23	
		排水设施	4.4.24	
		射水管口	4.4.24	
10	水上施工		3.2.1~3.2.17	
11	起重吊装		4.1.10	
12	施工用电		4.1.10	
13	现场防火		4.1.10	
14	危险物品管理		4.1.10	
15	防风		4.1.8,4.1.10	
16	季节性施工		4.1.10	
检查方： 检查人(签名)： 年　月　日			受检方： 接收人(签名)： 年　月　日	

4.5 钻孔桩

4.5.1 钻机的施工场地及走行道路应平坦坚实,能够满足钻机正常工作和移动的要求。

4.5.2 安装钻机时,机架应垫平、保持稳定,不得产生位移或沉陷,钻架顶端应用缆风绳对称张拉,地锚应牢固。

4.5.3 钻孔时,钻速不得过快或骤然变速;孔内弃土不得堆积在钻孔周围。

4.5.4 停钻后,钻头应提出孔外安全放置。

4.5.5 在高压线或营业线附近施工,应设置防触电和防设备倾覆措施。

Ⅰ 冲击钻机造孔

4.5.6 钻机、钻具和吊钻头的钢丝绳应配置适当,使用时应有专人检查维修。吊钻头用的钢丝绳无死弯、无断丝(图9-2),安全系数不应小于12。钢丝绳松弛度应适宜,并制动良好。钢丝绳卡数量与钢丝绳直径相匹配。

图9-2 钢丝绳应无死弯、无断丝

4.5.7 冲孔时,严禁非作业人员进入冲击区域范围内。当检测钻孔或吊泥浆出孔时,钻头应放置在安全位置。

4.5.8 提升钻头到接近护筒底缘时,应减速、平稳提升。

Ⅱ 旋转钻机造孔

4.5.9 钻进时,高压胶管下不得站人。水龙头与胶管连接处应用双夹卡住。钻机旋转时,不得提升钻杆。加接钻杆时,严禁用普通螺栓代替连接螺栓。

4.5.10 移动钻机时,不得挤压电缆线和风水管路。

4.5.11　使用潜水钻机钻孔时,每完成一根钻孔桩后应检查一次电机的密封状况。钻进速度应根据地质变化加以控制,以保证安全运转。

Ⅲ　套管钻机造孔

4.5.12　在钻孔作业过程中,高压软管不得与机架接触。导管加接时,机体应支垫平稳,不得下沉、歪斜。

4.5.13　开挖时,当冲抓钻头脱离皇冠后,上导向环应快速放绳,防止钢丝绳被折断,制动装置应安全可靠。

4.5.14　清孔使用的高压水或高压风的管路接头,应连接牢固,并能承受水、风压力。

Ⅳ　旋挖钻机造孔

4.5.15　在钻孔作业过程中,应观察主机所在地面和支腿支承处地面变化情况,发现下沉现象时,应及时停机处理。因故停机时间较长时,应将套管口保险钩挂牢。

4.5.16　发生卡钻时,不得强提,应查明原因并尽快处理。

4.5.17　发生卡钻、掉钻时,严禁人员进入没有护筒或其他防护设施的钻孔内。必须进入有防护设施的钻孔时,应确认钻孔内无有害气体,并在备齐防毒、防溺、防埋等安全设施后方可进入,整个过程应有专人负责现场指挥。

4.5.18　旋挖钻机场内转移前,应预先对转移线路进行检查,根据转移路线状况,采取相应的防护措施。转移时应有专人指挥。

Ⅴ　岩溶地质条件下钻孔

4.5.19　在岩溶地质区域,应按设计要求对不良地质进行处理,必要时应增加地质勘探。应通过物检、取芯或连通试验来检测处理效果,达到规定要求后方可开钻。

4.5.20　钻孔前,制定专项安全措施,备足钻孔泥浆及填充材料等应急物资。

4.5.21　施工时,禁止抽取岩溶地质条件地区的地下水。

Ⅵ　钢筋笼、混凝土

4.5.22　吊装钢筋笼前,应采取措施防止其产生过大变形。

4.5.23　连接钢筋笼孔口时,孔内钢筋笼应固定牢靠,钢筋连接人员与起重操作人员应协调一致。

4.5.24　水下浇筑混凝土应符合下列规定:

(1)水下浇筑混凝土时,应搭设浇筑工作平台,并设井口防护,确保施工操作人员安全。

(2)拆卸导管时,应在导管完全松开后,方可起吊移开;采用人工抬运导管时,应做好防滑措施。

Ⅶ　深水钻孔桩固定平台

4.5.25　应根据桥位处水文、地质、气候条件和施工荷载进行专项设计,并设置防撞设施。

4.5.26　平台钢管桩之间及顶部纵横梁之间的联结系应焊接牢固,形成整体。平台顶面应满铺防滑钢板,并应有防火、救生等安全设施,四周应设置防护栏杆和防护网。

4.5.27　平台高度应高出施工期间可能出现的最高水位(包括浪高)1.5m 以上。

4.5.28　夜间施工时应设置灯光照明,照明灯光应避免强光直射江面,影响船舶驾驶人员的瞭望。临时航道设置助航标志,严禁与施工无关的船只进入作业区。

4.5.29　对平台钢管桩的冲刷深度应进行观测,必要时应对桩基采取防冲刷措施。

4.5.30　钻孔桩施工作业应对照表 9-10 进行检查,并认真填写检查记录表。对检查中发现的不符合规定的情况,应按表 9-3 式样签发安全检查整改通知单,限期整改,并跟踪验证。

钻孔桩施工作业安全检查表　　表9-10

<table>
<tr><td colspan="2">项目(工程)名称</td><td colspan="3"></td></tr>
<tr><td colspan="2">施工地点</td><td colspan="3"></td></tr>
<tr><td>序号</td><td colspan="2">检 查 项 目</td><td>对应条文号</td><td>检 查 情 况</td></tr>
<tr><td>1</td><td colspan="2">班前安全讲话</td><td>3.1.7</td><td></td></tr>
<tr><td>2</td><td colspan="2">劳动保护用品佩戴</td><td>3.1.8</td><td></td></tr>
<tr><td>3</td><td colspan="2">施工调查</td><td>4.1.3</td><td></td></tr>
<tr><td>4</td><td colspan="2">机械设备验收</td><td>4.1.4</td><td></td></tr>
<tr><td>5</td><td colspan="2">泥浆池护栏及警示设施</td><td>4.1.5</td><td></td></tr>
<tr><td>6</td><td colspan="2">桩口加盖防护</td><td>4.1.5</td><td></td></tr>
<tr><td>7</td><td colspan="2">钻机工作场地和走行道路</td><td>4.5.1</td><td></td></tr>
<tr><td>8</td><td colspan="2">钻机安装和固定</td><td>4.5.2</td><td></td></tr>
<tr><td>9</td><td colspan="2">钻速控制</td><td>4.5.3</td><td></td></tr>
<tr><td>10</td><td colspan="2">弃渣处理</td><td>4.5.3</td><td></td></tr>
<tr><td>11</td><td colspan="2">停钻后钻头位置</td><td>4.5.4</td><td></td></tr>
<tr><td>12</td><td colspan="2">高压线或营业线附近施工</td><td>4.5.5</td><td></td></tr>
<tr><td rowspan="3">13</td><td rowspan="3">冲击钻机造孔</td><td>钢丝绳</td><td>4.5.6</td><td></td></tr>
<tr><td>作业人员站立位置</td><td>4.5.7</td><td></td></tr>
<tr><td>钻头提升</td><td>4.5.8</td><td></td></tr>
<tr><td rowspan="6">14</td><td rowspan="6">旋转钻机造孔</td><td>作业人员站立位置</td><td>4.5.9</td><td></td></tr>
<tr><td>水龙头与胶管的连接</td><td>4.5.9</td><td></td></tr>
<tr><td>钻杆提升</td><td>4.5.9</td><td></td></tr>
<tr><td>接长钻杆</td><td>4.5.9</td><td></td></tr>
<tr><td>钻机移动</td><td>4.5.10</td><td></td></tr>
<tr><td>潜水钻机钻孔</td><td>4.5.11</td><td></td></tr>
<tr><td rowspan="4">15</td><td rowspan="4">套管钻机造孔</td><td>高压软管与机架位置</td><td>4.5.12</td><td></td></tr>
<tr><td>导管加接</td><td>4.5.12</td><td></td></tr>
<tr><td>冲抓造孔</td><td>4.5.13</td><td></td></tr>
<tr><td>清孔</td><td>4.5.14</td><td></td></tr>
<tr><td rowspan="3">16</td><td rowspan="3">旋挖钻机造孔</td><td>地面下沉观测</td><td>4.5.15</td><td></td></tr>
<tr><td>卡钻、掉钻处理</td><td>4.5.16,4.5.17</td><td></td></tr>
<tr><td>钻机场内转移</td><td>4.5.18</td><td></td></tr>
<tr><td rowspan="3">17</td><td rowspan="3">岩溶地质条件下钻孔</td><td>岩溶地质处理</td><td>4.5.19</td><td></td></tr>
<tr><td>专项安全措施及应急物资</td><td>4.5.20</td><td></td></tr>
<tr><td>地下水抽取</td><td>4.5.21</td><td></td></tr>
<tr><td rowspan="3">18</td><td rowspan="3">钢筋笼、混凝土</td><td>钢筋笼吊装</td><td>4.5.22</td><td></td></tr>
<tr><td>钢筋笼连接</td><td>4.5.23</td><td></td></tr>
<tr><td>水下浇筑混凝土</td><td>4.5.24</td><td></td></tr>
</table>

续上表

<table>
<tr><th>序号</th><th colspan="2">检查项目</th><th>对应条文号</th><th>检查情况</th></tr>
<tr><td rowspan="6">19</td><td rowspan="6">深水钻孔桩固定平台</td><td>深水施工平台设计</td><td>4.5.25</td><td></td></tr>
<tr><td>平台钢管桩连接加固</td><td>4.5.26</td><td></td></tr>
<tr><td>平台顶面安全设施</td><td>4.5.26</td><td></td></tr>
<tr><td>平台高度</td><td>4.5.27</td><td></td></tr>
<tr><td>夜间施工</td><td>4.5.28</td><td></td></tr>
<tr><td>平台钢管桩冲刷防护</td><td>4.5.29</td><td></td></tr>
<tr><td>20</td><td colspan="2">水上施工</td><td>3.2.1～3.2.17</td><td></td></tr>
<tr><td>21</td><td colspan="2">起重吊装</td><td>4.1.10</td><td></td></tr>
<tr><td>22</td><td colspan="2">施工用电</td><td>4.1.10</td><td></td></tr>
<tr><td>23</td><td colspan="2">现场防火</td><td>4.1.10</td><td></td></tr>
<tr><td>24</td><td colspan="2">防风</td><td>4.1.8,4.1.10</td><td></td></tr>
<tr><td>25</td><td colspan="2">季节性施工</td><td>4.1.10</td><td></td></tr>
<tr><td colspan="5">检查方：
检查人(签名)：
年　月　日
受检方：
接收人(签名)：
年　月　日</td></tr>
</table>

4.6 挖孔桩(挖井)

4.6.1　设计为非人工挖孔成孔的桩基础,未经设计、监理和建设单位同意,严禁采用人工挖孔施工。

4.6.2　孔口围圈应高出地面0.3m以上,并设防护栏。夜间作业时应悬挂示警红灯。

4.6.3　孔内作业人员必须戴好安全帽,拴好安全绳,穿好绝缘胶鞋,人员上下不得携带任何工具和材料。孔内必须设置应急软梯。

4.6.4　孔内作业时,孔口必须有专人看守,随时与孔内人员保持联系,并随时注意护壁变化及孔底施工情况,如发现异常应立即协助孔内人员撤出。

4.6.5　必须经常对绞车、绞绳、吊斗、卷扬机等机具进行检查、维修。孔内应设置护盖等防止物体坠落的设施。孔内照明应采用低压行灯。起吊设备必须有限位器和防脱钩装置。

4.6.6　护壁施工应符合设计要求。当采用混凝土护壁时,应随挖随护,每一循环进尺不得超过1m,开挖后必须随即施作钢筋混凝土护壁。护壁经验收合格且在混凝土强度达到2.5MPa后,方可继续下挖。

4.6.7　弃渣应及时运走,不得堆积在孔口周围。

4.6.8　桩孔内岩石需要爆破时,应采用小直径浅孔微差爆破,严格控制装药量,孔口应加防护盖,以防止石渣飞出。一孔进行爆破,其邻近孔的作业人员应撤离至安全地带。

4.6.9　孔内通风及排水应符合下列规定:

(1)空气污染超过《大气环境质量标准》(GB 3095—2012)规定空气污染三级标准浓度值时,如没有安全可靠的措施不得采取人工挖孔作业。

(2)应经常检查孔内气体浓度,当二氧化碳含量超过0.1%时,其他有害气体超过允许浓度或孔深超过10m时,均应采用机械通风措施。

(3)爆破后要迅速排烟,及时清除松动石块、土块。

(4)孔内积水应及时抽排。

4.6.10 挖井施工应符合下列规定:

(1)井口防护应符合本章第4.6.2条的规定。

(2)垂直提升出土应符合本章第4.3.7条的规定。

(3)采用钢筋混凝土围圈护壁时,顶层应一次整体浇筑,向下应根据地质情况,控制开挖高度、长度,并随挖随浇筑护壁混凝土。

(4)井壁应设置上下井筒的爬梯等安全设施。

(5)井外机械开挖时,机械至坑边应有必要的安全距离,防止挤压损坏围圈。

(6)井内机械开挖时,作业人员不得站在机械作业半径范围以内。

4.6.11 挖孔桩(挖井)施工作业应对照表9-11进行检查,并认真填写检查记录表。对检查中发现的不符合规定的情况,应按表9-3式样签发安全检查整改通知单,限期整改,并跟踪验证。

挖孔桩(挖井)施工作业安全检查表 表9-11

项目(工程)名称				
施工地点				
序号	检查项目		对应条文号	检查情况
1	班前安全讲话		3.1.7	
2	劳动保护用品佩戴		3.1.8	
3	施工调查		4.1.3	
4	设备验收		4.1.4	
5	专项施工方案		4.1.2	
6	孔口防护	孔口围圈高度	4.6.2	
		孔口警示设施	4.6.2	
		孔口专人看守	4.6.4	
		桩口加盖防护	4.1.5	
7	施工机具、起吊设备		4.6.5	
8	孔内防坠落设施		4.6.5	
9	孔内照明		4.6.5	
10	护壁施工		4.6.6	
11	弃渣堆放		4.6.7	
12	孔内爆破		4.6.8	
13	孔内通风		4.6.9	
14	孔内排水		4.6.9	
15	挖井		4.6.10	
16	钢筋笼、混凝土		4.5.22~4.5.24	
17	起重吊装		4.1.10	
18	施工用电		4.1.10	

续上表

序号	检 查 项 目	对应条文号	检 查 情 况
19	现场防火	4.1.10	
20	危险物品管理	4.1.10	
21	季节性施工	4.1.10	
检查方： 检查人(签名)： 年　月　日		受检方： 接收人(签名)： 年　月　日	

4.7　承台

4.7.1　修筑承台的围堰应符合本章第4.2小节的有关规定，基坑开挖应符合本章第4.3小节的有关规定。

4.7.2　搭设的操作平台及支撑系统应连接牢固，并能承受所有施工人员、机具和用料的质量。

4.7.3　在围堰内除土、吸泥或抽水时，应经常检查围堰稳定情况及围堰内冲刷情况，并做好防止围堰倾斜的措施。

4.7.4　凿除超灌桩头混凝土应符合下列规定：

(1)凿除应自上而下顺序进行。

(2)两人作业时，应相互呼应，协调配合；多人作业时应设专人指挥。

(3)使用风动工具必须严格按操作规程进行作业，并佩戴防护用品。

(4)手工凿除时，大锤必须安装牢固，扶钎人应使用夹具，不得徒手扶钎。使锤人不得戴手套，不得与扶钎人面对面操作。

(5)应及时清除拆除的碎块。

4.7.5　在高承台结构中，当承台及墩身混凝土浇筑完成后，应将承台顶面以上的钢结构切除，不得危及通航船只的安全及造成洪水期漂浮物堆积。

4.7.6　承台施工作业应对照表9-12进行检查，并认真填写检查记录表。对检查中发现的不符合规定的情况，应按表9-3式样签发安全检查整改通知单，限期整改，并跟踪验证。

承台施工作业安全检查表　　表9-12

项目(工程)名称			
施工地点			
序号	检 查 项 目	对应条文号	检 查 情 况
1	班前安全讲话	3.1.7	
2	劳动保护用品佩戴	3.1.8	
3	施工调查	4.1.3	
4	设备验收	4.1.4	
5	围堰	4.7.1	
6	基坑开挖	4.7.1	
7	基坑护栏及警示设施	4.1.5	
8	操作平台及支撑系统	4.7.2	
9	围堰内除土、吸泥或抽水	4.1.7,4.7.3	

续上表

序号	检查项目		对应条文号	检查情况
10	凿除超灌桩头混凝土	凿除顺序	4.7.4	
		作业指挥和配合	4.7.4	
		风动工具使用	4.7.4	
		手工凿除作业	4.7.4	
		碎块清理	4.7.4	
11	钢筋施工		4.1.10	
12	模板施工		4.1.10	
13	混凝土施工		4.1.10	
14	起重吊装		4.1.10	
15	施工用电		4.1.10	
16	现场防火		4.1.10	
17	防风		4.1.8,4.1.10	
18	季节性施工		4.1.10	
检查方： 检查人(签名)： 年　月　日			受检方： 接收人(签名)： 年　月　日	

4.8 沉井

Ⅰ 筑岛沉井

4.8.1 筑岛围堰应牢固,其地基承载力应满足设计要求,防止冲刷造成塌陷。

4.8.2 制造底节沉井时,脚手架平台应搭设牢固,模板支撑应牢固。

4.8.3 拆除沉井垫木应符合下列规定：

(1)混凝土强度应能满足设计规定的沉井抽垫受力的要求。

(2)拆除垫木应分区、依次、对称、同步进行。拆除垫木后,应随即用沙土回填捣实,拆除垫木时应防止沉井偏斜。

(3)定位支垫处垫木,应最后同时抽出。

(4)拆除沉井模板及垫木时,应派专人在沉井外观察和指挥。

4.8.4 沉井下沉时,不得先挖沉井外圈土,应在刃脚处均匀掘进,保持沉井均衡下沉。在沉井刃脚或井内横隔墙附近开挖时,不得有人停留。

4.8.5 井下操作人员必须配齐安全防护用品。井内要有充足的安全照明设施。沉井各室均应悬挂钢梯及安全绳。涌水、涌砂量大时,井内施工人员应及时撤离。

4.8.6 井上搭设的抽水机台座(架)必须安装牢靠。电路应使用防水胶线,防止漏电。

4.8.7 沉井顶面应设安全防护围栏。井顶上的机具应设防护挡板。

4.8.8 用吊斗出土时,斗梁与吊勾应封绑牢固,并应经检查斗梁、斗门等磨损情况,对损伤部位应进行更换或加固。吊斗升降时,井顶指挥人员应通知井下人员暂时避开。

4.8.9 采用空气幕下沉沉井时,空压机储气罐等应由专人操作。储气罐放置地点应通风,严禁日光曝晒和高温烘烤。

Ⅱ　浮式沉井

4.8.10　浮式沉井在下水前,应对底节进行水密性试验,对其余各节应进行水密性检查,合格后方可下水。

4.8.11　应按压力容器的安全监察规程对浮式沉井的气筒进行检查,合格后方可使用。应时沉井的临时性井底进行水密性检查。

4.8.12　浮式沉井下水前,应制定下水方案。当采用起吊下水时,应对起重设备进行合理配置,使其受力均匀;当河岸有适合坡度,采用滑移、牵引等措施下水时,下滑速度应缓慢。沉井后侧应始终以溜绳控制,严防倾覆及损伤。

4.8.13　船上(或支架平台上)制造完成的浮式沉井,应在水面波浪较小时安排下水。当有船只驶过时,应暂缓入水。

4.8.14　导向船、定位船连接时,不得发生剧烈碰撞,汛期应经常检查锚碇系统。

4.8.15　浮式沉井在悬浮状态下的接高和下沉应符合下列规定:

(1)沉井在悬浮状态下的施工各阶段,应随时观测沉井的稳定性和出水高度。

(2)接高时,必须均匀对称加载,沉井顶面应高出施工时水位1.5m以上。

(3)应随时观测墩位处河床冲刷情况,必要时采取防护措施。

(4)带气筒的浮式沉井,应加强对气筒的防护。

(5)临时性井底的浮式沉井及浮式双壁沉井,应控制各灌水隔舱的水头差。

(6)浮式沉井定位落床前,应考虑潮水涨落的影响。沉井落床后,应采取措施,使其尽快下沉,并使沉井达到保持稳定的深度。冲刷严重时,应及时采取防护措施。

Ⅲ　沉井封底、填充

4.8.16　需要进行水下作业清理基底时,应按本章第3.3小节的有关规定执行。

4.8.17　采用水下混凝土封底时,除应符合本章第4.5.24条的有关规定外,还应将固定导管和料斗的井架搭设牢固。料斗采用吊车悬吊或其他措施加固,防止料斗倾覆。

4.8.18　安装、拆卸导管或漏斗过程中,应有专人指挥。

4.8.19　沉井施工作业应对照表9-13进行检查,并认真填写检查记录表。对检查中发现的不符合规定的情况,应按表9-3式样签发安全检查整改通知单,限期整改,并跟踪验证。

沉井施工作业安全检查表　　表9-13

<table>
<tr><td colspan="2">项目(工程)名称</td><td colspan="3"></td></tr>
<tr><td colspan="2">施工地点</td><td colspan="3"></td></tr>
<tr><td>序号</td><td colspan="2">检 查 项 目</td><td>对应条文号</td><td>检 查 情 况</td></tr>
<tr><td>1</td><td colspan="2">班前安全讲话</td><td>3.1.7</td><td></td></tr>
<tr><td>2</td><td colspan="2">劳动保护用品佩戴</td><td>3.1.8</td><td></td></tr>
<tr><td>3</td><td colspan="2">施工调查</td><td>4.1.3</td><td></td></tr>
<tr><td>4</td><td colspan="2">机械设备验收</td><td>4.1.4</td><td></td></tr>
<tr><td>5</td><td colspan="2">护栏及警示设施</td><td>4.1.5,4.8.7</td><td></td></tr>
<tr><td>6</td><td colspan="2">专项施工方案</td><td>4.1.2</td><td></td></tr>
<tr><td rowspan="2">7</td><td rowspan="2">筑岛沉井</td><td>筑岛围堰</td><td>4.8.1</td><td></td></tr>
<tr><td>底节沉井制造</td><td>4.8.2</td><td></td></tr>
</table>

续上表

序号	检 查 项 目		对应条文号	检 查 情 况
7	筑岛沉井	拆除沉井垫木	4.8.3	
		沉井下沉	4.8.4	
		井内照明	4.8.5	
		井内应急设施及措施	4.8.5	
		井上抽水机台座	4.8.6	
		井上机具防护挡板	4.8.7	
		吊斗出土	4.8.8	
		空气幕下沉沉井	4.8.9	
8	浮式沉井	沉井下水前检查	4.8.10,4.8.11	
		起吊下水	4.8.12	
		滑移或牵引下水	4.8.12	
		船上(或支架平台上)制造的沉井下水	4.8.13	
		导向船、定位船连接	4.8.14	
		沉井悬浮状态观测	4.8.15	
		接高时加载顺序	4.8.15	
		沉井高出水面高度	4.8.15	
		河床冲刷观测及防护	4.8.15	
		灌水隔舱水头差	4.8.15	
		沉井定位落床	4.8.15	
9	沉井封底及填充	水下清理基底	4.8.16	
		水下混凝土封底	4.8.17	
		安装、拆卸导管	4.8.18	
10	水上施工		3.2.1~3.2.17	
11	潜水作业		3.3.1~3.3.16	
12	混凝土施工		4.1.10	
13	起重吊装		4.1.10	
14	施工用电		4.1.10	
15	现场防火		4.1.10	
16	防风		4.1.8,4.1.10	
17	季节性施工		4.1.10	

检查方：　　　　　　　　　　受检方：
检查人(签名)：　　　　　　　接收人(签名)：
年　月　日　　　　　　　　　年　月　日

5　墩　　台

5.1　一般规定

5.1.1　墩台施工作业过程中,应考虑下列主要危险源及危害因素:

(1)塔吊基础不牢固,塔吊未与桥墩进行可靠连接。

(2)施工电梯超载运行。

(3)墩(台)身钢筋安装无可靠的固定措施。

(4)混凝土施工时模板支撑不牢固。

(5)脚手架、工作平台搭设不牢固。

(6)高处作业时上下重叠施工,未按规定设置防护棚等安全防护设施。

(7)模板及脚手架拆除顺序及措施不当。

(8)起重吊装违规操作。

(9)作业人员不按规定佩戴劳动防护用品。

(10) 高墩模板爬升体系未设置保险装置。

5.1.2　进行高大模板、爬模、翻模施工前,应编制专项施工方案。

5.1.3　墩台施工模板应有足够的强度、刚度和稳定性,能承受施工过程中可能产生的各项荷载。

5.1.4　墩(台)身混凝土施工应加强对模板支撑系统和变形的检查。

5.1.5　墩身钢筋安装应搭设支架临时加固,防止钢筋骨架倾覆。

5.1.6　脚手架、工作平台应搭设牢固,不得与模板及其支撑体系联结。平台、步梯应设围栏,周边应张挂密目安全网。

5.1.7　墩台施工靠近既有道路时应采取可靠的安全防护措施,确保过往行人和车辆的安全。

5.1.8　当墩台位于陡坡处时,应按设计要求及时施工边坡支护及排水工程。

5.1.9　严禁将隧道或路堑的弃渣倾倒在墩台一侧,以免造成偏压。

5.1.10　桥梁墩台施工中的起重吊装、施工用电、现场防火、高处作业、危险物品、季节性施工、钢筋、模板和混凝土施工等应符合《铁路工程基本作业施工安全技术规程》(TB 10301—2009)的有关规定。

5.2　施工脚手架、电梯和塔吊

Ⅰ　脚手架

5.2.1　搭设脚手架前,应进行受力检算。脚手架的地基应坚实,能满足承载力的要求,四周排水应通畅。

5.2.2　当脚手架搭设较高或风力较大时,应增设缆风绳并锚固牢靠,必要时与桥墩拉结。

5.2.3　搭拆脚手架时,施工区域应设警戒标志。严禁将模板支架、缆风绳、混凝土输送泵管等固定在脚手架上或悬挂在塔吊设备上。

5.2.4　在脚手架使用期间,严禁松动或拆除任何受力杆件。作业平台上不得超载,四周应设置有安全网,脚手板搁置必须牢固平整,不得有空头板。

Ⅱ　施工电梯

5.2.5　施工电梯的安装、拆除和检验应符合《电梯制造与安装安全规范》(GB 7588—2003)、

《电梯安装验收规范》(GB/T 10060—2011)等的有关规定。

5.2.6 施工电梯应与墩身或基础连接牢固。每安装一个标准节,必须按照要求安装限位器。

5.2.7 电梯运行时,人员及物品不得露出安全栏外;施工电梯严禁超载。

Ⅲ 施工塔吊

5.2.8 塔吊的安装、拆除和检验应符合《塔式起重机安全规程》(GB 5144—2006)等的有关规定。

5.2.9 塔吊基础应满足塔吊抗倾翻稳定性的要求,四周应排水通畅。

5.2.10 塔吊与桥墩之间的固定连接应牢固可靠。

5.2.11 风力在4级及以上时,不得进行塔身升降作业。在作业中风力突然增大达到4级时,必须立即停止作业,并紧固上、下塔身各连接螺栓。

5.2.12 当同一施工地点有两台以上塔吊时,应保持两机间任何接近部位(包括吊重物)距离不小于2m。

5.2.13 提升重物时严禁自由下降。

5.2.14 作业中,当停电或电压下降时,应立即将控制器扳到零位,并切断电源。操作人员临时离开操纵室时,必须切断电源。

5.2.15 停机时,应断开电源总开关,并打开高空指示灯。

5.3 墩台施工

Ⅰ 大块模板施工

5.3.1 大块模板支撑系统应经检算,并有一定的安全储备。

5.3.2 模板采用分段连接整体吊装时,应连接牢固。起吊安装过程中,应拴溜绳,不得碰撞模板和脚手架。

5.3.3 模板拆除应遵循自上而下、分节分块、先挂后拆的原则进行。

Ⅱ 高墩爬模施工

5.3.4 高墩爬模应有足够的强度、刚度和稳定性。

5.3.5 爬模自身脚手架平台、接料平台、吊挂脚手架及安全网应安装牢固。

5.3.6 爬升体系应设保险装置。架体提升时,工作人员不能站在爬升的模板或爬架上。

5.3.7 提升设备在提升前应全面检查。用液压千斤顶作为提升设备时,除了纠偏需要外,千斤顶应同步进行作业。

5.3.8 模板组装完毕经检验合格后方可浇筑混凝土。

5.3.9 浇筑混凝土时,应避免振捣器接触模板、对拉螺栓、钢筋或空心支撑。

5.3.10 混凝土浇筑后,当强度达2.5MPa以上后方可拆模。

5.3.11 爬模的接料平台、脚手平台、拆模吊篮的荷载应均匀,不得超载。

Ⅲ 高墩翻模施工

5.3.12 工作平台应和模板连为一体。提升时,吊机应分节分块提升并安装牢固。

5.3.13 翻模分节分块的质量,应小于吊机的额定起重量。

5.3.14 模板吊装时应缓慢提升和移动,严禁作业人员攀附在模板或模板侧的工作平台上。

5.3.15 墩台施工作业应对照表9-14进行检查,并认真填写检查记录表。对检查中发现的不符合规定的情况,应按表9-3式样签发安全检查整改通知单,限期整改,并跟踪验证。

墩台施工作业安全检查表　　表9-14

<table>
<tr><td colspan="2">项目(工程)名称</td><td colspan="3"></td></tr>
<tr><td colspan="2">施工地点</td><td colspan="3"></td></tr>
<tr><td>序号</td><td colspan="2">检 查 项 目</td><td>对应条文号</td><td>检 查 情 况</td></tr>
<tr><td>1</td><td colspan="2">班前安全讲话</td><td>3.1.7</td><td></td></tr>
<tr><td>2</td><td colspan="2">劳动保护用品佩戴</td><td>3.1.8</td><td></td></tr>
<tr><td>3</td><td colspan="2">专项施工方案</td><td>5.1.2</td><td></td></tr>
<tr><td>4</td><td colspan="2">模板强度、刚度和稳定性</td><td>5.1.3</td><td></td></tr>
<tr><td>5</td><td colspan="2">模板支撑系统和变形情况检查</td><td>5.1.4</td><td></td></tr>
<tr><td>6</td><td colspan="2">墩身钢筋临时支架</td><td>5.1.5</td><td></td></tr>
<tr><td>7</td><td colspan="2">靠近既有道路施工</td><td>5.1.7</td><td></td></tr>
<tr><td>8</td><td colspan="2">陡坡处施工</td><td>5.1.8</td><td></td></tr>
<tr><td>9</td><td colspan="2">墩台偏压</td><td>5.1.9</td><td></td></tr>
<tr><td>10</td><td colspan="2">脚手架和施工平台</td><td>5.1.6,5.2.1~5.2.4</td><td></td></tr>
<tr><td>11</td><td colspan="2">施工电梯</td><td>5.2.5~5.2.7</td><td></td></tr>
<tr><td rowspan="6">12</td><td rowspan="6">施工塔吊</td><td>塔吊安装</td><td>5.2.8</td><td></td></tr>
<tr><td>塔吊基础</td><td>5.2.9</td><td></td></tr>
<tr><td>塔吊与桥墩的连接</td><td>5.2.10</td><td></td></tr>
<tr><td>塔吊防风</td><td>5.2.11</td><td></td></tr>
<tr><td>两台塔吊安全距离</td><td>5.2.12</td><td></td></tr>
<tr><td>塔吊作业</td><td>5.2.13~5.2.15</td><td></td></tr>
<tr><td rowspan="3">13</td><td rowspan="3">大块模板施工</td><td>模板支撑系统</td><td>5.3.1</td><td></td></tr>
<tr><td>模板整体吊装</td><td>5.3.2</td><td></td></tr>
<tr><td>模板拆除</td><td>5.3.3</td><td></td></tr>
<tr><td rowspan="5">14</td><td rowspan="5">高墩爬模施工</td><td>爬模设计</td><td>5.3.4</td><td></td></tr>
<tr><td>附属设备及安全防护</td><td>5.3.5,5.3.11</td><td></td></tr>
<tr><td>爬升体系</td><td>5.3.6</td><td></td></tr>
<tr><td>提升设备</td><td>5.3.7</td><td></td></tr>
<tr><td>混凝土浇筑</td><td>5.3.8~5.3.10</td><td></td></tr>
<tr><td rowspan="2">15</td><td rowspan="2">高墩翻模施工</td><td>翻模设计</td><td>5.3.12,5.3.13</td><td></td></tr>
<tr><td>翻模吊装</td><td>5.3.14</td><td></td></tr>
<tr><td>16</td><td colspan="2">模板、钢筋、混凝土施工</td><td>5.1.10</td><td></td></tr>
<tr><td>17</td><td colspan="2">起重吊装</td><td>5.1.10</td><td></td></tr>
<tr><td>18</td><td colspan="2">施工用电</td><td>5.1.10</td><td></td></tr>
<tr><td>19</td><td colspan="2">高处作业</td><td>5.1.10</td><td></td></tr>
</table>

续上表

序号	检查项目	对应条文号	检查情况
20	现场防火	5.1.10	
21	防风	5.1.10	
22	季节性施工	5.1.10	
检查方: 检查人(签名): 年　月　日		受检方: 接收人(签名): 年　月　日	

6　预应力混凝土简支箱梁预制及运架

6.1　一般规定

6.1.1　预应力混凝土简支箱梁预制及运架施工作业过程中应考虑下列主要危险源及危害因素:

(1)制、存梁台座地基承载力不足,周边排水系统不畅。

(2)两台吊机起吊重物时指挥不统一,起落和横移不同步。

(3)制梁模板安装支撑、连接不牢。

(4)特种设备操作人员无证上岗。

(5)蒸汽锅炉使用过程中,未按规定对压力表和安全阀进行定期校验。

(6)预应力张拉未设防护屏障,张拉后撞击锚具、钢绞线束。

(7)钢绞线开盘及下料操作防护不当,弹出伤人。

(8)未按规定对箱梁搬(提)、运、架设备进行定期检查。

(9)箱梁搬(提)、运、架设备违章作业。

(10)喂梁时运梁车超速运行。

(11)架梁作业,架桥机限位装置失灵。

(12)运架设备通过的便道、桥涵、路基承载力不足且无加固措施(图9-3)。

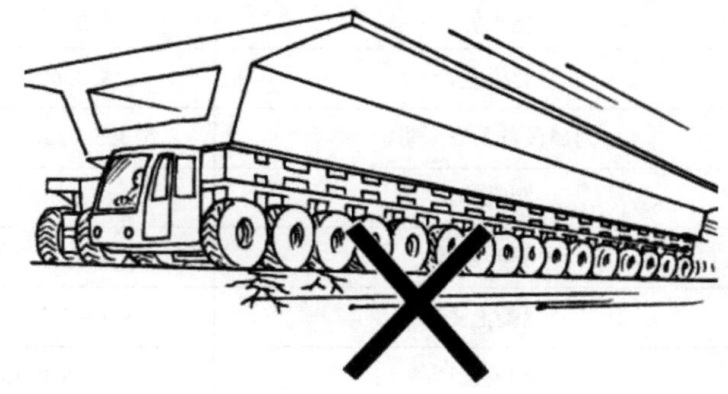

图9-3　运架设备通行道路承载力不足

(13)起落梁时千斤顶的位置不符合设计要求,起落不同步。

(14)架梁作业无防风措施,雨季施工无防雷击措施,冬季施工无防滑措施。

(15)跨越公路、河道施工时无防护措施。

(16)施工现场违章用电。

(17)高处作业人员不按规定佩戴劳动防护用品,酒后或疲劳作业。

6.1.2 对箱梁搬(提)运架设备安装和箱梁运、架作业,应编制专项施工方案。

6.1.3 箱梁搬(提)运架设备的设计、制造、改造、安装、调试和使用应遵守《特种设备安全监察条例》(国务院令第373号)、《起重机设计规范》(GB/T 3811—2008)等的规定。工地安装完成后,应按照国家标准《起重机 试验规范和程序》(GB 5905—2011)进行荷载试验,并经当地主管部门验收合格后方可投入使用。

6.1.4 应定期对箱梁搬(提)运架设备进行检查,对重要部件(如轮、吊杆、吊钩等)应进行探伤检查。设备发生故障后,应由专业人员维修处理。

6.1.5 对箱梁搬(提)运架等大型设备,应建立设备技术档案。技术档案的内容包括:

(1)设计文件、制造单位产品质量合格证书、使用维护说明等文件及安装技术资料。

(2)设备定期检验和定期自行检查的记录。

(3)设备的日常使用情况记录。

(4)设备及其安全附件、安全保护装置、测量调控装置及有关附属仪器仪表的日常维护记录。

(5)设备运行故障和事故记录。

6.1.6 箱梁搬(提)运架设备必须有自锁、互锁、联锁保护装置,防止误操作。

6.1.7 架梁前,施工单位应根据各自架桥机的特点,制定架桥机安全操作规程及维修维护制度。架梁作业除应符合本章的规定外,还应符合《铁路架桥机架梁暂行规程》(铁建设〔2006〕181号)的有关规定。

6.1.8 箱梁预制施工中的锅炉、钢筋、模板、混凝土和预应力施工,箱梁运架施工中的起重吊装、施工用电、现场防火、高处作业、季节性施工等除应符合本章的规定外,还应符合《铁路工程基本作业施工安全技术规程》(TB 10301—2009)的有关规定。

6.2 预应力混凝土简支箱梁预制

Ⅰ 制、存梁台座

6.2.1 制、存梁台座地基应有足够的承载力,必要时应进行地基处理。台座应有足够的强度、刚度和稳定性。

6.2.2 先张梁张拉台座应能满足直线和折线配筋的工艺要求,张拉横梁受力后的最大挠度不得大于2mm。锚板受力中心应与预应力筋合力中心一致。抗倾覆安全系数不小于1.5,抗滑移系数不小于1.3。

6.2.3 制、存梁台座四周应设有良好的排水系统,防止积水浸泡台座发生不均匀沉降或冻胀。

Ⅱ 后张法制梁

6.2.4 钢筋骨架和箱梁内模采用龙门吊整体吊装时应配备专用的吊具,多吊点均衡起吊。

6.2.5 在起吊钢筋骨架前,吊点周围用架立钢筋加强,梁端部底腹板钢筋、顶板钢筋接触网支柱预埋件等部位及钢筋交叉处均应采用点焊加强。起吊前派专人检查吊点铁链和钢丝绳。

6.2.6 采用两台吊机同时起吊钢筋骨架时,应统一指挥,保证同步起落和横移,使两台吊机各自分担的起重量不超过其容许的负荷能力。

6.2.7 钢模板翼模外侧应适当加宽,用于布置人行道和栏杆;两端应设供施工人员上下的扶梯;端模应设栏杆。

6.2.8 模板安装时侧模、底模、端模应支撑、连接牢固。模板的横移、顶升、下降应同步。

6.2.9 混凝土浇筑过程中,应经常检查模板,发现螺栓和支撑松动时应及时紧固。禁止振捣棒触碰波纹管或胶管。

6.2.10 拆除内模时应缓慢、匀速进行,内模内不准站人。采用卷扬机牵引安装和拆除时,要遵守卷扬机操作规程。

6.2.11　端模和侧模拆除过程中,应将已拆下的模板支撑固定好,防止倒塌伤人。

6.2.12　抽拔胶管时,应清除卷扬机工作区域内障碍物。严禁人员站立在梁端附近,防止胶管回弹伤人。制孔胶管应经常检查,禁止使用受损伤的胶管。

6.2.13　采用蒸汽养护时,应遵循以下规定:

(1)锅炉房的设计、安装应符合《锅炉房设计规范》(GB 50041—2008)的有关规定。

(2)锅炉应安装在单独建造的锅炉房内,与生产生活用房的距离应符合《建筑设计防火规范》(GB 50016—2018)的有关规定。

(3)锅炉房的司炉工和水处理工应持证上岗。

(4)新安装或检修后的锅炉,经检验合格并报当地主管部门检查批准后,方可点火运行。

(5)使用过程中,要定期对压力表等计量器具和安全阀进行校验,对其他设备部件进行监视和检查。

(6)锅炉用水应符合《工业锅炉水质》(GB 1576—2018)的规定,所使用的燃煤应符合锅炉的要求。

6.2.14　钢绞线在开盘后应检查其外观,及时纠正钢绞线乱盘和扭结。钢绞线下料时应使用砂轮机切割,并配置专门的防护架,防止下料过程中钢绞线紊乱弹出伤人。

6.2.15　使用高压油管前,应进行耐压试验,不得使用不合格的高压油管。油压泵上的安全阀,应调至最大工作油压下能自动打开的状态。

6.2.16　油压表安装应紧密满扣,油泵与千斤顶之间采用的高压油管连同油路的各部接头均须完整紧密,油路畅通,在额定工作油压下不得漏油。

6.2.17　张拉应设置张拉专用工作平台,平台应有防护屏障。

6.2.18　张拉区域设置明显的警示标志,禁止非工作人员进入。张拉时严禁人员站立在千斤顶后面和油管接头部位附近,人员不得踩踏高压油管。

6.2.19　张拉时如发现张拉设备运转异常,应立即停机检查、维修。

6.2.20　锚外钢绞线应采用砂轮片切割,切割后的预应力筋的外露长度不得小于30mm,切割时不得伤害锚具。张拉后严禁撞击锚具、钢束。

6.2.21　管道压浆前,应调整好安全阀;关闭阀门时,作业人员应站立于阀门侧面,并佩戴防护眼镜。

Ⅲ　先张法制梁

6.2.22　张拉中使用的工具和锚具,在使用前应对其外观进行检验并进行探伤检测,已有裂伤者严禁使用。折线配筋的先张梁,应对转辙器做外观和探伤检查。

6.2.23　浇筑混凝土时,振捣器不得撞击钢绞线。

6.2.24　张拉预应力时,应做好安装防护网、防护墙等安全防护措施,操作人员应站立于千斤顶的两侧。

6.2.25　放松预应力筋时,应符合下列规定:

(1)梁体混凝土的强度、弹性模量和龄期应达到设计要求。

(2)当采用楔块放松预应力筋时,应控制楔块同步、缓慢滑出。

(3)采用超顶法放松预应力筋时应符合下列规定:

①各台千斤顶必须配接单独油路。

②同步顶开千斤顶,顶开的最大间隙不得大于2mm,以能松动自锁螺母或插垫为宜。先顶开的千斤顶应保压持荷,直至千斤顶全部顶开。同步放松自锁螺母或插垫后,再同步放松各千斤顶,直到预应力筋全部放松为止。

6.2.26 先张梁施工除应符合上述规定外,还应符合本章第6.2.4~6.2.21条的有关规定。

6.2.27 箱梁预制施工作业应对照表9-15进行检查,并认真填写检查记录表。对检查中发现的不符合规定的情况,应按表9-3式样签发安全检查整改通知单,限期整改,并跟踪验证。

箱梁预制施工作业安全检查表 表9-15

项目(工程)名称				
施工地点				
序号	检查项目		对应条文号	检查情况
1	班前安全讲话		3.1.7	
2	劳动保护用品佩戴		3.1.8	
3	制、存梁台座	台座设计	6.2.1	
		先张梁张拉台座	6.2.2	
		台座排水系统	6.2.3	
4	后张法制梁	钢筋骨架和内模吊具	6.2.4	
		钢筋骨架吊装	6.2.5	
		双机起吊钢筋骨架	6.2.6	
		安全防护设施	6.2.7	
		模板安装	6.2.8	
		混凝土浇筑	6.2.9	
		内模拆除	6.2.10	
		端模、侧模拆除	6.2.11	
		抽拔胶管	6.2.12	
		钢绞线下料	6.2.14	
		高压油管、油压泵	6.2.15	
		油压表	6.2.16	
		专用张拉平台	6.2.17	
		预应力张拉	6.2.18,6.2.19	
		锚外钢绞线切割	6.2.20	
		管道压浆	6.2.21	
5	蒸汽养护	锅炉房设计、安装	6.2.13	
		锅炉	6.2.13	
		专业人员	6.2.13	
		主管部门审批	6.2.13	
		锅炉房使用	6.2.13	
		锅炉用水、用煤	6.2.13	
6	先张法制梁	工具、锚具	6.2.22	
		混凝土浇筑	6.2.23	
		张拉防护	6.2.24	
		预应力筋放张	6.2.25	
		其他	6.2.26	

续上表

序号	检查项目	对应条文号	检查情况
7	钢筋施工	6.1.8	
8	模板施工	6.1.8	
9	混凝土施工	6.1.8	
10	预应力施工	6.1.8	
11	施工用电	6.1.8	
12	起重吊装	6.1.8	
13	现场防火	6.1.8	
14	防风	6.1.8	
15	季节性施工	6.1.8	
检查方： 检查人(签名)： 年 月 日		受检方： 接收人(签名)： 年 月 日	

6.3 场内移梁和箱梁存放

6.3.1 箱梁的吊点位置和运输支点的位置应符合设计要求。吊装过程中应采用整体提升装置,保证各吊点的受力均衡。

6.3.2 后张梁在初张拉后移梁时,梁上严禁堆放其他重物,终张拉后的装车吊运必须在管道压浆达到规定强度后进行。

6.3.3 移梁设备的走行道路(轨道)应根据负载接地比压进行专门设计、检算,对不能满足承载力要求的地基进行加固处理。走行道路(轨道)的宽度、平整度、坡度、曲线半径等应符合移梁设备性能要求。走行道路(轨道)应经常检查维护。

6.3.4 搬(提)梁机移梁应符合下列要求:

(1)移梁前,应对搬(提)梁机进行检查调试,确保设备运转正常,并清除起重工作范围内和走行限界内的障碍物。

(2)梁体起吊前应检查吊具连接是否可靠,调整各个吊杆,使其受力均匀后方可起吊。

(3)起吊梁体时,应在顶板下缘吊孔处垫以钢垫板,垫板应与梁顶板底密贴。升降系统提升箱梁应缓慢、匀速进行。梁体吊离台座100~150mm后,搬(提)梁机应停车制动,检查吊杆螺栓是否紧固,起升制动是否可靠,确认良好后方可继续作业。

(4)大雨、大雪、大雾天气或风力超过6级,气温低于设计容许范围时,搬(提)梁机应停止作业。遇台风来临或风力达到10级以上时,应将搬(提)梁机可靠锚定。

(5)停止作业时,应将起吊物卸下,使吊钩升至规定高度。大、小车停到规定位置,并锚定运行机构。制动器要保持在工作状态,操纵杆放置于空挡。关闭所有操作按钮并切断电源,锁住所有操作室及电控柜,并关门上锁。

6.3.5 移梁台车移梁应符合下列要求:

(1)移梁前,应对移梁台车进行检查调试,确保台车系统运转正常。清除走行限界内的障碍物。

(2)移梁过程中,起梁千斤顶应设置防回油保险装置,两端移梁台车走行应保持同步;四支点不平整量不大于2mm,每个支点的实际反力与四个支点的反力平均值相差不应超过10%。

6.3.6 箱梁存放应满足以下要求:

(1)存放箱梁时,存梁支点距梁端的距离应符合设计要求。

(2)存梁台座同端支点顶面相对高差不超过2mm。

(3)双层存梁时,下层箱梁应已完成终张拉。

6.3.7　场内移梁和箱梁存放施工作业应对照表9-16进行检查,并认真填写检查记录表。对检查中发现的不符合规定的情况,应按表9-3式样签发安全检查整改通知单,限期整改,并跟踪证。

场内移梁和箱梁存放施工作业安全检查表　　表9-16

<table>
<tr><td colspan="2">项目(工程)名称</td><td colspan="3"></td></tr>
<tr><td colspan="2">施工地点</td><td colspan="3"></td></tr>
<tr><td>序号</td><td colspan="2">检 查 项 目</td><td>对应条文号</td><td>检 查 情 况</td></tr>
<tr><td>1</td><td colspan="2">班前安全讲话</td><td>3.1.7</td><td></td></tr>
<tr><td>2</td><td colspan="2">劳动保护用品佩戴</td><td>3.1.8</td><td></td></tr>
<tr><td rowspan="5">3</td><td rowspan="5">搬(提)梁设备</td><td>搬(提)梁设备安装专项施工方案</td><td>6.1.2</td><td></td></tr>
<tr><td>搬(提)梁设备设计、制造、改造、安装、调试和使用</td><td>6.1.3</td><td></td></tr>
<tr><td>搬(提)梁设备检查</td><td>6.1.4</td><td></td></tr>
<tr><td>搬(提)梁设备技术档案</td><td>6.1.5</td><td></td></tr>
<tr><td>搬(提)梁设备自锁、互锁、联锁保护装置</td><td>6.1.6</td><td></td></tr>
<tr><td>4</td><td colspan="2">箱梁吊点和运输支点位置</td><td>6.3.1</td><td></td></tr>
<tr><td>5</td><td colspan="2">后张梁移梁条件</td><td>6.3.2</td><td></td></tr>
<tr><td>6</td><td colspan="2">移梁设备走行道路(轨道)</td><td>6.3.3</td><td></td></tr>
<tr><td rowspan="5">7</td><td rowspan="5">搬(提)梁机移梁</td><td>设备状况</td><td>6.3.4</td><td></td></tr>
<tr><td>吊具、吊杆</td><td>6.3.4</td><td></td></tr>
<tr><td>梁体起吊</td><td>6.3.4</td><td></td></tr>
<tr><td>防风</td><td>6.3.4</td><td></td></tr>
<tr><td>设备停机要求</td><td>6.3.4</td><td></td></tr>
<tr><td rowspan="2">8</td><td rowspan="2">移梁台车移梁</td><td>台车安全状态</td><td>6.3.5</td><td></td></tr>
<tr><td>台车移梁</td><td>6.3.5</td><td></td></tr>
<tr><td rowspan="3">9</td><td rowspan="3">箱梁存放</td><td>存梁支点距梁端距离</td><td>6.3.6</td><td></td></tr>
<tr><td>存梁台座同端支点顶面相对高差</td><td>6.3.6</td><td></td></tr>
<tr><td>双层存梁</td><td>6.3.6</td><td></td></tr>
<tr><td>10</td><td colspan="2">起重吊装</td><td>6.1.8</td><td></td></tr>
<tr><td>11</td><td colspan="2">施工用电</td><td>6.1.8</td><td></td></tr>
<tr><td>12</td><td colspan="2">现场防火</td><td>6.1.8</td><td></td></tr>
<tr><td>13</td><td colspan="2">防风</td><td>6.1.8</td><td></td></tr>
<tr><td>14</td><td colspan="2">季节性施工</td><td>6.1.8</td><td></td></tr>
<tr><td colspan="3">检查方:
检查人(签名):
年　月　日</td><td colspan="2">受检方:
接收人(签名):
年　月　日</td></tr>
</table>

6.4　运架设备安装和转场

6.4.1　运架设备通过铁路运输时,应符合《铁路超限超重货物运输规则》(铁总运〔2016〕260号)、《铁路货物装载加固规则》(铁总运〔2015〕296号)的有关规定;通过公路运输时,应符合交通运输主管部门关于货物运输的有关规定。

6.4.2　运架设备安装场地应平整、坚实,四周无影响拼装、拆除的障碍物。拼装场地四周挂设警示牌,闲杂人员不得入内。临时支墩及其基础应经设计检算,确保其安全、稳定。

6.4.3　架桥机工地安装完成后,应按照《起重机 试验规范和程序》(GB 5905—2011)的规定进行荷载试验。自检验合格后,经当地主管部门验收合格后方可投入使用。

6.4.4　架桥机转场作业应符合下列规定:

(1)转场前,应勘察转场线路,根据走行线路状况,采取相应的安全措施。

(2)小解体、驮运转场时,确认起重小车在规定位置,转运托架与主梁和运梁车固定牢固,低速行驶并设置监视人员。

(3)运梁车进入或退出架桥机腹腔时,应设专人观察运梁车与架桥机之间的距离。

(4)架桥机与运梁车连接牢靠,检查并确认各部件摆放到指定位置。

(5)架桥机由运梁车载运到位,必须确认架桥机前后支腿和临时支撑稳固后才可将运梁车上的升降托架下降,退出运梁车。

6.4.5　对于运梁车载运架桥机掉头,场地的空间、承载力和平整度必须满足要求,掉头过程中架桥机工作区域无障碍物。

6.4.6　架桥机通过隧道应符合下列规定:

(1)后支腿折叠到指定位置,确认轮廓尺寸满足隧道净空要求并锁定。

(2)运梁车载运架桥机在隧道内应沿确定的走行线低速行驶,并由专人观察安全距离。

6.4.7　运架设备安装和转场施工作业应对照表9-17进行检查,并认真填写检查记录表。对检查中发现的不符合规定的情况,应按表9-3式样签发安全检查整改通知单,限期整改,并跟踪验证。

运架设备安装和转场施工作业安全检查表　　表9-17

<table>
<tr><td colspan="2">项目(工程)名称</td><td colspan="3"></td></tr>
<tr><td colspan="2">施工地点</td><td colspan="3"></td></tr>
<tr><td>序号</td><td colspan="2">检 查 项 目</td><td>对应条文号</td><td>检 查 情 况</td></tr>
<tr><td>1</td><td colspan="2">班前安全讲话</td><td>3.1.7</td><td></td></tr>
<tr><td>2</td><td colspan="2">劳动保护用品佩戴</td><td>3.1.8</td><td></td></tr>
<tr><td>3</td><td colspan="2">运架设备安装专项施工方案</td><td>6.1.2</td><td></td></tr>
<tr><td>4</td><td colspan="2">运架设备技术档案</td><td>6.1.5</td><td></td></tr>
<tr><td>5</td><td colspan="2">运架设备运输</td><td>6.4.1</td><td></td></tr>
<tr><td>6</td><td colspan="2">运架设备安装场地、临时支墩</td><td>6.4.2</td><td></td></tr>
<tr><td>7</td><td colspan="2">架桥机试验及验收</td><td>6.4.3</td><td></td></tr>
<tr><td rowspan="4">8</td><td rowspan="4">架桥机转场</td><td>转场线路</td><td>6.4.4</td><td></td></tr>
<tr><td>小解体驮运转场</td><td>6.4.4</td><td></td></tr>
<tr><td>运梁车进入、退出架桥机</td><td>6.4.4</td><td></td></tr>
<tr><td>架桥机和运梁车的连接</td><td>6.4.4</td><td></td></tr>
<tr><td>9</td><td colspan="2">运梁车载运架桥机调头</td><td>6.4.5</td><td></td></tr>
<tr><td>10</td><td colspan="2">架桥机通过隧道</td><td>6.4.6</td><td></td></tr>
<tr><td>11</td><td colspan="2">施工用电</td><td>6.1.8</td><td></td></tr>
<tr><td>12</td><td colspan="2">起重吊装</td><td>6.1.8</td><td></td></tr>
<tr><td>13</td><td colspan="2">高处作业</td><td>6.1.8</td><td></td></tr>
<tr><td>14</td><td colspan="2">现场防火</td><td>6.1.8</td><td></td></tr>
</table>

续上表

序号	检查项目	对应条文号	检查情况
15	防风	6.1.8	
16	季节性施工	6.1.8	
检查方： 检查人(签名)： 年 月 日		受检方： 接收人(签名)： 年 月 日	

6.5 预应力混凝土简支箱梁运架

6.5.1 运架设备通过的便道应进行专门的勘察设计，通过的桥涵、路基特别是高填方及桥头路基，其承载力经检算合格后方可通过，必要时应采取加强措施。

6.5.2 运架设备所经过路线的净空、坡度和转弯半径必须满足设备的性能要求。

6.5.3 装梁、架梁过程中应采取"四点起吊，三点平衡"的方式，避免梁体受扭。

6.5.4 运梁车重载在已架好的梁上通过时，应通过检算确认。

6.5.5 运、架梁作业人员应符合下列规定：

(1)架桥机、运梁车操作人员应经过技能培训，同时应取得相关部门颁发的操作证件持证上岗。

(2)所有运、架梁作业人员均应经过安全培训，熟悉运、架梁工艺过程。

(3)进行运梁作业时，每班至少配备两名设备操作人员、一名指挥引导员和一名瞭望看护员，同时应明确各自岗位责任。

(4)进行架梁作业时，每班应配备四名设备操作人员、一名指挥员(过孔作业指挥)、两名设备运行监护员和一名驾驶员，同时应明确各自的岗位责任。

Ⅰ 装、运梁

6.5.6 运梁车装梁运输前，应对设备整机各部位进行检查，包括主结构、悬挂、行走轮胎的状态，机电液压、驮梁小车、各结构的连接情况以及燃润料油量油位等，并做好记录。同时，应调整好运梁车架及驮梁小车的位置，插好驮梁小车定位销。

6.5.7 装梁时，搬(提)梁机应低位运行，距运梁车3m左右处应停车制动，调整梁体高出运梁车顶面300mm左右后，平稳对位落梁。箱梁各支点对位应符合设计要求，保持梁体支点位于同一平面，同一端支点相对高差不超过2mm，纵向偏差不超过10mm，横向偏差不超过5mm。如发现偏差超标，需重新调整对位。

6.5.8 装梁完毕，应全面检查运梁车及箱梁的支垫情况，确认装载平衡、设备各液压管线及接头无任何渗漏后，方可起动运行。

6.5.9 运梁前，应派专人负责对运梁车经过的道路和已架桥梁进行检查，确定运输线路上无障碍物，用白线划出运梁通道上的中心线及边线，运梁车必须严格按照规定路线行驶。

6.5.10 运梁路面遇有冰雪或路面湿滑时，应采取防滑措施。

6.5.11 运梁车重载运行时应匀速前进，严禁突然加速或紧急制动，走行速度必须严格控制5km/h以内。运梁车通过曲线、坡道地段，运行速度应控制在3km/h以内。

6.5.12 运梁时应设专人在运梁车前方引导和观察路面情况，如发现异常应立即停车。

6.5.13 运梁车接近架桥机时应一度停车，检查净空、侧面间隙等能否满足安全运行要求。通过架桥机支腿时，应将行车速度严格控制在3m/min以内。禁止运梁车碰撞架桥机的任何部位。

6.5.14 运梁车发动机处于起动状态时，禁止操作驾驶员离开驾驶室。

6.5.15 运梁车停车对位后应做好以下工作：

(1)打好止轮器。

(2)支撑好运梁车前后支腿,连接好运梁车与架桥机的电源接口。

(3)拖拉运梁前,确认驮梁小车上的定向销已拔出。

(4)严禁人员在前驾驶室内停留,卸载作业应由遥控器操作。

6.5.16 施工现场风力超过6级时应停止装、运梁作业。

Ⅱ 箱梁架设

6.5.17 架桥机架梁作业时,抗倾覆稳定系数不得小于1.3;过孔时,起重小车应位于对稳定最有利的位置,抗倾覆稳定系数不得小于1.5。

6.5.18 施工现场风力超过6级时应停止架梁作业,风力超过10级时应将架桥机可靠锚定。气温低于-20℃时,应停止架梁作业。

6.5.19 架桥机在高压输电线路下作业时,安全距离不能达到国家有关规定要求的,应编制专项施工方案,并按规定对架桥机和施工人员采取防护措施,架桥机应按规定进行接地。

6.5.20 架桥机每日作业前,应对卷扬机、吊点、吊具、钢丝绳及绳卡等部位进行检查,如发现问题应及时处理。

6.5.21 每架2孔梁后,应对吊梁小车上所有紧固件及连接件等部位进行检查。每架梁约100孔后,应对架桥机主梁结构件连接螺栓、支腿、横梁等部位的连接螺栓及轴销进行检查。

6.5.22 架桥机在墩台上或已架设的箱梁顶面上,左右两支腿的高差不应大于设计规定值,两支腿顶升必须同步。支腿作用在箱梁顶面上时,应支撑在腹板中心线上,偏移较大时,应对箱梁顶板进行检算。

6.5.23 操作架桥机时,禁止连续起停,以避免架桥机纵向晃动过大。

6.5.24 架梁作业时,施工现场应设防护,严禁非作业人员进入作业区。作业人员应佩戴安全防护用品,必要时在墩台拴挂安全网。水上架梁时,还应配备救生圈、救生衣等防护用品,由监理人员负责监督检查。

6.5.25 落梁作业应符合下列要求:

(1)拖运箱梁接近落梁位置时,走行速度应限制在1m/min以内,严禁箱梁冲撞支腿。

(2)落梁时应有专人监视落梁速度和位置,坡道落梁时应增派监护人员加强防护。

(3)落梁就位时,应注意观察起重小车卷扬机钢丝绳的运行情况。墩顶临时支承用的千斤顶的型号及位置必须符合工艺设计要求。四个临时支承应受力均匀,各支承反力间误差范围应小于5%。顶、落梁千斤顶应同步起落。

(4)箱梁就位后,箱梁支座的位置应符合设计要求,梁底与支座必须密合。

6.5.26 架桥机过孔前应进行一次全面检查,确保各部件处于完好状态。纵移过孔作业、曲线架梁架桥机横移时,两台起重小车应退回到机臂尾部。

6.5.27 箱梁运架施工作业应对照表9-18进行检查,并认真填写检查记录表。对检查中发现的不符合规定的情况,应按表9-3式样签发安全检查整改通知单,限期整改,并跟踪验证。

箱梁运架施工作业安全检查表 表9-18

项目(工程)名称			
施工地点			
序号	检查项目	对应条文号	检查情况
1	班前安全讲话	3.1.7	
2	劳动保护用品佩戴	3.1.8	
3	运架施工专项施工方案	6.1.2	

续上表

<table>
<tr><th>序号</th><th colspan="2">检 查 项 目</th><th>对应条文号</th><th>检 查 情 况</th></tr>
<tr><td>4</td><td colspan="2">运架设备的检查、维修保养</td><td>6.1.4</td><td></td></tr>
<tr><td>5</td><td colspan="2">运架设备自锁、互锁、联锁装置</td><td>6.1.6</td><td></td></tr>
<tr><td>6</td><td colspan="2">架桥机安全操作规程</td><td>6.1.7</td><td></td></tr>
<tr><td>7</td><td colspan="2">运架梁线路</td><td>6.5.1,6.5.2</td><td></td></tr>
<tr><td>8</td><td colspan="2">梁体起吊方式</td><td>6.5.3</td><td></td></tr>
<tr><td>9</td><td colspan="2">运梁车运梁通过已架梁</td><td>6.5.4</td><td></td></tr>
<tr><td>10</td><td colspan="2">作业人员</td><td>6.5.5</td><td></td></tr>
<tr><td rowspan="9">11</td><td rowspan="9">装、运梁</td><td>设备状况</td><td>6.5.6</td><td></td></tr>
<tr><td>装梁</td><td>6.5.7</td><td></td></tr>
<tr><td>装梁后检查</td><td>6.5.8</td><td></td></tr>
<tr><td>运梁线路</td><td>6.5.9,6.5.10</td><td></td></tr>
<tr><td>运梁车运梁走行速度</td><td>6.5.11</td><td></td></tr>
<tr><td>运梁过程指挥</td><td>6.5.12</td><td></td></tr>
<tr><td>喂梁</td><td>6.5.13</td><td></td></tr>
<tr><td>停车对位</td><td>6.5.15</td><td></td></tr>
<tr><td>防风</td><td>6.5.16</td><td></td></tr>
<tr><td rowspan="8">12</td><td rowspan="8">架梁</td><td>架桥机稳定性</td><td>6.5.17</td><td></td></tr>
<tr><td>作业环境条件</td><td>6.5.18,6.5.19</td><td></td></tr>
<tr><td>架桥机检查</td><td>6.5.20,6.5.21</td><td></td></tr>
<tr><td>架桥机支腿</td><td>6.5.22</td><td></td></tr>
<tr><td>架桥机运行</td><td>6.5.23</td><td></td></tr>
<tr><td>现场及人员防护</td><td>6.5.24</td><td></td></tr>
<tr><td>落梁</td><td>6.5.25</td><td></td></tr>
<tr><td>架桥机过孔</td><td>6.5.26</td><td></td></tr>
<tr><td>13</td><td colspan="2">起重吊装</td><td>6.1.8</td><td></td></tr>
<tr><td>14</td><td colspan="2">施工用电</td><td>6.1.8</td><td></td></tr>
<tr><td>15</td><td colspan="2">现场防火</td><td>6.1.8</td><td></td></tr>
<tr><td>16</td><td colspan="2">防风</td><td>5.5.18,6.1.8</td><td></td></tr>
<tr><td>17</td><td colspan="2">季节性施工</td><td>5.5.18,6.1.8</td><td></td></tr>
<tr><td colspan="3">检查方：
检查人(签名)：
年　月　日</td><td colspan="2">受检方：
接收人(签名)：
年　月　日</td></tr>
</table>

7 桥位制梁

7.1 一般规定

7.1.1 桥位制梁施工作业过程中应考虑下列主要危险源及危害因素：

(1)大型非标设备的设计、制造、验收等不符合要求。

(2)支架的强度、刚度、稳定性和基础承载力不足,排水不畅。

(3)支架搭设完毕后未进行验收,未进行支架预压或预压荷载不能满足设计要求。

(4)挂篮拼装和拆除不符合设计要求。

(5)挂篮锚固不牢。

(6)挂篮移位无限位装置。

(7)移动模架拼装过程中支腿横向连接不及时。

(8)移动模架过孔时违操作。

(9)移动模架部件焊缝开裂未及时发现处理。

(10)移动支架前移没有可靠的限位和制动装置。

(11)预应力张拉未设防护屏障。

(12)桥位制梁作业无防风措施,雨季施工无防雷击措施。

(13)水上施工无防护和救生措施。

(14)跨越公路、铁路施工时无防护措施。

(15)施工现场违章用电。

(16)高处作业人员不按规定佩戴劳动防护用品,酒后或疲劳作业。

7.1.2 桥位制梁前,应编制专项施工方案。

7.1.3 挂篮、移动模架等大型非标设备的设计、制造、使用应符合下列规定:

(1)必须由有相应资质的厂家进行设计、制造。

(2)设备设计、制造厂家应制定明确的非标设备研制方案和验收大纲,由设备制造单位组织相关专家审定。设备的制造过程验收和出厂验收应由设备制造单位依据验收大纲进行。

(3)设备进场时应对各构件规格、型号、尺寸和数量进行认真核对,检查构件有无缺损,表面有无损坏和锈蚀,配件和专用工具是否齐备等,并做好记录。

(4)设备的安装和安装后的检查、调试均应由设备制造厂家派出专业技术人员全程跟踪指导。

(5)非标设备正式投入使用前应进行荷载试验。

7.1.4 在作业现场风力达到6级以上时,应停止桥位制梁作业。

7.1.5 跨越公路、通航河道作业时,应事先与当地行政主管部门联系,商定有关施工期间的安全事项,并发布公告,按有关规定设置安全防护设施和警示标志。

7.1.6 桥位制梁施工中的起重吊装、施工用电、现场防火、高处作业、季节性施工等应符合《铁路工程基本作业施工安全技术规程》(TB 10301—2009)的相关规定。钢筋、模板、混凝土和预应力施工除应符合《铁路工程基本作业施工安全技术规程》(TB 10301—2009)的相关规定外,还应符合本章第6.2小节的有关规定。

7.2 支架法制梁

7.2.1 支架所用材料应为钢结构,其设计、施工、验收应符合国家有关规定的要求。

7.2.2 支架结构应具有足够的强度、刚度和稳定性。杆件应力安全系数应大于1.3,稳定性安全系数应大于1.5。

7.2.3 支架基础必须具有足够的承载力,不得出现不均匀沉降,并做好地面的纵向和横向排水处理。软土地基应采取地基加固措施,冻土地基上应采取防胀融措施。

7.2.4 支架应严格按照设计搭设,设置足够的斜撑、剪力撑、缆风绳和落架设施,应有施工平台、栏杆、梯子、安全网等防护设施。

7.2.5 支架安装完毕后,应对其垂直度、落架设施、部件连接、地锚、缆风绳等进行全面检查。

7.2.6 支架应采用不小于1.1倍施工总荷载的荷载进行预压。预压应分级加载,分级卸载,以

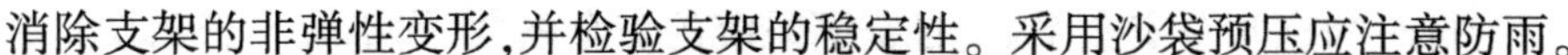

消除支架的非弹性变形，并检验支架的稳定性。采用沙袋预压应注意防雨。

7.2.7　梁体混凝土浇筑过程中，应安排专人对支架和基础进行观察和观测，发现较大变形时，应立即采取措施。

7.2.8　梁体承重模板支架的拆除应符合下列规定：

(1)梁体已按设计要求张拉完成。

(2)梁底模及支架卸载顺序，应严格按照从梁体挠度最大处的支架节点开始，逐步卸落相邻节点。当达到一定卸落量后，方可拆除支架。

(3)模板及支架拆除应遵循“先支后拆，后支先拆”的顺序，严禁强拉硬拽。

(4)支架在承重期间，不得随意拆除任何受力杆件。

7.2.9　支架法制梁施工作业应对照表9-19进行检查，并认真填写检查记录表。对检查中发现的不符合规定的情况，应按表9-3式样签发安全检查整改通知单，限期整改，并跟踪验证。

支架法制梁施工作业安全检查表　　表9-19

项目(工程)名称			
施工地点			
序号	检查项目	对应条文号	检查情况
1	班前安全讲话	3.1.7	
2	劳动保护用品佩戴	3.1.8	
3	专项施工方案	7.1.2	
4	跨越道路、河道施工	3.4.1,3.4.2,7.1.5	
5	支架设计	7.2.1~7.2.3	
6	支架搭设	7.2.4	
7	支架检查	7.2.5	
8	支架预压	7.2.6	
9	钢筋施工	7.1.6	
10	模板施工	7.1.6	
11	混凝土施工	7.1.6	
12	预应力施工	7.1.6	
13	支架监测	7.2.7	
14	支架拆除	7.2.8	
15	起重吊装	7.1.6	
16	施工用电	7.1.6	
17	现场防火	7.1.6	
18	防风	7.1.4,7.1.6	
19	季节性施工	7.1.6	
检查方： 检查人(签名)： 年　月　日		受检方： 接收人(签名)： 年　月　日	

7.3　连续梁、连续刚构挂篮悬臂浇筑

7.3.1　挂篮设计除应符合强度、刚度和稳定性要求外，还应符合以下规定：

(1)挂篮总质量的变化不应超过设计质量的10%。

(2)梁段混凝土浇筑及走行时的抗倾覆安全系数、自锚固系统的安全系数,均不应小于2.0。

(3)挂篮底模悬吊系统使用精轧螺纹钢筋作吊杆时应采取防护措施。

7.3.2 墩顶0号块托架施工时,应对各部件的焊接质量进行重点检查。

7.3.3 挂篮拼装和拆除应符合下列规定:

(1)应对挂篮杆件及使用的机具设备(如千斤顶、滑道、手拉葫芦、钢丝绳等)进行检查,不合格的严禁使用。

(2)挂篮拼装应对称进行,构件及时、稳固连为一体,避免倾倒伤人。

(3)挂篮作业平台应挂安全网,四周设围栏,上下应有专用扶梯。

(4)如需在挂篮上增加设施(如防雨棚、防寒棚、立井架等)时,必须对挂篮的整体稳定性进行检算,不得损害挂篮结构及改变其受力形式。

(5)挂篮拼装过程中,严禁随意对螺栓孔进行切割扩孔,确需扩孔时,必须征得挂篮设计单位同意。严禁在精轧螺纹钢筋吊杆上进行电焊、搭火,所有精轧螺纹钢筋吊杆必须使用双螺母锁紧。

(6)现场组拼挂篮后,应全面检查安装质量,并进行荷载试验,以测定挂篮变形量,消除非弹性变形。预压过程中如发现局部位置变形过大,应立即停止加载,及时查找原因,采取补救措施。

(7)拆除挂篮时,应按要求顺序对称拆除。

7.3.4 悬臂浇筑应符合下列规定:

(1)混凝土浇筑前,应对挂篮的锚固系统、吊挂系统和限位装置等进行全面检查。

(2)梁段应对称浇筑,不平衡重不得大于设计容许值。

(3)合龙段、体系转换施工应按设计等有关规定的要求执行。

7.3.5 横向预应力张拉应设吊篮工作平台。

7.3.6 挂篮移位应符合下列规定:

(1)滑道应铺设平顺,并按要求做好锚固。

(2)挂篮行走前检查走行系统、吊挂系统、模板系统。

(3)墩两侧挂篮应对称移位,尾部设制动装置,移动速度应控制在0.1m/min以内。挂篮移动到位后应及时锚固,前吊杆、后锚杆的锚固力应调试均匀,前端限位装置应设置牢固。

(4)遇有雷雨、大风、大雾等恶劣天气时,严禁移动挂篮。

7.3.7 拆除临时支座时,除符合高处作业的安全要求外,还应符合下列规定:

(1)设置环墩工作平台及安全爬梯。

(2)作业人员应站在上风处操作,并应佩戴护目镜、口罩等安全防护用品。

(3)桥下应有人员警戒,严禁人、车、船等通过警戒区。

7.3.8 跨越电气化营业线铁路施工时,必须制定挂篮防电安全方案,并由专业防电公司实施。

7.3.9 挂篮悬臂施工过程中,应加强对滑道、主桁节点、锚固和吊挂和模板等系统的日常检查,并注意不平衡力矩的控制,确保施工安全。

7.3.10 挂篮悬臂浇筑施工作业应对照表9-20进行检查,并认真填写检查记录表。对检查中发现的不符合规定的情况,应按表9-3式样签发安全检查整改通知单,限期整改,并跟踪验证。

挂篮悬臂浇筑施工作业安全检查表 表9-20

项目(工程)名称			
施工地点			
序号	检查项目	对应条文号	检查情况
1	班前安全讲话	3.1.7	

续上表

序号	检查项目		对应条文号	检查情况
2	劳动保护用品佩戴		3.1.8	
3	专项施工方案		7.1.2	
4	挂篮设计、制造		7.1.3,7.3.1	
5	跨越道路、河道施工		3.4.1,3.4.2,7.1.5	
6	0号块托架		7.3.2	
7	挂篮拼装和拆除	杆件及机具检查	7.3.3	
		拼装顺序	7.3.3	
		挂篮安全防护设施	7.3.3	
		挂篮上增加设施	7.3.3	
		挂篮改造	7.3.3	
		拼装后检查及荷载试验	7.3.3	
		挂篮拆除	7.3.3	
8	悬臂浇筑	挂篮检查	7.3.4	
		浇筑顺序	7.3.4	
		合龙和体系转换	7.3.4	
9	挂篮移位	移位滑道	7.3.6	
		挂篮检查	7.3.6	
		挂篮移位	7.3.6	
		恶劣天气	7.3.6	
10	临时支座拆除		7.3.7	
11	跨越营业线施工		7.3.8	
12	设备日常检查		7.3.9	
13	钢筋施工		7.1.6	
14	模板施工		7.1.6	
15	混凝土施工		7.1.6	
16	预应力施工		7.1.6	
17	起重吊装		7.1.6	
18	施工用电		7.1.6	
19	现场防火		7.1.6	
20	高处作业		7.1.6	
21	防风		7.1.4,7.1.6	
22	季节性施工		7.1.6	

检查方：　　　　　　　　　　　　　　　　受检方：

检查人(签名)：　　　　　　　　　　　　　接收人(签名)：

年　　月　　日　　　　　　　　　　　　　年　　月　　日

7.4 移动模架制梁

7.4.1 移动模架设计抗倾覆稳定系数不得小于1.5。

7.4.2 移动模架上部两侧应设置人行道和栏杆,在两个端头须增加栏杆,并挂好安全网。

7.4.3 移动模架应有风速仪、避雷针等装置,以及防风锚定设施。

7.4.4 作业现场风力大于6级时,不得进行移动模架施工作业,所有支腿均应处于锚固和锁定状态,外模板应闭合。

7.4.5 移动模架的拼装应符合下列规定:

(1)移动模架进场后,应清点、检查所有部件,对重点部位焊缝进行无损探伤检测,如发现问题,应联系制造厂家处理。

(2)移动模架拼装应有制造厂家技术人员现场指导。

(3)拼装场地地基承载力应符合拼装要求,临时支墩应有足够的强度、刚度和稳定性。

(4)应对桥墩或桩基承台的受力进行检算,必要时采取加强措施。

(5)模架拼装过程中,支腿、主梁、横联应及时连接,防止整体失稳。

(6)严禁重复使用摩擦型高强度螺栓。

(7)拼装完成后必须对电路、液压系统的运行情况进行检查。

(8)上行式模架后支腿应置于已浇筑梁段腹板中心线上,支承面积应满足模架设计要求,防止箱梁局部受压损坏。拼装完成后,应全面检查各挂架紧固件连接情况。

(9)下行式模架安装前,应对固定主支腿的精轧螺纹钢筋、夹具及连接器进行外观检查,并进行力学试验,合格后方可使用。安装时按设计要求张拉,双帽紧固,其使用次数应不超过设计规定。

7.4.6 移动模架预压应符合下列规定:

(1)每套移动模架首次拼装后应采用不小于1.2倍施工总荷载进行预压。检验合格后,由制造厂家和使用单位共同签字确认。

(2)每次重新拼装后应采用不小于1.1倍施工总荷载进行预压。

(3)预压应依据荷载分布等情况分级加载,禁止在某部位集中堆载。每级加载完成后,都必须对焊缝和螺栓连接处等逐一进行检查,对关键部位进行应力和变形监测。卸载应分级进行。

7.4.7 移动模架过孔应符合下列规定:

(1)梁体初张拉完成后方可进行。

(2)过孔前要对移动模架的上下、左右、前后各处进行详细的检查,若有影响移动模架横移及前移的障碍物,要进行清理或拆除。

(3)过孔前及过孔完成后,应检查受力构件的焊缝质量,如发现裂纹应及时补焊。

(4)模架打开过孔前应确认电路、油路运行正常,且所有影响移位的约束已经解除。

(5)模架横向开启及合龙过程中,左右两侧模架、同侧移动模架前后端均应保持同步。

(6)纵移到最后1m时,应按点动按钮前进。

(7)移动模架应有可靠的纵向过孔限位装置。

(8)移动模架过孔后应及时将外模系统合龙,模架就位。

7.4.8 上行式移动模架过孔除应符合本章第7.4.7条的规定外,还应符合下列规定:

(1)辅助支腿已锚固到桥墩台上。

(2)起吊小车移到主梁尾部并锁定。吊杆已解除,外模系统脱模且横向开启到位。

(3)移动模架主梁后支腿走行装置落到桥面轨道上,前支腿支撑在桥墩上。辅助支腿沿前导梁吊挂移动时应防止偏位。

(4)主机中心线应与箱梁中心线重合。超出验收要求时,应通过辅助支腿的横移油缸和主梁后支腿调整主机横向位置。

(5)纵向移位速度应小于设计移位速度。

7.4.9 下行式模架过孔除应符合本章第7.4.7条的规定外,还应符合下列规定:

(1)主支腿吊挂前行到位,辅助支腿横行连接拆除;外模系统横向开启,后支腿、中支腿、前辅助支腿支撑牢固。

(2)主梁及导梁各接头的连接螺栓连接牢固。

(3)移位台车上的勾挂油缸及纵横移油缸处于正常状态。

(4)移位台车上的勾板与墩旁托架勾挂可靠。

(5)墩旁托架纵移时,应采取措施,防止因接头错台而出现的卡滞现象。

7.4.10 移动模架的拆解应符合下列规定:

(1)移动模架拆除应在不带电的状态下进行。

(2)移动模架拆除应对称进行,防止整体结构失衡失稳。

(3)拆除主梁等连接设备前,应采取增设缆风绳、临时支撑等措施,防止倾覆。

(4)拆下的构件应堆放稳定,防止倾翻伤人。

7.4.11 混凝土浇筑应符合本章第6.2小节的有关规定。浇筑顺序应由前端向后端进行,左右两侧腹板及翼缘混凝土对称下料,以保证主梁结构受力均匀,变形一致。

7.4.12 移动模架施工时,应设置防护区并设立明显警示标志。

7.4.13 移动模架制梁施工作业应对照表9-21进行检查,并认真填写检查记录表。对检查中发现的不符合规定的情况,应按表9-3式样签发安全检查整改通知单,限期整改,并跟踪验证。

移动模架制梁施工作业安全检查表 表9-21

项目(工程)名称				
施工地点				
序号	检查项目		对应条文号	检查情况
1	班前安全讲话		3.1.7	
2	劳动保护用品佩戴		3.1.8	
3	专项施工方案		7.1.2	
4	移动模架设计、制造		7.1.3,7.6.1	
5	跨越道路、河道施工		3.4.1,3.4.2,7.1.5	
6	安全防护设施		7.4.2,7.4.12	
7	移动模架拼装	部件检查	7.4.5	
		厂家指导人员	7.4.5	
		拼装场地及临时支墩	7.4.5	
		桥墩和基础承载能力校核	7.4.5	
		拼装	7.4.5	
8	移动模架预压	分级加载	7.4.6	
		总加载量	7.4.6	
		加载过程检查	7.4.6	
		卸载	7.4.6	
		重新拼装后预压	7.4.6	

续上表

序号	检查项目		对应条文号	检查情况
9	上行式移动模架过孔	过孔条件	7.4.7	
		过孔前检查	7.4.7,7.4.8	
		过孔	7.4.7,7.4.8	
10	下行式移动模架过孔	过孔条件	7.4.7	
		过孔前检查	7.4.7	
		过孔	7.4.7,7.4.9	
11	移动模架拆解		7.4.10	
12	钢筋施工		7.1.6	
13	模板施工		7.1.6	
14	混凝土施工		7.1.6	
15	预应力施工		7.1.6	
16	起重吊装		7.1.6	
17	施工用电		7.1.6	
18	现场防火		7.1.6	
19	高处作业		7.1.6	
20	防雷		7.4.3	
21	防风		7.1.4,7.1.6,7.4.3,7.4.4	
22	季节性施工		7.1.6	
检查方： 检查人(签名)： 年 月 日			受检方： 接收人(签名)： 年 月 日	

8 桥梁支座安装

8.0.1 桥梁支座安装作业过程中应考虑下列主要危险源及危害因素：

(1)墩顶未设置栏杆、步梯等安全防护设施。

(2)支座在墩顶存放时固定不牢。

(3)选用的千斤顶不符合施工要求。

(4)顶落梁时违规操作。

(5)施工现场违用电。

(6)高处作业人员不按规定佩戴劳动防护用品,酒后或疲劳作业。

(7)支座安装无防风措施,冬季无防滑措施。

8.0.2 支座安装前,应将墩顶及支座锚栓孔中的积雪、冰冻、积水和其他杂物清理干净,并采取必要的防滑措施。支座在墩顶存放时,要固定牢固。

8.0.3 吊运支座时,墩顶作业人员应待支座稳定后再扶正就位。人工抬运支座时,应协调一致,防止挤压手脚。

8.0.4 简支梁梁体吊装架设前,应先将支座安装在预制梁的底部。上支座板与梁底预埋钢板间不得有空隙。箱梁支座下的灌浆强度达到20MPa后,拧紧下支座板锚栓,并拆除各支座上、下连接钢板及螺栓,再拆除临时千斤顶。

8.0.5　顶落梁所用的油压千斤顶均须附有球形支撑垫、保险圈、升程限孔。共同作用的多台千斤顶应选用同一类型,并用油管并联。油压千斤顶、油泵、油管、压力表等在使用前应分别进行试验。

8.0.6　使用千斤顶顶梁安放支座时,应及时落梁到支座,严禁长时间用千斤顶支承梁体。

8.0.7　千斤顶顶落梁时,应设置好保险设施,并随着活塞起落及时安放或撤除。两端支点不得同时起落。施顶或纵横移时,应缓慢平稳,各道工序应派专人检查,统一指挥。

8.0.8　连续梁进行体系转换前,必须对支座进行检查。

8.0.9　桥梁支座安装施工中的起重吊装、施工用电、现场防火、高处作业、季节性施工等应符合《铁路工程基本作业施工安全技术规程》(TB 10301—2009)的相关规定。

8.0.10　桥梁支座安装施工作业应对照表9-22进行检查,并认真填写检查记录表。对检查中发现的不符合规定的情况,应按表9-3式样签发安全检查整改通知单,限期整改,并跟踪验证。

桥梁支座安装施工作业安全检查表　　表9-22

项目(工程)名称			
施工地点			
序号	检 查 项 目	对应条文号	检 查 情 况
1	班前安全讲话	3.1.7	
2	劳动保护用品佩戴	3.1.8	
3	墩顶及支座锚栓孔杂物清理	8.0.2	
4	吊运支座	8.0.3	
5	人工抬运支座	8.0.3	
6	预制梁支座安装	8.0.4	
7	顶落梁千斤顶	8.0.5	
8	千斤顶顶落梁	8.0.6,8.0.7	
9	连续梁体系转换前支座检查	8.0.8	
10	起重吊装	8.0.9	
11	施工用电	8.0.9	
12	现场防火	8.0.9	
13	高处作业	8.0.9	
14	防风	8.0.9	
15	季节性施工	8.0.9	
检查方: 检查人(签名): 年　月　日		受检方: 接收人(签名): 年　月　日	

9　桥面系及附属工程

9.1　一般规定

9.1.1　桥面系及附属工程施工作业过程中应考虑下列主要危险源及危害因素:

(1)桥面未设防护栏杆。

(2)围栏、吊篮、人行道和避车台支架等安装不牢固。

(3)未按规定设置防坠物设施,无防风措施。

(4)有工程列车通过的桥上施工时无专人防护。

(5)砌体施工时石料放置不稳,人员违规操作。

9.1.2 桥面系及附属工程施工中的起重吊装、施工用电、现场防火、高处作业、季节性施工和钢筋、模板、混凝土、砌体工程施工等应符合《铁路工程基本作业施工安全技术规程》(TB 10301—2009)的相关规定。

9.2 桥面系

9.2.1 桥面铺设前,两侧应设防护栏杆。

9.2.2 围栏、吊篮、人行道和避车台支架的安装,应采用跨度不大于2m的挂钩脚手架,脚手板应固定在脚手架上。

9.2.3 明桥面施工期间,桥下严禁人员及机械设备停留或通过,确需通过的应在桥下增设防护棚架。

9.2.4 人行道板安装时,正反两面应放置正确,安装牢固。应随时盖好桥面的检查梯孔口盖板。

9.2.5 声屏障施工应符合下列规定:

(1)单元板存放、运输及装卸过程中,应保证板正立,使用临时支架应保证单元板不受损伤。装卸时各吊点或支点应受力均匀,各吊点或支点应位于同一平面。

(2)安装时应有防风、防坠落措施,桥下应设防护设施设备。

9.2.6 遮板施工时,桥下应设防护设施设备。遮板吊装就位并与预埋钢筋焊接牢固后,方可松除吊钩。

9.2.7 在有工程列车通过的桥上安装作业时,应安排专人防护,加强对人员、材料、机具的管理,及时下道避车,防止侵限。

9.2.8 施工期间,桥头应封闭或派人看守,禁止闲杂人员上桥。

9.3 附属工程

9.3.1 砌筑片石锥体护坡时,严禁将片石从上面往下翻滚(图9-4)。

9.3.2 砌筑采用人工抬石就位时,应捆绑牢固,动作一致,缓慢下放。砌块应用撬棍拨移,不得将手脚伸入拼砌面(图9-5)。

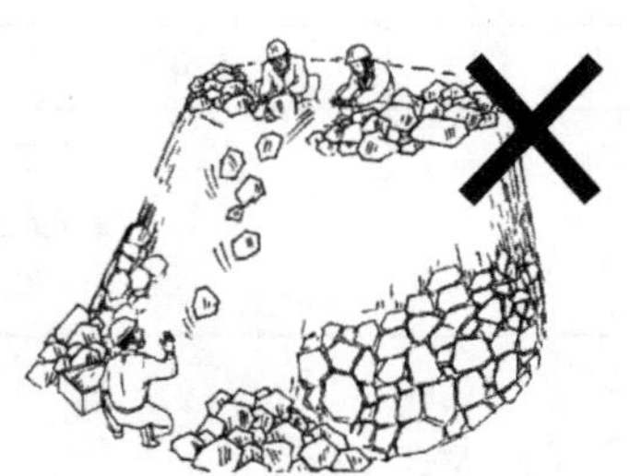
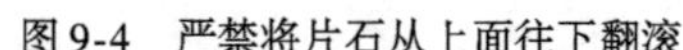

图9-4 严禁将片石从上面往下翻滚

图9-5 不得将手脚伸入拼砌面

9.3.3 采用小吊机吊送石料至砌筑面时,小吊机机座应固定牢靠。石料吊送到砌筑面时,施工人员应避让。

9.3.4 砌筑桥台护坡时,应采用马凳及跳板等配合施工,马凳应摆放牢靠。

9.3.5 桥面系及附属工程施工作业应对照表9-23进行检查,并认真填写检查记录表。对检查中发现的不符合规定的情况，应按表9-3式样签发安全检查整改通知单，限期整改，并跟踪验证。

桥面系及附属工程施工作业安全检查表　　表9-23

<table>
<tr><td colspan="2">项目(工程)名称</td><td colspan="3"></td></tr>
<tr><td colspan="2">施工地点</td><td colspan="3"></td></tr>
<tr><td>序号</td><td colspan="2">检 查 项 目</td><td>对应条文号</td><td>检 查 情 况</td></tr>
<tr><td>1</td><td colspan="2">班前安全讲话</td><td>3.1.7</td><td></td></tr>
<tr><td>2</td><td colspan="2">劳动保护用品佩戴</td><td>3.1.8</td><td></td></tr>
<tr><td rowspan="9">3</td><td rowspan="9">桥面系</td><td>桥面防护栏杆</td><td>9.2.1</td><td></td></tr>
<tr><td>围栏、吊篮、人行道和避车台支架</td><td>9.2.2</td><td></td></tr>
<tr><td>明桥面施工</td><td>9.2.3</td><td></td></tr>
<tr><td>人行道板安装</td><td>9.2.4</td><td></td></tr>
<tr><td>桥面检查梯</td><td>9.2.4</td><td></td></tr>
<tr><td>声屏障施工</td><td>9.2.5</td><td></td></tr>
<tr><td>遮板施工</td><td>9.2.6</td><td></td></tr>
<tr><td>有工程列车通行的桥上作业</td><td>9.2.7</td><td></td></tr>
<tr><td>作业区人员控制</td><td>9.2.8</td><td></td></tr>
<tr><td rowspan="3">4</td><td rowspan="3">附属工程</td><td>人工抬运石料</td><td>9.3.1,9.3.2</td><td></td></tr>
<tr><td>砌体施工</td><td>9.1.2,9.3.2,9.3.4</td><td></td></tr>
<tr><td>小吊机吊运石料</td><td>9.3.3</td><td></td></tr>
<tr><td>5</td><td colspan="2">钢筋施工</td><td>9.1.2</td><td></td></tr>
<tr><td>6</td><td colspan="2">模板施工</td><td>9.1.2</td><td></td></tr>
<tr><td>7</td><td colspan="2">混凝土施工</td><td>9.1.2</td><td></td></tr>
<tr><td>8</td><td colspan="2">砌体施工</td><td>9.1.2</td><td></td></tr>
<tr><td>9</td><td colspan="2">起重吊装</td><td>9.1.2</td><td></td></tr>
<tr><td>10</td><td colspan="2">施工用电</td><td>9.1.2</td><td></td></tr>
<tr><td>11</td><td colspan="2">现场防火</td><td>9.1.2</td><td></td></tr>
<tr><td>12</td><td colspan="2">高处作业</td><td>9.1.2</td><td></td></tr>
<tr><td>13</td><td colspan="2">危险物品管理</td><td>9.1.2</td><td></td></tr>
<tr><td>14</td><td colspan="2">防风</td><td>9.1.2</td><td></td></tr>
<tr><td>15</td><td colspan="2">季节性施工</td><td>9.1.2</td><td></td></tr>
<tr><td colspan="5">检查方：　　　　　　　　　　　　　　　　受检方：
检查人(签名)：　　　　　　　　　　　　　接收人(签名)：
年　月　日　　　　　　　　　　　　　　　年　月　日</td></tr>
</table>

本章条文说明

1.0.1 本章是为适应铁路建设安全生产管理需要,体现近年来新的工程结构、系统设备及其相应工艺方法、工序过程等的特点,控制工程施工中的不安全行为和状态,预防事故发生,在《铁路桥涵工程施工安全技术规程》(TB 10303—2009)的基础上编制而成的。本章贯彻落实了现行安全生产法律法规的规定,与有关管理规定进行了全面对接,与相关技术标准进行了充分协调,对铁路桥梁工程施工中的安全管理和施工作业行为提出了明确的要求,是建设各方必须严格执行的强制性标准。

1.0.5 依据现行法律法规的规定,建设、勘察设计、施工、监理等建设各方都应依法承担安全生产责任,必须建立安全生产保障体系,健全安全生产责任制,并积极采用先进的技术和方法,加强和改进安全生产管理,保证铁路工程施工安全。

1.0.6 相关人员的安全教育培训应符合《铁路工程基本作业施工安全规程》(TB 10301—2009)的有关规定。培训及考核情况应保持记录,必要时,应由上级部门或建设、监理单位检查其执行情况。特种作业是指容易发生人员伤亡事故,对操作者本人、他人及周围设施的安全可能造成重大危害的作业。直接从事特种作业的人员称为特种作业人员。特种作业人员的种类在《特种作业人员安全技术培训考核管理办法》(国家安全生产监督管理总局令第 30 号)中有明确的规定。

1.0.8 专项施工方案是以技术复杂或危险性较大的单项施工项目或其中的某一个分部、分项工程为对象进行编制,用以指导其施工全过程并重点考虑施工方法、机械设备利用、劳动力和材料安排、安全生产保证措施的具体文件。根据《铁路建设工程安全生产管理办法》(铁建设〔2006〕179 号)第三十八条规定:施工单位应对达到一定规模的危险性较大工程编制专项施工方案,进行安全检算,经单位技术负责人,总监理工程师审核后实施,必要时应组织专家论证,并由施工单位专职安全生产管理人员进行现场监督。对铁路桥涵工程中需要编制专项施工方案的,本章均有明确规定。没有明确规定的,应视工程的危险程度确定是否需要编制专项施工方案。

1.0.9 施工单位在施工前应对现场存在的危险源进行辨识,对重大危险源应制定安全事故应急救援预案。

1.0.17 铁路桥梁施工中涉及的基本作业,如施工用电、高处作业、危险物品管理、季节性施工及钢筋、模板、混凝土工程等,必须符合《铁路工程基本作业施工安全技术规程》(TB 10301—2009)的相关规定。本章有特殊规定的,亦应遵照执行。

3.2.3 本条依据《中华人民共和国水上水下活动通航安全管理规定》(交通运输部令 2019 年第 2 号)制定。

3.2.8 布置航标时,应符合下列规定:

(1)沿海助航标志:《中国海区水上助航标志》(GB 4696—2016)、《中国海区水上助航标志形状显示规定》(GB 16161—1996)。

(2)内河助航标:《内河助航标志》(GB 5863—1993)、《内河助航标志的主要外形尺寸》(GB 5864—1993)。

3.2.17 根据《中华人民共和国水上水下活动通航安全管理规定》(交通运输部令 2019 年第 2 号),施工作业者有责任清除其遗留在施工作业水域的碍航物体。

3.4.2 安全设施的具体设置内容应符合《道路交通标志和标线 第 1 部分:总则》(GB 5768.1—2009)、《道路交通标志和标线 第 2 部分:道路交通标志》(GB 5768.2—2009)、《道路交通标志和标线 第 3 部分:道路交通标线》(GB 5768.3—2009)、《道路交通标志和标线 第 4 部分:作业区》(GB 5768.4—2017)、《道路交通标志和标线 第 5 部分:限制速度》(GB 5768.5—2017)、《道路交通标志和标线 第 6 部分:铁路道口》(GB 5768.6—2017)、《道路交通标志和标线 第 7 部分:非机动车和行人》(GB 5768.7—

2018)、《道路交通标志和标线 第8部分:学校区域》(GB 5768.8—2018)的要求,并依据“道路施工安全设施设置示例”进行布置。

4.2.7 吹砂筑岛的吸泥管道一般由浮筒承载浮于水面,每只浮筒都有一定距离,作业人员在浮筒上跨越行走易发生落水事故。

4.2.8 可采用每个钢筋笼一根桩,将笼套在桩上,向笼内填石固定的方法作业。

4.2.10 钢板桩吊点需满足不得低于桩顶以下1/3桩长的要求,一是钢板桩便于进入打桩架,二是避免钢板桩产生弯曲变形。

4.2.15 钢板桩锁口虽然经过修整和试插,但因已打入的钢板桩由于锤击可能会产生扭曲变形,经过试插的钢板桩不一定能顺利插入,用桩锤重压可能会产生克服局部阻力后突然下滑,如事先不采取控制措施,可能会出现安全生产事故。

4.2.16 拔桩前向围堰内灌水,可利用堰内水压力抵消堰外压力,使桩壁与水下混凝土脱离,亦可略加锤击或加高压射水使钢板桩与混凝土脱离。

4.2.20 大中型围堰吊装时一般质量较大,使用多台起吊设备同时起吊的,其吊点、吊具及围堰加固必须事先进行设计计算,保证各环节有足够的安全储备,并应进行试吊,确保安全后方可正式起吊。为保证起吊平衡及围堰周边设施安全,应有专人指挥吊装作业。

4.2.22 双壁钢围堰浮运时易受风力、风向、水流速度等因素的影响,恶劣的天气和水文情况对围堰浮运过程中的稳定性和安全性不利,因此应尽量掌握可靠的环境信息,选择有利时机进行浮运。

4.2.23 锚碇系统是钢围堰在水中悬浮时固定其位置的重要设施,对围堰施工成功起着非常重要的作用。在导向船组就位,锚全部抛完后,应及时逐步地绞紧所有锚缆,使其受力均匀。日常应派专人负责锚缆的检查和养护,并根据水位的涨落及时调整锚缆受力,使锚碇系统始终处于良好的受力状态。

4.2.31 钢吊箱围堰水下封底时,应用多根导管同时按规定的顺序灌注混凝土,保证灌注质量和数量。应根据封底面积和每根导管的作用半径(混凝土流动半径)来确定平面上布设导管的数量和位置。

4.3.1 基坑工程是岩土工程、结构工程、施工技术等学科相互交叉的科学技术,是多种因素相互影响的系统工程,是理论上尚待发展的综合性技术。其设计计算理论尚不够成熟,影响基坑工程工作条件的不利因素也较多。深基坑工程尤其是处于较差地质条件中的深基坑工程,其风险性更大,影响因素众多且多变,因此时刻掌握基坑工程各方面的动态极为重要。因此,基坑工程监测是基坑工程尤其是深基坑工程施工中必不可少的工作内容,其监测项目的种类和监测频率,可根据具体情况和有关要求确定。监测工作必须定人、定点、定时地进行,系统地、有始有终地观测并随时进行分析,以便及时指导基坑工程的施工。

4.3.9 在严寒地区,采用冻结法开挖基坑,必须掌握气温变化情况,采取安全技术措施,使施工能够快速、安全进行,并取得经济效益。

4.3.14 基坑工程施工应高度重视对水的治理。统计表明,70%以上的基坑工程事故是由水害引发的,包括地下水、地面水、暴雨、管道渗漏及原土中含水量过高等因素。基坑工程的防水和降、排水是事关基坑工程成败的大事,必须十分重视。防水、降水和排水措施均有一定的适用条件,当采用两种或两种以上方法配合进行治水时,还应充分考虑各种措施间的相互影响,根据基坑所处的地质、地下水和气候等条件认真进行基坑治水方案设计,确保不因水害引发基坑工程事故。

4.5.6 采用冲击钻孔时,应在使用前对连接钨金套的千斤绳进行拉力试验。钢丝绳与钻头连接所用的钢丝绳卡应按规定上齐、拧紧,施工中应经常检查、紧固。吊钻头的钢丝绳(包括千斤绳)在任何一个断面内断丝总数超过该断面总根数的5%时,均应更换。

4.5.11 潜水钻机在潮湿环境作业,电动机绝缘电阻降低,漏电的可能性增大,存在安全隐患。

4.5.20 溶蚀地层的成孔，不管是否有填充、填充物是否充盈等，都必须准备足够的黏土、片石(或碎石)、袋装水泥、钢护筒等固、护壁材料等，以备出现事故苗头时，能有足够的措施给予补救。

4.6.9 考虑到挖孔桩内空间较小，作业人员劳动强度较大，为保证作业人员的健康，孔内二氧化碳的浓度要求参照《室内空气中二氧化碳卫生标准》(GB/T 17094—1997)引用《客货共线铁路桥涵工程施工技术规程》(Q/CR 9652—2017)进行了修订。孔深超过10m时应设通风设备，系的规定。

4.8.3 沉井体积较大，井内施工人员不易察觉沉井的倾斜。因此，需要井外人员指挥拆除沉井垫木，确保沉井初始下沉不产生过大倾斜。

4.8.4 在沉井刃脚或井内横隔墙附近开挖时，不得有人员停留，防止沉井可能突然下沉造成事故。

5.1.9 本条主要是为防止路基、隧道弃渣等堆积在墩台旁，造成其偏载、移位等编制的。

5.3.3 先挂后拆是指使吊机的吊钩挂住模板并稍微持力后再进行拆除的方式。

6.1.5 箱梁搬(提)运架设备技术档案是记载设备从购入到使用，直至报废全过程的技术资料，是做好设备安全和技术管理工作不可缺少的基础材料和科学依据。设备技术档案管理工作需要施工单位各部门人员密切配合，及时提供相关的记录和资料，保证设备技术档案的完整性、真实性和可参考性。

6.2.4 本条要求是为提高钢筋骨架和内模整体提升时的稳定性，以及防止钢筋骨架产生过大的变形。

6.2.5 钢筋骨架整体吊装前宜先进行试吊。

6.2.13 制梁场蒸养锅炉的使用应遵守《特种设备安全监察条例》(国务院令第373号)的有关规定。

6.3.3 移梁设备和梁体的自身质量均较大，对梁场内移梁道路的承载力要求很高。承载力不足或平整度、坡度等不能满足要求的移梁道路将影响移梁设备的工作状态，增大制动时的危险性，甚至损坏移梁设备液压及走行等系统。因此，必须对移梁道路进行专门设计，必要时应进行地基加固处理，同时应确保平整度、坡度等线路指标满足移梁设备工作需要。

6.3.4 制梁场场内移梁设备主要有搬梁机、提梁机和移梁台车。搬梁机是指单台设备即可将预制箱梁提升、搬运的移梁机械。提梁机是指采用两台设备提升、搬运预制箱梁的移梁机械，亦称移梁用龙门吊。移梁台车是指在无侧模约束条件下采用4台千斤顶起升箱梁脱离底模，将箱梁驮运至存梁台座的移梁机械，由车架、行走系统、起升系统等部分组成。

6.5.1 运架设备运行过程中对路基的荷载远大于运行荷载，为保证箱梁在运架过程中安全通过便道、桥涵、路基特别是高填方及桥头路基，需要对上述结构物的承载能力进行检算。

6.5.3 “四点起吊”是指在箱梁两端各设置2个吊装孔，共4个吊装孔，起吊时实现4点起吊。“三点平衡”是指通过不同的钢丝绳缠绕方式，使搬(提)梁机的两台起重机其中一台形成单吊点结构，另一台形成双吊点结构，使吊具受力均衡，同时避免箱梁在吊装过程中受到扭转。

除搬(提)梁机外，移梁台车和运梁车在做场内移梁和运梁作业时，也应利用液压联动装置的合理设计做到“四点起升(支承)，三点平衡”。

6.5.17 本条参照《铁路架桥机架梁暂行规程》(铁建设〔2006〕181号)7.1.4条制定。

7.1.3 非标设备是指没有制定国家标准或行业标准以用来规定制造方法的设备。通常按订单生产，一般根据客户对设备提出的性能参数、外形尺寸、质量、功能等技术要求进行设计和制造。进行非标设备验收时，应提供以下文件：设计文件、产品质量合格证明、重要部位的材料出厂合格证、使用维护说明书、安全使用手册、安装技术文件、相关性能检测报告、试拼装记录、重要焊缝的焊接试验记录和检测报告、第三方检测报告、型式试验报告等。

7.2.1　本小节所述支架，是指满堂脚手架和梁柱式支架等支承竖向施工荷载的承力结构，包括了相关标准、规范所指的支架。

7.2.3　支架基础排水不畅会导致地基不均匀沉降，甚至造成局部塌陷，破坏支架的整体稳定，因此对支架基础的排水设施应予以特别重视。

7.2.6　施工总荷载是指作用于支架上的梁体、模板及施工机具、人员等全部质量之和。

7.2.8　梁底模及支架从挠度最大处开始卸载是为了使梁体受力逐步达到成桥后的受力状态，避免最后卸载挠度最大处时在梁体内产生应力突变，使梁体受到破坏。设计对卸载顺序有特殊要求的应遵照设计要求进行卸载，无要求的应按本条要求进行卸载。

7.3.1　本条第1、2款参照《客货共线铁路桥涵工程施工技术规范》(Q/CR 9652—2017)制定。挂篮悬吊吊杆(精轧螺纹钢)在使用中易发生松丝现象，而施工检查人员不易发现，可能造成较大安全事故，故挂篮悬吊系统应避免使用吊杆。挂篮前后吊带要用整体钢板进行切割，使用前对吊带、活动铰、销均应进行探伤检测。

7.3.3　挂篮应按设计工况使用。超出设计工况范围使用挂篮的(如增加荷载等情况)，必须对挂篮的整体稳定性进行检算，并且严禁损害挂篮结构及改变其受力形式。

7.3.4　在悬臂浇筑时，挂篮应按设计要求及时锚固，并考虑足够的抗倾覆稳定系数。后锚粗钢筋应分两次进行张拉，每次张拉完后用不同颜色油漆进行标志，严防漏拉影响构件安全。

7.4.4　移动模架施工作业是指移动模架预压、过孔和梁体混凝土浇筑、预应力张拉等全部施工作业。

7.4.5　移动模架进场要进行验收，包括零部件的数量、外观质量、结构尺寸。厂家要提供使用说明书、安全操作规程、产品合格证、材质书、出厂试拼合格证，设备清单，竣工资料，对焊缝进行无损探伤检测。

移动模架开始拼装前必须对地基进行处理，并对拼装场地进行夯实，地基处理可参照《建筑地基处理技术规范》(JGJ 79—2012)。对临时支墩的强度、刚度、稳定性均应进行检算，且必须满足移动模架施工荷载要求。

7.4.6　移动模架预压的目的是消除移动模架拼装的非弹性变形，检验移动模架主梁得实际抗弯能力，测算出施工荷载时的弹性变形，根据箱梁张拉后的上拱度再计算出移动模架底模的预拱度。同时，应检查各部位连接的强度和稳定性。

7.4.7　在移动模架横向开启及合龙过程中，左右两侧模架要基本保持同步，同侧前后端必须保持同步，不得使主梁弯曲。移动模架纵移过程中左右两侧模架要同步前行，以免模架吊挂和走行系统受扭。模架走行到位后应及时合龙外模板，确保模架系统稳定。

7.4.8　上行式移动模架过孔前应确认，下导梁前支腿和后支腿已经锚固到桥墩台上；跨内小车移到主梁尾部，前导梁小车移到前导梁根部；模板张开位置及悬挂系统等能够顺利过墩，地面、墩侧及桥面无障碍物。

第十章　沉降变形观测与评估

引　言

本章是针对杭海城际铁路的特点，参照《铁路工程沉降变形观测与评估技术规程》(Q/CR 9230—2016)，在吸收杭海城际铁路及周边区域城际轨道交通工程实践经验的基础上编制而成。本章适用于区域城际轨道交通工程的沉降变形观测与评估，凡在本章中未做规定的，均按国家、行业及地方现行的有关强制性标准执行。

本章主要内容包括：总则、术语、工作流程与工作内容、沉降变形观测、路基工程沉降变形观测技术要求、桥涵工程沉降变形观测技术要求、隧道工程沉降变形观测技术要求、线下工程沉降评估、数据传输流程与数据管理等。

主编单位：浙江杭海城际铁路有限公司

参编单位：中铁第四勘察设计院集团有限公司、浙江省交通规划设计研究院

主要执笔人：徐立明、杨敏龙、林晓峰、张运华、闵阳、关祥宏、陈峰

主要审查人：沈惠荣、张铁军、薛文静、夏海宾、张高锋

1　总　　则

1.0.1　为统一铁路对路基(过渡段)、桥涵、隧道(盾构隧道)等线下工程的沉降变形观测系统的技术要求，确保观测质量；为评估预测线下工程最终沉降量和工后沉降，合理确定轨道铺设时间，确保铺设质量，依据相关规范及设计文件，结合本线实际情况，特编制本章。

1.0.2　本章适用于铁路线下工程施工期及正式验收通过前的沉降变形观测及评估，本章未包括的内容应按相关现行铁路技术规范、规定执行或另行研究确定。本章内容如与设计要求不一致，则以设计要求为准。

1.0.3　沉降变形观测数据必须采用先进、成熟、科学的检测手段取得，且必须真实可靠，能全面反映工程实际状况。

1.0.4　沉降变形评估应综合考虑沿线路方向各种结构物间的沉降变形关系，以区段为单位实施(不短于3km)。评估方法应根据不同的工程类型、地质情况、工程措施确定，能够真实反映工后沉降状况。

1.0.5　沉降变形观测、评估过程是确定铺设轨道的关键时间节点和关键工序的主要依据之一，必须加强对“零周期”(即初始值)的过程控制。

1.0.6　有砟轨道地段测量要求与无砟轨道地段按相同标准进行。

2　术　　语

2.0.1　变形。

线下结构由于荷载、环境等作用引起的随时间发生的位移。

2.0.2　沉降。

基础设施在竖直方向产生的变形,包括下沉和隆起,向下为正,向上为负。其下沉或上升值称为沉降量。

2.0.3　工后沉降。

在铺轨工程完成以后,基础设施产生的沉降量。

2.0.4　差异沉降。

在铺轨工程完成以后,路桥或路隧等连接处的沉降差。

2.0.5　折角。

在铺轨工程完成以后,路基与桥梁或隧道间由于过渡段沉降造成的弯折角度。

2.0.6　曲线回归法。

根据沉降观测数据分析回归沉降与时间的关系曲线预测最终沉降和工后沉降的方法。

2.0.7　变形测量。

对路基、桥梁、隧道和轨道等构筑物的水平位移、沉降、倾斜等变形量进行定期或持续的测量。

2.0.8　地面沉降。

由于长期降雨、地下水位大幅变化、大面积堆载、地裂缝、大面积潜蚀、沙土液化以及地下采空等原因引起的一定范围内的地表沉降。

2.0.9　基准点。

为进行变形测量而布设的稳定的、需要长期保存的测量控制点。

2.0.10　工作基点。

为直接观测变形点而在现场布设的相对稳定的测量控制点。

2.0.11　观测点。

布设在构筑物上能够反映其变形特征的测量点,亦称变形点。

2.0.12　观测周期。

前后两次变形观测的时间间隔,亦称观测频次。

2.0.13　变形速率。

单位时间的变形量。

3　工作流程与工作内容

3.0.1　线下工程沉降变形观测及评估工作分为准备阶段、观测阶段与评估阶段。

3.0.2　各方应严格按照工作流程进行工作,各阶段成果报告内容要符合指南要求。

3.1　准备阶段

3.1.1　准备阶段工作流程如图10-1所示。

3.1.2　对应流程图上编号的工作内容如下:

(1)人员培训。人员培训主要是施工单位自身对测量技术人员进行测量要求技术培训。

(2)设计单位提供设计资料给建设单位。需要提交的资料主要包括:

①全线设计地质纵断面图(电子文档)。

②沉降计算方法和参数选取。

③线下工程沉降计算值。

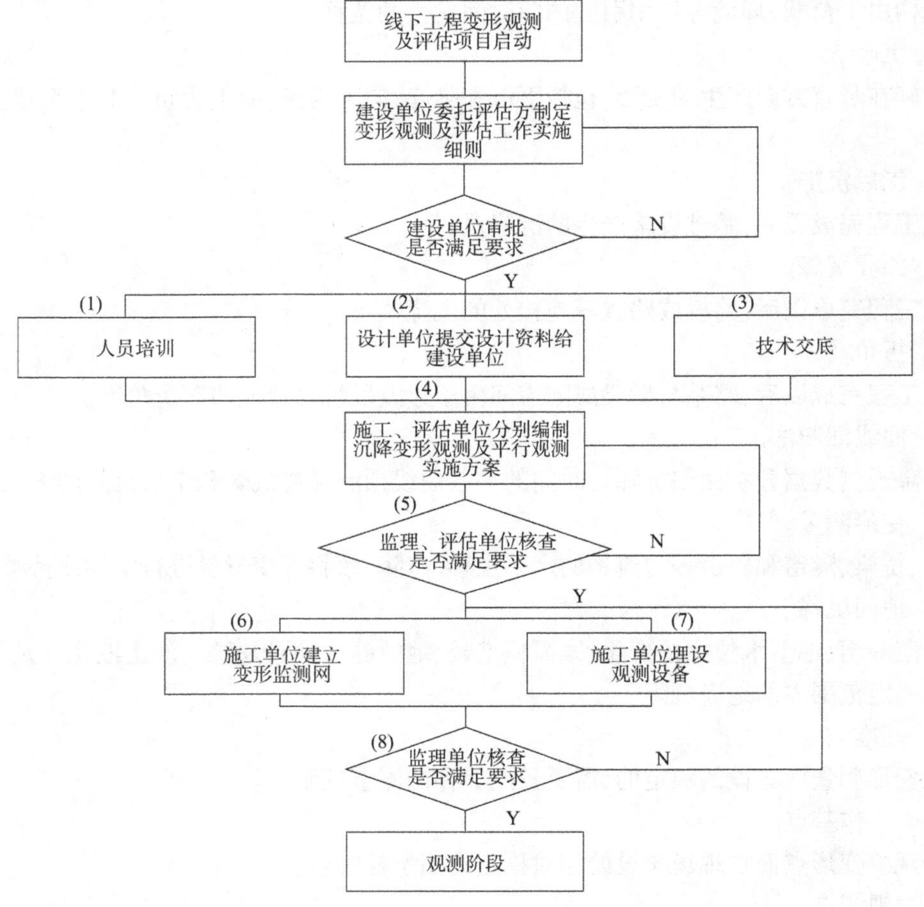

图 10-1　准备阶段工作流程图

(3)技术交底。设计单位对施工单位和监理单位明确如下技术要求：

①观测断面和观测点设置要求。

②观测设备埋设要求。

③对线下工程变形观测频次提出明确要求。

④对提出的疑问进行解答。

(4)各施工单位编制线下工程沉降观测作业方案。方案应主要包括以下内容：

①人员、设备情况。

②观测组织机构,按单位工程落实到负责人。

③明确线下工程观测技术要求与实施方法。

④明确资料整理与提交文件的技术要求。

⑤特殊工点与特殊情况需单独制定沉降变形观测方案。

(5)监理、评估单位审核是否满足要求。监理单位主要核查：

①观测人员、设备是否能够满足观测要求。

②观测断面与观测点设置是否满足要求。

③观测设备埋设是否满足要求。

④观测组织是否能满足工程进度和质量要求。

评估单位主要核查：

①观测技术要求与实施方法是否满足要求。

②测量内业资料整理与提交文件是否满足要求。

③特殊工点与特殊情况的观测方案精度是否满足要求。

(6)施工单位建立变形观测网。

①观测网平面布置示意图,应明确基准点、工作基点与线下工程结构物相对位置,明确路基、桥梁、隧道、过渡段等结构物观测点的里程,如图10-2所示。

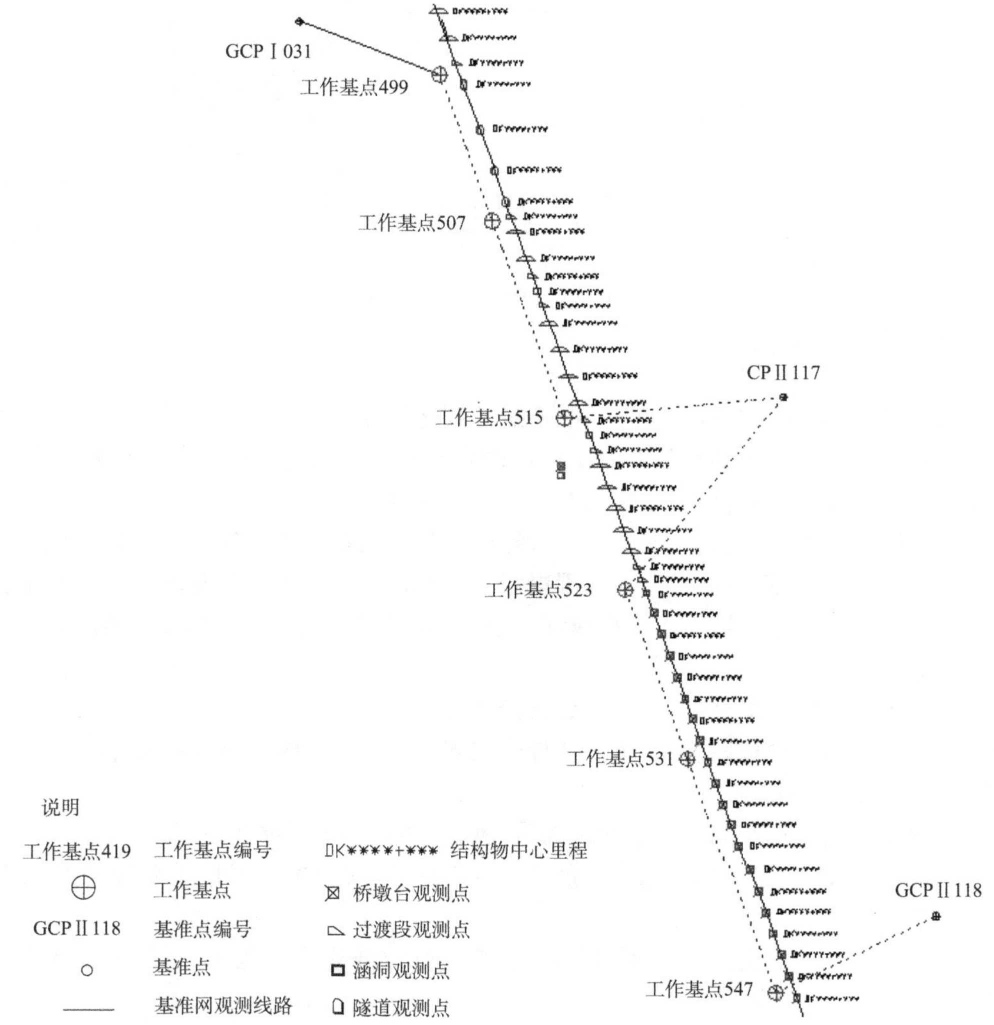

图10-2 观测网平面布置示意图

②填写观测断面及观测点位置与工程属性信息,详见本章附件3中附表3-1。

③填写基准点与工作基点信息表。

(7)施工单位埋设观测设备。

①按要求埋设观测设备。

②观测点标志要醒目,并由测量小组专门负责测点的保护与调整。

(8)监理单位核查是否满足要求。监理单位对如下两项内容进行检查:

①核查观测网布置是否满足要求。

②核查观测设备埋设是否满足要求。

3.2 测量阶段

3.2.1 测量阶段工作流程如图10-3所示。

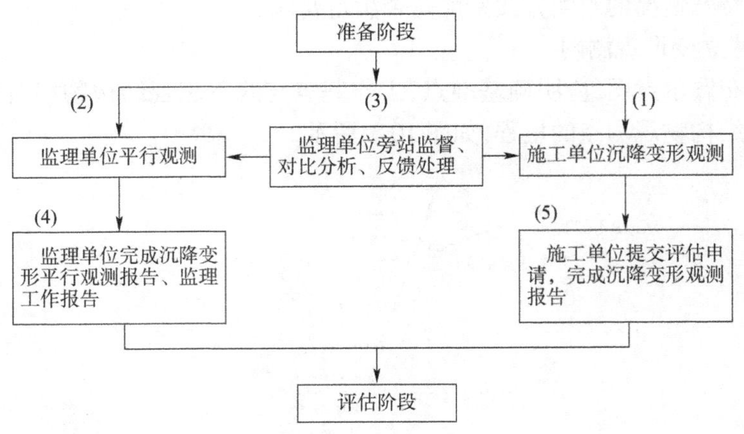

图 10-3 观测阶段工作流程图

3.2.2 对应流程图上编号的工作内容如下：

(1)施工单位沉降变形观测。

①原始观测资料必须随观测进度整理，严格执行签署制度。

②必须确保观测质量和观测时效。每个测段的资料测完后，必须在当天进行数据处理分析，如发现测量精度未达到设计要求，应马上组织在次日进行重测。

③及时对沉降结果进行分析，当发现测点观测数据异常时(如墩台隆起或沉降突然加大等)，应采取措施对观测结果进行核查，在排除人为因素后应及时将情况报告给建设单位和评估单位。

④对大面积水域中的水中墩观测等特殊情况单独制定沉降变形观测方案，报建设单位和评估单位审批。

⑤按要求定期对沉降监测网的工作基点进行复测。

⑥随观测进度同步整理资料，按要求的文件格式和时间要求按时提供观测文件。

(2)监理单位平行观测。

①由专业测量人员采用与施工单位观测人员"换手复测"的方式同步进行。

②平行观测数量要求：平行观测测点数量不应少于总测点的10%，对地质复杂、沉降变化大以及过渡段等区段应不少于20%。

③路基和过渡段是沉降变形控制的薄弱地段，在实际沉降变形观测中，平行观测将路基和过渡段作为监测的重点。

④监理单位"换手复测"要求：采用相同的水准路线，可利用施工单位的测量仪器，但必须独立观测，以校核施工单位观测成果，严禁直接利用施工单位的置镜观测来读取数据。

⑤对原始观测资料和各项记录表格要随观测进度及时整理。

(3)监理单位旁站监督、对比分析、反馈处理。

①监理单位应对施工单位的沉降观测进行旁站监督。

②及时对比分析观测数据和平行观测数据，反馈对比结果，提出处理意见。

(4)监理单位完成沉降变形平行观测报告、沉降变形监理工作报告。

(5)施工单位提交评估申请，完成沉降变形观测报告。

①按区段完成《线下工程沉降变形观测工作报告》，其具体内容详见本章第3.4小节的有关要求。

②区段观测报告完成后向建设单位提交评估申请。

3.3 评估阶段

3.3.1 评估阶段工作流程如图10-4所示。

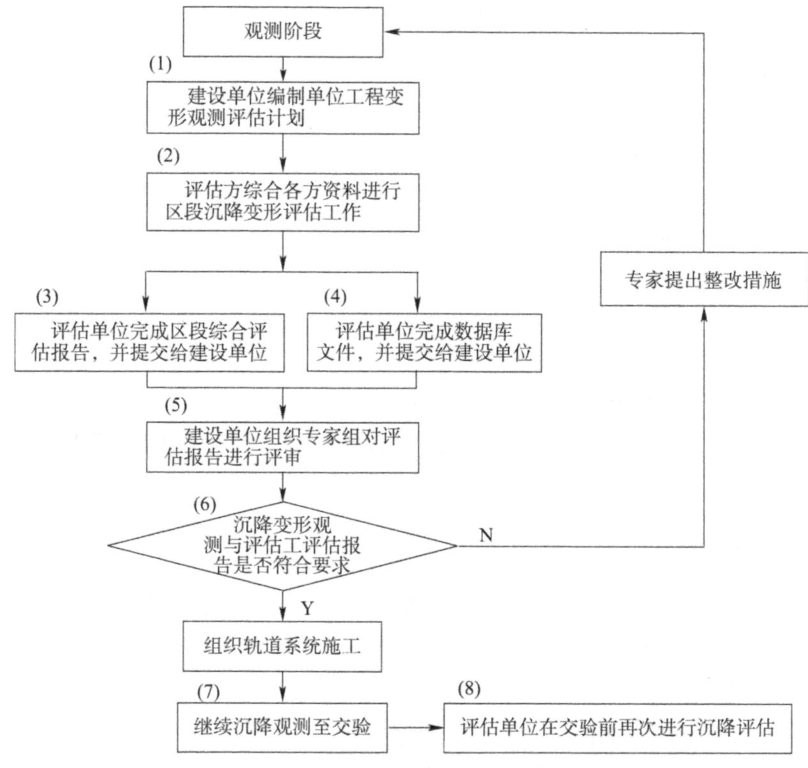

图 10-4 评估阶段工作流程图

3.3.2 对应流程图上编号的工作内容如下：

(1)建设单位编制单位工程变形观测评估计划。

①建设单位核查各单位区段报告是否提交齐全。

②建设单位根据工程进度和铺轨施工组织情况按工期编制评估计划。

(2)评估单位进行变形评估工作。

①核查各单位报告内容是否齐全。

②根据不同的结构物、地质情况、地基处理措施的观测资料确定不同评估方法的适用范围。

③评估单个测点是否满足设计要求。

④综合评估区段能否满足铺轨条件。

⑤对区域沉降和桥梁徐变等问题进行专题分析。

(3)评估单位提交报告给建设单位。

①评估单位汇总各方资料后，综合分析，完成《区段沉降变形综合评估报告》。

②《区段沉降变形综合评估报告》具体内容详见本章第 3.4 小节的有关内容。

(4)评估单位将数据库文件提交给建设单位。

①按 EXCEL 文件格式和 CAD 文件格式提供单个测点数据库。

②按 CAD 文件格式提供区段沉降变形。

(5)建设单位组织专家组对评估报告进行评审。

①建设单位组织设计、施工、监理、评估各方参加。

②建设单位邀请沉降变形观测与评估领域专家对评估报告进行评审。

③评估单位负责选择有代表性的区段，经专家评审后，其余段按与审查意见相同的原则进行处理。

(6)核查沉降变形是否符合设计值。

专家组主要对以下几方面进行审查：

①沉降变形观测方法及精度是否符合要求。

②评估方法是否合理。

③报告内容是否完善、真实。

④对观测时间不足情况的评估是否合理。

⑤区域沉降和桥梁徐变结论是否合理。

(7)继续沉降观测至交验。

①铺轨后重新设置观测点。

②重新按照要求进行观测。

(8)评估单位在交验前再次进行沉降评估。

①建设单位根据交验时间安排评估计划。

②评估单位按前列要求再次进行沉降评估,编制评估报告,对存在问题的地段进行分析,提出处理措施。

3.4 成果报告形式

3.4.1 施工单位完成《线下工程沉降变形观测工作报告》,主要内容如下:

(1)工程概况:包括工程范围、工程类型、工程地质情况等。

(2)观测网布设及测量情况。

①区段观测网平面布置示意图。

②观测断面与观测点工程属性信息表(本章附件3中附表10-2)。

③使用仪器的标称精度、仪器年检情况,沉降观测人员持证上岗情况。

④测量精度标准与测量组织机构、测量实施情况等。

⑤观测基桩和观测点的保护情况,标识设置情况。

⑥电子水准测量记录手簿(本章附件3中附表10-3)。

⑦测点的沉降记录表(本章附件3中附表10-4~附表10-7)。

⑧测点的时间-荷载-沉降曲线。

⑨特殊情况说明:如是否根据隧道开挖后的地质变化及开挖围岩分级记录修正了沉降观测断面的布置等。对沉降观测过程中沉降观测的数据是否出现异常点,应说明如何加强技术管理,并及时分析产生异常的原因,以及如何采取补救措施确保观测数据真实可靠。

3.4.2 监理单位编写《线下工程沉降变形观测监理工作报告》,该报告应包括如下内容:

(1)监理单位沉降观测组织机构,专业测量监理工程师的配置情况。

(2)审查施工单位观测网布设情况、测设精度、观测断面布设、观测频率等是否满足要求。

(3)审查施工单位使用仪器的精度标准、仪器年检情况,沉降观测人员持证上岗等是否满足要求。

(4)要说明观测基桩和观测点的保护情况,施工单位对丢失或损坏的观测桩的恢复情况,沉降观测点标示设置以及对观测数据出现的异常点的处理情况等。

(5)对原始测量资料监理检查、签署情况的说明。

(6)对施工单位沉降观测工作及成果的总体评价。

3.4.3 监理单位编写《线下工程沉降变形平行观测报告》,该报告应包括如下内容:

(1)对平行观测断面设置情况,核查基准点、观测仪器检校核对以及观测频率情况的说明。

(2)原始测量记录,同施工单位观测记录表格。

(3)测点的沉降记录表,同施工单位观测记录表格。

(4)对平行观测成果与施工单位观测成果的对比分析情况,以及对观测值异常情况的分析处理

情况的说明。

(5)对施工单位观测数据进行的总体评价。

3.4.4　设计单位编写《线下工程沉降计算分析报告》,该报告应包括如下内容:

(1)评估范围内地质及工程设计概况,沉降观测设计概况等。

(2)不同结构物采用的沉降计算方法,以及根据观测结果修正计算值采用的方法。

(3)计算沉降表,以及观测断面初始计算沉降值和修正后的计算沉降值。

3.4.5　评估单位编写《线下工程区段沉降变形分析评估报告》,该报告应包括如下内容:

(1)评估区段概况,包括工程概况、地质概况、测点概况、测量实施概况等。

(2)观测断面和观测点及测量网的平面布置图与工程结构的纵断面。

(3)根据精测网复测结果对观测高程的调整情况。

(4)测点的荷载-沉降-时间变化曲线。

(5)合理评估方法的确定。

(6)区段纵断面工程类型与基础沉降沿线路纵向的分布图表。

(7)对存在问题的测点及区段的专题报告。

(8)关于区域沉降和桥梁变形的专题报告。

(9)评估区段是否达到轨道铺设条件。

4　沉降变形观测

4.0.1　铁路线下工程沉降变形观测工作以桥梁、路基(含过渡段)、隧道等建(构)筑物的垂直位移观测为主,水平位移观测根据路基(含过渡段)、桥涵、隧道工点具体要求确定。

4.0.2　铁路工程测量的高程系统应采用1985国家高程基准。

4.0.3　结构物的变形观测应建立独立的变形观测网,覆盖范围一般不宜小于3km,基准点选择应优先考虑利用CPI、CPII和水准基点。

4.0.4　结构物的变形观测应充分利用CPI、CPII和水准基点作为水平和垂直位移观测的工作基点。

4.0.5　用全球卫星定位系统(GPS)做水平位移测量时,应符合现行全球卫星定位系统铁路工程测量技术的有关规定。

4.1　测量等级及精度要求

4.1.1　沉降变形观测按三等规定执行,对于技术特别复杂的工点,可根据需要按二等的规定执行,详见表10-1。

测量等级及精度要求(单位:mm)　　表10-1

沉降变形观测等级	垂直位移测量		水平位移观测
	沉降变形点的高程中误差	相邻沉降变形点的高差中误差	沉降变形点点位中误差
二等	±0.5	±0.3	±3.0
三等	±1.0	±0.5	±6.0

4.2　变形观测网技术要求

4.2.1　垂直位移观测网建网方式。

线下工程垂直位移观测一般按沉降变形等级三等的要求(国家二等水准测量)施测,根据沉降变形观测精度要求高的特点,以及标志的作用和要求不同,垂直位移观测网用分级布网等精度观测逐级控制的方法布设。

4.2.2 垂直位移观测网主要技术要求按表10-2执行。

垂直位移观测网技术要求(单位:mm) 表10-2

等级	相邻基准点高差中误差	每站高差中误差	往返较差、附合或环线闭合差	检测已测高差较差	使用仪器、观测方法及要求
三等	1.0	0.3	$0.6\sqrt{n}$	$0.8\sqrt{n}$	DS05或DS1型仪器,按《国家一、二等水准测量规范》(GB/T 12897—2006)二等水准测量的技术要求施测。

注:n为测站数。

4.2.3 水平位移观测网建网方式和观测方法。

(1)坐标观测方法:用全站仪独立观测平面位移桩两次,取两次测量坐标值的平均值作为坐标成果。独立观测是指在另一控制点置镜进行观测,或变化仪器高和后视方向进行观测。

(2)相对观测法:用全站仪按三等导线测距要求观测各位移桩间的距离和高差变化;在平缓地段,可沿横断面方向在路基填筑影响范围外的稳定区域设置1~2个护桩,用钢尺或测距仪测量距离变化。

(3)独立补设水平位移基准网时,要利用施工平面控制网的桩点。

4.2.4 水平位移观测网主要技术要求。

水平位移观测按三等规定执行,对于软土地基等设计有特别技术要求的复杂工点,可根据需要按二等的规定执行,详见表10-3。

水平位移观测网技术要求 表10-3

等级	相邻基准点的点位中误差(mm)	平均边长(m)	测角中误差(")	最弱边相对中误差	作业要求
二等	±3.0	<300	±1.0	≤1/120000	按国家二等平面控制测量要求观测
		<150	±1.8	≤1/70000	按国家三等平面控制测量要求观测
三等	±6.0	<350	±1.8	≤1/70000	按国家三等平面控制测量要求观测
		<200	±2.5	≤1/40000	按国家四等平面控制测量要求观测

4.3 沉降变形观测点的布置要求

4.3.1 沉降变形观测点分为基准点、工作基点和沉降变形观测点三类,其布设按下列要求:

(1)基准点。要求建立在沉降变形区以外的稳定地区,基准点使用全线的基岩点、深埋水准点、CPI、CPII和二等水准点,增设时按国家二等水准测量的相关要求执行。基准点标石埋设规格应符合《高速铁路工程测量规范》(TB 10601—2009)附录A的规定。

(2)工作基点。要求这些点埋设在稳定区域,在观测期间稳定不变,测定沉降变形点时作为高程和坐标的传递点。工作基点除使用普通水准点外,按照国家二等水准测量的技术要求进一步加密水准基点或设置工作基点至满足工点垂直位移观测需要。加密后的水准基点(含工作基点)间距在200m左右时,可基本保证线下工程垂直位移观测需要。

(3)沉降变形点。直接埋设在要测定的沉降变形体上。点位应设立在能反映沉降变形体沉降变形的特征部位,不但要求设置牢固,便于观测,还应形式美观,结构合理,且不破坏沉降变形体的外观和使用。沉降变形点按路基、桥涵、隧道等各专业布点要求进行。

4.3.2　测量点的检测。观测网基准点和工作基点由于自然条件的变化、人为破坏等原因,有个别点位会不可避免地发生变化。为了验证观测网基准点和工作基点的稳定性,应对其进行定期检测。本次技术方案设计垂直位移观测网的观测分为首次观测和施工过程中的定期复测,定期复测按每半年进行一次,尽可能结合精测网复测进行。在区域沉降地区应每季度进行一次复测。

4.3.3　每个独立的观测网应设置不少于3个稳固可靠的基准点。基准点应选设在沉降变形影响范围以外,且便于长期保存的稳定位置。

4.3.4　工作基点应选在比较稳定的位置。在区域沉降地区内,应对工作基点的沉降量进行观测,如果在两次复测期间,发现工作基点变形超出两倍中误差,应及时通知建设单位和评估单位,并提交观测资料。经核实后应对工作基点和变形观测点的各期实测高程进行修正。

4.4　测量工作基本要求

4.4.1　在使用水准基点前,应对其进行稳定性检验,并以稳定或相对稳定的点作为沉降变形的参考点,设置一定数量稳固可靠的点以进行校核。

4.4.2　每次观测前,应对所使用的仪器和设备进行检验和校正,并保留检验记录。

4.4.3　每次沉降变形观测时应符合如下要求:

(1)严格按水准测量规范的要求施测。首期沉降变形观测应连续进行2次独立观测,经严密平差处理后,取平均值作为初始值;从第二期开始,可采用单程附合路线进行观测。

(2)参与观测的人员必须经过培训才能上岗,并固定观测人员。

(3)为了将观测中的系统误差降至最小,达到提高精度的目的,各次观测应使用同一台仪器和设备,前后视观测最好用同一水准尺。观测时,必须按照固定的观测路线和观测方法进行,观测路线必须形成附合或闭合路线,使用固定的工作基点对应沉降变形观测点进行观测。应实行"五固定",即固定水准基点和工作基点、固定测量人员、固定测量仪器、固定观测环境条件、固定测量路线和方法,以提高观测数据的准确性。

(4)观测时要避免阳光直射,且在基本相同的环境和观测条件下工作。

(5)应待成像清晰、稳定时再读数。

(6)应随时观测,随时检核计算。观测时要一次性完成,中途不得中断。

4.4.4　针对低矮桥墩、异型桥墩,由于其空间小导致出现尺子不能直立的情况,施工单位应在测量厂家定制短尺或采用倒尺的方法进行测量。

4.4.5　沉降观测均采用电子水准仪,不得采用光学水准仪。

4.4.6　必须及时整理测段观测完成后的数据。

4.4.7　当发现沉降观测数据出现异常时,首先应进行自查,重测并分析工作基点的稳定性,必要时可联测基准点进行检测,并提交自查分析报告。

4.4.8　在观测过程中,应做好对一些重点信息的记录,如对架梁、运梁车通过施工荷载的记录、天气情况、地下水影响情况的记录等,这将有利于对结构变形特性和异常数据进行分析。

4.5　测量工作具体要求

4.5.1　对水准网的观测按照国家二等水准施测,对线下工程变形点的观测必须采用闭合或附合水准路线,附合长度不大于1km,严禁采用支水准路线或中视法,水准路线经过的工作基点或基准点数量不得少于2个。

4.5.2　观测用水准仪应使用DS05级数字仪器,仪器及配套水准尺均应在有效合格检定期内。在水准仪与水准尺使用前及使用过程中,应经常规检校合格,水准仪视准轴与水准管轴的夹角均不超过15″。仪器各设置参数正确,其中有限差要求的项目应按规范要求在仪器中进行设置,并在数据采集时自动控制,对于不满足要求的,应在现场进行提示并进行重测。

4.5.3 观测成果的重测和取舍按《国家一、二等水准测量规范》(GB/T 12897—2006)二等水准有关要求执行。观测时,视线长度不超过50m,前后视距差不超过1.5m,前后视距累积差不超过6.0m,视线高度不低于0.55m。对个别观测标设置高度比较高,造成仪器视线高度超过0.55m的限差规定情况,视线高度限差可调整为不大于0.3m。测站限差应满足如下要求:两次读数差不超过0.4mm,两次所测高差不超过0.6mm,检测间歇点高差不超过1.0mm。使用数字水准仪,其读数读记至0.01mm。

4.5.4 观测时,对于数字水准仪往返测奇数站,按后→前→前→后的顺序观测,偶数站按前→后→后→前的顺序观测;对于光学水准仪,返测时奇、偶数站观测顺序分别与往测偶、奇数站相同。

4.5.5 每一测段应均为偶数测站。晴天观测时,应给仪器打伞,避免阳光直射仪器;扶尺时应借助尺撑,使标尺上的气泡居中,标尺保持垂直。

4.5.6 观测前30min,应将仪器置于露天阴影处,使仪器温度与外界气温趋于一致;对于电子水准仪,应进行不少于20次单次测量,以达到仪器预热的目的。测量中,应避免望远镜直接朝向太阳;避免视线被遮挡,无法避免时,遮挡不超过标尺在望远镜中截长的20%。对于电子水准仪,施测时应安装遮光罩。

4.5.7 自动安平水准仪的圆水准器应严格置平。在连续各测站上安置水准仪时,应使其中两脚螺旋与水准路线方向平行,第三脚螺旋轮换置于路线方向的左侧与右侧。除路线拐弯处外,每一测站上仪器与前后视标尺的三个位置,一般应接近一条直线。

4.5.8 观测过程中为保证水准尺的稳定性,应选用2.5kg以上的尺垫。必须保证水准观测路线路面硬实,观测过程中尺垫踩实以避免尺垫下沉。观测过程中,应避免仪器安置在容易产生振动的地方,如果临时有振动,应在确认振动源造成的振动消失后,再激发测量键。水准尺均借助尺撑整平扶直,以确保其保持垂直。

4.5.9 当相邻观测周期的沉降量超过限差或出现反弹时,应重测并分析工作基点的稳定性,必要时可联测基准点进行检测。

4.5.10 数据处理时,应在闭合差、中误差等均满足要求后进行平差计算,水准路线要进行严密平差,选用经鉴定合格的软件进行处理。

4.5.11 成果数据应按统一格式录入线下工程沉降变形观测和评估数据库。

4.5.12 元件保护要求。

(1)各工程项目部应成立专门小组,进行元器件的埋设、测量和保护工作,小组人员分工明确、责任到人。

(2)元件埋设时,应根据现场情况进行编号,有导线的元件应将导线引出至路基坡脚观测箱内。

(3)凡沉降板附近1m范围内土方应采用人工摊平及小型机具碾压,不得采用大型机械推土及碾压,并配备专人负责指导,以确保元器件不受损坏。

(4)各施工队应制定稳妥的保护措施并认真执行,确保元器件不因人为、自然等因素而破坏。元器件埋设后,应制作相应的标识旗或保护架插在埋设地点上方。在路堤填筑过程中,应派专人负责监督观测断面的填筑。

4.6 特殊环境下沉降观测

4.6.1 鉴于大面积区域沉降观测、分析具有复杂性,应研究制定特别的观测方案及处理方法。

4.6.2 大面积水域情况下的沉降测量,应根据具体地形地质情况、施工组织情况等由施工单位制定观测实施方案,报建设单位和评估单位审查,并调整制定相应的观测方法及技术要求。

5　路基工程沉降变形观测技术要求

5.1　路基沉降观测变形范围

监测断面设计类型、监测方法、埋设要求、监测频度要求等应参照设计单位的设计图纸和设计技术通知单设计。

5.2　观测断面及观测点的设置原则

5.2.1　路基工程沉降变形观测以路基面沉降观测和地基沉降观测为主，应根据不同的结构部位、填方高度、地基条件、堆载预压等具体情况来设置沉降变形观测断面。同时，应根据施工过程中掌握的地形、地质变化情况调整或增设观测断面。

由于设计断面有一定间距，最高填方、挖方位置并不能均在设计图中有所反映，因此施工时应注意现场核对，选择最不利断面进行监测，监测断面设置情况报建设单位批准后方可实施。

(1)铁路路基在安全和技术(如强度、刚度、沉降变形和不均匀沉降等)方面有严格的控制标准和要求，路基施工时应建立在完善的检测(如路堑基床条件、地基加固和处理后质量检测等)、动态观测(路堤沉降变形，路堑边坡变形检测等)系统之上，以指导施工及试运营期间的养护及维修。

(2)对于路堤工程，应综合考虑路基填高的差异，地基土成因类型、地层结构的复杂性，地基沉降估算的复杂性和精度，工后沉降控制标准以及有效控制工后沉降的艰巨性，对全段路基应进行系统的沉降观测和分析评估。对于高边坡路堑工程，为确保路堑边坡的安全，还应根据具体工程地质条件，除选择合适的边坡形式、坡率以及防护和加固措施选择外，对自然、人工边坡的变形破坏、应力状态进行观测。

(3)应按规范和设计要求进行路基沉降观测，施工完成后应有不少于6~18个月的调整期和沉降观测期，由评估单位进行系统分析与评估路基工后沉降，工后沉降满足设计与相关规范要求后才能进行道砟与轨道铺设。

5.2.2　观测断面一般按以下原则设置，同时应满足设计文件要求：

(1)无砟轨道铁路观测断面的间距不应大于50m；对于地势平坦、地基条件均匀良好的路堑、高度小于5m的路堤，间距不应大于100m。

(2)对于路桥过渡段、路隧过渡段，应根据过渡段情况在距起点1~5m、10~20m、30~50m处各设一观测断面。

(3)涵洞两侧路涵过渡段各设置1个观测断面，涵洞中心里程路基面应设置1个观测断面。

(4)过渡段长度较短时，可根据实际情况调整观测断面。

5.2.3　观测点一般按以下原则设置，同时应满足设计文件要求：

(1)各部位观测点宜设在同一横断面上，每断面设置3个沉降观测桩，布置于双线路基中心及左右两侧路肩处。

(2)一般路堤地段每5个观测断面应设置1个沉降板或单点沉降计，布置于双线路基中心。每段路堤宜设置1个沉降板或单点沉降计。

(3)软土、松软土路堤地段每2个观测断面应设置1个沉降板货单点沉降计，布置于双线路基中心；当设置剖面沉降仪时，应将其设置于基底；必要时在两侧坡脚外2m、8m处设置位移观测边桩，如图10-5所示。

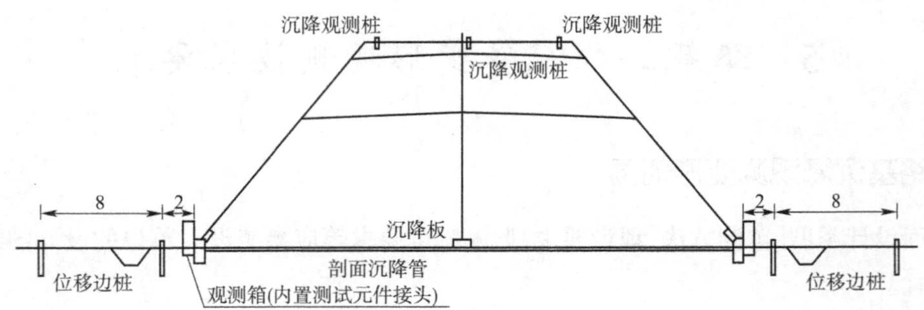

图 10-5　松软土地段观测断面布置图

(4)对于路堑地段观测断面,应分别于路基中心及左右两侧路肩处各设置 1 个沉降观测桩,如图 10-6 所示。

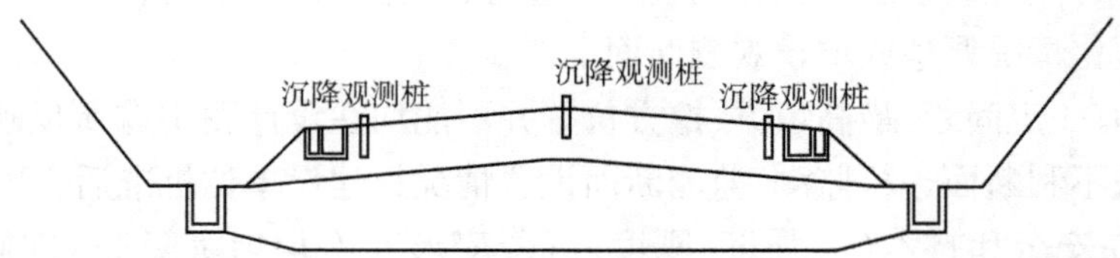

图 10-6　路堑观测断面布设图

(5)基床底层填筑完成以后,可根据需要埋设临时沉降板和沉降观测桩进行观测。

(6)应根据股道数量、轨道结构类型等适当增加站场路基观测点数量。

5.2.4　沉降变形观测为水准测量时,观测路线应布置成附合路线,附合长度不大于 1km。观测断面间距大于等于 100m 时,铁路工程路基涵洞沉降变形水准观测路线宜按图 10-7 所示进行设置。观测断面间距小于 100m 时,可按图 10-8 进行设置。

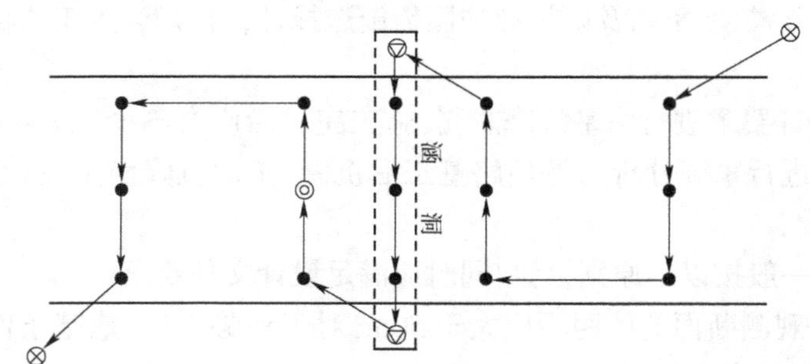

图 10-7　路基、涵洞沉降变形观测水准线路示意图

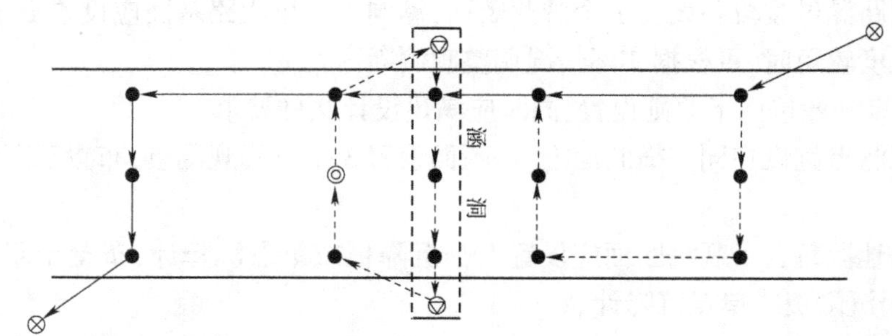

图 10-8　路基、涵洞沉降变形观测水准线路示意图

5.3　观测元件与埋设技术要求

5.3.1　沉降观测桩。

测点端头应磨圆、防锈,可采用直径为20mm的钢筋或不锈钢棒。待基床表层级配碎石施工完成后,在观测断面通过测量埋置在设计位置,埋置深度不小于0.3m,桩周0.15m用C15混凝土浇筑固定,完成埋设后测量桩顶标高作为初始读数(图10-9)。

5.3.2　沉降板。

应严格按设计要求进行埋设,一般情况如下:由底板、金属测杆(ϕ40镀锌铁管)及保护塑料套管组成。钢底板尺寸为40cm * 40cm,厚3 ~ 5mm(图10-10)。

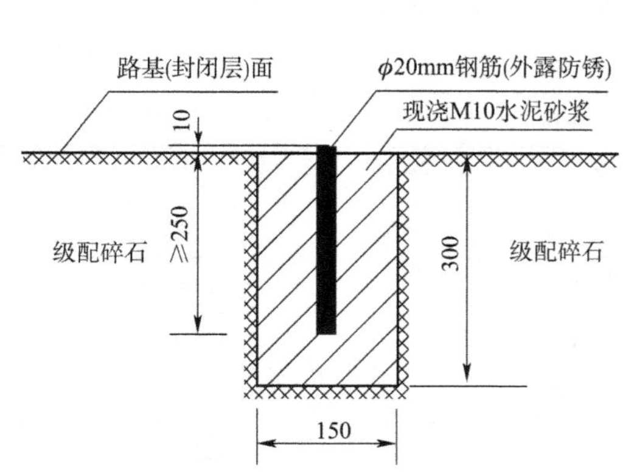

图10-9　路基沉降观测桩埋设布置图(单位:mm)

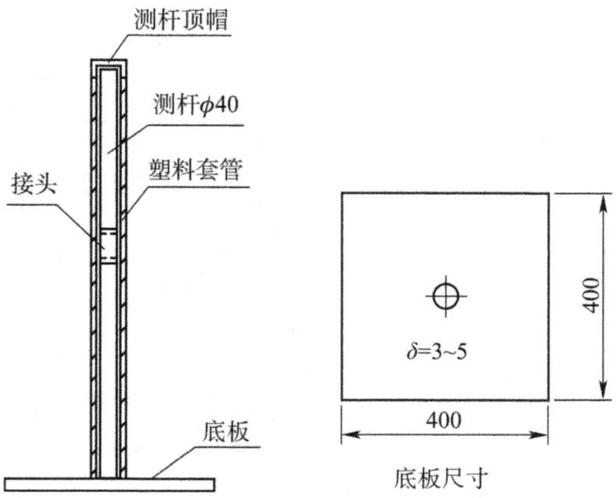

图10-10　路基沉降板埋设布置图(单位:mm)

(1)沉降板埋设位置处可垫10cm砂垫层找平,埋设时应确保底板的水平与垂直度,以保证测杆与地面垂直。

(2)放好沉降板后,应回填一定厚度的垫层,再套上保护套管。保护套管应略低于沉降板测杆,上口加盖封住管口,并在其周围填筑相应填料稳定套管,完成沉降板的埋设工作。

(3)测量埋设就位的沉降板测杆杆顶标高读数作为初始读数,随着路基填筑施工逐渐接高沉降板测杆和保护套管,每次接长高度以0.5m为宜,接长前后测量杆顶标高变化量确定接高量。金属测杆用内接头连接,保护套管用PVC管外接头连接。

(4)接长套管时应确保垂直,避免机械施工等因素导致套管倾斜。

5.3.3　位移边桩。

采用C15钢筋混凝土预制,断面采用15cm×15cm正方形,长度不小于1.5m。此外,应在桩顶预埋直径为20mm的顶部为带有十字丝的半球面不锈钢桩心。

(1)边桩埋置深度在地表以下不小于1.0m,桩顶露出地面不应大于10cm。

(2)应采用洛阳铲或开挖埋设,桩周以C15混凝土浇筑固定,确保边桩埋置稳定。完成埋设后采用全站仪测量边桩标高及距基桩的距离作为初始读数。

5.3.4　观测断面设计类型、观测方法、埋设要求等详见设计院提供的工点设计图和技术联系单。

5.4　观测技术要求

5.4.1　应从路基填土开始进行路堤地段的沉降观测从开挖完成后开始进行路堑地段的沉降变形观测。路基填筑完成或施加预压荷载后应有不少于6个月的观测和调整期,并宜经过一个雨季。观测数据不足以评估或工后沉降评估不能满足设计要求时,应延长观测时间或采取必要的加速或控制沉降的措施。

5.4.2 沉降观测设备的埋设是在施工过程中进行的,施工单位的填筑施工要与设备的埋设做好协调,保证互不干扰、互不影响。应按要求进行观测设施的埋设及沉降观测工作,不得影响路基填筑质量。

5.4.3 在路基填筑过程中,应及时整理路堤中心沉降观测点的沉降与边桩的位移量,当中心地面沉降观测点沉降量大于10mm/d或边桩水平位移大于5mm/d时,应及时通知项目部,并要求停止填筑施工,待沉降稳定后再恢复填土,必要时可采用卸载措施。

5.4.4 观测精度应满足如下要求:路基沉降观测水准测量的精度为±1.0mm,读数取位至0.01mm;剖面沉降观测的精度应不低于8mm/30m;位移观测测距误差±3mm;方向观测水平角误差为±2.5″。

5.4.5 观测频次应满足如下要求:路基沉降观测的频次不低于表10-4的规定。

路基沉降变形观测频次 表10-4

<table>
<tr><th>观测阶段</th><th>观 测 期 限</th><th>观 测 频 次</th><th>平行观测频次</th></tr>
<tr><td rowspan="3">填筑或堆载</td><td>一般</td><td>1次/d</td><td>1次/3d</td></tr>
<tr><td>沉降量突变</td><td>2~3次/d</td><td>1次/d</td></tr>
<tr><td>两次填筑间隔时间较长</td><td>1次/3d</td><td>1次/3d</td></tr>
<tr><td rowspan="3">堆载预压或路基施工完毕</td><td>第1~3个月</td><td>1次/周</td><td>1次/3周</td></tr>
<tr><td>4~6个月以后</td><td>1次/2周</td><td>1次/月</td></tr>
<tr><td>6个月以后</td><td>1次/月</td><td>1次/2月</td></tr>
<tr><td>架桥机(运梁车)通过</td><td>全程</td><td>首次通过前1次,首次通过后前3d1次/天,以后1次/周</td><td>首次通过前1次,首次通过后1次,以后1次/3周</td></tr>
<tr><td rowspan="3">轨道铺设后</td><td>第1个月</td><td>1次/2周</td><td>1次</td></tr>
<tr><td>第2~3个月</td><td>1次/月</td><td>1次</td></tr>
<tr><td>3~12个月</td><td>1次/3月</td><td>—</td></tr>
</table>

当出现下列情况时,应加密沉降变形观测频次,必要时制定专项观测方案进行监测:

(1)无砟轨道铁路、连续两次观测的沉降差大于4mm;

(2)沉降发生突变;

(3)地下水位变化、暴雨、地震、邻近施工等外部环境变化。

6 桥涵工程沉降变形观测技术要求

6.1 桥涵变形观测监测范围

桥涵线下工程的沉降变形观测按照《铁路工程沉降变形观测与评估技术规程》(Q/CR 9230—2016)要求执行。

6.2 观测点的设置原则

6.2.1 无砟轨道桥梁每个墩台均应设置承台观测标、墩身观测标。有砟轨道按照设计文件要求埋设沉降观测标。

6.2.2 桥台观测标应设置在台顶(台帽及胸墙顶),测点数量不少于2对,分别设在台帽两侧及胸墙两侧(横向)。

6.2.3　墩全高大于 14m 时,应埋设 2 个观测标;墩全高不大于 14m 时,埋设观测标不应少于 1 个。墩身观测标宜设置在墩底部高出地面或常态水位 0.5m 左右的位置。设置 2 个观测标时,可在墩身两侧对称埋设。特殊情况可按照确保观测精度、观测方便、利用观测点保护的原则,确定合理的位置。桥墩上观测标的具体设置位置如图 10-11 所示。

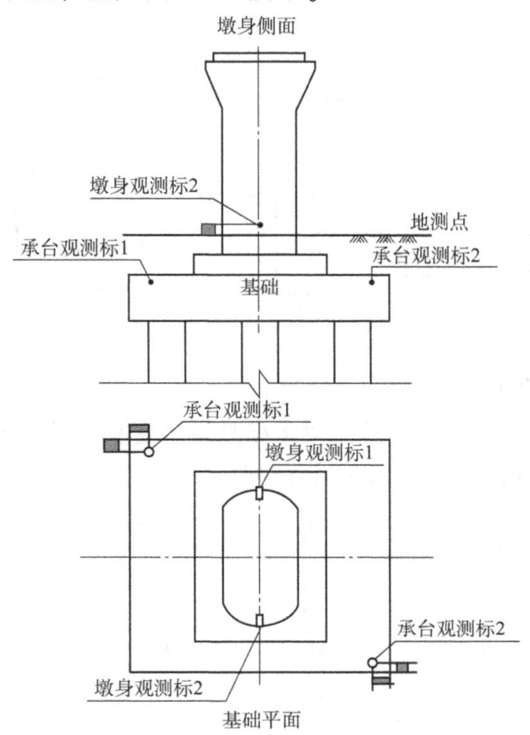

图 10-11　承台与墩身观测标设置

6.2.4　观测点布置。

对原材料变化不大、预制工艺稳定、批量生产的预应力混凝土预制梁,对每个梁场前 3 片梁进行徐变变形观测,以后每 100 片梁选测一片。对移动模架施工的简支梁,对前 6 孔梁进行重点观测,以验证支架预设拱度的精度,当验证达到设计精度要求后,可每孔梁选择 1 孔梁设置观测标。其他现浇梁应逐跨观测(有砟地段按照设计文件要求执行)。

简支梁的 1 孔梁设置 6 个观测标,分别位于两侧支点及跨中;现浇梁上的观测标,分别在支点、中跨跨中及边跨 1/4 跨附近设置,相邻跨墩顶观测点可共用(图 10-12)。

桥面系防水层等部位施工时,观测标志可转移到挡砟墙上。

观测标的设置地点不应与挂篮、滑道等冲突。

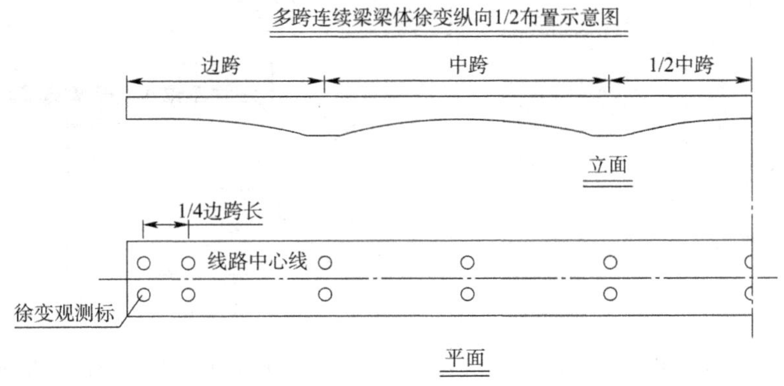

图 10-12　连续梁徐变观测点设置示意图

6.2.5　对于无砟地段,应在涵洞进出口两侧帽石或涵体各设置1个沉降变形观测点。涵洞顶中心应设置一个沉降板,如图10-13所示。对于有砟地段,应按照设计要求进行沉降观测。

6.2.6　桥梁梁部水准路线观测,应按二等水准测量精度要求形成闭合水准路线。沉降观测点位布设及水准路线观测示意图如图10-14所示。

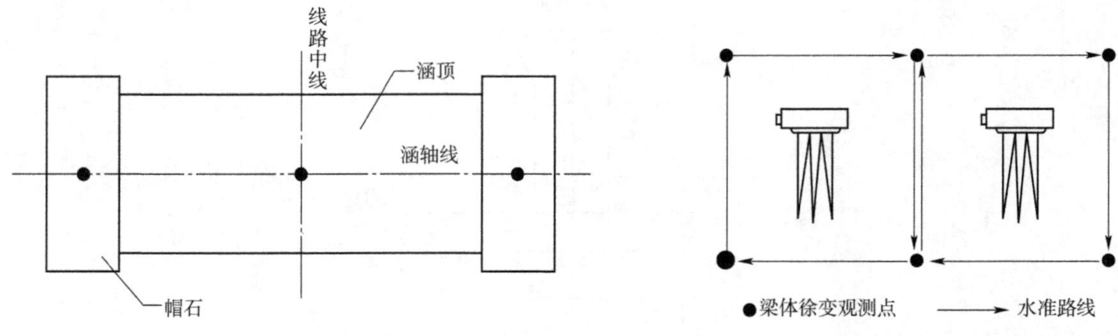

图10-13　涵洞沉降观点布设　　图10-14　桥梁梁部沉降观测水准路线示意图

6.2.7　桥梁墩台水准路线观测,应按二等水准测量精度要求形成闭合水准路线,沉降观测点位布设于墩台两侧,水准路线观测示意图如图10-15所示。

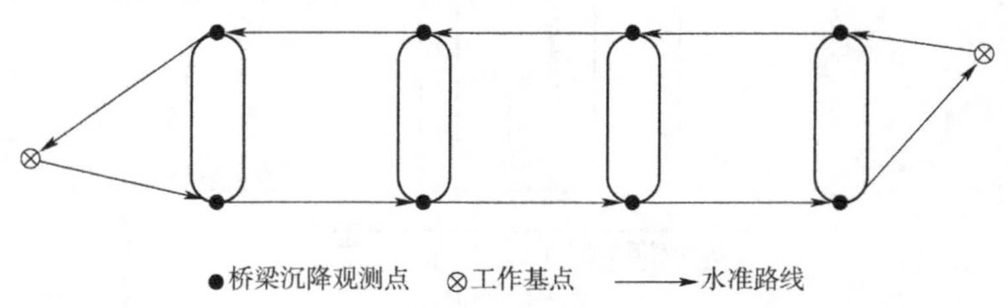

图10-15　桥梁墩台沉降观测水准路线示意图

6.3　观测元件与埋设技术要求

6.3.1　对于承台观测标,应选择直径为20mm钢筋或不锈钢棒,测点端头应磨圆、防锈。埋置深度不小于0.1m,且高出埋设表面3mm(图10-16)。完成埋设后,选取测量桩顶标高作为初始读数。

6.3.2　对于墩身观测标,应选择直径为20mm钢筋或不锈钢棒,测点端头应磨圆、防锈,如图10-17所示。

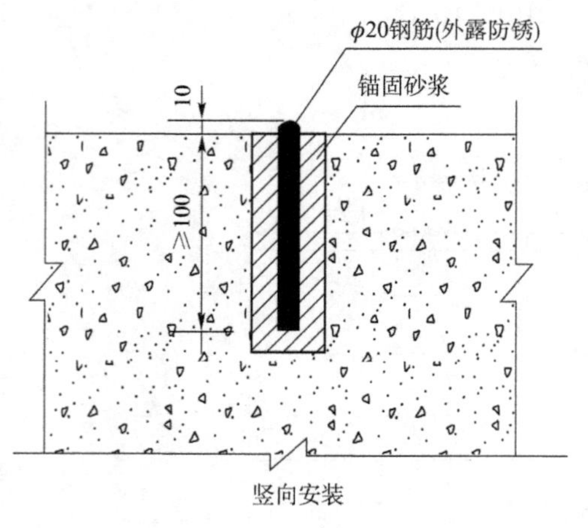

图10-16　承台观测标设置(单位:mm)

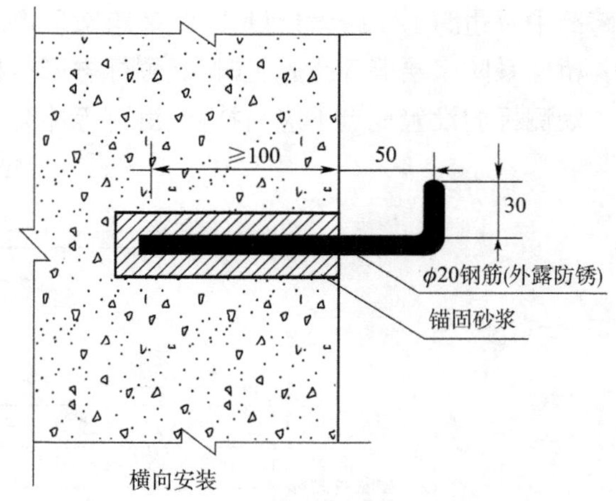

图10-17　墩身观测标设置(单位:mm)

6.3.3　桥台观测标、梁体观测标、涵洞观测标可参考图10-16设置。

6.4　观测技术要求

6.4.1　承台施工完成后,就要开始进行沉降首次观测。承台观测标为临时观测标,当墩身观测标正常使用后,承台观测标随基坑回填将不再使用。随施工的逐步进行,应依次对墩身、桥台、梁体进行变形观测。

6.4.2　沉降观测设备的埋设是在施工过程中进行的,施工单位的桥梁施工要与设备的埋设做好协调,做到互不干扰、互不影响。观测设施的埋设及沉降观测工作应按要求进行,不得影响桥梁施工质量。

6.4.3　桥涵基础沉降和梁体徐变沉降变形的观测精度为 ±1mm,读数取位至 0.01mm。

6.4.4　观测频次应满足如下要求:

(1)墩台基础沉降观测一般根据表 10-5 中要求的时间间隔进行。

墩台基础沉降观测频次表　　表 10-5

<table>
<tr><th colspan="2">观测阶段</th><th>观测期限</th><th>观测频次</th><th>平行观测频次</th><th>备注</th></tr>
<tr><td colspan="2">墩台施工到一定高度</td><td>—</td><td>1 次</td><td>1 次</td><td>设置观测点</td></tr>
<tr><td colspan="2">墩台混凝土施工</td><td>全程</td><td>完成后一次</td><td>完成后一次</td><td>相应墩台</td></tr>
<tr><td rowspan="2">预制梁桥</td><td>架梁前</td><td>全程</td><td>1 次/月</td><td>1 次</td><td rowspan="2">相应墩台</td></tr>
<tr><td>预制梁架设</td><td>全程</td><td>架梁前后各 1 次</td><td>架梁后 1 次</td></tr>
<tr><td rowspan="2">桥位施工桥梁</td><td>制梁前</td><td>全程</td><td>1 次/月</td><td>1 次</td><td rowspan="2">—</td></tr>
<tr><td>上部结构施工中</td><td>全程</td><td>荷载变化前 1 次,荷载变化后前 3d,1 次/天</td><td>1 次</td></tr>
<tr><td colspan="2">架桥机(运梁车)通过</td><td>全程</td><td>首次通过前 1 次,首次通过后前 3d1 次/天,以后 1 次/周</td><td>—</td><td>相应墩台</td></tr>
<tr><td colspan="2" rowspan="3">桥梁主体工程完工后</td><td>第 1~3 个月</td><td>1 次/周</td><td>1 次/月</td><td rowspan="3">—</td></tr>
<tr><td>第 4~6 个月</td><td>1 次/2 周</td><td rowspan="2">2 次</td></tr>
<tr><td>6 个月以后</td><td>1 次/月</td></tr>
<tr><td colspan="2">轨道铺设期间</td><td>前后</td><td>1 次</td><td>—</td><td>—</td></tr>
<tr><td colspan="2" rowspan="4">轨道铺设完成后</td><td>第 1 个月</td><td>1 次/2 周</td><td>—</td><td rowspan="4">工后沉降长期观测</td></tr>
<tr><td>第 2~3 个月</td><td>1 次/月</td><td>—</td></tr>
<tr><td>4~12 个月</td><td>1 次/3 月</td><td>—</td></tr>
<tr><td>12 个月以后</td><td>1 次/6 月</td><td>—</td></tr>
</table>

注:1. 观测墩台沉降时,应同时记录结构荷载状态、环境温度及日照情况。

2. 相应墩台为架梁引起荷载变化的墩台。

(2)预应力混凝土梁观测应符合表 10-6 的要求。

梁体竖向变形观测频次　　表 10-6

<table>
<tr><th rowspan="2">观测阶段</th><th colspan="2">观测频次</th><th rowspan="2">备注</th></tr>
<tr><th>观测期限</th><th>观测周期</th></tr>
<tr><td>梁体施工完成</td><td>—</td><td>—</td><td>设置观测点</td></tr>
<tr><td>预应力张拉期间</td><td>—</td><td>张拉前后各 1 次</td><td>测试梁体弹性变形</td></tr>
<tr><td rowspan="4">预应力张拉完成~轨道板(道床)铺设前</td><td>张拉完成后 1d</td><td>1 次</td><td rowspan="4">—</td></tr>
<tr><td>张拉完成后 3d</td><td>1 次</td></tr>
<tr><td>张拉完成后 5d</td><td>1 次</td></tr>
<tr><td>张拉完成后 1~3 月</td><td>1 次/周</td></tr>
</table>

续上表

观测阶段	观测频次		备　注
	观测期限	观测周期	
轨道铺设期间	—	铺设前后各1次	—
轨道铺设完成后	0~3个月	1次/月	残余徐变变形长期观测
	4~12个月	1次/3个月	
	12个月以后	1次/6个月	

(3)涵洞沉降变形观测可在涵顶路基填土开始后进行,即与路基沉降观测同步,观测频次应符合表10-4的规定。

6.4.5　梁体徐变量计算。

对于梁体的徐变变形观测,每孔梁支点之间的梁体徐变变形应以两支点的连线为基准线进行观测计算。由于下部结构沉降变形的影响,该基准线的位置会发生变化,梁体观测点至该基准线的垂直距离可利用几何方法经计算求得,垂直距离差值就是梁体徐变变形量。

7　隧道工程沉降变形观测技术要求

7.1　观测断面和观测点的设置原则及监测范围

7.1.1　隧道沉降变形观测应以仰拱(底板)沉降为主。其他如洞顶地表沉降、拱顶下沉、断面收敛沉降变形等不列入本沉降观测的内容。对无砟轨道隧道应进行沉降变形观测与评估,对其他特殊条件有砟轨道应根据需要进行沉降变形观测与评估。

7.1.2　单座隧道内沉降变形观测断面总数不应少于3个。

7.1.3　隧道内沉降变形观测断面的布设应根据地质围岩级别确定,并符合下列规定:

(1)Ⅱ级围岩观测断面间距不大于600m。

(2)Ⅲ级围岩观测断面间距不大于400m。

(3)Ⅳ级围岩观测断面间距不大于300m。

(4)Ⅴ级围岩观测断面间距不大于200m。

(5)盾构隧道内一般应每10环设一个观测断面。

(6)明暗洞分界里程在两侧各设置1个观测断面。

(7)地应力较大、断层破碎带、膨胀土、湿陷性黄土等不良和复杂地质区段应加密布设观测断面。

(8)隧道断面突变段落内观测断面不应少于1个。

7.1.4　隧道洞口至隧路、桥隧分界里程范围内观测断面不应少于1个。

7.1.5　隧道水准路线观测按二等水准测量精度要求形成附合水准路线,水准路线观测示意图如图10-18所示。

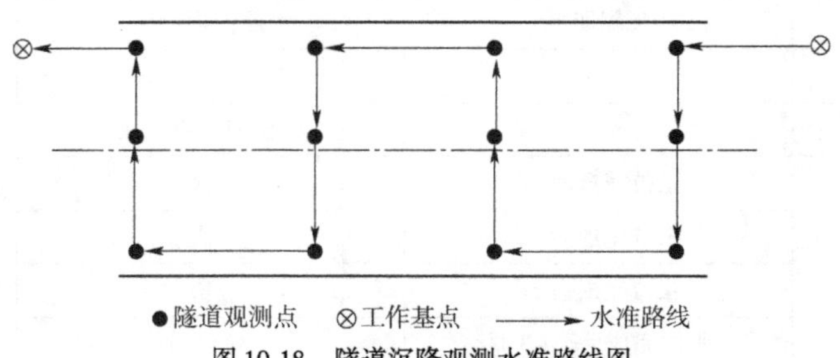

图10-18　隧道沉降观测水准路线图

7.2　观测元件与埋设技术要求

7.2.1　隧道仰拱(底板)施作完成后,每个观测断面宜在仰拱(底板)两侧及中间附近布设沉降变形观测点(盾构隧道两侧沉降变形观测点应布设在管片壁上),观测点埋设可参考图10-19、图10-20设置。

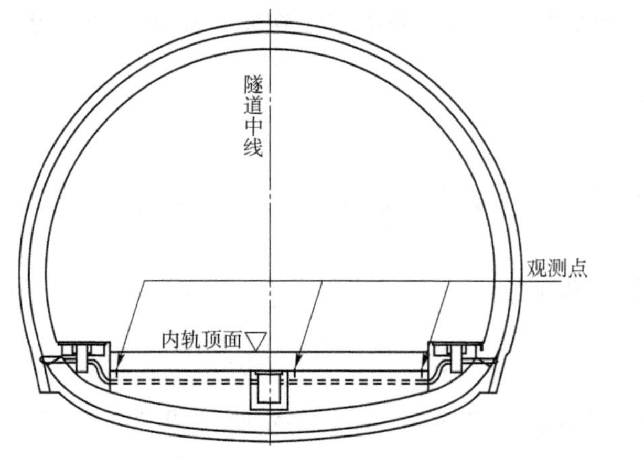

图10-19　隧道观测标埋设位置示意图

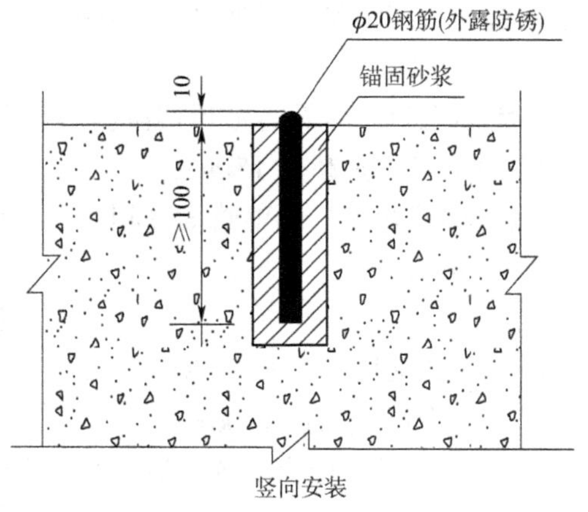

图10-20　隧道观测标位置参考图(单位:mm)

7.3　观测技术要求

7.3.1　隧道沉降观测从仰拱施工结束后立即进行,观测时间不得少于3个月。当观测数据不足或工后沉降评估不能满足设计要求时,应适当延长观测期。

7.3.2　隧道沉降观测水准的测量精度为±1mm,读数取位至0.01mm。

7.3.3　隧道沉降变形观测据表10-7中要求的观测频次进行。

隧道沉降观测频次表　　表10-7

观测阶段	观测期限	观测频次	平行观测频次
仰拱、底板(管片拼装)施工完成后	第1个月	1次/周	1次/月
	第2~3月	1次/2周	1次/月
	3个月后	1次/月	1次/3月
无砟轨道铺设后	第1~3个月	1次/月	1次
	4~12个月	1次/3月	—
	12个月以后	1次/6月	—

8　线下工程沉降评估

8.0.1　轨道铺设前,应对线下工程沉降作系统评估,确认工后沉降和变形符合设计要求。

8.0.2　除采用曲线拟合法进行线下工程的单个测点评估外,同时还应进行区段线下工程综合评估。

8.0.3　沉降变形评估工作应在沉降变形观测期满足要求后进行。

8.0.4　沉降预测评估方法应结合线下工程不同结构物和不同地质条件下的沉降观测情况,总结沉降变形特点,选择合适的预测方法。

8.0.5　评估时如发现异常现象或对原始资料存在疑问,应进行必要的检查。

8.0.6　评估沉降无法达到设计标准时,应及时通知建设方、设计方、施工方、监理方,由业主组织各方分析原因,并采取相应措施。

8.0.7　采用曲线回归法进行线下工程沉降评估时,要求相关系数不得小于0.92。

8.1　路基工程沉降评估

8.1.1　判定标准。

(1)根据路基填筑完成或堆载预压后不少于6个月的实际观测数据作多种曲线的回归分析,确定沉降变形的趋势。

(2)无砟轨道路基及过渡段沉降变形应符合下列规定:

①工后沉降不宜超过15mm;

②沉降比较均匀且调整轨面高程后的竖曲线半径能够满足式(10-1)的要求时,允许的最大工后沉降量为30mm。

$$R_{sh} \geqslant 0.4V_{sj}^2 \tag{10-1}$$

式中:R_{sh}——轨面圆顺的竖曲线半径,m;

V_{sj}——设计最高速度,km/h。

③过渡段不同结构物间的预测工后差异沉降不应大于5mm,不均匀沉降造成的折角不应大于1/1000。

(3)有砟轨道路基及过渡段沉降变形应符合表10-8的规定。

有砟轨道路基工后沉降控制标准　　表10-8

设计时速(km/h)	一般地段(mm)	过渡段(mm)	沉降速度(mm/年)
200	≤150	≤80	≤40
250	≤100	≤50	≤30
300/350	≤50	≤30	≤20

(4)沉降预测的可靠性应经过验证,间隔不少于3个月的两次预测最终沉降的差值不应大于5mm,新建时速200km的有砟轨道不应大于15mm。

(5)路基填筑完成或堆载预压后,最终的沉降预测时间应满足式(10-2)的条件:

$$\frac{S(t)}{S(t=\infty)} \geqslant 75\% \tag{10-2}$$

式中:$S(t)$——预测时的实际发生的沉降量;

$S(t=\infty)$——预测的总沉降值;

t——沉降时间。

式(10-2)中,沉降和时间以路基填筑完成或堆载预压后为起始点。

8.1.2　评估方法。

沉降预测宜采用曲线回归法,包括规范双曲线法、修正双曲线法、指数曲线法、Verhulst法、Asaoka法、遗传算法、灰色系统GM(1,1)法、人工神经网络法等(具体算法见本章附件2)。

8.1.3　工后沉降的计算。

设计工后沉降量按$S_{工后}=S_1+S_2$计算,其中S_1为路基铺轨后运营100年发生的沉降,采用曲线回归方法获得;S_2为轨道结构自身荷载发生的沉降,计算用压缩模量可根据观测资料通过反算获得。

8.1.4　计算沉降和观测沉降的比较。

(1)由于影响沉降计算的因素较多,沉降计算的精度无法达到要求,故必须通过对沉降观测数据进行系统的综合分析评估,来验证和调整设计参数与措施。

(2)通过沉降观测和评估来确定路基的真实压缩模量E_s,以确定轨道结构自身质量及列车荷载产生的附加工后沉降。

(3)如观测到的沉降量超过设计沉降量计算值的20%时,且排除人为失误与设备故障后,应尽早进行检查、设计,采取措施,以确保工后沉降能够满足设计要求。

8.2　桥涵工程沉降评估

8.2.1　判定标准。

(1)应根据桥涵实际荷载情况及观测数据,进行多个阶段的回归分析及预测,综合确定沉降变形的趋势。进行首次回归分析时,观测期不应少于桥涵主体工程完工后6个月,对于岩石地基等良好地质的桥涵应不少于2个月。

(2)桥梁墩(台)基础的工后沉降不应超过表10-9规定的限值。特殊条件下,无砟轨道桥梁沉降限值可结合预留调整量与线路具体情况确定。

桥梁墩(台)基础的工后沉降控制标准(单位:mm)　　表10-9

沉降类型	有砟轨道		无砟轨道
	时速200km	时速250~350km	
墩(台)均匀沉降	≤50	≤30	≤20
相邻墩(台)沉降差	≤20	≤15	≤5

(3)对于超静定结构相邻墩台沉降差除满足静定结构的规定外,还应满足设计文件给出超静定结构允许的沉降差要求。

(4)框构、旅客地道及涵洞工后沉降限值应与相邻路基工后沉降限值相同。

(5)利用两次回归结果预测的最终沉降的差值应不大于5mm。两次预测的时间间隔一般不少于3个月,对于岩石地基等良好地质的桥涵应不少于1个月,新建时速200km有砟轨道应不大于15mm。

(6)梁体徐变限值应按下列规定确定:

①无砟轨道桥梁的梁体徐变限值应满足表10-10的要求。

②特殊桥跨结构的竖向残余徐变限值应符合设计文件的要求。

无砟轨道常用跨度桥梁的梁体徐变限值　　表10-10

简支梁跨长 L	徐变上拱度	简支梁跨长 L	徐变上拱度
L≤50m	≤10mm	L>50m	≤L/5000,且不大于20mm

(7)预应力混凝土桥梁上部结构的变形应符合如下规定:

①终张拉完成时,梁体跨中弹性变形不宜大于设计值的1.05倍。

②扣除各项弹性变形、终张拉60d后,梁体跨中徐变上拱度实测值不应大于限值的70%。

③不能满足上述要求时,应根据梁体变形的实测结果,确定梁体的实际弹性变形及徐变系数,并按式(10-3)估算无砟轨道的最早铺设时间 t:

$$[\Phi(\infty)-\Phi(t)]\cdot\Delta_{弹性}\leq\Delta_{允许} \tag{10-3}$$

式中:$\Phi(\infty)$——根据实测结果确定的混凝土徐变系数终极值;

$\Phi(t)$——根据实测结果确定的铺设轨道时混凝土徐变系数;

$\Delta_{弹性}$——实测梁体终张拉后的弹性变形;

$\Delta_{允许}$——梁体,终张拉后的允许弹性变形。

④桥梁主体结构完工至轨道铺设前,沉降预测的时间应满足式(10-2)的条件。

8.2.2　评估方法。

(1)对于一座桥梁,不仅要进行单个墩台的沉降分析,同时也要对全桥作综合评估,控制相邻桥墩的不均匀沉降。当桥长很大时,可根据地质情况和施工进度划分部分区段进行沉降分析。

(2)对于预制梁桥,分桥墩台混凝土施工后、架梁前及架梁后三阶段进行沉降分析。对于原位施工的桥梁及涵洞,应根据实际施工状态及荷载变化情况,划分为基础施工完成、桥墩完成、架梁前后、架梁后至铺设钢轨之前、铺设钢轨至钢轨锁定之前、钢轨锁定之后至正式运营之前、正式运营之后等多个阶段进行沉降分析。

(3)桥涵沉降预测采用的曲线回归法参照路基执行。

8.3 隧道工程沉降评估

8.3.1 判定标准。

(1)当地质条件较好、沉降趋于稳定且设计及实测沉降总量不大于5mm时,可判定沉降满足轨道铺设条件。

(2)无砟轨道隧道基础工后沉降值不应大于15mm。

8.3.2 评估方法。

隧道基础的沉降预测评估方法参照路基沉降预测评估方法执行。

8.4 区段工程综合评估

8.4.1 按工期安排计划和施工单位管段进行区段划分,评估区段长度的划分应根据不同结构物的分布情况,结合架梁、铺轨等的具体情况综合确定。区段长度一般不宜少于3km,宜包括路基、桥涵、隧道、过渡段等不同结构物,并注意评估区段之间的衔接问题。

8.4.2 在对路基、桥梁、隧道和过渡段等不同结构物的基础沉降变形预测评估完成后,应绘制区段或全线的沉降预测变形曲线,进行综合评估,确认其满足铺设轨道的要求。

8.4.3 对于结构物沉降值超过设计要求,但沉降均匀且范围较长的地段,应进行专题研究,进而确定评估标准。

9 数据传输流程与数据管理

9.1 数据传输流程

9.1.1 准备阶段。

(1)施工单位以标段为单位提交观测网平面布置示意图、观测断面与观测点工程属性信息表(本章附件3中附表10-2),要求将电子文件和纸介质文件同步提交建设单位和评估单位。

(2)设计单位根据观测断面布设的位置,填写沉降设计值表(本章附件3中附表10-18)中沉降设计值栏,并同步提供电子文件给建设单位、施工单位和评估单位。

(3)设计单位提交全线地质纵断面图电子文件给建设单位和评估单位。

9.1.2 测量阶段。

(1)组织要求:施工单位和监理单位以标段为单位按照时间要求提供文件给建设单位和评估单位,具体文件格式要求详见本章第9.2小节。

(2)观测数据处理文件:要求提供以下电子文件,每个月提交1次。其中,观测手簿文件还需提供纸介质文件每3个月提交1次。

①电子水准仪原始观测数据;

②控制点文件;

③观测手簿文件；

④高差文件；

⑤平差文件；

⑥高差闭合差统计文件；

⑦平差计算文件；

⑧平差成果文件。

(3)成果输出文件：要求提供以下电子文件，每个月提交 1 次；提供纸介质文件，每 1 年提交 1 次，上述文件作为最终《线下工程沉降变形观测工作报告》《线下工程沉降变形平行观测报告》的组成部分。特别注意，每次数据均要从观测原点开始至提交时间记录。

①路基沉降观测记录表(沉降观测桩)；

②路基沉降观测记录表(沉降板)；

③路基沉降观测记录表(剖面管)；

④沉降观测记录表——路基分层沉降观测记录表；

⑤沉降观测记录表——路基分层沉降观测记录汇总表；

⑥沉降观测记录表——路基边桩位移观测记录表；

⑦沉降观测记录表——路基边桩位移观测记录汇总表；

⑧桥梁承台沉降观测记录表；

⑨桥梁墩(台)沉降观测记录表；

⑩涵洞沉降观测记录表；

⑪隧道沉降观测记录表；

⑫桥梁梁部徐变观测数据录入表；

⑬测点荷载-时间-沉降曲线与荷载-时间-沉降速度图。

(4)其他文件：

①断链表：施工单位以标段为单位提供电子文件和纸介质文件给建设单位和评估单位；

②沉降设计值表：评估单位将观测值与设计值相差较大的观测点数据电子文件提交设计单位，设计单位提供沉降设计值表电子文件和纸介质文件给建设单位和评估单位。

(5)工作基点复测报告：因牵涉区域沉降，问题复杂，报告的详细组成内容和要求可以补充规定的形式另行下发。

(6)特殊问题报告：施工单位提交观测过程中特殊问题报告。对观测过程中发生的沉降值异常、测点破坏后恢复等情况应及时提交报告给建设单位和评估单位。监理单位发现平行观测与施工单位观测存在较大差异时，应及时提交报告给建设单位和评估单位。

(7)施工单位完成《线下工程沉降变形观测工作报告》，监理单位编写《线下工程沉降变形观测监理工作报告》《线下工程沉降变形平行观测报告》，报告内容详见本章第 3.4 小节。

(8)设计单位编写《线下工程沉降计算分析报告》，报告内容详见本章第 3.4 小节。

9.1.3　评估阶段。

(1)评估单位将区段评估报告以电子文件和纸介质文件提交给建设单位，报告内容详见本章第 3.4 小节。

(2)评估单位将数据库电子文件提交给建设单位。

9.2　文件管理与格式要求

9.2.1　数据传输要求有电子文件和纸介质文件。其中，电子文件表格要求采用 EXCEL(*.xls)格式，图形文件采用 CAD(*.dwg)格式，报告采用 WORD(*.doc)格式；纸介质文件要求相关单位签署、盖章。

9.2.2　文件管理。

(1)对施工单位,应由测量队负责处理观测数据形成文件,逐级上报给工区和标段项目部,以标段为单位汇总后按时提供建设单位和评估单位。

(2)施工单位提交文件夹执行以下命名规则:

一级文件夹以标段号命名,铁路全线有多个标段,则分别命名为一标段、二标段、三标段……

二级文件夹以分部号命名,分别命名为一分部、二分部、三分部……

三级文件夹按测量日期命名,如2015年11月3日观测则命名为20151103;如当天有4台仪器观测数据需要处理,则按20151103(1)、20151103(2)、20151103(3)、20151103(4)命名。

四级文件夹内应包含电子水准仪的原始观测数据文件和观测数据处理过程中生成的观测手簿文件、平差文件、往返测较差文件、高差闭合差统计文件、拟稳平差文件、常规平差文件等。

9.2.3　原始观测数据文件命名规则。

以"标段号-分部号-测段号-观测日期.后缀名"的格式为准。如图10-21所示,一标段、1分部、2测段在2015年11月3日进行的观测文件,文件名可命名为"1-1-2-20151103.gsi或1-1-2-20151103.dat"。原始观测文件的一种常见形式为徕卡公司Leica DNA系列仪器生成的后缀名为GSI格式的文件,另一种常见形式为天宝公司Trimble Dini系列仪器生成的后缀名为DAT格式的文件,两种文件格式不同。后缀名可根据仪器型号的不同由仪器自动生成,计算人员不得更改。

XXX铁路沉降观测
1标段
2标段
1工区
2工区
20151103
20151109
20151115
20151121
3工区
3标段
4标段
名称
类型
大小
2-2-1-20151103.GSI
GSI 文件
45 KB
2-2-1-20151103_闭合差.gco
GCO 文件
4 KB
2-2-1-20151103_常规平差.ou1
OU1 文件
23 KB
2-2-1-20151103_观测手簿.xls
Microsoft Excel...
13 KB
2-2-1-20151103_平差文件.IN1
IN1 文件
5 KB
2-2-1-20151103_往返测较差.gcl
GCL 文件
9 KB
2-2-1-20151103_质量检核.chk
恢复的文件碎片
22 KB

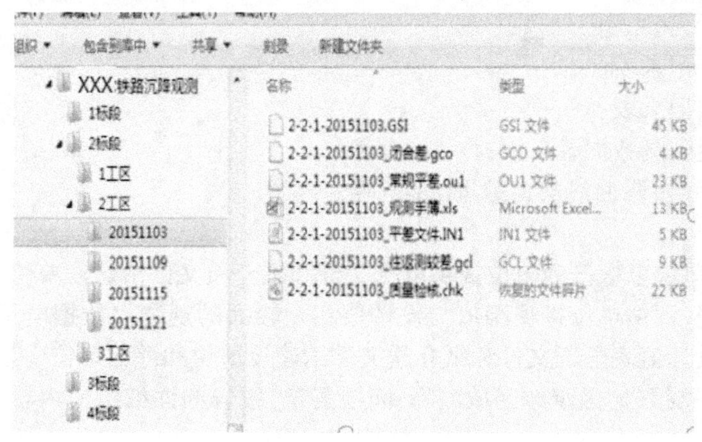

图10-21　文件管理示意图

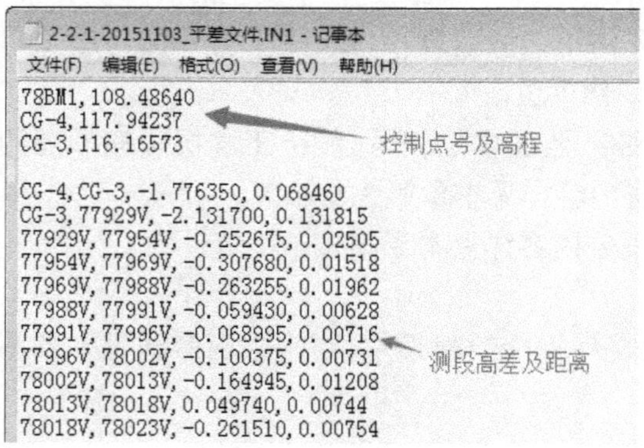

2-2-1-20151103_平差文件.IN1 - 记事本
文件(F) 编辑(E) 格式(O) 查看(V) 帮助(H)
78BM1,108.48640
CG-4,117.94237
CG-3,116.16573
CG-4,CG-3,-1.776350,0.068460
CG-3,77929V,-2.131700,0.131815
77929V,77954V,-0.252675,0.02505
77954V,77969V,-0.307680,0.01518
77969V,77988V,-0.263255,0.01962
77988V,77991V,-0.059430,0.00628
77991V,77996V,-0.068995,0.00716
77996V,78002V,-0.100375,0.00731
78002V,78013V,-0.164945,0.01208
78013V,78018V,0.049740,0.00744
78018V,78023V,-0.261510,0.00754
控制点号及高程
测段高差及距离

图10-22　平差文件示意图

9.2.4　控制点命名规则。

控制点信息应由操作人员手工添加到平差文件(后缀名为.in1的文件)的开头位置。

如图10-22所示,控制点的格式如下:

点号1,高程1

点号2,高程2

点号3,高程3

……

9.2.5　其余文件命名规则。

其余文件均根据原始观测文件与控制点文件进行计算得出,文件名均与观测文件名同名,根据不同文件的类型定义其不同的后缀名,常见形式如下:

(1)外业质量检核文件:1-1-2-20151103_质量检核.chk;

(2)观测手簿文件:1-1-2-20151103_观测手簿. xls;

(3)平差文件:1-1-2-20151103_平差文件. in1;

(4)往返测高差较差文件:1-1-2-20151103_往返测较差. gcl;

(5)高差闭合差统计文件:1-1-2-20151103_闭合差. gco;

(6)拟稳平差结果: 1-1-2-20151103_拟稳平差. our;

(7)常规平差结果: 1-1-2-20151103_常规平差. ou1。

9.2.6　测量时的天气情况,温度,以及对测量过程中发生的超限重测、测点破坏后恢复等特殊情况的说明,应以纯文本格式提供。

9.3　数据录入与输出管理

9.3.1　观测点编号。

观测点的编号是观测点的标识,简洁明了地反映了该观测点所在里程、观测点的类型、观测点位置。为保证每个观测点的编号均为全线唯一的编号,同时便于在电子水准仪中输入,测点编号采用"里程 + 测点类型编码 + 测点位置编号"的格式。

在上面的格式中,里程采用 7 位阿拉伯数字,其中前 4 位为公里标,后 3 位为百米标(取整);测点类型编码采用 1 位英文字母;测点位置编号采用 1 位阿拉伯数字;测点编号共计 9 位。

各种测点的测点类型编码及测点位置编号情况详见表 10-11。

测点类型英文字母编码及测点位置编号表　　表 10-11

测 点 类 型	测点类型编码	测点位置及其对应的测点位置编号
沉降板	L	基底(1)、路基面(2)
观测桩	G	左(1)、右(2)、中(3)
分层沉降观测点	F	中(1)
位移边桩	W	左(1)、右(2)
剖面管	P	基底(1)、基床底层顶面(2)
承台观测标	C	观测标 1(1)、观测标 2(2)
墩身观测标	D	左(1)、右(2)
桥台观测标	T	观测标 1(1)、观测标 2(2) 、观测标 3(3) 、观测标 4(4)
梁体徐变观测标	X	左 1(1)、右 2(2)、左 3(3)、右 4(4)、左 5(5)、右 6(6)
涵洞观测标	H	左(1)、右(2)、中(3)
隧道观测标	S	左(1)、右(2)、中(3)

例如,DK50 + 100. 25 断面的路基面左侧观测桩的测点编号为 0050100G1;DK200 + 315. 23 的桥墩右侧观测标的测点编号为 0200315D2。

9.3.2　桥梁承台和墩台的测点均采用相应墩台的中心里程;涵洞采用中心里程;梁体采用跨中里程。

9.3.3　在观测过程中,电子水准仪所有的点号均需要全名输入,不得有任何省略。

9.3.4　所有转点均以字母"Z"表示,不得以任何其他类型的点号代替。

9.3.5　观测点属性信息表录入要求。

(1)工程类型:包括路基、桥梁、涵洞、隧道、过渡段。

(2)测点的类型:包括沉降观测桩、沉降板、深层沉降仪、位移边桩、剖面管、承台观测标、墩(台)

观测标、梁体观测标、涵洞观测标、隧道观测标。

(3)测点位置应按表 10-12 要求输入。

测点位置属性表 表 10-12

测点类型	可选的位置属性	说明
沉降板	基底、路基面	—
观测桩	左、中、右	—
位移边桩	左、右	—
承台观测标	观测标 1、观测标 2	观测标 1 指左侧小里程角处的观测标、观测标 2 指右侧大里程角处的观测标
墩(台)观测标	观测标 1、观测标 2、观测标 3、观测标 4	对于墩身:观测标 1 为左侧观测标,观测标 2 为右侧观测标。对于桥台设置四个观测标,观测标 1 设置在小里程左侧,观测标 2 设置在小里程右侧,观测标 3 设置在大里程左侧,观测标 4 设置在大里程右侧
梁体观测标	左 1、右 2、左 3、右 4、左 5、右 6	左 1 指小里程端左侧,右 2 指小里程端右侧,左 3 指中间断面左侧,右 4 指中间断面右侧,左 5 指大里程端左侧,右 6 指大里程端右侧
涵洞观测标	左 1、右 2、中 3	左 1 指线路左侧的观测标、右 2 指线路右侧的观测标、中 3 指线路中心的观测标
隧道观测标	左、中、右	—
其他情况	根据实际位置输入	如剖面管可输入“基底”“基床底层顶面”

(4)距线路中心值:输入测点位置到中线的距离,单位为 m。测点在中线左侧为负值,测点在中线右侧为正值,测点正好位于中线时为 0。

(5)填挖高度:当观测点所在位置的工程类型为路基、涵洞、过渡段时,输入该测点处路基面的填挖高度,单位为 m。

(6)观测点处基底处理的类型,各种工程类型的基底处理类型按表 10-13 要求填入。

基底处理类型表 表 10-13

工程类型	可选的基底处理类型
路基	强夯、换填、排水固结、搅拌桩、旋喷桩、CFG 桩网(板)、管桩网(板)
桥梁	明挖基础、嵌岩桩、摩擦桩
其他	根据实际的地基处理类型填写

(7)压缩层厚度:输入观测点处基底压缩层的厚度,单位为 m。

(8)处理深度:输入观测点处基底处理的深度,对于换填输入换填厚度、路基桩基输入桩长、桥梁桩基输入桩长,单位为 m。

(9)工程名称:输入观测标所处工程段落的名称,例如:XX 大桥,XX 隧道等。

(10)测点属性填写要求。

不同类型的观测点需录入的属性信息有所不同,需要填写的部分属性信息详见表10-14。

观测点属性信息表填写要求　　表10-14

	测点编号	工程类型	测点类型	冠号	里程	测点位置	距线路中心	填挖高度	基底处理类型	压缩层厚度	处理深度	墩高	涵顶填土高度	围岩类别	工程名称	备注
沉降板	★	★	★	★	★	★	★	★	★	★	★				☆	☆
观测桩	★	★	★	★	★	★	★	★	★	★	★				☆	☆
位移边桩	★	★	★	★	★	★	★	★	★	★	★				☆	☆
剖面管	★	★	★	★	★	★	★	★	★	★	★				☆	☆
分层沉降观测点	★	★	★	★	★	★	★	★	★	★	★				☆	☆
承台观测标	★	★	★	★	★	★	★		★	★	★				☆	☆
墩(台)观测标	★	★	★	★	★	★	★		★	★	★	★			☆	☆
梁体观测标	★	★	★	★	★	★	★								☆	☆
涵洞观测标	★	★	★	★	★	★	★	★	★	★	★		★		☆	☆
隧道观测标	★	★	★	★	★	★	★		☆		☆			★	☆	☆

注:表中标有“★”为必填属性,标有“☆”的为选填属性,空白的为不需要输入的属性。

9.3.6　本章附件3中附表10-2~附表10-17数据录入的通用要求如下。

(1)观测期次。

整型数据,根据观测的期次依次填入1、2、3……,观测期次必须连续。

(2)观测日期。

日期型数据,格式为“年-月-日”,其间用英文短划线“-”连接,年为四位数,月和日是两位数,例如:2015-08-01、2016-06-12。

(3)两次观测间隔。

整型数据,输入与前一期观测的时间间隔,单位为d。第一期观测时输入0。

(4)累计天数。

整型数据,各期次观测间隔天数的累计,单位为d。第一期观测时输入0。

(5)本次高程。

浮点型数据,本次观测的高程值,单位为m,保留小数点后5位。第一期观测时输入的高程值即为该观测标的初始值。

(6)本次沉降。

浮点型数据,本次观测的测点的沉降值,单位为mm,保留小数点后2位,第一期观测时输入0。沉降值以向下沉为正,向上隆起为负。

(7)累计沉降。

浮点型数据,各期次沉降值的累计,单位为mm,保留小数点后2位,第一期观测时输入0。沉降值以向下沉为正,向上隆起为负。

(8)沉降速度。

浮点型数据,由"本次沉降"除以"两次观测间隔"得到,单位为 mm/d,保留小数点后 3 位,第一期观测时输入 0。沉降速率以向下沉为正,向上隆起为负。

(9)施工阶段。

输入各期次观测时的施工阶段(施工状态或者工况),各种工程类型的施工阶段可按表 10-15 要求填写。

要求每次数据处理完成后必须立即填写,以免出现错误。

施工阶段录入要求表 表 10-15

工程类型	施工阶段
路基过渡段	填筑期间、填筑完成、堆载预压、堆载卸除、运梁车前期通过、等待铺轨、铺轨完成等
桥梁	桥墩台: (1)预制梁桥:承台施工、墩台身施工、等待架梁、运梁车前期通过、等待铺轨、铺轨完成。 (2)现浇梁桥:承台施工、墩台身施工、等待制梁、制梁完成、运梁车前期通过、等待铺轨、铺轨完成。 梁体:终张拉前、终张拉后 60d、等待架梁、运梁车前期通过、等待铺轨、铺轨完成
涵洞	涵洞施工完成、涵顶填土期间、涵顶填土完成、运梁车前期通过、等待铺轨、铺轨完成等
隧道	等待铺轨、铺轨完成

(10)备注。

根据需要输入备注信息。

(11)填土高度。

浮点型数据,输入本次观测时的路堤填筑高度,单位为 m。

(12)接管前、后高程。

浮点型数据,对于沉降板,当本次观测与前次观测之间,沉降板进行接管时,要求在接管前后立即进行高程测量(可采用假设高程法直接测量),单位为 m,保留小数点后 5 位,接管长度即为两次高程差值。

(13)本次水平位移。

浮点型数据,对于位移边桩,输入本次的水平位移,单位为 mm,保留小数点后 2 位。第一期观测时输入 0。远离线路中心方向为正,反之为负。

(14)本次总水平位移。

浮点型数据,对于位移边桩,输入各次的水平位移的累计,单位为 mm,保留小数点后 2 位。第一期观测时输入 0。远离线路中心方向为正,反之为负。

(15)位移速率。

浮点型数据,由"本次水平位移"除以"两次观测间隔"得到,单位为 mm/d,保留小数点后 5 位。第一期观测时输入 0。远离线路中心方向为正,反之为负。

(16)其他情况。

如剖面管的正向读数和反向度数、分层沉降观测点的磁环标高等,根据量测读数输入。

本章附件

附件1　工程沉降变形观测结果验收记录表

工程沉降变形观测结果验收记录表见附表10-1。

工程沉降变形观测结果验收记录表　　附表10-1

<table>
<tr><td colspan="2">标段名称</td><td colspan="2"></td><td>单位(项)工程名称</td><td></td></tr>
<tr><td colspan="2">工程部位</td><td colspan="2"></td><td>工程位置(里程)</td><td></td></tr>
<tr><td colspan="2">观测开工日期</td><td colspan="2"></td><td>观测完成日期</td><td></td></tr>
<tr><td colspan="2">施工单位</td><td colspan="4"></td></tr>
<tr><td colspan="2">项目负责人</td><td></td><td>项目技术负责人</td><td></td><td>项目质量负责人</td></tr>
<tr><td>序号</td><td colspan="2">观测项目</td><td colspan="2">观测情况记录</td><td>观测结论</td></tr>
<tr><td>1</td><td colspan="2"></td><td colspan="2"></td><td></td></tr>
<tr><td>2</td><td colspan="2"></td><td colspan="2"></td><td></td></tr>
<tr><td>3</td><td colspan="2"></td><td colspan="2"></td><td></td></tr>
<tr><td colspan="6">附件1</td></tr>
<tr><td rowspan="5">参加观测结果验收人员签字</td><td>施工单位</td><td colspan="4"></td></tr>
<tr><td>监理单位</td><td colspan="4"></td></tr>
<tr><td>设计单位</td><td colspan="4"></td></tr>
<tr><td>评估单位</td><td colspan="4"></td></tr>
<tr><td>建设单位</td><td colspan="4"></td></tr>
</table>

注:本表一式5份,施工单位、设计单位、监理单位、评估单位和建设单位各1份。

附件2　沉降变形评估预测方法

1.规范双曲线法

规范双曲线法所用的双曲线方程如附式(10-1)、附式(10-2):

$$S_t = S_0 + \frac{t}{a + bt} \tag{10-1}$$

$$S_f = S_0 + \frac{1}{b} \tag{10-2}$$

式中:S_t——时间 t 时的沉降量;

S_f——最终沉降量($t=\infty$);

S_0——初期沉降量($t=0$);

a、b——将荷载不再变以后的实测数据经过回归求得的系数。

利用上述公式进行沉降计算的具体顺序为:

(1)确定起点时间($t=0$),可取填方施工结束日为 $t=0$;

(2)就各实测计算 $t/(S_t - S_0)$,见附式(10-1);

(3)绘制 t 与 $t/(S_t - S_0)$ 的关系图,并确定系数 a,b,见附式(10-2);

(4)计算 S_t;

(5)由双曲线关系推算出沉降-时间曲线($S—t$ 曲线)。

规范双曲线法是假定下沉平均速率以双曲线形式减少的经验推导法,要求恒载开始后的沉降实测时间至少为6个月以上。

2. 修正双曲线法

假设沉降时程曲线近似于双曲线,可以用附式(10-3)进行描述:

$$S_t = \frac{t}{a + b \cdot t} \cdot \xi \tag{10-3}$$

其中,$\xi = \frac{\sigma}{\sigma_{max}}$

式中:t——自土方工程开工以来时间,d;

S_t——t 时刻的沉降,mm;

σ——t 时刻的荷载,kPa;

σ_{max}——设计最大荷载,kPa。

可以利用直线的斜率计算出最大沉降 $S_{max} = 1/b$。采用修正双曲线法,可以计算在任意最大荷载下产生的沉降。在这样的情况下,可以利用附式(10-4)计算填方的当前荷载和最大荷载:

$$\sigma = h \cdot \gamma \tag{10-4}$$

式中:h——填方高度,m;

γ——填方材料重度,kN/m^3。

修正双曲线法在规范双曲线法的基础上引入了荷载系数的概念,在假定荷载增量加载速率变化不大的情况下,沉降变形的增量与荷载增量成正比。该方法与传统方法的最大差别在于其将填筑期观测数据纳入分析时间段内,而传统方法一般要求利用恒载期以后的观测数据进行预测。

3. 固结度对数配合法(三点法)

由于固结度的理论解普遍表达式如附式(10-5):

$$U = 1 - \alpha \cdot e^{-\beta t} \tag{10-5}$$

不论竖向排水、向外或向内径向排水,或竖向和径向联合排水等情况均可使用,所不同的只是 α、β 值。

根据固结度定义,见附式(10-6):

$$U_t = \frac{S_t - S_d}{S_\infty - S_d} \tag{10-6}$$

式中:S_d——瞬时沉降量;

S_∞——最终沉降量。

由附式(10-5)和附式(10-6)联立可得附式(10-7):

$$S_t = S_d \alpha e^{-\beta t} + S_\infty (1 - \alpha e^{-\beta t}) \tag{10-7}$$

为求 t 时刻的沉降,附式(10-7)有四个未知数,即 S_∞、S_d、α、β。可在实测初期沉降-时间曲线上任意选取三点:(t_1, S_1),(t_2, S_2),(t_3, S_3),并使 $t_3 - t_2 = t_2 - t_1$,将上述三点分别代入附式(10-7)中,联立求解得参数和最终沉降量 S_∞ 以及 S_d 的表达式,其中 S_d 的表达式中还含有 α 这个变量。一般在求 S_d 时,α 可由理论值或根据实测资料计算,将所求得的 β,S_∞,S_d 分别代入附式(10-7)中便可得出任意时刻的沉降。

附式(10-8)~附式(10-10)为具体求解过程:

$$S_1 = S_\infty (1 - \alpha e^{-\beta t_1}) + S_d \alpha e^{-\beta t_1} \tag{10-8}$$

$$S_2 = S_\infty (1 - \alpha e^{-\beta t_2}) + S_d \alpha e^{-\beta t_2} \tag{10-9}$$

$$S_3 = S_\infty (1 - \alpha e^{-\beta t_3}) + S_d \alpha e^{-\beta t_3} \tag{10-10}$$

由此解得的各变量见附式(10-11)~附式(10-14)：

$$e^{\beta(t_1-t_2)}=\frac{S_2-S_1}{S_3-S_2} \tag{10-11}$$

$$\beta=\frac{1}{t_2-t_1}\ln\frac{S_2-S_1}{S_3-S_2} \tag{10-12}$$

$$S_\infty=\frac{S_3(S_2-S_1)-S_2(S_3-S_2)}{(S_2-S_1)-(S_3-S_2)} \tag{10-13}$$

$$S_\mathrm{d}=\frac{S_t-S_\infty(1-\alpha e^{-\beta t})}{\alpha e^{-\beta t}} \tag{10-14}$$

求解过程中,应特别注意如下两点：

(1)连接 S-t 曲线时,应对 S-t 曲线进行光滑处理,即尽量使曲线光滑,使之成为规律性较好的曲线,然后再在曲线上选点；

(2)为了减少推算误差提高预测精度,要求三点的时间间隔尽可能大,即选取的(t_2-t_1)尽可能大,因此要求预压时间长。

本法要求实测曲线基本处于收敛阶段才可进行。

4. 指数曲线法

指数曲线法方程见附式(10-15)：

$$S_t=[1-Ae^{-Bt}]S_\mathrm{m} \tag{10-15}$$

式中：S_m——最终沉降；

A,B——系数,求法同双曲线法中 a、b。

指数曲线法和规范双曲线法简单实用,但是前提是假定荷载是一次施加或者突然施加的,这与实际情况不符,因此其方法尚待改进。而遗传算法则可将荷载分为若干个加载阶段,将各级荷载增量所引起的沉降叠加。

5. 遗传算法

(1)模型特征。

遗传算法(Genetic Algorithms,简称 GA)是模拟生物在自然环境中的遗传和进化过程而形成的一种自适应全局优化概率搜索算法。它通过对当前群体施加选择、交叉、变异等一系列遗传操作,从而得到新一代群体,并逐步使群体进化到包含或接近最优解的状态。遗传算法具有思想简单、易于实现、应用效果明显等优点而被众多领域接受。

遗传算法通过选择复制和遗传因子的作用,使优化群体不断进化,最终收敛于最优状态。选择复制使适应函数值大的个体具有较大的复制概率,以加快算法的收敛速度。交叉因子通过对两父代进行基因交换而搜索出更优的个体。变异操作能够给进化群体带来新的遗传基因,避免陷入局部极值点。

(2)遗传算法双曲线模型的建立。

目标函数采用规范中的双曲线沉降预测模型。双曲线计算模型具有拟合效果较好,精度较高等特点。但与此同时,由于受其自身回归统计模型理论的影响(灵活性差、自适应能力差),不能通过自身的调节使模型进一步优化,模型对沉降观测前段数据点比较敏感,因而模型对前段数据点一般有较好的拟合能力,但是对于后半段的沉降观测数据点较前段的点拟合的要差。为改变双曲线算法存在的不足之处,特将遗传算法与双曲线计算方法相结合,将两种方法优势互补,因此本算法引进遗传算法对拟合数据进行优化处理。

在遗传算法中,初始群体的产生是通过在决策变量的定义域(优化约束条件)内随机选取一个值来实现的。由双曲线函数的性质及沉降随时间衰减的规律,可取决策变量的定义域为：

$\alpha \in [\alpha_{\min}, \alpha_{\max}] = \left[0, \frac{1}{y_{\min}}\right], b \in [b_{\min}, b_{\max}] = \left[0, \frac{x_{\max}}{y_{\min}}\right]$($a$,$b$ 为决策变量,x 为时效值,y 为累计沉降量),并根据计算结果,采用相关系数作为目标函数优劣的评判标准,对其进行不断调整,从而找到在定义域区间中的最佳 a,b 系数值,从而形成新的双曲线模型。对于,双曲线的计算方法在上文中已经作了较为详细的介绍,在此不再复述。

(3)遗传算法双曲线具体求解步骤。

①初始化,定义种群规模 n、染色体长度 L、搜索空间 Θ(即决策变量的定义域)、交叉概率 P_c、变异概率 P_m;随机产生初始种群 P_0;计算个体的适应度值 f_{0i},将个体按适应性从好到差排序;种群的整体适应度按附式(10-16)进行计算:

$$F_1 = \sum_{i=1}^{n} f_i \tag{10-16}$$

式中:f_i——个体适应值;

F_1——种群适应值之和。

②产生新个体。按交叉概率 P_c 随机选择两个个体交叉,采用两点交叉的模式从而扩大搜索范围,使搜索能力更加健壮,交叉后随机选择个体按变异概率 P_m 进行某基因位的突变,从而得到新的个体。

③评价新个体。即计算它们的适应度值 f_{1i},利用轮盘赌随机产生 n 个[0,1]之间的随机数,按适应度比例值从而选择 n 个个体进入下一代。在评价新个体中采用精英保留策略,如产生的新一代最佳个体的适应度值小于上一代最佳个体的适应度值,则将上一代最佳个体直接复制替换新一代中的最差个体。此策略是沉降预测结果收敛到最优解的基本保障。

④评价新种群。即重新计算新种群的整体适应度 $F_1 = \sum_{i=1}^{n} f_i$。

⑤执行迭代终止准则,如果满足迭代终止条件则停止;否则,变子代为新的父代,转至步骤②,直至满足迭代终止条件。

⑥输出优化后的沉降预测结果。

6. Verhulst 算法

(1)模型特征。

Verhulst 模型源于 Malthasia 模型。Malthasia 模型适用于对生物繁殖的预测,具有无限增长的特征。1937 年,德国生物学家 Verhulst 对 Malthasia 模型进行了修正,添加了一个阻尼项,使得增长到达一定程度后趋于缓和。该模型的表达式见附式(10-17):

$$\frac{\mathrm{d}p(t)}{t} = ap(t) - bp^2(t) \tag{10-17}$$

式中:a,b——参数;

$p(t)$——t 时刻的种群规模;

$p^2(t)$——阻尼项。

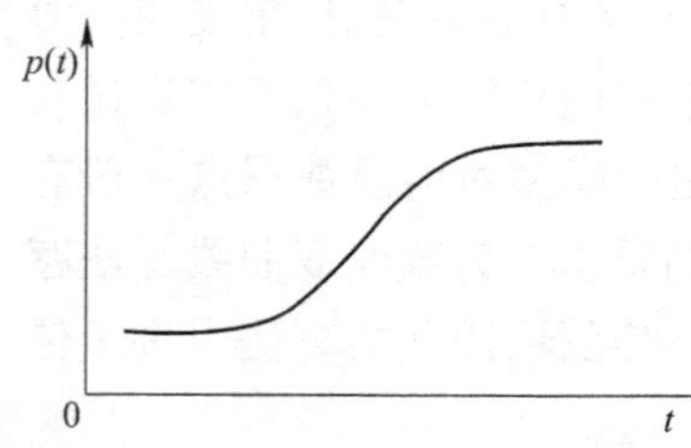

附图 10-1 Verhulst 模型几何特征

Verhulst 模型的 $p(t)$-t 曲线呈 S 形,开始和末端处的 $p(t)$ 随 t 缓慢增长,中间段增长较快(附图 10-1)。该曲线与路堤沉降随时间的变化曲线相近。

(2)Verhulst 模型的建立。

Verhulst 模型的基本思想是对离散的随机数列 $x_{(i)}{}^0$ 进行一次累加(1-AGO),生成序列 $x_{(i)}{}^1$,然后再对序列 $x_{(i)}{}^1$ 进行建模得到预测值。进行 1-AGO 的目的是削弱原始数据中随机项对计算的影响,这是灰色理论不同于需要大量样本进行数据分析研究的统计理论的特点。

设有 n 个沉降增量 $x_{(i)}{}^{0}(i=1,2,\cdots,i)$ 经过1-AGO产生新的数列为附式(10-18)：

$$x_{(i)}{}^{1}=\sum_{k=1}^{i}x_{k}{}^{(0)}(i=1,2,\cdots,n;k=1,2,\cdots,i) \tag{10-18}$$

将附式(10-18)代入附式(10-17)，可得附式(10-19)：

$$\frac{\mathrm{d}x^{(1)}}{t}ax^{(1)}-b(x^{(1)})^{2} \tag{10-19}$$

根据最小二乘法，可得附式(10-20)：

$$\{a,b\}^{\mathrm{T}}=(B^{\mathrm{T}}B)^{-1}B^{\mathrm{T}}Y_{n} \tag{10-20}$$

附式(10-20)中，B 按附式(10-21)取值，Y 按附式(10-22)取值：

$$B=\begin{bmatrix}\frac{1}{2}(x_{1}{}^{(1)}+x_{2}{}^{(1)}), & -\frac{1}{4}(x_{1}{}^{(1)}+x_{2}{}^{(1)})^{2}\\ \frac{1}{2}(x_{2}{}^{(1)}+x_{3}{}^{(1)}), & -\frac{1}{4}(x_{2}{}^{(1)}+x_{3}{}^{(1)})^{2}\\ \cdots & \cdots\\ \cdots & \cdots\\ \frac{1}{2}(x_{n-1}{}^{(1)}+x_{n}{}^{(1)}), & -\frac{1}{4}(x_{n-1}{}^{(1)}+x_{n}{}^{(1)})^{2}\end{bmatrix} \tag{10-21}$$

$$Y_{n}=(x_{2}{}^{(0)},x_{3}{}^{(0)}\cdots,x_{n}{}^{(0)})^{\mathrm{T}} \tag{10-22}$$

将参数 a,b 代入附式(10-19)，可得附式(10-23)：

$$\hat{x}_{i}{}^{(1)}(t+1)=\frac{a/b}{1+\left[\frac{a}{bx_{1}{}^{(0)}}+1\right]e^{-at}} \tag{10-23}$$

当 $t=1,2,\cdots,n$ 时，$\hat{x}_{i}{}^{(1)}$ 计算值为相应时间的沉降值；当 $t=\infty$ 时，$\hat{x}_{i}{}^{(1)}$ 计算值等于极限值 a/b，该值可以认为是路堤的最终沉降量。

7. Asaoka 算法

对于一维固结问题，Mikasa 的固结微分方程采用应变形式表达，见附式(10-24)：

$$\frac{\partial\varepsilon(t,z)}{\partial t}=C_{\mathrm{v}}\frac{\partial^{2}\varepsilon(t,z)}{\partial z^{2}} \tag{10-24}$$

式中：$\varepsilon(t,z)$——竖向应变；

t——时间；

z——排水距离；

C_{v}——固结系数。

Asaoka 认为，以体积应变表示的一维固结方程可近似地用一个以级数形式的微分方程表示，即附式(10-25)：

$$S+a_{1}\frac{\mathrm{d}s}{\mathrm{d}t}+a_{2}\frac{\mathrm{d}^{2}s}{\mathrm{d}t^{2}}+\cdots+a_{n}\frac{\mathrm{d}^{n}s}{\mathrm{d}t^{n}}=b \tag{10-25}$$

式中：S——总固结沉降量(包括瞬时沉降、主固结沉降和次固结沉降)；

$a_{1},a_{2},\cdots,a_{\mathrm{n}},b$——取决于固结系数和土层边界条件的常数。

Asaoka 法基本思想就是利用已有的沉降观测资料求出这些未知数，然后据此参数预估最终沉降。

沉降-时间关系曲线可分离为：$t_{j}=j\Delta t(j=1,2,3,\cdots,)$，且 Δt 为常数；$S_{j}=S(t_{j})$。如此，附式(10-18)可用递推形式表示为附式(10-26)：

$$S_{j}=\beta_{0}+\sum_{i=1}^{n}\beta_{i}S_{j-1} \tag{10-26}$$

式中：β_0——沉降值；

β_i——无维数的常量。

对大多数实际情况，通常第1阶($n=1$)近似就足够了，这样，附式(10-24)、附式(10-25)可以分别简化为附式(10-27)和附式(10-28)：

$$S + a_1 \frac{\mathrm{d}S}{\mathrm{d}t} = b \tag{10-27}$$

$$S_j = \beta_0 + \beta_1 S_{j-1} \tag{10-28}$$

附式(10-27)中的沉降S即为待求未知量，由于其本身及导数都是一次的，那么该式属于典型的一阶线性非齐次微分方程。设地基的初始沉降、最终沉降分别为S_0和S_∞，则该方程的通解为附式(10-29)：

$$S(t) = S_\infty - (S_\infty - S_0)e^{-a_1 t} \tag{10-29}$$

在附式(10-29)中令$t = t_j$，则当时间t_j趋向无穷大时，$S(t_j) = S_\infty$，且有$S_j = S_{j-1}$，代入附式(10-28)即可得到本级荷载下的最终沉降如附式(10-30)：

$$S_\infty = \frac{\beta_0}{1 - \beta_1} \tag{10-30}$$

由于上述计算中只取了S的一阶导数，故附式(10-30)中得出的S_∞不包含次固结沉降量。如果沉降数据选自于加荷结束以后，则瞬时沉降已经完成，这样S_∞可包含瞬时沉降部分。

如附图10-2、附图10-3所示，图解法推算步骤如下：

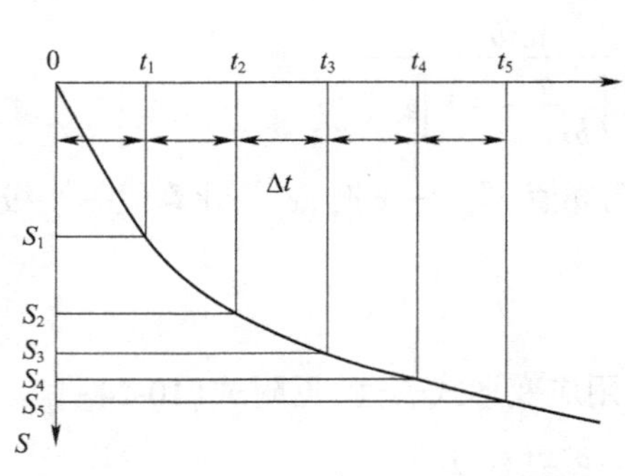

附图10-2　沉降曲线划分为相同的时间段

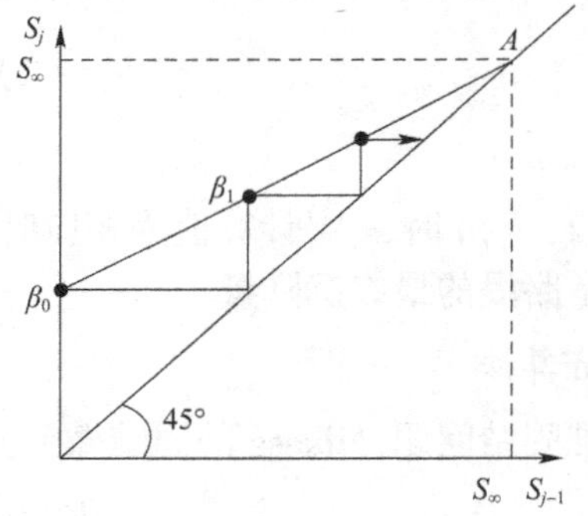

附图10-3　Asaoka法示意图

首先，将时间划分成相等的时间段Δt，在实测的沉降曲线上读出t_1，t_2…所对应的沉降值S_1，S_2…。再以S_i-1和S_i坐标轴的平面上将沉降值S_1，S_2…以点(S_i，S_i-1)画出，同时作出$S_i = S_i - 1$的45°直线；过一系列点(S_i，S_i-1)作拟合直线与45°直线相交，交点对应的沉降为最终沉降值；

在Asaoka法推算的过程中，Δt的取值对最终沉降量的推算结果有直接的影响。Δt过小会造成拟合点的波动性较大，拟合直线的相关系数较小；Δt过大，S_i点过少，易产生较大的偏差，而且不易对是否已进入次固结阶段作出判断。一般取Δt在30～100d之间。在实际的推算过程中，宜同时多计算几个不同的Δt得出相应的最终沉降值，而后在其中选取相关系数较好的沉降值作为最终沉降值。

8. 灰色系统GM (1, 1)算法

灰色系统是指信息不完全与不确知的系统，它是一种综合运用数学方法对信息不完全的系统进行预测、预报的理论和方法。灰色系统的基本思路是将与时间有关的已知数据按某种规则加以组合，构成白色模块，然后按某种规则提高灰色模块的白化度，特点是只应用为数不多的数据就可以完成建模。

灰色预测的思路是：把随时间变化的随机正的数据列，通过适当的方式累加，使之变成非负递增的数据列，用适当的方式逼近，以此曲线作为预测模型，对系统进行预测。这里使用单一变量的GM(1，1) 模型，该模型要求时序数据是平稳变化的。

设$[x^{(0)}]=[x_1^{(0)},x_2^{(0)},\cdots,x_n^{(0)}]$为原始数据列，所对应的时间序列为$t=[t_1,t_2,\cdots,t_n]$，该数列的一次累加数列为$[x^{(1)}]=[x_1^{(1)},x_2^{(1)},\cdots,x_n^{(1)}]$，且满足：$x_k^{(1)}=\sum_{m=1}^{k}x_m^{(0)}$，对$x_i^{(1)}$建立白化形式的微分方程见附式(10-31)：

$$\frac{dx^{(1)}}{dt}+dx^{(1)}=\mu \tag{10-31}$$

附式(10-31)的解见附式(10-32)：

$$\hat{x}_{k+1}{}^{(1)}=\left[x_1{}^{(0)}-\frac{u}{a}\right]e^{-ak}+\frac{u}{a} \tag{10-32}$$

然后，确定$k=1,2,3,\cdots,N-1$时的值：$\hat{x}_2{}^{(1)},\hat{x}_3{}^{(1)},\hat{x}_4{}^{(1)},\cdots,\hat{x}_n{}^{(1)}$，进而得到还原数列：$\hat{x}_k{}^{(0)}=\hat{x}_k{}^{(1)}-\hat{x}_{k-1}{}^{(1)},k=2,3,\cdots,n$

根据最小二乘法，有附式(10-33)：

$$\{a,b\}^{\mathrm{T}}=(B^{\mathrm{T}}B)^{-1}B^{\mathrm{T}}Y_n \tag{10-33}$$

附式(10-33)中，B的取值见附式(10-34)，Y_n的取值见附式(10-35)：

$$B=\begin{bmatrix}-\frac{1}{2}[x_2{}^{(1)}+x_1{}^{(1)}] & 1\\ -\frac{1}{2}[x_3{}^{(1)}+x_2{}^{(1)}] & 1\\ -\frac{1}{2}[x_n{}^{(1)}+x_{n-1}{}^{(1)}] & 1\end{bmatrix} \tag{10-34}$$

$$Y_n=(x_2^{(0)},x_3^{(0)},\cdots,x_n^{(0)})^{\mathrm{T}} \tag{10-35}$$

将参数a,b代入附式(10-33)，可得附式(10-36)：

$$\hat{x}_i{}^{(1)}(t+1)=\frac{a/b}{1+\left[\frac{a}{bx_1{}^{(0)}}+1\right]e^{-at}} \tag{10-36}$$

附件3　附　　表

观测断面与观测点工程属性信息表见附表10-2。

观测断面与观测点工程属性信息表　　附表10-2

测点编号	测量编号	工程类型	测点类型	冠号	里程	测点位置	距线路中心	填挖高度	基底处理类型	压缩层厚度	处理深度	墩高	涵顶填土高度	围岩类别	工程名称	备注

整理：　　复核：　　审核：　　监理：　　　　年　　月　　日

电子水准测量记录手簿见附表10-3。

电子水准测量记录手簿 附表10-3

测站	视准点	视距读数		标尺读数		读数差（mm）	高差（m）	高程（m）	备注
	后视	后距1	后距2	后尺读数1	后尺读数2				
	前视	前距1	前距2	前尺读数1	前尺读数2				
	中视	视距差(m)	累积差(m)	高差(m)	高差(m)				
测段计算	起点								
	终点			高差		m			
	前距		km						
	后距		km	距离		km			

整理： 复核： 审核： 监理： 年 月 日

路基沉降观测断面记录表见附表10-4。

路基沉降观测断面记录表 附表10-4

标段	观测断面里程	路基形式	观测点位置				
			左侧路肩观测桩	左侧坡脚观测桩	路基中心组合式沉降板	左侧路肩观测桩	左侧坡脚观测桩

续上表

标段	观测断面里程	路基形式	观测点位置				
			左侧路肩观测桩	左侧坡脚观测桩	路基中心组合式沉降板	左侧路肩观测桩	左侧坡脚观测桩

路基沉降观测记录表(沉降观测桩)见附表10-5。

路基沉降观测记录表(沉降观测桩)　附表10-5

工程名称：　测量单位：　测点编号：

观测期次	观测日期	两次观测间隔	累计天数(d)	本次高程	本次沉降(mm)	累计沉降(mm)	沉降速率(mm/d)	施工阶段	备注

续上表

观测期次	观测日期	两次观测间隔	累计天数(d)	本次高程	本次沉降(mm)	累计沉降(mm)	沉降速率(mm/d)	施工阶段	备注

整理： 复核： 审核： 监理： 年 月 日

路基沉降观测记录表(沉降板)见附表10-6。

路基沉降观测记录表(沉降板) 附表10-6

工程名称： 测量单位： 测点编号：

观测期次	观测日期	两次观测间隔	累计天数(d)	填土高度(m)	本次高程(m)	接管长度	本次沉降(mm)	累计沉降(mm)	沉降速率(mm/d)	施工阶段	备注

整理： 复核： 审核： 监理： 年 月 日

路基分层沉降观测记录汇总表见附表10-7。

路基分层沉降观测记录汇总表 附表 10-7

观测日期	累计天数（d）	路堤填高（m）	本次分层沉降（mm）														地面总沉降（mm）	备注
			1	2	3	4	5	6	7	8	9	10	11	12	13	14		

断面里程： 第 页 共 页

整理： 复核： 审核： 监理： 年 月 日

路基边桩位移观测记录表见附表 10-8。

路基边桩位移观测记录表 附表 10-8

断面里程： 观测日期： 第 页 共 页

断面里程	边桩编号	边桩位置	原始标高（m）	上次标高（m）	本次标高（m）	本次沉降（mm）	沉降速率（mm/d）	累计总沉降（mm）	上次总水平位移（mm）	本次水平位移（mm）	本次总水平位移（mm）	位移速率（mm/d）	备注

整理： 复核： 审核： 监理： 年 月 日

路基边桩位移观测记录汇总表见附表 10-9。

路基边桩位移观测记录汇总表 附表 10-9

断面里程：

观测日期	累计天数（d）	两次观测时间间隔（d）	路基左侧边桩（编号：）							路基右侧边桩（编号：）							备注
			高度	沉降	总沉降（mm）	沉降速率（mm/d）	本次水平位移（mm）	本次总水平位移（mm）	位移速率（mm/d）	填土高度（m）	本次沉降（mm）	总沉降（mm）	沉降速率（mm/d）	本次水平位移（mm）	本次总水平位移（mm）	位移速率（mm/d）	

整理： 复核： 审核： 监理： 年 月 日

桥梁承台沉降观测记录表见附表 10-10。

桥梁承台沉降观测记录表　　附表 10-10

工程名称：　　测量单位：　　测点编号：

观测期次	观测日期	两次观测间隔(d)	累计天数(d)	本次高程	本次沉降(mm)	累计沉降(mm)	沉降速率(mm/d)	施工阶段	备注

整理：　　复核：　　审核：　　监理：　　年　月　日

桥梁墩(台)沉降观测记录表见附表 10-11。

桥梁墩(台)沉降观测记录表　　附表 10-11

工程名称：　　测量单位：　　测点编号：

观测期次	观测日期	两次观测间隔(d)	累计天数(d)	本次高程	本次沉降(mm)	累计沉降(mm)	沉降速率(mm/d)	施工阶段	备注

续上表

观测期次	观测日期	两次观测间隔(d)	累计天数(d)	本次高程	本次沉降(mm)	累计沉降(mm)	沉降速率(mm/d)	施工阶段	备注

整理：　　　　复核：　　　　审核：　　　　监理：　　　　　　　　　　年　　月　　日

桥梁墩(台)沉降记录汇总表见附表10-12。

桥梁墩(台)沉降记录汇总表　　　　附表10-12

桥梁名称：　　　　墩(台)编号：　　　　墩(台)里程：　　　　第　　页　　共　　页

<table>
<tr><td rowspan="2">观测日期</td><td rowspan="2">累计天数(d)</td><td rowspan="2">两次观测时间间隔(d)</td><td colspan="4">测点编号：</td><td colspan="4">测点编号：</td><td colspan="4">测点编号：</td><td colspan="4">测点编号：</td></tr>
<tr><td>位置</td><td>本次沉降(mm)</td><td>总沉降(mm)</td><td>沉降速率(mm/d)</td><td>位置</td><td>本次沉降(mm)</td><td>总沉降(mm)</td><td>沉降速率(mm/d)</td><td>位置</td><td>沉降</td><td>总沉降(mm)</td><td>沉降速率(mm/d)</td><td>位置</td><td>本次沉降(mm)</td><td>总沉降(mm)</td><td>沉降速率(mm/d)</td></tr>
<tr><td></td><td></td><td></td><td></td><td></td><td></td><td></td><td></td><td></td><td></td><td></td><td></td><td></td><td></td><td></td><td></td><td></td><td></td><td></td></tr>
<tr><td></td><td></td><td></td><td></td><td></td><td></td><td></td><td></td><td></td><td></td><td></td><td></td><td></td><td></td><td></td><td></td><td></td><td></td><td></td></tr>
<tr><td></td><td></td><td></td><td></td><td></td><td></td><td></td><td></td><td></td><td></td><td></td><td></td><td></td><td></td><td></td><td></td><td></td><td></td><td></td></tr>
<tr><td></td><td></td><td></td><td></td><td></td><td></td><td></td><td></td><td></td><td></td><td></td><td></td><td></td><td></td><td></td><td></td><td></td><td></td><td></td></tr>
</table>

整理：　　　　复核：　　　　审核：　　　　监理：　　　　　　　　　　年　　月　　日

涵洞沉降观测记录表见附表10-13。

涵洞沉降观测记录表　　　　附表10-13

工程名称：　　　　测量单位：　　　　测点编号：

观测期次	观测日期	两次观测间隔(d)	累计天数(d)	本次高程	本次沉降(mm)	累计沉降(mm)	沉降速率(mm/d)	施工阶段	备注

续上表

观测期次	观测日期	两次观测间隔(d)	累计天数(d)	本次高程	本次沉降(mm)	累计沉降(mm)	沉降速率(mm/d)	施工阶段	备注

整理： 复核： 审核： 监理： 年 月 日

涵洞沉降记录汇总表见附表 10-14。

涵洞沉降记录汇总表 附表 10-14

涵洞中心里程： 涵洞孔径(m)： 涵长(m)： 第 页 共 页

观测日期	累计天数(d)	两次观测时间间隔(d)	涵洞进口(线路左侧)						涵洞中部(线路中心)						涵洞出口(线路右侧)					
			观测点编号：			观测点编号：			观测点编号：			观测点编号：			观测点编号：			观测点编号：		
			本次沉降(mm)	总沉降(mm)	沉降速率(mm/d)	本次沉降(mm)	总沉降(mm)	沉降速率(mm/d)	本次沉降(mm)	总沉降(mm)	沉降速率(mm/d)	本次沉降(mm)	总沉降(mm)	沉降速率(mm/d)	本次沉降(mm)	总沉降(mm)	沉降速率(mm/d)	本次沉降(mm)	总沉降(mm)	沉降速率(mm/d)

整理： 复核： 审核： 监理： 年 月 日

隧道沉降观测点记录表见附表 10-15。

隧道沉降观测点记录表 附表 10-15

工点名称	隧道起点里程	隧道终点里程	需要沉降观测里程范围		观测长度(m)

续上表

工点名称	隧道起点里程	隧道终点里程	需要沉降观测里程范围		观测长度(m)

隧道沉降观测记录表见附表10-16。

隧道沉降观测记录表

附表10-16

工程名称：　　　　测量单位：　　　　测点编号：

观测期次	观测日期	两次观测间隔(d)	累计天数(d)	本次高程	本次沉降(mm)	累计沉降(mm)	沉降速率(mm/d)	施工阶段	备注

整理：　　　　复核：　　　　审核：　　　　监理：　　　　　　　　年　　月　　日

桥梁梁部徐变观测数据记录表见附表10-17。

桥梁梁部徐变观测数据记录表 附表10-17

施工标段					施工单位					
桥梁名称					所在孔跨					
桥梁跨度					跨中里程					
测点备注信息										
观测期号		1					2			
观测日期										
距左距离(m)	天气温度(°C)	荷载情况	高程(m)	徐变上拱量(mm)	累计徐变量(mm)	天气温度(°C)	荷载情况	高程(m)	徐变上拱量(mm)	累计徐变量(mm)
黔江端左1										
常德端右2										
差值(左3~左1)										
差值(右4~右2)										
平均值										
梁中左3										
梁中右4										
差值(左3~左5)										
差值(右4~右6)										
平均值										
黔江端左5										
常德端右6										
平均徐变量										

整理： 复核： 审核： 监理： 年 月 日

沉降设计值表见附表10-18。

沉降设计值表 附表10-18

序 号	冠 号	里 程	设计总沉降(mm)	修正设计总沉降(mm)

续上表

序　　号	冠　　号	里　　程	设计总沉降(mm)	修正设计总沉降(mm)

单位：　　　　　　填表：　　　　　　　　　　　　　　年　　月　　日

断链表见附表10-19。

断　链　表　　　　附表10-19

单位：　　　　　　里程范围：

序　　号	断链前冠号	断链前里程	断链后冠号	断链后里程

续上表

序　号	断链前冠号	断链前里程	断链后冠号	断链后里程

填表：　　　　复核：　　　　监理：　　　　　　　　　　　　　年　　月　　日

已知点信息表见附表10-20。

已 知 点 信 息 表　　　　附表10-20

序号	线路名称	高程基准	水准等级	外业点号	内业点号	标志顶面高程(m)	观测日期	期次	备注

观测点信息表见附表10-21。

观 测 点 信 息 表　　　　附表10-21

序　号	编辑日期	外业点号	内业点号	施工阶段	备　注

续上表

序　　号	编辑日期	外业点号	内业点号	施工阶段	备　　注

第十一章　桩基检测

引　　言

本章是针对杭海城际铁路的特点,参照《铁路工程基桩检测技术规程》(TB 10218—2019)、《建筑基桩检测技术规范》(JGJ 106—2014)、《基桩静载试验 自平衡法》(JT/T 738—2009),在吸取杭海城际铁路及周边区域城际轨道交通工程实践经验的基础上编制而成。本章适用于区域城际轨道交通工程的桩基检测质量控制,凡在本章中未做规定的,均按国家、行业及地方现行的有关强制性标准执行。

本章主要内容包括:总则、术语、基本规定、低应变反射波法(瞬态激振时域频域分析法)、声波透射法、高应变法、取芯法、单桩竖向抗压静载试验、自平衡试验等。

主编单位:浙江杭海城际铁路有限公司

参编单位:山东广信工程试验检测集团有限公司、铁四院(湖北)工程监理咨询有限公司、上海地铁咨询监理科技有限公司、中铁第四勘察设计院集团有限公司、浙江省交通规划设计研究院

主要执笔人:林晓峰、张铁军、杨敏龙、马锡海、张秀源、徐晗、王磊

主要审查人:葛佳佳、徐立明、龚东时、易学文、张卓军

1　总　　则

1.0.1　为加强杭海城际铁路工程基桩检测管理,提高检测技术水平,统一检测方法和成果编制,为设计和施工验收提供可靠依据,确保工程质量,争创“省科技进步一等奖”,实现建设平安杭海、品质杭海、示范杭海的战略目标,特编制本章。

1.0.2　本章适用于杭海城际铁路工程基桩桩身完整性和承载力检测与评定。

1.0.3　基桩检测方法应综合考虑地质条件、基桩类型、结构尺寸、各种检测方法的特点和适用范围等因素合理选定,做到安全适用、数据准确、技术先进、经济合理。

1.0.4　检测单位应通过省级及其以上计量行政主管部门的计量认证,应具有行政主管部门颁发的专项检测资质证书。检测人员应经过培训考核,并持有相应检测办法的上岗证书。

2　术　　语

2.0.1　基桩。

桩基础中的单桩。

2.0.2　桩身完整性。

反映桩身截面尺寸相对变化、桩身材料密实性和连续性的综合定性指标。

2.0.3　桩身缺陷。

桩身存在断裂、裂缝、缩颈、夹泥、离析、空洞、蜂窝、松散等现象的统称。

2.0.4　低应变反射波法。

采用低能量瞬态激振方式对桩顶施加冲击荷载,实测桩顶部的加速度(或速度)时程曲线,通过波动理论的时域频域分析,对桩身完整性进行判定的检测方法。

2.0.5　声波透射法。

在桩身预埋声测管之间发射并接收声波,通过实测声波在混凝土介质中传播时的声时、频率和波幅衰减等声学参数的相对变化,对桩身完整性进行判定的检测方法。

2.0.6　高应变法。

在桩顶施加高能量冲击荷载,实测桩顶部的速度和力时程曲线,通过波动理论分析,对单桩竖向抗压承载力和桩身完整性进行判定的检测方法。

3　基本规定

3.1　一般规定

3.1.1　杭海城际铁路工程基桩检测按照本章的规定进行。

3.1.2　杭海城际铁路工程基桩检测应根据检测目的选择合理的检测方法。

3.1.3　基桩完整性及承载力检测应在桩顶设计高程位置进行。

3.1.4　基桩检测开始时间应符合下列规定:

(1)当采用低应变反射波法或声波透射法检测时,受检桩桩身混凝土强度不得低于设计强度的70%,且桩身强度应不低于15MPa。

(2)除单桩静载试验与高应变法检测前桩身混凝土强度应达到设计强度外,桩侧和桩端土的间歇时间还应满足下列要求:对打入桩,砂土7d,粉土10d,非饱和黏性土15d,饱和黏性土25d;对于泥浆护壁混凝土灌注桩,宜较上述规定适当延长间歇时间。

3.1.5　基桩完整性及承载力检测数量应符合铁路工程设计和相关验收标准的要求。

3.1.6　当对检测结果有怀疑或争议时,可进行验证检测。验证检测应符合下列规定:

(1)对低应变检测结果有怀疑或争议时,可采用钻芯法、高应变法或直接开挖进行验证。

(2)对声波透射法检测结果有怀疑或争议时,可采用钻芯法验证。

(3)对高应变法提供的单桩承载力有怀疑或争议时,应采用静载试验验证,并应以静载试验的结果为准。

3.1.7　当检测结果不满足设计要求时,应进行扩大抽检。扩大抽检应符合下列规定:

(1)当采用低应变法检测桩身完整性时,按所发现的Ⅲ、Ⅳ类桩的桩数加倍抽检;

(2)单桩承载力或钻芯法抽检结果不满足设计要求时,应分析原因,并按不满足设计要求的桩(点)数加倍抽检。

3.2　检测结果评定

3.2.1　桩身完整性检测评定应提出每根受检桩的桩身完整性类别结论。桩身完整性分类应符合表11-1的要求。

桩身完整性分类表　　表11-1

桩身完整性类别	分类原则	桩身完整性类别	分类原则
Ⅰ类桩	桩身完整	Ⅲ类桩	桩身存在明显缺陷
Ⅱ类桩	桩身存在轻微缺陷	Ⅳ类桩	桩身存在严重缺陷

3.2.2 Ⅰ类、Ⅱ类桩为合格桩;Ⅲ类桩需由建设方与设计方等单位研究,以确定修补方案或继续使用;Ⅳ类桩为不合格桩。

3.3 检测报告

3.3.1 检测报告应结论准确,用词规范。

3.3.2 检测报告应包含以下内容:

(1)委托方名称(浙江杭海城际铁路有限公司)、工程名称、建设单位名称(浙江杭海城际铁路有限公司)、设计单位名称(中铁第四勘察设计院集团有限公司)、监理单位名称(上海地铁咨询监理科技有限公司、铁四院(湖北)工程监理咨询有限公司、西安铁一院工程咨询监理有限责任公司)、施工单位名称(中铁十局集团有限公司、浙江交工集团股份有限公司、中铁一局集团有限公司)。

(2)工程概况、地质概况、设计与施工概况、受检基桩相关参数、桩位布置图。

(3)检测技术及方法,检测依据、数量、日期、仪器设备。

(4)受检桩的检测数据、实测与计算分析曲线、检测结果汇总表、检测结论、相关图片。

(5)检测、报告编写、审核、授权签字(批准)人员签字,并加盖检测单位检测专用章和计量认证CMA章。

4 低应变反射波法(瞬态激振时域频域分析法)

4.1 适用范围

4.1.1 本方法适用于检测规则截面混凝土桩的桩身完整性、判定桩身缺陷的程度及位置范围。

4.1.2 本方法检测的基桩桩径应小于2.0m,桩长一般不大于40m。当现场组织试验时,其桩长标准可根据现场试验数据确定。

4.2 仪器设备

4.2.1 检测仪器应通过技术鉴定,并具有产品合格证书和计量检定证书。

4.2.2 应定期对仪器设备进行全面检查和调试,其技术指标应符合仪器质量标准。

4.2.3 检测系统应具有信号滤波、放大、显示、储存和信号处理分析功能。

4.2.4 激振设备宜根据桩型及检测目的,选择不同大小、长度、质量的力锤、力棒、手锤和不同材质的激振头,以获得所需的激振频带和冲击能量。力锤可装有力传感器。

4.2.5 信号采集及处理仪应符合以下规定:

(1)数据采集装置的模/数转换位数不得低于12位。

(2)采样间隔宜为10~500μs且可调。

(3)单通道采样点数不少于1024点。

(4)多通道采系统应具有一致性,其振幅偏差应小于3%,相位偏差应小于0.1ms。

(5)放大器增益宜大于60dB且可调,线性度良好。

4.2.6 传感器性能应符合以下规定:

(1)传感器宜选用高灵敏度的压电式加速度传感器或磁电式速度传感器,传感器频响曲线的有效范围应覆盖整个测试信号的频带范围。

(2)加速度传感器的电压灵敏度一般应大于100mV/g,量程不小于50g;速度传感器的灵敏度应不小于300mV/(cm·s);传感器灵敏度选择原则是在满足频响要求前提下,尽可能选择灵敏度高的传感器。

（3）加速度传感器安装谐振频率应大于 10kHz；速度传感器安装谐振频率应大于 1500kHz。

4.3　现场检测

4.3.1　检测前准备。

（1）施工单位应填写报检表，并由监理单位签字，至少提前 24h 提交给现场检测人员。

（2）施工单位应提供工程相关参数和资料。

（3）施工单位对报检的基桩必须做好准备工作，并达到以下要求：

①桩顶检测时高程应为设计高程。

②要求受检桩桩顶的混凝土质量、截面尺寸应与桩身设计条件基本相同。

③灌注桩应凿去桩顶浮浆或松散破损部分，并露出坚硬的混凝土表面；对 CFG 桩头宜采用切割机处理。

④桩顶表面应平整干净且无积水。

⑤在实心桩的中心位置打磨出直径约为 10cm 的平面；在距桩中心 2/3 半径处，对称布置打磨 2～4 处直径约为 6cm 的平面；打磨面应平顺、光洁、密实，如图 11-1 所示。

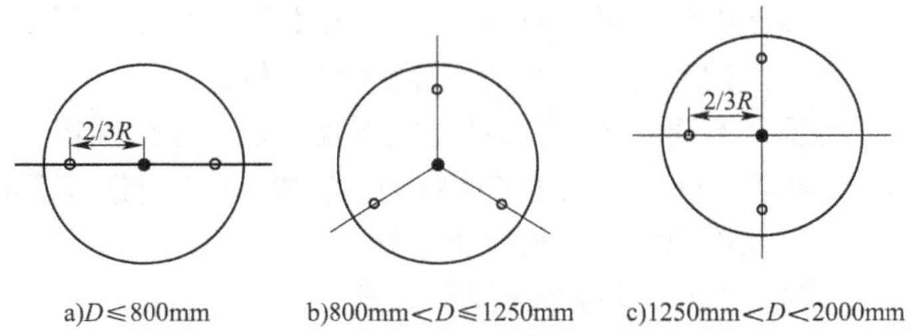

图 11-1　不同桩径对应打磨点数及位置示意图

注：D 为桩身直径

（4）当桩头与垫层相连时，相当于桩头处存在很大的截面阻抗变化，这将会对测试信号会产生影响。因此在进行测试时，当桩头侧面与垫层相连时，除非对测试信号没有影响，否则应断开。

4.3.2　测试参数设定。

（1）设置工地名称、检测日期、桩长、波速等相关采样参数。

（2）传感器垂直安装在桩顶面，用耦合剂（黄油、橡皮泥等）粘贴传感器于桩顶，且应具有足够的粘结强度。

（3）沿桩轴线方向激振。选择合适质量的激振力锤和锤垫，用宽脉冲获取长桩桩底和桩身下部缺陷反射信号，用窄脉冲获取桩身上部缺陷反射信号。

（4）检查判断实测信号是否能反映桩身完整性特征，信号不应失真和产生零漂，信号幅值不应超过测量系统的量程。

（5）各检测点重复检测次数不宜少于 3 次，且检测波形应具有良好的一致性。

（6）检测完成后，现场对采集的信号进行初步分析，如发现有疑问的桩，应立即分析原因，排除可能存在的激振或接受条件不良因素的影响，做好检测准备工作。增加检测点数量，及时进行复测，确定基桩是否存在隐患。如存在隐患，应及时与业主研究处理方案。

（7）对于桩身截面渐变或多变且变化幅度较大，实测信号复杂、无规律的桩，可结合其他检测方法进行综合检测。

4.4　数据分析与判定

4.4.1　桩身完整性分析宜以时域曲线为主，辅以频域分析，并结合地质资料、施工资料和波形特征等因素进行综合分析判定。

4.4.2　桩身完整性的判定结果应符合表11-2的规定。

桩身完整性判定表　　表11-2

时域信号特征	幅频信号特征	判定
$2L/c$时刻前无缺陷反射波,有桩底反射波	桩底谐振峰排列基本等间距,其相邻频差$\Delta f \approx c/(2L)$	Ⅰ类桩
$2L/c$时刻前出现轻微缺陷反射波,有桩底反射波	桩底谐振峰排列基本等间距,轻微缺陷产生的谐振峰之间的频差$\Delta f' > c/(2L)$	Ⅱ类桩
$2L/c$时刻前有明显缺陷反射波	缺陷谐振峰排列基本等间距,其相邻频差$\Delta f' > c/(2L)$	Ⅲ类桩
$2L/c$时刻前出现严重缺陷反射波,无桩底反射波; 或因桩身浅部严重缺陷使波形呈现低频大振幅衰减振动,无桩底反射波;或按平均波速计算的桩长明显短于设计桩长	缺陷谐振峰排列基本等间距,其相邻频差$\Delta f' > c/(2L)$,无桩底谐振峰; 或因桩身浅部严重缺陷只出现单一谐振峰,无桩底谐振峰	Ⅳ类桩

注:本章中L为测点下桩长,c为桩身一维纵向应力波传播速度下同。

4.4.3　出现下列情况之一,应结合其他检测方法进行桩身完整性判定:

(1)实测信号复杂、无规律,无法对其进行准确分析和评定。

(2)当桩长的推算值与实际桩长明显不符,且又缺乏相关资料加以解释或验证。

(3)桩身截面渐变或多变,且变化幅度较大的混凝土灌注桩。

(4)某一场地多数桩底反射不明显,无法对桩身完整性和桩长作出判定。

4.4.4　检测报告除应包括本章第3.3.2条规定的内容外,还应包括以下内容:

(1)桩身应力波速的取值及检测时桩身混凝土龄期。

(2)桩身完整性描述、缺陷的位置及桩身完整性类别。

(3)时域信号时段所对应的桩身长度标尺、指数或线性放大的范围及倍数、低通滤波频率;或幅频信号曲线分析的频率范围、桩底或桩身缺陷对应的相邻谐振峰间的频差。

5　声波透射法

5.1　适用范围

5.1.1　本方法适用于检测混凝土灌注桩桩身缺陷位置、范围和程度,判定桩身完整性类别。

5.1.2　对桩径大于或等于2m、桩长大于40m或复杂地质条件下的基桩,应采用声波透射法检测。当现场组织试验时,其桩长标准可根据试验数据确定。

5.2　仪器设备

5.2.1　声波发射与接收换能器应符合下列要求:

(1)圆柱状径向振动,沿径向无指向性。

(2)谐振频率宜为30k~60kHz。

(3)当接收信号较弱时,宜选用带前置放大器的换能器。

(4)收、发换能器的导线均应有长度标注,其标注允许偏差不应大于10mm。

(5)水密性满足在1MPa水压条件下不渗水。

(6)外径小于声测管内径,有效工作面轴向长度不大于150mm。

5.2.2　声波检测仪应符合下列要求:

(1)具有实时显示和记录接收信号的时程曲线以及频率测量或频谱分析功能。

(2)声时显示范围应大于2000μs,测量精度优于或等于0.5μs,声波幅值测量范围不小于80dB,

声时声幅测量相对误差小于5%，系统频带宽度为5k～200kHz，系统最大动态范围不小于100dB。

(3)声波发射脉冲宜为阶跃或矩形脉冲，电压幅值不宜小于500V。

(4)数据采集装置的模/数转换位数不得低于12位，采样间距小于1μs，采样长度不小于1024点。

5.3 现场检测

5.3.1 声测管埋设。

基桩施工单位必须高度重视和严格声测管埋设工作，监理单位要加强事前提醒和过程检查，检测单位要向施工单位进行事先提示，确保声测管埋设一次性完成。埋设声测管过程中应杜绝声测管堵塞现象。

(1)材质与埋设。

声测管应采用金属管，内径不宜小于40mm，管壁厚不应小于3.0mm。

声测管应下端封闭，上端加盖，管内无异物；声测管采用绑扎方式与钢筋笼连接牢固(不得焊接)；声测管连接应积极采用外加套筒焊接方式进行，杜绝连接处断裂和堵管现象；连接处应光滑过渡，不漏水；管口应高出桩顶100mm以上，且各声测管管口高度应一致。

(2)保证声测管在成桩后相互平行。

声测管应沿桩截面外侧，以线路大里程方向的顶点为起始点，按顺时针旋转并进行编号，如图11-2所示。

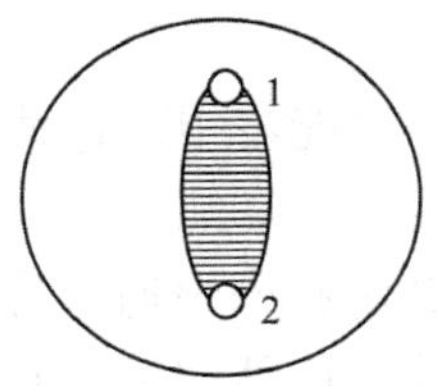

a)沿直径布置$D\leq 800\text{mm}$

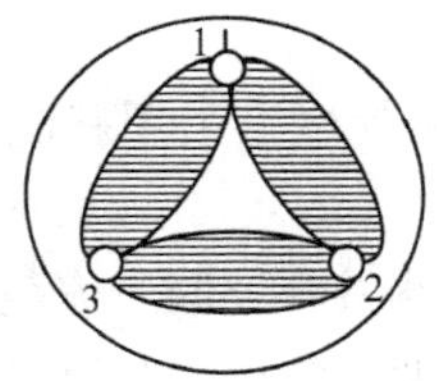

b)呈三角形布置$800\text{mm}<D\leq 2000\text{mm}$

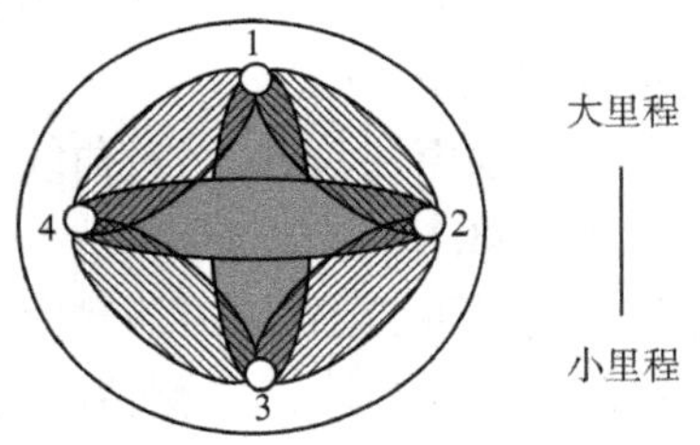

c)呈四方形布置$D>2000\text{mm}$

图11-2 声测管布置示意图

注：图中阴影为声波的有效检测范围示意，D为桩身直径。

检测剖面编组分别为：1-2；1-2，1-3，2-3；1-2，1-3，1-4，2-3，2-4，3-4。

5.3.2 现场检测前准备工作应符合如下规定：

(1)调查、收集待检工程及受检桩的相关技术资料和施工记录，包括桩的类型、尺寸、高程、施工工艺、地质状况、设计参数、桩身混凝土参数、施工过程及异常情况记录等信息。

(2)检查测试系统的工作状况，采用标定法确定仪器系统延迟时间，可参考《建筑基桩检测技术规范》(JGJ 106—2014)条文说明，计算声测管及耦合水层声时修正值。

(3)将伸出桩顶的声测管切割到同一高程，测量管口高程，并将管口高程作为计算各测点高程的基准。

(4)将各声测管内注满清水，封口待检。

(5)在放置换能器前，检查声测管畅通情况，以免换能器卡住或换能器电缆被拉断，造成损失。

(6)准确测量桩顶面相应声测管之间外壁净距离，将该距离作为相应的两声测管间管距并精确至1mm。

(7)测试时径向换能器宜配置扶正器，保证换能器在管中居中，又保护换能器在上下提升中不致与管壁碰撞而损坏换能器。

(8)桩身强度应达到混凝土设计强度的70%或混凝土龄期不少于14d。

5.3.3 现场检测步骤。

现场检测过程宜分两个步骤进行：首先是采用平测法对全桩各个检测剖面进行普查，找出声学参数异常测点；然后，对声学参数异常的测点采用加密测试，必要时采用斜测或扇形扫测等细测方法进一步检测，这样一方面可以验证普查结果，另一方面可以进一步确定异常部位的范围，为桩身完整性类别的判定提供可靠依据。

现场检测需要注意以下几点：

(1)应将发射与接收声波换能器通过深度标志分别置于两根声测管中同一高度的测点处。

(2)应设置好仪器参数，以便进行检测。

(3)发射与接收声波换能器应以相同高程或保持固定高差同步升降，测点间距不宜大于250mm。

(4)实时显示和记录接收信号的时程曲线，读取声时、首波峰值和周期值，宜同时显示频谱曲线及主频值。

(5)将多根声测管以两根为一个检测剖面进行全组合，分别对所有检测剖面完成检测。

(6)在桩身质量可疑的测点周围，应加密测点，或采用斜测、扇形扫测等方法进行复测，进一步确定桩身缺陷的位置和范围。

(7)在同一根桩的各检测剖面的检测过程中，声波发射电压和仪器设置参数应保持不变。

(8)当声测管出现堵管情况时，可按以下规定执行：

①埋有两根或三根声测管的，当某一根声测管桩底堵管采用斜测法时，两个换能器中点连线的水平夹角应不大于40°。

②埋有四根声测管的，当对角线上两根声测管堵管采用斜测法时，两个换能器中点连线的水平夹角应不大于40°。

③其他情况下，在所堵声测管附近钻芯，检测桩身混凝土完整性，并用钻芯孔作为通道进行声波透射法检测。此时应注意观测钻芯孔垂直度的变化情况，以便可发射和接收换能器间距变化对检测信号的影响。

5.4 数据分析与判定

5.4.1 声学参数的计算和波形记录。

各测点的声时 t_c、声速 v、波幅 A_P、主频 f 分别按式(11-1)~式(11-4)进行计算。同时根据现场检测数据，绘制声速-深度(v-z)曲线和波幅-深度(A_P-z)曲线，需要时可绘制辅助的主频-深度(f-z)曲线。

$$t_{ci} = t_i - t_0 - t' \tag{11-1}$$

$$v_i = \frac{l'}{t_{ci}} \tag{11-2}$$

$$A_{pi} = 20\lg\frac{a_i}{a_0} \tag{11-3}$$

$$f_i = \frac{1000}{T_i} \tag{11-4}$$

式(11-1)~式(11-4)中：t_{ci}——第 i 测点声时，μs；

A_{pi}——第 i 测点波幅值，dB；

t_i——第 i 测点声时测量值，μs；

t_0——仪器系统延迟时间，μs；

t'——声测管及耦合水层声时修正值,μs;

l'——每检测剖面相应两声测管的外壁间净距离,mm;

v_i——第 i 测点声速,km/s;

a_i——第 i 测点信号首波峰值,V;

a_0——零分贝信号幅值,V;

f_i——第 i 测点主频值,kHz,也可由信号频谱的主频求得;

T_i——第 i 测点信号周期,μs。

5.4.2 桩身混凝土缺陷应根据下列方法综合判定:

(1)声速低限值判据——当实测混凝土声速值低于声速临界值时,应将其视为可疑缺陷区。

(2)波幅判据——波幅异常时的临界值判据。

(3)PSD 判据——采用斜率法的 PSD 值作为辅助异常点判据。根据 PSD 值在某深度处的突变,结合波幅变化情况,可进行异常点判定。

结合桩身混凝土各声学参数临界值、PSD 判据、混凝土声速低限值以及桩身可疑点加密测试(包括斜测或扇形扫测)后确定的缺陷的特征进行桩身完整性判定应符合表 11-3 的规定。

缺陷特征及判定结果 表 11-3

缺陷特征	判定结果
各检测剖面的声学参数均无异常,无声速低于低限值异常	Ⅰ类桩
某一检测剖面个别测点的声学参数出现异常,无声速低于低限值异常	Ⅱ类桩
(1)某一检测剖面连续多个测点的声学参数出现异常; (2)两个或两个以上检测剖面在同一深度测点的声学参数出现异常; (3)局部混凝土声速出现低于低限值异常	Ⅲ类桩
(1)某一检测剖面连续多个测点的声学参数出现明显异常; (2)两个或两个以上检测剖面在同一深度测点的声学参数出现明显异常; (3)桩身混凝土声速出现普遍低于低限值异常或无法检测首波或声波接收信号严重畸变	Ⅳ类桩

5.4.3 检测报告除应符合本章第 3.3.2 条的规定外,还应包括以下内容:

(1)受检桩的每个检测剖面声速深度-曲线、波幅-深度曲线,并将相应判据临界值所对应的标志线绘制于同一坐标系中。

(2)当采用主频值或 PSD 值进行辅助分析判定时,绘制主频-深度曲线或 PSD 曲线。

(3)桩身缺陷位置及程度分析。

(4)每个检测剖面有代表性的正常测点和异常测点的实测波形曲线。

6 高应变法

6.1 适用范围

6.1.1 高应变法的主要功能是判定单桩竖向抗压承载力是否满足设计要求。这里所说的承载力是指在桩身强度满足桩身结构承载力的前提下,得到的桩周岩土对桩的抗力(静阻力)。因此要得到极限承载力,应充分发挥桩侧和桩端的岩土阻力,否则不能得到承载力的极限值,只能得到承载力检测值。

6.1.2 检测桩身缺陷及位置,判定桩身完整性类别。与低应变法检测的快捷、廉价相比,高应变法检测桩身完整性虽然是附带性功能,但由于其具有激励能量和检测有效深度大的优点,特别在判定桩身水平整合型缝隙、预制桩接头等缺陷时,能够在查明这些“缺陷”是否影响竖向抗压承载力的基础上合理判定缺陷程度。因此高应变法可以作为低应变法检测这类缺陷桩的一种补充验证手段。

6.1.3 高应变法用于监测预制桩打入时的桩身应力和锤击能量传递比,为沉桩工艺参数及桩长选择提供依据。高应变法检测技术是从打入式预制桩发展起来的,试打桩的打桩监控属于其特有的功能,它能监测预制桩打入时的桩身应力、锤击能量的传递以及桩身完整性的变化,为沉桩工艺参数及桩长选择提供依据,这是静载试验无法做到的。

6.1.4 对于大直径扩底桩和荷载-沉降曲线(Q-s 曲线)具有缓变形特征的大直径灌注桩,不宜采用本方法进行竖向抗压承载力检测。对于后压浆桩、夯扩桩、支盘桩,也不宜采用高应变法进行检测。

6.2 仪器设备

6.2.1 检测仪器的主要技术性能指标应不低于《基桩动测仪》(JG/T 518—2007)中表 1 规定的 2 级标准,且应具有保存、显示实测力与速度信号和信号处理与分析的功能。

6.2.2 锤击设备应具有稳固的导向装置,打桩机械或类似的装置都可作为锤击设备(导杆式柴油锤除外)。重锤应材质均匀、形状对称、锤底平整,高径(宽)比不得小于 1,并采用铸铁或铸钢整体铸造。

6.2.3 进行承载力检测时,选择的锤重应大于预估单桩极限承载力的 1.0% ~1.5%。锤重及锤落距的选择是否合适,应以能否有效和充分激发试验桩的桩侧和桩端土阻力为准。

6.2.4 桩的贯入度可采用精密水准仪等仪器测定。

6.3 现场检测

6.3.1 检测前的准备工作应符合下列规定:

(1)收集资料。

需要收集的资料包括工程地质资料、建筑概况、桩位布置图、施工原始记录等,应进行现场调查,了解建筑工程特点。

(2)受检桩龄期。

①受检桩的混凝土龄期达到 28d 或预留同条件养护试块强度达到设计强度。

②休止时间:砂土 7d,粉土 10d,非饱和黏土 15d,饱和黏土 25d。泥浆护壁灌注桩宜适当延长。

(3)桩头处理。

对所需检测的单桩应做好测前处理,要求桩顶面平整,并与桩轴线垂直。桩顶高度应能满足锤击装置的要求。

对不能承受锤击的桩头应加固。具体要求如下:

①对于混凝土桩,应先凿掉桩顶部的破碎层和软弱混凝土。

②桩头顶面应平整,桩头中轴线与桩身上部的中轴线应重合,且桩头截面尺寸应与桩身截面尺寸相同。

③桩头主筋应全部直通至桩顶混凝土保护层之下,各主筋应在同一高度上。

④距桩顶 1 倍桩径范围内,宜用厚度为 35mm 的钢板围裹或在距桩顶 1.5 倍桩径范围内设置箍筋,且间距不宜大于 100mm。桩顶应设置 2 ~3 层钢筋网片,间距 60 ~100mm。

⑤桩头混凝土强度等级宜比桩身混凝土高 1 ~2 级。

6.3.2 传感器的安装应符合下列规定:

(1)传感器应分别对称安装在距桩顶不小于 $2D$ 的桩侧表面处(D 为受检桩的直径或边宽)。条件允许时，应尽量往下安装；对于大直径桩，传感器与桩顶之间的距离可适当减小，但不得小于 D。安装处的材质和截面尺寸应与原桩身相同，传感器不得安装在截面突变处附近。

(2)应变传感器与加速度传感器的中心应位于同一水平线上；同侧的应变传感器与加速度传感器的水平距离不宜大于100mm。传感器的中心轴应与桩中心轴保持平行。

(3)各传感器的安装面应材质均匀、密实、平整，并与桩轴线平行，否则应采用磨光机将其磨平。

(4)安装螺栓的钻孔应与桩侧表面垂直，应力传感器的安装螺栓连线应与桩中心轴保持平行且与地平面垂直。

(5)安装完毕后的传感器应紧贴桩身表面，锤击时不得产生滑动。安装应变式传感器时应对初始应变值进行监控。

6.3.3　重锤敲击应符合下列规定：

(1)桩头顶部应设置桩垫，桩垫可采用10～30mm厚的木板或胶合板等材料。

(2)桩锤重心应与桩顶对中，锤击装置架应垂直于地平面。

锤击装置架垂直、锤击平稳对中、桩头加固和加设桩垫，是为了减小锤击偏离程度和避免击碎桩头。在距桩顶规定的距离下的合适部位对称安装传感器，是为了减小锤击在桩顶产生的应力集中和对偏离进行补偿。

(3)采用自由落锤为锤击设备时，应重锤低击，最大锤击落距不宜大于2.5m。

6.3.4　检查采集数据质量应符合下列规定。

(1)现场应及时检查采集数据的质量，每根受检桩记录的有效锤击信号应根据桩顶最大的动位移、贯入度以及桩身最大拉、压应力和缺陷程度及其发展情况综合确定。

高应变试验能否成功的关键是信号质量以及信号中的信息量是否充分。因此应根据每锤信号质量以及动位移、贯入度和大致的土阻力发挥情况，初步判别采集到的信号是否满足检测目的的要求。同时，也要检查混凝土桩锤击拉、压应力和缺陷程度大小，以决定是否进一步进行锤击，以免桩头或桩身受损。自由落锤锤击时，锤的落距应由低到高变化。

(2)发现测试波形紊乱时，应分析原因；当桩身有明显缺陷或缺陷程度加剧时，应停止检测。

检测工作现场情况复杂，各种因素经常会对作业产生各种不利影响。为确保能够采集到可靠数据，检测人员应能正确判断波形质量，熟练诊断测量系统的各类故障，以排除各类干扰因素。

6.4　数据分析与判定

6.4.1　分析信号的选择。

(1)检测承载力时选取锤击信号，宜取锤击能量较大的击次。

(2)理想高应变波形信号的特点：

①力和速度的时程一致，上升至峰值前二者重合，到达峰值后二者协调，力曲线应在速度曲线之上(除非桩身有缺陷)，两曲线间距离随桩侧土阻力增加而增大，其差值等于相应深度的总阻力值，能真实反映桩周土阻力的实际情况。

②力和速度曲线的时程波形终线归零。

③锤击没有严重偏心，对称的两个力或速度传感器的测试信号不应相差太大，两组力信号不出现受拉情况。

④波形平滑，无明显高频干扰杂波，对摩擦桩桩底反射明确。

⑤有足够的采样长度。保证曲线拟合时间段长度不少于 $5L/c$，并在 $2L/c$ 时刻后延续时间不小于20ms。

⑥贯入度适中，一般单击贯入度不宜小于2mm，也不宜大于6mm。

(3)当出现下列情况之一时，高应变锤击信号不得作为承载力分析计算的依据：

①传感器安装处混凝土开裂或出现严重塑性变形使力曲线最终未归零。

②严重锤击偏心,两侧力信号幅值相差超过1倍。

③受触变效应的影响,预制桩在多次锤击下承载力下降。

④四通道测试数据不全。

(4)桩身波速平均值可根据下行波波形起升沿的起点到上行波波形下降沿的起点之间的时差与已知桩长值确定。桩底反射信号不明显时,可根据桩长、混凝土波速的合理取值范围以及邻近桩的桩身波速值确定。

(5) 测点处设定的应力波速,用于计算弹性模量,只与桩材料有关。当测点处原设定波速随调整后的桩身平均波速改变时,相应的桩材料弹性模量应重新计算后设置,并对原实测力值进行校正。

(6) 力和速度信号第一峰起始比例失调时,应分析原因,严禁按比例调整。

6.4.2 对实测波形进行定性检查并注意观测下列情况:

(1)实测曲线特征反映出的桩承载性状。

(2)桩身缺陷程度和位置,连续锤击时缺陷的扩大或逐步闭合情况。

6.4.3 单桩承载力的判定应符合下列规定:

(1)判定单桩承载力可采用实测曲线拟合法和凯司法。

(2)一般情况下宜采用实测曲线拟合法确定单桩承载力。

6.4.4 凯司法是通过间隔为 $2L/c$ 两次测得的桩顶处应力极值和速度极值,来计算桩身受到的总阻力。凯司法判定单桩承载力按式(11-5)、式(11-6)进行计算:

$$R_c = \frac{1}{2}(1 - J_c) \cdot [F(t_1) + Z \cdot V(t_1)] + \frac{1}{2}(1 + J_c) \cdot \left[F\left(t_1 + \frac{2L}{c}\right) - Z \cdot V\left(t_1 + \frac{2L}{c}\right)\right] \tag{11-5}$$

$$Z = \frac{E \cdot A}{c} \tag{11-6}$$

式中:$F(t_1)$——t_1 时刻的锤击力,kN;

$V(t_1)$——t_1 时刻的质点运动速度,m/s;

R_c——由凯司法判定的单桩竖向抗压承载力,kN;

J_c——凯司法阻尼系数;

t_1——速度第一峰对应的时刻,ms;

Z——桩身截面力学阻抗,kN · s/m;

A——桩身截面面积,m^2;

L——测点下桩长,m;

c——桩身一维纵向应力波传播速度,m/s。

6.4.5 采用实测曲线拟合法判定桩承载力,应符合下列规定:

(1)桩土力学模型物理意义明确,应能反映桩土的实际力学性状。

(2)曲线拟合时间段长度在($t_1 + 2L/c$)时刻后延续时间不应小于20ms(柴油锤信号为30ms)。

(3)拟合分析选用的拟合参数应在合理范围内。

(4)各单元所选用的土的最大弹性位移值不应超过相应桩单元的最大计算位移值。

(5)拟合完成时,土阻力响应区段的计算曲线与实测曲线必须吻合,其他区段的曲线应基本吻合。

(6)贯入度的计算值应与实测值接近。

6.4.6 出现以下情况时,不宜直接采用高应变检测结果,而宜采用静载法进一步验证:

(1)桩身存在严重缺陷,无法判定桩的竖向承载力时。

(2)单击贯入度大,桩底同向反射强烈且反射峰较宽,侧阻、端阻反射弱,即波形表现出竖向承载性状明显与勘察设计条件不符时。

(3)桩身缺陷对水平承载力有影响时。

6.4.7　桩身完整性判定可采用以下方法进行,并应符合相应的规定:

(1)桩身完整性宜采用实测曲线拟合法判定,拟合时所选用的桩土参数应符合本章第4.4.1条和4.4.3条的规定。根据桩的成桩工艺不同,拟合时可采用桩身阻抗拟合或桩身裂隙(包括混凝土预制桩的接桩缝隙)拟合。

(2)桩顶下第一个缺陷可用β法(表11-4)判定;桩身完整性系数β按式(11-7)进行计算,桩身缺陷位置x按式(11-8)进行计算。

$$\beta=\{[F(t_1)+Z\cdot V(t_1)]/2-\Delta R+[F(t_x)-Z\cdot V(t_x)]/2\}/\{[F(t_1)+Z\cdot V(t_1)]/2-[F(t_x)-Z\cdot V(t_x)]/2\} \tag{11-7}$$

$$x=c\cdot(t_x-t_1)/2000 \tag{11-8}$$

式中:ΔR——缺陷以上部位土阻力的估计值,等于缺陷反射起始点的锤击力与速度乘以桩身截面力学阻抗之差值;

t_1——速度第一峰对应的时刻,ms;

t_x——缺陷反射峰对应的时刻,ms;

β——桩身完整性系数;

x——桩身缺陷至传感器安装点的距离,m;

c——桩身一维纵向应力波传播速度,m/s。

桩身完整性系数取值　　表11-4

类　别	β值	类　别	β值
Ⅰ类桩	1.0	Ⅲ类桩	$0.6\leqslant\beta<0.8$
Ⅱ类桩	$0.8\leqslant\beta<1.0$	Ⅳ类桩	$\beta<0.6$

6.4.8　出现下列情况之一的,宜按工程地质条件和施工工艺结合实测曲线拟合法或其他检测方法综合进行桩身完整性判定:

(1)力和速度曲线在峰值附近比例失调,桩身有浅部缺陷。

(2)锤击力波上升缓慢,力和速度比例失调。

6.4.9　检测报告除应包括本章第3.3.2条的内容外,还应包括下列内容:

(1)实测力和速度曲线。

(2)计算中实际采用的桩身波速值。

(3)实测曲线拟合法所选用的各单元桩土模型参数、拟合曲线、模拟静载Q-s曲线、桩侧阻力分布图。

(4)凯司法计算所选用的J_c值。

7　取　芯　法

7.1　适用范围

7.1.1　钻芯法适用于检测混凝土灌注桩桩长、桩身混凝土强度、桩底沉渣厚度,鉴别桩端岩土性状,以及判定或验证桩身完整性类别。

7.2　仪器设备

7.2.1　钻取基桩芯样应采用液压操纵式钻芯机。钻芯机应配备单动双管钻具以及相应的孔口

管、扩孔器、卡簧和扶正稳定器,钻杆应顺直。钻芯机设备参数应符合以下规定:

(1)额定最高转速不低于790 r/min。

(2)转速调节范围不少于4挡。

(3)额定配用压力不低于1.5MPa。

7.2.2 钻头宜采用金刚石薄壁钻头。钻头胎体不得有肉眼可见的裂纹、缺边、少角、倾斜及喇叭口变形。钻头内径不宜小于90mm。钻头胎体对铅体的同心度偏差不得大于0.3mm,钻头的径向跳动不得大于1.5mm。

7.2.3 锯切机应具有冷却系统和牢固夹紧芯样的装置,配套使用的金刚石圆锯片应具有足够的刚度。

7.2.4 芯样补平装置(或磨平机)应保证芯样的端面平整和端面与芯样轴线垂直。

7.2.5 取芯及芯样加工完成后,应及时对钻芯机和芯样加工、磨平设备进行维修与维护。

7.3 现场操作

7.3.1 每根受检桩的钻芯孔数和钻孔位置宜符合下列规定:

(1)桩径小于1.2m的桩钻1孔,桩径为1.2~2.0m的桩钻2孔,桩径大于2.0m的桩钻3孔。

(2)当钻芯孔为1个时,宜在距桩中心10~15cm的位置开孔;当钻芯孔为2个或2个以上时,开孔位置宜在距桩中心0.15~0.25倍桩径内均匀对称布置。

(3)对柱底持力层的钻探,每根受检桩不应少于1孔,且钻探深度应满足设计要求。

7.3.2 钻机设备安放平稳、牢固,其底座水平。钻机立轴中心、天轮中心(天车前沿切点)与孔口中心必须在同一铅垂线上。钻芯过程不发生倾斜、移位,钻芯孔垂直度偏差不大于0.5%。

7.3.3 桩顶面与钻机底座的距离较大时,应安装孔口管。孔口管应垂直且牢固。

7.3.4 钻进过程中,钻孔内循环水流不得中断,应根据回水含砂量及颜色调整钻进速度。

7.3.5 提钻卸取芯样时,应采取相应措施,确保芯样完整。

7.3.6 每回次进尺宜控制在1.5m以内。钻至缺陷处,或下钻速度快的地方,应及时量测钻杆深度,确定缺陷位置、程度。钻至桩底时,应采取适宜的钻芯方法和工艺钻取沉渣,测定沉渣厚度并进行桩端持力层岩土性状鉴别。

7.3.7 钻取的芯样应由上而下按回次顺序放进芯样箱中,芯样侧面上应清晰标明回次数、块号、本回次总块数。及时记录钻进情况和钻进异常情况,并对芯样质量作初步描述,对混凝土、桩底沉渣以及桩端持力层做详细编录。

7.3.8 钻芯结束后,必须对芯样和标有工程名称、桩号、钻芯孔号、芯样试件采取位置、桩长、孔深、检测单位名称标示牌的全貌进行拍照。

7.3.9 钻取芯样且评定合格后,应采用压力灌浆法回灌封闭钻芯孔。

7.4 芯样试件截取与加工

7.4.1 混凝土抗压芯样试件应按以下规定截取:

(1)桩长小于或等于30m时,每孔截取3组;桩长大于30m时,不少于4组。

(2)上部芯样位置距桩顶不大于1倍桩径或1m,下部芯样位置距桩底不大于1倍柱径或1m,中间芯样宜等间距截取。

(3)缺陷位置能取样试验时,应截取一组芯样进行混凝土抗压试验。如果同一基桩的钻芯孔数大于1个,且其中1孔在某深度存在缺陷,则应在其他孔的该深度处取样进行混凝土抗压试验。

(4) 每组芯样应制作3个芯样抗压试件。

7.4.2　当桩端持力层为中、微风化岩层且岩芯可制作成试件时,应在接近桩底部位截取一组岩石芯样。如遇分层岩时,宜在各层取样。

7.4.3　锯切后的芯样,当不能满足平整度及垂直度要求时,宜按以下方法进行端面加工:

(1)在磨平机上磨平。

(2)用水泥砂浆(或水泥净浆)或硫黄胶泥(或硫黄)等材料在专用补平装置上补平。水泥砂浆(或水泥净浆)补平厚度不宜大于5mm,硫黄胶泥(或硫黄)补平厚度不宜大于1.5 mm。补平层应与芯样结合牢固,受压时不得提前破坏补平层与芯样的结合面。

7.4.4　进行抗压强度试验之前,应对芯样几何尺寸进行测量:

(1)平均直径:用游标卡尺测量芯样中部,在相互垂直的两个位置上,取两次测量的平均值,精确至0.5mm。

(2)芯样高度:用钢卷尺或钢板尺进行测量,精确至1mm。

(3)垂直度:用万能角度尺测量两个端面与母线的夹角,精确至0.1°。

(4)平整度:用钢板尺紧靠在芯样端面上,一面转动钢板尺,一面用塞尺测量钢板尺与芯样断面之间的缝隙。

7.4.5　芯样尺寸偏差及外观质量应符合以下规定:

(1)加工后的芯样,高度应为0.95~1.05d(d为芯样平均直径)。

(2)沿芯样高度任一直径与平均直径相差小于2mm。

(3)芯样端面平整度的允许偏差在100mm长度内为±0.1mm。

(4)芯样端面与轴线垂直度的允许偏差为±2°。

(5)试件不得有裂缝或其他较大缺陷,且抗压芯样不得含有钢筋。

7.5　芯样试件抗压强度试验

7.5.1　芯样试件的混凝土抗压强度试验应按《普通混凝土力学性能试验方法标准》(GB/T 50081—2002)中圆柱体试件抗压强度试验的有关规定执行。

7.5.2　芯样试件应在被检测结构或构件混凝土湿度基本一致的条件下进行试验。芯样试件应在(20±5)℃的清水中浸泡40~48h,从水中取出后应立即进行试验。

7.5.3　芯样试件的混凝土强度换算值是指将芯样抗压强度换算成相应龄期的、边长为150mm立方体试件的抗压强度。

7.5.4　芯样试件混凝土强度换算值按式(11-9)进行计算:

$$f_{cu}^{c}=4\xi P/\pi d^2 \tag{11-9}$$

式中:f_{cu}^{c}——混凝土芯样试件抗压强度换算值,精确至0.1MPa;

P——芯样试件抗压试验测得的破坏荷载,N;

d——芯样试件的平均直径,mm;

ξ——混凝土芯样试件抗压强度折算系数,应考虑芯样尺寸效应、钻机扰动和混凝土成型条件的影响,通过试验统计确定;当无统计试验资料时宜取1。

7.5.5　每组试件强度代表值的确定应符合下列规定:

(1)以3个试件测值的平均值作为该组试件的强度代表值(精确至0.1MPa)。

(2)同一受检桩同一深度部位有多组混凝土芯样试件抗压强度代表值时,取其平均值为该基桩该深度处混凝土芯样试件抗压强度代表值。

7.5.6　桩底岩芯单轴抗压强度试验按《建筑地基基础设计规范》(GB 50007—2011)附录J执行。

7.6 数据分析与判定

7.6.1 受检桩中不同深度位置的混凝土芯样试件抗压强度代表值中的最小值为该桩混凝土芯样试件抗压强度代表值。

7.6.2 应根据桩的钻芯孔数、现场混凝土芯样特征、芯样试件抗压试验结果及岩芯单轴抗压强度试验结果,按表 11-5 对桩身完整性进行判定。

桩身完整性判定　表 11-5

特　征	判　定
混凝土芯样连续、完整、表面光滑、胶结好、集料分布均匀、呈长柱状、断口吻合,仅见少量气孔	Ⅰ类桩
混凝土芯样连续、完整、胶结较好、集料分布基本均匀、呈柱状。断口基本吻合,局部见蜂窝、麻面、沟槽	Ⅱ类桩
大部分混凝土芯样胶结较好,无松散、夹泥、严重离析或分层现象,但有下列情况之一: (1)局部混凝土芯样破碎且破碎长度小于 10cm; (2)集料分布不均匀; (3)多呈短柱状或块状; (4)蜂窝、麻面、沟槽连续	Ⅲ类桩
(1)局部混凝土芯样破碎且破碎长度大于 10cm; (2)混凝土芯样任一段松散、夹泥、严重离析或分层; (3)钻进困难或无法钻进	Ⅳ类桩

7.6.3 基桩成桩质量应按单桩进行评定。当出现下列情况之一时,应判定该受检桩不满足设计要求:

(1)桩身完整性类别为Ⅳ类。

(2)受检桩混凝土芯样试件抗压强度代表值小于混凝土设计强度等级。

(3)桩长、桩底沉渣厚度不满足设计或规范要求。

(4)桩端持力层岩土性状(强度)或厚度未达到设计或规范要求。

7.6.4 钻芯孔偏出桩外时,仅对钻取芯样部分进行评价。

7.6.5 检测报告除应包括本章第 3.3.2 条的内容外,还应包括下列内容:

(1)钻芯设备情况。

(2)检测桩数、钻孔数量,混凝土芯进尺、岩芯进尺、总进尺、混凝土试件组数、岩石试件组数。

(3)每孔的柱状图。

(4)芯样单轴抗压强度试验结果。

(5)芯样彩色照片。

(6)异常情况说明。

8 单桩竖向抗压静载试验

8.1 适用范围

8.1.1 本方法适用于检测单桩的竖向抗压承载力,并宜采用慢速维持荷载法。

8.1.2 当埋设有相应的测试元件时,本方法也可用于桩身应力、桩侧摩擦阻力和桩端阻力的测试。

8.2 仪器设备及安装

8.2.1 一般使用1台或多台油压千斤顶并联同步加载。当采用2台以上千斤顶加载时,要求千斤顶型号、规格相同,且合力中心与桩轴线重合。

8.2.2 静载试验加载反力装置可根据现场条件选择,主要有锚桩横梁反力装置、压重平台反力装置和锚桩压重联合反力装置三种模式。加载反力装置宜按预估最大荷载量的1.3倍设计(在最大试验荷载作用下,加载反力装置的全部构件不应产生过大的变形,应有足够的安全储备)。当采用锚桩横梁反力装置时,锚桩数量不宜少于4根,此外还应对锚桩抗拔力、钢筋与焊缝的抗拉强度进行验算,并监测锚桩上拔量。当采用压重平台反力装置时,应符合下列规定:

(1)压重宜在检测前一次加足,并均匀稳固地放置于平台上。

(2)压重施加于地基的压应力不宜大于地基承载力特征值的1.5倍。

8.2.3 荷载可用放置在千斤顶上的荷重传感器直接测定,或采用并联于千斤顶油路的压力表或压力传感器测定油压,根据千斤顶率定曲线换算荷载。传感器的测量误差不应大于1%,压力表精度应优于或等于0.4级。试验用压力表、油泵、油管在最大加载时的压力不应超过规定工作压力的80%。所使用的千斤顶、荷重传感器或压力表、压力传感器要在标定的有效时间内使用。

8.2.4 沉降测量宜采用位移传感器或大量程百分表,并应符合下列规定:

(1)测量误差不大于0.1%F·S,分辨力优于或等于0.01mm。

(2)直径或边宽大于500mm的桩,应在其两个方向对称安置4个位移测试仪表;直径或边宽小于或等于500mm的桩可对称安置2个位移测试仪表。

(3)沉降测定平面宜在桩顶200mm以下位置,测点应牢固地固定于桩身上。

(4)基准梁应具有一定的刚度,梁的一端应固定在基准桩上,另一端应简支于基准桩上。

(5)固定和支撑位移计(百分表)的夹具及基准梁应避免气温、振动及其他外界因素的影响。

(6)所使用的位移传感器或大量程百分表应在标定的有效时间内使用。

8.2.5 试桩、锚桩(压重平台支墩边)和基准桩相互之间的中心距应符合如下规定:当试桩直径小于或等于0.8m时,可为试桩直径的5倍;当试桩直径大于0.8m时,不得小于4m。

8.3 现场检测

8.3.1 对工程桩质量验收抽样检测时,最大有效加载量不应小于设计要求的单桩承载力特征值的2.0倍;为设计提供依据的试验桩,应加载至破坏;设计另有规定时,按设计规定执行。

8.3.2 试桩要求。

(1)试桩宜结合设计、施工等因素合理选择。为设计提供依据的工艺性试桩,其成桩工艺和质量控制标准应与工程桩一致。

(2)桩顶部宜高出试坑底面10cm,试坑底面宜与桩承台底高程一致。试桩顶部一般应采用混凝土加固,混凝土强度等级不得低于检测桩的强度,并在桩顶配置2~3层加密网,或以薄钢板圆筒做成加劲箍与桩顶混凝土浇成一体,用高强度等级砂浆将桩顶抹平。

(3)对作为锚桩用的灌注桩或混凝土预制桩,检测前宜对其桩身完整性进行检测。

8.3.3 试验、加卸载规定。

(1)加载应分级进行,逐级等量加载;分级荷载宜为最大加载量或预估极限承载力的1/10,其中第一级可取分级荷载的2倍。

(2)卸载应分级进行,每级卸载量取加载时分级荷载的2倍,逐级等量卸载。

(3)加、卸载时应使荷载传递均匀、连续、无冲击,每级荷载在维持过程中的变化幅度不得超过分级荷载的±10%。

8.3.4　慢速维持荷载法试验步骤应符合下列规定：

(1)每级荷载施加后按第5min、15min、30min、45min、60min测读桩顶沉降量，以后每隔30min测读一次。

(2)试桩沉降相对稳定标准：每1h内的桩顶沉降量不超过0.1mm，并连续出现两次(从分级荷载施加后第30min开始，按1.5h连续三次每30min的沉降观测值计算)。

(3)当柱顶沉降速度达到相对稳定标准时，再施加下一级荷载。

(4)卸载时，每级荷载维持1h，按第15min、30min、60min测读桩顶沉降量后，即可卸下一级荷载。卸载至零后，应测读桩顶残余沉降量，维持时间为3h，测读时间为第15min、30min，以后每隔30min测读一次。

8.3.5　终止加载条件。

(1)某级荷载作用下，桩顶沉降量大于前一级荷载作用下沉降量的5倍，且总沉降量大于40mm。

(2)某级荷载作用下，桩顶沉降量大于前一级荷载作用下沉降量的2倍，且经24h尚未达到相对稳定标准。

(3)已达到设计要求的最大加载量。

(4)当工程桩作为锚桩时，锚桩上拔量已达到允许值。

(5)当荷载沉降曲线呈缓变形时，可加载至桩顶总沉降量为60～80mm；在特殊情况下，可根据具体要求加载至桩顶累计沉降量超过80mm。

8.3.6　检测数据记录格式见单桩竖向抗压静载试验记录表(本章附件1中附表11-1)。

8.3.7　测试桩侧阻力和桩端阻力时，测试数据的测读时间宜符合本章第8.3.4条的规定。

8.4　数据分析与判定

8.4.1　检测数据的整理应符合下列规定：

(1)确定单桩竖向抗压承载力时，应绘制竖向荷载-沉降(Q-s)曲线、沉降-时间对数(s-lg$t$)曲线，当有需要时也可绘制其他辅助分析曲线。

(2)当进行桩身应力和桩底反力测定时，应整理出有关数据的记录表，并绘制桩身轴力分布图，计算不同土层的分层侧摩擦阻力和端阻力值。

8.4.2　单桩竖向抗压极限承载力Q可按下列方法综合分析确定：

(1)根据沉降随荷载变化的特征确定：对于陡降型Q-s曲线，取其发生明显陡降的起始点对应的荷载值。

(2)根据沉降随时间变化的特征确定；取s-lg$t$曲线尾部出现明显向下弯曲的前一级荷载值。

(3)出现本章第8.3.5条第(2)款的情况时，取前一级荷载值。

(4)对于缓变形Q-s曲线，可根据沉降量确定，宜取40mm对应的荷载值；当桩长大于40m时，宜考虑桩身弹性压缩量；对直径大于或等于800mm的桩，可取$s=0.5D$(D为桩端直径)对应的荷载值。

当按上述方法判定桩的竖向抗压承载力未达到极限时，桩的竖向抗压极限承载力应取最大试验荷载值。

8.4.3　单桩竖向抗压极限承载力统计值的确定，应符合下列规定：

(1)参加统计的试桩结果，当满足其极差不超过平均值的30%时，取其平均值为单桩竖向抗压极限承载力。

(2)当极差超过平均值的30%时，应分析极差过大的原因，结合工程具体情况综合确定，必要时可增加试桩数量。

(3)对桩数为3根或3根以下的柱下承台，或工程桩抽检数量少于3根时，应取低值。

8.4.4 单位工程同一条件下的单桩竖向抗压承载力特征值 R_a 应按单桩竖向抗压极限承载力统计值的1/2取值。

8.4.5 检测报告除应包括本章第3.3.2条的内容外,还应包括下列内容:

(1)受检桩桩位对应的地质柱状图。

(2)受检桩及锚桩的尺寸、材料强度、锚桩数量、配筋情况。

(3)加载反力种类,堆载法应指明堆载质量,锚桩法应配备反力梁布置平面图。

(4)加、卸载方法以及荷载分级。

(5)本章第8.4.1条要求绘制的曲线及对应的数据表,与承载力判定有关的曲线及数据。

(6)承载力判定依据。

(7)当进行分层摩擦阻力测试时,还应有传感器类型、安装位置,轴力计算方法,各级荷载下桩身轴力变化曲线,各土层的桩侧极限摩擦阻力和桩端阻力。

9 自平衡试验

9.1 试验目的

9.1.1 通过桩承载力试验,验证桩基承载力以及荷载与位移的关系,验证设计、施工可靠性,确保工程质量。

9.1.2 自平衡法的原理。

自平衡法的检测原理是将一种特制的加载装置——自平衡荷载箱,在混凝土浇筑之前和钢筋笼一起埋入桩内相应的位置(具体位置根据试验的不同目的而定),将荷载箱的加压管以及所需的其他测试装置(位移、应力等)从桩体引到地面,然后灌注成桩。由加压泵在地面向荷载箱加压加载,荷载箱产生上下两个方向的力,并传递到桩身。由于桩体自成反力,将得到相当于两个静载试验的数据:荷载箱以上部分,获得反向加载时上部分桩体的相应反应参数;荷载箱以下部分,获得正向加载时下部分桩体的相应反应参数。通过对加载力与这些参数(位移、应力等)之间关系的计算和分析,可以获得桩基承载力等系列数据。这种方法可为设计提供数据依据,也可用于工程桩承载力的验证。

9.1.3 自平衡法的优点。

与传统的静载试验(检测)方法(堆载法和锚桩法)相比,自平衡法具有以下优点:

(1)省力:没有堆载,也不要笨重的反力架,检测十分简单、方便、安全。

(2)省时:土体稳定即可测试,并可多根桩同时测试,大大节省试验、检测时间。

(3)不受场地条件和加载吨位限制:每桩只需1台高压泵、1套位移测读仪器、1根基准梁,检测设备体积小、质量轻,可用于任何场地(基坑、山上、地下、水中)。

9.2 测试仪器设备

9.2.1 加载设备试桩采用环形荷载箱,荷载箱直径同钢筋笼外径,高约20cm直径和加载面积的设计,充分兼顾了加载液压的中低压力和桩体试验后的高承载能力。荷载箱通过内置的特殊增压技术设计,以很低的油压压强,产生很大的加载力,从而能够极大地降低加载系统的故障率。

9.2.2 高压油系:最大加压值为60MPa,加压精度为每小格0.5MPa,其压力表应由计量部门标定并提供标定证书。荷载箱高油压泵标定完成后,可运往现场进行安装。

9.2.3 位移量测装置。

位移量测装置的量程为50mm可调且每套荷载箱对应8只,通过磁性表座固定在基准钢梁上,2只用于测量桩身荷载箱处的向上位移,2只用于测量桩身荷载箱处的向下位移,2只用于量测桩顶向上位移,2 只用于量测下荷载箱下位移管(近底端)向下的位移。位移量测装置应由计量部门标定并提供标定证书。

9.3 现场安装及检测

9.3.1 为了确保自平衡桩基检测结果可靠准确,根据相关检测规范的技术要求,荷载箱在安装时必须按照既定的规定操作,部分工作需施工方配合。荷载箱安装前施工方需准备下列设备及材料: 20t 以上吊车、电焊机、混凝土、钢筋等。荷载箱安装流程:荷载箱及相关附件运抵现场→荷载箱预浇筑混凝土→荷载箱与钢筋笼焊接→油管及位移检测管线布置下放钢筋笼及灌注桩身混凝土→桩头管线保护。

(1)荷载箱及相关附件运抵现场。

①卸车时应轻搬轻放,防止碰坏管线。

②按照装箱单清点货物,防止丢失。

③荷载箱及附件存放时需要防雨、防尘。

(2)荷载箱预浇筑混凝土(只针对设计有导流体结构的荷载箱)。

将荷载箱锥体朝上,倒置于平整地面上,注意下口需用水泥纸铺住,以防上灌注时水泥浆直接黏结在地面:

①将混凝土料浇筑入锥体后,用振动棒充分捣实后,混凝土强度不得低于 C30。

②浇筑完毕后 10h 内,不得移动荷载箱体。

③待一面荷载箱锥体凝固后,用吊车翻转,浇筑另面锥体。

④如果施工单位能保证对沉降的控制,也可不设导流装置。

(3)荷载箱与钢筋笼焊接以及声测管的布置。

①用吊车侧吊荷载箱,将吊起后的荷载箱与钢筋笼进行焊接。焊接时,将钢筋笼的主筋与荷载箱上的方钢或加强筋(现场加工制作)进行焊接,钢筋笼与荷载箱必须保持垂直,偏心度控制在 5°之内。

②将灌注导管的导向结构焊接在钢筋笼上(导向结构根据现场情况在现场加工制作),数量与主筋数相同。荷载箱上、下面都需要布置。应使用直径为 20mm 的圆钢作为材料,每根长度不小于 1.0m。

③在荷载箱上、下各 1m 范围内,对钢筋笼横向箍筋进行加密处理,使其间距缩减至 10cm。

④位移杆采用内杆加外套护管的方式,两上位移杆焊接在荷载箱上盖板处,两下位移焊接在预留好的下位移连接处,采用丝扣连接,呈 90°分布,拧紧时需缠生料带,顺着钢筋笼连接至地面。

⑤声测管与钢筋笼的绑扎要牢固,连接完成后耐压强度不低于 2MPa。声测管在钢筋笼内呈三角形布置。

(4)下放钢筋笼及灌注桩身混凝土。

①下放钢筋笼:下笼过程中,需要对位移管线和油管进行绑扎,位移管线每隔 0.5m 用扎丝绑扎,油管每隔 1m 用扎丝绑扎。当采用位移拉索时还需在钢筋笼外侧添加 4 根主筋,用于引导位移拉索一直绑扎至地面,以保证位移拉索的垂直度和有效保护。当桩顶标高低于地面时,桩顶到地面需放置简易钢筋笼,用于引导保护管线。

②灌注桩身混凝土:导管通过荷载箱到达桩端浇捣混凝土,当混凝土接近荷载箱时,拔导管速度应放慢;当荷载箱上部混凝土高度大于 2.5m 时,导管底端方可拨过荷载箱,浇混凝土至设计桩顶;荷载箱下部混凝土坍落度宜大于 200mm,便于混凝土在荷载箱处上翻。

(5)桩头管线保护。

钢筋笼下放完毕至现场开始检测有差不多半个月以上的休止期,需要在柱头做好警示标记,保

护油管及位移管(位移管外护管顶部做好防护,防止水泥浆漏入),保证管线不受破坏。

9.3.2 根据相关检测规范的技术规定,为确保自平衡桩基检测结果可靠、准确,荷载箱在检测时必须按照方案要求操作,部分工作需施工方配合。

整个流程按前期准备→搭设基准梁、基准桩→搭设帐篷→准备电源→开始检测→检测结束的顺序进行。

(1)前期准备。

①静载试验开始前,用声波透射法检测桩身完整性,以确保静载试验数据的可靠性。

②成桩28d后,方可开始检测。

③检测前需将场地整理平整,桩头修整完毕。

④检测方需准备套完整的检测设备。

⑤施工方所需准备的设备及材料:20t吊车、电焊机、配电箱、搭帐篷及基准梁所需的材料。

(2)搭设基准梁、基准桩。

依据自平衡桩基检测规范,基准梁一端与基准桩铰接,另一端与基准桩焊接。基准梁长度应不小于试桩桩径的6倍,以桩中心为中心,每边各3倍桩径,搭设在试桩的正上方。

(3)搭设帐篷。

测试时,为尽量减小温度、雨水、风等外部因素的影响,需搭设防风篷架,确保测试设备、基准梁、基准桩、仪表及管线检测时不受外界环境的影响。

(4)准备电源。

检测阶段,确保数据采集系统及油压泵的正常使用,现场需配备一只电压稳定不间断三相四线制配电箱。配电箱带漏电保护措施,配有380V、220V两种电源,容量不小于10kW。

(5)开始检测。

在现场检测期间,加载流程及时间应符合相关规范的规定。检测用仪器设备应在检定或校准周期的有效期内,检测前应对仪器设备检查调试。检测所使用的仪器、仪表及设备应具备检测工作所必需的防尘、防潮、防震等功能,并能在-10~40℃温度范围内正常工作。测压传感器或压力表精度均应优于或等于0.4级,量程不应小于6MPa,压力表、油泵、油管在最大加载时的压力不应超过规定工作压力的80%。位移传感器宜采用电子百分表或电子千分表,测量误差不得大于0.1%F·S,分辨力优于或等于0.01mm。

①加载应分级进行。每级加载量为最大加载量的1/10~1/15。

②卸载应分级进行。每级卸载量为2~3个加载级的荷载值。

③加卸载应均匀连续,每级荷载在维持过程中的变化幅度不得超过分级荷载的10%。

④位移观测和稳定标准。

⑤位移观测采用慢速维持荷载法。每级加(卸)载后第1h内应在第5min、10min、15min、30min、45min、60min测读位移,以后每隔30min测读一次,达到相对稳定后方可加(卸)下级荷载。卸载到零后应至少观测2h,测读时间间隔同加载间隔。

⑥稳定标准:从分级荷载施加后的第30min开始,按1.5h连续三次每30min的位移观测值计算,每小时内的位移增量不超过0.1mm,并连续出现两次。

(6)终止加载条件。

①某级荷载作用下,荷载箱上段或下段位移增量大于前一级荷载作用下位移增量的5倍,且位移总量超过40mm。

②某级荷载作用下,位移量大于前一级荷载作用下位移量的2倍,且经24h尚未达到相对稳定标准。

③已达到最大极限加载值。

④当荷载-位移曲线呈缓变形时,可加载至位移量60～80mm;在特殊情况下,根据具体要求,可加载至累计位移量超过80mm。

(7)检测结束。

检测结束后,要保存好记录数据。将检测设备、加测设备等擦拭干净,装箱放好。

9.3.3　桩身轴力测试。

(1)钢筋计的安装埋设。

①按钢筋直径选配相应的钢筋计,如果规格不相符,可选择与钢筋直径相近的钢筋计,埋设在不同性质土层的界面处,以测量桩在不同土层中的分层摩擦力。

②将钢筋计两端的连接拉杆拧下,选配与钢筋计规格相同的钢筋与连接拉杆焊接在一起。将钢筋计(已接电缆)与已焊好钢筋的连接拉杆用管钳对旋、拧紧,钢筋计与连接拉杆的螺纹拧紧时可附胶。焊接时,要在传感器的部位浇水或用湿布包裹冷却,以免温度过高损坏传感器。

③每个断面安装3个点,埋设在不同性质土层的界面处,以测量桩在不同土层中的分层摩擦力。在制作钢筋笼时,需留出对称3个点位置的主筋,待安装上钢筋应力计后再焊接到钢筋笼相应位置,或者在钢防笼制作完成后,在相应位置割断对称点位置的主筋。

(2)桩身应力测试及计算。

采用弦式传感器测量时,将钢筋计实测频率通过率定系数换算成力,再转化成与钢筋计断面处的混凝土应变相等的钢筋应变量。

在数据整理过程中,应将零漂大、变化无规律的测点删除,求出同断面有效测点的应变平均值。

9.4　试验数据的分析、整理

9.4.1　单桩竖向抗压极限承载力的确定。

实测得到荷载箱上段桩的极限承载力和荷载箱下段桩的极限承载力,从而可以得到单桩竖向抗压极限承载力。

9.4.2　报告应包含下列内容:

①试桩的 Q-s 曲线,s-lg$t$ 的实测数据及加载、卸载曲线。

②试桩的竖向抗压单桩极限承载力。

③试桩的桩周与各土层间的极限摩擦阻力。

④试桩的桩尖处土的端阻力。

⑤试桩的桩身轴力分布曲线、桩身总侧阻力分布曲线。

本章附件

附件1　静载试验记录表

(1)单桩竖向抗压(抗拔)静载试验的现场检测数据记录表见附表11-1。

(2)单桩水平静载试验的现场检测数据记录表见附表11-2。

单桩竖向抗压(抗拔)静载试验记录表　　附表11-1

工程名称					桩号			日期		
加载级	油压(MPa)	荷载(kN)	测读时间	位移计(百分表)读数				本级沉降(mm)	累计沉降(mm)	备注
				1号	2号	3号	4号			

检测单位：　　　　校核：　　　　记录：

单桩水平静载试验记录表　　附表11-2

工程名称						桩号				日期		
油压(MPa)	荷载(kN)	观测时间	循环数	加载		卸载		水平位移(mm)		加载上下表读数差	转角	备注
				上表	下表	上表	下表	加载	卸载			

检测单位：　　　　校核：　　　　记录：

附件2　混凝土桩桩头处理

(1)混凝土桩应凿掉桩顶部的破碎层以及软弱或不密实的混凝土。

(2)桩头顶面应平整,桩头中轴线与桩身上部的中轴线应重合。

(3)桩头主筋应全部直通至桩顶混凝土保护层之下,各主筋应在同一高度上。

(4)距桩顶1倍桩径范围内,宜用厚度为3~5mm的钢板围裹或距桩顶1.5倍桩径范围内设置箍筋,间距不宜大于100mm。桩顶应设置1~2层钢筋网片,间距为60~100mm。

(5)桩头混凝土强度等级宜比桩身混凝土提高1~2级,且不得低于C30。

(6)高应变法检测的桩头测点处截面尺寸应与原桩身截面尺寸相同。

(7)桩顶应用水平尺找平。

第三篇

隧 道 工 程

第十二章　隧道工程施工

引　　言

本章是针对杭海城际铁路的特点，参照《客货共线铁路隧道工程施工技术规程》(Q/CR 9653—2017)，在吸收杭海城际铁路及周边区域城际轨道交通工程实践经验的基础上编制而成。本章以施工质量验收标准为依据，重点对施工过程中的工艺、工法、质量保证措施作出了规定，反映了工程施工的新技术、新材料、新工艺、新设备，充分体现了区域城际轨道交通工程隧道工程的技术特点和施工控制要求。本章适用于区域城际轨道交通工程隧道工程施工的质量控制，凡在本章中未做规定的，均按国家、行业及地方现行有关强制性标准执行。

本章主要内容包括：总则，术语，施工准备，洞口工程，施工方法，辅助施工方法与措施，钻爆开挖，初期支护，二次衬砌，防排水，施工机械与设备，超前地质预报，监控量测，辅助坑道，通风防尘、风水电供应与通信系统，特殊岩土和不良地质地段隧道施工，明挖工程，盾构施工，环境保护及施工阶段的风险评估等。

主编单位：浙江杭海城际铁路有限公司

参编单位：中铁隧道局集团有限公司、广东铁路建设监理有限公司、中铁第四勘察设计院集团有限公司、浙江省交通规划设计研究院

主要执笔人：葛佳佳、李科、王兴陈、金立、周强、范润东、黄群勇、李毅、游聚晖、马亮亮、李阳

主要审查人：钟庆华、张高锋、薛文静、牛要闯、陈剑伟、卢雨田、陈丹锡

1　总　　则

1.0.1　为统一城际轨道交通隧道工程施工技术要求，加强施工管理，保证工程质量，确保施工安全，特编制本章。

1.0.2　本章适用于标准轨距城际轨道交通隧道工程的施工。

1.0.3　隧道工程必须按照批准的设计文件施工，在施工中应根据地质预报及监控量测信息实施动态管理。

1.0.4　隧道施工应根据地质复杂程度和隧道特点，进行施工风险评估，制定风险规避措施和安全应急救援预案。

1.0.5　隧道施工应遵守国家有关劳动保护法规，确保作业人员身体健康。积极改善隧道工程施工条件，加强通风、防尘、照明，防止有害气体、辐射对作业人员的危害。

1.0.6　隧道施工应进行环境评价、注重环境保护和水土保持，施工中必须遵守污染物排放的国家标准和地方标准，本着“预防为主、防治结合”的原则，防止隧道施工造成周边环境污染和破坏。

1.0.7　隧道防排水应遵循“防、堵、截、排相结合，因地制宜，综合治理”的原则。

1.0.8　隧道工程施工应采用信息化网络技术，推广应用新技术、新工艺、新材料、新设备，提高施工的管理水平和技术水平。

1.0.9 在施工过程中,应随时收集原始数据、资料,做好有关的施工记录。竣工后应根据施工特点编写单项和综合的施工技术总结,及时提交竣工文件。

1.0.10 城际轨道交通隧道工程施工除应符合本章要求外,尚应符合国家现行有关强制性标准的规定。

2 术 语

2.0.1 隧道地质超前预报。

在分析既有地质资料的基础上,采用地质调查、物探、地质超前钻探、超前导坑等手段,对隧道开挖工作面前方的工程地质与水文地质条件及不良地质体的工程性质、位置、产状、规模等进行探测、分析判释及预报,并提出技术措施建议。

2.0.2 预留变形量。

针对围岩预计变形量而将设计的隧道开挖断面作适当扩大的预留量。

2.0.3 混凝土结构物耐久性。

在预定作用及预期的维修、使用条件下,混凝土结构物及其部件能在预定的期限内维持其正常使用的能力。

2.0.4 胶凝材料。

混凝土中的水泥与粉煤灰、磨细矿渣粉、硅灰等活性矿物掺和料的总称。

2.0.5 水胶比。

混凝土配制时的用水量与胶凝材料总量之比。

2.0.6 监控量测。

隧道施工中对围岩和支护动态进行的经常性观察和测量。

2.0.7 全断面法。

按设计断面一次基本开挖成形的施工方法。

2.0.8 台阶法。

先开挖上半断面,待开挖至一定距离后再同时开挖下半断面,上下半断面同时并进的施工方法。

2.0.9 双侧壁导坑法。

在软弱围岩大跨隧道中,先开挖隧道两侧的导坑,并进行初期支护,再分部开挖剩余部分的施工方法。

2.0.10 中隔壁法(CD法)。

在软弱围岩大跨隧道中,先分部开挖隧道的一侧,并施作中隔壁,然后再分部开挖隧道的另一侧,最终封闭成环的施工方法。

2.0.11 交叉中隔壁法(CRD法)。

在软弱围岩大跨隧道中,先分部开挖隧道一侧,施作部分中隔壁和横隔板,并封闭成环;再分部开挖隧道另一侧,完成横隔板施工,最终隧道整个断面封闭成环的施工方法。

2.0.12 光面爆破。

为获得平整的开挖面,最后起爆周边眼的爆破方法。

2.0.13 超前支护。

隧道开挖前,将锚杆、小导管、管棚等沿隧道轴向以一定的角度斜插入开挖工作面拱部前方,对围岩进行预加固的支护。

2.0.14 初期支护。

采用复合式衬砌的隧道在开挖后施设的由喷射混凝土与锚杆、钢架、钢筋网等构成的第一次衬砌。

2.0.15　喷混凝土。

利用压缩空气以一定喷射压力形成的一种混凝土。

2.0.16　纤维混凝土。

为了改变混凝土的力学性能，拌和料中掺入纤维的混凝土。

2.0.17　系统锚杆。

在隧道周边上按一定间距径向布置的锚杆群。

2.0.18　钢架。

用钢筋或型钢等制成的支护骨架构件。

2.0.19　管棚。

在隧道开挖前，沿开挖轮廓线外，在一定范围内，按一定外插角和间距插入一定直径的钢管，并压注水泥浆或水泥砂浆，然后将钢管尾部与钢架焊接为一体形成的拱部预支护构件。

2.0.20　预注浆。

为了固结围岩、封堵地下水或稳定开挖面，隧道开挖前在地面或开挖工作面或沿开挖轮廓线进行的超前注浆。

2.0.21　全断面深孔预(帷幕)注浆。

属预注浆的一种。沿开挖轮廓线和开挖工作面，按一定的间距、直径、深度进行钻孔，向孔内压注某种浆液，因浆液扩散将钻孔周围一定范围内的围岩固结成一体形成的帷幕注浆。

2.0.22　回填注浆。

复合衬砌完成后，为填充防水板与二次衬砌之间的空隙而进行的灌浆。

2.0.23　二次衬砌。

在初期支护内侧施作的模筑混凝土衬砌，与初期支护共同组成复合式衬砌。

2.0.24　施工缝。

在混凝土浇筑过程中，因设计要求或施工需要分段浇筑，而在先、后浇筑的混凝土之间形成的接缝。

3　施工准备

3.1　施工调查

3.1.1　施工调查前应查阅设计文件和相关资料，制定调查提纲。调查结束后，根据调查情况编写书面的施工调查报告。

3.1.2　施工调查应包括下列内容：

(1)工程概况，包括工程环境、气候特征、工程地质、水文地质、工程规模和工程特点等。

(2)工程的施工条件，包括施工运输、水源、供电、通信、场地布置、弃渣场地及容纳能力、征地拆迁情况等。

(3)当地原材料及半成品的品种、质量、价格及供应能力等。

(4)当地的交通运输状况，包括运能、运价、装卸费率等。

(5)钻爆法施工所需爆破器材的供应情况及供货渠道等。

(6)地方生活供应、医疗、卫生、防疫、民族风俗及居民点的社会治安情况等。

(7)对当地生态、环境保护的一般规定和特殊要求，工程对环境可能造成的近、远期影响等。

(8)当地可供利用的劳动力资源状况，包括工费、就业情况等。

(9)绘制施工调查平面总图。

3.2 设计文件的核对

3.2.1 设计文件的核对应包括下列内容:

(1)标准、技术条件、设计原则等。

(2)隧道的平面及纵断面。

(3)隧道的勘测资料,如地形、地貌、工程地质、水文地质、钻探图表等。

(4)设计各专业的接口及相互衔接的施工方法和技术措施。

(5)隧道穿过不良地质地段的设计方案,隧道施工对环境可能造成影响的预防措施。

(6)洞口位置、洞门式样、洞口边坡与仰坡的稳定程度、衬砌类型、辅助坑道的类型和位置等。

(7)指导性施工组织设计。

(8)洞内外排水系统和排水方式等。

(9)施工通风方案。

(10)弃渣场的设计、位置及渣容量是否能满足施工需要和环保要求。

3.2.2 控制桩和水准基点的交接和复核应符合下列规定:

(1)隧道控制桩和水准基点的交接,应在建设单位主持下,由设计单位持交桩资料向施工单位逐桩、逐点交接确认,遗失的应补桩。

(2)对接收的控制桩和水准基点,应按同等级测量精度进行复核。

(3)测量复核结果应呈报监理工程师,审核批复后方可使用。

3.2.3 在施工调查和设计文件核对后,应将结果及存在的问题,以书面形式报送建设、设计、监理等相关单位。

3.3 实施性施工组织设计

3.3.1 编制实施性施工组织设计应通过全面的调查研究,按照建设项目的工期要求和投资计划,有计划地合理组织和安排好工期、施工方案、施工方法,并提出劳动力、材料、机具设备等生产资源的合理配置。

3.3.2 实施性施工组织设计中的施工方案、进度计划和现场平面布置,宜在多方案的基础上,经过技术、经济、工期的比较后,择优确定。

3.3.3 编制实施性施工组织设计应以下列内容为依据:

(1)国家标准《建设工程项目管理规范》(GB/T 50326—2017)中项目管理实施规划的要求。

(2)建设工程项目的招标文件及合同文件。

(3)设计文件、现行的相关国家标准、行业标准及企业标准等。

(4)调查资料,如气象、交通运输情况、当地建筑材料分布、临时辅助设施的修建条件,以及水、电、通信等情况。

(5)工程建设法律、法规和有关规定文件。

(6)企业的质量管理、环境管理和职业健康安全管理等体系文件。

(7)设计单位技术交底纪要。

(8)企业的实际施工水平。

3.3.4 实施性施工组织设计应包括下列内容:

(1)地理位置、地理特征、气候气象、工程地质、水文地质、工程设计概况、主要工程数量等。

(2)合同文件关于工期、安全、质量、文明施工、环境保护等的要求。

(3)施工条件、工程特征分析(特点、重点、难点)、施工方案。

(4)施工单位关于工期、安全、质量、文明施工、环境保护的控制目标。

(5)项目经理部组织机构设置及岗位职责。

(6)洞口生产场地布置及临时工程规划。

(7)洞内、外管线布置及风、水、电供应方案。

(8)编制各工序进度指标、施工总进度计划、单位工程施工进度计划及次级进度计划横道图、网络计划图并标明关键线路。

(9)洞口工程、进洞、洞身开挖、钻爆设计、装渣运输、初期支护、二次衬砌、施工通风、施工排水、控制测量、施工测量、超前地质预报、监控量测等工序的施工方法、工艺流程、检验标准、实施要点。

(10)机械设备配备、劳动力配备、主要材料分阶段供应计划、主要材料的采购、运输方式等。

(11)材料检验、工程计量、资料归档、成本控制、职工培训计划等各项管理制度。

(12)关于工程工期、工程质量、安全生产、文明施工、环境保护和雨季、冬季及高温季节施工的组织、技术、经济等保证措施及奖惩条例。

(13)施工过程中对环境的直接影响和潜在的影响,对各种影响因素所采取的预防和保护措施。

(14)施工阶段风险评估和风险规避措施。

(15)隧道施工地区发生自然灾害、施工过程发生紧急情况时的应急预案。

3.3.5　项目管理有关部门的人员应参与实施性施工组织设计的编制,以确保其实用性和针对性。

3.3.6　在实施过程中应根据客观条件、生产资源配置的变化情况及时调整施工组织设计,并及时报送监理工程师批准,实行动态管理。

3.4　施工复测和控制测量

3.4.1　施工复测应按下列程序进行:

(1)勘测设计单位对施工单位进行交接桩以后,施工单位应对所交的控制点进行复测,复测应包括下列内容:

①GPS 点的基线边长度;

②导线点的转角、导线点间的距离;

③水准点间的高差;

④复测应与相邻标段进行贯通测量,确保标段施工交界处正确衔接。

(2)复测结果与设计单位的勘测成果不符时,必须再次复测进行确认。当确认设计单位勘测资料有误或精度不符合规定要求时,应积极与设计单位协商对勘测成果进行改正。

(3)控制点复测完成后应编制详细的复测成果书并形成交桩文件,复测成果应报送监理单位和设计单位,复测成果满足要求并经监理单位批复后方可进行后续的测量工作。

3.4.2　隧道长度大于 1000m 时,应根据隧道横向贯通精度的要求进行平面控制测量设计;隧道相邻两开挖口间的高程路线长度大于 5000m 时,应根据隧道高程贯通精度的要求进行隧道高程控制测量设计。

3.5　施工机械

3.5.1　根据隧道实施性施工组织设计的要求,应配备污染少、能耗小、效率高的施工机械,并宜优先选择电动机械。

3.5.2　施工机械应机况良好,零配件、附件及履历书齐全,施工机械的准备应适应施工进度的要求,确保正常施工。

3.5.3　隧道机械设备的安装应选择适宜的地点,应尽量减少机械运转时的废气、噪声、废液、振动等对周围环境造成污染和影响。在靠近居民区时,各项排放指标均应达到《建筑施工场界环境噪声排放标准》(GB 12523—2011)、《污水综合排放标准》(GB 8978—1996)、《环境空气质量标准》(GB 3095—2012)等有关规定。

3.5.4 施工机械应根据隧道工程特点,参照下列原则进行选型配套:

(1)隧道施工机械配置,以实现机械化均衡生产为目的,结合工期和成本目标,配置的生产能力应大于均衡施工能力,均衡施工能力应大于施工进度指标要求。

(2)施工中的关键机械,如混凝土的拌和设备、运输设备、支护设备、混凝土输送泵、空压机、通风机、抽水机等必须有备用数量。

(3)浇筑二次衬砌应采用拱、墙整体式的衬砌台车。

(4)仰拱施工地段应采用栈桥跨越设备。

3.5.5 按施工机械的用途,其进场、安装、调试与四通(水、电、道路、通信)一平(场地)应同步或交叉进行,使机械尽早投入施工,并逐步形成各工序的机械化作业。

3.6 施工场地与临时工程

3.6.1 施工场地布置应遵循下列原则:

(1)有利于安全生产、文明施工、节约用地和保护环境。

(2)事先统筹规划,分期安排,便于各项施工活动有序进行,避免相互干扰。

3.6.2 施工场地布置应包括下列内容:

(1)确定卸渣场的位置和范围。

(2)轨道运输时,洞外出渣线、编组线、牵出线、其他作业线、卸渣码头及转运方式的布置。

(3)汽车运输道路的引入和其他运输设施的布置。

(4)确定风、水、电设施的位置。

(5)确定大型机具设备的组装和检修场地。

(6)确定混凝土拌和站(场)、预制场及砂、石等材料场的布置。

(7)确定各种生产、生活等房屋的位置。

(8)场内临时排水系统的布置。

3.6.3 临时工程施工应符合下列规定:

(1)运输道路应满足运量和行车安全的要求。

(2)高压、低压电力线路及变压器和通信线路应按有关规定统一布置及早建成。

(3)各种房屋按其使用性质应符合相应的安全消防规定;爆破器材库、油库的位置应符合有关安全的规定;房屋区内应有通畅的给排水系统,并避开高压电线。

(4)严禁将住房等临时设施布置在受洪水、泥石流、落石、雪崩、滑坡等自然灾害威胁的地点。

(5)高位水池应远离隧道中线修建。

(6)洞口段为不良地质时,不应在洞顶修建房屋和其他建筑。

(7)临时工程及场地布置应采取保护自然环境的措施。

(8)隧道弃渣场坡面应按设计进行复垦或绿化,或渣顶整平造田;坡脚必须进行防护,防止水土流失。

3.6.4 施工场地布置时,在水源保护地区内不得取土、弃土、破坏植被等,不得设置拌和站、洗车台、充电房等,并不得堆放任何含有害物质的材料或废弃物。

3.6.5 隧道内、外施工场所应按《工作场所职业病危害警示标识》(GBZ 158—2003)设置禁止标识、警告标识、指令标识、提示标识,并配以相应的警示语句。

3.6.6 工程竣工时,应修整、恢复受到施工破坏或影响的植被、自然资源等。

3.7　作业人员的教育和培训

3.7.1　隧道施工前和施工过程中,对管理人员、作业人员应经常进行安全教育,提高自我保护意识。

3.7.2　结合隧道施工现场实际,进行质量管理策划,确定质量管理目标,建立质量控制体系,编制质量管理实施计划,并培训作业人员,考核合格后持证上岗,确保隧道工程质量。

3.7.3　隧道施工必须严格执行《铁路隧道工程施工安全技术规程》(TB 10304—2009),进行危险源辨识和安全风险评估,建立安全生产责任制,编制安全管理实施方案,制定相应的应急预案,培训作业人员考核合格后持证上岗,确保隧道施工安全。

3.7.4　从事隧道施工作业的人员应符合劳动法律、法规的规定,并对其进行培训提高法制观念。特种作业人员培训后持证上岗,其他人员培训后上岗。

3.7.5　施工过程中应对职工加强技术培训和安全技术交底,在推广新技术和使用新型机械设备时,应对职工进行再培训和安全教育。

3.7.6　根据隧道施工情况,应对作业人员进行定期健康检查,并归入档案进行管理。

4　洞　口　工　程

4.1　洞口段开挖及防护

4.1.1　洞口段工程应结合洞口相邻工程及场地布置统筹规划,及早完成,施工宜避开雨季及严寒季节。

4.1.2　洞口段施工工艺流程如图12-1所示。

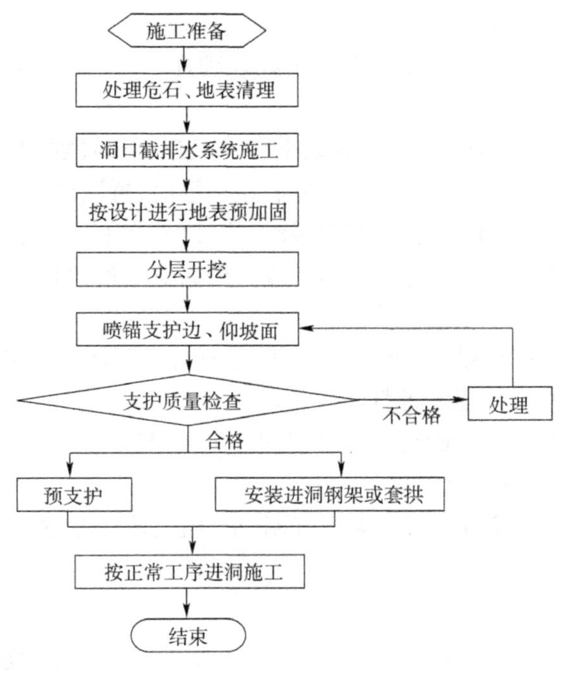

图12-1　洞口段施工工艺流程图

4.1.3　洞口段施工应符合下列规定:

(1)洞口段开挖前应首先清除洞口开挖范围内的树木、杂草和树根,检查边、仰坡以上的山坡稳定情况,清除悬石、处理危石。

(2)洞口段施工期间实施不间断监测和防护。

(3)洞口段边、仰坡防护应符合设计要求和环境保护、水土保持的有关规定。

(4)洞口段开挖至隧底高程后,应及时施作排水侧沟及出水口,并与洞外排水系统协调连通。

(5)偏压洞口施工应先做好支挡、反压回填等工作后再进行开挖;开挖方法应根据地形情况选定,避免人为因素加剧偏压。

(6)施工便道的引入和施工场地的平整应尽量减少对原地貌的破坏和对洞口岩体稳定的影响。

4.1.4 洞口段开挖应符合下列规定:

(1)洞口土方采用机械施工时,边、仰坡应预留约30cm的整修层,用人工刷坡并及时夯实整平成形,防止超挖,保证边、仰坡平顺,坡率符合设计要求。

(2)洞口土石方应自上而下分层开挖,严禁掏底开挖或上下重叠开挖。结合正洞开挖方法,预留进洞台阶,形成进洞面(洞脸)及边、仰坡。边、仰坡防护和处理措施应同时考虑防止洞口段产生整体滑动。

(3)洞口石方开挖宜采用浅孔小台阶爆破,严禁采用洞室爆破,边、仰坡开挖应采用松动控制爆破并预留光爆层,光面爆破成型。施工中应按批准的爆破设计组织施工,严禁超量装药。爆破后,应及时清除松动石块。

(4)开挖后坡面应稳定、平整、美观。

(5)当洞口段可能出现地层滑坡、崩塌时,应采取相应的工程措施,并应适当放缓坡率,保证施工人员的安全和边、仰坡的稳定。

4.1.5 隧道施工前,洞顶地表水的处理应符合下列规定:

(1)洞顶边、仰坡周围的排水系统宜在雨季及边、仰坡开挖前完成。

(2)结合现场地形,洞口边、仰坡应及早做好坡面防护,确保洞口稳定。若采用喷锚或砌石护面,坡顶应采取措施防止地表水下渗。

(3)洞顶天沟及截、排水沟槽宜采用水泥砂浆或浆砌片石或混凝土铺砌沟底,防止下渗,确保排水畅通。

(4)洞口顶部地表的凹坑须填平并进行地表防渗水处理,洞口段的截、排水系统应与其他工程排水系统顺接,排水接入两侧路基边沟内,并不得冲刷路基坡面、桥涵锥体、农田、房舍。

4.1.6 当洞口位于软弱、松散地层或堆积层时,应按“先加固、预支护、后开挖”的原则施工,对永久性防护应按照设计在隧道施工的初期及早完成。根据地质条件和地下水情况,洞口地表可采用下列加固处理的措施:

(1)地层为堆积层、断层破碎带、砂砾(卵)土、砂土时宜采用地面注浆措施预加固。

(2)有地下水地段,应按设计要求进行注浆止水。

(3)地下水水位较高的粉砂土、砂质粉土或淤泥质夹薄层砂性土的富水地层,且不适合于注浆堵水的隧道洞口段应首先进行井点降水。

4.1.7 洞口浅埋、软弱破碎段应考虑采用管棚、小导管、锚杆等超前支护措施。

4.2 明洞

4.2.1 在一般情况下,明洞可采用明挖法施工,其施工工艺流程如图12-2所示。

4.2.2 当明洞位于陡峭山坡或破碎、松软地层时,为保证施工安全,宜先施作明洞衬砌轮廓外的整幅或半幅套(护)拱,必要时还应在外侧施作挡墙,然后在套拱护顶下暗挖明洞土石方,并及时支护边墙,成形后按暗挖隧道施作明洞衬砌。明洞暗做法施工工艺流程如图12-3所示。

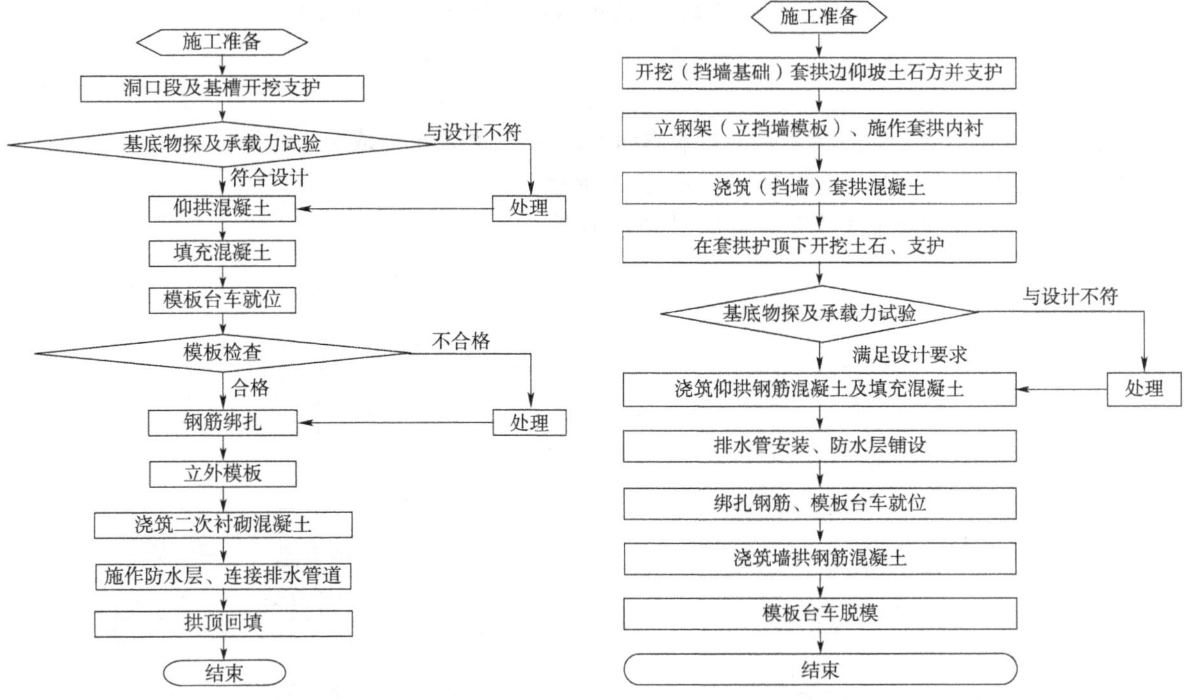

图 12-2　明洞施工工艺流程图　　　　图 12-3　明洞暗做法施工工艺流程图

4.2.3　明洞宜及早施作，尽量避开雨季及严寒季节，明洞仰拱应安排在明洞拱墙衬砌施工前浇筑，并应符合下列规定：

(1)当隧道采用爆破开挖时，宜在洞身掘进适当距离后施作明洞和洞门。

(2)当隧道采用非爆破开挖时，宜先施作明洞和洞门，然后开挖隧道。

4.2.4　明洞基础应设置在稳固的地基上，当两侧墙体地基松软或软硬不均时，应采取措施加以处理，防止地基不均匀沉降。

4.2.5　明洞衬砌结构施工应符合下列规定：

(1)明洞浇筑混凝土前应复测中线、高程和模板的外轮廓尺寸，确保衬砌不侵入设计轮廓线。

(2)明洞混凝土的浇筑应设挡头板、外模和支架，明洞墙、拱混凝土应整体浇筑。

(3)明洞混凝土达到设计强度的70%以上，且拱顶回填土高度达到0.7m时，方可拆除明洞内模板。

4.2.6　明洞防排水施工应符合下列规定：

(1)明洞外模拆除后应及时施作防水层及排水盲管，并与隧道的防水层和排水盲管顺接，保证排水畅通。

(2)明洞施工应和隧道的排水侧沟、中心水沟的出水口及洞顶的截、排水设施统筹安排。

(3)明洞外侧的排水盲管应先于填土完成，确保出水口通畅。

(4)当采用复合防水板作隔水层时，应满足设计要求及《客货共线铁路路基工程施工技术规程》(Q/CR 9651—2017)的相关规定。

4.2.7　明洞回填施工应符合下列规定：

(1)明洞回填应在明洞外防水层及排水系统施作完成，且混凝土强度达到设计强度的70%后进行。

(2)侧墙回填应对称进行，石质地层中岩壁与墙背空隙较小时用与墙身同级混凝土回填；空隙较大时用片石混凝土或水泥砂浆砌片石回填密实。土质地层中，应将墙背坡面挖成台阶状，用片石分层码砌，缝隙用碎石填塞密实。回填至与拱顶齐平后，再分层满铺填筑至设计高度。

(3)拱顶回填分层厚度不大于0.3m，两侧回填土面的高差不得大于0.5m。采用机械回填时，应在人工夯填超过拱顶1.0m以上后进行。

(4)表土层需作隔水层时,隔水层应与边、仰坡搭接平顺,防止地表水下渗。

4.3 洞门

4.3.1 隧道门及明洞门施工应避开雨季和严寒季节,并及早完成。

4.3.2 端墙式洞门施工工艺流程如图12-4所示。

4.3.3 斜切式洞门施工工艺流程如图12-5所示。

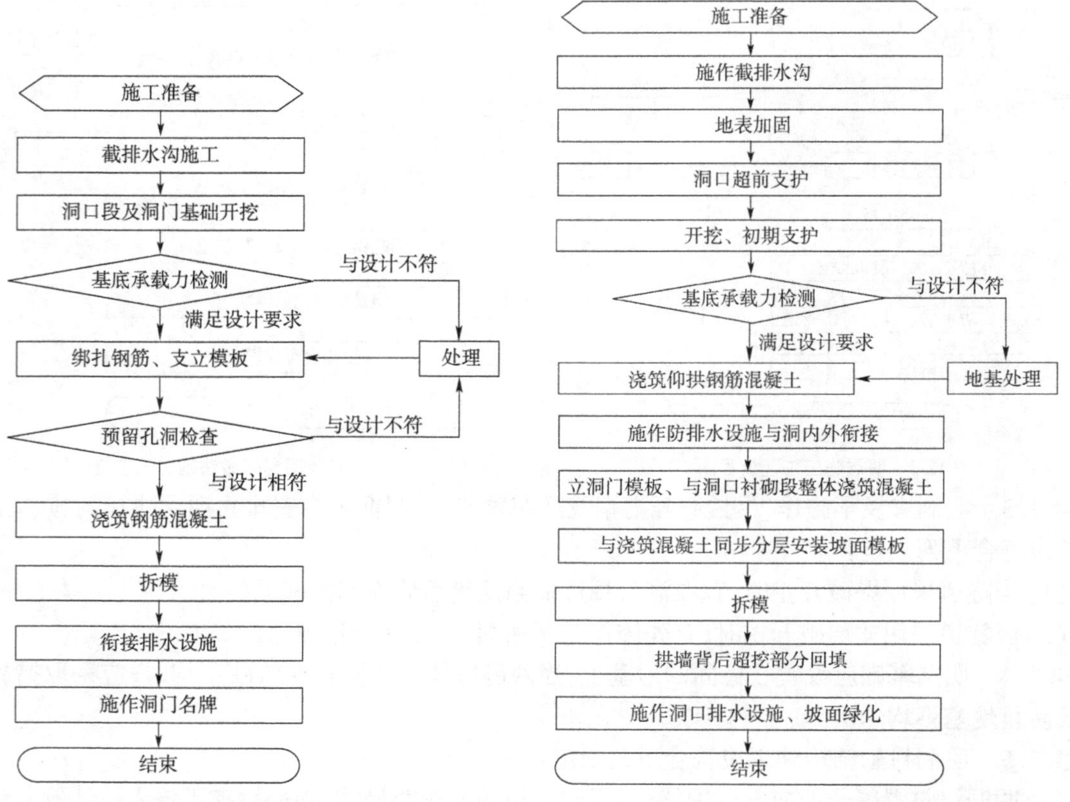

图12-4 端墙式洞门施工工艺流程图

图12-5 斜切式洞门施工工艺流程

4.3.4 端墙式洞门施工应符合下列规定:

(1)端墙应在土石方开挖后及时完成,基础超挖部分应用与基础同强度等级混凝土和基础同步浇筑,端墙及挡、翼墙的开挖轮廓面应符合设计要求。

(2)端墙及挡、翼墙基础的基底承载力必须满足设计要求,承载力可采用静力触探试验或标准贯入试验检测。

(3)端墙及挡、翼墙基础位于软硬不均的地基上时,除按设计要求处理外,还应在软弱地基分界处设沉降缝。

(4)端墙与洞口衬砌连接方式应符合设计要求。

(5)端墙的泄水孔应与洞外排水系统及时连通。

(6)隧道洞门端墙和挡、翼墙,挡土墙的反滤层、泄水孔、施工缝设置应符合设计要求。

(7)隧道洞门的截、排水设施应与洞门工程同步施工,当端墙顶部水沟置于填土上时,填土必须夯填密实,必要时应加以铺砌。

(8)隧道洞门检查梯、隧道铭牌、号标的设置应符合设计要求。

4.3.5 斜切式洞门施工应符合下列规定:

(1)斜切式洞门坡面较平缓的,应尽量与自然地形坡度相一致,为避免开挖边、仰坡时局部坍塌

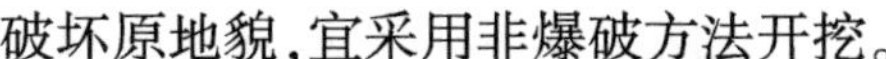

破坏原地貌,宜采用非爆破方法开挖。

(2)洞门混凝土达到设计强度后,及时回填边、仰坡超挖部分,恢复自然地形坡面。

4.3.6　浇筑混凝土洞门的模板及拆模应符合下列规定:

(1)模板及支(拱)架应根据洞门结构形式、荷载大小、地基土类别、施工设备和材料供应等条件设计。

(2)斜切式洞门斜坡面内外模板和挡头板应专门设计和制作,配套使用。

(3)模板及支(拱)架应具有足够的强度、刚度和稳定性,能承受所浇筑混凝土的重力、侧压力及施工荷载。

(4)模板及支架安装必须稳固牢靠,模板及支架与脚手架之间不得相互连接。模板接缝必须严密、不漏浆。

(5)模板与混凝土的接触面必须清理干净并涂刷脱模剂。

(6)混凝土浇筑前,模板内的积水和杂物应清理干净。

(7)拆除模板及支(拱)架的条件:当洞门结构跨度大于 8m 时,混凝土强度必须达到其设计强度标准值的 100%;当洞门结构跨度小于或等于 8m 时,混凝土强度必须达到其设计强度标准值的 70%。

5　施工方法

5.1　一般规定

5.1.1　隧道施工方法的选择,应根据环境条件、地质条件、断面大小、埋深、结构形式、隧道长度、设备配置、工期要求、经济效益以及环境保护等因素综合确定。

5.1.2　隧道各作业面应逐步实现可视化管理,及时掌握各种信息,提高隧道施工的管理水平。

5.1.3　软弱破碎围岩宜采用岩土控制变形分析法施工技术。

5.1.4　采用钻爆法施工时,可在下列施工方法中选择:

(1)全断面法。

(2)台阶法(两台阶、三台阶、三台阶七步开挖法、环形导坑预留核心土法)。

(3)中隔壁法(包括中隔壁法、交叉中隔壁法)。

(4)双侧壁导坑法。

5.2　全断面法

5.2.1　全断面法施工工序示意如图 12-6 所示。

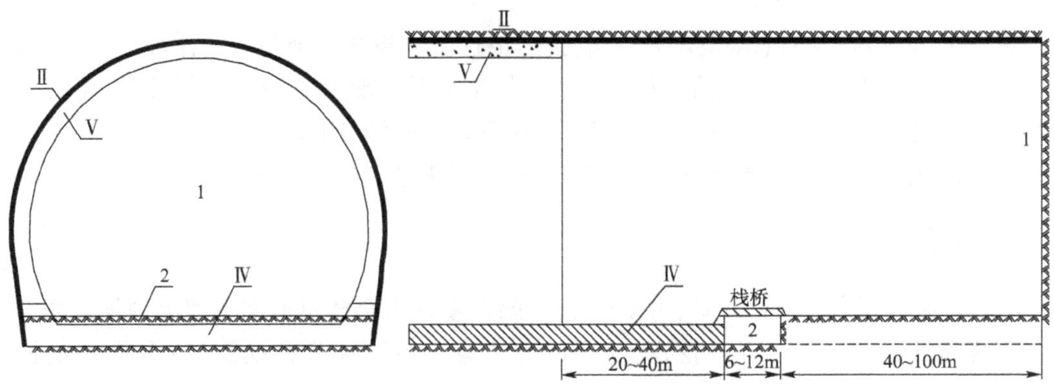

图 12-6　全断面法施工工序示意图

1-全断面开挖;Ⅱ-初期支护;2-隧道底部开挖(捡底);Ⅳ-底板(仰拱)浇筑;Ⅴ-拱墙二次衬砌

5.2.2　全断面法施工工艺流程如图 12-7 所示。

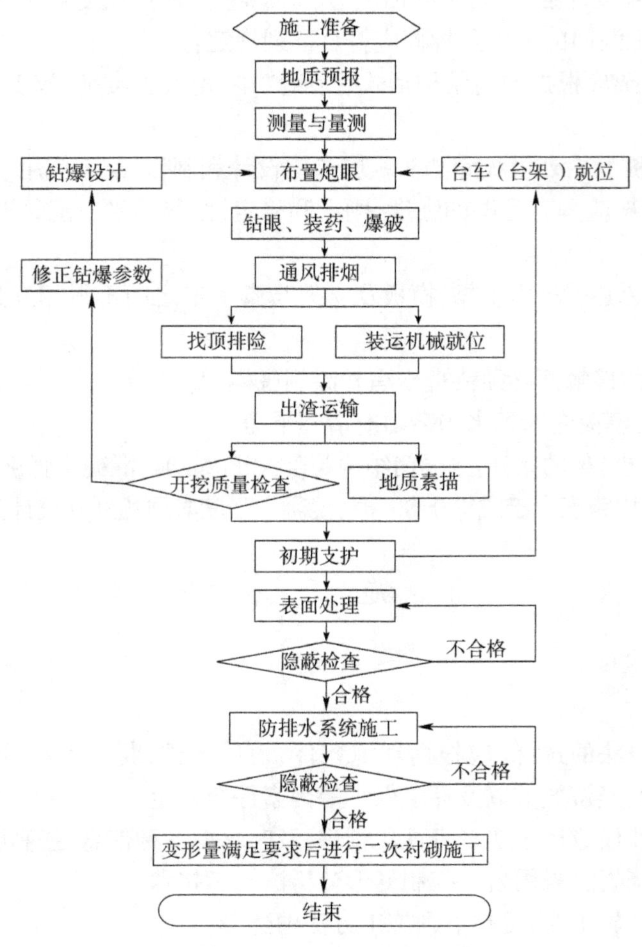

图 12-7　全断面法施工工艺流程图

5.2.3　全断面法施工应符合下列规定：

(1)全断面法开挖空间大,工序少,应采用大型配套机械化作业,各道工序尽可能平行交叉作业,缩短循环时间。

(2)全断面法开挖量大,爆破引起的震动较大,应严格控制一次同时起爆的炸药量,按钻爆设计要求控制炮眼间距、深度和角度。钻眼完毕,按炮眼布置图进行检查并做好记录,对不符合要求的炮眼应重钻,经检查合格后方可装药。

(3)钻眼时,周边眼及掏槽眼应定人定岗,并严格控制周边眼外插角。每循环爆破后,应认真查看爆破效果,并根据超欠挖及炮眼痕迹保留率不断优化钻爆参数,改善爆破效果,减少超欠挖。

(4)应确定合理的循环进尺,确保两个循环的接茬位置平滑、圆顺。

(5)每循环爆破后及时找顶,初期支护施作前应按要求进行地质素描。

5.3　台阶法

5.3.1　台阶法有多种开挖方式,可根据地层条件、断面大小和机械配备情况合理选用。台阶法可分上、下两部或上、中、下三部开挖,其演变的方法有三台阶七步开挖法、弧形导坑预留核心土法等。

5.3.2　两部台阶法施工工序如图 12-8 所示,弧形导坑预留核心土施工工序如图 12-9 所示。

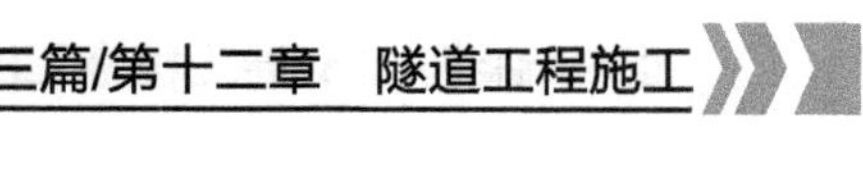

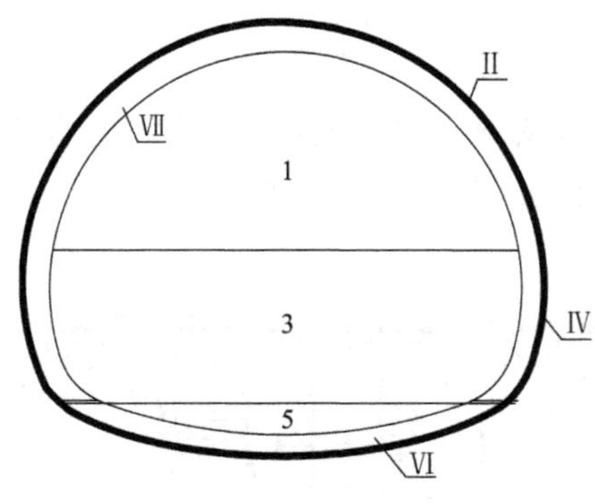

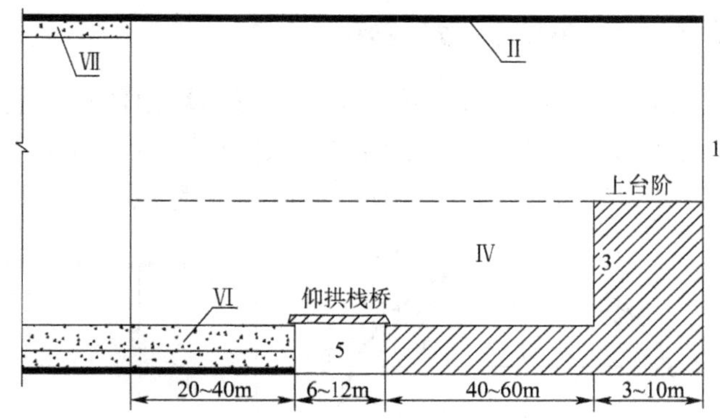

图 12-8　两部台阶法施工工序示意图

1-上部开挖;3-下部开挖;5-底部开挖(捡底);Ⅱ-上部初期支护;Ⅳ-下部初期支护;Ⅵ-仰拱及混凝土填充;Ⅶ-二次衬砌

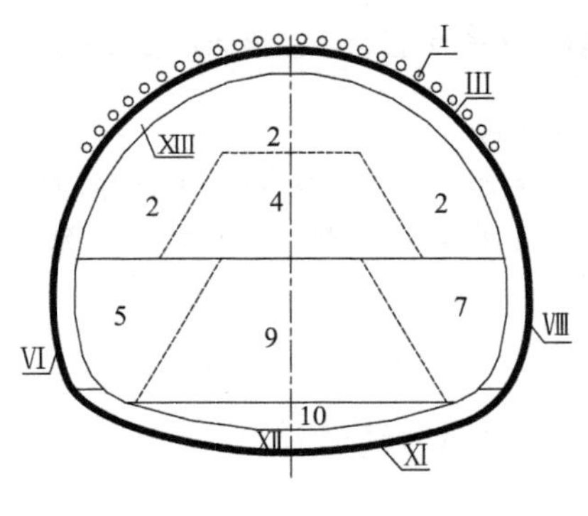

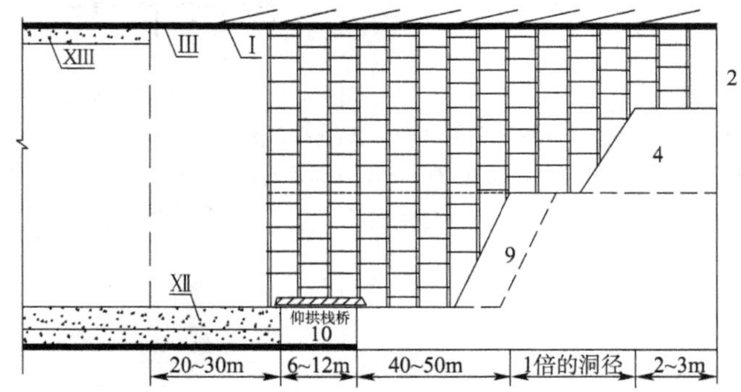

图 12-9　弧形导坑预留核心土施工工序示意图

1-超前支护;2-上部弧形导坑开挖;4-上部核心土;5、7-两侧开挖;9-下部核心土开挖;10-仰拱开挖(捡底);Ⅲ-上部初期支护;Ⅵ、Ⅷ-两侧初期支护;XI-仰拱初期支护;XII-仰拱及填充混凝土;XIII-拱墙二次衬砌

5.3.3　台阶法施工工艺流程如图 12-10 所示。

5.3.4　台阶法施工应符合下列规定:

(1)根据围岩条件和施工机械配备情况合理确定台阶长度、台阶高度及台阶数量,其各部形状应在有利于保持围岩稳定的前提下尽量便于机械作业。

(2)当围岩自稳能力较好,隧道开挖跨度不大时,为方便作业,台阶长度宜控制在 10 ~ 50m 以内;围岩稳定性较差时,台阶长度宜控制在 3 ~ 10m。

(3)上部断面使用钢架时,可采用扩大拱脚和施作锁脚锚杆(管)等措施,防止拱部下沉变形。上下断面初期支护钢架连接应平顺,螺栓连接应牢固。

(4)围岩整体性较差时,施工中应采取措施减少下部开挖时对上部围岩和支护的扰动,下部断面开挖应两侧交错进行,下部断面应在上部断面喷混凝土达到一定强度后开挖。

(5)当围岩不稳定时进尺宜为 1 ~ 1.5m,落底后应立即施作初期支护。

(6)仰拱应及时施作,使支护及早闭合成环。

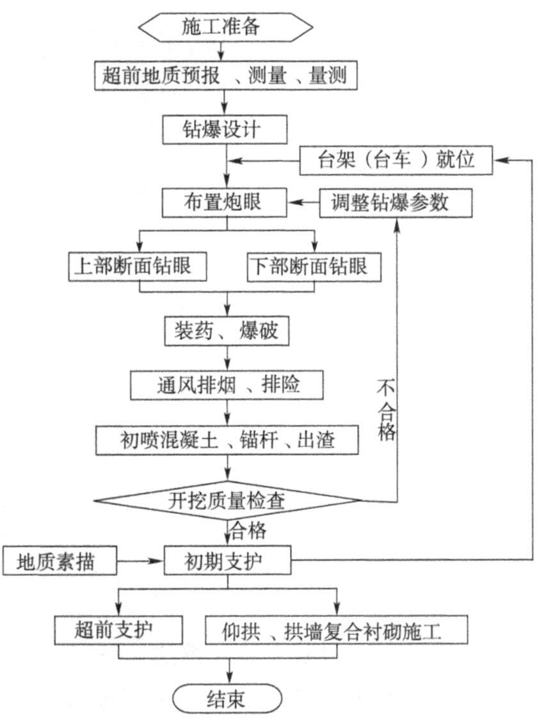

图 12-10　台阶法施工工艺流程图

5.4 三台阶七步开挖法

5.4.1 三台阶七步开挖法是以弧形导坑预留核心土法为基本模式,分上、中、下三个台阶七个开挖面,各部位的开挖与支护沿隧道纵向错开,平行推进的施工方法。

5.4.2 三台阶七步开挖法施工工序如图 12-11 所示。

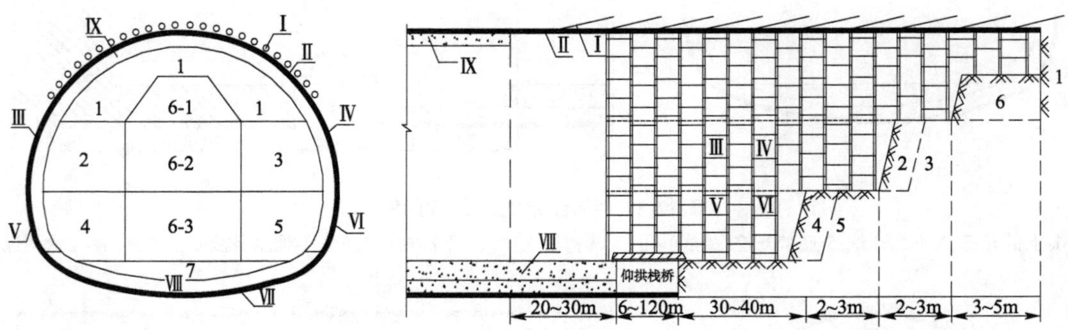

图 12-11 三台阶七步开挖法施工工序示意图

1-上部弧形导坑开挖;2、3-中部两侧开挖;4、5-下部两侧开挖;6-1、6-2、6-3-上、中、下部核心土开挖;7-仰拱开挖;Ⅰ-超前支护;Ⅱ-上部初期支护;Ⅲ、Ⅳ-中部两侧初期支护;Ⅴ、Ⅵ-下部两侧初期支护;Ⅶ-仰拱初期支护;Ⅷ-仰拱及填充混凝土;Ⅸ-拱墙二次衬砌

5.4.3 三台阶七步开挖法施工工艺流程如图 12-12 所示。

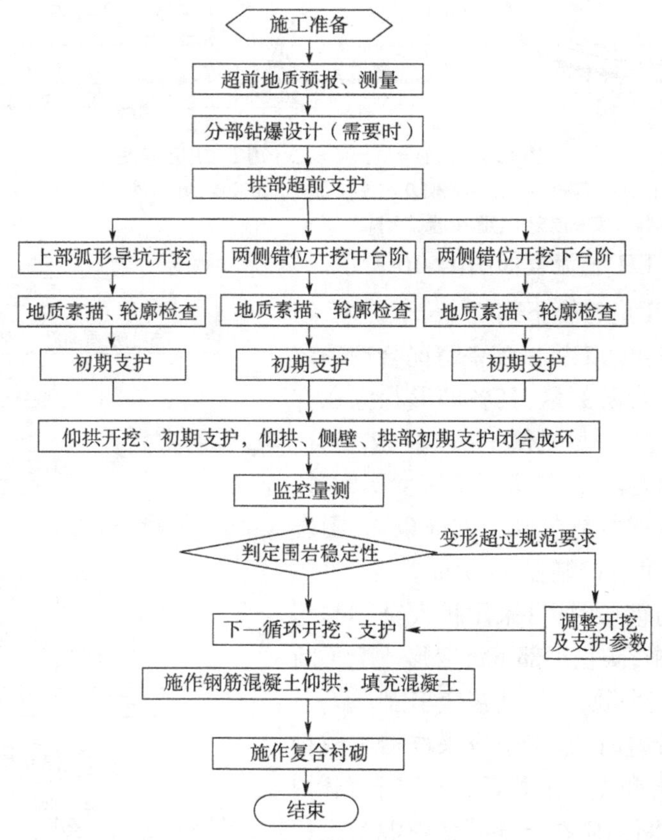

图 12-12 三台阶七步开挖法施工工艺流程图

5.4.4 三台阶七步开挖法应符合下列规定:

(1)三台阶七步开挖法应以机械开挖为主,必要时辅以弱爆破,各分步平行作业,平行施作初期支护,各分部初期支护应衔接紧密,及时封闭成环。

(2)仰拱应紧跟下台阶施作,及时闭合构成稳固的支护体系。

(3)施工过程中应通过监控量测掌握围岩和支护的变形情况,及时调整支护参数和预留变形量,保证施工安全。

(4)应完善洞内临时防排水系统,防止地下水浸泡拱墙脚基础。

(5)拱部超前支护完成后,环向开挖上台阶弧形导坑,预留核心土长度宜为3~5m,宽度宜为隧道开挖宽度的1/3~1/2。开挖循环进尺应根据初期支护钢架间距确定,最大不得超过1.5m,上台阶开挖矢跨比应大于0.3。

(6)中台阶及下台阶左、右侧开挖进尺应根据初期支护钢架间距确定,最大不得超过1.5m,开挖高度宜为3~3.5m,左、右侧台阶错开2~3m。

(7)上、中、下台阶预留核心土开挖进尺与各台阶循环进尺相一致。

(8)仰拱循环开挖长度宜为2~3m,开挖后及时施作仰拱初期支护,完成两个隧底开挖、支护循环后,及时施作仰拱,仰拱分段长度宜为4~6m。

5.5 中隔壁法(CD法)

5.5.1 中隔壁法(CD法)是将隧道分为左右两部分进行开挖,先在隧道一侧采用二部或三部分层开挖,施作初期支护和中隔墙临时支护,再分台阶开挖隧道另一侧,并进行相应的初期支护的施工方法。

5.5.2 中隔壁法(CD法)施工工序如图12-13所示。

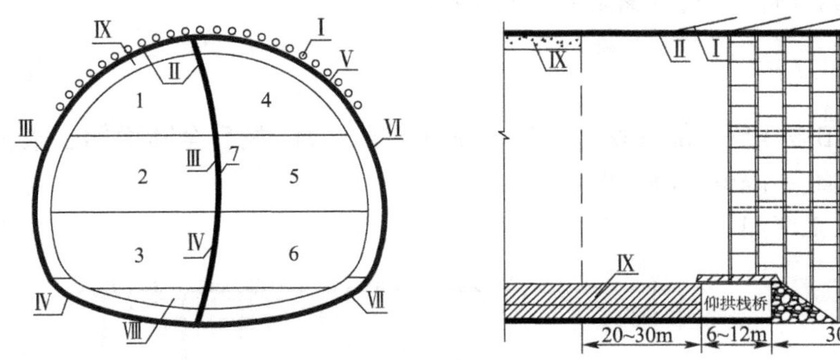

图12-13 中隔壁法(CD法)施工工序示意图

1-左侧上部开挖;2-左侧中部开挖;3-左侧下部开挖;4-右侧上部开挖;5-右侧中部开挖;6-右侧下部开挖;7-拆除中隔墙;Ⅰ-超前支护;Ⅱ-左侧上部初期支护;Ⅲ-左侧中部初期支护;Ⅳ-左侧下部初期支护;Ⅴ-右侧上部初期支护;Ⅵ-右侧中部初期支护;Ⅶ-右侧下部初期支护;Ⅷ-仰拱及填充混凝土;Ⅸ-拱墙二次衬砌

5.5.3 中隔壁法施工工艺流程如图12-14所示。

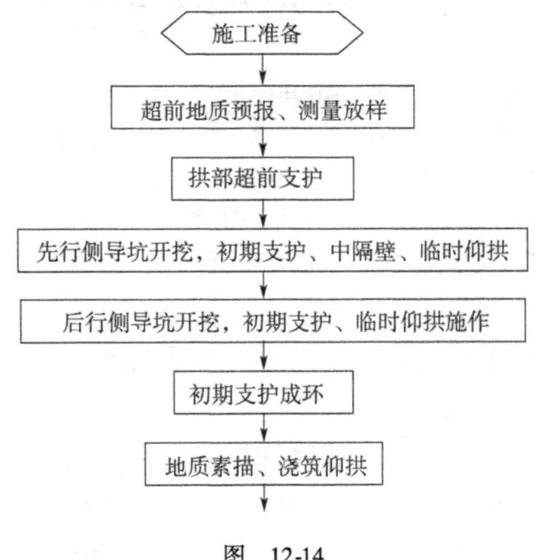

图 12-14

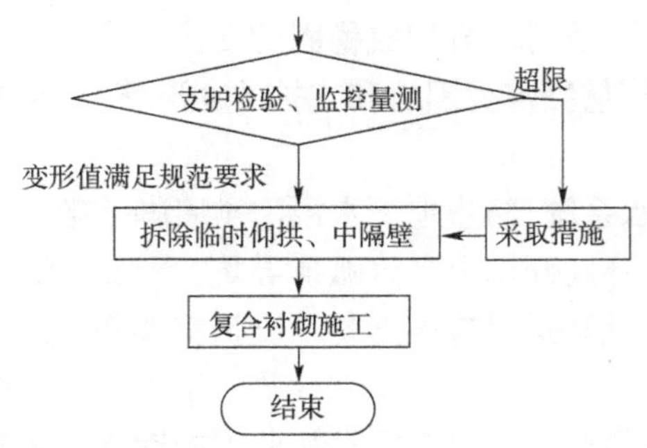

图 12-14 中隔壁法施工工艺流程

5.5.4 中隔壁法施工应符合下列规定:

(1)中隔壁法左右部的台阶高度应根据地质情况、隧道断面大小和施工设备确定。

每侧按两部或三部分台阶开挖,开挖后应及时施作初期支护、中隔壁;两侧先后距离宜保持 10 ~ 20m,上下断面的距离宜保持 3 ~5m。

(2)各部开挖时,相邻部位的喷混凝土强度应达设计强度的 70% 以上。

(3)先行侧的中隔壁应设置为向外鼓的弧形。

(4)中隔壁在浇筑仰拱前逐段拆除。中隔壁一次拆除长度应根据量测结果确定,不宜大于 15m。临时支护拆除后应及时施作仰拱和二次衬砌。

特殊情况下可将中隔壁浇筑在仰拱中,待铺设防水板时再割断。

5.6 交叉中隔壁法(CRD 法)

5.6.1 交叉中隔壁法(CRD 法)是分部开挖、支护,分部闭合成小环,最后全断面闭合成大环。每开挖一部均及时施作初期支护、中隔壁及临时仰拱。

5.6.2 交叉中隔壁法施工工序如图 12-15 所示。

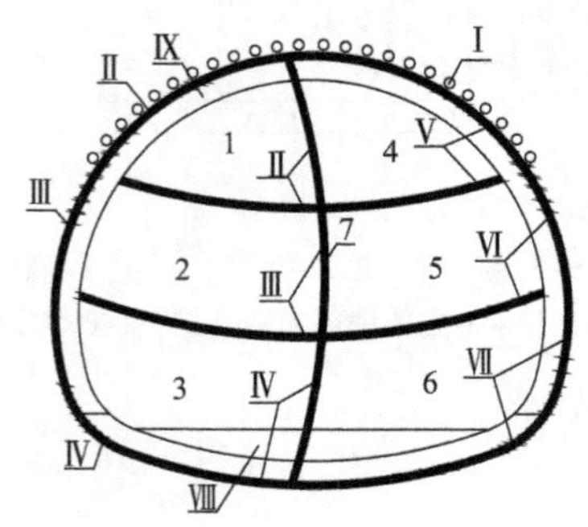

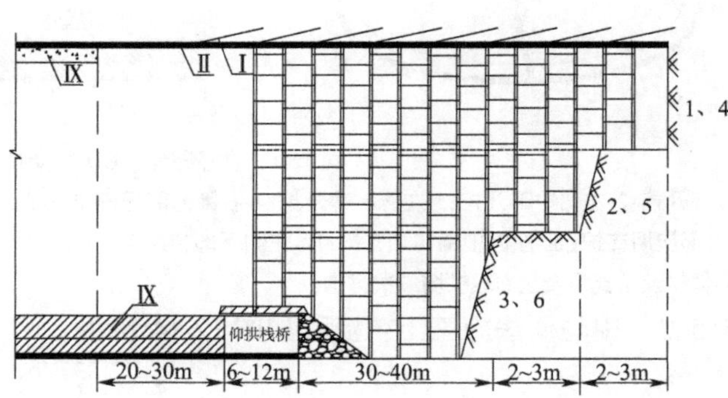

图 12-15 交叉中隔壁法(CRD 法)施工工序示意图

1-左侧上部开挖;2-左侧中部开挖;3-左侧下部开挖;4-右侧上部开挖;5-右侧中部开挖;6-右侧下部开挖;7-拆除中隔墙及临时仰拱;Ⅰ-超前支护;Ⅱ-左侧上部初期支护成环;Ⅲ-左侧中部初期支护成环;Ⅳ-左侧下部初期支护成环;Ⅴ-右侧上部初期支护成环;Ⅵ-右侧中部初期支护成环;Ⅶ-右侧下部初期支护成环;Ⅷ-仰拱及填充混凝土;Ⅸ-拱墙二次衬砌

5.6.3 交叉中隔壁法施工工艺流程如图 12-16 所示。

5.6.4 交叉中隔壁法施工应符合下列规定:

(1)根据地质条件,隧道断面的分部,应以初期支护受力均匀,便于发挥人力、机械效率为原则,一般水平方向分两部、上下分 2 ~3 层开挖。

(2)先行施工部位的临时支撑(中隔壁、临时仰拱),均应有向外(下)鼓的弧度。

(3)各部开挖及支护应自上而下,开挖后及时施作初期支护、中隔壁、临时仰拱,步步成环。

(4)同一层左右两个开挖工作面相距不宜大于 15m,上下层开挖工作面相距宜保持 3 ~4m,且待喷混凝土强度达到设计强度的70%后开挖相邻部位。

(5)宜缩短各部开挖工作面的间距,使初期支护尽早封闭成环。

(6)根据监控量测结果,中隔壁及临时仰拱在仰拱浇筑前逐段拆除,每段拆除长度宜不大于15m。

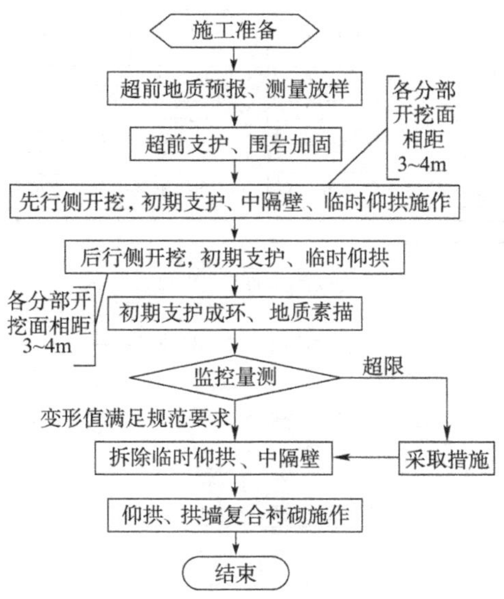

图12-16　交叉中隔壁法施工工艺流程图

5.7　双侧壁导坑法

5.7.1　双侧壁导坑法是先开挖隧道两侧导坑,及时施作导坑四周初期支护及临时支护,然后再根据地质条件、断面大小,对剩余部分采用二部或三部开挖的方法。

5.7.2　双侧壁导坑法施工工序如图12-17所示。

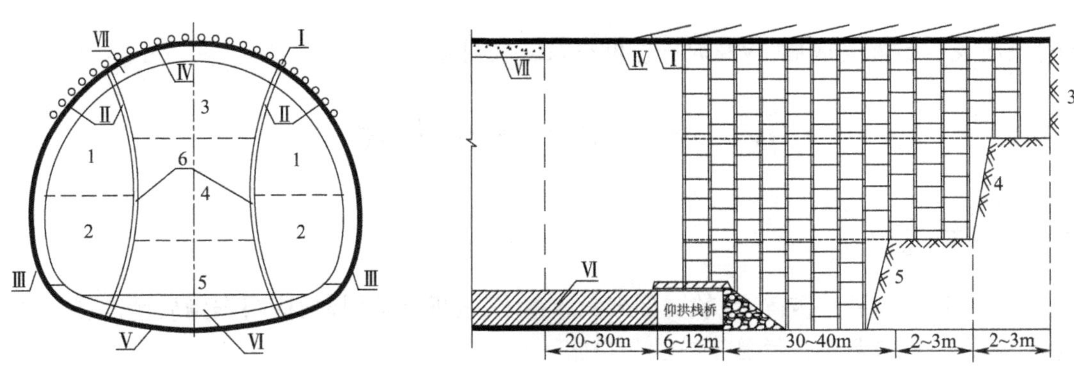

图12-17　双侧壁导坑法施工工序示意图

1-左(右)侧导坑上部开挖;2-左(右)侧导坑下部开挖;3-中槽拱部开挖;4-中槽中部开挖;5-中槽下部开挖;6-拆除临时支护;Ⅰ-超前支护;Ⅱ-左(右)侧导坑上部支护;Ⅲ-左(右)侧导坑下部支护成环;Ⅳ-中槽拱部初期支护与左右Ⅱ闭合;Ⅴ-中槽下部初期支护与左右Ⅲ闭合;Ⅵ-仰拱及填充混凝土;Ⅶ-拱墙二次衬砌

5.7.3　双侧壁导坑法施工工艺流程如图12-18所示。

5.7.4　双侧壁导坑法施工应符合下列规定:

(1)侧壁导坑形状宜近于椭圆形断面,导坑断面宽度宜为整个断面宽度的1/3。

(2)侧壁导坑、中槽部位宜采用短台阶法开挖,各部距离应根据隧道埋深、断面大小、结构类型等选取。各部开挖后应及时进行初期支护及临时支护,并尽早封闭成环。

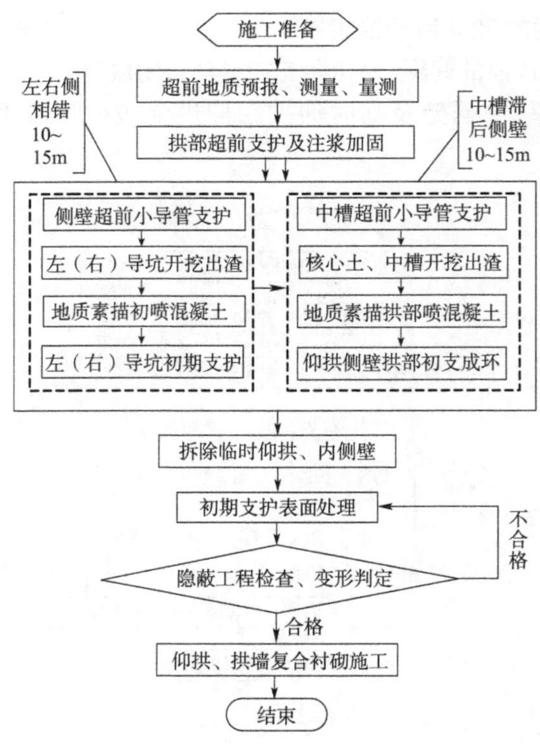

图 12-18　双侧壁导坑法施工工艺流程图

(3)两侧壁导坑超前中槽部位 10 ~ 15m,可独立同步开挖和支护;中槽部位采用台阶法开挖,并保持平行作业。

(4)中槽开挖后,拱部钢架与两侧壁钢架的连接是难点,在两侧壁导坑施工中,钢架的位置应准确定位,确保各部架设钢架连接后在同一个垂直面内,避免钢架发生扭曲。

(5)根据监控量测信息,初期支护稳定后拆除临时支护,一次拆除长度不得大于 15m,并加强监控量测。

(6)临时支护拆除完成后,应及时施作仰拱及二次衬砌。

6　辅助施工方法与措施

6.1　一般规定

6.1.1　隧道穿越断层破碎带、软弱围岩段或富水、浅埋等地段时,应根据围岩情况、施工方法和机械配置,选择一种或数种辅助施工方法与措施。

6.1.2　地表处理有下列方法(适用于洞口段、浅埋隧道):

(1)井点降水。

(2)注浆预加固(渗透注浆)。

(3)锚杆(桩)、钢管桩加固。

(4)高压旋喷桩、搅拌桩加固。

6.1.3　洞内处理有下列方法与措施(适用于洞口段、浅埋隧道、深埋隧道)。

(1)稳定开挖工作面的方法与措施:

①超前预支护(超前锚杆、超前小导管、超前管棚);

②临时仰拱;

③扩大拱脚及锁脚锚杆；
④喷射混凝土封闭开挖工作面；
⑤正面锚杆。
(2)地下水处理及围岩加固的方法与措施：
①洞内井点降水；
②开挖工作面预注浆(全断面封闭注浆、周边半封闭注浆、小导管注浆、局部注浆、高压旋喷注浆等)；
③冻结法；
④钻孔排水；
⑤泄水洞等。

6.2　井点降水

6.2.1　井点降水适用于地下水水位较高的粉砂土、砂质粉土，或淤泥质夹薄层砂性土等地层。

6.2.2　井点降水应按照场地条件、周围地层的水文地质条件、降水深度及设备条件等进行专项设计。

6.2.3　井点降水必须加强监测并有相应的保护措施，防止地表沉降超限，确保周围建筑物的安全。

6.2.4　井点降水应使地下水水位保持在仰拱以下 1.5m。停止降水时，必须验算涌水量和隧道明洞结构的抗浮稳定性，当不能满足要求时，不得停泵。

6.2.5　各类井点降水适用范围见表 12-1。

各类井点降水适用范围　　表 12-1

井点类别	适合地层	土的渗透系数(m/d)	降低水位深度(m)
单层轻型井点	粉砂、粉土	0.1～50	3～6
多层轻型井点		0.1～50	6～12(由井点层数而定)
电渗井点	黏性土(含水量大，普通降水方法不适用的地层)	<0.1	根据选用的井点确定
管井井点	砂土、碎石土	20～200	3～5
喷射井点	粉质黏土、粉砂	0.1～50	8～30
深井井点	砂土、碎石土	10～250	>15

6.2.6　当隧道地表条件不适合布置井点时，可在隧道内设置管井井点降水。

6.2.7　降水过程中，应加强井点降水系统的维护和检查，保证不间断抽水。拆除多层井点应自底层开始逐层向上进行，在下层井点拆除期间，上部各层井点应继续抽水。

6.3　地表注浆加固

6.3.1　当隧道处于埋深浅、地面坡度较平缓、岩层松散破碎、岩溶地区、地下水水位较高等情况下宜采用地表注浆预加固和堵水的方法。

6.3.2　地表注浆参数应通过试验选取。

6.3.3　地表注浆顺序宜采用先外侧、后内侧；先洞口侧、后洞内侧；地下水有流动时先下游、后上游。应严格控制内圈注浆时浆液的扩散流失，保证充分固结注浆圈范围内的破碎岩体。当地层松软破碎时，宜采用跳孔注浆方式。

6.3.4　地表注浆宜采用单向袖阀式注浆工法施工。

6.3.5　地表注浆后应对其效果进行判断和检测，按注浆目的不同，采用不同的检测方法，常用的有下列检测方法：

(1)根据地下水位的变化判断注浆效果。

(2)根据抽水试验判断注浆效果。

(3)在注浆前后用钻孔透视仪测定岩层裂隙和溶洞充填程度。

(4)钻孔检测:可取芯检测或用钻孔摄影仪(电视)拍摄孔壁图像进行检测。

(5)声波测试。

6.3.6 高压旋喷注浆及拌合桩加固的检测方法有开挖检查、钻孔检查、荷载试验等。

6.4 超前小导管

6.4.1 超前小导管适用于自稳时间短的软弱破碎带、浅埋段、洞口偏压段、砂层段、砂卵石段、断层破碎带等地段的预支护。

6.4.2 小导管注浆工艺流程如图12-19所示。

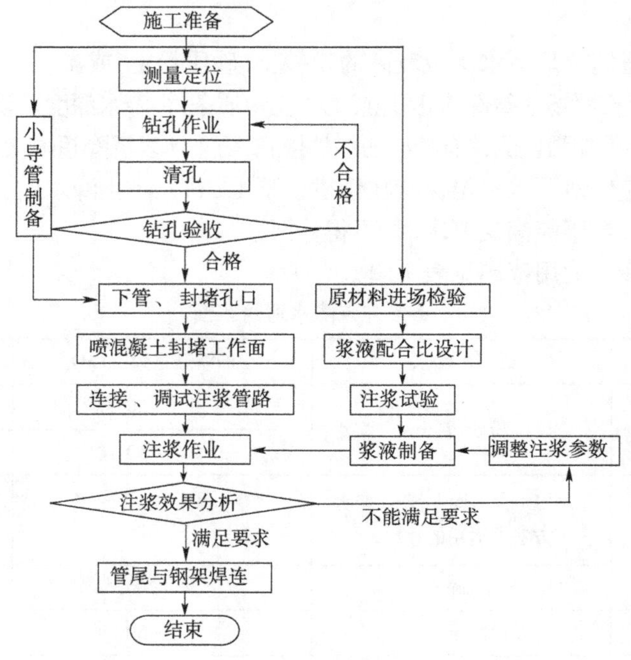

图12-19 小导管注浆工艺流程图

6.4.3 超前小导管施工应符合下列规定:

(1)沿隧道拱部均匀布设。

(2)间距应根据开挖工作面前方的地质条件和自稳能力确定,一般间距为300~500mm。

(3)外插角(与隧道纵轴线的夹角)取值应考虑小导管的长度和钢架的间距,一般外插角为10°~15°。

(4)小导管长度一般为3.5~5.0m,小导管之间的搭接长度不得小于1.0m。

(5)小导管应与钢架配合使用。

6.4.4 小导管的制作应符合下列规定:

(1)一般采用直径38~50mm的无缝钢管制作。

(2)在小导管的前端做成约10cm长的圆锥状,在尾端焊接直径6~8mm钢筋箍。距后端100cm内不开孔,剩余部分按间距20~30cm呈梅花形布设直径6mm的溢浆孔。

6.4.5 小导管的钻孔、安设应符合下列规定:

(1)小导管的安设应采用引孔顶入法。

(2)钻孔方向应顺直。

(3)钻孔直径应与注浆管径配套,一般不大于50mm,孔深视小导管长度确定。

(4)采用吹管法清孔。

(5)在孔口端用沾有CS胶泥的麻丝缠绕成不小于孔径的纺锤形柱塞,把小导管插入孔内,带好丝扣保护帽,用风钻或风镐打入到设计深度,使麻丝柱塞与孔壁压紧。

(6)小导管外露长度一般为30cm,以便连接孔口阀门和管路。

6.4.6 第一循环小导管安设后应对开挖工作面进行喷混凝土封闭,厚度为10~15cm。封闭范围为开挖工作面及临近开挖工作面3m范围的环向开挖面。

6.4.7 小导管注浆应符合下列规定:

(1)小导管安装完成后,应进行压水试验,压力一般不大于1.0MPa,并根据设计和试验结果确定注浆参数。

(2)注浆材料可按表12-2参照选用。

注浆材料的选择 表12-2

地质条件	细砂	中粗砂	砂砾夹卵石	砂黏土
空隙率(%)	30~50	30~50	40~50	30~60
有效注浆系数	0.3~0.5	0.3~0.5	0.5~0.7	0.3~0.5
注浆材料	改性水玻璃	CS浆液	水泥浆	水玻璃

(3)水泥浆液应采用拌合桶配制,配制水泥浆或稀释水玻璃浆液时,应防止杂物混入,拌制好的浆液必须过滤后使用。

(4)注浆应采用专用注浆泵注浆,为加速注浆,可安装分浆器同时多管注浆。

(5)配制好的浆液应在规定时间内注完,随配随用。

(6)注浆顺序为由下至上,浆液先稀后浓,注浆量先大后小,注浆压力由小到大。

(7)当发生串浆时,应采用分浆器多孔注浆或堵塞串浆孔隔孔注浆。当注浆压力突然升高时应停机查明原因;当水泥浆进浆量很大、压力不变时,则应调整浆液浓度及配合比,缩短凝胶时间,采用小流量低压力注浆或间歇式注浆。

(8)注浆压力应符合设计要求,浆液必须充满钢管及其周围的空隙。

(9)注浆结束标准:当压力达到设计注浆终压并稳定10~15min,注浆量达到设计注浆量的80%以上时,可结束该孔注浆。

6.4.8 当采用单液水泥浆时,开挖时间为注浆后8h,采用水泥-水玻璃浆液时为4h。

6.4.9 开挖过程中应检查浆液渗透及固结状况,并根据压力-流量曲线分析判断注浆效果,及时调整预注浆方案。

6.5 超前锚杆

6.5.1 超前锚杆是沿开挖轮廓线,以一定的外插角打入开挖工作面,形成对前方围岩的预支护。它主要适用于围岩应力较小、地下水较少、岩体软弱较破碎、开挖面有可能坍塌的隧道中,应和钢架配合使用。其施工工艺流程如图12-20所示。

6.5.2 超前锚杆施工应符合下列规定:

(1)超前锚杆一般采用砂浆锚杆,锚杆体用螺纹钢筋加工,将钢筋头部加工成扁铲形或尖锥形。

(2)钻孔:用凿岩机或凿岩台车引孔,钻孔时应控制用水量,以防塌孔。钻孔应保证设计的位置和锚杆外插角。

(3)注浆:可利用注浆泵往孔内注入早强水泥砂浆。注浆时,以水引路,将拌和好的砂浆装入注浆器并充满管路,并将注浆管插入到管口离孔底10cm。开进风阀门,用高压空气将水泥砂浆压入孔眼中,注浆管逐渐被砂浆向外推挤,注到孔深的2/3以上时停止注浆。

(4)推入锚杆,孔内多余的砂浆被挤出孔口,将锚杆端头与钢架焊接牢固。

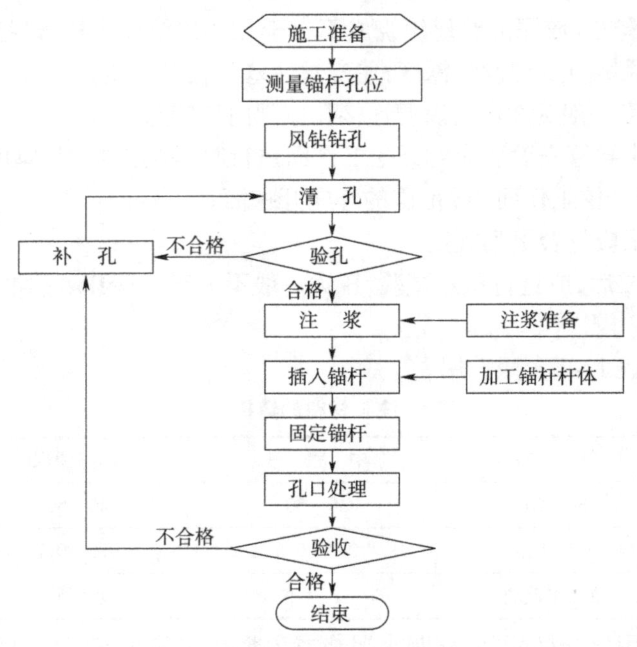

图 12-20　超前锚杆施工工艺流程图

6.6　超前管棚

6.6.1　在松散破碎的软弱围岩、浅埋地段或隧道围岩变形大时可采用管棚超前支护。

6.6.2　管棚超前支护参数的选择应满足下列要求：

(1)管棚应采用热轧无缝钢管制作,必要时钢管内安装钢筋笼。

(2)钢管直径应符合设计要求,一般为直径 70 ~ 180mm,钢管中心间距宜为管径的 2 ~ 3 倍。

(3)管棚长度应根据地层情况选用,一般为 10 ~ 40m。

(4)管棚外插角一般为 0° ~ 3°(不包括路线纵坡)。

(5)管棚的终端位置应达到防护对象的长度加上因开挖而造成的开挖工作面松弛范围的长度。纵向两组管棚的搭接长度应符合设计要求并应大于 3m。

6.6.3　管棚钻机的选择应满足下列要求：

(1)既应具备可钻深孔的大扭矩,又要有能破碎地层中坚硬孤石的高冲击力。

(2)应能准确定位,可多方位钻孔,深孔钻进精确度高。

(3)轻便,移动灵活方便。

6.6.4　管棚钻孔、安设施工应符合下列规定：

(1)当钻进地层易于成孔时,一般采用先钻孔、后插管(引孔顶入法)的方法。即钻孔完成经检查合格后,将管棚连续接长,由钻机旋转顶进将其装入孔内。

(2)当地质状况复杂,遇有砂卵石、岩堆、漂石或破碎带不易成孔时,可采用跟管钻进工艺,即将套管及钻杆同时钻入,成孔后取出内钻杆,顶进棚管,拔出外套管。

(3)每循环管棚施工前,应开挖管棚工作室,工作室大小根据钻机要求确定。管棚施工前,在长管棚设计位置安放至少三榀用工字钢组拼的管棚导向拱架,导向拱架内设置孔口管作为长管棚的导向管,要求在钻机作业过程中导向拱架不变形、不移位。

(4)洞口管棚一般采用套拱定位,套拱部位开挖应视现场地质条件及配套设备确定,要做到套拱底脚坚实、孔口管位置准确。

(5)管棚节间用丝扣连接。管棚单序孔第一节长 6(9)m,双序孔第一节长 3(4.5)m,其余管节长度均为 6(9)m。

(6)管棚安装后,管口用麻丝和锚固剂封堵钢管与孔壁间空隙,连接压浆管及三通接头。

(7)管棚注浆前,应向开挖工作面、拱圈及孔口管周围岩面喷射厚10cm厚的C25混凝土,以防钢管注浆时岩面缝隙跑浆。

(8)注浆后及时扫排管内胶凝浆液,用水泥砂浆充填密实;对于非压浆孔,直接充填即可。

6.6.5　管棚引孔顶入法施工工艺流程如图12-21所示。

6.6.6　管棚跟管钻进施工工艺流程如图12-22所示。

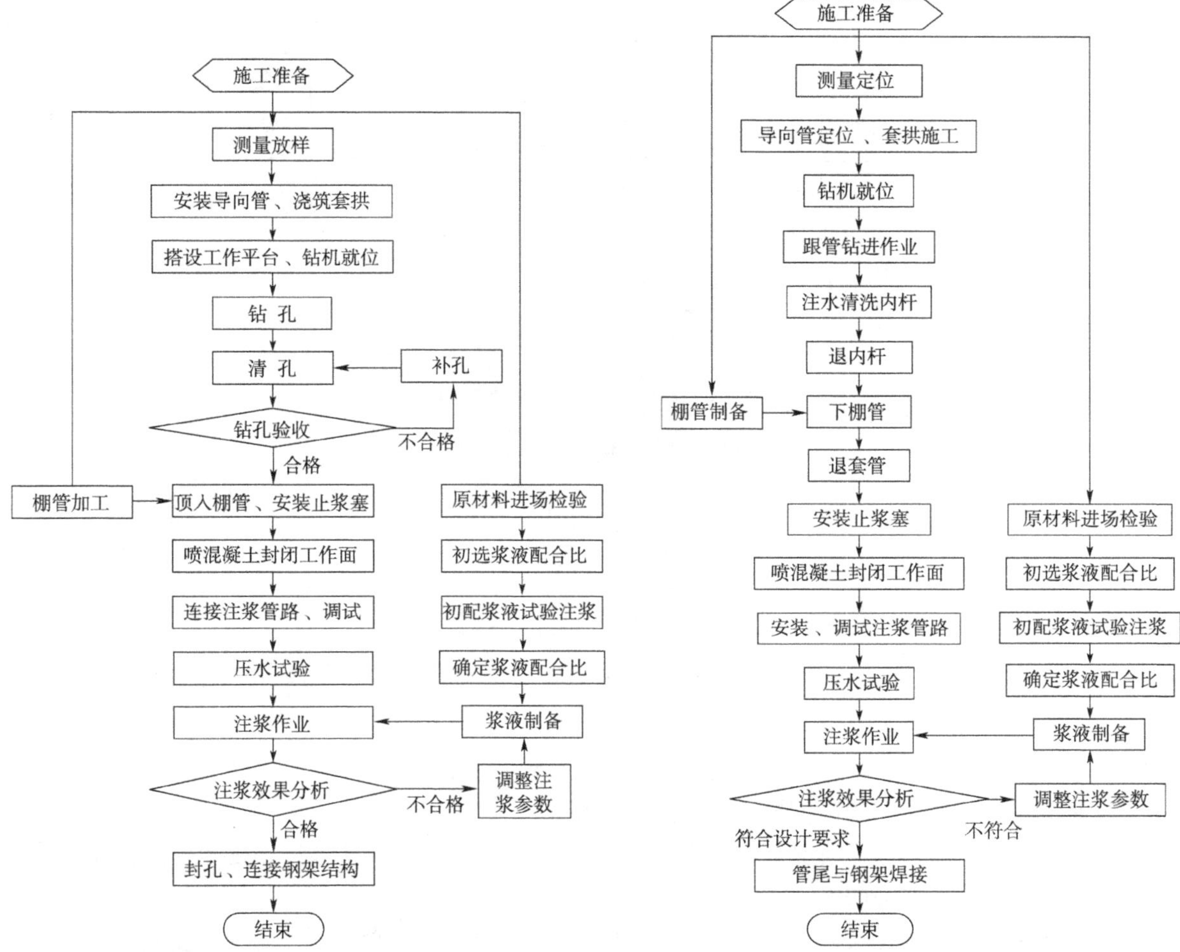

图12-21　管棚引孔顶入法施工工艺流程图

图12-22　管棚跟管钻进施工工艺流程图

6.7　预注浆

6.7.1　预注浆施工工艺流如图12-23所示。

6.7.2　注浆方式的选择应满足下列要求:

(1)目前常用的注浆方式主要有全断面封闭预注浆、周边半封闭预注浆、小导管注浆、局部预注浆、地表注浆等,施工时应根据注浆的目的和工程地质条件等因素综合考虑。

(2)当隧道埋深在20m以内时,可采用地表注浆加固围岩;当隧道埋深超过20m时,则应采用开挖工作面预注浆。

(3)对于排水受限制的山岭隧道,遇岩石裂缝或断层破碎带时,可采用以全断面注浆为主,局部注浆法为辅的注浆方式。

(4)围岩破碎、裂隙发育,可采用周边半封闭预注浆为主,辅以小导管注浆进行堵水和加固。

(5)断面较小的单线隧道,岩层松散和断层破碎带,可用小导管注浆加固围岩。

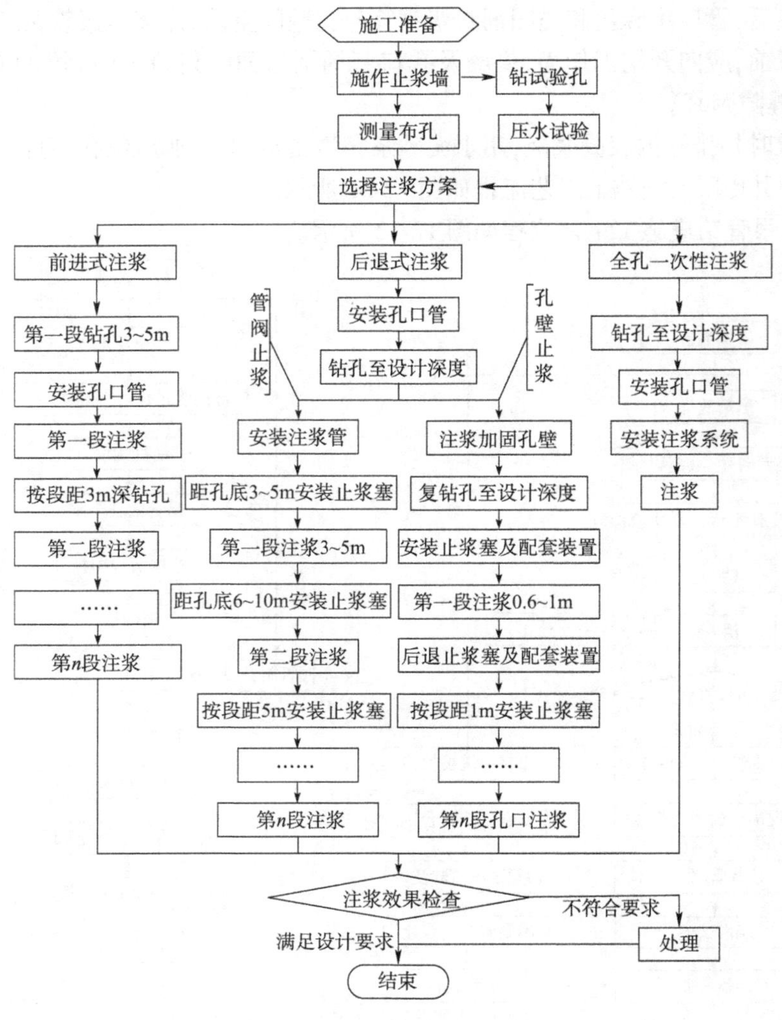

图 12-23　预注浆施工工艺流程图

(6)裂隙集中涌水,可采用小导管局部注浆堵水。

6.7.3　根据设计和围岩情况可采用全孔一次性注浆、分段前进式注浆、分段后退式注浆三种方式,其适用条件和施工方法如下:

(1)对孔深小于6m或地层裂隙较均匀的地层,可采用全孔一次性注浆,直接将注浆管路接在孔口管上,或在孔口处设止浆塞,利用孔口管进行全孔注浆施工,其施工方法示意如图12-24所示。

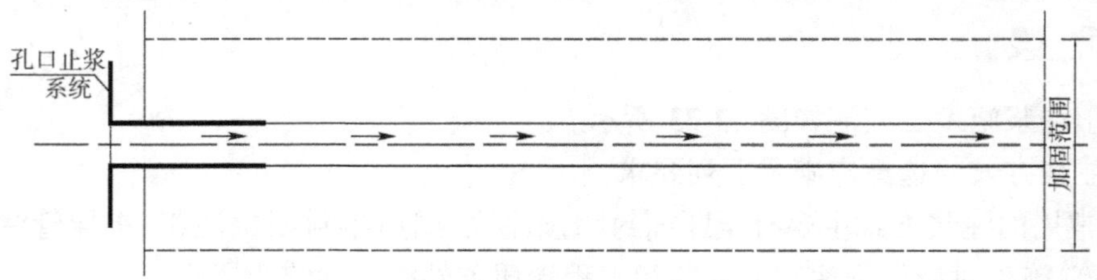

图 12-24　全孔一次性注浆示意图

(2)如果钻孔较深,为了适应软弱破碎围岩和裂隙不均匀地层,保证注浆质量,需要将全孔分为若干段进行注浆。根据钻孔和注浆顺序,又可分为分段前进式或后退式注浆两种:

①在裂隙发育或破碎难以成孔的岩层,可采用分段前进式注浆,即自孔口开始,钻进一段,注浆一段,直至孔底最后一段注完为止,每次钻孔注浆分段长度根据围岩情况定为3~5m。前进式分段注浆采用止浆塞或孔口管法兰盘进行止浆。前进式分段注浆示意如图12-25所示。

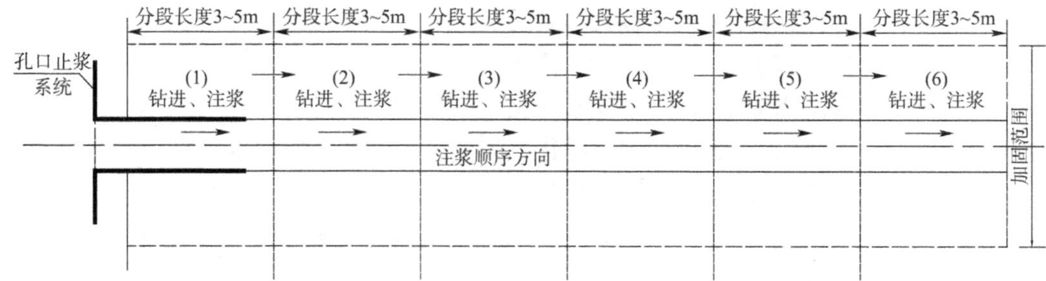

图 12-25　前进式分段注浆示意图

②对于围岩局部破碎，但可以成孔的岩层，可采用后退式分段注浆，一次性钻至全孔深，而后在孔内设置止浆塞，从孔底开始，对一个注浆分段进行注浆，第一分段注浆完成后，后退一个分段长度进行第二分段注浆，如此往复，直到将整个注浆段完成，注浆分段长度宜取 0.6 ~ 1.0m。其施工方法示意如图 12-26 所示。

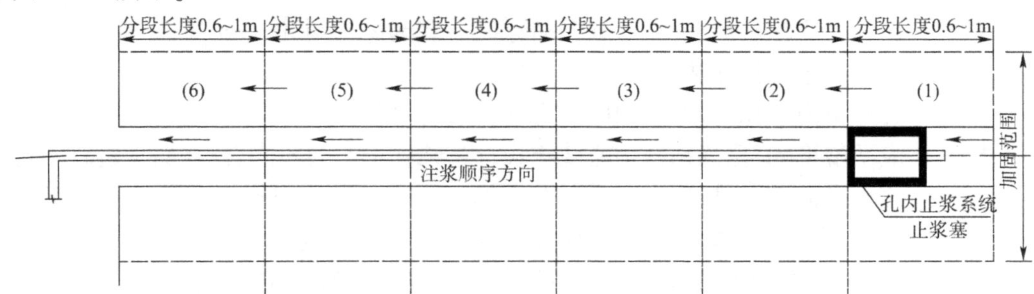

图 12-26　后退式分段注浆示意图

6.7.4　注浆施工前，除根据注浆工艺要求配备应有的机具设备外，还应视工作条件，做好注浆站的选址与布置，进行试泵与注水试验，安装注浆管路和止浆塞、止浆岩盘，然后制浆压注，并应满足下列要求。

(1)注浆工作站的布置：注浆工作站应尽量靠近工作面，泵站布置不仅要考虑紧凑、操作方便，并应加强通风防尘。若场地狭窄，应采用移动式的注浆工作站。

(2)压水试验：注浆前应进行压水试验，以测定岩层的吸水性，核实岩层的渗透性，为注浆时选取泵量、泵压及浆液配合比等提供参考依据，同时冲洗钻孔，检查止浆塞效果和注浆管路是否有跑、漏水现象，注浆管路可参照图 12-27 进行连接。

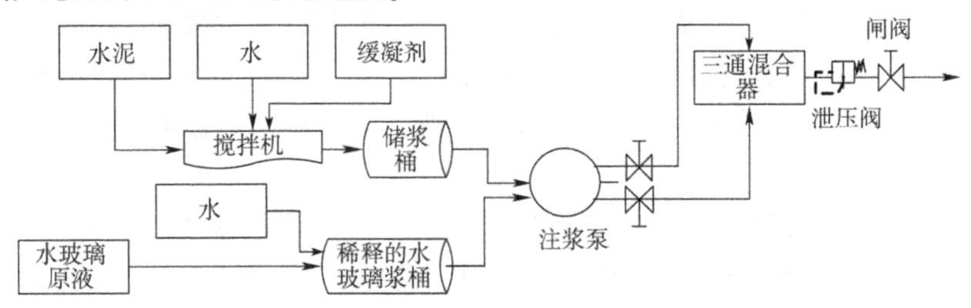

图 12-27　压水试验注浆管路连接示意图

6.7.5　注浆材料及浆液配合比的选择应满足下列要求：

(1)注浆材料及浆液配合比应根据工程地质、水文地质条件、注浆目的、注浆工艺、设备和成本等因素选择和调整。

(2)注浆材料应来源广泛、价格适宜。

(3)注浆材料形成的浆液具有良好流动性、可灌性。

(4)注浆材料凝胶时间可根据需要调节，固化时收缩小，浆液与围岩、混凝土、砂土等黏结力强，固结体具有高强度和良好的抗渗性、稳定性、耐久性。

(5)注浆材料和固结体无毒、无污染,对人体无害。

(6)注浆材料要求的注浆工艺及设备简单,操作安全方便。

(7)一般情况下应采用水泥基浆材,不宜采用化学浆材。

(8)在淤泥质、粉质黏性土、全风化、中强风化及断层破碎带富水和动水条件下宜采用普通水泥-水玻璃双液浆,在砂层中宜采用超细水泥-水玻璃双液浆。

(9)注浆前检查注浆材料数量能否满足连续注浆要求,如不能保证连续注浆要求,则要在补足数量或有运输保障供应的情况下才能注浆。

6.7.6 注浆设备的选择应满足下列要求:

(1)钻机可选用回转式、冲击式钻机及凿岩机等,注浆孔径一般为ϕ70~ϕ130mm,钻孔机具应满足注浆段长的要求。

(2)在注水泥浆时,宜采用单液注浆泵或泥浆泵;注砂浆时则采用专用砂浆泵;在注双液浆时应采用双液注浆泵。注浆泵的最大压力应达到设计压力的1.5~2.0倍。

(3)注浆管根据设计要求选用相应规格的钢管加工,或选用袖阀管、TSS管。

6.7.7 钻孔作业应符合下列规定:

(1)钻孔顺序宜先钻内圈孔后钻外圈孔,先无水孔后有水孔。

(2)钻机安装应平整稳固,保证钻杆中心线与设计注浆孔中心线相吻合,在钻孔过程中要经常检查校正钻杆方向。注浆孔的孔底偏差应不大于孔深的1/40孔深,检查孔的孔底偏差应不大于孔深的1/80孔深,其他钻孔的孔底偏差应小于1/60孔深或符合设计规定。

(3)钻孔2m后应安装孔口管或注浆管,测量水压力及涌水量,并按表格填写记录,主要内容有按孔号、进尺、起始时间、岩石裂隙发育情况、出现涌水位置、涌水量和涌水压力等。

(4)在涌水量大、压力高的地段钻孔时,应先设置带闸阀的孔口管,当出现大量涌水时,拔出钻具,关闭孔口管上的闸阀,再进行注浆;当开挖工作面围岩破碎,应先设置止浆墙和孔口管,孔口管埋入止浆墙深度随最大注浆压力而定,孔口管宜为直径不小于90mm无缝钢管。

6.7.8 注浆作业应符合下列规定:

(1)注浆施工前应对不同水灰比、掺加不同掺和料和不同外加剂的浆液进行试验,选择适合的浆液和配合比,按照配合比准确计量,严格按顺序加料,拌和后的浆液必须经筛网过滤后方可进入注浆机。

(2)止浆墙施作位置及结构形式要根据现场情况和堵水方式来确定,止浆墙厚度一般宜为3~8m,施工时根据需要选取;止浆墙位置的隧道断面应适当扩大50~100cm,必要时可安装少量的径向锚杆,确保止浆墙的稳定;止浆墙施工时,可在周边及拱部预埋注浆管,正式注浆开始时,首先进行注浆填充空隙,待止浆墙混凝土强度达到设计强度的75%以上后,方可开始钻孔注浆施工。

(3)分段注浆时,应设置止浆塞,止浆塞可采用气囊、水囊或橡胶止浆塞,并能承受注浆终压的要求,亦可采用孔口止浆方式。

(4)注浆过程中应根据浆液扩散情况、注浆量、注浆压力等参数调整注浆材料和配合比。

(5)注浆过程中应做好施工记录,包括孔位、孔径、孔深、浆液配合比、注浆压力、注浆量、跑浆、串浆等。

6.7.9 注浆结束的标准应满足下列要求:

(1)单孔结束标准:注浆压力逐步升高至设计终压,则继续注浆10min以上,进浆量小于初始进浆量的1/4,检查孔涌水量小于0.2L/min。

(2)全段注浆结束标准:所有注浆孔均符合单孔结束条件,注浆后隧道预测涌水量小于$1m^3/(d\cdot m)$。

6.7.10 注浆结束后,经检查确认浆液固结体达到设计规定的强度后才进行隧道开挖。

6.7.11 当注浆施工中出现异常情况时,应采取下列方法进行处理:

(1)钻孔过程中遇见突泥、突水情况,立即停钻,进行注浆处理。

(2)在开挖工作面有小裂隙漏浆，先用水泥浸泡过的麻丝填塞裂隙，并调整浆液配合比，缩短凝胶时间，若仍跑浆，在漏浆处用风钻钻浅孔注浆固结。

(3)当注浆压力突然升高，则只注纯水泥浆或清水，待泵压恢复正常时，再进行双液注浆。若压力不恢复正常，则停止注浆，检查管路是否堵塞。

(4)当进浆量很大、注浆压力长时间不升高时，应调整浆液浓度及配合比，缩短凝胶时间，进行小泵量、低压力注浆，使浆液在岩层裂隙中有相对停留时间，便于凝胶；有时也可以进行间歇式注浆，但停留时间不能超过浆液凝胶时间。

(5)注浆发生堵管时，先打开孔口泄压阀，再关闭孔口进浆阀，然后停机，查找原因，迅速进行处理。

(6)注浆结束时，应先打开泄压管阀门，再关闭进浆管阀门，并用清水将注浆管冲洗干净后方可停机。

6.8　基底处理

6.8.1　隧道基底处理一般可采用旋喷桩、树根桩、灰土挤密桩、注浆加固等方法。

6.8.2　旋喷桩适应于砂类土、黏性土、黄土和淤泥等的隧道基底加固。

6.8.3　树根桩适用于淤泥、淤泥质土、黄土、黏性土、粉土、砂土、碎石土及人工填土等的隧道基底加固。

6.8.4　灰土挤密桩适用于处理地下水水位以上的湿陷性黄土、素填土和杂填土等隧道基底加固，处理深度一般为5～15m。

6.8.5　袖阀管注浆适合在软黏性土地层中劈裂注浆，是加固隧道底基础极为有效的方法，其通过上下两个阻塞器，能将浆液限定在注浆区段的任一层范围内进行注浆以达到分层注浆效果。袖阀管注浆应满足下列要求：

(1)袖阀管系统注浆施工工艺流程如图12-28所示。

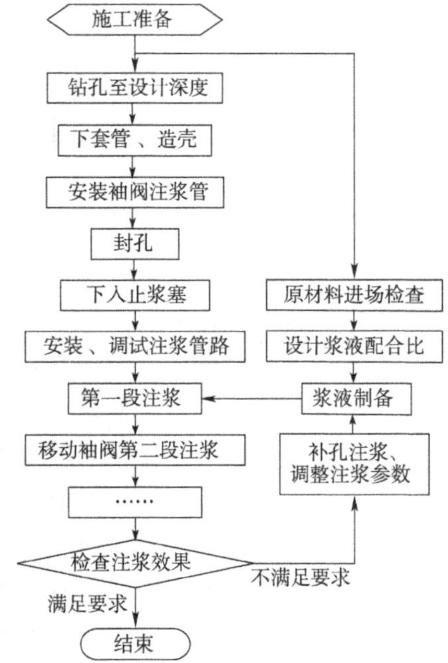

图12-28　袖阀管系统注浆施工工艺流程图

(2)钻孔作业应符合下列要求。

①钻孔过程中应采用套管跟进、泥浆循环护壁成孔，成孔后须立即清孔。

②在钻孔过程中应做好详细的钻孔记录，对钻孔进行地质描述，从而有利于下一步的注浆作业施工。

③按设计要求完成钻孔，安设好袖阀注浆管后，将套管拔出。

(3)袖阀注浆管的安设应符合下列要求。

①在不注浆部位下A型袖阀注浆管，在注浆部位下B型袖阀注浆管，底部加下闷盖。

②B管为有孔管，并覆盖橡胶套。下管前必须在最下端一根B管上加下闷盖，然后利用丝扣连接下一根B管，直到连至注浆段长度。之后，开始连接A管，A管连接至钻孔深度，并要求露出地面10cm。

③由于钻孔较深，下管时可将连接好的袖阀注浆管分为3段，依次下入孔中，上段即将下完时，再在孔口连接下一段袖阀注浆管，直至完成袖阀注浆管的下管作业。

④将袖阀注浆管沿套管内壁下到钻孔底部后，在顶部加上闷盖，然后拔出套管进行封孔作业。在孔底至距地面3m段采用粗砂或砾石密实填充，在地表以下3m至孔口部位采用速凝水泥砂浆填充封孔，以防止注浆时返浆。

⑤下管过程中应尽量使袖阀注浆管保持竖直。

⑥注浆方式一般采取分段后退式注浆工艺，即利用止浆系统，在注浆带内由孔底进行注浆，每次注浆段长0.6～1m。注完第一注浆段后，将注浆芯管和止浆系统采用管钳上提至第二注浆段，进行第二注浆段的注浆，依次下去，直至完成注浆带。

6.9 其他辅助施工措施

6.9.1 隧道开挖工作面自稳能力差时可采用喷射混凝土封闭、锚杆加固、开挖工作面注浆等形式配合分部开挖的施工，并应满足下列要求：

(1)喷射混凝土加固应和初喷同时进行，厚度一般宜为10cm左右。

(2)注浆加固可采用钢花管，布孔方式视开挖工作面情况确定，注浆方式宜采用发散约束型注浆。

(3)锚杆加固可采用玻璃纤维锚杆或其他易拆除的锚杆。

6.9.2 在隧道穿过塌方体、膨胀岩、软弱破碎带等围岩段，为减少变形，常采用临时仰拱与各种分部开挖方法相配合的施工辅助措施，并应满足下列要求：

(1)临时仰拱应根据围岩情况及量测数据确定设置区段，可采用型钢仰拱或格栅钢架喷射混凝土等。

(2)当需要提供水平支撑力时，临时仰拱应设置成水平直线形。

(3)特殊情况下临时仰拱作为隧道内运输通道支撑时，可设置为下拱型，并配备纵向连接钢筋。

(4)临时仰拱与边墙连接部位应施作锁脚锚管予以加强。

(5)临时仰拱应和拱部、墙部初期支护同步施工、螺栓连接，以便迅速闭合。

(6)拆除临时仰拱时应加强监控量测工作，必要时应对初期支护予以加强。

6.9.3 在软弱破碎围岩或黄土隧道分部开挖中，为减少变形，常将拱脚扩大50～100cm，以避免拱架整体下沉。

6.9.4 在高地应力下挤压性围岩、膨胀性围岩中，为控制变形，释放地应力，常采用配有长锚杆的柔性支护，锚杆长度一般为4～9m。

7 钻爆开挖

7.1 一般规定

7.1.1 隧道开挖方法应根据地质条件、断面大小、结构形式、机械配备、周围环境等因素综合确定，开挖方法应有利于保护围岩的自承能力。

7.1.2 钻爆作业应符合以下规定：

(1)开挖轮廓形状和断面尺寸应符合设计要求，尽量减小开挖轮廓线的放样误差，应采用激光指向仪、隧道激光断面仪等确定开挖轮廓线和炮眼位置。

(2)通过爆破试验，选择合理的钻爆参数，并根据地质条件的变化和对振动波的监测，不断优化钻爆参数，实现光面爆破，把对围岩、支护及衬砌的扰动降到最低程度。

(3)隧道开挖断面应以二次衬砌设计轮廓线为基准，考虑预留变形量、测量贯通误差和施工误差等因素适当放大，并应满足下列要求：

①预留变形量应符合设计规定，或根据围岩级别、隧道宽度、埋置深度、施工方法和支护情况等条件，采用工程类比法确定。

②测量贯通误差应符合《铁路工程测量规范》(TB 10101—2009)的规定。

③施工中应根据量测结果进行分析，及时调整预留变形量。

(4)当两相对开挖工作面相距40m时，两端施工应加强联系，统一指挥。当两开挖工作面间的距离剩下 10 ~ 15m 时,应从一端开挖贯通。

(5)爆破作业时,所有人员应撤至不受有害气体、振动及飞石伤害的安全地点;在有可能发生涌水、突水地段应加强开挖工作面与洞内后部工作点的联系。安全地点至爆破工作面的距离,在独头坑道内不应小于 200m;当采用全断面开挖时,应根据爆破方法与装药量计算确定安全距离。

(6)隧道开挖中所使用爆破器材的运输、储存、检验、再加工、使用和退库、销毁应符合国家有关法律、法规和《爆破安全规程》(GB 6722—2014)的规定。施工中对爆破器材必须统一管理、发放,不符合要求的一律不准使用。

7.2　隧道超欠挖

7.2.1　隧道施工应严格控制超欠挖,允许超挖值应按表 12-3 进行控制。

隧道允许超挖值(cm)　　表 12-3

开挖部位		围岩级别		
		Ⅰ	Ⅱ ~ Ⅳ	Ⅴ、Ⅵ
拱部	平均线形超挖	10	15	10
	最大超挖	20	25	15
边墙线形超挖		10	10	10
仰拱、隧底	平均线形超挖	10		
	最大超挖	25		

注:1. 本表适用于炮眼深度不大于 3.0m 隧道的开挖。炮眼深度大于 3.0m 时,可根据实际情况另作规定。

2. $平均线形超挖值 = \frac{超挖横断面面积}{爆破设计开挖断面周长(不包括隧底)}$。

3. 最大超挖值是指最大超挖处至设计开挖轮廓切线的垂直距离。

4. 表列数值不包括测量贯通误差、施工误差。

5. 测量方法可选用表 12-4 列出的办法进行。

6. 超过本表所列数值的部分按局部坍塌处理。

7.2.2　隧道超欠挖的测定方法见表 12-4。

隧道超欠挖的测定方法　　表 12-4

测定方法及采用的仪器	方法简述
利用激光束测定	用激光指向仪或激光经纬仪射在开挖工作面上的光束测定特定部位的超欠挖的线性值
用全站仪测定	在要测的点位粘贴反光片,用全站仪测定各点的三维坐标,通过计算绘制开挖断面,与设计断面进行比较
用激光隧道限界测量仪测定	由免棱镜测距全站仪和手提电脑组成,对开挖工作面(或任一断面)测量,直接打印出设计断面与实际断面,并标出设定点的超欠挖值
用二次衬砌轮廓刚架作基准测定	当防水板铺设专用台车移动时,用直尺量取需测定点至轮廓刚架的最小距离,并考虑喷混凝土的厚度,以确定超欠挖值

7.2.3　隧道开挖应严格控制欠挖,当围岩完整、石质坚硬时,允许岩石个别突出部分侵入衬砌不大于 5cm(每 $1m^2$ 不大于 $0.1m^2$);拱脚和墙脚以上 1m 范围内严禁欠挖。

7.2.4　隧道周边炮眼痕迹保存率是衡量开挖面平整度的一个指标,炮眼痕迹保存率应满足表 12-5 的规定。

各种围岩周边炮眼痕迹保存率　　表 12-5

围岩性质	硬岩	中硬岩
炮眼痕迹保存率	≥80%	≥60%

注:炮眼痕迹保存率 = (残留有痕迹的炮眼数/周边眼总数) × 100%。

7.3 钻爆设计

7.3.1 隧道开挖应根据工程地质条件、开挖断面、开挖方法、掘进循环进尺、钻眼机具和爆破器材等,结合爆破振动要求进行钻爆设计。施工中应根据爆破效果不断调整爆破参数。

7.3.2 钻爆设计的内容应包括炮眼(掏槽眼、辅助眼、周边眼、底板眼)的布置、深度、斜率和数量,爆破器材、装药量和装药结构,起爆方法和爆破顺序,钻眼机具和钻眼要求、主要技术经济指标及必要的说明等。

7.3.3 掏槽眼的形式有直眼掏槽、楔形掏槽,施工中应根据隧道断面大小、围岩级别以及爆破振动等要求选定。

7.3.4 炮眼布置应符合下列规定:

(1)周边眼应沿隧道开挖轮廓线布置。

(2)辅助炮眼应交错均匀布置在周边眼与掏槽眼之间。

(3)周边炮眼与辅助炮眼的眼底应在同一垂直面上,掏槽炮眼应加深10~20cm。

7.3.5 隧道爆破应采用光面爆破或预留光爆层爆破,光面爆破参数应通过试验确定(试验方法见本章附件2)。当无试验条件时,有关参数可参照表12-6选用。

光面爆破参数 表12-6

岩石类别	周边眼间距 E(cm)	周边眼抵抗线 W(cm)	相对距离 E/W
极硬岩	50~60	55~75	0.8~0.85
硬岩	40~55	50~60	0.8~0.85
软质岩	30~45	45~60	0.75~0.8

注:1. 表列参数适用于炮眼深度1.0~3.5m,炮眼直径40~50mm,药卷直径20~35mm。

2. 当断面较小或围岩软弱破碎或对开挖成形要求较高时,周边眼间距 E 应取较小值。

3. 周边眼抵抗线 W 值应大于周边眼间距 E 值。软岩取较小的 E 值时,W 值应适当增大。E/W:软岩取小值,硬岩及小断面取大值。

4. 装药集中度 q 以装药长度的平均线装药密度计,一般为0.04~0.4kg/m,过大易破坏光面爆破壁面,施工中应根据炸药类型和爆破试验确定。

7.3.6 根据地质、水文条件和炮眼选择适当的炸药品种和型号。掏槽眼宜选用高猛度的炸药;周边眼宜选用低密度、低爆速、低猛度或高爆力的炸药。采用导爆管和毫秒雷管起爆,毫秒雷管的选用应根据钻爆设计所需的段位数和便于操作确定。

7.3.7 爆破效果应满足下列要求:

(1)硬岩无剥落;中硬岩基本无剥落;软弱围岩无大的剥落或坍塌。

(2)钻杆外插角是控制超欠挖的关键,两次爆破形成的台阶尺寸因钻孔机械的不同而相差甚大,应尽量减小台阶尺寸并不宜大于15cm。

(3)开挖轮廓符合设计要求,开挖面平整。

(4)爆破进尺达到设计要求,渣块块度满足装渣要求。

(5)炮眼痕迹保存率应符合本章第7.2.4条规定,并在开挖轮廓面上均匀分布。

(6)超欠挖应符合本章第7.2.1、7.2.3条规定。

7.3.8 在浅埋、软弱破碎围岩、邻近有建筑物等特殊情况地段爆破时,应用仪器检测围岩爆破振速和扰动范围,并采取措施控制爆破对围岩的扰动程度。爆破振动应监测下列对象:

(1)对洞口附近的建筑物和构筑物的振动。

(2)对浅埋隧道地表的建筑物和构筑物的振动。

(3)对相邻隧道或地下构筑物的振动。

(4)每一新的爆破设计实施时对新喷混凝土、刚脱模的二次衬砌混凝土的振动等。

7.3.9 特殊环境下爆破作业中应对噪声、空气污染和粉尘进行监测。

7.3.10 水下隧道应采用微震动爆破技术:选用低爆速炸药、浅眼弱爆破、加密周边眼、短进尺。掏槽眼按抛掷爆破设计;辅助眼按弱爆破设计;周边眼按光面爆破设计,围岩完整时可采用预裂爆破。

7.3.11 土质隧道采用机械开挖时,开挖轮廓线内不小于30cm的围岩应用人工挖除、修整。

7.4 钻眼

7.4.1 钻眼作业应符合下列要求:

(1)炮眼的深度和斜率应符合钻爆设计。

(2)当采用手持凿岩机钻眼时,掏槽眼眼口间距和眼底间距的允许误差为±5cm;辅助眼眼口间距允许误差为±10cm;周边眼眼口位置允许误差为±5cm,眼底不得超出开挖断面轮廓线15cm。

(3)当开挖面凹凸较大时,应按实际情况调整炮眼深度及装药量,使周边眼和辅助眼眼底在同一垂直面上。

(4)钻眼完毕,按炮眼布置图进行检查并做好记录,对不符合要求的炮眼应重钻,经检查合格后方可装药。

(5)采用手持式凿岩机凿眼,当凿眼高度超过2.5m时应配备与开挖断面相适应的作业台架进行凿眼;钻孔作业应定人定岗,尤其是左右侧周边眼司钻工不宜变动。

(6)当采用凿岩台车开挖时,对钻眼的要求,可根据台车的构造性能结合实际情况另行规定。

7.4.2 提高光面爆破效果应采用下列技术措施:

(1)周边轮廓线和炮眼的放样宜采用隧道激光断面仪或其他类似的仪器,尽量减少人工操作。周边轮廓线的放样允许误差应为±2cm。

(2)周边眼间距与抵抗线的相对距离要合理,通常减小周边眼间距,爆破后轮廓成形好。

(3)装药结构应均匀分布,眼底可相对加强一些。

(4)周边眼开眼位置视围岩软硬稍作调整:硬岩在轮廓线上;软岩可向内偏移5~10cm。

(5)尽量减小周边眼外插角的角度,孔深小于3m时外插角的允许斜率宜为孔深的±5%;孔深大于3m时外插角斜率宜为孔深的±3%;外插角的方向应与该点轮廓线的法线方向相一致。并应根据不同的炮眼深度,适当调整斜率。

(6)当隧道断面较大或地表建筑物对振动要求较严时,可采用小导洞超前,隧道开挖以"层层剥皮"成形,既能减轻爆破振动,又可提高光面爆破效果。

7.5 装药

7.5.1 装药作业应符合下列要求:

(1)爆破工装药前,应与班组长、领工员对装药开挖工作面附近及炮眼等进行全面检查,对检查出的问题及时处理。

(2)炮眼内岩粉应清理干净。

(3)炮眼缩孔、坍塌或有裂缝时不得装药。

(4)装药作业与钻孔作业不能在同一开挖工作面进行。

7.5.2 装药结构应符合下列规定:

(1)常用的周边眼装药结构有小直径连续装药、间隔装药、导爆索装药和空气柱状装药,如图12-29~图12-32所示。一般情况下宜选用小直径连续装药或间隔装药结构;软岩可采用导爆索装药结构;当眼深不大于2m时,可采用空气柱状装药结构。

(2)为提高炸药的能量和爆破效果,应采用反向装药结构;在有瓦斯、煤尘爆炸危险的开挖工作面应采用正向装药结构。

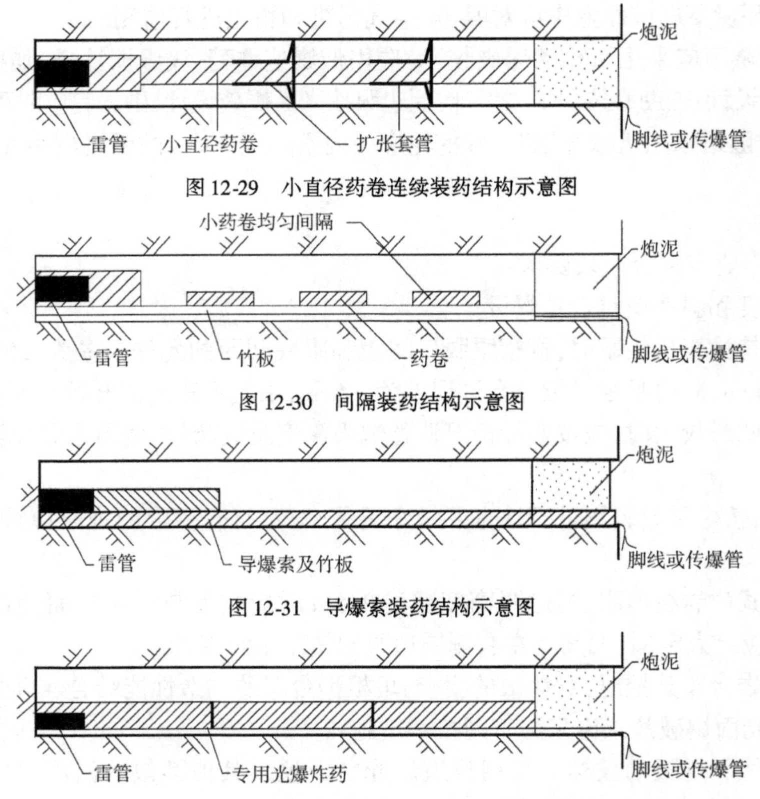

图 12-29 小直径药卷连续装药结构示意图

图 12-30 间隔装药结构示意图

图 12-31 导爆索装药结构示意图

图 12-32 专用光面爆破药卷装药结构示意图

(3)周边眼按药卷直径不同应采用连续装药或间隔装药结构,其他眼应采用连续装药结构。

7.5.3 装药作业应符合下列规定:

(1)尽量采用装药机(有乳化炸药装药机、粉状炸药装药机)装药,以提高装药效率,减少不安全因素。

(2)清孔:装药前,采用掏勺或压缩空气吹眼器清除炮眼内的岩粉、积水,防止堵塞,使用压缩空气吹眼器时应避免炮眼内飞出的岩粉、岩块等杂物伤人。

(3)验孔:炮眼清理完成后,应采用炮棍检查炮眼深度、角度、方向和炮眼内部情况。发现炮眼不符合要求的,及时处理。

(4)装药方法:验孔完成后,爆破工必须按作业规程、爆破设计规定的炮眼装药量、起爆段位进行装药。装药时要一只手抓住雷管的脚线,另一只手用木质或竹质炮棍将放在眼口处的药卷轻轻地推入炮眼底,使炮眼内各药卷间彼此密接,推入时用力要均匀。

(5)正向装药的起爆药卷最后装入,起爆药卷和所有的药卷的聚能穴朝向眼底;反向装药起爆药卷首先装入,起爆药卷和所有的药卷的聚能穴朝向眼外。

(6)堵孔炮泥应满足下列要求:

①所有装药的炮眼应采用炮泥堵塞,不得用炸药的包装材料等代替炮泥堵塞。

②宜用炮泥机制作炮泥。炮泥一般由配合比 1:3 的黏土和砂子,加含有 2% ~3% 食盐的水制成,炮泥应干湿适度。

(7)封孔应满足下列要求:

①最初填塞的炮泥应慢慢用力,轻捣压实,以后各段炮泥应依次用力一一捣实。

②宜将浅孔余孔全部堵塞。

③炮眼深度小于 1m 时,封泥长度不宜小于炮眼深度的 1/2。

④炮眼深度超过 1m 时,封泥长度不宜小于 0.5m。

⑤炮眼深度超过 2.5m 时,封泥长度不宜小于 1m。

⑥光面爆破周边眼封泥长度不宜小于0.3m。

7.6　连线、起爆

7.6.1　连线起爆作业应符合下列规定：

(1)每次起爆前，爆破员必须仔细检查起爆网络。

(2)在同一开挖断面上，起爆顺序应由内向外逐层起爆。

(3)延发时间一般应采用孔内控制。

(4)爆破员必须最后离开爆破地点，并必须在有掩护的安全地点进行起爆。

(5)爆破前，班组长必须清点人数，确认无误后，方准下达起爆命令。爆破员接到起爆命令后，必须先发出爆破警号，至少等5s，方可起爆。

7.6.2　处理瞎炮(包括残炮)必须在班组长直接指导下进行，并应在当班处理完毕；如果当班未能处理完毕，爆破员必须同下一班爆破员在现场交接清楚。

8　初期支护

8.1　喷混凝土

8.1.1　喷混凝土施工工艺流程如图12-33所示。

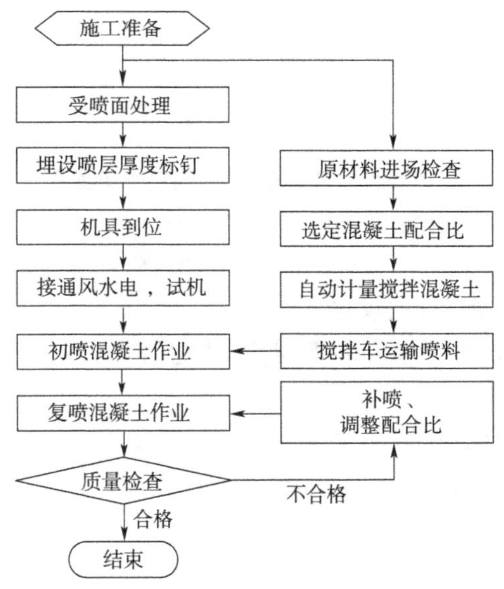

图12-33　喷混凝土施工工艺流程

8.1.2　喷混凝土的材料应符合下列规定：

(1)喷混凝土材料进场必须进行检验，除符合国家现行的有关标准外，并应符合表12-7要求。

喷混凝土原材料技术要求　　表12-7

材料名称	技术要求
水泥	(1)应优先采用硅酸盐水泥或普通硅酸盐水泥，强度等级不宜低于42.5MPa。 (2)遇含有较高可溶性硫酸盐地层或地下水地段，应按侵蚀类型和侵蚀程度采用相应的抗硫酸盐水泥；水泥的安定性、凝结时间均应合格。集料与水泥中的碱离子可能发生反应时，应选用低碱水泥；喷混凝土需要有较高早期强度时，可选用硫铝酸盐水泥或其他早强水泥。 (3)有特殊要求时，应使用相应的特种水泥

续上表

材料名称	技术要求
砂、石	(1)粗集料应采用坚硬耐久的碎石或卵石(豆石),或两者混合物。严禁选用具有潜在碱活性集料,当使用碱性速凝剂时,不得使用含有活性二氧化硅的石料。喷混凝土中的石子最大粒径不宜大于15mm,喷射钢纤维混凝土中的石子最大粒径不宜大于10mm,集料级配宜采用连续级配。按重量计含泥量不应大于1%,泥块含量不应大于0.25%。 (2)细集料应采用坚硬耐久的中砂或粗砂,细度模数应大于2.5。砂中小于0.075mm的颗粒不应大于20%。含泥量不应大于3%,泥块含量不应大于0.5%
水	水质应符合工程用水的有关标准,水中不应含有影响水泥正常凝结与硬化的有害杂质,不应使用污水、海水、pH值小于4.5的酸性水、硫酸盐含量按SO_4^{2-}计超过水重1%的水
外加剂	(1)应对混凝土的后期强度无明显损失;对混凝土和钢材无腐蚀作用;不污染环境,对人体无害。采用低碱或无碱外加剂。 (2)在使用外加剂前,应做与水泥的相容性试验及水泥净浆凝结效果试验,严格控制掺量;水泥净浆初凝时间不应大于5min,终凝时间不应大于10min

(2)喷混凝土用的集料级配宜控制在图12-34所给的范围内。

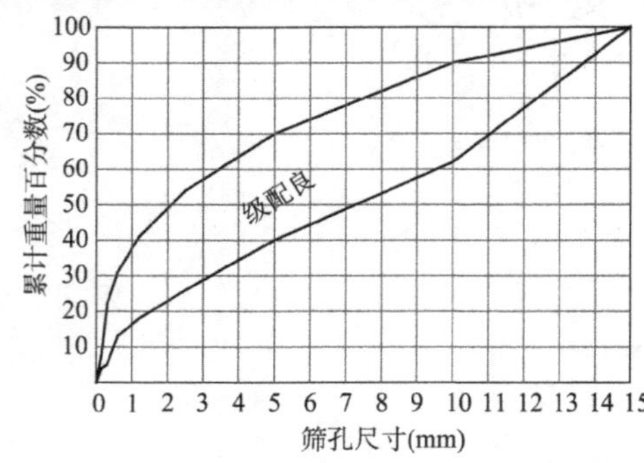

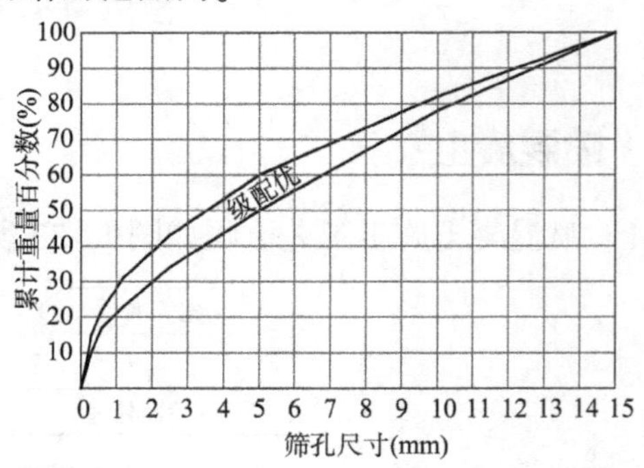

图12-34 喷混凝土粗集料筛分曲线图

8.1.3 喷混凝土的配合比应符合下列规定:

(1)喷混凝土的性能(强度、密实度、黏结力)、回弹率、粉尘浓度应符合《岩土锚杆与喷混凝土支护工程技术规范》(GB 50086—2015)的规定。

(2)喷混凝土因施工方法及环境条件的不同,其性能的要求也不同。配合比应满足设计强度和喷射工艺的要求,并通过试喷确定。

(3)喷混凝土必须满足设计的初期强度、长期强度、厚度及其与围岩面黏结力要求。湿喷混凝土3h强度应达到1.5MPa,24h强度应达到10.0MPa。

(4)湿喷混凝土的胶凝材料用量不宜小于400kg/m^3。

(5)水胶比宜为0.40~0.50。

(6)胶集比宜为1:5~1:4。

(7)集料砂率宜为45%~60%。

(8)混凝土拌合物的坍落度宜为8~13cm(按喷射机性能选择)。

8.1.4 喷混凝土作业应符合下列规定:

(1)喷混凝土应根据现场实际情况,优先采用湿喷工艺,某些特定条件下采用干喷工艺时,应符合国家标准《岩土锚杆与喷混凝土支护工程技术规范》(GB 50086—2015)的要求。

(2)为确保喷射质量,尽快完成喷射作业,宜选定大容量的喷射机和喷射机械手。

(3)喷混凝土的准备工作应满足下列要求:

①检查开挖断面净空尺寸。

②设置控制喷混凝土厚度的标志,一般采用埋设钢筋头作标志。

③检查机具设备和风、水、电等管线路。

④选用的空压机应满足喷射机工作风压和耗风量的要求；压风进入喷射机前必须进行油水分离；输料管应能承受0.8MPa以上的压力，并应有良好的耐磨性能。

⑤保证作业区内具有良好通风和照明条件。

⑥喷射混凝土作业的环境温度不得低于5℃。

(4)受喷岩面的处理应满足下列要求：

①喷混凝土施工前，应对受喷岩面进行处理。一般岩面可用高压水冲洗受喷面上的浮尘、岩屑，当岩面遇水容易潮解、泥化时，宜采用高压风吹净岩面；若为泥、砂质岩面时可挂设细铁丝网(网格宜不大于20mm×20mm、线径宜小于3mm)，用环向钢筋和锚钉或钢架固定，使其密贴受喷面，以提高喷混凝土的附着力。喷混凝土前，宜先喷一层水泥砂浆，待终凝后再喷混凝土。

②受喷面的小股水或裂隙渗漏水宜采用岩面注浆或导管引排后再喷混凝土。

③大面积潮湿的岩面宜采用黏结性强的混凝土，可通过添加外加剂、掺合料改善混凝土性能。

④大股涌水宜采用注浆堵水后再喷射混凝土。

(5)喷射作业应连续进行。喷射作业应分层、分段、分片，喷射顺序应自下而上，分段长度不宜大于6m。

(6)分层喷射时，一次喷混凝土的厚度不小于40mm，后一层喷射应在前一层混凝土终凝后进行，若终凝1h后再喷射，应先用风水清洗喷射表面。

(7)初喷混凝土在开挖后及时进行，复喷应根据开挖工作面的地质情况分层、分时段进行喷射作业，以确保喷混凝土的支护能力和喷层的设计厚度；喷混凝土终凝后3h内不得进行爆破作业。复喷混凝土的一次喷射厚度：拱部为50～100mm，边墙为70～150mm。

(8)喷混凝土应强化工艺管理，降低喷射回弹率。喷混凝土的回弹量：墙部不应大于15%，拱部不应大于25%。

(9)根据具体情况，变换喷嘴的喷射角度和与受喷面的距离，将钢架、钢筋网背后喷填密实，如图12-35、图12-36所示。必要时钢架背后采用注浆充填，并不得填充异物。

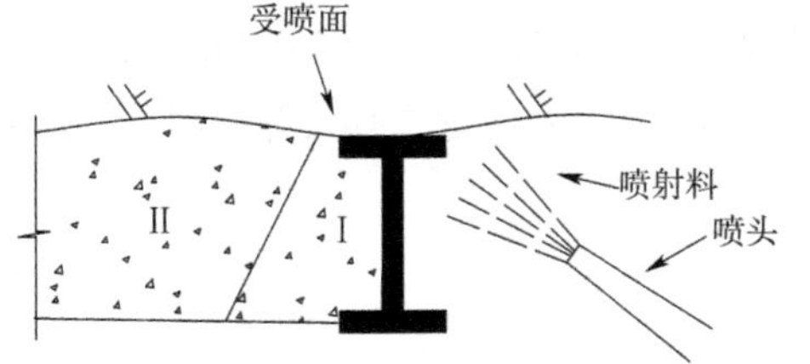

图12-35　钢架背后的喷射角度

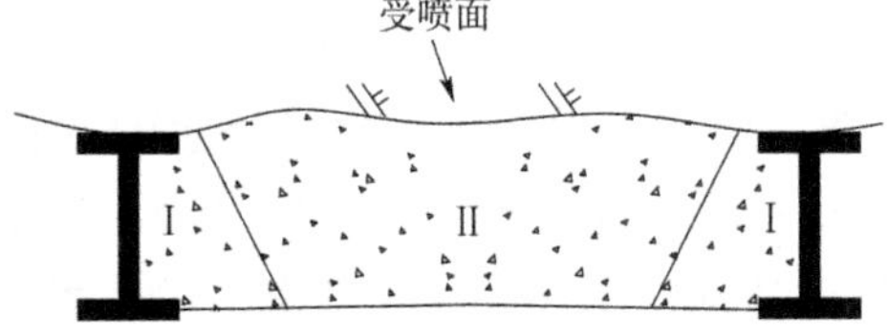

图12-36　钢架之间的混凝土喷射顺序

(10)在喷边墙下部(台阶法施工上半断面拱脚)及仰拱时，需将上半断面喷射时的回弹物清理干净，防止将回弹物卷入下部喷层中形成“蜂窝”，而降低支护能力。

8.1.5　喷混凝土强度检验可从下列方法中选择：

(1)用喷大板切割试块(边长100mm的立方体)，在标准养护条件下养护28d，用标准试验方法测得的极限抗压强度乘以0.95，测试方法见附件5。

(2)当不具备制作抗压强度标准试块条件时，可喷制混凝土大板，在标准条件下养护7d后，用钻芯机取芯制作试块，芯样边缘至大板周边的最小距离不小于50mm。

(3)可直接向边长150mm的无底标准试模内喷射混凝土制作试块，抗压试验加载方向应与试块喷射成形方向垂直，其抗压强度换算系数应通过试验确定。

8.1.6　喷混凝土的厚度应符合下列规定：

(1)平均厚度大于设计厚度。

(2)检查点数的80%及以上大于设计厚度。

(3)最小厚度不小于设计厚度的2/3。

8.1.7 喷钢纤维混凝土应符合下列规定:

(1)采用喷钢纤维混凝土做初期支护时,应根据围岩地质条件确定喷层厚度;喷钢纤维混凝土的韧度指标应满足围岩地质条件、变形量级和工程类型的要求。

(2)喷钢纤维混凝土的材料应符合下列规定:

①钢纤维内不得有明显的锈蚀、油脂及其他妨碍钢纤维与水泥黏结的杂质,其中因加工不良造成的黏连片、铁屑及杂质不应超过钢纤维重量的1%。钢纤维内不得混有妨碍水泥硬化的化学成分。

②钢纤维宜用普通碳素钢制成,钢纤维抗拉强度不得小于600MPa,钢纤维应能承受一次弯折90°不断裂。钢纤维长度宜为20~35mm,并不得大于输料软管以及喷嘴内径的7/10倍,等效直径为0.3~0.8mm,长径比为30~80。

③钢纤维掺量宜根据弯曲韧度指标确定,并应考虑到喷射时钢纤维混凝土各组分回弹率不同的影响。喷钢纤维混凝土的钢纤维的实际含量不宜大于78.5kg/m^3(体积率1.0%)。最小含量可依据钢纤维的长径比参照表12-8选用。

钢纤维混凝土中钢纤维的最小实际含量要求 表12-8

钢纤维的长径比	40	45	50	55	60	65	70	75	80
最小实际含量(kg/m^3)	65	50	40	35	30	25	20	20	20
最小实际体积率	0.83	0.64	0.51	0.45	0.38	0.32	0.25	0.25	0.25

④喷钢纤维混凝土的强度等级不应低于C25,并应满足结构设计对抗压强度、抗拉强度、抗折强度的要求。喷钢纤维混凝土使用的水泥强度不应低于42.5MPa。

⑤喷钢纤维混凝土采用的骨料应采用连续级配,粗集料最大粒径不宜大于10mm;砂率不应小于50%。

⑥喷钢纤维混凝土的原材料中宜加入硅粉或粉煤灰等活性掺合料。硅粉的掺量为水泥重量的5%~15%,粉煤灰的掺量为水泥重量的15%~30%,掺合料掺量的选择应通过试验确定。

⑦喷钢纤维混凝土应采用无碱速凝剂,其掺量应根据凝结时间确定,通常可取水泥用量的2%~8%。并应掺入高效减水剂和增塑剂,其品种和剂量应通过试验或工程经验确定,并应经现场试喷检验。

(3)喷钢纤维混凝土配合比设计应满足下列要求:

①根据喷钢纤维混凝土抗压强度要求确定水胶比;

②根据弯曲韧度比和弯拉强度要求确定钢纤维掺量;

③根据和易性和输料性能确定水、胶凝材料用量;

④根据集料粒径和级配、砂的细度及和易性确定砂率;

⑤水胶比及胶凝材料用量应符合本章第8.1.2、8.1.3条规定。

(4)喷钢纤维混凝土的拌和应满足下列要求:

①喷钢纤维混凝土的拌合工艺应确保钢纤维在拌合物中分散均匀,不产生结团,宜优先采用将钢纤维、水泥、粗细集料先干拌后加水湿拌的方法,干拌时间不得少于1.5min;或采用先投放水泥、粗细集料和水,在拌和过程中分散加入钢纤维的方法。

②喷钢纤维混凝土的各种材料的重量,应按施工配合比和一次拌合量计算确定,各种材料的称量的允许误差应符合表12-9规定。

材料称量的允许误差(%) 表12-9

材料名称	钢纤维	水泥、混合材	粗细集料	水	外加剂
允许误差	±2	±2	±3	±1	±2

③钢纤维混凝土的拌合时间应通过现场拌合试验确定，不宜小于3min(较普通混凝土规定的拌合时间延长1~2min)。

④喷钢纤维混凝土的表面宜再喷一层厚度为10mm的水泥砂浆，其强度不应低于喷钢纤维混凝土的强度。

8.1.8 喷合成纤维混凝土施工应符合下列规定：

(1)喷混凝土中的合成纤维宜采用聚丙烯纤维。

(2)喷混凝土中所使用纤维长度宜为19mm。

(3)合成纤维抗拉强度不宜小于280MPa。

(4)合成纤维掺入量为0.9kg/m^3。

(5)拌合时间宜为4~5min，且纤维已均匀分散成单丝，否则至少需要延长拌合时间30s方可使用。

(6)喷合成纤维混凝土的强度等级应符合设计要求，粗集料粒径不宜大于20mm。

(7)喷合成纤维混凝土的水胶比宜为0.35~0.45。

(8)合成纤维加入喷混凝土拌合料中时不需要改变原来的混凝土的配合比。

8.1.9 喷混凝土养护应符合下列规定：

(1)喷混凝土终凝2h后，应喷水养护，时间不得少于14d。

(2)气温低于5℃时不得喷水养护。

8.1.10 喷混凝土冬期施工应符合下列规定：

(1)洞口喷混凝土的作业场所应有防冻保暖措施。

(2)在结冰的层面上不得进行喷混凝土作业。

(3)作业区的气温和混合料进入喷射机的温度不应低于5℃。

(4)混凝土强度未达到6MPa前，不得受冻。

8.2 锚杆

8.2.1 砂浆锚杆施工工艺流程如图12-37所示。

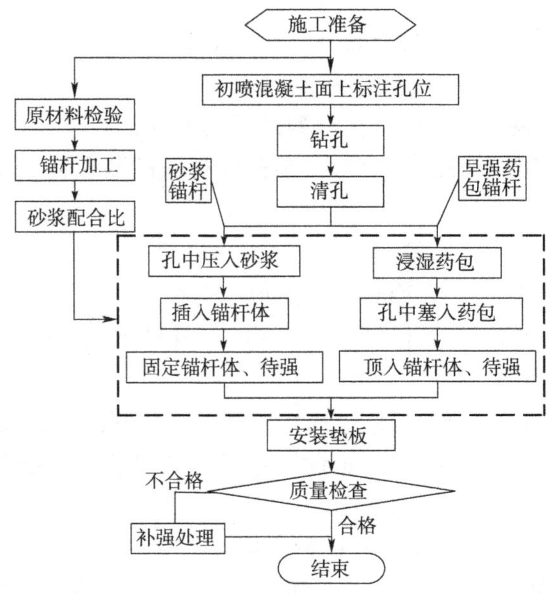

图12-37 砂浆锚杆施工工艺流程

8.2.2 中空注浆锚杆施工工艺流程如图12-38所示。

8.2.3 自进式锚杆施工工艺流程如图12-39所示。

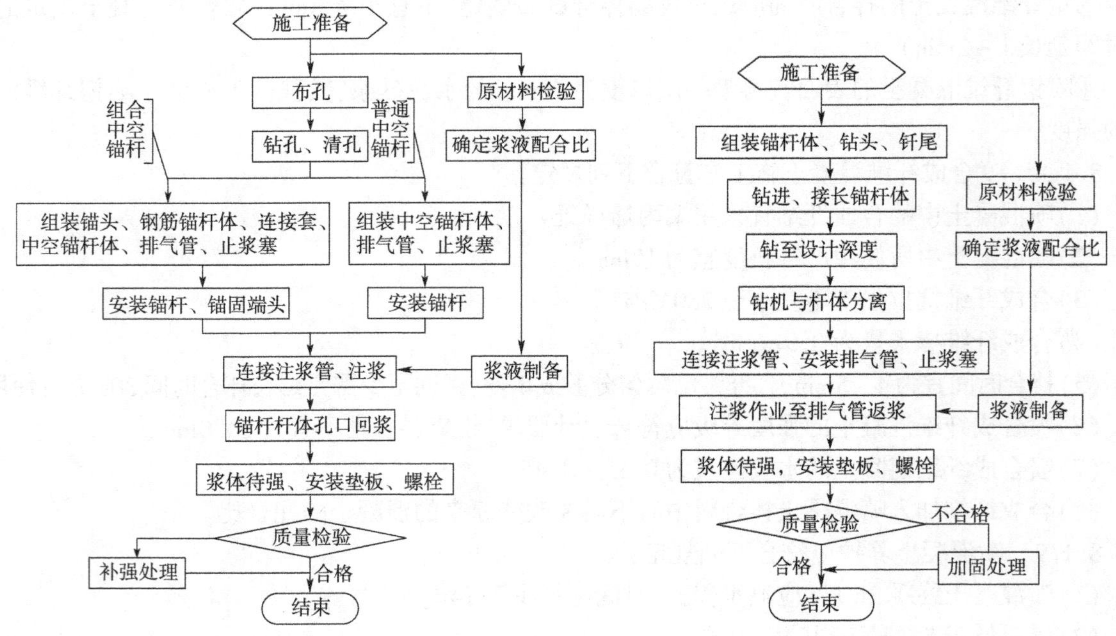

图 12-38　中空注浆锚杆施工工艺流程

图 12-39　自进式锚杆施工工艺流程

8.2.4　锚杆钻孔应符合下列规定：

(1)钻孔机具应根据锚杆类型、规格及围岩等情况选择。

(2)按设计要求定出孔位,其允许偏差为 ±150mm。

(3)钻孔应与围岩壁面或其所在部位岩层的主要结构面垂直。

(4)钻孔应圆而直,锚杆的钻孔直径应大于杆体直径 15mm。

(5)锚杆钻孔深度应大于锚杆设计长度 10cm。

(6)砂浆锚杆深度的允许误差应为 ±50mm。

8.2.5　全长黏结型锚杆施工应符合下列规定：

(1)锚杆必须加垫板,垫板应用螺母上紧并与喷层面紧贴。

(2)锚杆插入长度不得小于设计长度的 95%。

(3)水泥砂浆锚杆的原材料、砂浆配合比应满足下列要求：

①杆体宜用 HRB335、HRB400 级带肋钢筋,锚杆体材质的断裂伸长率不得小于 16%,允许抗拉力与极限抗拉力应符合设计要求；

②锚杆杆体使用前应平直、除锈、除油；

③宜采用中细砂,粒径不应大于 2.5mm,使用前应过筛；

④水泥砂浆强度不低于 M20,砂胶比宜为 1∶1 ~ 1∶2(重量比),水胶比宜为 0.38 ~ 0.45。

(4)灌浆作业应满足下列要求：

①灌浆开始或中途停止超过 30min 时,应用水或稀水泥浆润滑注浆罐及其管路；

②灌浆注浆管应插至距孔底 50 ~ 100mm,随砂浆的注入缓慢匀速拔出,杆体插入后若孔口无砂浆溢出,应进行补注,灌浆压力不得大于 0.4MPa；

③砂浆应拌和均匀,随拌随用,一次拌和的砂浆应在初凝前用完。

(5)锚杆体插入孔内长度不应小于设计长度的 95%。锚杆安装后不得随意敲击。

(6)安装垫板和紧固螺母应在砂浆体的强度达到 10MPa 后进行。

8.2.6　普通中空锚杆性能指标和施工应符合下列规定：

(1)中空锚杆体的屈服力、最大力、断后伸长率、公称质量应符合表 12-10 的规定。

中空锚杆体的屈服力、最大力、断后伸长率、公称质量　　表 12-10

普通中空锚杆产品规格	牌号	屈服力(kN)	最大力(kN)	断后伸长率 A(%)	公称质量(kg/m)
		不小于			
φ25×5	Q345	102	153	21	2.47
φ28×5.5		126	190		3.05
φ32×6		159	240		3.85

注:1. 屈服力是指纵向拉伸的中空锚杆体在屈服期间,不计初始瞬时效应时所测得的最小拉力。
2. 最大力是指拉断中空锚杆体时所测得的最大拉力。

(2)普通中空锚杆适用于锚孔向下部位,不适宜于隧道拱部。

(3)普通中空锚杆用于锚孔向下部位时,锚孔灌浆可采用杆体中空通孔进浆、锚孔口排气的注浆工艺。

(4)普通中空锚杆用于拱部时,锚孔灌浆必须采用锚孔口进浆、中空锚杆体的中空通孔作排气回浆管的注浆工艺。

8.2.7　组合中空锚杆性能指标和施工应符合下列规定:

(1)组合中空锚杆体的屈服力、最大力、断后伸长率应符合表 12-11 规定。

组合锚杆体的屈服力、最大力、断后伸长率、公称质量　　表 12-11

组合中空锚杆产品规格	钢筋(牌号为 HRB335)				中空锚杆体(牌号为 Q345)		
	屈服力(kN)	最大力(kN)	断后伸长率 A(%)	公称质量(kg/m)	屈服力(kN)	最大力(kN)	断后伸长率 A(%)
	不小于				不小于		
φ20	105	153	16	2.47	106	160	21
φ22	127	186		2.98	127	192	
φ25	164	240		3.85	159	240	

(2)组合中空锚杆适用于拱部或锚孔上仰的部位。

(3)组合中空注浆锚杆应通过钻孔壁与锚杆体间的空隙进浆。

(4)组合中空锚杆用于锚孔向下倾斜的部位时,锚孔俯角不应大于 30°。

(5)组合中空锚杆注浆时,砂浆经中空锚杆体的中空内孔从连接套上的出浆口进入锚孔壁与钢筋杆体间的空隙,锚孔内的砂浆由下向上充盈,锚孔内的空气从排气管排出直至回浆,注浆完成立即安装堵头,如图 12-40 所示。

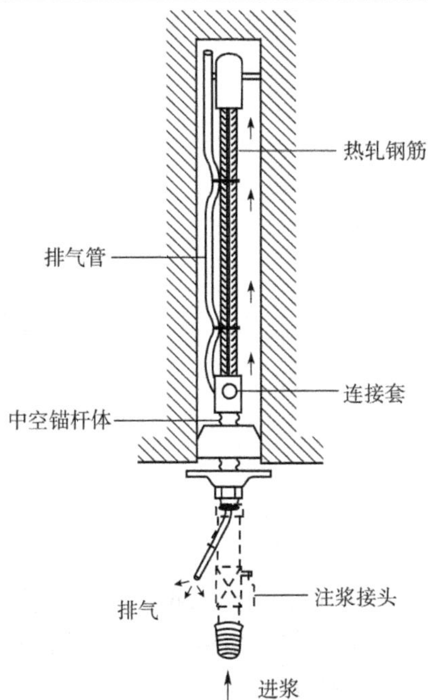

图 12-40　组合中空锚杆注浆工艺图

8.2.8　自进式锚杆的施工应符合下列规定:

(1)自进式锚杆安装前,应检查锚杆体中孔和钻头的水孔是否畅通。

(2)锚杆体钻进至设计深度后,应用水或空气洗孔,直至孔口返水或返气,方可将钻机和钎尾卸下,并及时安装止浆塞。

(3)锚杆灌浆料宜采用纯水泥浆或 1∶1 水泥砂浆,水胶比为 0.4~0.5。采用水泥砂浆时砂子粒径不应大于 1.0mm。

(4)灌浆料由杆体中孔灌入,水泥石强度达 10.0MPa 后方可上紧螺母。

8.2.9　锚杆施工应在初喷混凝土后进行,以保证锚杆垫板有较平整的基面。

8.2.10　在围岩破碎、自稳时间短、地应力较大地段,应采用早强砂浆锚杆或早强中空注浆锚杆,也可采取增加锚杆数量、选用高强锚杆、加大锚杆长度和直径、加大钻孔直径、提高黏结材料的黏结性能等措施。

8.2.11 锚杆施工的质量(长度、黏结材料饱满度)可采用无损检测;端锚式锚杆应作锚杆扭力矩-锚固力关系试验,并用标定的力矩拧紧螺母(垫板)。

8.2.12 水下隧道、地下水有腐蚀作用的隧道,应对其锚杆和锚固砂浆采取相应的防腐措施。

8.3 钢筋网

8.3.1 钢筋网施工应符合《岩土锚杆与喷射混凝土支护工程技术规范》(GB 50086—2015)的规定。

8.3.2 钢筋网的材料应符合下列规定:

(1)钢筋网材料宜采用 HPB235 钢,钢筋直径宜为 6 ~ 8mm。

(2)网格尺寸宜采用 150 ~ 300mm,搭接长度应为 1 ~ 2 个网格,搭接方式为焊接。

(3)钢筋应冷拉调直后使用,钢筋表面不得有裂纹、油污、颗粒或片状锈蚀。

8.3.3 钢筋网铺设应满足下列要求:

(1)钢筋网应在初喷混凝土后安装,钢筋网应与锚杆连接牢固。

(2)砂层地段应先铺挂钢筋网,沿环向压紧后再喷混凝土。

(3)钢筋网应随受喷面的起伏铺设,与受喷面保持一定距离,并与锚杆或其他固定装置连接牢固。

(4)开始喷射时,应减小喷头至受喷面的距离,并不断调整喷射角度。

(5)喷射中如有脱落的石块或混凝土块被钢筋网卡住时,应及时清除。

8.4 钢架

8.4.1 钢架施工工艺流程如图 12-41 所示。

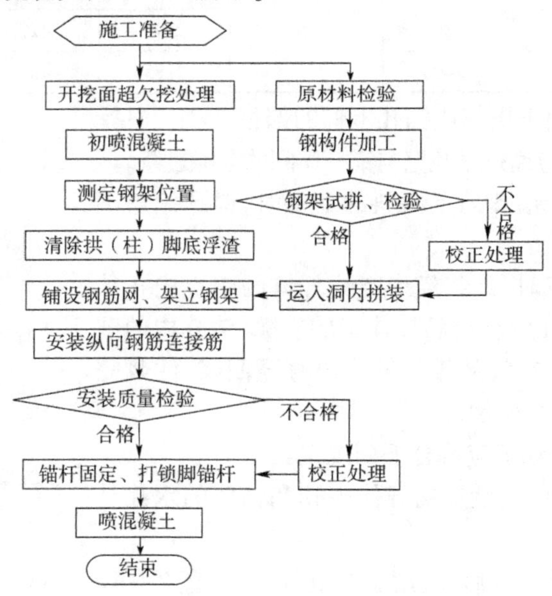

图 12-41 钢架施工工艺流程

8.4.2 钢架加工应符合下列规定:

(1)宜选用钢筋、型钢等制成。

(2)型钢钢架宜采用冷弯成型;格栅钢架应采用胎膜焊接,并以 1:1 大样控制尺寸。

(3)钢架加工的焊接不得有假焊,焊缝表面不得有裂纹、焊瘤等缺陷。

(4)每榀钢架加工完成后应放在水泥地面上试拼,周边拼装允许误差为 ±3cm,平面翘曲允许偏差应为 2cm。

8.4.3 钢架安装应符合下列规定:

(1)钢架应在开挖或初喷混凝土后及时架设。

(2)安装前应清除底脚下的虚渣及杂物,钢架底脚应置于牢固的基础上。钢架安装允许偏差:钢架间距及其横向位置和高程的允许偏差为 ±5cm,垂直度为 ±2°。

(3)钢架拼装可在作业面进行,各节钢架间以连接板螺栓连接并密贴。

(4)沿钢架外缘每隔 2m 用钢楔或混凝土预制块楔紧。

(5)钢架应尽量密贴围岩并与锚杆焊接牢固,钢架之间应按设计纵向连接。

(6)钢架应尽量减少接头个数。

(7)在膨胀性或地应力大的地层中,钢架接头宜采用能滑移的可缩式钢架。可缩接头处应预留 20cm 左右宽的部位暂不喷混凝土,待可缩接头合龙或围岩变形基本稳定后,再将预留部位喷满混凝土。

(8)采用分部开挖法施工时,钢架拱脚应打设锁脚锚杆(或锚管),锚杆长度不小于 3.5m,每侧数量为 2 ~3 组(每组 2 根)。下半部开挖后钢架应及时落底。

(9)钢架应与喷混凝土形成一体,钢架与围岩间的间隙用喷混凝土充填密实;各种形式的钢架应全部被喷混凝土覆盖,保护层厚度不得小于 4cm。

(10)开挖下台阶时,根据需要在拱脚下可设纵向托梁,把几排钢架(格栅)连成一个整体。

9　二 次 衬 砌

9.1　一般规定

9.1.1　二次衬砌混凝土施工应符合《铁路混凝土工程施工质量验收补充标准》(铁建设〔2005〕160 号)及《铁路隧道工程施工质量验收标准》(TB 10417—2018)的有关规定。隧道二次衬砌结构混凝土应密实、表面平整光滑、曲线圆顺,满足设计强度、防水、耐久性的要求。

9.1.2　二次衬砌混凝土施工前应对水泥、细集料、粗集料、拌制和养护用水、外加剂、掺合料等原材料进行检验,各项技术指标应符合《铁路混凝土工程施工质量验收补充标准》(铁建设〔2005〕160 号)及《铁路隧道工程施工质量验收标准》(TB 10417—2018)的有关规定。

9.1.3　根据现场的具体情况,应适当增加二次衬砌的外放值(施工正误差),以免侵限。

9.1.4　隧道拱部超挖部分应采用与二次衬砌同强度等级混凝土一次浇筑。

9.1.5　二次衬砌施工的顺序是仰拱超前,墙、拱整体浇筑。边墙基础高度的位置(水平施工缝)应避开剪应力最大的截面,并按设计要求作防水处理。

9.1.6　混凝土生产应采用具有自动计量装置的拌合站、拌合输送车、混凝土输送泵、插入式与附着式组合振捣的机械化作业线。

9.1.7　二次衬砌的混凝土,从原材料的检验和选用、混凝土的配合比和拌制、浇筑温度的控制和振捣,到衬砌养护的各工序必须按要求操作,防止衬砌裂缝的产生。

9.2　二次衬砌施工

9.2.1　二次衬砌施工工艺流程如图 12-42 所示。

9.2.2　二次衬砌施作的条件应符合下列规定:

(1)二次衬砌施作一般应在围岩和初期支护变形趋于稳定后进行,变形趋于稳定应符合:隧道周边变形速率明显下降并趋于缓和;或水平收敛(拱脚附近 7d 平均值)小于 0.2mm/d、拱部下沉速度小于 0.15mm/d;或施作二次衬砌前的累计位移值已达极限位移值的 80% 以上。

(2)在隧道洞口段、浅埋段、围岩松散破碎段,应尽早施作二次衬砌,并应加强衬砌结构。

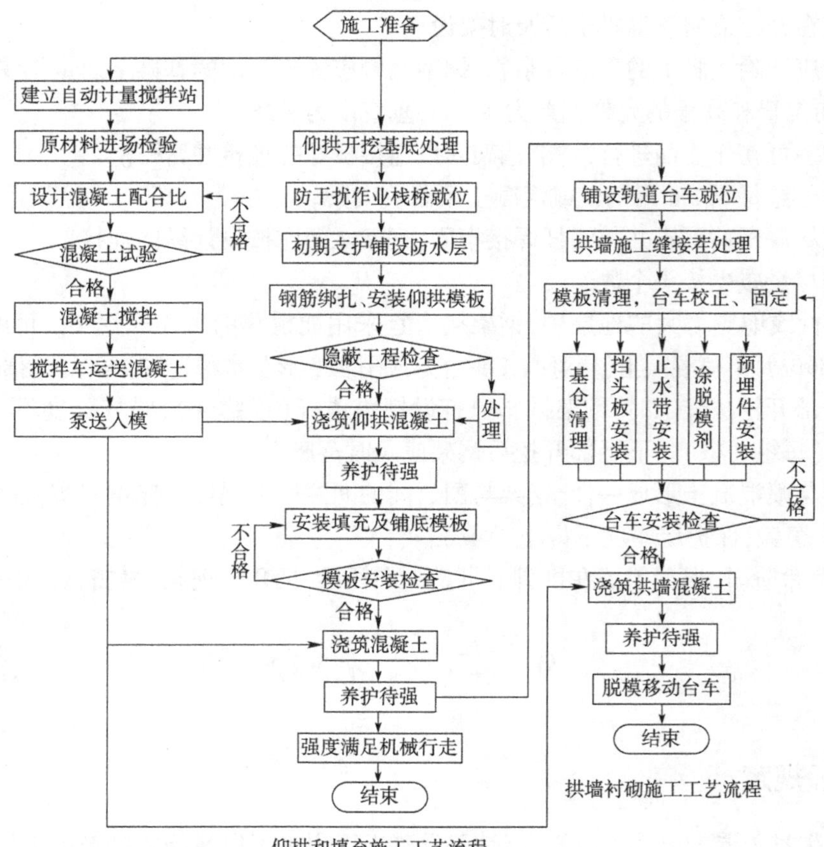

图 12-42 二次衬砌施工工艺流程图

(3)进行二次衬砌的作业区段的初期支护、防水层、环纵向排水系统等均已验收合格;防水层表面粉尘已清除干净。

(4)防水层铺设位置应超前二次衬砌施工 18 ~24m。

(5)隧道中线、高程、断面尺寸必须符合设计要求。

(6)仰拱上的填充层或铺底调平层已施工完毕;地下水已合理引排;施工缝已按设计处理合格;基础部位的杂物及积水必须清理干净。

(7)模板台车、拌合站、运输车、输送泵、捣固机械等处于可正常运转状态,设备能力可满足二次衬砌混凝土施工的需要。

(8)二次衬砌作业区段的照明、供电、供水、排水系统能满足衬砌正常施工要求,隧道内通风条件良好。

9.2.3 仰拱和底板施工应符合下列规定:

(1)施工前,应将隧底虚渣、杂物、泥浆、积水等清除干净,并用高压风将隧底吹洗干净,超挖应采用同强度等级混凝土回填。

(2)仰拱超前防水层铺设的距离宜保持 1 ~2 倍以上二次衬砌循环作业长度。

(3)仰拱的整体浇筑应采用防干扰作业栈桥等架空设施,以保证作业空间和新浇筑混凝土结构不受损坏。

(4)仰拱开挖后应及时施作仰拱混凝土,仰拱或底板混凝土应整体浇筑,一次成形,填充混凝土应在仰拱混凝土终凝后进行。

(5)仰拱施工缝和变形缝应作防水处理。

(6)仰拱填充和底板混凝土强度达到 5MPa 后允许行人通行,达到设计强度的 100% 后允许车辆通行。

9.2.4　模板台车设计加工应满足下列要求：

(1)在浇筑混凝土后应保证隧道净空，门架结构的净空应满足洞内车辆和人员的安全通行。

(2)模板台车应具有足够的动荷载刚度和强度，安全系数应大于动荷载的1.6倍以上，行走系统应具有足够的牵引力和牢固的结构。宜采用43kg/m以上的钢轨为行走轨道。

(3)面板厚度不宜小于10mm。

(4)模板台车长度：直线隧道宜为9~12m，曲线隧道宜为6~9m。

(5)边墙工作窗应分层布置，层高不宜大于1.5m，每层的间距宜为2m左右，其净空不宜小于45cm×45cm，并设有相应的混凝土输送管支架或吊架；模板的横纵接缝、铰接缝、工作窗口应严密，铰接轴应灵活，能达到伸缩自如与开启的要求。

(6)模板台车应考虑通风管的穿越形式。

(7)应设置足够的支撑螺杆和模板径向支撑螺杆。

(8)安装的附着式振动器应能单独启动。

(9)应有模板微调机构和锁定机构。

(10)拱顶部位应预留不少于2个注浆孔。拱部应具有整体性，以实现顶缸的同步或单步升降。

(11)侧模单侧应具有较高的整体性，各丝杠支点具有较高的承压强度。

(12)整体台车应具有在坡道上衬砌时的抗溜坡性能和抗上浮性能。

9.2.5　模板台车的使用应满足下列要求：

(1)曲线隧道台车就位应考虑内外弧长差引起的左右侧搭接长度的变化，以使弧线圆顺，减少接缝错台。

(2)模板应与混凝土有适当的搭接(≥10cm)撑开就位后检查台车各节点连接是否牢固，有无错动移位情况，模板是否翘曲或扭动，位置是否准确，保证衬砌净空。

(3)浇筑混凝土时，混凝土最大下落高度不能超过2m，台车前后混凝土高度差不能超过0.6m，左右混凝土高度不能超过0.5m，严禁单侧一次浇筑超过1m以上。

(4)应优先采用插入式振捣器进行混凝土振捣，当采用附着式振动时，振动时间尽量采用短时间、多次数左右对称的方法，防止台车因振动而产生微移位或弹性变形。

9.2.6　二次衬砌拆模应符合下列规定：

(1)在初期支护变形基本稳定后施作的二次衬砌混凝土强度应达到8MPa以上。

(2)初期支护未稳定提前施作的二次衬砌的混凝土强度应达到设计强度的100%。

(3)拆模时混凝土内部与表层、表层与环境之间的温差不得大于20℃，结构内外侧表面温差不得大于15℃；混凝土内部开始降温前不得拆模。

9.3　衬砌混凝土施工

9.3.1　衬砌混凝土材料应符合表12-12的规定。

衬砌混凝土材料的技术要求　　表12-12

材料名称	技术要求
水泥	1.水泥宜选用硅酸盐水泥或普通硅酸盐水泥，水泥混合材宜采用矿渣或粉煤灰，水泥的强度等级不应低于42.5级，不宜使用早强水泥。 2.有耐硫酸盐侵蚀要求的混凝土也可选用中抗硫酸盐硅酸盐水泥或高抗硫酸盐硅酸盐水泥。 3.不得使用过期或受潮结块的水泥，并不得将不同品种或强度等级的水泥混合使用
细集料	1.应优先选用天然中粗河砂，也可选用采用专门机组生产的人工砂，不宜采用山砂，不得使用海砂。 2.含泥量不应大于3%，泥块、云母、轻物质、硫化物或硫酸盐含量(折算为SO_3)含量不应大于0.5%，Cl^-含量不大于0.02%，吸水率应不大于2%。 3.中级细集料细度模数应为3.0~2.3，粗细集料细度模数3.7~3.1

续上表

材料名称	技术要求
粗集料	1.粗集料宜选用级配合理、粒性良好、质地均匀坚固、线胀系数小的洁净碎石或碎卵石,不宜采用砂岩碎石,松散堆积密度应大于1500kg/m^3,紧密空隙率宜小于40%。 2.含泥量不应大于1%,泥块含量不大于0.25%,硫化物或硫酸盐含量(折算为SO_3)含量不应大于0.5%,Cl^-含量不大于0.02%,针片状颗粒总含量不大于10,吸水率应不大于2%
水	1.拌制混凝土所用的水,应符合现行《混凝土用水标准》(JGJ 63)的规定。 2.钢筋混凝土用水:不溶物小于2000mg/L,可溶物小于5000mg/L,氯化物(以Cl^-计)小于1000mg/L,硫酸盐(以SO_4^{2-}计)小于2000mg/L,碱含量(以当量Na_2O计)小于1500mg/L。 3.素混凝土用水:不溶物小于5000mg/L,可溶物小于10000mg/L,氯化物(以Cl^-计)小于3500mg/L,硫酸盐(以SO_4^{2-}计)小于2700mg/L,碱含量(以当量Na_2O计)小于1500mg/L
外加剂	应符合《混凝土外加剂》(GB 8076—2008)、《混凝土外加剂应用技术规范》(GB 50119—2013)或行业标准一等品及以上的质量要求和其他有关环境保护的规定,品种和掺量应经试验确定
掺合料	矿物掺合料应选用品质稳定的产品。矿物掺和料的品种宜为粉煤灰、磨细粉煤灰、矿渣粉或硅灰

9.3.2 钢筋混凝土中钢筋质量指标:屈服强度、抗拉强度、伸长率和冷弯试验,应符合国家标准《钢筋混凝土用钢 第1部分:热轧光圆钢筋》(GB 1499.1—2017)、《钢筋混凝土用钢 第2部分:热轧带肋钢筋》(GB/T 1499.2—2018)和《低碳钢热轧圆盘条》(GB/T 701—2008)等的规定和设计要求。

9.3.3 钢筋的储存、运输、加工、安装应满足耐久性混凝土施工和设计的要求。

9.3.4 从事钢筋加工和焊(连)接的操作人员必须经考试合格,持证上岗。

9.3.5 混凝土性能应符合下列规定:

(1)混凝土的强度必须符合设计要求。混凝土抗压强度在标准条件下养护的试件,试验龄期为56d,抗压强度试件应在混凝土的浇筑地点随机抽样制作,其试件的取样与留置频率应符合《铁路混凝土工程施工质量验收补充标准》(铁建设〔2005〕160号)的规定。

(2)混凝土应制作抗压强度同条件养护法试件。其取样、养护方式和试件留置数量应符合现行标准《铁路工程结构混凝土强度检测规程》(TB 10426—2019)的规定,且抗压强度必须符合设计要求。

(3)混凝土的弹性模量必须符合设计要求。弹性模量试件应在混凝土的浇筑地点随机抽样制作,试件制作数量应符合《铁路工程结构混凝土强度检测规程》(TB 10426—2019)的规定。

(4)混凝土的抗渗等级应符合设计要求。抗渗试件应在混凝土的浇筑地点随机抽样制作。

(5)混凝土的早期强度,在不掺缓凝剂的情况下,要求12h标准养护条件下试件抗压强度不大于8MPa或24h标准养护条件下试件抗压强度不大于12MPa。

9.3.6 混凝土配合比应符合下列规定:

(1)混凝土应根据强度等级、耐久性等要求和原材料品质以及施工工艺等进行配合比设计。混凝土配合比应通过计算、试配、调整后确定。配制的混凝土拌合物应满足施工要求,配制成的混凝土应满足设计强度、耐久性等的质量要求。当设计对混凝土的耐久性指标无具体要求时,应按《铁路混凝土工程施工质量验收补充标准》(铁建设〔2005〕160号)的要求确定。

(2)混凝土中的碱含量应符合设计要求。设计无具体要求的,当集料的碱-硅酸反应砂浆棒膨胀率在0.10%~0.20%时,混凝土的碱含量应符合《铁路混凝土工程施工质量验收补充标准》(铁建设〔2005〕160号)6.3节的规定;当集料的砂浆棒膨胀率在0.20%~0.30%时,除了混凝土的碱含量应满足《铁路混凝土工程施工质量验收补充标准》(铁建设〔2005〕160号)的规定外,应在混凝土中掺加具有明显抑制效能的矿物掺和料和外加剂,并经试验证明抑制有效,试验方法可采用《铁路混凝土工程施工质量验收补充标准》(铁建设〔2005〕160号)附录J规定的方法。

(3)钢筋混凝土中由水泥、矿物掺合料、集料、外加剂和拌合用水等引入的氯离子总含量不应超过胶凝材料总量的0.10%。

(4)混凝土的最大水胶比和每立方米混凝土胶凝材料的最低用量应满足设计要求。当设计无具体要求时,应满足《铁路混凝土工程施工质量验收补充标准》(铁建设〔2005〕160号)6.3节的规定。胶凝材料的抗蚀系数不得小于0.8。试验方法按《铁路混凝土工程施工质量验收补充标准》(铁建设〔2005〕160号)附录J进行。

9.3.7　混凝土的拌和应符合下列规定:

(1)混凝土的拌和宜采用卧轴式、行星式或逆流式拌合机并严格控制拌合时间,拌合时间不应小于3min。

(2)混凝土拌制前,应测定砂、石含水率,并根据测试结果、环境条件、工作性能要求等及时调整施工配合比。

(3)混凝土原材料每盘称量偏差应符合《铁路混凝土工程施工质量验收补充标准》(铁建设〔2005〕160号)的规定。

(4)混凝土拌制过程中,应对混凝土拌合物的坍落度进行测定,测定值应符合理论配合比的要求;并应对混凝土拌合物的水胶比进行测定,测定值应符合施工配合比的要求。

(5)混凝土拌合物的入模含气量应满足设计要求。当设计无具体要求时,含气量应按《铁路混凝土工程施工质量验收补充标准》(铁建设〔2005〕160号)6.4节的要求控制。

9.3.8　混凝土浇筑应符合下列规定:

(1)混凝土浇筑前对模板表面进行彻底打磨,清除锈斑,涂油防锈。

(2)混凝土浇筑段的端模(堵头板),应有防止漏浆的措施。

(3)采用高效减水剂时,应在现场作混凝土坍落度检查,泵送混凝土一般以15~18cm为宜(采用减水剂后,混凝土坍落度可降低)。

(4)混凝土应对称、分层浇筑,分层捣固。捣固宜采用插入式振动器。

(5)防止拱部混凝土浇筑出现空穴,拱部宜配制流态混凝土浇筑。

(6)混凝土泵送的坍落度不宜过大以避免离析或泌水。如发现坍落度不足,不得擅自加水,应在技术人员的指导下用追加减水剂的方法解决。

(7)混凝土浇筑中两侧混凝土浇筑面高差宜控制在50cm以内,同时应合理控制混凝土浇筑速度;浇筑混凝土时不得直接冲向防水板板面流至浇筑位置,以防混凝土离析。

(8)插入式振动棒在混凝土中移位时,应竖向缓慢拔出,不得在混凝土浇筑仓内平拖。泵送下料口应及时移动,不得用插入式振动棒将下料口处堆积的拌合物推向远处,振捣时间宜为10~30s;混凝土振捣时,振捣棒不得接触防水板,以防防水板受到损伤。

(9)施工缝的留设位置和处理应符合设计要求;施工过程中,输送泵应连续运转,泵送连续浇筑,避免停歇造成"冷缝",间歇时间超过规范要求时,按施工缝处理。

(10)当混凝土浇筑至作业窗下50cm,作业窗关闭前,应将窗口附近的混凝土浆液残渣及其他脏物清理干净,涂刷脱模剂,将其关闭严密,防止窗口部位混凝土表面出现凹凸不平的补丁,甚至漏浆现象。

9.3.9　混凝土浇筑中的温度控制应符合下列规定:

(1)混凝土的入模温度应按洞内温度调整。

(2)冬期施工时,混凝土的入模温度不应低于5℃;夏期施工时,混凝土的入模温度不宜高于洞内温度且不宜超过30℃。

(3)施工过程中要估计混凝土温度与拉应力的变化,提出混凝土温度的控制值,并在施工养护过程中实际测定关键截面的中部点温度和距表面约5cm深处的表层温度(包括仰拱和底板),实行严格的温度控制。

(4)二次衬砌结构任一截面在任一时间内的内部最高温度与表层温度之差不宜大于20℃,新浇筑混凝土与上一区段衬砌混凝土或围岩之间的温差不大于20℃,洒于混凝土表面的养护水温度低于混凝土表面温度的差值不大于15℃。

(5)混凝土的降温速率最大不宜超过3℃/d。

9.3.10 预留洞室、预埋件的固定应符合下列规定:

(1)钢筋混凝土衬砌地段,预留、预埋件应固定在钢筋骨架上。

(2)混凝土衬砌地段采取在衬砌台车模板上钻孔,用螺栓固定预留、预埋件。

9.3.11 混凝土浇筑完毕后,混凝土养护的最低期限应符合《铁路工程结构混凝土强度检测规程》(TB 10426—2019)的规定,且不得中断。混凝土养护期间,混凝土内部温度不宜超过60℃,最高不得大于65℃;混凝土内部温度与表面温度之差、表面温度与环境温度之差不宜大于20℃,养护用水温度与混凝土表面温度之差不得大于15℃。当采用养护剂养护时,养护剂应符合《水泥混凝土养护剂》(JC 901—2002)规定。

9.3.12 二次衬砌施工中裂(纹)缝的处理应满足下列要求:

(1)当混凝土施工过程中出现裂(纹)缝,应记录裂(纹)缝出现的时间、部位、尺寸和处理等情况。

(2)拆模后应对渗漏水部位进行衬砌内注浆,并对渗水部位混凝土裂纹进行处理。对0.2mm以下的细小裂纹,采取密封剂封闭裂纹;对于裂纹宽度大于0.2mm的裂缝,采用压注注缝胶修补。必要时对裂缝部位混凝土表面实行涂膜封闭。

9.4 拱顶回填注浆

9.4.1 二次衬砌拱顶回填注浆常用的方法为注浆导管法(预留注浆孔法、纵向预留管道法)及防水板焊接注浆底座法,施工中可根据实际需要选用。

9.4.2 二次衬砌混凝土强度达到设计强度100%后应进行拱顶回填注浆。

9.4.3 注浆导管法:在模板台车拱顶处设锥形堵头或预留注浆孔,注浆孔间距宜为5~6m;或者穿过挡头板在拱顶防水层内纵向贴置PVC管,埋设纵向预留管道(图12-43)。在二次衬砌混凝土终凝后,实施补充注浆并应满足下列要求:

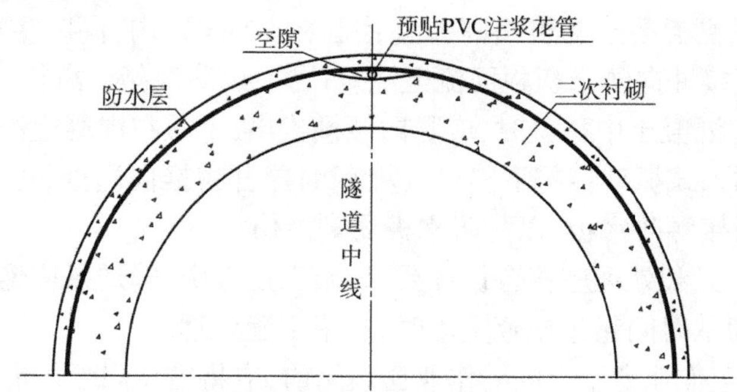

图12-43 预贴PVC注浆花管处理拱顶干缩性空隙示意图

(1)注浆管用 ϕ32 钢管制成,长度等于衬砌厚度加200mm(外露),外露端应有连接管路的装置。注浆管应在衬砌浇筑时预埋或采用钻孔埋设法,钻孔时钻杆应有限深装置,防止钻破防水层。

(2)预贴注浆花管采用 ϕ20~ϕ30mm 的PVC管,长度等于衬砌段长度加200mm(外露),外露端应有连接管路的装置。

(3)回填注浆压力宜控制在0.2MPa以内。

(4)回填注浆应采用微膨胀性的水泥砂浆,有特殊要求的地段可采用强度高、流动性好的自流平水泥浆。自流平水泥基砂浆3min后的流动度不小于260mm,30min后的流动度不小于240mm。

(5)待孔口封堵材料达到一定强度后,才能开始注浆。

(6)注浆顺序宜沿线路上坡方向进行,注浆过程中要时刻观察注浆压力和流量的变化。

(7)当注浆压力达到0.2MPa或相邻孔出现串浆时,即可结束本孔注浆。

9.4.4　拱部防水板焊接注浆底座法应满足下列要求:

(1)注浆系统包括注浆底座(图12-44)和注浆导管,注浆底座的材质必须与防水板材质相同,注浆底座沿拱顶纵向一排,间距3~4m。

(2)注浆底座采用热熔焊接法固定在防水板的内表面,固定点不得多于4个,每处的焊接面不大于10mm×10mm。

(3)注浆底座与防水板必须焊接牢固、可靠,避免浇筑和振捣混凝土时脱落。

(4)用塑料胶黏带将注浆底座四周封闭,避免浇筑混凝土时浆液进入注浆底座内堵塞注浆导管,注浆导管的引出部位可根据现场的条件确定。

9.4.5　注浆效果检查可采用无损检测法,对于不符合要求的地段必须进行补孔注浆。

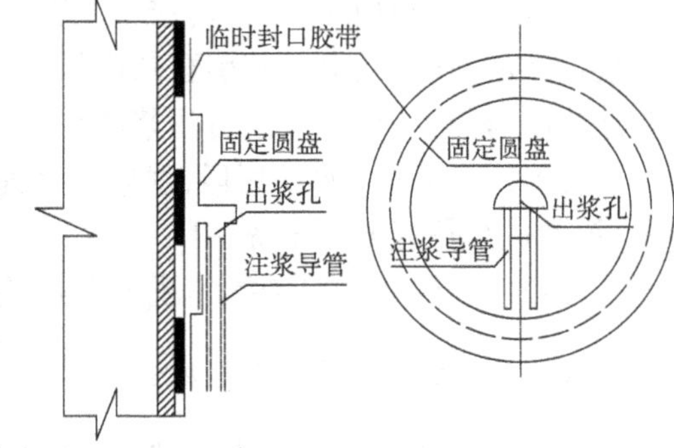

图12-44　注浆底座安装示意图

10　防　排　水

10.1　一般规定

10.1.1　隧道工程防排水施工,应按照"防、堵、截、排,因地制宜,综合治理"的原则,采取切实可靠的施工措施,达到防水可靠、排水通畅、经济合理的目的。

10.1.2　隧道结构防排水必须按照设计施工,并应符合下列规定:

(1)应充分利用混凝土自防水能力,隧道混凝土结构抗渗等级不得低于P6,设计采用防水混凝土时,其抗渗等级不得低于P8。

(2)应重视初期支护的防水能力,可辅以注浆防水和防水层加强防水。

(3)应做好施工缝和变形缝防水,确保盲沟、排水管(沟)排水畅通。

(4)附属洞室与正洞连接处的防排水系统应与正洞同时同标准完成。

10.1.3　隧道工程防排水施工应积极采用经过试验和鉴定并经实践检验行之有效的新材料、新工艺、新技术,根据工程的水文地质条件、耐久性要求、施工技术水平、防水等级,选用适宜的材料。

10.1.4　隧道防排水施工时,应重视环境保护。施工排水应进行处理,达标后排放,并应符合《污水综合排放标准》(GB 8978—1996)的规定。对排、渗水可能造成地下水污染时,应采取隔离措施。

10.1.5　隧道工程施工前应对附近的井泉、池沼、水库、溪流等进行调查,必要时进行观测和试验,及时采取相应的措施。

10.2　注浆防水

10.2.1　隧道工程施工应根据地质情况、掘进和支护的方式、支护预期的变形量、相邻隧道的相互影响及其他构筑物的位移、沉降、水资源保护的要求,进行注浆防水方案的选择。

10.2.2　对地质预测、预报有大量涌水的软弱地层地段,宜采用地表或洞内全封闭超前预注浆。

10.2.3　在开挖后如有渗漏水或大股涌水时,宜采用支护前围岩注浆。

10.2.4　当初期支护表面有超出设计允许的渗漏水时,应用回填注浆或径向注浆进行处理。

10.2.5　二次衬砌后有渗漏水时应采用衬砌内注浆。

10.2.6　富水隧道宜采用分区隔离防排水技术,区段的长度应根据洞内渗漏水量的大小确定,富水地段可按二次衬砌段长度分区,分区采用带注浆管的背贴式止水带,发生渗漏水时可进行注浆,并应符合下列规定:

(1)每个防水分区内埋设注浆圆盘底座(嘴)和注浆软管,具体方法为:将专用注浆圆盘(嘴)点焊在防水板上,周边用密封膏(胶带)密封,防止二次衬砌混凝土施工时水泥浆液堵塞注浆嘴;将软管一端接在注浆嘴上,另一端引至二次衬砌内表面集中面板上,逐一编号,待二次衬砌背后某处漏水需要注浆时,根据该处编号进行注浆堵水。

(2)采用分区防水的区段,注浆顺序为先进行拱顶处回填注浆,再进行背贴式止水带上花软管注浆,最后进行分区的注浆嘴注浆。

10.2.7　注浆材料选择和注浆作业可按本章第6.7节、第9.4节的有关规定执行。

10.3　洞口防排水

10.3.1　隧道洞口段边坡、仰坡坡顶的天沟、截水沟应结合永久排水系统及早修建,应在隧道进洞前施作完成,出水口必须防止顺坡散流。隧道洞口排水沟应与路基边沟组成洞口排水系统,其水流应防止冲刷边仰坡和破坏环境。

10.3.2　洞口防排水施工中,应做好重点排水结构(设施)的施工,并满足下列要求:

(1)洞门的排水沟(管)、泄水孔应与洞内(明洞)纵向排水管顺接。

(2)明洞的防水层、排水管应与隧道的防水板、排水管顺接。

10.3.3　洞口防排水应保证设计或临时过渡的排水系统畅通无阻,并应满足下列要求:

(1)隧道洞顶应整平地表不得积水。

(2)地表坑洼、钻孔等处应填不透水土,并分层夯实。

(3)洞顶有流水的沟槽应予整治,确保水流畅通,必要时应对沟床进行铺砌。

(4)洞顶设有高位水池或有河流、水塘、水库等时,应有防渗漏措施,对水池溢水应有疏导设施。

10.3.4　洞外路堑向隧道内为下坡时,应将路基边沟挖成反坡,向路堑处排水,必要时应在洞口外适当位置设横向截水沟。

10.4　结构防排水

10.4.1　隧道结构防排水施工工艺流程如图12-45所示。

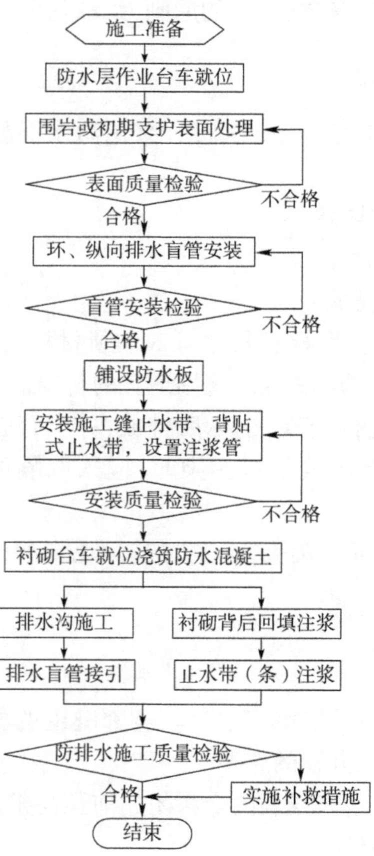

图12-45　隧道结构防排水施工工艺流程图

10.4.2　铺设排水管、防水板前应对初期支护采用简单易行的锤击声检查,必要时辅以物探手段;对初期支护的渗漏水情况进行检查,并应符合下列规定:

(1)初期支护表面应平整,无空鼓、裂缝、酥松,并用喷混凝土(或砂浆)对基面进行找平处理。

(2)初期支护表面应符合铺设防水板的平整度要求。

10.4.3　初期支护面的处理应满足下列要求:

(1)钢筋网等凸出部分,先切断后用锤铆平,抹砂浆(图12-46)。

(2)有凸出的注浆管头时,先切断,并用锤铆平,后用砂浆填实(图12-47)。

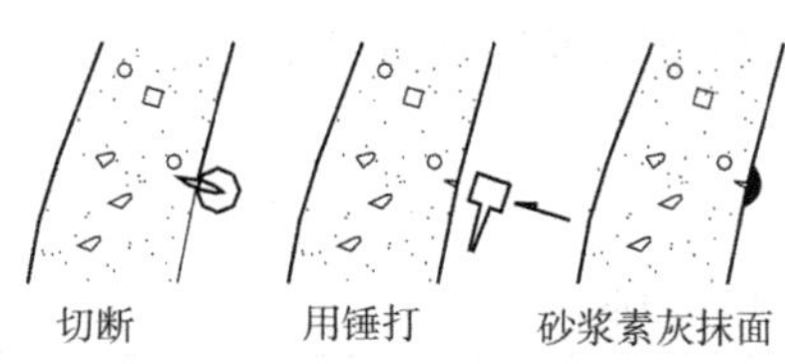

图 12-46　初期支护面处理

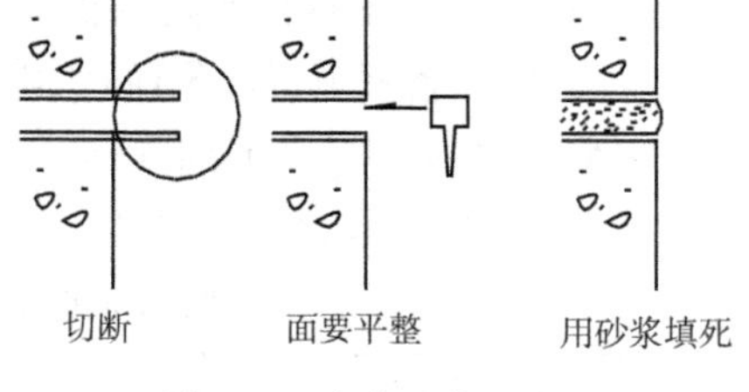

图 12-47　初期支护面处理

(3)锚杆有凸出部位时，螺头顶预留 5mm 切断后，用塑料帽遮盖(图 12-48)。

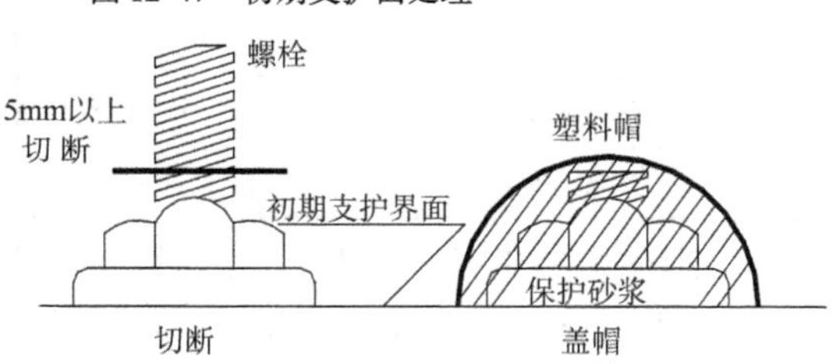

图 12-48　初期支护面处理

(4)通过补喷或凿除使初期支护表面平整圆顺。

10.4.4　排水纵、横、环向盲管、中心排水管(沟)的施工应符合下列规定：

(1)环向排水盲管沿纵向设置的间距应满足设计要求，并应根据洞内渗、漏水的实际情况调整设置排水盲管，纵向排水盲管安装坡度应符合设计要求，通向水沟的泄水管应有足够的泄水坡。

(2)排水盲管应紧贴喷混凝土面安设。施工中应采取适当的保护措施，防止水泥浆窜入、堵塞排水盲管。横向排水盲管接头应牢固、水路通畅。环向、纵向、横向排水盲管应通过变径三通连接在一起，整个排水系统的连接应牢固、畅通。

(3)排水盲管应固定牢固，施工方法应满足下列要求：

①按规定划线，确保盲管间距符合设计要求，确保盲管布设位置能有效汇水。

②管卡的间距应确保盲管固定牢固。

③用土工布包裹盲管，用扎丝捆好，用管卡固定。

④防水板后渗漏水应采用横向排水管与侧沟、中心水沟连通。

⑤中心排水管(沟)管径符合设计要求，管身不得变形、不得有裂缝，管身上部透水孔畅通。中心排水管(沟)基础的总体坡度、段落坡度、单管坡度应协调一致，并符合设计要求，不得高低起伏。管路埋设好后，应进行通水试验，发现漏水、积水，立即处理。

10.4.5　边墙泄水孔应在浇筑边墙基础(矮边墙)时埋设好，施工时应防止异物堵塞孔口。

10.4.6　在隧道埋深大、节理发育、地下水丰富的情况下，为保证衬砌结构外围排水畅通，消除衬砌结构静水压力，可在初期支护(喷射混凝土层)完成之前视情况埋设排水半管或线形排水板，形成暗埋、永久式排水通道系统，将水引入隧道纵向排水管或通过盲沟(管)引入排水沟排出洞外。

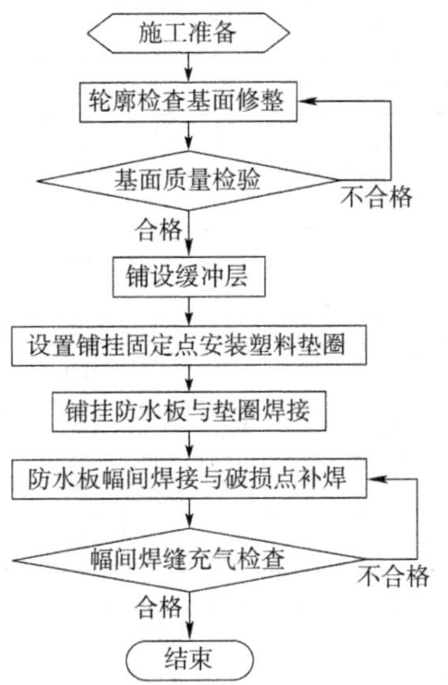

图 12-49　防水层施工工艺流程

10.4.7　隧道防水板应采用分离式防水板，首先进行缓冲层铺设，然后铺设塑料防水板，防水层施工工艺流程如图 12-49 所示。

10.4.8　防水板铺设应超前二次衬砌施工 1 ~ 2 个衬砌段长度，形成“初期支护表面整修→防水板铺挂→防水板质量检验→二次衬砌施工”的流水作业线。

10.4.9　防水板铺设宜采用专用台车(架)铺设，台车(架)应满足下列要求：

(1)防水板铺设专用台车(架)宜采用轮轨式。

(2)台车(架)前端应设有初期支护表面及二次衬砌内轮廓检查刚架，并有整体移动(上下、左右)的微调机构。

(3)台车(架)上应配备能达到隧道周边任一部位的作业平台。

(4)台车(架)上应配备辐射状的防水板支撑系统。

(5)台车(架)上应配备提升(成卷)防水板的卷扬机和铺放防水板的设施。

10.4.10　防水板材料应符合下列规定。

(1)塑料防水板规格、尺寸及允许偏差见表12-13。

防水板的规格、尺寸及允许偏差　　表12-13

项　目	厚度(mm)	宽度(m)	长度(m)
规格	1.5,2.0,2.5,3.0	2.0,3.0,4.0	20以上
平均偏差	不允许出现负值	不允许出现负值	不允许出现负值
极限偏差	-5%	-1%	—

(2)防水板的外观质量应满足下列要求:

①防水板在规格确定的长度内不允许有接头。

②防水板表面应平整、边缘整齐,无裂纹、机械损伤、折痕、孔洞、气泡及异常黏着部分等影响使用的缺陷。

③防水板外观颜色应为材料本色,不得添加颜料和填料,特殊要求除外。

④在不影响使用的条件下,防水板表面凹痕,深度不得超过厚度的5%。

(3)防水板物理力学性能应符合表12-14规定。

防水板的物理力学性能　　表12-14

序号	项　目		指　标		
			EVA	ECB	PE
1	断裂拉伸强度(MPa)≥		18	17	18
2	扯断伸长率(%)≥		650	600	600
3	撕裂强度(kN/m)≥		100	95	95
4	不透水性(0.3MPa/24h)		无渗漏	无渗漏	无渗漏
5	低温弯折性(℃)≤		-35	-35	-35
6	加热伸缩量(mm)	延伸≤	2	2	2
		收缩≤	6	6	6
7	热空气老化(80℃×168h)	断裂拉伸强度(MPa)≥	16	14	15
		扯断伸长率(%)≥	600	550	550
8	耐碱性[饱和$Ca(OH)_2$溶液×168h]	断裂拉伸强度(MPa)≥	17	16	16
		扯断伸长率(%)≥	600	600	550
9	人工候化	断裂拉伸强度保持率(%)≥	80	80	80
		扯断伸长率保持率(%)≥	70	70	70
10	刺破强度(N)	1.5mm	300	300	300
		2.0mm	400	400	400
		2.5mm	500	500	500
		3.0mm	600	600	600

(4)无纺土工布符合《土工合成材料　短纤针刺非织造土工布》(GB/T 17638—2017)标准。

10.4.11　防水板铺设应符合下列规定。

(1)缓冲层一般采用暗钉圈固定(图12-50),并按下列步骤铺设:

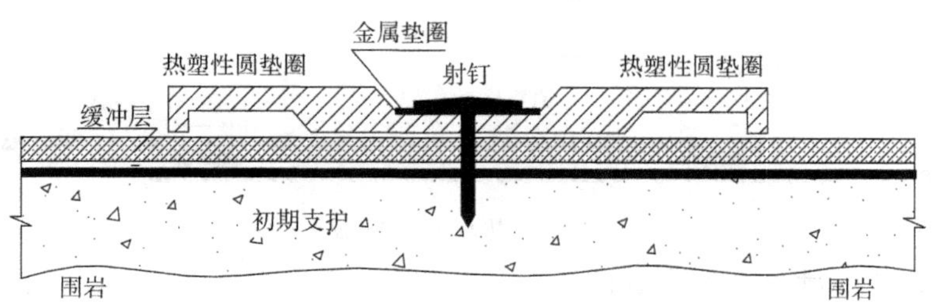

图 12-50　暗钉圈固定缓冲层示意

①铺设前进行精确放样，弹出标准线进行试铺后确定防水板一环的尺寸，尽量减少接头。

②用带热塑性圆垫圈的射钉将缓冲层平整顺直地固定在基层上，固定点间距：一般拱部 0.5～0.8m，边墙 0.8～1.0m，底部 1～1.5m，呈梅花形排列，并左右上下成行固定。

③缓冲层接缝搭接宽度不得小于 50mm，一般仅设环向接缝，当长度不够时，设轴向接缝应确保上部（靠近拱部的一张）应用下部（靠近底部的一张）缓冲层压紧，并使缓冲层与喷混凝土表面密贴，铺设的缓冲层应平顺，无隆起，无皱褶。

（2）防水板铺设应满足下列要求：

①防水板铺设前，应全部检查防水板是否有变色、波纹（厚薄不均）、斑点、刀痕、撕裂、小孔等缺陷，如果存在质量疑虑，要进行张拉试验、防水试验和焊缝张拉强度试验，如发现防水板有裂纹、针孔等应立即修补好。

②对检查合格的防水板（含土工布缓冲层），用特种铅笔划焊接线及拱顶分中线，并按每循环设计长度截取，对称卷起备用；洞内在铺设基面标出拱顶中线，画出隧道中线第一环及垂直隧道中线的横断面线。

③塑料防水板宜从下向上环向铺设，下部防水板必须压住上部防水板，铺设松紧应适度并留有余量，实铺长度与初期支护基面弧长的比值为 10∶8，确保混凝土浇筑后防水板表面与初期支护面密贴。

④分离式防水板采用悬挂铺设。

（3）防水板的固定应满足下列要求：

①防水板的固定可采用热合器，使防水板融化后与塑料垫圈黏结牢固。

②在凸凹较大及拱顶的基面上，不仅需要加密固定点，而且必须确保加固点间的富余量，加固后的防水板用手上托或挤压，防水板不会产生绷紧或破损现象，能确保防水层与混凝土表面完全密贴。

（4）防水板焊接应满足下列要求：

①热焊机操作手应经过专业培训，并且人员相对固定。

②焊接时，接缝处必须擦洗干净，焊缝接头应平整，不得有气泡褶皱及空隙。

③施工中应尽量减少防水板的搭接头，两幅防水板的搭接宽度符合设计要求并不应小于 150mm。

④附属洞室处铺设防水板时，先按照附属洞室的大小和形状加工防水板，并与边墙防水板焊接成一个整体。如附属洞室成形不好，须用同级混凝土使其外观平顺后，方可铺设防水板。

⑤防水板之间的搭接缝应采用双焊缝、调温、调速热楔式自动爬行热合机，细部处理或修补采用手持焊枪，单条焊缝的有效焊接宽度不应小于 15mm；热合器不易焊接的部位可采用热风枪手工焊接。

⑥开始焊接前，应用小块塑料片试焊，以掌握焊接温度和焊接速度。

⑦三层以上塑料防水板的搭接形式必须是“T”形接头，并采用焊胶打补丁的方式进行加强。焊缝搭接处必须用刀刮成缓角后拼接，使其不出现错台。

⑧焊接应严密，无漏焊、假焊、烤焦、焊穿、外露固定点等，若有应予补焊，且用同种材料覆盖焊接。防水板搭接如图 12-51 所示。

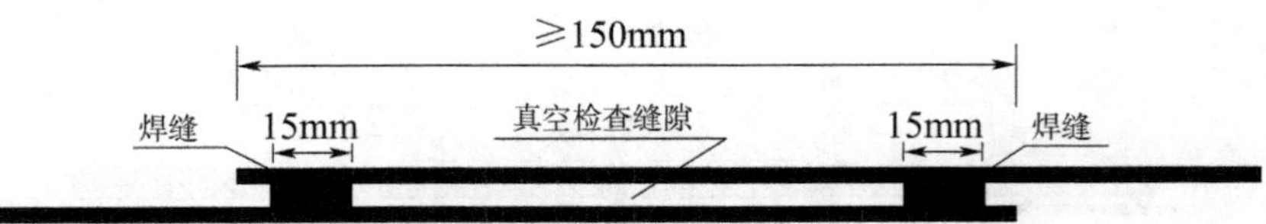

图 12-51　防水板搭接示意图

(5)防水板的保护应满足下列要求:

①洞内堆放材料、工具应远离已经铺好防水板的地段,严禁在堆放好的防水材料上来回走动;

②防水板施工时严禁吸烟,钢筋焊接作业时,应设临时挡板防止机械损伤和电火花灼伤防水板;

③挡头板的支撑物在接触到塑料防水板处必须加设橡皮垫层;

④采用钢筋混凝土衬砌时,要对钢筋头部进行防护,避免损伤防水板;

⑤绑扎钢筋和衬砌台车就位时,要采取保护措施防止碰撞和刮破塑料板;

⑥衬砌浇筑中应特别注意振捣引起的防水板破坏,避免振捣棒直接接触防水板,插入式振动棒变换位置时应竖向缓慢拔出,不得在仓内平拖,发现损伤应立即修补;

⑦在浇筑衬砌混凝土时,应在混凝土输送泵口处设置防护板,防止混凝土直接冲击防水板;

⑧二次衬砌中预埋件与防水板间距不小于 5cm,以防止损坏防水板。

(6)洞身与横通道、避车洞、斜(竖)井等接口处的防水板铺设与连接是薄弱环节,应精心施工,迎水面要平顺,不得形成水囊、积水槽。

(7)施工中应根据围岩级别合理确定开挖工作面与防水板铺设地段的安全距离。分段铺设的防水板的边缘部位应预留至少 60cm 的搭接量,并且对预留部分边缘进行有效的保护。

(8)防水板的接缝应与衬砌端头错开 0.5 ~ 1.0m。

(9)初期支护为钢纤维的,防水板铺设前应补喷一层水泥砂浆保护层,以保护防水板不受损伤。

10.4.12　防水板铺设质量检查应符合下列规定。

(1)目测及尺量检查:

①检查防水板有无烤焦、焊穿、假焊和漏焊;

②检查焊缝宽度是否符合设计;

③检查焊缝是否均匀连续,表面平整光滑,有无波形断面。

(2)充气检查:防水板的搭接缝焊接质量检查应按充气法检查,将 5 号注射针与压力表相接,用打气筒进行充气,当压力表达到 0.25MPa 时停止充气,保持 15min,压力下降在 10% 以内,说明焊缝合格;如压力下降过快,说明焊缝不严。用肥皂水涂在焊缝上,有气泡的地方应重新补焊,直到不漏气为止。

10.4.13　施工缝的施工应符合下列规定:

(1)墙体纵向施工缝不宜设在剪力与弯矩最大处或底板与边墙的交接处,应留在高出底板顶面不小于 30cm 的墙体上。

(2)墙体有预留孔洞时,施工缝距孔洞边缘不应小于 30cm。

(3)纵向施工缝浇灌混凝土前,应将其表面凿毛,清除浮粒和杂物,用水冲洗干净,保持湿润,可铺上一层厚 25 ~ 30mm 的 1:1 水泥砂浆或涂刷混凝土界面剂并及时浇筑混凝土。

(4)设止水条的环向施工缝,在端面应预留浅槽,槽应平直,槽宽比止水条宽 1 ~ 2mm,槽深为止水条厚度的 1/2。

(5)施工缝内采用中埋式止水带时,应确保位置准确、固定牢靠。

(6)施工中应采取措施保证待贴止水条的混凝土界面洁净。

10.4.14　变形缝施工应符合下列规定:

(1)变形缝的位置、宽度、构造形式应符合设计要求。

(2)缝内两侧应平整、清洁、无渗水。

(3)缝底应先设置与嵌缝材料无黏结力的背衬材料或遇水膨胀止水条。

(4)嵌缝应密实。

10.4.15　止水带可选用橡胶或塑料止水带。对水压力大、变形大的施工缝、变形缝应选用钢边止水带。橡胶止水带和钢边止水带应采用三元乙丙橡胶制作,不得采用再生橡胶。塑料止水带不得采用再生塑料。当设计选用其他新型、成熟、可靠的材料时,其物理性能应符合国家相关标准的要求,并应满足下列要求。

(1)止水带外观质量应满足下列要求:

①止水带表面不允许有开裂、缺胶、海绵状等影响使用的缺陷。塑料止水带外观颜色应为材料本色,不得添加颜料和填料,特殊要求除外。

②具体的外观质量要求应符合表12-15的规定。

止水带产品外观质量要求　　表12-15

编　号	缺陷类型	开挖工作面
1	气泡	直径不大于1mm的气泡,每米不得超过3处
2	杂质	面积不大于4mm^{2}的杂质,每米不得超过3处
3	凹痕	不允许有
4	接缝缺陷	高度不大于1.5mm的凸起或不平,每米不得超过2处

(2)止水带物理力学性能应满足下列要求:

①橡胶止水带的物理力学性能应符合表12-16的规定。

②塑料止水带的物理力学性能应符合表12-17的规定。

③钢边止水带的橡胶物理力学性能应符合表12-16的规定,钢边材料应采用热镀锌钢板,材料性能应符合《连续热镀锌钢板及钢带》(GB/T 2518—2008)的规定。

④止水带接头部位的拉伸强度指标不得低于表12-16、表12-17本体材料的性能。

橡胶止水带物理力学性能　　表12-16

序　号	项　目			B型	S型
1	硬度(邵尔A)(度)			60±5	60±5
2	拉伸强度(MPa)≥			15	12
3	扯断伸长率(%)≥			450	450
4	压缩永久变形(%)		70℃×24h≤	30	30
			23℃×168h≤	20	20
5	撕裂强度(kN/m)≥			30	25
6	脆性温度(℃)≤			−45	−45
7	热空气老化	70℃×168h	硬度变化(邵尔A)(度)≤	+6	+6
			拉伸强度(MPa)≥	12	10
			扯断伸长率(%)≥	400	400
8	耐碱水	氢氧化钙饱和溶液(23℃×168h)	硬度变化(邵尔A)(度)≤	+6	+6
			拉伸强度(MPa)≥	12	10
			扯断伸长率(%)≥	400	400
9	臭氧老化5.0×10^{-7}(20%,40℃,48h)			无龟裂	无龟裂
10	橡胶与金属黏合			R型破坏	

塑料止水带的物理力学性能　　表 12-17

序号	项　目		指　标	
			EVA	ECB
1	拉伸强度(MPa)≥		16	16
2	扯断伸长率(%)≥		600	600
3	撕裂强度(kN/m)≥		60	60
4	低温弯折性(℃)≤		-40	-40
5	热空气老化(80℃×168h)	100%伸长率外观	无裂纹	无裂纹
		拉伸强度保持率(%)≥	80	80
		扯断伸长率保持率(%)≥	70	70
6	耐碱性 [$Ca(OH)_2$饱和溶液×168h]	拉伸强度保持率(%)≥	80	80
		扯断伸长率保持率(%)≥	90	90

10.4.16　背贴式止水带施工应符合下列规定：

(1)背贴式止水带施工工艺流程如图 12-52 所示。

(2)背贴式止水带施工应满足下列要求：

①施工时按照设计要求的位置放出安装线；

②对与止水带进行黏结的防水板进行擦洗清洁；

③采用黏结法将止水带与防水板连接；

④衬砌台车就位,安装挡头板时不得损伤止水带。

10.4.17　中埋式止水带施工应符合下列规定。

(1)中埋式止水带施工工艺流程如图 12-53 所示。

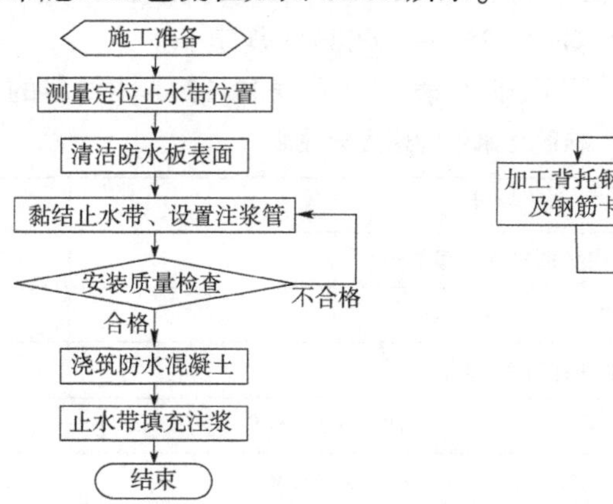

图 12-52　背贴式止水带施工工艺流程

施工准备
加工背托钢筋及钢筋卡
在台车挡头板上设置钢筋卡孔洞
安装背托钢筋及钢筋卡
固定止水带
灌注防水混凝土
结束

图 12-53　中埋式止水带施工工艺流程

(2)中埋式止水带的固定应满足下列要求：

①沿衬砌环线每隔 0.5~1.0m 在端头模板上钻一个 $\phi12$ 的钢筋孔；

②将制成的钢筋卡穿过挡头模板,内侧卡紧止水带的一半,另一半止水带平靠在挡头板上,待混凝土凝固后拆除挡头板,将止水带拉直,然后弯曲钢筋使其卡紧止水带；

③止水带端头应加设一背托钢筋,便于钢筋卡固定止水带；

④挡头板外侧应加设一背托钢筋,采用穿板铁丝将钢筋卡与其连接,以确保的安装止水带不变形；

⑤中埋式止水带施工方法如图 12-54 所示。

10.4.18　止水带施工应符合下列规定。

(1)止水带埋设位置应准确,其中间空心圆环应与变形缝重合。

(2)固定止水带时,应防止止水带偏移,以免单侧缩短,影响止水效果。

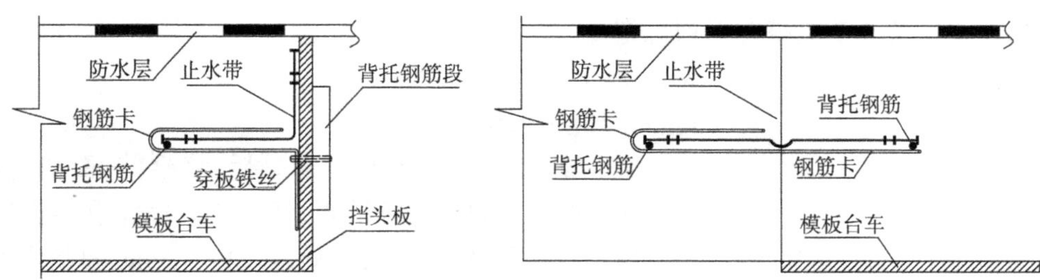

图 12-54　中埋式止水带施工方法示意图

(3)止水带定位时,应使其在界面部位保持平展,不得使橡胶止水带翻滚、扭结,如发现有扭结不展现象应及时进行调整。

(4)止水带固定时,应防止止水带偏移,以免单侧缩短,影响止水效果。

(5)止水带的长度应根据施工要求定制(一环长),尽量避免接头。如确需接头,应满足下列要求(图 12-55):

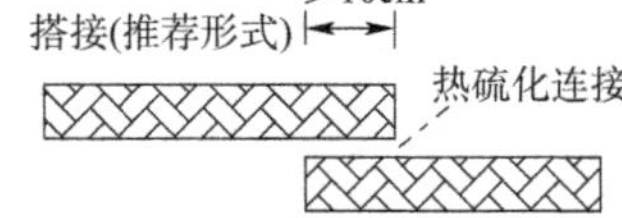

图 12-55　止水带常用接头形式

①橡胶止水带接头必须黏结良好,外观应平整光洁,黏结前应做好接头表面的清刷与打毛,接头处选在二次衬砌结构应力较小的部位,黏结可采用热硫化连接的方法,搭接长度不得小于 10cm,黏结缝宽不小于 50mm;

②设置止水带接头时,应尽量避开容易形成壁后积水的部位,宜留设在起拱线上下;

③检查接头处上下止水带的压茬方向,应以排水畅通、将水外引为正确方向,即上部止水带靠近围岩,下部止水带靠近隧道二次衬砌;

④接头强度检查不合格时重新焊接。

(6)止水带安装完成后的质量检查应满足下列要求:

①检查止水带安装的横向位置,用钢卷尺量测内模到止水带的距离,与设计位置相比,偏差不应超过 5cm;

②检查止水带安装的纵向位置,通常止水带以施工缝或伸缩缝为中心两边对称,用钢卷尺检查,要求止水带偏离中心不能超过 3cm;

③用角尺检查止水带与二次衬砌端头模板是否正交。

(7)浇筑止水带附近的混凝土时,应严格控制振捣的冲击力,避免力量过大而刺破止水带,或使止水带偏移。如拆模后发现止水带偏离中心,则应适当凿除或填补部分混凝土,对止水带进行纠偏。

10.4.19　止水条宜选用制品型遇水膨胀止水条,其物理力学性能应符合表 12-18 的规定。

制品型遇水膨胀橡胶止水条物理力学性能　　表 12-18

序　号	项　目		指　标
1	硬度(邵尔 A)(度)		42 ±7
2	拉伸强度(MPa)		≥3.5
3	扯断伸长率(%)		≥450
4	体积膨胀倍率(%)		≥200
5	反复浸水试验	拉伸强度(MPa)	≥3
		扯断伸长率(%)	≥350
		体积膨胀倍率(%)	≥200
6	低温弯折 -20℃ ×2h		无裂纹
7	防霉等级		优于 2 级

注:硬度为推荐项目,其余均为强制项目;成品切片测试应达到标准的 80%;接头部位的拉伸强度不得低于上表标准性能的 50%;体积膨胀倍率是浸泡后的试样质量与浸泡前的试样质量的比率。

10.4.20　止水条施工应符合下列规定。

(1)止水条施工工艺流程如图12-56所示。

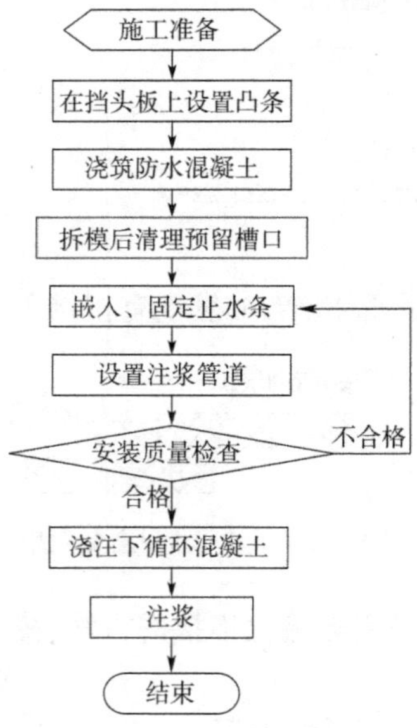

图12-56　止水条施工工艺流程

(2)止水条施工方法如下。

①纵向施工缝:在先浇筑混凝土初凝后、终凝前,根据止水条的规格在混凝土基面中间压磨出一条平直、光滑槽。拆除混凝土模板后,凿毛施工缝,用钢丝刷清除界面上的浮渣,并涂2~5mm厚的水泥浆,待其表面干燥后,用配套的黏结剂或水泥钉固定止水条,再浇筑下一环混凝土。

②环向施工缝:环向施工缝采用在端头模板中间固定木条或金属构件等,混凝土浇筑后形成凹槽。槽的深度为止水条厚度的一半,宽度为止水条宽度。拆模后进行清洗,在浇筑下循环混凝土之前,对预留槽进行清理,清除残渣,磨光槽壁,最后将止水条粘贴在槽中,然后模板台车定位,浇筑下一循环的混凝土。

(3)止水条施工应满足下列要求:

①施工前,必须对止水条的宽度、厚度进行检查,确保其符合设计及标准要求;

②止水条安放前,必须对预留槽进行清理,清洗干净、排除杂物;

③止水条必须安装在预留槽内,安装时先在槽内涂抹一层氯丁胶黏剂,使其黏结牢固,并用水泥钉固定,水泥钉的间距不宜大于60cm;

④止水条安装应尽量安排在浇筑前3~5h,如有困难提前安装应采取缓膨胀措施,但最长时间不得超过24h;

⑤止水条安装时应顺槽拉紧嵌入,确保止水条与槽底密贴,不得有空隙;

⑥止水条接头处应重叠搭接后再黏结固定,沿施工缝形成闭合环路,其间不得留断点,如图12-57所示。

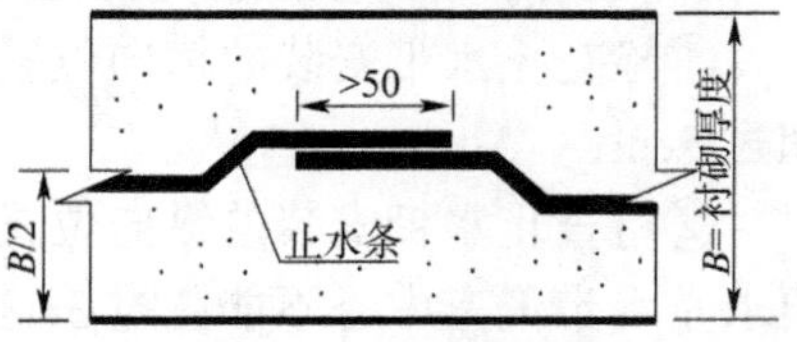

图12-57　止水条安装示意图(尺寸单位:cm)

10.4.21　带注浆孔遇水膨胀止水条施工应满足下列要求:

(1)安装止水条界面的处理及止水条的固定方法同第10.4.20条。

(2)将止水条上的预留注浆连接管套入搭接的另一止水条的二通上。

(3)根据所安装止水条的长度,约在30m处安装三通一处,三通的直线两端一头插入止水条内,另一头插入注浆连接管内。丁字端头插入备用注浆管内,以备缝隙渗漏水时注浆(图12-58)。

(4)注浆连接管与三通连接件应黏结牢固,保证注浆管通畅。安装在三通上的备用注浆管,应引入二次衬砌内侧。

10.4.22　变形缝嵌缝材料施工应满足下列要求:

(1)嵌缝材料要求最大拉伸强度不小于0.2MPa,最大伸长率大于300%,且拉、压循环性能为80℃时拉伸-压缩率为±20%。

(2)缝内两侧平整、清洁、无渗水,涂刷的基层处理剂符合设计要求。

(3)背衬材料的设置应符合设计要求。

(4)嵌填密实,与两侧黏结牢固。

10.5　施工排水

10.5.1　隧道施工排水应符合下列规定:

(1)隧道内纵向设排水沟,横向应设排水坡,隧底纵横向坡应平顺。

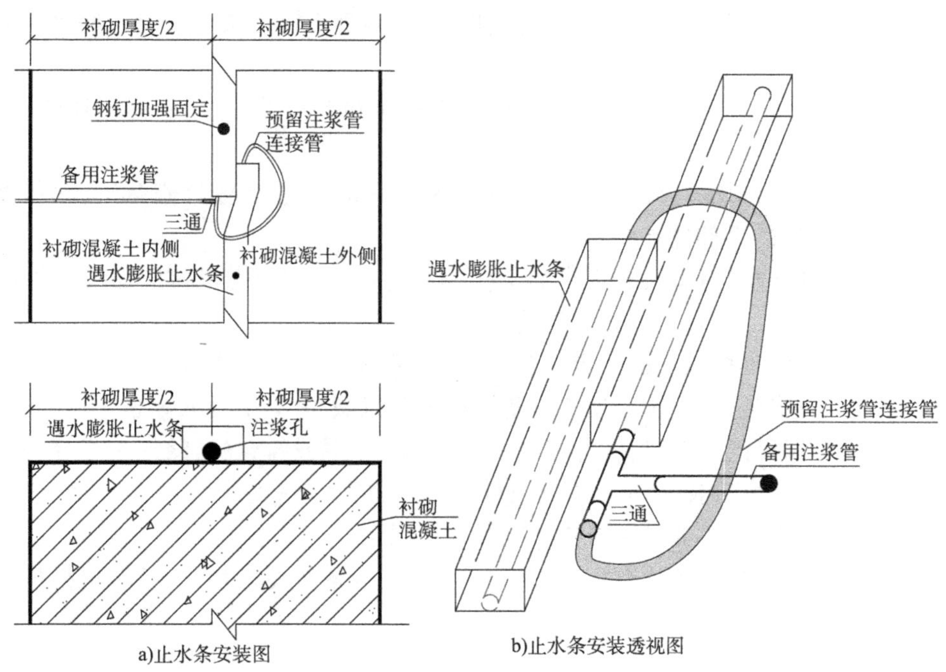

图 12-58 带注浆孔遇水膨胀止水条安装示意

(2)洞内顺坡排水沟断面应满足洞内渗漏水和施工废水的排出需要。在膨胀岩、土质地层、围岩松软地段,应铺砌水沟或用管槽排水。排水沟应经常清理。

(3)施工期间运输轨道的道床,应防止阻塞隧底水流,可设横向截水沟并汇入两侧的排水沟。

(4)洞内反坡排水应采用机械排水,可根据距离、坡度、水量和设备情况布置管路和泵站,一次或分段接力排出洞外。集水坑的容积应按实际排水量确定,其位置确定应减少对施工干扰。所配备水泵的能力应大于排水量 20% 以上,并应有备用台数。

10.5.2 利用辅助坑道排泄正洞水流时,应根据流量的大小与需要,设置排水沟,保证排水畅通,严防坑道内积水和漫流。

10.5.3 施工期间应根据现场情况定期对地下水的水质进行检测,当发现异常时应及时与设计单位联系;根据施工需要应对水量、水压应进行日常检测。

10.5.4 隧道施工排水污水处理设施应满足设计要求。

11 施工机械与设备

11.1 一般规定

11.1.1 隧道施工机械选型配套应坚持“技术先进、减少污染、合理配套”的原则,应根据隧道长度、断面大小、辅助坑道设置、地质条件、施工方法、工期要求,同时考虑操作者劳动安全、劳动强度和劳动条件的改善,减少作业场所环境的污染等因素综合配置,施工机械配置应注重科学发挥机械的总体效率。

11.1.2 隧道施工按有轨、无轨两种运输模式分别配置,组成开挖、装运、初期支护、防排水、衬砌、辅助作业等机械化作业线。

11.1.3 隧道施工机械应尽量选择电动、风动、液压传动机械,减少内燃机械进洞。

11.1.4 施工机械配置的生产能力应大于均衡施工能力,均衡生产能力应大于施工进度指标要求。

11.1.5　混凝土拌合设备、运输设备、混凝土喷射机、混凝土输送泵、通风机、抽水机等应考虑备有余量。

11.1.6　机械的安装、使用、管理、维修和保养,应严格执行有关规定,保证机械使用安全、正常运转,防止发生机械事故。

11.1.7　长大隧道和特长隧道现场应设置维修加工车间,配置专业维修队伍,配备相应的修理加工设备,储备一定数量的零部件和原材料。

11.1.8　应优先选择排污达标、噪声小的机械;洞内使用柴油内燃机械应加设消烟净化装置或掺入柴油净化添加剂,并加强通风;洞内不得使用汽油内燃机械。

11.1.9　瓦斯隧道施工机械的配置应符合《铁路瓦斯隧道技术规范》(TB 10120—2019)的有关规定。高瓦斯和瓦斯突出隧道,必须采用安全防爆型施工机械,并有明显的标志。

11.1.10　在靠近居民区施工时,各种机械设备的噪声应尽量符合《建筑施工场界环境噪声排放标准》(GB 12523—2011)的要求;污水和有害气体的排放,应达到《污水综合排放标准》(GB 8978—1996)和《环境空气质量标准》(GB 3095—2012)等有关规定。

11.1.11　隧道施工机械设备的管理、维修和操作人员应进行专门培训,特种机械操作人员应持证上岗。

11.2　钻爆作业

11.2.1　岩石隧道开挖作业主要采用液压凿岩台车、风动凿岩机等钻孔机械。

11.2.2　钻眼机械按现场情况和施工方法进行选型:

(1)全断面开挖:钻眼宜采用液压凿岩台车或台架配合风动凿岩机。单线隧道钻眼可采用门架式凿岩台车或台架配合风动凿岩机,中长和短隧道可采用多功能台架配合风动凿岩机钻眼。清底及开挖仰拱可用反铲挖掘机。

(2)台阶法开挖:上部宜采用风动凿岩机钻眼,下部视现场情况选用液压凿岩台车或台架配合风动凿岩机开挖。

(3)分部开挖视现场情况选用钻孔机械。

(4)平行导坑和横洞断面较小时,宜用风动凿岩机钻孔;断面较大时,宜选用液压凿岩台车钻孔;斜井、竖井的钻孔应以风动凿岩机为主。

11.2.3　炮眼装药作业可采用自动装药和自动堵塞机具。

11.3　土质隧道开挖作业

11.3.1　一般土质隧道采用挖掘机开挖,机械开挖应预留约30cm(黄土隧道拱脚、墙脚预留60~70cm)的整修层,用人工风镐或铣挖机整修到隧道开挖轮廓线。硬土、风化岩、漂石等可采用爆破或液压破碎锤进行松动。

11.3.2　浅埋、软岩隧道地表有民宅等建(构)筑物时,可优先采用单臂掘进机开挖拱部;也可利用挖掘机换装铣挖头沿拱部轮廓线铣挖隔震槽,以控制超欠挖及爆破振动时对地表建(构)筑物的影响。

11.4　装渣运输作业

11.4.1　装渣与运输机械选型应遵循挖、装、运机械能力协调配套的原则,其运输机械配置能力不应小于挖装能力的1.2倍。

11.4.2　为减少隧道内的污染气体排放浓度,改善洞内空气质量,双线隧道独头掘进长度在

3000m 以上时宜采用有轨运输;单线隧道独头掘进长度在 1500m 以上时宜采用有轨运输。装运作业可采用轮式(或履带)装载机和轨道运输组成的混合装运模式。

11.4.3 全断面开挖装渣应采用大斗容的铲装机、挖装机或装载机;台阶法施工的上部宜采用长臂挖掘机扒渣、下部采用铲装机、挖装机或装载机、挖掘机装渣。

11.4.4 平行导坑和横洞断面较小时,可采用挖装机或挖掘机装渣,电瓶车或内燃机车牵引矿车出渣;断面较大时,挖装机装渣,出渣运输采用电瓶车牵引矿车。

11.4.5 斜井运输提升设备及辅助设施应根据斜井断面大小、斜井坡度等条件合理配置。有轨斜井井身装渣宜用耙斗式装岩机或专用挖掘机,运渣宜用大容量侧卸式矿车或箕斗,提升应配以安全设备齐全的大型提升机,并在井口设置与其配套的卸渣栈桥;无轨斜井可采用装载机或挖掘机装渣,大功率的自卸汽车出渣。

11.4.6 竖井井身装渣宜用抓岩机,根据井深和出渣量可选用提升机、吊车、电动葫芦等提升设备,配以罐笼或吊桶出渣。

11.4.7 有轨运输洞外应根据需要设置调车、编组、卸渣、进料、设备维修等线路。线路铺设标准和要求应符合下列要求:

(1)钢轨类型:宜为 38 ~43kg/m。

(2)道岔型号:宜不小于 6 号的道岔,并安装转辙器。

(3)轨枕:间距不应大于 0.7m。

(4)道床:厚度不应小于 20cm。

(5)使用大型轨行式机械时,线路铺设标准应符合机械规格、性能的要求,并保证施工安全。

(6)有轨运输设单道时,每间隔 300m 应设一个会车道。

(7)采用轨行式机械装渣时,轨道应紧跟开挖面;调车线路及时前移。

11.4.8 施工中应建立工程运输调度,根据施工进度编制运输计划,统一指挥,提高运输效率。

11.4.9 运输线路应设专人按标准要求进行维修和养护,使其经常处于良好状态,线路两侧的废渣和杂物应随时清除。

11.4.10 无轨运输车在洞内施工地段、视线不良的曲线上,以及通过岔道和洞口平交道等处时,其行车速度不得大于 10km/h,其他地段在采取有效的安全措施后,行车速度不应大于 20km/h。有轨运输施工作业地段的行车速度不得大于 15km/h,成洞地段不得大于 25km/h。

11.4.11 有轨运输作业应符合下列安全规定:

(1)车辆装载高度不得高于斗车顶面 50cm,宽度不得大于车宽。

(2)列车连接必须良好,机车摘挂后调车、编组和停留时,应有防溜车措施。

(3)车辆在同方向行驶时,两组列车的间距不得小于 100m。

(4)轨道旁临时堆放的材料,距钢轨外缘不得小于 80cm,高度不得大于 100cm。

(5)卸渣场线路应设安全线并设置 1% ~3% 的上坡道,卸渣码头应搭设牢固,并设有挂钩、栏杆及车档装置,防止溜车。

(6)车辆在洞内行驶时,必须鸣笛或按喇叭,并注意瞭望。严禁非专职人员开车、调车。严禁在行驶中进行摘挂作业。

(7)长隧道施工上下班的载人列车,应制定保证安全的措施。

11.4.12 无轨运输作业应符合下列规定:

(1)运输道路应铺设路面,洞内与仰拱填充、底板混凝土施工相结合,并做好排水及路面的维修工作。

(2)单线隧道采用无轨运输时,每间隔 150 ~300m 应设一处会车段。

11.5 支护作业

11.5.1 支护作业采用的主要机械设备有:锚杆台车、锚杆钻机、液压凿岩台车、气腿式风动凿岩机、混凝土喷射机、喷射台车和喷射机械手、管棚钻机、工程钻机或地质钻机、注浆泵和制浆设备等。

11.5.2 喷混凝土宜采用湿喷工艺。大断面、特长隧道喷混凝土宜选用生产能力高、集装料、拌和和自动喷射于一体的喷射三联机或喷射混凝土机组。

11.5.3 喷混凝土料应采用自动计量的强制式混凝土拌合机或拌合站拌和;运输采用轮胎式或轨行式混凝土拌合运输车。

11.5.4 锚杆钻孔机械根据现场情况选用锚杆台车、锚杆钻机、液压凿岩台车或气动凿岩机。

11.5.5 超前大管棚施工在成孔困难地段应优先选用集钻孔、跟管、注浆三位一体的多功能钻机;能成孔地段,可采用管棚钻机、地质钻机和工程钻机等钻孔机械。超前小导管施工宜采用气腿式凿岩机顶管,也可用凿岩台车、导轨式凿岩机施作。

11.5.6 大管棚、小导管均应配备相应的注浆设备和快速接头。

11.5.7 钢架加工应配置专用弯曲或成型加工设备,钢架安装举升,可采用有固定夹头的挖掘机,大断面钢架架设时宜采用专用架设设备。

11.5.8 深孔预注浆作业,应优先采用兼备钻孔、跟管、注浆功能的并有孔口止水装置的多功能钻机和相应的注浆设备,应具有高压力、大流量,且压力、流量可调式注浆泵,以满足注浆工艺和保证注浆质量的要求。

11.6 防排水作业

11.6.1 防排水作业宜采用轨行式专用作业台架,台架上应配备隧道净空检查的装置、防水板弧形支撑杆、压缩空气接口,以及风镐、电焊机、冲击钻(或射钉枪)、爬焊机、热风焊机等机具。

11.6.2 防水板焊接应采用调温、调速式自动爬行焊接机,局部处理采用热塑焊枪焊接。有条件时防水板铺设宜采用台架式自动铺设机。

11.7 衬砌作业

11.7.1 混凝土衬砌作业必须采用自动计量的混凝土拌合站、混凝土拌合输送车、混凝土输送泵及拱墙整体式钢模台车等机械设备。

11.7.2 混凝土拌合站的生产能力应根据施工高峰期作业面数量、运距、混凝土需求量等因素确定,应选用强制式拌和方式。自动计量装置应满足混凝土配合比计量精度要求。

11.7.3 混凝土运输应采用轮胎式或轨行式混凝土拌合运输车。

11.7.4 仰拱浇筑宜采用防干扰仰拱作业栈桥。

11.8 辅助作业

11.8.1 隧道施工时应配置相应的施工机械。当独头坑道掘进长度超过150m时,应采用机械通风,并配置相应的通风机械。

11.8.2 通风机的功率与通风管的直径应根据独头掘进长度、运输方式、断面大小和通风方式等计算确定,应选用大直径风管和风量风压可调式高效节能低噪型多级风机。

11.8.3 隧道施工采用机械排水时宜分段设储水池,根据实际情况配备扬程、流量、性能相适应的抽排水泵(清水泵、泥浆泵、污水泵、砂泵等)。

11.8.4 隧道独头坑道掘进超过500~800m时应将10kV高压电引入洞内。非作业区一般每1000m左右安装一台变压器,向两端供电;开挖作业区由专用变压器供电。

12　超前地质预报

12.1　一般规定

12.1.1　城际轨道交通隧道施工应进行超前地质预报,并作为工序纳入施工组织管理,给予必要的施作时间。

12.1.2　综合超前地质预报流程如图12-59所示。

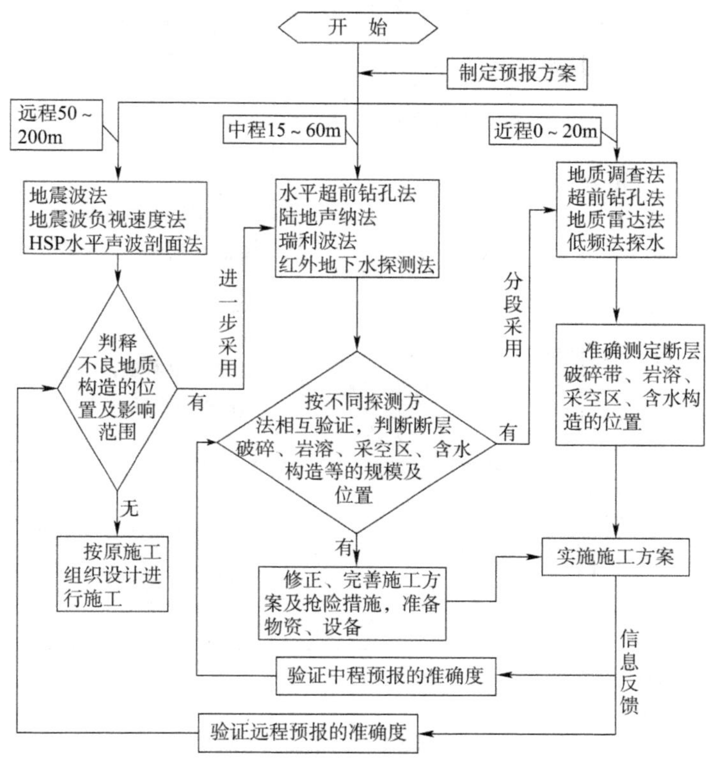

图12-59　综合超前地质预报流程图

12.1.3　隧道施工超前地质预报应以地质分析法为基础,针对不同地段地质情况和预报目的,进行必要的技术经济比选,选择有针对性、适用性强的方法和设备,采用一种或几种方法的合理组合,达到预报基本准确、费用低、占用时间少的目标。对重大物探异常地段应采用钻探验证。

12.1.4　超前地质预报应包括(但不限于)以下内容:

(1)地层岩性,重点为对软弱夹层、破碎地层、煤层及特殊岩土等。

(2)地质构造,重点为对断层、节理密集带、褶皱轴等影响岩体完整性的构造发育情况。

(3)不良地质,特别是溶洞、暗河、人为坑洞、放射性、有害气体、高地应力等发育情况。

(4)地下水,特别是对岩溶管道水、富水断层、富水褶皱轴及富水地层。

12.1.5　超前地质预报应符合《铁路隧道超前地质预报技术规程》(Q/CR 9217—2015)相关规定。

12.2　地质预报的分级管理与方案设计

12.2.1　超前地质预报应实行分级管理,根据地质灾害对隧道施工安全的危害程度,对工程进行地质灾害分级,采取不同地质预报方案。

12.2.2　根据地质灾害对隧道施工安全的危害程度，地质灾害分为以下四级，其影响因素见表12-19。

综合超前地质预报工作分级影响因素　　表12-19

施工地质分级		A	B	C	D
		严重	较严重	一般	轻微
地质复杂程度（含物探异常）	岩溶发育程度	极强，厚层块状灰岩，大型溶洞、暗河，岩溶密度＞15个/km^2，最大泉流量＞50L/s，钻孔岩溶率＞10%	强烈，中厚层灰岩夹白云岩，地表溶洞落水洞密集、地下以管道水为主，岩溶密度5～15个/km^2，最大泉流量10～50L/s，钻孔岩溶率5%～10%	中等，中薄层灰岩，地表出现溶洞，岩溶密度1～5个/km^2，最大泉流量5～10L/s，钻孔岩溶率2%～5%	微弱，不纯灰岩与碎屑岩互层，地表地下以溶隙为主，最大泉流量＜5L/s，钻孔岩溶率＜2%
	涌水涌泥程度	特大（日出水10万t以上）、大型突水（日出水1万～10万t）、突泥，高水压	中小型突水（日出水1000～1万t）、突泥	小型涌水（日出水100～1000t）、涌泥	日出水小于100t涌突水可能性极小
	断层稳定程度	大型断层破碎带、自稳能力差、富水，可能引起大型失稳坍塌	中型断层带，软弱，中～弱富水，可能引起中型坍塌	中小型断层，弱富水，可能引起小型坍塌	中小型断层，无水，掉块
	地应力影响程度	高应力，严重岩爆（拉森斯判据＜0.083，即岩石点荷载强度与围岩最大切向应力的比值），大变形	高应力，中等岩爆（拉森斯判据0.083～0.15），中～弱变形	弱岩爆（拉森斯判据0.15～0.20），轻微变形	无岩爆（拉森斯判据＞0.20），无变形
	瓦斯影响程度	瓦斯突出：煤的破坏类型为Ⅲ（强烈破坏煤）、Ⅳ（粉碎煤）、Ⅴ（全粉煤）类，瓦斯放散初速度≥10mL/s，煤的坚固系数≤0.5，瓦斯压力≥0.74MPa	高瓦斯：全工区的瓦斯涌出量≥0.5m^3/min	低瓦斯：全工区的瓦斯涌出量＜0.5m^3/min	无
（地质因素）对隧道施工影响程度		危及施工安全，可能造成重大安全事故	存在安全隐患	可能存在安全问题	局部可能存在安全问题
诱发环境问题的程度		可能造成重大环境灾害	施工、防治不当，可能诱发一般环境问题	特殊情况下可能出现一般环境问题	无

A级：存在重大地质灾害隐患的地段，如大型暗河系统，可溶岩与非可溶岩接触带，软弱、破碎、富水、导水性良好的地层和大型断层破碎带，特殊地质地段，重大物探异常地段，可能产生大型、特大型突水突泥地段，诱发重大环境地质灾害的地段，高地应力、瓦斯、天然气问题严重的地段以及人为坑洞等。

B级：存在中、小型突水突泥隐患的地段，物探有较大异常的地段，断裂带等。

C级：水文地质条件较好的碳酸盐岩及碎屑岩地段、小型断层破碎带，发生突水突泥的可能性较小。

D级：非可溶岩地段，发生突水突泥的可能性极小。

12.2.3 地质复杂隧道的预测预报应坚持隧道洞内探测与洞外地质勘探相结合、地质方法与物探方法相结合、辅助导坑与主洞探测相结合,开展多层次、多手段的综合超前地质预报,并贯穿于施工全过程。不同地质灾害的预报方式可采用 A ~ D 级预报,具体如下。

A 级预报:采用地质分析法、地震波反射法、声波反射法、地质雷达、红外探测、超前水平钻探等手段进行综合预报。

B 级预报:采用地质分析法、地震波反射法或声波反射法,辅以红外探测、地质雷达,进行必要的超前水平钻孔。当发现局部地段工程地质条件复杂时,按 A 级要求实施。

C 级预报:以地质分析法为主。对重要的地质(层)界面、断层或物探异常地段可采用地震波反射法或声波反射法进行探测,必要时采用红外探测和超前水平钻孔。

D 级预报:采用地质分析法。

12.2.4 复杂隧道超前地质预报应编制实施细则,内容包括超前地质预报实施方案、分段预报内容、方法及技术要点,并编制气象、重要泉点、暗河流量、地下水水位等观测计划和观测技术要求。

12.3 地质调查法

12.3.1 地质调查法包括隧道地表补充地质调查和洞内地质素描等。地质调查法应根据隧道已有勘察资料、地表补充地质调查资料、洞内开挖工作面地质素描,通过地层层序对比、地层分界线及构造线地下和地表相关性分析、断层要素与隧道几何参数的相关性分析、临近隧道内不良地质体的前兆分析等,利用地质理论、地质作图和趋势分析等工具,推测开挖工作面前方可能揭示的地质情况。

12.3.2 隧道地表补充地质调查应在实施洞内地质超前预报前进行,并在实施洞内地质超前预报过程中根据需要随时补充。隧道地表补充地质调查应包括下列主要内容:

(1)对已有地质勘察成果的熟悉、核查和确认。

(2)地层、岩性在隧道地表的出露及接触关系,特别是对标志层的熟悉和确认。

(3)断层、褶皱、节理密集带等地质构造在隧道地表的出露位置、规模、性质及其产状变化情况。

(4)地表岩溶发育位置、规模及分布规律。

(5)煤层、石膏、膨胀岩、含石油天然气、含放射性物质等特殊地层在地表的出露位置、宽度及其产状变化情况。

(6)人为坑洞位置、走向、高程等,分析其与隧道的空间关系。

(7)根据隧道地表补充地质调查结果,结合设计文件、资料和图纸,核实和修正超前地质预报的重点区段。

12.3.3 地质素描随隧道开挖及时进行,地层岩性变化处、构造发育部位、岩溶发育带附近等复杂、重点地段每一开挖循环应进行一次;一般地段每 10 ~ 20m 进行一次。隧道内地质素描主要内容有:

(1)工程地质。

①地层岩性:地层时代、岩性、层间结合程度、风化程度等。

②地质构造:褶皱、断层、节理裂隙特征、岩层产状;断层的位置、产状、性质、破碎带的宽度、物质成分、含水情况以及与隧道的关系;节理裂隙的组数、产状、间距、充填物、延伸长度、张开度及节理面特征、力学性质;分析组合特征、判断岩体完整程度。

③岩溶:岩溶规模、形态、位置、所属地层和构造部位,充填物成分、状态,以及岩溶展布的空间关系。

④特殊地层:煤层、沥青层、含膏盐层、膨胀岩和含黄铁矿层等。

⑤人为坑洞:隧道影响范围内的各种坑道和洞穴的分布位置及其与隧道的空间关系。

⑥地应力:包括高地应力显示性标志及其发生部位,如岩爆、软弱夹层挤出、探孔饼状岩芯等现象。

⑦塌方:塌方部位、形态、规模及其随时间的变化特征,并分析产生塌方的地质原因及其对继续掘进的影响。

⑧有害气体及放射性危害源存在情况。

(2)水文地质。

①地下水分布、出露形态,围岩的透水性、水量、水压、水温、颜色、泥砂含量,以及地下水活动对围岩稳定的影响,必要时进行长期观测。地下水的出露形态分为:渗水、滴水、滴水成线、股水(涌水)、暗河。

②水质分析,地下水对结构材料的腐蚀性。

③出水点和地层岩性、地质构造、岩溶、暗河等的相关关系。

④进行地表相关气象、水文观测,判断洞内涌水与地表径流、降雨的关系。

⑤必要时应建立涌突水点地质档案。

(3)围岩稳定性特征及支护情况:记录不同工程地质、水文地质条件下隧道围岩稳定性、支护方式以及初期支护后的变形情况。发生围岩失稳或变形较大的地段,应详细分析、描述围岩失稳或变形发生的原因、过程、结果等。

(4)隧道施工围岩分级见本章附件8。

(5)影像:对隧道内重要的和具代表性的地质现象应进行摄影或录像。

12.4 钻探法

12.4.1 在富水软弱断层破碎带、岩溶发育区、煤层瓦斯发育区、重大物探异常区等复杂地质地段应采用超前水平钻探预报前方地质情况。

12.4.2 超前水平钻孔每循环钻探长度一般为30~50m,必要时也可钻100m以上,连续预报时前后两循环钻孔应重叠5~8m。

12.4.3 超前钻探钻进过程中,应安设孔口止水装置(或采用防突钻机),防止高压水突出,确保工作人员和机械设备的安全,并使地下水处于可控状态。孔口管应锚固可靠,可采用环氧树脂、锚固剂,亦可采用HSC浆液或性能相近的TGRM浆液锚固,锚固长度宜为1.5~2.0m,孔口管外端应露出开挖工作面0.2~0.3m,用以安装高压止水球阀。

12.4.4 对于断层、节理密集带或其他破碎富水地层,断面内每循环可钻1孔。

12.4.5 在岩溶发育区,断面每循环应钻3~5个孔,需要揭示溶洞厚度时数量应适当增加,并采用地质雷达等物探手段对溶洞规模、发育特征进行精细探测。

12.4.6 在富含瓦斯的煤系地层或富含石油天然气的沥青质灰岩中,可采用长短结合的钻孔方式将岩体中的有害气体逐渐释放出来。

12.4.7 对于岩溶发育区及裂隙富水区,除采用水平深孔超前探测外,还应结合爆破钻孔作业,加深部分钻孔,其深度应比爆破孔深2~4m。

12.5 物理勘探法

12.5.1 物理勘探法具有抑制干扰、能区分有用信号和干扰信号的特点,其主要适用于以下范围:

(1)对开挖工作面前方和周围较大范围内的地质构造、洞穴、隐伏含水体等的探测。

(2)被探测对象与周围介质之间有明显的物理性质差异。

(3)被探测对象具有一定的规模,且地球物理异常有足够的强度。

12.5.2 地球物理勘探有多种方法,应根据探测对象的埋深、规模及其与周围介质的物性差异,选用有效的方法。

12.5.3 TSP 地震波法适用于极软岩至极硬岩的任何地质情况,对断层、软硬岩接触面等面状结构反射信号较为明显。每次预报距离一般为 100 ~ 150m,需连续预报时,前后两次应重叠 10m 以上。

12.5.4 地质雷达法适宜于岩溶、采空区探测,也可用来探测断层破碎带、软弱夹层等不均匀地质体。在完整灰岩地段有效探测长度在 25m 以内,连续预报时前后两次重叠长度在 5m 左右。

12.5.5 地震波负视速度法预报面状地质体效果较好,也可以预报具有一定规模的溶洞、洞穴等。连续预报时前后两次应重叠 10m 以上。

12.5.6 HSP 水平声波剖面法适用于隧道各种地质条件的探测,有效探测距离为 50 ~ 100m。连续预报时前后两次应重叠 10m 以上。

12.5.7 陆地声呐法适合于探查直径大于 0.5m 的溶洞、溶管等不良地质体,连续预报时前后两次应重叠 10m 以上。

12.5.8 红外探测法适用于探测前方是否有水及水体存在方位,每次预报有效探测距离约为 30m。连续预报后两次重叠长度应大于 5m。

13 监 控 量 测

13.1 一般规定

13.1.1 监控量测工作必须紧接开挖、支护作业,应按设计要求进行布点和监测,并根据现场施工情况及时调整量测项目和内容。量测数据应及时分析处理,并将结果反馈到施工过程中。

13.1.2 监控量测应纳入施工工序,并贯穿施工的全过程,为施工管理及时提供以下信息:

(1)围岩稳定性、支护结构承载能力和安全信息。

(2)二次衬砌合理的施作时间。

(3)为施工中调整围岩级别、完善设计方案及参数、优化施工方案及施工工艺提供依据(城际轨道交通隧道的围岩分级判定可按附件 8 进行)。

13.1.3 监控量测的管理必须科学合理,施工中应按监测计划实施,工程竣工后将监测资料整理归档并纳入竣工文件中。

13.1.4 施工现场应成立专门的监控量测小组,责任落实到人,并建立相应的质量保证体系,确保监控量测工作的有效实施,监测资料完整清晰。

13.1.5 现场监控量测工作应包括现场情况的初始调查、编制实施性监控量测计划、测点布设及取得初始监测值、现场监测、提交监测结果、报送周(月)报和编写总结报告。

13.1.6 根据监测精度要求,应减小系统误差,控制偶然误差,避免人为错误。应经常采用相关方法对误差进行检验分析。

13.1.7 监控量测组负责测点的埋设、日常测量、数据处理和仪器保养维修及送检等工作,并及时将监控量测信息反馈于施工和设计。

13.2 监控量测项目和技术要求

13.2.1 隧道监控量测的项目应根据工程特点、规模和设计要求综合选定。量测项目可分为必测项目和选测项目两大类(见表 12-20 和表 12-21)。必测项目在采用喷锚构筑法施工时必须进行;选测项目应根据工程规模、地质条件、隧道埋深、开挖方法及其他要求进行选择。

监控量测必测项目 表 12-20

序　号	监 测 项 目	常用量测仪器	备　注
1	洞内、外观察	现场观察、数码相机、罗盘仪	
2	拱顶下沉	水准仪、钢挂尺或全站仪	
3	净空变化	收敛计、全站仪	
4	地表沉降	水准仪、铟钢尺或全站仪	隧道浅埋段

监控量测选测项目 表 12-21

序　号	监 测 项 目	常用量测仪器
1	围岩压力	压力盒
2	钢架内力	钢筋计、应变计
3	喷混凝土内力	混凝土应变计
4	二次衬砌内力	混凝土应变计、钢筋计
5	初期支护与二次衬砌间接触压力	压力盒
6	锚杆轴力	钢筋计
7	隧底隆起	水准仪、铟钢尺或全站仪
8	围岩内部位移	多点位移计
9	爆破振动	振动传感器、记录仪
10	孔隙水压力	水压计
11	水量	三角堰、流量计
12	纵向位移	多点位移计、全站仪

13.2.2　隧道开挖后应及时进行地质素描,有条件时应进行数码成像技术。

13.2.3　初期支护完成后应进行喷层表面裂缝的观察和记录。

13.2.4　分部开挖法施工的隧道,每个分部施工中应根据工程特点在表 12-20、表 12-21 中所列项目选择必测、选测项目。

13.2.5　浅埋隧道地表沉降测点应在隧道开挖前布设。地表沉降测点和隧道内测点应布置在同一里程断面。一般条件下地表沉降测点纵向间距应按表 12-22 要求布置。

地表沉降测点纵向测点间距(m) 表 12-22

埋深与开挖宽度	纵向测点间距	埋深与开挖宽度	纵向测点间距
$2B > H_0 > 2.5B$	20 ~ 50	$H_0 \leqslant B$	5 ~ 10
$B < H_0 \leqslant 2B$	10 ~ 20		

注:H_0-隧道埋深;B-隧道最大开挖宽度。

13.2.6　地表沉降测点横向间距为 2 ~ 5m。在隧道中线附近测点应适当加密,隧道中线两侧量测范围应不小于 $H_0 + B$,地表有控制性建(构)筑物时,量测范围应适当加宽,测点布置如图 12-60 所示。

13.2.7　拱顶下沉测点和净空变化测点应布置在同一断面上。监测断面及测点按表 12-23 要求布置。拱顶下沉测点原则上设置在拱顶轴线附近。当隧道跨度较大时,应在拱顶部位设置 3 个测点。

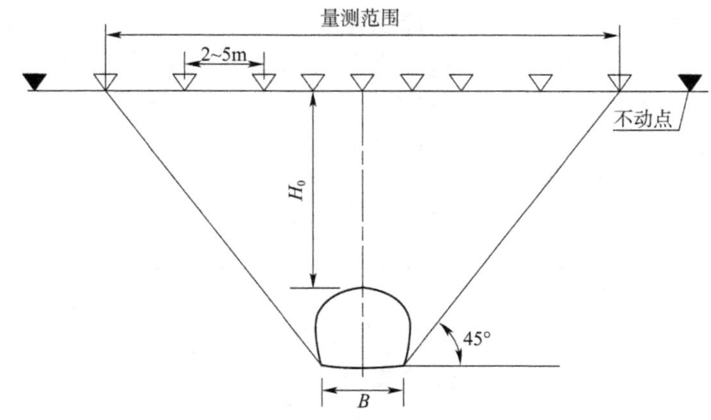

图 12-60　地表沉降横向测点布置示意图

必测项目监测断面间距(m)　　表 12-23

围 岩 级 别	断 面 间 距	围 岩 级 别	断 面 间 距
Ⅴ~Ⅵ	5~10	Ⅲ	30~50
Ⅳ	10~30		

注:Ⅱ级围岩视具体情况确定间距。

13.2.8　净空变化量测测线数,参照表 12-24 布置。

净空变化量测测线数　　表 12-24

开挖方法	地　段	
	一般地段	特殊地段
全断面法	一条水平测线	—
台阶法	每台阶一条水平测线	每台阶一条水平测线,两条斜测线
分部开挖法	每分部一条水平测线	上部每分部一条水平测线,两条斜测线,其余分部一条水平测线

13.2.9　选测项目应根据设计和施工的特殊要求确定,监测断面应视需要而定,优先在施工初始阶段布置。

13.2.10　不同断面的测点应布置在相同部位,测点应尽量对称布置,以便数据的相互验证。

13.2.11　必测项目的监测频率应根据测点距开挖面的距离及位移速度分别按表 12-25 和表 12-26 确定。

按距开挖面距离确定的监测频率　　表 12-25

监测断面距开挖面距离(m)	监 测 频 率	监测断面距开挖面距离(m)	监 测 频 率
(0~1)B	2 次/d	(2~5)B	1 次/(2~3d)
(1~2)B	1 次/d	>5B	1 次/7d

注:1. B-隧道最大开挖宽度。

2. 出现异常情况或不良地质时,应增大监测频率。

3. 由位移速度决定的监测频率和由距开挖面的距离决定的监测频率,原则上采用较高的频率值。

按位移速度确定的监测频率　　表 12-26

位 移 速 度	监 测 频 率	位 移 速 度	监 测 频 率
≥5mm/d	2 次/d	0.5~1mm/d	1 次/(2~3d)
1~5mm/d	1 次/d	<0.5mm/d	1 次/7d

13.2.12　监控量测控制基准应包括隧道内位移、地表沉降、爆破振动等控制基准。

(1)地表沉降控制基准根据地层稳定性、周围建(构)筑物的安全要求分别确定,取最小值。

(2)爆破振动控制基准根据支护结构、边坡稳定性、周围建(构)筑物的安全性确定。

(3)位移控制基准根据测点距开挖面的距离,可参考表12-27要求确定。

位移控制基准 表12-27

类别	距开挖面1B(U_{1B})	距开挖面2B(U_{2B})	距开挖面较远
允许值	65% U_0	90% U_0	100% U_0

注:B-隧道最大开挖宽度;U_0-极限相对位移值。

13.2.13 位移管理等级按三级管理,相应的位移管理等级见表12-28。

位移管理等级 表12-28

管理等级	距开挖面1B	距开挖面2B
Ⅲ	$U<U_{1B}/3$	$U<U_{2B}/3$
Ⅱ	$U_{1B}/3\leqslant U\leqslant 2U_{1B}/3$	$U_{2B}/3\leqslant U\leqslant 2U_{2B}/3$
Ⅰ	$U>2U_{1B}/3$	$U>2U_{2B}/3$

注:U-实测位移值。

13.2.14 爆破振动控制基准按表12-29控制,并应满足下列要求。

爆破振动安全允许标准 表12-29

序号	保护对象类别	安全允许振速(cm/s)		
		<10Hz	10~50Hz	50~100Hz
1	土窑洞、土坯房、毛石房屋	0.5~1.0	0.7~1.2	1.1~1.5
2	一般砖房、非抗震的大型砌块建筑物	2.0~2.5	2.3~2.8	2.7~3.0
3	钢筋混凝土结构房屋	0~4.0	3.5~4.5	4.2~5.0
4	一般古建筑与古迹	0.1~0.3	0.2~0.4	0.3~0.5
5	水工隧道	7~15		
6	交通隧道	10~20		
7	矿山巷道	15~30		
8	水电站及发电厂中心控制室设备	0.5		
9	新浇大体积混凝土			
	龄期:初凝~3d	2.0~3.0		
	龄期:3~7d	3.0~7.0		
	龄期:7~28d	7.0~12		

注:1. 表列频率为主振频率,是指最大振幅所对应波的频率。

2. 频率范围可根据类似工程或现场实测波形选取。选取频率时亦可参考下列数据:硐室爆破,<20Hz;深孔爆破,10~60Hz;浅孔爆破,40~100Hz。

3. 有特殊要求的根据现场具体情况确定。

(1)选取建筑物安全允许振速时,应综合考虑建筑物的重要性、建筑质量、新旧程度、自振频率、地基条件等因素。

(2)省级以上(含省级)重点保护古建筑与古迹的安全允许振速,应经专家论证选取,并报相应文物管理部门批准。

(3)选取隧道、巷道安全允许振速时,应综合考虑构筑物的重要性、围岩状况、断面大小、深埋大小、爆源方向、地震振动频率等因素。

(4)非挡水新浇大体积混凝土的安全允许振速，可按表 12-29 给出的上限值选取。

13.2.15　测试仪器的精度应满足表 12-30 及表 12-31 的要求，测试仪器的量程应满足设计要求，并具有良好的防震、防水、防腐性能。

监控量测必测项目测试精度(mm)　　表 12-30

序　号	监 测 项 目	测 试 精 度
1	拱顶下沉	0.5～1
2	净空收敛	0.5～1
3	地表沉降	0.5～1

监控量测选测项目测试精度　　表 12-31

序　号	监 测 项 目	测 试 精 度
1	围岩与初期支护接触压力	≤0.5 % F.S.
2	喷混凝土应变	±0.1 % F.S.
3	钢架应力	拉伸≤0.5%F.S.;压缩≤1.0%F.S.
4	初期支护与二次衬砌接触压力	≤0.5 % F.S.
5	二次衬砌内应力	±0.1 % F.S.
6	围岩内部位移	0.1mm
7	隧底隆起	0.5～1mm
8	爆破振动速度	1mm/s

注:F.S.-仪器满量程。

13.3　监控量测方法

13.3.1　现场监测应根据设计文件的要求进行测点埋设、日常量测和数据处理，及时反馈信息，并根据地质条件的变化和施工异常情况，及时调整监控量测计划。

13.3.2　现场测点读数应读三次，取其平均值，并详细记录。

13.3.3　施工过程中应进行洞内、外观察，洞内观察可分开挖工作面观察和已施工地段观察两部分，其内容如下：

(1)开挖工作面观察应在每次开挖后进行，及时绘制开挖工作面地质素描图、数码成像、填写开挖工作面地质状况记录表和施工阶段围岩级别判定卡，并与勘查资料进行对比。对已施工地段进行观察，记录喷混凝土、锚杆和钢架等的工作状态。

(2)洞外观察重点应在洞口段和洞身浅埋段，记录地表开裂、地表塌陷、边坡及仰坡稳定状态、地表水渗漏情况等。

13.3.4　隧道净空收敛量测可采用收敛计或全站仪进行。

(1)采用收敛计量测时，测点采用焊接或钻孔预埋。

(2)采用全站仪量测时，测点应采用膜片式回复反射器作为测点靶标，靶标黏附在预埋件上。量测方法包括自由设站和固定设站两种。

13.3.5　拱顶下沉量测可采用精密水准仪和钢挂尺或全站仪进行，在隧道拱顶轴线附近通过焊接或钻孔预埋测点，测点应与隧道外监测基点进行联测。

13.3.6　地表沉降监测可采用精密水准仪、铟钢水准尺进行。基点应设置在地表沉降影响范围之外。测点采用地表钻孔埋设，测点四周用水泥砂浆固定。当采用常规水准测量手段出现困难时，可采用全站仪量测。

13.3.7 围岩内变形量测可采用多点位移计,多点位移计应钻孔埋设,通过配套的设备读数。

13.3.8 振弦式传感器通过频率接收仪获得频率读数,依据频率－量测参数率定曲线换算出相应量测参量值。

13.3.9 光纤光栅传感器通过光纤光栅接收仪获得读数,换算出相应量测参量值。

13.3.10 钢架应力量测可采用振弦式传感器、光纤光栅传感器,传感器应成对埋设在钢架的内、外侧,并应满足下列要求:

(1)采用振弦式钢筋计或应变计进行型钢应力或应变量测时,应把传感器焊接在钢架翼缘内测点位置。

(2)采用振弦式钢筋计进行格栅拱架应力量测时,应将格栅主筋截断并把钢筋计对焊在截断部位。

(3)采用光纤光栅传感器进行型钢或格栅拱架应力量测时,应把光纤光栅传感器焊接(氩弧焊)或粘贴在相应测点位置。

13.3.11 接触压力量测可采用振弦式传感器,传感器与接触面要求紧密接触。

13.3.12 混凝土应变量测可采用振弦式传感器、光纤光栅传感器,传感器固定于混凝土结构内的相应测点位置。

13.3.13 爆破振动速度监测可采用振动速度传感器和相应的数据采集设备。传感器固定在预埋件上,通过爆破振动仪自动记录振动速度,分析振动波形和振动衰减规律。

13.3.14 孔隙水压监测可采用孔隙水压计进行,水压计应埋入带刻槽的测点位置,采取措施确保水压计直接与水接触。通过数据采集设备获得各测点读数,并换算出相应孔隙水压力值。

13.3.15 渗漏水量监测可采用三角堰、流量计进行。

13.4 量测数据处理与应用

13.4.1 监控量测数据的分析处理应包括监测资料的整理、计算和分析。

13.4.2 每次观测后应立即对原始观测数据进行校核和整理,包括原始观测值的校验、物理量的计算、填表制图,误差处理、异常值的剔除、初步分析等,并将校验过的数据输入数据库管理系统。

13.4.3 监控量测数据的计算分析对象主要包括以下内容:

(1)拱顶下沉、净空收敛的位移量,绘制时态曲线。

(2)围岩压力与支护间接触压力值,绘制时态曲线和断面压力分布图。

(3)初期支护、二次衬砌应力(应变)值,绘制时态曲线,反算结构内力并绘制断面内力分布图。

(4)地表沉降值,绘制横向和纵向时态曲线。

(5)孔隙水压力值,绘制孔隙水压力的时态曲线及孔隙水压力与深度的关系曲线。

(6)爆破振动速度,绘制振动速度与测点至震源距离关系曲线。

13.4.4 在分析监测数据时,根据散点图进行回归分析,可采用如下指数模型:

$$U = A(\mathrm{e}^{-Bt} - \mathrm{e}^{-Bt_0})$$

式中:U——变形值;

A、B——回归系数;

t_0——测点的初始观测时间,d;

t——测点的观测时间,d。

13.4.5 应力(应变)监测结果可参照位移回归分析进行。

13.4.6 爆破振动安全允许距离,可根据爆破振动速度按下式计算。

$$R = \left(\frac{K}{V}\right)^{\frac{1}{\alpha}} \cdot Q^{\frac{1}{3}}$$

式中：R——爆破振动安全允许距离，m；

Q——炸药量，kg，齐发爆破为总药量，延时爆破为最大一段药量；

V——保护对象所在地质点振动安全允许速度，cm/s；

K、α——与爆破点至计算保护对象间的地形、地质条件有关的系数和衰减指数，可按表 12-32 选取，或通过现场试验确定。

爆破区不同岩性的 K、α 值　　表 12-32

岩　性	K	α
坚硬岩	50～150	1.3～1.5
中硬岩	150～250	1.5～1.8
软岩	250～350	1.8～2.0

13.4.7　监控量测信息反馈方法可采用经验类比法或理论分析法。施工现场以经验类比法为主，重要工程应综合应用以上两类方法。监控量测信息反馈程序如图 12-61 所示。

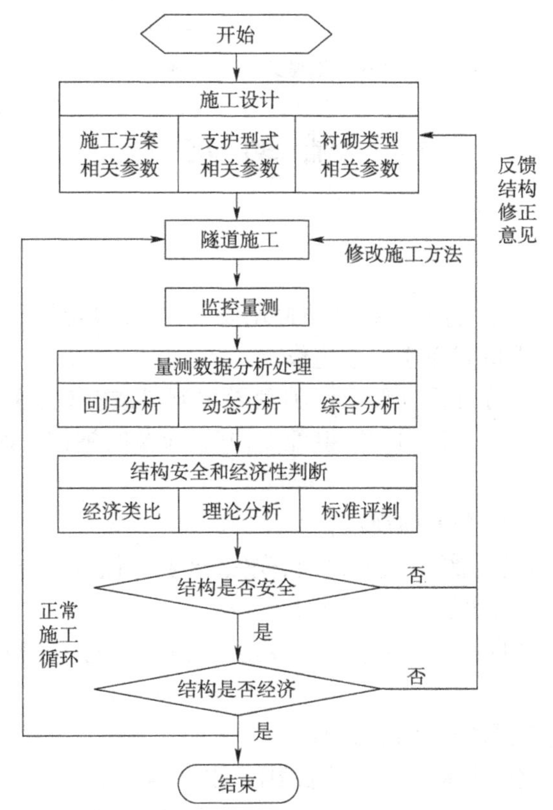

图 12-61　监控量测反馈程序框图

13.4.8　工程安全性评价应根据第 13.2.13 条要求的位移管理等级进行，并采用表 12-33 相应的工程对策。工程安全性评价流程如图 12-62 所示。

工 程 对 策　　表 12-33

管 理 等 级	工 程 对 策	管 理 等 级	工 程 对 策
Ⅲ	正常施工	Ⅰ	采取相应工程措施并加强监测
Ⅱ	加强监测		

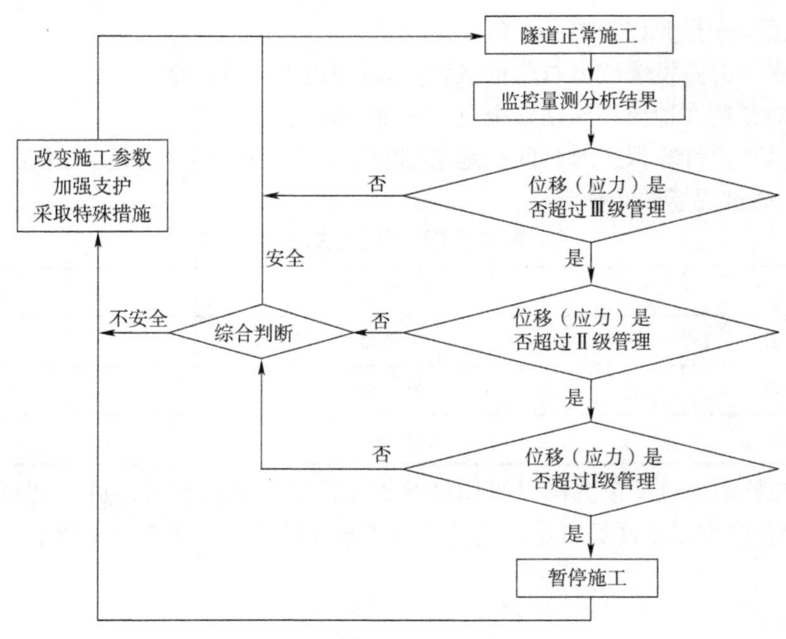

图 12-62　工程安全性评价流程图

14　辅 助 坑 道

14.1　一般规定

14.1.1　辅助坑道口的截水、排水系统和防冲刷设施，应在隧道施工前妥善规划，尽早完成。坑道口或斜井的洞门或竖井口锁口圈亦应尽早施作。

14.1.2　辅助坑道支护应符合设计要求。辅助导坑洞口或井口、软弱围岩段、辅助坑道与正洞的连接处应加强支护。辅助坑道与正洞的连接处支护后，应及时施作二次衬砌，在特殊情况下，应在开挖前采取超前支护措施。

14.1.3　辅助坑道废弃应符合下列规定：

(1)横洞和平行导坑封闭前应结合排水需要，先做暗沟，并设置检查通道。

(2)竖井、斜井有水时，应将水引入隧道侧沟。

(3)横洞、平行导坑、斜井的洞口宜用水泥砂浆砌片石封闭，无衬砌时封闭长度宜为 3～5m，有衬砌时封闭长度不宜小于 2m。

(4)竖井的井口宜用钢筋混凝土盖板封闭。

(5)与隧道正洞连接处宜用水泥砂浆砌片石封闭，其长度不宜小于 2m。

14.1.4　辅助坑道口边、仰坡开挖及地表恢复应符合环境保护和水土保持的有关规定和设计要求。辅助坑道口边、仰坡开挖不得采用大爆破，开挖坡面应按设计要求及时进行防护和支护，山坡危石应全部清除。

14.1.5　辅助坑道与正洞交叉口施工应符合下列规定：

(1)先加固、后开挖。根据地质情况，辅助坑道与正洞边墙相交的 3～5m 范围的初期支护应加强，必要时浇筑混凝土衬砌。

(2)辅助坑道进入正洞的门洞应浇筑钢筋混凝土(或型钢)“门架”或过梁。

(3)辅助坑道进入正洞后的挑顶施工，应从外向内逐步扩大，并始终保持逃生通道的畅通。

14.1.6　辅助坑道施工应进行超前地质预报和现场监控量测。

14.2 横洞与平行导坑

14.2.1 横洞与平行导坑的开挖,应根据围岩级别、断面大小合理选用开挖方法,当横洞开挖工作面与正洞的距离小于 10m 时,应采取近距离控制爆破技术,降低爆破振速。

14.2.2 横洞与正洞交叉口的洞室跨度大,受力复杂,施工中应根据具体情况进行加固并加强变形监测。

14.2.3 平行导坑应超前于正洞开挖,其超前距离可视施工条件和工期要求确定,一般宜超前横通道间距的 1~3 倍。

14.2.4 平行导坑的横通道施工,应先加固交叉口后开挖。

14.2.5 横洞和平行导坑都应设完整通畅的排水系统。

14.3 斜井

14.3.1 斜井开挖的钻爆作业除应符合本章第 7.3 节的有关规定外,还应满足下列要求:

(1)钻眼方向宜与斜井的倾角一致,眼底应比井底高程略低,避免出现台阶。

(2)每个循环进尺都应检测其高程并控制井身的斜度,每隔 10~20m 应复核其中线、高程,确保斜井的位置正确。

14.3.2 当斜井井身倾角 $\alpha \leqslant 12\%$ 时,可采用自卸汽车、装载机或挖掘机配合的无轨运输方式;当斜井倾角 $12\% \geqslant \alpha \geqslant 28\%$ 时,可选用轨道矿车或皮带运输方式;当 $28\% \leqslant \alpha \leqslant 47\%$ 时,应采用轨道矿车提升;当 $47\% \leqslant \alpha \leqslant 70\%$ 时,可采用大型箕斗提升。

14.3.3 斜井施工期间,视出水量大小设水仓或临时集水坑储水,开挖工作面的积水用潜水泵先排到水仓(或临时集水坑),再用抽水机排出洞外;正洞施工期间,斜井的出水沿水沟顺坡排到斜井底的水仓,与正洞排水汇集一起,用抽水机排出洞外,必要时斜井中间再设接力水仓。

14.3.4 斜井采用有轨运输时应符合下列规定:

(1)矿车提升的斜井井底应设平坡车场;井口宜采用平车场或卸渣栈桥,有斜坡条件可以利用时,也可采用甩车场。

(2)斜井井身纵断面不宜变坡。

(3)井身每隔 30~50m 可设一个躲避洞。

(4)井口和井底变坡点应设竖曲线,有轨运输的竖曲线半径宜采用 12~20m。

14.3.5 斜井倾角大于 27%(15°)时,井内运输轨道必须有防爬措施,每 10~20m 装设一组防爬装置。

14.3.6 斜井有轨运输装置应符合下列规定:

(1)运输轨道与两侧管道、电力线之间的安全距离(有人行道者另计),不得小于 20cm,铺设双道时,两股道上运行车辆之间的间隙不得小于 50cm。斜井内应有足够的照明措施。

(2)斜井有轨运输使用绞车提升时,轨道中应设置托索轮,其间距宜为 10~15m;当井口有变坡时,必须在变坡段安装一组大托辊;采用甩车场时,应设置立辊;斜井上端有足够的过卷距离,过卷距离根据巷道倾角、设计载荷、最大提升速度和实际制动力等参量计算确定,并有 1.5 倍的备用系数。

(3)轨道铺设的标准和要求应符合下列规定:

①左右钢轨顶面的高差不得超过 5mm;

②托索轮及安全闸等轨道辅助设备应与轨道一并铺设;

③每根钢轨应安装 2 组防爬设备,每对钢轨应有 3 根轨距拉杆。

(4)除运输车辆升降的最大速度不得大于设计规定外,还应符合下列规定:

①斜井牵引提升速度应小于 5m/s,接近洞口与井底时速度不得超过 2m/s,升降加速度不得超过

0.5m/s。

②斜井口必须设置挡车器,并设立专人管理,挡车器必须经常处于正位关闭状态,放车时方可打开。车辆在井内行驶过程中(含途中停留),井内严禁人员通行与作业。

③当斜井施工长度大于100m时,应在距井口下20m处设挡车器或挡车栏。在接近井底60m左右或岔前35m,设第二道挡车器或挡车栏,其正位是关闭状态,放车时方可打开。

④井口、井下、提升机房应有联系信号,箕斗提升应采用直发式信号。提升、下放与停留,各有明确的色灯和音响、视频等信号规定。设专职信号员,负责接发车工作。提升机司机未得到井口信号员发给信号,不得开动。

⑤斜井每隔100m应在轨道上设防溜车装置一处,在接近井底时再设一处。

⑥运输钢轨和其他长件材料时,必须有长件材料装卸及进出斜井的安全措施。

⑦斜井井底停车场应设避车洞,斜井底附近的固定机械、电气设备与操作人员,均应设置在专用洞室内。

(5)乘用人车应符合下列规定:

①严禁人员乘坐斗车、矿车,当斜井的垂直深度大于50m时,应设运送人员的专门设施。

②人车必须有车长跟随,车长必须坐在列车行驶方向的前排,手动防溜车装置或制动器手把必须装在该车车长座席处。

③每班运送人员前,必须检查人车的连接装置、保险链和防溜装置。先放一次空车,证实斜井和轨道无引起掉道的危险,并需接到值班负责人的命令后才可发车。

(6)斜井钢丝绳必须符合下列规定:

①提升钢丝绳必须由专人负责,定期检查,对易损坏、断丝或锈蚀较多的部位,应停车详细检查,断丝的突出部分应在检查时剪下,检查结果记入钢丝绳检查记录中。专项安全检查应符合《爆破安全规程》(GB 6722—2014)的规定。

②提升或制动钢丝绳直径减少10%时,必须更换。

③钢丝绳如遭突然停车等猛烈拉力时,必须立即停车检查。遭受猛烈拉力的一段,发现有损坏或其长度增长0.5%以上时,必须更换。钢丝绳使用后期,断丝数或伸长发展突然加快,必须立即更换。

④各种钢丝绳在一个捻距内断丝截面面积同钢丝总截面面积之比达到表12-34规定时,必须更换。

钢丝绳在一个捻距内断丝截面积同钢丝总截面面积之比 表12-34

顺序	使用类别	百分比(%)
1	升降人员和人员物料共用	5
2	专为升降物料用	10
3	平衡钢丝绳	10
4	防坠器的制动钢丝绳	10

(7)提升装置必须装设下列保险装置:

①防止过卷装置,当提升容器超过正常卸载位置(或出车平台)50cm时,必须能自动断电,并能使保险闸发生作用。

②防止超速装置,当提升速度超过最大速度15%时,必须能自动断电,并能使保险闸发生作用。

③当提升速度超过3m/s时,必须装设限速器,保证提升车辆在达到井口时的速度不超过2m/s;限速器凸轮板的旋转角度不应小于270°。

④提升绞车必须装设深度指示器,开始减速时能自动示警的警铃、司机不离座位即能操纵的常

用闸和保险闸。常用闸和保险闸共同使用一套闸瓦制动时,操纵部分必须分开,双滚筒提升绞车设两套闸。

⑤提升机必须配正、副司机,人员上下井时必须由正司机开车,副司机监护。升降人员前,应先开一次空车,检查绞车动作情况。

14.3.7 斜井无轨运输应有信号指挥、防滑设施、车辆保养等安全技术保障措施。

14.4 竖井

14.4.1 竖井的断面形式可采用矩形或圆形,当地质情况较差时宜采用圆形。

14.4.2 井口的锁口圈应符合下列规定:

(1)锁口圈应采用钢筋混凝土结构。

(2)锁口圈应高出地面至少0.25m或浇筑环形挡墙,并做好井口场地排水设施。

(3)锁口圈应和下部井颈、井壁连成整体,当其作为井架基础时,应与井架结构连成整体。

(4)井口的锁口圈应在井身掘进前完成,并配备井盖。

(5)在升降人员或物料时,井盖方可开启。

14.4.3 竖井井架结构的荷载按下列两种组合进行计算:

(1)正常荷载:井架自重+附属设备重+提升悬吊钢丝绳的工作荷载。

(2)特殊荷载:提升钢丝绳的断绳荷载+共轭钢丝绳的2倍工作荷载+50%的风荷载。

14.4.4 竖井开挖钻爆作业除应符合本章第7.3节的规定外,还应符合下列规定:

(1)井身开挖宜采用直眼掏槽,当岩层倾斜较大且裂隙明显时,可用楔形或其他形式掏槽,有地下水时可采用立式梯台超前掏槽法。

(2)钻眼前应将开挖工作面的石渣清除干净并排除积水,炮眼钻完后,应将孔口临时堵塞。

(3)每次爆破后应检测断面,不得有欠挖。每掘进5~10m应核对一次中线,及时纠正偏斜。

14.4.5 竖井装渣宜用抓岩机;井架吊桶或罐笼出渣,井架采用三脚架、帐幕式井架或龙门架;必要时应设稳绳装置和其他施工安全措施。

14.4.6 竖井提升作业应符合下列规定:

(1)提升机械不得超负荷运行,并应有深度指示器和防止过卷、过速等保护装置以及限速器和松绳信号等。

(2)采用罐笼提升时,应符合下列规定:

①凡兼作升降人员的单绳提升罐笼,必须设置安全保险装置。

②罐笼提升时,深井宜采用钢丝绳罐道,浅井宜采用单侧布置的刚性罐道。

③罐笼提升的加速度值,升降人员时,不得大于$0.75m/s^2$。升降物料时,不得大于$1m/s^2$。其最大速度,升降人员不得超过用下列公式所求得的数值,且最大不得超过12m/s。

$$V = 0.5\sqrt{H}$$

式中:V——最大提升速度,m/s;

H——提升高度,m。

升降物料时,其最大速度,不得超过用下列公式所求得的数值:

$$V = 0.6\sqrt{H}$$

在提升速度大于3m/s的提升系统内,必须设防撞梁和托罐装置,防撞梁不得兼作他用。

④采用钢丝绳罐道时,每根罐道绳的最小刚性系数不得小于0.5N/m。各罐道绳张紧力之差不得小于平均张紧力的5%,并应符合内侧张紧力大,外侧张紧力小的布置要求。

⑤采用钢丝绳罐道时,在井口和井底进出车处,应安设承接装置和一段刚性罐道。

(3)吊桶提升所用的钩头连接装置应牢固,不得自动脱钩,并应有缓转器。罐笼提升应设置安全可靠的防坠器。吊桶沿稳绳升降时,其最大加速度值不应大于 $0.5m/s^2$,吊桶在无稳绳段升降的最大加速度值不应大于 $0.3m/s^2$。

(4)工作吊盘的载重不应大于吊盘的设计载重能力。

(5)提升用的钢丝绳和各种悬挂使用的钩、链、环、螺栓等连接装置,应具有规定的安全系数,使用前应进行拉力试验,合格后方可安装。使用中应定期检查,维修和更换。

(6)井口应设安全栅栏和安全门,通向井口的轨道应设阻车器。

(7)竖井深度小于或等于40m时,可采用三脚架或龙门架作井架。井身大于40m时,宜设置凿井、生产阶段共用井架。

14.4.7 施工中竖井口、井底、绞车房和工作吊盘间均应有联系信号或直通电话。

14.5 信号和通信

14.5.1 斜井、竖井提升必须有提升信号。绞车房、井底车场、运输调度、水仓、带式输送机集中控制洞室等主要机电设备和开挖工作面,应安装电话,能与工地调度室直接联系。

14.5.2 信号的设置应符合下列规定:

(1)每一台提升绞车均应有独立的信号系统。

(2)井口与绞车房之间,应采用数码显示的声光兼备的信号装置,并设置直通电话。

(3)信号电源应就独立可靠,并有电源指示灯。

(4)信号系统应简单、可靠,系统上应做到联锁严密,每台提升机应有独立的提升信号,提升信号不得多机共用。

(5) 信号系统的各种金属外壳,应可靠接地。

(6) 所有信号装置,应采用具有短路、过载和漏电保护的照明信号综合保护装置配电。

15 通风防尘、风水电供应与通信系统

15.1 通风与防尘

15.1.1 隧道在整个施工过程中,作业环境应符合下列职业健康及安全标准:

(1)空气中氧气含量,按体积计不得小于20%。

(2)粉尘容许浓度,空气中含有10%以上的游离二氧化硅的粉尘不得大于 $2mg/m^3$。空气中含有10%以下的游离二氧化硅的矿物性粉尘不得大于 $4mg/m^3$。

(3)瓦斯隧道施工通风应符合《铁路瓦斯隧道技术规范》(TB 10120—2019)的有关规定。

(4)瓦斯隧道装药爆破时,爆破地点20m内,风流中瓦斯浓度必须小于1.0%;总回风道风流中瓦斯浓度应小于0.75%。

(5)开挖面瓦斯浓度大于1.5%时,所有人员必须撤至安全地点并加强通风。

(6)有害气体最高容许浓度:

①一氧化碳最高容许浓度为 $30mg/m^3$;在特殊情况下,施工人员必须进入开挖工作面时,浓度可为 $100mg/m^3$,但工作时间不得大于30min;

②二氧化碳按体积计不得大于0.5%;

③氮氧化物(换算成 NO_2)为 $5mg/m^3$ 以下。

(7)隧道内气温不得高于28℃。

(8)隧道内噪声不得大于90dB(A)。

15.1.2　隧道施工通风应能提供洞内各项作业所需最小风量，每人应供应新鲜空气 $3m^3/min$，采用内燃机械作业时，供风量不应小于 $3m^3/(min \cdot kW)$。

15.1.3　隧道施工独头掘进长度超过 150m 时，应采用机械通风。通风设计应根据独头通风长度、断面大小、施工方法、设备条件等综合确定。通风方式宜采用压入式或混合式通风，有条件时宜采用巷道式通风。

15.1.4　隧道施工应采用综合防尘除烟措施：通风的风速全断面开挖不应小于 0.15m/s，分部开挖的坑道中不应小于 0.25m/s，但均不应大于 6m/s；钻眼作业应采用湿式凿岩；喷混凝土采用湿喷工艺；内燃机械应有尾气净化装置；爆破后必须进行喷雾、洒水（不宜淋水的膨胀岩、土质隧道除外）。

15.1.5　通风机的功率与通风管的直径应根据隧道独头掘进长度、运输方式、断面大小和通风方式等计算确定。

15.1.6　通风机的安装与使用应符合下列规定：

(1)主风机安装必须满足通风设计的要求，洞内辅助风机应安装在新鲜风流中；对于压入式通风，主风机应架设在距洞口大于 30m、一定高度的支架上。

(2)主风机应保持正常运转，如需间歇时，因停止供风而受影响的开挖工作面必须停止工作。

(3)通风机前后 5m 范围内不得堆放杂物，通风机进气口应设置铁箅，并应装有保险装置。

(4)通风机应有适当的备用数量。

(5)当巷道内的风速小于通风要求最小风速时，可布设射流风机来卷吸升压，提高风速。

15.1.7　通风管的安装应符合下列规定：

(1)通风管应优先采用高强、低阻、阻燃的软质风管，风管挂设应做到平、直，无扭曲和褶皱。

(2)压入式通风出风口距开挖工作面的距离不大于 $(4 \sim 5)\sqrt{A}$（A 为隧洞断面面积，m^2）。

(3)通风管的节长尽量加大，以减少接头数量，接头应严密，每 100m 平均漏风率不宜大于 1%。弯管平面轴线的弯曲半径不得小于通风管直径的 3 倍。

(4)隧道施工在断面净空允许的前提下，应采用大直径风管。

(5)通风管破损时，应及时修补或更换。当采用软风管时，靠近风机部分，应采用加强型风管。

15.1.8　洞内空气每月至少应取样分析一次。洞内作业人员应定期体检，保障健康。

15.1.9　隧道施工通风一般有以下方式，应根据隧道独头掘进的长度选用具体通风方式。

(1)送风式（压入式），如图 12-63 所示。

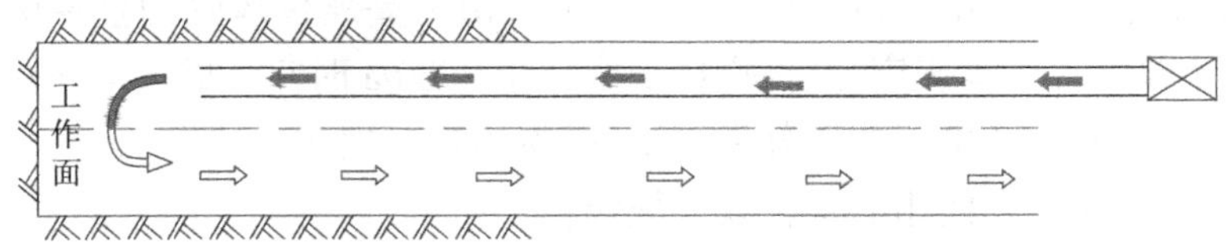

图 12-63　送风式（压入式）示意图

(2)送排风并用式，如图 12-64 所示。

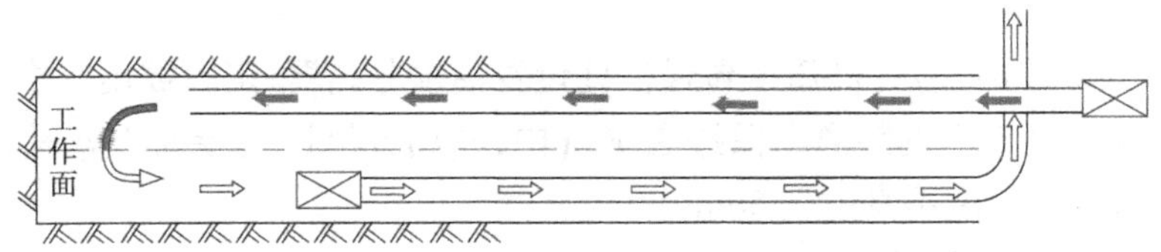

图 12-64　送排风并用式示意图

(3)送排风混合式，如图 12-65 所示。

(4)竖井排风坑道（隧道）送风方式，如图 12-66 所示。

(5)坑道（正洞、平导）通风方式，如图 12-67 所示。

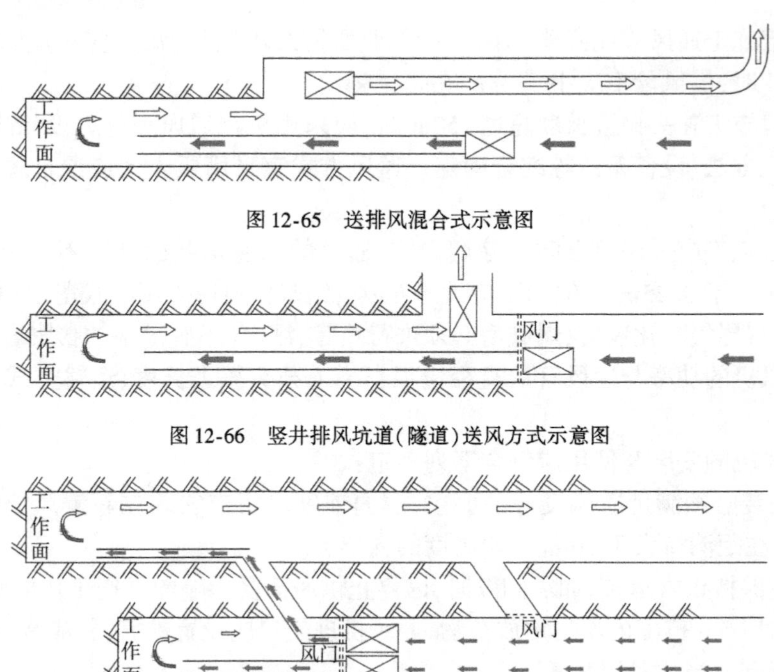

图 12-65　送排风混合式示意图

图 12-66　竖井排风坑道(隧道)送风方式示意图

图 12-67　坑道(正洞、平导)通风方式示意图

15.2　供风

15.2.1　在电力供应满足时应采用电动空压机供风,空压机的功率应能满足同时工作的各种风动机具的最大耗风量的要求。

15.2.2　空压机站应设在洞口附近,当有多个洞口需集中供风时,可选在靠近用风量最大的洞口。

15.2.3　空压机站可根据当地的气候条件,应有防水、降温和保温设施,距离居民区较近时应有防噪声、防振动措施。

15.2.4　空压机风管布置应尽量避免急弯,以减少风压损失。

15.2.5　开挖工作面风动凿岩机风压应不小于 0.5MPa,高压供风管的直径应根据最大送风量、风管长度、闸阀数量等条件计算确定,独头供风长度大于 2000m 时宜考虑设增压风站。

15.2.6　空压机电源应从主配电室分别接线,以免相互干扰。

15.2.7　供风管的安装和使用应符合以下规定:

(1)高压供风管应敷设平顺,接头严密,不漏风。

(2)在洞外地段,当风管长度大于 100m 和温度变化较大时应安装伸缩器,供风管应包防寒材料。

(3)长度大于 1000m 时,应在高压风包最低处设置油水分离器,定时放出管中的积油和水。

(4)供风管前端至开挖面的距离宜保持在 30m 内,并用分风器连接高压软风管。当采用导坑或台阶法开挖时,软风管的长度不宜大于 50m。

(5)供风管每 200m 应装一处闸阀。

(6)各种闸阀在安装前应拆开清洗,阀门应进行水压强度试验,合格后方可使用。

(7)高压供风管在安装前应进行检查,有裂纹、创伤、凹陷等现象时不得使用,管内不得保留有残余物。

(8)高压供风管使用中应有专人负责检查、养护。

(9)空压机房要配一定数量的灭火器。

15.3 供水

15.3.1 隧道施工供水方案应满足下列要求:

(1)工程和生活用水在使用前必须经过水质鉴定。

(2)供水量应满足工程和生活用水的需要,水池的容量应能满足洞内外集中用水的需要。

(3)有高位自然水源时,应建水池蓄水利用,水池高程应满足隧道掘进到最高点时能保持0.3MPa的水压。

(4)采用低位抽水向水池供水时,抽水站水泵扬程应选取取水点与水池高差的1.5~2倍,并配有备用水泵。

(5)水池和水管应根据当地的气候情况,采取防寒措施。

(6)抽水井应做护壁,安装井盖,经常清洗。

(7)无条件建造高位水池的隧道,可采用增压泵供水。

15.3.2 隧道开挖工作面凿岩机的工作水压不应小于0.3MPa,水管的直径应根据最大供水量、管路长度、弯头数量、闸阀等条件计算确定。

15.3.3 高压水管的安装应符合下列规定:

(1)管路敷设应平顺,接头严密,不漏水。

(2)水池的总输出管路上必须安装总闸阀,主管路上每隔300~500m安装分闸阀。

(3)洞内水管前端至开挖工作面的距离宜在50m内,并用高压软管连接分水器。

(4)水管在安装前应进行检查,有裂纹、创伤等现象时不得使用,管内不得保留有残余物。

(5)同时供几个开挖工作面时,在分管处必须安装闸阀。

(6)蓄水池要加设防护装置。

(7)抽水房要设专人负责并有电话与调度联系。

(8)管路使用中应有专人负责检查、养护。

15.4 供电

15.4.1 施工现场临时用电设备在5台及以上,或设备总容量在50kW及以上时,应编制施工现场临时用电组织设计。

15.4.2 施工现场临时用电组织设计应符合下列规定:

(1)根据施工现场需要和用电量的分布情况,合理布局供电线路和供电设备。

(2)确定电源进线、变电所或配电室、配电装置、用电设备的位置及线路走向。

(3)进行负荷计算,要按用电设备同时工作时的最大负荷计算用电负荷,合理选择变压器和电线的规格型号。

(4)设计配电装置,选择电气设备。

(5)绘制临时用电工程图,主要包括用电工程总平面图、配电装置布置图、配电系统接线图及接地装置设计图。

(6)临时房屋及其他建筑物应安装避雷设施,并定期检查测试。

(7)对变压器、配电室等设置防护装置,制定防护措施。

15.4.3 配电室布置应符合下列规定:

(1)配电柜正面的操作通道单列或双列背对背布置不小于1.5m,双列面对面布置不小于2m。

(2)配电室顶棚与地面的距离不低于3m,配电柜侧面的维护通道宽度不小于1m。

(3)配电室内设置值班室或检修室时,边缘距配电柜的水平距离应大于1m,并采取屏障隔离。

(4)配电室内的电线应涂刷有色油漆,以标明相序,以柜正面方向为基准,其涂色见表12-35。

配电室电线涂色分配表　　表12-35

相　别	颜　色	垂直排列	水平排列	引下排列
L1(A)	黄	上	后	左
L2(B)	绿	中	中	中
L3(C)	红	下	前	右
N	淡蓝	—	—	—

(5)配电室的门必须向外开,并配锁。

(6)有自备电源时,配电柜内必须设置"九头闸"开关,确保用电安全。

(7)配电柜应装设电源隔离开关及短路、过载、漏电保护器。

(8)配电柜或配电线路停电维修时,应挂接地线,并应悬挂"禁止合闸,有人工作"停电标志牌。停送电必须有专人负责。

(9)配电室应保持清洁,不得堆放任何妨碍操作和维修的杂物。

15.4.4　配电线路的布置应符合下列规定:

(1)隧道供电线路应采用三相五线系统,如图12-68所示。

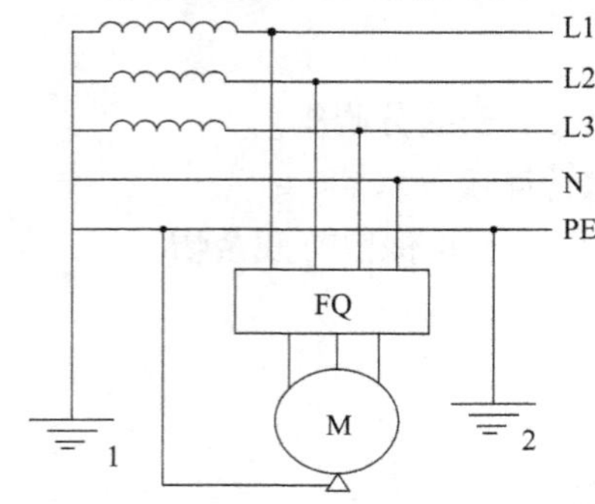

图12-68　隧道供电线路图

L1、L2、L3-相线;N-工作零线;PE-保护零线;1-工作接地;2-重复接地;FQ-漏电保护器;M-电动机

(2)隧道内架空线必须采用绝缘导线。

(3)架空线必须架设在专用电杆上,严禁设在脚手架及其他设施上。

(4)在跨越铁路、公路、河流、电力线路跨距内,架空线不得有接头。

(5)架空线路的跨距不得大于35m。

(6)动力、照明线在同一横担上架设时,导线相序排列是:面向负荷从左侧起依次为L1、N、L2、L3、PE。动力、照明线在二层横担上架设时,导线相序排列是:上层横担面向负荷从左侧起依次为L1、L2、L3;下层横担面向负载从左侧起依次为L1、L2、L3、N、PE。

(7)架空线的线间距不得小于0.3m,靠近电杆的两条线的间距不得小于0.5m。

(8)架空线路必须有短路保护和过载保护。

(9)隧道内配线必须采用绝缘导线或电缆,且距地面高度不小于2.5m。

(10)隧道内的短路保护用熔断器时,其熔体额定电流不应大于绝缘导线长期连续负载允许载流量的1.5倍。

(11)在土壤电阻率低于200Ω·m区域的电杆可不另设防雷接地装置,但在配电室的架空线或出线处应将绝缘子铁脚与配电室的接地装置相连接。

(12)施工现场内所有防雷装置的冲击接地电阻值不得大于30Ω。

(13)涌水隧道的电动排水设备,瓦斯隧道的通风设备及斜井、竖井内的电气装置应采用双回路输电,并设可靠的切换装置。

15.4.5　隧道供电电压应符合下列规定:

(1)供电线路应采用220/380V三相五线系统。

(2)动力设备应采用380V。

(3)照明电压作业地段宜为36V,成洞和未作业地段可采用220V。

(4)线路末端的电压降不得大于10%。

(5)隧道内220/380V供电距离不宜大于500m,应采取升压措施或高压进洞;否则,设洞内变压器时应在一定距离内设分离开关。

15.4.6 各种电气设备和输变电线路应有专人检查维修、调整等,其作业要求应参照《施工现场临时用电安全技术规范》(JGJ 46—2005)。

15.5 照明

15.5.1 隧道施工作业地段必须有足够亮度的照明,采用普通光源照明时,其亮度应满足表12-36的要求。

施工作业地段亮度要求　　表12-36

施工作业地段	最低平均亮度(lx)	施工作业地段	最低平均亮度(lx)
施工作业面	30	特殊作业地段或不安全因素较多地段	15
开挖地段	10	成洞地段	4
运输巷道	6	竖井内	8

15.5.2 作业地段采用普通光源施工照明时应符合下列规定:

(1)必须使用安全变压器,其容量不宜过大,输入电压220V,输出电压有四个等级:36、32、24、12V,输出端不应高出额定电压的105%,防止烧坏灯泡。

(2)在有渗漏水、滴水地段应用胶皮电缆,开挖工作面附近应用防水灯头。

(3)曲线地段和洞室拐弯处应增加照明灯头。

15.5.3 洞内每隔50~100m应设应急照明灯一盏。

15.5.4 成洞地段尽量采用节能新光源,如低压钠灯、高压钠灯、金卤灯、荧光灯、钪钠灯、钠铊铟灯、镝灯等。

15.6 通信

15.6.1 洞内各工作面与洞外调度应始终保持通信畅通,备作突发事故的应急通信设备宜选择有线电话。

15.6.2 保护有线电话电线的线管宜用钢管,应布置在不易被机械、落石损伤的地方,宜顺着风、水管路布置。

15.6.3 电话机宜采用防水、防震、防火的防爆电话机,电话机宜安装在距工作面最近的洞室或有防护设施的台架上。

16 特殊岩土和不良地质地段隧道施工

16.1 一般规定

16.1.1 施工前要认真研究分析工程及水文地质资料,结合现场实际情况,作出风险评估,制定完整的施工技术方案,并结合专项应急救援预案,做好人员组织、技术、物资、机械的储备,预防地质灾害的发生。

16.1.2 软弱破碎围岩宜积极采用岩土控制变形分析法施工技术。

16.1.3 软弱及不良地质隧道仰拱距开挖工作面距离宜控制在40m以内,洞口段、浅埋段、断层破碎带,二次衬砌应及时施作。

16.1.4 隧道施工中发生地质灾害时应立即启动应急救援预案。

16.1.5 根据超前地质预报和监控量测的结果及时调整施工方案。

16.2 富水软弱破碎围岩

16.2.1 富水软弱破碎围岩隧道的开挖应符合下列规定:

(1)根据超前地质预报分析结果,采取防塌措施,保证开挖工作面的稳定。

(2)洞内涌水对周边生态环境影响较大时,宜采用注浆堵水措施。当隧道埋深在20m以内时,可采用地表注浆;当隧道埋深超过20m时,则应采用开挖工作面预注浆。

(3)单线隧道宜采用台阶法预留核心土环形开挖;双线和多线隧道宜采用中隔壁法、交叉中隔壁法或双侧壁导坑法,并尽早使初期支护封闭成环。

(4)开挖循环进尺宜为0.5~1.5m。

16.2.2 富水软弱破碎围岩隧道的二次衬砌施工应符合下列规定:

(1)二次衬砌在初期支护完成后应尽快施作,并予以加强。

(2)仰拱必须超前施作,尽早形成闭合结构。

16.2.3 在承压水地段,若容许限量排水,衬砌背后的排水管道必须顺畅地连接到隧道排水沟,防止地下水在衬砌背后聚集对其形成压力;若不容许排水,应修筑抗水压衬砌。

16.3 岩溶

16.3.1 隧道通过岩溶地区时,施工前应根据设计资料并结合施工现场情况,采用综合超前地质预报,探明溶洞的分布范围、类型、规模、发育程度、填充物、地下水的情况(有无长期补给来源、雨季水量有无增长等)及岩层的稳定程度等,按照以疏为主、堵排结合、因地制宜、综合治理的原则,分别以"疏导、堵填、注浆加固、跨越、宣泄"等措施进行处理。

16.3.2 隧道岩溶地段施工应符合下列规定:

(1)施工前应详细了解山顶地表水、出水地点的情况,有条件时采取地表注浆等措施对地表进行必要的处理。

(2)应提前做好处理岩溶的方案,并准备足够数量的排水设备和物资。

(3)对于岩溶发育地区的隧道,施工中应建立以长距离物探(地震波法)为宏观控制,钻探法为主,其他物探方式为辅,红外线探测连续施测的综合预报管理体系。

(4)开挖方法宜采用台阶法,必要时采用CD法。在Ⅱ、Ⅲ级围岩条件下,且溶洞仅穿过隧道底部一小部分断面时,可采用全断面法。

(5)爆破开挖时,按"密布眼、少装药"的原则进行,遇有渗漏水时应小心施爆。

(6)当隧道只有一侧遇到溶洞时,应先开挖该侧,待支护完成后再开挖另一侧。

16.3.3 隧道岩溶发育地段施工,可根据具体情况采取以下措施进行处理:

(1)如果溶洞规模较大,内部充填了大量的泥砂,并含有丰富的地下水,揭穿后很可能发生大规模的突水、突泥,应采用封闭注浆,进行加固处理。

(2)岩溶地段的溶洞空腔、暗河的处理应首先选择疏导、连通方案,不应改变地下水总的流动趋势。各类新建的排水暗管应有一定的坡度,防止泥砂淤积,并按实际情况选择下列方法进行处理:

①如果隧道边墙或底板存在小体积的溶管(溶洞空腔或暗河),且规模较小,可在隧道边墙及底部设置盲沟、暗管、涵洞、倒虹吸、钢管疏导或小型过桥跨越。

② 如果隧道顶部存在溶管(溶洞空腔或暗河),且有水通过,则应在顶部设置暗管跨越或将水引入隧道底部跨越或采用倒虹吸跨越。

③溶洞空腔仅在隧道底部且较大较深,或者填充物松软不能承载结构物时,可采用梁(边墙梁及

行车梁、托梁)、支墩、板或悬臂梁承托纵梁、拱桥跨越,梁、板的两端或拱的拱座应置于稳固可靠的岩层上,并采用混凝土和石砌体加固。

④当隧道一侧遇到狭长而较深的溶洞,应加深该侧的边墙基础通过。

⑤隧道岩溶水较大时,应采用泄水洞宣泄岩溶水,降低地下水位,保持隧道干燥,泄水洞应位于地下水来向的一侧。

⑥对于涌水量大、涌水点多、分散、排泄通道不明显的岩溶发育地段,宜按照"先汇集、再引排"的原则采取辅助导坑、集水廊道结合泄水洞、行洪通道等排水处理方案。

⑦当隧道穿越堆积物时,清理时会造成随清随塌的大型塌体,应采用超前预注浆加固周围的堆积物。

⑧隧道结构完工后,如果拱部存在较大的空洞,应进行压浆回填,并封填平整地表漏斗,减少地表水下渗。

(3)对已停止发育的、跨径较小、无水的溶洞,可根据其与隧道相交的位置及其充填情况,采用混凝土、水泥砂浆砌片石或干砌片石予以回填封闭,同时根据具体地质情况采取加深边墙基础等措施。拱部以上干、空溶洞,可视溶洞的岩石破碎程度采用喷锚支护加固、注浆、加设护拱及拱顶回填的方法进行处理。溶洞在底板下发育可采用水泥砂浆砌片石回填,如有充填物,必须挖除;如有空腔内少量水流动,则回填不能阻断过水通道。

(4)施工中遇到一时难以处理的溶洞时,可采用迂回导坑绕过溶洞区,继续进行隧道施工,再行处理溶洞。

16.3.4 岩溶地区隧道支护和二次衬砌应根据溶洞情况予以加强。

16.3.5 二次衬砌施工前,应采用物探手段检查隧道周边环形加固层及层外围岩情况,重点检查拱部、底板、侧边墙5m以内是否存在有害空洞,隧道底部是否密实。

16.4 风积沙、含水砂层

16.4.1 隧道通过风积沙和含水砂层时,应将防水工作放在首位,含水砂层可采用注浆、冻结等方法止水、固结。

16.4.2 风积沙层和含水砂层隧道的开挖应符合下列规定:

(1)风积沙层隧道开挖应遵循"先支护后开挖"的原则;含水隧道开挖应遵循"先治水、后开挖"的原则。

(2)沙层隧道根据隧道断面大小,宜采用交叉中隔壁法、中隔壁法或临时仰拱台阶法开挖,并应严格控制一次循环进尺长度。

(3)开挖时应及时监测拱部支护的实际下沉量,当预留变形量过大或不足时,应及时调整。

16.4.3 砂层隧道的支护应符合下列规定:

(1)可采用注浆方法固结砂层,插板作超前支护。

(2)支护应及时,边挖边喷混凝土封闭,遇缝必堵,严防砂粒从支护缝隙中漏出。

16.4.4 开挖地段的排水沟应铺砌、抹墁,或用管、槽等将水引至已二次衬砌地段排出洞外。

16.4.5 风积沙和含水砂层隧道的二次衬砌应及早施作。

16.5 瓦斯

16.5.1 隧道施工时通过地质预报或施工检测表明隧道内存在瓦斯,应定为瓦斯隧道,联系设计单位重新勘测地质,按瓦斯隧道施工的要求组织施工。

16.5.2 瓦斯隧道、瓦斯工区、含瓦斯地段的分类及分级应符合《铁路瓦斯隧道技术规范》(TB 10120—2019)的有关规定。

16.5.3　瓦斯隧道施工应建立专门机构进行通风、防突、防爆及瓦斯检测工作，设置消防设施，编制专项应急预案。高瓦斯工区及瓦斯突出工区应配备救护队。

16.5.4　开工前必须对施工作业人员及管理人员进行安全技术培训，作业人员必须持证上岗。

16.5.5　瓦斯隧道煤系地层宜采用台阶法施工，上下断面的距离应根据围岩的稳定和通风需要确定。

16.5.6　瓦斯工区钻爆作业应符合下列规定：

(1)必须采用湿式钻眼。

(2)炮眼深度不应小于0.6m，炮眼应清除干净，炮眼封泥不严或不足不得进行爆破。

(3)必须采用煤矿许用炸药，有突出地段必须使用安全等级不低于三级的煤矿许用的含水炸药。

(4)瓦斯工区必须采用电力起爆，必须采用煤矿许用电雷管，严禁使用秒级或半秒级电雷管；使用煤矿许用毫秒延期电雷管时，最后一段的延期时间不得大于130ms。

(5)严禁反向装药。

(6)爆破网路必须采用串联连接方式，严禁将瞬发电雷管与毫秒电雷管在同一串联网路中使用。

(7)必须使用防爆型起爆器作为起爆电源，一个开挖面不得同时使用两台及以上起爆器起爆。

(8)在非瓦斯工区进行爆破作业时，爆破15min后应巡视爆破地点，检查通风、瓦斯、煤尘、瞎炮、残炮等情况，如有危险必须立即处理。在瓦斯突出工区，揭煤爆破15min后，应由救护队员佩戴防毒面具或自救器到工作面对爆破效果、瓦斯浓度等进行检查，确认安全后方可通知送电、开动局部通风机；通风30min后，由瓦斯检测人员检测工作面、回风流瓦斯浓度；在瓦斯浓度小于1%，二氧化碳浓度小于1.5%后，方可解除警戒，允许工作人员进入开挖工作面。

16.5.7　瓦斯突出隧道，应单独编制预防煤与瓦斯突出和揭煤、过煤的实施性施工组织设计，并制定包括技术、组织、安全、通风、抢险、救护等技术组织措施。

16.5.8　瓦斯突出隧道施工，应采用下列防突技术措施。

(1)接近突出煤层前，必须对设计标示的各突出煤层位置进行超前探测，标定各突出煤层准确位置，掌握其赋存情况及瓦斯状况。

(2)施工时，应至少选用下列五种方法中的两种对突出危险性进行预测，并相互验证：

① 瓦斯压力法；

②综合指标法；

③钻屑指标法；

④钻孔瓦斯涌出初速度法；

⑤“R”指标法。

(3)防治煤与瓦斯突出宜采用钻孔排放的措施。

(4)防突措施实施后，必须进行效果检验。

16.5.9　石门揭煤时掘进到距石门5～10m时应打多个超前钻孔，揭开煤层前开挖工作面至煤层之间必须留一定厚度的岩墙：急倾斜煤层留2m；缓倾斜煤层留1.5m。当煤层压力小于1MPa时采用振动爆破；大于1MPa时应先排气降压，然后再爆破揭煤。

16.5.10　石门揭煤应符合下列规定：

(1)揭煤前应进行石门揭煤设计，其内容包括揭开石门、半煤半岩段、全煤层段等各阶段施工方法、支护手段、组织指挥、抢险救灾方案及安全措施等。

(2)石门揭煤方法应根据煤层的倾角、厚度选用。

(3)石门揭煤爆破应在洞外起爆，洞内必须停电、停止一切作业，人员撤至洞外。

(4)揭开煤层后，应检验工作面前方10m上、中、下、左、右范围内煤与瓦斯突出的危险性，确保工作面前方有5m的安全区。

16.5.11　半煤半岩段与全煤层段掘进、支护和二次衬砌施工应符合下列规定：

(1)每循环进尺不宜超过1.0m,在全煤层中必须采用煤矿电钻钻孔,应少钻孔、少装药。

(2)在半煤半岩中掘进应在岩石炮眼中装药;煤层需爆破时,必须采用松动爆破。

(3)在软弱破碎岩层或煤层中掘进,应采用超前支护或预注浆,防止坍塌或瓦斯突出。

(4)爆破后应及时喷锚支护,及早施作二次衬砌,及时封闭瓦斯。

(5)仰拱应及早施工,保证拱、墙、仰拱衬砌能够形成闭合结构。

(6)煤系地层段的二次衬砌应预留注浆孔,二次衬砌完成后应及时注浆,充填空隙,封闭瓦斯。

16.5.12　瓦斯隧道的施工通风应符合下列规定：

(1)施工组织设计中,应编制全隧道和各工区的施工通风设计,并考虑各工区贯通后的风流调整和防爆要求。

(2)施工期间,应建立瓦斯通风监控、检测的组织系统,测定气象参数、瓦斯浓度、风速、风量等参数。低瓦斯工区可用便携式瓦检仪,高瓦斯工区和瓦斯突出工区除用便携式瓦检仪外,尚应配置高浓度瓦检仪和瓦斯自动检测报警断电装置。

(3)瓦斯隧道各掘进工作面必须独立通风,通风方式均应选择压入式,严禁任何两个工作面之间串联通风。

(4)瓦斯隧道压入式通风主风机风管末端距离开挖工作面为30m左右,但在主风机风管末端位置需要设局部通风机,局部通风机工作时的风管口距离开挖工作面的距离宜不大于5m。

(5)瓦斯隧道需要的风量,必须按照爆破排烟、同时工作的最多人数以及瓦斯绝对涌出量分别计算,并按允许风速进行检验,采用其中的最大值。

(6)按瓦斯绝对涌出量计算风量时,对于低瓦斯工区,应将洞内各处的瓦斯浓度稀释到0.5%以下;对于高瓦斯工区和瓦斯突出工区,其长度较大的独头巷道,应能将工作面风流中的瓦斯浓度稀释到0.5%以下;用平行导坑作巷道式通风的回风道时,平行导坑的瓦斯浓度应小于0.75%。超过时,应采取稀释措施。

(7)施工中防止瓦斯积聚的风速不宜小于1m/s。对瓦斯易于积聚处,应实施局部通风。

(8)施工期间,应实施连续通风。因检修、停电等原因停风时,必须撤出人员,切断电源。恢复通风前,必须检查瓦斯浓度,符合规定后才可启动机器。

(9)瓦斯工区的通风机应设两路电源,并装设风电闭锁装置。当一路电源停止供电时,另一路应在15min内接通,保证风机正常运转。

(10)必须有一套同等性能的备用通风机,并经常保持良好的状态。

(11)应采用抗静电、阻燃的风管。

(12)隧道贯通后,应继续加强通风,防止瓦斯局部积聚。

16.5.13　隧道内瓦斯浓度限制值及超限处理措施应符合表12-37的规定。

隧道内瓦斯浓度限制值及超限处理措施　　表12-37

序号	地　　点	限值(%)	超限处理措施
1	低瓦斯工区任意处	0.5	超限处20m范围内立即停工,查明原因,加强通风监测
2	局部瓦斯积聚(体积大于0.5m^3)	2.0	附近20m停工,撤人,断电,进行处理,加强通风
3	开挖工作面风流中	1.0	停止电钻钻孔
4	煤层爆破后工作面风流	1.0	超限时继续通风不得进人
5	局部通风机及电气开关20m范围内	0.5	超限时应停机并不得启动
6	钻孔排放瓦斯时回风流中	1.5	超限时撤人,停电,调整风量
7	竣工后洞内任何处	0.5	超限时查明渗漏点,并向设计单位反映,增加运营通风设备

16.5.14 高瓦斯工区和瓦斯突出工区供电应配置两套电源。工区内采用双电源线路,其电源线上不得分接隧道以外的任何负荷。

16.5.15 隧道内高瓦斯工区和瓦斯突出工区必须采用安全防爆型机电设备。非瓦斯工区和低瓦斯工区的机电设备可使用非防爆型,其行走机械严禁驶入高瓦斯工区和瓦斯突出工区。

16.5.16 瓦斯隧道洞口设置值班房,必须坚持24h值班,值班房设洞内工序状态揭示牌,所有进洞人员分工序挂牌上岗、下班摘牌离岗,其他人员进洞须经过批准后方可进入,对洞内施工机械实行进出登记制度,并建立详细记录台账。

16.5.17 瓦斯隧道严禁火源进洞并防止火源的出现。进入瓦斯突出工区的作业人员必须携带个人自救器。

16.5.18 发生瓦斯事故后,应尽快探明事故性质、原因、范围、遇难人数和事故地点所在的位置,以及洞内瓦斯及通风情况,第一时间启动应急预案。

16.6 挤压性围岩和膨胀岩

16.6.1 挤压性围岩和膨胀岩隧道开挖应根据断面大小采用台阶法、双侧壁导坑法、中隔壁法、交叉中隔壁法等分部开挖法。

16.6.2 挤压性围岩和膨胀岩隧道开挖应符合下列规定:

(1)尽量采用非爆破开挖(如机械、人工开挖),减少对围岩的扰动。

(2)采用钻爆法开挖时,应短进尺,多循环,开挖断面轮廓应圆顺。

(3)开挖后及时支护,封闭暴露的岩体,施作临时仰拱或横撑,支护应尽早封闭成环。

(4)严格控制施工用水,防止岩面被水浸泡。

(5)加强对围岩内部应力、应变的监测,制定相应的对策。

16.6.3 挤压性围岩和膨胀岩隧道支护应符合下列规定:

(1)根据具体情况加大预留变形量(一般20~30cm),避免因侵限而造成初期支护的拆除。

(2)初期支护应做到“先放后抗、先柔后刚”,即设置可伸缩刚架或活动接头,初期支护可分层施作、逐层加强。并尽早初喷混凝土封闭岩面。

(3)初期支护的施作原则是“宁加勿拆”,即在支护上加支护,尽量控制变形的发展;支护体系应及时封闭成环、逐步限制变形。

(4)根据地层压力隧道断面可采用圆形断面或椭圆形断面。

(5)宜加强初期支护,采用纤维混凝土、长锚杆和重型钢架组合的支护结构。

16.6.4 初期支护变形基本稳定后方可浇筑二衬混凝土,二次衬砌应有足够的强度和刚度。

17 明挖工程

17.1 一般规定

17.1.1 明挖隧道施工应根据工程规模、地质、水文、气象及环境条件,进行明挖基坑风险管理,制定基坑稳定地下管线、周边建筑物安全及基坑防洪等防控措施和应急预案。

17.1.2 明挖隧道应根据地形、地质条件及围护、支护结构类型,确定合理的围护结构、地基加固、开挖支护、支撑等的施工步序。

17.1.3 城市明挖施工应制定交通疏解方案,按规定设置围蔽结构及安全警示标识标牌。

17.1.4 施工前应进行地下管线及周边建筑物调查、迁改,需要原位保护的管线应揭露并予以保护。

17.1.5 地下水控制方法应根据工程地质、水文地质和环境条件并结合围护、支护结构等确定，可选用集水明排、降水、截水和回灌等方法。

17.1.6 石方开挖宜采用小台阶爆破，严禁采用洞室爆破。边坡应采用光面爆破技术成型。

17.1.7 隧道基础应设置在稳固的地基上，当两侧墙体地基松软或软硬不均时，应采取措施处理，防止地基不均匀沉降。

17.1.8 衬砌结构混凝土应密实、表面平整光滑、曲线圆顺，满足设计强度、防水、耐久性等要求。

17.2 井点降水

17.2.1 井点降水应按照场地条件、周围地层的水文地质条件、降水深度及设备条件等进行专项方案设计。降水方案应包括降水设备、降水井布置、降水井深度、沉淀池布置、管路布置以及保护措施等。

17.2.2 降水方法可按表 12-38 选用。

各类井点降水适用范围　　表 12-38

井点类别	适合地层	土的渗透系数(m/d)	降低水位深度(m)
单层轻型井点	粉砂、粉土	0.1～50	3～6
多层轻型井点		0.1～50	6～12(由井点层数而定)
电渗井点	黏性土(含水量大，普通降水方法不适用的地层)	<0.1	根据选用的井点确定
管井井点	砂土、碎石土	20～200	3～5
喷射井点	粉质黏土、粉砂	0.1～50	8～30
深井井点	砂土、碎石土	10～250	>15

17.2.3 降水井的深度应根据设计降水深度、含水层的分布和降水井的出水能力确定。井点降水应使地下水水位保持在隧道仰拱底以下 0.5m。停止降水时，应验算涌水量和隧道衬砌结构在施工期间的抗浮稳定性，当不能满足要求时，不得停泵。

17.2.4 降水应加强监测并有相应的保护措施，防止地表及周围建筑物沉降超限。降水危及基坑及周边环境安全时，宜采用截水或回灌措施。采用回灌时应化验水质，防止污染地下水。截水后基坑中水量或水压较大时，应采用基坑内降水或坑内外降水相结合的方式。

17.2.5 降水井点布设应符合下列要求：

(1)井点距基坑边缘不应小于 1.5m，距明挖隧道衬砌结构不应小于 2.0m。

(2)井点应沿隧道布设，降水起讫处应比开挖长度延长 1 倍开挖宽度以上。

(3)井点间距应根据计算确定，间距不应小于 15 倍井管直径。基坑宽度较大、不能满足降水深度需要时，应在基坑内增设井点。

17.2.6 降水井点施工应符合下列要求：

(1)钻孔口应设置护筒，孔径应比管径大 20～30cm，孔底比管底深 50～100cm。

(2)分节组装的井管直径应一致。钢管井管的滤管应采用穿孔钢管，开孔率不应小于 25%，并在外壁设过滤层；无砂混凝土井管孔隙率不应小于 20%，外壁应设过滤层。

(3)井管各节应连接严密并同心；滤管应置于含水层中，井管口应高出地面 30～50cm；井管安装就位后应临时封闭。

(4)井管周围滤料应洁净，规格为含水层筛分粒径的 5～10 倍；滤料投放量不应小于计算的 95%；井口下 1m 范围应用黏性土填平夯实。

(5)井点泵组应设防雨设施。寒冷地区冬季施工时,井点泵组及排水管路应有防冻措施。

(6)降水井点安装后应检查渗水性能并进行抽水试验。

17.2.7　降水管理应符合下列要求:

(1)降水井点系统应设双路电源供电。

(2)降水应设置降水观测孔,观测孔应沿基坑中心向两侧垂直成排布设,并宜延长至基坑外2~3倍降水深度,临近建(构)筑物应增加观测点。

(3)降水期间,应对抽水含砂率地下水水位、流量和各类降水设备运转情况进行检测和观测。

(4)水位观测应在降水前测初始水位,降水中定期观测,雨季应增加观测频率。

17.2.8　降水过程中,应加强井点降水系统的维护和检查,不间断抽水。拆除多层井点应自底层开始逐层向上进行,下层井点拆除期间,上部各层井点应继续抽水。

17.2.9　回灌可采用井点砂井、砂沟等,施工应符合下列要求:

(1)回灌井间距应根据降水井间距和被保护物的平面位置确定。回灌井与降水井的距离不宜小于6m。

(2)回灌井应进入稳定水面以下1m,且位于渗透性较好的土层中,过滤管的长度应大于降水井过滤管的长度。

(3)回灌水量可通过水位观测孔中水位变化进行控制和调节,不宜超过原水位高程。回灌水箱高度可根据灌入水量配置。

(4)回灌砂井的灌砂量应为井孔体积的95%,填料宜采用含泥量不大于3%、不均匀系数3~5的纯净中粗砂。

(5)回灌井与降水井应协调控制,回灌水宜采用清水。

17.3　基坑围护桩

17.3.1　基坑围护桩成桩方法应根据设计及工程地质、水文地质、环境条件和结构类型,选用振动沉桩、静力压桩、钻(挖)孔灌注桩等。

17.3.2　振动静压沉桩应符合下列要求:

(1)沉设前宜先试桩,试桩数量不得少于2根。桩位偏差以线路中线为基准,纵向不应大于10cm;横向不应有负偏差,正偏差不应大于5cm;垂直度偏差不应大于3%。

(2)沉桩应根据沉桩数量和施工条件选用沉桩机械,并按其操作技术规程施工。

(3)振动沉桩振动锤的振动频率应大于桩的自振频率,振动作用线应与桩中心线一致。

(4)压桩机压桩,桩帽应与桩身中心线重合,同一根桩应连续沉设。

(5)沉桩过程中应检查校正桩的垂直度。

17.3.3　灌注桩施工应符合下列要求:

(1)钻孔机械应根据地质、环境条件和施工进度要求确定,可选择冲击钻机、回旋钻机、旋挖钻机等。

(2)钻孔护筒设置应正确、稳固,埋置深度黏土层不应小于1.0m,砂土或杂填土层不应小于1.5m。

(3)灌注桩应间隔施工,灌注混凝土24h后方可进行邻桩施工。

(4)钻孔泥浆应选用塑性指数$I_p \geqslant 17$的黏土配制。施工中应控制泥浆相对密度,定期测定黏度、含砂率和胶体率。

(5)挖孔桩应采用机械起吊出渣,护壁应随开挖分段及时施作。挖孔桩应采用机械通风。

(6)钻孔桩成孔后应进行清孔,清孔后应及时吊放钢筋笼。钢筋笼应根据桩长及吊装条件分节加工,孔内吊装接长,吊运时钢筋笼不得变形。非均匀配筋的钢筋笼制作及安装方向应与设计一致。

(7)混凝土灌注应连续一次灌注完毕。水下混凝土宜采用导管法灌注,导管直径宜为20～25cm,封底时导管底端距孔底应保持30～50cm,灌注时导管埋入混凝土深度应保持2～3m。

(8)冠梁施工前应将支护桩桩顶浮浆凿除清理干净,桩顶出露的钢筋长度应符合设计要求。

17.3.4　桩间支护应符合下列要求:

(1)工字钢桩间土壁背板强度应根据计算确定,背板伸入工字钢翼缘不应小于50mm;每层土方开挖后应及时安装背板,拼接应严密,背板后空隙应回填密实;背板应随基坑回填进度拆除。

(2)灌注桩桩间土壁,应用喷射混凝土封闭,必要时设钢筋网。

17.4　地下连续墙

17.4.1　地下连续墙应根据地质、地下障碍物、施工环境等选择成槽机械,岩石成槽宜选用冲击钻机成槽。土层宜采用液压成槽机,挖槽时,抓斗中心平面应与导墙中心平面相吻合。地下连续墙施工工艺流程如图12-69所示。

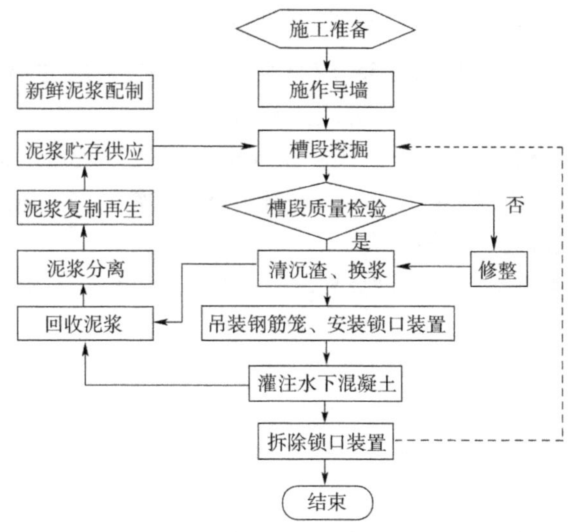

图12-69　地下连续墙施工工艺流程图

17.4.2　地下连续墙应分单元施工,单元槽段长度应根据施工环境槽壁稳定性及钢筋笼起吊能力划分,宜采用4～8m;单元槽段接头不宜设在拐角处,并符合设计要求。槽段开挖应采取间隔式,宜间隔一个单元槽段开挖。

17.4.3　槽段开挖前,应沿连续墙墙面两侧构筑导墙,导墙结构应建于坚实地基上,并能承受水土压力和施工机械设备等附加荷载。导墙高度宜为1.5～2.0m,顶部应高出地面不小于10cm,导墙不得移位和变形。导墙间净距应比连续墙设计尺寸大4～6cm。

17.4.4　导墙宜采用现浇或预制钢筋混凝土结构。预制导墙接头连接应牢固;现浇钢筋混凝土导墙养护期间,重型机械设备不得在附近作业或停置。导墙施工允许偏差应符合以下要求:内墙面与连续墙轴线平行度±10mm,内外导墙间距±10mm,内墙面垂直度5‰,内墙面平整度3mm,导墙顶面平整度5mm。

17.4.5　地下连续墙槽段开挖,泥浆拌制材料宜采用膨润土,泥浆应根据地质和地表沉降控制要求试配确定。

17.4.6　新拌制泥浆应储存24h以上或加分散剂使膨润土(或黏土)充分水化后方可使用。挖槽期间,泥浆面应保持高于地下水水位0.5m以上。施工中可回收利用的泥浆应进行分离净化处理。

17.4.7　挖槽过程中应观测槽壁变形、垂直度、泥浆顶面高度,并应控制成槽机抓斗上下运行速度。槽段挖至设计高程后,应及时检查槽位、槽深、槽宽和垂直度,合格后方可进行清底。清底应自底部抽吸并及时补浆,清底后槽底泥浆相对密度不应大于1.15,沉淀物淤积厚度不应大于10cm。

17.4.8 岩层挖槽宜采用主、副孔冲孔成槽,冲孔间距宜为连续墙厚度的1.5倍,并采用方形冲头修整,成槽后宜采用液压成槽机抓斗清除岩屑。冲孔过程中每0.5~1m检测一次垂直度。连续墙转角部位应向外扩大半个孔位,使连续墙完整。

17.4.9 钢筋笼可根据槽段深度和起吊情况分节制作,分节吊装;分节制作的钢筋笼应进行试拼装。钢筋笼应有足够的起吊刚度,纵向应预留导管位置,并上下贯通。钢筋笼应在槽段接头清刷、清槽换浆合格后缓慢沉入,不得强行入槽。

17.4.10 水下混凝土应采用导管法灌注,导管直径200~250mm。导管水平布置距离不应大于3m,距槽段端部不应大于1.5m,导管下端距槽底应为30~50cm。

17.4.11 钢筋笼沉放就位后应及时灌注混凝土,并不应超过4h。各导管储料斗混凝土数量应使初始灌注时埋管深度不小于50cm;各管应同时、均匀、连续灌注混凝土,因故中断灌注时间不得超过30min,混凝土灌注速度不应低于2m/h,相邻导管内混凝土高差不应大于50cm;导管应随混凝土灌注逐步提升,埋入混凝土深度应为1.5~3.0m。混凝土灌注宜高出设计高程30~50cm。

17.4.12 地下连续墙各墙幅间竖向接头应符合设计要求,使用的锁口管应能承受混凝土灌注时的侧压力,灌注混凝土时不得位移和发生混凝土绕管现象。

17.4.13 锁口管应紧贴槽端缓慢沉放,不得碰撞槽壁和强行入槽。锁口管应沉入槽底,混凝土灌注2~3h后应进行第一次起拔,以后每30min提升一次,每次5~10cm,直至终凝后全部拔出。后续槽段开挖后,应对前槽段竖向接头进行清刷。

17.4.14 地下连续墙槽段接头应按设计要求进行防水处理,可采用施工缝注浆封堵,或在槽段接头外侧采用高压喷射桩封堵。

17.5 水泥土墙

17.5.1 采用深层搅拌法施工的水泥土墙宜采用多轴式钻掘搅拌机,施工工艺流程如图12-70所示。

17.5.2 采用旋喷法施工的水泥土墙高压喷射注浆施工,可选择单管法、二重管法及三重管法,施工工艺流程如图12-71所示。

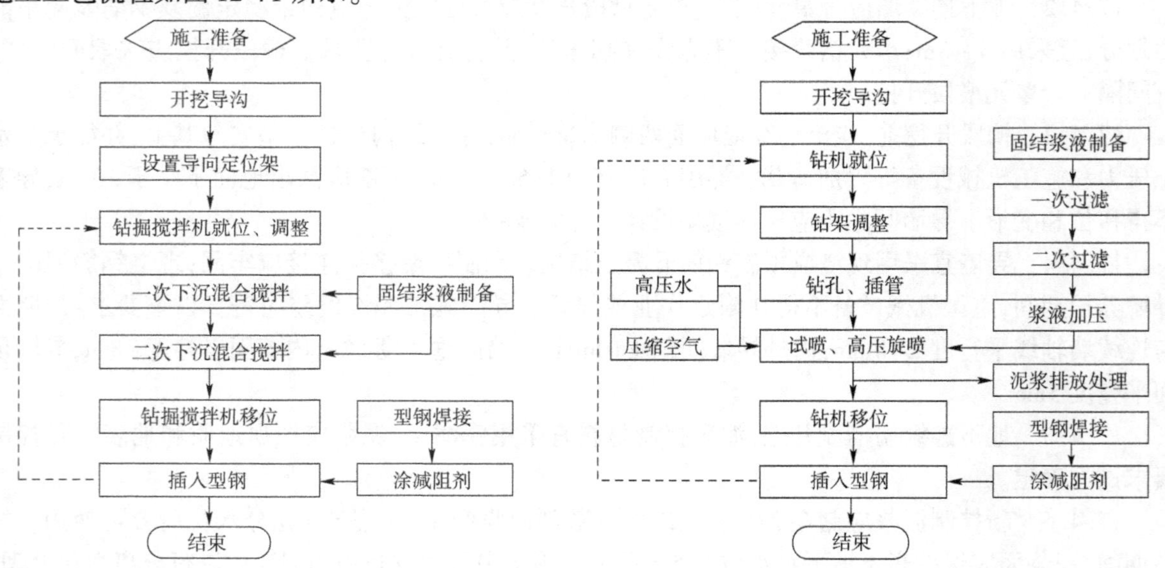

图12-70 搅拌法施工的水泥土墙施工工艺流程

图12-71 旋喷法施工的水泥土墙施工工艺流程图

17.5.3 旋喷法施工应采取切割搭接法,搅拌法施工宜采用重叠咬合法,在前桩水泥土尚未固化时进行后续搭接桩施工,施工开始和结束的头尾搭接处,应采取加强措施,清除搭接沟缝。水泥土墙的桩位偏差不应大于5cm,垂直度偏差不应大于0.5%。

17.5.4　水泥土墙桩内可插入H型钢等芯材,提高墙体强度和刚度。插入型钢施工应符合下列要求:

(1)型钢应在成桩后及时插入,插入长度和出露长度应符合设计要求。

(2)型钢定位应通过设置型钢定位卡等控制。

(3)型钢插入过程中应采用经纬仪或铅垂线控制型钢插入垂直度,及时校正偏差。型钢垂直度偏差应符合设计要求,并不大于$H/200$(H为型钢插入深度)。

17.5.5　旋喷法施工应符合下列要求:

(1)旋喷桩切割搭接宽度应根据设计要求确定,不宜小于15cm。

(2)高压喷射注浆的施工参数应根据土质条件、加固要求通过试喷试验确定,并在施工中严格控制。单管法及双管法的高压水泥浆和三管法高压水的压力应大于20MPa。水泥浆液的水灰比应按工程要求确定,宜为1.0~1.5。

(3)高压喷射注浆水泥宜采用强度等级R32.5及以上的普通硅酸盐水泥。根据需要可加入适量的外加剂及掺合料。外加剂和掺合料的用量,应通过试验确定。

(4)喷射孔与高压注浆泵的距离不宜大于50m。钻孔的位置与设计位置的偏差不得大于50mm。实际孔位、孔深和每个钻孔内的地下障碍物、洞穴、涌水、漏水及与岩土工程勘察报告不符等情况,均应详细记录。

(5)喷射注浆管贯入土中,喷嘴达到设计高程时,即可喷射注浆。在喷射注浆参数达到规定值后,随即提升喷射管,由下而上喷射注浆。喷射管分段提升的喷射搭接长度不得小于10cm。

(6)旋喷过程中应严格控制浆液水灰比,并防止浆液沉淀,浓度降低。浆液应采用筛网进行过滤,过滤筛孔直径宜小于喷嘴直径的1/2。

(7)旋喷过程中因故障中断,应钻至桩底设计高程后重新喷射。

(8)需要局部扩大加固范围或提高强度的部位,可采用复喷措施。

(9)高压喷射注浆的冒浆量宜小于注浆量的20%,若出现压力骤然下降、上升或冒浆异常时,应查明原因并及时采取措施。

(10)高压喷射注浆完毕,应迅速拔出喷射管。为防止浆液凝固收缩影响桩顶高程,必要时可在原孔位采用冒浆回灌或第二次注浆等措施。

(11)旋喷水泥土墙应检测位置、垂直度有效厚度及墙体无侧限抗压强度。强度检验宜在高压喷射注浆结束28d后进行。

(12)施工中应严格按照施工参数和材料用量施工,并如实做好各项记录。

17.5.6　搅拌法施工应符合下列要求:

(1)施工现场池塘及洼地等应抽水和清淤,回填黏性土料并予以压实,不得回填杂填土或生活垃圾。

(2)施工前应根据设计进行工艺性成桩试验,确定灰浆泵输浆量、灰浆经输浆管到达搅拌机喷浆口的时间和提升速度等施工参数,并根据设计要求确定施工工艺,试桩数量不得少于3根。当桩周为多层土时,应对相对软弱土层增加搅拌次数或增加水泥掺量。

(3)固化剂宜选用强度等级32.5及以上的普通硅酸盐水泥。水泥浆水灰比可选用0.45~0.55。外掺剂可根据工程需要和土质条件选用具有早强、缓凝、减水以及节省水泥等作用的材料,但应避免污染环境。

(4)搅拌头翼片的枚数、宽度、与搅拌轴的垂直夹角、搅拌头的回转数、提升速度应相互匹配,加固深度范围内土体的任何一点均应经过20次以上的搅拌。

(5)施工中应检查、校正搅拌桩机底盘水平位置和导向架的竖直度。

(6)制浆水泥应过筛,制备好的浆液不得离析,输浆应连续。拌制水泥浆液的罐数、水泥和外掺剂用量、泵送浆液的时间、搅拌机喷浆提升的速度和次数等应有专人记录;喷浆量及搅拌深度应采用自动记录的监测仪器。

(7)搅拌施工宜采用二次喷浆、二次搅拌工艺,预搅下沉速度宜为0.8m/min,复搅下沉速度宜为0.5~0.8m/min。搅拌机预搅下沉时不宜冲水,当遇到硬土层下沉太慢时,方可适量冲水,但应考虑冲水对桩身强度的影响。

(8)深层搅拌机下沉到设计深度后,应喷浆搅拌30s,在水泥浆与桩端土充分搅拌后,再开始提升搅拌头,搅拌提升速度不宜大于1.0m/min。

(9)施工时如因故停浆,应将搅拌头下沉至停浆点以下0.5m处,待恢复供浆时再喷浆搅拌提升。

(10)相邻桩的施工时间间隔不宜超过24h。相邻桩无法搭接时,应采取局部补桩或注浆等补强措施。

(11)质量控制检查应包括:水泥用量、桩长、搅拌头转数、提升速度、复搅次数、复搅深度、停浆处理方法等。

17.6 支撑及边坡支护

17.6.1 基坑围护开挖应根据设计要求确定支撑方案,可采用型钢或钢筋混凝土内支撑、土层锚杆(索)等形式。放坡开挖的基坑边坡应根据设计要求,采用锚杆、钢筋网、喷射混凝土等支护形式。

17.6.2 围护结构内支撑施工应符合下列要求。

(1)支撑结构的安装与拆除顺序,应与基坑围护结构的设计计算工况一致,应先支撑后开挖。

(2)设有围檩的横撑,围檩应与围护结构固定牢固。设有中间支撑柱的横撑,支撑柱应与横撑连接牢固。

(3)横撑上不得堆放材料或其他重物。发现变形、楔块松动或支撑体系出现故障时,必须及时处理。

(4)混凝土支撑应在开挖至设计位置后,在同一平面上一次浇筑,支撑高程偏差不应大于50mm,水平间距偏差不应大于100mm。

(5)钢支撑应在开挖至设计位置后及时安装,并按设计要求施加预应力。安装前应进行拼装,拼装后两端支点中心线偏心不应大于20mm,安装后总偏心量不应大于50mm。

(6)钢支撑安设质量应符合以下要求:轴线竖向、水平向偏差≤±30mm,支撑两端的高程差≤±20mm,水平面偏差≤支撑长度的1/600,支撑的挠曲度≤1/1000,支撑与立柱的偏差≤±50mm。

(7)钢支撑的端头与冠梁或围檩的连接应符合下列要求:

①支撑端头应设置厚度不小于10mm的封头钢板,端板与支撑杆件满焊接,焊缝厚度及长度应能承受全部支撑力或与支撑等强,必要时应设加劲肋,肋板数量尺寸应满足支撑端头局部稳定要求和传递支撑力的要求。

②支撑端面与支撑轴线不垂直时,可在冠梁或围檩上设置预埋铁件或采取其他构造措施,以承受支撑与冠梁或围檩间的剪力。

(8)钢支撑预加力应符合下列要求:

①支撑安装后,应及时检查各节点的连接情况,符合要求后施加预压力,施加预压力应在支撑两端同步对称进行。

②预压力应分级施加重复进行,加至设计值时,应再次检查各连接点情况,待额定压力稳定后锁定。

17.6.3　土层锚杆施工应符合下列要求：

(1)锚杆钻孔机具应根据地质条件选择，钻孔孔位高程偏差不应大于50mm，水平间距偏差不用大于100mm，孔深不应大于设计要求，偏差不应大于100mm。

(2)锚杆应在开挖至设计位置后及时安装。锚杆杆体应符合设计要求，可采用钢筋或钢绞线；锚杆杆体应设定位器，其间距锚固段不宜大于2m，非锚固段宜为2～3m。锚固段应置于扰动土体1m以外的稳定地层中，锚固段与非锚固段应界限分明。设有围檩的锚杆，围檩应与锚杆体水平连接牢固后，方可安装锚头。

(3)注浆浆液应按设计配制。一次注浆宜选用灰砂比1:2～1:1、水胶比0.40～0.45的水泥砂浆，或水胶比0.40～0.50的水泥净浆。二次注浆宜采用水胶比0.45～0.55的水泥净浆。

(4)锚固段注浆应饱满密实，宜采用二次注浆。一次注浆压力宜为0.4～0.6MPa。二次高压注浆压力宜为2.5～5.0MPa，注浆时间应根据注浆工艺试验确定或在一次注浆强度达到5.0MPa后进行。接近地表或地下构筑物及管线的锚杆，应适当控制注浆压力。

(5)锚杆的锚固段浆体达到设计强度后，方可进行张拉并锁定，张拉值应为设计荷载的75%～80%。

17.6.4　边坡锚喷支护施工应符合下列要求：

(1)锚喷支护施工应按设计要求随开挖自上而下分段分层进行，采用机械开挖应修整坡面，喷射混凝土前应清理坡面。

(2)下层土方开挖及锚杆施工应在上层锚杆注浆体及喷射混凝土达到设计强度的70%后进行。

(3)锚杆施工应控制钻孔质量，成孔允许偏差为：孔深±5cm，孔径±5mm，孔距±10cm，倾斜5%。

(4)喷射混凝土应分段自下而上及时进行。钢筋网应在喷射第一层混凝土后铺设；采用双层钢筋网时，第二层钢筋网应在第一层被混凝土覆盖后铺设；钢筋网与锚杆应连接牢固。

(5)锚杆注浆材料应符合设计要求。水泥浆水灰比宜为0.5:1；水泥砂浆配合比宜为1:2～1:1，水灰比0.38～0.45。

17.7　基坑开挖

17.7.1　基坑开挖应根据地质、环境条件等制定开挖方案。隧道基坑应保持地下水水位在基底0.5m以下。需要爆破时必须编制爆破方案报有关部门批准。

17.7.2　基坑周边地表应设截排水沟，且应避免漏水、渗水进入基坑；放坡开挖时，应对坡顶、坡面、坡脚采取截排水措施。

17.7.3　基坑内集水明排，抽水设备能力、集水井和排水沟截面应满足排水需要。集水井宜间隔30～40m设一个，水沟底应比开挖面低40～50cm，集水井底应比开挖面低100cm以上。基坑壁分层渗水可按不同高程设置导水管、导水沟等构成明排系统；坑壁渗水量较大或不能分层明排时，宜采用导水降水方法。

17.7.4　存土点不得选在建筑物、地下管线和架空线附近，基坑两侧10m范围内不得存土。在已回填的隧道结构顶部存土时，应核算沉降量后确定堆土高度。

17.7.5　基坑开挖宽度，放坡开挖基底边缘至隧道结构边缘距离不得小于0.5m，设排水沟集水井或其他设施时，可根据需要适当加宽。

17.7.6　放坡基坑的边坡坡率，应根据地质、基坑深度经稳定性分析结合支护加固措施确定。

17.7.7　基坑应按设计要求分段、自上而下分层依次开挖，严禁掏底施工。采用围护结构的基坑每段开挖中又分层分小段，并限时完成每小段的开挖和支撑；分段长度不宜大于25m，小段长度结合支撑间距确定，宜为3～6m；分层厚度宜为3～4m，小段开挖、支撑时限应控制在8～24h。

17.7.8　放坡开挖基坑应随基坑开挖及时刷坡及支护，边坡应平顺并符合设计要求；采用围护桩的基坑,应随基坑开挖及时护壁;地下连续墙、混凝土灌注桩及水泥土墙围护的基坑,应在混凝土、水泥土或锚杆浆体达到设计强度后方可开挖。采用围护结构的基坑应在土方开挖至支撑设计位置后及时施工内支撑或土层锚杆。

17.7.9 基坑开挖接近基底20cm时,应采取措施,不得超挖或扰动基底土。基底应平整压实,经检验合格后,及时施工混凝土垫层封闭。

17.7.10 基底为隔水层且层底作用承压水,或基底超挖、扰动、受冻水浸,或发现异物、杂土淤泥、土质松软及软硬不均时,应采取措施进行处理。

17.7.11 基坑开挖前应根据设计要求、基坑等级、开挖步序和参数等制定开挖监测方案,监测方案应包括监控目的、监测项目、监测限值、监测方法及精度要求、测点布置、监测周期及信息管理等。

17.7.12 基坑监测项目应符合设计要求,设计无要求时可按表12-39选取。

基坑工程监测项目表 表12-39

监测项目	基坑等级			方法及工具	量测精度
	一级	二级	三级		
基坑内外观察	★	★	★	目测	—
基坑两侧地表沉降	★	★	★	水准仪	1.0mm
周边建筑物沉降	★	★	★	水准仪	1.0mm
周边建筑物倾斜	★	★	★	经纬仪	1.0mm
周边地下管线沉降	★	★	★	水准仪	1.0mm
围护结构位移	★	★	★	测斜管、测斜仪	1.0mm
土体水平位移	★	★	★	测斜管、测斜仪	1.0mm
地下水水位	★	★	☆	水位管、水位仪	5.0mm
支撑轴力	★	★	☆	轴力计	0.5%F.S
坡顶位移	★	☆	☆	经纬仪、水准仪	1.0mm
围护结构顶位移	★	☆	☆	经纬仪、水准仪	1.0mm
立柱沉降	★	☆	☆	水准仪	1.0mm
坑底回弹	☆	☆	☆	水准仪	1.0mm
水压力	☆	☆	☆	土压力计	0.5%F.S
土压力	☆	☆	☆	土压力计	0.5%F.S
土体分层沉降	☆	☆	☆	分层沉降计	1.0mm

注:★-必测项目;☆-选测项目;F.S-仪器测量值。

17.7.13 监测点的布置应满足监控要求,基坑围岩及桩、墙围护系统、基坑边缘外1~2倍开挖深度范围内需要保护的建(构)筑物、管线应作为监控对象。基坑监测点布置及量测频率应符合设计要求,设计无要求时应符合表12-40、表12-41的规定。

监测点布置表 表12-40

监测项目	布设范围
两侧地表沉降	横向不小于2倍基坑开挖深度范围,纵向间距宜为30~50m
土体或围护结构位移	纵向布设间距宜为30~50m
建筑物沉降、倾斜	需保护的建筑物
管线沉降	需要保护的管线
支撑轴力	纵向间距不宜大于50m,环境要求较高时可适当加密
地下水水位	纵向间距不宜大于50m,环境要求较高时可适当加密
坡顶或围护结构顶位移	纵向布设间距宜为30~50m
立柱沉降	纵向间距宜为30~50m
坑底回弹	纵向间距不宜大于50m

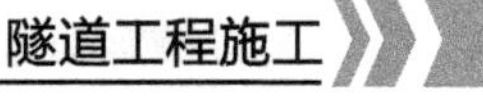

量测周期表 表12-41

施工基坑等级	一级	二级	三级
施工前	至少测2次初值	至少测2次初值	至少测2次初值
桩施工	3d	7d	7d
围护墙施工	1d	2d	7d
地基加固和降水	3d	7d	7d
开挖0~5m	1d	2d	2d
开挖5~15m	1d	1d	1d
开挖>15m~浇筑垫层	0.5d	0.5d	1d
浇筑垫层~浇筑底板	1d	2d	3d
浇筑底板后7d	1d	2d	3d
浇筑底板后7~30d	2d	7d	15d
浇筑底板30~180d	7d	15d	—

17.7.14 基坑开挖监控应符合下列要求：

(1)位移观测基准点数量不应少于两点,且应设在开挖影响范围以外。

(2)监测项目在基坑开挖前应测取初始值,且不应少于两次。

(3)各项监测的周期可根据施工进程确定。当变形超过控制基准或监测数据变化速率较大时,应加密观测次数,并报告有关单位或部门,采取应急处理措施。

(4)监测过程中,应根据设计要求提交阶段性监测结果报告。工程结束时应提交完整的监测报告,报告内容应包括:工程概况,监测项目和测点布置图,采用的仪器设备和监测的方法,监测数据处理,监测结果评价。

17.8 衬砌结构

17.8.1 衬砌应考虑沉落量等,内轮廓应按设计要求适当放大。施工顺序应根据设计计算的基坑工况确定,应先施工仰拱(底板),后施工墙拱结构。

17.8.2 钢筋宜加工成型后运至现场安装。钢筋绑扎应牢固稳定,变形缝处主筋和分布筋不得触及止水带和填缝板,预埋件应固定牢固、位置正确。

17.8.3 衬砌结构施工及养护应符合本章第11节的有关规定。

17.8.4 地下连续墙作为主体结构或部分作为主体结构时,在施工二次结构时,墙体应凿毛、清理干净、调直预留钢筋。连续墙接头和二次衬砌接头宜错开。

17.9 结构防水

17.9.1 隧道防水施工应根据设计要求选择合适的施工工艺。

17.9.2 卷材防水层应在基面验收合格后铺贴,铺贴完成、验收合格后应及时施作保护层。

17.9.3 卷材铺贴基面应洁净、平整、干燥,含水率不宜大于9%。基面应涂刷处理剂,干燥后铺贴附加层,测放基准线后铺贴卷材。

17.9.4 结构底板先贴卷材防水层施工,应先铺平面,后铺立面,交接处应交叉搭接。墙拱防水卷材铺贴前,应先将接茬部位各层卷材揭开,并清理表面,卷材应采用错茬搭接。

17.9.5 涂膜防水层施工前应进行涂布试验。

17.9.6 涂膜防水层基面应坚实平整、清洁,不得有渗水、起砂等现象;采用油溶性或非湿固性材料时,基面应保持干燥。

17.9.7 涂膜防水层涂布前,应先在基层面上涂一层与涂膜材料相溶的处理剂;涂膜应分层涂布,后一层应在前层干燥后涂布;涂膜厚度应符合设计要求。分片涂布搭接宽度宜为8~10cm。

17.10 基坑回填

17.10.1 回填填料及碾压密实度应符合设计要求。填料使用前应进行压实试验,确定填料含水率的控制范围、松铺厚度、碾压遍数等参数。

17.10.2 基坑应在隧道和地下管线结构达到设计强度要求后及时回填。回填前应将基坑内清理干净,虚土应压实。

17.10.3 基坑回填应分层压实。隧道结构两侧回填应对称进行,两侧回填面高差不得大于50cm;基坑回填高程不一致时,应从低处逐层填压;基坑分段回填接茬处应设置台阶,台阶宽度不得小于1m,高度不得大于0.5m。

17.10.4 基坑回填时,机械或机具不得碰撞隧道防水保护层。隧道结构两侧和顶部100cm范围内以及地下管线周围应采用小型机具夯填。

17.10.5 基坑回填采用机械碾压时,搭接宽度不得小于20cm;小型机具夯填重叠不得小于1/3夯底宽度。

17.10.6 雨季回填应集中力量分段施工,取、运、摊、压各工序应连续作业,降雨前应完成填土层的压实,并形成排水坡面。

17.10.7 基坑不宜在寒冷季节回填,必须施工时应有可靠的防冻措施。

18 盾构施工

18.1 一般规定

18.1.1 盾构法隧道施工应根据工程地质、水文地质条件、周围环境等进行盾构机设备选型。

18.1.2 盾构法隧道施工应根据各个阶段施工特点,编制包括设备进场运输、吊装、组装及调试、端头加固、始发、试掘进、特殊地段、到达、解体等专项施工方案。

18.1.3 施工前应根据盾构法施工特点,完成前期调查技术、设备和设施盾构始发等各项准备工作。

18.1.4 盾构法隧道施工应对邻近建(构)筑物、地下管网等进行监测,对重要或有特殊保护要求的建(构)筑物,应根据需要采取必要的安全技术措施。

18.1.5 盾构法隧道施工测量方案,应结合盾构机及其自身配置的导向系统的特点、精度及人工测量仪器精度等制定。

18.1.6 盾构机及配套设备的保养和维修应按生产厂家提供的设备说明书定期进行,盾构长期停止掘进时,仍应进行保养和维修。

18.1.7 盾构法隧道施工运输应根据隧道工程特点、盾构类型等选择合适的运输方式、设备及配套设施。隧道内水平运输宜采用轨道运输方式,垂直提升宜采用门吊、悬臂吊等提升方式,泥水平衡盾构的泥水运输应采用泥浆泵和管道组成的管道运输方式。

18.2 设备选型

18.2.1 盾构设备应根据隧道功能 、外径、长度、线路、埋深等设计参数,工程地质和水文地质条件、施工环境、工期要求等因素,经过经济性、技术性比较后确定选型。

18.2.2　土压平衡盾构适用于冲积黏土、洪积黏土、砂质土、砂砾、卵石等土层及其互层。泥水平衡盾构适用于冲积洪积的砂砾、砂、亚黏土、黏土层或多水互层的土层，有涌水工作面不稳定的土层，上部有河川、湖沼海洋等水压高、水量大的地层。复合盾构适用于地质条件复杂、软硬不均的混合地层。

18.2.3　后配套设备的技术参数与功能配置应与盾构掘进速度相匹配。

18.3　运输、组装与解体

18.3.1　盾构设备运输应满足国家道路运输相关规定要求，施工便道应满足盾构大件运输的空间尺寸和承载力的要求。

18.3.2　盾构设备吊装场地应满足设备构件吊装要求，大件吊装作业应由具有专业资质的队伍实施。

18.3.3　盾构组装应按照相关作业安全操作规程和组装方案进行，组装完成后应对各系统进行空载调试，然后进行整机空载调试。盾构机经验收合格后方可始发掘进。

18.3.4　盾构机解体应对各种部件进行检查，并应对液压系统和电气系统进行标识，对已拆卸的零部件应做好清理和维护保养工作。

18.4　盾构掘进

18.4.1　盾构机始发掘进前，应对始发端头地基进行加固处理，加固质量经检查合格后方可始发掘进。

18.4.2　盾构始发反力装置应满足强度、刚度、安装精度以及盾构轴线控制的要求。

18.4.3　盾构机始发掘进应符合下列要求：

(1)应制定洞口围护结构破除方案，并应采取适当的密封措施。

(2)始发时应对盾构姿态进行复核。

(3)负环管片定位时，管片环面应与线路轴线垂直。

(4)应严格控制盾构始发时的姿态和推力，并加强监测，根据监测结果调整掘进参数。

18.4.4　盾构法施工应在始发后进行50～100m试掘进，掌握、验证盾构机适应性能，并确定盾构滚转角、俯仰角、偏角、刀盘转速、总推力、土仓压力(或送排泥水压力和流量)、排土量等初步掘进参数。

18.4.5　盾构掘进应根据试掘进初步参数、工程地质和水文地质条件、隧道埋深、线路平面与坡度、周围环境及施工监测结果等调整盾构掘进参数。掘进中应监测和记录盾构运转情况、掘进参数变化、排土出渣状况，并及时分析反馈，调整掘进参数，控制盾构姿态。

18.4.6　土压平衡盾构机掘进，应符合下列要求：

(1)土仓应充满渣土，并保持排土量与开挖量相平衡。

(2)根据工程地质和水文地质条件，注入适当的添加剂，保持土质流塑状态。

18.4.7　泥水平衡盾构机掘进，应符合下列要求：

(1)应合理确定送排泥浆压力、流量等泥浆参数，对泥浆性能进行检测，并进行动态管理。

(2)应设定和保持泥浆压力与开挖面的水土压力，并保持排土量与开挖量相平衡，并根据掘进状况进行调整和控制。

(3)应采用破碎机破碎掘进中遇到的大粒径石块，并宜采用隔栅沉淀箱等砾石分离装置分离大粒径砾石，防止堵塞管道。

(4)泥水分离设备应满足渣土粒径要求，处理能力应满足最大排送渣土量的要求，渣土的存放和搬运应符合环境保护的有关要求。

18.4.8 复合盾构机应根据工程地质、水文地质条件、地表沉降控制要求等选择土压平衡、敞开式或半敞开式掘进模式,模式选择应符合下列要求:

(1)当隧道围岩稳定性差和有较大涌水时,宜选用土压平衡模式。

(2)当隧道围岩稳定性良好或地下水水位低时,宜选用敞开模式。

(3)当隧道围岩软硬不均或具有一定自稳能力且地下水水压不高时,宜选用半敞开模式。

18.4.9 盾构掘进应随时监测和控制盾构姿态,使隧道轴线控制在设计允许偏差范围内。实施纠偏应逐环、小量纠偏,防止过量纠偏损坏已拼管片和盾尾密封。

18.4.10 盾构机刀具更换宜选择在工作井或地质条件较好、地层稳定的地段进行。在不稳定地层更换刀具时,应采取地层加固或压气法等稳定开挖面措施。

18.4.11 带压更换刀具应符合下列要求:

(1)应制定详细的施工方案和应急措施。

(2)应通过计算和试验确定合理气压,稳定工作面和防止地下水渗漏。

(3)刀盘前方地层和土仓应满足气密性要求,气压作业应满足其相关规范和规定的要求。

18.4.12 盾构机接收应符合下列要求:

(1)从到达前100m开始,盾构机轴线应加密测量频率并及时调整。

(2)从到达前10m开始,盾构机应降低掘进速度、调整土仓压力。

(3)到达前,管片拼装环缝应挤压密实,防水符合设计要求。到达后,应及时填充并密封洞口环管片背后的间隙。

18.4.13 盾构机短距离平移应符合下列要求:

(1)平移前,应做好施工现场调查、技术方案以及现场准备工作,盾构机平移设备应符合安全要求。

(2)盾构机平移可根据明挖或暗挖段结构条件和空间尺寸,选择利用牵引或拼装底部管片的形式通过。

(3)盾构机平移应有专人指挥、观察,避免方向偏离或碰撞。

18.5 管片制作与拼装

18.5.1 钢筋混凝土管片模具应具有足够的承载能力、刚度稳定性和良好的密封性能,并符合管片精度要求,管片模具应定期进行检校。

18.5.2 管片应先进行试生产,并随机抽取3环管片进行水平拼装检验,合格后方可正式生产。

18.5.3 管片原材料、钢筋加工、混凝土浇筑和养护应符合相关规范和设计的要求。钢筋混凝土管片不得有内外贯通裂缝和宽度大于0.2mm的裂缝及混凝土剥落现象。

18.5.4 混凝土管片应进行检漏抽检测试;每生产200环应进行水平拼装检验1次,允许偏差和检验方法见表12-42。

管片水平拼装检验允许偏差和检验方法 表12-42

项　目	允许偏差(mm)	检验频率	检验工具
环向缝间隙	2	每缝测6点	塞尺
纵向缝间隙	2	每缝测6点	塞尺
成环后内径	±2	测4条(不放衬垫)	钢卷尺
成环后外径	+6，-2	测4条(不放衬垫)	钢卷尺

18.5.5 盾构管片拼装作业应符合下列要求:

(1)应根据上一衬砌环姿态、盾构姿态、盾尾间隙等确定管片排序。

(2)应严格控制盾构机千斤顶的压力和伸缩量,并保持盾构姿态稳定。

(3)应根据拼装要求逐块拼装,并及时连接成环。

(4)管片连接螺栓质量和拧紧度应符合设计要求。

(5)拼装管片时应防止管片及防水密封损坏。

(6)对已拼装成环的衬砌环应进行椭圆度检查。

(7)在曲线段拼装管片时,应使管片环向定位准确,隧道轴线应符合设计要求。

18.5.6　管片拼装质量控制应符合下列要求:

(1)管片拼装应严格按设计要求进行。

(2)管片拼装过程中应对隧道轴线和高程进行控制,其允许偏差和检验方法应符合表12-43的规定。

隧道轴线和高程允许偏差和检验方法　　表12-43

项　目	允许偏差(mm)	检验频率	检验工具
隧道轴线平面位置	±50	用经纬仪测中线	1点/环
隧道轴线高程	±50	用水准仪测高程	1点/环

(3)管片拼装施工中管片允许偏差和检验方法应符合表12-44的规定。

管片拼装允许偏差和检验方法　　表12-44

项　目	允许偏差(mm)	检验工具	检验频率
衬砌环直径椭圆度	$\pm 5‰D$	尺量后计算	4点/环
相邻管片的径向错台	5	用尺测	4点/环
相邻环片环面错台	6	用尺测	1点/环

18.5.7　盾构隧道防水应以管片接缝防水为重点,防水密封材料应进行质量检验。

18.5.8　防水密封条使用时应符合下列要求:

(1)密封条应与管片型号匹配,不得使用尺寸不符合要求或有质量缺陷的密封条。

(2)粘贴后的防水密封条应牢固、平整、严密、位置正确,不得有起鼓、超长和缺口现象。

18.5.9　采用嵌缝防水材料时,槽缝应清理干净,并应使用专用工具填塞平整、密实。

18.5.10　管片连接螺栓应采用螺孔密封圈防水,密封圈的外形应与螺孔螺栓相匹配。

18.5.11　封堵注浆孔的防水材料应满足伸缩性、水密性和耐久性等要求。

18.6　壁后注浆

18.6.1　盾构机掘进应进行同步注浆作业。为提高背衬注浆层的防水性及密实度,还应在同步注浆结束后进行补充注浆。注浆材料性能应符合设计要求。

18.6.2　壁后注浆应根据工程地质条件、地表沉降状况、环境要求、设计要求及设备情况等选择注浆方式和注浆参数。注浆压力应根据地质条件、注浆方式、管片强度、设备性能、浆液特性和隧道埋深等综合因素确定。

18. 6.3　同步注浆注浆量、充填系数应根据地层条件、施工状态和环境要求确定,充填系数宜为1.30~2.50。注浆速度应根据注浆量、注浆压力和掘进速度确定。

18.6.4　补充注浆的注浆量应根据环境条件和沉降监测结果等确定,壁后应充填密实。

18.7　特殊地段施工

18.7.1　盾构机进入特殊地段和特殊地质条件施工时,应符合下列要求:

(1)制定施工方案前应详细查明和分析工程的地质状况与隧道周边环境状况。

(2)合理选择掘进模式,严格控制和管理掘进参数、盾构姿态和掘进方向。

(3)根据隧道所处位置与工程地质、水文地质条件和设计要求,确定壁后注浆的材料、压力与注浆量,施工过程中应根据监测结果进行相应调整。

(4)认真检查、保养盾构机及配套设备。

(5)对地表及建(构)筑物等沉降进行评估,必要时,应加密监测测点、提高监测频率,并应根据监测结果及时调整掘进参数。

(6)必要时应采取针对性的加固措施。

(7)施工前编制应急预案。

18.7.2 浅覆土层地段盾构机掘进,应控制掘进参数,减少施工对环境影响,并控制盾构姿态防止发生突变。

18.7.3 盾构机在地下管线和地下障碍物地段掘进应符合下列要求:

(1)详细调查地下管线(类型、位置、允许变形值)等障碍物,制定专项施工方案。

(2)对受施工影响可能发生较大变形的管线,应根据具体情况进行加固或改移。

(3)及时调整掘进速度和出渣量,减少地表的沉降和隆起。

(4)开挖面拆除障碍物可选择带压作业或加固地层等稳定开挖面的施工方法。

18.7.4 盾构机穿越江河地段掘进应符合下列要求:

(1)详细查明工程水文地质条件和河床状况,严格控制土(或泥水)仓压力,加强开挖面管理和掘进参数控制,防止冒浆、地层坍塌或冒顶。

(2)采用快凝早强注浆材料,加强同步注浆和补充注浆。

(3)穿越江河前,应对盾构机械电气设备进行全面检修与维护,尤其应重点对密封系统进行全面检查和处理。

(4)根据地层条件预测刀具和盾尾密封的磨损,制定更换方案。

18.7.5 小净距隧道盾构施工应符合下列要求:

(1)施工前,应对小净距隧道施工相互的影响程度进行评估和分析,并采取相应的施工措施。

(2)可采取加固隧道间的土体、先行隧道内支设钢支撑等辅助措施,控制地层和隧道结构变形。

(3)对先行和既有隧道加强监控量测。

18.7.6 盾构机在软硬不均地层施工应符合下列要求:

(1) 在软硬不均地层中应选择土压平衡模式掘进,加强出土管理,出土量应与千斤顶行程相匹配,防止坍塌。

(2) 根据地层情况及时更换刀具或改变刀具配置。

(3) 根据开挖面地质情况及时调整土仓压力、掘进和壁后注浆等参数。

18.8 联络通道施工

18.8.1 联络通道施工前,可根据施工环境和地质条件,选择从地表对联络通道围岩进行降水固结、注浆等预加固措施。

18.8.2 联络通道开挖前,应对联络通道附近一定范围的盾构隧道结构进行加固。

18.8.3 破除特殊管片前,应对联络通道围岩进行超前支护或加固。

18.8.4 采用冻结法超前加固时,应符合下列要求:

(1)在冻土帷幕内布置测温孔和压力释放与观测孔。

(2)在两侧隧道布设泄压孔,以减小土层冻胀对结构造成的危害。

(3)在联络通道衬砌中预埋压浆管,采用注浆方式以补偿土层融沉。

(4)在冻土帷幕关键部位,应加强温度监测,掌握冻土帷幕的形成过程和形成状况。

(5)对冻结系统盐水温度和冻土帷幕的温度场、帷幕断面内水文泄压孔压力和冻土壁表面温度等进行监测。

19　环 境 保 护

19.0.1　隧道施工应保护生态环境,施工中必须遵守污染物排放的国家标准和地方标准,防止隧道施工造成周边环境污染和破坏。隧道施工期间的环境保护措施和相关的设施纳入实施性施工组织设计,落实在施工各个阶段进行设施的安装、施工,隧道施工期间设施同时运转、措施同时落实,并不断完善。

19.0.2　邻近江、河、水库等的隧道施工,应严格保护水源不流失。生活、生产污水不经处理不得直接排入江、河、水库。

19.0.3　隧道施工中要控制地下水的排放,防止过量排放造成地表生态环境的破坏。

19.0.4　为避免施工噪声和振动对周边居民的影响,洞口段开挖应采用浅孔弱爆破。施工场地和运输线路利用地形尽量避开噪声和振动敏感区,施工机械应安设消声器,空压机、通风机等接近居民区时,应设置基础减震槽并采取隔音措施。

19.0.5　隧道开挖应采用湿式凿岩,喷混凝土尽量采用湿喷工艺,施工机械优先采用电力驱动,内燃机械、车辆应加装消烟净化装置,尽量减少对周围环境的影响。

19.0.6　隧道施工的弃渣堆放应符合下列规定:

(1)隧道开挖的废渣,应堆弃在当地有关部门许可的弃渣场内。如废渣中含有放射性物质,废渣排放后要立即按要求进行处理,弃渣场地应远离当地居民居住地点。

(2)弃渣场应按设计修筑挡墙,有条件的地方应尽可能复耕,无复耕条件的地方应植草、植树。并修好排水沟,恢复原排水系统,避免诱发灾害的产生。

(3)严禁将隧道内的废渣弃在受洪水、泥石流、雪崩、滑坡等自然灾害影响地段及居民居住点的上方,并不得堵塞河流及交通要道。

19.0.7　隧道内、外的施工废水的排放应符合下列规定:

(1)隧道内、外的施工废水不得直接排入河沟、河流及农田内,应排在隧道洞口已按设计做好的污水处理池内。

(2)隧道内、外的施工废水经污水处理池处理后,经检测达到《污水综合排放标准》(GB 8978—1996)或当地有关部门环保要求后方可排入河沟、河流及农田内。

19.0.8　施工生产和生活用地应贯彻十分珍惜、合理利用和切实保护耕地的基本国策,坚持科学用地,坚持节约用地,坚持少占农田。

19.0.9　施工生产和生活用地使用结束后要作好复耕工作,将施工中曾经被占用或者破坏的土地,恢复或者基本恢复到原有的状态。

20　施工阶段的风险评估

20.1.1　隧道施工阶段的风险的评估、监测、处理、管理应参照《铁路隧道风险评估与管理暂行规定》(铁建设〔2007〕200 号)有关规定办理。

20.1.2　施工单位应根据设计阶段的评估结果,进一步评估设计确定的主要风险源、风险等级以及采取的降低风险措施的实施的可行性,提出施工阶段的风险评估结果及措施。

20.1.3　施工阶段风险评估,应在施工的全过程中根据风险识别情况,分阶段进行风险监控和管理,力求在确保安全、质量、工期的前提下、把残余风险控制在可接受的水平上。

20.1.4 风险评估流程如图12-72所示。

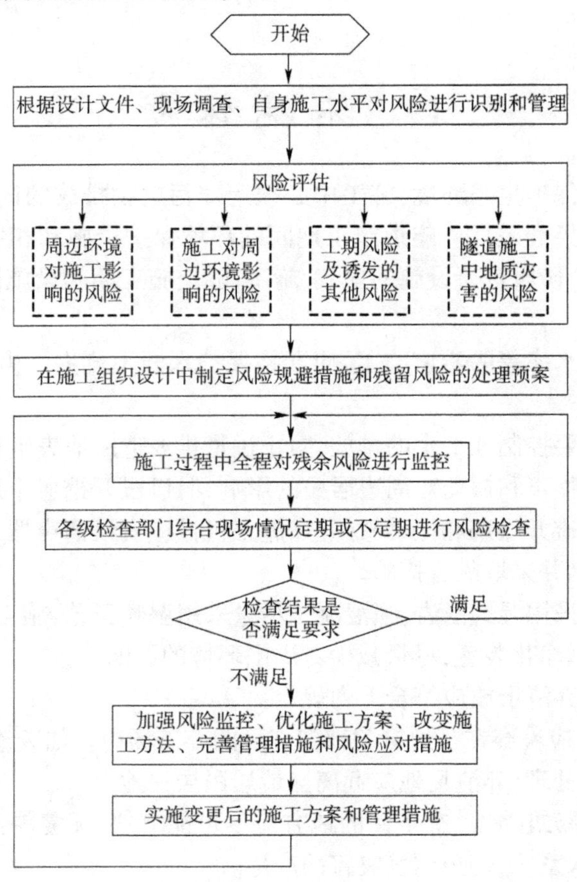

图12-72 风险评估流程

本章条文说明

5.2.1 全断面法一般适用于城际轨道交通隧道Ⅰ～Ⅱ围岩,也可用在单线城际轨道交通隧道Ⅲ级围岩。

5.3.1 两部台阶法可用在双线隧道Ⅲ级以上围岩,也可用在单线隧道Ⅳ级以上围岩地段。三部台阶法可用在客运专线双线隧道Ⅲ、Ⅳ级围岩、单线隧道Ⅵ级围岩。

5.4.1 三台阶七步开挖法适用于具备一定自稳条件的单线隧道Ⅳ、Ⅴ级围岩地段,也可适用于具备一定自稳条件的双线隧道Ⅲ、Ⅳ级围岩地段。二台阶弧形导坑预留核心土法可参照本法实施。对于稳定性较好的双线隧道Ⅲ级围岩及单线隧道Ⅳ级围岩也可不预留核心土。

5.5.1 中隔壁法一般用于Ⅳ～Ⅴ级围岩的隧道,也可用于浅埋地段隧道。

5.5.4 特殊情况下可将中隔壁浇筑在仰拱中,待铺设防水板时再割断。

5.6.1 交叉中隔壁法适用于Ⅴ、Ⅵ级围岩及围岩较差的浅埋地段隧道。

5.7.1 双侧壁导坑法一般用于双线隧道Ⅴ、Ⅵ级围岩及浅埋地段。

6.2.1 在饱水的粉砂土、砂质粉土层或淤泥质夹薄层砂性土的地层中浆液达不到渗透注入或形成劈裂脉,主要原因是此类地层粒径和空隙太小(0.01～0.0074mm之间),浆液不能沿空隙注入土层,无法达到渗透注入;且由于此类土具有中压缩性,不易变形等特点,又很难达到劈裂注浆效果。因此在砂质粉土层中注浆固结土层、堵水,效果是不理想的。实践证明开挖工作面预注浆后,开挖时仍有涌水、涌砂的出现,所以仅靠注浆堵水不能保证此类地层的施工安全,必须结合井点降水才能实现。

6.2.5、6.2.6 按作用原理井点降水种类有重力法降水、真空法降水(包括轻型井点、喷射井点、射流泵井点、深井井点等)、电渗真空降水三类。轻型井点的平面布置形式有线状井点、环圈井点;高程布置有单排、双排及二级井点等。

6.4.1 超前小导管是在隧道开挖工作面采用较多的一种超前支护方法。沿初期支护外轮廓线,以一定外插角。向开挖工作面前方打设$\phi38 \sim \phi50$mm的带泄浆孔的小导管,并进行注浆,充分填充土石空隙、形成一定厚度的固结体。超前小导管注浆的作用主要为:

(1)改良工作面前方的围岩结构,在开挖面以外形成厚度为0.5～1.0m的加固圈。

(2)超前小导管注浆与钢架、地层共同作用形成超前支护结构,从而保证开挖工作面的稳定,防止开挖工作面松弛、坍塌,控制洞口段地表沉降。

6.4.3 小导管环向间距一般考虑注浆范围相互叠加为原则,一般按下式计算:

$$L_0 = (1.5 \sim 1.7)R_k \tag{12-1}$$

式中:L_0——小导管间距,m;

R_k——实测浆液扩散半径,m。

小导管预支护设置如说明图12-1所示。

一次掘进进尺及小导管间的搭接长度如说明图12-2所示。

6.4.6 由于喷混凝土是在小导管安设好后进行,所以,在喷混凝土时,小导管应带上保护帽(用竹筒或铁皮制作),以防止喷混凝土堵塞小导管。

6.6.1 隧道施工过程中,在穿越部分不良地质的区段时,或在隧道开挖进洞时松散破碎、浅埋或隧道围岩变形较大时,需要施工管棚以顺利穿越。同时,管棚超前支护具有以下特点:

(1)是独立的地质围岩加强方法,可以作为永久支护结构的一部分。

(2)管棚超前支护与初期支护配合可以发挥更强大的支护效应,同时也非常容易地与其他支护方法联合使用。

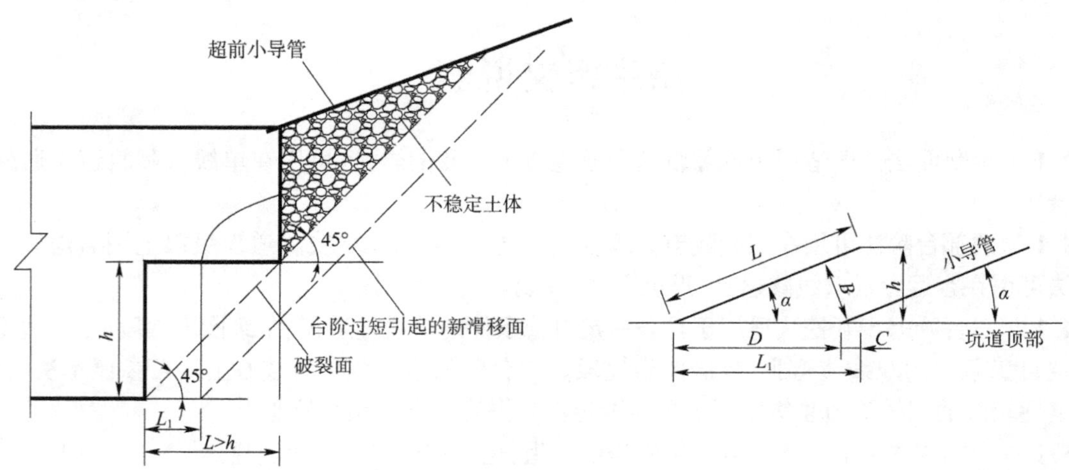

说明图 12-1　小导管预支护设置示意图　　　　说明图 12-2　一次掘进进尺及小导管间的搭接长度示意图

(3)由于管棚支护是超前施作的,管棚在前方开挖工作面和后方初期支护的支持下形成的梁效应可以防止围岩松弛、减少地表沉降、拱顶下沉;可以有效降低滑坡和塌方的危险,是复杂条件下进洞的好办法,也可以提高开挖工作面的稳定性。

管棚支护注浆后,使管棚和围岩形成整体,有效断面扩大、土压均匀、提高围岩的自承能力。

超前管棚设置如说明图 12-3 所示。

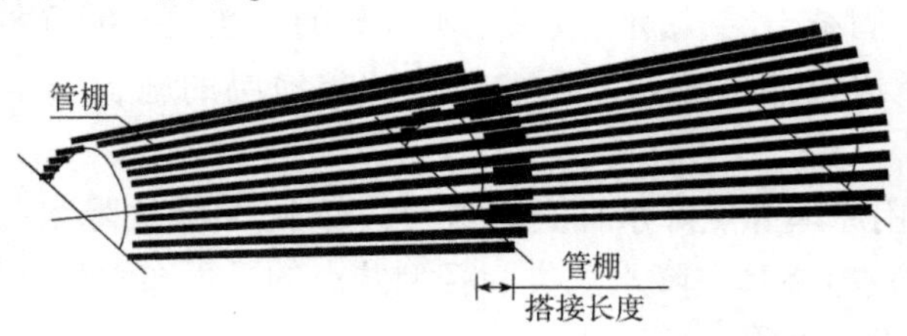

说明图 12-3　超前管棚设置示意图

6.8.2　实践证明,砂类土、黏性土、黄土和淤泥都能进行旋喷加固,一般效果较好,解决了小颗粒土不易注浆加固的难题。但对于砾石直径过大、砾石含量过多及有大量纤维质的腐殖土,旋喷质量较差,有时甚至还不如静压注浆的效果;对于地下水流速过大(旋喷浆液无法在注浆管周围凝固)、无填充物的岩溶地段、永久冻土和对水泥有严重腐蚀的地基,均不适合采用旋喷加固。

6.8.3　树根桩直径在 100 ~ 300mm 范围内,桩长不超过 30m,布置形式有各种排列的直桩和网状结构的斜桩。树根桩采用的碎石骨料粒径宜在 10 ~ 25mm 范围内,钢筋笼外径宜小于设计桩径 40 ~ 60mm。

6.8.4　灰土挤密桩利用沉管、冲击或爆扩等方法在地基中挤土成孔,然后向孔内夯填灰土成桩。成桩时,通过成孔过程中的横向挤压作用,桩孔内的土被挤向周围,使桩间土得以挤密,然后将备好的灰土分层填入桩孔内,并分层捣实至设计高程,与桩间土组成复合地基,共同承受基础的上部荷载。

灰土挤密桩无论是消除黄土的湿陷性,还是提高承载力都是行之有效的方法。但当土的含水率大于 24% 及其饱和度超过 65% 时,在成孔及拔管过程中,桩孔及其周围容易缩颈和隆起,无法挤密成孔,故不适用于处理地下水水位以下及处于毛细饱和带的土层。

7.3.4　岩石隧道全断面深眼爆破设计:

(1)循环进尺的确定根据实际情况确定 3 ~ 5m。

(2)钻眼直径选择可采用较大钻眼直径,如 ϕ48mm。

(3)炮眼布置。

①按工程类比法选定:可根据工程爆破条件查表,确定炮眼数目。

②按经验公式计算:

$$N = \frac{K \cdot S \cdot L - Q_g}{n \cdot r \cdot L} \tag{12-2}$$

式中:N——全断面炮眼数(不包括光面爆破的),个;

K——单位体积岩石用药量,kg/m^3,可通过查表和计算取值;

S——开挖断面面积,m^2;

n——各类炮眼装药系数(取平均值),可查表;

r——炸药的线装药密度,kg/m,根据实际使用的炸药获得;

L——炮眼深度,m;

Q_g——周边眼光面爆破用药量,kg。

岩面爆破炮眼数量,由光面爆破设计确定。

③炮眼布置图式常见形式有:

a. 楔形掏槽,环形布置;

b. 楔形掏槽,线形布置;

c. 直眼掏槽,环形布置;

d. 直眼掏槽,线形布置;

e. 有下导坑的炮眼布置;

f. 大孔距、小抵抗线炮眼布置。

(4)允许用药量的确定。

$$Q_m = R^3 \cdot (V_{rp}/k)^3/\alpha \tag{12-3}$$

式中:Q_m——一般允许用量;

V_{rp}——振速安全控制标准,可查表;

R——爆源中心到振速控制点的距离,m;

k——与爆破技术、地震波传播途径介质的性质有关的系数,可查表;

α——爆破振动衰减指数,可查表。

(5)总装药量的计算与炸药的分配。

①单位体积岩石用药量 K 值的确定:

a. 查表;

b. 查图;

c. 用公式。

②总药量的计算:

$$Q = K \cdot S \cdot L \tag{12-4}$$

式中:Q——一次爆破装药量,kg;

S——开挖断面面积,m^2;

L——炮眼深度,m;

K——软岩隧道爆破单位体积岩石炸药消耗量,kg/m^3,可查表。

③炸药量的分配:

周边眼、掏槽眼按规定选取炸药量,其他炮眼炸药量可按 $q = K \cdot a \cdot w \cdot L \cdot \lambda$(其中:$a$ 为炮眼间距,m;w 为炮眼爆破方向抵抗线,m;λ 为炮眼所在部位系数,一般取 0.8~2.0)计算,最后再从施工方便出发,可对装药量作适当调整,以单眼装药量为半卷、整卷计量为宜。

(6)装药结构。

掏槽眼首段采用正向装药起爆,其他眼采用反向装药起爆,当采用周边预裂爆破时,周边眼采用即发雷管正向起爆,其他与光面爆破相同。

对于钻眼直径为ϕ48mm 的深眼爆破,采用ϕ42mm 的 1 号抗水硝铵炸药大直径药卷。可避免炸药在深眼中中途熄爆现象。

(7)合理的段间隔时间选择。

掏槽眼爆破段间隔时间为 50 ~ 75ms,后继炮眼的爆破段间隔时间受爆破器材条件的限制,段间隔时间大的达 200 ~ 300ms。

(8)起爆顺序的安排。

起爆顺序:应该先掏槽,而后辅助眼、底板眼,最后周边眼光面爆破。预裂爆破周边眼在掏槽眼爆破之前起爆,其他炮眼仍按上述顺序进行。

7.3.6 常用炸药、雷管见说明表 12-1、说明表 12-2。

隧道常用炸药 说明表 12-1

炸药种类	适用范围	主要特性
乳化炸药	无瓦斯和无矿尘爆炸的坚硬岩石、有水孔	抗水性极好,爆炸威力大,爆破产生的有毒气体少;密度 1.05 ~ 1.35g/mL;猛度 12 ~ 20mm;殉爆距离 5 ~ 12cm;爆速 3100 ~ 5800m/s
水胶炸药	无瓦斯和无矿尘爆炸的坚硬岩石、有水孔	抗水性能强,爆炸威力大,但感度比浆状炸药高;密度 1.1 ~ 1.5g/mL;猛度 12 ~ 20mm;爆力 330 ~ 350mL;殉爆距离 6 ~ 25cm;爆速 3500 ~ 4600m/s
浆状炸药	无瓦斯和无矿尘爆炸的坚硬岩石、有水孔	抗水性能强,密度大,爆炸威力大,但感度较低;密度 1.1 ~ 1.5g/mL;猛度 15.2 ~ 20.1mm;爆力 326 ~ 356mL;殉爆距离 10 ~ 20cm;爆速 3200 ~ 5600m/s
铵油炸药	无瓦斯和无矿尘爆炸的坚硬岩石、有水孔	抗水性能好,不易结块,爆轰稳定,但保存期短;密度 0.8 ~ 1.0g/mL;猛度 12 ~ 18mm;爆力 250 ~ 300mL;殉爆距离 5cm;爆速 3300 ~ 3800m/s
煤矿许用炸药	有瓦斯和矿尘爆炸危险的隧道	爆炸产生的爆热、爆温、爆压相对较低;有较好的起爆感度和传爆能力;排放的有毒气体量符合国家标准;炸药成分中不含金属粉末;容许含水率不大于 0.3%;密度 0.85 ~ 1.1g/mL;猛度 8 ~ 12mm;爆力 230 ~ 290mL;浸水前殉爆距离 3 ~ 6cm;浸水后殉爆距离 2 ~ 4cm;爆速 3262 ~ 3675m/s

注:各种炸药均为系列产品,因型号不同其性能指标有所差异。

隧道常用雷管及延迟时间 说明表 12-2

段别	各种产品的系列名称				
	DH-1	GB-6378	DE1	MG803-B	半秒雷管
1	0	<13	50 ± 15	<10	<0.1
2	25 ± 10	25 ± 10	100 ± 20	25	0.5 ± 0.2
3	50 ± 10	50 ± 10	150 ± 20	50	1.0 ± 0.2
4	75 ± 10	75^{+15}_{-10}	250 ± 30	75	1.5 ± 0.2
5	100^{+20}_{-10}	110 ± 15	370 ± 40	100	2.0 ± 0.2
6	150 ± 20	150 ± 15	490 ± 50	125	2.5 ± 0.2
7	200 ± 20	200^{+20}_{-15}	610 ± 60	150	3.0 ± 0.2
8	250 ± 20	250 ± 25	780 ± 70	175	3.5 ± 0.2
9	310 ± 25	310 ± 30	980 ± 100	200	4.0 ± 0.2
10	390 ± 40	380 ± 35	1250 ± 150	225	4.5 ± 0.2
11	490 ± 45	460 ± 40		250	
12	600 ± 50	550 ± 45		275	

续上表

段　别	各种产品的系列名称				
	DH-1	GB-6378	DE1	MG803-B	半秒雷管
13	720 ± 50	650 ± 50		300	
14	840 ± 50	760 ± 55		325	
15	990 ± 75	880 ± 60		350	
16		1020 ± 70		400	
17		1200 ± 90		450	
18		1400 ± 100		500	
19		1700 ± 130		550	
20		2000 ± 150		600	
21				650	
22				700	
23				750	
24				800	
25				850	
26				950	
27				1050	
28				1150	
29				1250	
30				1350	

注:除半秒雷管延迟时间单位为 s 外,各系列非电导爆管雷管延迟时间的单位为 ms。

7.3.7　影响爆破效果的因素:

(1)地质条件对光面爆破效果影响。

①从实践中获得经验。

②不同地质条件应采取不同的爆破方法及相应的钻爆参数。

(2)钻眼精度的影响。

①开眼误差,准确定出炮眼位置,可减少或排除开眼误差。

②钻眼角度误差,炮眼越深,越要严格控制眼底偏差.周边眼应定岗定人。

③钻机本身尺寸大小的影响,机身有一定的外插角度,可选操作净空较小的凿岩机。

④测量放线误差,坚持每个循环都用仪器测量放线,尽量采用计算机配合激光仪器放样,无条件的用五寸台法和坐标法认真放出开挖轮廓及炮眼位置。

(3)爆破技术本身的影响。

①炸药品种与药卷直径选用应考虑以下因素:

a. 周边眼的炸药与主体炸药相比,爆速要低一些,密度小一些,爆力大一些的炸药,这样利于实现光面爆破。

b. 炸药的直径,应根据炮眼直径来选择。炮眼直径与炸药直径之比称为不耦合系数 D,实践证明,药卷在有空隙的炮眼中爆破,形成的冲击波随不耦合系数 D 的增大而衰减。

②起爆方法不当,也可能引起爆破效果不好,有熄爆现象,光面、预裂爆破一般应选用高精度的毫秒雷管为好。

③装药结构与堵塞质量直接影响爆破效果,装药过于集中或者炮眼全长均匀分布都将影响爆破质量,应优先考虑选用光爆炸药进行连续装药,眼底适当加强,否则一般选用导爆索加自制小药卷,

用竹片加工成串状装药结构,在软岩可采用导爆索束的装药结构。对于光面爆破、预裂爆破来说,炮眼的堵塞质量也很重要。

④掏槽失败或起爆顺序混乱将影响光爆效果,因为掏槽的失败或起爆顺序混乱,都不可能为周边眼提供理想的临空面条件。

喷钢纤维喷混凝土的一个主要特点是具有良好的韧性,即在基体混凝土开裂后产生较大塑性变形时能保持承载力不明显降低,可适应岩爆和大变形情况下的应力释放,具有吸收变形的能力。作为初期支护,控制一定程度的开裂是允许的,而钢纤维混凝土的韧性可以有效适应和控制围岩的变形。

喷钢纤维喷混凝土的韧性是指喷钢纤维喷混凝土在承载过程中承受变形的能力,即喷层产生较大开裂仍可保持强度不明显降低,这是喷钢纤维喷混凝土的一个重要特性。喷钢纤维喷混凝土的韧性可使与岩面紧密贴合的喷层不但具有一定的柔性,而且在与围岩共同变形过程中持续有效地提供支护抗力。

钢纤维过长容易堵管。应根据输料软管及喷嘴内径来确定钢纤维的最大长度。

钢纤维最小掺量是根据散布在混凝土中的钢纤维“最小重叠值”要求计算的“最大平均间距 S”确定的,旨在保证钢纤维在混凝土中分布的均匀性。比利时环境和基础部有关文件推荐,取 $S=0.4l_f$ (l_f 即钢纤维长度)即可保证钢纤维有足够的重叠。

据此可计算钢纤维的最小掺量:

$$\omega_{\min}=\frac{6162}{\alpha^3\lambda_f^2} \tag{12-5}$$

式中:$\omega_{\min}$——钢纤维最小掺量,kg/m^3;

α——钢纤维分散系数,$\alpha=\dfrac{S}{l_f}$;

λ_f——钢纤维长径比,$\lambda_f=\dfrac{l_f}{d_f}$,可查说明表 12-3。

新加坡的地铁工程考虑到喷混凝土的工艺特点,参照公式 $S=0.4l_f$ 的计算结果,并规定了最小掺量不小于 20kg/m^3,其值见说明表 12-3 中。

钢纤维最小掺量(kg/m^3)　　说明表 12-3

l_f/d_f	40	45	50	55	60	65	70	75	80
α =0.45	43	34	28	23	19	16	14	13	11
α =0.40	61	48	39	32	27	23	20	18	16
新加坡地铁	65	50	40	35	30	25	20	20	20

欧洲喷混凝土规范推荐的砂石料级配如说明表 12-4,可供参考。

砂石料级配参考　　说明表 12-4

ISO 筛径(mm)		0.125	0.25	0.5	1	2	4	8	11.2	16
筛量(重量,%)	上限	12	26	50	72	90	100	100	100	100
	下限	4	11	22	37	55	73	90	100	100

喷钢纤维混凝土的原材料中加入硅粉等活性掺合料,有利于提高强度、密实度和耐久性,增加黏稠性,减少回弹,改善后期强度;同时可以改善物料可泵性,减少管道和机械磨耗,防止离析、堵管。

欧洲喷混凝土规范从耐久性出发,规定水胶比不宜超过 0.55,最小胶凝材料用量为 300kg/m^3。而挪威规范则提出了与结构工作环境相应的水胶比和最小胶凝材料用量见说明表 12-5。

挪威喷混凝土规范规定的水胶比和最小水泥用量　　说明表 12-5

环境等级	环境描述	$W/(c+k\times s)$	建议的最小胶凝材料用量$(c+k\times s)$
NA	有些侵蚀性	0.60	360kg/m³
NMA	较有侵蚀性	0.50	420kg/m³
MA	侵蚀性很强	0.45	470kg/m³
MMA	高度侵蚀性	0.40	530kg/m³

注：W-水重量；s-微硅粉重量；c-水泥重量；K-系数，当微硅粉掺量<10%时，$k=2.0$；当微硅粉掺量10%～25%时，$k=1.0$；NA-室外或室内潮湿环境，淡水中结构；MA-咸水中结构，受咸水溅射、喷射，受侵蚀性气体、盐、其他化学物作用，潮湿环境的冻融循环。

钢纤维混凝土的投料、拌和过程中要尽可能使钢纤维在混凝土基体中均匀分布，或按所要求的方向排列，以保证材料的均质性和方向性。

拌和时要防止纤维结团、纤维产生弯曲或折断，拌合机因超负荷而停止运转、出料口堵塞。

钢纤维混凝土宜用双卧轴强制式拌合机拌和，当钢纤维掺率较高、稠度较大时，拌合机需较大的功率，为避免超载，规定一次拌合量不宜大于拌合机额定拌合量的80%。

投料顺序、方法与施工条件及钢纤维形状、长径比、体积率等有关，应通过施工现场与实际拌合试验确定。

8.1.8　喷合成纤维混凝土施工应符合下列规定：

喷射合成纤维混凝土中的纤维主要有聚丙烯纤维、聚乙烯纤维、尼龙纤维、玻璃纤维、碳纤维等，其品种、规格较多。

施工中主要使用的合成纤维为聚丙烯纤维，是由丙烯（$CH_3—CH=CH_2$）聚合而成的高分子化合物，是一种结构规整的结晶性聚合物。聚丙烯不溶于水，耐热性能良好，在121～160℃连续耐热，熔点为165～170℃；是一种非极性的聚合物，有良好的电绝缘性能，介电常数为2.25，有较好的化学稳定性，与大多数化学品，如酸、碱和有机溶剂接触不发生作用；其物理性能良好，抗拉强度3.3×10^7～4.14×10^7Pa，抗压强度4.14×10^7～5.51×10^7Pa，伸长率200%～700%，洛氏硬度R85～R110，因此聚丙烯有较好的加工性能，其热加工体积收缩率为1.6%～2.0%。聚丙烯纤维混凝土所用的长度一般在5～50mm范围内，因此可称为丙纶短丝，聚丙烯纤维是直接拉丝制成的聚丙烯单丝纤维的束状集合体，每一束中有许多根纤维单丝，在投入拌和时自动散开。聚丙烯纤维是非腐蚀的化学填充物，它对矿质、酸碱基质和无机盐有很好的化学阻抗作用，故聚丙烯纤维有效阻止了混凝土的塑性收缩和龟裂。聚丙烯纤维加强混凝土是机械作用而不是化学作用，它的加入不需要附加水和改变原来的混凝土配合比，也不影响其他掺合料，外加剂的加入。

杜拉纤维是经过改性和特殊表面处理的聚丙烯单丝纤维，其物理、化学性能非常良好，施工便利，但目前仍处于推广应用阶段。

聚乙烯纤维因为弹性模量低、受荷分担的应力也小，至今还很少用于复合材料。

玻璃纤维混凝土暴露大气中一段时间后，其强度和韧性会有大幅度下降，即由早期的高强度、高韧性向普通混凝土退化，加之其耐碱性不过关，现主要用于结构加固。

碳纤维具有抗拉强度和弹性模量很高、化学性质稳定、与混凝土黏结良好的优点，但由于碳纤维生产成本高，应用受到一定限制。

现场操作人员对尼龙纤维（聚酰胺）混凝土普遍感觉的是其施工性能优于普通混凝土，掺入尼龙纤维可显著降低混凝土的干缩值，但对抗折、抗压、轴压及应力－应变性能与普通混凝土无明显差别，抗渗、阻锈性能有显著改善，从而提高了混凝土的耐久性，但因为它与聚丙烯纤维相比价格昂贵，所以推广与应用受到限制。

延长拌合时间不会影响纤维的分布和强度。

8.4.3 接头是钢架的弱点部位,因此应尽量减少接头数量。

围岩压力和变形较大时,若采用普通支护阻止围岩变形,容易使支护衬砌承受更大的围岩压力而导致破坏,采用钢架接头能滑移的可缩式钢架,支护断面会随围岩变形而缩小,允许围岩有较大的变形,并随之卸载,从而维护支护衬砌的稳定。

可缩接头一般在单线隧道设2个,双线隧道设3个;每个可缩接头最大可缩量不宜超过100mm;可缩接头的滑动阻力,一般采用钢架可能承受最大轴力的50%进行设计。

开挖下台阶时,在拱脚设纵向托梁是防止钢架(格栅)拱脚下沉、变形的有效措施。

10.1.1 在环境敏感地区以及水量过大影响施工时,应通过围岩预注浆控制地下水的排放流量。防水施工应保证防水板的铺设质量及施工缝、变形缝止水带的安装质量。防水板背后的积水、水流应顺畅引入排水沟,避免诱发衬砌背后形成静水压力。

10.2.5 隧道衬砌后表面渗漏水常出现在施工缝处,主要原因是衬砌台车端模封闭不严,易漏浆,造成该处混凝土不密实,产生渗漏。可采用预埋注浆管进行专项注浆。

10.4.2 防水板是隧道防水的重要屏障,其铺设质量直接影响防水效果,从隧道后期出现渗漏水情况看,多为防水板破损所致。铺设防水板的基面应平整光滑,无突出异物是保证铺设质量的首要条件。初期支护(喷混凝土)的表面很难达到要求,所以,在防水板铺设前应用混凝土(或砂浆)将凹坑喷平,并应对凹凸不平情况进行检查。根据《关于印发〈铁路隧道设计施工有关标准补充规定〉的通知》(铁建设〔2007〕88号),表面平整度应符合下式要求:

$$\frac{D}{L}\leqslant\frac{1}{10} \tag{12-6}$$

式中:L——初期支护表面相邻两凸面间的距离;

D——初期支护表面相邻两凸面之间岩石凹进去的深度。

10.4.3 防水板是隧道防水的主要屏障,而初期支护的平整度直接影响防水板的铺设质量,防水板铺设质量又直接影响防水效果。从隧道后期出现渗漏水情况来看,一般因防水板破损所致。铺设防水板的基面应平整、无突出异物是保证铺设质量的重要条件。

10.4.13 二次衬砌结构混凝土施工应连续一次浇筑完成,宜少留施工缝,拱圈、仰拱、底板不得留纵向施工缝。

10.4.15

(1)止水带的分类。

①止水带按用途分为两类:

a.适用于变形缝用止水带,用B表示;

b.适用于施工缝用止水带,用S表示。

② 止水带按材料分为三类:

a.塑料止水带,用P表示;

b.橡胶止水带,用R表示;

c.钢边止水带,用G表示。

③止水带按设置位置分为两类:

a.中埋式止水带,用Z表示;

b.背贴式止水带,用T表示。

(2)止水带产品标记。

①产品应按下列顺序标记,并可根据需要增加标记内容:

产品用途代号-材料代号-设置位置代号-规格(长度×宽度×厚度)。

②标记示例。

长度为 12000mm，宽度为 400mm，公称厚度为 8mm 的变形缝用中埋式橡胶止水带标记为：B-R-Z-12000mm × 400mm × 8mm。

(3)止水带的规格尺寸及偏差。

①背贴式止水带图示及规格如说明图 12-4、说明表 12-6 所示。

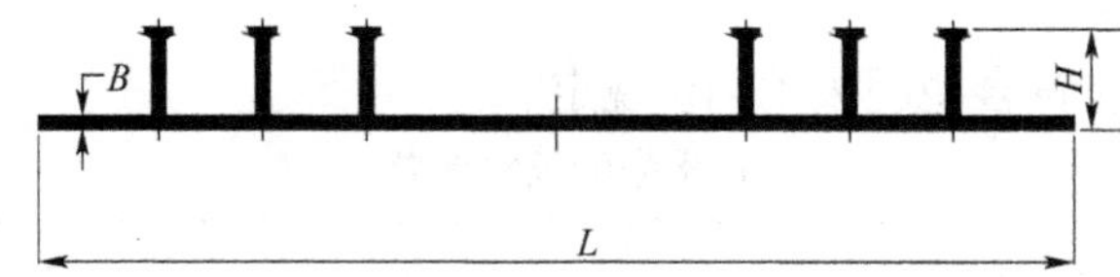

说明图 12-4　背贴式止水带

背贴式止水带规格尺寸(mm)　　说明表 12-6

项　目	常见规格	项　目	常见规格
宽度 L	300,350,400,500	凸高 H	30,35,40,50
厚度 B	4,6,8,10		

②中埋式止水带图示及规格。

a. 施工缝用中埋式止水带图示及规格如说明图 12-5、说明表 12-7 所示。

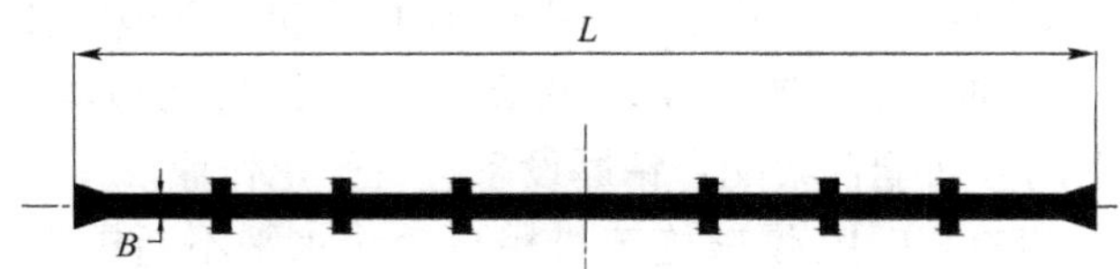

说明图 12-5　施工缝用中埋式止水带

施工缝用中埋式止水带规格尺寸(mm)　　说明表 12-7

项　目	常见规格	项　目	常见规格
宽度 L	250,300,350,400	厚度 B	6,8,10,12,15

b. 变形缝用中埋式止水带图示及规格如说明图 12-6、说明表 12-8 所示。

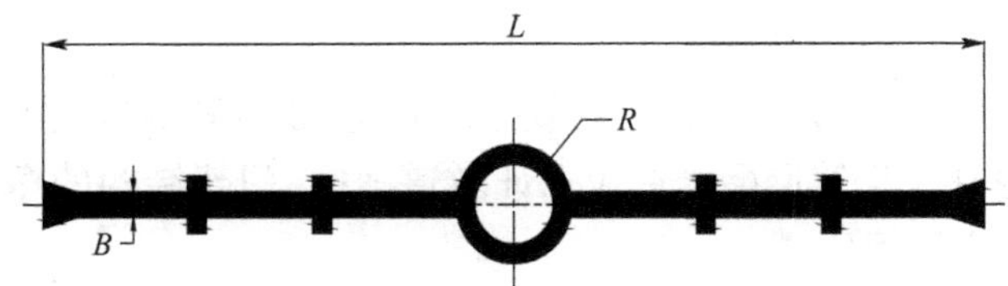

说明图 12-6　变形缝用中埋式止水带

变形缝用中埋式止水带规格尺寸(mm)　　说明表 12-8

项　目	常见规格	项　目	常见规格
宽度 L	300,350,400	半径 R	10,15
厚度 B	10,12,15,20		

c. 钢边止水带图示及规格如说明图 12-7、说明表 12-9 所示。

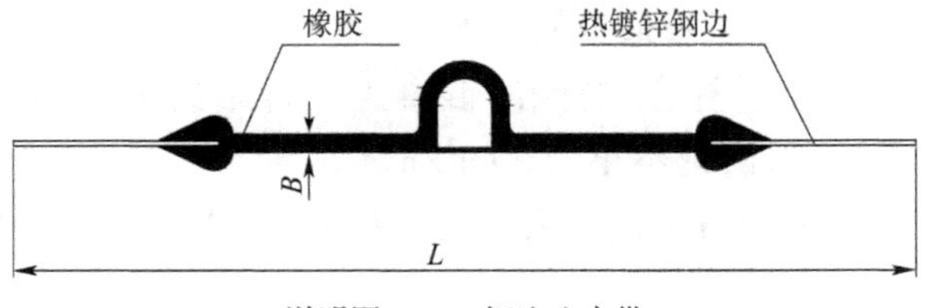

说明图 12-7　钢边止水带

变形缝用钢边止水带规格尺寸(mm)　　说明表 12-9

项　目	常见规格	项　目	常见规格
宽度 L	300,350,400	厚度 B	6,8,10,12

(4)止水带的尺寸偏差。

止水带尺寸偏差要求应符合说明表 12-10 规定。

止水带的尺寸偏差　　说明表 12-10

项目	厚度 B(mm)			宽度 L (%)	凸高 H(mm)(背贴式止水带)		中心孔偏心
	$4\leq B\leq 6$	$6<B\leq 10$	$10<B\leq 20$		$20<B\leq 35$	$35<B\leq 50$	
极限偏差	0 ~ +1	0 ~ +1.3	0 ~ +2	±3	0 ~ +2.5	0 ~ +3	不超过孔厚度 1/3

11.1.4　装渣运输机械的生产能力一般应大于开挖能力的 1.2 倍,衬砌设备的生产能力一般为开挖能力的 1.3 ~ 1.5 倍,以保证隧道施工有足够的“后劲”。

11.2.3　关于液压台车的使用,长期以来一直存在着争议,现在有相当部分现场不管隧道长短均使用简易开挖台架,作业面现场布置零乱,噪声粉尘污染大,施工人员多,存在较多的安全隐患。当单开挖工作面长度大于或等于 3km 的隧道,采用大断面开挖时,爆破钻孔应采用液压凿岩台车,也是考虑了施工成本,只有大量推广使用液压台车,提高熟练程度,才可以实现降低成本和提高钻眼机械化。小于 3km 隧道可采用多功能台架配合钻爆设备进行开挖作业。

在城际轨道交通隧道爆破施工中,爆破施工机械自动化水平不断提高,其钻孔、装药、填塞各工序机械化配套,并朝着预装药爆破技术方向发展。起爆方式引入了微电子技术。起爆器材方面,高精度多段无起爆药非电雷管及电雷管、充气起爆系统、低能导爆索起爆系统也不断完善和推广。目前正着力于“城际轨道交通隧道散装炸药自动装药设备的研制”的研究,模拟试验验证了其可行性,这将对隧道爆破机械化带来突破性。

11.4.7　由于一次出渣量的增大,有轨牵引机车一般选用 20t 及以上电瓶机车,采用梭式矿车运渣的容量一般大于 $16m^3$,侧卸式矿车运渣的容量一般大于 $6m^3$,应相应配置翻框式调车器、浮放道岔等专用调车设备。

11.7.1　模板台车的制造质量直接影响混凝土的质量,故对其制造提出要求:

(1)模板台车的外轮廓在浇筑混凝土后应保证隧道净空,门架结构的净空应保证洞内车辆和人员的安全通行,同时预留通风管位置。

(2)模板台车的门架结构、支撑系统及模板的强度和刚度应满足各种荷载的组合。

(3)模板台车长度宜为 9 ~ 12m。

(4)模板台车边墙作业窗宜分层布置,层高不宜大于 1.5m,每层宜设置 4 ~ 5 个窗口,其净空不宜小于 45cm × 45cm,并设有相应的混凝土输送管支架或吊架。

(5)顶模设置通气孔、注浆管。

(6)模板台车应设置足够的承重螺杆支撑和径向模板螺杆支撑。

(7)模板台车应采用 43kg/m 及以上钢轨为行走轨道。

(8)模板台车应设置大直径通风管通过的位置。

11.7.2　混凝土采用自动计量拌合站拌和,混凝土拌合站的生产能力应能满足衬砌浇筑的需要,单线隧道不小于 $30m^3/h$,双线隧道不小于 $60m^3/h$。

11.8.1　隧道主要施工机械配置见说明表 12-11、说明表 12-12。

无轨运输施工主要设备配置参考表(单作业面)　　说明表12-11

序号	机 械 名 称	规　格	隧道长度≥3km		隧道长度＜3km		备注
			单线	双线	单线	双线	
开挖设备							
1	液压凿岩台车	2～4臂	1	1～2			
2	多功能作业台架				1	1	
3	液压钻机	(配液压站)			8～12	16～24	不需空压机
4	风动凿岩机				10～18	20～32	
5	空压机	18～25m^3/min			3～5	5～8	
6	挖掘机	0.2～1.2m^3	1～2	1～2	1～2	1～2	
出渣、装运设备							
7	装载机	2～6m^3	1	2	1	2	
8	自卸汽车	15～25t	5～10		3～10	5～12	
9	自卸汽车	15～40t		5～12			
通风设备							
10	轴流通风机	74～220kW	≥2	≥2	1～2	1～2	
11	射流风机	28～74kW					根据需要
超前与初期支护、衬砌设备							
12	管棚、锚杆、注浆钻机						根据需要
13	注浆泵	单双液	1～2	2～3	1～2	2～3	
14	锚孔注浆泵	砂浆泵	1～2	2～3	1～2	2～3	
15	配料机	30～60m^3/h	1	1	1	1	喷混凝土料
16	拌合机	500～1000L	1	1	1	1	喷混凝土料
17	喷射混凝土三联机及机械手	10～30m^3/h		1～2		1～2	
18	湿喷机	5～12m^3/h	2～4		2～4		
19	空压机	18～25m^3/min	1～3	2～3	1～3	1～3	
20	全自动拌合站	50～75m^3/h	1	1	1	1	
21	混凝土输送车	5～10m^3	3～5	5～9	3～5	5～9	拌合式
22	混凝土输送泵	≥40m^3/h	1～2	1～2	1～2	1～2	
23	模板台车	9～12m	1～2	1～2	1～2	1～2	
24	仰拱栈桥	≥9m	3～6	3～6	2～4	2～4	
防排水设备							
25	防水板台架	移动式	1	1	1	1	
26	热熔爬焊机	自动调温	1	1	1	1	
27	抽水机						根据涌水量

注:特殊地质条件施工设备根据施工需要经论证后配备。

有轨运输施工主要设备配置参考表(单作业面)　　说明表12-12

序号	机械名称	规格	隧道长度≥3km	隧道长度<3km	备注
开挖设备					
1	液压凿岩台车	2~4臂	1		
2	多功能作业台架			1	
3	挖掘机	0.2~1.2m^3	1~2	1~2	
4	液压钻机	(配液压站)		8~12	不需空压机
5	风动凿岩机			10~18	
6	空压机	18~25m^3/min		3~5	
出渣、装运设备					
7	大型挖装机	150~250m^3/h	1		
8	装载机	2~3m^3	1	2	
9	牵引机车	≥20t	3~8	3~8	
10	充电机		3~8	3~8	
11	梭式矿车	16~20m^3	6~15	4~6	
通风设备					
12	轴流通风机	74~220kW	≥2	1~2	
13	射流风机	28~74kW			根据需要
超前与初期支护、衬砌设备					
14	管棚、锚杆、注浆钻机				根据需要
15	注浆泵	单双液	1~2	1~2	
16	锚孔注浆泵	砂浆泵	1~2	1~2	
17	配料机	20~60m^3/h	1	1	喷混凝土料
18	拌合机	350~1000L	1	1	喷混凝土料
19	湿喷机	5~12m^3/h	2~4	2~4	
20	空压机	18~25m^3/min	1~3	1~3	
21	全自动拌合站	50~75m^3/h	1	1	
22	混凝土输送车	5~10m^3	3~5	3~5	
23	轨行式混凝土输送车	5~7m^3	5~7	3~5	拌和式
24	混凝土输送泵	≥40m^3/h	1~2	1~2	
25	模板台车	9~12m	1~2	1~2	
26	仰拱栈桥	≥9m	3~6	2~4	
防排水设备					
27	防水板台架	移动式	1	1	
28	热熔爬焊机	自动调温	1	1	
29	抽水机				根据涌水量

注:特殊地质条件施工设备根据施工需要经论证后配备。

机械设备配置案例如下。

例一:西康线秦岭Ⅱ线隧道进口。

(1)工程概况:西秦岭隧道(Ⅱ线)长18456m,先期开挖面积30m^2,作为地质探洞和Ⅰ线的平行导坑。隧道埋深大部分在600m以上,最大埋深1600m。岩性以花岗岩和混合片麻岩为主,除洞口段和断层破碎带外,石质完整坚硬,岩石的干抗压强度82~325MPa。进口标段长9505m,施工平均月掘进338m,最高月掘进456m。机械分两阶段配备:第一阶段采用轮式三臂台车、立爪装岩机、电瓶车、8m^{3}梭式矿车;第二阶段采用门架式台车、挖装机、大功率内燃机车和电瓶车、14m^{3}梭式矿车。

(2)主要机械配备,见说明表12-13。

主要机械配备　　说明表12-13

机械名称	规格、型号	功率(kW)	数量(台)	机械名称	规格、型号	功率(kW)	数量(台)
三臂台车	TH169	135	1	内燃机车	JMD-2423t	206	2
门架台车	TH568-10	184	1	轴流通风机	PF110	110	2
立爪装岩机	LZ-120	45	4	轴流通风机	PF14	14	1
挖掘装岩机	ITC312	112	2	内燃发电机组	320GF	320	3
梭式矿车	8m^3	18.5	12	内燃发电机组	120GF	120	1
梭式矿车	14m^3	18.5	22	电力变压器	630kV·A		2
电瓶车	XK8-7/1328t	30	4	电力变压器	315kV·A		2
电瓶车	DE655EB18t	149	6				

例二:西南线秦岭隧道进口。

(1)工程概况:东秦岭双线隧道全长12.268km,进口段6.134km,右侧距正洞30m设平行导坑。岩性主要为石英岩,辉绿岩,千枚岩等硬质岩,通过7条断层,Ⅵ级围岩长度107m,其余为Ⅱ~Ⅴ级围岩,全段富水。正洞施工采用无轨运输模式,平导施工采用有轨、无轨混合装运模式。2001年正洞、平导均实现了3000m成洞的施工纪录。

(2)主要机械配备,见说明表12-14。

主要机械配备　　说明表12-14

机械名称	规格、型号	功率(kW)	数量(台)	机械名称	规格、型号	功率(kW)	数量(台)
计算机导引台车	SGBC-CR	165	1	混凝土拌合机	JS750	15	2
三臂台车	TH169	135	1	电动空压机	4L-20/8	130	11
铲装机	ED600T	175	1	轴流式通风机	SDF$_{(C)}$12.5	220	2
挖装机	ITC312	112	2	轴流式通风机	PF14	14	1
梭式矿车	14m^3	18.5	28	射流风机	SSF-4P7.1	75	3
电瓶车	14t	22	14	抽出式风机	SFC-13	45	1
湿喷机	TK961	11	4	内燃发电机组	320GF	320	1
干喷机	HPJ-1	5.5	4	内燃发电机组	120GF	120	1
喷射机械手	Robet-75	115	1	电力变压器	630kV·A		2
注浆泵	KBY	17	2	电力变压器	315kV·A		2
模板台车	12m	4.4	2	电力变压器	250kV·A		1
混凝土拌合输送车	轮式	206	4	挖掘机	XL2200	69	1
混凝土拌合输送车	轨行式	22	4	挖掘机	HD700	112	1
混凝土输送泵	HBF60	55	5	装载机	WA470	205	1
混凝土拌合机	JZF1000	18.5	1	装载机	LZ40	117	2
混凝土拌合机	JS750	15	2	自卸汽车	VOLVO-A25C	187	5

例三:长梁山隧道4号斜井。

(1)工程概况:朔黄线长梁山双线隧道全长12.78km,共设4座施工斜井,其中4号斜井井身倾角22.5°,垂直深度173.1m,井身斜长489.2m,担负正洞1800m施工,其中Ⅳ级围岩长1035m,其余为Ⅴ级围岩,平均月成洞47m。

(2)主要机械配备见说明表12-15。

主要机械配备

说明表12-15

机械名称	规格、型号	功率(kW)	数量(台)	机械名称	规格、型号	功率(kW)	数量(台)
三臂台车	H169	135	1	电动空压机	4L-20/8	130	4
立爪装岩机		45	5	内燃空压机	VY12/T-B	110	1
耙斗装岩机		30	1	轴流式通风机	PF110	110	1
侧卸式矿车	$5m^3$		18	轴流式通风机	PF14	14	1
斗车	$0.75m^3$		4	内燃发电机组	320GF	320	1
电瓶车	8t	22	11	内燃发电机组	120GF	120	1
充电机		17	8	抽水机	各型	7×37	7
湿喷机	TK961	11	5	深井泵	300QK	37	4
干喷机		5.5	2	电力变压器	1510kV·A		4
喷射机械手	Robet-75	115	1	提升机	ZJK2/20X	180	1
注浆泵	KBY	17	2	电葫芦	3~5t		3
模板台车	8m	4.4	1	卷扬机	JK3	30	1
混凝土拌合输送车	轨行式	22	4	轨行人车	20座		1
混凝土输送泵	HBF60	55	2	挖掘机	HD700	112	1
混凝土拌合机	JZF750	18.5	2	各型装载机			3
混凝土拌合机	JS500	15	2	各型自卸汽车			5

例四:乌鞘岭隧道大台竖井。

(1)工程概况:兰新线兰武段乌鞘岭特长隧道设计为两座单线隧道,隧道长20050m。隧道线间距为40m,隧道线路纵坡主要为11‰的单面下坡。乌鞘岭隧道共设计有13个斜井、一个竖井和1个平洞共15个辅助坑道,在施工过程中又增设了1个竖井,同时个别坑道的位置进行了调整。施工前期左线为平导,右线一次建成。其中大台竖井井深设计深度为515.66m,直径5.5m(净空),为当时同类项目之最。

(2)主要机械配备,见说明表12-16。

主要机械配备

说明表12-16

序号	机具名称	规格、型号	单位	数量
1	伞形钻机	FJD-6	台	1
2	风动凿岩机	YT28	台	20
3	长绳悬吊式抓岩机	$0.6m^3$	台	1
4	备用发电机	800kW	台	1
5	卷扬机	2~5t	台	3
6	空压机	$20m^3/s$	台	5
7	锻钎机	JD_2-1	台	1

续上表

序 号	机具名称	规格、型号	单 位	数 量
8	轴流式通风机	34kW	台	2
9	吊泵	80DGL-75	台	6
10	深井泵	8J35 ×26	台	2
11	装载机	ZLC-40B ~50	台	3
12	自卸汽车	5t	台	2
13	混凝土喷射机	HFB-5D	台	2
14	变压器	S7-630/10	台	5
15	钢管井架	煤炭部定型Ⅳ型	台	1
16	吊桶	$1.5\sim3.0m^3$	台	4
17	双层吊盘	单绳	台	1
18	混凝土拌合机	JZM350 ~750	台	3
19	风镐		台	8
20	主提升绞车	2JK-3.5m/20	台	1
21	副提升绞车	JK-2.0m/20	台	1
22	调度绞车	1t	台	3
23	凿井稳车	JZ-5/500	台	5
24	凿井稳车	2JZ-16/800	台	4
25	凿井稳车	JZ-16/800	台	3
26	凿井稳车	2JZ-10/600	台	1
27	凿井提升天轮	2.5m	个	1
28	凿井悬吊天轮	单槽 ϕ600mm	个	1
29	凿井悬吊天轮	单槽重型 ϕ1000mm	个	5
30	凿井悬吊天轮	双槽重型 ϕ1000mm	个	3
31	凿井悬吊天轮	双槽重型 ϕ600mm	个	1
32	抽水机	3DA-8 ×9	台	1
33	钩头	6t	个	2
34	卸渣台		座	2
35	井盖	钢木自制	个	1
36	安全梯	20人	个	1

例五:精伊霍线北天山隧道进口。

(1)工程概况:北天山隧道全长13610m,进口标段长6805m。正洞左侧设全长贯通的平行导坑,线间距30m,平导全长13540m,进口标段长6770m。隧道正洞线路纵坡为人字坡,其中进口段3810m为1.3%的上坡,中部400m为0.8%的下坡,其余2595m为1.7%的下坡,平导纵坡设计与正洞一致。隧道开工至2007年12月,共发生10次特大涌水及1次特大突泥、涌砂。

(2)机械配备见说明表12-17。

机 械 配 备　　说明表 12-17

序　号	机械设备名称	规格、型号	单　位	数　量
1	轮胎装载机	LW320 1.5m^3	台	6
2	挖掘装载机	KL41 280m^3/H～ITC312	台	4
3	装载机	ZL40	台	1
4	履带挖掘机	0.2～1.2m^3	台	5
5	轴流风机	2×22kW～2×110kW	台	4
6	射流风机	45kW	台	2
7	电动空压机	10～20m^3	台	14
8	变压器	6220kV・A	台	15
9	备用发电机	275kW	台	2
10	可控硅充电机	KCA01-100/300～380	台	14
11	电瓶车	XK14-9/196-JC 14～20t	辆	25
12	梭式矿车	DSF-14～S14D	辆	35
13	混凝土拌合机	JS500～1000BH	台	3
14	注浆泵	各型	台	15
15	混凝土搅拌运输车	6～8m^3	台	12
16	轨行式混凝土运输车	6m^3	台	4
17	混凝土输送泵	50～60m^3/h	台	5
18	锚固钻机	YG-60	台	3
19	离心水泵	14SH-19A～28	台	8
20	潜水排污泵	350QW1500-15-90	台	10
21	电焊机	B×315～400	台	8
22	钢筋切断机		台	1
23	钻床	3kW	台	1
24	车床	CW6140A	台	1
25	弯拱机		台	1
26	自卸汽车	12.5t	台	8
27	洒水车	东风4000L	台	1

13.1.5 现场监控量测工作一般按照下面程序进行：

(1)初始调查。

在施工前对工程的地质条件、地下水状况及施工影响区域内的周边环境进行初始调查，了解其工程的难点、特点和现状，为监测工作的顺利开展做好准备。

(2)编制实施性监测计划。

现场量测小组按照规程的技术要求，结合隧道设计、工程地质条件等编制其实施性监测计划，必须经业主、监理单位现场审查批准后方可实施。

(3)测点布设及取得初始监测值。

水准基点、工作基点、监测点的埋设须严格按照相应规范进行，以确保监测数据可靠。测点应在工序开始前布设完毕，并取得监测点的初始观测值，一般取三次观测数据的平均值作为初始观测值。

(4)现场监测。

现场监测工作由现场监测组实施,并根据监测结果对施工安全及结构的稳定性作出评价。

(5)提交监测结果。

正常情况下,监测组以周报的形式提交监测数据(包括书面材料和电子文件)。当出现沉降或变形的异常现象时,应立即报告相关部门。

(6)报送周报、月报。

现场监测数据进行分析处理后,形成周报、月报,遇有特殊情况要形成日报,按要求及时上报各相关部门。

(7)编写总结报告。

现场监测工作停止后,应在一个月内编写出该工程的施工监测总结报告。

13.1.6　现场监测工作中,根据监测精度要求,应减小系统误差,控制偶然误差,避免人为错误。应经常采用相关方法对误差进行检验分析。同时应对不完整数据进行处理。

(1)减小系统误差的方法。

根据监测精度要求选择仪器,并考虑仪器的稳定性、耐久性及经济性。通常采用精度高、稳定性好、耐久性好的仪器来减小系统误差;如果监测仪器产生的系统误差不能满足监测精度要求,应根据系统误差产生的原因进行修正。

(2)控制偶然误差的方法。

引起偶然误差的主要原因有偶然因素,如电源电压波动,对仪表末位读数估读不准确,以及环境因素的干扰等。因此,对不同的监测项目,具体分析产生偶然误差的原因,在监测实施过程中加强管理,提高监测操作人员的技术水平来控制偶然误差。偶然误差一般服从正态分布,在数据处理过程中,进行数据统计检验。

(3)避免人为误差的方法。

由于测试人员的工作过失所引起的误差,如读错仪表刻度(位数、正负号)、测点与测读数据混淆、记录错误等,造成监测数据不可允许的错误。避免人为误差所采取的措施主要有加强监测管理,规范监测工作,加强人员培训,提高人员素质。

在数据处理时,此类误差数值一般很大,必须从测量数据中剔除。

(4)不完整(或缺损)数据的处理。

在监测实施过程中,由于监测仪器被破坏、测点埋设不及时、受施工干扰部分时间段数据没有采集等原因,导致监测数据不完整,以及如拱顶下沉、结构收敛等监测项目在监测点埋设之前部分位移已经发生。

避免出现这类情况产生的主要措施:及时埋设测点,加强测点保护,加强监测组织管理,协调好监测与施工之间关系。

13.1.7　树立规范意识,监测工作要规范化,标准化,具体包括:①制定监测项目的实施细则,规范化作业程序,从而提高工作效率,减少工作失误;②数据记录、报表格式标准化,便于数据的处理和分析。

13.2.1　从理论上讲,凡是能够反映围岩与支护力学形态变化的物理量,都可以作为被测物理量。但是,被测的物理量应尽量反映围岩与支护力学形态变化,同时要求量测方法在技术、经济上又简单、可行。围岩变形乃是围岩力学形态变化最直观的表现,变形量测具有量测结果直观、测试数据可靠、量测仪表长期稳定性好、抗外界干扰性强,同时测试费用低廉的优点。因此在选用测试项目时应将位移量测作为首选量测项目。

必测项目是为了在设计、施工中确保围岩的稳定,并通过判断围岩的稳定性来指导设计、施工的经常性量测。这类量测通常测试方法简单,可靠性高,费用少,而且对监视围岩稳定、指导设计施工有重要的作用。

选测项目是对一些有特殊意义和具有代表性意义的区段进行补充测试,以求更深入地掌握围岩的稳定状态与锚喷支护的效果,指导未开挖区的设计与施工。这类量测项目测试较为麻烦,量测项目较多,花费较大,一般只根据需要选择其部分项目。

13.2.2 实践证明,开挖工作面的地质素描和数码成像对于判断围岩稳定性和预测开挖面前方的地质条件是十分重要的。开挖面附近初期支护状态的观察和裂缝描述,对直接判断围岩的稳定性和支护参数的检验也是不可缺少的。在进行地质素描及数码成像时,开挖工作面应有良好的照明,以保证地质素描及数码成像的效果。

13.2.6 隧道地表下沉量测横断面方向的测点监测范围边界应设置到隧道开挖影响范围以外,并在开挖影响范围以外设置基点。

地表下沉量测的测点应布设在由设计确定的特别重要的施工地段(包括地表有建筑物地段),施工中地表发生塌陷并经修补过的地段、由地表预先探测到地中存在构筑物或空洞的施工地段,测点应尽量接近构筑物或空洞上方。

13.2.8 净空位移量测、拱顶下沉量测原则上是在同一断面上进行,而且其他量测项目也应设置在同一断面上。但因围岩及开挖方法、隧道内管线位置等原因,可以适当调整。净空变化量测以水平基线量测为主,必要时设置斜测线(如洞口附近、浅埋区段、有偏压或膨胀性土压的区段、拱顶下沉位移量大的区段),斜测线的设置有助于了解垂直方向的变化情况,当与解析法一起综合判断时,最好也布置斜测线,可参照说明图 12-8。

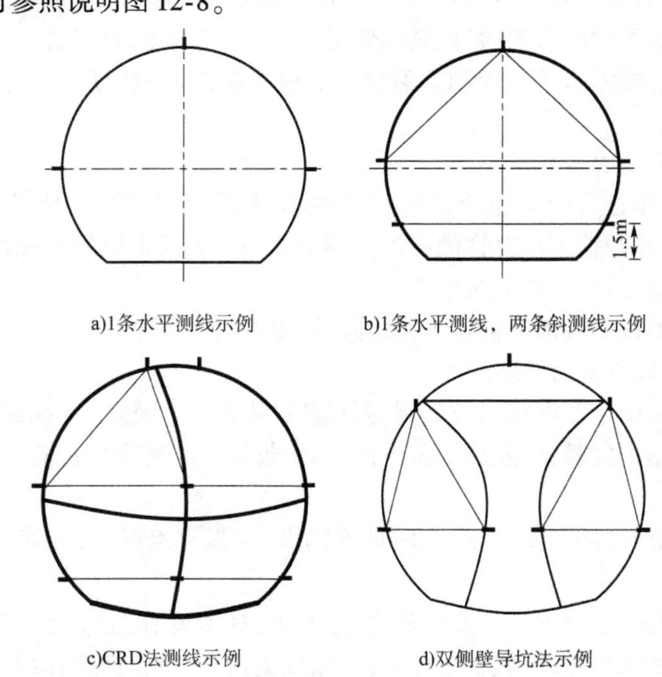

说明图 12-8 拱顶下沉量测和净空变化量测的测线布置示例

分布开挖法临时支护拆除后,应继续进行拱顶下沉和净空收敛量测,测线布置按全断面开挖时的测线进行量测。

13.2.9 选测项目的断面间距应视需要而定,或在有代表性的地段选取若干测试断面。凡是地质条件差、隧道开挖断面积大、施工工序复杂的重要工程,布点应适当加密。为了尽早对隧道设计参数、施工方法、制定的监控基准等进行评价,应在设置有选测项目的隧道开始段就进行布点。

选测项目 1 ~ 5 项的测点布置如说明图 12-9 所示。

选测项目中,多点位移计每断面一般采用 3 ~ 5 个钻孔,应分布在边墙和拱部。锚杆轴力量测,喷层应力量测,接触压力量测每断面一般设置 3 ~7 个测点,如有需要可以增加测点。测点应布置在拱顶、拱腰及边墙等部位。测点布置应尽量靠近实际锚杆位置,多点位移计位置应靠近净空位移测点,以便数据上互相验证。用声波法确定围岩松动区范围时,一般需设置 3 对测孔。

采用多部开挖施工方法的隧道,如有需要可在临时支护上布置应力测点。

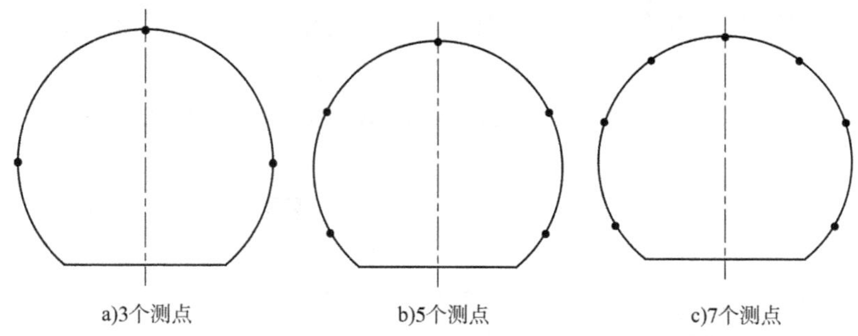

说明图 12-9　选测项目的量测仪器布置示例

13.2.11　由于测线和测点不同,位移速度也不同,因此应以产生最大位移速度来决定量测频率。

在塑性流变岩体中,位移长期(开挖后两个月以上)不能收敛时,量测要继续到每月为 1mm 为止。

13.2.12　研究表明,在距开挖工作面 1B 和 2B 处的收敛值分别占规定的允许收敛量的 65% 和 90% 左右,距开挖面较远时围岩和初期支护变形基本稳定。按表 13-8 所确定的控制基准,使隧道开挖的每个阶段都有相应的位移控制基准与之相适应。

13.2.15　由于采用的测试仪器不同,量测精度也不同,说明表 12-18 规定的精度为常用测试仪器的最低精度。

不同测试仪器的精度　　说明表 12-18

测试仪器	信息含量		精度(mm)
收敛计	相对位移	分量	0.3 ~0.5
水平仪	绝对位移	分量	0.5 ~1.0
全站仪	绝对位移	三维向量	1.0

13.3.3　在地下工程中,开挖前的地质勘探工作很难提供非常准确的地质资料,所以有必要在隧道每次开挖后进行细致的目测观察。通过目测可获得与围岩稳定的直观信息,可以预测开挖前方的地质条件以及根据喷层表面状态及锚杆的工作状态,分析支护结构的可靠程度。开挖工作面观察应在每次开挖后进行。观察中发现围岩条件恶化时,应立即采取相应处理措施;观察后应及时绘制开挖工作面地质素描图、填写开挖工作面地质状况记录表和施工阶段围岩级别判定卡(见本章附件 8),并与勘查资料进行对比。

(1)对开挖后没有支护的围岩进行目测,主要是了解开挖工作面下列的工程地质和水文地质条件。

①岩质种类和分布状态,近界面位置的状态。

②岩性特征:岩石的颜色、成分、结构、构造。

③地层时代归属及产状。

④节理性质、组数、间距、规模、节理裂隙的发育程度和方向性,断面状态特征,充填物的类型和产状等。

⑤断层的性质、产状、破坏带宽度、特征等。

⑥地下水类型、涌水量大小、涌水位置、涌水压力、水的化学成分、湿度等。

⑦开挖工作面的稳定状态,顶板有无剥落现象。

(2)对已施工地段的观察每天至少应进行一次,其目测内容如下:

①初期支护完成后对喷层表面的观察以及裂缝状况的描述和记录。

②有无锚杆脱落或垫板陷入围岩内部的现象。喷混凝土是否产生裂缝或剥离,要特别注意喷混凝土是否发生剪切破坏。有无锚杆和喷混凝土施工质量问题。钢架有无被压屈、压弯现象。是否有底鼓现象。

将观察到的有关情况和现象,应详细记录,并绘制隧道开挖工作面及两侧素描图,要求每个断面至少绘制1张。

观察中如果发现异常现象,要详细记录发现时间、距开挖工作面的距离以及附近测点的各量测数据。

13.3.4 周边位移可为判断隧道的稳定性提供可靠的信息,同时根据位移速度判断隧道围岩的稳定程度,为二次衬砌提供合理的支护时机。

目前隧道周边位移监控量测可采用接触量测和非接触量测两类,其中接触量测主要用收敛计进行量测,非接触量测则主要用全站仪进行。

用收敛计进行隧道净空收敛量测方法相对比较简单,即通过布设于洞室周边上两固定点,每次测出两点的净长 L,求出两次量测的增量(或减量)ΔL,即为此处净空收敛值。读数时应该读3次,然后取其平均值。

用全站仪进行隧道净空收敛量测方法包括自由设站和固定设站两种。与传统的接触量测的主要区别在于,非接触量测的测点采用一种膜片式回复反射器作为测点靶标,以取代价格昂贵的圆棱镜反射器。具有回复反射性能的膜片形如塑料胶片,其正面由均匀分布的微型棱镜和透明塑料薄膜构成,反面涂有压敏不干胶,它可以牢固地黏附在构件表面上,这种反射膜片,大小可以任意剪裁,价格低廉。通过对比不同时刻测点的三维坐标($x(t)$,$y(t)$,$z(t)$),可得到该测点在该时段的位移(相对于某一初始状态)。与传统接触式监控量测方法相比,该方法能够获取测点更全面的三维位移数据,有利于结合现行的数值计算方法进行监控量测信息的反馈,同时具有快速、省力、数据处理自动化程度高等特点。

13.3.5 拱顶下沉量测同位移收敛量测一样,都是隧道监控量测的必测项目,最能直接反映围岩和初期支护的工作状态。目前拱顶下沉量测大多数采用精密水准仪和铟钢挂尺等。拱顶下沉监控量测测点的埋设,一般在隧道拱顶轴线处设1个带钩的测桩(为了保证量测精度,常常在左右各增加一个测点,即埋设3个测点),吊挂钢卷尺,用精密水准仪量测隧道拱顶绝对下沉量。可用 $\phi6$ 钢筋弯成三角形钩,用砂浆固定在围岩或混凝土表层。测点的大小要适中:过小,测量时不易找到;过大爆破易被破坏。支护结构施工时要注意保护测点,一旦发现测点被埋掉,要尽快重新设置,以保证数据不中断。拱顶下沉量测示意图见说明图12-10。

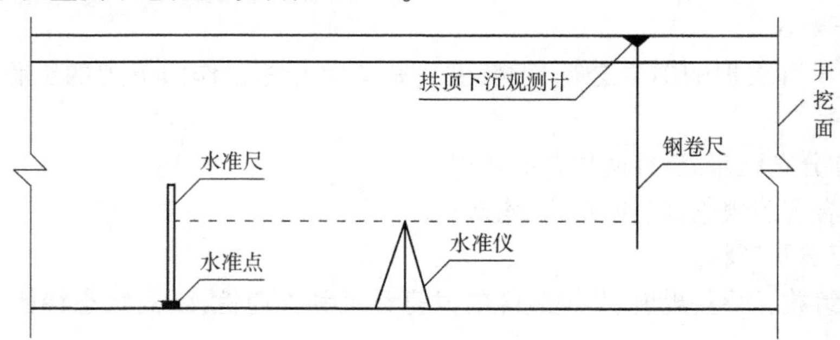

说明图12-10 拱顶下沉量测示意图

拱顶下沉量的确定比较简单,即通过测点不同时刻相对高程 h,求出两次量测的差值 Δh 即为该点的下沉值。关键是必须找出不动点作为参考点(基点),通常采用以下两种方法:第一种方法是将不动点设置在洞外,每次监控量测从洞外引入,这种方法很繁琐,一般随着隧道的开挖,转站次数也明显增加,故相对测量误差也会增大,现场一般不采用;第二种方法是在开挖面后方一定距离的拱顶处(有时可利用已经稳定的拱顶下沉测点)设置为参考点,并假定它为不动点(实际上它仍在下沉,但下沉值与开挖面测点的下沉量相比很小,可以忽略不计),因此这种方法测得的下沉值对判断围岩及初期支护结构的稳定性,精度是足够的,也是有效的,该方法相对简单,因而被广泛采用,但一般在量测一段时间后需要采用第一种方法进行必要的校核。读数时应该读两次,然后取其平均值。

拱顶下沉量测也可以用全站仪进行非接触量测,其具体量测方法跟洞周收敛量测方法类似。

13.3.6 为了了解地表下沉的范围、下沉量的大小、下沉量随开挖工作面推进的变化规律以及地表下沉稳定时间,就有必要对浅埋地段进行地表下沉监测。

地表下沉量测一般用精密水准仪和铟钢尺进行测量,量测结果能反映浅埋隧道开挖过程中地表变形的全过程,其量测精度一般为 ±1mm。浅埋隧道地表下沉量测的重要性,随隧道埋深变浅而增大,见说明表 12-19。

地表沉降量测的重要性 说明表 12-19

埋　　深	重 要 性	测 量 与 否
$3D < h$	小	不必要
$2D < h < 3D$	一般	最好量测
$D < h < 2D$	重要性	必须量测
$h < D$	非常重要	必须列为主要量测项目

注:D-隧道直径;h-隧道埋深。

地表下沉量测断面宜与洞内周边位移和拱顶下沉量测设置在同一断面,当地表有建筑物时,应在建筑物周围增设地表下沉观测点。在隧道纵向(隧道中线方向)至少布置一个纵向断面。在横断面上至少应布置 11 个测点,两测点的距离为 2 ~ 5m。在隧道中线附近测点应布置密些,远离隧道中线应疏些。

地表下沉量测方法和拱顶下沉量测方法相似,即通过测点不同时刻高程 h,求出两次量测的差值 Δh,即为该点的下沉值,需要注意的是,参考点(基点)必须设置在工程施工影响范围以外,以确保参考点(基点)不下沉,并在工程开挖前对每一个测点读取初始值。一般在距离开挖面前方 $H + h$ 处(H 为隧道埋深,h 为地下工程的开挖高度)就应对相应测点进行超前监控量测,然后随着工程的进展按一定的频率进行监控量测。在读数时各项限差宜严格控制,每个测点读数误差不宜超过 0.3mm,对不在水准路线上的观测点,一个测站不宜超过 3 个,超过时应重读后视点读数,以作核对。首次观测时,对测点进行连续两次观测,两次高程之差应小于 ±1.0mm,取平均值作为初始值。

在进行监控观测时,应注意以下观测条件:

(1)应在水准仪和标尺检验合格后才能进行观测。

(2)不得在测站和标尺处有震动时进行观测。

(3)尽量选择在每天同一时间内进行观测,选择在阴天和气温变化小的时间内进行观测;若必须在阳光下进行观测,测站上应备有测伞。

(4)要用精密水准仪进行基点的联测,其误差不得超过 $\pm 0.5\sqrt{n}$mm(n 为测站数),检查周期不得大于 30d。

(5)观测应坚持"四固定"原则,即观测人员固定、测站固定、测量延续时间固定、施测顺序固定。

(6)沉降观测一般分为二等和三等水准测量,在沉降观测之前应根据监控量测的重要性,使用要求,工程地质条件等因素,综合确定沉降水准测量等级。二等水准测量的闭合差应小于 $\pm\sqrt{0.5n}$ mm

(n 为测站数),三等水准测量的闭合差应小于 $\pm 10\sqrt{n}$ mm(n 为测站数),鉴于沉降观测的连贯性,不得任意改变水准点及其高程。

当所测地层表面立尺比较困难时,可以在预埋的测点表面粘贴膜片式反射器作为测点靶标,然后用全站仪进行非接触量测。

13.3.7 为了判断开挖后围岩的松动区、强度下降区以及弹性区的范围,确定围岩位移随深度变化的关系和判断锚杆长度是否适宜,以便确定合理的锚杆长度,就有必要对围岩内变形进行监控量测。

围岩内变形量测的设备主要使用位移计,它可量测隧道不同深度处围岩位移量,近几年位移计被广泛应用于地下空间围岩稳定性监测中,在位移计的选择上应注意以下几点:

(1)安装、量测方便,性能稳定可靠;

(2)能较长期进行监测;

(3)造孔方便(孔径 ϕ40 ~ ϕ50mm),安装及时;

(4)锚头抗振,能适应各类围岩,也可在土层中锚固;

(5)精度能够满足生产、科研的要求;

(6)价格合理。

位移计按测试装置的工作原理可分为电测式位移计和机械式位移计。电测式位移计是把非电量的位移量通过传感器的机械运动转化为电量变化信号输出,再由导线传送给二次仪表,接受并显示。电测式位移计施测方便,操作安全,能够遥控,适应性强,灵敏度高,但受外界干扰较大,读数易受多种因素的综合影响,稳定性较差且费用较高,目前较多采用机械式位移计。

按位移计可以测取位移量的个数多少,位移计可分为单点位移计和多点位移计,单点位移计只能量测围岩内某一深度处的位移量,而多点位移计可在围岩内部不同深度处埋设多个测点,同时量测围岩内不同深度处的位移量,在工程实践中多点位移计应用较广泛。每个位移测点均由锚头、位移传递杆和测量端头组成。基准面板上有几个位移测点的锥形测孔,测量时将专用百分表插入基准面板的锥形孔内,插稳之后即可读数,每个测孔测量3次,最大差值小于0.07mm时取其平均值记入表中。

13.3.8 应力、应变监测是属于选测项目,具体监测内容应根据监测计划而定,目前应力、应变监测主要采用振弦式、电容式、光纤光栅等传感器。在一般施工监测中主要以振弦式传感器为主。但如果要对重大隧道进行长期监测(如海底隧道)或隧道所处地质条件酸碱性较强,则应采用光纤传感器进行现场监控量测,光纤传感器相对于传统的振弦传感器具有抗腐蚀性强、耐用、量测数据精确稳定等优点。

13.3.11 为了了解围岩压力的量值及分布状态,判断围岩和支护的稳定性,分析二次衬砌的稳定性和安全,就有必要对围岩与初期支护接触压力和初期支护与二次衬砌接触压力进行监测。接触压力量测仪器根据测试原理和结构可分为液压式测力计和电测式测力计,液压式测力计的优点是结构简单、可靠,现场直接读数,使用比较方便。电测式测力计的优点是测量精度高,可远距离和长期观测。目前使用最为普遍的是振弦式压力盒。在埋设压力盒时,要求接触紧密和平稳,防止滑移,并且需要在上面盖一块厚6~8mm直径与压力盒直径大小相等的钢板。埋设好压力盒后应将其电缆统一编号,并集中放置于事先设计好的铁箱内,以免在施工过程中被压断、拉断。观测时,根据具体情况及要求,定期进行测量,每次每个压力盒的测量应不少于3次,力求测量数值可靠、稳定,并做好原始记录。

13.3.12 为了了解混凝土层的变形特征以及混凝土的应力状态,掌握喷层所受应力的大小,判断喷混凝土层的稳定状况,判断支护结构长期使用的可靠性以及安全程度,检验二次衬砌设计的合理性，就有必要对喷混凝土和二次衬砌模筑混凝土进行应力量测。

混凝土应变计是量测混凝土应力的常用仪器，量测时将应变计埋入混凝土层内，通过频率测定仪测出应变计受力后的振动频率，然后从事先标定出的频率－应变曲线上求出作用在混凝土层的应变，然后再求解应力。

当用光纤光栅传感器进行混凝土应变量测时，则应将传感器成对地埋入混凝土内，通过光纤光栅接收仪获得不同时刻的波长，然后在把波长转换为混凝土的应变值，再求出应力。

测定混凝土应力时，不论采用哪一种量测法均应根据具体情况和要求，定期进行测量，每次每个测点的测量应不小于 3 次，力求测量数据可靠、稳定，并做好原始记录。

13.3.14 孔隙水压力监测在控制隧道开挖导致的地表沉降、确定二次衬砌承受水压力等方面起着十分重要的作用。

孔隙水压监测一般采用孔隙水压计，其埋设方法与土压力盒基本相同，可采用挂布法、顶入法、弹入法、埋置法和钻孔法。

(1) 在确定孔隙水压计量程时，除了按孔深计算孔隙水压力的变化幅度外，还要考虑大气降水、井点降水等影响因素，以免造成孔隙水压力超出量程，或者量程选用过大，影响测量精度。

(2)采用钻孔法施工时，原则上不得采用泥浆护壁工艺成孔。如因地质条件差，不得不采用泥浆护壁时，在钻孔完成之后，需用清水洗孔，直至泥浆全部清除为止。接着，在孔底填入部分净砂后，将孔隙水压计送至设计高程，再在周围填上约 0.5m 高的净砂作为滤层。

(3)封口是孔隙水压计埋设质量好坏的关键工序。封口材料宜使用直径为 1～2cm、塑性指数 I_p 不小于 17 的干燥黏土球，最好采用膨润土。封口时应从滤层顶一直封至孔口，如在同一钻孔中埋设多个探头，则封至上一个孔隙水压计的深度。一般来说，为保证封口，孔隙水压计之间的间距应大于 1m，以免水压力贯通。在地层的分界处附近埋设孔隙水压计时应十分谨慎，滤层不得穿过隔水层，避免上下层水压力的贯通。

(4) 如果所测地层土质较软，则可用压入法进行埋设。用外力将孔隙水压力计缓缓压入土中至设计埋设高程。如土质稍硬，则可先用钻孔法钻入一定深度后，再用压入法将探头送至高程，此法的优点在于可节省钻孔的时间和费用。

(5)无论采用哪一种方法埋设，都要扰动地层，使初始孔隙水压力发生变化。为使这一变化对后期测量数据的影响减小到最低限度，一般应在正式测量开始前一个月进行埋设。

13.4.1 监测资料的整理、分析是信息反馈的基本工作。数据分析通常采用比较法、作图法和数值计算等，分析各监测物理量值大小、变化规律、发展趋势。首先与控制基准值进行比较，以便对工程的安全状态进行评估。然后，绘制时间－位移曲线散点图和距离－位移曲线散点图。如果位移的变化随时间(或距开挖工作面距离)而渐趋稳定，说明围岩处于稳定状态，支护系统是有效、可靠的，见左边的正常曲线。右边的反常曲线中，出现了反弯点，说明位移出现反常的急骤增长现象，表明围岩和支护已呈不稳定状态，应立即采取相应的工程措施。当监测时态曲线呈现收敛趋势时，还应根据散点图的数据分布状况，选择合适的函数进行回归分析。

13.4.4 对位移监测结果进行回归分析，以预测该测点可能出现的最大位移值及影响范围，以评估结构或建筑物的安全状况，并据此优化施工方法。常用的回归函数有以下几类。

(1) 地表沉降横向分布规律采用 Peck 公式：

$$S(x) = S_{max} e^{-\frac{x^2}{2i^2}} \tag{12-7}$$

$$S_{max} = \frac{V_1}{\sqrt{2\pi} i} \tag{12-8}$$

$$i = \frac{H}{\sqrt{2\pi}\tan\left(45^{\circ} - \frac{\varphi}{2}\right)} \tag{12-9}$$

式中：$S(x)$——距隧道中线 x 处的沉降值，mm；

S_{max}——隧道中线处最大沉降值；

V_1——地下工程单位长度地层损失，m^3/m；

i——沉降曲线变曲点；

H——隧道埋深。

(2)位移历时回归分析，如地表沉降、拱顶下沉、净空收敛等变形的历时曲线一般采用如下函数进行回归。

$$U = A(e^{-B/t} - e^{-Bt_0}) \tag{12-10}$$

式中：U——变形值；

A、B——回归系数；

t_0——测点的初始观测时间，d；

t——测点的观测时间，d。

(3)由于地下工程开挖过程中地表纵向沉降、拱顶下沉及净空收敛等位移受开挖工作面时空效应的影响，多采用指数函数进行回归分析。多数情况下，单个曲线进行回归时不能全面反映沉降历程，通常采用以拐点为对称的两条分段指数函数进行回归分析。

$$\left.\begin{aligned} S &= A[1 - e^{-B(x-x_0)}] + U_0 \qquad (x > x_0) \\ S &= -A[1 - e^{-B(x-x_0)}] + U_0 \qquad (x \leqslant x_0) \end{aligned}\right\} \tag{12-11}$$

$$S = A(1 - e^{-Bx}) \qquad (x \geqslant 0) \tag{12-12}$$

式中：A、B——回归参数；

x——距开挖面的距离；

S——距开挖面 x 处的地表沉降；

x_0、U_0——拐点 x_0 处的沉降值 U_0。

根据经验，对于地表纵向沉降回归分析一般采用说明式(12-11)；拱顶下沉、净空收敛变一般采用说明式(12-12)，对说明式(12-12)，理论上讲，当 x 较小时，S 趋于0；若 S 不趋于0，需考虑监测结果的可靠性。

回归时应注意以下几点：

①回归分析要有足够多的数据，一般应在一个月的连续测试以后进行；

②实际发生位移的时间 t_0 都在埋设测点前(地表沉降除外)，t_0 是未知的，为考虑 t_0 的影响，使函数拟合得更真实，可选择后三种函数回归；

③实际回归分析时，还应考虑爆破开挖造成的位移突变台阶的影响。

13.4.5 对应力(应变)监测结果的回归分析一般也采用指数模型：

$$U = A(e^{-B/t} - e^{-Bt_0}) \tag{12-13}$$

13.4.6 实践证明，爆破振动速度衰减经验公式：

$$V_{max} = K\left[\frac{Q^m}{R}\right]^a \tag{12-14}$$

其能基本反映其衰减规律，其相关性和趋势性较满意。但是公式中的各参数的经验选取方法需作适当调整。

m 为药量指数。当药包尺寸或同段炮眼的分布范围与测点距离相比值相当小(比例尺寸不到1:10)时，可以认为同段爆破药包为点药包，取 $m = 1/3$；更近距离范围趋于 $1/2$，当测点距离与同段药包分散相当时,取 $m=1/2$。

K、a 值与爆破区地形、地质条件和爆破条件等相关,但 K 值更取决于爆破条件的变化,a 值主要取决于地形、地质条件的变化。爆破临空条件好,夹制作用小,K 值就小,反之 K 值大;地形平坦,岩体完整、坚硬,a 值趋小;反之破碎、软弱岩体,起伏地形,a 值趋大。K 取值范围大部分在 50 ~ 1000 之内,a 取值在 1.3 ~ 3.0 之间。实际监测时,建议将近距离振动衰减规律和远距离衰减规律分开考虑:当比例距离 $R'=R/Q^m\leqslant 10$,认为是近距离振动;当 $R'=R/Q^m>10$ 认为是远距离振动。近距离振动 K 值较大,可达 500 以上,a 值较大,可取 2.0 ~ 3.0;远距离爆破振动,衰减指数 $K=130\sim500$,$a=1.3\sim2.0$。

14.3.4 矿车提升的斜井井口,在不增大提升能力的前提下,平车场比甩车场具有较大的提升能力和通过能力,结合井口缓坡地形选择甩车场形式,可大大减少地面土方工作量,且有利于提升系统的合理布置。

14.4.6 竖井单绳提升常用的容器有罐笼和箕斗,吊桶仅用于竖井开凿阶段。

14.5.1 为了保证提升安全,斜井、竖井的提升信号,除箕斗采用直发式(即装载点与提升机房直接联络)外,其他提升方式应采用中继转发式,一般在井门设中继提升信号房,专设信号人员,负责车场、摘挂钩点、装载点与提升机房的,中继转发信号联络,确保人身及设备的安全。

14.5.2-(1) ~ (5) 参照《煤矿井巷工程质量验收规范》(GB 50123—2010)编制。

14.5.2-(6) 中的提升声、光信号可根据习惯确定具体内容。信号电压规定不超过 127V,既能保证声、光信号可靠动作,又保证操纵信号人员的安全用电。

16.6.1 隧道膨胀岩产生原因:软质膨胀岩层(如页岩、蒙脱石质泥岩、变质安山岩、蛇纹岩及粘板岩等),特别是这些岩层经过断裂、褶皱作用而产生的破碎带,开挖暴露后受风化和水的影响,便发生体积膨胀;或当膨胀岩层破碎,节理、裂隙中含有活动性矿物成分的黏土充填物时,往往在开挖暴露后即行膨胀,当吸水后,膨胀力增长很快;也有膨胀岩层中不含或只含少量的活动性矿物成分,也不受水的影响,但由于强烈的地质构造作用使破裂带中聚集了潜在的应力(以剪应力为主的构造应力),随着隧道的开挖,潜在应力得到释放而产生强大的膨胀性地压力。一般Ⅴ、Ⅵ级围岩在 2 个月内产生超常变形,可判断为挤压性围岩;当围岩内含蒙脱石、伊利石等达到一定数量,隧道开挖后围岩遇到客气中的水分,一般 2 ~ 3d 变形较大且快,可判断为膨胀岩。

16.6.4 乌鞘岭隧道挤压性围岩段施工简介。

(1)工程概况。

乌鞘岭隧道两座单线隧道,各长 20050m,线间距为 40m。隧道穿越了四条区域性大断层 F4、F5、F6、F7,均处在越岭地段,埋深 400 ~ 1050m,断层带累计宽度 1565m。越岭段穿越奥陶系安山岩、三叠系砂岩夹页岩、加里东期闪长岩,志留系板岩夹千枚岩,通过中等富水区(奥陶系、志留系及断层带),弱富水区(三叠系)与贫水区(加里东期闪长岩)三大水文地质分区。F7 断层破碎带宽度 852m,围岩以断层泥砾岩为主,局部为碎裂岩,呈灰绿色、灰白色,围岩破碎,由于受挤压影响,手捏呈砂砾状、粉末状。无明显的地下水出露,呈潮湿状,为Ⅴ级围岩,属于高地应力、软弱围岩地段。

(2)施工监测及初期支护变形情况。

在 YDK177 + 440 ~ YDK177 + 690 段共布设监测断面 51 个,用 5 条基线监测围岩的收敛变形,获取数据 153 组。埋设压力盒 130 个,其中二次衬砌监测断面 10 个,获取数据 80 组。围岩松弛圈范围大于 3.7m,变形最大值出现在异形断面处。施工中曾发生较大变形,拱顶下沉 200 ~ 300mm,边墙收敛 400 ~ 600mm,最大拱顶下沉 485m,边墙收敛 773mm。出现支护裂损、钢架扭曲,净空侵限。上半断面初期支护约需 50d 左右达到基本稳定状态(变形速率为 2 ~ 3mm/d);下半断面开挖后支护闭合成环 15d 左右,整个初期支护达到基本稳定状态(变形速率为 1 ~ 2mm/d);初期支护拆换过程中,爆破影响范围为前后 10m 左右。

(3)施工措施：

①对变形量进行预测，留足变形量，避免因侵限拆换初期支护，并为加强初期支护的层厚留有余地。将原预留变形量100mm变为400mm。

②留核心土台阶法开挖，上下台阶保持5～8m，以便初期支护尽早闭合成环；仰拱超前拱墙，距离下台阶为15m左右。

③加强超前支护和初期支护。超前小导管环向间距由原来40cm缩小到20cm，数量由31根增加到51根；小导管长度为4.0m，每茬炮打设一次，进尺控制在2.0～2.5m之间，搭接长度保持在1.5m左右，不小于1.0m。系统锚杆长度从4m调整到6m。钢架I16变为I20，间距由3榀/2m变为2榀/m，每榀钢架增设长度为6.0m的锁脚锚杆12根。根据变形情况加层施作初期支护，其厚度分别为25cm、20cm…

④根据监测结果施作拱墙二次衬砌。挤压性围岩变形短时间很难达到规范要求的稳定值，据推算乌鞘岭隧道的变形达到稳定约需3年时间，所以在初期支护基本稳定后，浇筑"刚强"的二次衬砌结构，以抵抗余存的变形压力，将二次衬砌钢筋混凝土由原来的50cm厚变为80cm厚，主筋的纵向间距由原来的200mm缩小到125mm。

本章附件

附件1　开挖工作面观察表

开挖工作面观察表见附表12-1。

开挖工作面观察表　　附表12-1

编号：　　××××隧道

开挖工作面里程					埋深(m)								
地层岩性		围岩类别	设计		单轴向饱和抗压强度 R_c(MPa)	极硬岩	硬岩	较软岩	软岩	极软岩	取样编号	试验编号	
			实际施工			>60	>30~60	>15~30	>5~15	≤5			
开挖工作面上围岩岩体结构特征	层理	产状		单层厚度(m)		层面特征		与隧轴夹角(°)					
	节理裂隙	组次	产状	间距(m)	长度(m)	缝宽(mm)	充填物	与隧轴夹角(°)	隧道的关系(平面示意图)				
		1											
		2											
		3											
		4											
	断层	产状		破碎带宽度(m)		破碎带特征		与隧轴夹角(°)		围岩弹性纵波速度(km/s)			
边墙围岩岩体结构特征	左边墙							右边墙					
	层理	产状		单层厚度(m)		层面特征		与隧轴夹角(°)		层理	产状		单层厚度(m)
										层面特征		与隧轴夹角(°)	
	节理裂隙	组次	产状	间距(m)	长度(m)	缝宽(mm)	充填物	与隧轴夹角(°)	节理裂隙	组次	产状	间距(m)	长度(m)
										缝宽(mm)	充填物	与隧轴夹角(°)	
		1								1			
		2								2			
		3								3			
		4								4			
	断层	产状		破碎带宽度(m)		破碎带特征		与隧轴夹角(°)	断层	产状		破碎带宽度(m)	
										破碎带特征		与隧轴夹角(°)	
地下水	出水位置		状态	干燥或湿润	偶有渗水	经常渗水	涌水	含泥砂情况	侵蚀类型	取水样编号	试验编号		
			涌水量[L/(min·10m)]	<10	10~25	25~125	>125						
稳定性	洞周	稳定	拱部掉块	边墙掉块	拱部坍塌	边墙坍塌	塌方>10m³	塌方<10m³					
	开挖工作面	稳定		拱部坍塌		开挖工作面挤出	开挖后至掉块或坍塌的时间						
边墙素描						开挖工作面素描	工程措施及有关参数						
左边墙	右边墙					开挖工作面							
施工方签字			年　月　日			监理签字		年　月　日					

附件2　爆破成缝试验方法

(1)光面爆破、预裂爆破应根据成缝试验确定周边眼的装药量、装药结构、堵塞长度和炮眼间距等爆破参数。

(2)成缝试验应按下列步骤进行：

①核对隧道地质情况。

②选择与隧道实际地质条件相似的洞内或露天试验场。

③按施工要求确定炮眼深度。

④单孔爆破成缝试验。

(3)单孔爆破成缝试验前,可先参照本章表12-6所列光面爆破参数,初选单孔药量、装药集中度及装药结构等参数。

单孔试验时,可通过调整药量、装药结构、堵塞长度等,直到爆破后孔口只出现裂缝不产生爆破漏斗为止。此时装药深度即为实际的临界深度(装药重心至孔口距离)。

(4)光面爆破试验可根据排孔爆破得出的炮眼间距 E,参照光面爆破参数表12-6中的相对距离 E/W,定出不同的抵抗线 W,进行试验,得出最小抵抗线 W 值。

(5)爆破试验得出的有关参数,应在洞内进行试爆,再次调整各值,得出最佳参数供实际使用。

附件3　喷锚支护施工记录

喷锚支护施工记录见附表12-2。

喷锚支护施工记录　　附表12-2

工程名称＿＿＿＿＿＿＿＿　　围岩级别＿＿＿＿＿＿＿＿

里程范围＿＿＿＿＿＿＿＿　　记录时间＿＿＿年＿＿月＿＿日＿＿时

工程部位＿＿＿＿＿＿＿＿　　记录人员＿＿＿＿＿＿＿＿

1.原材料、配合比

材料名称	型号	产地	试验报告编号	品质
砂				
石				
水泥				
速凝剂				
水				
锚杆				
钢筋(网)				
锚杆药包				

喷混凝土配合比(水泥:砂:石)＿＿＿＿＿＿＿＿,速凝剂掺量＿＿＿＿＿＿＿＿

锚杆灌浆配合比(水泥:砂)＿＿＿＿＿＿＿＿,水灰比＿＿＿＿＿＿＿＿

2.施工时间

喷锚部位的开挖时间(爆破)＿＿月＿＿日＿＿＿时

喷射混凝土施作时间＿＿月＿＿日＿＿＿时至＿＿月＿＿日＿＿＿时

锚杆施作时间＿＿＿＿月＿＿日＿＿＿时至＿＿月＿＿日＿＿＿时

续上表

3. 喷层厚度与锚杆分布图	
喷层厚度分布图	锚杆分布图
喷层面积________ m^2 水泥用量________ kg 速凝剂量________ kg 钢筋用量________张	锚杆数量________根 水泥用量________ kg 锚杆药包________包
4. 其他(包括:围岩坍塌的时间、地点,过程、原因分析;锚喷作业中发生的机械故障,堵管等事故的次数、原因和排除方法;其他需要记录的事项) 技术负责人____________	

附件4 喷锚支护有关的试验和测定方法

1. 喷混凝土强度检查试件的制作方法

(1)采用喷大板切割法应在施工的同时,将混凝土喷射在45cm×35cm×12cm(可制成6块)或45cm×20cm×12cm(可制成3块)的模型内,当混凝土达到一定强度后,加工成10cm×10cm×10cm的立方体试件,在标准条件下养护至28d进行试验(精确到0.1MPa)。

(2)采用喷大板切割法。当对强度有怀疑时,可用凿方切割法。凿方切割法应在具有一定强度的支护上,用凿岩机打密排钻孔,取出长35cm、宽约15cm的混凝土块,加工成10cm×10cm×10cm的立方体试件,在标准条件下养护至28d,进行试验(精确到0.1MPa)。

2. 喷混凝土与岩面黏结力的试验方法

(1)采用成型试验法可在模型内放置面积为10cm×10cm、厚5cm、表面粗糙度近似于实际情况的岩块,用喷混凝土掩埋。当混凝土达到一定强度后,加工成10cm×10cm×10cm的立方体试件,在标准条件下养护至28d,用劈裂法进行试验。

(2)采用直接拉拔法可在围岩表面预先设置带有丝扣和加力板的拉杆,用喷混凝土将加力板埋入喷层约10cm,试件面积约30cm×30cm(周围多余的部分应予清除)。经28d养护,进行拉拔试验。

3. 喷混凝土实际配合比、水胶比的测定方法

(1)测定步骤应符合下列要求:

①从受喷面上采取一块刚喷好的混凝土,迅速称出质量各为3000g的两份。

②将第一份混凝土放在瓷盘里,在烘箱中以105~110℃烘至恒重。由烘干前后的质量,计算出喷混凝土中可烘干水的质量。

③在取样的同时,用400g水泥及与施工相同掺量的速凝剂,加160g水(水胶比为0.4),迅速拌制一份净浆,与第一份混凝土在相同条件下烘至恒重。由烘干前后的质量,计算出不可烘干水的质量与水泥质量的比率(即不可烘干水率)。

④将第二份混凝土放入盛有6~8kg水的桶中,立即搅散开,使水泥、速凝剂、砂石分离,仔细淘洗清除水泥、速凝剂和粒径小于0.15mm的细粉。将砂、石在烘箱中以105~110℃烘至恒重,筛分并称出质量。

⑤根据下式算出水泥质量,即可求出喷混凝土的实际配合比和水胶比。

$$\text{水泥质量} = 3000 - \frac{(\text{砂质量} + \text{石质量} + \text{可烘干水质量})}{1 + \text{速凝剂掺量} + \text{不可烘干水率}}$$

注:式中各项材料的质量以g计,要求精确至0.1g;速凝剂掺量和不可烘干水率均以水泥质量的百分率表示;水重为可烘干水质量与不可烘干水质量之和。

(2)测定时应注意下列事项:

①采取试样、称重、拌制净浆以及第二份试样在水中搅散开,均应在尽可能短的时间内完成,至迟不得超过5min。

②在第二份试样淘洗时,每次倒污水都要经过0.15mm孔径的筛。

③计算时,砂、石中小于0.15mm的细粉,应按原材料中的比例记入砂、石质量,水泥、速凝剂中大于0.15mm的颗粒,也应按原材料中的比例记入水泥、速凝剂质量中。

附件5 喷钢纤维混凝土有关的技术要求、试验和测定

1.钢纤维的技术要求

1)钢纤维的分类

(1)钢纤维按生产工艺可分为:钢丝切断型、薄板剪切型、熔抽型和钢锭铣削型。

(2)钢纤维按材质可分为:碳钢型、低合金钢型和不锈钢型。

(3)钢纤维按形状可分为:平直形和异形。异形钢纤维可分为压痕形、波形、端钩形、大头形和不规则麻面形。

(4)钢纤维按抗拉强度可分为380级(抗拉强度不小于380N/mm^2,小于600N/mm^2)、600级(抗拉强度不小于600N/mm^2,小于1000N/mm^2)、1000级(抗拉强度不小于1000N/mm^2)。

2)钢纤维的尺寸及其允许偏差

(1)钢纤维的长度或标称长度宜为20~60mm。

(2)钢纤维的直径或等效直径宜为0.3~0.9mm。

注:等效直径是指非圆形截面按截面面积等效原则换算的圆形截面直径。当钢纤维形状为压痕形等不规则截面时,可采用质量等效原则换算为圆柱体尺寸,推算出等效直径。

(3)钢纤维的长径比宜为30~80。

(4)钢纤维长度和直径的允许偏差为其尺寸的±10%。

每个验收批随机取样10根,用精度不低于0.02mm的卡尺测量其长度和直径,合格率不应低于90%。

注:对矩形截面的钢纤维,可测量其截面两边的尺寸换算出等效直径。

对于非圆形不规则截面钢纤维的检验,每验收批次随机取样100根,用精度0.01g的天平称质量,用精度不低于0.02mm的卡尺测量长度,并计算出平均长度l_{fa}(mm),按下式计算其平均直径d_{fa},平均直径与标称直径相差不应超过±10%:

$$d_{fa}=1.13\sqrt{W_0/(l_{fa}\gamma)} \tag{12-1}$$

式中:d_{fa}——钢纤维的平均直径,mm;

W_0——100根钢纤维的实测质量,g;

γ——钢材的质量密度,取7.85×10^{-3}g/mm^3。

注:对于非圆形截面和端钩形钢纤维,其平均长度应取钢纤维实际曲线长度的平均值。

(5)异形钢纤维形状合格率不应低于85%。

每个验收批随机取样100根,逐根检验其形状,如有断钩、单边成形和不符合出厂形状规定的,视为不合格,形状不合格的纤维数不应超过受检试样总数的15%。

3)钢纤维强度和弯折性能

(1)钢纤维的抗拉性能应满足本附件有关钢纤维的分类的规定。每批产品随机取样10根,按国家标准《金属材料 拉伸试验 第1部分:室温试验方法》(GB/T 228.1—2010)进行抗拉强度试验。

抗拉强度按附式(12-2)计算,受检钢纤维抗拉强度平均值不得低于该强度等级钢纤维的规定值,且最小值不得低于规定值的90%。

$$f_{\mathrm{sft}}=\frac{F}{A_{\mathrm{sf}}} \tag{12-2}$$

式中:f_{sft}——钢纤维的抗拉强度,N/mm^2;

F——钢纤维拉断时的荷载值,N;

A_{sf}——钢纤维的截面面积,mm^2。当钢纤维为不规则截面时,可用精度为0.001g的天平称质量,计算其截面面积。

注:钢纤维拉伸试验中,如在夹持处断裂,则该纤维试件数据无效,可另取纤维补充试验。

(2)当采用钢丝、钢板为原材料制作钢纤维时,允许以母材做抗拉强度试验。所取母材应为切断成型,且为最后一道工序前的母材。采用母材做试验时,取样数为5个,受检试件的抗拉强度不得低于该钢纤维强度等级规定的抗拉强度。

(3)钢纤维应能满足,10根试样中至少有9根一次弯折90°不折断。

4)检验规则

(1)每5t或少于5t的同品种、同规格的钢纤维为一个验收批,按本附件的要求检验验收。

(2)在检验中某项要求不合格时,可加倍取样进行复检。复检合格,可确定该产品合格;复检不合格,则确定该产品不合格。

(3)杂质检验时,每个验收批随机取样5kg,人工挑选杂质,并称重计算。

2. 三分点加载梁试验测定弯曲韧度比

三分点加载梁试验的试件(弯曲韧度比评定法)采用喷射成型的大板切割出梁式试件,试件尺寸为100mm×100mm×400mm(或150mm×150mm×550mm)。试验两加载点距离及加载点与邻边支座距离均为100mm(或150mm)。通过试验测得荷载-中点挠度曲线。韧度指数按下式计算:

$$f_{\mathrm{e}}=\frac{T_{\mathrm{b}}l}{bh^2\delta_{\mathrm{tb}}} \tag{12-3}$$

式中:f_{e}——弯曲韧度指数;

T_{b}——挠度为2mm处至坐标原点间荷载-挠度曲线下的图形面积;

l——支点距离;

b——试件截面宽度;

h——试件截面高度;

δ_{tb}——1/150跨距时的中点挠度。

根据韧度指数,可按下式求出弯曲韧度比:

$$R_{\mathrm{e}}=\frac{f_{\mathrm{e}}}{f_{\mathrm{cr}}} \tag{12-4}$$

式中:f_{cr}——钢纤维混凝土弯拉初裂强度,即荷载-挠度曲线上升段出现明显拐点时对应的强度值,也可用配合比与该喷钢纤维混凝土相同的普通喷混凝土的弯拉强度。

在隧道工程中作为围岩支护和衬砌的喷钢纤维混凝土,其弯曲韧度比一般要求不低于0.70。

3. 平板加载试验确定韧度指标

试件尺寸如附图12-1所示,板的长度、宽度均为600mm,板厚100mm。四边简支,简支边轴线与板边重合,简支边内缘距离500mm,板中心加载,接触面为100mm×100mm。根据试验,可得到“荷载-挠度”曲线和“荷载-能量”曲线。用相应于挠度为25mm的变形能J来度量喷钢纤维混凝土的韧性。

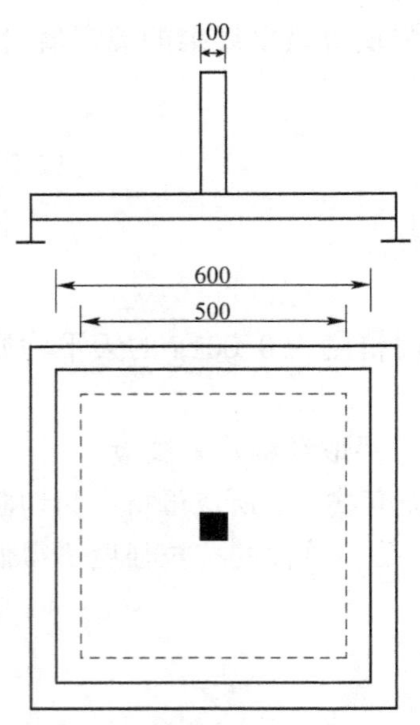

附图 12-1　试件尺寸(尺寸单位:mm)

要求相应于 25mm 的变形能达到下列值:

大变形围岩初期支护,1000J;

单层永久衬砌,700J;

隧道裂损衬砌修复,500J。

4. 纤维混凝土和水泥砂浆收缩裂缝试验方法

1)适用范围

本方法适用于纤维对限制混凝土或水泥砂浆早龄期收缩裂缝有效性的试验,或不同养护条件下不同龄期收缩裂缝的对比试验。

2)试件制作

(1)试件应满足下列要求:

①纤维混凝土试件为 600mm×600mm×63mm 的平面薄板。模具边框用 63mm×40mm×6.3mm 的槽钢制作,边框内设直径 6mm 间距 60mm 的双排栓钉,栓钉长度分别为 50mm 和 100mm,间隔布置。底模采用厚度不小于 5mm 的钢板或不小于 20mm 的密度板,底板上铺聚乙烯薄膜隔离层。当采用密度板作底模时,底模下应设木方横肋,以确保浇筑混凝土后不变形(附图 12-2)。

②纤维水泥砂浆试件为 600mm×600mm×20mm 的平面薄板。模具边框用高 20mm 的等肢角钢制作,边框内设直径 6mm 间距 60mm 的单排栓钉,栓钉长度为 100mm,间隔布置(附图 12-3)。

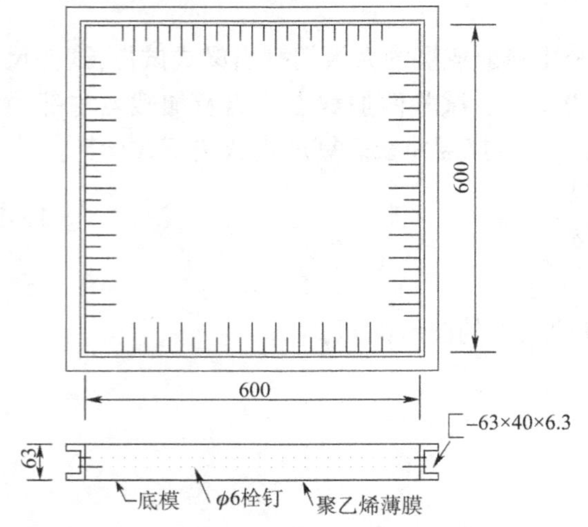

附图 12-2　纤维混凝土开裂试验模具(尺寸单位:mm)

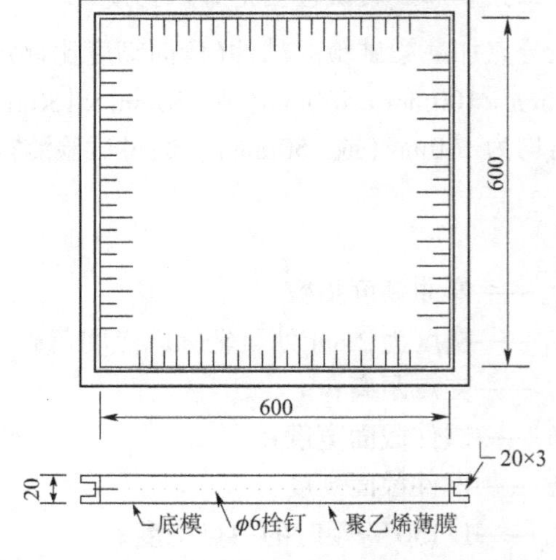

附图 12-3　纤维水泥砂浆开裂试验模具(尺寸单位:mm)

(2)早龄期收缩裂缝试验主要用于评定纤维对降低混凝土、水泥砂浆产生早期收缩裂缝的有效性。试件的制作应符合下列规定:

①当专门用于评定纤维的限裂效能时,可采用纤维水泥砂浆试件。其基体配合比为:水胶比 0.50,胶砂比 1:1.5;原材料为:42.5 号普通水泥或硅酸盐水泥、中砂(河砂)。对比砂浆试件的配合比、原材料可与纤维砂浆基体的配合比、原材料相同。

②当结合具体工程进行纤维限裂效能评定时,纤维混凝土应按工程采用的配合比配制,基体混凝土应将纤维混凝土配合比中的纤维取消,其他组分不变。

③同时成型纤维混凝土(或纤维水泥砂浆)试件和对比用的基体混凝土(或水泥砂浆)试件一组,每组各一个试件,每次试验做 2 组试件。

④试件浇筑、振实、抹面后用塑料薄膜覆盖 2h。环境温度宜为 20±2℃。

(3)不同养护条件下混凝土的开裂试验,纤维混凝土和基体混凝土的配合比以及试件数量可根据试验需要确定;浇筑、振实、抹面后的养护条件可根据抗裂评定要求确定。

3)试验及评定方法

(1)早龄期收缩裂缝试验应符合下列规定:

①试件成型2h后取下塑料薄膜,每组试件(1个纤维混凝土试件、1个对比试件)中的每个试件各用1台电风扇吹试件表面,风向平行试件表面,风速0.5m/s,环境温度20±2℃,相对湿度不大于60%。成型后24h观察裂缝数量、宽度和长度。

②裂缝以肉眼可见裂缝为准,用钢尺测量其长度,可近似取裂缝两端直线距离为裂缝长度;当裂缝出现明显弯折时,可以折线长度之和代表裂缝长度。

③用读数显微镜(分度值0.01mm)测读裂缝宽度。可取裂缝中点附近的宽度代表该裂缝的名义最大宽度。

(2)裂缝总面积应按下列公式计算:

$$A_{cr}=\sum_{i=1}^{n}\omega_{i,\max}l_i \tag{12-5}$$

式中:A_{cr}——试件裂缝的名义总面积,对纤维混凝土试件记作A_{fcr},对对比用的基体试件记作A_{mcr},mm^2;

$\omega_{i,\max}$——第i条裂缝名义最大宽度,mm;

l_i——第i条裂缝的长度,mm。

(3)裂缝降低系数η应按下列规定计算:

$$\eta=\frac{A_{mcr}-A_{fcr}}{A_{mcr}} \tag{12-6}$$

(4)纤维混凝土及水泥砂浆的早龄期限裂效能等级可取2组试验的η平均值,按照附表12-3的规定评定。

限裂效能等级评定标准　附表12-3

限裂效能等级	评定标准	限裂效能等级	评定标准
一级	$\eta\geqslant70$	三级	$40\leqslant\eta<55$
二级	$55\leqslant\eta<70$		

(5)不同养护条件下不同龄期的收缩裂缝对比试验应符合下列规定:

①试验的养护条件和龄期可根据试验目的确定。

②裂缝的测量方法可参照附件的规定执行,限裂效能评定方法可根据相互对比试件的试验结果,参照附件的规定执行。

附件6　环境类别及作用等级

城际轨道交通混凝土结构所处环境类别分为碳化环境、氯盐环境、化学侵蚀环境、冻融破坏环境和磨蚀环境。不同类别环境的作用等级可按附表12-4～附表12-8所列环境条件确定。

碳化环境条件特征　附表12-4

作用等级代号	环境条件特征
T1	年平均相对湿度<60%
	长期在水下(不包括海水)或土中
T2	年平均相对湿度≥60%
T3	地上或地下水水位变动区
	干湿交替

注:当钢筋混凝土薄型结构的一侧干燥而另一侧湿润或饱水时,其干燥一侧混凝土的碳化锈蚀作用等级应按T3级考虑。

氯盐环境条件特征 附表 12-5

作用等级代号	环境条件特征
L1	长期在海水水下区
	距平均水位 15m 以上的海上大气区
	距涨潮岸线 100~300m 的陆上近海区
L2	距平均水位 15m 以内的海上大气区
	距涨潮岸线 100m 以内的陆上近海区
	海水潮汐区或浪溅区(非炎热地区)
L3	海水潮汐区或浪溅区(南方炎热地区)
	盐渍土地区露出地表的毛细吸附区
	遭受氯盐冷冻液和氯盐化冰盐侵蚀部位

化学侵蚀环境条件特征 附表 12-6

化学侵蚀类型		作用等级代号			
		H1	H2	H3	H4
硫酸盐侵蚀	环境水中 SO_4^{2-} 含量(mg/L)	200~600	600~3000	3000~6000	>6000
	强透水性环境土中 SO_4^{2-} 含量(mg/kg)	2000~3000	3000~12000	12000~24000	>24000
	弱透水性环境土中 SO_4^{2-} 含量(mg/kg)	3000~12000	12000~24000	>24000	
盐类结晶侵蚀*	环境土中 SO_4^{2-} 含量(mg/kg)		2000~3000	3000~12000	>12000
酸性侵蚀	环境水中 pH 值	5.5~6.5	4.5~5.5	4.0~4.5	
二氧化碳侵蚀	环境水中侵蚀性 CO_2 含量(mg/L)	15~40	40~100	>100	
镁盐侵蚀	环境水中 Mg^{2+} 含量(mg/L)	300~1000	1000~3000	>3000	

注:*代表以下含义。

1. 对于盐渍土地区的混凝土结构,埋入土中的混凝土遭受化学侵蚀;当环境多风干燥时,露出地表的毛细吸附区内的混凝土遭受盐类结晶型侵蚀。
2. 对于一面接触含盐环境水(或土)而另一面临空且处于干燥或多风环境中的薄壁混凝土,接触含盐环境水(或土)的混凝土遭受化学侵蚀,临空面的混凝土遭受盐类结晶侵蚀。
3. 当环境中存在酸雨时,按酸性环境考虑,但相应作用等级可降一级。

冻融破坏环境条件特征 附表 12-7

作用等级代号	环境条件特征
D1	微冻地区+频繁接触水
D2	微冻地区+水位变动区
	严寒和寒冷地区+频繁接触水
	微冻地区+氯盐环境+频繁接触水
D3	严寒和寒冷地区+水位变动区
	微冻地区+氯盐环境+水位变动区
	严寒和寒冷地区+氯盐环境+频繁接触水
D4	严寒和寒冷地区+氯盐环境+水位变动区

注:严寒地区、寒冷地区和微冻地区是根据其最冷月的平均气温划分的。严寒地区、寒冷地区和微冻地区最冷月的平均气温 t 分别为:$t \leq -8℃$,$-8℃ < t < -3℃$ 和 $-3℃ \leq t \leq 2.5℃$。

磨蚀环境条件特征 附表 12-8

作用等级代号	环境条件特征	
M1	风蚀(有砂情况)	风力等级≥7 级,且年累计刮风时间大于 90d
M2	风蚀(有砂情况)	风力等级≥9 级,且年累计刮风时间大于 90d
	流冰冲刷	被强烈流冰撞击、磨损、冲刷(冰层水位下 0.5m ~ 冰层水位上 1.0m)
M3	风蚀(有砂情况)	风力等级≥11 级,且年累计刮风时间大于 90d
	泥砂冲刷	被大量夹杂泥砂或物体磨损、冲刷

附件 7 城际轨道交通隧道围岩分级判定

城际轨道交通隧道围岩分级判定见附表 12-9。

城际轨道交通隧道围岩分级判定 附表 12-9

围岩级别	围岩主要工程地质条件		围岩开挖后的稳定状态(单线)	围岩弹性纵波速度 v_p(km/s)
	主要工程地质特征	结构特征和完整状态		
Ⅰ	硬质岩(单轴饱和抗压强度 R_c >60MPa):受地质构造影响轻微,节理不发育,无软弱面(或夹层);层状岩层为厚层,层间结合良好	呈巨块状整体结构	围岩稳定,无坍塌,可能产生岩爆	>4.5
Ⅱ	硬质岩(R_c >30MPa):受地质构造影响较重,节理较发育,有少量软弱面(或夹层)和贯通微张节理,但其产状及组合关系不致产生滑动;层状岩层为中层或厚层,层间结合一般,很少有分离现象,或为硬质岩石偶夹软质岩石	呈大块状砌体结构	暴露时间长,可能会出现局部小坍塌;边墙稳定;层间结合差的平缓岩层,顶板易塌落	3.5 ~ 4.5
	软质岩(R_c ≈30MPa):受地质构造影响轻微,节理不发育;层状岩层为厚层,层间结合良好	呈巨块状整体结构		
Ⅲ	硬质岩(R_c >30MPa):受地质构造影响严重,节理发育,有层状软弱面(或夹层),但其产状及组合关系尚不致产生滑动;层状岩层为薄层或中层,层间结合差,多有分离现象;或为硬、软质岩石互层	呈块(石)碎(石)状镶嵌结构	拱部无支护时可产生小坍塌,边墙基本稳定,爆破震动过大易塌	2.5 ~ 4.0
	软质岩(R_c ≈5 ~ 30MPa):受地质构造影响较严重,节理较发育;层状岩层为薄层,中层或厚层,层间结合一般	呈大块状砌体结构		
Ⅳ	硬质岩(R_c >30MPa):受地质构造影响很严重,节理很发育;层状软弱面(或夹层)已基本被破坏	呈碎石状,压碎结构	拱部无支护时可产生较大的坍塌,边墙有时失去稳定	1.5 ~ 3.0
	软质岩(R_c ≈5 ~ 30MPa):受地质构造影响严重,节理发育	呈块(石)碎(石)状,镶嵌结构		
	土体: (1)略具压密或成岩作用的黏性土及砂性土; (2)黄土(Q_1、Q_2); (3)一般钙质铁、质胶结的碎石土、卵石土、大块石土	(1)和(2)呈大块状,压密结构;(3)呈巨块状,整体结构		

续上表

<table>
<tr><td rowspan="2">围岩级别</td><td colspan="2">围岩主要工程地质条件</td><td rowspan="2">围岩开挖后的稳定状态(单线)</td><td rowspan="2">围岩弹性纵波速度 v_p(km/s)</td></tr>
<tr><td>主要工程地质特征</td><td>结构特征和完整状态</td></tr>
<tr><td rowspan="2">Ⅴ</td><td>石质围岩位于挤压强烈的断裂带内,裂隙杂乱,呈石夹土或土夹石状</td><td>呈角(砾)碎石状,松散结构</td><td rowspan="2">围岩易坍塌,处理不当会出现大坍塌,边墙经常小坍塌;浅埋时易出现地表下沉(陷)或塌至地表</td><td rowspan="2">1.0~2.0</td></tr>
<tr><td>一般第四系的半干硬至硬塑的黏性土及稍湿至潮湿的一般碎石土、卵石土、圆砾、角砾土及黄土(Q_3、Q_4)</td><td>非黏性土呈松散结构,黏性土及黄土呈松软结构</td></tr>
<tr><td>Ⅵ</td><td>软塑状黏性土及潮湿的粉细砂等</td><td>黏性土呈易蠕动的松软结构,砂性土呈潮湿松散结构</td><td>围岩极易坍塌变形,有水时土砂常与水一起涌出;浅埋时易塌至地表</td><td><1.0(饱和状态的土<1.5)</td></tr>
</table>

注:表中"围岩级别"和"围岩主要工程地质条件"栏,不包括膨胀性围岩、多年冻土等特殊岩土。

附件8 施工阶段围岩级别判定卡

施工阶段围岩级别判定卡见附表12-10。

施工阶段围岩级别判定卡 附表12-10

<table>
<tr><td rowspan="2">工程名称</td><td colspan="2" rowspan="2"></td><td rowspan="2">位置</td><td colspan="2">里程</td><td colspan="2"></td><td rowspan="2">评定</td></tr>
<tr><td colspan="2">距洞口距离(m)</td><td colspan="2"></td></tr>
<tr><td rowspan="4">岩性指标</td><td colspan="3">岩石类型(名称)</td><td colspan="4">黏聚力 $c=$ MPa;$\varphi=$ (°)</td><td rowspan="4">极硬岩
硬岩
中硬岩
较软岩
软岩
极软岩</td></tr>
<tr><td colspan="3">单轴抗压极限强度 $R_c=$ MPa</td><td colspan="4">点荷载强度 $I_x=$ MPa</td></tr>
<tr><td colspan="3">变形模量 $E=$ MPa</td><td colspan="4">泊松比 $\mu=$</td></tr>
<tr><td colspan="3">天然重度 $\gamma=$ kN/m^3</td><td colspan="4">其他</td></tr>
<tr><td rowspan="7">岩体完整状态</td><td colspan="3">地质构造影响程度</td><td>轻微</td><td>较重</td><td>严重</td><td>极严重</td><td></td></tr>
<tr><td rowspan="4">地质结构面</td><td>间距(m)</td><td>>1.5</td><td>0.6~1.5</td><td>0.2~0.6</td><td>0.06~0.2</td><td><0.06</td><td rowspan="4">完整
较完整
较破碎
破碎
极破碎</td></tr>
<tr><td>延伸性</td><td>极差</td><td>差</td><td>中等</td><td>好</td><td>极好</td></tr>
<tr><td>粗糙度</td><td>明显台阶状</td><td>粗糙波纹状</td><td>平整光滑有擦痕</td><td colspan="2">平整光滑</td></tr>
<tr><td>张开性(mm)</td><td>密闭
<0.1</td><td>部分张开
0.1~0.5</td><td>张开
0.5~1.0</td><td>无充填张开
>1.0</td><td>黏土充填</td></tr>
<tr><td>风化程度</td><td>未风化</td><td>风化轻微</td><td>风化颇重</td><td>风化严重</td><td colspan="2">风化极严重</td><td></td></tr>
<tr><td colspan="2">简要说明</td><td colspan="6"></td></tr>
<tr><td>地下水状态</td><td colspan="2">渗水量
[L/(min·10m)]</td><td colspan="2"><10
干燥或湿润</td><td>10~25
偶有渗水</td><td colspan="2">25~125
经常渗水</td><td>干燥
湿润
偶有渗水
经常渗水</td></tr>
<tr><td rowspan="2">初始应力状态</td><td colspan="2">埋深 $H=$ m</td><td colspan="5"></td><td rowspan="2"></td></tr>
<tr><td colspan="2">地质构造应力状态</td><td colspan="5">其 他</td></tr>
<tr><td>围岩级别</td><td>Ⅰ</td><td>Ⅱ</td><td colspan="2">Ⅲ</td><td>Ⅳ</td><td colspan="2">Ⅴ</td><td>Ⅵ</td></tr>
<tr><td>备注</td><td colspan="8"></td></tr>
<tr><td>记录者</td><td colspan="2"></td><td colspan="3">复核者</td><td colspan="3">日期</td></tr>
</table>

第十三章　隧道全断面掘进机法施工

引　言

本章是针对杭海城际铁路的特点，参照《铁路隧道全断面岩石掘进机法技术指南》（铁建设〔2007〕106 号）及《盾构法隧道施工及验收规范》（GB 50446—2017），在吸收杭海城际铁路及周边区域城际轨道交通工程实践经验的基础上编制而成。本章以施工质量验收标准为依据，重点对施工过程中的工艺、工法、质量保证措施作出了规定，反映了工程施工的新技术、新材料、新工艺、新设备，充分体现了区域城际轨道交通工程隧道全断面掘进机法的技术特点和施工控制要求。本章适用于区域城际轨道交通工程隧道全断面掘进机法施工的质量控制，凡在本章中未做规定的，均按国家、行业及地方现行有关强制性标准执行。

本章主要内容包括：总则，术语，施工准备，施工测量，洞口、始发洞及拆卸洞工程，设备组装调试，超前地质预报，隧道掘进，支护，监控量测，不良地质施工和辅助工法，掘进机拆卸，保养与检修，管片及仰拱块，隧道衬砌，防排水施工，施工运输，施工通风、防尘及风水电管理，环境保护等。

主编单位：浙江杭海城际铁路有限公司

参编单位：中铁隧道局集团有限公司、广东铁路建设监理有限公司、中铁第四勘察设计院集团有限公司、浙江省交通规划设计研究院

主要执笔人：李科、周强、范润东、黄群勇、林晓峰、刘嘉斌、李毅、游聚晖、马亮亮、李阳

主要审查人：钟庆华、葛佳佳、牛要闯、何自平、陈建军、叶文军、刘福生、陈丹锡

1　总　　则

1.0.1　为统一城际轨道交通隧道全断面岩石掘进机法施工技术要求，加强施工管理、保证工程质量，特编制本章。

1.0.2　本章适用于采用全断面岩石掘进机法修建的城际轨道交通隧道工程施工。掘进机在无砟轨道城际轨道交通隧道工程施工，尚应符合无砟轨道城际轨道交通工程的有关规定。

1.0.3　城际轨道交通隧道掘进机法工程施工必须按照批准的设计文件施工，在施工过程中应根据地质预测预报及监控量测信息调整掘进参数，控制推进姿态，优化支护参数，实施全过程的动态管理。

1.0.4　新建城际轨道交通隧道长度大于或等于 10km，且地形、地质、水文和运输、场地等条件适合采用掘进机法修建时，经技术经济比较，应优先采用掘进机法。

1.0.5　采用全断面岩石掘进机法施工的隧道应根据隧道地形和地质条件、工期计划等，进行掘进机适用性和施工安全风险评估，提高设计的科学性，确保施工的安全性，保证工程质量。通过技术、经济比较，合理确定技术方案和掘进机选型。

1.0.6　隧道施工中应积极推广应用新技术、新工艺、新材料和新设备，提高工程质量和设计、施工技术水平。

1.0.7　采用掘进机施工的隧道工程每道工序都应当采取相应的检测手段监测施工质量，并做好记录。必须按规定及时填写各类质量检测报告，检查验收记录和其他工程技术管理资料，严格履行责任人签字制度。施工质量验收资料的归档整理应符合有关规定的要求。

1.0.8　掘进机法施工的隧道衬砌后的防水等级必须达到国家标准《地下工程防水技术规范》(GB 50108—2008)规定的一级防水等级，即二次衬砌结构不允许渗水，二次衬砌结构表面无湿渍。

1.0.9　掘进机施工的隧道防水应以混凝土衬砌防水为基础，以接缝防水为重点，辅以对特殊部位的防水处理，形成一套完整的防水体系。

1.0.10　采用掘进机法施工的城际轨道交通隧道工程设计、施工和质量验收除应符合本章的要求外，尚应符合国家现行有关强制性标准的规定。

2　术　　语

2.0.1　全断面岩石掘进机。

旋转并推进刀盘，通过滚刀破碎岩石而使隧洞全断面一次成形的机器。

2.0.2　开敞式全断面岩石掘进机。

利用支撑机构撑紧洞壁以承受向前掘进的反作用力及反扭矩的全断面岩石掘进机。

2.0.3　护盾式全断面岩石掘进机。

在整机外围设置与机器直径相一致的圆筒形防护结构，以利于掘进和进行管片安装的全断面岩石掘进机。

2.0.4　单护盾掘进机。

护盾由一个组成，掘进与管片安装是分步完成的。

2.0.5　双护盾掘进机。

护盾由前、后及伸缩护盾组成，可实现掘进与管片安装同步进行。

2.0.6　刀盘。

破岩并铲拾岩渣的部件；包括刀具、铲斗及刀盘结构件等。

2.0.7　滚刀。

破碎岩石的工具。它由刀圈、刀体、刀轴轴承及端面密封等零件组成。

2.0.8　中心滚刀。

布置在刀盘中心区的滚刀。

2.0.9　正滚刀。

布置在中心滚刀与过渡滚刀之间的滚刀。

2.0.10　过渡滚刀。

布置在刀盘外圆过渡曲面上的滚刀。

2.0.11　边滚刀。

位于刀盘外缘区，其切削刀布置成圆弧部分的滚刀。

2.0.12　单刃滚刀。

带有单列刀刃的盘形滚刀。

2.0.13　双刃滚刀。

带有双列刀刃的盘形滚刀。

2.0.14　刀圈。

用于破碎岩石的带刀刃的环形体。

2.0.15 刀体。

滚刀的毂部,它外装刀圈,内装轴承及端面密封圈。

2.0.16 刀轴。

支承刀体回转的心轴。

2.0.17 刀座。

安装滚刀的支座。

2.0.18 刀盘轴承。

承受刀盘推力、倾覆力矩和刀盘重量的轴承。

2.0.19 刀盘密封。

防止灰尘侵入刀盘轴承、大齿圈及防止润滑油外泄的密封装置。

2.0.20 大齿圈。

带动刀盘回转的大直径齿圈。

2.0.21 铲斗。

刀盘回转时,铲拾破碎下的岩渣,提升至机器上部并将其卸出的部件。

2.0.22 喷雾防尘装置。

喷射水雾,防止岩尘飞扬的装置,位于刀盘前端,面向工作面。

2.0.23 刀盘支承壳体。

支承回转刀盘,传递扭矩及推力的部件。

2.0.24 挡尘板。

装在刀盘支承壳体上的环形圆板,防止岩尘逸出。

2.0.25 刀盘微动机构。

使刀盘作微转定位的机构。

2.0.26 机架。

机器的主体。它用于联结主要部件及传递破岩的反扭矩。

2.0.27 内机架。

掘进过程中机架的移动部分。

2.0.28 外机架。

掘进过程中机架的不动部分。

2.0.29 护盾。

装在机器外围的防护构件。

2.0.30 顶护盾。

安装于开敞式掘进机刀盘支承壳体顶部。支撑及稳定掘进机前上部的机构。

2.0.31 前支承。

安装于开敞式掘进机前端,刀盘支承壳体下部用于支承机器前部重量的机构。

2.0.32 前侧支承。

安装于开敞式掘进机前端刀盘支承壳体两侧的支承机构,起稳定刀盘和水平调向的作用。

2.0.33 后支承。

安装于机器后部下面,在机器复位时,支承机器后部重量的机构。

2.0.34 支撑机构。

掘进过程中,承受反推力、反扭矩及机器的部分重量的机构。它由支撑油缸、支撑板及支撑座等组成。

2.0.35 X形支撑。

由四个单支撑组成的X形支撑机构。

2.0.36 双支撑。

由前、后二组支撑所组成的支撑机构。

2.0.37 双支撑移位机构。

连接并调整前、后二组支撑间距的机构。

2.0.38 支撑靴。

支撑机构中直接紧贴洞壁的靴板。

2.0.39 支撑靴座。

支撑机构中与机架导轨衔接的框形构件。

2.0.40 推进机构。

用于推动机器前进及使支撑前移复位的机构,由推进油缸、支座、销轴等组成。

2.0.41 纠偏转机构。

纠正机器滚转角位移的机构,用于护盾式掘进机。

2.0.42 激光导向机构。

指示掘进方位的激光装置,包括激光发射器、前靶及后靶等。

2.0.43 钢拱架安装器。

安装隧洞环形支护结构用的机构,用于开敞式掘进机。

2.0.44 后配套。

在主机后部,装有电气、液压及其他附属设备等的拖式台车。

2.0.45 出渣转载装置。

掘进时,将岩渣转载到运渣车辆或皮带输送机上的装置。

2.0.46 机器直径。

机器的公称设计直径(m)。

2.0.47 掘进直径。

掘进得到的实际隧洞直径(m)。

2.0.48 掘进速度。

单位时间内掘进的隧洞长度(cm,min)。

2.0.49 掘进断面面积。

掘进所得到的实际隧洞截面面积(m)。

2.0.50 掘进行程。

完成一个掘进循环所达到的掘进长度(m)。

2.0.51 最小转弯半径。

隧洞中心线的最小曲线半径(m),其值取决于机器本身的外形尺寸及调向性能。

2.0.52 总推力。

设计最大推力,即各推进油缸最大推力的总和(kN)。

2.0.53 总功率。

机器装机功率的总和(kW)。

2.0.54 总支撑力。

各支撑最大设计支撑力的总和(kN)。

2.0.55 滚刀数。

设置在刀盘上的各种滚刀的总数。

2.0.56　刀间距。

即在掘进时的相邻刀刃刃口形成的轨迹之间的距离(mm)。

2.0.57　刀圈直径。

滚刀刀圈的外径 D(mm)。

2.0.58　刀圈寿命。

滚刀刀圈能连续工作的一次性期限,以破碎岩石的实方量来表示(m^3)。

2.0.59　滚刀承载能力。

滚刀的额定承载力(kN)。

2.0.60　刀盘功率。

刀盘的装机功率(kW)。

2.0.61　刀盘扭矩。

与刀盘功率相对应的回转力矩(kN·m)。

2.0.62　刀盘转速。

刀盘每分钟的回转数(r/min)。

2.0.63　刀盘推力。

破碎岩石时作用在刀盘上的推力(kN)。

2.0.64　机器全长。

掘进机的总长(m),包括后配套设备。

2.0.65　步进。

掘进机利用支撑机构换步到开挖面过程。

2.0.66　贯入度。

掘进过程中,刀盘回转一转的滚刀进入深度(mm)。

2.0.67　掘进循环。

完成一次掘进必须进行的整个操作过程,包括掘进过程与复位过程。

2.0.68　掘进过程。

当支撑机构撑紧洞壁后,从推进油缸推进开始直至推进行程结束的过程,也就是破岩的过程。

2.0.69　复位过程。

推进行程结束,支撑机构向前移动,回复到推进油缸起始状态的过程,也就是非破岩的过程。

2.0.70　掘进周期。

完成一个掘进循环所需的时间(min)。

2.0.71　掘进时间。

完成掘进过程所需的时间(min)。

3　施工准备

3.1　一般规定

3.1.1　隧道施工前应针对掘进机法施工工程特点和内容进行施工调查,了解掘进机法施工周边环境、施工地质条件、施工范围和当地交通、通信、供电、供水、材料供应情况。

3.1.2　隧道施工前应做好施工组织设计,做好施工场地、施工通道、供电、供水、通信等临时工程的建设。

3.1.3　针对掘进机大件运输的特点,充分调查港口、岸、工厂、调转工地到施工现场的道路状况,如不符合大件运输要求,应作出相应处理。

3.1.4 合理安排好人员、设备、材料的进场计划。

3.1.5 在隧道施工前必须掌握以下资料:

(1)工程地质和水文地质勘查报告。

(2)当地的气象、水文、水质情况。

(3)工程施工合同文件、分包合同文件、监理合同文件。

(4)施工所需的设计图纸资料和工程技术要求文件。

3.1.6 掘进机施工前,应完成以下主要工作:

(1)掘进机设备部件运输及存放的施工组织方案。

(2)核对洞口位置和进洞坐标。

(3)确定洞门放样精度和就位后高程、坐标。

(4)掘进机的组装、调试与验收。

(5)预制管片/仰拱块的准备。

(6)掘进机施工的各类报表。

(7)配套工程的衔接工作。

(8)掘进机步进及始发的施工组织方案。

3.1.7 掘进机法施工作业人员应专业齐全、满足施工要求,人员须经过专业培训、持证上岗;设备配置应满足掘进机法施工要求。

3.2 施工调查

3.2.1 调查施工场地的状况,以便进一步合理布置临时房屋、组装场地、管片/仰拱块预制厂、机械设备和材料存放地等。

3.2.2 对掘进机的水运、陆运方式以及运输路线、大件运输公司等情况进行调查核实,选择最佳运输方案;同时,对掘进机运至施工场地的停靠港口、进场路线进行调查核实,并积极与海关、商检、交通等职能部门进行沟通,确保掘进机进场运输工作安全。

3.2.3 调查施工现场周边环境:风俗民情、人文环境、生态保护。

3.2.4 对周边地区的设备、材料的供应及价格进行调查,确保施工设备和材料得到充分的保证。

3.2.5 调查施工现场的供电、供水、通信、生活等情况。

3.3 实施性施工组织设计

3.3.1 项目部应根据工程设计及合同文件组建实施性施工组织设计编制小组,完成实施性施工组织设计的编制工作。

3.3.2 实施性施工组织设计经上级单位批准后,施工单位必须认真贯彻执行,不得随意修改。

3.3.3 施工组织设计编制前应收集以下资料:

(1)工程招标文件、投标文件、施工承包合同。

(2)施工设计文件、上级鉴定或审查意见。

(3)现行的技术标准、施工规范、规程和验收、评定标准。

(4)有关国家、地方的法律、法规、法令和政策。

(5)劳动定额、物资消耗定额、机械台班定额。

(6)本单位施工队伍的编制、技术装备和综合生产能力。

(7)施工调查资料。

(8)类似工程项目的施工经验材料等。

(9)掘进机性能参数指标、供货渠道、加工(改造)时间等信息。

3.3.4　施工组织设计应按以下基本原则进行编制:

(1)贯彻执行国家的法律、法规、法令和政策,严格执行基本建设程序,遵守合同,确保工期。

(2)制定最合理的施工组织方案,根据工程特点和工期要求,组织施工。

(3)科学安排施工顺序,先重点后一般,全面规划,统筹兼顾。

(4)采用先进的施工技术和设备,积极慎重地采用新技术、新结构、新材料和新设备。

(5)充分利用当地资源,因地制宜,就地取材,降低成本,提高经济效益。

(6)保证工程质量和施工安全,重视环境保护,实现文明施工。

(7)根据当地季节特征,制定相应的施工措施,确保全年连续施工,以加快施工进度。

(8)以人为本,改善施工条件,降低劳动强度,加强劳动防护,保护职工身体健康。

3.3.5　施工组织设计编制应包括以下主要内容:

(1)工程概况及技术标准。

(2)施工方案、施工方法、施工工艺及流程。

(3)总体施工安排、任务划分、组织机构。

(4)工期目标、施工进度安排、施工进度图。

(5)施工场地布置图和临时工程。

(6)资源配置,包括劳力、物资、机械、试验、测量、检测仪器等。

(7)工程重点、难点分析及其对策。

(8)专项保证措施,包括工期、安全、质量、文明施工、环境保护、消防、健康、防洪、防寒、对外协调等。

(9)针对工程风险特点的应急预案。

(10)必要的科研攻关项目。

3.4　资源准备

3.4.1　应配备具有长大隧道及掘进机施工经验的施工队伍和人员,以适应掘进机法施工要求。

3.4.2　开工前进行详细的施工用料调查,确定货源,质量和供货能力满足本工程的需要,根据工程的进展情况和施工季节,制定材料供应计划,在现场储备足够的材料以满足工程施工的需要。

3.4.3　优选精良、适合本标段工程的最佳施工机械设备,合理进行配套,掘进机的配套设备应能满足掘进法施工的进度、安全、环保、效率及经济合理的要求。

3.4.4　按工程特点和环境条件配备好试验、测量及监测仪器,仪器设备配置合理,满足施工需求。全部仪器经过标定合格,并按期进行鉴定。

3.4.5　长大隧道应配置合理的通风设备和出渣设备,选择合理的洞内供料和运输设备,并达到环境保护的要求。

3.4.6　做好钢材、水、水泥、砂石料等材料的试验工作。所有原材料必须有产品合格证,且经过检验合格后方能使用。

3.4.7　根据进度安排,储备一定量的掘进机及附属设备所用的油、脂、刀具及常用易损件。

3.5　管片/仰拱块预制厂

3.5.1　管片/仰拱块预制厂应根据生产规模的大小决定新建或改建。

3.5.2　管片/仰拱块生产的技术方案和生产计划应根据施工条件、气候条件、施工进度等进行合理编制。

3.5.3 场地布置包括:

(1)钢筋车间的组建。

(2)生产车间的组建。

(3)拌和站的组建。

(4)养护池的组建。

(5)管片/仰拱块的存储。

3.5.4 管片/仰拱块预制厂应配备合理高效的生产设备、机具。

3.6 施工场地及临时工程

3.6.1 施工场地应按下列要求进行设计:

(1)有利于生产、文明施工,节约用地和保护环境。

(2)实现统筹规划,分期安排,便于各项施工活动有序进行,避免相互干扰。

(3)保证掘进、出渣、衬砌、转运、调车等需要,满足设备的组装和初始条件。

3.6.2 施工场地临时工程布置包括:

(1)确定弃渣场的位置和范围。

(2)有轨运输时,洞外出渣线、备料线、编组线和其他作业线的布置。

(3)汽车运输道路和其他运输设施的布置。

(4)确定掘进机等设备的组装和配件储存场地。

(5)确定风、水、电设施的位置(含污水处理场地)。

(6)确定管片/仰拱块预制厂的位置。

(7)确定拌合站的位置。

(8)确定各种生产、生活等房屋的位置。

(9)场内供、排水系统的布置。

3.6.3 弃渣场地要符合环境保护的要求,弃渣不得堵塞沟槽和挤占河道,弃渣场的堆坡脚采用重力式挡土墙挡护。

3.6.4 组装场应位于洞口附近,场地应用混凝土硬化,强度满足承载力要求,大小应满足掘进机组装要求。

3.6.5 根据设备大件运输要求,必要时加固和加宽掘进机设备的运输便道。施工运输便道修建应按满足大件运输要求。

3.6.6 临时房屋将生产、生活用房分开,综合考虑防洪、防火、防风、防寒要求。房屋布设整齐、紧凑、美观;优化布置,并配备必要的安全消防设施。

3.6.7 施工场地应采用混凝土地面硬化处理,其中起吊系统作业区、汽车运输场地等应达到设计的标准及厚度,施工场地做好排水措施,保证场地排水畅通,确保施工生产、生活安全。

3.6.8 根据环保要求设置污水处理厂。

3.7 供水、电、通信

3.7.1 施工用水和生活用水应有各自独立的供水系统。

3.7.2 在隧道口设置高压配电室。

3.7.3 根据需要设置升压和降压变压器给掘进机供电。

3.7.4 供电系统应设置漏保、接地保护、防雷等多种保护措施。

3.7.5 掘进机施工通信采用有线和无线方式,如对讲机和内部电话。

4　施工测量

4.1　一般规定

4.1.1　掘进机法施工测量应按照《客运专线无砟轨道铁路工程测量暂行规定》(铁建设〔2006〕189号)、《铁路工程卫星定位测量规范》(TB 10054—2010)、《铁路工程测量规范》(TB 10101—2009)、《城市轨道交通工程测量规范》(GB/T 50308—2017)、《国家一、二等水准测量规范》(GB 12897—2006)等有关技术规定设计、作业和检测。

4.1.2　掘进机法施工测量主要内容应包括地面控制测量、联系测量、地下控制测量、掘进施工测量、贯通测量和竣工测量。

4.1.3　测量工作开始前,应对施工现场进行踏勘,接受和收集相关测量资料,办理测量资料交接手续,并对既有测量控制点进行复测和保护。

4.1.4　应了解掘进机结构和其自身配置的导向系统的特点、精度,以及人工测量仪器精度等,制定科学、适用的掘进机施工测量方案。

4.1.5　施工控制测量应符合下列规定:

(1)确保隧洞施工轴线与设计轴线的一致,根据隧道长度及贯通精度要求进行隧道平面和高程控制测量设计。

(2)控制测量必须在确认桩点稳固、可靠后进行,长期使用的测量标志应与当地有关单位办理委托保管手续。

(3)测量工作中的各项计算均应由两组独立进行,计算过程中应及时校核,发现问题应及时检查,并找出原因。

(4)利用原控制点(含中线控制点)作第2次设站观测或根据原控制点增设新点时,必须对原控制点的相邻边和水平角进行复核。

(5)利用原水准点作引伸测量时,必须对其相邻已测段高差或相邻水准点间高差进行复核。

(6)隧道洞外控制测量应在隧道进洞施工前完成。

4.1.6　控制测量工作应按下列基本内容和要求进行:

(1)用于测量的设计图资料引用数据资料及控制桩点应认真核对,确认无误后方可使用。

(2)平面控制测量布网形式应结合隧道长度、平面形状、线路通过地区的地形和环境等条件综合考虑。长隧道的洞外平面控制测量宜采用GPS测量、GPS测量和导线测量综合使用的方法,洞内平面控制测量宜使用全站仪、经纬仪及光电测距仪进行测量。

(3)长隧道平面控制宜建立独立坐标系统,三角锁或导线应沿隧道两洞口连线方向布设。

(4)每个洞口应测设不少于3个平面控制点(包括洞口投点及其相联系的三角点或导线点)和2个高程控制点。

4.1.7　地面施工测量控制点必须埋设在施工影响区域外。由于施工现场条件限制,埋设在变形区内的施工测量控制点必须经常检核。

4.1.8　测量外业数据采集和内业数据处理应符合国家相关技术标准,使用规范的表格和软件,并有复核手续。经纬仪、水准仪及标尺、光电测距仪、全站仪、GPS全球定位系统都应按规定周期进行检定和校正,各类测量仪器设备在使用过程中应按规定定期进行自检。

4.1.9　复核及测量成果应及时报监理工程师认可。

4.2 地面控制测量

4.2.1 应了解全线已有控制网的现状、坐标和高程系统、布网方法、布网层次和精度等状况,并通过踏勘和检测对本施工段测量控制点分布的合理性、可靠性等作出评价,选择适宜的坐标、高程起算控制点,制定合理的掘进机施工控制测量方案。在此基础上根据施工方案布设施工加密控制网。

4.2.2 地面已有控制网应不低于国家三等平面控制网和二等水准网技术要求。如果原有的控制网精度不能满足要求,则应布设独立的专用控制网,或建立完全独立的施工坐标系统,施工完成后该网应与当地控制网及时联测,并纳入地方统一的控制系统中。

4.2.3 平面控制网宜分两级布设,首级为GPS控制网或精密导线网、二级为施工加密导线网。施工路线长度较短时,可一次布网;高程控制网可采用精密水准或光电三角高程等测量方法一次布设。

4.2.4 控制网测量应满足GPS静态测量的技术要求。

4.3 联系测量

4.3.1 洞外平面控制测量应满足下列要求:

(1)洞外平面控制网可布设成测角网、测边网、边角组合网、GPS网或导线网。洞外高程网可布设成水准测量路线或光电测距三角高程导线。

(2)测角网、测边网、边角组合网、GPS网的等级确定后,控制网边长应投影到隧道进、出口和平均高程面上。

(3)宜选择洞口附近的控制点作为进洞的洞口控制点(或进洞控制点)或者宜用图形强度较好的图形加密洞口控制点。布设洞口控制点时应考虑有利于施工放样和便于向洞内传递等因素。

(4)进洞控制点应埋设混凝土观测墩,洞外其他控制点可因地制宜埋设简易标石。

4.3.2 洞外增设平面和高程控制点,洞外平面控制测量进度不得低于C级。

4.3.3 向洞内引测时应对洞外控制点进行检查确认未发生变动时方可进行下一步测量。

4.3.4 点位选在便于安置接收设备、操作和视野开阔的地方。距大功率无线电发射源距离不得小于200m,远离高压输电线距离不得小于50m。

4.3.5 洞内和洞外测量连接边边长不宜短于300m,连接边的两端控制点应布置在与洞口高程基本相等的地方。

4.3.6 外业进行GPS作业时,按照以下要求执行:卫星高度角≥15°,同步观测有效卫星数≥4,时段中任一卫星有效观测时间≥20min,几何图形强度因子PDOP≤4;观测时段长度≥60min;观测时段数≥2;数据采样间隔15~60s。

4.4 洞内控制测量

4.4.1 洞内平面控制测量应符合下列规定:

(1)洞内平面控制测量宜布设光电测距导线。

(2)施工导线点的布设应满足施工放样的需要,宜50m左右埋设一点,并每隔数点与基本导线附合。

(3)洞内高程控制可采用四等水准测量或同等精度的光电测距三角高程测量,对于支线线路应进行两组独立观测。洞内高程控制标石宜与基本导线标石合一。

(4)在洞内使用光电测距仪时,仪器及反射镜面上的水珠或雾气应及时擦拭干净。

(5)隧道贯通后应及时进行贯通测量误差的确定、调整和分配。

(6)洞内的平面和高程控制点,应定期进行检查复核。

4.4.2 隧洞道导线测量按四等导线精度要求施测。测角中误差≤2.5″，导线全长闭合差≤1/35000，方位角闭合差≤5 $\sqrt{n}$（n 为测站数）。

4.4.3 每施工开挖约1000m应对洞内导线进行全面复测检核，确认成果正确或及时进行误差调整和分配。

4.4.4 每次延伸施工控制导线前，应对已有的施工控制导线的前三个导线点进行检测。当复测的坐标值与原测的坐标值较差小于±10mm时，应采取加权平均值作为施工控制导线延伸测量的起算值。测量时，现场应保证足够的通风和照明条件。

4.4.5 进行导线控制测量时，采用1秒级全站仪施测，左、右角各测二测回，同一方向值各测回较差不大于±6″控制，左、右角平均值之和与360°较差应小于5″，边长往返观测各二测回，测距相对中误差不大于1/40000。

4.4.6 地下控制测量起算点必须采用直接从地面传递到洞内的平面和高程控制点，一般地下平面起算点不应少于3个，起算方位边不应少于2条，起算高程点不应少于2个。

4.4.7 控制点应埋设在稳定的隧道结构上，一般位于隧道两侧或顶、底板便于观测的位置，并应埋设强制对中装置。

4.4.8 地下控制网一般为支导线和支水准路线，隧道较长时或对于双线隧道必须形成闭合路线或构成导线网和水准网。

4.4.9 直线隧道掘进大于200m或到达曲线段时，应布设施工导线和施工水准，同时宜选择稳固的施工导线点组成施工控制导线。

4.4.10 角度、距离测量和水准测量精度不低于测量设计所要求的精度。

4.4.11 在隧道贯通前，地下导线控制和水准控制测量应不少于3次。重合点坐标较差应小于点位中误差的2 $\sqrt{2}$倍，且应采用各次的加权平均值作为测量结果。

4.4.12 隧道掘进初期，根据施工现场条件一般先布设精度较低的施工导线和施工水准，当具备条件后及时选择部分施工导线和施工水准组成施工控制导线。特殊情况下，可不受曲线要素点的限制，尽可能选择较长的导线边。

4.4.13 规定施工控制导线最远点横向中误差 $m_{横} \leq m_{中} \times d/D$(mm)，是根据导线边长与贯通距离的比例计算出来的。

4.4.14 当隧道结构仍不稳定时，埋设其上的地下控制导线和控制水准点难免变动，因此必须对施工控制点进行检测。

4.4.15 当贯通误差要求不变，隧道贯通距离大于本节规定的长度时，应采取措施增强地下控制网强度。地下控制测量可以采取以下特殊措施和方法：

(1)地下控制测量布设形式可以采用导线网、线形锁等图形强度比较高的布网形式。

(2)在地下导线测量中，加测一定数量的陀螺方位角。

(3)从地面向地下钻孔，增加地上和地下联系测量次数。

4.5 掘进施工测量

4.5.1 掘进机始发前，应将平面和高程测量数据传入隧道内的控制点上，并应满足掘进机组装、基座、反力架和导轨等安装以及掘进机始发对测量的要求。

4.5.2 掘进机上所设置的测量标志应满足下列要求：

(1)掘进机测量标志应牢固设置在掘进机纵向或横向截面上，标志点间距离应尽量大，前标志点应靠近切口位置，标志可粘贴反射片或安置棱镜。

(2)测量标志点间三维坐标系统应和掘进机几何坐标系统一致或建立明确的换算关系。

4.5.3　掘进机就位后应利用人工测量方法准确测定掘进机的初始位置和姿态,掘进机自身导向系统测得的成果应与人工测量结果一致。

4.5.4　掘进机姿态测量应满足下列要求:

(1)掘进机姿态测量内容包括平面偏差、高程偏差、俯仰角、方位角、滚转角及里程。

(2)掘进机姿态计算数据取位应满足见表13-1的要求。

掘进机姿态计算数据　　表13-1

名　称	单　位	取位精度	名　称	单　位	取位精度
平面偏差	mm	1	方位角	mm	1
高程偏差	mm	1	滚转角	mm	1
俯仰角	mm	1	刀盘里程(敞开式)	m	0.01

(3)掘进机配置的导向系统宜具有实时测量功能,人工辅助测量频率应根据其导向系统精度确定。掘进机始发20m内,到达前50m内应增加人工测量频率。

(4)掘进机测量系统测量误差应在±3mm以内。

(5)掘进机自动导向系统的测量单元宜固定在相对牢靠、稳固的岩壁上,在一个测量区段内须增加一到两次人工辅助测量对自动导向系统进行校核。人工辅助测量得到的掘进姿态计算数据及导向系统测量单元前移,前后显示单元显示的数据,水平、垂直互差控制在±20mm以内;滚动角控制在2‰以内;里程控制在±30mm以内。

4.5.5　护盾式掘进机的衬砌环测量要求应满足下列规定:

(1)衬砌环测量应在盾尾内完成管片拼装和衬砌环完成壁后注浆两个阶段进行。

(2)在盾尾内管片拼装成环后应测量盾尾间隙,并结合护盾式掘进机姿态测量数据,为管片安装提供依据。

(3)衬砌环完成壁后注浆后,宜在后配套车架通过该管片环后进行测量,测量内容宜包括衬砌环中心坐标、底部高程、水平直径、垂直直径和前端面里程。测量误差应在±10mm以内。

4.5.6　每次测量完成后,应及时提供掘进机和衬砌环测量结果,供修正运行轨迹使用。

4.6　贯通测量

4.6.1　隧道贯通后应进行贯通测量,贯通测量包括隧道的纵向、横向、高程贯通误差和方位角贯通误差。

4.6.2　测定贯通误差时,应在贯通面设置贯通相遇点。

4.6.3　隧道的纵、横向贯通误差,可利用隧道贯通面两侧平面控制点测定贯通相遇点的坐标闭合差或隧道贯通面两端中线在贯通相遇点的间距测定。方位角贯通误差可利用两端平面控制点测定邻近贯通面同一导线边方位角较差确定。隧道的纵、横向贯通误差应投影到线路的切线和法线方向上。

4.6.4　隧道高程贯通误差,可利用隧道贯通面两端高程控制点测定与贯通面邻近的(或贯通面上)同一水准点的高程较差确定。

4.6.5　隧道贯通测量限差应符合国家相关的技术标准,或技术设计要求。

4.6.6　隧道贯通后应分别以隧道进出口的控制点为起算数据,采用附合路线形式重新布设和施测地下控制网,应计算分析并确立合理的调线地段进行贯通误差的调整分配。平差后的成果(导线坐标、水准高程)作为测设永久中线、铺设整体道床及轨道放样的依据。

4.7　竣工测量

4.7.1　竣工测量采用的坐标系统、高程系统等应与原施工测量或勘测设计系统相一致(有特殊要求的除外)。

4.7.2 隧道贯通后应以隧道洞口的控制点为起算点,对隧道内的导线点和水准点分别重新组成附合路线或附合网进行施测。

4.7.3 隧道竣工测量内容应包括隧道平面偏差值、高程偏差值以及纵、横断面测量等。

4.7.4 断面测量一般直线段每12m,曲线段每5m测量一个净空断面,断面上的测点位置、数量应按铁路隧道相关规范要求确定。

4.7.5 断面测量可采用断面仪或全站仪极坐标等测量方法,断面点测量误差在±10mm以内。

4.7.6 竣工测量成果应按要求整理归档,并作为隧道验收依据。

4.8 资料的整理

4.8.1 施工过程中应及时整理下列资料:

(1)开挖和混凝土衬砌工程量计算图、表。

(2)轮廓放样点放样计算、记录资料。

4.8.2 竣工应整理下列资料:

(1)贯通测量计算技术设计书。

(2)控制测量平差计算成果。

(3)洞轴线控制点与控制网联测的平差资料及进洞关系平面图。

(4)洞内导线和高程计算成果和平面图。

(5)开挖和混凝土竣工断面图、竣工工程量计算表。

(6)贯通误差的实测结果和贯通误差调整的说明。

(7)技术总结。

5 洞口、始发洞及拆卸洞工程

5.1 一般规定

5.1.1 隧道洞口位置应根据地形、地质、水文条件,并考虑环保要求,结合掘进机法施工场地的布置综合确定。应坚持“早进晚出”的原则。

5.1.2 洞门形式应结合圆形隧道结构的特点设计,做到简捷明快、美观大方,并与周围环境相协调。

5.1.3 洞口施工宜避开雨季及严寒季节。

5.1.4 采用全断面岩石掘进机施工时,应修建始发洞及安装、拆卸的辅助洞室。当始发洞和辅助洞室采用钻爆法施工开挖时,其开挖及支护方式应按《高速铁路隧道工程施工技术规程》(Q/CR 9604—2015),《铁路隧道钻爆法施工工序及作业指南》的有关规定执行,并满足设计要求。

5.1.5 在组装场地不能满足整机组装要求时,应设置组装预备洞。组装洞施工符合下列要求:

(1)基底必须清理干净,混凝土铺底,其强度应满足掘进机步进对承载力的要求。

(2)组装洞施工完成后,应对所有净空进行检查,其底板的不平整度不得大于±5mm。

5.1.6 开敞式掘进机施工应设置始发洞,护盾式应设置始发导台。始发洞和始发导台应符合下列规定:

(1)始发洞的长度应按掘进机主机长度确定,保证掘进机始发时有足够的支撑反力,断面按支撑结构确定。

(2)始发洞必须使用钢筋混凝土衬砌,并应对衬砌表面进行处理,错台不得大于±3mm。衬砌背后不得有空洞。

(3)始发导台施工或安装时,应确保导台位置误差在±10mm以内,从而保证始发位置正确。

5.1.7　采用全断面岩石掘进机施工洞口场地需符合下列要求:

(1)洞口场地须满足掘进机大件临时存放及主机组装要求,同时兼顾掘进机施工时的出渣及材料运输要求。

(2)主机组装场地应进行硬化,并满足掘进机大件临时存放及主机组装时承载力要求,组装场地平整度不得大于±8mm,在掘进机步进进入始发洞范围内,地面必须满足步进要求。

5.1.8　始发洞必须满足墙体拆除时或开挖时产生的应力和掘进机始发的反力。

5.1.9　拆卸洞及接口部的结构细节必须满足墙体拆除时或开挖时产生的应力。

5.1.10　掘进机基座应具有足够的强度、刚度,并满足掘进机组装和检修的需要。

5.1.11　始发洞、拆卸洞应满足掘进机组装和解体、始发或到达,管片等隧道构筑原材料、施工设备及掘出的岩渣运输等要求。

5.1.12　始发洞、拆卸洞是掘进机工法中必不可少的关键施工环节,通常采用钻爆法,设计应在满足各项指标的前提下,尽量考虑对掘进机的施工方便、有利的原则。

5.2　洞口工程

5.2.1　洞口场地按永临结合一次到位,其施工应按铁路路基的有关规定执行,并满足设计要求。

5.2.2　洞口段施工应符合《铁路隧道钻爆法施工工序及作业指南》第3节有关规定,并满足设计要求。

5.2.3　开敞式掘进机施工的隧道洞口应视围岩情况进行加固:

(1)可采用地表喷锚网喷、地面预注浆、地表旋喷桩等方式。

(2)可采用长管棚(10~40m)、超前小导管、超前锚杆等超前支护措施。

5.2.4　护盾式掘进机施工的隧道洞口部位应进行防水处理,开口前应对前后五环管片进行二次补充注浆,同时对开口部位加设辅助支撑。

5.3　始发洞工程

始发洞(预备洞)工程的开挖支护应符合下列规定:

(1)始发洞(预备洞)开挖和支护施工,应符合《铁路隧道钻爆法施工工序及作业指南》有关规定,并满足设计要求,并根据断面要求选择合适的施工方法。

(2)当采用护盾式掘进机施工时,在始发洞处需设置掘进机始发基座,并满足初始环管片安装定位精度要求和掘进机反力要求。

(3)始发洞(预备洞)衬砌后的断面直径及长度不小于掘进机直径。衬砌面要光滑,其抗压强度应达到技术要求。

5.4　拆卸洞工程

5.4.1　拆卸洞的断面尺寸应根据TBM拆卸的技术要求和所使用设备技术参数确定。

5.4.2　拆卸洞的开挖、支护、二次衬砌施工应符合《铁路隧道钻爆法施工工序及作业指南》有关规定。

5.4.3　拆卸洞断面应满足吊机吊装、运输的最小尺寸要求,长度除满足主机长度以外,还要满足拆卸后大件、吊装、运输的要求。

5.4.4　拆卸洞工程施工及拆卸吊机的安装、调试等准备工作应在掘进机到达拆卸洞区域之前完成。

5.4.5　拆卸洞的施工基底必须清理干净,混凝土铺底,强度符合掘进机步进及大件存放时的承载力的要求。

5.4.6　拆卸洞施工完成后,应对所有净空进行检查,满足吊机在拆卸主机时的最小安全尺寸,主机步进通过范围底板不平整度不得大于±3mm。

6　设备组装调试

6.1　一般规定

6.1.1　掘进机在组装前需做好以下准备工作:

(1)制定详细的、可行的掘进机组装、调试方案。

(2)做好技术培训和技术交底。

(3)制定合理的组装材料、工机具计划。

(4)组装零部件标识清楚、堆放整齐,并做好清洁工作。

(5)设专职安全员,全程监控掘进机组装作业。

(6)组装用的大型门吊,在启用前必须通过当地安检部门检验,合格后换发使用/启用操作证。

(7)成立组装领导小组,内分若干专业小组分工负责,使组装工作有序进行。

6.1.2　组装调试方案调试方案编制前应收集下列资料:

(1)隧道现场组装场地条件和气候条件。

(2)掘进机结构件尺寸、重量、位置等技术数据。

(3)掘进机结构件到场进展情况,根据组装顺序决定大件运输进场顺序,卸车时应按地面图示吊放。

(4)随机技术资料及以往其他项目成功的掘进机组装方案和经验。

(5)根据随机资料编制组装施工组织,落实组装人员、组装设备、机具、材料等各种资源准备情况。

(6)隧道实施性施工组织设计。

(7)国家、行业及本企业的安全施工相关规定。

6.1.3　组装调试应有相应的组织保证、安全质量保证等措施。

6.1.4　组装安全质量应采取如下技术措施:

(1)全过程安全监控。

①在组装技术交底的同时,进行安全施工技术交底,对组装涉及的安全注意事项和安全操作规程交底。

②设专职安全员,或由组装班组长兼职。

③全程监控掘进机大件组装调试的安全、重点抓好起重作业、高空作业、施工用电和运输作业的安全管理工作。

④非组装调试人员严禁在组装场滞留。

(2)严格控制技术标准。

①实行组装人员、专业工程师检查负责制。

②组装人员严格按组装技术交底要求作业。

③重点抓好组装就位精度、螺栓紧固标准。

④对于组装不清楚、无把握的部分应提前请教技术人员,防止盲目操作;作业过程中出现问题及时上报技术人员,严禁隐瞒不报。

⑤组装需要使用的专用工具在组装工作开始前做好专用工具使用技术交底工作并检查有无缺

陷,确保完好无损,并设专人使用和管理。

6.1.5 文明施工环保措施。

(1)实行施工现场标准化管理。

(2)施工人员按不同岗位佩戴不同颜色的标记。

(3)现场各种材料机具堆放整齐,并标识规范清楚。

(4)工地现场场地平坦整洁、道路畅通,各种醒目的警示和宣传标语设施齐全。

(5)加强消防管理,各种消防器材按标准配置到位。

6.2 设备组装

6.2.1 设备组装前应完成如下工作:

(1)组装场地(组装洞室)、临时存放场地、预备洞室、步进洞室的施工。

(2)对组装场地、大型起吊设备、辅助组装设备等进行一次全面检查和保养,并应有书面的检查保养报告。

(3)大型组装设备及吊具在大件组装前要进行模拟重量试吊,做出试吊方案,达到要求后,方可进行组装作业。

(4)针对每个大件的组装,独立做出相应的安全组装方案,详细制定出每个大件组装要求,人员分工及职责,安全保障措施、相应预案。

(5)充分做好组装工、料、机的准备。

6.2.2 掘进机大件到达组装现场后,应根据组装顺序,合理安排卸车顺序和存放位置。应由经过专业培训的起重人员负责掘进机大件的卸车,并设专人指挥。

6.2.3 必须充分考虑大件组装安全。对关键大件的组装如刀盘、主轴承、内机架(凯式)、外机架(凯式)、设备桥等,领导小组成员需全过程现场监督、指导,关键岗位如门吊司机、指挥人员、组装人员须定人定岗。

6.2.4 参与组装的人员需具备一定的专业知识,并经过组装培训,能严格按照技术要求组装设备,确保组装质量。

6.2.5 组装时应准备以下工、机具:

(1)洞外组装时要配置一台双梁双钩门吊。

①门吊技术要求要满足主机及设备桥的组装要求,包括最大起吊重量、离地高度、最大起吊高度、最少起升速度、点动等。

②门吊的安装和调试应根据生产厂家的技术要求及有关的通用标准进行。

③门吊的验收应按起重特殊设备技术标准进行,并经当地劳动部门验收,换发安全合格证。

④严格按照操作规程进行操作,操作人员须经过岗前培训并有操作合格证。

⑤大件吊装时,必须一人操作、一人监护,以确保大件组装中的安全。

(2)配备一台或多台汽车吊进行辅助作业。

(3)组装时,若拼装场地较大,采用边运输边组装的办法,减少倒运的工作量,减少设备的投入。

(4)若拼装场地较小,从存放场地到组装场地需要进行二次倒运,二次倒运需要配置如下设备:

①一台或多台相应吨位的载重汽车;

②一台或多台相应吨位的运输拖车;

③叉车。

(5)专用工具。

在组装中,应配置多套液压扳手等专用工具。

(6)加工设备。

配备车床、刨床、钻床等加工设备,见表13-2。

掘进机组装中主要使用的设备及工机具　　表13-2

序号规格	设备名称	型　号	数　量	备　注
1	双钩龙门吊车			
2	叉车			
3	平板拖车			
4	汽车吊			
5	客货两用车			
6	空压机			
7	水泵			
8	交流电焊机			
9	气焊设备			
10	车床			
11	刨床			
12	钻床			
13	小台钻			
14	专用液压扭力扳手			
15	风动扭力扳手			
16	加油机			
17	移动高空作业架			
18	滤油机			
19	移动液压泵站			
20	200t 压床			
21	氩弧焊机			

6.2.6　在组装场地,应接入风、水、电源。

6.2.7　主机的组装应符合以下要求:

(1)严格按照组装作业指导书的程序进行。

(2)步进机构四个角的水平误差应控制在 ±5mm。

(3)必须将所有的连接螺栓紧固到规定的扭矩,形成主机的基本骨架。

(4)结合面应具有均匀的预紧压力。

(5)刀盘应先分块合拢,焊接连接后整体组装。

(6)主机组装后,进行电气系统和液压系统连接,对主机的一些辅助设备进行调试和功能性试验。

6.2.8　设备桥的组装应符合以下要求:

(1)选择合适的吊点,确保设备桥的组装安全和质量;设备桥与主机连接前,应做好必要的临时支撑。

(2)仰拱吊机(或管片安装机)安装时,应注意其运行轨道的顺直。

(3)清洁连接表面,确保螺栓的紧固力矩和连接表面的预紧力。

(4)正确安装各类吊机、注浆设备、除尘风机等。

(5)安装数据记录系统、PLC 系统、电视监控系统等,与主机正确连接。

6.2.9 后配套拖车的组装宜按以下步骤进行:

(1)各节拖车的组装及拖车上相应的辅助设备安装。

(2)各节拖车的连接;管、线、路的敷设。

(3)安装皮带支架和皮带。

(4)安装电气系统、液压系统、卸渣机等。

(5)和主机连接,并进行必要的调试。

6.2.10 采用皮带输送机出渣时,连续皮带输送机的组装应符合以下要求:

(1)洞口场地应考虑储带仓的安装位置及倒渣设备需要的场地。

(2)按照制造商提供的说明进行安装。

(3)储存仓中的胶带用尽时,进行接长胶带的硫化处理工作。

6.2.11 组装时应严格控制安全质量:

(1)组装必须在有经验的技术人员指导下作业。

(2)各个部件的组装必须有严格的技术交底。

(3)严格按照技术交底及机电设备安装有关标准进行作业。

(4)严格培训、持证上岗制度。

(5)在组装过程中,对组装好的总成件或独立成一系统的分部件进行复核检查。

(6)各专业组装班组负责人对组装质量负责制。

6.2.12 在组装过程中,应对安全、质量、进度进行全过程监测。

(1)每班配 1 ~2 名技术人员对组装工作进行质量、进度的指导和控制,班组内的安全员对安全工作负责。

(2)为了提高组装质量和进度,有些检测调试项目在组装期间同步进行。

(3)在组装过程中,边组装,边对已组装完成的设备分部件进行调试、检测,同时对分部设备的状态和油水进行全过程检测,检测中应有书面报告、记录。

6.3 设备调试

6.3.1 掘进机调试需提前制定详细的调试方案,分系统进行。

6.3.2 设备调试的主要内容包括外观检查、功能测试、技术性能测试和调整。

6.3.3 调试应分阶段、有步骤地进行。

6.3.4 在调试过程中,应配备检修工具、必要的配件和备件,详细记录各系统的运行参数,与制造商提供的设计参数相比较。

6.3.5 必须按编制的设备测试功能表逐项测试,调试时应做好相应记录,数据超过标准值时,应查找原因,调试至所测数据达到规定范围内。

6.3.6 必须确保设备的各项性能指标完全符合掘进机技术要求,在确认各设备安装无误,主控室的指令正确传输到各运动部件的条件下,方可开始掘进机的步进。

6.4 现场验收

6.4.1 验收依据

(1)新机采购合同。

(2)新机设计联络、监造、安装调试过程中形成会议纪要。

(3)新机采购、设计联络、监造、安装调试及其掘进期间,相互之间的邮件往来。

(4)工厂维修合同、记录。

(5)设备有关转场、存放、进厂修理的会议纪要。

(6)工厂安装调试记录。

(7)现场检测数据。

6.4.2　验收应在厂方或移交方、使用方、施工单位设备管理部门等多方参与下完成。验收结果应双方签字确认。

6.4.3　掘进机主机必须满足下列要求：

(1)外径必须符合设计要求。

(2)主机各辅助设备达到功能要求,运行中不得相互干扰。

(3)护盾必须为表面平整的正圆柱体。

(4)对于护盾式掘进机,在辅助推进油缸活动范围内,盾尾内表面平整,无突出焊缝,盾尾真圆度在设计范围内。

6.4.4　刀盘必须符合下列要求：

(1)所有连接用的螺栓必须按制造厂的设计要求配置,紧固宜使用定期标定的液压扭力扳手。

(2)刀盘空载运行正向、反向各15min,运行平稳,各减速机及传运系统无异常响声。

(3)集中润滑系统在进行流量和压力测试时,各润滑部件的受油情况必须达到设计要求。

6.4.5　护盾式掘进机的管片安装机必须满足下列要求：

(1)空载试车时,各部件的行程、回转角度、提升距离、平移距离、调节距离必须符合设计要求,各系统的工作压力必须满足设计要求。

(2)负载试车时,管片安装机作回转、平移、提升、微调等动作运行平稳,各辊轮、挡轮安装定位准确、安全可靠,各系统的工作压力正常。

6.4.6　皮带输送机必须满足下列要求：

(1)空载试车时,不得有皮带跑偏现象。

(2)负载试车时,运转平稳,无振动和异常响声;全部托辊和辊轮均运转灵活。

6.4.7　连续皮带输送机必须满足下列要求：

(1)进行运行速度测试;张紧装置测试;手动功能测试;电气连锁测试;皮带输送机全程信号报警测试。

(2)PLC控制系统与主机PLC系统相匹配,以保证由主机控制启动和停止连续皮带输送机。

7　超前地质预报

7.1　一般规定

7.1.1　采用全断面岩石掘进机法施工的隧道应开展施工地质超前预报,并作为工序纳入施工组织管理。

7.1.2　隧道施工前应根据地质情况编制地质预报方案和地质预报实施大纲,并经有关部门审查和批准后执行,超前地质预报应配备专业技术人员和预测预报设备。

7.1.3　预报方法的选择应以不占或少占用掘进机工作时间为原则。

7.1.4　地质预报、信息化设计和信息化施工是一有机整体,各方应协调一致,相互配合,做到信息传递顺畅、反馈及时,快速决策处理。

7.1.5　超前地质预报技术要求应符合下列规定：

(1)隧道地表补充地质调查,按国家或行业有关规程(规范)执行,应用专项野外地质记录本,用铅笔记录,其结果应反映在隧道地质平、剖面图上;洞内地质调查应按地质点调查的统一格式填写,以1/500、1/2000比例尺反映在地质展示图和剖面、断面图上。

(2)洞周地质测绘应在现场进行并作相应文字记录。

(3)所有地质图件、文字叙述,应按国家或行业规程(规范)统一的格式(图示、图例、术语等)提交。

(4)超前水平钻探法,按国家或行业相应的技术标准要求执行。

(5)地球物理探测法,按国家或行业各种地球物理探测方法的技术标准要求执行;使用爆炸作物理探测震源时,不得影响掘进机的安全。

7.2 预报内容

7.2.1 超前地质预报应包括下列主要内容:

(1)地层、岩性、岩石硬度、岩石强度的确定;

(2)地质构造、断层、节理裂隙发育带位置、规模及性质的确定;

(3)软、硬地层分界面位置的确定;

(4)岩溶发育的位置、规模、充填情况等的确定;

(5)瓦斯及有害气体的规模;

(6)特殊地层如岩爆、膨胀岩地层的分布;

(7)危及安全的地层或人工建筑物的分布及其与隧道在空间上的相关关系;

(8)涌水、涌泥位置的确定。

7.2.2 补充地表地质调查的内容包括:

(1)隧道穿越地区地层分布确定,岩层产状测定;

(2)构造分布、性质确定及构造产状测定;

(3)必要的岩体节理裂隙统计(产状测定、间距或称密度统计)。

7.2.3 隧道洞内地质调查的内容包括:

(1)洞周地质测绘

①地层岩性描述,含岩层产状测定,岩石风化程度确定;

②断层位置、产状、宽度及断层带岩、土体物理力学性质确定;

③节理裂隙的组数确定,产状、闭合度测定,充填情况、密集程度确定;

④出水点的位置确定,水量估算;

⑤不同岩性分界面位置确定;

⑥不良地质现象描述,如岩溶洞穴、采空区的位置、形态、充填情况,塌方塌落位置、方量,岩爆出现地点、爆裂程度,软岩大变形或膨胀岩鼓胀变形位置,涌泥涌沙位置、规模等。

(2)施工掌子面地质素描的内容包括:

①地层、岩性分布,岩石风化程度描述;

②构造发育位置、规模、性质确定及产状测定,节理裂隙产状测定、间距统计及分布位置确定;

③软、硬地层分界面位置;

④不良地质现象描述,如塌方塌落位置、方位,岩爆出现地点、爆裂程度,软岩大变形或膨胀岩鼓胀变形位置,涌泥涌沙位置、规模等;

⑤煤层出露位置、产状、规模;

⑥涌漏水、涌泥位置,涌水水量估算;

⑦特殊地层如岩爆、膨胀岩地层的分布等。

7.3　预报方法

7.3.1　掘进机法施工的隧道可采用物探方法进行长距离预测预报，地质复杂的隧道及地段应采用超前水平钻探和其他物探方法进行探测、验证。

7.3.2　超前地质预报可采用快报和总报告的形式提交，快报应在探测后次日提交。

7.4　信息化管理

7.4.1　根据多种地质预报手段获得的地质信息，经综合分析，及时提出地质预报资料，作为制定或修改施工方案的依据。

7.4.2　超前地质预报的结果有异常情况时应及时通知决策部门和施工单位，并采取措施。

7.4.3　施工过程中应将实际开挖的地质情况与预报结果进行对比分析，及时总结经验，指导和改进地质预报工作。

8　隧道掘进

8.1　一般规定

8.1.1　掘进机施工应做好掘进方向的控制，确保隧道轴线符合设计要求。

8.1.2　掘进机施工必须根据隧道的地质条件，选择合理的掘进参数。

8.1.3　掘进机施工应根据围岩条件选择合理的支护体系。

8.1.4　掘进机施工应加强对刀具检测、检查，对刀具消耗量进行统计和分析。

8.1.5　加强对各项材料配件消耗的统计分析，必须坚持设备强制保养和状态检测制度。

8.1.6　主司机及各附属设备的操作人员应通过培训后上岗，非操作人员严禁操作设备。

8.1.7　在掘进施工中，作业人员分工明确，并加强值班巡视制度。

8.1.8　对特殊地段及特殊地质条件下掘进机法施工应有应急预案和详细的施工组织措施。

8.2　掘进机步进

8.2.1　掘进机步进之前应使用断面仪对始发洞净空进行测量，严禁侵限。底部宽度、平整度及强度应满足步进要求。

8.2.2　在始发洞、预备洞铺底顶面测出隧道设计中线，以便于掘进机底部导向施工。

8.2.3　掘进机步进时应将超前钻机、锚杆钻机支撑靴以及钢拱架安装器的支撑油缸锁定在最小状态。

8.2.4　掘进机主机步进后，后配套紧跟主机同步前进，根据高程填充道砟或铺设仰拱块，进行轨道、管线延伸等。

8.2.5　步进时，操作司机应密切注意操作室各相关仪表显示，作出正确判断后，加强步进监控，作业人员要加强巡视工作并做好施工轨道延伸。

8.2.6　步进完成，掘进机在支撑状态下，拆除步进装置，准备始发。

8.2.7　步进期间，应进行始发洞、预备洞段的风管、仰拱注浆、风管挂钩的固定锚杆的锚固，以及部分段落补喷等工作，所有支护作业系统、拱吊机等可在步进前调试完毕。

8.2.8　步进期间仰拱块底部填充混凝土的灌注宜采取以输送泵为主，人工为辅的方式进行。

8.3 掘进模式

8.3.1 开敞式掘进模式可按照下列要求选择：

(1)硬岩掘进机一般提供了三种工作模式：自动扭矩控制、自动推力控制和手动控制模式。

(2)均质软岩可选择自动扭矩控制模式，均质硬岩可选择自动推力控制模式；手动控制模式适用于各种地质条件，在掘进中应经常采用。

8.3.2 护盾掘进模式可按下列情况选择：

(1)稳定性较好的硬岩地层选用双护盾掘进模式，软弱围岩地层选用单护盾掘进模式，在出现断层破碎带及侵入岩接触带时，采用单护盾掘进模式。

(2)双护盾掘进模式是指在硬岩条件下的隧洞开挖时，双护盾依靠支撑盾上的支撑靴支撑在岩壁上给掘进机提供反力。掘进的同时，可在盾尾处安装钢筋混凝土管片和管片背衬充填。

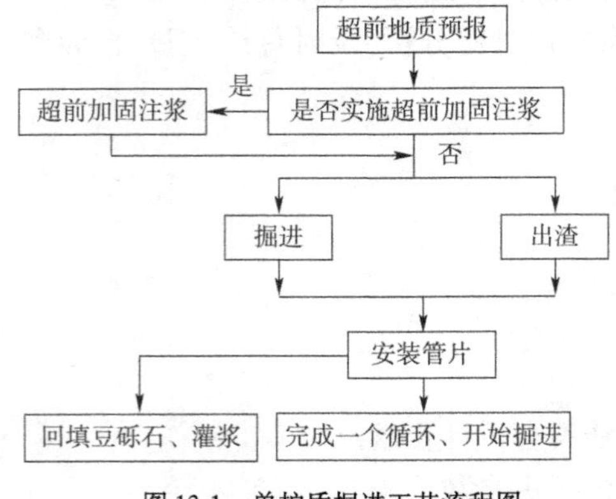

图 13-1 单护盾掘进工艺流程图

8.3.3 单护盾掘进模式施工符合下列要求：

(1)单护盾掘进工艺流程如图 13-1 所示。

(2)单护盾在软弱围岩地层中掘进时，支撑系统与主推进系统不再使用，伸缩护盾处于收缩位置。刀盘掘进时的反扭矩由盾壳与围岩的摩擦力提供，刀盘的推力由辅助推进油缸支撑在管片上提供，单护盾掘进与管片安装不能同步。此时 TBM 作业循环为：掘进—辅助油缸回收—安装管片—再掘进。

8.4 始发掘进

8.4.1 始发时始发台必须固定牢靠，位置正确。开敞式应确保撑靴撑紧始发洞壁。

8.4.2 在向前推进时，通过控制推进油缸行程使掘进机沿始发台向前推进。

8.4.3 始发掘进应低速转动刀盘，将岩面切削平整后，可正常掘进。

8.4.4 在试掘进磨合期，应加强掘进参数的控制，逐渐加大推力。

8.4.5 施工时应正确选择掘进模式，采用单护盾掘进模式，检查反力架和负环钢管片，辅助推进油缸伸出，顶在钢环管片上，调整掘进机姿态和方向。

8.4.6 始发及试掘进推进过程中，推进速度应保持相对平稳，控制好每次的纠偏量。灌浆量要根据围岩情况、推进速度、出渣量等及时调整。

8.4.7 试掘进应以低速度、低推力进行试掘进。

8.4.8 在试掘进操作中，操作司机需逐步掌握操作的规律性，作业人员逐步掌握作业工序。在掌握作业规律性后，再适当提高掘进速度。

8.4.9 在始发及试掘进过程中，应根据参数显示及实际机况进行掘进机的始发及试掘进调试。

8.4.10 护盾式掘进机始发时应加强测量工作，把掘进机的姿态控制在设计范围内，通过管片/仰拱块的铺设、设备本身的调整来实现姿态控制。

8.4.11 始发时应加强对设备的监控，增加人员的巡视。

8.4.12 当班作业人员紧密配合，严格按操作规程作业，尽快熟悉掘进机的配套作业。

8.4.13 材料准备充分，并随时做好轨道和管线路的延伸。

8.4.14 护盾式掘进机在试掘进期间，主要检验设备的协调情况、液压系统、电气系统和辅助设备及皮带输送机系统的工作情况，并对系统作进一步的调整，使其达到最佳状态，具备快速掘进的

能力。

8.5　正常掘进

8.5.1　掘进速度及推力的选定根据地质情况确定。

8.5.2　在破碎围岩地段严格控制出渣量,避免出现掌子面前方大范围坍塌。

8.5.3　在掘进过程中,应观察各种仪表显示是否正常,检查风、水、电、润滑系统、液压系统的供给是否正常,检查气体报警系统是否处于工作状态和气体浓度是否超限。进行灯光试验,以检查所有指示元件的功能。

8.5.4　在掘进过程中,应加强巡视,确保设备运转良好。

8.5.5　检查掌子面支护、仰拱块铺设、管片安装、渣车到位、连续皮带输送机等情况,确保掘进正常。

8.5.6　每一循环作业前,操作司机应根据导向系统显示的主机位置数据进行调向作业。

8.5.7　采用自动导向系统对掘进机姿态进行监测。定期进行人工测量,对自动导向系统进行复核。

8.5.8　掘进机姿态控制应符合下列要求:

(1)推进过程中必须严格控制推进轴线,使掘进机的运动轨迹在设计轴线允许偏差范围内。

(2)自转量应控制在设计允许值范围内,并随时调整。

(3)护盾式掘进机在竖曲线与平曲线段施工时,应考虑已成环隧道管片竖、横向位移对轴线控制量的影响。

(4)掘进机开挖姿态与隧道设计中线及高程的偏差应控制在设计值允许的范围内,否则必须纠偏。

(5)实施掘进机纠偏不得损坏已安装的管片,并保证新一环管片的顺利拼装。

(6)护盾式掘进机纠偏通过分组油缸、调整区域油压及行程的措施进行。

8.5.9　护盾式掘进机在均匀的地质条件下,应使所有油缸推力一致;在软硬不均的地层中掘进时,则应根据不同地层调节油缸推力。

8.5.10　在掘进模式转化的过程中应注意撑靴处的支撑,防止打滑。

8.5.11　掘进过程中推进油缸的油压调整不宜过快、过大,否则,可能造成管片局部破损甚至开裂。

8.5.12　掘进机在曲线段的施工应符合下列要求:

(1)掘进方向控制。

①换步作业时,操作司机必须根据控制单元显示的主机位置数据进行调向作业,完成对主机的掘进方向、高程相对于隧道设计轴线偏差和主机导向偏差值的调整,使掘进方向控制在隧道设计轴线±30mm之内。

②每次前移激光经纬仪时必须保证测量精度,确保移动前后控制单元上的数据变化在允许的范围内。

(2)以实际掘进和出渣情况,对掌子面围岩岩性作出判断,选择相应的掘进模式及掘进参数。

(3)在小半径隧道施工时,应选择合适的掘进机,做好曲线段的曲线拟合计算,做好施工中的控制等措施。

(4)在曲线掘进时,使用刀盘配置(扩孔刀),增大隧道的开挖断面和转弯需要的空间。

(5)导向系统配置了导向、自动定位、掘进程序软件和显示器等,能够随时在掘进机主控室显示掘进机当前位置与隧道设计轴线的偏差以及掘进机的趋势,并可以设定掘进机推进的位置。

(6)正常施工时每周必须进行一次人工测量,以校核自动导向系统的测量数据并复核掘进机的位置、姿态,确保掘进方向正确。

(7)护盾式掘进机在掘进过程中纠偏的控制应符合下列要求:

①在切换刀盘转动方向时,切换速度不宜过快,以防造成管片受力状态突变,而使管片损坏。

②推进油缸油压的调整不宜过快、过大,否则可能造成管片局部破损,甚至开裂。

③通过减缓掘进速度,使掘进机在掘进的瞬间刀盘上下部位受力尽量相同,减少对刀具的偏磨,避免掘进机下俯。

④适当控制掘进机纠偏力度,防止由于纠偏造成刀盘受力不均,影响掘进姿态。

⑤根据洞内管片姿态的测量,及时纠偏掘进机姿态。

(8)护盾式掘进机管片安装采用错缝拼装,根据管片排版、盾尾间隙和掘进油缸行程进行管片选型。

(9)同步注浆的注浆量不宜小于理论值。注浆时应控制注浆的压力和注浆量,适当缩短浆液的凝固时间,必要时采取注双液浆固定管片的措施,避免掘进时因管片受力不均而损坏管片。

(10)曲线地段施工时,制定曲线地段的施工预案,以应对施工中出现的异常情况。

8.6 到达掘进

8.6.1 到达掘进前,必须制定掘进机到达施工方案,做好技术交底,施工人员应明确掘进机适时的里程及刀盘距贯通面的距离,并按确定的施工方案实施。

8.6.2 到达前必须做好以下工作:

(1)检查洞内的测量导线;

(2)检查掘进机拆卸段支护情况,加强变形监测,并及时反馈;

(3)备足到达所需材料、工具;

(4)对接收台进行检查,对滑行轨进行测量。

8.6.3 掘进机到达前应检查掘进方向,以保证贯通误差在规定的范围内。

8.6.4 到达掘进的最后20m要根据围岩的地质情况确定合理的掘进参数,并作出书面交底。

8.6.5 护盾式掘进机到达段,应设置管片纵向拉紧装置,防止管片环缝张开,长度在15~20m。

8.6.6 做好出洞场地、洞口段的加固。

8.7 数据采集

8.7.1 数据采集。

(1)激光导向系统。

①激光导向系统设置在掘进机的前端,是控制掘进机掘进方向的系统。设备配置自动导向系统,可灵活用于直线及曲线掘进的导向。该系统是集数字化显示和主机三视图示意为一体,24h不间断显示掘进机的空间位置,具有简洁、清楚、直观的特点。

②通过对掘进机主机上某一测点的空间位置的测量和某一面域的空间测量,导向系统可测定和预测掘进机的平纵面位置、方向、仰角和转角,TBM操作主司机依据导向系统显示器显示的数据,不断进行调整,纠正掘进方向。

(2)掘进机运行监视系统。

在掘进机的操作台上装有监视器和可编程逻辑控制器(PLC),摄像头和监视器能够显示激光靶和出渣作业,与监视系统相连的摄像头可监视下列地点(包括但不限于):

①在桥式皮带输送机上方的掘进机输送机卸料辊轮;

②连续皮带输送机上方的后配套输送机卸料辊轮;

③铺轨作业区;

④混凝土喷射材料作业区；

⑤后配套斜坡段作业区。

(3)数据自动采集系统。

掘进机操作手通过设备上配置的可编程逻辑控制器(PLC)操作控制台上的手把或开关，将TBM掘进施工的信号采集到PLC系统，经过分析、处理后，将信号发送至相应的信息部门。PLC接收TBM传感器发出的各种各样的数字信号，经过控制台上显示的不断变化的数据，时刻反映掘进机的工作情况。如果需要，操作手可以锁定机器，以避免机器发生损坏。此系统可自动采集并可按用户需求储存一些基本的资料信息，配合一台打印机，可将数据方便地打印出来。这些数据包括：

①施工时间、日期；

②刀盘转速；

③刀盘电机电流；

④运行的刀盘电机的数量；

⑤行程位置；

⑥主推进油缸压力；

⑦辅助推进油缸压力；

⑧水平支撑油缸压力；

⑨掘进速度。

掘进机设备的这些参数能实时地显示在监视器上，当发生故障时，警示灯(或声音警告)可提醒操作人员，以便操作人员及时了解故障种类及位置。

(4)地面监测站。

①地面监测站是一个独立的台式计算机，与隧洞内的系统数据收集计算机相连接。该地面监测站包括：台式计算机、数据收集软件、隧洞数据传输线和数据收集系统之间的连接硬件。

②地面监测站所显示的视频图像和数据具有只读属性，通过显示的视频图像和数据，地面管理人员可以及时掌握洞内施工的实时情况，达到即使不在现场，也完全了解现场的效果。比如施工中出现异常情况或设备故障，通过地面监测站的图像或数据显示，洞外管理人员可及时掌握设备信息，可为及时排除故障节省大量时间；同时，根据监测信息及时向洞内作业人员下达有效的管理指令。

9　支　　护

9.1　一般规定

9.1.1　开敞式掘进机在软弱破碎围岩掘进时必须进行初期支护，以满足围岩支护抗力，确保施工安全。

9.1.2　支护采用喷锚支护，根据围岩特点、断面大小和使用条件等选择喷射混凝土、锚杆、钢筋网和钢架等单一或组合的支护形式。

9.1.3　初期支护应及时施作，并按设计要求进行监控量测，保证施工安全。

9.1.4　锚喷支护施工中，应做好下列工作：

(1)锚喷支护施工记录；

(2)监控量测记录；

(3)地质素描资料。

9.1.5　隧道支护施工后，应清理场地和设备料具，并对喷射混凝土进行养护，同时分析检测不满足要求的项目及产生的原因，并制定整改措施。

9.2 喷射混凝土

9.2.1 喷射混凝土原材料应符合下列要求。

(1)水泥:优先选用符合国家标准的普通硅酸盐水泥,有特殊要求时,采用特种水泥,水泥强度不低于32.5MPa。

(2)集料:细集料采用坚硬耐久的粗、中砂,细度模数宜为2.5~3.0,含水率控制在5%~7%;粗集料采用耐久的卵石或碎石,料径不宜大于10mm;喷射混凝土中不得使用含有活性二氧化硅的集料,喷射混凝土的集料级配,严格控制在表13-3规定的范围内。

喷射混凝土集料通过各筛径的累计重量百分数 表13-3

集料粒径(mm)	0.15	0.30	0.60	1.20	2.50	5.00	10.00
百分数(%)	2~10	10~30	25~60	50~85	80~100	95~100	100

(3)水:适宜饮用的水均可使用,不使用未经处理的工业废水,拌和用水所含物质不影响混凝土的和易性和混凝土强度的增长,也不引起钢筋和混凝土的腐蚀。

(4)速凝剂:使用前做速凝剂与水泥的相容性试验及水泥净浆凝结效果试验。速凝剂的掺量为水泥重量的4%~8%。

9.2.2 喷射混凝土施工工艺。

运输机械和喷射设备等组成一套良好的施工设备。确保喷射混凝土质量,减少回弹,改善施工环境。采用湿喷法,掺加微硅粉,增加混凝土的和易性,以减少回弹。采用强制式搅拌机,集料采用配料机自动计量,混凝土搅拌运输车运输。搅拌机械、其施工工艺流程如图13-2所示。

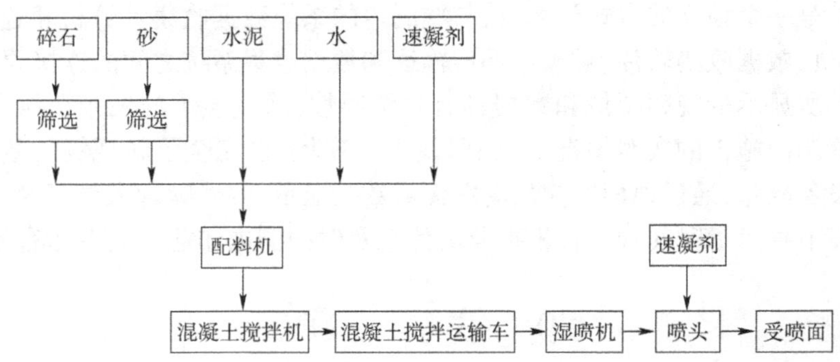

图13-2 喷射混凝土工艺流程图

9.2.3 喷射混凝土作业应符合下列要求:

(1)混凝土喷射前,首先对受喷工作面用高压水全面冲洗岩面,并对出水点先埋设导水盲沟,同时埋设喷层厚度检查标志;水泥浆润滑混凝土输送泵及送料管。

(2)喷射时自下而上进行,工作风压0.3~0.5MPa;喷嘴至作业面距离为1.0~1.5m,喷嘴尽量垂直岩面;每次喷射厚度宜为5~8cm。

(3)喷射混凝土终凝2h后,喷水养护;养护时间不少于14d;当气温低于5℃,采取喷养护膜法养护。

(4)喷混凝土时,加强通风并配置好劳动防护用品,确保作业人员的安全和卫生,并及时清理回弹混凝土。

(5)冬季施工严格执行以下规定:喷射作业区的气温不低于5℃;混合料进入喷射机温度不低于55℃;普通硅酸盐水泥配制的喷射混凝土强度低于设计强度的30%时,不得受冻。

9.2.4 钢筋网喷射混凝土与普通喷射混凝土施工工艺相同。

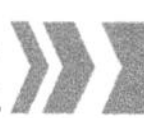

9.3 锚杆

9.3.1 锚杆利用敞开式掘进机自身配置的锚杆钻机进行施工,并应符合《岩土锚杆与喷射混凝土支护工程技术规范》(GB 50086—2015)的有关规定。

9.3.2 应根据地质条件、使用要求及锚固特性,可选用中空注浆锚杆、树脂锚杆、自钻式锚杆、砂浆锚杆和摩擦型锚杆等。锚杆杆体半成品、成品的类型、规格、性能符合设计要求和国家有关现有技术标准的规定。

9.3.3 锚杆黏结剂的黏结强度、凝固时间、抗老化及抗侵蚀性能应满足设计要求,对环境无污染。水泥砂浆的强度等级不应低于 M20。

9.3.4 锚杆施工应符合下列要求:

(1)锚杆施工工艺如图 13-3、图 13-4 所示。

锚杆材料准备 → 锚杆钻孔 → 药包装填 → 锚杆安装 → 锚杆受力检查

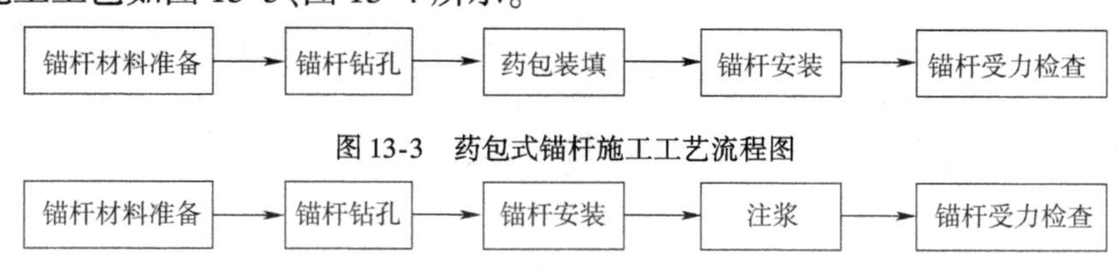

图 13-3 药包式锚杆施工工艺流程图

锚杆材料准备 → 锚杆钻孔 → 锚杆安装 → 注浆 → 锚杆受力检查

图 13-4 注浆式锚杆施工工艺流程图

(2)锚杆孔位符合设计要求,孔位偏差不大于 100mm;锚杆的孔轴方向应垂直于开挖面并符合设计要求。

(3)利用开敞式掘进机自配的锚杆钻机,按设计要求在要求范围内进行锚杆作业。

(4)锚杆孔深度达到施工图纸的规定,孔深偏差值不大于 50mm。

(5)药包式锚杆先确定锚杆位置,锚杆孔间距为 5m,用钻孔机具钻 40mm 深的安装孔,用药包式锚固剂将锚杆锚入,药包装填量不小于锚杆钻孔深度的 80%。

(6)先注浆的永久支护锚杆,应在钻孔内注满浆后立即插入锚杆;后注浆的永久支护锚杆,应在锚杆安装后立即进行注浆。锚杆注浆后,在砂浆凝固前,不得敲击、碰撞和拉拔锚杆。

9.4 钢筋网

9.4.1 采用屈服强度不低于 240MPa 的光面钢筋,网格间距为 150 ~ 200mm。

9.4.2 铺设钢筋网应符合下列要求:

(1)钢筋网宜在初喷混凝土后铺挂,使其与喷射混凝土形成一体。

(2)采用双层钢筋网时,第二层钢筋网应在第一层钢筋网被混凝土覆盖后铺设,其覆盖厚度不应小于 3cm。

(3)钢筋网应与锚杆或其他固定装置连接牢固;岩面保持 3cm 的间隙。

(4)钢筋网的钢筋保护层厚度不得小于 2cm。

(5)喷射中如有脱落的石块或混凝土块被钢筋网卡住时,应及时清除。

9.5 钢架

9.5.1 钢架施工利用敞开式掘进机自配的钢架安装器,应在设计里程位置拖出盾尾后及时架设。

9.5.2 钢架宜选用钢筋、型钢、钢轨等制成,钢架用钢材的规格、型号、材质满足设计要求和国家有关现有技术标准的规定。钢架不宜在受力较大的拱顶及其他受力较大的部位分节。格栅钢架的主筋直径不宜小于 18mm,且焊接应符合设计要求。

9.5.3 钢架安装应符合下列条件:

(1)拱架安装工艺如图13-5所示。

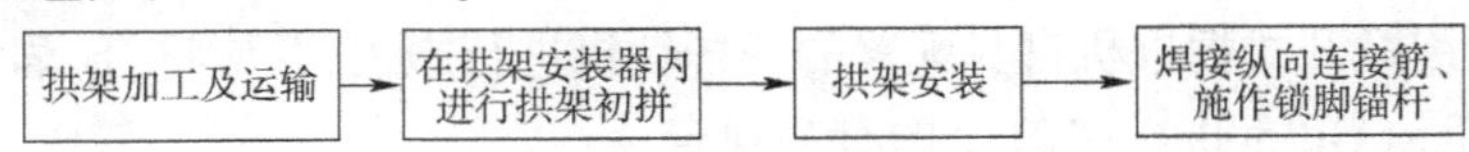

图13-5 拱架安装工艺流程图

(2)安装前应清除底脚的虚渣及杂物。

(3)全圆钢支撑的间距应为掘进行程的1/2~2倍,在掘进机换步过程中,撑靴不得挤压拱架。

(4)安装允许偏差:横向和高程为±5cm,垂直度为±2°。

(5)各节钢架间应以螺栓连接,连接板应密贴。

(6)当钢架与岩壁不密贴时,应沿钢架外缘每隔1m,2m用钢楔或混凝土预制块楔紧。

(7)当全圆拱架底部与仰拱预留槽发生冲突时,在仰拱两侧补加锁脚锚杆,并加焊牢靠。

9.5.4 钢架应与喷混凝土形成一体,钢架与围岩间的间隙必须用喷混凝土充填密实;钢架应全部被喷射混凝土覆盖包裹,保护层厚度不得小于4cm。

9.5.5 钢架之间宜用直径为ϕ22mm的钢筋以焊接方式连接,环向间距不应大于2m。

10 监控量测

10.1 一般规定

10.1.1 开工前应根据隧道规模、地形、地质条件、施工方法、支护类型和参数、工期安排以及所确定的量测目的等编制量测计划。

10.1.2 编制内容应包括:量测项目、量测仪器选择、测点布置、量测频率、数据处理、反馈方法及组织机构、管理体系等。同时应考虑量测方法的经济性,与施工进程相适应。

10.1.3 现场量测仪器,应根据量测项目及测试精度来选用。一般应尽量选择简单适用、稳定可靠,操作方便,量程合理,便于进行结果处理和分析的测试仪器。量测仪器应按计量器具有关要求进行检定。

10.1.4 浅埋段地上、地下同一断面内的监控量测数据以及掘进机施工参数应同步采集,以便进行分析。

10.1.5 监控量测工作必须紧接开挖、支护作业,应按设计要求进行布点和监测,并根据现场施工情况及时调整量测项目和内容。量测数据应及时分析处理,并将结果反馈到施工过程中。

10.1.6 监控量测应作为施工组织设计一个重要组成部分,应纳入施工工序,并贯穿施工的全过程。

10.1.7 现场应成立专门监控量测小组,负责测点埋设、日常监测、数据处理和仪器维修保养工作,并及时将量测信息反馈于设计和施工。

10.1.8 通过监控量测收集数据,为以后的类似工程设计、施工及规范修改提供参考和积累经验。

10.2 监测内容

10.2.1 全断面岩石掘进机隧道施工监测内容应包括:隧道钻爆法施工区段监控量测和掘进机施工区段的监控量测,并应根据围岩条件、支护参数、施工方法、周围环境及监测目的编制实施大纲和监控量测作业指导书。

10.2.2 隧道始发洞、预备洞、通过斜井施工的正洞组装、拆卸等其他利用钻爆法施工的作业段的监控量测内容,应按设计要求执行,并符合《铁路隧道监控量测技术规程》(Q/CR 9218—2015)的相关要求。

10.2.3 采用全断面掘进机施工段,因受设备干扰和限制,一般采用全站仪进行无尺量测,监控量测内容和方法见表13-4。

全断面岩石掘进机施工监控量测内容 表13-4

序号	监测项目	主要监测仪器
1	浅埋地段地表和构筑物变形测量	水准仪
2	围岩、初期支护监测(包括拱顶下沉和水平收敛)	水准仪、全站仪
3	衬砌管片监测(包括管片隆沉、管片环向净空变化)	水准仪、收敛仪、全站仪

10.2.4 钻爆法施工段监控量测点位布置、频率按照《铁路隧道监控量测技术规程》(Q/CR 9218—2015)执行。

10.2.5 全断面岩石掘进机施工段地表沉降观测断面设置按表13-5执行,围岩、初期支护观测断面设置按表13-6执行,围岩环向净空变化监测间距30~50m。

10.2.6 全断面岩石掘进机施工隧道监控量频率按表13-7执行。

地表沉降观测断面设置要求 表13-5

隧道埋设深度(m)	观测点纵向间距(m)	观测点横向间距(m)	隧道埋设深度(m)	观测点纵向间距(m)	观测点横向间距(m)
$H>2D$	20~50	7~10	$H<D$	10	2~5
$D<H<2D$	10~20	5~7			

围岩、初期支护观测断面设置要求 表13-6

围岩情况	观测断面纵向间距(m)	备注
Ⅳ、Ⅴ级	10	围岩变化处应适当加密,在各类围岩的起始段增设拱顶下沉点1~2个,水平收敛1~2对。管片跟进时不作此项监测
Ⅲ级	25	
Ⅱ级	40	

变形测量频率 表13-7

变形速度(mm/d)	施工状况	测量频率
>10	距工作面1倍洞径	2次/d
5~10	距工作面1~2倍洞径	1次/d
1~4	距工作面2~5倍洞径	1次/(2~3)d
<1	距工作面>5倍洞径	1次/7d

10.3 监测方法

10.3.1 地质及支护状况观察描述。

(1)观察并描述隧道围岩地质、地下水情况,衬砌支护情况。

(2)使用仪器、材料、工具:地质罗盘、地质锤、钢卷尺、放大镜、秒表、手电、照相机或摄像机。

10.3.2 净空收敛。

(1)测点与拱顶下沉点布置在同一断面。

(2)埋设测点时,先在测点处凿孔。在孔中填满水泥砂浆后插入收敛预埋件,使两预埋件销孔轴线处于水平位置,上好保护帽,待砂浆凝固后即可量测。

(3)量测采用隧道收敛仪器,满足变形观测仪器的技术要求。

10.3.3 拱顶下沉。

(1)在每个量测断面的拱顶中心埋预埋件。埋设时,先用小型钻机在待测部位成孔,然后将预埋件放入,并用混凝土填塞,待混凝土凝固后即可量测;

(2)量测采用水准仪或全站仪。

10.3.4 开敞式掘进机采用无尺量测系统对隧道净空位移(包括水平收敛和拱顶下沉)进行监测,自由设站方法进行观测,对观测点采用多测回观测以提高观测精度。

10.4 信息化管理

10.4.1 隧道钻爆法施工段监控量测标准按设计要求执行,并符合《铁路隧道监控量测技术规程》(Q/CR 9218—2015)的相关要求。

10.4.2 围岩与支护结构的位移速度判别标准按以下规定执行:

(1)位移速度持续大于1.0mm/d时,围岩与支护结构处于急剧变形状态。

(2)位移速度为0.2~1.0mm/d时,围岩与支护结构处于缓慢变形状态。

(3)位移速度小于0.2mm/d时,围岩与支护结构达到基本稳定。

10.4.3 宜利用计算机和相关软件实行监控量测数据采集实时化,数据处理自动化,数据输出标准化,并建立监控量测数据库。

10.4.4 量测数据整理、分析应符合下列要求:

(1)每次量测后应及时进行数据整理和数据分析,并绘制量测数据时态曲线和距开挖面关系图;地表下沉值应绘制测值沿隧道纵向和横向的变化量和变化速率曲线。

(2)对初期的时态曲线应进行回归分析,预测可能出现的最大值和变化速度。

(3)数据异常时,应及时分析原因,及时制订对策。

10.4.5 应根据量测数据处理结果,调整和优化施工方案和工艺,必要时,应及时向相关单位提出变更设计建议。

10.4.6 应结合施工和现场环境状况对监控量测数据定期进行综合分析,并应绘制出地表沉降、隧道水平收敛、拱顶下沉等时态曲线图。

10.4.7 每次监控量测完成后应提供书面报告并报送相关部门,在异常情况下必须及时报告。工程竣工后应提供监控量测技术总结报告。

11 不良地质施工和辅助工法

11.1 一般规定

11.1.1 施工前必须根据设计提供的工程及水文地质资料,结合现场实际情况,进行分析研究,制定完整的施工技术方案。并结合紧急预案,做好技术、物资、机械的储备,避免地质灾害的发生。掘进机施工进入特殊地质地段前,必须详细查明和分析工程的地质状况与隧道周边环境,对特殊地质条件下的掘进机施工制定相应可靠的施工技术措施。

11.1.2 隧道施工时,应根据具体情况制定地质预测、预报方案。根据地质预测、预报的结果应及时地调整施工方案。

11.1.3 必须加强量测工作,并及时反馈量测结果,进行动态设计和动态施工。

11.2　软弱围岩

11.2.1　掘进机在软弱围岩施工时,应按下列要求进行作业:

(1)掘进机在软弱围岩掘进时,应减缓掘进速度,必要时须停机进行围岩加固或超前支护处理后,再行推进。

(2)洞壁发生小规模岩石剥落现象时开敞式掘进机可在不停止掘进情况下,进行初期支护作业。

(3)节理密集带或中等规模断层破碎带处发生较大规模的岩石塌落现象,开敞式掘进机应停止掘进,及时进行初期支护。

(4)大规模的断层破碎带处,应停止掘进对围岩进行超前加固或超前支护。

(5)采用人工喷混凝土时,喷射混凝土必须从填充岩面空洞、裂缝开始。在钢拱架地段,钢架与围岩之间空隙必须用喷射混凝土填充密实,并需将钢拱架及时进行包裹。

(6)对富水软弱破碎围岩应采取加强防排水的技术措施:预加固施工中一般可先采用超前钻孔排水;采取注浆堵水措施。

(7)护盾式掘进机通过软弱破碎围岩时,降低刀盘转速和推力,减少单位时间内出渣量,不停机快速通过,防止塌方,安装重型管片,及时填充豆砾石并注浆,待通过后进行固结注浆。

11.2.2　掘进机通过软弱围岩时,根据掘进参数的变化可以推断前方围岩的变化情况,合理选择和调整掘进参数。

11.2.3　掘进机在施工过程中,由于节理裂隙或岩爆造成的掉块落石,施工中主要通过各种不同的支护形式,支顶岩石、限制落石或对可能坍塌岩石进行预加固,主要支护形式有:

(1)全圆钢支撑体系支护,包括辅助网片和钢筋棚架。

(2)锚网喷支护体系,包括辅助格栅钢架和槽钢钢架。

11.2.4　撑靴塌陷应按下列要求进行作业:

(1)由于节理或岩石破碎,造成撑靴处岩石坍塌,引起撑靴悬空无法提供掘进反力。此时需调整撑靴纵向位置,也可在撑靴没到达前灌注速凝混凝土或用背材填塞牢固,在允许的情况下也可放弃一个支撑进行掘进,但必须控制掘进推力。

(2)对撑靴部位由于围岩抗压强度不能提供足够的撑靴反力,而易造成撑靴打滑,撑靴部位二次扰动,变形过大,针对此现象拟采取的对策如下:

①此部位出护盾后立即对此部位进行铺设钢筋网、喷射混凝土支护作业,增加此部位的抗压强度,提高承载力。

②调整撑靴压力来减少对围岩的扰动。

③由于围岩软弱,造成掘进机在行进时撑靴部位打滑,围岩二次扰动,出现更大的坍塌,为此采取的措施是:当剥落在15cm以内时,采取喷射混凝土封闭并喷平,以便于掘进机撑靴通过;坍腔在15cm以上时,首先采用湿喷系统封闭围岩,然后利用已经架立的钢拱架立模灌注混凝土,填平坍腔,有效控制临空面的继续扩大,避免造成更大范围的坍塌,同时也可保证掘进机的撑靴顺利通过而不挤压拱架。

(3)在软弱围岩下,撑靴压力不宜太高,否则,可能压破洞壁岩石,造成坍落;撑靴压力的大小取决于洞壁岩石的完整性及饱和抗压强度。撑靴压力控制在软岩压力的0.7~0.8倍即可。撑靴至少保证一半撑紧洞壁,撑靴压力的大小及支撑数量的多少,决定了TBM的推进速度的快慢。掘进中,若撑靴压力变化,应及时补压。

(4)在软弱围岩下,刀盘扭矩过大,易产生机身滚动、撑靴打滑。撑靴支撑一半时,扭矩控制在40%左右,撑靴全部支撑时,扭矩控制在75%左右。

(5)撑靴打滑时,应立即停止掘进,重新换步或加强打滑的撑靴部位的支护强度,并进行调向后掘进。

(6)在软弱围岩下,如果撑靴支撑一半时,刀盘推力必须控制在额定推力的0.6~0.7倍;如果撑靴全部支撑,刀盘推力应控制在额定推力的0.8~0.85倍。否则,可能导致撑靴打滑或损坏刀具。

11.2.5 掘进机在前方坍塌掘进施工时,应按下列要求进行作业:

(1)在掘进过程中,如遇皮带输送机上出渣量突然增大,渣体破碎且伴有大石块,应判断为刀盘前部出现塌体,主机室仪表应显示皮带输送机上压力增高,刀盘扭矩增大。此时应降低推进速度,或原地转刀盘出渣,非紧急停机而不能停止转刀盘,循环结束后,不能过多地退刀盘,按正常掘进退刀盘2~3cm,以防刀盘前部出现大空隙,塌体扩大;刀盘转动停止后,应进入刀盘内部检查塌体情况,必须有专人在控制室值班,确保安全。

(2)敞开式掘进机掘进过程中,由于断层造成坍塌,形成空洞,施工中,一方面采用全圆钢支撑体系支护,另一方面及时在空洞中穿入钢板形成喷灌模,并喷灌速凝混凝土,防止岩石继续坍塌。

(3)刀盘启动采用液压辅助驱动,在确定刀盘能够转动后,采用低速(2.7r/min)溜渣或掘进,掘进速度控制在30%以内。根据皮带输送机出渣速度是否与掘进速度的差异及岩渣中不连续出现成堆大块状岩石的频率进行调整。

(4)刀盘所有护盾处于撑出浮动状态。

(5)预测刀盘前方石质松软破碎时,应停止刀盘喷水,刀盘不能非正常后退。空转刀盘清渣,刀盘转动后,即可向前慢速推进(采用半速或液压辅助驱动方式)。

(6)当坍塌发生在刀盘正前方,周边围岩稳定性较好时,可继续低速掘进。

(7)由于围岩恶性变形而产生的剥落,无法通过正常的出渣系统排出,所以在护盾后边增加一套人工辅助皮带输送机出渣系统,以缩短清渣时间,提高仰拱块的铺设速度,从而达到缩短工序时间、提高软弱围岩中的掘进速度的目的。

(8)护盾式掘进机掘进后发生坍塌时:如果坍塌不严重时,仍继续推进直到能立钢支撑的尺寸,停止掘进,进行支护;如果坍塌严重时,应立即停机进行支护,待支护完成后,方可掘进。

(9)坍塌时应选择合理的掘进参数,减少对围岩的扰动,减少剥落和坍塌。

(10)改进施工工艺,采取增强设备的适应能力等行之有效的措施,加快施工进度。

(11)依托新奥法原理及时施作锚喷柔性支护,并允许围岩有一定的变形,充分利用围岩自身的承载力,达到支护和围岩共同受力的目的。

(12)完善的量测监控技术,进行动态施工管理。

11.2.6 掘进机在拱脚滑塌掘进施工时,应按下列要求进行作业:

(1)采用先通过,通过后及时支护;对于严重破碎(剥落较多,易出现坍塌),采用预加固,后掘进、及时支护的措施;遵循宁强勿弱,一次到位,减少因变形过大而二次加固的施工支护原则。

(2)针对软弱围岩的特点,通过采取超前小导管注浆加固刀盘前面及护盾上方围岩,提高围岩自稳能力,有效控制围岩出盾体前的变形。

(3)在围岩出盾体后及时初喷混凝土,封闭围岩,将围岩的收敛变形减少到最低限度。

(4)由于围岩松动范围的扩大,而使围岩的稳定性降低,衬砌后需及时进行固结灌浆。

11.3 岩爆

11.3.1 对岩爆段掘进机法施工,应按下列要求进行作业。

(1)隧道施工中可能发生岩爆时,应遵循预防为主,防治结合的原则,对开挖面前方的围岩特性,水文地质情况等进行预测、预报,当发现有较强烈岩爆存在的可能时,应及时研究施工对策,做好施工前的必要准备。

(2)在岩爆隧道施工过程中,应采取下列方法进行地质预报:

①开挖面及其附近的观察预报，通过地质的观察、素描，分析岩石的动态特征，主要包括岩体内部发生的各种声响和局部岩体表面的剥落等。

②采用工程地质类比法进行宏观预报。

(3)应根据岩爆强度大小对其进行严格分级，针对不同的岩爆级别可采取下列技术措施：

①轻微岩爆地段。

在施工时，加大刀盘喷水量对易产生岩爆的岩石也能起到一定的软化作用，促使应力释放和调整。采取锚杆钢筋网(小网格网片)加格栅拱架喷射混凝土的支护方式，锚杆间距1.2m。

②中等岩爆地段。

刀盘前按间距1.0～1.5m，打2.5m深的应力释放孔，也可向孔内喷灌高压水，软化围岩，以释放部分地应力。为防止岩石碎块弹射和提高结构整体支护作用，在锚杆钢筋网槽钢拱架支护基础上，人工喷射5cm厚混凝土。

③强烈岩爆地段。

必要时除采取上述措施外，也可采取网喷钢纤维混凝土、施作超前锚杆等方式。

(4)隧道施工中，一旦发生岩爆，应立即采取下列处理措施：

①进行工作面的观察，做好各种记录，如岩爆的位置、强度、类型、数量以及山鸣等。

②安排专职人员清除岩爆后的松石，加强巡回检查和危石处理，杜绝崩落的岩石砸坏设备或伤害人员的现象发生。

11.3.2　岩爆段具体施工工艺流程为：预测预报(对结果分析评价，判定岩爆等级)、采取防治措施、掘进机掘进、支护及防治措施、监控量测。

11.3.3　针对岩爆地段，采取掘进出露后钻孔、喷水等方式，减少岩爆发生，同时增加部分短锚杆，以备岩爆发生时挂网用。

11.4　膨胀岩

11.4.1　采用掘进机法通过膨胀岩地段，应按下列要求进行：

(1)膨胀岩隧道的施工应根据膨胀岩的特性，并结合施工条件、围岩稳定情况、地下水活动状况等因素综合决定。

(2)掘进机在膨胀岩隧道施工的初期支护应采用喷射混凝土、钢筋网、锚杆、钢架等，必要时可采用钢纤维混凝土或加设钢筋网。

(3)膨胀岩隧道的衬砌应在围岩变形基本稳定，变形速度小于0.5mm/d后进行。当衬砌混凝土的强度达到设计强度的100%时，方可拆模。

(4)护盾式掘进机通过膨胀岩地段时，可使用扩孔刀具加大开挖直径，减少被卡住概率，应设法迅速通过，加装刮刀及喷射泡沫剂来缓解，并注意工作模式的转换。

11.4.2　护盾式掘进机无法通过突发特殊地段，可开挖迂回导坑到掘进前方进行处理。

11.4.3　掘进机通过膨胀岩地段时，应控制刀盘喷水，做好排水；加强支护和二次衬砌。

11.4.4　掘进机法通过膨胀岩地段时，应加强监控量测，对数据进行分析处理，及时反馈指导施工，修改支护参数等技术措施。

11.5　岩溶段

11.5.1　规模较小的岩溶地段，应按下列要求进行作业：

(1)施工前应根据设计图和超前地质预报结果，查明溶洞的分布范围、类型、规模、发育程度、填充物及地下水的情况，及时正确制定施工方案。

(2)根据查明的溶洞规模、填充物的情况，对溶洞进行处理，满足掘进机施工要求。

(3)在掘进过程中,通过控制掘进参数控制掘进方向,减缓掘进速度,使掘进机在掘进的瞬间刀盘各部位受力尽量相同,减少对刀具的偏磨和掘进机姿态的偏移等。

(4)做好溶洞段施工应急预案。

11.5.2 掘进机通过岩溶地段应按下列要求进行作业:

(1)利用掘进机上配备超前钻机,进行超前钻孔,较为准确地掌握岩溶地层的地质状况,制定相应的岩溶地层的施工方法;

(2)采用掘进机自身配备的超前钻机、锚杆钻机、灌浆系统等设备,进行超前预加固及超前支护等工作;

(3)及时进行初期支护,对影响地层稳定和施工安全的地层,进行围岩灌浆加固。

11.5.3 在施工过程中加强对围岩的监测,通过对围岩和支护结构的现场观察和对测量数据的计算分析,掌握围岩的稳定状况,必要时采取加强支护的施工措施,以防止围岩过度变形造成危害。

11.6 瓦斯

11.6.1 隧道施工过程中,通过施工检测,只要隧道内存在瓦斯,应按瓦斯隧道的要求组织施工。

11.6.2 瓦斯隧道施工必须选择具有防爆性能的全断面掘进机。

11.6.3 瓦斯隧道施工应实行分类管理,其分类标准应符合《铁路瓦斯隧道技术规范》(TB 10120—2019)的有关规定。其安全管理、隧道开挖、设备防爆、供电等应符合《铁路瓦斯隧道技术规范》(TB 10120—2019)对相应类别工区的有关规定。

11.6.4 瓦斯隧道的施工,必须加强施工通风管理。应编制全隧和各工区详细的施工通风设计,其通风系统和通风设备应符合《铁路瓦斯隧道技术规范》(TB 10120—2019)对各类工区的有关规定。

11.6.5 瓦斯隧道施工:应建立专门机构进行瓦斯检测工作,设置消防设施,制定紧急预案。高瓦斯工区及瓦斯突出工区应配备救护队。

11.6.6 高瓦斯地段施工时,应启动掘进机上配备的有害气体探测设备;当瓦斯浓度超标时,应停止主机作业,强制执行二次通风,待瓦斯浓度降低后再掘进。

11.7 超前注浆

11.7.1 护盾式掘进机须自备超前注浆孔进行超前注浆,保证注浆效果。

11.7.2 开敞式、护盾式掘进机,注浆前采用砂袋、结合喷射混凝土来防护刀盘。

11.7.3 注浆施工前,除根据注浆工艺要求配备应有的机具设备外,还应视工作条件,做好注浆站的布置,进行试泵与注水试验,然后制浆压注。

11.7.4 注浆材料及浆液配合比应根据工程地质、水文地质条件、注浆目的、注浆工艺、设备和成本等因素选择和调整,并满足以下要求:

(1)注浆材料应来源广、价格适宜,形成的浆液具有良好流动性、可灌性,凝胶时间可根据需要调节、固化时收缩小,浆液与围岩、混凝土、砂土等黏结力强,固结体具有高强度和良好的抗渗性、稳定性、耐久性,注浆材料和固结体无毒、无污染、对人体无害。

(2)一般情况下应采用水泥系浆材,不宜采用化学浆材。

(3)在中强风化及断层破碎带富水和动水条件下采用普通水泥-水玻璃双液浆,在砂层中采用超细水泥-水玻璃双液浆。

11.7.5 注浆设备的选取应满足以下要求:

(1)钻机可选用回转式、冲击式钻机及凿岩机等,钻孔注浆孔径一般可选用 $\phi 70 \sim \phi 130$mm,钻孔

机具应满足注浆段长的要求。

(2)在灌注水泥浆时，宜采用单液注浆泵或泥浆泵。灌注砂浆时则采用专用砂浆泵。在灌注双液浆时应采用双液注浆泵，注浆泵的最大压力应达到设计压力的1.5～2.0倍。

11.7.6　注浆前检查注浆材料数量能否满足连续注浆要求。如不能满足连续注浆要求，则要等补足数量或在保障供应的情况下才能注浆。

11.7.7　注浆钻孔作业应满足以下要求：

(1)当掌子面围岩破碎，应先设置止浆墙和孔口管。孔口管埋入止浆墙深度由最大注浆压力确定；孔口管应为无缝钢管，直径不宜小于ϕ90mm。

(2)在涌水量大、压力高的地段钻孔时，应先设置带闸阀的孔口管。当出现大量涌水时，拔出钻具，关闭孔口管上的闸阀，做好准备后，进行注浆。

(3)钻孔前要按照设计将钻机就位，计算出各钻孔在工作面上的坐标，标识出注浆孔的准确位置，保持钻机前端中点与掌子面钻孔位于同一轴线上，固定钻机，保证钻杆中心线与设计注浆孔中心线相吻合，钻机安装应平整稳固；在钻孔过程中应检查校正钻杆方向。超前注浆孔的孔底偏差应不大于孔深的1/40，注浆孔和检查孔的孔底偏差应不大于孔深的1/80，其他钻孔的孔底偏差应小于1/60孔深或符合设计规定。

(4)钻孔注浆顺序宜先钻内圈孔后钻外圈孔，先无水孔后有水孔。

(5)钻孔2m后安装孔口管或注浆管，测量水压力及涌水量，并按表格填写记录，主要内容有孔号、进尺、起始时间、岩石裂隙发育情况、出现涌水位置、涌水量和涌水压力等。

11.7.8　注浆作业应满足下列要求：

(1)注浆施工前应对不同水灰比、掺加不同掺和料和不同外加剂的浆液进行试验，选择适合的浆液和配合比，按照配合比准确计量，严格按顺序加料，搅拌后的浆液必须经筛网过滤后方可注入注浆机。

(2)注浆过程中应根据浆液扩散情况、注浆量、注浆压力等参数调整注浆材料和配合比。

(3)注浆过程中应做好施工记录，包括孔位、孔径、孔深、浆液配合比、注浆压力、注浆量，以及跑浆、串浆等现象。

11.7.9　注浆结束标准应满足设计要求，施工时可参考以下规定：

(1)单孔结束标准：注浆压力逐步升高至设计终压，则继续注浆10min以上，进浆量小于初始进浆量的1/4，检查孔涌水量小于0.2L/min。

(2)全段注浆结束标准：所有注浆孔均符合单孔结束条件，注浆后的隧道预测涌水量小于$1m^3/(d\cdot m)$。

11.7.10　注浆施工中异常情况的处理，可参照以下要求进行：

(1)钻孔过程中遇见突泥情况，立即停钻，进行注浆处理。

(2)在掌子面有小裂隙漏浆，先用水泥浸泡过的麻丝填塞裂隙，并调整浆液配合比，缩短凝胶时间。若仍跑浆，在漏浆处用风钻钻浅孔注浆固结。

(3)当注浆压力突然升高，则只注纯水泥浆或清水，待泵压恢复正常时，再进行双液注浆。若压力不恢复正常，则停止注浆，检查管路是否堵塞。

(4)当进浆量很大、压力长时间不升高时，应调整浆液浓度及配合比，缩短凝胶时间，进行小泵量、低压力注浆，以便浆液在岩层裂隙中胶凝；也可采用间歇式注浆方式，其间歇时间不能超过浆液凝胶时间。

(5)注浆发生堵管时，先打开孔口泄压阀，再关闭孔口进浆阀，然后停机，查找原因，迅速进行处理。注浆结束时，应先打开泄压管阀门，再关闭进浆管阀门，并用清水将注浆管冲洗干净后，方可停机。

11.7.11 注浆结束后,应经检查确认浆液固结体达到设计规定强度后,再进行掘进机的施工。

11.8 辅助工法

11.8.1 施工前必须根据设计提供的工程及水文地质资料,结合现场实际情况,对特殊岩土和不良地质地段进行分析研究,制定完整的超前支护、预加固处理、洞内开挖面稳定和涌水处理施工技术方案,并制定将遇到突发情况的预案。

11.8.2 径向注浆施工应符合下列规定:

(1)TBM 掘进通过软弱围岩地段,并进行初期支护施工后,应对该段进行径向注浆加固。

(2)径向注浆孔布设间距宜为 1m×1m。

(3)径向注浆注浆材料宜采用普通水泥单液浆、超细水泥单液浆。

①普通水泥单液浆采用 32.5R 普通硅酸盐水泥,浆液配合比为 W:C(水灰比)=0.6:1~0.8:1。注浆终压设计为 2MPa,注浆施工中采取定压注浆措施。

②超细水泥单液浆采用 20μm 超细水泥,浆液配合比为 W:MC(水灰比)=0.6:1~0.8:1。注浆终压设计为 2MPa,注浆施工中采取定压注浆措施。

11.8.3 超前管棚支护施工应符合下列规定:

(1)当地层软弱、对施工安全和施工质量形成危害时,应采取超前管棚支护方案。利用 TBM 配套的超前地质钻机,在拱顶 84°范围内进行钻孔,下入超前管棚。

(2)根据掘进机钻机特性管棚宜为长 16m,拱顶部位 84°范围内布置,环向间距 65cm,每环布设 11 根,外插角 6°,终孔位于开挖轮廓线外 1.67m;管棚可采用 ϕ50mm、δ=3.5mm 的无缝钢管加工,每节长度 2m,丝扣连接。

11.8.4 超前管棚预注浆加固施工应符合下列规定:

(1)前方地层极其软弱,并且有含水构造时,可采取超前管棚预注浆加固。

(2)注浆孔孔位设计同管棚支护设计。

(3)注浆施工工艺采用 TSS 后退式分段式注浆。

(4)注浆材料采用普通水泥,水玻璃双液浆,浆液配合比参数如下:

①水灰比 W:C= 0.75:1~1:1;

②水玻璃浓度:35Be′;

③水泥、水玻璃体积比 C:S 为 1:1。

(5)宜采用定量与定压相结合控制注浆结束标准。

(6)注浆效果检查评定通常采用分析法、钻检查孔法和力学指标测试法三种方法。

(7)超前预注浆后,开挖掘进参数应根据地质条件进行调整。

11.8.5 辅助工法绕行洞施工应符合下列规定:

(1)由于前方地质原因掘进机无法通过时,在 TBM 掘进到达前,先施工绕行洞,绕行洞施工根据常规钻爆法进行施工。

(2)绕行洞施工完毕后,做好仰拱底部铺底,供掘进机步进通过。

12 掘进机拆卸

12.1 一般规定

12.1.1 掘进机拆机前应做好详细的拆机施工组织设计,具体内容应包括:

(1)编制依据。

(2)拆机总体方案。

(3)主要部件及系统的拆卸。

(4)运输及存放方案。

(5)安全及质量管理体系。

(6)应急预案等。

12.1.2　拆机应做好如下重点工作项目:

(1)拆前的准备工作。

(2)拆前的标识工作。

(3)门吊(洞内吊机、卷扬机)的安装。

(4)拆卸工序的配合衔接。

(5)拆卸人员的组织调配。

(6)大件运输的组织。

(7)设备、部件状态的检查鉴定。

(8)设备、部件运输中的防护处理。

(9)拆卸过程的资料记录、数据汇总(包括摄影、摄像)。

(10)拆卸期间的安全保证措施。

(11)试验、鉴定。

(12)非标加工。

12.1.3　吊装设备必须选择符合安全要求,具备相应资质的专业厂家生产的产品;门吊或桥吊组装完成后,必须进行试运行及模拟重量试吊,并请当地技术监督部门进行质量验收,合格后颁发使用证,方可启用。

12.1.4　掘进机拆卸流程:根据工程总体规划和现场条件,确定掘进机拆卸的总体相关流程。分系统、分部位、分时段地进行掘进机拆卸的管理、技术组织和安排。

12.1.5　为顺利进行掘进机的拆卸工作,保证人身、设备的安全,应制订掘进机拆卸安全细则。

12.1.6　充分做好拆机前的工、料、机的准备工作。

12.2　洞内拆卸

12.2.1　设备洞内拆卸前应完成如下工作:

(1)拆卸洞室等配套工程的施工并验收合格。

(2)配备满足拆卸施工组织要求的吊装设备、专用工具、夹具、吊具、材料及拆卸人员,并对拆卸人员进行质量、安全、拆卸技术培训。

(3)准备风、水、电及电气焊设备。

(4)配备数量足够的消防器材。

(5)进行拆机前的状态评估。

(6)进行设备及管线的标识。

(7)进行拆卸技术交底。

(8)拆卸前应进行拆卸技术培训。

12.2.2　拆卸洞室及拆卸应符合以下要求:

(1)拆卸洞室应选择在围岩较稳定,整体较完整的位置;尺寸应满足洞中拆卸的工作要求。

(2)采用桥吊时,应采用双钩双梁式。桥吊的横向工作范围应大于主机直径,吊钩相对地面的最大有效起吊高度应大于主机直径3~4m,起吊能力按相关规定确定。应充分考虑桥吊在洞内的运输和安装条件。

(3)配电系统应满足桥吊和附属设备、拆卸用电、照明、电焊机、空压机等机具的用电要求,同时结合后期衬砌施工要求。

(4)为了保持拆卸洞内的干燥和清洁,在拆卸洞内设置排水坑,用抽水机将积水排出拆卸洞。

(5)主机在洞内利用桥吊解体,加工临时支架,洞顶安装倒链。设备桥及后配套拖车等可在洞外解体,也可在洞内进行拆卸。经拆卸的设备及时用平板车等运出洞外存放场。

(6)在拆卸洞至后配套拆卸吊机处要打随机锚杆并注浆固结,锚杆应在安装吊梁前进行拉力试验,以达到设计要求。

(7)拆卸洞应地面平整,用混凝土硬化,抗压强度在20MPa以上。

12.2.3 洞内拆机的实施作业。

(1)拆卸吊机的运入及安装施工。

(2)掘至贯通点的工作。

(3)刀盘边块的拆卸。根据刀盘组成型式提出拆卸方案。

(4)拆除洞内的通风管、照明灯具、水管及影响大件运输空间的设施。

(5)后配套的拆卸。

(6)主机的拆卸。

(7)步进作业。

(8)运输。

①护盾、刀盘块及部件通过隧洞运往洞外。

②大件在隧洞内通过有轨运输时用两台平板车共同配合进行,使两个平板共同受力,以减轻轨道的受力。

③有轨运输和无轨运输在隧洞进行倒运时,小件通过叉车进行,大件通过吊链与滑轮配合进行物件的转运工作。

④洞外运输车辆的吊装用门吊进行。

(9)拆卸过程摄影、摄像记录。

(10)完成文档记录和计算机的输入。

(11)存放地均用混凝土地面,并由枕木支/垫,停机棚场地内应排水畅通,运动件均应有油脂保护,液压件内不能把油排完。

(12)拆卸完毕、整理阶段。

①核对设备及构件数量,整理编码标识。

②就未预料事件对作业规范进行补充。

③整理损坏设备及构件的状态、处理结果的文档。

④重复使用设备所必需的配件、规格、数量清单。

⑤工、料、机消耗汇总。

⑥进行后续和未完成的设备、零部件的检查、保养和维修。

⑦对报废部件、临时性构件的处理。

⑧报废、报损设备部件细目汇总。

12.3 洞外拆卸

12.3.1 洞外拆卸场地应表面平整,门吊走行轨道基础应为钢筋混凝土结构,地面混凝土抗压强度应满足掘进机拆卸场地的要求。长度、宽度应能满足掘进机的拆卸和大件的吊装,并有一定的机动长度。

12.3.2　洞外拆卸应配置龙门吊、汽车吊、运输车辆、叉车和专用工具,其数量和性能应满足拆卸工作要求。

12.3.3　掘进机在贯通前,应进行精确测量和调整,确保掘进方向和出洞精度。

12.3.4　拆卸顺序宜按主机拆卸、主控室的拆除、设备桥的拆除、后配套及附属设备拆除的顺序进行。

12.3.5　拆卸作业应遵循以下安全规定:

(1)拆机人员必须进行安全技术培训,设专职安全员。

(2)吊机由持证上岗司机操作。

(3)作业人员必须戴安全帽;登高作业时,应系扎安全带;梯上作业时,严禁站立两人以上。

(4)起吊前,应仔细检查连接件是否已全部拆除。起吊大件时,应再次检查吊机制动器和吊具。

(5)吊件不得从人的上空通过。

(6)翻转吊件时,钢丝绳保持在垂直状态,不得斜拉斜吊。

(7)焊接作业人员应佩戴防护眼镜和手套,氧气瓶、乙炔瓶应放置在安全区。

(8)拆卸作业时,不得损坏设备上的标识。

(9)油泵、油压表、油管和油缸等液压系统拆卸后应及时封堵。

(10)电气设备、液压设备应做好防潮、防尘。

(11)交接班时必须对工具、吊具等专用机具进行交接和检查,如有破损、裂纹、断裂现象,及时更换,做好交接班记录。交接班记录中应包括当班拆卸作业内容和遗留的问题。

(12)加强洞内、洞口、存放场的安全保卫工作,危险部位设置安全警示牌,在洞外拆卸作业区和存放场等地方,设置防护装置及消防器材。

12.4　部件运输及存放

12.4.1　应提前做好掘进机部件运输及存放的技术方案。内容应包括:

(1)运输前的准备。对运输需要通过的道路进行提前的排查和调查。

(2)大件运输设备的选择及配置。

(3)大件运输中的安全措施。

(4)大件运输安全应急预案。

(5)存放场地规划。

(6)存放场地安全防护措施。

(7)转运计划等。

12.4.2　大件运输应有相应资质的大件运输公司承担。

12.4.3　做好掘进机吊运场地周围安全措施,对所有进场的起吊设备进行认真检查和验收,同时对所有索具进行安全检验,并检查特种作业人员的各种证件是否合格。

12.4.4　设备在运输时,必须做好道路疏导工作,设专人全程监护。

12.4.5　存放场地必须进行平整,地面混凝土厚度15~20cm,满足大件运输车辆和吊机作业。要求存放场地应具有排水、照明、防护装置及消防器材等。

12.4.6　运输及存放安全措施:

(1)装车时,要做到将掘进机拆机部件及集装箱平稳放置平板拖车上,并将部件与车身固定,防止在运输途中出现滑落现象。

(2)运输途中,随同人员要随时观察车辆的行驶状态和道路情况,并及时采取相应的措施。

(3)运输车辆的司机要严格掌控车辆的安全性能,做到出车前、行车中、收车后的例行检查,保证车辆各项性能良好。

(4)在洞外吊卸掘进机部件时,应先挂钢丝绳后送捆绑吊链。

(5)临时存放场地周边应有安全网、墙,设专人24h看守,对出入的车辆和人员进行登记。

13 保养与检修

13.1 一般规定

13.1.1 制定详细的掘进机维修、保养操作规程,完善掘进机的管、用、养、修的各项规章制度。建立健全各种基础资料的管理。

13.1.2 掘进机的维修、保养过程必须进行记录,将维修、保养项目处理方法及其过程记录、存档,以便总结、查询,在以后的维修中作为参考。

13.1.3 除特别原因外,每天都要有固定班次对掘进机进行停机维修、保养、检修工作。

13.1.4 每月应对掘进机各系统进行状态评审。对设备的管、用、养、修各环节的情况进行充分评估,总结当月设备状况,提出相应措施,并将下月维修计划和保养计划一并下达。

13.1.5 保养与检修必须坚持“预防为主、经常检修、强制保养、养修并重”的原则,采用日常保养和定期维修保养相结合的方式。

13.1.6 按照生产厂家提供的设备维修、保养指南制定强制性的保养与检修计划。

13.1.7 维保人员必须经过相关专业的培训后持证上岗。

13.1.8 掘进机长期停止运行时,需定期进行维护、检查和保养。

13.2 状态检查

13.2.1 应经常对掘进机设备进行状态检查,以使掘进机能处于良好的工作状态。

13.2.2 掘进机在掘进过程中,值班工程师和维修人员应始终对设备的状态进行监控。一旦发现设备处于不正常的状态,应立即停机检查、处理。

13.2.3 主司机在掘进操作过程中,通过各种仪表、参数显示、指示灯、显示器对掘进机在工作中状态进行监控,发现问题,应立即停机。

13.2.4 主机工作状态的检查应包括以下内容:

(1)主梁(外凯式)的工作及支撑情况。

(2)刀盘的转动及润滑情况。

(3)机架(内凯式)的工作移动情况。

(4)推进油缸的工作情况。

(5)主电机(液压马达)的工作情况。

(6)护盾的伸缩状态(双护盾)。

(7)管片吊机的工作情况(护盾式)。

(8)仰拱吊机工作情况。

(9)除尘风机的工作状态。

(10)脂润滑系统的工作状态。

(11)掘进机的姿态情况。

13.2.5 后配套的工作状态的检查应包括以下内容:

(1)皮带输送机的工作情况。

(2)溜渣槽的工作情况(有轨运输)。

(3)风、水、电系统的工作情况。

(4)拖拉系统的工作情况。
(5)拖拉油缸的工作情况。
(6)各种吊机的工作情况。
(7)空压机的工作状态。
(8)道岔的工作情况。
13.2.6　在保养结束时,应对系统设备开机进行空载状态检查。

13.3　主机的保养与检修

13.3.1　主机日维修保养、检修内容:
(1)做好主机的清洁、卫生。
(2)对各连接部件进行检查、紧固。
(3)按设备要求对各运动部件进行加脂、油润滑。
(4)对皮带输送机托轮、导轮、从动轮等各运动部件进行每班后调整。
(5)每班例行检查刀盘、更换刀具。
13.3.2　根据设备的维保说明书及使用设备的具体情况,制订详细的周保养计划并严格实施。
13.3.3　主机月维修保养、检修应有以下内容:
(1)对刀盘、刀座处进行全面检查,发现问题进行补焊等工艺处理。
(2)对液压系统进行测试,油水进行化验分析。
(3)电气及控制系统进行测试、调整。
(4)对主机的机械部分进行彻底的检查和紧固。
(5)校准压力表。
(6)调整流量阀、调压阀和压力开关。
(7)调整润滑系统压力和流量开关。
(8)调整定量泵输出流量。
(9)更换齿轮减速器润滑油。
(10)电器仪表校准。
(11)检查所有开关和电器控制仪表板内部连接是否牢靠。
13.3.4　主机系统的保养与检修应按以下要求进行:
(1)破损、磨损及裂纹等外观检查和检修应在保养之前进行,并贯穿于保养过程始终。
(2)对主机的附属设备进行功能检查,出现功能故障时,应及时检修。
(3)必须定期对油位指示装置进行观察,油位不足时,及时查明原因并通过滤油机补油。
(4)定期观察带有滤芯堵塞指示的油滤清器,根据需要及时进行更换。
(5)设备的操作手柄、仪表、视窗等外观表面和环境,每天必须进行清洁。
(6)油缸活塞杆外露面、精密导轨面、仪表表面、显示窗表面和注油嘴,每天必须进行清洁。
(7)定期用高压风吹扫离合器压盘与摩擦片之间的积尘,妥善遮盖离合器罩,以免落入油污或脏污,引起离合器片打滑。
(8)主机上各液压分配阀、操纵阀和各信号电缆等,必须采取防尘、防水、防锈、防砸措施。
(9)必须及时清除各死角及滑轨面的碎石、淤泥。
(10)及时冲洗除尘器内的钢丝滤网和纤维滤网,并冲洗除尘风机风道内的积尘;定期清理刀盘后部风道内积尘。
(11)必须及时清除钢拱架移动平台导向滑动板滑动规面上的脏污,同时涂抹润滑脂。
(12)必须每班检查外机架和主轴承润滑脂泵的工作状况,发现问题及时检修。

(13)必须每班检查皮带运转状况并及时调整。

(14)必须每天对主机重要结构部件的黄油嘴加注润滑脂,其余部位根据要求每隔二天或一周加注一次。

(15)必须每周检查主轴承的密封状况。

(16)必须每季清理前后外机架撑靴及后支腿导向柱上积尘并进行润滑维护。

(17)对主机受振动影响的部位,必须定期进行螺栓松动检查。液压张紧螺栓应每半年用液压张紧装置按规定扭矩复紧一次。

(18)运转中观察滤清器压差报警指示,必须及时更换滤芯。

(19)对电气连线的进行松动及受潮情况检查,避免接线松动和短路。

13.3.5 主机独立设备保养与检修的重点是进行功能检查、清理清洗、润滑养护、紧固、调整。

13.3.6 锚杆钻机的保养与检修按以下要求进行:

(1)每班进行功能检查。

(2)每班检查冲洗箱、软管、接头的泄漏。

(3)每班加注润滑脂。

(4)每班检查钻机与滑板、走行链条的连接松紧度、链条机构是否卡滞,适时调整。

(5)每班检查弧形轨道、凿岩机重要螺栓松紧度,按规定扭矩紧固。

(6)每班清理锚杆钻机上坠落的碎石,同时用废齿轮油润滑钻机走行链条,适时添满油气润滑玻璃油杯里的润滑油。

(7)每季度检查凿岩机蓄能器充气压力。

13.3.7 仰拱吊机、材料吊机的保养与检修按以下要求进行:

(1)每班进行吊机功能试验,当动作失灵、不动作或噪声时,及时修理。

(2)每班清理吊机顶部及走行区域辊轮处积渣,经常在链条上涂抹齿轮油。

(3)每天观察液压接头、回转接头或油管是否渗漏,油箱油位低及时加液压油。

(4)每周检查吊机变速箱,适时补油。

(5)每周检查走行机构轮组磨损、总成磨损、链条变形情况。

13.3.8 除尘风机的保养与检修按以下要求进行:

(1)每天清洗滤网、视情更换滤网,冲洗风道积尘。

(2)每周检查沿途风道连接处软风管接头是否脱落或破损。

(3)每周检查除尘风机电机固定螺栓是否松动,电机运转是否平稳。

(4)每季度检查电机接线盒线间、相间绝缘值,观察电机旋转轴与风扇叶片之间的旋转密封是否可靠。

13.3.9 管片安装系统的保养与检修按以下要求进行:

(1)每班对管片安装机、管片储存器进行日常清洁。

(2)每天对管片安装机、管片储存器、管片吊机的注油口加注润滑油。

(3)每天检查管片安装机及管片储存器的油缸、液压管路连接及有无泄漏。

(4)每天检查管片安装机、管片吊机的限位传感器的接线及工作情况。

(5)每周检查管片吊机的滑线紧固情况及有无损坏,检查轨道螺栓紧固情况,检查各部件有无松动情况。

(6)每周检查管片安装机、管片储存器、管片吊机的胶垫有无损坏,检查管片吊机的抓头有无变形,检查管片安装机抓举头磨损情况。

(7)每周检查管片安装机减速机油位及工作情况,油位低及时补油。

13.3.10 护盾系统的保养与检修按以下要求进行:

(1)每班清除伸缩盾主推进油缸部位及盾尾辅助推进油缸部位的杂物,清理扭矩梁侧面润滑油。

(2)每天检查主推进油缸、辅助推进油缸、防扭装置、扭矩梁、撑靴、稳定器的油缸阀组及管路有无泄漏;检查油缸行程传感器的工作情况。

(3)每周检查防扭装置防扭环联结情况。

(4)每周检查扭矩梁紧固螺栓有无松动。

(5)每周检查主推进油缸的联结铰接处并加注润滑油。

13.4　后配套设备的保养与检修

13.4.1　必须对后配套设备进行功能检查、清理清洗、润滑养护、紧固、调整。

13.4.2　对后配套设备的润滑养护按以下要求进行:

(1)必须每天对卸渣机、喷锚系统、皮带输送机的导向轮和1号皮带机从动轮等的注脂部位进行注脂润滑。

(2)必须每周对拖车辊轮、冷却风机、辅助吊机、水泵、空压机、接力风机、皮带输送机的张紧油缸、提升油缸、主动轮、轴承座、2号皮带输送机从动轮、3号皮带输送机从动轮等的注脂部位进行注脂润滑。

13.4.3　拖车的保养与检修:

(1)对拖车各节连接螺栓的紧固,连接销的检查,拖车连接板的检查。

(2)对拖车运行轨道的检查,运行轮对的润滑。

(3)各节拖车的清洁、清理工作。

(4)对拖车防护板、连接板、防滑板的焊接。

13.4.4　皮带输送机的保养与检修按以下要求进行:

(1)每班观察皮带跑偏情况,通过皮带从动轮张紧装置的调整螺栓适量调整辊轮两侧张紧量,以皮带运转时松紧适度、不跑偏为标准。

(2)每班观察皮带下方皮带托辊旋转是否灵活,驱动辊轮或从动辊轮轴承噪声和径向跳动是否明显,安装支架是否紧固。检查托辊、刮板磨损,如磨损过度,则及时更换。

(3)每班检查所有皮带表面、背面及侧面的损伤情况,如有损伤,查明原因,及时修补。

(4)每天检查内机架1号皮带下方石渣堆积程度,及时清理并查找堆积原因。

(5)每周清理皮带桥皮带两侧或下方,尤其是皮带托辊周围的尘土、沉积物和淤积碎石。

(6)每半年拔出驱动辊轮驱动马达,检查变速箱齿轮磨损程度,及时更换新齿轮油。

13.4.5　料车拖拉系统的保养与检修按以下要求进行:

(1)每班进行功能检查。

(2)每班清理链轨、链槽渣石。

(3)每班检查拖拉泵站运行压力和泵体发热情况,温度过高,则立即停机冷却。

(4)每周检查驱动回转马达链轮和引导小链轮是否磨损,拖拉链条是否脱钩、变形拉长,检查链条连接块及链槽磨损程度;必要时,通过前坡道链轮张紧机构张紧链条,或焊割修整,或更换磨损件。

13.4.6　卸渣机的保养与检修按以下要求进行:

(1)每班进行功能检查。

(2)每班清理翻板、渣斗、辊轮等处积石。

(3)每班检查刮渣器与皮带贴合程度,及时调整。

(4)曲线段施工时,每班检查走行电缆在滑槽活动是否灵活、卡滞,及时调整、校正。

(5)每周观察翻板表面磨损、卡滞情况。

(6)每周检查行走马达连接螺栓是否松脱、折断,行走辊轮是否打滑;必要时,在滚轮踏面沿周向间断堆焊凸棱,增加行走附着力。

13.4.7 空气压缩机的保养与检修按以下要求进行:

(1)每班检查冷却剂液位,不足时及时补充。

(2)定期用高压风吹扫冷却器及周边积垢。

(3)每2000h更换冷却剂滤清器,每年或指示灯闪光时更换空气滤清器。

(4)每季度检查所有软管是否破裂、老化,使用2年时必须更换所有软管。

(5)每半年标定压力传感器,每年标定安全阀;每2年更换冷却剂,同时更换分离器元件和冷却剂、滤清器。

13.4.8 喷锚设备的保养与检修按以下要求进行:

(1)每班检查油箱油位、高压压力、蓄能器与油泵转换压力、真空计、过滤器污染程度、液压接头和输料管接头密封。

(2)每班对所有润滑点加注润滑脂。

(3)每班清洗混凝土输送泵所有管路。

(4)每周检查耐磨板、S阀磨损(输料管壁厚和磨损),检查螺栓松动,螺栓按规定扭矩校核。

(5)喷锚移动机构的走行齿条和辊轮、辊道,每周涂抹润滑脂。

13.4.9 应急发电机的保养与检修按以下要求进行:

(1)每次启动前,检查机油和燃油油位、冷却液液位,不足时及时补充。

(2)每周检查蓄电池电解液位置和电压,保证随时处于充足电状态。

(3)每月检查空气滤清器是否堵塞。

(4)定期清理发动机表面积尘。

(5)其余均按发动机保养与维修的相关规定执行。

13.4.10 空调系统的保养与检修按以下要求进行:

(1)每班观察空调运行参数。

(2)定期检查管路是否泄漏(制冷剂、压缩机油等)。打开蒸发器盖板,检查铜管是否污染。

(3)定期检查螺钉、电路接头。

(4)每500h更换压缩机油和机油滤清器。

(5)设备封存之前,开动空调设备,将氟利昂制冷剂收回系统,断开冷凝器管路的同时,立即严密、妥善密封空调冷却系统出口通道。

13.4.11 豆砾石填充系统的保养与检修按以下要求进行:

(1)每班对配料转盘进行日常清洁。

(2)每班检查泵站工作压力、配料盘注油润滑压力是否正常。

(3)每天检查液压油/润滑油油位及加注情况。

(4)每天检查豆砾石泵站的限位传感器工作是否正常,除尘系统工作是否正常。

(5)每周检查豆砾石泵站配电柜电气接线是否可靠,管路连接是否可靠,检查液压油/润滑油油位及各减速机油位,检查管路有无破损现象。

13.4.12 注浆系统的保养与检修按以下要求进行:

(1)每班进行日常清洁。

(2)每班检查泵站工作压力是否正常,注浆油缸换向传感器工作是否正常,搅拌装置工作是否正常,水计量系统是否正常。

(3)每周检查液压油位,检查配电柜电气接线是否可靠。

13.5 油水管理

13.5.1 应成立油水检测站,检测站应有独立的办公场所。

13.5.2 建立油液分析制度,如油液磨屑检测分析制度;油液理化性能指标检测分析制度;建立关键油样送检制度、按质换油制度和换油通知制度。

13.5.3 所采购的油品,必须符合机械使用说明书规定的油品牌号(或允许代用的相应油品的牌号),禁止采购牌号不明的油品。

13.5.4 油品运输时必须防止水分、杂质混入;防止阳光暴晒。

13.5.5 油品储存应做到:

(1)防止轻组分蒸发和氧化变质。

(2)装至安全容量,减少气体空间。

(3)减少与铜和其他金属接触。

(4)减少与空气接触,尽量密封储存。

(5)防止进入水分杂质等,以免造成油品变质。

(6)防止各种油品混合以及容器污染而变质。

13.5.6 各种油品入库时均由监测人员进行检验,并填写“入库油品检验记录”。

13.5.7 油品的取样应符合下列规定:

(1)设备必须运转30min以上,在运转中或刚停机情况下取油,以保证颗粒处于悬浮状态。

(2)取样部位应在回油管路上,或在油箱加油口处。

(3)取样部位、停机后取样的时间都应固定,取样的程序须规范。

(4)取样频率应参考其他工程机械的取样频率,通过类比和实验确定。

13.5.8 每台设备的油品使用部位及名称,加油点和取油点,每个加油点油品牌号、生产厂家、所加的数量、换油周期等都应规范化。并填写“设备油品使用规范表”。

13.5.9 油样的保存:一般的油样要保存一个月,重要部件的油样如主轴承和主液压系统的油样要保存到工程结束(每个换油周期内至少要保存4个油样),以作为故障分析的资料以及作为和生产厂家进行设备状况讨论分析的原始依据。

13.5.10 根据使用设备的实际情况制订“主要设备检测周期表”,按照设备用油的检测周期,油水管理站检测人员定期对在用油液进行理化性能检测以及污染度等检测。

13.6 刀具管理

13.6.1 刀具日常检查的工作内容:

(1)检查刀具的磨损量。

(2)检查刀具螺栓是否断、松、掉,并及时处理。

(3)检查刀盘旋转接头,并且每天都要注润滑脂。

(4)检查中心刀螺栓以及中心刀夹紧块是否完好。

(5)检查刀盘喷水状况。

(6)检查刮板以及边刀的工作状况,注意其磨损及螺栓状况。

(7)检查挡圈是否脱落,刀具是否漏油,刀圈是否弦磨、断裂、移位。

(8)检查刀座螺栓是否松动、脱落。

(9)检查刀具刀圈是否正常。

(10)检查扩孔刀工作机构是否正常,扩孔刀磨损是否在允许范围内。

(11)检查刀盘以及铲斗的工作情况,如有异常,应及时进行处理。

(12)注意观察主轴承出脂情况是否正常,如有异常,及时与相关人员反映。

(13)检查刀盘时发现有漏油或弦磨的刀具时,须检查附近两把刀具情况,以便做到及时处理。

(14)每隔 50m 测量一次磨损量,同时检查刀盘刀具、刮板状况。

(15)刀盘喷水的检查在围岩允许情况下每周一次。

13.6.2 掘进中发现刀盘里有异常现象(漏油、掉刮板、崩缺、掘进中掘进参数突变),主司机必须立即停机,并检查刀盘刀具。

13.6.3 除每日维修保养时对刀具进行检查外,应有计划换刀。

13.6.4 刀具安装注意事项:

(1)刀具安装人员必须经过培训后方可上岗,单独作业。

(2)刀具安装人员在进入刀盘前必须将 1 号皮带输送机用吊链挂牢固,并将插头更换为手动时才可以进入刀盘。

(3)刀盘几个工作位置同时作业时,人员必须全部撤离后,才能转动刀盘。

(4)在更换刀具时,刀具专用工具必须安装牢固。

(5)更换完刀具时必须对刀盘内进行一次彻底的清理。

(6)维修人员撤离刀盘后请及时更换刀盘旋转插头,并将情况告诉主司机。

13.6.5 刀具维修标准:

(1)试验完毕后根据资料的数据检查刀具的扭矩。

(2)中心刀修理完毕后检查刀具宽度。

(3)刀圈磨损量超过极限的刀具;应更换新刀具;反之作为过渡刀。

(4)刀体的更换根据上次刀具更换记录进行。

(5)挡圈必须更换新的。

(6)轴承的更换根据工作时间以及拆下轴承具体使用情况。

(7)端盖的更换根据端盖的磨损情况,如螺栓孔、端盖与密封配合、端盖与刀体配合。

(8)刀具修理完毕后,必须上机床试运转 30min 后,检查端盖、刀体是否发热等。

13.6.6 刀具的标识:

(1)新修好的刀具刀体涂油漆的为更换轴承的刀具,刀体没有涂油漆的为没有更换轴承的刀具。

(2)刀具维修完毕必须将维修内容记录在刀具维修记录表中。

13.6.7 刀具的存放:

(1)刀具应该存放在 5 ~40℃的存放区内。

(2)刀具应集中存放在木架上并将其进行遮盖。

(3)刀具存放应分区存放。

(4)更换轴承的新刀、没有更换轴承的新刀、作过渡的刀应分区存放。

(5)刀盘拆下的旧刀和维修好的新刀存放时不可以混放。

(6)设备桥上存放的临时刀具必须放在指定的木架上,不可以到处乱放。

(7)刀盘上拆下的旧刀必须在 24h 内运往刀具修理间。

(8)必须在见到刀具运输交接单后才可以进行刀具的运输,并用吊具吊装,切忌随意滚动。

13.6.8 刀具检查中发现以下情况之一时,必须更换:

(1)当刀圈的磨损量超过规定的允许磨损量时。

(2)刀圈断裂时。

(3)刀圈弦磨时。

(4)刀具漏油时。

(5)刀圈有大块崩缺时。

(6)挡圈断裂或脱落时。

(7)刀圈在刀体上转动时。

(8)刀具固定螺栓损坏或刀具螺栓松、脱及掉刀时。

13.6.9　刀具更换必须遵循下列原则：

(1)必须严格按照刀具的拆装工艺进行刀具的更换,并做好详细的更换记录。

(2)当相邻刀具高度差大于厂家规定的数值时,应进行调整高差的换刀。

(3)中心刀必须同时更换,边刀应成组更换。

(4)更换边刀时,原则上应更换前部刮渣器的刮板,后刮渣板在磨损量大于厂家规定的数值时应更换。

(5)更换边刀时必须更换过渡区的正滚刀。

(6)每次换边刀时必须扩孔,扩孔刀在扩孔数次后,当磨损量达到厂家规定的数值时必须更换。

(7)新轴承的刀或初装刀尽量装到高刀位上,尽量将旧轴承的刀装到低刀位上。

13.7　故障诊断与处理

13.7.1　采用各种先进的监测手段,按照制订的"主要设备检测周期表"规定的监测周期对设备重要和关键的系统、总成的各种性能参数进行故障诊断和参数监测,以达到故障预报和控制的目的。

13.7.2　掘进机主要监测控制的项目及内容。

(1)主轴承:机内仪表参数监测、油液磨损分析、电涡流遥测装置监测辊轮、辊道的磨损、振动信号监测轴承元件和损伤状况。通过预留孔口,用内窥镜观察辊轮和辊道的损伤情况。

(2)主驱动系统迷宫式密封:目视监测迷宫密封处油脂流动状况及润滑脂流量,通过油样监测,监测油中杂质和水的侵入情况。

(3)刀盘齿轮箱及大齿圈:与主轴承监测方法基本相同。

(4)主液压泵站:进行振动、听诊器、压力、流量、噪声、温度监测和液压油油质检测。

(5)主驱动电机:振动、听诊器、温度监测。

(6)锚杆钻机:控制盘仪表参数、振动、温度监测,液压系统监测方法同主液压泵站。

(7)各类吊机:振动检测,液压泵站监测方法同主液压泵站。

(8)翻车机:振动检测,液压泵站监测方法同主液压泵站。

(9)皮带输送机、卸渣装置:液压驱动系统监测方法同主液压泵站,红外测温仪监测驱动马达,监测驱动马达壳体回油压力,机械故障听诊器、噪声计监测皮带辊轮驱动马达噪声。

(10)混凝土输送泵:振动检测、听诊器故障监测、压力监测、温度监测和液压油油质检测。

(11)混凝土喷射机械手:仪表参数,监测驱动马达回油压力、回油泄漏量、表面温度场变化、噪声变化。

(12)供水系统:电动机监测方法同主驱动电机,水泵监测壳体表面温度、噪声、振动参数。

(13)除尘风机:风机运行的振动、温度,风机叶片有无裂纹。

13.7.3　常用的掘进机故障故诊断检测技术。

(1)感官检查诊断技术。

(2)温度检测技术,分为常规测温技术和红外测温技术。

(3)无损检测技术,使用工业内窥镜。

(4)性能参数趋势检测技术,检测的参数主要有:压力、转速、流量、温度、频率、振动量、电压、电流阻值、功率、沉降量等。

(5)油样检测分析技术:分为磨损残余物检测和润滑剂状态监测;监测手段采用污染度、运动黏度、水分、机械杂质、斑点、铁谱、光谱等化验分析技术。

13.7.4　现场掘进机设备运行监测主要依据温度和振动两个参数进行。

13.7.5　建立健全掘进机日常运转检测制度、定期监测制度、故障预报制度、故障诊断及处理制度。

13.7.6　应在以下情况或定期对掘进机机械状况进行评估：

(1)始发掘进时。

(2)设备拆机之前。

(3)可能潜在故障。

(4)出现重大故障。

13.7.7　设备运转过程中检测的指标。

(1)根据技术资料检查各部件的变形及磨损状况。

(2)各部件应整洁,无泄漏。

(3)系统的润滑状况良好。

(4)依据功能测试、油水检测、振动检测等进行各系统的性能恢复情况评估。

(5)设备可操作性能是否良好。

(6)设备安全防护状况是否达标。

(7)设备电、水、油消耗统计,故障统计。

13.7.8　设备检测报表及档案制度:利用计算机对掘进机状态监测数据进行储存和数理统计分析,以期达到数据处理高效准确,数据库档案科学管理。在检测室必须建立掘进机检测电子档案。

13.7.9　故障诊断及预测按以下要求进行:

(1)日常检测。值班工程师、操作人员、维修保养人员应经常检查设备的温度、振动、声音、气味等情况,发现不正常现象或听到异响时,应立即停机检查。

(2)机况监测。依据日常检测中发现的不正常现象及掘进机油水检测结果,检测人员和维修工程师逐项进行检查或利用检测仪器、仪表等进行针对性测试,检测结果记录并汇总,然后进行分析,作出正确判断。

(3)故障诊断。检测人员应依据各项检测数据以及机械设备的结构特点、性能及操作、维修保养的特殊要求,判断出故障隐患,并借助于仪器,判断故障产生的部位和原因。

13.7.10　故障发生时,必须根据数据采集系统及故障监视系统来判断故障类别(电气故障或机械、液压故障),并及时进行故障检查;诊断出的故障必须及时进行修理,并将故障的部位、原因及修理后的状况记录存档。

13.7.11　电气故障的处理应从控制系统故障、动力线路故障、绝缘故障等三方面进行,并根据故障的不同类别进行相应处理。

(1)检查控制系统故障时,用编程器与 PLC 程序系统联机,对故障报警器显示的子程序名所对应的子程序进行检查,从程序梯形图运行的状态判断故障原因,并进行相应处理。

(2)动力线路故障的检查首先应对电路中的电压、电流进行测量,通过与标准值比较,查找故障原因,并进行相应处理。

(3)绝缘故障由电网上某一线路的绝缘值降低造成,用逐一排除法对电网上的每个电路进行送电测试,查找到有漏电现象的电气设备或电缆,并维修或更换。

13.7.12　机械故障的处理可采用振动量、温度等测试值并结合外观检查来判断故障的部位与原因,并针对故障原因进行相应处理。外观检查应包括如下内容:

(1)变形及磨损检查:检查相对运动表面有无积垢和损伤,检查离合器摩擦片、溜渣槽、钢拱架回转托轮等的磨损量,检查结构件及踏板等有无变形;检查后进行相应处理。

(2)裂纹检查:发现裂纹或断裂应及时焊补,焊接必须牢固可靠,并利用磁粉探伤仪进行检测。

(3)螺栓检查:松动的螺栓必须紧固到规定扭矩,螺栓更换时必须是原等级螺栓。

13.7.13 液压故障可采用油温、油品理化指标、铁谱分析、光谱分析等测试值,并结合外观检查来判断故障的部位与原因。外观检查应包括如下内容:

(1)油位检查。对系统油位进行检查并做记录,分析判断系统是否存在泄漏或需添加新油。

(2)泄漏检查。检查液压系统阀件及管路有无泄漏,并进行修理或更换。

(3)滤芯检查。检查滤芯的堵塞情况,并进行更换。

(4)对系统的压力、流量测试。

13.7.14 液压故障的处理,应按故障判断、检修准备、检测、拆卸、维修、调试、安装、调试、试机等程序进行,并在故障处理过程中做好维修记录。

14 管片及仰拱块

14.1 一般规定

14.1.1 管片/仰拱块生产应在隧道出口专门的预制厂进行,生产厂房应根据施工组织设计要求进行平面布置,厂房内应配套管片/仰拱块生产专用设备、专用模具,供风、供热齐全,并采用蒸汽养护方式生产。

14.1.2 管片/仰拱块应根据施工进度安排需求计划均衡生产,应考虑到冬季施工和满足快速掘进时管片/仰拱块的储备。

14.1.3 施工中应严格按施工方案实施各道工序,操作要达到标准化、规范化、制度化,施工厂房整洁有序。

14.1.4 应制定管片/仰拱块生产施工组织总体方案,生产技术标准、质量控制措施,满足安全环保要求。

14.1.5 安全生产应执行国家、部、企业的安全生产方针、政策、规定文件,按照地方政府及有关部门和业主针对工程制定的有关规定执行。

14.1.6 管片/仰拱块施工人员应进行岗前安全教育培训,进行技术交底及培训,经考核合格后,持证上岗。

14.1.7 桥吊、混凝土搅拌、浇筑、振捣、运输等管片/仰拱块生产设备安装调试完成后,应进行安全检查并验收通过;计量器具、计量设备应通过鉴定;管片养护设施应符合要求。

14.1.8 管片/仰拱块储存场地必须硬化、坚实平整,有防水措施,雨季应加强储存管片场地的检查,防止地基出现不均匀沉降。

14.1.9 制定工艺操作要点和关键技术保证措施。

14.1.10 严格钢管片制作技术措施。钢管片存放、运输时应固定牢固,防止产生变形,影响安装质量。

14.2 模具

14.2.1 模具设计应符合下列规定:

(1)模具应具有足够的强度、刚度和稳定性,保证在正常使用条件下规定的周转使用次数内不变形。

(2)应具有良好的密封性能,不漏浆。

(3)模具应便于装拆。

14.2.2　模具制作、验收应符合下列规定：

(1)模具应由专业厂制作。

(2)每套新制作的模具到场安装后须进行初验,符合要求后进行试生产;在试生产的管片中,随机抽取3环进行水平拼装检验,合格后方可正式生产。

14.2.3　模具生产完成后应进行检验,合格后方可出厂。运输时,做好装卸车及运输过程中的监控,避免对模具造成损坏或产生变形。

14.2.4　严格按照先内后外、先中间后四周的顺序进行管片模具组装,并注意安装时的清洁工作。

14.2.5　模具组装完成后,应由专职模具检测人员对其宽度、弧长、手孔位进行测量,不合格者及时进行调校,必须达到模具限定公差范围,以保证成品精度。

14.2.6　合模、开模与出模应按下列规定进行：

(1)应按模具使用说明书规定顺序合模和开模,并对模具进行检查。

(2)环、纵向螺栓孔预埋件、中心吊装孔预埋件以及其他各类预埋件和模具接触面应密封良好,钢筋骨架和预埋件严禁接触脱模剂。

(3)开模和出模时均应注意保护模具,按照顺序拆卸,轻拿轻放,及时清理。

14.2.7　模具每周转100次,必须进行系统检验,宽度允许偏差为±0.4mm。

14.3　原材料

14.3.1　管片/仰拱块生产所用的水泥、砂、碎石、钢筋、外加剂应符合混凝土规范。

14.3.2　采用清洁的水。

14.3.3　砂应选用质地坚硬的中粗砂,砂中泥块含量不得超过允许值。

14.3.4　碎石质地坚硬,粉细物质含量、压碎性指标、针片状含量、含泥量不超标。

14.3.5　水泥宜选用普通硅酸盐水泥。

14.3.6　砂石料、水泥、外加剂、钢筋、脱模剂等原材料进场应有产品质量证明文件,应按国家有关标准进行复验,质量应符合国家现行标准的规定。

14.3.7　宜采用非碱活性集料;当集料有碱活性时,混凝土中碱含量的限值应符合《铁路混凝土结构耐久性设计规范》(TB 10005—2010)的要求。

14.3.8　钢质螺栓孔垫圈质量应符合设计要求。

14.3.9　钢筋的品种、级别和规格应符合设计要求。当钢筋的品种、级别或规格需作变更时,应办理设计变更文件。钢筋表面应清洁,不得有易脱落的锈皮、油漆等污垢;钢筋必须顺直,调直后表面的伤痕及锈蚀不应使钢筋截面面积减少。

14.4　钢筋加工

14.4.1　钢筋加工时应做到：

(1)严格按设计图纸加工,不得随意更改。

(2)钢筋进入弯弧机时应保持平衡,防止平面翘曲,成型后表面不得有裂缝。

(3)钢筋骨架焊接成型时必须在符合设计要求的靠模上制作。

(4)钢筋骨架焊接位置要准确,严格控制焊接质量。钢筋焊接电流应控制在100~140A之间;焊接不得烧伤钢筋,凡主筋烧伤深度超过1mm,即作废品处理;焊缝表面不允许有气孔及夹渣,焊接后氧化皮及焊渣必须及时清除干净。

(5)管片钢筋全部采用电焊或点焊,不得使用绑扎。

(6)正确选用焊条,焊条型号应符合设计图纸的要求,图纸无特殊要求时,应符合相关规范。

(7)钢筋的调直、下料、弯弧、弯曲,均采用人工配合钢筋加工机械完成,然后进行部件检查。

14.4.2　钢筋笼及钢筋骨架:

(1)钢筋笼制作胎模应采用钢模形式,两端固定,使钢筋骨架在加工时两端始终处于受控状态,充分保证钢筋骨架端面在同一直线,使钢筋骨架入模后保护层均匀。钢筋笼制作胎模主筋上、下卡可根据管片型号进行自由调整。

(2)钢筋骨架制作严格按图纸要求放样、断料成型,不随意更改,半成品分类挂牌堆放。

(3)钢筋单片及骨架成型均采用低温焊接工艺或点焊,不得使用绑扎,焊接操作工经过培训,考核合格后凭证上岗。

(4)进入断料和弯曲成型阶段的钢筋必须是标识合格状态的钢筋。

(5)钢筋骨架须焊接成型,焊缝不出现咬肉、气孔、夹渣现象,焊缝长度、厚度均符合设计要求,焊接后氧化皮及焊渣必须清除干净。

(6)成型的骨架必须通过试生产,经检验合格后才可落料加工。按钢筋成型、成片、成块顺序进行生产。

(7)成型后的钢筋骨架质量由专人负责检查,并按规格整齐堆放。

14.4.3　严格控制钢筋的原材料质量,未经检验和试验不合格的钢筋不得使用。

14.4.4　钢筋及钢筋骨架安装后,在浇筑混凝土时,应对钢筋布设进行验收,钢筋加工的形状、尺寸、钢筋骨架安装应符合设计及《铁路混凝土工程施工质量验收标准》(TB 10424—2018)要求。

14.5　管片及仰拱块制作

14.5.1　管片/仰拱块生产的工艺流程包括:

(1)钢筋笼制作:工艺流程:钢筋原材料检验—调直、断料—弯弧、弯曲—部件检查—部件焊接—钢筋骨架成型焊接—钢筋笼检验。

(2)钢筋骨架入模及预埋件安装。

(3)混凝土搅拌、运输。

(4)混凝土浇筑、振捣与抹面。

(5)蒸汽养护。

(6)脱模。

(7)水池养护和喷淋养护。

(8)成品检验与修补。

14.5.2　制作前必须制订作业指导书,严格过程控制和管理。

14.5.3　管片/仰拱块制作用混凝土必须按设计要求严格进行配合比选定试验。

(1)混凝土应根据强度等级、耐久性等要求和原材料品质以及施工工艺进行配合比设计。

(2)混凝土中碱含量应符合设计及混凝土耐久性要求。

(3)对首次使用的混凝土配合比应进行开盘鉴定,其工作性能应满足设计配合比的要求。开始生产时应至少留置一组标准养护试件作为验证配合比的依据。

(4)应严格按施工配合比投料。混凝土原材料计量偏差应符合《混凝土结构工程施工质量验收规范》(GB 50204—2015)中的有关规定。

(5)每工作班至少测定一次砂石含水率,并据此提出施工配合比。

14.5.4　凝土浇筑应符合下列规定:

(1)混凝土应连续浇筑成形;根据生产条件选择适当的振捣方式;振捣时间以混凝土表面停止沉落或沉落不明显、混凝土表面气泡不再显著发生、混凝土将模具边角部位充实并有灰浆出现时为宜,不得漏振或过振。

(2)浇筑混凝土时不得扰动预埋件。

(3)管片浇筑成形后,在初凝前宜再次进行压面。

(4)浇筑混凝土的同时应留置试件,所做试件应具有代表性。

14.5.5 管片/仰拱块养护应符合下列规定:

(1)混凝土浇筑成形后至开模前,应覆盖保湿,采用蒸汽养护或自然养护方式进行养护。

(2)当采用蒸汽养护时间不宜少于2h,升温速度不宜超过15℃/h,降温速度不宜超过10℃/h,恒温最高温度不宜超过60℃。出模时当管片/仰拱块表面温度与环境气温差大于20℃时,管片/仰拱块应在室内车间进行降温,直至管片/仰拱块表面温度与环境气温差不大于20℃。

(3)采用蒸汽养护时应监控温度变化并根据工艺要求及时调整蒸养温度,同时做好记录。

(4)管片/仰拱块脱模后还需进行喷淋养护/水池中的养护,养护时间不少于7d。

(5)管片/仰拱块在储存阶段应进行养护。

14.5.6 应在管片/仰拱块的内弧面角部喷涂标记,标记内容应包括:管片/仰拱块型号、模具编号、生产日期、生产厂家、合格状态。每一片管片/仰拱块应独立编号。

14.5.7 管片/仰拱块应按设计要求进行结构性能检验并满足要求,吊装预埋件首次使用前必须进行抗拉拔试验,抗拉拔力应符合设计要求,管片/仰拱块不应有露筋、孔洞、疏松、夹渣、有害裂缝、缺棱掉角、飞边等缺陷,麻面面积不得大于管片面积的5%。

14.6 质量控制

14.6.1 管片/仰拱块的质量应从工艺环节上加以控制。

(1)原材料的控制:管片生产所用的水泥、砂、石子、钢材、外加剂等原材料采购、保存、检验均应符合有关规范和标准,并得到业主和监理工程师的认可和批准,且必须附有生产厂的产品质量保证书。

(2)钢筋笼加工质量控制:严格按照施工组织设计方案加工,确保钢筋笼加工质量。

(3)增强混凝土耐久性,保证混凝土抗渗质量,制定严格的保证措施。

(4)加强混凝土浇筑、养护施工工艺。

(5)使用高效减水剂,进一步减少混凝土的用水量和提高其流动性。

(6)控制好蒸养的温度梯度变化和蒸养温度,防止因蒸养梯度大和温度较高造成管片/仰拱块早期水化反应过快,造成混凝土产生裂缝。

(7)控制脱模时的温度差和脱模后入池养护时间,避免出现蒸养降温后未与室温接近,造成管片突然受冷出现冷缩裂缝。控制脱模后的管片/仰拱块入池时间,避免管片/仰拱块的混凝土在初期水化反应时长时间处于无水状态,产生裂缝。

14.6.2 加强管片/仰拱块出厂后的检验工作。管片/仰拱块经检验后逐块填写检验表,并在统一部位盖章,填写检验人员代号,合格管片/仰拱块才能出厂。

14.6.3 严格管片/仰拱块的堆放和运输。

(1)不应在强度低于施工图纸状态下吊运管片,吊点应按施工图纸的规定设置,起吊绳索与构件水平面的夹角不得小于45°,起吊时,应注意避免构件变形,防止发生裂缝和损坏,起吊前应做临时加固措施。

(2)管片堆放排列应整齐,每层管片之间放方木垫条,使管片/仰拱块间无碰撞。

(3)堆场坚实平整,为便于存放及外运,在堆场采用条形整齐堆放。

14.6.4 应进行管片强度试验。建立一套完整的对混凝土坍落度、强度等进行监控的系统。

14.6.5 混凝土的质量控制。通过试验确定合理的混凝土配合比,并在混凝土生产过程中严格

执行。定期对自动拌合站的计量装置进行检验,确保各项材料计量准确。配备专职的试验工程师对混凝土的质量进行跟踪控制。

14.6.6　做好安全及文明生产,制定安全、质量管理措施。

15　隧道衬砌

15.1　一般规定

15.1.1　衬砌施工时,其隧道中线、水平、断面和净空尺寸应符合设计要求。混凝土应满足设计的强度、防水性、耐久性等要求,并做到表面圆顺和光滑。

15.1.2　衬砌混凝土原材料应进行检验,材料的标准、规格及要求等,应符合《铁路混凝土工程施工质量验收标准》(TB 10424—2018)的有关规定。

15.1.3　掘进机施工二次衬砌必须采用拱墙一次成形法施工,施工时中线、水平、断面和净空尺寸应符合设计要求。衬砌不得侵入隧道建筑限界。

15.1.4　护盾式掘进机施工时,必须进行管片接头螺栓的复紧、管片的清扫及漏水部分的止水。

15.1.5　衬砌的施工缝和变形缝应做好防水处理。

15.1.6　衬砌施工时,应与设计单位密切配合,对衬砌完成的地段,应继续观察和监测隧道的稳定状态,注意衬砌的变形、开裂、侵入净空等现象,并作出稳定性评价。

15.2　管片衬砌

15.2.1　管片拼装是护盾式掘进机施工的一个重要工序,整个工序由司机、管片拼装机操作工和拼装工等三个特殊工种配合完成。在整个施工过程中必须由专人负责指挥,拼装前应全面检查拼装机械、工具、索具。施工前应根据所用管片形式、特点详细向施工人员作技术和安全交底。

15.2.2　护盾式掘进机在管片拼装时应符合下列规定:

(1)护盾式掘进机推进油缸顶块与前一环管片环面必须有足够的空间,可使封顶块插入成环。

(2)检查管片与盾尾间隙和推进油缸行程,结合上一环状态,决定本环拼装时的纠偏量及纠偏措施。

(3)护盾式掘进机纵坡和拼装机在平面、高程的偏离值,决定了管片拼装位置的调整的纠偏值。

(4)拼装人员必须熟悉管片排列位置、拼装顺序。

(5)应对管片及防水密封条进行检查,并按拼装顺序存放。

(6)掘进机推进后的姿态应符合拼装要求。

(7)应对前一环管片环面进行质量检查和确认。

(8)应对拼装机具和材料进行检查。

(9)封顶块安装前,在侧面涂抹润滑剂,以免损伤密封条。

(10)拼装管片前清除上一环环面和盾尾内杂物,检查上一环环面防水密封条是否完好,如有损坏应及时修补;发现环面质量问题,应在下一环管片拼装时进行纠正。

15.2.3　按有关掘进机设备操作要求,全面检查拼装机的动力及液压设备是否正常,举重臂是否灵活、安全可靠,管片在地面上按拼装顺序排列堆放。粘贴好防水密封条、连接件和配件、防水垫圈等,并随第一块管片运至工作面。

15.2.4　管片拼装作业应符合下列规定:

(1)管片拼装时,一般应先拼装底部管片,然后自下而上左右交叉拼装,每环相邻管片应均匀拼装,并控制环面平整度和封口尺寸,最后插入封顶块成环。

(2)管片拼装成环时,应逐片初步拧紧连接螺栓,脱出盾尾后再次拧紧。当后续双护盾掘进至每环管片拼装之前,应对相邻已成环的3环范围内的连接螺栓进行全面检查并再次紧固。逐块拼装管片时,应注意确保相邻两管片接头的环面平整、内弧面平整、纵缝密贴。

(3)封顶块插入前,检查已拼管片的开口尺寸,要求略大于封顶块尺寸,拼装机把封顶块送到位,伸出相应的千斤顶将封顶块管片插入成环;并全面检查所有纵向螺栓。

(4)封顶成环后,进行测量,并按测得数据作圆环校正,再次测量并做好记录。最后拧紧所有纵、环向螺栓。

(5)按各块管片位置,缩回相应位置的千斤顶,形成拼装空间,使管片到位;操作司机在反复伸缩推进油缸时必须保持双护盾不后退、不变坡、不变向,同时应与拼装操作人员密切配合。

(6)护盾式掘进机推进时,依次把将要脱离盾尾的环纵向螺栓用扳手拧紧至设计要求。

(7)拼装过程中,遇有管片损坏,应及时使用规定材料修补。管片损坏超过标准时,应调换。在拼装过程中应保持成环管片的清洁。如后期发现损坏的管片也必须修补。隧道结构加强处理方案需经业主和设计单位认可。

(8)平曲线段隧道使用楔形环管片拼装后形成曲线,拼装方法与直线段施工相同。保证隧道曲线的精度,主要靠控制楔形管片成环精度,要求第一环管片定位要准确。

15.2.5　管片拼装作业应满足以下要求:

(1)拼装管片时,拼装机作业范围内不得有人和障碍物。

(2)拼装过程中,应严格控制推进油缸的压力和伸缩量,使掘进机姿态保持不变。

(3)连接螺栓紧固力矩应符合设计要求。对拼装5环后的管片,以螺栓紧固力矩进行复紧。

(4)拼装时应防止损坏管片及防水密封条。

(5)对已拼装成环的管片环作椭圆度的抽查,确保拼装精度。

(6)平曲线段管片拼装时,应注意使各种管片环向定位准确,保证隧道轴线符合设计要求。

15.2.6　豆砾石充填应满足下列要求:

(1)管片/仰拱块拼装完成后,因TBM施工引起的地层损失和TBM隧洞周围受扰动,或受剪切破坏以及地下水的渗透,将导致围岩的应力重新分布。为了防止隧洞围岩的变形,使管片衬砌与被开挖围岩形成整体结构以共同受力,减少管片在自重及内部荷载下的变形,须及时对管片/仰拱块背后充填豆砾石,注入砂浆对豆砾石进行固结,达到管片背后孔隙充填密实,减少围岩松动和土压力的直接作用;经过检查注浆效果不能达到要求时,要及时采取补强措施。

(2)管片与围岩之间的空隙应及时充填豆砾石,将建筑间隙充填密实,防止管片错动失稳。

(3)管片与周围围岩的环形空隙中豆砾石充填后应及时回填灌浆,建立管片的支撑体系,以防止地下水流失造成地下水损失。

(4)获得灌浆体的固结强度,确保管片衬砌的早期稳定性,防止长距离的管片衬砌背后处于无支撑力的浆液环境中,使管片发生位移变形。

15.2.7　回填灌浆应满足下列要求:

(1)豆砾石回填坚持“脱离护盾一环管片就必须回填一环”的原则。

(2)结束标准应以回填量和回填压力双重控制标准进行控制。

15.2.8　豆粒石填充和注浆特殊情况处理应满足下列要求:

(1)当地下水较大时,水泥浆液注浆效果不是很明显时,需采用化学灌浆。化学灌浆回填豆砾石后对接缝进行勾缝处理,以免在回填灌浆时出现漏浆、跑浆的现象。但是灌浆后强度达不到回填灌浆的设计强度C15。

(2)当豆砾石回填量达到设计值,但回填压力远小于设计压力时,证明围岩出现空腔,则需用继续回填灌浆。

(3)当注入的水泥浆液量达到浆液设计值,而没有达到停止注浆条件,检查后没有发现漏浆时,则说明本段围岩破碎,裂隙发育。注的浆液已经穿过豆砾石,渗透到围岩的裂隙内。为了加强破碎围岩与管片的整体受力,则需要进行固结灌浆。

(4)经过检查发现管片与围岩空隙的密实性差,则需要进行补强灌浆,补强灌浆的压力为0.2~0.3MPa。

(5)制订详细的注浆施工设计、工艺流程及注浆质量控制程序,严格按要求实施注浆、检查、记录、分析,及时做出P(注浆压力)-Q(注浆量)-t(时间)曲线,分析注浆效果,反馈指导下次注浆。

(6)进行信息反馈,修正注浆参数设计和施工方法,发现情况及时解决。

(7)做好注浆设备的维修保养,注浆材料供应,保证注浆作业顺利连续不中断进行。

(8)做好注浆孔的密封,保证其不渗漏浆液。

15.3 混凝土衬砌

15.3.1 掘进机通过后,应立即铺设混凝土仰拱块,铺设偏差宜控制在50mm内。

15.3.2 仰拱块铺设前必须将仰拱处虚渣清理干净,并用清水清洗仰拱,铺设后底部应注入C20细石混凝土充填,由喷浆泵将混凝土料从仰拱块底部注浆孔注入仰拱块底部,仰拱注浆执行隐蔽检查,以混凝土从仰拱块注浆两侧涌出为准,严禁发生注浆不密实现象。

15.3.3 拱墙衬砌宜选用衬砌模板台车,配备混凝土输送泵和混凝土罐车。

15.3.4 模板台车应符合下列要求:

(1)模板台车的门架的结构应满足隧道通风和衬砌作业的要求。

(2)模板台车出厂前必须进行验收,必须提供检验报告、出厂合格证和使用说明书。模板拼装检查后应进行防锈处理。

15.3.5 混凝土灌注前及灌注过程中,应对模板、支架、钢筋骨架、预埋件等进行检查,发现问题应及时处理,并做好记录。

15.3.6 混凝土灌注应分层进行,振捣密实。

15.3.7 顶部混凝土灌注时,应按封顶工艺施作,确保拱顶混凝土密实。

15.3.8 进行曲线部位浇筑时,应在模板端部插入曲线衬垫进行曲率对合。

15.3.9 二次衬砌背后需填充注浆时,应预留注浆孔。

15.3.10 衬砌混凝土必须采用自动计量的强制式搅拌机搅拌,搅拌时间不应小于3min。掺外加剂时,应根据外加剂的技术要求确定搅拌时间。

15.3.11 二次衬砌混凝土应连续灌注;进行高频机械振捣,每次脱模后衬砌台车表面必须进行清洗,必须刷脱模剂,严禁使用废机油及其他影响衬砌外观质量的涂料;拱部必须预留注浆孔,并及时进行注浆回填。

15.3.12 衬砌混凝土抗压强度试件的试验龄期为56d。隧道衬砌每200m应采用同条件养护试件检测结构实体强度1次。

15.3.13 隧道衬砌厚度和净空必须满足设计要求,拆模应在混凝土强度达到规定的强度后进行,拆模后应进行充分的养护。

15.3.14 混凝土结构表面应密实平整、颜色均匀,严禁露筋,不得有蜂窝、孔洞、疏松、麻面和缺棱掉角等缺陷。表面接缝错台±3mm,无渗漏水,达到一级防水要求,衬砌表面除施工缝外无裂纹,混凝土结构外形尺寸允许偏差和检验方法应符合表13-8的规定。

结构外形尺寸允许偏差和检验方法　　表13-8

序　号	项　目	边　墙	拱　部	隧　底	检验方法
1	平面位置	+10mm			尺量
2	垂直度	±0.2%			尺量
3	高程		+30mm 0	0 -10mm	水准测量
4	结构表面平整度	5mm	5mm		2m靠尺或断面仪测量

15.3.15　钢筋混凝土衬砌的钢筋在加工弯制前应调直,并应符合下要求:

(1)钢筋表面的油渍、水泥浆和浮皮铁锈等均应清除干净。

(2)加工后的钢筋表面不应有削弱钢筋截面的伤痕。

(3)当利用冷拉方法矫直钢筋时,钢筋的矫直伸长率:Ⅰ级钢筋不得超过2%;Ⅱ级钢筋不得超过1%。

15.3.16　钢筋安装和保护层厚度的允许偏差和检验方法应符合表13-9的规定。

钢筋安装及保护层厚度允许偏差和检验方法　　表13-9

序　号	名　称		允许偏差(mm)	检验方法
1	双排钢筋的内外排钢筋间距		±15	尺量两端、中间各1处
2	同一排中受力钢筋水平间距	拱边	±10	
		边墙	±20	
3	分布钢筋间距		±20	尺量连续3处
4	箍筋间距		±20	
5	钢筋保护层厚度		+10 -5	尺量两端、中间各2处

15.3.17　隧道仰拱、铺底每500m应采用同条件养护试件检测结构实体强度1次。

15.3.18　仰拱和底板混凝土强度达到5MPa后行人方可通行,达到设计强度的100%后车辆方可通行。

15.3.19　沟、电缆槽盖板规格、尺寸、强度及外观质量符合设计要求,连接缝±5mm。盖板无缺角,安装稳定平顺。

15.4　特殊部位衬砌

15.4.1　隧道的交叉口、联络通道进行正台阶非爆破开挖,复合式衬砌。施工步骤:地层加固—开口—开挖支护—防水施工—二次衬砌施工。

15.4.2　交叉口、联络通道开口应符合下列规定:

(1)测量放线准确测量出联络通道洞门四边边线和联络通道的中线,并在管片上明确标出。

(2)采用新的混凝土拆除技术,即使用高速切割机。该切割机可切割较厚、强度高的钢筋混凝土,具有速度快、噪声小、粉尘少的特点,可以进行横向、竖向切割。先安装高速切割机的行驶轨道,配备专业人员进行管片切割作业。

15.4.3　开挖及支护施工:

(1)为避免施工时对已处于稳定(受力平衡)状态的成形区间隧道造成较大的影响,在施工前,根据需要对区间隧道进行加固。

(2)在确保管片衬砌安全稳定后,沿设计切割线凿除特殊管片洞口范围内的钢筋混凝土,然后进行开挖。其间,可视具体情况布设小导管对洞口进行超前注浆加固。区间隧道钢管片拆除及通道与

区间结合处的开挖要保证快速准确，并及时进行初期支护，以确保安全。

15.4.4　二次衬砌在变形(主要指拱顶下沉和两侧收敛)趋于稳定后进行。衬砌时先施工底板，后施工边墙拱部。均采用模筑钢筋混凝土衬砌，由于长度较短，底板、边拱均一次浇筑完成。洞门和洞身衬砌一起浇筑。

16　防排水施工

16.1　一般规定

16.1.1　全断面岩石掘进机隧道结构防水等级应达到国家标准《地下工程防水技术规范》(GB 50108—2008)规定的一级防水标准，衬砌结构不允许渗水，表面无湿渍。

16.1.2　护盾式掘进机隧道防水以管片防水为基础，以接缝防水为重点，辅以对特殊部位的防水处理，形成一套完整的防水体系。管片砌块的抗渗等级应等于隧道埋深水压力的3倍，管片、砌块必须按设计要求经抗渗检验合格后，方可使用。

16.1.3　钻爆法施工段、开敞式掘进机施工段、双护盾不设管片施工段的复合式衬砌，其防排水应以防水混凝土衬砌自防水为主，重视初期支护的防水，辅以注浆防水和防水层加强防水，并做好施工缝和变形缝防水。同时确保盲沟、排水管(沟)排水畅通，以满足隧道防排水要求，并对洞外地表水做妥善处理，使洞内外形成一个完整的防排水系统。

16.1.4　全断面岩石掘进机管片支护后，设计有特殊防水要求时，可在管片内增设二次混凝土衬砌，其施工方式按设计要求执行。

16.1.5　施工时应做好防排水工作，防止涌水淹没洞室，危及人员、设备和环境安全，影响施工质量和进度。

16.1.6　隧道工程防排水应采用符合国家、行业标准，满足设计要求，经实践检验质量和性能可靠的新材料、新技术、新工艺。

16.1.7　防排水作业的人员必须经过岗前培训，熟悉作业内容和标准。

16.1.8　隧道防排水施工时，应重视环境保护，不得使用有毒的、污染环境的材料，隧道施工排水应进行处理，满足《污水综合排放标准》(GB 8978—1996)的规定，方可排放。

16.2　施工防排水

16.2.1　掘进机通过含水地层时，应在掘进前查明水源大小、方向和补给情况，制定防排水措施。当补给水量很大，可采用钻孔排水或泄水洞排水。无排水条件或排水困难，以及不允许排水时，经技术、经济比选，可采用注浆堵水措施。

16.2.2　洞内排水应符合下列要求：

(1)洞内顺坡排水水沟断面应能满足隧道中渗漏水、施工废水和掘进机循环设备用水的排出需要。排水沟应经常清理。

(2)洞内反坡排水，可根据坡度、水量和设备情况设集水坑及布置管路和泵站，一次或分段接力排出洞外。

16.2.3　采用钻孔排水时，应对工程地质和水文地质作详细的调查分析，判断地下水流方向，确定钻进位置、方向、孔数和钻进深度，并应采取下列防范措施：

(1)非钻孔施工人员必须撤出；

(2)应及时测算水量、水压大小、水的流速、泥砂含量等，备足抽水设备，水中含有泥砂时，应配备耐磨污水泵；

(3)孔口应预先埋管设阀,控制排水量,防止钻孔时承压水冲击及淹没坑道等意外险情发生;

(4)水平钻孔钻到预期的深度尚未出水时,可会同设计部门进一步进行地质和水文的勘测工作,重新判定地下水情况。

16.2.4 在确保不破坏环境和设计允许的条件下,可采用泄水洞排水。应根据水源方向、位置、流量、流速、含泥量的大小,选择泄水洞的位置、方向、断面形式、大小和坡度,并确保排水通畅,防止泄水洞淤塞。

16.2.5 含水的松散破碎地层应采用降低地下水水位的排水方案,不宜采用集中宣泄排水的方法。当采用降水方案不能满足要求或不允许降排水时,应在掘进机施工前进行注浆,以加固地层,充分提高地层止水能力。

16.2.6 掘进机施工在没有特殊的防排水设计,而突然遇到大面积渗漏水时,应在施工中对防排水措施进行详细记录,并提出变更设计意见。

16.2.7 开敞式掘进机采用仰拱块方式施工地段,隧道底部也可施作现浇混凝土仰拱,达到与拱墙复合式衬砌整体防水的目的。

16.2.8 护盾式掘进机管片衬砌与现浇混凝土衬砌的接触部位应采用缓膨胀型遇水膨胀止水条、注浆防水等方式达到止水目的,并满足设计要求。

16.2.9 采用双层衬砌的特殊设计地段,内层衬砌混凝土浇筑前,应将外层衬砌的渗漏水引排或进行封堵。

16.3 管片防水

16.3.1 管片混凝土每30环留置抗渗试件一组。抗渗试验应符合《普通混凝土长期性能和耐久性能试验方法标准》(GB/T 50082—2009)的规定。

16.3.2 管片接缝防水材料必须满足设计要求。施工前应做好如下工作:

(1)所采用的防水材料,必须按设计要求和生产厂的质量指标分批进行抽检。

(2)采用遇水膨胀橡胶防水材料时,运输和存放须采取防潮措施,并设专门库房存放。

(3)材料专用库房按规定配备防火设施。

16.3.3 管片防水密封条粘贴应遵守下列规定:

(1)按管片型号使用,严禁使用尺寸不符或有质量缺陷的产品。

(2)在管片角隅处加贴自黏性橡胶薄片时,其尺寸应符合设计要求。

(3)变形缝、柔性接头等管片接缝防水的处理应按设计图纸要求实施。

(4)管片防水密封条粘贴后,在运输、堆放、拼装前应有防雨、防潮措施,拼装时应逐块检查。

(5)管片采用嵌缝防水材料时,槽缝应清洗干净,使用专用工具填塞平整、密实。

16.3.4 管片密封材料的选择应满足以下要求:

(1)具有足够弹性,千斤顶的反复推力和管片变形时不失去水密性;

(2)能承受千斤顶的推力及螺栓的紧固力;

(3)不会给管片的组装精度带来影响;

(4)密封材料对管片有充分的黏附性;

(5)能适应气候的变化、有良好的化学稳定性、耐久性;

(6)易于施工、具有均质性。

16.3.5 管片嵌缝施工中的填料应满足以下列要求:

(1)要有水密性、良好的化学稳定性及对气候变化的适应性;

(2)在湿润状态下要易于施工;

(3)伸缩性小,伸缩及复原性好;

(4)硬化时不受水分影响;

(5)施工后应尽快成为非黏结状态,完全硬化时间短。

16.3.6　螺栓孔、注浆孔外周的防水材料应满足以下要求:

(1)伸缩性好,不失水密性。

(2)能承受螺栓坚固力。

(3)有耐久性而且不老化。

16.3.7　加强管片堆放、运输中的管理和检查,防止管片开裂或在运输中碰掉边角,有缺陷的管片不得进洞。

16.3.8　TBM 推进过程中,尽量减小各组油缸对管片产生不均匀的推力,避免对拼装好管片造成较大的压力差,管片产生纵向或环向裂纹,影响管片防水能力。

16.3.9　管片拼装缝的防水应符合下列要求:

(1)防水密封条采用粘贴安装,其粘贴步骤为:基面清理—槽内涂黏结剂—密封条涂黏结剂—粘贴—用木槌或橡胶锤打压密贴。管片防水密封条的粘贴应在安装前 12 ~ 24h 内完成。粘贴前检查,确保其粘贴处无尘、无油、无污、干燥,以保证粘贴质量。

(2)在粘贴好防水密封条的管片存放时,注意防雨、防水和防太阳暴晒,以避免密封条胀落和老化。

(3)对粘贴好防水密封条的管片,在运输和拼装中应避免擦碰、剥离、脱落或损伤密封条。

(4)安装管片时采取有效措施避免损坏防水密封条,并应保证管片拼装质量,减少错台,保证其密封止水效果。

16.4　二次衬砌接缝防水

16.4.1　为防止二次衬砌的漏水,在避免产生裂缝的同时,应对施工缝作防水处理,必要时在一次衬砌和二次衬砌之间设置防水布。

16.4.2　施工中,采用以下措施防止混凝土裂缝:

(1)适当减少单位水泥量,或者使用粉煤灰水泥、高炉矿渣水泥;

(2)减少单位水量,以防止干燥收缩的裂缝;

(3)适当使用 AE 减水剂;

(4)适当选择拆模时间;

(5)每次浇筑长度不宜太长;

(6)防止急剧的温度下降,进行充分养护;

(7)施工缝使用绝缘材料。

16.4.3　施工缝的防水处理采取以下措施:

(1)在施工缝上加上止水板;

(2)在施工缝上涂敷湿润而黏性较好的材料;

(3)做好施工缝的预留孔堵块,进行导水处理。

16.4.4　接缝防水是护盾式隧道的防水重点,应在接缝处进行多道设防,同时还应辅以外侧加防腐涂层,保护管片衬砌结构不受外侧水体的腐蚀,确保结构安全。

16.4.5　管片接缝防水有弹性密封垫防水、嵌缝防水和注入密封剂等,接缝密封垫需选择具有合理构造形式、良好回弹性及遇水膨胀性、耐久性、耐水性的橡胶类材料。

16.4.6　设计和施工单位应根据实际情况,在试验和调查的基础上确定橡胶材料的性能要求和选定合适的生产厂家。

16.4.7　不同防水等级隧道接缝防水措施应符合表 13-10 的要求。

隧道接缝防水措施表　　表 13-10

防水等级	高精度管片	接缝防水				混凝土内衬或其他内衬	外防水涂料
		密封垫	嵌缝	注入密封剂	螺孔密封圈		
一级	必选	必选	应选	可选	必选	宜选	宜选
二级	必选	必选	宜选	可选	应选	局部宜选	部分区段宜选
三级	必选	必选	宜选		宜选		部分区段宜选
四级	可选	宜选	可选				

16.4.8　钢筋混凝土管片应采用高精度钢模制作，其钢模宽度及弧弦长允许偏差均为±0.4mm。钢筋混凝土管片制作尺寸的允许偏差应符合下列规定：

(1)宽度为±1mm；

(2)弧弦长为±1mm；

(3)厚度为-1~3mm。

16.4.9　在采用高精度钢筋混凝土管片的前提下，根据管片的形状采用能适应变形量大，具有较高耐久性、耐应力松弛的性能优良的材料，设计制作特定结构形状的橡胶圈，满足防水要求。

16.4.10　当隧道处于侵蚀性介质的地层时，应采用相应的耐侵蚀混凝土或耐侵蚀的防水涂层。

16.4.11　弹性密封材料防水要求：

(1)在设计水位下不漏水，能承受千斤顶顶力、注浆压力以及衬砌使用阶段的截面内力。

(2)有相当的弹性，在承受往复压力后复原能力强。

(3)具有足够的黏结力、耐久性、稳定性、抗老化性等。

(4)施工方便，不会影响管片拼装精度，安装完成后能立即承受荷载等。

16.4.12　双层衬砌的管片、砌块至少应设置一道密封条(垫)沟槽，其外形应与沟槽相一致。

16.4.13　嵌缝防水材料应具有弹塑性、收缩性小、与潮湿混凝土结合力强、便于施工等特性。嵌缝作业宜在盾构掘进影响范围外进行。

16.4.14　管片纵缝宜粘贴传力衬垫。

16.4.15　管片上的螺栓孔应采用螺孔密封圈防水，密封圈的外形应与螺孔、螺栓相配合。

16.4.16　衬砌与土体间的间隙应及时注浆充填，注浆材料宜具有防水性能。注浆孔应封填密实。

16.4.17　掘进机管片/仰拱块豆砾石充填完成后，及时进行充填注浆防水，并对注浆孔、螺栓吊装孔进行封堵。

16.4.18　掘进机管片衬砌与联络通道、附属构筑物的接缝防水，按设计要求选择防水材料和施工方法。

17　施 工 运 输

17.1　一般规定

17.1.1　隧道施工前应根据施工组织安排制定工运输方案。

17.1.2　施工进料应采用有轨运输。出渣运输可采用有轨运输和皮带输送机运输方式。

17.1.3　施工运输应保证掘进进料和出渣同步进行。

17.1.4　有轨运输时，洞外应根据需要设调车、编组、卸渣、配料、设备维修等线路，皮带输送机运输时应设转渣装置。

17.2　有轨运输

17.2.1　运输轨线铺设应按设计标准进行，轨距采用900mm，钢轨采用12.5m长的38kg/m或43kg/m钢轨。输线路应保持平稳、顺直、牢固，设专人按标准要求进行维修和养护，随时处于良好状态。

17.2.2　列车编组在洞内作业地段、视线不良的曲线上、通过道岔、进入掘进机和通过洞口平交道等处时，其运行速度不得大于5km/h，其他地段在采取有效的安全措施后，运行速度不宜大于20km/h。

17.2.3　有轨运输应符合下列安全规定：

(1)机车牵引不得超载。

(2)列车连接必须良好，编组和停留时，必须有制动装置和防溜车装置。

(3)车辆在同一轨道行驶时，两组列车的间距不得小于100m。

(4)轨道旁临时堆放材料，距钢轨外缘不得小于80cm，高度不得大于100cm。

(5)车辆运行时，必须鸣笛或按喇叭，并注意瞭望，严禁非专职人员开车、调车和搭车，以及在运行中进行摘挂作业。

(6)载人列车，应制定安全保证措施。

(7)采用内燃机车牵引时，应配置排气净化装置，符合环保要求。废气排放要符合欧Ⅲ标准。

17.2.4　有轨运输列车编组方式：人车、机车、渣车、材料平板车、砂浆罐车（根据需要）、管片/仰拱块车、豆砾石车（护盾式掘进机）。

17.2.5　洞外从洞口至翻渣台应铺设双线。

17.2.6　有轨运输编组设备配置原则：

(1)机车应根据牵引重量、最大坡度等来确定。

(2)渣车应满足一个掘进循环的出渣量要求；材料车应满足一个循环的材料用量。

(3)所有设备应有一定的富余量。

17.2.7　有轨出渣应满足掘进机连续出渣要求。

17.2.8　应根据运输距离的长度适时增加编组列车。洞外应预留一台机车作调车作业。

17.2.9　为了保证掘进机施工快速、有序进行，在施工生产中应对运输系统（包括人员、相关运输设施）制定相应安全措施和制度：

(1)机车司机，调车员等相关作业人员必须经过培训、考试合格后方可上岗。

(2)严禁非专职人员开车、调车和无令行车。

(3)机车在运行中严禁司机、调车员将身体任何部分伸出限界外。

(4)派专人对整个运输系统轨道、信号等进行养护维修。养护作业时，设专职防护人员和作业标志，封闭线路要限时作业。

(5)洞内成洞地段，视线良好准行速度15km/h，掘进机后配套、施工地段、出渣便桥、道口等特殊地段最大速度不超过5km/h，不得采用非常规制动。

(6)机车及各种运输车辆制动装置等安全设备，状态良好，否则不得使用。

17.3　皮带运输

17.3.1　出渣皮带输送机应满足下列要求：

(1)机架要坚固，平、正、直。固定到机架上的部件要“横平竖直”。

(2)全部辊筒和托辊，必须与输送带的传动方向成直角，并且彼此平行，转动自如，没有损伤、油污和结垢污。

17.3.2　皮带输送机应定期检查与保养。

(1)每天应对皮带输送机进行清洁工作。

(2)每天应对刮板进行检查和调整。

(3)所有辊筒都应该转动灵活,定期润滑,保持辊筒良好的使用状态。

(4)定期检查支架螺栓是否松动。

(5)检查张紧装置能否动作,行程大小,导向架滑动状况是否良好,导向架上各托辊转动是否灵活,导向架有无变形,输送带有无摩擦导向架,轨道上有无附着物。经常检查钢丝绳及链条的使用情况(必要时修理或更换),卷扬机工作是否正常。

(6)定期检查输送带本身故障并及时处理。

17.3.3　随着掘进机的推进,储带箱内的皮带自动伸出,储带箱内的皮带应及时安装并进行硫化联结。

17.3.4　皮带输送机硫化工艺:

(1)现场准备:根据皮带输送机的结构特点,安装位置和硫化机的空间作业要求,选择适当的作业区,并作必要的辅助机具和材料的准备。

(2)制作皮带接头。

(3)硫化机安装。

(4)通电运行。

(5)冷却和拆机。

17.3.5　采用皮带输送机出渣时,应遵守以下安全规定:

(1)按掘进机的最高生产能力进行皮带输送机的设计。

(2)皮带输送机机架应坚固,平、正、直。

(3)皮带输送机全部辊轮和托辊,必须与输送带的传动方向成直角。

(4)运输皮带必须保持清洁,并经常清理。

(5)必须定期按照皮带输送机的使用与保养规程对皮带输送机电气、机械、液压系统进行检查、保养与维修。

(6)设专人检查皮带的跑偏情况并及时调整。

(7)皮带输送机延伸应严格按照皮带硫化作业规程和安全操作规程作业。

(8)严格按照技术要求设置出渣转载装置。

(9)多级皮带输送机启动应从后向前顺序启动,以防皮带输送机上残留的渣石、杂物堆集。

(10)皮带输送机运行中,主司机要通过监控摄像头密切注视皮带输送机运行情况。

(11)当班巡视人员要经常检查皮带输送机在工作中的运行情况。

17.4　组织与管理

17.4.1　严格控制列车的运行速度,洞外、洞内、掘进机后配套上应有醒目的限速标志。

17.4.2　各列车编组应遵循绿灯放行,红灯停止的规则行驶。

17.4.3　规定重车和轻车的行驶路线,不得随意占道或更改线路。

17.4.4　有轨单线运输时,为满足掘进机快速掘进需要,为保证运输安全,提高运输效率,应采用人工分段调度。

17.4.5　应制定施工运输的管理制度,确保运输安全畅通。

17.4.6　组织调度、运输、保养于一体的专业运输班组,有利于专业管理。

17.4.7　调度、司机应岗前培训,持证上岗。

17.4.8　皮带运输设备要定期进行保养、皮带的延伸作业。

17.4.9　在掘进施工中，主司机和值班维保人员要严密监视出渣皮带输送机的运行情况，防止出现故障而造成渣土堆积。

17.4.10　加强洞外出渣转运的调度。

18　施工通风、防尘及风水电管理

18.1　一般规定

18.1.1　掘进机法隧道施工前，应根据施工条件和工程情况制定独立的施工通风、施工供水、施工供电的施工组织设计、管理制度和安全措施。

18.1.2　应根据掘进机掘进施工造成的空气污染和最高当班作业人员的数量，来配备合适的通风设备。

18.1.3　应根据电气设备技术标准及劳动安全规则进行电气设备的设置和维护管理。在隧道内及作业面必须设置室外防水型照明设备。

18.1.4　掘进机应配有备用发电机，并应有在停电时自动联锁启动功能，在停电时不致造成事故。

18.1.5　应具有确保掘进机掌子面喷水、设备冷却、喷射混凝土等所需要的供水量。

18.1.6　在复杂的可能有有害有毒气体的掘进隧道内，掘进机应配备有害有毒气体监控装置和预报功能。

18.1.7　应日常和定期保养风、水、电系统设备和装置，确保系统正常运行。

18.2　施工通风

18.2.1　通风设备的选择应符合下列规定：

(1)风机的功率应根据隧道掘进长度、洞内污染源和作业人员数量经计算确定，并应有适当的备用数量。

(2)风机宜选用变频调速风机。

(3)风管宜选用优质材料加工的长风管。

(4)风管直径应根据风量计算确定，并与通风机相匹配。

(5)解决好与衬砌同步施工的干扰问题。

18.2.2　通风系统安装应符合下列要求：

(1)风机宜安装在洞口20m以外。

(2)风机应安装保险装置。

(3)风机应安装平顺、悬吊稳固，吊点间距应不大于5m，转弯半径不得小于风管直径3倍。

(4)相同直径的风管应集中使用，不同直径的风管连接应设过渡接头。

18.2.3　必须采用综合防尘措施，掘进机上应有除尘和二次通风设备。

18.2.4　应有有毒有害气体监测装置，随时监控洞内气体状况。

18.2.5　通风系统管理应做好以下工作：

(1)宜成立专门的通风班组，负责日常维护管理工作、风管接长、检修、更换等工作。

(2)应设专人负责风机的管理维修工作。

(3)每月至少对洞内空气质量进行一次取样分析。

(4)每天应对除尘机进行清洁、保养。

18.2.6　瓦斯区段通风的有关技术措施遵照《铁路瓦斯隧道技术规范》(TB 10120—2019)的相

应条文执行。

18.3 供风

18.3.1 掘进机上配备的空压机的功率应能满足洞内同时施工时各种风动机具的最大耗风量要求。

18.3.2 应定期检查空压机上的油水分离器,定期排放油水分离器中的积油和水。

18.3.3 定期检查、养护空压机上的各种闸阀和安全装置。

18.4 供水

18.4.1 应尽量利用施工场地附近的河流、江、湖的水资源供水。在水资源缺乏的地区,可打井、设集水井、建蓄水池供水。

18.4.2 在寒冷和严寒地区,供水管路应深埋于地下,或对管路进行防寒处理。

18.4.3 水源的水量应能满足工程施工和生活用水的需要。

18.4.4 施工及生活用水使用前必须经过水质鉴定。掘进机施工用水应使用软水,浑、硬水不得使用,否则必须经处理并达到标准后使用。

18.4.5 采用机械抽水供水时,应有备用的抽水机。

18.4.6 进水温度不宜高于30℃。否则应经冷却处理。

18.4.7 洞内的供水管的直径与水压应与掘进机设备上的管路及用水要求相匹配。

18.4.8 洞内水管的安装和使用应符合下列要求:

(1)管路应敷设平顺,接头严密、不漏水。

(2)水管在安装之前应进行检查,有裂纹、创伤、凹陷等现象不得使用,管内不应保存有残余物和其他脏物。

18.4.9 掘进机供水系统的管理应做到:

(1)对各水路系统的接头、弯头、阀门等进行日常的检查,并经常清洗水滤芯。

(2)当掘进机水箱的温度较高时,应将水放掉,待水温降下来后再关闭排水阀。

(3)在掘进过程中,作业人员应经常检查掘进机后配套上水管卷筒水管延伸情况、水箱的水位高度、水系统管路情况。

(4)当硬水管延伸时,应关闭主供水管阀门,卷起收回软水管,接长硬水管。

18.5 供电

18.5.1 详细制定用电管理规程,精心组织施工用电。

18.5.2 掘进机高压供电应由洞外高压配电柜送入掘进机高压配电柜,由高压配电柜送入变压器。

18.5.3 洞口通风机、充电机、施工设备、照明由洞口变压器供电。

18.5.4 洞内照明宜选用节能防水型灯具,由洞口变压器供给。长隧道可在洞内加装照明变压器。

18.5.5 掘进机设备本身照明用电可由机带变压器供电。并在后配套系统配备发电机,断电后,自动起动提供照明用电及安全设备用电。也可采用电瓶供电,以保证安全。

18.5.6 各种高低压电力设备均应由专业人员进行安装和调试,并经试验合格后投入使用。进洞高压电缆采用洞壁支架敷设,每3m设一固定点,悬挂高度不得低于1.8m,并悬挂“高压危险”警告牌。

18.5.7 应有接地保护、相序保护、漏电保护等用电保护措施。

18.5.8　各种电气设备和输电线路应有专人经常进行检查维修、调整等工作，其作业要求应符合掘进机的技术规程和《施工现场临时用电安全技术规范》(JGJ 46—2005)要求。

19　环境保护

19.0.1　应成立环境保护领导小组，建立环境保护保证体系，制定详细的掘进机施工环境保护规划。

19.0.2　在洞口、生活区应设污水处理系统，施工及生活污水处理达标后方可排放。

19.0.3　隧道弃渣运到指定地点弃置，不乱弃乱倒，有条件时力求少占地。弃渣应符合地方环保规定。弃土堆堆放稳定，要有较规则的形状。

19.0.4　合理布置施工场地，生产、生活设施布置在提供的场地以内，尽量不破坏周边植被，保护自然环境。

19.0.5　做好施工期排水。施工期要准备足够的排水机械。

19.0.6　在掘进施工中，应加强通风，确保隧道内空气的质量，保证隧洞内的工作环境达到行业标准。

19.0.7　掘进机上应配置气体监测装置，对洞内氧气浓度，瓦斯等气体进行全程监控。对收集的数据及时进行分析，确保洞内空气质量。

19.0.8　运输牵引机车宜首选环保型的电机车，对内燃机车应有排气净化装置，达到隧道内环保标准后排放。

19.0.9　掘进机所使用的油、脂应选用生物可降解的油、脂，洞内污水排放后，应经过检测达标后排放。

19.0.10　掘进机隧道内应设置应急照明、消防设施。

19.0.11　刀盘喷水系统保持完好，除尘风机一直处于完好状态，以确保隧道内粉尘降到最低限度。

第十四章　隧道防排水施工

引　言

本章是针对杭海城际铁路的特点,参照《铁路隧道防排水施工技术指南》(TZ 331—2009),在吸收杭海城际铁路及周边区域城际轨道交通工程实践经验的基础上编制而成。本章以施工质量验收标准为依据,重点对施工过程中的工艺、工法、质量保证措施作出了规定,反映了工程施工的新技术、新材料、新工艺、新设备,充分体现了区域城际轨道交通工程隧道防排水施工的技术特点和施工控制要求。本章适用于区域城际轨道交通工程隧道防排水施工的质量控制,凡在本章中未做规定的,均按国家、行业及地方现行有关强制性标准执行。

本章主要内容包括:总则,术语,地表处理,注浆防水,施工排水,降水施工,衬砌背后排水系统,防水层防水,二次衬砌防水混凝土,施工缝、变形缝防水,侧沟、中心排水管(沟)排水,寒冷与严寒地区防排水,管片防水等。

主编单位:浙江杭海城际铁路有限公司

参编单位:中铁四局集团有限公司、上海华铁工程咨询有限公司、中铁第四勘察设计院集团有限公司、浙江省交通规划设计研究院

主要执笔人:葛佳佳、范润东、周强、黄群勇、孙承军、付威、李小平、田传海、李星星、张雄伟、杨佳乐

主要审查人:李科、何自平、苏强、陈建军、李新发、卢雨田、陈丹锡

1　总　　则

1.0.1　为确保城际铁路隧道防排水施工质量,指导施工单位按照相关技术条件制定施工细则,正确开展施工,提高施工管理水平,特编制本章。

1.0.2　本章适用于城际铁路工程隧道的防排水工程施工。

1.0.3　城际铁路隧道防排水采用的材料、工艺、设备应满足质量可靠、性能优良的要求,其措施应行之有效,应积极采用新技术、新材料、新工艺、新设备。

1.0.4　城际铁路隧道防排水材料应具备生产许可证、产品合格证和试验检验报告等相关证明。隧道防排水材料的规格及性能应满足国家或行业的有关标准及设计要求。

1.0.5　城际铁路隧道防排水综合采用管片自防水、管片接缝防水、金属埋露件防腐、注浆堵水,以及排水系统排水等多种措施,形成完整的防排水系统,达到隧道防排水要求。

1.0.6　在城际铁路隧道防排水施工中,防排水施工人员应经培训合格后上岗,隧道防排水各工序间应有交接检查并填写记录。

1.0.7　城际铁路隧道防排水施工应重视环境保护,施工前应对周围环境进行调查,并进行全工程监控和必要的试验。

1.0.8　城际铁路隧道防排水施工除应符合本章要求外,尚应符合国家或行业现行有关标准的规定。

2 术　　语

2.0.1　隧道防水。

防止隧道渗漏水而采取的工程措施。

2.0.2　预注浆。

工程开挖前使浆液预先充填围岩裂隙,达到堵塞水流、加固围岩目的所进行的注浆。可分为工作面预注浆(即超前预注浆)、地面预注浆(包括竖井地面预注浆和平巷地面预注浆)等。

2.0.3　帷幕注浆。

工程开挖前预先加固开挖轮廓线外一定范围的岩体,以形成帷幕,达到堵水、加固围岩目的所进行的预注浆。

2.0.4　凝胶时间。

浆液自配制时起到不流动时止的这段时间。

2.0.5　施工排水。

在隧道内外设置排水设施,排放、疏干或减缓隧道内地下水的工程措施。

2.0.6　钻孔排水。

从开挖面向围岩深度钻孔以排放围岩中地下水或处理涌水的方法。

2.0.7　降水施工。

在隧道开挖中为降低地下水水位的辅助施工法,有洞内轻型井点降水、管井降水等。

2.0.8　防水板。

采用由工厂生产的具有一定厚度和抗渗能力的高分子薄板,一般铺设在初期支护与二次衬砌之间作为隔水层。

2.0.9　热塑性垫圈。

固定缓冲层用的塑料垫圈,可与防水板热熔焊接。

2.0.10　无钉铺设。

将塑料防水板通过热熔焊接固定于暗钉圈上的一种铺设方法。

2.0.11　背衬材料。

嵌缝作业时填塞在嵌缝材料底部并与嵌缝材料无黏结力的材料,其作用在于缝隙变形时使嵌缝材料不产生三向受力。

2.0.12　防水混凝土。

防水混凝土是以调整混凝土的配合比,掺外加剂、掺和料或使用新品种水泥等方法提高自身的密实性、憎水性和抗渗性,并采用相应的施工工艺使其抗渗等级不小于 P8。

2.0.13　胶凝材料。

用于配制混凝土的水泥与粉煤灰、磨细矿渣粉和硅灰等活性矿物掺和料的总称。

2.0.14　水胶比。

混凝土配制时的用水量和胶凝材料总量之比。

2.0.15　分区防水。

针对隧道所处段落水环境不同,在二次衬砌背后采取纵向防串流措施后分段防水措施。

2.0.16　施工缝。

施工中由于混凝土不连续灌注工艺而出现的缝隙。

2.0.17　变形缝。

为防止衬砌承受温度、不均匀沉降等因素引起的附加应力所设置的构造缝。

2.0.18　遇水膨胀止水条。

具有遇水膨胀性能的遇水膨胀腻子条和遇水膨胀橡胶条的统称。

2.0.19　管片。

盾构隧道衬砌环的基本单元,管片的类型有钢筋混凝土管片、钢纤维混凝土管片、钢管片、铸铁管片、复合管片等。

2.0.20　密封垫沟槽。

为使密封垫正确就位、牢固固定,并使垫片被压缩的体积得以储存,而在管片混凝土环、纵面预设的沟槽。

2.0.21　密封垫。

由工厂加工预制,在现场粘贴于管片密封垫沟槽内,用于管片接缝防水的垫片。其分为以弹性压密止水的具有特殊形状断面的弹性橡胶密封垫和以遇水膨胀止水的遇水膨胀橡胶密封垫两类。

2.0.22　螺孔密封圈。

为防止管片螺栓孔渗漏水而设置的密封垫圈。通常将它套在螺杆上,利用螺母、垫片压密,从而堵塞混凝土孔壁与螺栓间的孔隙,满足防水要求。

2.0.23　壁后注浆。

盾构隧道施工时,以充填管片背后建筑孔隙,达到管片环的早期稳定,防止围岩松动和隧道蛇行以及控制地表沉降为目的而进行的注浆,它包括同步注浆、即时注浆和补充注浆等。

3　地表处理

3.1　一般规定

3.1.1　进行地表处理前应对隧道附近的地面、井泉、池沼、水库及河流进行调查、观测与试验,分析其对隧道渗漏水的影响,并编制相应的地表处理计划。

3.1.2　天沟、截水沟等的走向应结合地形条件,选择对地面植被破坏最小、排水畅通的方案,并结合永久排水系统先行修建。

3.1.3　在施工期间,应对隧道周围的地表水采取有效的截水、排水、挡水和防洪措施,防止地表水流入隧道内。

3.1.4　隧道、明挖施工段与辅助坑道等排水系统与洞外排水系统的连接,应保证水流通畅、有效,并应防止破坏地表环境。

3.1.5　地表排水应防止地表径流对边坡、仰坡、结构基础的冲刷和淘蚀,保证洞门结构或相邻构筑物的稳定、安全。

3.1.6　采用地表注浆等地表防水措施时,必须先于隧道施工并对其效果进行评估。

3.2　地表排水系统

3.2.1　为防止洞口及明挖施工段边、仰坡范围内的地表水下渗和冲刷,应在边、仰坡坡顶修建截、排水沟。

3.2.2　排水沟、截水沟宜在边、仰坡开挖前修建完成。排水沟、截水沟排水应顺畅,无淤积阻塞。

3.2.3　截水沟应设在距边、仰坡开挖边缘至少5m距离的地方,黄土地区应在10m以上;为防止泥砂淤塞,截水沟坡度不得小于0.3%,当土质纵坡大于20%,石质纵坡大于40%时,应分段采用不低于M7.5水泥砂浆砌片石铺砌,保证截水沟的稳定。截水沟根据地形可设计成单侧或双侧排水,

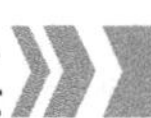

并与路堑排水系统顺接，出水口必须防止顺坡散流、冲刷，危害线路及农田房舍。

3.2.4　隧道洞门的排、截水设施宜与洞门工程同步施工，挡墙翼墙式及单侧挡墙式洞门的洞顶排水一般情况宜采用单向排水。

3.2.5　洞外路堑的水不宜流入隧道，当出洞方向路堑为上坡时，应在距离洞口2m处设一道截水沟，拦截洞外路面积水，并宜将洞外侧沟做成与线路坡度相反且不小于0.2%的反坡侧沟。

3.2.6　洞口排水沟与截水沟的设置范围、高程和砌体尺寸的施工允许偏差应符合表14-1的规定。

排水沟、截水沟砌体尺寸允许偏差　　表14-1

序号	项　目	允许偏差	序号	项　目	允许偏差
1	设置范围	±20cm	4	水沟宽度	±3cm
2	沟底高程	±2cm	5	水沟侧墙铺砌高度	-1cm
3	水沟纵坡	0.5%设计坡度，且无积水	6	水沟铺砌厚度	-1cm

3.2.7　隧道洞门端墙和翼墙、挡护墙的反滤层、泄水孔、变形缝设置应符合设计要求，确保泄水孔排水通畅。当设计对泄水孔无要求时，施工应符合下列规定：

(1)泄水孔宜在距底板1m高度范围内，按间隔2m的梅花状布设。

(2)泄水孔与岩体间宜铺设长、宽各为30cm、厚20cm的卵石或碎石作反滤层。

3.2.8　洞口及边、仰坡周围的排水系统应经常检查，并保持其良好的畅通状态，保证洞门结构及边、仰坡的安全。

3.3　地表加固

3.3.1　当隧道覆盖层较薄或地表水有可能渗入隧道时，施工前应对地表的积水、坑、洼等进行处理，并符合下列要求：

(1)洞口附近和浅埋地段洞顶地表应平整，不积水。

(2)地表坑洼、钻孔、探坑、陷坑等应用不透水土回填，并分层夯实。

(3)黄土陷穴和岩溶孔洞等特殊地质的处理，应符合设计要求。

(4)洞顶有流水的沟槽应予整治，确保水流畅通，必要时宜对沟床进行铺砌。

(5)周边影响范围内有河流、水塘等时，应有防渗漏措施。

3.3.2　隧道建成后，地质勘察和施工留下的探坑等应回填密实，不得积水。

3.3.3　洞口排水沟和截水沟可采用M5浆砌片石砌筑，砌缝砂浆应饱满密实；不铺砌石质水沟的缝隙应填塞密实；填土中的水沟基底土应夯实。

3.3.4　对于浅埋隧道和洞口浅埋段地质条件差或有涌水时，宜采用地表注浆进行加固处理。地表注浆前，首先应做好洞顶截水沟，再按设计进行地表封闭及注浆加固。地表注浆施工工艺流程如图14-1所示。

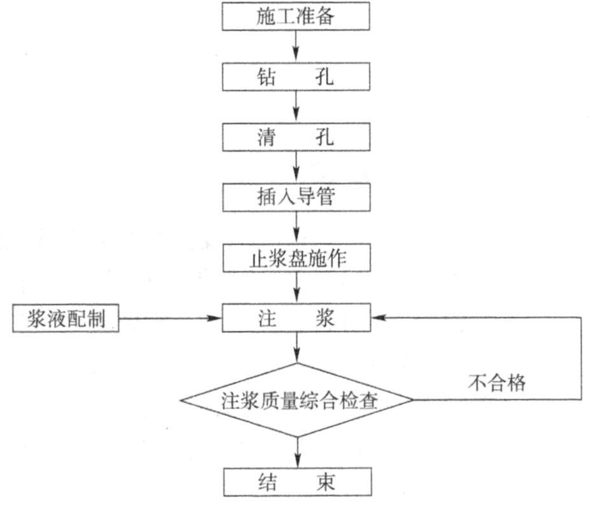

图14-1　地表注浆施工工艺流程图

3.3.5　地表注浆应满足下列要求：

(1)地表注浆时钻孔应严格按照设计孔位开孔，并保证孔向准确。

(2)地表注浆施工必须坚持先试验后施工的原则，以便选定注浆参数最佳值。

(3)地表注浆加固15d后方可进行洞内施工。

3.3.6 地表注浆应合理进行施工组织,制定严格的施工现场环境保护措施和预案,防止注浆施工影响环境。

3.3.7 地表注浆应根据注浆设计、注浆工艺、地表状况及地质条件,进行各种设备、材料和浆液配合比的选择和调整。

3.4 明挖施工段防排水

3.4.1 为了防止明挖施工段明洞背后积水和洞内漏水,应在明洞衬砌背后铺设防水层,在衬砌拱脚背后(或边墙脚背后)应设置纵向坡度不小于0.2%的纵向排水管,衬砌边墙背后每隔8~10m设置竖向排水管,衬砌墙脚设泄水管,衬砌外汇集之水通过竖向排水管和与其相接的纵向排水管,由泄水管引入洞内侧排水沟。

3.4.2 明挖施工段降水施工时应符合下列规定:

(1)地下水位应降至工程底部最低高程50cm以下,降水作业应持续至结构完成回填完毕。

(2)隧道底板范围内的集水井,在施工降水结束后应用微膨胀混凝土填筑密实。

3.4.3 当明挖施工段较长时,可横向拉槽向地势较低一侧排水;当槽的纵坡过陡时,应设置急流槽或跌水连接。

3.4.4 明挖施工段衬砌背后排水设施应与回填同时施工,并使渗水顺畅排出。

3.4.5 明挖施工段回填土保护层施工应符合下列规定:

(1)基坑内杂物应清理干净,无积水。

(2)结构外80cm以内宜用灰土、黏土或亚黏土回填,其中不得含有石块、碎砖、灰渣及有机杂物,也不得有冻土。

(3)拱圈灌筑完成,拆除外模,施作防水层,随即回填拱背。

(4)拱圈、边墙混凝土达到设计强度70%,且拱顶回填高度达到0.7m以上时,方可拆除隧道衬砌拱架。

(5)回填施工应均匀对称进行,并分层夯实,其两侧回填的土面高差不得大于50cm;人工夯实每层厚度不得大于25cm,机械夯实每层厚度不得大于30cm,并应防止损伤防水层。

(6)明挖施工段顶部回填土厚度超过50cm,方可采用机械回填碾压。

(7)明洞结构在回填后应铺设隔水层,隔水层应优先选用黏土,在黏土取材困难时,可选用复合隔水层,最大限度地减少工程对环境的影响,隔水层与边坡应搭接良好。

4 注浆防水

4.1 一般规定

4.1.1 注浆施工应根据设计并结合工程实际制定注浆方案。

4.1.2 注浆施工时,应根据现场试验进行参数调整和工艺完善,保证注浆效果。

4.1.3 注浆材料宜以水泥系材料为主,浆液配合比应经现场试验确定。

4.1.4 注浆过程中应做好施工记录(如注浆里程、孔位、孔径、孔深、浆液配合比、注浆压力、注浆量等),注浆结束后应对注浆钻孔及检查孔封填密实。

4.1.5 注浆过程中应加强监控量测,当围岩或支护结构发生较大变形、窜(跑)浆等异常情况时,可采取下列措施:

(1)降低注浆压力或采用间歇注浆,直至停止注浆。

(2)改变注浆材料或缩短浆液凝胶时间。

(3)对窜(跑)浆部位进行封堵。

(4)调整注浆实施方案。

4.2　全断面预注浆

4.2.1　在富水地段或软弱地层(即水压和涌水量较大,且围岩自稳能力差的地层)可采用全断面预注浆进行加固堵水,主要加固隧道开挖轮廓线以外的一定范围以及隧道开挖面,加固范围宜为开挖线外3~8m。

4.2.2　全断面预注浆方案、参数设计宜按下列原则确定:

(1)根据地层裂隙状态、地下水情况、加固范围、设备性能、浆液扩散半径和对注浆效果的要求等综合因素确定注浆孔数、布孔方式及钻孔角度。

(2)深孔预注浆初始循环应根据水压、水量、地层完整性及设计压力确定止浆墙的型式。

(3)深孔预注浆段的长度应视具体情况合理确定,宜为15~50m,掘进时必须保留止水岩盘的厚度,一般为5~8m;浅孔预注浆段的长度应视具体情况合理确定,宜为5~15m,掘进时必须保留止水岩盘的厚度,一般为2~4m。

(4)全断面预注浆设计压力应根据围岩水文地质条件合理确定,宜比静水压力大0.5~1.5MPa;当静水压力较大时,宜为静水压力的2~3倍,注浆泵的量程应达到设计压力的1.3~1.5倍。

(5)注浆方式应根据水文地质情况、机械设备等因素综合确定。

(6)钻孔孔位允许偏差深孔为±5cm,浅孔为±1cm,钻孔偏斜率允许偏差为孔深的±0.5%,同时应满足设计要求。

(7)钻孔注浆应采取隔孔钻注。

(8)预注浆单孔注浆结束的条件为:深孔各段均达到设计终压并稳定10min,且注浆量不小于设计注浆量的80%、进浆速度为开始进浆速度的1/4;浅孔达到设计终压。

(9)检查孔的渗水量应小于设计允许值,浆液固结体达到设计强度后方可开挖。

4.2.3　注浆前应进行压水或压稀浆试验,判断地层的吸浆和扩散情况,确定浆液浓度、注浆压力和注浆量。

4.2.4　注浆材料应按下列原则合理选用:

(1)浆液具有良好流动性、可注性。

(2)浆液耐久性强。

(3)固化时体积收缩小,与岩体、混凝土、砂土等有一定的黏结力。

(4)浆液结石率高,固结后有较高的强度和抗渗性。

(5)稳定性好,注浆时浆液不产生离析和沉淀。

(6)原材料来源丰富、价格适宜,便于运输与储存,在常温、常压下较长时间存放,不改变其基本性质。

(7)浆液无毒、无臭,不污染环境,对人体无害。

(8)浆液对注浆设备、管路、混凝土结构物及橡胶制品等无腐蚀性,容易清洗。

(9)浆液配制方便,工艺及设备简单,操作容易、简便。

(10)在动水条件下,注浆材料除了满足上述原则外,还应满足抗分散性好、早期强度高、凝胶时间可调、结石体抗冲刷性能好等要求。

4.2.5　预注浆视围岩状况可采取前进式分段注浆、后退式分段注浆和全孔一次性注浆施工工艺。钻孔注浆分段长度根据地质情况确定,深孔宜为3~10m,浅孔宜为1~5m。前进式分段注浆和后退式分段注浆施工工艺流程分别如图14-2、图14-3所示。

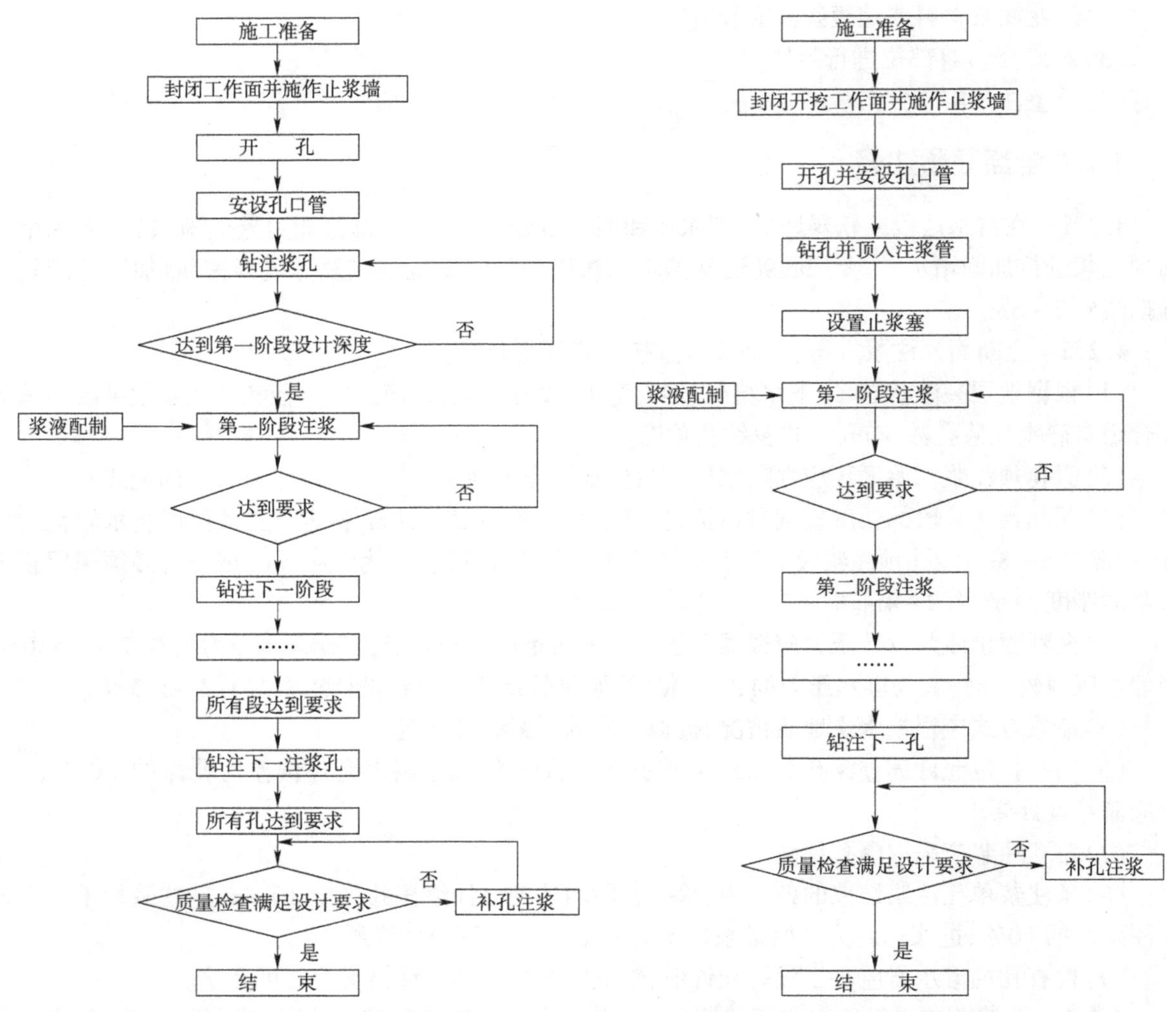

图 14-2　前进式分段注浆施工工艺流程图

图 14-3　后退式分段注浆施工工艺流程图

4.2.6　进行后退式分段注浆时,应设置止浆塞。止浆塞可采用气囊、水囊或橡胶止浆塞,并能承受注浆终压的要求,必要时可采用孔口管法兰盘止浆方式。

4.2.7　当在涌水量大、水压高或围岩破碎的地段钻孔时,应先施作止浆墙和设置带闸阀的孔口管。孔口管应为无缝钢管,直径应根据开孔钻头选择,不宜小于 ϕ90mm。孔口管埋入止浆墙深度依据最大注浆压力确定,宜比止浆墙厚度大 50cm。当出现大量涌水时,应拔出钻具,关闭孔口管上的闸阀,待做好准备后进行注浆。

4.2.8　注浆过程中应根据浆液扩散情况、注浆量、注浆压力等参数调整注浆材料的配合比。

4.2.9　预注浆应在分析资料的基础上进行注浆效果检查,主要采用下列方法:

(1)分析 P-Q-t 曲线法:P-t 曲线应呈上升趋势,Q-t 曲线应呈下降趋势,注浆结束时,注浆压力达到设计终压,注浆速度达到设计速度。

(2)反算浆液充填率法:整理注浆资料,统计单孔、全段注浆量,反算浆液充填率,当地层含水量不大时,浆液填充率应达到 70% 以上,当地层含水量较大时,浆液填充率应达到 80% 以上。

(3)钻检查孔法:按总注浆孔的 5% ~10% 设计检查孔,检查孔应在均布的原则下,结合注浆资料的分析布设;检查孔应无涌泥、涌砂,不塌孔,渗水量应小于 0.2L/(min · m)或小于设计涌水量,否则应予补注。

(4)钻孔取芯法:通过钻孔取芯观察地层的注浆加固效果。

(5)压水试验法:对检查孔进行压水试验,当吸水量大于1.0L/(min·m)时,必须进行补充注浆。

(6)流量测试法:采取连续测试渗流量的方法,当所测渗流量小于设计值时,则注浆效果满足要求。

(7)有条件时,还可采用物探法等方法进行检查。

4.2.10　钻孔注浆施工中,钻孔注浆设备的配套应满足设计要求。

4.3　帷幕注浆

4.3.1　在富水地段(即涌水量较大,但水压不大,且围岩有一定自稳能力的地层)可采用帷幕注浆进行加固堵水,主要加固隧道开挖轮廓线以外的一定范围,此范围宜为3~8m。

4.3.2　帷幕注浆的注浆材料可按第4.2.4条要求选用。

4.3.3　注浆前应做压水或压稀浆试验,确定浆液种类和浓度。

4.3.4　帷幕注浆方案、参数设计宜按下列原则确定:

(1)根据地层裂隙状态、地下水情况、加固范围、设备性能、浆液扩散半径和对注浆效果的要求等,综合分析确定注浆孔数、布孔方式及钻孔角度。

(2)帷幕注浆段的长度应视具体情况合理确定,宜为15~50m;掘进时必须保留止水岩盘的厚度,一般为5~8m。

(3)岩石地层帷幕注浆设计压力应根据水文地质条件合理确定,宜比静水压力大0.5~1.5MPa;注浆泵的量程应达到设计压力的1.3~1.5倍。

(4)注浆方式应根据水文地质情况、机械设备等综合因素选择。

(5)钻孔孔位允许偏差为±5cm,钻孔偏斜率允许偏差为±0.5%孔深,同时应满足设计要求。

(6)钻孔注浆应采取隔孔钻注。

(7)帷幕注浆单孔注浆结束的条件为各孔段均达到设计终压并稳定10min,且注浆量不小于设计注浆量的80%、进浆速度为开始进浆速度的1/4。

(8)帷幕注浆检查孔的渗水量应小于设计允许值,浆液固结体达到设计强度后方可开挖。

4.3.5　帷幕注浆通常采取前进式分段注浆施工工艺,其施工工艺流程图可参照图14-2。

4.3.6　帷幕注浆后效果检查可参照第4.2.9条规定。

4.4　周边小导管预注浆

4.4.1　周边小导管预注浆主要是通过小导管对隧道开挖周边围岩进行注浆加固,满足开挖需要。周边小导管预注浆主要适用于水压和水量较小、围岩有一定自稳能力的地层或作为全断面预注浆和帷幕注浆后的补充注浆。其注浆材料一般采取水泥浆、水泥-水玻璃双液浆等。

4.4.2　周边小导管注浆方案、参数设计宜按下列原则确定:

(1)应根据地层裂隙状态、地下水情况、加固范围、浆液扩散半径和对注浆效果的要求等,综合分析确定注浆孔数及布孔位置。

(2)注浆孔一般沿开挖工作面周边轮廓线钻设,外插角10°~15°,钻孔深度应视具体情况合理确定,宜为3~6m。

(3)设计注浆压力一般为0.5~1MPa,并根据施工实际情况合理确定。

(4)周边小导管注浆宜按由下往上的顺序施作,并采取有效措施防止窜浆。

(5)单孔注浆结束的条件为达到设计终压,且注浆量不小于设计注浆量的80%。

(6)周边小导管预注浆后浆液固结体达到设计强度后,方可开挖。

4.4.3　周边小导管预注浆工艺宜采用全孔一次性注浆工艺,其工艺流程如图14-4所示。

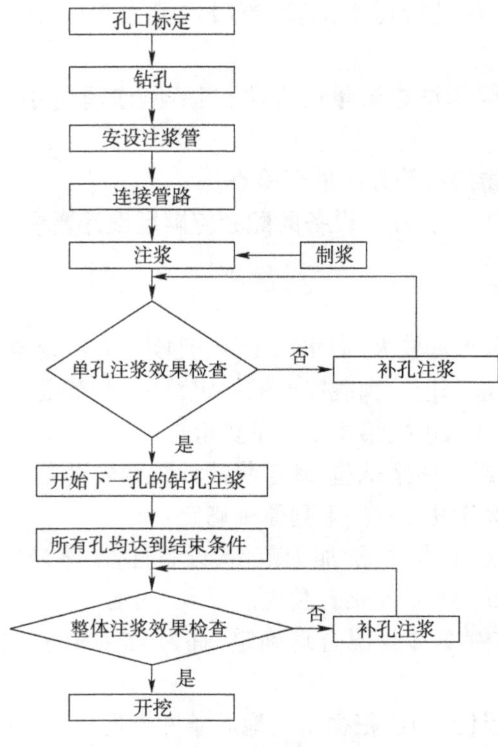

图 14-4　周边小导管预注浆工艺流程图

4.4.4　周边小导管宜采用注浆花管,管径宜为 32～50cm,管的间距宜为 0.2～0.4m,可采用风动凿岩机顶入。

4.4.5　周边小导管预注浆后,必须在分析资料的基础上进行注浆效果检查,当未达到设计要求时,必须进行补充注浆。

4.5　径向注浆

4.5.1　当初期支护出现大面积渗漏水或支护结构变形较大时,应采用径向注浆进行堵水加固。

4.5.2　径向注浆材料宜选用耐久性好、强度高,以及无收缩性和无污染的水泥基材料,并尽量采用高浓度浆液。

4.5.3　径向注浆施工工艺流程如图 14-5 所示。

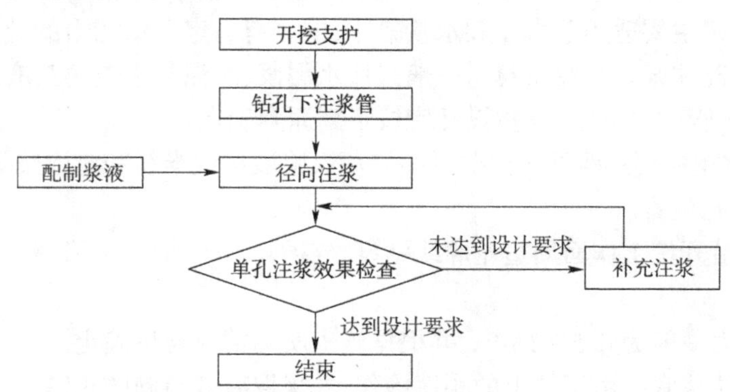

图 14-5　径向注浆施工工艺流程图

4.5.4　径向注浆参数可按表 14-2 采用。现场注浆施工中应根据地层特点,不断进行注浆参数的调整和完善。

径向注浆参数 表 14-2

序号	参数名称	参数值
1	孔间距(m)	0.2~0.4
2	孔深(m)	5~6
3	注浆速度(L/min)	10~50
4	注浆终压(MPa)	1~1.5
5	单孔注浆量(m^3)	按式 $Q = \pi R^2 Hn\alpha(1+\beta)$ 计算确定 式中:Q-注浆量(m^3);R-扩散半径(m);H-注浆段长度(m);n-地层裂隙度或空隙率;α-浆液填充率;β-浆液损失率

4.5.5 径向注浆孔宜按梅花形布置,径向注浆管宜采用注浆花管,直径宜为 32~50cm。

4.5.6 径向注浆采用全孔一次性注浆方式进行,并采取防止窜浆的措施。

4.5.7 注浆顺序宜采用由下往上、由少水处到多水处、隔孔跳排钻注。

4.5.8 注浆结束条件以定量定压相结合的原则进行控制。

4.5.9 径向注浆结束后应达到设计规定的允许渗漏水量要求。

4.6 回填注浆

4.6.1 衬砌混凝土施工时应在拱部预留回填注浆孔。

4.6.2 回填注浆应重点对拱部防水板与衬砌间的空隙进行注浆充填。

4.6.3 回填注浆应在衬砌混凝土达到设计强度的 70% 进行。

4.6.4 回填注浆终压不宜大于 0.2MPa。

5 施工排水

5.1 一般规定

5.1.1 施工排水应根据设计要求并结合实际情况引水归槽,集中引排,设置排水系统,确保排水畅通,保障隧道施工安全。

5.1.2 施工中产生的废水,应经处理达标后排放。

5.1.3 一侧水沟施工时,应设横向截水沟将水汇入另一侧的排水沟,不应阻塞隧底水流。

5.2 顺坡排水

5.2.1 洞内顺坡排水时,应在隧道单侧或双侧设排水沟,排水沟大小依隧道坡度及涌水量确定。

5.2.2 洞内顺坡排水水沟断面及坡度应能满足隧道内渗漏水和施工废水的排出需要,排水沟应经常清理,以防堵塞。

5.2.3 施工时临时排水沟的设置应与永久排水沟统筹考虑。

5.2.4 在膨胀岩、土质地层、围岩松软地段,可根据需要铺砌水沟或用管槽排水。

5.2.5 仰拱、底板混凝土浇筑前应将基底虚渣、杂物、积水等清除干净;施作仰拱时应在作业区前端设置临时集水井,并妥善解决排水管路跨基坑问题。

5.2.6 底板坡面应平顺,浇筑底板混凝土应考虑作业期间的基坑排水,确保排水畅通。

5.3 反坡排水

5.3.1 洞内反坡排水可根据距离、坡度、水量和设备情况布置管路、水仓和泵站,一次或分段接力排出洞外。

5.3.2 设置隧道及辅助坑道的排水泵站时,主排水泵站和铺设排水泵站位置、排水能力,集水坑的有效容积应符合设计规定。

5.3.3 长大隧道在地下水发育地段进行反坡施工(包括斜井和竖井施工)时,反坡排水系统应具有两个独立的供电系统。

5.3.4 反坡排水时,配备抽水机的抽水能力应大于预测最大涌水量的 20% 以上,并应有足够数量的备用抽水设备,同时满足施工要求。

5.3.5 洞内反坡排水应采用机械抽水,主要有下列两种方式:

(1)隧道较短、线路坡度较缓时,分段开挖反坡侧沟,在侧沟每一分段上设一集水坑,用抽水机将水排出洞外。

(2)隧道较长、涌水量较大时,开挖面的积水宜通过小型水泵抽到最近的集水坑内,再用抽水机从集水坑通过水管直接或分段将水排出洞外。

5.3.6 反坡排水时,应根据施工中的变化及时调整排水能力。

5.4 钻孔排水

5.4.1 采用钻孔排水前,应对工程地质和水文地质作详细的调查分析,必要时进行超前探测,判断地下水水流方向,从而确定钻孔位置、方向、孔数和钻进深度。

5.4.2 钻孔排水施工时,应采取下列安全预防措施:

(1)非钻孔施工人员必须撤出。

(2)当隧道向下坡开挖时,应测算水量、水压、水的流速、泥砂含量等,备足抽水设备。

(3)孔口应预先埋设管阀,控制排水量,防止钻孔时承压水冲击及淹没坑道等灾害发生。

(4)钻孔至预期深度尚未出水时,可会同设计部门进一步进行地质和水文的勘测工作,重新判定地下水情况。

5.5 辅助坑道排水

5.5.1 辅助坑道口截水、排水系统和防冲刷设施,应在辅助坑道施工前按设计要求尽早完成。辅助坑道洞门应尽早施作。

5.5.2 采用泄水洞排水应符合下列要求:

(1)根据水源方向、位置、流量、流速、含泥量的大小,选择泄水洞的位置、方向、断面形式、大小和坡度,并确保排水通畅,防止泄水洞淤塞。

(2)拦截地下水时,泄水洞应设置在地下水水流方向的上游;疏干地层时,泄水洞高程应低于隧道高程,以利降低地下水水位。

(3)永久泄水洞应施作衬砌,在泄水洞衬砌上留有足够的泄水孔以引入地下水,必要时可增加导坑或导水管,将正洞的水引入泄水洞排出。

5.5.3 应充分利用横洞或平行导坑降低正洞水位,使正洞水流通过横洞或平行导坑引出洞外。横洞和平行导坑排水应满足下列要求:

(1)横洞和平行导坑内应设排水沟,其过水断面、坡度应满足隧道正洞排水的要求。

(2)横洞底部应有不小于 0.3% 的横向排水坡度;平行导坑纵向坡度应与正洞一致,其底部高程应较隧道底面低 0.2 ~ 0.6m。

(3)当隧道正洞为反坡时,平行导坑应分段设集水坑排水。排水设备的能力应大于隧道正洞和平行导坑涌水量之和。

5.5.4 斜井排水应符合下列要求:

(1)斜井掘进排水,宜采用边掘边排的方法。

(2)当斜井单点涌水量大于 $50m^3/h$ 时,应采取注浆等措施进行封堵。

(3)斜井宜在井底处设立中心水仓,高差在100m以上的斜井中部可设置固定水仓,作为斜井施工排水的中转站。斜井排水宜采取分段截排水的措施,将作业面的积水采用水泵吸到中心集水仓,中心集水仓中的水利用水泵转排到固定水仓,然后再从固定水仓排出井外。固定水仓设置的位置不得影响井内运输和安全。当斜井中部未设固定水仓时,则作业面的积水采用水泵直接排至井外。

(4)抽排水设备应根据排水需要,选用体积小、移动及维修方便的水泵。

(5)斜井的两侧应设置排水沟,侧沟中的水可截至积水坑后排出。

5.5.5 竖井排水应符合下列要求:

(1)竖井凿井期间的排水方案,应根据竖井的水文地质资料、井身深度及各施工阶段井身涌水量大小等因素确定。

(2)当竖井单点涌水量大于 $50m^3/h$ 时,应采取注浆等措施进行封堵。

(3)竖井宜在井底设置固定水仓(或集水坑),用抽水设备将水抽出井外,固定水仓(或集水坑)设置的位置不得影响井内运输和安全。

(4)竖井井口应做好外围防水工作,可设置截水沟和排水沟,防止地表水流入。

5.6 特殊洞室防排水

5.6.1 特殊洞室应根据使用要求采取适当的防排水措施。

5.6.2 特殊洞室排水系统(泵站、水仓、管道、排水沟等)的设置,应根据隧道和特殊洞室的涌水量、施工组织安排、使用期限及便利施工等因素确定。

5.6.3 特殊洞室施工前,应查明附近地表水源及汇水情况,掌握历年降水量和最高洪水位资料,并结合具体情况做好洞顶、坑道口、车场的截水与排水系统,必要时应设置防洪及地表防渗设施。

5.6.4 特殊洞室穿越有突水可能或地下水发育地段前应进行超前探水,超前探测距离不宜小于30m。

5.6.5 变电洞室应采取防水、防潮措施,洞顶、洞壁应无湿渍。

5.6.6 其他洞室应采取防水措施,洞顶、洞壁应不渗不漏。

6 降水施工

6.1 一般规定

6.1.1 城际铁路隧道内涌水或地下水水位较高时,可采用降水法进行处理。

6.1.2 降水施工应根据降水的要求,选择降水方法、降水设备,编制降水施工方案。

6.1.3 降水过程中,应设水位观测井,及时测定动水位,调整降水参数,保证降水效果。

6.1.4 为确保降水运行正常和开挖安全,必须采用双电源,并安装自动切换装置。

6.1.5 应重视降水影响范围内地表环境的保护,建立监控量测体系进行降水监测。

6.2 降水施工原则

6.2.1 洞内轻型井点降水施工应遵循下列原则:

(1)宜根据现场条件及地层情况用钻机钻孔或用喷射成孔进行井点埋设。

(2)井点间距宜为0.8~1.6m。

(3)滤管顶端应埋设在开挖基底面以下1.0~1.2m或根据计算确定,每组井点埋设深度必须保持一致。

(4)井点管的方向可竖直或根据具体情况倾斜50°~55°。

(5)钻孔深度必须比滤管底端深0.5m,孔壁与井管之间应及时用粗砂填实。孔口下至少0.5m的深度内应用黏土填塞密实,以防漏气。

(6)当遇到黏土层时,应防止产生砂滤层脱空现象。

(7)井点埋设后应进行试验,埋管合格后再装上弯联管,并与总管连接。

(8)总管与泵的位置应按设计安装,各部连接应严密,防止漏气。

(9)井点系统安装完毕后,应进行试验性运转,检查系统的真空度。

(10)正式运转后,应根据泥砂含量及降水速度判断排水管开启的大小及泵的流量,并及时进行调整。

(11)抽水过程中,应经常检查管路有无漏气及"死井",如有"死井"可进行疏通或重新埋设井点。

(12)洞内轻型井点降水后水位线应低于隧底开挖线0.5~1.0m。

(13)洞内轻型井点降水应视水量大小确定,二次衬砌施作后或铺设防水板前拆除降水管。

6.2.2 管井降水施工应遵循下列原则:

(1)钻孔钻进中应保持泥浆相对密度在1.1~1.5,尽量采用地层自然造浆,必要时应采用人工造浆。终孔后应彻底清孔,直到返回泥浆内不含泥块,泥浆的相对密度控制在1.05左右,返出的泥浆含砂量小于8%后可终孔提钻,成孔孔径不小于ϕ650mm,钻孔垂直度允许偏差为±1%孔深。

(2)安装井管时应根据设计井深,先将井管排列、组合,沉放井管时所有深井的底部应按高程控制,并且保持井口高程一致。井管应平稳入孔,每节井管的两端口要找平,确保焊接垂直,完整无隙,保证焊接强度,避免脱落。

(3)填砾粒径必须按抽水含水层的颗粒分析资料确定。填砾进入现场后,应经筛分试验确定是否合格。降水井的填砾施工均应按设计要求进行。

(4)为了防止上部土层中的水沿砾料进入抽水井内,宜在降压井填砾顶部填一定厚度的黏土止水,其上再用黏土填实,一直填到地面。

(5)洗井宜采用活塞空压机联合洗井的方法。

(6)泵体安装完毕应进行试抽水,测定抽水井和观测井的水位变化。水位恢复后再进行试验性抽水。

6.2.3 基坑降水时,对于疏干井应给予充分的预抽水时间(不少于20d),尽量多抽水,将水位控制在基坑开挖面以下1~3m;对于减压井,为减少降水对周围环境的影响,应按需降水,水位控制应按照稳定性分析中的基坑开挖深度和承压安全水位埋深表进行。

6.2.4 降水运行期间,观测井应每天至少监测一次;降压井在条件许可的情况下,可采用自动监测,便于及时了解坑外的水位变化情况。

6.2.5 地下水水位观测井的位置和间距应按设计要求布置,可用井点管作为观测井;在开始抽水时,每隔2h观测一次,以了解整个系统的降水机能及地下水水位下降规律;当地下水水位降到预期高程前,可每天观测2次;当地下水水位降到预期高程后,可几天或一周观测一次,直至降水结束;但当遇到下雨或有异常情况时,应加密观测。

6.2.6 为了通过降水期间观测地层中孔隙水压力的变化,预计地基强度、变形以及边坡的稳定性,应设置孔隙水压力测点,孔隙水压力应每天观测一次;当有异常情况时,如基坑施工过程中发现边坡裂缝或基坑周围发生较大沉陷、产生裂缝等，必须加密观测，每天不应少于2次。

6.2.7　流量观测宜采用流量表或堰箱。若发现流量过小且水位降低缓慢甚至降不下去时，可考虑改用流量较大的水泵；若是流量较大而水位降低较快，则可改用小流量泵，以免现有水泵无水发热。流量观测次数应与地下水水位观测同步。

6.2.8　应对降水影响范围以内的建筑物和地下管线进行沉降观测；沉降观测的基准点应设置在井点影响范围之外；沉降观测可用水准仪和分层沉降仪进行，遇到降水较深且土层较多时，可增设分层标，以便了解各土层的沉降量，从而校核沉降计算；沉降观测次数应每天一次，异常情况下应加密观测，每天不应少于2次。

7　衬砌背后排水系统

7.1　一般规定

7.1.1　初期支护施作前应对集中出水处进行预处理。

7.1.2　初期支护表面应无明显渗漏水，否则应进行渗漏水处理。

7.1.3　衬砌背后排水系统应根据初期支护后洞内出水情况按设计要求施作，排水系统应连接牢固、水流通畅，通向洞内排水沟的排水盲管应有足够的排水坡度。

7.1.4　衬砌背后排水系统应尽可能满足可维护的需要。

7.2　材料要求

7.2.1　排水盲管的管材、直径应符合设计要求，透水孔的规格、间距应符合有关标准的规定。

7.2.2　环向盲管宜采用外包土工布与不易锈蚀的螺旋钢丝构成的软式透水管。环向盲管应具有一定的弹性和良好的透水性，而且能承受不小于0.5MPa的压力。

7.2.3　纵向排水盲管宜采用外包加强土工布的渗水盲管，其管径由围岩渗漏水量的大小决定。

7.2.4　横向排水盲管宜采用PVC管或渗水盲管，管径应符合设计要求。

7.3　基面处理

7.3.1　喷射混凝土作业前，岩面如有渗漏水，应做下列处理：

(1)对于大股涌水宜采用注浆堵水后再喷射混凝土，一般情况下可顺涌水出露点打孔，压注速凝浆液(如水泥－水玻璃浆液)进行封堵。

(2)对小股水或裂隙渗漏水，视具体情况进行岩面注浆(布孔宜密，钻孔宜浅)，或采用小导管沿隧道周边环形注浆进行封堵。

(3)对集中出水点可顺水路(节理、裂隙)设置排水半管或线形排水板，将水引到隧底水沟或纵向排水管，其施工示意如图14-6所示。

7.3.2　在富水断层破碎地段施作初期支护前，应处理好围岩的涌水和渗漏水，预防塌方的发生。

(1)在少量集中渗水、淋水地段，在将要通过的透水层部位，可采用排水孔法或排水管法，布置一定数量的排水孔或埋设排水管，将渗、淋水集中到排水孔(管)内导出；也可采用金属网法，通过在钢筋网背后铺过滤层或隔水层，将其固定在围岩上，通过软管排水，随即喷射混凝土。

(2)当涌水较大，支护时对主要涌水口可暂不进行封堵支护，先进行引排，施作衬砌后再对涌水封堵。

7.3.3　基面出现股状涌水时，宜采用局部注浆、围截注浆法进行封堵，防止大量涌水夹带泥砂淘蚀地层,造成围岩失稳;封堵后的剩余水量可用排水盲管集中将水引入洞内排水沟排出。

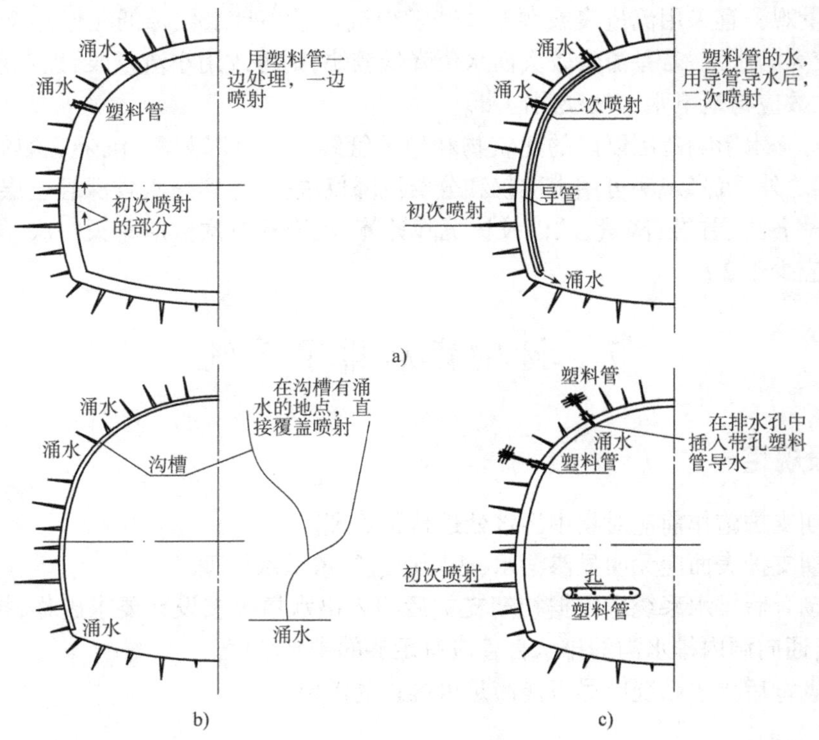

图 14-6 有涌水、渗水岩面喷射前的处理

7.4 排水系统施工工艺

7.4.1 环向、纵向排水盲管施工主要有钻定位孔、安装锚栓、铺设盲管、安装连接等环节,其施工流程如图 14-7 所示。

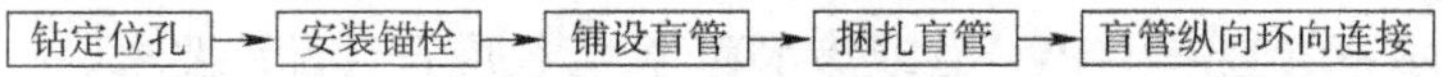

钻定位孔 → 安装锚栓 → 铺设盲管 → 捆扎盲管 → 盲管纵向环向连接

图 14-7 环向、纵向排水盲管施工工艺流程图

7.4.2 环向排水盲管沿纵向设置的间距应符合设计要求,并宜根据洞内渗、漏水的实际情况,在地下水较大的地段加密设置;在无渗漏水地段,宜根据设计每隔 5 ~ 10m,在喷混凝土表面安装环向排水盲管,使隧道在使用期内,因地下水的迁移变化而产生的渗漏水能顺利排出洞外。

7.4.3 环向排水盲管布设时沿环向应尽量圆顺,尤其在拱顶部位不得起伏不平,应尽可能走基面的低凹处和有出水点的地方;环向排水盲管安装时应先用钢卡等固定,使其紧贴渗水基面,尽量减小地下水渗入到排水盲管的阻力;环向排水盲管应采取适当的保护措施,防止泥砂、喷混凝土料或杂物进入排水盲管,堵塞管道。

7.4.4 纵向排水盲管宜用土工布等渗水材料包裹,使在纵向盲管位置的渗水尽量流入管内;纵向排水盲管的管径应由围岩渗漏水量的大小决定,盲管中间不得有凹陷、扭曲等,以防泥砂淤积堵塞;纵向排水盲管应按设计规定的排水坡度安装,当设计无要求时,其坡度不宜小于 0.2%。

7.4.5 横向排水盲管通常采用硬质塑料管,其上部应有一定的缓冲层;横向排水盲管的设置间距宜为 5 ~ 15m,或根据水量适当调整,坡度宜为 2%;横向排水盲管施工时应先在纵向排水盲管上预留接口,然后在仰拱及填充混凝土施工前接长至侧沟或中心排水管(沟)。

7.4.6 纵向排水盲管、环向排水盲管、横向排水盲管应用变径三通连为一体,形成完整的排水系统,确保其排水通畅。

7.4.7 环、纵向排水盲管可按下列步骤与方法施作:

(1)按规定划线,划线时注意盲管尽可能走基面的低凹处和有出水点的地方,以使盲管位置准确合理。

(2)钻定位孔,定位孔间距宜为30~50cm,在凹凸不平处应适当增加固定点。

(3)将膨胀螺栓打入定位孔。

(4)排水盲管布置时应尽量顺直,并与初期支护表面密贴,空隙不得大于5cm,盲管与喷混凝土基面脱开的长度不得大于10cm,不得有扭曲现象,尽量减小地下水渗入排水盲管的阻力。

(5)排水盲管应用扎丝捆好并用钢卡固定在膨胀螺栓上。

(6)环、纵向排水盲管可采用三通相连,施工中三通管预留位置应准确,且接头牢固,并符合设计要求。

(7)排水盲管应固定牢固,并采取适当的保护措施,防止泥砂、喷混凝土料或杂物进入。

(8)对集中出水点,应铺设单根排水盲管,并用速凝砂浆将周围封堵,使地下水从管中集中引出。

(9)当隧道初期支护表面有大面积渗漏水时,可设双根或多根排水盲管或塑料排水板,将水引入纵向排水盲管。

7.4.8　排水板宜按下列步骤与方法铺设:

(1)铺设排水板前,应先清理铺设基面,必要时应用喷混凝土找平,使基面没有明显凹凸处;

(2)铺设排水板前,应先把土工布作为缓冲层铺在已经完成的隧道初期支护上,铺设固定土工布的钢钉和垫片不应存在明显突起,以免影响排水板的铺设;

(3)选用的排水板的长度宜与隧道设防的周边长度一致,避免出现搭接;

(4)在排水板铺设过程中,应有专人进行检查,不要让杂物、岩土等进入排水板的正面空间,确保排水板的空间畅通,发现排水板有破损处应及时修补,以免留下渗漏水隐患;

(5)捆扎钢筋时应尽量避免损伤排水板,二次衬砌模筑混凝土应有较好的和易性,使其能充填密实排水板的凹壳,将混凝土与防排水板形成一体。

7.4.9　在隧道埋深大、节理发育、地下水丰富的情况下,可在初期支护(喷射混凝土层)完成之前视情况埋设排水半管,形成暗埋、永久式排水通道系统,将水引出集中处理。暗埋排水半管安装如图14-8所示。

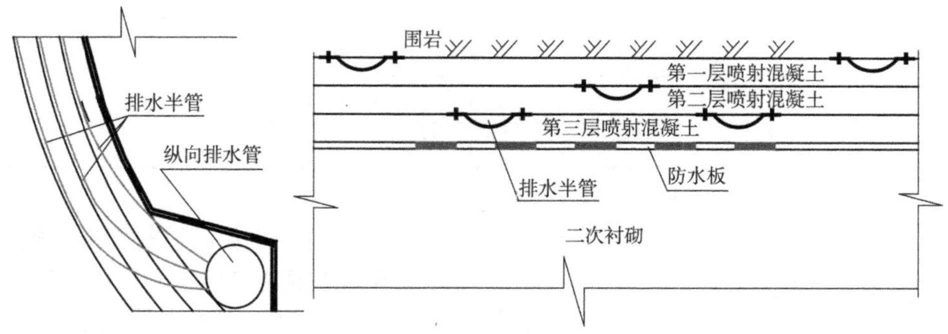

图14-8　暗埋排水半管安装示意图

7.4.10　排水半管埋设的施工工艺应符合下列规定:

(1)当隧道开挖后在围岩表面有线流或股流时可设排水半管,在排水半管周围喷射厚度为1~2cm水泥砂浆后,再进行喷射混凝土作业。

(2)隧道同一断面只能铺设一道排水半管,避免造成初期支护出现薄弱断面或薄弱带。

(3)排水半管铺设时,利用工作平台,根据裂缝形状或打孔位置,排水半管紧贴岩面,用水泥钉每隔30cm对称钉牢,然后喷射速凝水泥砂浆封固。

(4)施工中必须严格控制各喷层厚度,保证排水半管埋设质量,避免凿槽或返工。各层排水半管铺设或各喷层的间歇时间必须在前一层喷射混凝土终凝后进行。

(5)必要时在无渗漏水地段,也可每隔一定间距安设排水半管,使隧道在使用期内因地下水的迁移变化而产生的渗漏水能顺利排出洞外。

8 防水层防水

8.1 一般规定

8.1.1 采用复合式衬砌的隧道,在初期支护与二次衬砌之间宜用分离式防水层。分离式防水层应由防水板和缓冲层组成。防水板和缓冲层的选材、铺设工艺和质量标准均应符合设计要求,并考虑隧道的工程地质、水文地质和环境条件等综合因素。

8.1.2 防水板铺设应超前二次衬砌施工1~2个衬砌段长度,并与开挖工作面保持一定的安全距离,铺设完防水板的地段应采用可靠的保护措施,防止损伤防水板。

8.2 材料要求

8.2.1 缓冲层材料宜采用土工布,选用的土工布应符合下列要求:

(1)具有一定的厚度,其单位面积质量不宜小于300g/m^2。

(2)具有良好的导水性。

(3)土工布主要技术性能要求见表14-3。

土工布主要技术性能 表14-3

项 目	单 位	技术指标	备 注
断裂能力	kN/m	≥10(纵横向)	规格按单位面积质量,实际规格介于表中相邻规格之间时,采用插值法计算相应考核指标 $K=1.0\sim9.9$
断裂延伸率	%	≥20(纵横向)	
CBR顶破强力	kN	≥2.1	
垂直渗透系数 k	$(10^{-3}\sim10^{-1})$cm/s		
撕破强力	kN	≥0.33(纵横向)	
化学稳定性		强度下降不小于20%	
生物稳定性		强度下降不小于5%	
可燃性等级		Ⅴ或Ⅵ	

(4)具有适应初期支护由于荷载或温度变化引起的变形能力。

(5)具有良好的化学稳定性和耐久性,能抵抗地下水或混凝土、水泥砂浆析出水的侵蚀。

8.2.2 防水板宜选用高分子材料,在规格确定的长度内不允许有接头;防水板表面应平整、边缘整齐,无裂纹、机械损伤、折痕、孔洞、气泡及异常黏着部分等影响使用的缺陷;防水板除特殊要求外,外观颜色应为材料本色,不得添加颜料和填料;在不影响使用的条件下,防水板表面凹痕,深度不得超过厚度的5%。防水板的规格尺寸及允许偏差见表14-4。防水板应具备耐刺穿性好、柔性好、耐久性好等特点,并具备一定的阻燃性。其物理力学性能指标见表14-5。

防水板的规格尺寸及允许偏差 表14-4

项 目	厚度(mm)	宽度(m)	长度(m)
规格	1.5,2.0,2.5,3.0	2.0,3.0,4.0	20以上
平均偏差	不允许出现负值	不允许出现负值	不允许出现负值
极限偏差(%)	−5	−1	—

防水板的物理力学性能　　表 14-5

序　号	项　目			指　标		
				EVA	ECB	PE
1	断裂拉伸强度(MPa)			≥18	≥17	≥18
2	扯断伸长率(%)			≥650	≥600	≥600
3	撕裂强度(kN/m)			≥100	≥95	≥95
4	不透水性(0.3MPa、24h)			无渗漏	无渗漏	无渗漏
5	低温弯折性(℃)			≤-35	≤-35	≤-35
6	加热伸缩量(mm)	延伸		≤2	≤2	≤2
		收缩		≤6	≤6	≤6
7	热空气老化(80℃×168h)	断裂拉伸强度(MPa)		≥16	≥14	≥15
		扯断伸长率(%)		≥600	≥550	≥550
8	耐碱性 [$Ca(OH)_2$饱和溶液×168h]	断裂拉伸强度(MPa)		≥17	≥16	≥16
		扯断伸长率(%)		≥600	≥600	≥550
9	人工候化	断裂拉伸强度保持率(%)		≥80	≥80	≥80
		扯断伸长率保持率(%)		≥70	≥70	≥70
10	刺破强度(N)	防水板厚度(mm)	1.5	300	300	300
			2.0	400	400	400
			2.5	500	500	500
			3.0	600	600	600

8.2.3　热塑性垫圈应采用与防水板相熔的材质。

8.3　基面处理

8.3.1　在铺设防水层之前应对基面(初期支护表面)的渗漏水、外露的突出物及表面凸凹不平处进行检查处理。

8.3.2　渗漏水的处理宜采用注浆堵水或排水盲管、排水板将水引入侧沟,保持基面无明显渗漏水。

8.3.3　对于基面外露的锚杆头、钢筋头、螺杆钉头等突出物应予割除。

8.3.4　基面应平整,无空鼓、裂缝、松酥,表面平整度应符合式(14-1)要求,否则应进行喷射混凝土或抹水泥砂浆找平处理。

$$\frac{D}{L}\leqslant\frac{1}{10} \tag{14-1}$$

式中:L——基面相邻两凸面间的距离,$L\leqslant1\mathrm{m}$;

D——基面相邻两凸面间凹进去的深度。

8.4　铺设工艺

8.4.1　防水板铺设包括铺设准备、缓冲层铺设、防水板铺设、防水板焊接等环节。其施工工艺流程如图 14-9 所示。

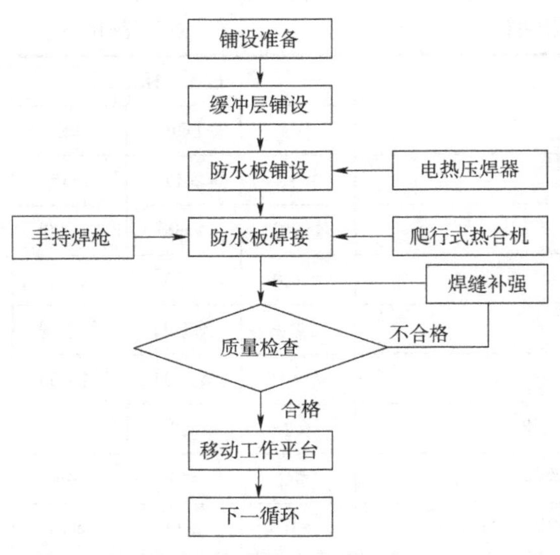

图 14-9 防水板施工工艺流程图

8.4.2 铺设准备工作主要包括下列内容:

(1)洞外检验防水板及缓冲层材料质量。

(2)对检验合格的防水板,用特种铅笔画出焊接线及拱顶分中线,并按每循环设计长度截取,对称卷起备用。

(3)铺设防水板的专用台车就位。

(4)缓冲层(土工布)和防水板,放在台车的卷盘上。

(5)在铺设基面标出拱顶线,画出每一环隧道中线及垂直隧道中线的横断面线。

8.4.3 缓冲层铺设时应满足下列要求:

(1)铺设缓冲层时先在隧道拱顶部位标出纵向中线,并根据基面凹凸情况留足富余量,宜由拱部向两侧边墙铺设。

(2)用射钉或膨胀螺栓将热塑性垫圈和缓冲层平顺地固定在基面上(图 14-10),固定点间距拱部宜为 0.5 ~ 0.8m、边墙 0.8 ~ 1.0m、底部 1 ~ 1.5m,呈梅花形排列,基面凹凸较大处应增加固定点,使缓冲层与基面密贴。

(3)缓冲层接缝搭接宽度不应小于 5cm。

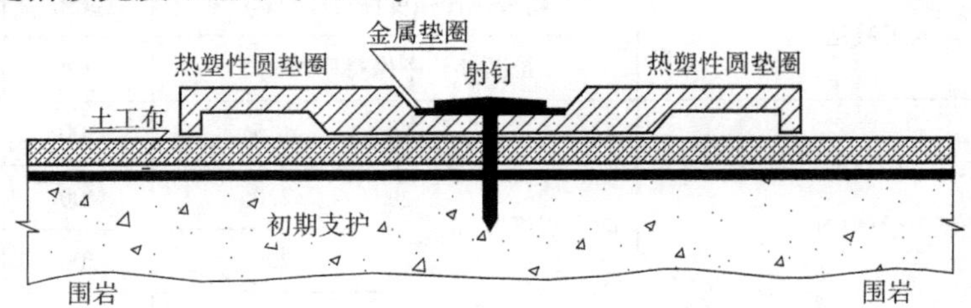

图 14-10 热塑性垫圈固定缓冲层示意图

8.4.4 防水板一般采用专用台车铺设,有条件时也可采用防水板自动铺设机铺设。专用台车应满足下列要求:

(1)专用台车与衬砌模板台车的行走轨道应为同一轨道;轨道的中线和轨面高程允许误差应为 ±10mm。

(2)台车前端应设有内轮廓检查钢架,并有整体移动(上下、左右)的微调机构。

(3)台车上应配备能达到隧道周边任一部位的作业平台。

(4)台车上应配备辐射状的防水板支撑系统。

(5)台车上应配备提升(成卷)防水板的卷扬机和铺设防水板的设施。

(6)台车上应设有激光(点)接收靶。

8.4.5 防水板与热塑性垫圈连接应采用电热压焊器热熔焊接,使防水板与热塑性垫圈融化黏结为一体;防水板的固定应松紧适度并留有余量,以保证混凝土浇筑后与初期支护表面密贴。防水板设置如图 14-11 所示。

8.4.6 防水板应按下列要求铺设:

(1)铺设前进行精确放样,进行试铺后确定防水板一环的尺寸,尽量减少接头。

(2)采用从拱部向两侧边墙铺设,下部防水板应压住上部防水板,松紧应适度并留有余量,保证防水板全部面积均能贴到基面。

(3)两幅防水板的搭接宽度不应小于 15cm,分段铺设的防水板的边缘部位应预留至少 20cm 的搭接余量,并对预留边缘部位进行有效保护。

(4)对热合机不易焊接的部位可采用手持焊枪焊接,并确保其质量。

8.4.7　隧道与避车洞或其他坑道相交处会出现曲线阳角,避车洞与后墙相交处会出现曲线阴角,隧道衬砌大小断面衔接时,堵头墙与衬砌会形成曲线阴角,和阳角衔接。对阴、阳角处防水层铺设宜按图 14-12 施作。

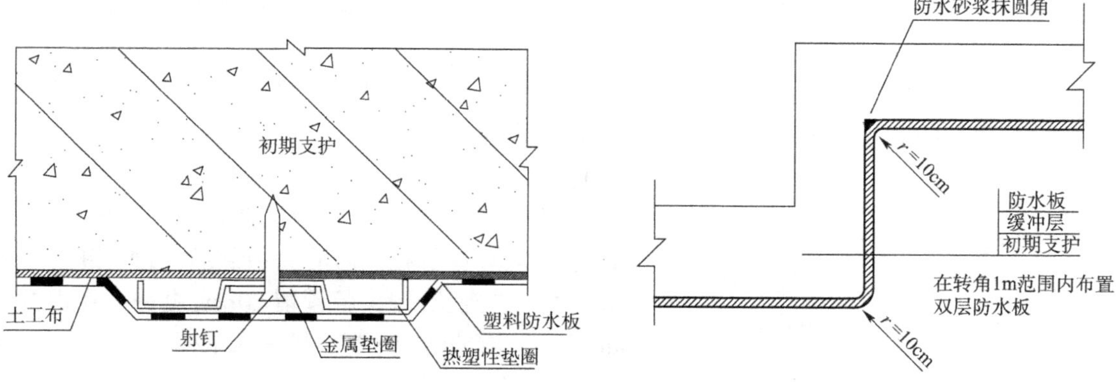

图 14-11　防水板设置图

图 14-12　阴、阳角处防水层施作示意图

(1)阴角时防水层施作:防水板弯折前的搭接边 L 大于弯折后的焊贴边 I,为使弯折后搭接平展,可在弯折前分成 n 段并于分段处剪成口宽为$(L-I)/n$ 的三角形缺口,则弯折后缺口能平展闭合,达到平顺焊接防水板的目的(图 14-13)。

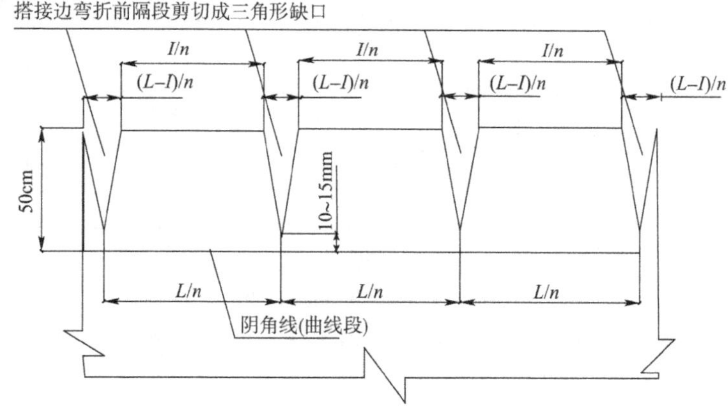

图 14-13　阴角处防水板搭接平面展示图

(2)阳角时防水层施作:防水板弯折前的搭接边 I 小于弯折后的焊贴边 L,为使弯折后搭接平展,可在弯折前分成 n 段并于分段处剪成一条缝,弯折后缝边张开成口宽为$(L-I)/n$ 的三角形缺口,则防水板才得以平顺焊接(图 14-14)。

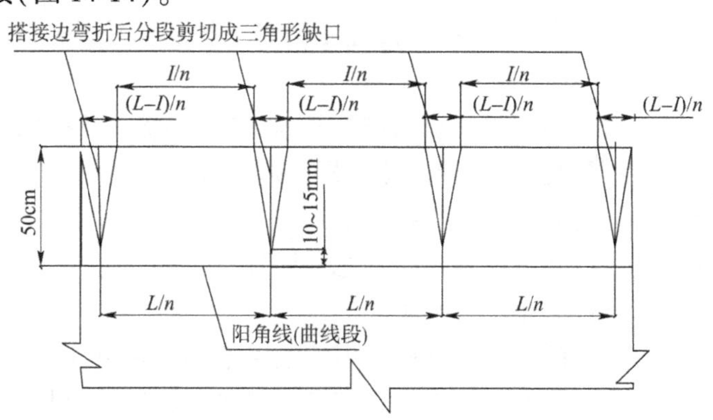

图 14-14　阳角处防水板搭接平面展示图

8.4.8　防水板焊接应符合下列要求：

(1)焊接时，接缝处必须擦洗干净，且焊缝接头应平整，不得有气泡褶皱及空隙。

(2)防水板的焊接应采用双焊缝，以调温、调速热楔式自动爬行式热合机热熔焊接，细部处理或修补可采用手持焊枪焊接。自动爬行式热合机有“温度”和“速度”两个控制因素，焊楔温度高时，焊机行走速度应快；焊楔温度低时，焊机行走速度应慢；应由专业人员来负责防水板的焊接以保证焊缝质量。

(3)开始焊接前，应在小块塑料片上试焊，以掌握焊接温度和焊接速度。

(4)单条焊缝的有效焊接宽度不应小于15mm(图14-15)。

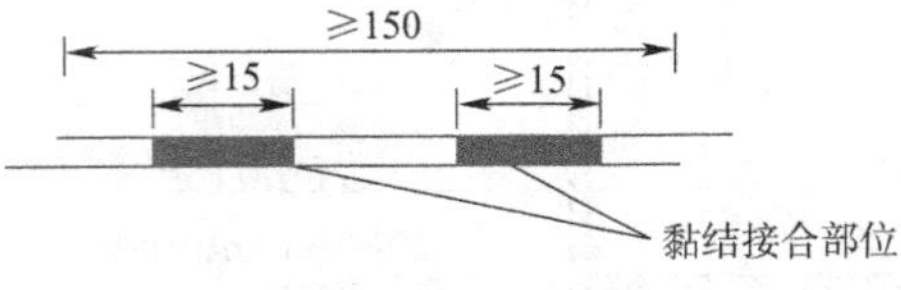

图14-15　有效焊缝宽度(尺寸单位：mm)

(5)防水板搭接缝应与施工缝错开不小于50cm的距离。

(6)宜先将防水板在洞外地面连接成6m宽的整幅，再拿到洞内铺挂，以减少在洞内的焊接量；洞内焊接时，应先将两幅防水板铺挂定位，端头各预留20cm，由一人在焊机前方约50cm处将两端防水板扶正，另一人手握焊机，将焊机保持在离基面5～10cm的空中，以试调好的恒定速度向前行走，中途不能停顿，整条焊缝的焊接应一气呵成。

(7)防水板纵向搭接与环向搭接处，除按正常施工外，应再覆盖一层同类材料的防水板材，用热熔焊接法焊接；环向搭接时，下层防水板应压住上层防水板。

(8)多层防水板焊接时，搭接部位的焊缝必须错开，不得有3层以上的接缝重叠(图14-16)。

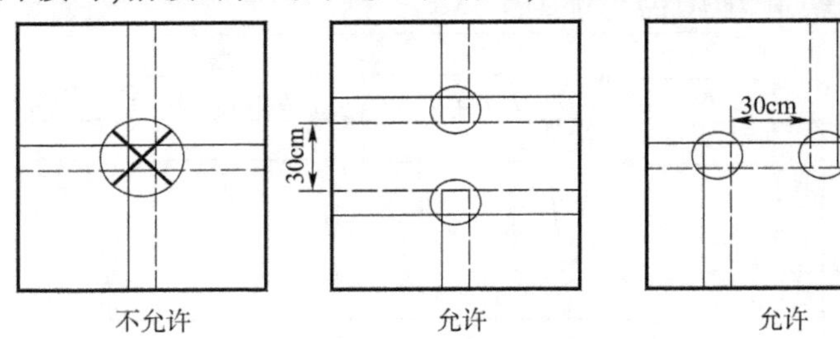

图14-16　防水板搭接示意图

(9)焊缝若有漏焊、假焊应予补焊，若有烤焦、焊穿处，以及外露的固定点，必须用塑料片覆盖焊接。

8.4.9　防水板的保护应符合下列要求：

(1)已铺好防水板地段严禁用爆破法捡底或处理欠挖。

(2)任何材料、工具应尽量远离已铺好防水板的地段堆放。

(3)挡头板的支撑物在接触到防水板处必须加设衬垫。

(4)绑扎钢筋、安装模板和衬砌台车就位时，应在钢筋保护层垫块外包土工布，防止碰撞或刮破防水板。

(5)钢筋焊接作业时，防水板要用阻燃材料进行覆盖，避免焊接火花损伤防水板。

(6)浇筑混凝土时应避免混凝土直接冲击防水板，必要时可在混凝土输送泵出口处设置防护板。

(7)捣固时，应避免振捣器与防水板直接接触。

(8)对受到损伤的防水板，要在损伤处进行标志，并及时修补。

8.4.10　防水板的防火管理应符合下列规定：

(1)防水板应保管在没有火气的地点，保管场所应有注意防火的标志并设置灭火器。

(2)防水板施工作业中，应对火源及可燃物进行严格管理，火源和可燃物应分开。

(3)钢筋焊接作业中，当防水板附近使用火气时，施工计划中应有明确的管理措施，并指定防火负责人。

(4)防水板施工场所应有禁止吸烟的标志,并设置灭火设备。

8.5　质量检测

8.5.1　防水板铺设质量宜采用下列方法检查。

(1)目测检验:用手将已固定好的防水板上托或挤压,检查其与基面的密贴程度及预留量;检查防水板表面铺设质量(包括有无烤焦、焊穿、假焊和漏焊)、尺量焊缝宽度和固定点间距是否符合设计要求,焊缝表面是否平整光滑、有无波形断面等。

(2)充气检查:防水板搭接缝的焊接质量应按充气法检查(即密封性检查),将5号注射针与压力表相接,然后进行充气,当压力表达到规定压力(一般为0.25MPa)时停止充气,保持10min以上,若压力下降在10%以内,说明焊缝合格;如压力下降过快,说明焊缝不严。用肥皂水涂在焊缝上,有气泡的地方应重新补焊,直到不漏气为止。检查采取随机抽样方法,环向焊缝每衬砌循环抽试2条,纵向焊缝每衬砌循环抽试1条。现场检测时,可根据需要抽取完整的环向或纵向焊缝进行检测,充气检测的长度不宜大于40m。防水板焊缝检查如图14-17所示。

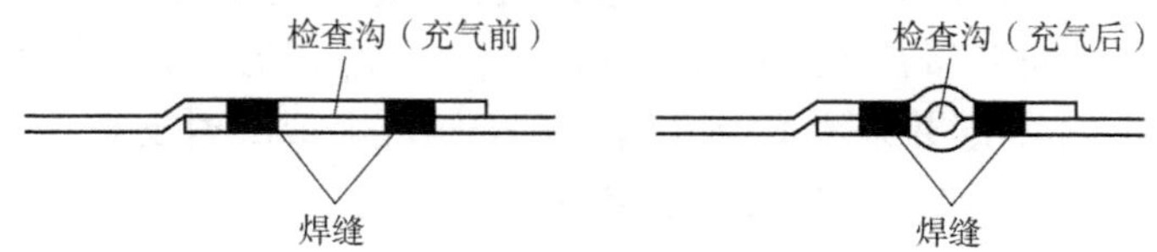

图14-17　防水板焊缝检查示意图

(3)对防水板补焊处可采用负压检查方法(即真空罩)进行检验,如焊缝密封性不合格应进行再次修补直到检测合格。

8.5.2　防水板手工焊缝可采用目测方法检查,即观察沿焊缝外边缘是否有溶浆均匀溢出,若有需进行机械检测。机械检测方法是用平口螺丝刀沿焊缝外边缘(没有溶浆均匀溢出的部位)稍用力,检查是否有虚焊、漏焊部位,若有漏点,应做好标记并及时修补。

8.5.3　对防水板所有破损修补处都应进行质量检测。

8.6　明洞防水层防水

8.6.1　明洞防水层宜采用环向铺设,并应尽量减少防水层搭接的次数;必须设搭接缝时,应结合整个明洞施工工序将搭接处预留在易于施工的地方,且应与施工缝错开不小于50cm的距离;路堑偏压式明洞,宜于一侧墙顶处设一道纵向搭接缝,其他形式明洞则不应留纵向搭接缝。

8.6.2　铺设防水层时,如果明洞外表面不够平顺光滑,应作1~2cm水泥砂浆找平层,防水板铺设完毕后,应施作3~5cm厚的水泥砂浆保护层,以免回填土石时破坏防水板。当明洞铺设两层防水板时,上下环向焊接缝应错开二分之一幅宽,防水层中间应夹一层土工布排水层。

8.6.3　防水层应在明洞混凝土达终凝后铺设,从明洞顶向两侧自然下垂铺设,不用暗钉固定,只是搭接焊时应设临时挡板防止机械损伤和电火花烧伤防水层。

8.6.4　为保证搭接牢靠,两幅防水层的搭接宽度不宜小于15cm,铺设时预留合适的搭接余量,以防止洞顶回填后绷紧防水板,使其胀破,影响防水效果,或防水板过长堆积影响回填密实效果。

8.6.5　防水板之间采用双焊缝进行热熔焊接,焊缝宽度不得小于15mm,焊缝强度不得小于防水板本身强度的70%,焊缝应严密、连续、不间断,不得漏焊、假焊、焊焦、焊穿。

8.6.6　土工布之间采用搭接法进行连接,搭接宽度为5cm,搭接缝部位可采用点黏法,搭接缝尽量与防水板搭接缝错开。土工布铺设时应平整,不得过紧或过松,以免影响已铺好的防水板平整性及回填土的密实效果。

8.6.7 明洞与隧道防水层搭接时,隧道防水层应延伸至明洞,并与明洞防水层搭接良好,如图14-18所示。

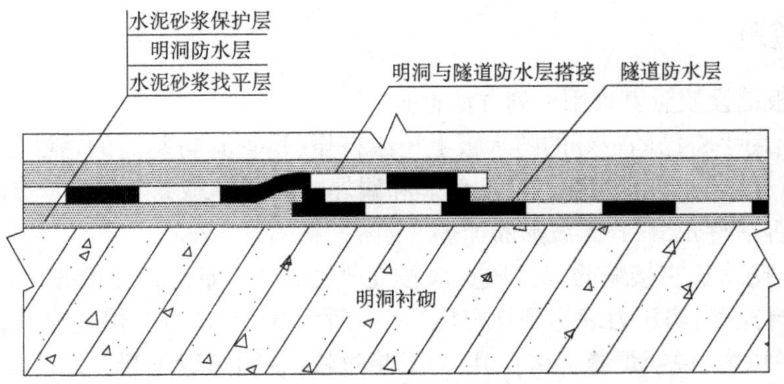

图14-18 明洞与隧道防水层搭接示意图

8.6.8 明洞开挖起坡点始于边墙顶(拱脚)时,宜先在边墙背后铺设防水层,然后浇筑明洞边墙(图14-19),防水层与边坡的搭接应良好。防水层铺设工艺应符合下列要求:

(1)从墙脚开始,预留好拱部需铺设的防水层长度,并考虑充足的搭接长度;

(2)拱脚以上防水层先卷起并采取适当措施压靠于侧坡上或临时支架上,使下部边墙防水板自然下垂,要有一定松弛度,使防水层与凹凸处相密贴;

(3)防水板衔接采用热合机进行双焊缝焊接;

(4)防水板在设有盲沟位置以半包裹形式铺设,并在盲沟两侧采用锚固钉加固。

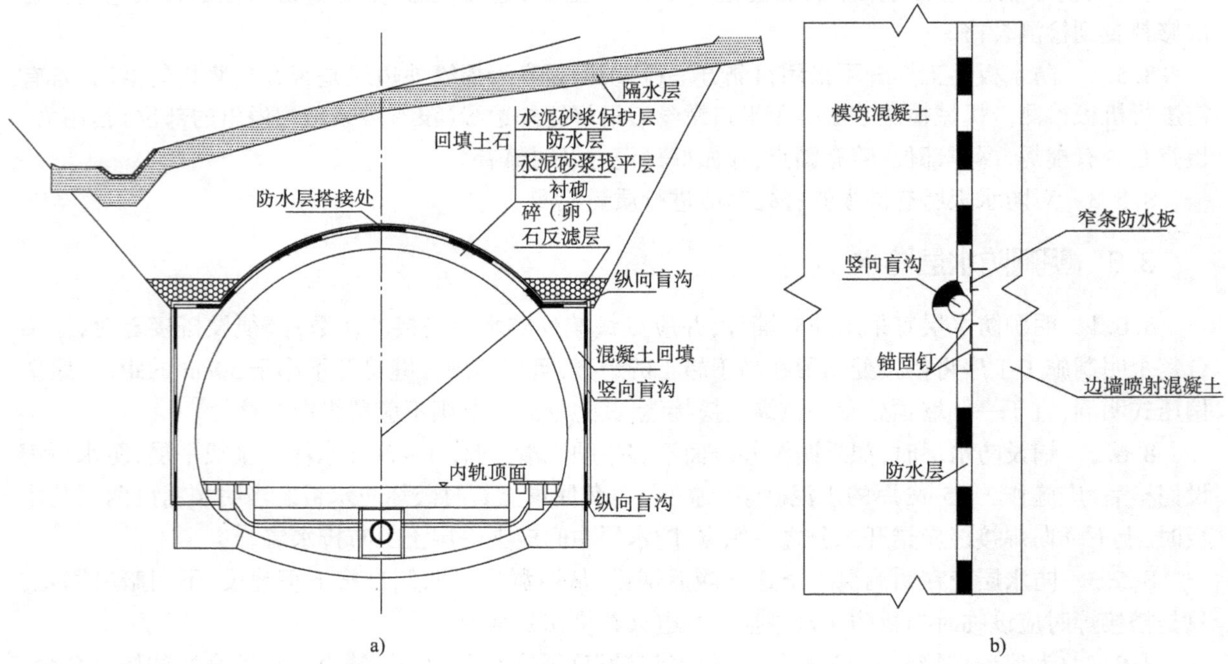

图14-19 墙顶(拱脚)开挖时明洞防水层布置图

8.6.9 明洞防水层施工质量检查应符合下列要求:

(1)应按防水层设计及施工技术要求进行施工过程控制;

(2)防水层及其配套材料必须有出厂合格证、质量检验报告和现场抽样试验报告;

(3)防水层铺设基面应平顺,并符合本章第8.3.4条的规定,阴阳角处应做成圆弧形;

(4)防水板的搭接处必须采用双焊缝焊接,并采用充气法进行质量检查(见第8.5.1条)。

9　二次衬砌防水混凝土

9.1　一般规定

9.1.1　复合式衬砌的二次衬砌应采用防水混凝土,其施工应符合国家现行标准的规定,并满足设计的等级、抗渗性、耐久性等要求。

9.1.2　防水混凝土施工前应对原材料进行检验,各项技术指标应符合《铁路混凝土工程施工质量验收标准》(TB 10424—2018)及《铁路隧道工程施工质量验收标准》(TB 10417—2018)的规定。

9.1.3　防水混凝土一般应通过掺用外加剂及矿物掺和料配制而成,混凝土的配合比应通过试验确定。

9.1.4　具有抗渗要求的混凝土,试配时的抗渗等级应比设计值提高0.2MPa,并不得小于P8。其混凝土的抗渗性能,应采用标准养护条件下混凝土抗渗试件的试验结果评定,试件应在混凝土浇筑地点制作。

9.1.5　二次衬砌防水混凝土应达到结构密实、表面平整光滑、曲线圆顺、颜色均匀,不得有漏筋、蜂窝、孔洞、疏松、麻面和缺棱掉角等缺陷。

9.2　材料要求

9.2.1　拌制混凝土用的水泥应符合下列要求:

(1)水泥的强度等级宜为42.5级,水泥的技术要求应满足国家现行标准的有关规定。

(2)应根据介质条件、冻融作用等情况选用适宜的水泥,不宜使用早强水泥,使用矿渣硅酸盐水泥必须掺用高效减水剂。

(3)不得使用过期或受潮结块的水泥,并不得将不同品种或强度等级的水泥混合使用。

9.2.2　混凝土用的砂、石料应符合下列要求:

(1)砂宜采用中砂,应选用级配合理、质地均匀坚固、吸水率低、空隙率小的洁净天然河砂,不宜使用山砂,不得采用海砂,含泥量不应大于3%,泥块含量不应大于0.5%。

(2)石子宜采用连续级配,粒型良好、质地均匀坚固、线膨胀系数小的洁净碎石,也可采用碎卵石,不宜采用砂岩碎石,最大粒径不应大于40mm,用泵送时不应大于输送管径的1/3。吸水率不应大于1.5%,含泥量不应大于1%,泥块含量不应大于0.25%。

(3)不得使用具有碱-碳酸盐反应活性的集料。

9.2.3　混凝土中掺用的外加剂应符合下列要求:

(1)防水混凝土应采用减水率高、坍落度损失小、适量引气、质量稳定、能满足混凝土耐久性要求的外加剂产品。当将不同功能的外加剂复合使用时,应有良好的适应性,应优先选用多功能复合外加剂,其品种和掺量应经试验确定。

(2)使用的外加剂必须符合国家现行标准一等品及以上的质量要求,并符合其他有关环境保护的规定。

9.2.4　混凝土中掺用的矿物掺和料应符合下列要求:

(1)防水混凝土可掺入一定数量的矿物掺和料,矿物掺和料应选用品质稳定的产品,其掺量应经过试验确定。

(2)矿物掺和料的技术要求应符合国家现行标准的规定。

9.2.5　拌制和养护混凝土用的水应符合下列要求:

(1)应符合《混凝土用水标准》(JGJ 63—2006)的规定;

(2)应为无侵蚀性、不含有害物质的可饮用水。

9.2.6 每立方米混凝土中各类材料的总碱量(Na_2O当量)应符合《铁路混凝土》(TB/T 3275—2018)的规定,并不得大于3kg。

9.2.7 防水混凝土应尽量避免使用含氯离子的外加剂,钢筋混凝土中由水泥、矿物掺和料、集料、外加剂和拌合用水等引入的氯离子总含量,不应大于胶凝材料总量的0.10%。

9.2.8 纤维混凝土中所用的纤维应符合下列要求:

(1)钢纤维可选用碳钢型、低合金钢型和不锈钢型材质,宜采用直径(等效直径)为0.3~0.9mm,长度为20~60mm,长径比为30~80mm的钢纤维。

(2)合成纤维可选用聚丙烯腈(腈纶)纤维、聚丙烯(丙纶)纤维、改性聚酯(涤纶)纤维和聚酰胺(尼龙)纤维,并宜采用直径为10~100μm,长度为4~25mm的细纤维。

(3)纤维材料的技术要求应符合《纤维混凝土结构技术规程》(CECS 38—2004)的规定。

9.3 施工

9.3.1 二次衬砌防水混凝土施工应符合现行《铁路混凝土工程施工技术指南》(铁建设〔2010〕241号)及《铁路混凝土工程施工质量验收标准》(TB 10424—2018)。

9.3.2 防水混凝土施工配合比应根据混凝土原材料品质、设计强度等级、耐久性以及施工工艺对工作性的要求,通过计算、试配、试件检测、调整后确定,配制成的混凝土应满足设计强度等级、耐久性指标等质量要求。

9.3.3 混凝土配合比选定试验的检验项目应包括坍落度、泌水率、含气量、抗渗性、抗裂性、抗压强度,配制成的混凝土拌合物应满足施工工艺要求,并应遵守下列基本规定:

(1)为提高混凝土的耐久性,改善混凝土的施工性能和抗裂性能,宜适量掺加优质粉煤灰或硅灰等矿物掺和料,矿物掺和料掺量不宜小于胶凝材料总量的20%。当粉煤灰掺量大于30%时,水胶比不宜大于0.45,处于冻融环境中的混凝土的粉煤灰的掺量不宜大于30%。

(2)不同环境条件下的混凝土的水胶比、胶凝材料用量,应符合《铁路混凝土工程施工技术指南》(铁建设〔2010〕241号)表7.4.2-1的规定。

(3)混凝土入泵坍落度宜控制在150~180mm,入泵前坍落度每小时损失值不应大于30mm,坍落度总损失值不应大于0mm。

9.3.4 防水混凝土配料必须按配合比准确称量。计量允许偏差应为胶凝材料、水、外加剂±1%;粗细集料±2%。

9.3.5 防水混凝土搅拌应符合下列规定:

(1)混凝土必须采用微机控制计量的强制式拌合机械搅拌,搅拌时间应根据外加剂的技术要求确定,且不应小于3min。

(2)纤维混凝土搅拌时应确保纤维在拌合物中分散均匀、不发生结团,宜优先采用将纤维、水泥、粗细集料干拌均匀后再加水湿拌的工艺,有条件时还可采用纤维分散机布料。

9.3.6 防水混凝土运输应符合下列规定:

(1)宜采用内壁平整光滑、不吸水、不渗漏的运输设备进行混凝土运输。

(2)采用混凝土搅拌车运输时,运输过程中宜以2~4r/min的转速搅动,到达现场时应高速旋转20~30s后再浇筑。

(3)混凝土运输、浇筑及间歇的全部时间不应超过混凝土的初凝时间。

9.3.7 防水混凝土浇筑应符合下列规定:

(1)浇筑所用模板及支(拱)架安装必须稳固牢靠,接缝严密不漏浆液。浇筑混凝土前,模板内的积水和杂物应清理干净,模板与混凝土的接触面必须清理干净,并涂刷隔离剂。

(2)混凝土入模时的温度不宜高于30℃,也不应低于5℃,当温度低于3℃时,应按冬期施工处理。

(3)施工工艺或强度不同的混凝土必须分开浇筑。

(4)仰拱混凝土必须整幅浇筑,拱圈、仰拱和底板不得留纵向施工缝。边墙纵向水平施工缝宜设置在洞内侧沟盖板底与边墙进水孔之间,其位置应保证该水平缝的止水带下缘能避开边墙进水孔(管);环向施工缝应避开地下水和裂隙水较多的地段,并宜与变形缝结合设置;墙体有预留孔洞时,施工缝距孔洞边缘不应小于30cm。

(5)混凝土应从低处向高处分层连续浇筑完成,当必须间歇时,应在前层混凝土初凝前,开始浇筑次层混凝土;否则,应按施工缝处理方法处理。

(6)在混凝土施工缝处接续浇筑新混凝土时,应凿除原混凝土表面的水泥砂浆和松弱层,经凿毛处理的混凝土应用水冲洗干净。浇筑新混凝土前,对垂直施工缝宜在旧混凝土面上涂刷一层水泥净浆;对水平施工缝应在旧混凝土面上铺一层厚10~20mm、水胶比较混凝土略小的1:2的水泥砂浆,或铺一层厚约30cm的混凝土,其粗集料宜比新浇混凝土减少10%。

(7)对混凝土结构或钢筋稀疏的钢筋混凝土结构,应在施工缝处补插锚固钢筋,钢筋直径不应小于16mm,间距不应大于20mm。

9.3.8　混凝土浇筑过程中,应随时进行振捣混凝土使其均匀密实,并与模板紧密连接。振捣时应避免漏振、欠振和超振,应加强检查模板支撑的稳定性和接缝的密合情况,防止漏浆。

9.3.9　防水混凝土养护应符合下列规定:

(1)应在浇筑完毕后的12h以内对混凝土采取保温、保湿养护。

(2)养护时,养护水温度与混凝土表面温度之差不得大于15℃。

(3)拆模后可能与流动水接触的混凝土,应在混凝土与流动水接触前采取有效的保温、保湿养护措施,并增加养护时间(至少14d)。

(4)直接与海水或盐渍土接触的混凝土,应保证其强度在达到设计强度以前不受侵蚀,并尽可能推迟混凝土与海水或盐渍土直接接触的龄期(不宜少于6周)。

9.3.10　防水混凝土拆模应符合下列规定:

(1)混凝土拆模时的强度应符合设计要求。

(2)拆模宜按立模顺序逆向进行,拆模及拆除临时埋设于混凝土中的木塞和其他预埋部件时,均不得损伤混凝土。

(3)拆模时不得影响或中断混凝土的养护工作,且混凝土结构表面温度与周围气温的温差不应大于20℃。

(4)拆模后的混凝土结构,应在混凝土达到100%设计强度后,方可承受全部设计荷载。

(5)混凝土强度达到5MPa前,不应在其上安装模板及支架。

(6)拆模后,应继续对混凝土进行养护,养护时间不应小于14d。

9.3.11　防水混凝土质量检验应符合下列规定:

(1)混凝土原材料(水泥、矿物掺和料、细集料、粗集料、外加剂、水等)进场后,应对其品种、规格、数量以及质量证明书等进行验收核查,并按规定的频率取样复检;对于不合格的原材料,应按有关规定清除出场。

(2)混凝土施工过程中,应对混凝土拌合物的性能进行抽检,检验结果应满足设计和施工要求。

(3)应对混凝土的力学性能和耐久性能进行检查。混凝土耐久性的基本要求应符合表14-6的规定,当混凝土处于氯盐环境、化学侵蚀环境或冻融破坏环境时,混凝土的耐久性指标还应分别符合表14-7~表14-9的规定。

混凝土的电通量　表 14-6

设计使用年限级别		一(100 年)	二(60 年)、三(30 年)
56d 电通量(C)(按混凝土不同强度等级)	<C30	<2000	<2500
	C30 ~ C45	<1500	<2000
	≥C50	<1000	<1500

氯盐环境下混凝土的电通量　表 14-7

设计使用年限级别	一(100 年)		二(60 年)、三(30 年)	
环境作用等级	L1	L2、L3	L1	L2、L3
56d 电通量(C)	<1000	<800	<1500	<1000

化学侵蚀环境下混凝土的电通量　表 14-8

设计使用年限级别	一(100 年)		二(60 年)、三(30 年)	
环境作用等级	H1、H2	H3、H4	H1、H2	H3、H4
56d 电通量(C)	<1200	<1000	<1500	<1000

冻融破坏环境下混凝土的抗冻性　表 14-9

设计使用年限级别	一(100 年)	二(60 年)	三(30 年)
环境作用等级	D1、D2、D3、D4	D1、D2、D3、D4	D1、D2、D3、D4
抗冻等级(56d)	F300	≥F250	≥F200

(4)混凝土强度必须符合设计要求,应采用标准养护试件和同条件养护的试件检测结构实体强度。

(5)混凝土拆模且养护结束后的实体混凝土质量检验。

①应用肉眼或放大镜观察实体混凝土结构表面是否存在非外力裂缝。当有非外力裂缝时,裂缝宽度不得大于 0.2mm,并不得贯通。

②采用钢筋混凝土保护层厚度检查仪测定现场混凝土的实际厚度时,要求实际厚度不小于设计值;否则可将混凝土凿开实测。

③当对混凝土耐久性有疑问时,可在混凝土实体结构上随机钻芯抽取混凝土芯样,测定实体混凝土的电通量。

(6)混凝土的抗渗等级应符合设计要求。施工现场应按规定留置抗渗检查试件,并应按现行国家标准《普通混凝土长期性能和耐久性能试验方法标准》(GB/T 50082—2009)的规定进行试验评定,试件留置组数应符合下列规定:

①隧道衬砌每 200m 应制作检查试件 1 组(6 个),不足 200m 时,也应留置 1 组;

②当使用的材料、配合比或施工工艺发生变化时,应另行制作检验试件 1 组。

9.3.12　防水混凝土衬砌结构外观和尺寸偏差应符合下列规定:

(1)混凝土结构表面应密实、平整,不得有露筋、蜂窝等缺陷。缺陷必须进行修补,修补后,可采用目测或放大镜对缺陷进行外观检验,接茬面周边应能见到挤出的修补材料,不得留有缝隙。当对修补质量有怀疑时,可采取钻芯取样、金属敲击法等进行检验。

(2)混凝土结构外形尺寸允许偏差和检验方法应符合表 14-10 的规定。

结构外形尺寸允许偏差(mm)和检验方法　表 14-10

序　号	项　目	允许偏差	检验方法
1	边墙平面位置	±10	尺量
2	拱部高程	+30 0	水准仪测量
3	边墙、拱部表面平整度	15	2m 靠尺检查或自动断面仪测量

注:平面位置以隧道设计中线为准进行量测。

10 施工缝、变形缝防水

10.1 一般规定

10.1.1 二次衬砌的施工缝、变形缝防水施工应符合国家现行标准的规定和设计要求。

10.1.2 二次衬砌的施工缝、变形缝构造必须满足密封防水要求。

10.1.3 二次衬砌混凝土应连续浇筑完成,宜少留纵向施工缝;分段浇筑时,应先施作仰拱或底板,后施作拱墙;边墙水平施工缝宜低于洞内排水侧沟盖板底面,但需高于边墙进水孔至少要有止水带半幅宽的距离。

10.2 材料要求

10.2.1 止水带宜采用橡胶、塑料、橡塑(氯乙烯合成橡胶)止水带或金属止水带等。橡胶止水带和钢边橡胶止水带应采用三元乙丙橡胶制作,不得采用再生橡胶。塑料止水带不得采用再生塑料。

10.2.2 对于水压高、预计变形大的地段,施工缝、变形缝施工宜选用钢边橡胶止水带或钢板止水带。

10.2.3 中埋式止水带宜选用橡胶止水带或钢边橡胶止水带,当遇有腐蚀性介质时宜选用氯丁橡胶止水带;橡胶止水带的防霉等级不应小于2级;在低温情况下,宜选用三元乙丙橡胶止水带;背贴式止水带宜选用防水板材质的塑料止水带。

10.2.4 橡胶止水带的材质、形状、尺寸、物理机械性能应符合设计及《地下工程防水技术规范》(GB 50108—2008)的规定。

10.2.5 中埋式止水带的宽度宜采用300~350mm,并视水压力大小调整。

10.2.6 止水带外观质量应符合下列要求:

(1)止水带表面不允许有开裂、缺胶、海绵状等影响使用的缺陷。塑料止水带外观颜色应为材料本色,不得添加颜料和填料,特殊要求除外。

(2)止水带产品外观质量应符合表14-11的规定。

止水带产品外观质量要求 表14-11

序 号	缺陷名称	工 作 面
1	气泡	直径不大于1mm的气泡,每米不允许超过3处
2	杂质	面积不大于4mm^{2}的杂质,每米不允许超过3处
3	凹痕	不允许有
4	接缝缺陷	高度不大于1.5mm的凸起或不平,每米不得超过2处

10.2.7 橡胶、塑料止水带的物理力学性能应分别符合表14-12、表14-13的规定,止水带接头部位的拉伸强度指标不得低于两表中本体材料的性能。

橡胶止水带物理力学性能 表14-12

序 号	项 目	性能指标	
		B型	S型
1	硬度(邵氏A)(度)	60±5	60±5
2	拉伸强度(MPa)	≥15	≥12

续上表

序　号	项　目			性能指标	
				B型	S型
3	扯断伸长率(%)			≥450	≥450
4	压缩永久变形(%)		70℃×24h	≤30	≤30
			23℃×168h	≤20	≤20
5	撕裂强度(kN/m)			≥30	≥25
6	脆性温度(℃)			≤-45	≤-45
7	热空气老化	70℃×168h	硬度变化(邵氏A)(度)	≤+6	≤+6
			拉伸强度(MPa)	≥12	≥10
			扯断伸长率(%)	≥400	≥400
8	耐碱水	Ca(OH) 饱和溶液 23℃×168h	硬度变化(邵氏A)(度)	≤+6	≤+6
			拉伸强度(MPa)	≥12	≥10
			扯断伸长率(%)	≥400	≥400
9	臭氧老化(50×10^{-8},20%,40℃,48h)			无龟裂	
10	橡胶与金属黏合			R型破坏	

注:1. 仅钢边止水带检测橡胶与金属黏合项目。

2. B型适用于变形缝用止水带;S型适用于施工缝用止水带;R型指橡胶止水带。

3. 本表参照《高分子防水材料　第2部分:止水带》(GB 18173.2—2014)编制,其中压缩永久变形指标反映橡胶止水带的使用性能,是重要的指标项目。

钢边橡胶止水带的钢边材料应采用热镀锌钢板,其物理力学性能应符合表14-13的规定,材料性能应符合《连续热镀锌钢板及钢带》(GB/T 2518—2008)的规定。

塑料止水带物理力学性能　　表14-13

序　号	项　目		技术指标	
			EVA	ECB
1	拉伸强度(MPa)		≥16	≥16
2	扯断伸长率(%)		≥600	≥600
3	撕裂强度(kN/m)		≥60	≥60
4	低温弯折性(℃)		≤-40	≤-40
5	热空气老化(80℃×168h)	100%伸长率,外观	无裂纹	无裂纹
		拉伸强度保持率(%)	≥80	≥80
		扯断伸长率保持率(%)	≥70	≥70
6	耐碱性 $Ca(OH)_2$ 饱和溶液×168h	拉伸强度保持率(%)	≥80	≥80
		扯断伸长率保持率(%)	≥90	≥90

10.2.8　制品型遇水膨胀橡胶止水条宜选用矩形断面,厚度不宜小于20mm,其外观不允许有开裂、凹痕、气泡、杂质、明疤等影响使用的缺陷;制品型遇水膨胀止水条应具有缓膨胀性能,其7d的膨胀率不应大于最终膨胀率的60%。制品型遇水膨胀橡胶止水条的物理力学性能指标应符合表14-14的规定。

制品型遇水膨胀橡胶止水条物理力学性能　表 14-14

序　号	项　目		指　标
1	硬度(邵尔 A)(度)		42±7
2	拉伸强度(MPa)		≥3.5
3	扯断伸长率(%)		≥450
4	体积膨胀率(%)		≥200
5	反复浸水试验	拉伸强度(MPa)	≥3
		扯断伸长率(%)	≥350
		体积膨胀率(%)	≥200
6	低温弯折(-20℃×2h)		无裂纹
7	防霉等级		≥2 级

注:表中硬度为推荐采用项目,其余为强制执行项目;成品切片测试应达到表中性能指标的 80%;接头部位的拉伸强度不得低于表中性能指标的 50%;体积膨胀率是浸泡后的试样质量与浸泡前的试样质量的比率。

10.2.9　变形缝嵌缝材料及背衬材料应符合下列要求。

(1)嵌缝材料:最大拉伸强度不小于 0.2MPa,最大伸长率大于 300%,级别不应小于 8020(80℃时,拉伸-压缩率不小于±20%),与混凝土具有良好黏结性能和抗老化性能。

(2)嵌缝材料宜选用聚硫建筑密封膏 B 类一等品或优等品。

(3)涂刷的基层处理剂应符合设计要求。

(4)背衬材料的设置应符合设计要求。

10.2.10　变形缝填缝材料:

(1)填缝板材质的选择应考虑变形缝处的相对变形量、承受水压力的大小、与填缝板接触的介质、使用的环境条件以及混凝土断面尺寸等。

(2)隧道宜选用聚乙烯泡沫塑料板材或沥青木丝板。

(3)聚乙烯泡沫塑料板的物理力学性能应满足表 14-15 的要求。

聚乙烯泡沫塑料板物理力学性能　表 14-15

项　目	单　位	指　标	项　目	单　位	指　标
表观密度	g/cm³	0.10~0.19	吸水率	g/cm³	≤0.005
抗拉强度	MPa	≥0.15	延伸率	%	≥100
抗压强度	MPa	≥0.15	硬度(邵氏 A)	度	50~60
撕裂强度	kN/m	≥4.0	压缩永久变形	%	≤3.0
加热变形(+70℃)	%	≤2.0			

10.3　施工

10.3.1　施工缝和变形缝的设置与施工应符合下列规定。

(1)施工缝:

①边墙纵向施工缝不应留置在剪力与弯矩最大处或底板与边墙的交接处,而应留置在高出底板顶面不小于 30cm,且宜在水沟盖板底面以下的墙体上;

②当墙体有预留孔洞时,施工缝距孔洞边缘不应小于 30cm;

③设置止水条的环向施工缝,宜在端面预留浅槽,槽应平直,槽宽应比止水条宽 1~2mm,槽深应为止水条厚度的 1/2;

④施工缝采用中埋式止水带时,应确保其位置准确、牢固可靠;

⑤施工缝可采用单一防水构造和复合防水构造两种形式;

⑥施工中应保证待贴止水条或预设止水带的混凝土界面洁净。

(2)变形缝:

①变形缝的位置、宽度、防水构造形式应符合设计要求;

②用于沉降的变形缝的宽度宜为20~30mm,用于伸缩的变形缝的宽度宜小于此值,用于沉降的变形缝得允许沉降量差值不应大于30mm;

③环境温度高于50℃处的变形缝,可采用2mm厚的紫铜片或3mm厚不锈钢等金属止水带;

④变形缝的两侧应平整、清洁、无渗水;

⑤变形缝底应先设置与嵌缝材料无黏结能力的背衬材料或遇水膨胀止水条;

⑥变形缝嵌缝应密实。

10.3.2 施工缝处连续浇筑混凝土应符合下列规定:

(1)先浇混凝土表面必须凿毛,并凿除先浇混凝土表面的水泥砂浆和松软层,用水冲洗干净。凿毛时,混凝土必须达到的强度:水冲洗凿毛时,0.5MPa;人工凿毛时,2.5MPa;风动机凿毛时,10MPa。

(2)纵向施工缝后浇混凝土前,应在凿毛后的先浇混凝土面上,铺一层厚25~30mm、水胶比较混凝土略小的1:1水泥砂浆,或铺一层厚约30cm的混凝土,其粗集料宜比后浇混凝土减少10%,然后按设计要求设置止水条或止水带,再涂刷水泥净浆或混凝土界面处理剂,及时浇筑混凝土。

(3)环向施工缝后浇混凝土前,应将其表面浮浆和杂物清除后,设置制品型遇水膨胀止水条或中埋式止水带,涂刷水泥净浆或混凝土界面处理剂,并及时浇筑混凝土。

(4)浇捣靠近止水带附近的混凝土时,应严格控制浇捣的冲击力,避免力量过大而刺破止水带,同时还必须充分振捣,保证混凝土与止水带紧密结合,施工中如发现有破裂现象应及时修补。

(5)二次衬砌脱模后,若发现施工中有走模现象,致使止水带过分偏离中心,则应适当凿除或填补部分混凝土,对止水带进行纠偏。

10.3.3 施工缝和变形缝的处理宜采用两种以上的防水措施,并符合下列规定:

(1)纵向施工缝应粘贴制品型遇水膨胀止水条和安设止水带的复合方式进行防水处理。

(2)环向施工缝应设置中埋式止水带和背贴式止水带的复合方式进行防水处理。

(3)制品型遇水膨胀止水条应牢固地安装在缝表面或预留槽内。

(4)可采用中埋式止水带和预埋注浆管路的复合方式进行防水处理。

10.3.4 几种施工缝、变形缝防水构造形式应按下列各图设置:

(1)常用的复合防水构造形式如图14-20~图14-22所示,图中L、L_1按止水带类别确定。

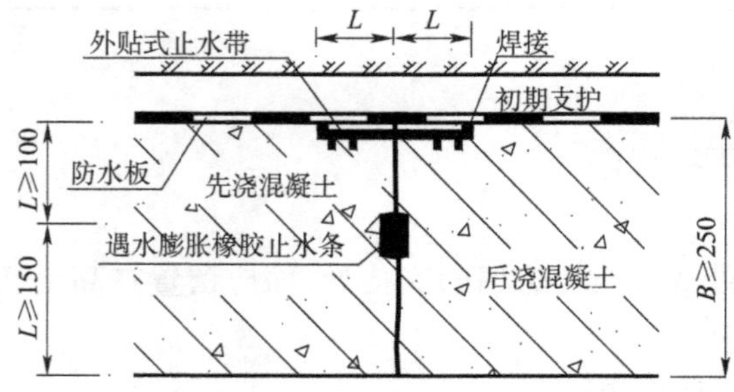

图14-20 背贴式止水带和止水条复合防水构造形式(尺寸单位:mm)

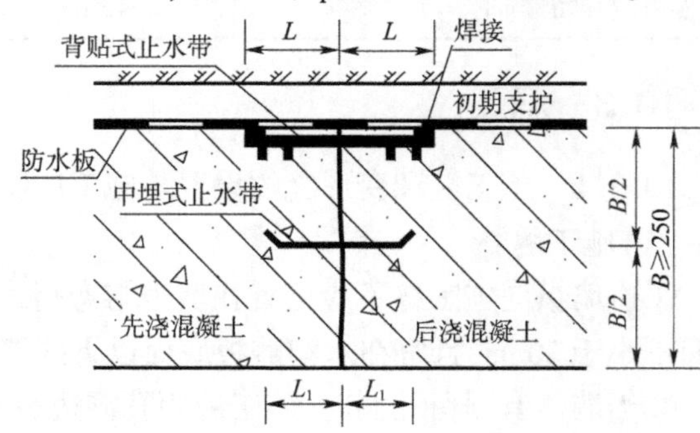

图14-21 背贴式止水带和中埋式止水带复合防水构造形式(尺寸单位:mm)

(2)其他新型、经济、可靠的防水构造形式,如预埋注浆管的施工缝构造形式、带接水盒的变形缝构造形式示于图14-23和图14-24。

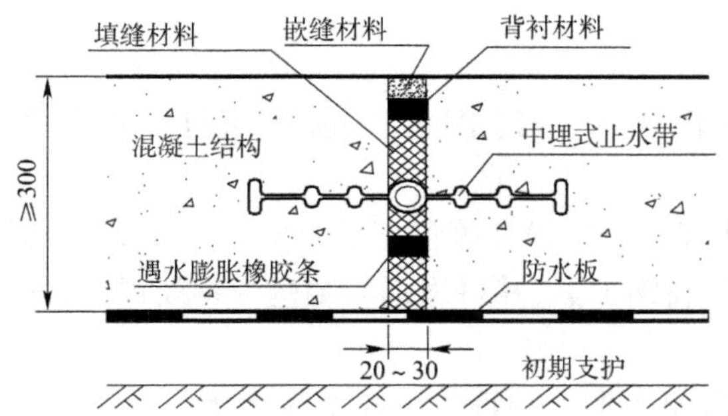

图14-22 中埋式止水带与遇水膨胀止水条、嵌缝材料复合防水构造形式(尺寸单位:mm)

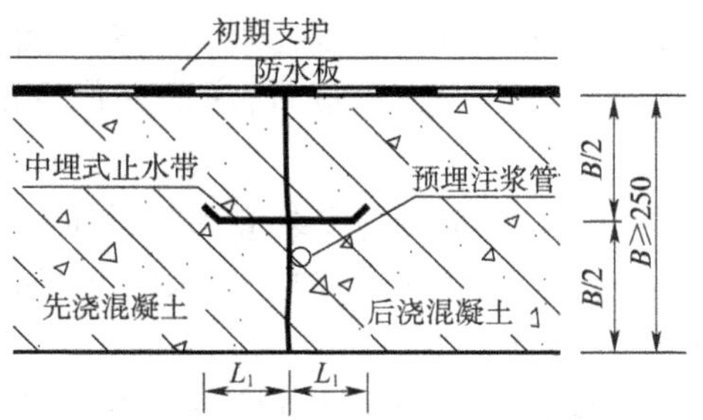

图14-23 中埋式止水带和预埋注浆管的施工缝构造形式(尺寸单位:mm)

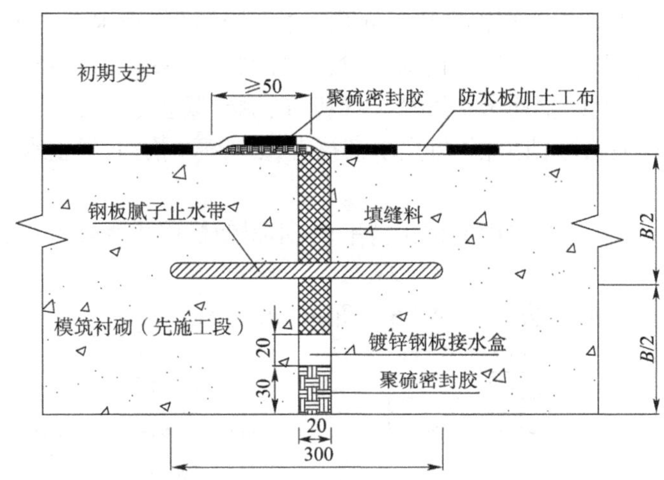

图14-24 带接水盒的变形缝构造形式(尺寸单位:mm)

10.3.5 止水带安装的位置应符合下列要求:

(1)止水带埋设的位置宜按衬砌厚度的一半确定,其安装的径向位置,较设计允许偏差为±5cm,安装的纵向位置允许偏离中心为±3cm。

(2)止水带应与衬砌端头模板正交,以确保止水带安装方向和质量。

10.3.6 止水带的长度应根据施工要求事先向生产厂家定制(一环长),尽量避免接头,当确需接头时,应采取搭接、复合连接、对接等形式,如图14-25所示。

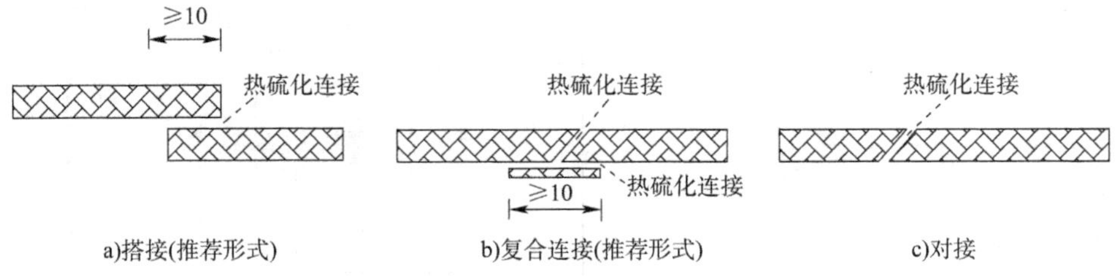

图14-25 橡胶止水带常用接头形式(尺寸单位:cm)

(1)止水带接头必须焊接良好,接头外观应平整光洁。

(2)止水带连接前应做好接头表面的清刷与打毛,搭接长度不得小于10cm,宜采用小型热焊机进行焊接,焊缝宽度不得小于50mm。

(3)塑料止水带宜采用止水带塑料焊接机进行焊接。

(4)橡胶止水带接头宜采用热压机硫化搭接胶合,接头强度不应低于母材的80%。

(5)采用以冷接法专用黏结剂连接时,搭接长度不得小于20cm,黏结剂涂刷应均匀(按照产品说明书指示顺序操作)并压实。

10.3.7 止水带的施工应符合下列规定:

(1)采用中埋式止水带时,应确保位置准确、固定牢靠,其中间空心圆环应与变形缝的中心线重合。

(2)中埋式止水带的安装应利用附加钢筋、卡子、铁丝、模板等将止水带固定,宜采用专用钢筋套或扁钢固定,采用扁钢固定时,止水带端部应先用扁钢夹紧,并将扁钢与结构内钢筋焊牢,固定扁钢用的螺栓间距宜为50cm。

(3)中埋式止水带在转弯处应做成圆弧形,橡胶止水带的转角半径不应小于200mm,钢片橡胶止水带不应小于300mm,且转角半径应随止水带的宽度增大而相应加大。

(4)中埋式止水带应固定在挡头模板上,中埋式止水带先施工一侧混凝土时,其端模应支撑牢固,严防漏浆。固定止水带时不能在止水带上穿孔打洞,不得损坏止水带本体部分,应防止止水带偏移,以免单侧缩短,影响止水效果。安装止水带时,沿衬砌环线每隔0.5~1.0m,在端头模板上钻一个ϕ12mm的钢筋孔,将预制的钢筋卡穿过挡头模板,内侧卡紧止水带的一半,另一半止水带平靠在挡头板上,待混凝土凝固后拆除挡头板,将止水带拉直,然后弯钢筋卡紧止水带。浇筑另一端混凝土时应用箱形模板保护。

(5)止水带定位时,应使其在界面部位保持平展,不得使橡胶止水带翻滚、扭结,如发现有扭结不展现象应及时进行调整。

(6)固定中埋式止水带的方法如图14-26~图14-28所示。

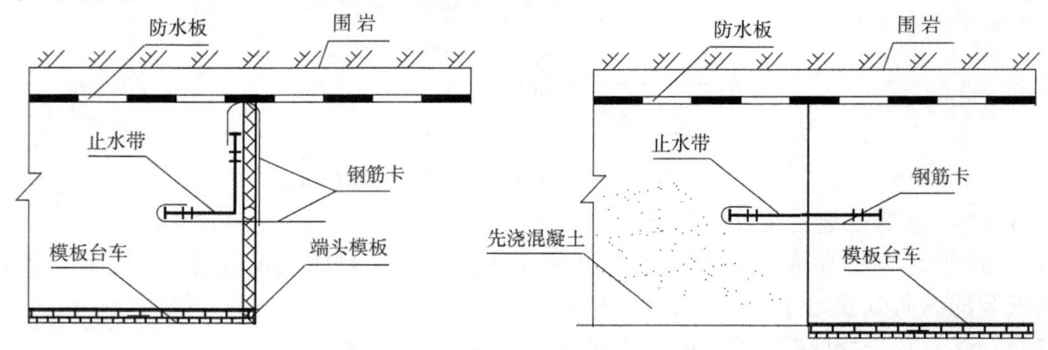

图14-26 固定中埋式止水带方法

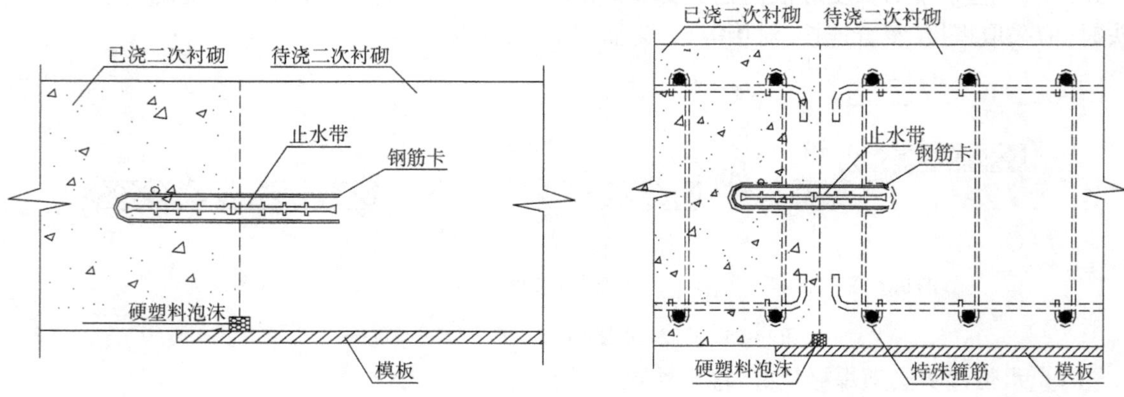

图14-27 在混凝土中固定中埋式止水带

图14-28 在钢筋混凝土中固定中埋式止水带

10.3.8 制品型遇水膨胀止水条的施工应采用预留槽嵌入法,并符合下列规定:

(1)挡头板制作时应考虑预留安装止水条的浅槽。

(2)拆除混凝土模板后,修整预留槽,将止水条嵌入槽内,并用配套的胶黏剂或水泥钉固定止水条,再浇筑下一环混凝土。

(3)遇水膨胀止水条接头处应重叠搭接后再黏结固定,沿施工缝形成闭合环路,其间不得留断点,搭接长度不应小于50mm,如图14-29所示。

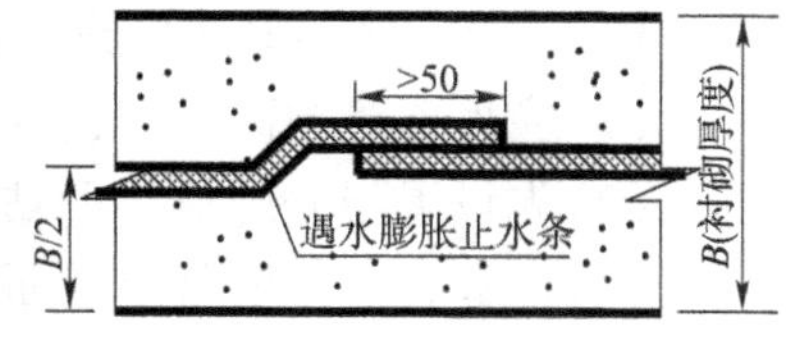

图14-29 遇水膨胀止水条搭接示意图(尺寸单位:mm)

(4)止水条定位后至浇筑下一环混凝土前,应避免被水浸泡,必要时应加涂缓膨胀剂,防止其提前膨胀。

10.3.9 对于富水隧道,宜在二次衬砌部位采用分区隔离防水技术,隧道分区防水如图14-30所示。

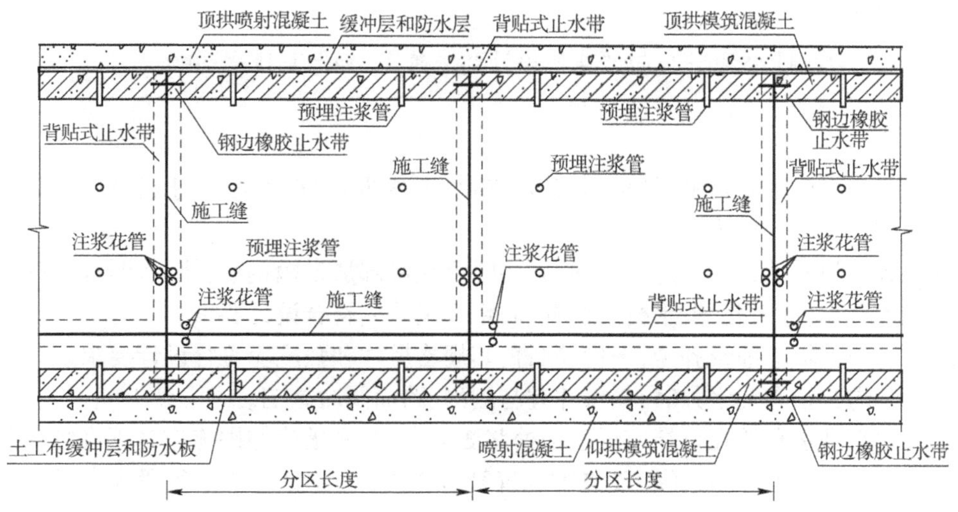

图14-30 隧道分区防水示意图

(1)在施工缝处安设全断面出浆预埋注浆管、带注浆孔遇水膨胀止水条等。

(2)背贴式止水带应与防水板焊接或黏结。

(3)预埋注浆管和带注浆孔遇水膨胀止水条可在浇筑混凝土时预埋施工缝处,发生渗漏水时即可进行注浆堵水。

10.3.10 全断面预埋注浆管的安装应符合下列规定:

(1)在安装模板的同时,将注浆管安装在混凝土表面上,注浆管间的空隙用快凝水泥填补。

(2)注浆管应紧贴混凝土用固定夹固定,固定夹的间距不得大于25cm。

(3)注浆管的末端套入喇叭接口,并与封闭的聚氯乙烯(PVC)增强注浆导管连接。

(4)PVC增强注浆导管必须暴露在混凝土外面并应注意保护。

(5)注浆管必须覆盖施工缝的整个长度,两根相邻的注浆管末端必须重叠约10~15cm。

(6)衬砌边墙下边的管路应超出混凝土端头20cm,以利于仰拱混凝土浇筑后的补充注浆。

(7)注浆材料可用聚氨酯、丙烯酸盐等。

10.3.11 带注浆孔遇水膨胀止水条的安装应符合下列规定:

(1)安装止水条界面的处理及止水条的固定方法可按本章第10.3.8条要求办理。

(2)将止水条上的预留注浆连接管套入另一条止水条上。

(3)止水条每30m处安装一个三通,三通的直通部分一头插入止水条内,另一头插入注浆连接管内。丁字端头插入备用注浆管内,以备接缝渗漏水时注浆。

(4)注浆连接管与三通连接件应黏结牢固,保证注浆管畅通。安装在三通上的备用注浆管,引入二次衬砌内侧。

10.3.12　变形缝嵌缝施工应符合下列规定:

(1)应保证缝内两侧平整、清洁、无渗水、无积水,并涂刷与嵌缝材料相容的基层处理剂。

(2)先设置与嵌缝材料无黏结力的背衬材料,背衬材料的设置应符合设计要求。

(3)嵌缝材料与混凝土表面宜留一定的距离,一般视温度高低宜留5~10mm,嵌填应密实,与两侧黏结牢固。

11　侧沟、中心排水管(沟)排水

11.1　一般规定

侧(排水)沟、中心排水管(沟)应严格按设计要求施工,确保其排水通畅。

11.2　侧沟

11.2.1　隧道内侧沟的布置、结构形式、沟底高程、纵向坡度、断面尺寸以及侧沟外墙距线路中心线的距离均应符合设计要求。

11.2.2　侧沟与隧道边墙应连接牢固,必要时可在墙部加设短钢筋,使边墙与沟壁连成一体。

11.2.3　进水孔、泄水孔、泄水槽的位置、间距和尺寸应符合设计要求。

11.2.4　侧沟盖板应铺设齐全、平稳、顺直,其规格尺寸和强度应符合设计要求。

11.2.5　侧沟旁设有集水井时,集水井宜与侧沟、路面同时施工。

11.2.6　侧沟进水孔的孔口端应低于该处路面的高程,底板或仰拱施作时不得堵塞孔口。

11.2.7　隧道边墙下部通过纵、环向排水盲管将水引入侧沟中,并在每段纵向排水盲管中部设置泄水管,泄水管的设置应根据水量适当调整。

11.2.8　排水盲管、侧沟和孔、槽等组成的排水系统应有良好的排水效果,做到洞内排水顺畅,无淤积堵塞,进水孔、泄水孔、泄水槽畅通,排污水时应有密闭措施。

11.3　中心排水管(沟)

11.3.1　中心排水管(沟)的布置、结构形式、沟底高程、纵向坡度、埋设深度均应符合设计要求。根据隧道所在地区的不同,中心排水管(沟)埋设深度宜为0.5~2.0m。

11.3.2　中心排水管的管材应符合国家标准《混凝土和钢筋混凝土排水管》(GB/T 11836—2009)三级管的要求。

11.3.3　中心排水管(沟)断面面积应根据隧道长度、纵向坡度、地下水渗流量,通过水力计算确定。

11.3.4　中心排水管管身不应变形和有裂缝;中心排水管管段拼装形式应符合设计要求,预制管段的内径、壁厚不应小于设计厚度;施工时,应注意检查中心排水管(沟)预制管段的规整性和管壁强度。

11.3.5　中心排水管上部应设置进水孔,并确保进水孔畅通,不得有盲孔,上部进水孔的位置、间距、数量应满足设计要求。

11.3.6　中心排水沟盖板的预制、搬运、安装不得有断板现象,盖板安装就位后,应用砂浆将接缝填实。

11.3.7　中心排水管基础的总体坡度、段落坡度、单管坡度应协调一致,并符合设计要求,不得高低起伏。

11.3.8　中心排水管(沟)开挖断面形状尺寸应符合设计要求,宜超挖10cm,并用与回填层同强度等级的混凝土回填;中心排水管(沟)底面高程每50m随机抽查10个点,允许偏差应为±5mm。

11.3.9　双线隧道Ⅰ、Ⅱ级围岩段中心排水沟的开挖宜与隧底光爆层的开挖同步进行。

11.3.10　无仰拱地段的中心排水管(沟)宜设反滤层,反滤层的砂、石粒径和含泥量应符合设计要求。

11.3.11　有仰拱地段的中心排水管直接埋设于仰拱填充混凝土中,其设置如图14-31所示。

11.3.12　在软弱破碎地段(无仰拱),中心排水管管段铺设时应在其下安设混凝土预制块定位。中心排水管施工时,应先挖基槽,将不良岩体用强度较高的碎石替换,并用混凝土找平基面,使基础既平整又密实,为管段顺利铺设创造条件。无仰拱断面中心排水管设置如图14-32所示。

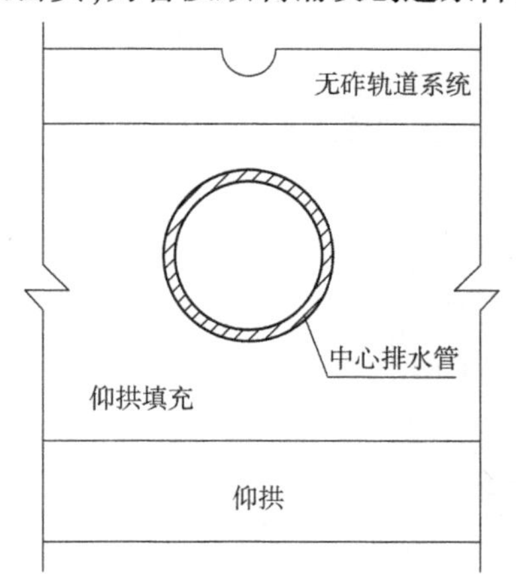

图14-31　有仰拱断面中心排水管设置示意图

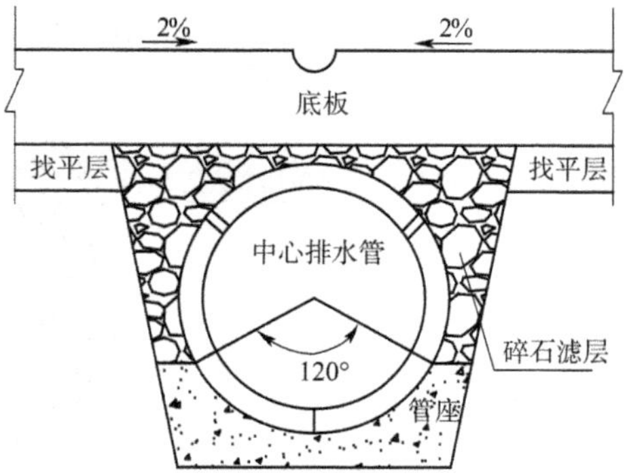

图14-32　无仰拱断面中心排水管设置示意图

11.3.13　在无仰拱地段进行中心排水管管段铺设时,应先保证将具有透水孔的一面朝上,管段逐个放稳后,再用水泥砂浆将管段间接缝密封填实,待砂浆凝固后,应逐段进行通水试验,发现漏水,及时处理,之后用土工布覆盖管段透水孔,并注意检查在横向导水管出口处与中心排水管的连接方式。

11.3.14　在无仰拱地段,中心排水管周围碎石应分层回填,回填时应注意保护管段的稳定及其上部透水性;浇筑底板混凝土前,用土工布覆盖碎石顶面,防止水泥浆漏入水沟;浇筑底板混凝土后,应立即进行水沟试水,将漏入的水泥浆冲洗干净。无仰拱地段中心排水管施工流程如图14-33所示。

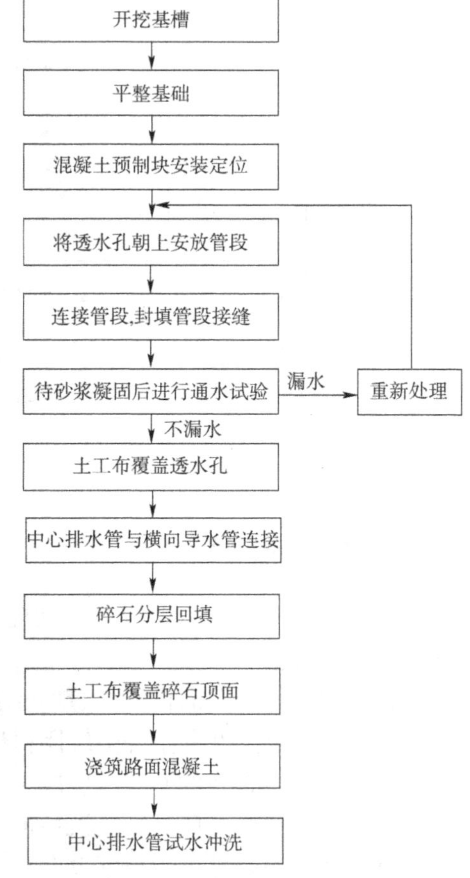

图14-33　无仰拱地段中心排水管施工流程图

11.4　水沟连接

11.4.1　侧沟与中心排水管(沟)的连接形式应符合设计要求。中心排水管接头可采用钢丝网水泥砂浆抹带接口,中心排水管接口断面如图14-34所示。

11.4.2　隧道内两侧水沟与中心排水管(沟)通过横向引水管连接,横向引水管的直径不宜小于100mm,坡度不应小于2%,其纵向间距应根据地下水水量确定。横向引水管与中心排水管的连接如图14-35所示。

11.4.3　中心排水管埋设好后,应进行通水试验,发现漏水、积水,及时处理。

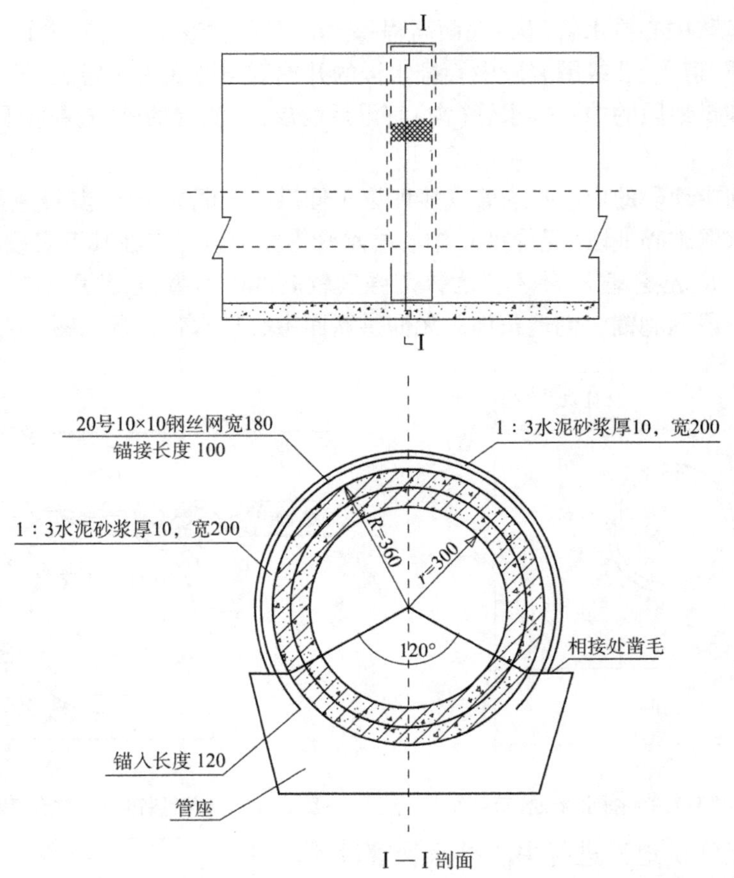

图 14-34　中心排水管接口断面图(尺寸单位:mm)

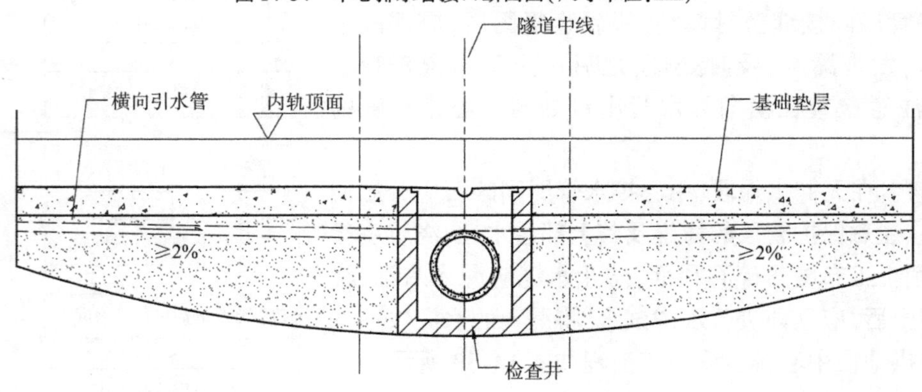

图 14-35　中心排水管埋设断面图

11.5　检查井

11.5.1　中心排水管(沟)纵向应按间距 50m 设沉沙池,在直线段每 50m 及交叉、转弯、变坡处,应设置检查井。

11.5.2　检查井的位置、数量和结构形式不得影响行车安全,并应便于清理和检查。

11.5.3　检查井井壁外边缘距衬砌断面变化处不宜小于 1m,也不宜设置于施工缝、变形缝处。

11.5.4　检查井的井壁厚度应符合设计要求,允许偏差为 ±10mm。

11.5.5　检查井底部宜设沉沙池。

11.5.6　检查井口应设活动盖板,盖板下宜垫 10mm 厚的橡胶垫圈,检查井盖板的规格、强度应符合设计要求。

12 寒冷与严寒地区防排水

12.1 一般规定

12.1.1 寒冷和严寒地区隧道的防水应以堵为主,洞口、结构和排水系统应增加保温措施,防止冬季水流冻结造成病害,危及行车和人身安全。隧道二次衬砌施工时,对防水混凝土应采取抗裂、防渗、抗冻等措施。

12.1.2 寒冷和严寒地区冬季有水隧道的冻害地段,应设置保温水沟、中心深埋水沟、防寒泄水洞和采用电加热等防寒措施,保证水流畅通,防止冻害。

12.2 施工

12.2.1 最冷月份平均气温在 -5℃以下地区,隧道排水沟形式应按表14-16的规定选用。

不同气温的排水沟形式 表14-16

最冷月份平均气温(℃)	黏性土最大冻结深度(m)	主排水沟形式
-5 ~ -15	1.0 ~ 1.5	双侧保温水沟
-15 ~ -25	1.5 ~ 2.5	中心深埋水沟
低于 -25	>2.5	防寒泄水洞

12.2.2 保温水沟应采用浅埋方式(即小于隧道内最大冻结深度),宜在两端洞口150 ~ 400m范围内双侧设置,低洞口可适当加长。保温水沟上部设双层盖板,在两层盖板间充填保温材料,保温层厚度不应小于30cm,保温材料宜采用矿渣、沥青玻璃棉、矿渣棉、泡沫聚氨酯、泡沫塑料等,并应有防潮措施。

12.2.3 中心深埋水沟应将水沟埋置于隧道内冻结深度以下,并满足下列要求:

(1)水沟断面形式应根据地质条件选用U形、圆形、箱形或拱形,在Ⅲ ~ Ⅵ级围岩中,拱形水沟应铺底。

(2)水沟埋置深度应结合当地气温、冻结深度、水量、水温、水沟坡度,以及隧道走向与寒冷季节主导风向等条件确定,并宜大于当地黏性土的最大冻结深度。

(3)水沟回填除应满足保温、渗水性好的要求外,还应防止石屑、泥沙渗入水沟引起水沟淤积。

(4)水沟应设置检查井,检查井间距为30 ~ 50m,断面形式可采用方形或圆形,检查井下应设沉淀池,以便清淤,检查井应设双层盖板,盖板之间应填塞干草或泡沫聚氨酯等其他保温材料。

12.2.4 防寒泄水洞的施工,应满足下列要求:

(1)防寒泄水洞拱部及边墙应留有足够的泄水孔,其间距不宜小于1m。

(2)为便于对防寒泄水洞的检查及夏季通风,宜每隔150 ~ 200m设一检查井,中心检查井设于线路中心线上,侧检查井设于大避车洞内,检查井应设双层盖板,盖板之间应填塞保温材料。

12.2.5 设置保温水沟,中心深埋水沟或防寒泄水洞的隧道,应修筑盲管(沟)、泄水孔、横沟、横导沟、洞外暗沟、保温出水口等设施,并要求做到:

(1)盲管(沟)的设置深度不宜小于1m,可在盲管(沟)处增设保温墙。

(2)汇集于纵向或环向盲管(沟)的地下水,通过泄水孔流入保温水沟中,泄水孔的断面宜按计算确定。

(3)中心深埋水沟通过隧底横沟与盲管(沟)连接,横沟的坡度不宜小于5%。

(4)设防寒泄水洞的隧道,横沟应以暗挖的横导洞代替,衬砌背后盲管(沟)与横导洞以钻孔沟通,钻孔直径不宜小于10cm。当钻孔处于Ⅳ ~ Ⅵ级围岩时,宜安装“花管”,防止钻孔堵塞。

(5)保温水沟和防寒泄水洞的水流出隧道后,应采用暗沟通过路堑地段流入地形低洼处。暗沟应埋置于冻结深度以下,其坡度不宜小于5%,并每隔50m设一检查井和沉淀坑。

(6)最冷月平均气温低于-15℃地区,中心深埋水沟、防寒泄水洞、洞外暗沟均应设防寒出水口。当出水口地形较陡时,其结构宜用端墙式;地形平坦时,宜用掩埋保温圆包头式。

12.2.6 寒冷和严寒地区二次衬砌混凝土施工时,除应按照本章第9节相关规定执行外,还应符合下列规定:

(1)当环境昼夜平均气温连续3d低于5℃或最低气温低于-3℃时,混凝土的抗压强度在达到设计强度30%前或未达到5MPa前,均不得受冻。浸水冻融条件下的混凝土开始受冻时,其强度不得小于设计强度的75%。

(2)搅拌混凝土前,应先通过热工计算,并经试拌确定水和集料需要预热的最高温度,尽可能保证混凝土的入模温度不低于5℃。水泥、矿物掺和料、外加剂等可在使用前运入暖棚进行自然预热,但不得直接加热。掺减水剂的混凝土,应通过试验确认电热法养护对其强度无影响后,方可采用。

(3)混凝土的配制宜选用较小的水胶比和较小的坍落度,集料中不得混有冰雪、冻块和易被冻裂的矿物质。加热处理时水加热的温度不宜高于80℃;集料不加热时,水温可加热至80℃以上,并应先投入集料,和热水搅拌均匀后再投入水泥;集料加热的温度不应高于60℃;当混凝土出现坍落度减小或发生速凝现象时,应重新调整拌和料的加热温度。混凝土搅拌时间宜比常温施工时延长50%左右。

(4)混凝土的运输容器应有保温措施,运输时间应缩短,并尽量减少中间倒运环节。

(5)混凝土在浇筑前,应清除模板及钢筋表面的冰雪和污垢。当环境气温低于-10℃时,应将直径大于或等于25mm的钢筋和金属预埋件加热至正温。混凝土结构施工缝的处理应符合本章第10节有关规定,当先浇混凝土面和外露钢筋(预埋件)暴露在冷空气中,应采取防寒保温措施。

(6)当混凝土强度达到《铁路混凝土工程施工技术指南》(铁建设〔2010〕241号)第11.3.16条抗冻强度规定后,方可拆除模板。当环境温差在10~15℃范围时,模板拆除后的混凝土表面宜采取临时覆盖措施。采用外部热源加热养护的混凝土,养护期结束后的环境温度仍在0℃以下时,应待混凝土冷却至5℃以下且混凝土与环境之间的温差不大于15℃后,方可拆除模板。

(7)寒冷和严寒地区混凝土施工时应增加其与结构同条件养护的施工试件不少于2组,这种试件应在解冻后方可试压。

13 管片防水

13.1 一般规定

13.1.1 城际铁路隧道管片衬砌结构应以管片防水为基础,以接缝防水、螺栓孔与注浆孔防水为重点,辅以特殊部位防水处理,形成一套完整的防水体系。

13.1.2 衬砌管片应采用高精度管片,管片接缝采用密封垫,螺栓孔与注浆孔采用密封垫圈。

13.1.3 管片衬砌支护后,当设计有特殊防水要求、在管片内增设二次混凝土衬砌时,其施工方法按设计要求执行。

13.1.4 管片必须按照设计要求制作、安装,经抗渗检验合格后方可使用。

13.1.5 隧道管片衬砌防水应考虑长期运用中便于检修保养。

13.2 衬砌自防水

13.2.1 管片高强度、高精度、高抗渗性。

(1)保证强度,混凝土试块强度必须大于或等于设计值。

(2)抗渗等级应等于隧道埋深水压力的 3 倍,但等级不得低于 0.8MPa。

(3)精度符合规范要求。

①模具精度:模具每周转 100 次,必须进行系统检验,其允许偏差须符合表 14-17 的规定。

模具允许偏差表 表 14-17

序 号	项 目	允许偏差(mm)	检验方法	检查数量
1	宽度	±0.4	内径千分尺	6 点/片
2	弧弦长	±0.4	样板	2 点/片,每点 2 次
3	边模夹角	≤0.2	靠尺塞尺	4 点/片
4	对角线	±0.8	钢卷尺、刻度放大镜	2 点/片,每点 2 次
5	内腔高度	-1 ~ +2	高度尺	4 点/片

②管片精度:预制钢筋混凝土管片的尺寸偏差应符合表 14-18 的规定。

预制成型管片允许偏差表 表 14-18

序 号	项 目	允许偏差(mm)	检验方法	检查数量
1	宽度	±1	用尺量	3 点
2	弧弦长	±1	用尺量	3 点
3	厚度	+3/-1	用尺量	3 点

③水平拼装精度:每套钢模,每生产 200 后应进行水平拼装检验一次,其结果应符合表 14-19 要求。

管片水平拼装检验允许偏差表 表 14-19

序 号	项 目	允许偏差(mm)	检验频率	检验方法
1	环向缝间隙	2	每环测 6 点	塞尺

13.2.2 主要要求与措施。

(1)生产时不允许产生裂缝。

(2)限制水泥用量,控制水灰比、坍落度,控制砂石含泥量,添加高效减水剂和活性填料(磨细粉煤灰、高炉矿渣粉或硅粉)等外掺剂。

有抗渗要求的工程,混凝土配合比设计要满足下列要求:

①混凝土坍落度不宜大于 70mm。

②水泥用量不得少于 280kg/m^3。

③混凝土中总的碱含量和最大氯离子含量应符合现行国家及地方有关标准。

④混凝土的抗渗等级应符合设计要求。

(3)管片养护。

混凝土养护应符合下列规定:

①混凝土浇筑成形后至脱模前,应覆盖保湿,可采用蒸汽养护或自然养护方式进行养护。

②当采用蒸汽养护时,应经试验确定混凝土养护制度。管片混凝土预养护时间不宜少于 2h,升温速度不宜超过 15℃/h,降温速度不宜超过 10℃/h,恒温最高温度不宜超过 60℃。出模时管片温度与环境温度差不得超过 20℃。

③采用蒸汽养护时应监控温度变化并记录。

④管片在储存阶段宜采取适当的方式进行养护且养护周期不得少于 14d。非冬施期间生产的管片宜置于水中养护储存 7d 上,冬施期间生产的管片宜涂刷养护剂。

13.2.3 钢筋混凝土管片单块检漏,应按设计抗渗压力,恒压时间≥2h,渗水最大深度不得超过管片厚度的 1/5。管片正式生产后,每生产 50 环应抽查 1 块管片做检漏测试,连续 3 次达到检测标准,则改为每生产100环抽查1块管片,再连续3次达到检测标准,最终检测频率为200环抽查1块管片做检漏测试。如出现一次不达标,则恢复每50环抽查1块管片的最初检测频率,再按上述要求进行抽检。

13.2.4 对于水质条件差或容易造成衬砌开裂的地层中用的管片,应对管片混凝土的渗透系数作进一步规定:混凝土渗透系数测定仪所测渗透系数 $k \leq 1.0 \times 10^{-14} \sim 1.0 \times 10^{-12} m/s$。

13.3 衬砌外防水涂料施工

13.3.1 准备工作。

准备工作包括材料准备、工具准备、管片准备。管片拱形(背部朝上)放置或竖式放置,以便于作业;管片养护、晾干,使之表面湿度≤9%。

13.3.2 表面处理。

对已干燥的管片背部上的空穴、缺损,用聚合物快凝水泥填平。同时,用油灰刀铲除基面上的突起物、砂浆疙瘩等异物,用钢丝刷清除管片上的浮灰、浮砂。

13.3.3 涂刷作业。

(1)按规定的配比,将涂料混合搅拌均匀。

(2)在设计的涂刷范围,按规定的要求涂刷(或喷涂、滚刷)冷底子或直接涂刷底涂料。

(3)涂刷应均匀一致,不得过厚过薄,应用单位面积涂布量和测厚仪两种手段控制涂膜厚度。

(4)第二道涂层涂刷的方向必须和第一道的涂刮方向垂直。两道的时间间隔,应根据涂料品种、作业环境温度、湿度等选定。

13.3.4 使用要求。

待面涂料达到实干时间后,方可起吊,重新堆放、送井下使用。在涂料没有完全固化成膜前,严禁遭水淋,也应防止灰砂沾污。

13.3.5 安全措施。

施工中如使用有机溶剂时,应注意防火、通风。施工人员应采取防护措施(戴手套、口罩、眼镜等)。施工温度必须符合涂料的有关规定。

13.3.6 验收要求。

(1)涂层必须黏结牢固,表面平整,无空鼓、脱落、破损等现象;

(2)涂层厚度用测厚仪测出,测厚采用随机抽样,膜厚要求基本均匀;

(3)第一道涂膜应无水漫、稀释现象,若有鼓泡、积液应划破,排除积液后补严实。

13.4 接缝防水施工

13.4.1 准备工作。

(1)衬砌环。

①检验:管片的精度检测、单块抗渗检漏应在管片制作工场进行,使之符合规定;

②修补与清理:管片运到现场后,应由防水工检查管片的碰损,尤其是密封垫槽、螺孔密封圈槽、嵌缝槽的质量,有缺损或大气孔者必须修补平整。此外,还应用钢丝刷除去混凝土表面沾上的尘土、泥砂。

(2)防水材料。

①防水材料未经检验者,不得出厂;无合格证,不得使用。

②弹性密封垫和橡胶软木衬垫的检验应包括:

材料性能应定期在厂内抽样,制成试件,委托有关单位进行技术指标测试;

每20环,抽取“标准”“邻接”“封顶”各一条进行规格尺寸检测,检测应在制造厂内进行。另外,在施工中如果发现有尺寸差错者，应随时检出，集中退换。

所使用的的弹性密封橡胶垫与遇水膨胀橡胶密封垫的性能应符合有关规定。

③ 防水材料应按下列要求存放：

a. 框形密封垫出厂产品，应标明 B(标准)、L(邻接)、F(封顶)三种形式。

b. 框形密封垫在工地储料间应有规则、分类型堆放(包括楔形环密封垫，变形缝环密封垫以及加厚用橡胶带)；在粘贴前将密封垫置于 40～60 ℃ 的烘房，烘热整形 36h(烘房大小以能放 15 环密封橡胶为宜)，可避免密封垫挠曲、变形。

c. 橡胶软木衬垫板(包括纠偏用楔子料)分类存放；黏结剂应密封，干燥储存。

13.4.2　施工顺序。

衬砌接缝防水材料的施工顺序如图 14-36 所示。

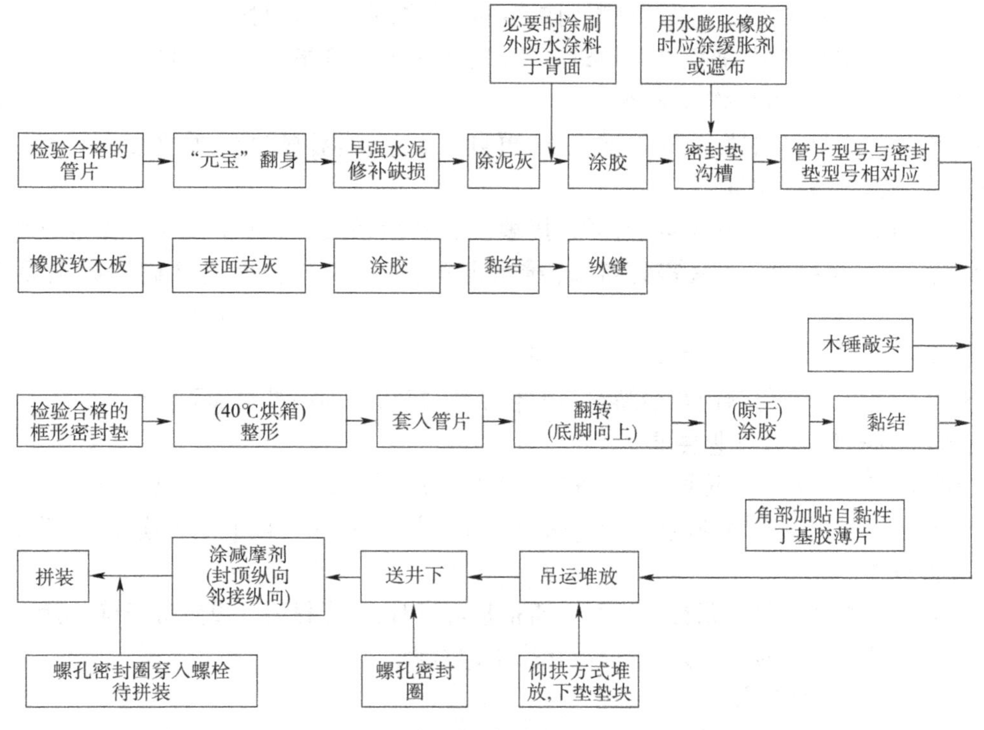

图 14-36　衬砌接缝防水材料的施工顺序

13.4.3　操作规程。

(1)弹性密封垫涂胶与黏结应注意：

①应使用已修补与清理好的管片。管片表面应干燥，雨天不得黏结施工。

②涂胶于管片密封垫沟槽，应满涂。

③涂刷工具可用油漆刀(刀头改制成呈锯齿状)。

④黏结剂储存桶开封后，因溶剂挥发变稠时，可加溶剂稀释。

⑤采用单面涂胶黏结法，即混凝土面单面涂胶，凉置一段时间(一般 10～15min，但随气温、湿度而异)，待手指接触不黏，即可直接对粘。

⑥在黏合前再次检查黏结面涂胶的均匀程度。

⑦管片 4 个角部的密封垫，既不得耸肩，又不得塌肩。

⑧整个密封垫表平面应在一个平面上，严禁歪斜、扭曲；管片在粘贴装设密封垫 12h 内，不得送井下拼装。

(2)橡胶软木衬垫板的操作规程与弹性密封垫的相似，但应注意：

①衬垫板与管片表面分别涂胶。此外,衬垫板可以点涂或对角线涂,黏结在管片上,不得脱胶、翘边、歪斜。

②需事先在螺孔位置的衬垫上开设大于螺孔的空洞,并正确就位黏合。

13.4.4 角部加强。

(1)在管片密封垫的角部位置,宜加贴自黏性丁基胶腻子薄片加强 T 字缝、十字缝接头防水。

(2)在使用水膨胀橡胶为密封垫时,其表面应涂刷缓膨胀剂,尤其拱底块密封垫表面必须涂刷两道缓膨胀剂。弹性密封垫涂刷缓膨胀剂后 12h 内,不应送井下拼装使用。

13.4.5 嵌缝作业。

(1)嵌缝作业的准备:

①清理嵌缝槽内污垢,检查作业范围内的嵌缝槽有无冒水、滴漏、慢渗,对前两种现象应堵漏止水,对有湿渍或慢渗的嵌缝槽,应采用潮湿面黏结的密封胶或膨胀密封胶。

②管片嵌缝槽如有碎裂、缺损,应予修补,其方法与密封垫沟槽的修补相同。

(2)未定型密封材料嵌缝作业的要求:

①如用密封胶类材料嵌填,应先涂冷底子,再自下而上、填塞密封胶,使之密实平整。嵌填作业用刮刀抹填或嵌缝枪嵌注均可。

②如于密封胶外加封加固材料,既可直接填塞于嵌缝槽面层,也可加封于嵌缝槽两侧。加封材料宜为聚合物水泥砂浆、环氧密封膏、纤维水泥等,并应于结合面先涂刷混凝土界面处理剂处理。

③拱顶部的外封加固材料应能速凝,以免坠落。

④水膨胀腻子类密封材料应与控膨材料配合使用,槽口必须用外封加固材料。

(3)定形密封材料嵌缝作业要求:

①将预制成形的材料嵌入嵌缝槽,正确安设就位。应用木槌击入,使之紧密贴合。

②在环缝嵌缝槽内的密封条应无接头,密封条环缝与纵缝、段与段的结合应紧贴,必要时采用特殊十字接头密封件。

③在预制成形密封件靠扩张材料与嵌缝槽张紧密封时,扩张材料的设置应正确、密贴。

④采用泄水型的嵌缝时,应将泄水口设在排水沟附近。

(4)嵌缝作业的验收要求:

经过嵌缝施工的嵌缝槽与其两侧,不应再有任何滴漏和明显渗水;采用泄水型嵌缝时,允许渗漏水自密封材料端头泄水口引出,并排入排水沟。渗漏量应严格控制在设计要求范围内。

13.5 螺栓孔、注浆孔防水

13.5.1 管片上的螺栓孔应采用螺孔密封圈防水,密封圈的外形应与螺孔、螺栓相匹配,并有利于压密止水或膨胀止水。

13.5.2 螺栓孔防水应符合下列规定:

(1)管片肋腔的螺栓孔口应设置锥形倒角的螺孔密封圈沟槽。

(2)螺栓孔密封圈应采用合成橡胶、遇水膨胀橡胶制品。

(3)螺栓孔密封圈应压入密封圈沟槽,使密封圈与螺栓、螺孔混凝土压密贴。

13.5.3 封堵注浆孔的防水材料应满足下列要求:

(1)伸缩性好、不失水密性。

(2)能承受螺栓坚固力。

(3)有耐久性而且耐老化。

13.6　螺栓防水

13.6.1　螺栓等金属可用水泥封裹防腐蚀处理。

方法一：将全部螺栓用混凝土浇实封填于手孔中；

方法二：涂防锈漆，再加封水泥或再加封水泥并套塑料罩。

13.6.2　防锈漆的涂刷应按如下要求：

(1)应用钢丝刷或油漆刀铲(刷)除金属表面浮锈；除锈剂(或直接用带锈防锈漆)涂刷锈蚀金属件。

(2)在要求的间隔时间内，涂刷防锈漆，应根据规定的度数与干燥时间完成涂漆工序。

(3)用快凝微膨胀水泥严密包裹于金属件外；再套上特殊的塑料保护罩。

13.6.3　施工验收应符合如下要求：

(1)涂漆要充分，不得漏涂，少涂；

(2)水泥封堵包裹严密，不得有裂缝；

(3)塑料保护罩应垂直于螺孔混凝土基面，螺母、垫圈不得外露；

(4)螺栓防腐蚀作业可按图 14-37 所示顺序进行。

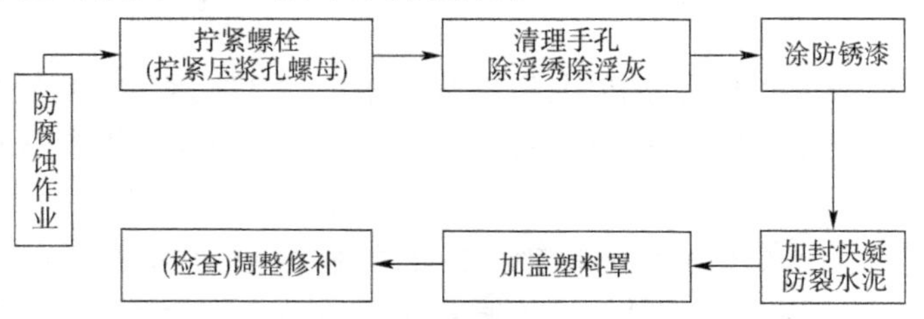

图 14-37　螺栓防腐蚀作业施工顺序

13.7　壁后注浆防水施工

13.7.1　注浆施工应根据设计并结合工程实际制定注浆方案。

13.7.2　注浆施工时，应根据现场试验进行参数调整和工艺完善，保证注浆效果。

13.7.3　注浆材料宜以水泥系材料为主，浆液配合比应经现场试验确定。

13.7.4　注浆过程中应做好注浆记录(如注浆环号、孔位、深度、浆液配合比、注浆压力、注浆量等)，注浆结束后应对注浆孔进行封堵密实。

13.7.5　注浆过程中应对注浆位置管片加强监控量测，当管片发生错台、开裂等异常情况时，可采取下列措施。

(1)降低注浆压力或采用间歇注浆，直至停止注浆。

(2)改变注浆材料或缩短浆液凝结时间。

(3)调整注浆位置。

本章条文说明

1.0.1 为了更好地推广应用城际铁路隧道工程防排水的有效经验和成果,适应我省现阶段城际铁路隧道建设的需要,故编定本章。

1.0.2~1.0.5 根据《关于印发〈铁路隧道设计施工有关标准补充规定〉的通知》(铁建设〔2007〕88号)精神,隧道防排水设计应采取"防、堵、截、排,因地制宜,综合治理"的原则,应进行环境评价,重视环境保护。对下穿江、河、城市及对环境有特殊要求的隧道,宜采取全封闭不排水的原则;对岩溶、高压水和适当排水不会影响环境的隧道,宜采取以堵为主,限量排放的原则;排水对环境确无影响时,宜采取排水的原则,并考虑排水措施的可维护性。

"防":即要求隧道衬砌结构具有一定的自防水能力,能防止地下水渗入,如采用防水混凝土或防水板等。

"堵":在隧道施工过程中,有渗漏水时,可采用注浆、喷涂等方法堵住;运营后渗漏水地段也可采用注浆、喷涂,或用嵌填材料、防水抹面等方法堵水。

"截":隧道顶部如有地表水易于渗漏处所或有坑洼积水,应设置截、排水沟和采取清除积水的措施。

"排":即隧道应有排水设施并充分利用,以减少渗水压力和渗水量,但必须注意大量排水后对周围环境引起的后果,如地层细颗粒流失、降低围岩稳定性及造成当地农田灌溉和生活用水困难等,应事先妥善处理。

隧道防排水工作,应结合水文地质条件、施工技术水平、工程防水等级、材料来源和成本等,因地制宜,选择适宜的方法,以达到"防水可靠,排水通畅,线路基床底部无积水,经济合理的目的"。

随着科学技术的发展,隧道工程防排水的新材料、新工艺、新技术也不断出现,只要是符合国家现行标准,满足设计要求,经实践检验质量和性能可靠的,都可以使用。城际铁路隧道防排水材料的选用应符合环保无毒的要求,排水盲管(沟)、缓冲层、防水板、止水条、止水带、背衬材料、嵌缝材料等在长期使用中不允许有毒(害)物质滤出。

3.2 隧道洞口处的截水沟、排水沟、施工便道的走向往往有多种方案可供选择,应结合地形条件选择对地面植被破坏最小、排水畅通的方案。

4.1.3 水泥系注浆材料宜选用强度等级不低于32.5R的水泥。使用水泥-水玻璃浆液时,应掺入增加耐久性的外加剂,以提高浆液的后期强度,其他浆液材料应符合有关规定。单液水泥浆性能的调整方式如下:

(1)调整水泥浆液的凝胶时间:浆液中可掺入氯化钙、水玻璃等促凝剂;

(2)为提高浆液稳定性和可灌性,可掺分散剂或悬浮剂(膨润土、甲基纤维素、羟乙基纤维素、聚乙烯醇、聚丙烯酸及基盐类等);

(3)为控制水泥浆液扩散范围,提高注浆堵水效果,可在水泥浆液中掺加速凝剂或早强剂;

(4)为降低浆液在含水层中的稀释率,改善浆液的强度,可在水泥浆中掺入一定的增强型防水剂,使浆液水化物质呈胶状且在输浆管内承压后不脱水,以加大单液水泥浆的黏度与胶凝时间的可调范围;

(5)注浆前应对浆液的配合比、工艺流程进行现场试验合格后再施工。

4.2.2-(3) 深孔预注浆段越长,连续开挖段相应也越长,工期会越短,但钻孔越深,钻孔速度相应越低,进度会减慢。因此,合理确定注浆段长度是加快注浆进度,迅速渡过不良地质地段的关键。选择预注浆的段长,不仅要考虑工程地质和水文地质条件,主要应把相同孔隙率或裂隙宽度的地层放在同一注浆段内,以便浆液均匀扩散,而且要考虑工作实际,不使成本增大过多,还需要考虑钻孔

时间，充分发挥钻机效率，缩短工程建设工期。

4.2.2-(4) 如量测静水压力有困难时，可参考下列经验公式确定最大设计压力，并根据注浆试验结果进行修正：

地表注浆 $$P=(0.2\sim0.5)H_1 \tag{14-1}$$

洞内注浆 $$P=(0.2\sim0.5)H_1K \tag{14-2}$$

式中：P——注浆设计压力，MPa；

K——洞内修正系数，宜取1.2～2.0；

H_1——孔口至静水位高度，m。

注浆压力是浆液在裂隙中扩散、充填、压实、脱水的动力。注浆压力太低，浆液扩散范围有限，不能充填裂隙。注浆压力太高，会引起裂隙扩大，岩层移动和抬升，浆液易扩散到预定注浆范围以外，造成浪费。特别在浅埋隧道，会引起地表隆起，破坏地面设施，造成事故。因此，合理选择注浆压力是注浆成败的关键。

4.2.2-(5) 预注浆的注浆方式一般分为：前进式注浆、后退式注浆、综合注浆、全孔一次性注浆、群孔一次性注浆等。

4.2.2-(6) 钻孔精度是注浆效果好坏的关键，因此，要尽量保证开孔偏差和钻孔偏斜率在允许范围以内。

4.2.2-(8) 注浆结束压力控制在使泵压达到预定值时会自动停泵，不致发生超压。如注浆过程中出现较大的跑浆，经间歇注浆后达到或接近终压也可结束注浆。整治涌水突泥时，其终压值根据客观条件的变化，可选择合理的上限值和下限值与导坑突水量作为结束注浆的条件。

4.2.3 按试验孔压水流量选择注浆材料及浆液浓度，具体见说明表14-1。注浆孔吸水率与浆液起始浓度关系见说明表14-2。

按试验孔压水流量选择注浆材料及浆液浓度 说明表14-1

项　目	试验注浆孔的压水流量(L/min)				
	50～100	100～200	200～500	500～1000	>1000
浆液类型	单液水泥浆	单液水泥浆	水泥－水玻璃浆	水泥－水玻璃浆	水泥－水玻璃浆
水灰比	1:1～0.8:1	0.8:1～0.6:1	1:1～0.8:1	0.6:1～0.8:1	0.6:1
水泥外加剂用量(%)	氯化钙3%～5%或水玻璃3%～5%或三乙醇胺0.05%及食盐0.5%				
水玻璃浓度(Be′)			35～40	35	30～35
水泥浆与水玻璃体积比			1:1～1:0.8	1:0.8～1:0.6	1:0.6～1:0.3
凝固时间(min)	300～400		2～3	1～2	<1

注：1. 本表根据《锚固与注浆技术手册》(中国岩土力学与工程学会岩石锚固与注浆技术专业委员会)编定。

2. 本表适用于裂隙含水岩层。

3. 水灰比为重量比，外加剂用量为占水泥重量的百分率。

4. 浆液浓度为起始浓度，可在注浆过程中根据实际情况调整。

5. 破碎岩层无水时，采用水泥浆掺入外加剂的浆液较适宜，水灰比多为0.6:1～0.8:1。

6. 当处理断层破碎带，地下水流速很大时，则宜先注入惰性材料，如中、粗砂或岩粉等，以充填过水通道，增加浆液流动阻力，减少跑浆，然后注入水泥－水玻璃双液浆堵水。

注浆孔吸水率与浆液起始浓度关系　　说明表 14-2

钻孔吸水率[L/(min·m·m)]	浆液起始浓度(水灰比)	钻孔吸水率[L/(min·m·m)]	浆液起始浓度(水灰比)
0.01~0.1	8:1	3.0~5.0	1:1
0.1~0.5	6:1	5.0~10.0	0.5:1(加掺合料)
0.5~1.0	4:1	>10	0.5:1(加掺合料)
1.0~3.0	2:1		

注:其他浆液起始浓度可参考水泥浆液起始浓度试验确定。

为防止压注速度过大造成上压过快返浆、漏浆等现象,影响注浆质量,因此需要先确定注浆孔的吸水率。吸水率为单位时间内每米钻孔在每米水压作用下的吸水量,可通过压水试验按下式计算:

$$q = \frac{Q}{H \cdot h} \tag{14-3}$$

式中:q——钻孔吸水率,L/(min·m·m);

Q——单位时间内钻孔在恒压下的吸水量,L/min;

H——试验时所使用的压力,10kPa;

h——试验钻孔长度,m。

如用某浓度级水泥浆液注浆过程中,吸浆率约为吸水率的80%~85%时,可认为浓度适宜;注浆压力保持不变,吸浆量随注浆时间延长逐渐减少时,或当吸浆量不变而压力却逐渐升高时,均属于浓度适中,不需改变浆液浓度;如果连续压入20~30min后,注浆压力和吸浆量均无改变或改变不大,即可换用较浓一级的浆液。

如遇有冒浆或岩层破碎带、大裂隙、岩溶发育地层时,应越级加浓或采取间歇注浆、水泥-水玻璃注浆等措施。在岩溶发育的石灰石岩层注浆,浆液浓度可参考说明表14-3进行选择。

石灰石岩层浆液起始参考浓度　　说明表 14-3

钻孔吸水率[L/(min·m·m)]	<0.1	0.1~0.5	0.5~1.0	>1:0
浆液起始浓度(水灰比)	>4:1	4:1~2:1	2:1~1:1	<1:1

4.2.4　注浆是用压送设备将具有胶结性的浆液通过注浆孔有目的地注入含水地层中,浆液以填充、渗透、挤密和劈裂等形式,使其扩散、膨胀、胶凝或固化,以充填岩石裂隙或挤出孔隙中的水分和空气后占据其位置。浆液将裂隙胶结成一个整体,形成一个防水性能高和稳定性良好的"结石体",从而提高围岩的抗渗性能,防止开挖时涌水,改善地下工程的施工条件。

按注浆的目的选择浆液材料见说明表14-4。

按注浆的目的选择浆液材料　　说明表 14-4

注浆目的	工艺技术	浆液类别
基岩防渗	渗透及脉状注浆	水泥浆、聚氨酯浆、AC~MS浆、水泥砂浆
回填注浆	渗透、挤密注浆	水泥浆、水泥砂浆
堵水注浆	渗透及脉状注浆	水泥-水玻璃浆、水玻璃浆、聚氨酯浆、AC~MS浆
预注浆	渗透及脉状注浆	水泥浆、水泥-水玻璃浆

注浆材料的品种很多,且某种材料不可能符合本节中所有条件,因此必须根据工程地质和水文地质情况、注浆目的、注浆工艺、成本和设备等因素综合考虑,合理选用注浆材料。本节强调合理选用,不一定非要全部满足条文规定的原则,而应结合工程实际有所侧重考虑。

按地质条件及施工对象选择注浆材料见说明表14-5。

按地质条件及施工对象选择注浆材料　　说明表 14-5

<table>
<tr><th>地质条件</th><th>施工对象</th><th>堵水</th><th>充填</th><th>防渗</th><th>备注</th></tr>
<tr><td rowspan="2">岩层</td><td>> 0.1mm 裂隙</td><td>单液水泥浆、
水泥－水玻璃浆</td><td rowspan="2"></td><td rowspan="2"></td><td rowspan="2"></td></tr>
<tr><td>< 0.1mm 裂隙</td><td>丙烯酸</td></tr>
<tr><td colspan="2">特殊地质条件(破碎带、断层、溶洞等)</td><td colspan="2">集料＋单液水泥浆、集料＋水泥－水玻璃浆、单液水泥浆、水泥黏土浆、水泥－水玻璃浆</td><td></td><td>根据地层内有无充填及空洞大小选择集料</td></tr>
<tr><td rowspan="2">混凝土
二次衬砌</td><td>壁内</td><td colspan="2">丙烯酸、聚氨酯类(如裂隙较大,也可用水泥－水玻璃浆)</td><td rowspan="2">丙凝</td><td>大裂缝用水泥浆</td></tr>
<tr><td>壁后</td><td colspan="2">单液水泥浆、水泥－水玻璃浆等</td><td>小裂缝用化学浆</td></tr>
</table>

常用注浆材料的特点及适用范围如下。

(1)单液水泥类浆液。

以水泥或在水泥中加入一定量的附加剂为原材料,用水配制成浆液。附加剂为分散剂、悬浮剂,如水玻璃、氯化钙、三乙醇胺(速凝早强作用)和氯化钠等复合附加剂。

单液水泥类浆液属于颗粒性材料,适用于注浆量大的预注浆及裂隙宽度大于 15mm 的围岩注浆。

单液水泥浆的特点为:水泥作为注浆材料,来源丰富,价格便宜;浆液结石体强度较高,一般 28d 的抗压强度为 5～25MPa,抗渗性能好。采用单液方式注入,工艺及设备简单,操作方便;由于水泥是颗粒材料,可注性差;浆液凝固时间长,不能准确控制;浆液在动水情况下容易流失,结石率较低,并且易析水沉淀。

(2)水泥－水玻璃双液浆。

水泥－水玻璃浆液是以水泥和水玻璃为主剂,两者按一定的比例,采用双液方式注入,必要时加入速凝剂和缓凝剂所形成的注浆材料。这种浆液克服了单液水泥浆的凝结时间长且难以控制、动水条件下结石率低等缺点,提高了水泥注浆的效果,扩大了水泥注浆的范围。适用于隧道大涌水、突泥封堵及岩溶流塑粒土的劈裂固结,在地下水流速较大的地层中采用这种混合型浆液可达到快速堵漏的目的;也可用于防渗和加固注浆,它是隧道施工中的主要浆材。

水泥－水玻璃浆液特点为:浆液可控性好,凝胶时间可准确控制在几秒至几十分钟范围内;浆液凝结后的结石率高;材料来源丰富、价格便宜;结石体易粉化。该浆液适宜于 0.2mm 以上裂隙及 1mm 以上粒径的砂层使用。

(3)超细水泥浆液。

由极细的水泥颗粒组成,中粒径小于 4μm 的颗粒占 50%,而其他水泥粒径小于 4μm 不足 10%。超细水泥浆液的特性为:在同样水灰比的情况下,超细水泥浆液的黏度比普通水泥和胶体水泥浆液都低;超细水泥浆液比其他水泥浆液具有较好的稳定性;浆液结石强度高。超细水泥颗粒有较高的化学活性,能够较好地凝结硬化,获得高的早期和后期强度。龄期 3d 强度可达 25MPa 以上;凝胶时间可准确控制在几十秒至几十分钟范围内调节;浆液的可注性较好。

(4)聚氨酯浆液。

聚氨酯浆液分为非水溶性聚氨酯浆液和水溶性聚氨酯浆液。

非水溶性浆液由多异氰酸酯和多羟基化合物聚合而成,只溶于有机溶剂,不溶于水。其特点是:浆液相对密度 1.036～1.125,遇水开始反应,因此不易被地下水冲稀或冲失,可用于岩层裂隙细微、压不进去或涌水大、流速大的动水条件下堵漏,止水效果好。浆液遇水反应时发泡膨胀,进行二次渗透,扩散均匀,有较大的扩散半径和凝固体积比,注浆效果好。结石体抗压强度高,抗渗性能好。浆液黏度低,可注性好,可与水泥注浆相结合;采用单液系统注浆,工艺设备简单。浆液受外部的水或水汽影响较大,甚至浆液本身含有的微量水也可使体系发泡,所以存放、使用都需十分注意。预聚体稳定性差,要密闭保存,避免污染环境。发泡体积受外界压力影响;外压大,发泡体积小;外压小,发泡体积大。注浆后,管路、设备需用丙酮、二甲苯等溶剂清洗。

水溶性浆液是由预聚体和其他外加剂所组成,具有亲水性。其特点是:浆液相对密度1.10,黏度约为0.1Pa·s,浆液能均匀地分散或溶解在大量水中,凝胶后形成包有大量水的弹性体。浆液的凝胶时间可以根据催化剂或缓凝剂的用量在几分钟到几十分钟之间调节,凝胶体的抗压强度与包水量有关。结石体的抗渗性能好,可用于地下工程的防渗堵漏。

4.2.6 进行后退式分段注浆时,首先将止浆塞及其他配套装置放入注浆管中,对底部一个注浆分段段长进行注浆施工,第一分段注浆完成后,将止浆塞恢复到原状,后退一个分段长度进行第二分段注浆,如此循环,直到将整个注浆段完成。止浆塞应采用富于弹性且耐磨性能好的橡胶制作,止浆塞直径应小于钻孔直径的2~4mm,长度为100mm,并能承受注浆终压的要求,必要时可多个止浆塞合并使用。

4.5 城际铁路隧道的初期支护为永久性结构,长期渗水将减弱其结构强度,此外为了保证二次衬砌的施工质量,也必须对初期支护大面积渗漏水进行治理。

当地层裂隙不太发育时,钻孔后下入注浆花管就可以进行径向注浆;当地层裂隙比较发育时,宜采用TSS管,以减少或防止注浆施工中串浆的发生,从而提高径向注浆加固效果。

径向注浆压力定为1~1.5MPa,是对于水量和水压不大的情况,如果涌水压力很大,则要根据注浆试验确定。

4.6.3 回填注浆时间的确定,是以衬砌是否承受回填注浆压力作用为依据的,避免结构过早受力而产生裂缝。因此,回填注浆应在衬砌混凝土达到设计强度70%后进行。

5.3.2 排水泵站的设置及集水坑的有效容积设计等,与隧道消防排水、汛期雨水等有密切关系,应注意相关专业的验收要求和规定。

5.4 采用钻孔排水时,应着重对静水压力、涌水量进行调查分析,在水压力较高(大于2MPa)时,应特别注意对现场施工人员人身安全的保护,不允许施工人员站在正对孔口的位置,防止高压水冲出伤人;当涌水量大时,为了现场施工人员能尽快撤离,非钻孔施工人员必须撤出现场。

5.5.2 水量、水压较大时可采用泄水洞排水,但应满足以下条件:

(1)洞内涌水与地表直接连通,受天气影响明显。表现为一旦下大雨,洞内水量急剧增加,雨停后,水量很快减小。

(2)高压富水地区,出水通道的位置和方向能够确定。

(3)长期排水不会对当地居民的生产、生活造成大的影响。

5.6.1 当特殊洞室作为隧道的永久排水洞、通风洞或其他用途时,其防排水应按照使用要求处理。

6.1.1 降低地下水水位的方法主要有集水明排和井点降水两类,降水方法及其适用范围见说明表14-6。集水明排是指在基坑中开挖集水井和集水沟,用泵将水从集水井中抽出从而疏干基坑的方法。分层挖土时,随着挖土面的下移,需在新的开挖面上重挖集水井和集水沟。该方法适合于弱透水地层中的浅基坑,尤其是在基坑环境简单、含水层较薄,降水深度较小的情况下,采用集水明排是比较经济的。井点降水是通过对地下水施加作用力,利用带有过滤器的井管埋入含水层中,从管中抽取地下水,从而达到降低地下水位的目的。根据施加作用力的方式以及抽水设备的不同,井点降水有轻型井点、喷射井点、电渗井点、管井井点和深井井点等。其中,轻型井点主要适用于地下水水位较高,一级井点降水深度为3~6m,二级井点降水深度为6~9m,多级可至12m。喷射井点在设计时其管路平面布设和立面布设与轻型井点基本相同。基坑面积较大时，采用环形布设。基坑宽度小于10m时采用单排线型布设；大于10m时可作双排布设。喷射井点间距一般为2～3.5m。当采用环形布设时，进出口（道路）处的井点间距可扩大为5～7m。电渗井点阴极布设与轻型井点布设或喷射井点布设相同，阳极布设在阴极与基坑上缘之间。阴、阳极之间的距离，当采用轻型井点时，为0.8～1.0m；采用喷射井点时，为1.2～1.5m。阴、阳极的数量宜相等，必要时阳极数量可多于阴极数量。管井井点系统根据基坑平面形状或沟槽宽度，以及所需降水深度，沿基坑四周呈环形或沿基坑（或沟槽）两侧呈直线形布设，井点一般沿基坑周围距开挖边坡上缘为1.0～2.0m，井距可以通过计算得到，一般为15～25m。环境要求高，有隔水帷幕（或连续墙），采用坑内降水，一般用管井（深井）井点效果好。管井（深井）井点布设在坑内，按棋盘点状布置，井距可通过计算得到，一般为10～20m左右。需要注意的是：坑内降水，既要满足降水要求，即降水后坑内水位要低于基坑底以下0.5～2m，又要不低于基坑周边隔水帷幕底高程，一般应使降低后坑内水位在隔水帷幕底高程上方2m左右。

降水方法及适用范围　　说明表14-6

降水方法		适用地层	渗透系数(cm/s)	降水深度(m)
集水明排		含薄层粉砂的粉质黏土、黏质粉土、砂质粉土、粉细砂	$1\times10^{-7}\sim2\times10^{-4}$	<5
井点降水	轻型井点 多级轻型井点	同上	$1\times10^{-7}\sim2\times10^{-4}$	<6 6～10
	喷射井点	同上	$1\times10^{-7}\sim2\times10^{-4}$	8～20
	电渗井点	黏土、淤泥质黏土、粉质黏土	$<1\times10^{-7}$	根据选用的井点确定
	管井(深井)	含薄层粉砂的粉质黏土、砂质粉土、各类砂土、砾砂、卵石	$>1\times10^{-6}$	>10
	砂(砾)渗井	含薄层粉砂的粉质黏土、黏质粉土、砂质粉土、粉土、粉细砂	$>5\times10^{-7}$	根据下伏导水层的性质及埋深确定

对于地下水水位以下的土层为一般均匀性的、较厚的、自由排水的砂性土，则用普通井点系统或单井群井均可有效降水；若为成层土或黏质砂土时，则需采用滤网并适当缩短井点间距，同时还应采用井外的砂粒倒滤层。当基坑底下有一薄层黏土，且下面为砂层，则需考虑采用将喷射井点或深井打入该砂层，用以减除下层的水压力，以免基底隆起或破坏。

6.1.2　降水施工方案主要适用于以下情况与条件：

(1)地下水水位较浅的砂石类或粉土类土层；

(2)周围环境容许地面有一定沉降；

(3)止水帷幕密闭，坑内降水时坑外水位下降不大；

(4)采取有效措施，足以使邻近地面沉降控制在允许值以内；

(5)具有地区性的成熟经验，证明降水对周围环境不产生大的不良影响。

6.2.1　洞内轻型井点降水是将一系列井点管埋设于洞内开挖底面以下的地层中，并将这些井点都连接到抽水总管，用真空泵（射流泵）和水泵将地下水抽出，以降低地下水水位，使开挖面处保持干燥或少水状态，改善施工条件，加快施工速度。洞内轻型井点降水主要适用于渗透系数为0.1～80m/d的砾砂、粗砂、中砂及细砂层等地层，其降低地下水水位的深度受诸多条件限制，尤其受设备限制，一般单层井点系统能降低地下水水位3～6m。井点的布设应根据施工方法及地下水水位的实际情况灵活选择，一般是在开挖上半断面时埋设井点。当大断面开挖，地下水水位在隧道中偏下位置时，或地下水虽在拱顶以上；但在开始施工阶段，通过竖井将水位已降到底部时，洞内降水方式多放在下半断面墙脚处，无论正台阶法施工或眼镜工法施工，这种布置方式是很合适的，详见说明图 14-1、说明图 14-2。

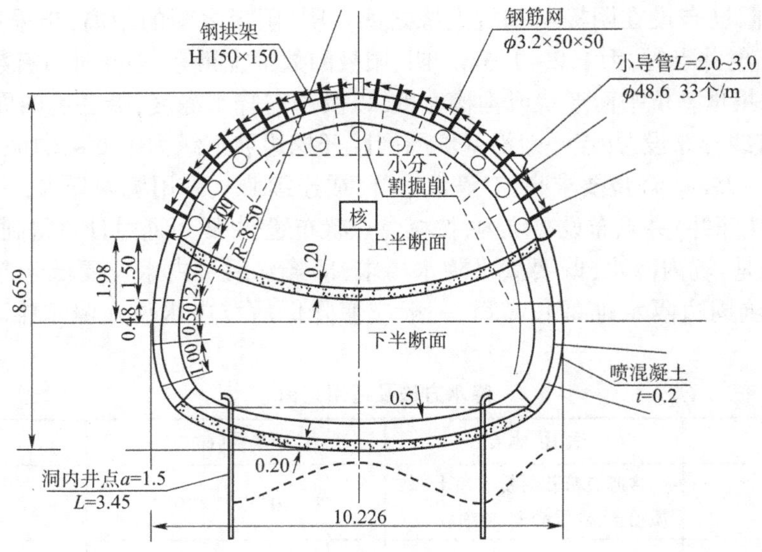

说明图 14-1　正台阶施工洞内井点降水图例(尺寸单位:m)

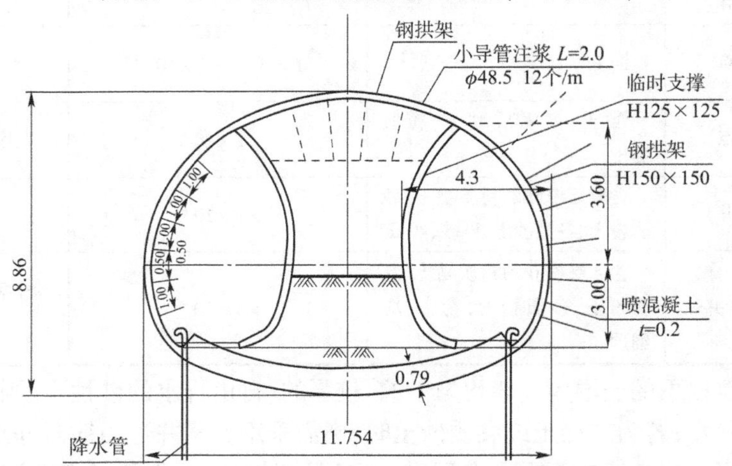

说明图 14-2　眼镜工法施工洞内井点降水图例(尺寸单位:m)

井点系统主要由井点、抽水总站和泵站等设备组成，其结构示意如说明图 14-3 所示。其中井点由滤管、喷嘴及井点管组成。

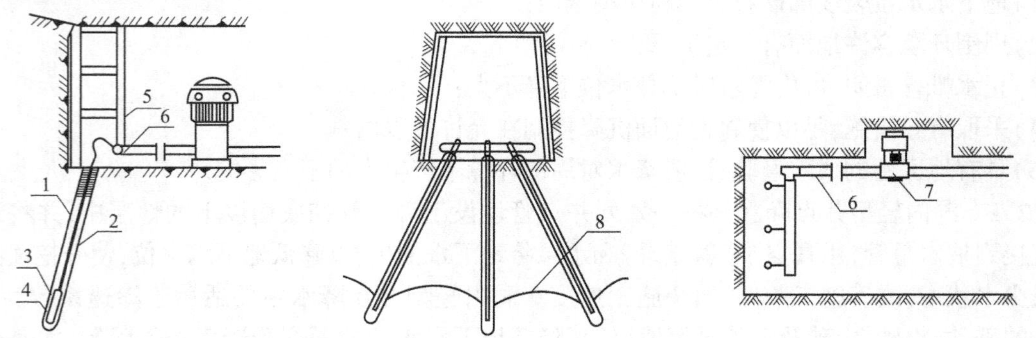

说明图 14-3　井点系统结构示意图

1-井点管；2-砂滤层；3-滤管；4-喷嘴；5-弯联管；6-抽水总管；7-泵站；8-降水曲线

井点系统的泵站设备种类很多,常用的有真空泵和射流泵两种。洞内轻型井点降水所需主要机具设备见说明表14-7。

井点降水主要机具设备 说明表14-7

名称	规格	单位	数量	备注
真空泵	SZZ型或SZB型	台	2	真空泵站用,备用1台
抽水泵	BA型	台	2	真空泵站用,备用1台下坡排水时不用
气水分离箱		台	1	真空泵站用
离心泵		台	2	射流泵站用,备用1台
射流器		个	2	射流泵站用,备用1台
水箱		个	1	
真空表		块	2	
水压表		块	2	
抽吸总管	ϕ150mm无缝钢管	m		根据需要配备
井管	ϕ25mm无缝钢管	根		每根长1m,根据要求配备
滤管	ϕ50mm无缝钢管,缠双层滤网	根		每根长1m左右,根据需要配备
喷嘴	内径50mm钢管加工	个		根据需要配备
阀门	1.6MPa	只		根据需要配备

对渗透性较差的细砂层等地层,在条件允许时,也可考虑采用洞内水平井点降水法。斜设井点采用水平钻机成孔,井点管选用Dg48钢管加工,总长度12~16m,其中滤管长度为4~8m。井点布设在隧道两侧边墙底部,纵向水平距离8~14m,斜设角度4.5°~24°,其相对位置如说明图14-4所示。

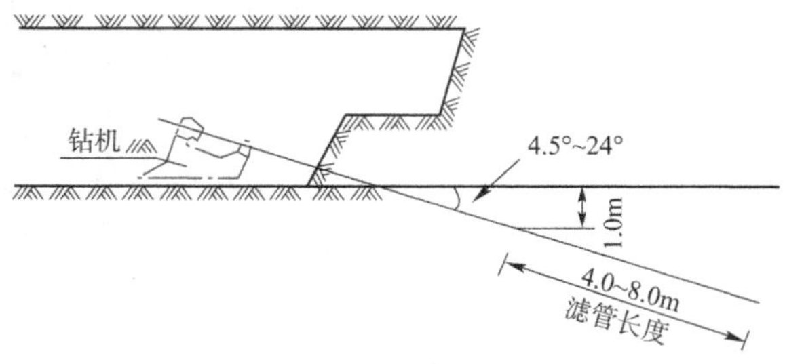

说明图14-4 洞内水平井点降水位置图

滤管和滤层是人工降水工作中一个十分重要的环节,良好的滤管和滤层既渗透性好,又能将土粒阻挡于滤层之外。反之,在真空和动水压力作用下,移动到滤层周围的细颗粒通过滤层和滤管不断地被抽汲,使抽出的水含泥砂量大,造成地基土流失,引起地面沉降。为了防止土粒随水流被抽汲带出,滤管、滤料和滤层厚度,均应按规定设置,并保证施工质量。滤网孔径应根据土的粒径来选择,下井管前必须严格检查滤网,发现破损或包扎不牢、不严密应及时修补。滤料粒径应根据土质条件确定,不宜太大,以免失去过滤作用。井点管上部1~5m范围内用黏土封孔,也可防止将土粒带出。

7.4.2 环向排水盲管的作用是在初期支护与塑料板防水层之间提供过水通道,并使地下水汇集到纵向排水管。当隧道初期支护表面有大面积渗漏水,可增设双根或多根排水盲管或塑料排水板,将水引入纵向排水盲管。

7.4.4 纵向排水盲管主要有两个作用:一是将环向排水盲管流下之水经其排至横向盲管;二是将防水层阻挡之水经纵向盲管上部透水孔向管内疏导。纵向排水盲管一般在防水板施作前安设,安设中应防止出现管身高低起伏不定,平面上出现忽内忽外的现象,避免造成纵向盲管淤塞导致排水不畅。纵向排水盲管在布设时应注意其细部构造,首先应用土工布将其包裹,使泥砂不得进入管内;其次,应用防水卷材将其半裹,使从上部流下之水在纵向盲管位置尽量流入管内。纵向排水盲管在整个隧道排水系统中是一个中间环节,起着承上启下的作用,施工中应注意检查与上部环向盲管的连接,由于两管一般采用简单搭接的连接方式,因此应避免两管之间被喷射混凝土隔断。另外,还应检查与横向排水盲管的连接(在设中心排水沟的情况下),两管一般采用三通管连接,三通管留设位置应准确,接头应牢固,防止松动脱落。

7.4.5 横向排水盲管位于衬砌基础的下部,布设方向与隧道轴向垂直,是连接纵向排水盲管与中心排水管(或侧沟)的过水通道。横向排水盲管通常为硬质塑料管,施工中先在纵向盲管上预留接口,然后在仰拱及填充混凝土施工前接长至中心排水管(沟)。

8.2.1 土工布是较常用的缓冲层材料,它能有效防止防水板被表面凹凸不平的基面损坏。因为大面积施工时很难做到基面平整、无坚硬凸起物,而要起到这一作用,土工布就必须有一定的厚度,故本条中规定了单位面积质量的最小限值。由于渗排水是要长期进行的,故要求土工布还应具有良好的渗水、过滤性能(即化学稳定性),能耐地下水(包括有腐蚀性的地下水)、微生物等的腐蚀。初期支护后,围岩仍在继续变形,因此也要求土工布有良好的弹性及物理力学性能,以适应这种变形。

8.2.2 防水板一般为工厂定型产品,具有厚薄均匀、质量稳定、施工方便和对环境无污染的优点。防水板的种类很多,有橡胶型、塑料型和其他化工类产品,幅宽从 2~4m 不等。以下列举国内经常使用的几种产品,供施工使用时参考。

EVA 系乙烯-醋酸乙烯共聚物,特点是抗拉及抗裂强度较大、相对密度小,具有突出的柔软性和延伸率较大的优点,施工方便,防水效果优良。

ECB 系乙烯-沥青共聚物,防水板厚 1.0~2.0mm,在奥地利、瑞士、意大利、韩国等国家的隧道中应用较多,其抗拉强度、延伸率、抗刺穿能力等性能均优于 EVA 和 PE,在有振动、扭曲等复杂环境下也能实现坚固的防水目的,但铺设稍难,造价也高。

8.3.1~8.3.3 防水板是隧道防水的重要屏障,其铺设质量直接影响防水效果。从隧道后期出现渗漏水情况来看,多为防水板破损所致。铺设防水板的基面应平整,无突出异物,这是保证铺设质量的首要条件,大面积施工时难以做到基面平整,所以,在防水板铺设前应用混凝土(或水泥砂浆)将凹坑喷平,并将其纳入施工、检验工序。基面处理可参考说明图 14-5~说明图 14-7 进行。

(1)钢筋网等凸出部分,先切断后用锤击,然后以水泥砂浆抹平(说明图 14-5)。

(2)有凸出的管道时,切断后用水泥砂浆抹平(说明图 14-6)。

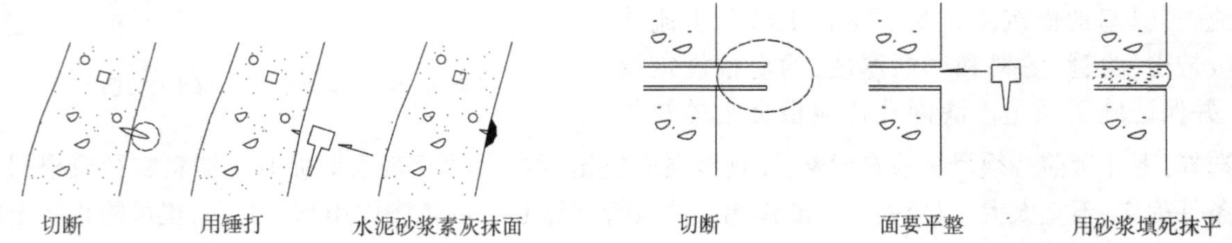

说明图 14-5　基面处理之一　　说明图 14-6　基面处理之二

(3)锚杆有凸出部位时,螺母顶预留 5mm 切断后,用塑料帽处理(说明图 14-7)。

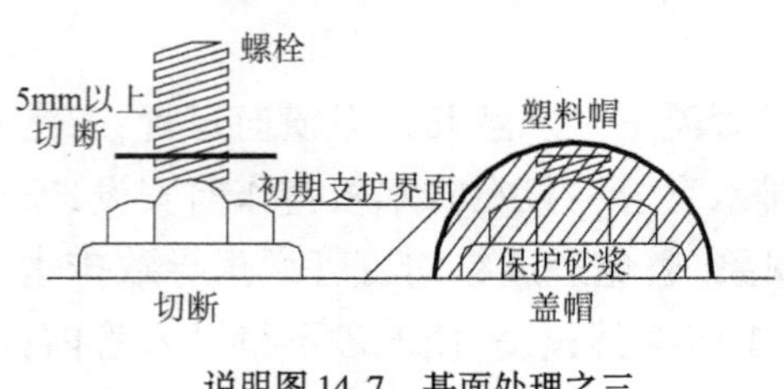

说明图 14-7　基面处理之三

8.3.4 根据近年来铁路、公路隧道施工经验,喷射混凝土的平整度只要达到规定的要求,铺设的防水板与混凝土喷层间的狭小缝隙,在浇筑二次衬砌时混凝土能够将其挤压密贴,不会形成地下水的通道。因此,为使喷射混凝土平整度达到本条要求,应对混凝土凹凸面进行修整(说明图 14-8)。

8.4.3 缓冲层的作用：一是防止初期支护基面的高低不平或突出物刺破防水板；二是有的缓冲层具有渗水、过滤性能，可将通过初期支护的地下水排走。目前可供选择的缓冲层材料主要有土工合成材料和 PE 泡沫塑料两种。土工合成材料俗称土工布，是用合成纤维材料经热压针刺以无纺工艺制作；PE 泡沫塑料是由化学交联、发泡制成的封闭孔式泡沫塑料，具有良好的弹性及物理力学性能。缓冲层铺设时，工程上一般采用射钉和热塑性垫圈相配套的机械固定方法，应用热塑性垫圈焊接固定塑料防水板，最终形成无钉孔铺设的防水层。

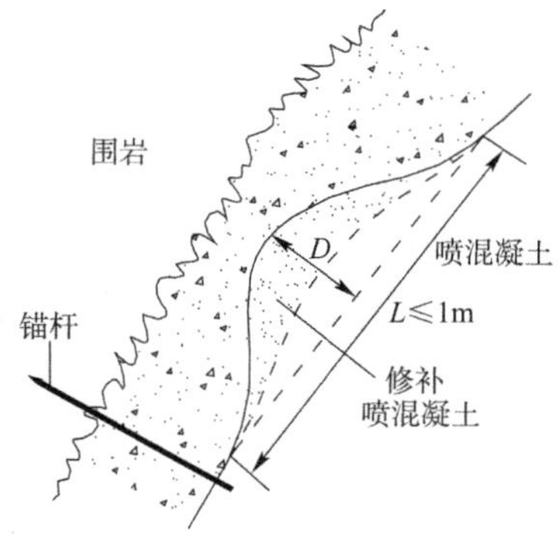

说明图 14-8 混凝土凹凸面表面修整

8.4.4 在铺挂土工布和防水板前，应对铺挂基面进行检查和修整。在铺挂台车前端，安装有与衬砌内轮廓一致的钢架和环形扶梯，供作业人员检查基面的平整度和轮廓尺寸。台车应设有不同高度的作业平台，便于及时处理基面的缺陷。土工布和防水板应配卷成与铺挂方法和断面相适的长度，放在台车的卷盘上。防水板宜由拱顶中心向两侧铺设，施工人员可同时进行施工互不干扰，且防水板的自重可分散到两侧而不致集中，有利于施工操作与安装固定，同时也便于相邻板间焊接牢固。但铺设时应注意留有铺挂余量，防止固定点间的防水板被绷紧形成“弦线”（建议拱部固定点间距为 40 ~ 50cm），导致浇筑二次衬砌时防水板与初期支护间形成空隙。防水板的伸缩支撑杆前应有与隧道开挖轮廓弧度相同的扇形支撑，不得采用点支撑。专用台车如说明图 14-9 所示。

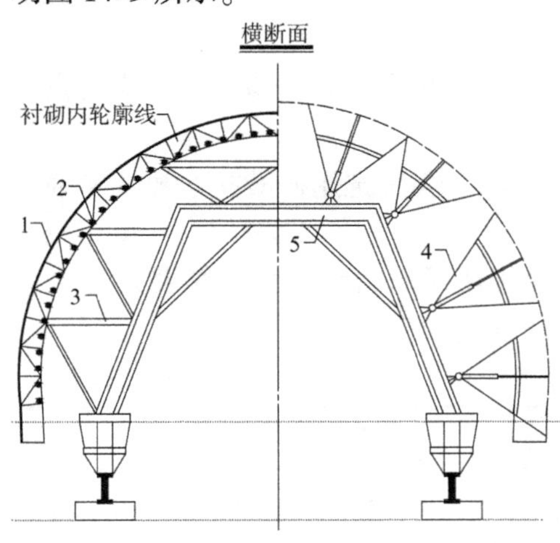

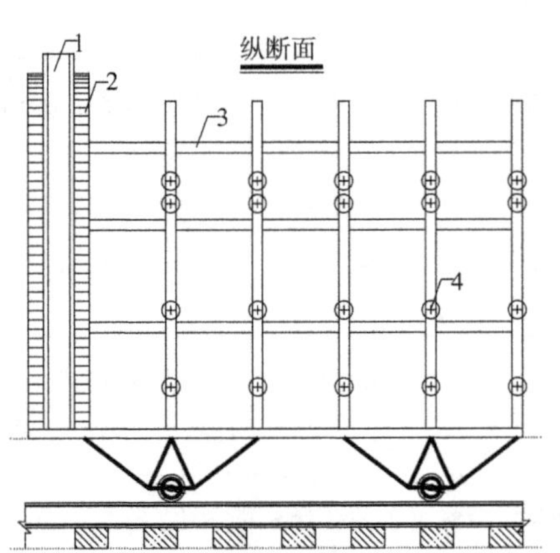

说明图 14-9 防水板铺挂专用台车示意图

1-衬砌内轮廓检测刚架；2-扶梯；3-作业平台；4-防水板扇形支撑；5-门架

8.4.8 防水板接缝较多，防水的关键取决于焊缝密封的程度。防水板的拼接应采用双焊缝工艺，焊接接缝处必须擦洗干净，用双焊缝焊机焊接。国内经常采用的是双焊缝自动热合技术，这种方法一方面能保证焊接质量，另一方面也便于充气检查。在焊缝搭接的部位焊缝必须错开，不允许有 3 层以上的接缝重叠。焊缝搭接处必须用刀刮成缓角后拼接，使其不出现错台。下层防水板压住上层防水板的规定，是为了使防水板外侧上部的渗漏水能顺利流下，不至于积聚在防水板的搭接缝处而形成隐患。

8.4.10 防水板和背后缓冲材的不燃性正在研究之中，目前难燃性的材料已经出现，不燃性的材料还没有开发出来。许多材料一旦发生燃烧会产生大量的烟灰一氧化碳，其中包括有害气体。因此，防水施工时，要采取有效措施避免洞内发生火灾。

8.5.1 防水板铺设质量检查：应先目测检验，然后采用充气法或负压检查法检验。

负压法检查防水板的焊接密封性在有条件时可采用。对于防水板手工焊缝处、结构转角处焊缝、不规则焊缝（如 T 形缝）和防水板由于钢筋焊接等造成的破损处修补等，可采用钟形罩负压检测方法对这些部位进行密封性检测。检测时必须根据焊缝形状、结构转角形状、防水板修补位置等，来选择适当形状的钟形罩（一般有 1/8 ~ 5/8 的球体形状可供选择），如说明图 14-10 所示。在需要检测的焊缝或修补处涂上检测液（一般为肥皂水），并将钟形罩放

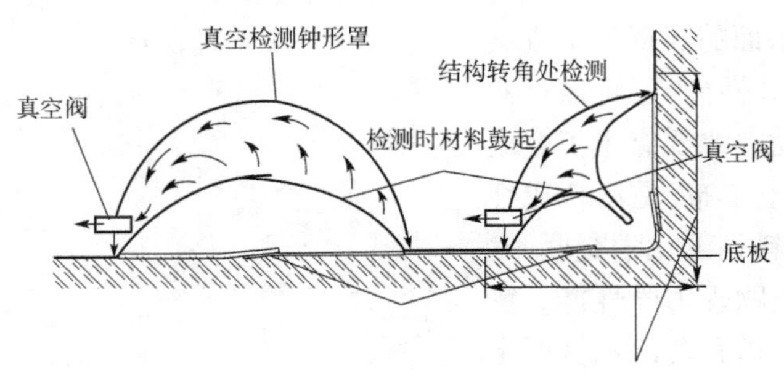

说明图 14-10 不同形状的钟形罩检测焊缝

在检测部位,然后用抽气筒进行抽气,直到压力达到 -0.05MPa,观察检测液是否有气泡,如果有气泡,表明此处防水板焊缝密封性不合格,需要进行再次修补直到检测合格;若保持负压超过 10min,而检测液不起泡,表明此处焊缝密封性合格。

9.1.1 二次衬砌防水混凝土的防水等级要求高,一些施工时无水的隧道(特别是明洞、浅埋地段),随着时间的推移和外界条件的变化,在运营期有可能发生渗漏。二次衬砌作为结构防水的最后一道防线,应采用防水混凝土技术。

9.1.3 防水混凝土包括普通防水混凝土、外加剂防水混凝土、掺和料防水混凝土和膨胀防水混凝土等。普通防水混凝土以调整配合比的方法,在普通混凝土基础上提高其自身的密实性和抗渗性;外加剂防水混凝土在混凝土拌合物中加入少量改善混凝土抗渗性的有机物或无机物,如减水剂、防水剂、引气剂等外加剂;掺和料防水混凝土在混凝土拌合物中加入少量的硅粉、磨细矿粉、粉煤灰等无机物,以增加混凝土的密实性和抗渗性;膨胀防水混凝土以膨胀水泥为胶结料,利用其水化过程中形成大量体积增大的结晶来改善混凝土的孔结构,提高其抗渗性能。随着混凝土技术的进步,现已由单一品种的防水混凝土改进为采用综合性多功能外加剂的掺入,来弥补单一品种防水混凝土的不足。

9.1.4 考虑施工现场与实验室条件的差别,实验室试配的防水混凝土其抗渗水压值应比设计要求提高 0.2MPa,以利保证施工质量和混凝土的防水性能。

9.2.1 混凝土用水泥根据隧道结构所处的环境条件和工程需要,宜选用硅酸盐水泥或普通硅酸盐水泥。水泥的强度等级应符合设计要求。

为确保隧道防水混凝土的抗渗等级及抗压强度,防水混凝土所采用的水泥强度等级宜为 42.5 级。水泥的技术要求的检验要求应符合说明表 14-8、说明表 14-9 的规定。

水泥的技术要求 说明表 14-8

序号	项目	技术要求	备注
1	比表面积	≤350m^2/kg(硅酸盐水泥、抗硫酸盐水泥)	按《水泥比表面积测定方法 勃氏法》(GB/T 8074—2008)检验
2	80μm 方孔筛筛余	≤10.0%(普通硅酸盐水泥)	按《水泥细度检验方法筛筛析法》(GB/T 1345—2005)检验
3	游离氧化钙含量	≤1.0%	按《水泥化学分析方法》(GB/T 176—2017)检验
4	碱含量	≤0.80%	
5	熟料中 C_3A 含量	非氯盐环境下≤8% 氯盐环境下≤10%	按《水泥化学分析方法》(GB/T 176—2017)检验后计算求得
6	氯离子含量	不宜大于 0.10%(钢筋混凝土)	按《水泥原料中氯离子的化学分析方法》(JC/T 420—2006)检验

注:1. 当集料具有碱-硅酸反应活性时,水泥的碱含量不应超过 0.60%。

2. C40 及以上混凝土用水泥的碱含量不宜超过 0.60%。

水泥的检验要求 说明表 14-9

序号	检验项目	检验要求					
		质量证明文件检查		抽样试验检验			
1	烧失量	√	按每一厂家、每一品种、每一批号检查供应商提供的质量证明文件。 施工单位;监理单位均全部检查	√	下列情况之一时,检验一次:①任何新选货源;②使用同厂家同批号、同品种水泥达3个月及出厂日期达3个月的水泥。施工单位试验检验;监理单位见证取样检测或平行检验		同厂家、同批号、同品种、同等级、同强度、同出厂日期且连续进场的散装水泥每500t(袋装水泥每200t)为一批,不足上述的数量时,也按一批计。施工单位每批抽样试验一次;监理单位平行检验或见证取样,检测的次数为施工单位抽样取样试验次数的10%或20%但至少一次
2	氧化镁	√		√			
3	三氧化硫	√		√			
4	细度	√		√		√	
5	凝结时间	√		√		√	
6	安定性	√		√		√	
7	强度	√		√		√	
8	碱含量	√		√			
9	助磨剂名称及掺量	√					
10	石膏名称及掺量						
11	混合材名称及掺量	√					
12	熟料 C_3A 含量	√					

注:"√"表示需要,余类同。

9.2.2 砂、石料质量控制和检验:

集料质量中最为重要的就是粗集料的粒形和级配,如果粒形和级配好,就可以在保证混凝土施工性能的前提下最大限度地减少用水量和浆体量,提高混凝土的强度和耐久性。集料的堆积密度和表观密度是集料级配的反映,堆积密度越大,则级配越好,空隙率越小。对粗集料而言,40%空隙率是最低要求。针、片状颗粒含量反映粗集料粒形的优劣,实践证明针片状颗粒含量最好不大于5%。

粗、细集料的含泥量多少直接影响防水混凝土的质量,尤其是对混凝土的抗渗性影响较大。特别是黏土快,其体积不稳定,干燥时收缩、潮湿时膨胀,对混凝土有较大的破坏作用,必须严格控制粗、细集料的含泥量。采用天然河砂配制混凝土时,砂中含泥量、泥块含量、云母、轻物质、有机物、硫化物及硫酸盐等有害物质含量应符合说明表 14-10 规定。

砂中有害物质限值 说明表 14-10

项目	<C30	≥C30
含泥量(%)	≤3.0	≤2.5
泥块含量(%)	≤0.5	
云母含量(%)	≤0.5	
轻物质含量(%)	≤0.5	
氯离子含量(%)	≤0.02	
硫化物及硫酸盐含量(折算成 SO_3)(%)	≤0.5	
有机物质含量(用比色法试验)	颜色不应深于标准色,如果深于标准色,则应按水泥胶砂强度试验方法进行强度对比试验,抗压强度比不应低于0.95	

细集料应采取砂浆棒法检验其碱活性,且砂浆棒的膨胀率应小于0.10%,否则应按标准要求采取技术措施,检验数量和方法应符合说明表 14-11 的规定。

细集料的检验要求 说明表 14-11

序号	检验项目	检验要求			
1	细度模数	√	下列情况之一时检验一次:①任何新选料源;②连续使用同料源,同品种、同规格细集料达一年。 施工单位试验检验,监理单位见证取样检测或平行检验	√	连续进场的同料源、同品种、同规格的细集料每 $400m^3$(或 600t)为一批,不足上述数量时也按一批计。施工单位每批抽样试验一次;监理单位平行检验或见证取样检验的次数为施工单位抽样试验次数的 10% 或 20%,但至少一次
2	吸水率	√			
3	含泥量	√		√	
4	泥块含量	√		√	
5	坚固性	√			
6	云母含量	√		√	
7	轻物质含量	√		√	
8	有机物含量	√		√	
9	硫化物及硫酸盐含量	√			
10	Cl^- 含量	√			
11	碱活性	√			

当粗集料为碎石时,碎石的强度应用岩石抗压强度表示,且岩石抗压强度与混凝土强度等级之比不应小于 1.5,若粗集料为卵石,卵石的强度可用压碎指标值表示,施工过程中碎石的强度可用压碎指标值进行控制。均应符合说明表 14-12 的规定。

粗集料的压碎指标(%) 说明表 14-12

混凝土强度等级	<C30			≥C30		
岩石种类	沉积岩	变质岩或深成的火成岩	火成岩	沉积岩	变质岩或深成的火成岩	火成岩
碎石	≤16	≤20	≤30	≤10	≤12	≤13
卵石	≤16			≤12		

粗集料的坚固性用硫酸钠溶液循环浸泡方法进行检验,试样经 5 次循环后,其重量损失率应符合说明表 14-13 的规定。

粗集料的坚固性指标 说明表 14-13

结构类型	混凝土结构
重量损失率(%)	≤8

粗集料的有害物质含量应符合说明表 14-14 的规定;

粗集料的有害物质含量(%) 说明表 14-14

项　目	有害物质含量
含泥量	≤1.0
泥块含量	≤0.25
针、片状颗粒总含量	≤10
硫化物及硫酸盐含量(折算成 SO_3)	≤0.5
氯离子含量	≤0.02
卵石中的有机质含量(用比色法试验)	颜色不应深于标准色,当深于标准色,则应按水泥胶砂强度试验方法进行强度对比试验,抗压强度比不应小于 0.95

粗集料应采用岩相法检验其矿物组成。若粗集料含有碱 – 硅酸反应活性矿物,其砂浆棒膨胀率

应小于0.10%，否则应按标准要求采取技术措施，粗集料的检验数量和检验方法应符合说明表14-15的规定。

粗集料的检验要求 说明表14-15

<table>
<tr><th>序号</th><th>检验项目</th><th colspan="4">检验要求</th></tr>
<tr><td>1</td><td>颗粒级配</td><td>√</td><td rowspan="13">下列情况之一时，检验一次：
①任何新选料源；
②连续使用同料源同品种，同规格、的粗集料达一年。
施工单位试验检验，监理单位见证取样检测或平行检验</td><td>√</td><td rowspan="13">连续进场的同料源、同品种、同规格的粗集料每400m³（或600t）为一批，不足上述数量时也按一批计。施工单位每批试验一次；监理单位平行检验或见证取样检测的次数为施工单位抽样试验次数的10%或20%，但至少一次</td></tr>
<tr><td>2</td><td>岩石抗压强度</td><td>√</td><td></td></tr>
<tr><td>3</td><td>吸水率</td><td>√</td><td></td></tr>
<tr><td>4</td><td>空隙率</td><td>√</td><td></td></tr>
<tr><td>5</td><td>压碎指标</td><td>√</td><td>√</td></tr>
<tr><td>6</td><td>坚固性</td><td>√</td><td></td></tr>
<tr><td>7</td><td>针、片状颗粒含量</td><td>√</td><td>√</td></tr>
<tr><td>8</td><td>含泥量</td><td>√</td><td>√</td></tr>
<tr><td>9</td><td>泥块含量</td><td>√</td><td>√</td></tr>
<tr><td>10</td><td>硫化物及硫酸盐含量</td><td>√</td><td></td></tr>
<tr><td>11</td><td>Cl^-含量</td><td>√</td><td></td></tr>
<tr><td>12</td><td>有机质含量（卵石）</td><td>√</td><td>√</td></tr>
<tr><td>13</td><td>碱活性</td><td>√</td><td></td></tr>
</table>

9.2.3 防水混凝土添加外加剂是提高防水混凝土质量的一个重要手段，用于隧道衬砌防水混凝土外加剂的技术性能应符合国家或行业标准一等品级以上的质量要求。

混凝土外加剂种类较多，且均有相应标准。使用时其质量及技术指标应符合国家现行标准及行业标准的规定。外加剂的检验项目、方法和批量应符合相应标准的规定。

根据调查由于混凝土施工质量差，对混凝土耐久性重视不够，许多隧道工程建成后几年就出现钢筋锈蚀、混凝土开裂、渗漏水严重。因此做好混凝土耐久性的防护工作已可不容缓。通常混凝土浇筑后达到抗渗的要求很容易，但是渗漏水的现象依然存在，其原因大多数是由于裂缝控制不利造成渗漏。因此，控制裂缝产生是保证混凝土自防水以及耐久性能的重要环节。为改善混凝土的抗裂性，需要控制硅酸盐水泥中的C_3A含量，而且C_3S的含量不宜过高。除此之外，近几年广泛用于城市地铁二次衬砌混凝土抗裂防水技术的新材料较好地解决了裂缝控制及防渗的问题，尤其是在隧道二次衬砌防水混凝土这种大体积混凝土的浇筑过程中，单靠控制水化热的措施不足以保证控制裂缝的产生，比较有效的做法是掺加CSA抗裂防水剂，这种复合外加剂引入了堵塞混凝土毛细孔、增强密实功能、补偿"硬化后的收缩"等新概念，该项技术在大体积混凝土浇筑中应用后能够控制裂缝产生，提高混凝土衬砌自防水的能力，效果明显，在长大输水隧洞二次衬砌混凝土中推广应用取得了成功，可以在城际铁路隧道中推广使用。

外加剂的性能应满足说明表14-16的要求。

外加剂的技术要求 说明表14-16

序号	项目	指标
1	水泥净浆流动度（mm）	≥240
2	硫酸钠含量（%）	≤10
3	Cl^-含量（%）	≤0.2
4	碱含量（$Na_2O+0.658K_2O$）（%）	≤10.0

续上表

<table>
<tr><th>序　号</th><th colspan="3">项　目</th><th colspan="2">指　标</th></tr>
<tr><td>5</td><td colspan="3">减水率(%)</td><td colspan="2">≥20</td></tr>
<tr><td>6</td><td colspan="3">含气量　(%)</td><td colspan="2">用于配制非抗冻混凝土时≥3.0
用与配制抗冻混凝土时≥4.5</td></tr>
<tr><td>7</td><td colspan="3">坍落度保留值(用于泵送混凝土)(%)</td><td colspan="2">30min,≥180;60min,≥150</td></tr>
<tr><td>8</td><td colspan="3">常压泌水率比%</td><td colspan="2">≤20</td></tr>
<tr><td>9</td><td colspan="3">压力泌水率比(用于泵送混凝土)(%)</td><td colspan="2">≤90</td></tr>
<tr><td>10</td><td colspan="3">抗压强度比(%)</td><td>3d,≥130</td><td>28d,≥120</td></tr>
<tr><td>11</td><td colspan="3">对钢筋锈蚀作用</td><td colspan="2">无锈蚀</td></tr>
<tr><td>12</td><td colspan="3">收缩率比(%)</td><td colspan="2">≤135</td></tr>
<tr><td>13</td><td colspan="3">相对耐久性指标 200 次(%)</td><td colspan="2">≥80</td></tr>
<tr><td>14</td><td colspan="3">预应力混凝土 Cl⁻ 含量(%)</td><td colspan="2">0.06</td></tr>
<tr><td rowspan="4">15</td><td rowspan="4">限制膨胀指标</td><td rowspan="2">补偿收缩
(抗裂防水混凝土)</td><td rowspan="2">限制膨胀率
($\times 10^{-4}$)</td><td>水中 14d</td><td>≥1.5</td></tr>
<tr><td>空气中 28d</td><td>≥2.5</td></tr>
<tr><td rowspan="2">填充混凝土</td><td rowspan="2">限制收缩率
($\times 10^{-4}$)</td><td>水中 14d</td><td>≤2.0</td></tr>
<tr><td>空气中 28d</td><td>≤2.0</td></tr>
</table>

抗裂防水剂的性能应满足说明表 14-17 的要求。

抗裂防水剂的技术要求　　说明表 14-17

<table>
<tr><th>序号</th><th>项　目</th><th colspan="3">技 术 要 求</th></tr>
<tr><td>1</td><td>细度(%)</td><td colspan="3">0.315mm 筛筛余　<15</td></tr>
<tr><td>2</td><td>含水率(%)</td><td colspan="3">≤3.0</td></tr>
<tr><td>3</td><td>氯离子含量(%)</td><td colspan="3">≤0.05</td></tr>
<tr><td>4</td><td>氧化镁含量(%)</td><td colspan="3">≤5.0</td></tr>
<tr><td>5</td><td>总碱量(%)</td><td colspan="3">≤0.60</td></tr>
<tr><td rowspan="2">6</td><td rowspan="2">凝结时间</td><td colspan="2">初凝(min)</td><td>≥45</td></tr>
<tr><td colspan="2">终凝(h)</td><td>≤10</td></tr>
<tr><td rowspan="3">7</td><td rowspan="3">限制膨胀率(%)</td><td rowspan="2">水中</td><td>7d</td><td>≥0.025</td></tr>
<tr><td>28d</td><td>≤0.10</td></tr>
<tr><td>空气中</td><td>21d</td><td>≥ -0.010</td></tr>
<tr><td rowspan="2">8</td><td rowspan="2">抗压强度(MPa)</td><td colspan="2">7d</td><td>≥25.0</td></tr>
<tr><td colspan="2">28d</td><td>≥45.0</td></tr>
<tr><td rowspan="2">9</td><td rowspan="2">抗折强度(MPa)</td><td colspan="2">7d</td><td>≥4.5</td></tr>
<tr><td colspan="2">28d</td><td>≥6.5</td></tr>
<tr><td>10</td><td>塑性膨胀率(%)</td><td colspan="3">≥0</td></tr>
<tr><td>11</td><td>渗透高度比(%)</td><td colspan="3">≤40</td></tr>
<tr><td>12</td><td>泌水率比(%)</td><td colspan="3">≤70</td></tr>
<tr><td>13</td><td>48h 吸水量比(%)</td><td colspan="3">≤75</td></tr>
<tr><td rowspan="2">14</td><td rowspan="2">凝结时间差(min)</td><td colspan="2">初凝</td><td>≥ -90</td></tr>
<tr><td colspan="2">终凝</td><td>—</td></tr>
</table>

注:“-”表示提前。

外加剂质量检验数量和检验方法应符合说明表 14-18 的规定。

外加剂的检验要求 说明表 14-18

序号	检验项目	质量证明文件检查		抽样试验检验			
1	匀质性	√	每品种、每厂家检查供应商提供的质量证明文件。施工单位、监理单位均全部检查	√	下列情况之一时，检验一次： 任何新选料源； 使用同厂家同批号、同品种产品达6个月及出厂日期达6个月的产品。施工单位试验检验；监理单位见证取样检测或平行检验		同厂家、同批号、同品种、同等级、同出厂日期的产品每50t为一批，不足50t时也按一批计。 施工单位每批抽样一次；监理单位平行检验或见证取样检测的次数为施工单位抽样试验次数的10%或20%，但至少一次
2	水泥净浆流动度	√		√			
3	硫酸钠含量	√		√			
4	Cl^-含量	√		√			
5	碱含量	√		√			
6	减水率	√		√		√	
7	坍落度保留值	√		√			
8	常压泌水率比	√		√		√	
9	压力泌水率比	√		√			
10	含气量	√		√		√	
11	凝结时间差	√		√		√	
12	抗压强度比	√		√		√	
13	对钢筋的锈蚀作用	√		√			
14	耐久性指数	√		√			
15	收缩率比	√		√			

9.2.4 矿物掺和料的技术要求应符合说明表14-19的规定。

硅灰的技术要求应符合说明表14-20的规定。

粉煤灰的技术要求(%) 说明表 14-19

序号	项目名称	技术要求	
		C50以下混凝土	C50及以上混凝土
1	细度	≤20	≤12
2	Cl^-含量	不宜大于0.02	
3	需水量	≤105	≤100
4	烧失量	≤5.0	≤3.0
5	含水率	≤1.0(干排灰)	
6	SO_3含量	≤3	
7	CaO含量	≤10(硫酸盐侵蚀环境)	

注：因条件所限当烧失量指标达不到表中要求，而在其他指标符合表中要求的情况下，经试验证明能满足混凝土耐久性要求时，烧失量指标可适当放宽，但用于C50以下混凝土时，不得大于8%，用于C50及以上混凝土时，不得大于5%。

硅灰的技术要求 说明表 14-20

序号	项目		技术要求
1	烧失量(%)		≤6
2	Cl^-含量 (%)		不宜大于0.02
3	SiO_2含量(%)		≥85
4	比表面积(m^2/kg)		≥18000
5	需水量比(%)		≤125
6	含水率 (%)		≤3.0
7	活性指数(%)	28d	≥85

9.2.6 国内外大量研究表明,碱含量是影响混凝土耐久性的关键因素之一,因此施工中必须严格控制混凝土中各类材料的碱含量。

当集料的碱-硅酸反应砂浆棒膨胀率在0.10%~0.20%时,混凝土的碱含量应满足说明表14-21的规定。

混凝土最大碱含量 说明表14-21

设计使用年限级别	100年	最大碱含量(kg/m^3)
环境条件	干燥环境	3.5
	潮湿环境	3.0
	含碱环境	*

注:1.带"*"号的混凝土必须换用非碱活性集料。

2.干燥环境是指不直接与水接触、空气平均相对湿度长期不大于75%的环境;潮湿环境是指直接与水接触、干湿交替变化的环境、水下或与潮湿土壤接触以及空气平均相对湿度长期大于75%的环境;含碱环境是指直接与海水、含碱工业废水、钾(钠)盐等接触的环境;干燥环境或潮湿环境与含碱环境交替变化时,均按含碱环境对待。

9.3.3 混凝土原材料和配合比的选择只是决定混凝土质量的必要条件,正确的施工工艺才能保证二次衬砌混凝土优良的品质。混凝土混合料的计量和拌和应在有微机控制的拌和站进行。

9.3.5 防水混凝土的搅拌质量控制和检验应符合下列规定:

(1)混凝土搅拌前,应测定砂、石含水率,并根据测试结果和理论配合比调整材料用量,提出施工配合比。当遇雨天或含水率有明显变化时,应增加含水率检测次数。

(2)混凝土拌合物的坍落度应符合理论配合比的要求允许偏差宜为±20mm;入模含气量应符合设计要求,当设计对含气量无具体要求时,含气量应按说明表14-22控制。

混 凝 土 含 气 量 说明表14-22

环 境 条 件	混凝土无抗冻要求	混凝土有抗冻要求		
		D1	D2、D3	D4
含气量(%)	≥2.0	≥4.0	≥5.0	≥5.5

(3)新浇筑与邻接的已硬化混凝土或岩土介质间的温差不得大于20℃。

(4)要配置高质量的混凝土,用水量一般要在160kg/m^{3}以下。拌和用水可采用饮用水。当采用其他来源的水时,水的品质应符合说明表14-23的要求,配制的水泥砂浆或混凝土的28d抗压强度不得低于用蒸馏水(或符合国家标准的生活用水)拌制的对应砂浆或混凝土抗压强度的90%;不得采用海水,当混凝土处于氯盐锈蚀环境时,拌和用水中Cl^-含量应大于200mg/L。养护用水除不溶物、可溶物可不作要求外,其他项目也应符合说明表14-23的规定。养护用水不得采用海水。

拌和用水的品质指标 说明表14-23

序 号	项 目	钢筋混凝土	混 凝 土
1	pH值	>4.5	>4.5
2	不溶物(mg/L)	<2000	<5000
3	可溶物(mg/L)	<5000	<10000
4	氯化物(以Cl^-计)(mg/L)	<1000	<3500
5	硫酸盐(以SO_4^{2-}计)(mg/L)	<2000	<2700
6	碱含量(以当量Na_2O,计)(5mg/L)	<1500	<1500

9.3.9 混凝土养护包括温度和湿度两个方面。养护不仅是洒水,还要控制混凝土的温度变化,尽管隧道内湿度较大,但仍应保证混凝土表面温度与内部温度和所接触的大气温度、围岩温度以及已浇筑区段的二次衬砌混凝土温度不出现过大的差异,施工中应采取保温、散热的综合措施。防水混凝土浇水养护的时间应符合说明表14-24的规定。

不同混凝土潮湿养护的最低期限　　说明表 14-24

混凝土类型	水 胶 比	大气潮湿(50% < RH < 75%)无风,无阳光直射	
		洞内平均气温 T (℃)	潮湿养护期限(d)
胶凝材料中掺有矿物掺和料	≥0.45	5≤T<10	21
		10≤T<20	14
		T≥20	10
	≤0.45	5≤T<10	14
		10≤T<20	10
		T≥20	7
胶凝材料中未掺矿物掺和料	≥0.45	5≤T<10	14
		10≤T<20	10
		T≥20	7
	≤0.45	5≤T<10	10
		10≤T<20	7
		T≥20	7

9.3.10　目前隧道二次衬砌混凝土由于受快速施工的影响,早期强度普遍较高,以至于拆模时间较早,往往在拆模时混凝土的温度还较高,模板的拆除会造成较大的降温速率而产生开裂,更不能在混凝土表面温度尚高时拆模并浇洒冷水。

过早拆模,混凝土强度不足,很可能造成衬砌沉降变形、开裂等情况的发生。过晚拆模,衬砌台车脱模困难。为保证隧道衬砌的安全和使用功能,提出了拆模时混凝土的强度要求。该强度通常反映为同条件养护混凝土试件的强度。

10.3.1　本条根据《铁路隧道设计规范》(TB 10003—2016)第 13.2.5 条编制。

混凝土施工缝不应随意留置,其位置应事前在施工技术方案中确定。一般情况下,顺隧道方向以衬砌台车或衬砌移动台架的长度为一个浇筑段留置施工缝。水平方向原则上不留施工缝,必须留置时,留置位置应在边墙脚以上 1m 和拱脚以下 30cm 的范围内。

10.3.3　遇水膨胀止水条应采取防过早膨胀措施并粘贴牢固。其安装如说明图 14-11、说明图 14-12所示。

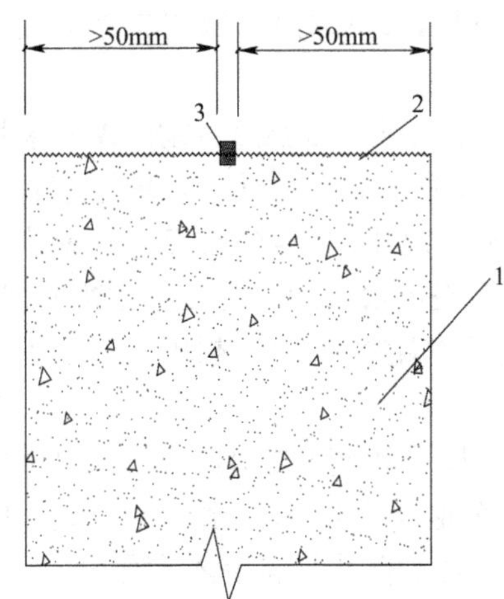

说明图 14-11　遇水膨胀止水条安装断面图
1-主体结构;2-施工缝;3-遇水膨胀止水条

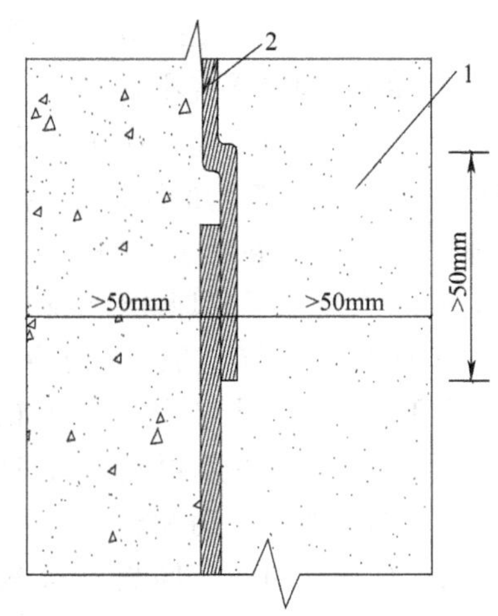

说明图 14-12　遇水膨胀止水条搭接平面图
1-主体结构;2-遇水膨胀止水条

10.3.4 施工缝、变形缝防水除了本条所列的几种构造形式外,还可以考虑采用以下两种防水构造形式,如说明图14-13、说明图14-14所示。

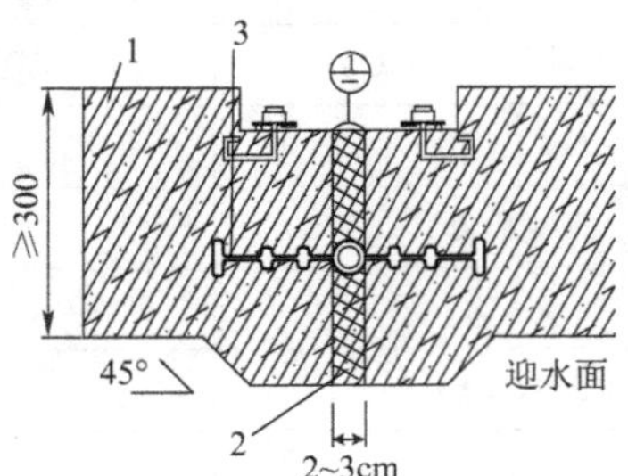

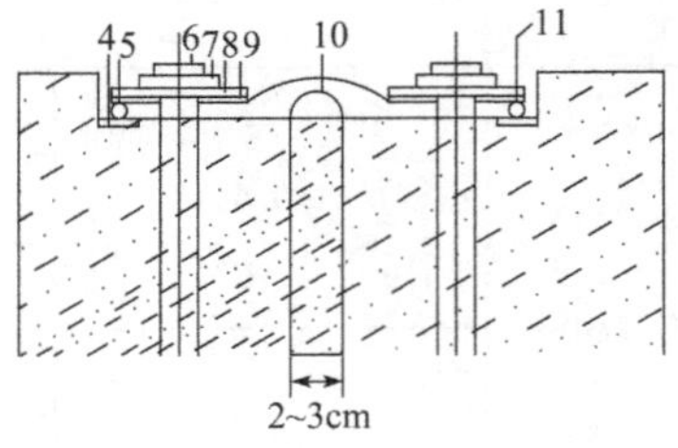

说明图14-13 中埋式止水带与可卸式止水带复合防水构造形式(尺寸单位:mm)

1-混凝土结构;2-填缝材料;3-中埋式止水带;4-预埋钢板;5-紧固件压板;6-预埋螺栓;7-螺母;8-垫圈;9-紧固变形缝的施工件压块;10-Ω型止水带;11-紧固件圆钢

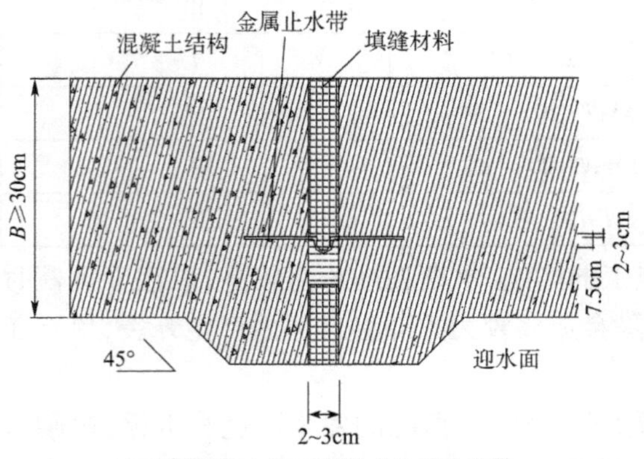

说明图14-14 中埋式金属止水带

10.3.5~10.3.7 中埋式止水带施工时常存在以下问题:一是埋设位置不准,严重时止水带一侧往往折至缝边,根本起不到止水的作用。二是顶、底板、止水带下部的混凝土不易振捣密实,气泡也不易排出,且混凝土凝固时产生的收缩易使止水带与下面的混凝土产生缝隙,从而导致变形缝漏水。三是中埋式止水带安装,在先浇一侧混凝土时,其端模被止水带分为两块,这给支模造成困难,故要求端模支撑牢固,严防漏浆。施工时由于端模支撑不牢,不仅造成漏浆,而且也不敢按规定要求进行振捣,致使变形缝处的混凝土密实性较差,从而导致渗漏水。四是止水带的接缝是止水带本身的防水薄弱处,因此接缝数越少越好,考虑到工程规模不同,缝的长度不一,故对接缝数量未做严格的限定。五是转角处止水带不能折成直角,故条文对止水带的安装做了规定,并增加了在混凝土和钢筋混凝土中固定中埋式止水带的方法。

10.3.9 对于富水隧道,近年来国际上较成功的防水方法是采用分区隔离的防水技术。分区部位可以采取防止地下水纵向窜流的措施,解决了以往在二次衬砌出现渗漏水时,难以准确地找到出水点并予以治理的问题,变被动堵水为主动注浆防水,在防水板处设背贴式止水带,既解决了防水板损伤后渗漏水乱窜的问题,又在接缝外侧增设了一道防水设施,止水带热焊于防水板上,质量可靠、施工方便,防水效果好,此外,在止水带外侧设置的预埋注浆管,可通过注浆将二次衬砌与止水带之间不密实的缝隙填实,确保接缝不漏水。

10.3.10、10.3.11 施工缝防水同时采用背贴式止水带与遇水膨胀止水条,或者采用中埋式止水带与可全断面出浆的注浆管的防水措施,可以提高施工缝防水的有效性。预埋注浆管和带注浆孔遇水膨胀止水条可在浇筑混凝土时预埋在该区域二次衬砌混凝土施工缝处,发生渗漏水时即可进行注浆堵水,因此,条文增加了预埋注浆管和带注浆孔遇水膨胀止水条的安装施工方法的规定。

施工缝预埋注浆管的布设方式如说明图14-15所示,预埋注浆管的安装固定方式如说明图14-16所示,带注浆孔遇水膨胀止水条安装示意如说明图14-17所示。

10.3.12 要使嵌缝的密封材料具有良好的防水性能,除了密封材料本身要密实外,缝内两侧的基面处理也十分重要,否则密封材料与基面黏结不紧密,就起不到防水作用。另外缝底的背衬材料不可忽视,否则会使密封材料三向受力,对密封材料的耐久性和防水性都有不利影响。

12 由于影响隧道内气温、水温的因素较多。目前确定防寒水沟的形式与长度,主要根据工程类比,即根据当地最冷月平均气温和参照邻近的隧道确定。

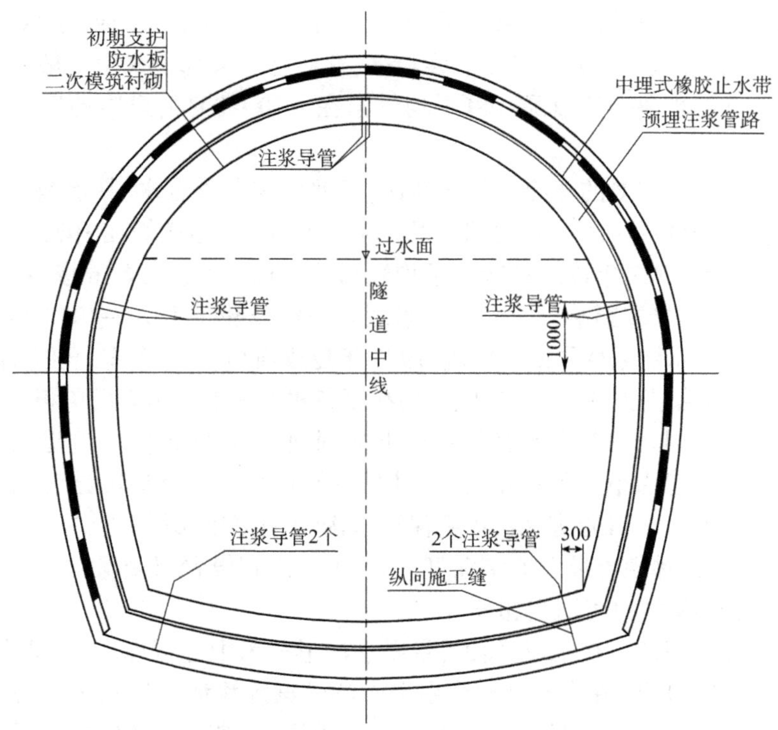

说明图 14-15　隧道接缝处理系统断面示意图(尺寸单位:mm)

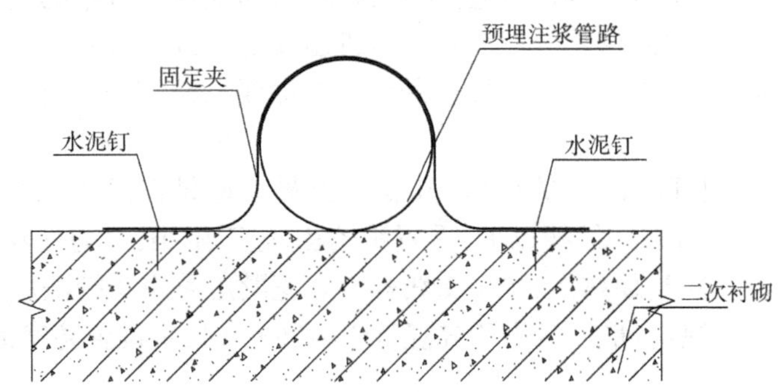

说明图 14-16　预埋注浆管的安装固定示意图

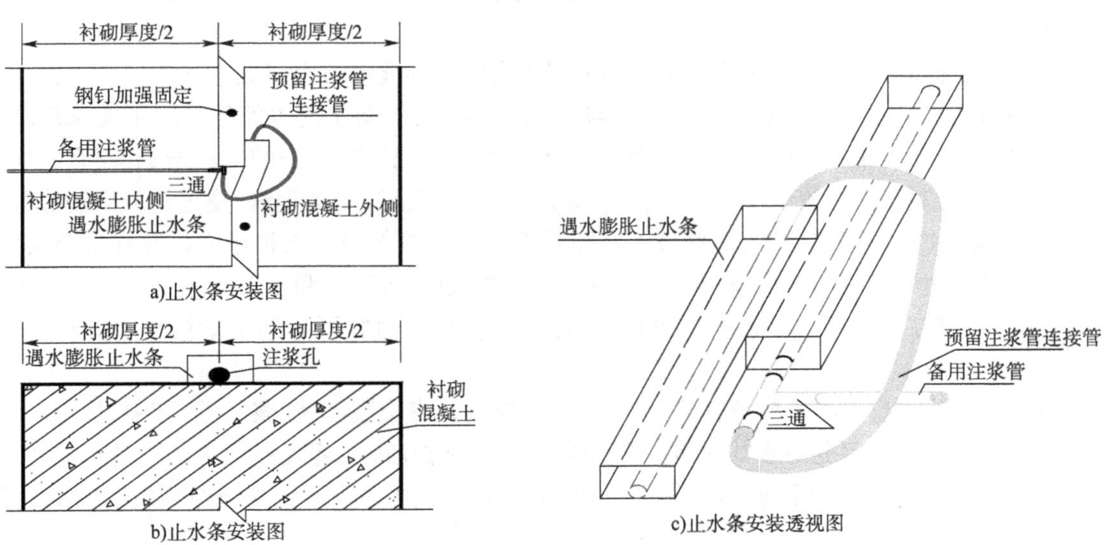

说明图 14-17　带注浆孔遇水膨胀止水条安装示意图

据对华北、东北地区隧道的调查结果显示,处于华北地区的丰沙、京原、京承三条铁路共260多座隧道,其最冷月平均气温在-10~-5℃。多年来,这些隧道大部分采用一般水沟,未采取防寒措施,并没有出现水沟冻结现象。所以最冷月平均气温在-10~0℃的寒冷地区,水沟均可不设防寒措施。

最冷月平均气温低于-5℃的寒冷与严寒地区,只要确定冬季有水,其水沟均应采取防寒措施。华北太焦线所在地区,1951—1976年最冷月平均气温-10.4℃,隧道均在1970—1978年建成,设计水沟采取了防寒措施,而1977年该线最冷月平均气温达-12.2℃,全线56座隧道有6座出现水沟冻结,引起隧底道床结冰,严重影响行车安全。东北魏塔线修建于1970—1973年,当地最冷月平均气温-12~-10℃,设计水沟采取了防寒措施,1973年建成通车,当年冬季,全线31座隧道有5座水沟冻结。以上两线的隧道,凡水沟出现冻结的,均在原高式侧沟上改用双层盖板,有些在两层盖板之间还加入了防寒材料,且洞外修筑了在冻结线以下的深埋暗沟,才消除了隧道内的水沟冻结现象。但这两线的隧道,凡在改建为单侧保温水沟者,其另一侧仍然产生隧底冻结和引起轨道隆起现象。1973—1979年修建的京通线,凡隧道采用单侧保温水沟者,也有此病害,所以本章第12节规定最冷月平均气温-15~-5℃,黏性土最大冻结深度1.0~1.5m,宜设置双侧保温水沟,可仅在两端洞口150~400m范围内设置,低洞口可适当加长。

目前东北的哈尔滨局共有100多座隧道,主要水沟形式为中心深埋水沟,其水沟一般深埋在当地冻结线以下,1971—1979年,在东北嫩林线白卡尔隧道试验深埋保温水沟(其最冷月平均气温达-28℃),水沟深埋一般在轨顶高程下1.2~1.4m,采用沥青玻璃棉做保温材料,结果水沟连年冻结;长图线1977—1978年新建的土门岭隧道(全长565m),当地最冷月平均气温-20~-18℃,采用单侧保温水沟,以矿渣作为保温材料,深埋1.6m,隧道建成后也出现水沟局部冻结现象,所以本章12节规定:最冷月平均气温-25~-15℃(黏性土最大冻结深度1.5~2.5m)宜设置中心深埋水沟及有关的设置要求。

当地最冷月平均气温低于-25℃的地区,其黏性土最大冻结深度大于2.5m,岩石冻结深度达5.5m以上,如将中心水沟设置在冻结线以下,采用明挖法,施工困难,且遇松软围岩,深拉槽会影响边墙稳定。目前东北地区嫩林线、牙林线、呼中支线等共8座隧道采用暗挖法施工的防寒泄水洞排水,效果良好。故本章第12节规定:最冷月平均气温低于-25℃时,宜设置防寒泄水洞并提出有关的设置要求。

凡采用上述三种防寒水沟的隧道,按设计规范规定:“其配套排水设施应能防寒”,以保证洞内外排水系统水流畅通。

有关防水方面的措施,本章中增加了提高混凝土自防水性能的防裂混凝土和柔性防水技术等内容。因为隧道防水的主要防线是二次衬砌混凝土,实践证明,自防水能力的提高除了要求混凝土的抗渗性能以外,严格控制裂缝的发生是关键。混凝土很容易达到P8以上的抗渗指标,而水的问题却很难解决,主要是混凝土裂缝的控制不力,出现漏水。“十隧九漏”成为通病,隧道建成后的修补维护难度大、效果差,往往是事倍功半,浪费极大。随着近年来有关部门对该领域的研究和试验实施,如应用控制裂缝产生的抗裂防渗混凝土技术以及对衬砌微裂缝、施工缝和变形缝采用注入化学浆液的柔性防水技术的推广应用,取得了一些成果,值得借鉴。具体内容可参见本章第9、10节及其条文说明。

13.1.1 管片衬砌渗漏水的位置是管片的接缝、管片自身小裂缝、注浆孔等,其中以管片接缝处为防水重点。目前国内接缝防水的对策主要是采用水膨胀橡胶,显著改善了盾构法隧道的防水性。管片衬砌的防水包括管片自防水和其附属措施(如管片外防水涂层)防水、管片接缝防水、注浆防水等。

13.4.1 对于采用单层装配式衬砌的盾构法隧道而言,管片接缝防水是最重要的,故条文中对

此提出了要求。

13.4.2　对接头防水而言，在满足衬砌管片自身抗渗性和管片制作精度的条件下，密封材料是不可缺少的。弹性密封橡胶垫与遇水膨胀橡胶密封垫的性能应分别符合说明表14-25、说明表14-26的规定。

弹性橡胶密封垫物理性能　　说明表14-25

序号	项　目			指标	
				氯丁橡胶	三元乙丙胶
1	硬度(邵氏A)(度)			45±5~60±5	55±5~70±5
2	伸长率(%)			≥350	≥330
3	拉伸强度(MPa)			≥10.5	≥9.5
4	热空气老化	(70℃×96h)	硬度变化值(邵氏A)(度)	≤+8	≤+6
			拉伸强度变化率(%)	≥-20	≥-15
			扯断伸长率变化率(%)	≥-30	≥-30
5	压缩永久变形(70℃×24h)(%)			≤35	≤28
6	防霉等级			达到或优于2级	

遇水膨胀橡胶密封垫物理性能　　说明表14-26

序号	项　目		指标			
			PZ-150	PZ-250	PZ-400	PZ-600
1	硬度(邵氏A)(度)		42±7	42±7	45±7	48±7
2	拉伸强度(MPa)　≥		3.5	3.5	3	3
3	扯断伸长率(%)　≥		450	450	350	350
4	体积膨胀率(%)　≥		150	250	400	600
5	反复浸水试验	拉伸强度(MPa)　≥	3	3	2	2
		扯断伸长率(%)　≥	350	350	250	250
		体积膨胀率(%)　≥	150	250	500	500
6	低湿弯折(-20℃×2h)		无裂纹	无裂纹	无裂纹	无裂纹
7	防霉等级		达到或优于2级			

注：表中硬度为推荐项目；成品切片测试应达到性能指标的80%；接头部位的拉伸强度不得低于表中性能指标的50%；体积膨胀率为膨胀后的体积与膨胀前的体积对比率。

第十五章　隧道工程施工安全

引　　言

本章是针对杭海城际铁路的特点,参照《铁路隧道工程施工安全技术规程》(TB 10304—2009),在吸收杭海城际铁路及周边区域城际轨道交通工程实践经验的基础上编制而成。本章体现了对施工现场安全管理的针对性和可操作性,突出了对区域城际轨道交通工程隧道工程施工安全的控制作用。本章适用于区域城际轨道交通工程隧道工程施工的安全控制,凡在本章中未做规定的,均按国家、行业及地方现行有关强制性标准执行。

本章主要内容包括:总则,术语,基本规定,洞口工程,超前地质预报,洞身开挖,装渣与运输,支护与加固,衬砌,监控量测,施工风水电与防尘、照明,不良地质和特殊岩土地质隧道,辅助坑道,全断面隧道掘进机(TBM)施工,盾构施工,应急管理等。

主编单位:浙江杭海城际铁路有限公司

参编单位:中铁隧道局集团有限公司、广东铁路建设监理有限公司、中铁第四勘察设计院集团有限公司、浙江省交通规划设计研究院

主要执笔人:罗士瑾、周强、范润东、黄群勇、刘嘉斌、徐晗、林飞、李毅、马亮亮、莫立中、温金虎、蒋玉省

主要审查人:葛佳佳、孙承军、李科、卢春林、陈剑伟、卢雨田

1　总　　则

1.0.1　为贯彻“安全第一,预防为主,综合治理”的安全生产方针,树立安全发展理念,弘扬生命至上、安全第一的思想,健全公共安全体系,完善安全生产责任制,坚决遏制特重大安全事故,提升防灾减灾救灾能力,规范城际轨道交通隧道工程施工安全管理和施工作业行为,保障人身、设备、设施及行车安全,预防事故发生,特编制本章。

1.0.2　本章适用于城际轨道交通隧道工程施工。

1.0.3　城际轨道交通工程施工应建立健全质量、环境、职业健康安全管理体系,对施工安全管理、施工安全技术、施工安全作业进行管理与控制。

1.0.4　城际轨道交通工程施工应严格按设计文件和规范、标准进行,全面贯彻设计意图,达到设计要求的安全使用功能,保障城际轨道交通运营安全。

1.0.5　建设、勘察设计、施工和监理单位等建设各方应设置安全管理机构,配足安全管理人员,制定安全生产规章制度,落实安全生产责任制。

1.0.6　建设各方人员必须熟悉和遵守有关安全生产法律法规和本章的规定,经培训合格方准上岗。其中企业主要负责人、项目负责人、专职安全生产管理人员、特种作业人员必须经专业培训并考核合格后持证上岗。

1.0.7　建设各方应采用检验合格的机械设备、仪器仪表、材料和安全防护用品等均应按规定进

行进场验收;使用单位应定期对机械设备、仪器仪表进行安全检查、维护,不得在运转过程中检修。

1.0.8　施工组织设计应包含安全技术保障措施。特殊地质条件或危险性较大的工程施工前,建设单位应组织专家评审施工方案后监督实施。

1.0.9　建设单位应组织各方开展危险源辨识,对重大危险源应编制应急预案。施工单位应配备应急物资,并按规定组织培训和演练。

1.0.10　城际轨道交通隧道工程施工必须遵守国家有关劳动保护的法规,施工单位应积极改善施工条件,按规定配备劳动防护用品。隧道内作业人员应穿反光背心,从事开挖作业、装渣作业、喷射混凝土作业的人员应佩戴好防尘用品。

1.0.11　同一工点有多个单位同时作业时,应共同拟定现场安全技术管理办法,做好协调,各负其责,共同执行。

1.0.12　施工过程中应及时掌握气象、水文和地质灾害等相关信息,做好防范和应急工作。

1.0.13　建设各方应按规定进行安全生产检查,对事故隐患必须及时采取整改措施。

1.0.14　城际轨道交通隧道工程施工中采用新技术、新工艺、新设备、新材料时,必须制定相应的安全技术措施,并对有关施工人员进行安全生产教育培训。

1.0.15　工程线施工按照营业线施工进行管理。联调联试纳入施工组织设计,保证必要的人员、机具及测试仪器的配备,并做到试车不施工,施工不试车。

1.0.16　营业线施工极有可能影响营业线运行安全的施工,应执行现行国家及城际轨道交通有关安全规定,并做到行车不施工,施工不行车。

1.0.17　利用信息化手段,提升隧道施工安全管控效率。在施工安全风险较高的隧道施工中,应大力推广安全监控管理系统、监控量测管理系统、隐患排查治理系统等应用信息技术,通过实时数据、图像、视频等方式,实现“自动控制”与“人工控制”的有机融合,监督和指导施工作业及现场安全管理,提升安全管理自动化水平。

1.0.18　城际轨道交通隧道工程施工安全除应符合本章要求外,尚应符合国家现行有关标准的规定。

2　术　　语

2.0.1　风险。

风险是工程建设中潜在的不利事件的概率及后果的组合。

2.0.2　风险管理。

参与工程建设的各方通过风险计划、风险评估、风险控制和风险后期评估,以求减少风险影响的管理行为。

2.0.3　超前地质预报。

在分析既有地质资料的基础上,采用地质调查、物探、地质超前钻探、超前探坑等手段,对隧道开挖工作面前方的工程地质和水文地质条件及不良地质体的工程性质、位置、产状、规模等进行探测、分析判释及预报,并提出技术措施建议。

2.0.4　综合超前地质预报。

根据预报对象的地质特点,采取两种或两种以上有效的预报手段进行相互印证的超前地质预报方法。

2.0.5　超前钻探。

在隧道开挖工作面或其侧洞沿开挖前进方向施作超前地质钻孔,以探明开挖工作面前方地质条件。

2.0.6 监控量测。

隧道施工中对围岩、地表、支护结构的变形和稳定状态,以及周边环境动态进行的经常性观察和量测工作。

2.0.7 测点。

设置在观测体上(或内部),能反映其特征,作为变形、位移、应力或应变测量用的固定标志。

2.0.8 瓦斯。

特指在地层中赋存或逸出的烷烃类气体,其成分以甲烷(CH_4)为主。根据其生成、赋存条件将其分为煤层瓦斯、非煤瓦斯两类。

2.0.9 瓦斯逸出。

少量瓦斯从煤体或岩体裂隙、孔洞、钻孔中渗透进入作用空间,或通过隧道支护结构及其裂缝、施工缝等通道进入隧道的现象。

2.0.10 煤与瓦斯突出。

在地应力和瓦斯的共同作用下,破碎的煤(岩石)和瓦斯由煤体(岩体)内突然向开挖形成的空间抛出的异常动力现象。判定具有这种可能的煤层称为瓦斯突出危险煤层,施工过程中发生过此现象的煤层称为煤与瓦斯突出煤层。

2.0.11 瓦斯浓度。

空气中,瓦斯与空气的体积之比,以百分数表示。

2.0.12 瓦斯工区。

由某一隧道洞口(或辅助坑道口)开辟工作面施工的隧道范围称其为隧道工区,该范围通过含瓦斯地层时则为瓦斯工区。

2.0.13 岩墙。

隧道开挖工作面(掌子面)与煤层之间的岩体,其厚度定义为开挖工作面与煤层间的法向距离。当其最小厚度足以抵御煤与瓦斯的动力作用破坏时,称为安全岩墙。

2.0.14 矿用防爆电气设备。

按《爆炸性环境 第1部分:设备 通用要求》(GB 3836.1—2010)标准生产的专供煤矿井下适用的电气设备。

2.0.15 辅助导坑。

满足运营通风、救灾要求而设置的营运辅助通道有竖井、斜井、平行导坑、横通道等;为增加施工开挖面而设置的施工辅助通道为竖井、斜井、平行导坑、横洞等。

2.0.16 全断面隧道掘进机。

通过开挖并推进式前进实现隧道全断面成形,且带有周边壳体的专用机械设备。

2.0.17 护盾式。

具有护盾保护,依靠管片或撑靴撑紧洞壁以承受掘进反力和扭矩,掘进可与管片拼装同步的隧道掘进机。分为单护盾隧道掘进机和双护盾隧道掘进机。

2.0.18 开敞式。

在稳定性较好的岩石中,利用撑靴撑紧洞壁以承受掘进反力及扭矩,不采用管片支护的岩石隧道掘进机。

2.0.19 盾构。

在钢壳体保护下完成隧道掘进、出渣、管片拼装等作业,由主机和后配套设备组成的全断面推进式隧道施工机械设备。根据开挖面的稳定方式,主要分为土压平衡式盾构和泥水平衡式盾构。

2.0.20 管片。

隧道预制衬砌环的基本单元,管片的类型有钢筋混凝土管片、纤维混凝土管片、钢管片、铸铁管片、复合管片等。

2.0.21　盾构始发。

盾构开始掘进的施工过程。

2.0.22　盾构接收。

盾构到达接收位置的施工过程。

3　基本规定

3.1　一般规定

3.1.1　建设各单位应结合工程实际和项目特点，落实施工安全责任和施工安全措施，强化过程管控，做好安全管理和安全技术工作，预防事故发生。

3.1.2　隧道施工应对设计文件中涉及施工安全的内容进行核对，并将结果及存在的问题报送建设、勘察设计、监理等相关单位，建设单位应督促勘察设计单位对存在的问题及时提出完善措施。重点核对下列内容：

(1)穿过不良地质和特殊岩土地段的设计方案；

(2)地下管线和相邻建(构)筑物；

(3)施工对环境可能造成影响的预防措施；

(4)隧道与辅助坑道的洞口位置及边、仰坡的稳定程度；

(5)弃渣场位置、安全防护措施和环境保护要求。

3.1.3　隧道施工应严格按照设计和相关规范施工，不得擅自改变工法和工序。

3.1.4　用于隧道临时工程和实体工程的各项原材料、半成品、构配件应经检验合格，并按设计数量投入使用。

3.1.5　隧道施工作业和临时设施使用应满足国家和地方的环境保护相关要求。

3.1.6　隧道施工应按照有限空间管理规定，建立相关责任制，配备相应设备，明确作业制度，规范作业行为。

3.1.7　隧道施工应按规定建立有线通信联络系统，长、特长及高风险隧道施工还应建立可视监控系统，并定期维护，保证洞内外信息及时传达。

3.1.8　施工单位应对作业班组按本章要求对隧道施工安全技术进行管理，并进行检查，做好记录。

3.1.9　对隧道施工安全检查中发现的不符合规定的情况，应按表15-1签发整改通知单，限期整改，并跟踪验证。

安全检查整改通知单　　表15-1

<table>
<tr><td>项目(工程)名称</td><td></td></tr>
<tr><td colspan="2">存在问题及整改要求：

限　　年　　月　　日前整改完成

检查方：　　　　受检方：
检查人(签名)：　　　　接收人(签名)：
日　　期：　　　　日　　期：</td></tr>
</table>

续上表

整改措施：   受检方负责人(签名)：　　　　　　　　　　　　计划完成日期：　　年　月　日
验证结果：   验证人(签名)：　　　　　　　　　　　　验证日期：　　年　月　日

3.1.10　对隧道工程实体安全隐患应严格整改到位,杜绝危及城际轨道交通运营安全。

3.2　隧道施工人员

3.2.1　建设各单位应对参建人员进行有针对性的培训,未经培训或培训不合格者不得上岗。

3.2.2　作业班组负责人在每班开工前,应进行班前安全讲话,结合当班作业特点,向作业人员提示作业安全风险,强调安全注意事项。

3.2.3　进入施工现场的所有人员,应按规定佩戴相应的劳动防护用品。

3.2.4　隧道洞口应设专人值班,对隧道进出人员进行动态管理。

3.2.5　隧道施工人员在专用安全通道进出,安全通道应保持畅通,不得影响人员通行和疏散。

3.2.6　隧道施工人员除应执行本章外,尚应符合国家现行有关标准的规定。

3.3　隧道施工机械

3.3.1　隧道施工机械设备配置应综合考虑隧道长度、断面大小、地质条件、施工方法、工期要求、施工场地等因素,遵循“技术先进、成熟可靠、高效配套、经济合理”的原则进行配置,并做到安全可靠,节能环保。

3.3.2　隧道施工机械设备本身性能应满足施工需要,机械设备上的各种安全防护及保险装置和各种安全信息装置应齐全有效,应经机械、安全、技术等管理人员共同验收合格后,方可进场投入使用。

3.3.3　机械设备在特殊作业场所、寒冷、高温等特殊地区或时段使用时,应制定专项安全措施,保证施工安全。

3.3.4　新机、经过大修或技术改造的机械 ,应按出厂使用说明书的要求进行测试和试运转。

3.3.5　机械设备操作人员应在每班作业前对机械进行检查,并进行试运转确认安全后,投入生产使用。

3.3.6　机械设备在检修、保养或清洗等非施工过程中,要切断电源和锁上开关箱,并安排专人进行监护。

3.3.7　混凝土拌合设备、运输设备、混凝土喷射机、混凝土输送泵、通风机、抽水机、空压机、发电机等施工机械设备应有备用设备。备用机械设备应始终处于良好状态。

3.3.8　汽油机械不得进洞,洞内使用柴油机械应安装废气净化装置或掺入柴油净化添加剂。

3.3.9　隧道施工机械除应执行本章要求外,尚应符合国家现行有关标准的规定。

3.4　安全风险管理

3.4.1　隧道施工应将风险管理贯穿于隧道建设周期全过程。建设、勘察设计、施工和监理等隧道建设各方应建立风险管理机构，制定风险管理沟通制度，开展动态风险评估和风险监测，并应根据工程地质、施工环境和条件对隧道工程实施动态、有效的风险控制和跟踪处理。

3.4.2　在隧道施工中，应通过风险计划、风险识别、风险评估、风险处理、风险监测风险后期评估等程序进行风险管理，其流程和节点应与项目建设管理相适应，风险管理基本流程示意图如图15-1所示。

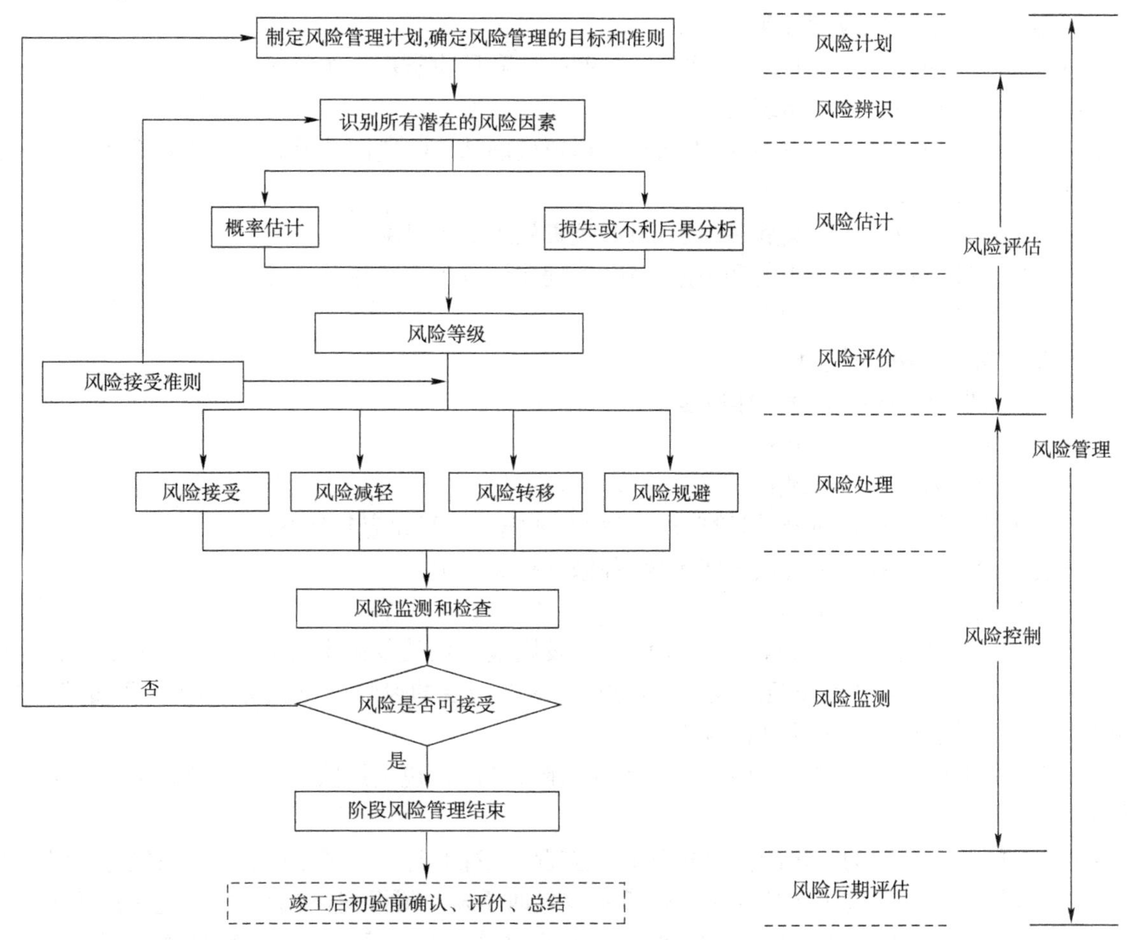

图15-1　风险管理基本流程图

3.4.3　建设单位风险管理工作应包括下列内容：

(1)制定项目风险管理实施办法，制定项目风险接受准则和风险控制原则；

(2)组织指导监督参建各方开展风险管理；

(3)组织设计单位进行风险技术交底；

(4)审查风险管理成果，并作出相应的决策；

(5)必要时委托专业机构进行风险监测；

(6)监督检查、协调处理参建各方风险管理工作中的有关问题；

(7)与地方建立协调沟通机制和处置预案，及时处理建设过程中的相关风险；

(8)组织参建各单位或委托专业机构开展风险后期评估工作。

3.4.4　勘察设计单位风险管理工作应包括下列内容：

(1)制定设计阶段风险管理实施细则；

(2)在设计阶段对隧道进行风险评估，确定风险控制措施和风险防范注意事项；

(3)向施工单位进行有关风险的技术交底；

(4)结合施工期间的风险管理,动态调整风险设计措施;

(5)编制可行性研究、初步设计及施工图阶段风险评估报告或成果文件;

(6)参与风险后期评估工作。

3.4.5　施工单位风险管理工作应包括下列内容:

(1)核实施工图阶段风险评估结果;

(2)制定施工阶段风险管理实施细则;

(3)开展施工阶段的风险管理,落实风险控制措施和风险防范工作要求;

(4)制定风险应急预案并组织实施;

(5)动态跟踪风险变化状态,及时上报经监理单位确认风险监测情况和风险管理资料,及时启动风险预警或应急预案;

(6)对施工人员进行风险交底和岗前培训,负责施工现场风险公示;

(7)与地方建立协调沟通机制和预案,及时处理建设过程中的相关风险;

(8)编制施工阶段风险管理报告;

(9)参与风险后期评估工作。

3.4.6　监理单位风险管理工作应包括下列内容:

(1)制定风险管理实施细则;

(2)参与施工阶段风险管理;

(3)审核施工风险处置措施、风险监测方案、专项施工方案和应急预案;

(4)监督检查风险控制措施的落实情况,并做好相关记录;

(5)参与风险后期评估工作。

3.4.7　施工单位在施工过程中,应在设计阶段风险评估的基础上,结合环境和地质条件、施工工艺、机械设备、施工水平和经验以及工程特点等,对新出现的风险进行识别,提出风险处理措施供建设单位决策,对已识别的风险进行监测。

3.4.8　施工单位应在施工现场公示识别的风险,其内容包括风险描述、监测方案、应急措施和责任人员等。

3.4.9　施工过程中的风险的监测包括施工监测、工况和环境巡视、工作面状态描述、风险处置过程和发展趋势等内容;施工单位在施工过程中应将地质超前预报、监控量测纳入施工的重要工序,按照设计要求编制施工监测的实施方案,对工程自身结构及环境风险进行全面监测;提前识别和预测地质风险因素,保证施工安全。

3.4.10　参建单位应建立风险的预警、响应及信息报送机制。施工单位应根据实时监测数据、工况、环境巡视和工作面异常状态等确定预警级别,按程序进行应急响应;对可能发生重大突发风险事件的预警状态,施工单位应立即启动相关预案,组织处理,并报建设、勘察设计和监理单位。

4　洞口工程

4.1　一般规定

4.1.1　洞口工程施工作业应考虑下列主要危险源、危害因素:

(1)对边仰坡坍塌、地表下沉、地基承载力不足、工作面崩塌、偏压、滑坡等情况未及时处理或加强防护;

(2)洞口各项工程与洞口相邻工程、临时工程的统筹安排不当;

(3)土石方开挖违反作业顺序要求;

(4)施工机具失稳及安全性能缺失、下降；

(5)高处作业台(支)架失稳、安全防护失效；

(6)爆破方式方法不当、防护措施不足、违规处理火工产品。

4.1.2　隧道洞口施工前应核对施工图与现场实际地质、毗邻建(构)筑物情况，当设计与实际情况不符时，施工单位应及时提请设计变更。

4.1.3　洞口各项工程应与洞口相邻工程、临时工程统筹安排，及早完成。施工时还应采取下列措施：

(1)洞口的截、排水系统应与洞口相邻工程排水系统顺接，不得冲刷路基坡面、桥台锥体和农田房舍。

(2)施工道路的引入和施工场地的平整应减少对边、仰坡周边原地貌的破坏，并避免对洞口段围岩稳定的影响。

4.1.4　洞口工程爆破应符合下列规定：

(1)洞口石质边、仰坡的开挖应采用光面爆破，不得采用深孔爆破或松动爆破。

(2)洞口邻近有建(构)筑物，开挖爆破应采用控制爆破，爆破振动速度应符合国家标准《爆破安全规程》(GB 6722—2014)的有关规定。

4.1.5　洞口工程施工应采取措施对周围建(构)筑物、既有线、交通设施进行有效防护。

4.1.6　洞口工程开挖前，应完成洞口周边可能滑坍表土及危石的清理，并应完成天沟、边沟、截水沟等洞口排水系统。

4.1.7　洞口工程开挖不得形成可能坍滑的土体，不得堵塞沟渠、河道，不得对桥梁墩(台)造成偏压，不得危及周边建(构)筑物及交通设施的安全。

4.1.8　隧道进洞前，应完成洞口抗滑桩、预应力锚索、防护网、管棚、预注浆等保证隧道洞口稳定的相关工程。

4.2　边、仰坡开挖及防护工程

4.2.1　边、仰坡应自上而下分层开挖，及时支护，不得掏底开挖或重叠开挖。

4.2.2　开挖作业区应设置防护栏杆、防护网及人员专用上下通道。在高于2m的边坡上作业时应符合《建筑施工高处作业安全技术规范》(JGJ 80—2016)的规定。

4.2.3　抗滑桩采用人工挖孔时，应设置人员上下固定爬梯，配备通风设备，并采取孔口临边防护及孔内坠物防护措施。

4.2.4　预应力锚索张拉端处外侧应设有防护挡板和醒目的警示标志，锚索拉伸时端头不得站人。测量钢绞线的伸长值或拧紧螺母时，应先停止拉伸，操作人员应在侧面操作。在拉伸机有压力情况下不得拆卸液压系统的任何零件。

4.2.5　防护网施工前应清除坡面防护区域的危石，施工脚手架和作业平台应搭设牢固，铺挂防护网应采取防坠落措施。

4.2.6　管棚施工脚手架和作业平台应搭设牢固，设扶手栏杆，并应有安全检算。

4.2.7　注浆作业应加强对注浆软管和接头的完好性、可靠性检查，施工人员应有完善的保护用具，堵管处理应采取先减压再处理的措施。

4.3　明洞

4.3.1　明洞应避开雨天施工，当确需在雨天施工时，应制定严密的施工方案和防护措施，同时应加强对山体稳定情况的监测、检查。

4.3.2　明洞开挖前，应采取洞顶及四周的防水、排水措施，防止地面水冲刷导致边、仰坡落石和坍方。

4.3.3 明洞土石方开挖应符合下列规定:

(1)根据地形、地质条件,边仰坡稳定程度和采用的施工方法,确定全段或分段开挖及边仰坡的坡度,开挖时应按自上而下的顺序进行。

(2)石质地段开挖,应控制爆破炸药用量,减小爆破振动的影响,开挖后应立即进行边坡防护。

(3)在松软地层开挖边、仰坡时,应随挖随支护。

(4)开挖的土石不应堆弃在危害边坡及其他建筑物的地点。

4.3.4 明洞的基础应设置在稳固的地基上。两侧墙体地基松软或软硬不均时,应采取措施处理,防止地基不均匀沉降。

4.3.5 明洞衬砌施作应符合下列规定:

(1)模板及支(拱)架的强度、刚度和稳定性应进行检算;

(2)模板及支(拱)架安装应稳固牢靠,模板及支(拱)架与脚手架之间不得相互连接;

(3)脚手架和工作平台应搭设牢固,并设有扶手、栏杆;

(4)衬砌钢筋安装时应设临时支撑;

(5)衬砌端头挡板应安设牢固,支撑稳固,并有防止模板移动的措施;

(6)起重吊装作业时应符合起重吊装安全规定;

(7)需要及时回填的明洞,内模板支架应在回填至拱脚位置且混凝土强度达到设计强度的70%后方可拆除。

4.3.6 明洞防水施工应符合下列规定:

(1)涂抹热沥青时,作业人员应佩戴防护口罩、手套、安全带等防护用具。

(2)卷材铺设时应严格遵守作业程序,不应上下同时作业。

4.3.7 明洞回填应在防水层完成,且衬砌达到设计强度的70%后进行。明洞回填超过拱顶1.0m以上方可采用大型机械回填。

4.4 洞门

4.4.1 洞门应避开雨天和严寒季节施工,并应及早完成。

4.4.2 洞门基础应置于稳固的地基上,当地基承载力不能满足要求时,应结合具体条件采取加固措施。基底不得有虚渣、杂物、积水、软层,超挖部分应采用同级混凝土与基础同步浇筑。

4.4.3 洞门施工的脚手架不应妨碍车辆通行,还应符合本章第4.3.5条的有关安全规定。

4.4.4 洞门完工后,其周围边、仰坡受破坏处应及时处理。

5 超前地质预报

5.0.1 超前地质预报作业应考虑下列主要危险源、危害因素:

(1)工作面坍塌;

(2)找顶不彻底;

(3)高处作业台(支)架失稳、安全防护失效;

(4)突泥、突水;

(5)瓦斯等有毒有害气体。

5.0.2 超前地质预报工作应作为工序纳入施工组织管理。

5.0.3 隧道施工应根据风险特点和等级制定超前地质预报专项方案,方案应包括安全保障措施,施工前应进行安全技术交底。

5.0.4 隧道超前地质预报应根据隧道环境及风险特点选择预报实施单位，对于地质复杂和较复杂的隧道工程，应选择有资质的专业队伍承担。

5.0.5 隧道施工应开展超前地质预报工作。地质复杂的隧道应采用钻探为主，地质调查、物探等多种手段相结合的综合预报方法。

5.0.6 超前地质预报人员应经过隧道施工安全教育培训，并掌握安全操作技术和安全生产的基本知识。

5.0.7 当隧道岩体中含有煤层瓦斯、石油天然气等易燃易爆物时，超前地质预报操作空间20m范围内瓦斯浓度应小于1%。

5.0.8 瓦斯隧道超前地质预报应先监测有害气体浓度，超标时应加强通风，浓度符合卫生标准要求后方可进入工作面，并应遵守《爆破安全规程》(GB 6722—2014)和《铁路瓦斯隧道技术规范》(TB 10120—2019)等的有关规定。

5.0.9 隧道通过矿山采空区时，应查明废弃矿巷与隧道的空间关系，分析评价其危险程度及对隧道的影响程度。

5.0.10 地质预报工作应在隧道初期支护作业结束后进行，并确认工作区域无掉块、掌子面溜坍等安全风险。

5.0.11 超前地质预报作业使用的台架、高空升降车等设备应安设牢固，操作人员应遵守高处作业的有关规定。

5.0.12 采用钻探法预报时，钻孔作业应符合下列规定：

(1)应编制钻孔作业指导书，开钻前应进行安全技术交底；

(2)应采用电机驱动的钻机，施工用电应由持证上岗的电工负责；

(3)孔口管应安设牢固；

(4)钻机使用的高压风、高压水的各种连接部件应采用符合要求的高压配件，管路连接应安设牢固；

(5)不得在炮眼残孔内钻孔；

(6)瓦斯隧道超前钻探应采用水循环或湿式钻孔。

5.0.13 具有高水压突水风险地段超前钻探应符合下列规定：

(1)斜井和反坡地段应编制钻孔突涌水处置预案，确保作业人员安全；

(2)应安装孔口安全装置，并将孔口固定牢固，安装控制闸阀，进行耐压试验，达到要求后，方可钻进施工；

(3)对软弱破碎带地层，应设置止浆墙；

(4)钻探过程中发现钻孔中的水压、水量突然增大，以及有顶钻等异常状况时，应停止钻进，立即上报处理，并派人监测水情；

(5)当发现岩壁松软、掉块、突水等危急情况时，应立即撤出人员。

5.0.14 采用地震波反射法预报时，使用的炸药量不得大于75g。炸药和雷管应由持有爆破证的专人领用，爆破作业应由专业爆破工操作。非专业人员不得从事爆破作业。

6 洞身开挖

6.1 一般规定

6.1.1 隧道洞身开挖作业应重点注意下列主要危险源、危害因素：

(1)开挖方法选择不当；

(2)开挖循环进尺过大,支护不及时;

(3)找顶不彻底;

(4)开挖作业台架防护措施不到位;

(5)爆破作业时无安全防护,爆破作业违章操作。

6.1.2 隧道开挖前应根据其地质条件、断面大小等因素选择初期支护快速封闭成环的开挖方法,并应编制专项技术方案,履行审批手续。开挖过程中应根据超前地质预报结果,动态调整开挖方法。

6.1.3 隧道钻爆开挖应采用光面爆破技术,爆破作业前应进行钻爆设计。钻爆设计应根据围岩地质条件、周边环境等因素重点控制循环进尺和起爆炸药用量,尽可能降低对围岩和周边环境的影响。

6.1.4 隧道采用机械开挖时,应根据其断面和作业环境合理选择机型,划定安全作业区域,并设置警示标志,非作业人员不得入内。

6.1.5 隧道采用人工开挖时,作业人员应保持必要的安全操作距离,并设专人指挥。

6.1.6 隧道开挖使用的作业台架应进行强度、刚度和稳定性检算,经验收合格后方可使用,台架四周应设置安全防护栏杆。

6.1.7 隧道找顶应在通风后进行,并有专人指挥,照明应有充足的光照度;找顶后应进行安全确认,合格后其他作业人员方可进入开挖工作面作业。

6.1.8 隧道在开挖下一循环作业前,应对照设计检查初期支护施作情况,确保施工作业环境安全。

6.1.9 隧道双向开挖接近贯通面时,两端施工应加强联系与统一指挥,当隧道两个开挖工作面距离接近15m时,应采取一端掘进、另一端停止作业,并撤走人员和机具的措施。同时在安全距离处设置禁止入内的警示标志。

6.1.10 两座平行小净距隧道开挖时,其两个同向开挖工作面应保持合理的纵向距离,并在钻爆设计、支护参数等方面采取措施,防止后行洞开挖对先行洞产生不良影响。

6.2 全断面法开挖

6.2.1 采用全断面法开挖隧道时,应控制起爆炸药用量和总装药量,降低爆破振动对围岩的影响,防止炮渣飞石对初期支护、衬砌结构和施工机具造成损伤。

6.2.2 在地质条件较差地段采用全断面法开挖隧道时,应对围岩进行超前支护或预加固,并控制开挖循环进尺。

6.2.3 当隧道地质条件发生变化时,应根据情况及时变换适宜的开挖方法。

6.3 台阶法开挖

6.3.1 采用台阶法开挖时,应根据围岩条件,合理确定台阶长度和高度。围岩稳定性较差时,每个台阶长度应控制0.5~1倍洞径范围。

6.3.2 采用台阶法开挖时,初期支护应尽早封闭成环;仰拱单独开挖时,应严格控制仰拱一次开挖长度,并应及时施作初期支护。

6.3.3 台阶法开挖的各台阶的循环进尺应根据围岩开挖后的自稳能力,并结合设计钢架间距合理确定。

6.3.4 当围岩地质较差、开挖工作面不稳定时,应采用短进尺环形开挖预留核心土法,或在开挖工作面进行喷射混凝土、玻璃纤维锚杆等措施预加固后采用台阶法开挖。

6.3.5 开挖后围岩变形较大地段,钢架拱脚、墙脚应根据变形情况采取锁脚锚杆(管)、扩大拱

脚及临时仰拱等措施,控制围岩及初期支护变形量。

6.3.6　初期支护设计钢架的,下台阶开挖前,应对拱部钢架进行锁脚加固,并及时喷射混凝土封闭,钢架不得悬空。

6.4　分部法开挖

6.4.1　采用分部法开挖时,应优先选择机械开挖;采用爆破开挖时,应采用弱爆破,严格控制炸药用量。

6.4.2　各分部的开挖断面大小、循环进尺应根据围岩自稳能力、断面大小及埋深等情况合理确定。

6.4.3　各分部开挖后应及时施作初期支护、临时支护,并尽早封闭成环。

6.4.4　各分部钢架基脚处应施作锁脚锚杆(管)或采用扩大拱脚等措施,减少拱脚下沉量。

6.4.5　采用中隔壁法、交叉中隔壁法开挖时,应符合下列规定:

(1)同侧上、下层开挖面沿纵向应错开 3 ~ 5m;

(2)同层左、右侧开挖面沿纵向应错开 10 ~ 15m。

6.4.6　采用双侧壁导坑法开挖时,应符合下列规定:

(1)侧壁导坑形状应近似椭圆形,导坑宽度不应大于 0.3 倍隧道宽度;

(2)侧壁导坑、中槽部位开挖应采用短台阶,台阶长度 3 ~ 5m,必要时应预留核心土;

(3)侧壁导坑开挖应超前中槽部位 10 ~ 15m。

6.4.7　采用分部法开挖的临时支护应根据监控量测结果逐段拆除,每段拆除长度不得大于 15m。

6.5　钻爆作业

6.5.1　钻孔作业应符合下列规定:

(1)钻孔前,应由专人对开挖作业面安全状况和作业人员安全防护进行检查,及时消除各种安全隐患。

(2)钻孔作业应采用湿式钻孔,不得在残孔中继续钻孔。

(3)钻孔作业中,若开挖工作面出现地下水突出、气体逸出、异常声响和围岩突变等情况,应立即停止钻孔作业,撤离洞内人员,再根据情况处置。

(4)凿岩台车行走前,操作司机应查看并确认台车周边无人和障碍物后,按照引导人员的指示信号操作。行走时要平稳,避免紧急操作发生意外事故。

(5)凿岩台车钻孔完成后应停放在不影响通行的安全场所。

6.5.2　装药作业应符合下列规定:

(1)装药作业前,应对钻孔情况逐一检查,并检查开挖工作面的安全状况;

(2)装药时应使用木质炮棍装药,无关人员与机具等应撤至安全地点,作业人员应穿戴防静电衣物;

(3)使用电雷管时,装药前电灯及电线路应撤离开挖工作面,装药时应用投光灯、矿灯照明,开挖工作面不得有杂散电流;

(4)不得装药与钻孔平行作业;

(5)装药作业完成后,应及时清理现场、清点火工产品数量,剩余的炸药和雷管应由领取炸药、雷管的人员退回库房。

6.5.3　爆破作业除应符合现行国家标准《爆破安全规程》(GB 6722—2014)相关规定外,还应符合下列规定:

(1)洞内爆破作业前,应确定指挥人员、警戒人员、起爆人员,并确保统一指挥。

(2)洞内爆破作业时,指挥人员应指挥所有人员、设备撤离至安全地点;警戒人员负责警戒工作,设置警示标志。

(3)爆破时,爆破工应随身携带带有绝缘装置的手电筒。

(4)若爆破后发现盲炮、残余炸药及雷管时,应由原爆破人员按规定处理。

6.6 找顶作业

6.6.1 找顶作业应在洞内爆破后经充分通风排烟、洒水降尘,作业环境符合要求后进行,通风排烟时间不应小于15min。

6.6.2 找顶作业应在专职安全员现场指导下进行,确认找顶作业区无其他人员。

6.6.3 找顶作业应检查有无盲炮、有无残余炸药及雷管,清除开挖工作面松动的岩块,对已开挖支护地段的支护结构变形或开裂进行处理。

6.6.4 找顶作业时应先用挖掘机等机械设备找顶,再配合人工找顶,消除掉块等安全隐患。

6.6.5 对掌子面不宜立即清除的危石,应采取锚杆等措施锁固后方可进入下道工序。

7 装渣与运输

7.1 一般规定

7.1.1 装渣与运输作业应考虑下列主要危险源、危害因素:

(1)通风不到位,粉尘和有害气体含量超标;

(2)照明不足,施工环境观察不清;

(3)围岩失稳或找顶不彻底,坍塌或掉块;

(4)运输计划制订不当,车辆管理混乱;

(5)警示标识、联络信号设置不当,信息提示不清晰;

(6)车辆装载不合规,超限、超载、人货混装;

(7)机械设备、车辆失控,溜车、剐碰、倾翻。

7.1.2 隧道运输应满足最小行车限界规定,临时设施和隧道支护不得侵入限界。

7.1.3 按设计或方案设置运输线路和栈桥,并定期进行维修保养。

7.1.4 制定载人列车安全保证措施,明确责任人员对其进行管理。

7.1.5 弃渣场设置应符合国家环保要求。隧道弃渣应符合设计规定,同时应根据环境要求采取保护环境措施。

7.2 装渣

7.2.1 隧道爆破后应及时进行通风、照明、找顶和初喷混凝土等工作,确认通风、照明满足要求及工作面安全后,方可进行装渣作业。

7.2.2 装渣作业应有专人指挥,作业场地的照明应满足作业安全需要。

7.2.3 装渣前及装渣过程中,应检查开挖面围岩的稳定情况,发现松动岩石或有塌方征兆时,必须先处理再装渣。

7.2.4 装渣作业应按国家职业健康规定严格控制粉尘、噪声及废气。装渣作业前必须对渣石进行喷水降尘,作业人员应按规定佩戴防尘护具;装渣作业后,应及时进行通风、降尘。

7.2.5 装渣作业应遵守下列规定:

(1)装渣作业应规定作业区域,机械作业时,其回转范围内不得有人通过;

(2)装渣过程中,发现渣堆中有残留的炸药、雷管时,必须通知专业人员立即处理;

(3)用扒渣设备装渣时,若遇岩块卡堵,严禁用手直接搬动岩块,身体任何部位不得接触传送带;

(4)向运渣车辆中装渣时,应避免偏载、超载;

(5)机械装渣时,辅助人员应随时观察装渣和运输机械的运行情况,防止挤碰。

7.3　运输

7.3.1　施工机械安全装置必须齐全有效,使用前及作业过程中应加强检查,按规定进行维修保养。

7.3.2　运输路线的空间必须满足最小行车限界要求,并根据不同的运输方式,在洞口、台架、设备、设施等位置设置信号和标志予以警示。

7.3.3　运输线路或道路应保持平整、畅通,并设专人按要求进行维修和养护。线路或道路两侧的废渣和杂物应随时清除。

7.3.4　运输车辆严禁人料混载,不得超载、超宽、超高运输。车辆行驶中应随时观察线路有无障碍,严禁超速行驶。

7.3.5　进出隧道人员必须走人行道,不得与车辆抢道,严禁扒车、追车或强行搭车。

7.3.6　有轨运输作业应符合下列规定:

(1)运输轨道必须按设计进行铺设,严格控制轨距、线间距和线形;

(2)车辆行驶时,应与信号、指挥人员协调配合和加强信号联络;

(3)列车连接必须良好,机车摘挂后调车、编组和停留时,应有防溜车措施;

(4)两组列车在同方向行驶时,其间隔距离不得小于100m;

(5)机动车牵引的列车,在洞内施工地段、视线不良的弯道、通过道岔和平交道等处,其行驶速度不得大于10km/h,其他地段在采取有效的安全措施后,行驶速度不得大于20km/h;

(6)车辆运行时应加强瞭望,严禁在行驶中进行摘挂作业;

(7)载人列车必须制定保证安全的措施,严禁非专职人员开车,列车行驶中和尚未停稳前严禁人员上下。

7.3.7　有轨运输作业中,电瓶车的使用应符合下列规定:

(1)电瓶车作业前,必须对车辆的制动器、喇叭、灯光、连接装置等进行安全检查,确认完好后方可行车。

(2)电瓶车司机必须服从信号指挥,当信号不明确时不得擅自行车。

(3)电瓶车作业结束后,必须将机车制动,切断电源,拔出启动钥匙。停车位置应位于水平场地上,须要停在倾斜地面时,必须采取可靠的防溜车措施。

(4)电瓶车牵引渣车的车辆编组应根据线路坡度、轨道状态、载重量等因素设计,确保电瓶车的安全制动距离。

7.3.8　无轨运输作业应符合下列规定:

(1)施工机械应采用带净化装置的柴油机械,严禁汽油机械进洞;

(2)施工作业地段的行车速度不得大于15km/h,成洞地段不得大于25km/h;

(3)隧道洞口、平交道口、狭窄的施工场地应设置慢行标志,必要时设专人指挥交通;

(4)车辆接近或通过洞口、台架下、施工作业地段以及前方有障碍物时,司机必须减速瞭望并鸣笛示警;

(5)在隧道内倒车或转向必须开灯鸣笛或有专人指挥。

7.4 弃渣

7.4.1 隧道施工的卸渣路线、弃渣场应按设计要求妥善布置,不得干扰其他作业和设施。

7.4.2 弃渣场应按设计要求修筑挡墙及排水沟,采取有效防护措施。

7.4.3 弃渣场应指定专人负责管理,做好弃渣场的安全和环保工作。

7.4.4 弃渣时,应将渣土倒入指定位置,渣土不得超出渣场征地界线。

7.4.5 卸渣时,应将车辆停稳制动渣;不得在坑洼、松软、倾斜的地面卸渣,车厢复位后方可行驶。

7.4.6 有轨运输卸渣场线路应设安全线并设置1% ~3%的上坡道,卸渣码头应搭设牢固,并设有挂钩、栏杆及车挡等防溜车装置。

7.4.7 电瓶车牵引梭式矿车或渣车卸渣时,应用铁楔将车轮两个方向楔紧,不得采用石渣或木条代替铁楔。

7.4.8 工程结束或弃渣量已达设计堆放量,应停止弃渣作业,并按要求进行处理。

7.5 栈桥

7.5.1 栈桥应满足隧道施工车辆荷载通行要求。

7.5.2 栈桥前后支撑应置于稳固的地基上,搭接长度应满足施工需求。

7.5.3 栈桥外侧边缘应设置高度不低于20cm的固定挡块,栈桥表面应设置防滑溜设施。

7.5.4 车辆通过栈桥时,栈桥下方作业人员应避让。

7.5.5 栈桥两端应设置慢行和限重标志,车辆通过栈桥时,设专人指挥。

8 支护与加固

8.1 一般规定

8.1.1 支护与加固作业应重点注意下列主要危险源、危害因素:

(1)临时用电不符合要求,照明光照度不足;

(2)找顶不彻底;

(3)预支护强度不足致工作面坍塌、变形超限失稳;

(4)高空作业台(支)架失稳,无安全防护或安全防护失效;

(5)施工机械倾覆或误操作。

8.1.2 隧道支护作业前,应对作业面进行检查,清除松动的岩石和喷射混凝土块。作业面用电应符合临时用电的要求,光照度满足安全作业的需要,且不低于50lx。

8.1.3 隧道支护应按初喷—架设钢架—钢筋网—复喷—系统锚杆的顺序组织施工。围岩较差地段,爆破找顶后应立即初喷混凝土封闭围岩。

8.1.4 隧道超前支护、初期支护应严格按设计施工,每道工序均应按验收标准组织验收,合格后方可进行下道工序施工。应重点检查下列工作:

(1)锚杆数量与施工质量(砂浆饱满度、抗拔力);

(2)喷混凝土厚度、强度,钢筋网及钢架垂直度、间距;

(3)管棚、超前小导管、超前锚杆的施工质量;

(4)预注浆加固围岩与止水的效果。

8.1.5 施工作业台架应牢固可靠,防护设施齐全,并应进行结构受力和稳定性检算。使用前应组织检查验收,验收合格方可使用。

8.1.6 特殊不良地质条件的隧道施工,超前支护和预加固措施应根据揭示的地质情况组织专项评审后,方可施工。

8.2 管棚、超前小导管

8.2.1 管棚、超前小导管施工应符合以下规定:

(1)作业前应检验作业台架安全性能,施工过程中应保持稳定;

(2)施工前应检查钻机、注浆机及配套设备、风水管等施工机具的安全性能,施工过程中应确保钻机稳定牢靠,注浆管接头及高压风水连接牢固;

(3)应指定专人负责对开挖工作面进行安全观测;

(4)应按作业程序和技术要求进行钻进、安装、注浆作业;

(5)管棚作业换钻杆及超前小导管作业顶进钢管时,应防止钻杆、钢管掉落伤人;

(6)管棚作业起吊钻杆及其他物件时,应指定专人指挥,统一口令,起吊范围内任何人不得进入。

8.2.2 高水压隧道管棚施工,应选择适应高水压并具有防突水突泥功能的钻孔设备,孔口管应安装满足水压要求的止水阀门;作业时人员不应站在孔口正面。

8.2.3 管棚钻孔过程中,应记录钻进各项技术参数,观察钻渣排出和孔内出水的情况,并与超前地质预报的结果核对。出现异常应及时报告和处理。

8.2.4 管棚、小导管在作业平台上临时存放时,应控制存放数量和高度,并采取防坠落措施。在洞内空地堆放时除应采取防止其滚落的措施外,还应设置醒目的安全警示标志。

8.3 预注浆

8.3.1 预注浆前,应对后方已开挖地段一定范围内采取锚喷或混凝土加固措施,并检查止浆墙或止水岩盘及已开挖段的抗渗情况。

8.3.2 预注浆应有单项设计,明确注浆孔布置、注浆顺序、注浆方式、注浆压力、注浆量等参数,并应检算止浆墙或止水岩盘的抗压能力。

8.3.3 预注浆应安装流量计和压力表,注浆压力不得超过注浆管和止浆设施的最大额定值。注浆管接头应连接牢固,防止爆管伤人。

8.3.4 预注浆过程中应安排专人对其影响范围内的围岩和结构进行观察和量测,防止因注浆压力过大而引起围岩失稳和结构损坏。

8.3.5 采用预注浆加固围岩或止水,每循环结束后应采取超前探孔或取芯等手段检查注浆效果,达到要求后方可进入下道工序施工。

8.4 喷混凝土

8.4.1 喷混凝土作业前应清除工作面松动的岩石,确认作业区无塌方、落石等安全风险。

8.4.2 喷混凝土作业人员应佩戴防尘口罩、防护眼罩等防护用品,避免直接接触液体速凝剂,不慎接触后应立即用清水冲洗。

8.4.3 喷混凝土设备开机前,应确认喷嘴前无人员活动;非施工人员不得进入正在进行喷混凝土的作业区。

8.4.4 喷混凝土作业中,发生堵管或爆管时,应依次停止投料、送水和供风,并应按操作指南正确处置。

8.4.5 喷混凝土施工中应经常检查输料管、接头的使用情况,当有破损或松脱时应及时处理。

8.4.6　喷混凝土台车、湿喷机等设备应按指南及时维修、保养,避免带病作业,在非作业时间应停放于安全且不影响通行的位置。

8.5　锚杆

8.5.1　锚杆作业前,应清除工作面松动的岩石,确认作业区无掉块、坍塌等安全风险。

8.5.2　锚孔钻进作业时,应保持钻机及作业平台稳定牢靠,作业人员均应佩戴防尘口罩、安全帽、防护眼罩等防护用品。

8.5.3　锚杆台车钻孔退出钻杆过程中,在钻杆即将脱离孔口前,应停止钻杆旋转。

8.5.4　清孔作业时,清孔作业人员应位于孔口侧面,不得正对孔口。

8.5.5　各种锚杆应上垫板、带螺母并及时紧固,垫板与锚杆间不应采用焊接,垫板应紧贴基面。

8.5.6　锚杆钻孔台车应按指南及时维护、保养,避免带病作业,在非作业时间应停放于安全且不影响通行的位置。

8.6　钢架

8.6.1　隧道内搬运钢架应装载牢固,固定可靠,防止发生碰撞和掉落。

8.6.2　安装钢架的提升设备应有足够能力,吊点应牢固可靠,不得利用装载机、挖掘机作为钢架安装作业平台。

8.6.3　钢架节段及钢架之间应及时牢固连接,防止倾倒;钢架背后的空隙应采用喷射混凝土或注浆充填密实,背后不得填充片石等其他材料。

8.6.4　钢架安装完成后应及时施作锁脚锚杆(管),并与之连接牢固,钢架底脚不得悬空或置于虚渣上。

8.6.5　采用分部开挖的隧道,各部开挖后钢架应及时安装,钢架底脚不得悬空,并应及时施作锁脚锚杆或注浆锚管。

8.6.6　当钢架侵入限界需要更换时,应先立后拆,逐榀更换,不得先拆后立。

9　衬　　砌

9.1　一般规定

9.1.1　衬砌作业应重点注意下列主要危险源、危害因素:

(1)临时用电不符合要求,作业面光照度不足;

(2)衬砌时机选择不当,与开挖工作面距离过长;

(3)作业台(支)架失稳,无安全防护或安全防护失效;

(4)运输车辆安全措施不到位为导致车辆伤害;

(5)混凝土泵送作业操作不当导致机械伤害;

(6)电线短路、电焊作业违规导致防水板燃烧引发火灾、中毒;

(7)结构钢筋安装失稳坍塌。

9.1.2　衬砌施工作业面用电应符合临时用电的要求,其照明应满足安全作业的需要,其照度不得低于30lx。

9.1.3　浅埋、偏压、围岩松散破碎等特殊地段和隧道洞口段二次衬砌应尽早施作。高地应力软岩大变形隧道二次衬砌应在围岩变形速率趋缓,且不大于2mm/d方可施作。

9.1.4　隧道仰拱应先于拱墙二次衬砌施作，并应根据地质条件合理确定与开挖和衬砌作业面的距离。

9.1.5　运输机械应按规定线路及速度行驶，通过台车、栈桥时应加强瞭望，并应有专人指挥，驻停时应设置防溜装置及安全警示标志。

9.1.6　衬砌作业完毕后应及时清理作业场地、消除安全隐患，保持作业场地清爽、通行无碍。

9.2　衬砌台车、自行式仰拱栈桥、钢筋防水板作业台车

9.2.1　衬砌台车、自行式仰拱栈桥、钢筋防水板作业台车等应按临时钢结构进行设计，并应符合《钢结构设计标准》(GB 50017—2017)相关规定。

9.2.2　衬砌台车、自行式仰拱栈桥、钢筋防水板作业台车应预留供作业人员、施工车辆通行以及安设风、水、电线路或管道的净空，其净空尺寸应满足安全通行相关要求。

9.2.3　衬砌台车、钢筋防水板作业台车应设置安全栏杆、人员工作梯，配足灭火器。

9.2.4　衬砌台车、作业平台上的电线路敷设及用电设施设置应符合洞内临时用电要求，并应有绝缘保护装置。

9.2.5　衬砌台车、自行式仰拱栈桥、钢筋防水板作业台车在洞内组装、拆卸时，应选择在成洞地段或围岩条件较好的未衬砌地段进行。

9.2.6　洞内安拆衬砌台车、自行式仰拱栈桥、钢筋防水板作业台车时，埋设各类吊点、吊具应牢固可靠；组装、拆卸进行吊装作业应符合起重作业要求。

9.2.7　衬砌台车、自行式仰拱栈桥应具有出厂合格证和产品说明书，现场组装完毕后，应组织验收调试，合格后方可使用。

9.2.8　衬砌台车、自行式仰拱栈桥、钢筋防水板作业台车就位后，应配置防溜车装置，液压支撑应有锁定装置。

9.2.9　混凝土浇筑过程中应检查衬砌台车支撑系统，防止爆模和台车变形。

9.3　防水板

9.3.1　防水板的临时存放点应设置消防器材及防火安全警示标志，并有专人负责看管和发放。

9.3.2　防水板铺设地段应配备足够数量的消防器材。

9.3.3　防水板焊接作业时，应设临时阻燃挡板。

9.3.4　防水板作业面的照明灯具不得烘烤防水板，与防水板距离不得小于50cm。

9.3.5　防水板作业时应指定专人观察作业安全状态。

9.4　钢筋

9.4.1　隧道内运输钢筋应根据各类作业台架腹下净空、洞内设施情况，进行装载并捆绑牢固，防止发生碰撞和掉落。

9.4.2　焊接作业时，应设临时阻燃挡板防止焊渣引燃防水板发生火灾、中毒事故。

9.4.3　衬砌钢筋安装过程中应设置临时支撑、防倾倒和防碰撞措施，临时支撑应牢固可靠。

9.4.4　绑扎仰拱钢筋时，如施工栈桥上要通行机械设备，施工栈桥下的作业人员应提前避让至安全环境。

9.5　混凝土浇筑

9.5.1　泵送混凝土管道安设及连接应符合规定，施工过程中应检查其连接的可靠性、安全性及管道的稳定性。

9.5.2 泵送混凝土管道堵塞时,应及时停止泵送并逐节检查确定堵塞部位。堵管处理应按操作程序进行,不得违规作业。

9.5.3 衬砌混凝土浇筑时应控制浇筑速度,并保证两侧基本对称浇筑。

9.5.4 衬砌台车端头挡板与防水板、台车间接触面应紧密,挡板支撑应稳固。混凝土浇筑过程中应检查挡板及支撑的安全状况。

9.5.5 混凝土浇筑过程中衬砌台车出现变形等异常情况时,作业人员应及时撤离作业平台,隐患消除后方可恢复作业。

9.5.6 浇筑仰拱、填充混凝土时,如施工栈桥要通行机械设备,仰拱栈桥下的作业人员应提前避让至安全环境。

9.5.7 仰拱施工栈桥基础应稳固,桥面应防滑,栈桥两端应设警示标志,车辆通过速度不得超过5km/h,车辆过栈桥应有专人指挥。

10 监控量测

10.0.1 监控量测作业应考虑下列主要危险源、危害因素:

(1)监控量测方案不合理,元器件损坏,采集数据失真;

(2)监控量测工作面未找顶、支护不及时,照明光照度不足;

(3)作业平台防护不到位,个人防护用品未按规定佩戴;

(4)富水和岩溶隧道安装量测仪器或钻孔作业时,出现突水、突泥等异常情况;

(5)施工安全性评价等级不准。

10.0.2 应根据隧道工程特点、施工方法制定监控量测专项方案,方案应包括安全保障措施,施工前应进行安全技术交底。

10.0.3 监控量测应纳入施工工序管理,监控量测应配备专职人员。工程地质和环境条件特别复杂的隧道,应选择具有资质的专业单位实施。

10.0.4 监控量测成果应实施分级管理,明确不同管理等级的信息报告程序、响应处置流程和相关人员工作职责。

10.0.5 监控量测人员应经过隧道施工安全教育培训,掌握安全操作技术和安全生产基本知识。

10.0.6 监控量测作业区域照明的光照度应满足数据采集和作业人员安全操作的需要。

10.0.7 监控量测点应设置醒目标识,施工中应妥善保护。

10.0.8 开展监控量测工作,应对围岩和支护的稳定状况进行观察,确认工作环境安全。

10.0.9 监控量测作业台架、高空升降车、升降梯等应安设牢固,高处作业操作人员应系安全带。

10.0.10 安装多点锚杆位移器、锚杆应力计,其钻孔作业应由钻机操作人员施作。

10.0.11 施工现场应建立监控量测数据复核、审查制度,保证数据的准确性。

10.0.12 监控量测数据采集后应及时录入监控量测信息管理系统,确保数据的不可更改和可追溯。

10.0.13 监控量测信息反馈应根据监控量测数据分析结果,对施工安全性进行评价,并提出相应的应对措施与建议。

10.0.14 监控量测数据应开展实时分析和阶段分析,异常情况应立即报告,并进行应急处置。

11　施工风水电与防尘、照明

11.1　一般规定

11.1.1　隧道供风、供水、供电、排水施工均应编制安全专项方案。

11.1.2　隧道供风、供水、供电、排水施工所使用材料及设备应具有满足使用功能、环境保护、职业健康要求的合格证明材料，并应组织进场验收。

11.1.3　隧道供风、供水、供电、排水施工管线的设置应做到敷设规整、标识清晰、防护到位。

11.2　供风

11.2.1　供风作业应考虑下列主要危险源、危害因素：

(1)空压机失效；

(2)供风管管材不合格，供风管使用中有破损、漏风。

11.2.2　供风作业应考虑下列主要危险源、危害因素：

(1)空压机储气罐、安全阀质量不合格；

(2)空压机压力表失效；

(3)供风管管材不合格，供风管使用中破损、漏风；

(4)供风管接头不牢固；

(5)供风管连接施工作业不规范；

(6)高温、寒冷环境的防范措施不到位。

11.2.3　空压机站应有防水、降温和保温设施，并按规定配备消防器材；距离居民区较近时应有防噪声、防振动的措施。

11.2.4　空压机的使用、维修应符合下列规定：

(1)储气罐、安全阀、压力表应按规定进行检验。

(2)使用前应检查空压机的安全状况，确认完好后方可投入使用；使用过程中应经常检查维护，确保安全运转。

(3)操作人员应经专业培训并持证上岗，并遵守安全操作规程。

(4)空压机操作应执行交接班制度，并做好交接班记录，值班人员不得随意离岗。

(5)运转过程中不得随意松动、拆卸任何管路附件和接头，防止设备内部带压的气液混合体溢出伤人。

(6)检修或维护时应停机、切断电源并排尽压缩空气，同时将配电箱锁闭并悬挂“不得合闸”警示牌，防止意外启动导致人员及设备的损伤。

11.2.5　供风管安装应符合下列规定：

(1)供风管的材质及耐风压等级应满足标准要求。

(2)供风管安装前应进行检查，有裂纹、创伤、凹陷等现象时不得使用，管内不得留有残余物。

(3)在洞外地段，风管长度大于100m和温度变化较大时，应安装伸缩器，寒冷地区供风管应包防寒材料。

(4)洞内供风管应敷设在电缆、电线路的相对一侧，不得妨碍运输和影响侧沟施工。风管网路中应分段设控制闸阀，以利于控制和检修。

(5)供风管应敷设平顺，接头严密，不漏风。软管与钢风管的连接应牢固可靠，风管拆卸应在空压机停机或关闭闸阀后进行。

11.2.6　供风系统使用过程中应设专人负责检查和维护,对漏风管路及闸阀等应及时进行修复或更换。

11.3　供水

11.3.1　供水作业应考虑下列主要危险源、危害因素:

(1)水质不符合标准;

(2)蓄水池不牢固,无防护棚和防护栏或损坏;

(3)抽水机电机绝缘失效,电缆线漏电;

(4)供水管道有裂纹或闸阀失效。

11.3.2　隧道工程用水使用前应检测水质,符合要求方可使用。

11.3.3　蓄水池应进行专项设计,不得设于隧道正上方,水池基础应置于坚实地基上;蓄水池顶部应设防护棚,四周应设防护栏,并有明显的安全警示标志,防止人员坠入。

11.3.4　寒冷地区蓄水池和水管应采取有效的防冻措施。

11.3.5　机械抽水应有专人负责,当抽水机房设在河道、冲沟或低洼地段时,应设可靠的防洪措施。

11.3.6　供水管道在安装前应进行检查,有裂纹、创伤等现象时不得使用,管内不得留有残余物。

11.3.7　供水管路应敷设平顺,接头严密牢固。洞内管道不应与电缆、电线路同侧布置,不得妨碍运输和通行。

11.3.8　供水系统应设专人负责检查维护,应及时对漏水管路及闸阀进行修复或更换,含泥砂的高压水池应有过滤措施,并定期清洗。

11.4　供电

11.4.1　隧道施工应按规定编制临时用电施工组织设计,并采用三级配电二级保护。

11.4.2　供电作业应考虑下列主要危险源、危害因素:

(1)作业地段照明未使用安全电压,隧道施工照明不足;

(2)高压输电线路距人行道安全距离不够;

(3)变压器防护不到位;

(4)电缆线质量不合格、破损或线头裸露;

(5)电工作业人员防护不当;

(6)作业人员未经培训取证或违规作业。

11.4.3　隧道供电电压应符合下列要求:

(1)供电线路应采用220V/380V三相五线系统;

(2)动力设备应采用380V;

(3)照明电压:作业地段不得大于36V,成洞地段可采用220V;

(4)低压线路末端的电压降不得大于10%。

11.4.4　隧道洞外设置变电站时,应有防雷击和防飓风措施。变电站高低压架空输电线路应避免跨越施工区域,当必需跨越时,其最低点距人行道和运输道路的距离应满足以下规定:

(1)电压小于1kV时不小于6.0m;

(2)电压大于或等于1kV时不小于7.0m。

11.4.5　隧道内供电线路布置和安装应符合下列规定:

(1)隧道内配线应采用绝缘导线或电缆。其中,成洞地段固定的电线路应用绝缘良好的塑料绝缘导线架设,施工地段的临时电线路应采用橡套电缆,并应挂设在临时支架上。竖井、斜井临时电线路应使用铠装电缆。

(2)照明和动力电线路安装在同一侧时,应从低到高分层架设,且最下侧导线距地面高度不得小于2.5m。

(3)涌水隧道的电动排水设备,瓦斯隧道的通风设备,以及斜井、竖井内的电气装置应采用双回路输电,并有可靠的切换装置。

(4)动力干线上的每一分支线,应装设开关及保险装置。不得在动力线路上加挂照明设施。

(5)施工现场内所有防雷装置的冲击接地电阻值不得大于30Ω。

(6)36V低压变压器应设在安全、干燥处,机壳接地,输电线路长度不得大于100m。

11.4.6　隧道施工用电应按设计要求设置双电源或自备电源。自备发电机组与外电线路应电源联锁,不得并列运行。

11.4.7　隧道施工用电尚应符合《铁路工程基本作业施工安全技术规程》(TB 10301—2017)第10章的规定。

11.4.8　隧道内220V/380V供电距离不宜大于500m,供电距离大于500m时应采取升压措施或高压进洞。

11.4.9　在隧道内设置10kV变电站,应符合下列要求:

(1)变电站应设置在干燥的避车洞或不使用的横通道内,变压器与周围及上下洞壁的最小距离不得小于300mm,且无遮拦裸带电部分至洞壁的最小距离不小于2500mm。

(2)变电站周围应装设防护遮栏和警示灯,悬挂"止步,高压危险"或"禁止攀登,高压危险"等安全警示牌。

(3)变电站应采用井下高压配电装置或相同电压等级的油开关柜,不应使用跌落式熔断器。低压应采用成套组合电器或带有空气断路器的低压配电盘。

11.4.10　各种电气设备和输变电线应有专人检查维修、调整等,其作业要求应参照《施工现场临时用电安全技术规范》(JGJ 46—2005)。

11.5　施工排水

11.5.1　施工排水作业应考虑下列主要危险源、危害因素:

(1)排水设备能力不足、损坏;

(2)有突、涌水风险的反坡排水隧道,未按方案设置备用电源;

(3)集水池防护措施不到位;

(4)有水地段电缆线破损漏电;

(5)施工排放水质不符合排放标准,污染环境;

(6)洞口排水冲刷边、仰坡或路基。

11.5.2　有突、涌水风险的反坡隧道施工,应编制施工排水安全专项方案,排水能力应满足最大涌水量需要。

11.5.3　施工前应对地表水进行处理,及早修建洞口防排水设施,防止地表水渗漏及冲刷边仰坡,危及结构及施工安全。

11.5.4　隧道内未衬砌地段应设临时排水沟,排水沟应经常清理,保持畅通。

11.5.5　排水泵站设置应符合下列规定:

(1)泵站位置和容量应根据排水量、地质条件合理确定;

(2)集水池顶面高程应低于纵向排水沟沟底;

(3)泵站应留有增加水泵的空间;

(4)集水池应设临边防护措施。

11.5.6　有突、涌水风险的反坡隧道施工,应配置应急备用电源、抽水设备和排水管道。

11.5.7　隧道施工废水不得直接排放,应经过处理,符合当地环境保护相关规定后方可排放。

11.6　通风与防尘

11.6.1　隧道施工独头掘进长度超过150m时,应采用机械通风。

11.6.2　长及特长隧道施工应制定专项通风方案,并经过专项审查后实施。应配置保证应急通风需要的备用通风机和备用电源。

11.6.3　隧道施工通风应纳入工序管理,成立专门的通风班组,由专人负责管理。

11.6.4　隧道施工过程中,应保障持续通风,保证每一名作业人员供应新鲜空气不小于$3m^3/min$,采用内燃机械作业时,供风量不应小于$3m^3/(min \cdot kW)$。

11.6.5　隧道全断面开挖时的通风风速不应小于0.15m/s,分部开挖的坑道中通风风速不应小于0.25m/s。

11.6.6　通风机、通风管安装与使用应符合下列规定:

(1)通风机控制系统应装有保险装置,当发生故障时应自动停机。

(2)通风管沿线应每隔50~100m设立警示标志或色灯;人员不得在风管的进出口停留。

(3)通风管安装作业台架应稳定牢固,经验收合格后方可使用。

(4)通风管安装应顺直,通风时不得弯折和挤压,不得破损。

11.6.7　隧道施工中应采取综合除尘降噪措施,配备专用检测设备及仪器,按规定检测粉尘、噪声和有害气体浓度。

11.6.8　爆破作业后和出渣前应经喷淋除尘后,作业人员方可进入下道工序作业;装渣作业和喷射混凝土过程中,应采取除尘措施。

11.6.9　隧道施工作业环境应符合国家有关规定,并满足下列卫生及安全标准的要求:

(1)坑道开挖面空气中,按体积计,氧气含量不得低于20%,二氧化碳不得大于0.5%。

(2)隧道内气温不得高于28℃。

(3)隧道内噪声不得大于90dB。

(4)隧道内粉尘容许浓度,空气中含有10%以上的游离二氧化硅的粉尘不得大于$2mg/m^3$。空气中含有10%以下的游离二氧化硅的矿物性粉尘不得大于$4mg/m^3$。

(5)隧道内常见有害气体容许浓度:

①一氧化碳容许浓度不得大于$30mg/m^3$。在特殊情况下,施工人员必须进入开挖工作面时,浓度可为$100mg/m^3$,但工作时间不得大于30min。

②氮氧化物(换算成NO_2)浓度应在$5mg/m^3$以下。

11.6.10　从事隧道施工人员在进场后、施工中和离场前应进行健康体检,并建立个人健康档案。

11.6.11　隧道施工中,应为施工人员配备满足作业需要的防尘口罩、耳塞等个人劳动保护用品。

11.7　照明

11.7.1　隧道施工作业地段应有足够亮度的照明,采用普通光源照明时,其亮度应满足表15-2的要求。不安全因素较大的地段应加大光照度。

隧道作业地段施工照明要求　表 15-2

施工作业地段	最小光照度(lx)	施工作业地段	最小光照度(lx)
开挖工作面	50	运输通道	15
其他作业地段	30	成洞地段	10

11.7.2　作业地段采用普通光源施工照明时应符合下列规定：

(1)应使用安全变压器，其容量不宜过大，输入电压 220V，输出电压有四个等级，即 36V、32V、24V、12V，输出端不应高出额定电压的 105%。

(2)隧道内照明的光照度应充足、均匀，不得有闪烁。

(3)洞内主要交通道路、抽水机站等重要场所，应有安全照明。曲线地段和洞室拐弯处，应增加照明灯头。

(4)成洞地段应尽量采用节能新光源。

11.7.3　隧道内有水地段照明应采用安全电压及防水灯头和灯罩。施工现场电线、电缆及电气设备、设施使用过程中应经常检查，确保绝缘良好。

11.7.4　隧道内应按每 50～100m 间距设应急照明灯。

11.7.5　隧道施工用电应符合下列规定：

(1)安装、巡检、维修或拆除临时用电设备和线路，应由电工完成，并应有专人监护。电工应持证上岗，电工等级应与工程的难易程度和技术复杂性相适应。

(2)电工作业时应穿绝缘鞋、戴绝缘手套，使用电工检测及绝缘工具。电气设备或线路检修作业前，应将上一级电源隔离开关分闸断电，并悬挂“不得合闸、有人工作”的停电标示牌，不得带电作业。

(3)高压停送电作业应执行工作票制度，严格遵守倒闸操作程序，按规范要求验电、装设接地线、挂警示牌，并执行工作许可制度和监护制度，确保安全用电。

(4)隧道施工用电应按设计要求设置双电源或自备电源。自备发电机组与外电线路应电源联锁，不得并列运行。

12　不良地质和特殊岩土地质隧道

12.1　一般规定

12.1.1　不良地质和特殊岩土地质隧道施工作业应考虑下列主要危险源、危害因素：

(1)专项施工技术方案不合理、开挖方法选择不当；

(2)超前地质预测、预报工作不到位，分析判断不准确；

(3)初期支护施作不及时，支护强度不足；

(4)监控量测数据失真，信息反馈不及时；

(5)有毒有害气体检测仪器、瓦斯隧道施工机械设备未按规定配备，检测工作不到位，通风效果差；

(6)应急预案不具针对性，应急物资设备不足，应急培训演练不到位。

12.1.2　不良地质隧道施工前应根据工程地质及水文地质情况，制定专项安全施工技术方案，其中涉及高瓦斯、岩溶突水、等危险性较大的，还应组织专家论证。

12.1.3　隧道施工时，应根据具体情况制定地质预测、预报方案并组织实施，根据地质预测、预报的结果决定施工参数和施工方案的调整。

12.1.4　不良地质隧道施工应按监控量测方案实施，及时分析反馈量测信息。围岩和支护体系变形速率异常,应立即采取加固措施;情况严重时,应立即将人员撤离危险区域。

12.1.5 不良地质隧道施工前应针对不同风险源制订应急预案,并定期组织培训和演练,施工中应备有足够的应急物资和设备。

12.1.6 每道工序作业前,应将作业风险和应对措施告知所有作业人员。

12.2 岩溶

12.2.1 隧道通过岩溶地区时,应探明溶洞的分布范围、类型、规模、填充物、地下水的情况以及岩层的稳定程度等。

12.2.2 岩溶隧道的施工应按“以疏为主、堵排结合、因地制宜、综合治理”的原则,制定安全专项施工方案。

12.2.3 当隧道溶洞与地表水存在水力联系时,溶洞处理和施工应选择在旱季进行。

12.2.4 岩溶地区隧道开挖应符合下列要求:

(1)施工前应探明隧道区域范围内地表水和地下水情况,采取注浆、引排等措施进行处理。

(2)开挖前,应根据溶洞的大小、填充物及与隧道的相对位置等具体情况,采取相应的安全技术措施。当在溶洞充填体中掘进时,应提前注浆加固。

(3)钻孔作业前,应对隧道洞周开挖轮廓线以外5m范围内隐伏岩溶进行钎(钻)探,进一步查明开挖工作面前方情况。

(4)采用钻爆施工,应控制开挖循环进尺,采用控制爆破,确保隧道开挖稳步推进。

(5)当隧道只有一侧遇到溶洞时,应先开挖该侧,待支护完成后再开挖另一侧。

(6)施工中应检查溶洞顶板,及时处理危石,并应按设计实施安全防护措施。

12.2.5 当溶洞有水流时,应探明水源及流向,采用钻孔、泄水洞等方式排水;钻孔排水降压应留有足够厚度的隔水岩盘,确保安全。

12.2.6 对已停止发育、跨径较小、无水的溶洞,应根据其与隧道相交的位置及充填情况,采用混凝土、浆砌片石等材料封堵。拱顶以上的空溶洞应采用喷锚支护加固,或加设护拱并对空腔回填处理。

12.2.7 岩溶地区隧道的初期支护和二次衬砌,应根据溶洞情况予以加强。二次衬砌施工前,应重点检查拱部、底板、侧边墙背后是否存在空洞,若存在空洞应及时采取措施处理。

12.3 富水软弱破碎围岩

12.3.1 隧道施工前,应根据水文、地质条件,采用地表注浆、超前帷幕注浆、降低地下水水位等措施进行处理,安全评估达到要求后方可开挖。

12.3.2 隧道施工过程中,一旦发现浑水、携带泥砂、顶钻、高压喷水、水量突然增大等异常情况,应立即停止施工,分析原因,采取措施进行处理。

12.3.3 隧道施工时应按设计及时施做初期支护,尽早闭合成环。

12.3.4 应及时埋设监控量测点,按要求开展监控量测;并根据量测结果,评价支护的可靠性和围岩的稳定性,调整支护参数和施工方案,确保施工安全。

12.3.5 衬砌背后的排水盲管(沟)应与隧道排系统连接,并保证排水畅通,防止地下水在衬砌背后积聚对其形成压力。

12.4 风积沙和含水砂层

12.4.1 隧道通过含水砂层时,应采用注浆、冻结等方法止水、固结,确保围岩稳定。

12.4.2 风积沙和含水砂层隧道的开挖应符合下列规定:

(1)风积沙隧道开挖应遵循“先加固、后开挖”的原则;含水砂层隧道开挖应遵循“先治水、后开挖”的原则;

(2)风积沙和含水砂层隧道根据其断面大小,应采用交叉中隔壁法、中隔壁法或台阶法开挖,并应控制一次循环进尺长度;

(3)开挖时应及时监测围岩变形,当预留变形量过大或不足时,应及时调整。

12.4.3　风积沙和含水砂层隧道的支护应符合下列规定:

(1)可采用注浆方法固结砂层,以插板作超前支护;

(2)支护应及时,边挖边喷射混凝土封闭,遇缝必堵,严防砂粒从支护缝隙中漏出。

12.4.4　含水砂层开挖地段,应采用排水管或其他设施将水引至已成洞地段排出洞外。排水时,应采取过滤措施,防止砂粒被排走引起坍塌。

12.4.5　风积沙和含水砂层隧道的二次衬砌应及早施作。

12.5　有毒有害气体

12.5.1　当隧道勘测或施工过程中,通过地质勘探或施工检测,表明隧道内存在 CH_4、H_2S、CO、N_2等有毒有害气体,应配备相应的气体测定器。隧道内存在 H_2S 等有害气体时,应当加强通风降低有害气体浓度,采用通风措施无法达到作业环境标准时,应当采用集中抽取净化、化学吸收等措施降低其浓度。

12.5.2　当隧道内有瓦斯时,隧道定为瓦斯隧道,瓦斯隧道施工应符合《铁路瓦斯隧道技术规范》(TB 10120—2019);瓦斯隧道施工前,应按规定进行瓦斯隧道专项设计,应编制实施性施工组织设计和应急救援预案,其主要内容应包括实施性施工组织安排、超前地质预报、瓦斯检测和监测、施工通风设计、揭煤防突实施方案、施工电气设备和作业机械的配置及管理、施工安全措施及安全管理等。

12.5.3　瓦斯隧道施工阶段建设各方应建立风险管理沟通机制,开展动态风险评估和风险管控,并建立瓦斯风险监控和预警预报体系。

12.5.4　瓦斯隧道应建立专门机构进行瓦斯超前预测、通风、防突、防爆及瓦斯检测、电气设备与作业机械管理,设置消防设施。

12.5.5　瓦斯隧道开工前,应对施工作业人员及管理人员进行安全技术培训。爆破工、电工、瓦斯检测人员等应持证上岗;瓦斯工区应设置门禁系统。

12.5.6　瓦斯隧道的施工单位应建立救护队伍,并配备应急救援物资。救护装备和救护车辆不得用于救护以外的工作;瓦斯突出工区应与当地有资质的救护队签订救护协议,委托其进行相关的必要工作和事故抢救工作。

12.5.7　瓦斯隧道施工期间应对瓦斯工区等级进行评定,动态调整设计及施工方案。瓦斯工区应建立瓦斯、二氧化碳和其他有害气体的检查管理体系,瓦斯隧道施工瓦斯浓度超限处理规定:

(1)当爆破作业面附近 20m 以内风流中瓦斯浓度达到 1% 时,应停止钻孔作业;当瓦斯浓度达到 1.5% 时,应停止一切作业,撤出工作人员,切断电源,采取措施进行处理。

(2)电动机附近 20m 以内风流中瓦斯浓度达到 1.5% 时,应停止运转,撤出人员,切断电源进行处理。

(3)当瓦斯积聚大于 0.5m^3、浓度大于 2% 时,附近 20m 内应停止工作,撤出人员,切断电源进行处理。

(4)因瓦斯浓度超过规定的允许值而切断电源的电气设备,应在瓦斯浓度降到 1% 以下时,方可启动机器。使用瓦斯自动检测报警断电装置的开挖工作面,应人工复电。

(5)瓦斯工区任意处瓦斯浓度超过 0.5% 时,应加强通风监测。

12.5.8　瓦斯隧道施工应在超前地质预报、超前煤与瓦斯探测、煤与瓦斯突出预测或鉴定工作及成果的指导下进行;采用综合预报方法,应按先探后掘的原则,将地质预报纳入施工工序管理;其中超前地质钻孔应符合下列规定:

(1)钻机应采用防爆型钻机,湿式钻孔;移动钻机时,切断电源。

(2)超前钻孔过程中出现顶钻、喷孔等瓦斯动力现象时,应按揭煤防突相关要求进行超前探测和试验检测。

12.5.9　瓦斯工区钻爆作业应符合下列规定:

(1)应采用光面爆破技术避免瓦斯积聚;应采用湿式钻孔。

(2)应执行"一炮三检制"和"三人连锁爆破制"。

(3)在全煤层中应采用煤矿电钻钻孔,应少钻孔、少装药;在半煤半岩中掘进应在岩石炮眼中装药,煤层需爆破时,应采用松动爆破。

(4)在软弱破碎岩层或煤层中掘进,应采用超前支护或预压浆,防止坍塌或瓦斯突出。

(5)瓦斯工区爆破作业应使用煤矿许用炸药,并符合下列规定:

①煤与瓦斯突出区段应使用安全等级不低于三级的煤矿许用含水炸药;

②高瓦斯区段应使用安全等级不低于三级的煤矿许用炸药;

③低瓦斯区段应使用安全等级不低于二级的煤矿许用炸药;

④瓦斯工区中两瓦斯区段的非瓦斯地层应采用煤矿许用炸药,安全等级不低于一级;

⑤禁止使用黑火药和冻结、半冻结的硝化甘油类炸药,同一工作面不应使用两种不同品种的炸药。

(6)瓦斯工区爆破应使用煤矿许用瞬发电雷管或煤矿许用毫秒延期电雷管,并应使用防爆型发爆器起爆。不得使用火雷管,使用煤矿许用毫秒延期电雷管时,最后一段的延期时间应符合《铁路瓦斯隧道技术规范》(TB 10120—2019)的规定。

(7)瓦斯工区装药和爆破作业应符合下列规定:

①爆破地点20m内,风流中瓦斯浓度应小于1.0;

②爆破地点20m内,各类施工机具设备、碎石、煤渣、材料等堵塞开挖断面不得大于1/3;

③开挖工作面应保证通风风量足、风向稳定、局部通风机无循环风;

④炮眼内无温高、温低等异状,无明显瓦斯逸出、煤岩松动等情况;

⑤装药前应清除炮孔内的煤(岩)粉。

(8)瓦斯工区爆破应使用炮泥填塞炮孔,填塞材料应用黏土或不燃性材料。炮孔的装药及填塞应符合下列要求:

①炮孔深度小于0.6m时,不应装药爆破;特殊情况下,应采取安全措施并满封炮泥。

②炮孔深度为0.6~1m时,封泥长度不应小于炮孔长度的1/2;炮孔深度大于1m时,封泥长度不应小于0.5m;炮孔深度大于2.5m时,封泥长度不应小于1m。光面爆破时,周边炮孔应用炮泥封实,且封泥长度不小于0.3m。

③工作面有2个或2个以上自由面时,最小抵抗线在煤层中不得小于0.5m,在岩层中不得小于0.3m。浅眼装药爆破大岩块时,最小抵抗线和封泥长度均不得小于0.3m。

④炮孔用水炮泥封堵时,水炮泥外剩余的炮孔部分应用黏土炮泥封实,其长度不小于0.3m。

(9)爆破前,爆破母线应扭结成短路,并包覆绝缘层。起爆前,由经过专门培训的爆破工由爆破工作面向起爆站按规定依次进行连接。

(10)瓦斯工区进行爆破作业时,爆破15min后应巡视爆破地点,检查通风、瓦斯、煤尘、残炮等情况,遇到危险应立即处理。在瓦斯浓度小于1%、二氧化碳浓度小于1.5%、解除警戒后,工作人员方可进入开挖工作面。

12.5.10　瓦斯区段支护与衬砌作业应符合下列规定：

(1)在软弱破碎岩层或煤层中掘进，应采用超前支护或预注浆，防止坍塌，引起突出。

(2)瓦斯区段开挖后应及时锚喷支护，施作二次衬砌，封闭围岩，减少瓦斯积聚；仰拱应及早施工，保证拱、墙、仰拱衬砌能形成闭合整体。

(3)瓦斯区段钢筋网施工应以洞外预制、洞内拼装绑扎连接的方式实施。

(4)瓦斯区段钢架宜采用装配式型钢钢架，采用螺栓连接，减少焊接。

(5)瓦斯区段二次衬砌内主筋应采用绑扎或套筒连接，其余钢筋可采用绑扎连接，不得采用焊接。

(6)煤系地层设防段的二次衬砌应预留注浆孔，二次衬砌完成后应及时注浆，充填空隙，减少瓦斯积聚。

(7)施工缝应尽量避开揭示的煤层，无法避开时宜设置在瓦斯压力小、溢出量较小的地段；环向施工缝宜与瓦斯隔离层的搭接缝错开设置。

12.5.11　揭煤防突施工应符合下列规定：

(1)瓦斯隧道通过具有煤与瓦斯突出危险的煤层时，应严格按照"超前综合防突措施先行、掌子面综合防突措施补充"的原则，开展揭煤防突设计与施工；采用物探、超前钻探等综合手段准确探明煤层位置，避免误穿煤层；开展煤与瓦斯突出危险性预测，并编制揭煤专项设计。

(2)具有煤与瓦斯突出危险的煤层揭煤前，应采取有效的防突措施，并进行防突措施效果检验，确认消除突出危险后，方可进行揭煤开挖掘进。

(3)揭煤作业时应根据煤层与隧道的空间关系、开挖断面等合理选用施工方法，并采取必要的安全防护措施；揭煤作业应由具有相应技术能力的专业队伍施工。

(4)突出煤层在实施超前探测、突出危险性预测、防突措施及防突措施效果检验过程中，应停止其他与防突工作无关的现场作业。

(5)掌子面突出危险性预测应从下列方法中选用两种方法，相互验证。突出危险性预测方法中有任何一项指标超过临界指标，该掌子面即为有突出危险掌子面；岩墙揭煤可采用综合指标法或钻屑瓦斯解吸指标法，对于煤层中开挖掘进宜采用钻屑指标法、复合指标法或"R"值指标法。

①综合指标法；

②钻屑指标法；

③复合指标法；

④"R"指标法。

(6)岩墙揭煤应符合下列规定：

①先行揭煤断面不宜超过30m^2，当隧道开挖断面较大时，应采用分部揭煤方式。

②参加揭煤施工人员应佩戴自救器。

③应加强通风管理，开挖面应有足够的新鲜空气。

④揭煤前应清理洞口和通风机房周围50m范围内一切火源。

⑤揭穿突出煤层和在突出煤层中进行开挖作业时，应采取安全防护措施。安全防护措施主要有设置避难所、金属挡栏、反向风门、压风自救装置、隔离式自救器、远距离爆破等。

⑥瓦斯突出工区大于500m时应设置避难所，避难所尺寸应满足最大避难人数和扩散通风的需求，可结合隧道横通道和洞室进行设置，避难所距最近的突出煤层不得小于300m。

⑦隧道揭穿突出煤层和突出煤层的开挖掘进应采取远距离爆破安全防护措施，明确起爆地点、避灾路线、警戒范围，制定停电撤人等措施。

⑧瓦斯突出工区在揭穿突出煤层爆破时，应停止工区内一切作业，切断洞内电源，撤出所有洞内

人员至隧道洞口外20m,并应在隧道外起爆。

⑨揭煤爆破30min后,救护队员佩戴呼吸机到开挖工作面对爆破效果、瓦斯浓度等进行检查,确认安全后通知送电,开动局部通风机。通风30min后,由专职瓦检人员检测开挖工作面、回风道等位置的瓦斯浓度,当洞内瓦斯浓度达到允许值时,方可允许施工作业人员进洞。

12.5.12 瓦斯隧道施工通风应符合下列规定:

(1)瓦斯隧道的施工组织设计中,应编制全隧道和各工区的施工通风设计,并考虑各工区贯通后的风流调整和防爆要求,隧道施工的任何作业面不应存在通风盲区;

(2)瓦斯隧道通风设施应保持完好,调节、迁移、拆除通风设施的工作,应由通风管理人员担任;

(3)瓦斯隧道各开挖工作面应独立通风,不得任何2个工作面之间串联通风;

(4)洞内供风量应通过计算确定,应按照同时工作的最多人数、最小风速、爆破排烟、内燃机作业机械及瓦斯绝对涌出量分别计算,取其最大值,且每人供风量不得小于$4m^3/min$;

(5)瓦斯隧道的主风机应有2条独立的供电线路,并装设风电闭锁装置;

(6)应配置一套同等性能的备用通风机,并经常保持良好的使用状态;

(7)风机应采用防爆型,风管应采用抗静电、阻燃的通风管;

(8)瓦斯隧道施工中,对瓦斯易于积聚的空间和衬砌模板台车附近区域,可采用空气引射器、气动风机等设备,实施局部通风的方法,消除瓦斯积聚;

(9)临时停工地段不得停风,停风时应切断电源并设置栅栏与警告牌,人员不得进入;

(10)隧道贯通后,应调整通风系统,检测瓦斯浓度,待风流稳定后方可恢复施工,并应继续加强通风,防止瓦斯局部积聚。

12.5.13 瓦斯工区应采用瓦斯浓度、风速/风量双控指标进行安全施工组织管理,瓦斯隧道施工应建立瓦斯检测制度,并遵循下列规定:

(1)瓦斯隧道应采用瓦斯自动实时监测系统和人工检测相结合的瓦斯监测体系。

(2)瓦斯自动实时监测报警系统设置应符合下列规定:

①自动监控报警系统应具有故障闭锁、瓦电闭锁和风电闭锁功能;

②自动监控报警系统应具有断电状态、馈电状态监测和报警功能;

③自动监控报警系统的供电电源应取自被控开关的电源侧或者专用电源,不得接在被控开关的负荷侧;

④自动监控报警系统应具备实时监测瓦斯浓度、实时上传监控数据的功能;

⑤瓦斯隧道施工中,对瓦斯易于积聚的空间、局部通风机及电气开关附近、作业台车和作业机械附近及回风流中等位置均应设置自动监测传感器,各监测断面处自动监测传感器悬挂位置应能反映风流中瓦斯的最高浓度。

(3)人工瓦斯检测配置应符合下列规定:

①高瓦斯工区、瓦斯突出工区应同时配备低浓度光干涉式甲烷测定器和高浓度光干涉式甲烷测定器。

②非瓦斯工区、微瓦斯工区、低瓦斯工区应配备低浓度光干涉式甲烷测定器。

③当地层富含H_2S、CO、N_2等有害气体时,应配备相应的气体测定器。

④洞内工程技术人员、班组长、安全员、特殊工种等主要管理人员进入瓦斯工区应携带便携式甲烷检测报警仪;并在隧道内各工作面、刀盘前后、盾尾周围、TBM重要设备、后配套30m后回流处、瓦斯已发生积累处、过断层破碎带、裂隙带及瓦斯异常涌出点、隧道内可能发生火源的地点进行日常巡逻。

⑤安全总监、安全监察工程师进入隧道,应携带便携式甲烷检测报警仪或便携式光学甲烷检测

仪;瓦斯检查员进入隧道,应携带便携式光学甲烷检测仪。

(4)所有工作面及通风效果不良地段都应纳入检查范围,并检查到顶部。

(5)瓦斯浓度检查频次应符合下列规定:

①低瓦斯工区每班至少检查2次;

②高瓦斯工区每班应至少检查3次;

③有煤与瓦斯突出危险的施工作业地段,瓦斯突出较大、变化异常的作业地段,应设专人经常检查;

④长期停工后重新复工的作业面、隧道塌方后开始处理前应进行检查。

(6)瓦斯检查员应执行瓦斯巡回检查制度,建立检查台账,并执行日报制度;瓦斯日报应报送队长和技术主管审阅,并通报通风班长。瓦斯浓度达到或超过规定时,瓦斯检查员有权责令现场人员停止工作,并撤到安全地点。

(7)安全主管部门应定期对瓦斯工区的瓦斯检测工作进行检查。

(8)检测瓦斯用的仪器、设备应定期进行调试、校验,发现问题应及时处理。凡经大修的仪器,应经计量检定合格后方可使用。

12.5.14　隧道内非瓦斯工区和低瓦斯工区的电气设备与作业机械可使用非防爆型,其行走机械不得驶入高瓦斯工区和瓦斯突出工区;高瓦斯工区和瓦斯突出工区的电气设备与作业机械应使用防爆型;瓦斯隧道电气设备及机械应符合下列规定:

(1)高瓦斯工区和瓦斯突出工区供电应配制两回路电源;工区内采用双电源线路,其电源线上不得分接隧道以外的任何负荷;采用单回路供电时,应有备用电源;备用电源的容量应满足通风、排水、自动监控等要求。

(2)瓦斯工区内各级配电电压和各种机电设备额定电压等级应符合《铁路瓦斯隧道技术规范》(TB 10120—2019)的相关规定。

(3)瓦斯隧道照明与电气信号设备应符合下列规定:

①输电线路不得使用裸线和绝缘不良的导线;

②高瓦斯隧道和煤与瓦斯突出隧道,照明电器应使用防爆型,开关应设在进风道或洞口;

③矿灯充电房应离洞口50m以外;

④瓦斯隧道内的电气信号,除信号集中闭塞外,应能同时发声和发光;

⑤竖井、斜井主要井口绞车的信号装置应直接接在供电线路上,不应分接其他负荷;

⑥隧道内的电话线路不得利用大地作回路。

(4)瓦斯工区电气设备不应大于额定值运行。

(5)瓦斯工区运输方式的选择应建立在完善的瓦斯监测、报警系统基础上,当采用无轨内燃设备导致洞内风速超过安全标准、洞内空气质量不满足卫生标准时,可采用蓄电池电力机车牵引的有轨运输设备,应符合下列规定:

①高瓦斯工区及瓦斯突出工区有轨运输设备应采用矿用防爆型蓄电池电机车,低瓦斯工区的作业机械可采用非防爆型,但作业机械上应装设车载瓦斯检测报警仪,当瓦斯浓度超过0.5%时停止运行;

②高瓦斯工区和煤与瓦斯突出工区无轨运输的挖掘机、装载机、运渣车、运输车、混凝土罐车、混凝土泵车等作业机械应采用防爆型,低瓦斯工区的装运机械可使用非防爆型,但低瓦斯工区应安装车载瓦斯自动监控报警与断电系统的防爆装置,当瓦斯浓度超过0.5%时,应停止运行。

12.5.15　瓦斯隧道防火应符合下列规定:

(1)洞口20m范围内不得火源。

(2)洞内不得产生高温和发生火花的作业,洞内不得进行电焊、气焊、喷灯焊等作业,确需用焊时应有相应的安全措施。

(3)洞内不得使用可燃性材料搭设临时操作间和休息室,暖风道、压入式通风的风洞应采用不燃性材料砌筑,并应至少装设 2 道防火门。

(4)在有自燃倾向的煤层中施工时,应事先制定专项的安全措施,预防煤层自燃。

(5)瓦斯工区应在洞外设置消防水池和消防用砂,水池中应经常保持不少于 $200m^3$ 储水量,并保持一定的水压。

(6)瓦斯工区内应设置消防管路系统,并每隔 100m 设置一个阀门,作业区内设置灭火器及消防设施,并保持良好状态。

(7)洞内发生火灾时,应根据火灾的性质、灾区通风和瓦斯状况,立即采用一切可能的方法直接灭火。

(8)当洞内火灾不能直接扑灭时,应封闭火区,直到经过取样分析,确认火灾已经熄灭后方可启封。启封火区应逐段恢复通风。当测出风流中含一氧化碳或有其他复燃征兆时,应立即停止向火区送风,并重新封闭火区。

(9)启封火区和火区初期恢复通风的工作应由专业的救护队负责进行,火区内风流所经过的巷道内的人员应全部撤出。

(10)启封火区完毕后 3d 内,每班由救护队检查通风工作,并测定水温、气温和空气成分,确认火灾完全熄灭,通风等情况良好,方可恢复施工。

12.5.16 瓦斯隧道救护工作应符合下列规定:

(1)瓦斯隧道应备有急救和抢救设备,并指定专人保管,经常保持其良好状态,急救和抢救设备不得挪用;

(2)高瓦斯和瓦斯突出工区应配备救护队,在事故发生时非救护队成员不得进洞抢救;

(3)救护队应在统一指挥下开展抢救工作,不得个人单独行动;

(4)事故处理救护基地,应设在安全区附近新鲜风流中的安全地带。

12.5.17 瓦斯工区进洞人员应遵守下列安全规定:

(1)进入瓦斯隧道的人员应在洞口登记,并接受安全检查;

(2)不得穿着易产生静电的服装进入瓦斯工区;

(3)进入瓦斯突出工区的作业人员应携带个人自救器。

12.6 膨胀性和挤压性围岩

12.6.1 膨胀性围岩浅埋地段,地表低洼集水处应封堵、引排措施,防止集水。

12.6.2 膨胀性和挤压性围岩隧道开挖应符合下列规定:

(1)尽量采用机械、人工等非爆破开挖方式,减少对围岩的扰动;

(2)采用钻爆法开挖时,应控制开挖循环进尺和爆破振速,同时应确保开挖断面轮廓圆顺;

(3)开挖后应及时进行支护,封闭暴露的岩体,施作临时仰拱或横撑,支护应尽早封闭成环。

12.6.3 膨胀性和挤压性围岩隧道支护应符合下列规定:

(1)应根据设计和监控量测数据确定预留变形量,防止初期支护侵入限界;

(2)初期支护应做到“先放后抗、先柔后刚”,并可分层施作、逐层加强;

(3)膨胀性围岩隧道开挖后应尽快初喷混凝土封闭岩面;

(4)初期支护应与围岩密贴,保证初期支护与围岩同步受力和变形。

12.6.4 应控制施工用水,加强施工用水管理,防止岩面被水浸泡。

13　辅 助 坑 道

13.1　一般规定

13.1.1　辅助坑道施工作业应考虑下列主要危险源、危害因素：

(1)辅助坑道及交叉口施工方法不当，支护强度不足，导致失稳坍塌；

(2)抽排水设备配置不足，导致水淹坑道；

(3)斜井运输车辆超速、超载、超限、制动失效导致车辆伤害；

(4)有轨运输轨道维护不到位、调度指挥不当，监控系统失效；

(5)竖井提升系统信号和制动失灵、井口坠物伤害。

13.1.2　辅助坑道井口周边的截水、排水系统和防冲刷设施应在开挖前妥善规划，尽早完成。斜井洞门、竖井锁口圈应及早施作。

13.1.3　辅助坑道洞口周边危石及松土应清除或防护，边仰坡开挖不应采用深孔爆破和松动爆破。

13.1.4　交叉口施工应编制专项施工方案，报批后方可实施。

13.1.5　辅助坑道完工后应按要求做好排水、加固或封闭，并完善安全防护措施。

13.1.6　辅助坑道复垦应符合环境保护和水土保持的有关规定和设计要求。

13.2　斜井

13.2.1　斜井施工应根据斜井出水量进行抽排水设计，配置满足抽排水需要的设施和设备。长大斜井应制定专项抽排水方案及应急预案，并经有关单位评审。

13.2.2　存在突涌水风险的斜井应设置备用电源、抽水机和排水管，并保证能随时切换。

13.2.3　斜井运输应制定运输调度管理制度，在正洞交叉口设置反光镜及限速标志，并设专人指挥。

13.2.4　大坡度斜井安装钢架时应采取专门稳固钢架的措施，及时施作纵向连接，防止钢架倾倒。

13.2.5　作业平台、衬砌台车应配有制动装置，防止移动时发生溜滑，就位后应及时锁紧固定。

13.2.6　斜井无轨运输道路应符合下列规定：

(1)大坡度斜井应每隔一定距离设置长度不小于30m的平坡段；

(2)单车道的斜井，每隔一定距离应设置一处会车道，其长度应满足安全行车要求；

(3)斜井内运输道路应当硬化，并设置防滑措施。

13.2.7　斜井无轨运输车辆应限速行驶：进洞重车不得大于8km/h，轻车不得大于15km/h；出洞爬坡不得大于20km/h。

13.2.8　斜井无轨运输，洞内、外应设各种安全设施和警示标志，并应符合下列规定：

(1)洞口应设限高设施，洞内作业平台应满足最小行车限界要求，并设置明显的警示标志；

(2)在洞内的集水坑、变压器、紧急避险处应设置防撞隔离栏和灯光警示标志；

(3)每隔一定距离应设置缓冲防撞安全岛，作为车辆制动失灵时的安全应急措施。

13.2.9　斜井运输车辆每班使用前应对制动系统进行专项检查，确保制动有效。

13.2.10　斜井有轨运输应在井口设挡车器；斜井长度超过100m时，应在井口下20m和距井底60m处设置挡车器；长大斜井应每隔100m和接近井底时在轨道上设置防溜车装置。并有专人管理。

13.2.11　斜井有轨运输应设信号联络系统和监控系统，提升、下放与停留应有明确的声光信号规定。

13.2.12　斜井有轨运输牵引速度不得大于5m/s,接近洞口与井底时不得大于2m/s,升降加速度不得大于0.5m/s^2。

13.2.13　斜井提升设备应安装防止过卷装置、防止过速装置,提升卷扬机应装设深度指示器。

13.2.14　斜井施工使用的钢丝绳应符合下列规定:

(1)提升用的钢丝绳应每天检查1次,每隔6个月检验1次;

(2)钢丝绳的安全系数和检验要求应符合《起重机安全规程》的规定;

(3)钢丝绳的钢丝有变黑、锈皮、点蚀、麻坑等损伤时,不得用作升降人员;

(4)钢丝绳锈蚀严重,点蚀麻坑形成沟纹,外层钢丝松动时,应当更换。

13.2.15　斜井有轨运输施工不得人员乘坐斗车、矿车,垂直深度超过50m的斜井应配备运送人员的车辆,并应符合下列规定:

(1)运人车辆应设顶盖和防坠器,防坠器应具备手动和自动操作功能;

(2)运人列车应设车长,车长应坐在最前排,手动防溜车装置应装在车长座位旁;

(3)每班运人前,应检查车辆连接装置、保险链及防坠器,并应先放一次空车验证安全状况;

(4)运人车辆不得超员,乘员及车载工具不得超出车厢;

(5)运人车辆应安装有向卷扬机司机发送紧急信号的装置。

13.3　竖井

13.3.1　竖井井口应设防雨设施,并应完善周边排水系统,井口周围应设置临边安全防护设施。

13.3.2　竖井井口、井底应设联络信号系统,竖井口防雨棚和井架应安装避雷装置。

13.3.3　竖井围护结构施工前应检查施工机具的安全性,施工过程中应确保设备稳定。

13.3.4　竖井掘进前应完成锁口圈施工,开挖应自上而下分层进行,并及时支护。

13.3.5　竖井每次钻爆作业后,应检查支护和支撑体系有无受损。

13.3.6　竖井施工过程中发现落石、支撑异响、突涌水时,应立即撤离井下作业人员。

13.3.7　竖井开挖过程中应视情况采取注浆止水等措施控制地下水,并应设集水坑和抽排水设施。

13.3.8　竖井衬砌结构施工,应对模板支架体系进行专项设计并检算;模板支撑体系安装完成后应组织验收。

13.3.9　竖井提升机械的使用应符合下列规定:

(1)提升机械安装完毕后应经具有专业资质的检测机构验收合格,并出具安全检验合格证书,方可投入使用。

(2)提升机械不得超负荷运行,并应有深度指示器和防止过卷、过速、超载、防坠、松绳等保险装置。

(3)提升用的钢丝绳和悬挂使用的钩、链、环、栓等连接装置,其安全系数应符合相关规定;使用前应检验合格后方可安装,使用中应定期检查、维修和更换。

13.3.10　竖井应设置人员上下步梯,当竖井深度超过30m时应设专门的载人电梯,载人电梯应符合特种设备管理的相关规定。

13.4　平导及横洞

13.4.1　平导及横洞开挖:应根据围岩级别、断面大小合理选用开挖方法;当平行导坑与正洞的距离较小,采用钻爆作业应控制爆破振速。

13.4.2　平行导坑应超前于正洞开挖,超前距离应不小于其与正洞之间的净距。

13.4.3 平行导坑的横通道施工,开挖前应先加固交叉口,并加强变形监测;当横通道开挖作业面与正洞的距离小于10m时,采用钻爆作业应减小循环进尺、调整爆破参数、控制爆破振速。

13.4.4 平行导坑横通道的位置应选择地质条件相对较好的地段设置,与设计不一致时,应履行变更程序。

13.4.5 平导及横洞应设完整通畅的排水系统,并应与正洞统筹考虑。

13.4.6 平导及横洞运输应建立统一的运输指挥管理制度,设专人指挥,交叉口处应设置反光警示镜及限速标志。

13.4.7 平导及横洞施工应加强施工照明和施工通风管理,保证洞内视线和通风效果良好。

13.5 交叉口

13.5.1 交叉口应设置在围岩地质条件较好地段,与设计不一致时,应履行变更程序。

13.5.2 交叉口在开挖前应核查围岩地质情况,必要时采取超前预加固措施;开挖后应及时支护,并加强监测,围岩差时应及早施作二次衬砌。

13.5.3 交叉口施工应先加固,后开挖;开挖前应检查围岩稳定情况,根据水文地质情况,临近交叉口一定范围内的正洞和辅助坑道初期支护均应加强,必要时设置混凝土衬砌。

13.5.4 辅助坑道进入正洞的门洞应设置门架或过梁。

13.5.5 辅助坑道进入正洞的挑顶施工,应采取小导洞开挖后逐步扩挖,必要时设置临时支护结构。

13.5.6 交叉口异型钢架的内外侧间距和位置应符合设计要求,确保交叉口异型空间结构的受力稳定。

13.5.7 交叉口进入正洞完成挑顶后,应先开挖一端,其掘进长度超过30m后,方可开挖另一端正洞。

14 全断面隧道掘进机(TBM)施工

14.1 一般规定

14.1.1 TBM施工作业应考虑下列主要危险源、危害因素:

(1)起重设备钢丝绳断裂、吊耳吊钩脱落、限位失灵、制动器失灵,作业半径超限;

(2)设备运行和维护中人员防护不当;

(3)通过软弱围岩、断层破碎带、突涌水、大变形、小岩溶、膨胀岩、高瓦斯等特殊地段;

(4)TBM刀具、刀盘、主轴承等失效;

(5)施工运输指挥不当,信号故障,车辆制动失灵、超速、超载等。

14.1.2 以下关键工序应编制专项施工方案经审批后实施。

(1)TBM始发、到达;

(2)TBM隧道净距小于0.7D[1]的并行(叠交)地段;

(3)穿越重要建(构)筑物、重要地下管线距离小于0.7D;

(4)TBM穿越有害气体地层;

(5)TBM穿越江河(宽度≥100m);

(6)TBM穿越运营铁路股道或地铁线路;

---

[1] D表示隧道直径,余类同。

(7)通过软弱围岩、突涌水、小岩溶、膨胀岩、高瓦斯等特殊地质段;

(8)联络通道开挖。

14.2 施工准备

14.2.1 TBM 预备洞、步进洞与出发洞的施工应按照本章洞身开挖、支护与加固相关规定执行。

14.2.2 TBM 组装场地应硬化,平整度和承载力应满足组装和步进要求。

14.2.3 门吊(或桥吊)组装完成后,应进行试运行,验收通过后方可启用。

14.2.4 TBM 及后配套大件起吊前,应对吊耳、吊具和钢丝绳进行验算校核,焊接的吊耳,应在吊装作业前对焊点进行探伤检测,无虚焊、漏焊。吊装作业应由专人负责指挥。吊装作业时,吊装应平稳,起吊速度不应过快,吊件不得长时间在空中停留。

14.2.5 TBM 组装完成后,应对各项系统进行空载调试,经整机空载调试完成后方可组织动态验收。

14.2.6 TBM 步进过程中各个移动部位应有专人观察,并及时和指挥人员沟通,由步进操作人员根据具体情况控制。

14.2.7 TBM 后配套设备选型应满足隧道长度、转弯半径、坡度、列车编组荷载等指标的安全要求。

14.2.8 隧道内各个后配套系统应布置合理,机车运输系统、出渣系统、人行系统、配套管线在隧道断面上布置应保持相应的安全间距,不得发生交叉。

14.3 掘进

14.3.1 TBM 始发用的始发台(护盾式 TBM)、始发洞壁(开敞式 TBM)应有安全计算书,且验收合格。

14.3.2 TBM 应在起始段 50 ~ 100m 进行试掘进。始发掘进时,应以低速度、低推力进行试掘进,在了解设备对岩石的适应性,掌握 TBM 的作业规律后,再适当提高掘进速度。

14.3.3 TBM 掘进时应根据隧道的地质条件,选择合理的掘进参数或掘进模式。

14.3.4 TBM 启动、掘进和停机等应按照 TBM 操作手册的程序操作。

14.3.5 TBM 运行前,应发出警告信号,确认所有人员远离危险区域后方可按操作顺序开机启动。

14.3.6 TBM 掘进过程中,应加强巡视检查,确保设备运转良好;应检查开挖面支护、仰拱块铺设、管片安装、渣车到位、皮带输送机正常、作业人员到位等情况,确保掘进正常。

14.3.7 开敞式 TBM 在撑靴回缩之前,后支腿与洞底应接触。TBM 在重新撑紧期间,内机架的移动区域内不得有人。在后配套系统拖拉期间,拖拉油缸区域和后配套位移区域内不得有人。

14.3.8 对 TBM 设备进行保养和检修时应符合下列规定:

(1)设备保养检修期间应挂设相应标识标牌,并设专人监护;

(2)TBM 及后配套设备的保养和检修工作应在机器停止操作时进行;

(3)液压系统维修前,应关闭相关阀门并降压,应防止液压油缸的缩回和液压马达的意外运行;

(4)电气系统维修前,应断开电气设备的开关,并防止意外重启;

(5)对空气和供水系统进行维修作业时,应关闭相应阀门并降压;

(6)刀盘、支撑等旋转部件区域维修作业前,应停止设备运行;

(7)使用明火、电焊进行维修作业时,应有专人监护,附近不应有可燃物;当不能避开可燃物时,应使用阻燃物覆盖。

14.4　支护与衬砌

14.4.1　开敞式 TBM 支护过程中，锚杆钻机、钢拱架拼装器、喷射机械手等设备回转半径下不得站人，设备抓举材料时应牢固可靠。

14.4.2　开敞式 TBM 支护和衬砌施工应满足本章第 8 节和第 9 节有关规定的要求。

14.4.3　护盾式 TBM 拼装管片时，拼装范围内不得有人和障碍物。管片(仰拱块)拼装完成后，应及时对管片(仰拱块)背后进行充填豆砾石，并注入砂浆对豆砾石进行固结、密实。

14.5　到达掘进

14.5.1　TBM 到达掘进前，应制定到达掘进施工方案，进行安全技术交底。

14.5.2　TBM 到达掘进的最后 50～100m 应根据围岩的地质情况确定合理的掘进参数，减小推力，降低推进速度，并及时支护或回填注浆。

14.5.3　双护盾 TBM 到达段拼装管片后，应设置管片纵向拉紧装置。

14.5.4　TBM 到达掘进，应增加监测的频次，及时通过监控量测掌握贯通面及附近围岩的变形和地表沉降的情况。

14.5.5　隧道贯通前，应做好出洞场地、洞口段的加固。贯通面前方区域应设置安全警戒，人员不得入内。

14.5.6　隧道贯通时应保持洞内外联络畅通。

14.6　拆卸

14.6.1　TBM 的拆卸方式应根据实际情况确定，采取洞内拆卸或洞外拆卸并按正确的拆卸顺序进行。

14.6.2　洞内拆卸时，拆卸洞室应选择在围岩稳定，整体性较好的位置，尺寸应满足洞内吊装的工作条件，拆卸洞的施工应按照本章第 6 节和第 8 节的规定执行。

14.6.3　洞内、洞外设备拆卸场地的地基应夯实、表面平整，强度应达到设备吊装时承载力的要求，并应在 TBM 贯通前完工。

14.6.4　TBM 设备的拆卸应按制造厂商的要求进行，并应满足本章第 14.3.8 条有关规定的要求。

14.6.5　TBM 设备各部件的吊装作业应满足本章第 14.2.3、14.2.4 条规定的要求。

14.7　特殊地质条件下施工

14.7.1　TBM 施工进入特殊地质地段前，应查明和分析工程地质和周围环境，制定专项施工方案和应急预案。

14.7.2　TBM 在软弱围岩中掘进时，应按照下列要求进行作业：

(1)应减缓掘进速度，必要时应先停机进行加固支护处理，再进行掘进。

(2)应根据围岩坍塌的不同程度，采取不同的合理的支护方式。

(3)开敞式 TBM 在软弱围岩中掘进，刀盘扭矩不应过大。换步时，撑靴的支撑位置应错开钢拱架及洞壁的破碎部位。当洞壁没有适合撑靴的位置或围岩强度太低时，应对洞壁撑靴处进行加固处理。

(4)对富水软弱破碎围岩应采取加强排水的技术措施。

(5)双护盾式 TBM 通过软弱围岩时，应减少刀盘喷水、降低刀盘转速和推力、减少单位时间内出渣量、不停机快速通过，防止塌方；还应安装重型管片，及时填充豆砾石并注浆，待通过后再进行固结注浆。

14.7.3　TBM 能通过的小岩溶地段,应按下列要求进行作业:

(1)隧道通过小岩溶地区时,施工前应根据设计图、施工现场情况和超前地质预报,判断溶洞的状况,及时正确制定施工方案;

(2)在掘进过程中,应通过控制掘进参数控制掘进方向,减缓掘进速度,使刀盘受力均匀。

14.7.4　TBM 通过膨胀岩地段,应按下列要求进行作业:

(1)开敞式 TBM 施工时,应采用弹性软式透水管将水归入沟槽,引至洞内水沟。初期支护应采用喷射混凝土、钢筋网、锚杆、钢架等,必要时可采取钢筋纤维混凝土或加设钢筋网。

(2)膨胀岩隧道的衬砌应在围岩变形基本稳定,变形速度小于 0.5mm/d 后施作。在衬砌混凝土强度达到设计强度的 100% 时,方可拆模。

(3)护盾式 TBM 通过膨胀岩地段时,应迅速通过,减少停机时间。必要时,可使用扩孔刀具加大开挖直径,降低被卡风险。

14.7.5　TBM 掘进期间,当隧道内瓦斯超过一定浓度时,应停止主机作业,强制执行二次通风系统工作等保护程序。

14.8　施工运输

14.8.1　机车牵引能力应满足隧道最大纵坡和运输重量的要求,运输便道或轨道承载力应满足车辆荷载要求。

14.8.2　机车行驶时应符合下列规定:

(1)加强线路信号管理,确保信号准确无误。

(2)开车前,应前后检查,各类物件放置稳妥、捆绑安全,运输不得超载、超宽和超长。

(3)机车在启动和行驶过程中,应启动警铃、电喇叭等警示装置。同时,应注意机车行驶中的动态。

(4)应限制机车行驶速度,机车通过道岔时行驶速度不得超过 5km/h,通过其他洞段时行驶速度不得超过 15km/h,机车在进入和离开后配套台车时应鸣笛,且减速慢行。

(5)扳道员应保证扳道过程中不出差错。

(6)应派专人负责养护轨道。轨道应平顺,钢轨与轨枕间应固定牢靠;轨枕和轨距拉杆应符合安装规定。

(7)机车行驶中,司机、调车员不得将身体任何部位伸出限界外。

(8)机车长距离运输会车时,轻车应避让重车。

(9)运输作业结束后,应将机车停放至指定位置,并应将机车制动,拔下启动钥匙并锁闭驾驶室门,采取防溜车措施。

14.8.3　采用皮带输送机出渣时应符合下列规定:

(1)皮带输送机机架应坚固。

(2)应按皮带输送机的使用与保养规程定期对皮带输送机的电器、机械、液压系统进行检查、保养与维修。

(3)应设专人检查皮带的跑偏情况并及时调整。

(4)启动皮带输送机前,应发出声光警示。空载启动后,应检查各部位的运转和皮带的松弛度,如无异常,在达到额定转速后,方可均匀装料。

(5)皮带输送机在运转中不得进行修理和调整。作业人员不得从皮带输送机下面穿过或跨越皮带。

(6)皮带两侧应加设挡板或栅栏等防护装置。运料中应及时清除皮带上的粘连物。

(7)停机后要关闭电源。

14.8.4　TBM 施工运输还应满足本章第 7 节有关规定的要求。

15　盾构施工

15.1　一般规定

15.1.1　盾构施工作业应考虑下列主要危险源、危害因素：

(1)吊装作业钢丝绳断裂、吊钩脱落、限位器失灵；

(2)始发或接收盾构工作井端头地层未加固或加固失效；

(3)掘进参数选择不当，开挖面失稳，地表下沉；

(4)通过浅覆土地层、小净距、小半径曲线、大坡度、江河及下穿既有建(构)筑物、地下管线、障碍物等特殊地段；

(5)盾构机刀具、刀盘、主轴承、密封等失效；

(6)带压换刀；

(7)施工运输指挥不当，信号故障、车辆制动失灵、超速、超载等；

(8)有毒有害气体。

15.1.2　以下关键工序应编制专项施工方案，经审批后实施。

(1)盾构始发、到达；

(2)盾构隧道净距小于 $0.7D$ 的并行(叠交)地段；

(3)穿越重要建(构)筑物、重要地下管线距离小于 $0.7D$；

(4)盾构穿越有害气体地层；

(5)盾构穿越江河(宽度≥100m)；

(6)盾构穿越运营铁路股道或地铁线路；

(7)盾构通过浅覆土地层、小净距、小半径曲线、大坡度、上软下硬等特殊地质段；

(8)盾构换刀；

(9)联络通道开挖。

15.1.3　盾构设备大件吊装作业应由具有资质的专业队伍实施。

15.2　施工准备

15.2.1　盾构施工前，应根据工程的水文地质条件、盾构类型、工作井围护形式、周围环境等因素，对盾构工作井端头地基进行合理加固。掘进前，应检测加固体的强度、抗渗性能，合格后方可始发掘进。

15.2.2　盾构设备吊装应符合下列规定：

(1)起吊前，应确定合理的吊装方式。对吊具和钢丝绳的强度、地基吊装承载力、盾构工作井结构等应进行验算校核，并根据验算结果采取相应的加固措施。

(2)吊装作业时，各大型部件应选择合理的吊点吊运，吊装应平稳，不得起吊速度过快和吊件长时间在空中停留。

(3)吊装作业应由有资格的专业人员专人负责指挥。

15.2.3　盾构组装完成后，应对各项系统进行空载调试，然后再进行整机空载调试，并组织动态验收。

15.2.4　盾构后配套设备选型应满足隧道长度、转弯半径、坡度、列车编组荷载等指标的安全要求。

15.2.5　隧道内各个后配套系统应布置合理,机车运输系统、人行系统、配套管线在隧道断面上布置应保持必要安全间距,不得发生交叉。机车车辆距隧道壁、人行通道栏杆及隧道内其他设施不得小于20cm,人行走道板宽度不得小于50cm。

15.3　始发

15.3.1　盾构始发前应验算盾构反力架及其支撑的刚度和强度,反力架应牢固的支撑在始发井结构上。盾构反力架的整体倾斜度应与盾构基座的安装坡度一致。

15.3.2　盾构始发前应对刀盘不能直接破除的洞门围护结构进行拆除。拆除前应确认始发工作井端头地基加固与止水效果良好。拆除时,应将洞门围护结构分成多个小块,从上往下逐个依次拆除,拆除作业应迅速连续。

15.3.3　洞门围护结构拆除后,盾构刀盘应及时靠上开挖面。

15.3.4　盾构始发时应在洞口安装密封装置,并确保密封止水效果。盾尾通过洞口后,应立即进行二次补充注浆,尽早稳定洞口。

15.3.5　盾构始发时应采取措施防止盾构扭转,稳定始发基座。

15.3.6　盾构始发时,千斤顶分区推力应分布合理且不超过反力体系承载力,防止因反力架受力不均而倾覆。

15.3.7　负环脱出盾尾后,应立即对管片环向进行加固和限位防止变形。

15.4　掘进

15.4.1　盾构应在起始段50~100m进行试掘进,掌握盾构掘进的适应性能和施工规律。

15.4.2　盾构掘进应根据不同的地质情况、施工监测结果、试掘进经验等因素选用合适的掘进参数。

15.4.3　土压平衡盾构掘进时,应合理控制土仓压力及出土量,保证开挖面稳定。

15.4.4　泥水平衡盾构掘进时,应保持泥浆压力与开挖面的水土压力相平衡及排土量与开挖量相平衡。

15.4.5　土压平衡盾构开挖土体应保证良好的渣土改良效果和渣土流动机制,保证开挖面稳定,防止螺旋输送机喷涌。

15.4.6　盾构掘进时应控制姿态,推进轴线偏差应在相关规范允许范围内,减少纠偏。实施纠偏应逐环、少量纠偏,不得过量纠偏,扰动周围地层。应防止盾构长时间停机。

15.4.7　盾构壁后注浆应符合下列规定:

(1)应根据工程地质条件、地表沉降状态、环境要求和设备情况等选择注浆方式和注浆参数。

(2)同步注浆和即时注浆应与盾构掘进同步进行,同步注浆的注浆速度应根据注浆量和掘进速度确定。

(3)注浆压力应根据地质条件、注浆方式、管片强度、设备性能、浆液特征和隧道埋深等综合因素确定。

(4)同步注浆和即时注浆的注浆填充系数应根据地层条件、施工状态和环境要求确定。

(5)根据隧道稳定状态和环境保护要求,可进行二次补强注浆。二次补强注浆的注浆量和注浆速度应根据环境条件和沉降监测结果等确定。

(6)应根据注浆要求进行注浆材料的试验和选择。可按地质条件、隧道条件和工程环境合理选用注浆材料。

15.4.8　盾构掘进过程中,应及时检查刀具和刀盘,发现过度磨损应及时更换刀具和维修刀盘。

15.4.9　盾构刀具检查和更换地点应选择在地质条件好、地层较稳定的地段进行。在不稳定的地层更换刀具时,应采取地层加固或气压等措施,开挖面稳定后方可进仓作业。带压进仓换刀作业应符合气压作业相关标准的规定。

15.4.10 在盾构掘进过程中需要对刀盘进行维修时,应对刀盘前方土体采取可靠的加固措施或施作竖井。

15.4.11 对盾构设备进行维修时应符合下列规定:

(1)设备保养检修期间应挂设相应标识标牌,并设专人监护。

(2)液压系统进行维修作业前,应关闭相关阀门并降压,应防止液压油缸的缩回和液压电动机的意外运转。

(3)电气系统维修前,应将系统关闭,并防止意外重启。

(4)对空气和供水系统进行维修作业时,应关闭相应阀门并降压。

(5)在刀盘、拼装机等旋转设备部件区域进行维修作业前,设备应当停止运转。

(6)现场应配备完善的消防设备,使用明火、电焊进行维修作业时,应有专人监控,附近不应有可燃物;当不能避开可燃物时,应使用阻燃物覆盖。

15.5 管片制作及拼装

15.5.1 管片制作应符合相关安全规定,在预制场内使用行车转运管片,吊具应安全可靠,管片应放置稳当。

15.5.2 管片储存场地应坚实平整,地基承载力应经过验算。每层管片之间应正确设置垫木,堆码高度应经计算确定,防止管片倒塌。

15.5.3 管片拼装中,应指定专门的拼装作业人员,技术人员应对拼装作业进行全程监控,确保拼装安全。

15.5.4 管片拼装时,举重臂与管片连接应使用专用保险销并拧紧,管片拼装和吊运范围内不得有人和障碍物。每块管片拼装完成后,相应区域的千斤顶应及时伸出固定管片。

15.6 接收

15.6.1 盾构到达前应拆除洞门围护结构,拆除前应确认接收工作井端头地基加固与止水效果良好,拆除时应控制凿除深度。

15.6.2 盾构到达前,应在洞口安装密封装置,并确保密封止水效果。

15.6.3 盾构距到达接收工作井 15m 内,应调整掘进速度、开挖压力等参数,减少推力、降低推进速度和刀盘转速,控制出土量并监视土仓内压力。

15.6.4 隧道贯通前 10 环管片应设置管片纵向拉紧装置。贯通后,应快速顶推并迅速拼装管片。

15.6.5 隧道贯通前 10 环管片应加强同步注浆和即时注浆,盾尾通过洞口后,应及时密封管片环与洞门间隙,确保密封止水效果。

15.7 过站、调头及解体

15.7.1 盾构过站、调头及解体时应确保过站、调头的托架或小车有足够的强度和刚度。

15.7.2 盾构过站、调头应由专人指挥,专人观察盾构转向或移动状态。应控制好盾构调头速度,并随时观察托架或小车是否有变形、焊缝开裂等情况。

15.7.3 在举升盾构机前,应保证液压千斤顶可靠,千斤顶举升应保持同步,举升平稳。

15.7.4 牵引平移盾构应缓慢平稳,工作范围不得人员进入,钢丝绳应安全可靠。

15.7.5 盾构解体前,应关闭各个系统,并对液压空气和供水系统释放压力。

15.7.6　盾构解体时,各个部件应支撑牢固。高处作业应有可靠的安全保护措施。

15.8　洞门、联络通道施工

15.8.1　洞口负环拆除前,应对洞口采取二次注浆等措施,确保洞口周围土体强度和止水性能。

15.8.2　洞门施工应符合钢筋混凝土施工的有关安全要求。

15.8.3　联络通道施工应符合下列规定:

(1)施工前,应对联络通道开挖范围及上方地层进行有效加固;

(2)拆除联络通道交叉口管片前,应对管片壁后土体和联络通道处管片进行加固;

(3)隧道内施工平台在断面布置上应与机车运输系统保持必要安全间距,不得发生交叉;

(4)联络通道的施工应按本章第6节和第8节的规定执行。

15.9　特殊地段施工

15.9.1　盾构在浅覆土地段掘进前,应根据地质、水文条件与施工环境等判定其对环境的安全影响,并根据实际情况采取地基加固、设置抗浮或加载等处理措施。

15.9.2　相邻净距小的隧道施工前,应采取加固隧道间土体、对先建隧道管片壁后注浆、先建隧道内支设钢支撑等辅助措施,控制地层和隧道结构变形。后建隧道施工时,应控制掘进速度、土仓压力、出渣量、注浆压力等,减少对先建隧道的影响。

15.9.3　小半径曲线段隧道施工时,应制定防止盾构后配套台车和编组列车脱轨或倾覆的措施。

15.9.4　盾构下穿或近距离通过既有建(构)筑物、地下管线前,应符合下列规定:

(1)应对该地段进行详细调查并评估施工对既有建(构)筑物、地下管线安全的影响。

(2)应根据实际情况对受盾构掘进影响的既有建(构)筑物、地下管线的地基或基础进行加固处理。

(3)应控制掘进参数,减少施工对既有建(构)筑物、地下管线的影响。

(4)应加强既有建(构)筑物的沉降、倾斜观测。当发现有沉降、倾斜趋势时,应及时加固处理。

15.9.5　大坡度地段施工时,机车和盾构后配套台车应制定防溜措施。

15.9.6　江河地段盾构施工应符合下列规定:

(1)应详细查明工程地质、水文地质条件和河床状况,设定适当的开挖面压力,加强开挖面管理与掘进参数控制,防止冒浆和地层坍塌;

(2)应采用快凝早强注浆材料,加强壁后同步注浆和二次注浆;

(3)下穿江河前,应对盾构密封系统进行全面检查和处理;

(4)长距离下穿江河时,应根据地层条件预测刀具和盾尾密封的磨损,制定更换方案;

(5)应采取措施防止对堤岸的影响。

15.10　施工运输

15.10.1　皮带输送机机架应坚固。启动皮带输送机前,应发出声光警示。空载启动后,应检查各部位的运转和皮带的松弛度,如无异常,在达到额定转速后,方可均匀装料。应设专人检查皮带的跑偏情况并及时调整。

15.10.2　机车行驶时应符合下列规定:

(1)编组列车应有完整的连接装置、后视摄像装置,司机在开车前应检查连接装置、制动器及其他部件的完好性。

(2)机车行驶速度不得大于10km/h;经过转弯处或接近岔道时,应限速5km/h;在靠近工作面

100m 距离内应限速 3km/h，并打铃警示；车尾接近盾构机台车时，限速 3km/h 并减速慢行；下坡时应带制动。

(3)机车在启动和行驶过程中，应启动警铃、电喇叭等警示装置。同时，应注意机车行驶中的动态。

(4)开车前应前后检查，各类物件放置稳妥，捆绑安全，运输不得超载、超宽和超长。

(5)轨道养护应有专人负责。轨道应平顺，钢轨与轨枕间应固定牢靠，轨枕和轨距拉杆应符合安装规定。

(6)机车行驶，司机、调车员不得将身体任何部位伸出限界外。

15.10.3　工作竖井内应规定垂直运输的作业范围，在该范围内不得任何非作业人员进入。

15.10.4　钢丝绳、吊带等吊具应定期检查、更换。

15.10.5　盾构施工运输还应满足本章第 7 节有关规定的要求。

15.11　换刀

15.11.1　盾构换刀应编制安全专项施工方案，带压换刀方案经评审后方可组织实施。

15.11.2　换刀作业实施前，应对换刀位置周边环境、水文地质条件、地质情况、地下管线、周边建(构)物等进行详细调查，并根据实际情况，对换刀区域地层、周边建(构)筑物、管线等进行预加固，保证换刀位置掌子面稳定和周边建(构)筑物、管线的安全。

15.11.3　开仓前，应在换刀位置地面布设监控量测点并取得初始值，开仓换刀期间严密监控数据变化情况，并及时调整换刀方案。

15.11.4　换刀作业前应对盾构土仓内氧气含量、有害气体含量进行检测，合格后方可进场实施换刀作业；换刀作业期间，应设置专人监护，定时检测土仓内氧气含量和有害气体含量，发现异常应立即撤出仓内人员，并采取有效应对措施。

15.11.5　带压换刀还应执行以下规定：

(1)带压换刀人员应身体健康且经过专业培训方可上岗作业；

(2)带压换刀作业前，应对盾构各部位进行详细检修，特别是空压机、呼吸气体和工业气体的相关进出气体设备，保证其工作正常；

(3)带压换刀期间，仓内、外人员应保持有效联系；

(4)严格控制进仓人员作业时间；

(5)作业人员进仓前的加压和出仓前的减压过程应符合国家相关标准。

16　应 急 管 理

16.1　一般规定

16.1.1　城际轨道交通隧道应急救援应建立企业救援与地方救援相结合、现场救援与专业救援相结合、现场自救与外界救援相结合的抢险救援体系。

16.1.2　参建各单位应建立应急组织机构及预警、指挥系统，指定专门的管理部门和人员负责应急救援预案管理工作。

16.1.3　建设各单位应先进行事故风险评估和应急资源调查，再根据施工实际情况编制综合应急预案、专项应急预案和现场处置方案，建立应急预案体系。

16.1.4　应急预案编制应符合《生产经营单位生产安全事故应急预案编制导则》(GB/T 29639—2013)的相关规定。

16.1.5 建设各方应按照应急预案建立应急救援队伍,配备救援人员和机械设备,储备应急救援物资。

16.1.6 建设各方应对先关人员进行应急救援相关知识和技能的培训、教育,并按规定组织和实施应急演练。

16.1.7 高风险隧道集中的城际轨道交通项目,建设单位应结合项目风险特点,协调配置全线应急资源,并组织专家论证。

16.1.8 施工单位应与附近医院、消防队,临近施工队伍及其他救援组织建立正式的互助协议,并做好相应的安排,确保在应急救援中及时得到外部救援力量和资源的援助。

16.1.9 隧道施工时设专人管理救援机械设备和物资,对配备的应急救援机械设备、监测仪器、堵漏和清洗消毒材料、交通工具、个体防护设备、医疗设备和药品、生活保障物资等,应进行定期检查、维护和更新,确保应急救援物资和设备能随时投入使用。

16.1.10 隧道施工应事先规划逃生路线,按规定设置逃生通道、避难和急救场所,避难处应准备足够数量的逃生设备、救护器械和生活保障品等。

16.1.11 在软弱围岩及大变形隧道施工段应设置逃生管道。逃生管道纵向连接采用可靠措施,防止管道脱落。

16.1.12 隧道内交通道路及开挖作业等重要场所应设置安全应急照明和应急逃生标志,应急照明应有备用电源并保证光照度符合要求。

16.1.13 隧道施工期间各施工作业面应安装警报装置,警报装置的设置应符合下列规定:

(1)设置警报设备的场所,应有应急照明,并在停电时能够识别;

(2)使用电源的警报设备应配备备用电源;

(3)警报设备应采用手动警报设备、自动警报设备、旋转灯、广播设备用的扩音器及其他警报设备,组合使用,互为备用,保证其性能可靠。

16.1.14 隧道施工期间通信系统应保证畅通,必要时应采用远程监控系统,及时掌握现场情况。同时应满足下列要求:

(1)应在现场各相关应急组织部门、洞口值班室、开挖工作面及其他必要的地方设置通信设备;

(2)使用带电源的通话装置应配备备用电源,保证停电时不影响使用;

(3)通信设备应采用洞内有线电话,并保证其性能可靠。

16.1.15 按规定定期组织应急预案演练。演练前应结合施工环境改变和以往演练的情况制订计划,演练后应及时评审,并不断改进和完善应急救援体系。

16.1.16 隧道内所有施工作业人员应经过应急救援培训。应急救援培训应包括下列内容:

(1)了解潜在危险的性质和对健康的危害;

(2)熟悉应急救援程序;

(3)掌握必要的自救及互救知识;

(4)了解预先指定的主要及备用逃生路线、集合地点及各种避难急救场所位置;

(5)了解各种警报含义,掌握警报设备、通信装置、避难器具等的使用方法。

16.1.17 不得盲目进行救援,应在保证救援人员的安全的前提下开展应急救援工作。

16.2 应急救援

16.2.1 当隧道施工中发生险情时,应迅速做出判断,确定相应的响应级别,并按响应级别启动应急救援程序,同时根据下列各项要求,迅速开展事故的侦测、警戒、疏散、人员救助、工程抢险等有关应急救援工作。

(1)值班人员和安全负责人应立即通过警报装置通知隧道内所有作业人员紧急撤离;

(2)现场最高管理者应负责指挥疏散撤离,各级相关人员应坚守岗位,保持通信畅通,及时反馈人员撤离及险情出现情况等信息;

(3)按规定应及时上报地方政府和相关部门,并做好相关配合工作;

(4)现场应采取警戒和隔离措施,防止其他人员进入危险区域,避免灾害损失扩大;

(5)进行事故原因分析,保证应急救援安全,防止发生次生灾害,并注意保护事故证据;

(6)制定相应的预防措施和工程处理措施,上报建设、设计、监理和相关单位,按批复的方案对事故进行救援。

16.2.2　隧道灾害应急救援应按图 15-2 所示的工作程序进行。

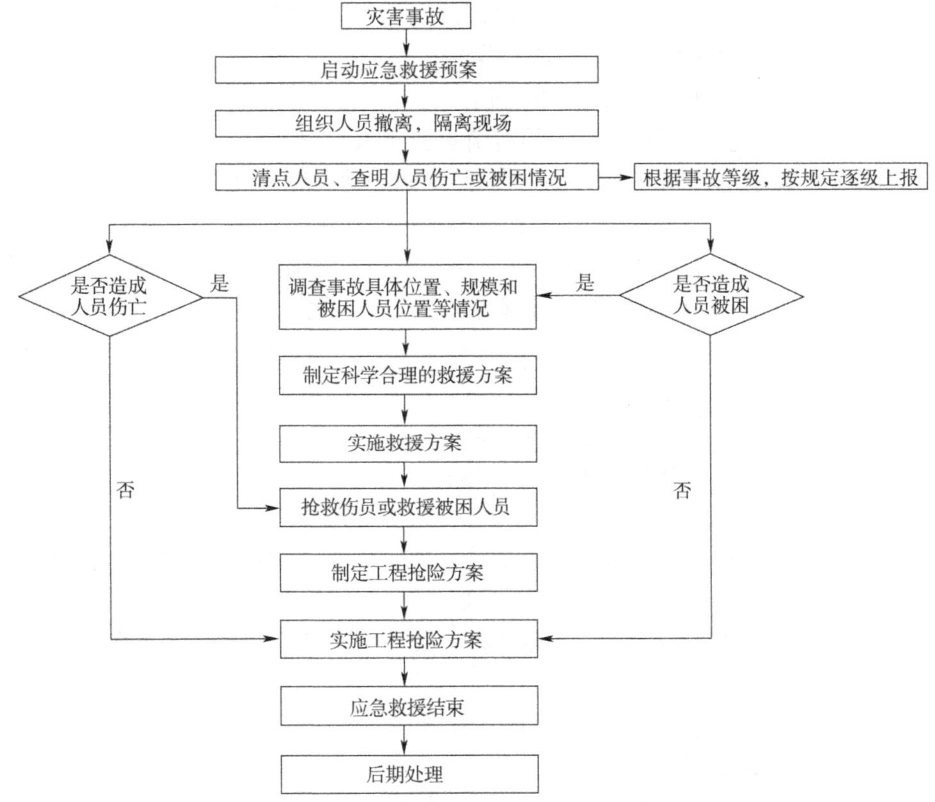

图 15-2　隧道灾害救援工作程序

16.2.3　隧道内发生瓦斯燃烧、中毒、爆炸险情后,应采取下列措施:

(1)立即切断洞内所有施工及照明线路电源。

(2)立即停止施工,作业人员全部撤出,同时清点施工人数,确认人员伤亡情况。

(3)立即报告应急抢险领导小组,并及时上报相关单位。

(4)派专人封锁现场,防止无关人员进入危险区域。

(5)事故处理救护基地,应设在安全区通风良好的安全地带。

(6)应急抢险救援指挥组织人员现场勘察,立即对遇险、受伤人员组织急救。

(7)非救护队成员不得进洞抢救。救护队在执行任务前,应了解事故性质,并制定侦察工作的安全措施,方可进入事故区进行侦察。救护队应在统一指挥下开展抢救工作,个人不得单独行动。

(8)可供临时处置的供氧呼吸机、清洗器具、急救箱、担架等医药卫生设备及时到位。

(9)救助受困人员至安全地带进行现场救护,并尽快将受伤人员就近转送医院进行治疗。

16.2.4　隧道内发生突涌水险情后应采取下列措施:

(1)突然遇到大面积渗漏水时,应即令工人停止工作,撤至安全地点。同时应对出水部位、水量大小、变化规律、水的浑浊程度等进行观测记录,采取必要的防护措施。

(2)在爆破作业后突然发生特大涌水,当洞内设有防水闸门时,作业人员应立即启动报警系统,关闭防水闸门,按既定的逃生路线进行洞内人员和机械设备的撤离,并利用防水闸门处安设的抽水机对突涌水段进行抽排水;当洞内未设防水闸门时,作业人员应按既定的逃生路线立即撤出。

(3)在开挖作业过程中发生特大突涌水,开挖工作面人员应立即沿逃生路线迅速向洞外或避难所撤离,当涌水量较大时,人员可利用事先准备的救生圈、皮划艇等进行逃生。其他人员应立即启动报警系统,发出警报信号,迅速切断电源,启动应急照明。

(4)立即报告应急抢险领导小组,并及时上报相关单位。

(5)派专人封锁现场,防止无关人员进入危险区域。

(6)突涌水保持稳定后,利用抽水设备进行排水。

16.2.5　当隧道发生塌方时应采取下列措施:

(1)立即停止施工,作业人员全部撤出,同时清点施工人数,确认人员伤亡情况;

(2)应按事故分级规定迅速向有关单位报告,并立即启动应急预案实施救援;

(3)派专人封锁现场,防止无关人员进入危险区域;

(4)当隧道塌方造成人员被困时,参建各单位应在调查清楚塌方发生的部位、规模、被困人员避难位置等具体情况基础上,制定科学合理的救援方案,防止二次灾害发生;

(5)尽快打通生命通道,利用生命通道或高压风管等与洞内被困人员进行联系,并向洞内供风、供氧、供应食物及药品等;

(6)被困人员救出后应由专业医护人员进行救治。

16.2.6　当隧道内发生火灾时应采取下列措施:

(1)及时迅速启动报警系统;

(2)起火初期,当火势不大,未对人与环境造成较大威胁时,应运用平时培训演练的技能,就近采用灭火器、水管等消防器材,尽可能地在第一时间将火扑灭;

(3)当火势失去控制时,应判明方向,迅速判断危险地点和安全地点,组织作业人员按逃生路线向洞外或附近避难所撤离;

(4)立即报告应急抢险领导小组,并及时上报相关单位;

(5)对遇险、受伤人员组织急救。

16.2.7　在可能发生自然灾害的地区施工时,应有计划地采取下列相应措施。

(1)收集历史气象和地质信息,并关注天气预报。

(2)可能发生自然灾害时,应立即停止施工,对施工现场进行警戒检查并采取防护措施。

(3)自然灾害警报解除后,应确认作业条件安全,方可进行作业。

(4)大雨时隧道施工应注意下列事项:

①当洞口地质地形可能因降雨引发泥石流时,应采取加固措施;

②机械设备应向安全场所转移或进行拆除,防止水淹、倾倒;

③可能发生漫水、沉陷或垮塌的地方,应进行加固处理,并设警示标志。

(5)在遇强风、暴风时,对各种大型机械应采取防止倾倒及滑跑措施,对临时设备、脚手架等应采取加固、拉结等保护措施。

(6)大雪时隧道施工应注意下列事项:

①施工设施不应设在可能发生雪崩的地点;

②对相关道路和施工用地进行除雪,保护车辆及人员安全;

③在道路、水路等地设置警示标志。

(7)雷暴天气时,隧道施工用机械设备应按规定设置雷电报警器和避雷针。当有雷击危险时,隧道洞内外应立即停止爆破作业,作业人员应退避到安全场所。

(8)为防止地震和海啸造成的灾害,应关注预报信息,加强避灾演练。地震发生时,应迅速组织作业人员退避到安全场所。

16.2.8　应急救援工作和事故处置完成后,恢复施工前,应组织对作业现场进行全面安全排查,确认安全后再重新组织隧道施工。

本章条文说明

3.1.1 建设单位在隧道工程发包任务应结合承包单位安全生产事故情况和施工管理水平,合理选择承包队伍;自身应建立健全有关安全生产组织机构、管理制度和办法,并明确各职能部门和管理人员的安全职责;及时向施工、监理单位提供工程地质、管线的有关资料,并按国家有关安全措施费的规定对费用专项列支、实报实销;做好勘察设计、监理、施工的协调管理工作,加强对风险隧道监控,督促检查施工现场安全生产工作,发现隐患,及时处理,不得拖延,确保隧道工程施工安全。

3.1.2 隧道开工前,需对设计文件开展详细核对,本节只要求在核对设计文件时,对不良地质和特殊岩土地段的设计方案、地下管线、施工环境的预防措施、洞口位置及弃渣场位置等涉及施工安全的设计文件提出进行重点核对。

3.1.3~3.1.5 隧道按照设计施工,组成结构的原材料、半成品及构配件合格是隧道施工最基本的保证。

3.1.6 国家安全生产监督管理总局对有限空间作业进行了规定,隧道施工也有限空间作业的范畴,建立防坍、防火、防爆、防中毒、防窒息的相关责任制,配备相应设备和劳动防护用品。

3.1.8 施工单位按《铁路工程基本作业施工安全技术规程》(TB 10301—2017)中施工安全管理工作框图中规定的安全管理组织机构、安全资源配置、安全管理制度、安全管理目标、安全培训教育、专项施工方案、安全技术交底、应急预案、营业线施工、安全检查和处理反馈信息等工作内容,制定检查计划,组织自查,在开工前,建设单位对安全工作的情况组织检查,合格后方允许开工,施工过程中组织相关人员定期、不定期检查。检查项目根据施工安全管理工作框图主要内容结合隧道施工特点,在不同的施工项目和施工阶段,确定具体检查项目,因此,检查表未明确具体检查项目,根据实际情况增加或减少。检查情况要详细描述各检查项目事实情况,根据具体检查情况,确定书面检查整改通知的内容。

3.1.9 结合具体的检查情况,要在存在问题及整改要求中明确具体项目,即存在问题部位、具体问题描述、整改要求等。整改措施由受检方根据存在问题制定针对的处理措施。并由检查方进行验证,验证方式可以采取现场验证、照片、电子信息等能准确反映问题得到处理的有效途径和方式。

3.1.10 对隧道工程实体存在和潜在的安全隐患要进行排查整改,杜绝对城际轨道交通运营安全造成影响。

3.2.1 安全培训作为安全生产管理的一项重要内容,要得到加强,尤其目前施工单位多采用劳务工形式,劳务工的安全知识较少,因此对项目安全培训的时间、内容等规定十分必要,以此促进安全意识的进一步提高,确保安全生产。

3.2.2 人的不安全行为是事故的主要因素,加强作业人员安全意识教育,是确保安全生产的主要途径,班前安全讲话可以让员工了解当班作业中存在的主要危险因素和注意事项,对减少施工作业中人的不安全行为能起到很好的作用。根据国外隧道施工安全管理的经验,外来人员进入隧道之前,应由项目部组织对其进行必要的安全培训,将进入隧道的有关安全注意事项和应急知识,隧道施工工程概况及施工进展等情况告知,防止意外事故的发生。

3.2.4 洞口设专人值班,随时掌握洞内施工人员情况,检查进出隧道人员防护用品的正确使用,违禁物品不得携带进洞。进洞人员一律穿戴具有明显标志的工装。动态管理制度应对进出洞人员实行登记、监控管理。

3.2.5 安全通道设置在隧道一侧,宽度不小于0.7m,用警示牌、安全标识等明示其位置,并设置必要的应急照明,实现人、机分流。

3.4.1　风险评估主要是对风险进行辨识、估计和评价，是对风险辨识风险不确定性及评价风险影响程度的过程。

3.4.2　城际轨道交通隧道风险管理是将隧道建设过程中的各类风险降低至合理、可接受的水平。风险计划是风险管理的总体策划，其内容包括风险管理目标、组织机构、人员配备、工作流程、工作方法及成果形式要求等。风险辨识是对风险因素进行确认和分类，形成风险指标体系；风险估计是对各种风险发生的可能性及不利后果进行估算；风险控制是指降低工程风险损失所采取的处置对策或措施；风险后期评估是在工程竣工后开展的项目风险管理效果确认、评价和总结。

4.1.3　洞口各项工程是指进洞之前需完成的洞口土石方及与其相连的洞门和挡护墙、洞口排水系统等。相邻工程指洞口附近与隧道施工互有影响的工程，如洞口附近的桥涵及路基支挡建筑物等。故应通盘考虑、妥善安排，及早完成，以减少干扰，保证安全。

4.1.4　过去很多隧道为了争取早日进洞，洞口工程施工采用大爆破而发生边、仰坡剥落、坠石、坍塌甚至滑坡，对隧道施工安全及建成后的行车安全造成较大威胁，故作本条规定。

4.1.5　紧临道路施工时设挡墙、防护网、挡板防护等相应防护措施；爆破作业时要对重要结构物进行覆盖，特别是紧临既有线进行爆破作业时需满足既有线行车要求，并严格按运营单位批准的天窗作业时间进行作业，同时还要搭设防护栏并安设双层防护网，严防飞石击打既有线沿线设施。

4.1.8　结合国内一些隧道进洞前因未施作抗滑桩、预应力锚索、防护网、管棚、预注浆等保证隧道洞口稳定的相关工程而导致隧道洞口发生溜坍或落石的案例，作出本条规定。

4.4.1　由于严寒季节洞门施工需按照冬季施工规则办理，既增加了工作量，效率又低，不如在严寒季节前施工方便（在南方温暖地区可不需受此限制）；洞口地质条件通常又都较复杂，特别是不良地质地段，在雨天进行洞口施工不易保证安全。故本条规定洞门应避开雨天和严寒季节施工。

4.4.2　洞门牢固、稳定才能保证洞口安全，当洞门基底地质条件不符合设计要求时，则要采取加固处理措施。洞门基础开挖完成后，基底的虚渣、杂物、积水、软层等要及时清除干净，超挖部分要采用同强度等级混凝土与基础同步浇筑，以保证洞门基础的稳定性。

4.4.4　主要是为保证雨水不浸入坡面土体，以防仰、边坡失稳坍塌，危及洞口安全而规定。

5.0.1　在隧道穿越山体过程中，经常遇到瓦斯等有毒有害气体。对瓦斯等有毒有害气体地段采取超前钻探方法进行地质预报时，存在一定的施工危害性，故将瓦斯等有毒有害气体作为主要危险源、危害因素考虑。

5.0.2　超前地质预报是一种科学的施工管理手段，也是确保工程施工安全与质量的重要环节，因此将它作为工序纳入施工组织管理，有利于施工标准化管理。在具体实施时，做到地质预报在先，施工根据预报成果确定施工方案。

超前地质预报的安全保障措施，包括超前预报如何保障施工的安全措施、进行预报中如何保障操作人员与仪器设备安全的措施等。

5.0.3～5.0.5　超前地质预报要根据说明表15-1进行地质复杂程度分级和确定预报方案。对地质复杂和较复杂的城际轨道交通隧道工程，选择有专业资质的超前预报队伍承担。因为他们无论从预报经验还是预报方法上都比较丰富与成熟，同时预报手段也较齐全，对提高预报的准确率、保证施工安全有利。

隧道超前地质预报要按说明表15-1进行地质复杂程度分级，确定重点预报地段，并遵守动态设计原则，根据实际预报中掌握的地质情况，及时调整隧道区段的地质复杂程度分级、预报方法和技术要求等。

地质复杂程度分级表　　说明表 15-1

分级影响因素		复杂程度			
		复杂	较复杂	中等复杂	简单
地质复杂程度(含物探异常)	岩溶发育程度	强烈发育,以大型暗河、廊道、较大规模溶洞、竖井和落水洞为主,地下洞穴系统基本形成	中等发育,沿断层、层面、不整合面等有显著溶蚀,中小型串珠状溶穴发育,地下洞穴系统未形成,有小型暗河或集中径流	弱发育,沿裂隙、层面溶蚀扩大为岩溶化裂隙或小型洞穴,裂隙连通性差,少见集中径流,常有裂隙水流	微弱发育,以裂隙状岩溶或溶孔为主,裂隙不连通,裂隙透水性差
	突水突泥程度	特大型突水(突水量 > 100000m³/d)、大型涌突水(突水量 10000 ~ 100000m³/d)、突泥,高压水	较大型突水(突水量 1000 ~ 10000m³/d)、突泥	中型突水(突水量 100 ~ 1000m³/d)、突泥	小型突水(突水量 < 100m³/d)、涌突水可能性极小
	断层稳定程度	大型断层破碎带、自稳能力差、富水,可能引起大型失稳坍塌	中型断层带,软弱,中~弱富水,可能引起中型坍塌	中小型断层,弱富水,可能引起小规模坍塌	中小型断层,无水,掉块
	地应力影响程度	极高应力($R_c/\sigma_{max}<4$),开挖过程中硬质岩时有岩爆发生,有岩块弹出;软质岩岩芯常有饼化现象,岩体有剥离,位移极为显著	高地应力($R_c/\sigma_{max}=4\sim7$),开挖过程中硬质岩可能出现岩爆,岩体有剥离和掉块现象;软质岩岩芯时有饼化现象,岩体位移显著	—	—
	瓦斯影响程度	瓦斯突出:瓦斯压力 $P\geqslant0.74$MPa,煤的坚固性系数 $f\leqslant0.5$,煤的破坏类型为Ⅲ类及以上	高瓦斯:全工区的瓦斯涌出量 ≥ 0.5m³/min	低瓦斯:全工区的瓦斯涌出量 < 0.5m³/min	无
地质因素对隧道施工影响程度		危及施工安全,可能造成重大安全事故	存在安全隐患	可能存在安全问题	局部可能存在安全问题
诱发环境问题的程度		可能造成重大环境灾害	施工、防治不当,可能诱发一般环境问题	特殊情况下可能出现一般环境问题	无

注:R_c-岩石单轴饱和抗压强度,MPa;σ_{max}-最大地应力,MPa。

由于超前地质预报技术的发展水平的限制,目前尚无一种方法能解决所有的工程地质预报问题的方法,同时预报环境受到的干扰因素太多,不同的物探方法对环境的要求也不尽相同。因此要求对位于区域地质条件复杂的隧道选用多种不同原理的方法,并对测得的资料进行综合分析、达到相互补充和相互印证,提高预报的准确率。

超前地质预报强调多种方法相互补充、相互印证,这并非要求所有的隧道工程项目都这样操作。对地质条件复杂和比较复杂的高风险隧道工程,为提高预报的准确率、避免预报盲区、杜绝灾害性事故的发生,根据地质复杂程度分级确定预报方法是非常必要的,在常规性预报的基础上再进行精细预报,提高预报的准确率;而对地质中等复杂和简单的隧道工程可仅由施工单位采取一两种常规方法进行超前预防。

5.0.6　进入隧道施工的所有人员都应进行安全教育,并要求熟练掌握相关安全操作指南,超前地质预报人员也不例外,在开展预报工作前对他们进行安全教育是十分必要的。

5.0.8　为保证开展瓦斯隧道超前地质预报作业人员的安全,故作出本条规定。

5.0.9　隧道通过矿山采空区时,为防止透水淹井事故发生,要仔细查明废弃矿巷与隧道的空间关系,为进一步有效处理提供决策依据。施工中可采取地质分析法、物探法、钻探法相结合进行综合预报,并要求采取精细预报,避免预报盲区。

5.0.13　对具有高水压突水的高风险隧道工程,超前地质钻孔预报是应进行的项目。这一工作通常由施工单位自己完成,但在操作的过程中应做好防突涌水预案,防止超前钻孔过程中因揭露高压大流量地下水发生安全事故,要保证在逼近异常带进行超前钻孔时,如一旦发现异常情况能完全做到操作可控,并能进一步采取有效措施处理。

在高压富水区实施超前钻孔时,为防止钻孔过程中揭穿高压水伤人,除在孔口牢固设置安全装置外,还应设置安全挡板,以防止突涌水发生时意外伤人,同时规定除操作人员外的其他人员不得进入危险区,且操作人员应工作在钻机的侧向。

超前钻孔过程中发现有顶钻现象,常是一种比较危险的信号,通常预示前方可能有高压水(或压力瓦斯)存在,因此要作好钻孔过程记录,当发现该异常信号时应停止钻孔并立即报告,以便及时采取措施处理。

5.0.14　地震波反射法预报要使用火工产品才能实现信号的采集,这就要求超前地质预报实施单位要具备爆炸物品的使用资质,操作人员要持有爆破员证;当预报单位或个人不具备资质时,要与工程施工单位签订协议,由施工单位具备资质的爆破人员协助完成该项工作,但爆炸物品的使用和管理要统一由施工单位负责,使用要遵守施工单位的相关制度和《爆破安全规程》(GB 6722—2014)的有关规定。

6.1.2　与隧道地质条件、断面大小等条件相适应的开挖方法,在很大程度上决定了隧道开挖的安全。调查表明,由于开挖方法选择不当,造成隧道塌方,甚至发生安全事故现象所占比例较高。

6.1.3　采用光面爆破或预裂爆破目的是减少超欠挖,同时减轻对围岩的扰动,有利于充分发挥围岩的自承能力;控制循环进尺,可减少一次同时爆破药量,也可减轻对围岩的扰动。当围岩完整时,在隧道拱部采用光面爆破的效果较好,而在侧壁采用预裂爆破的效果较好。

6.1.4　洞内施工场地狭窄,视线较差,为避免机械伤人,做此规定。

6.1.5　采用人工开挖,一般是在地质条件差,容易掉块、塌方的地层中,而且作业人员较集中,为保证在紧急情况下人员的迅速撤离,作业人员应保持必要的安全操作距离,作业时应设专人指挥。

6.1.6　隧道开挖过程中,作业台架的强度、稳定性不够和四周未进行安全防护是导致作业人员高处坠落和被物体打击的主要原因,故作此规定。

6.1.9　隧道双向开挖接近贯通面时,隧道两个开挖工作面接近15m距离是根据隧道爆破时,一般情况下爆破力的影响范围的安全距离。对于土质或岩层破碎的隧道,还要适当加大预留贯通的安全距离。

6.1.10　小净距隧道是指隧道间的中间岩柱厚度小于说明表15-2建议值的特殊隧道布置形式,因开挖爆破所产生的振动对相邻隧道有较大的影响,所以两洞开挖面要保持合理的纵向距离,长度不小于30m。

不同围岩级别下的最小净距　　说明表15-2

围岩级别	Ⅰ	Ⅱ	Ⅲ	Ⅳ	Ⅴ	Ⅵ
最小净距	$1.0\times B$	$1.5\times B$	$2.0\times B$	$2.5\times B$	$3.5\times B$	$4.0\times B$

注:B-隧道开挖断面的宽度(m)。

6.2.1 隧道采用全断面开挖,爆破用药量较大,所产生的振动也较大,所以应控制一次同时起爆的炸药量和循环进尺,降低爆破震动对围岩的影响和确保开挖工作面的稳定。

6.2.2 在隧道地质条件较差的情况下,一般采用台阶法或分部法开挖,但由于分部法开挖其初期支护不能尽早成环,也有一些弊病。目前国内外都有在隧道地质条件较差的隧道,通过对掌子面前方和周边围岩采用帷幕注浆、玻璃纤维锚杆等技术手段进行预加固后,实施全断面开挖,取得了成功。

6.2.3 在施工中,由全断面法转换成其他开挖方法,在施工组织、施工进度、施工效率等方面都会受到一定程度的影响,施工单位往往抱有侥幸心理,结果造成隧道塌方甚至发生安全事故,因此一旦隧道地质条件发生变化,要及时采取措施或变换成与之适宜的开挖方法。

6.3.1 隧道采用台阶法开挖,推荐采用短台阶或微台阶,主要是为了让初期支护尽快封闭成环,尽量减少上部初期支护和围岩的变形;同时便于上部断面使用挖掘机配合翻渣,减少人工翻渣量,加快施工进度。

6.3.3 开挖循环进尺过大,容易引起隧道拱部塌方造成安全事故,这也是隧道施工中造成塌方的一个主要原因。实际施工中,人们往往更注重上台阶的循环进尺控制,但很多事故教训表明,台阶下部开挖时一次开挖长度过长,更易造成安全事故,特别是作业人员被困洞内的重大安全事故。

6.3.4 在地质条件相对较差的情况下,采用短进尺环形开挖预留核心土措施是台阶法开挖中经常采用的技术措施,其能够有效降低开挖工作面坍滑,从而避免安全事故的发生。

6.4.1 采用分部法开挖的隧道,一般地质都较差或软弱,所以优先选用机械或人工开挖方式,减少开挖对围岩的扰动,更为重要的是,避免爆破开挖对初期支护的结构造成破坏。

6.4.2 分部法开挖是将大断面开挖转化成小断面开挖,减小了开挖跨度,有利于施工安全。合理确定各部的尺寸,确保各部结构受力合理非常关键,应高度重视。开挖循环进尺过大,容易引起隧道拱部塌方造成安全事故。

6.4.3 采用分部法开挖,不仅要及时进行初期支护、封闭成环,而且整个断面也要求尽快成环,以改善整个初期支护结构的受力状况。

6.4.7 采用分部法开挖的隧道,有大量的临时支护需要拆除,临时支护拆除过程中,初期支护受力体系将发生转换,为安全起见,应通过监控量测来指导临时支护的拆除时间、一次能够拆除的长度等。

6.5.1 不得在残眼中继续钻眼,主要是防止残眼中残余炸药爆炸。开挖工作面如有异常漏水、气体喷出、浆液颜色地化等情况,说明开挖面前方岩层的地质条件有变化,在未采取相应技术手段进行检测和工程措施进行处理前,不得继续施工,防止安全事故发生。

6.5.2 火工品易受高温、震动及火花的影响,导致引爆发生安全事故,所以禁止装药与钻孔作业同时进行,这一点在施工中应严格执行,不得抱有侥幸心理。火工品的领用、管理、清点、退还应有专人全过程负责,防止火工品的意外流失。

6.5.3 参照《爆破安全技术规程》(GB 6722—2014),本条要求爆破作业要设立统一的指挥系统,明确职责和分工,做到相互协调一致,避免安全事故的发生。

7.2.1 隧道开挖爆破后,要及时进行通风、照明、找顶、初喷等工作;在装渣作业开始之前,要确认工作面稳定,排除未爆的炸药和雷管,确认没有安全隐患后,方进行装渣作业。

7.2.2 洞内装渣以及夜间卸渣作业时,装渣机、运输车辆和作业场所必须保证足够的照明亮度。如果照明亮度不够、视线不清,可能导致装渣运输机械运行过程中发生挤碰,甚至危及人员安全。

7.2.4 装渣作业时机械噪声和渣石粉尘对作业人员和施工环境影响较大,要采取措施严格控制。

7.3.2　隧道作业空间有限,洞内有衬砌台架、机械设备、通风及风水电配管等重要设施和设备,一旦被装渣运输车辆等碰撞,就有可能造成事故,因此在洞口和台架、重要设施和设备的附近要用夜光涂料或红灯等易见标志。

7.3.3　运输线路或道路要经常进行维修和养护,保证长期正常使用,为了保证运输过程中的安全和文明施工,线路或道路两侧的岩渣和杂物要随时清除。

在对轨道进行检查维护中,一旦发现轨道变形、位移,轨枕塌陷,道岔和调车设施的磨损变形等异常情况,要及时处理,以确保轨道运输的安全畅通。

7.3.6　本条关于有轨运输作业安全规定,主要针对线路标准和机动车牵引运输的安全技术要求。轨道铺设质量的好坏直接关系到有轨运输出渣的工效及运输安全,要设立轨道班组,按规范正确布置轨道。轨道铺设要尽可能做到直线平直、曲线圆顺、道床稳固。有轨运输线路铺设标准和要求要符合下列要求:

(1)钢轨类型:为38~43kg/m。

(2)道岔型号:不小于6号的道岔,并安装转辙器。

(3)轨枕:间距不大于0.7m。

(4)道床:厚度不小于20cm。

(5)有轨运输设单道时,每间隔300m设一个会车道。

7.3.8　采用无轨运输,要求洞内的内燃机械必须安装废气净化装置和消音设备,还可以采取在燃油中加入"燃油添加剂"的方法,以促使柴油燃烧更为充分,从而降低内燃设备尾气排放的油烟浓度,同时需加强施工通风管理,确保洞内空气质量满足卫生标准要求。

隧道无轨运输配套设备种类及数量较多,施工机械及车辆出入隧道频繁,加之洞内运输空间受限、照明亮度不足、空气质量较差等原因,容易引发运输安全事故。因此,要加强施工机械运输调度管理,制定车辆管理办法,严格履行车辆的进场检验制度,加强机械设备的日常安全检查和维修保养,坚持定人定机与持证上岗,严格执行机械设备操作规程,严禁违章操作、违章指挥和违反劳动纪律,严禁酒后驾车与疲劳驾驶,严禁车辆设备带病运行。

隧道施工使用的运输车辆,灯光、制动、转向等安全装置要齐全有效,并要根据需要安装倒车警报器等安全装置。隧道内安全通道、人行通道、作业地点、限速区间、临时停车地点、避车地点、转向场所等不安全因素较多的地方,应设置能使操作司机及作业人员明确识别的标识或标灯。

施工车辆严禁超过规定速度行驶,隧道内严禁超车,交会车时两车间的安全距离应大于50cm,同向行驶的车辆,前后两车间的距离要大于20m,洞内能见度较差时要加大距离。

7.4.2　卸渣场要结合当地自然环境、运输条件、弃渣利用等综合因素进行设计,并严格按要求施工,卸渣场要作好挡墙护坡、排水系统、绿化覆盖等配套作业;卸渣场路面应坚实、平整,卸渣地段要设置一定距离的上坡道及挡车装置,满足运输及卸渣安全作业要求。有轨及无轨运输卸渣作业时要分别遵守相应的安全操作规程。

7.4.8　弃渣场达到设计堆放量后,要提前处理并验收,达到环保、水保、土保后,方可进行主体工程移交。

8.1.3　隧道支护要按初喷—架设钢架—钢筋网—复喷—系统锚杆的顺序组织施工,之所以将系统锚杆的施工安排在初期支护循环中的最后,一是作业环境能够保证施工,二是有利于采用锚杆专业施工设备提高施工质量,三是有利于锚杆施工质量验收。

8.2.1　钻机失稳时,作业人员有可能突然失去重心向前倾扑跌倒,从而造成人身伤害;高压风管接头脱落时接头会因管内高压风压力作用作无规则的运动,而接头处的金属管箍在巨大的惯性作用下会对作业人员造成致命伤害,也会对作业机械或设备造成毁灭性的破坏。

注浆作业需特别注意的是:超前小导管注浆需饱满,注浆过程中作业人员不能正对管口,注浆过程随时观察注浆压力的变化,有异常情况时要立即查明原因并采取技术措施处理,处理完毕后方可重新作业。

8.4.4 当掺入钢纤维拌和时要防止纤维结团、纤维产生弯曲或折断,拌合机因超负荷而停止运转、出料口堵塞。在处理过程中要严格按操作规程排除故障,不得违章操作,避免事故发生。

8.6.5 采用分部开挖的隧道,围岩地质条件都比较差,钢架在悬空时主要靠与之相连的径向锚杆与岩体间的摩擦力作用保持悬空状态。钢架底脚长时间悬空会导致钢架在围岩变形作用下沉落,一旦沉落量超过警戒值,围岩及钢架就会完全失稳导致塌方,危及作业人员安全。

9.1.3 隧道一般地段,二次衬砌要在围岩和初期支护变形基本稳定后进行,但在浅埋、偏压、围岩松散破碎等特殊地段和隧道洞口段二次衬砌要尽早施作。对于高地应力软岩大变形隧道二次衬砌,如施作过早,围岩还处于快速变形阶段,则极易造成二次衬砌结构因围岩变形而被破坏,但如要等到围岩变形趋于稳定,则时间非常长,无法实施。通过对近年来多个大变形隧道施工经验总结,对于高地应力软岩大变形隧道,二次衬砌在围岩变形速率趋缓,且不大于2mm/d方可施作比较合适。

9.1.4 仰拱与掌子面、二次衬砌的安全步距要符合国家、行业有关规定。

9.3.1~9.3.4 防水板材料为化学易燃物质,在施工中因施工防护不当造成防水板燃烧引发安全事故的事例较多,因此将其作为安全防护重点。

9.4.3 钢筋作业特别是在安设墙腰及拱部钢筋时,搭设作业平台并设支撑保证钢筋不倾覆或倒塌,造成安全事故。

9.5.3 如果混凝土浇筑速度过快,则模板所受侧压力在短时间内剧增,坍落度过大,会增加模板的侧压力,并且模板所承受的压力在短时间内无法靠混凝土自身凝固成形而消除。以上两种情况均可能使台车模板变形及横向液压系统失控。两侧不对称灌注会使衬砌台车左右支承系统不平衡导致台车失稳。以上情形均可能造成安全事故。

9.5.6 仰拱作业与洞内其他工序运输作业发生冲突时,运输车辆在经过栈桥时,仰拱栈桥下的作业人员要提前避让至安全环境。

10.0.2 施工监控量测是确保隧道施工按信息化科学管理的重要手段,对城际轨道交通隧道施工安全与质量控制起到了非常重要的作用,并取得了明显的技术经济效益。因此,施工监控量测要在施工前根据施工组织的总体安排编制专项方案,包括安全保障措施。在施工前要对监控量测作业人员进行详细的安全技术交底,让他们充分理解,有利于保证作业人员安全,更好地为工程服务。

10.0.3 监控量测要纳入施工工序管理,在施工组织设计中应列入施工进度计划中,把它当成一个关键工序来对待。施工现场应按设计技术文件的要求,及时提供工作面,创造条件,保证监控量测工作顺利进行,同时监控量测工作要尽量减少对施工的干扰。对于工程地质和环境条件特别复杂的隧道,要选择具有资质的专业单位实施,以保证监控量测工作质量,更好地指导隧道施工。

10.0.4 工程安全性评价是确保施工安全的重要环节,是施工组织的重要内容之一,因此施工监控量实施中要结合施工组织设计的总体要求,在工程开工前对工程的安全性进行评价,并实行分级管理。施工过程中通过量测分析,进行安全性评价管理等级分析,将评价成果及时报告设计、监理、建设单位,与此同时向相关单位提交完整的量测原始数据。设计单位与建设单位要尽快明确有针对性的处理措施,在没有具体措施之前,不要盲目继续施工。编制监控量测实施方案时,要制定不同管理等级的报告程序、响应处置流程及相关人员工作职责,以便处置及时、有效。

10.0.8 为确保监控量测仪器设备操作人员的安全,开展监控量测要先对围岩和支护的稳定状况进行观察,确保工作环境安全后能可进行。

10.0.12、10.0.13 监控量测数据采集的及时性、准确性,对信息反馈工作至关重要。要建立监控量测数据复核、审查制度,同时要将采集后的监控量测数据及时录入监控量测信息管理系统,确保数据的不可更改和可追溯。这也是隧道施工信息化管理的重要方面。

10.0.14　监控量测信息反馈需要借助于监控量测数据分析结果，要根据《铁路隧道监控量测技术规程》（Q/CR 9218—2015）的相关规定，对施工安全性进行评价，并采取相应的工程对策。

11.2.5　高压钢风管及软管要采用正规厂家的合格产品，满足相应风压要求，高压胶风管还应当耐油，不得使用伪劣及不合格产品。高压软管与钢管连接要牢固可靠，钢管的外径与软管的内径相匹配，并采取有效措施防止风管连接处脱落，避免发生人身伤害事故。

11.2.6　空压机的储气罐属压力容器，安全阀的作用是确保储气罐气压不超过限定值，压力表是正确反映系统风压的指示计，要对它们进行定期检验，以确保安全可靠。空压机使用前要检查安全防护装置及附件是否齐全，检查电源是否正常。润滑油是否符合要求，设备启动后检查机油压力、气压、电压、电流及温度等是否正常，有无漏油、漏电、漏气等现象，确认无误后方正常使用。对空压机使用及检修维护过程中，可能发生人身及设备安全事故的行为进行明文规定，强调要遵守空压机使用及维修操作规程，避免发生人身伤害事故。

11.5.2　隧道施工，特别是富水地区，首先要完善排水设施，反坡排水要根据隧道设计涌水量配备足够的抽排水设备，防止涌水淹没洞室；开挖前应做超前探水，确定不会产生大涌水时才能向前开挖。突涌水的风险等级，可以参考《铁路隧道风险评估与管理暂行规定》（铁建设〔2007〕200 号）。

11.6.1　当隧道独头掘进小于 150m 时，一般采用自然通风；大于 150m 时，施工通风要采用机械通风，通风方式可以采用压入式、吸出式或混合式，并要根据坑道长度、断面大小、施工方法及设备条件等综合确定。

11.6.2　对于长大隧道施工，要设置备用通风机和备用电源，防止因通风机故障或停电造成通风机停机，导致洞内有毒有害气体和粉尘超过规定标准，危及洞内作业人员的人身安全。

11.6.3　隧道施工通风的目的是供给洞内足够的新鲜空气，并冲淡、排除有害气体和降低粉尘浓度，以改善劳动条件，保障作业人员身体健康。因此，长大隧道的施工通风方案要经过专项设计与审查，施工通风要纳入重要工序管理，施工过程中加强通风效果检测，确保洞内空气质量符合职业健康标准的要求。

11.6.4、11.6.5　洞内通风的风量及风速按每人每分钟供应 $3m^3$ 的新鲜空气，是保证作业人员身体健康必要的规定。洞内采用内燃设备进行作业时，平均按每 1kW 供应风量 $3m^3/min$，就可以达到稀释其浓度的要求。

11.6.7　隧道施工综合防尘措施主要包括以下内容：①加强通风；②采用湿式凿岩；③采用湿喷混凝土喷射工艺，并优先选用机械手喷射；④爆破后及时进行喷雾洒水；⑤运输通道洒水，防止粉尘飞散；⑥在洞内适当的位置安装集尘装置；⑦佩戴好个人防护用品。

开挖工作面、喷射混凝土地段、混凝土搅拌场等凡有矽尘的作业场所，粉尘浓度每月至少应测定一次，洞内空气每月至少应取样分析一次。

11.6.9　条文中提出的隧道在整个施工过程中，作业环境的安全卫生标准，为强制执行的标准。勘察设计和施工中若发现存在硫化氢、一氧化碳等有毒有害气体的隧道，要严格执行国家有关规定，配备相应的监测与检测仪器进行检查，并根据浓度大小实施动态监测和实时检测。

12.1.1　隧道工程主要危险源要考虑技术方案、超前地质预报、支护、监控量测、有毒有害气体检测和应急预案等影响因素。

12.1.2　本条强调两点：一是认真熟悉设计文件，理解设计意图，因为勘察设计文件并不能完全与现场实际情况相符合，因此要将设计资料与现场实际结合起来分析研究；二是在施工前要制定安全、可行的施工技术及安全技术方案，危险性较大的还要组织专家论证。

12.1.3　隧道工程要根据超前地质预报结果及时提请变更设计，调整隧道支护参数和施工方案，确保安全。

12.1.4　隧道工程施工监控量测工作非常重要，隧道在发生大的塌方之前总是有一定的征兆，表现在围岩的变形上突然增大,或者是应力的突然变化,而这些变化只能通过量测才能掌握,而量测的结果与施工技术措施之间又存在内在的联系。因此,要开展监控量测工作并做到信息的快速反馈,实现动态设计、动态施工。

12.1.5 完善的应急预案是不良地质和特殊岩土隧道施工必要组成部分,通过制定应急预案,并对参与施工管理、作业的人员进行培训和组织演练,提高人员自救、互救能力,一旦发生重大安全事故,尽可能减少人员伤亡,将事故损失降到最小。

12.1.6 实践证明,每道工序作业前,坚持班前安全交底,将作业风险和安全措施告知所有作业人员,提高业人员的安全意识,是确保安全生产最为有效的制度之一,但也有些单位不能很好坚持或者只是流于形式,所以这项制度应切实加强。

12.2.1 当隧道通过岩溶地区时,一般设计上只简单提供溶洞的里程和大概的规模及类型,更为详细的情况应在隧道的开挖或超前预报中才能逐渐掌握。

12.2.2 岩溶隧道施工过程中和竣工后,在雨季隧道结构或底板出现受地下水压作用造成开裂安全质量事故,本条提出岩溶隧道施工处理原则。

12.2.4 本条是在岩溶隧道开挖施工中应遵循的,是经过实践证明对保证岩溶隧道开挖施工安全行之有效的一些措施和方法。

12.2.5、**12.2.6** 结合施工岩溶隧道的经验以及近几年来使用先进施工方法,列出几种处理岩溶方法。

12.2.7 采用新奥法原理施工,当遇到岩溶地质时,其支护和衬砌应予以加强:一是尽早施作喷锚支护;二是喷锚支护应尽快受力;三是增加钢架支撑;四是衬砌加厚或加钢筋、增大混凝土强度等级,施工过程要重点检查支护结构背后是否存在空洞。这些都是为了保证施工质量和施工安全而提出的。

12.3.1 地下水对软弱破碎围岩隧道施工影响很大,是造成塌方的主要因素之一。许多隧道的施工总结,强调了应对地下水进行处理,才能保证施工安全。对富水软弱破碎围岩应根据实际情况采取措施处理后才能开挖施工。

12.3.2 由于目前的超前地质预测、预报手段还不能保证完全准确,预测、预报的判译也往往有多解性,在施工过程中,很可能会出现一些异常现象,这时应立即停止施工,认真分析原因,采取措施进行处理,确保施工安全。

12.3.3 本条强调富水软弱破碎围岩开挖后初期支护要及时施作,加强初期支护的强度,防止隧道塌方和初期支护发生大的变形。

12.3.4 对富水软弱破碎围岩要做好监控量测,量测的主要内容有拱顶下沉和净空变形,必要时还要对钢架内力进行量测。量测数据经分析处理与必要的计算,再反馈于施工,用于判断围岩和支护体系是否稳定,支护参数和施工方法是否合理。

12.3.5 富水软弱破碎围岩隧道施工要做好防排水,一是防止因排水不畅对衬砌结构形成水压,影响结构安全,二是确保隧道在运营过程中不会因大量渗漏水而产生病害。

12.4.1 砂层的稳定是靠其颗粒的重量和颗粒之间的摩擦力来维持的,当砂层中含有地下水且超过一定限制度流沙时,其内摩擦角就会减少,砂体就容易坍塌。隧道通过风积沙和含水砂层施工时,应先治水,以降低砂层的含水量,防止砂粒流失。

12.4.2 本条是风积沙和含水砂层隧道开挖工序的施工操作要求以及开挖方法。这些内容都是从近来一些工点的施工实践和教训中总结出来的。

12.4.3 对于风积沙和含水砂层,因其颗粒间有较大的孔隙率,所以采用注浆固结砂层是最为有效的途径。

12.4.4 含水砂层隧道应特别要做好排水工作,防止水渗透到砂层造成对隧道不利的影响,如

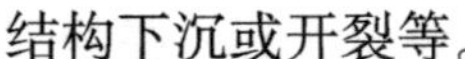

结构下沉或开裂等。

12.5.1　本条施工根据有毒有害气体施工经验而提出的加强检测，通过通风降低有毒有害气体浓度。

12.5.2　瓦斯隧道的类型根据隧道内各施工工区的最高级确定，分为低瓦斯隧道、高瓦斯隧道和瓦斯突出隧道3种。根据不同类型，编制施工组织设计，明确了施工组织设计需要包括的主要内容，在施工机械和施工方法上区别对待，确保施工安全。

12.5.3　瓦斯隧道应当根据有毒有害气体情况，开展动态风险评估，通过专项评估，确保方案安全可靠后才能实施。充分利用信息化手段，建立瓦斯风险监控和预警预报体系，确保高风险有毒有害气体施工安全。

12.5.4　瓦斯预测和检测、电气设备与作业机械管理对瓦斯隧道施工安全至关重要，需要比较专业的技能，根据施工经验提出应成立专门结构管理，确保安全。

12.5.5　瓦斯隧道施工安全风险高，安全技术培训和特殊工种持证上岗比较重要，通过设置门禁系统避免危险源带入隧道内。

12.5.6　瓦斯突出救护难度非常大，与当地有资质的救护队合作，更加专业和高效。

12.5.7　本条规定了瓦斯隧道施工在不同情况下应停止施工，撤出施工人员，并采取有效措施进行处理；瓦斯浓度超过0.5%时，应加强通风监测，查明原因，采取处理措施。

12.5.9　采用光面爆破，使隧道开挖轮廓圆顺，尽量避免瓦斯积聚。湿式钻孔，也在一定程度上溶解瓦斯气体，降低瓦斯浓度，同时降低粉尘含量，有利于施工安全。

"一炮三检制"根据《爆破安全规程》(GB 6722—2014)制定，即在装药前、爆破前、爆破后认真检查爆破地点附近瓦斯，瓦斯超过1%不得爆破。条文规定的目的，主要是加强爆破前防止瓦斯漏检避免瓦斯超限的条件下爆破的主要措施。

"三人连锁爆破制"是爆破前爆破员将警戒牌交给爆破指挥员，派警戒人员进行警戒，完成警戒后，指挥员把自己的爆破命令牌交给瓦斯检查员，经检查瓦斯浓度符合要求后，再将爆破牌交给爆破员。这项措施主要防止爆破混乱，爆破警戒不严或不落实造成爆破伤人事故。

秒级或半秒级雷管各段的间隔时间为1s或0.5s，在有瓦斯爆炸危险的工作面使用时，当前段爆炸瓦斯浓度已形成较高，下段炸药才爆炸，就容易引爆瓦斯。况且雷管内的延期药在燃烧，从雷管的排气孔喷出火焰或高温气体是引爆瓦斯的危险因素，因而不要使用。毫秒雷管则不然，只要最后一段的延期时间不大于130ms，爆炸过程中瓦斯浓度尚未达到1%时，各段毫秒雷管就已爆炸完毕，故比较安全。

12.5.10　本条根据以往瓦斯隧道施工经验提出一些隧道支护与衬砌作业安全规定。

12.5.11　为防止因揭煤而引起瓦斯和煤突出，从安全管理和技术上进行规定。

12.5.12　瓦斯隧道因有易燃易爆的气态甲烷从煤层或岩缝中溢出，施工通风的好坏，直接关系到作业人员的人身安全；施工实践证明，只有成立专门的隧道施工通风管理，才能保证通风效果，也才能保证瓦斯隧道的施工安全。

12.5.13　瓦斯检测是指导瓦斯隧道施工、保证施工安全的必要措施。

12.5.14　高瓦斯工区和瓦斯突出工区的电气设备与作业机械应使用防爆型，是为了防止电气设备和作业机械工作时产生火花引爆瓦斯。

12.5.15　根据瓦斯隧道施工经验提出的一些防火措施。

12.5.16　为了保证在事故发生后，遇险人员能够得到及时、有效的救护，并保证救护人员自身的安全。

12.5.17　本条对进入瓦斯隧道所有人员安全管理方面进行了规定，这是借鉴了近年来瓦斯隧道施工中一些好的做法，应积极推广。

12.6.1 膨胀性围岩浅埋地段极易受到地表水侵入,形成安全隐患,提出对地表水的一些处理措施。

12.6.2 本条是根据挤压性围岩、膨胀岩的特性而制定的,开挖中采取这些措施,可以减少对围岩的扰动、控制围岩的变形,提高施工的安全性。

12.6.3 这些措施是以新奥法原理为指导,以维护隧道稳定、针对大变形特点所采取的特殊支护措施;可保证支护效果,防止塌方和预防初期支护侵入净空等。

12.6.4 目的是控制施工用水,防止软化围岩。

13.1.1 根据以往隧道辅助坑道施工中极易出现的安全事故,提出的辅助坑道施工作业应考虑的主要危险源。

13.1.2 辅助坑道口部是施工的重要通道,坑道口的截水、排水系统和防冲刷设施、洞门、竖井锁口圈,均要尽快及早建成,以保证正洞施工的安全顺利进行。

13.1.3 采用大爆破开挖,容易破坏洞口边仰坡的稳定,造成大规模的坍方,安全隐患很大,所以斜井、竖井的边、仰坡开挖不得采用大爆破。

13.1.4 辅助坑道与正洞结合部的施工,施工安全风险极高,要编制专项施工技术方案,确保施工安全。

13.1.5 辅助坑道完工后要按要求做好排水、加固和安全防护措施,否则可能会给正线隧道的运营造成不利的影响,甚至发生安全事故。

13.1.6 辅助坑道完工后洞口要进行复绿,防止水土流失,造成安全隐患。

13.2.1 斜井一般是反坡施工,因此隧道施工排水系统非常重要,要根据斜井出水量大小进行抽排水设计,配置满足需要的抽排水资源。长大斜井应制定专项抽排水设计方案及应急预案。

13.2.2 具有突涌水风险的隧道安全隐患大,抽排水至关重要,提出配置双套抽水系统,防止突涌水风险,确保安全。

13.2.3 洞内场地狭窄、视线较差、斜井与正洞交叉处光照度较差,容易发生安全事故,所以洞内运输要建立统一的洞内运输调车管理制度,并由专人负责。在斜井与正洞交叉口处要设专人指挥,并设置反光警示镜及限速标志。

13.2.4 斜井一般坡度较大,初期支护的钢架安装时必然有一定的倾斜角度,所以要采取专门稳固钢架的措施,防止钢架倒塌发生安全事故。同时各种平台也要配有制动装置,防止作业过程中顺坡溜滑。

13.2.5 斜井坡度大,采用制动装置防止作业平台、衬砌台车溜滑。

13.2.6 本条是对斜井采用无轨运输道路有关安全问题进行规定。

13.2.7 对斜井无轨运输速度进行限制,防止速度过快引起安全事故。

13.2.8 本条主要对斜井洞内、洞外适当位置要设置各种警示标志和安全设施进行规定。

13.2.9 本条对运输作业车辆管理方面进行规定,防止车辆带病作业,引起安全事故。

13.2.14 本条根据《起重机械安全规程》规定提出钢丝绳安全控制措施。

13.2.15 这些规定是在结合以往多年施工经验教训的基础上,吸收《爆破安全规程》(GB 6722—2014)的有关规定提出的。

13.3.1 本条对竖井建井期间和使用期间的防排水进行了规定。

13.3.8 模板支架安全事故出现的较多,提出要进行专项设计和检算。

13.3.9 本条借鉴了地铁施工的经验,有利于确保竖井提升系统使用安全。

13.4.1 本条针对小断面开挖和钻爆提出一些安全规定。

13.4.3 平行导坑与正洞之间的横洞施工安全风险高,提出的开挖、监测措施。

13.5.1 施工过程中通过超前地质预报,为了更好地施工组织或避开软弱破碎围岩,有时需要调整交叉口位置,但要履行变更程序。

13.5.3 交叉口受力复杂,施工不当容易导致坍塌,提出交叉口采取加强措施,确保施工安全。

13.5.5 采用小导洞扩挖方式,更有利于交叉口施工安全。

13.5.6 交叉口异形钢架需要根据相交角度加工和安装钢架,确保安全。

14.1.2 TBM 在特殊地段施工与在一般地段施工不同,其掘进难度大、控制沉降要求严、安全风险高,因此要编制专项施工方案。

14.2.2 TBM 组装分为洞内组装和洞外组装两种方式。

14.2.4 以原设计吊装位置为准,确认其重量,用大于负荷的起吊工具及在安全范围内起吊设备,确保安全,万无一失。吊装作业时,确保各大型部件选择合理的吊点,以正确的方式进行吊装,并缓慢、准确地将部件组装到设备上。

14.2.5 要确保设备的各项性能指标完全符合 TBM 技术要求,确认各设备安装无误并进行动态验收的前提条件下,方可开始 TBM 的步进。

14.3.1 为保证安全,要计算并确定 TBM 始发用的始发台结构是否安全,始发洞壁的围岩强度是否满足要求。

14.3.2 TBM 始发进入起始段施工,一般根据 TBM 的长度、现场及地层条件将起始段定为 50 ~ 100m,起始段掘进是掌握、了解 TBM 性能及施工规律的过程。

14.3.3 双护盾 TBM 施工有双护盾和单护盾掘进模式,要正确选择掘进模式。

14.3.8 由于 TBM 设备上附有大量的油料,因此动火时要加强消防管理,配备足够的手提干式灭火器,关键部分应有专用的消防设施。

14.4.2 开敞式 TBM 二次衬砌时,首先进行隧道底板及仰拱浇筑。

14.5.1 到达掘进是指 TBM 到达贯通面之前 50 ~ 100m 范围内的掘进。

14.5.3 为防止管片在失去后盾管片支撑或推力后产生松弛导致管片环缝张开,要设置管片纵向拉紧装置。

14.7.1 本条所列为特殊地质条件施工应遵循的规定,与一般地质条件相比,要求的是更加严格的控制,更加周密的计划。

14.8.1 施工进料要采用有轨运输。

14.8.3 出渣运输根据隧道的长度、掘进能力、掘进速度,选择有轨运输和皮带输送机运输方式。

15.1.2 盾构在特殊地段施工与在一般地段施工不同,其掘进难度大、控制沉降要求严安全风险高,因此要编制、审查专项施工方案。

15.2.1 加强端头土体加固防止盾构始发引起端头地层发生过大变形、坍陷、涌砂或涌水。

15.2.3 盾构是集机、电、液、控为一体的复杂大型设备,若在掘进中发生问题,处理十分困难且易导致地层坍塌。因此,在现场组装后,要首先对各个系统进行空载调试,使其满足设计功能要求。然后,要进行整机联动调试,使得盾构处于正常状态,以确保盾构始发掘进的安全进行。

15.2.4 盾构后配套设备包括运输设备、电力设备、通风设备、照明设备、壁后注浆设备、泥水处理设备与设施。采用泥水平衡盾构时,管道运输系统要满足出渣和掘进速度的要求。

15.2.5 后配套参考地铁盾构隧道施工,目前使用的人行走道板宽度不小于 50cm。

15.3.1 始发反力架及其支撑强度、刚度和要满足盾构始发推力的要求。盾构反力架的整体倾斜度要与盾构基座的安装坡度一致,以防止反力架偏心受力。

15.3.2、15.3.3 洞门围护结构破除要连续作业,尽量缩短施工时间,破除后盾构刀盘及时靠上开挖面,尽量缩短开挖面暴露的时间,防止开挖面失稳。

15.3.4 由于洞口与盾构存在建筑空隙,易造成泥水流失,从而引起地表沉降,因此,须在洞口安装密封装置。

15.3.5 盾构始发时,由于盾构周围无摩擦力,盾构易扭转,应加强盾构姿态的测量,如发现盾构有较大转角,可以采用大刀盘正反转的措施进行调整。

15.4.1 盾构始发进入起始段施工是掌握、摸索、了解、验证盾构适应能力及施工规律的过程。

15.4.3 适当保持土仓压力平衡的目的是控制地表变形和确保开挖面的稳定。

15.4.4 适当保持泥水仓内压力平衡的目的是控制地表变形和确保开挖面的稳定。

15.4.5 根据盾构穿越的地层条件,可以有选择地向土仓内适当注入泥浆或水、泡沫剂、聚合物等材料,以改良仓内土质,使其保持开挖面的稳定。

15.4.6 严格控制盾构姿态,减少由于纠偏造成的地层扰动。由于盾构自重大,长时间停机可能会造成盾构下沉。

15.4.8 及时检查刀盘,防止刀盘过度磨损失去掘进功能而报废。

15.5.2 管片堆码高度需要结合存放场地的地基承载力、管片出模强度和管片承压强度等相关因素验算后确定。

15.6.1 确保接收工作井端头地基加固效果和洞门密封效果,并控制围护结构破除过程,防止盾构到达掘进扰动引起端头地层发生过大变形、坍陷、涌砂或涌水。

15.6.3 为防止由于盾构推力过大以及盾构切口正面土体挤压而损坏工作井洞门结构,要控制掘进参数和出土量。

15.6.5 隧道贯通后,迅速拼装成环并注浆,防止洞口水土流失。

15.7.1 避免在移动过程中托架或小车受损破坏。

15.7.3 由于盾构重量大、体积大,因此要加强牵引和举升的安全管理。

15.9.1 由于覆土荷载减小,盾构抗浮能力降低,要加强抗浮措施。

15.9.2 后建隧道的施工与先建隧道相互影响,会产生结构变形、地表下沉等不良现象,因此,要采取控制措施。

15.9.4 如果通过调整盾构掘进参数和注浆参数不能满足对地面建(构)筑物的保护要求,对建(构)筑物的基础或结构进行加固或托换。

16.1.1 参考《铁路隧道施工抢险救援指南》(Q/CR 9219—2015),铁路隧道应急救援应完善相关工作,建立应急救援体系。

16.1.2 避灾组织机构及预警、指挥系统,负责指挥及协调工作,包括组织应急预案演练;组织抢险队参与救护伤亡,实施抢救方案;组织联系医院、消防等,说明详细事故地点、事故情况,组织医护人员救治伤员,做好事故善后处理;组织人员做好事故现场和抢救现场的安全保卫工作;负责抢救机具、设备、材料的调运,及时配备救援所需的设备、材料;负责搜集事故物证、痕迹,协助事故调查、分析。

16.1.3 应急预案相关工作包括编制、评审、公布、备案、宣传、教育、培训、演练、评估、修订及监督管理等方面。

综合应急预案,是指生产经营单位为应对各种生产安全事故而制定的综合性工作方案,是本单位应对生产安全事故的总体工作程序、措施和应急预案体系的总纲。

专项应急预案,是指生产经营单位为应对某一种或者多种类型生产安全事故,或者针对重要生产设施、重大危险源、重大活动防止生产安全事故而制定的专项性工作方案。

现场处置方案,是指生产经营单位根据不同生产安全事故类型,针对具体场所、装置或者设施所制定的应急处置措施。

事故风险评估,是指针对不同事故种类及特点,识别存在的危险危害因素,分析事故可能产生的直接后果以及次生、衍生后果,评估各种后果的危害程度和影响范围,提出防范和控制事故风险措施的过程。

应急资源调查,是指全面调查本地区、本单位第一时间可以调用的应急资源状况和合作区域内可以请求援助的应急资源状况,并结合事故风险评估结论制定应急措施的过程。

隧道施工前,对以下可能发生重大安全事故的风险进行安全风险评估,并制定针对性措施或应急预案。

(1)瓦斯隧道、有突涌水风险的隧道,要进行瓦斯防爆、防突及防突涌水的专项设计,制定专项施工安全技术方案及应急救援预案。

(2)隧道内火灾、坍塌等风险,要制定应急救援预案。

(3)其他自然灾害(大雨、强风、雪、雷、地震和海啸)可能造成安全事故的风险,要制定应急处理措施。

(4)瓦斯隧道、有突涌水风险的隧道,应有专项设计和安全技术方案,所有隧道施工均应有防止洞内火灾、坍塌的应急处理措施,尤其是地处其他自然灾害(大雨、强风、雪、雷、地震和海啸)威胁的隧道,应急处理措施应纳入施工组织设计管理。

16.1.9　根据风险情况配备应急物资,包括救护设备(化学氧自救器、灭火器、自动苏生器、急救箱、高温防护服、担架、防毒面具、防烟眼镜、联络绳、救生圈、皮划艇)。仪表及化验用品(火源探测仪、瓦斯检测仪、风表、气体流量计、水位探测仪)。应急器材(应急型防爆矿灯、铁锹、洋镐、撬棍、消防铲、信号喇叭、消毒、急救物品)。圆木、枕木、砂袋、格栅钢架、锚杆和钢筋网及喷射混凝土材料等。配备临时发电机、电焊机、挖掘机、装载机、抽水机、注浆泵、运输车、指挥车等应急设备。

16.1.10　长大隧道施工,应设计逃生通道;所有隧道施工均要事先规划逃生路线,加强演练。

16.1.11　逃生管道采用直径60~80cm的钢管或高强度管道,沿初期支护一侧向掌子面铺设,从距离掌子面最近仰拱施工处始,至掌子面距离开挖台架止,管内预留工作绳,方便逃生、抢险、联络和传输各种物品。

16.1.15　每年至少组织一次综合应急预案演练或者专项应急预案演练,每半年至少组织一次现场处置方案演练。

16.2.4　在爆破作业后突然发生涌(突)水。如果此时发生涌水,因为爆破作业时人员已经撤离到离掌子面至少200m距离以外,设备至少离掌子面80m。因此,在此种情况下发生涌(突)水,对人身安全及设备财产安全的威胁相对较小,人员在事故发生后有充足的逃生时间。此时如果洞内设有防水闸门,则作业人员立即关闭防水闸门,按既定的逃生路线进行洞内人员和机械设备的撤离,并采用防水闸门处安设的大功率抽水机进行涌(突)水段抽排水,在涌水量及水压降低后再撤离防水闸门内机械设备及封堵涌(突)水;如果洞内还没设防水闸门,则作业人员按既定的逃生路线立即撤出隧洞内,在保证抢险人员自身安全的前提下尽可能撤出机械设备。

在开挖作业过程中发生涌(突)水,开挖工作面人员沿逃生路线迅速向洞外撤离,同时启动报警系统,发出警报信号,如果涌水量较大,人员可利用救生圈、皮划艇等进行逃生。待人员撤离至防水闸门以外,迅速关闭防水闸门,继续向洞外撤离。

根据发生险情的情况,及时上报地方政府或相关救助部门,请求紧急救援,做好相关配合工作。

16.2.6　当隧道内发生火灾时,若初期灭火或警报、避难等措施稍有延误,就可能引发二次灾害,因此迅速准确的报警是极其重要的,施工现场要加强演练,进行初期灭火和报警、联络、避难、救护的培训,以便火灾发生时能及早发现,及早控制。

第十六章　隧道监控量测

引　言

本章是针对杭海城际铁路的特点,参照《城市轨道交通工程监测技术规范》(GB 50911—2013),在吸收杭海城际铁路及周边区域城际轨道交通工程实践经验的基础上编制而成。本章适用于区域城际轨道交通工程的隧道监控量测,凡在本章中未做规定的,均按国家、行业及地方现行有关强制性标准执行。

本章主要内容包括:总则、术语、基本要求、环境与地质调查、工程影响分区及安全分级、监控量测范围、监控量测对象及项目、监控量测布点原则、监控量测频率及周期、监控量测精度及控制指标等。

主编单位:浙江杭海城际铁路有限公司

参编单位:中铁第五勘察设计院集团有限公司、上海华铁工程咨询有限公司、上海地铁咨询监理科技有限公司、广东铁路建设监理有限公司、中铁第四勘察设计院集团有限公司、浙江省交通规划设计研究院

主要执笔人:范润东、谢昭晖、林兆周、孙明强、王兴陈、金立、周强、黄群勇、孙承军、严剑锋

主要审查人:李科、苏强、刘福生、张卓军、叶文军、卢雨田

1　总　　则

1.0.1　为使杭海城际铁路工程监控量测设计标准化,并符合确保安全、技术先进、经济合理的原则,规范城际铁路工程监测技术工作,特编制本章。

1.0.2　本章主要应用于施工图设计阶段,监控量测技术工作应在完成岩土工程勘察、环境调查、施工图设计和环境风险点分析评估的基础上,依照本章进行;对环境风险点的专项监测设计可参照本章。

1.0.3　本章浅埋暗挖法施工隧道支护结构的监测仅针对初期支护结构进行。

1.0.4　本章主要依据《城市轨道交通工程监测技术规范》(GB 50911—2013)以及国家有关规范、规程而编定。

2　术　　语

2.0.1　建(构)筑物变形监测。

(1)建(构)筑物沉降。

地铁工程施工引起周围建筑物、构筑物沿垂直方向的位移。

(2)建(构)筑物倾斜。

地铁工程施工引起周围建筑物、构筑物出现差异沉降而沿水平方向的位移。

(3)建(构)筑物裂缝。

地铁工程施工引起周围建筑物、构筑物过量差异沉降而导致其自身结构的开裂。

2.0.2　地下管线监测。

(1)地下管线沉降。

地铁工程施工引起地下管线沿垂直方向的位移。

(2)地下管线水平位移。

地铁工程施工引起地下管线沿水平方向的位移。

2.0.3　桥梁监测。

(1)桥梁墩台沉降。

地铁工程施工引起桥梁墩台沿垂直方向的位移。

(2)桥梁墩台横纵向差异沉降。

地铁工程施工引起横向或纵向排列的桥梁墩台间沿垂直方向不同的位移。

(3)桥梁墩台倾斜。

地铁工程施工引起桥梁墩台出现差异沉降而沿水平方向的位移。

(4)梁板应力。

地铁工程施工引起桥梁墩台间差异沉降而产生的桥梁梁板内部应力的变化。

2.0.4　市政道路监测。

(1)路面沉降。

路面是指市政道路表面部分,它是用一定级配的混合料铺筑于路基之上的单层或多层结构物。路面沉降即地铁工程施工扰动作用引起市政道路表面的垂直位移。

(2)路基沉降。

路基是路面、路肩、边坡、边沟等部分的基础,它是按照路线的平面位置和设计高程在地面上开挖和填筑成一定断面形式的线形人工土石料构造物。路基沉降即为地铁工程施工扰动作用引起的市政道路基础的垂直位移。

(3)挡墙沉降。

地铁施工扰动作用引起市政道路挡墙沿垂直方向的位移。

(4)挡墙倾斜。

地铁施工扰动作用引起市政道路挡墙沿垂直墙面水平方向的位移。

2.0.5　地表沉降(隆起)。

地铁工程施工中地层的(应力)扰动区延伸至地表而引起的沉降(隆起)。

2.0.6　地铁既有线监测。

(1)隧道结构沉降和隆起。

地铁施工扰动作用引起既有线隧道结构沿垂直方向的向下或向上的位移。

(2)隧道结构水平位移。

地铁施工扰动作用引起既有线隧道结构沿水平方向的位移。

(3)隧道结构变形缝开合度。

地铁施工扰动作用引起既有线隧道结构变形缝扩展与闭合变化量。

(4)隧道结构裂缝。

地铁施工扰动作用引起既有线隧道结构出现开裂及其变化量。

(5)道床结构沉降。

地铁施工扰动作用引起既有线道床结构沿垂直方向的位移。

(6)轨道几何尺寸。

轨道几何尺寸包括轨道前后高低、左右水平、轨距、轨向等。前后高低是指轨道的纵向平顺情况;左右水平是指两股钢轨的顶面,在直线地段应保持在同一水平面上,在曲线地段应满足外轨超高均匀和平顺的要求;轨距为两股钢轨头部内侧与轨道中线相垂直的距离。轨向:轨道中线位置应与它的设计位置一致。

2.0.7　基坑支护结构监测。

(1)桩(墙)顶水平位移。

基坑开挖时及开挖完成后,在周围土体及支撑体系的作用下围护桩、连续墙顶部垂直于基坑边坡方向的水平位移。

(2)桩(墙)顶垂直位移。

基坑开挖时及开挖完成后,在周围土体及支撑体系的作用下围护桩、连续墙顶部沿垂直方向的位移。

(3)桩(墙)体水平位移。

基坑开挖时及开挖完成后,在周围土体及支撑体系的作用下围护桩桩体、连续墙墙体垂直于基坑边坡方向的水平位移。

(4)桩(墙)体内力。

基坑开挖时及开挖完成后,在周围土体及支撑体系的作用下围护桩、连续墙结构内部应力情况。

(5)支撑轴力。

基坑开挖时及开挖完成后,水平支撑结构轴向受力情况。

(6)锚杆(锚索、土钉)拉力。

基坑开挖过程中,用于加固或锚固边坡的锚杆(锚索、土钉)轴向拉力情况。

(7)支撑立柱沉降。

基坑开挖时及开挖完成后,支撑立柱沿竖直方向的位移。

(8)支撑立柱倾斜。

基坑开挖时及开挖完成后,支撑立柱体沿水平方向的位移。

(9)支撑立柱内力。

基坑开挖时及开挖完成后,支撑立柱轴向受力情况。

(10)初期支护竖井井壁净空收敛。

竖井施工过程中或施工完成后,竖井某一水平断面内周边两点间距离的变化。

2.0.8　盾构法隧道支护结构。

(1)管片衬砌拱顶沉降。

盾构法隧道管片衬砌顶部的绝对沉降(量)。

(2)管片衬砌净空收敛。

盾构法隧道管片衬砌某一垂直断面内周边两点间距离的变化。

(3)管片内力。

盾构法隧道管片内部应力分布情况。

2.0.9　浅埋暗挖法隧道支护结构。

(1)初期支护结构拱顶沉降。

浅埋暗挖法隧道初期支护结构拱顶内壁的绝对沉降(量)。

(2)初期支护结构底板隆起。

浅埋暗挖法隧道初期支护结构底板的绝对隆起(量)。

(3)初期支护结构净空收敛。

浅埋暗挖法隧道初期支护结构某一垂直断面内周边两点间距离的变化。

(4)初期支护结构内力。

浅埋暗挖法隧道支护结构内部应力分布情况。

(5)中柱沉降。

浅埋暗挖法隧道支撑中柱沿垂直方向的位移。

(6)中柱内力。

浅埋暗挖法隧道支撑中柱轴向受力情况。

2.0.10　周围岩土体监测。

(1)土体沉降。

地铁施工扰动作用引起周围土体沿垂直方向的位移。

(2)土体水平位移。

地铁施工扰动作用引起周围土体沿水平方向的位移。

(3)基坑底部隆起。

基坑开挖时或开挖完成后,由于开挖卸荷引起土体空间应力变化而引起基坑底部土体向上的位移。

(4)围岩压力。

开挖隧道时围岩变形或松散等原因而作用于支护、管片、衬砌上的岩土压力。

(5)地下水水位。

地铁工程施工或降水引起周围地下水水位的变化情况。

(6)孔隙水压力。

地铁工程施工或降水引起周围土体颗粒间孔隙水压力的变化情况。

3　基本要求

3.1　一般规定

3.1.1　进行监控量测设计前,应收集设计所必需的相关资料。

3.1.2　监控量测设计应明确设计目的,划定监控量测的范围。监测范围的确定应综合考虑隧道埋深及跨度、工程地质水文地质条件及周边环境条件等因素。

3.1.3　结合工程影响分区和工程安全等级确定监测范围内的监测对象和项目,并根据其所处工程影响区域和安全等级,确定监测手段,进行测点布设。

3.1.4　监控量测设计应明确监测频率、监测精度和控制标准。

3.1.5　监控量测设计应具有系统性、可靠性和多层次性。

3.1.6　监控量测设计应遵循“关键工序、关键过程、关键时间、关键部位”的原则,确保监测数据及时、准确、有效。

3.2　监控量测目的

监控量测目的主要包括:

(1)掌握围岩、支护结构和周边环境的动态,利用监测结果为设计和施工提供参考依据。

(2)监测数据经分析处理与必要的计算和判断后进行预测、反馈,以便为工程和环境安全提供可靠信息。

(3)积累资料和经验,为今后的同类工程设计提供类比依据。

3.3 监控量测设计依据

地铁工程监控量测设计依据主要包括:

(1)《城市轨道交通工程监测技术规范》(GB 50911—2013)及国家、行业、地方的有关规范、规程。

(2)岩土工程详细勘察报告。

(3)水文地质报告及其他专项地质报告。

(4)沿线环境调查报告。

(5)支护结构设计文件。

(6)风险点专项评估及其设计资料。

(7)工程周边地形图、管线图。

3.4 监控量测设计文件内容及编写要求

3.4.1 监控量测设计文件由设计说明和设计图纸两部分组成。

3.4.2 设计说明内容。

监控量测设计文件设计说明主要包括以下内容。

(1)工程概况。

工程概况主要包括以下内容:

①工程地点;

②工程周边环境情况,主要包括周围建(构)筑物、地下管线、市政道路、环境风险等级等;

③工程地质与水文地质条件,明确地质条件复杂程度;

④基坑、隧道空间尺寸、开挖深度,上覆土层厚度,开挖方法等;

⑤基坑、隧道支护结构形式、尺寸、包括围护结构形式、尺寸、插入深度以及支撑形式、截面尺寸和高程等设计参数。

(2)监测设计依据。

(3)监测目的。

(4)安全等级划分。

(5)监测范围。

(6)监测对象。

(7)监测项目。

(8)监测精度。

(9)监测方法。

(10)监控量测测点布设原则。

(11)各监测项目的监测周期和频率。

(12)监测控制指标(预警值、报警值、控制值)。

(13)监测注意事项和其他要求(监测重点项目、测点保护的要求等)。

(14)信息反馈的要求。

3.4.3 设计图纸组成与内容。

监控量测设计图纸主要有:

(1) 各监测项目测点布置平面图。

(2) 各监测项目测点布置剖面图。

(3) 基点、测点大样图。

3.4.4　为实现监控量测图纸的标准化、规范化和信息化,图纸中测点图例和字母编号必须按本章规定执行。

3.4.5　监测项目代号及图纸测点图例的规定见附件1。

3.4.6　基点、测点大样图见附件2。

3.5　监控量测设计流程

地铁工程监控量测设计流程如下:

(1)熟悉规范、设计文件、风险评估及勘察资料,明确监测目的。

(2)分析工程特点,结合设计文件,确定工程安全等级。

(3)根据影响区划分,确定影响区域(强烈、显著和一般影响区)。

(4)结合工程影响分区和安全等级,确定监测范围。

(5)根据周边环境、支护结构、周围岩土体对象划分,分类确定具体的监测对象及监测项目。

(6)分析具体的监测对象特点、与设计结构的空间关系,分析它们所在的影响区域,进行监测测点布设设计。

(7)确定监测的频率及周期。

(8)确定监测的精度及控制指标。

(9)统计测点数量,计算监测工作量。

(10)编写设计说明及设计图件。

(11)设计审查,修改完善。

4　环境与地质调查

4.0.1　进行监测设计前,应收集工程环境资料与地质资料,并进行现场踏勘与核实。

4.0.2　环境资料。

环境资料应包括如下内容:

(1)隧道周边建(构)筑物的建设时间、产权单位、结构形式、层数、基础形式、埋深、建筑(抗震)类别、损伤状态以及与拟建结构的位置关系。

(2) 隧道周边地下管线图及技术说明资料,包括管线的性质、类型、接头形式、结构形式、渗漏状况、走向、埋深、材质、敷设年代和方法、产权单位等。

(3) 隧道周边场地的地形、地貌现状及其变迁情况。

(4) 隧道周边市政道路、桥梁、既有地铁线路等建设年代、产权单位、现状情况等。

(5) 河湖沟渠的宽度、水深、底部防渗结构等条件及与基坑、隧道的空间位置关系。

(6) 工程所在地区的水文气象条件。

4.0.3　地质资料。

工程地质及水文地质资料应包括如下内容:

(1) 地貌、地形的基本特征,地层岩性特征,可液化土层及新、老堆积土、特殊土工程地质特征,线路不同地段的土石成分和可挖性等级。

(2) 各层岩土的物理力学性质指标。

(3) 地表水、地下水水位高程及埋深、类型等基本特征,评价地下水对混凝土和钢结构有无腐蚀性。

(4) 工程周边的自然土洞、人工空洞、地下古河道等不良地质现象的形成、形态、规模、分布、发展趋势及其对工程建设的影响。

5 工程影响分区及安全分级

5.1 工程影响分区

5.1.1 根据基坑、隧道周围岩土体及环境受工程扰动的程度将基坑、隧道周边划分为强烈影响区、显著影响区和一般影响区三个区域。

5.1.2 基坑影响分区。

基坑周围影响分区见表16-1和图16-1。

基坑周边影响分区表　　表16-1

受基坑影响程度分区	区域范围	受基坑影响程度分区	区域范围
强烈影响区(Ⅰ)	基坑周边$0.7H$范围内	一般影响区(Ⅲ)	基坑周边$1.0H \sim 2.0H$范围
显著影响区(Ⅱ)	基坑周边$0.7H \sim 1.0H$范围内		

注:1. H—基坑开挖深度。

2. 本表适用于深度大于5m的基坑。

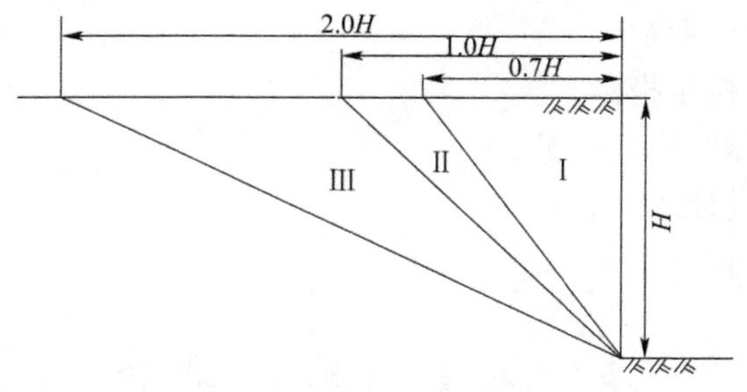

图16-1　基坑周边影响分区图

5.1.3 隧道影响分区。

隧道周围影响分区见表16-2、图16-2。

隧道周边影响分区表　　表16-2

受隧道影响程度分区	区域范围	受隧道影响程度分区	区域范围
强烈影响区(Ⅰ)	隧道正上方及外侧$0.7H_i$范围内	一般影响区(Ⅲ)	隧道外侧$1.0H_i \sim 1.5H_i$范围
显著影响区(Ⅱ)	隧道外侧$0.7H_i \sim 1.0H_i$范围内		

注:1. H_i—隧道底板埋深。

2. 本表适用于埋深小于$3D$(D为隧道洞径)的隧道,大于$3D$时也可参照本分区。

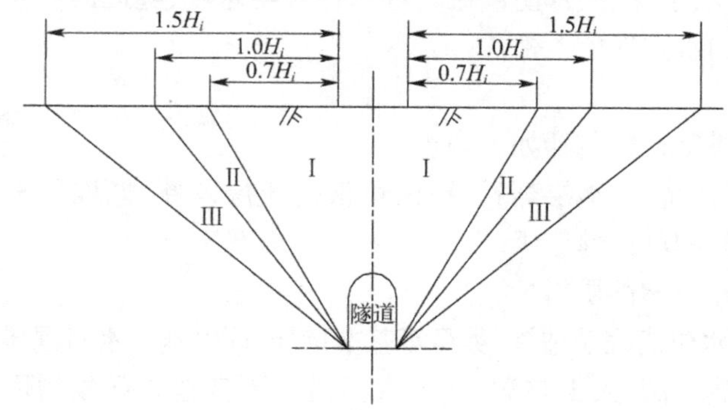

图16-2　隧道周边影响分区图

5.2　基坑安全分级

5.2.1　地铁结构多修建在繁华的街区，根据基坑的开挖深度、周围环境保护要求将基坑的安全等级划分为三级。

5.2.2　基坑安全分级。

基坑安全等级划分见表16-3。

基坑安全等级划分　表16-3

安全等级	周边环境保护要求
一级	1. 基坑周边以外0.7H范围内有地铁结构、桥梁、高层建筑、共同沟、煤气管、雨污水管、大型压力总水管等重要建(构)筑物或市政基础设施； 2. $H \geq 15$m
二级	1. 基坑周边以外0.7H范围内无重要管线和建(构)筑物；而离基坑0.7H～2H范围内有重要管线或大型的在用管线、建(构)筑物； 2. $10 \leq H < 15$m
三级	1. 基坑周边2H范围内没有重要或较重要的管线、建(构)筑物； 2. $H < 10$m

注：H—基坑开挖深度。

6　监控量测范围

6.0.1　基坑、隧道施工监测范围一般应包括强烈影响区、显著影响区及一般影响区。

6.0.2　在下列特殊情况下应增大监测范围：

(1)当施工对地层有较大扰动时，应分析可能的影响程度，进而确定合理的监测范围。

(2)复杂地质条件的地铁工程监测范围应适当加大。

(3)需要考虑降水对环境影响时，应根据计算的地下水水位降落漏斗确定监测范围。

(4)在基坑开挖过程和地下工程施工期间发现异常情况，如严重的涌砂、漏水、冒水、支护结构或邻近建(构)筑物或地下管线严重变形等，监测范围应适当加大。

7　监控量测对象及项目

7.1　一般规定

7.1.1　地下工程监测对象包括三大类型：基坑和隧道的周边环境、支护结构体系及周围岩土体。

7.1.2　周边环境监测对象主要为工程周围地表、建(构)筑物、地下管线、城市道路、桥梁、既有地铁和铁路及其他市政基础设施。

7.1.3　建(构)筑物、地下管线密集区，重点监测风险大、安全状态差、控制标准高的建(构)筑物和地下管线。

7.1.4　支护结构监测对象主要为明(盖)挖法及竖井施工支护结构(围护桩墙、水平支撑、立柱、锚索、锚杆等)、隧道盾构法管片衬砌及浅埋暗挖法初期支护结构和临时支护结构。

7.1.5　周围岩土体监测对象主要为基坑及隧道周围岩土体、地下水等。

7.1.6　地下工程监测项目的选择应在监测对象确定的基础上，综合考虑工程地质条件与水文地质条件、工程规模与施工技术难点(支护结构形式、施工方法、埋深等)及周边环境条件等因素，同时兼顾经济性的要求。

7.1.7 监测项目按照其相对于工程施工的重要性划分为应测项目和选测项目。

7.1.8 基坑和隧道内外观察是基坑和隧道施工中必须进行的监测项目。

7.2 周边环境监控量测项目

7.2.1 建(构)筑物监测项目。

(1)建(构)筑物监测项目一般为建(构)筑物的沉降、倾斜和裂缝。

(2)影响区内的建(构)筑物必须进行沉降监测。

(3)对强烈影响区和显著影响区内高层、高耸建(构)筑物还应进行倾斜监测。

(4)对强烈影响区和显著影响区内的建(构)筑物裂缝应进行监测。

(5)对临近基坑、隧道的建(构)筑物,当有特殊要求时还应进行水平位移监测。

7.2.2 地下管线监测项目。

(1)地下管线监测项目包括管线沉降和管线水平位移。

(2)基坑、隧道强烈影响区内的各类管线应进行沉降监测,污水、雨水、燃气及其他直埋的有压管线进行管顶沉降监测。

(3)隧道下穿污水管线时宜对隧道上方管底附近土层进行沉降监测。

(4)基坑、隧道强烈影响区内尤其隧道上方的各类管沟应进行管沟结构沉降监测。

(5)显著影响区内污水、雨水、燃气等管线应结合现场条件和管线材质、直径、埋设年代等,对管线沉降进行直接或间接监测,一般影响区内污水、雨水、燃气管线的沉降可采用间接监测。

(6)当支护体系发生较大变形或土体出现坍塌、地面出现裂缝迹象时,应对管线进行水平位移监测。

7.2.3 市政道桥监测项目。

(1)市政道路监测项目主要包括路面沉降、路基沉降、挡墙沉降及倾斜。

①基坑、隧道周围强烈影响区和显著影响区内的高速公路、城市主干道应进行路面沉降监测、路基沉降监测;一般影响区内的高速公路、城市主干道可进行路面沉降监测。

②基坑、隧道周围强烈影响区和显著影响区内的挡墙应进行沉降监测,必要时可进行倾斜监测。一般影响区可进行挡墙沉降监测。

(2)市政桥梁监测项目主要包括桥梁墩台沉降和横纵向差异沉降、桥梁墩台倾斜、梁板应力。

①基坑、隧道周围强烈影响区和显著影响区内的桥梁,应进行桥梁墩台沉降监测,必要时可进行桥梁墩台倾斜监测。一般影响区可进行桥梁墩台沉降监测。

②桥梁安全状态差、桥梁墩台差异沉降大或设计需要时,应进行梁板结构应力监测。

7.2.4 地铁既有线及铁路监测项目。

(1)地铁既有线监测项目主要包括:隧道结构沉降和隆起、隧道结构水平位移、隧道结构变形缝开合度、隧道结构裂缝、道床结构沉降、轨道几何尺寸(前后高低、左右水平、轨距)等。

①隧道下穿既有线时,应对设计和运营单位确定的关键监测项目进行24h远程自动化监测。

②隧道侧穿和上穿既有线时,所有监测项目都应进行监测;对既有线隧道结构变形缝部位的差异沉降可进行24h远程自动化监测。

(2)铁路监测项目主要包括:路基沉降、轨道几何尺寸(前后高低、左右水平、轨距)。

隧道下穿和侧穿铁路时,应对关键监测项目进行监测,必要时进行24h远程自动化监测。

7.3 支护结构监控量测项目

7.3.1 明(盖)挖法及竖井施工支护结构监测项目主要包括:桩(墙)顶水平位移和垂直位移、

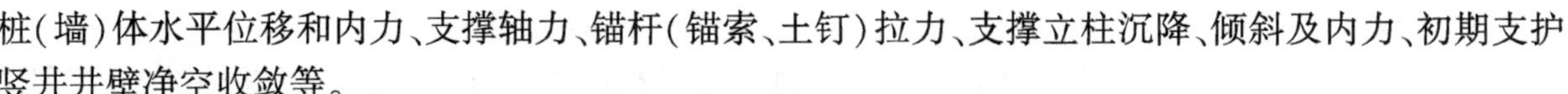

桩(墙)体水平位移和内力、支撑轴力、锚杆(锚索、土钉)拉力、支撑立柱沉降、倾斜及内力、初期支护竖井井壁净空收敛等。

明(盖)挖法及竖井施工支护结构监测项目及选、应测项目的确定详见表16-4。

7.3.2　盾构法隧道支护结构。

明(盖)挖法及竖井施工支护结构监测项目表　　表16-4

监测项目	基坑安全等级		
	一级	二级	三级
桩(墙)顶水平位移	√	√	√
桩(墙)顶垂直位移	√	○	○
桩(墙)体水平位移	√	○	○
桩(墙)体内力	○	○	○
支撑轴力	√	√	○
锚杆(锚索、土钉)拉力	√	√	○
支撑立柱沉降	√	√	√
支撑立柱倾斜	√	√	√
支撑立柱内力	○	○	○
初期支护竖井井壁净空收敛	√	√	√

注:√—应测项目,○—选测项目。

(1)盾构法隧道支护结构监测项目主要包括管片衬砌拱顶沉降、管片衬砌净空收敛和管片内力。

(2)管片衬砌拱顶沉降和管片衬砌净空收敛为应测项目,管片内力为选测项目。

7.3.3　浅埋暗挖法隧道初期支护结构。

(1)浅埋暗挖法隧道初期支护结构监测项目主要包括隧道初期支护结构的拱顶沉降、底板隆起、净空收敛、中柱沉降和内力及初期支护结构内力。

(2)隧道初期支护结构的拱顶沉降、底板隆起、净空收敛、中柱沉降为应测项目,初期支护结构内力及中柱内力为选测项目。

7.4　周围岩土体监控量测项目

7.4.1　周围岩土体监测项目为土体沉降和水平位移、基坑底部隆起、地下水水位、孔隙水压力和围岩压力。

7.4.2　当基底下有承压水、基坑深大或坑边荷载较大时,须进行基坑底部土体隆起监测。

7.4.3　对地质条件复杂易产生较大变形、地层结构不良易产生空洞、土质松散饱和易产生坍塌的部位或区域宜进行土体沉降监测。

7.4.4　当地基软弱、高大建筑物临近基坑和隧道时,宜进行土体水平位移监测。

7.4.5　对基坑工程和浅埋暗挖法隧道工程都应进行地下水水位监测。

7.4.6　当施工扰动引起孔隙水压力或围岩压力产生较大变化,并对支护结构、周围环境或施工可能造成较大危害时,可进行孔隙水压力和围岩压力监测。

8　监控量测布点原则

8.1　一般规定

8.1.1　监控量测测点位置和数量应结合工程性质、环境状况、地质条件、施工工法、结构形式、施工特点等综合考虑。

8.1.2　监控量测测点应布置在预测变形和内力的最大部位、影响工程安全的关键部位、工程结构变形缝、伸缩缝及设计特殊要求布点的地方。

8.1.3　变形测点的位置既要考虑反映监测对象的变形特征,又要便于采用仪器进行观测及有利于测点的保护。

8.1.4　结构内测点(如拱顶下沉测点、净空收敛测点、钢筋计、轴力计、测斜管等)不能影响和妨碍结构的正常受力,不能影响结构的刚度和强度。

8.1.5　在实施多项测试时,各类测点的布置在时间和空间上应有机结合,力求使同一位置能同时反映不同的物理变化量,以便找出其内在联系和变化规律。

8.1.6　深层测点如土体沉降、土体水平位移等应提前埋设,一般不少于30d,以便监测工作开始时,测点处于稳定的工作状态。

8.1.7　测点在施工过程中若遭到破坏,应尽快在原来位置或尽量靠近原来位置补设测点,以保证该点观测数据的连续性。

8.1.8　跨越地质单元、存在地裂缝、下伏隐藏断层或变形超出控制值时应在危险地段加密测点。

8.2　周边环境监控量测布点原则

8.2.1　周边环境监控量测布点应针对建(构)筑物、地下管线、市政道桥以及地表沉降(隆起)的变形特点进行测点布设。

8.2.2　建(构)筑物测点布设原则。

(1)沉降测点布设原则。

沉降测点的位置和数量应根据工程地质和水文地质条件、建筑物的体型特征、基础形式、结构类型、建(构)筑物的重要程度及其与基坑、隧道的空间关系等因素综合考虑。对于烟囱、水塔、油罐等高耸建(构)筑物,应沿周边在其基础轴线上的对称位置布点。

具体布点位置如下:

①建筑物的四角、拐角处及沿外墙每10~15m处或每隔2~3根柱基上;

②高低悬殊或新旧建(构)筑物连接处、伸缩缝、沉降缝和不同埋深基础的两侧;

③框架(排架)结构的主要柱基或纵横轴线上;

④受堆荷和震动显著的部位,基础下有暗沟、防空洞处;

⑤每个建筑物不宜少于4个测点,圆形构筑物布置不宜少于3个测点。

(2)倾斜测点布设原则。

对于重要的高层建筑物、高耸构筑物的倾斜监测,每栋建(构)筑物测点不宜少于2组,每组2个测点。

(3)裂缝测点布设原则。

一般根据裂缝的分布位置、走向、长度、宽度等参数和建筑物的重要程度,选取其中有代表性的部位(应力或应力变化较大部位)和宽度较大的裂缝布点观测,每条裂缝布置2组测点。

8.2.3　地下管线测点布设原则。

测点宜布置在管线的接头处,或者对位移变化敏感的部位。沿着管线延伸方向每5~20m布置一个测点,强烈影响区内测点间距5~10m,显著影响区内测点间距10~15m,一般影响区内测点间距15~20m。

8.2.4　桥梁、挡墙测点布设原则。

(1)桥梁墩台沉降监测点应布设在每个桥梁墩柱、桥台上。

(2)桥梁应力监测点布设在桥梁梁板结构上。

(3)挡墙沉降监测测点间距一般为5~15m,强烈影响区内测点间距5~8m,显著影响区内测点间距8~10m,一般影响区内测点间距10~15m。对高度大于2m的道路挡墙宜进行倾斜监测。

8.2.5 地铁既有线、铁路测点布设原则。

对地铁既有线、铁路主要进行隧道结构沉降、隧道结构水平位移、隧道结构变形缝开合度、轨道结构沉降、轨道几何尺寸(前后高低、左右水平、轨距)监测,每隔5~10m布设一个监测断面,隧道结构、道床两侧及每条轨道应分别布点。存在隧道结构裂缝时,监测裂缝变化情况。

8.2.6 道路及地表沉降(隆起)测点布设原则。

(1)道路及地表沉降(隆起)测点的布设应综合考虑上述建(构)筑物、地下管线的已布测点。

(2)道路监测分为路面、路基沉降监测,结合工程和现场实际情况可进行分别布点。

(3)明(盖)挖法及竖井施工道路及地表沉降测点布设原则:

①在基坑四周距坑边10m的范围内沿坑边设2排沉降测点,排距3~8m,点距5~10m。

②在工法变化的部位、车站与区间结合部位、车站与风道结合部位以及风道、马头门等部位均应增设测点。

③盖挖法施工时,测点布置可参照浅埋暗挖法道路及地表沉降测点布设原则。

(4)盾构法道路及地表沉降(隆起)测点布设原则:

①沿线路方向的布设,通常应沿盾构推进轴线设置布设一排监测点,测点间距为10~30m。

②在地层或周边环境较复杂地段布置横向监测断面。横断面上各测点应依据近密远疏的原则布设。

③每个横向监测断面布置7~11个测点,依据近密远疏的原则布设,但其最外点应位于结构外沿不小于30m。

④在盾构始发的100m初始掘进段内,监测布点宜适当加密,并宜布置一定数量的横向监测断面。

⑤在工法和结构断面变化的部位如车站与区间结合部位、车站与风道结合部位等应设置监测点。

(5)浅埋暗挖法道路及地表沉降测点布设原则:

①沿线路方向的布设,通常应沿左右线区间隧道的中线和沿车站中线各布设一行监测点;对于多导洞施工的车站,应在每一导洞和扩拱正上方各布设一行监测点,监测点间距为5~30m。

②在工法变化的部位、车站与区间结合部位、车站与风道结合部位以及马头门处等风险点处均应设置沉降测点,测点数按工程结构、地层状况和周边环境确定。

③监测断面可按照地表和地中的实际状况确定,车站在2~3个断面、区间在3~5个断面之间选择。

④在特殊地质地段和周围存在重要建(构)筑物时,监测断面间距应适当加密。监测断面上各测点应依据近密远疏的原则布设。

⑤每个监测断面布置7~11个测点,但其最外点应位于结构外沿不宜小于1倍埋深处。

8.3 支护结构监控量测布点原则

8.3.1 支护结构监控量测布点原则。

应针对明(盖)挖基坑及竖井施工、盾构法施工及浅埋暗挖法施工支护结构受力和变形特点进行测点布设。

8.3.2 明(盖)挖法及竖井施工测点布设原则。

(1)围护桩(墙)顶水平位移、垂直位移测点布设原则:

①沿基坑长边设置3~4个主测断面,断面在基坑两侧的围护桩(墙)顶布设测点。

②在基坑长短边的中点,基坑阳角处、支撑点及两道水平支撑的跨中部位,围护桩墙冠梁上,深浅基坑交接部位布设测点。

③在基坑周边荷载较大部位、管线渗漏部位布设测点。

④同一测点可以兼作水平位移和垂直沉降观测使用。

⑤对于水平位移变化剧烈的区域,宜适当加密测点。

⑥基坑每边测点数不宜少于3个。

(2)围护桩(墙)体水平位移监测断面及测点布设原则:

①基坑安全等级为一级时监测断面不宜大于30m,二、三级基坑可选测。测点竖向间距0.5m或1.0m。

②围护桩(墙)体水平位移监测断面与桩(墙)顶水平位移宜处于同一断面。

③监测总深度应与围护桩(墙)深度一致。

(3)围护桩(墙)体内力测点布设原则:

①一般在支撑的跨中部位、基坑的长短边中点、水土压力或地面超载较大的部位布设测点,基坑深度变化处以及基坑的拐角处宜增加测点。立面上,宜选择在支撑处或上下两道支撑的中间部位。

②与桩(墙)顶和桩(墙)体水平位移监测断面对应布置围护桩(墙)体内力监测断面。

③布点数量由设计根据桩体的弯矩分布情况确定。

(4)支撑轴力测点布设原则:

①与桩(墙)体水平位移监测断面对应布置支撑轴力监测断面。

②支撑轴力采用轴力计进行监测,测点一般布置在支撑的端部或中部,当支撑长度较大时也可安设在1/4点处。

③受力较大的斜撑和基坑深度变化处宜增设测点。对监测轴力的重要支撑,宜同时监测其两端和中部的沉降和位移。

④当采取应变计监测时,应靠近支撑端部但距离端头$3d$以外布点(d为支撑直径或矩形长边尺寸)。每截面不宜少于4点,对称布置。

⑤布点数量每层不宜少于3个,处于同一监测断面的各层支撑均应布设测点。

(5)锚杆(锚索、土钉)拉力测点布设原则:

①在特殊地质地段、周边存在高大建(构)筑物和基坑深度较大时,应按设计要求进行锚杆(锚索、土钉)拉力监测。

②一般为围护结构体系中受力有代表性的典型锚杆,冠梁和腰梁结构每侧的中间必须布设测点。

③监测数量每100根锚杆不宜少于3根,锚杆拉力监测宜与桩体水平位移监测或支撑轴力监测位于同一监测断面。

(6)支撑立柱沉降、倾斜及内力测点布设原则:

①支撑立柱沉降、倾斜测点一般布置在便于监测和保存的立柱侧面上。

②支撑立柱内力测点布置在立柱中部。一般可沿立柱外周边均匀布置4个测点。

③在标准段选择4~5根具有代表性的支撑立柱进行沉降及内力监测。

(7)初期支护竖井井壁净空收敛测点布设原则:

①在竖井结构的长、短边中点布设测点。

②沿竖向上按3~5m布置一个监测断面。每个监测断面不应少于2条测线。

8.3.3 盾构法支护结构监测测点布设原则。

(1)管片衬砌变形(拱顶沉降、净空收敛)测点布设原则。

①盾构初始掘进段、地质条件复杂地段布设1~2个监测断面。

②如采用收敛仪进行管片衬砌净空收敛监测，主测断面的拱顶(0°)、拱底(180°)、拱腰(90°和270°)处共埋设4个测点，量测横径和竖径的变化，并以椭圆度表示管片圆环的变形，实测椭圆度=横径-竖径。

(2)管片内力测点布设原则。

①与管片衬砌变形监测断面相对应布设管片内力监测断面。

②每个断面不少于5个测点。

8.3.4　浅埋暗挖法初期支护结构监测测点布设原则。

(1)初期支护结构拱顶沉降测点布设原则：

①监测断面间距10~30m，车站为10~15m，区间为15~30m。对于浅埋暗挖车站，每个导洞均应布置断面。

②标准断面每个监测断面1~3个测点。对于浅埋暗挖车站或非标准断面隧道等，应布设不少于3个拱部沉降测点。

③初期支护结构拱顶沉降测点与地表沉降测点应互相对应，以便进行比对分析。

(2)初期支护结构底板隆起测点布设原则：

底板隆起测点由设计根据需要进行断面布设，布点位置一般位于隧道底部中点。

(3)初期支护结构净空收敛测点布设原则：

①净空收敛、拱顶下沉和地表沉降应设置在同一断面。对于标准断面的单线区间隧道，可在隧道拱脚处(全断面开挖时)或拱腰处(半断面开挖时)布置水平收敛测线。

②监测断面间距10~30m，车站为10~15m，区间为15~30m。对于浅埋暗挖车站，每个导洞均宜布置断面。

③一般每个监测断面测线为1~3条。

(4)初期支护结构内力测点布设原则：

①在车站和区间具有代表性的地段选择应力变化大或地质条件较差的部位各布置1~2个监测断面。

②每个监测断面5~11个测点。

(5)中柱沉降及内力测点布设原则：

①对于浅埋暗挖车站应选择代表性中柱进行监测。

②每个车站受测中柱数量不应少于4根，每柱4个测点，在同一水平断面内，按间隔90°布置。

8.4　周围岩土体监控量测布点原则

8.4.1　周围岩土体监控量测布点应针对基坑和隧道周围土体物理力学性质、受地铁施工扰动情况、围岩应力变化特点、水文地质条件及地下水水位变化特征进行测点布设。

8.4.2　基坑、隧道周围土体测点布设原则。

(1)土体沉降及水平位移测点布设原则：

①土体沉降监测和土体水平位移监测可同时布置。

②基坑工程在工程地质条件、水文地质条件复杂的地段选取土体水平位移监测断面，或沿基坑长边每30~40m一个土体水平位移监测断面。应与桩(墙)体水平位移所设监测断面相对应。

③盾构法施工隧道土体沉降和水平位移监测断面应与管片衬砌变形所设监测断面相对应。

④浅埋暗挖法施工隧道土体沉降和水平位移监测断面应与围岩压力所设监测断面相对应。

⑤土体沉降的分层沉降测点在竖向位置上主要布置在各土层的分界面，当土层厚度较大时，宜在地层中部增加测点。

⑥当土体沉降采用磁性沉降环监测、水平位移采用测斜管监测时,钻孔的深度应大于基坑底的高程;在隧道两侧的钻孔深度应超过隧道底板 2 ~ 3m,而位于隧道顶部的钻孔深度应在隧道拱顶之上 1 ~ 2m。

(2)基坑底部隆起测点布设原则:

①测点布置可根据基坑长度在基坑中线处布设 2 ~ 3 点。

②当基底土质软弱、基底以下存在承压水时,宜适当增加测点。

③回弹标志应埋入基坑底面以下 20 ~ 30cm。

(3)围岩压力测点布设原则:

①浅埋暗挖法施工隧道在车站和区间具有代表性的地段选择应力变化大或地质条件较差的部位各布置 1 ~ 2 个监测断面,每一断面 5 ~ 11 个测点。

②浅埋暗挖法施工隧道测点一般沿结构开挖轮廓线,在初期支护结构与围岩之间按一定间距布设,根据浅埋地下工程的受力特点,宜在拱顶、拱脚、墙中、墙脚、仰拱中部等关键部位设置测点。

8.4.3　地下水水位观测孔布设原则。

(1)布点位置应根据水文地质条件、地下水的空间分布以及工程降水设计要求综合确定。

(2)地下水水位监测应根据地下水性质分层监测。

(3)浅埋暗挖隧道区间存在管线渗漏、不明水源的部位应布设地下水水位观测孔。

(4)每个浅埋暗挖车站布置数量不宜少于 4 个地下水水位观测孔。

(5)在基坑的四角点以及基坑的长短边中点布设地下水水位观测孔。对于深大基坑,每 20 ~ 40m 布设一个观测孔,观测孔距基坑围护结构外 1.5 ~ 2m。

8.4.4　孔隙水压力测点布设原则。

对存在饱和软土和易产生液化的粉细砂土层部位,可布设孔隙水压力监测点。

9　监控量测频率及周期

9.1　一般规定

9.1.1　各监测项目在基坑、隧道施工降水、支护结构开工前或安装后进行初始值观测,测点初始值应在测点埋设后进行测读,取 2 ~ 3 次观测数据的平均值作为初始观测值。

9.1.2　各监测项目监测频率应结合环境条件、地质条件、工程特点等情况进行设计。

9.1.3　当监测值达到不同预警状态时,应根据工程安全状态确定相应监测频率。

9.1.4　冬雨季施工时应适当增大监测频率。

9.1.5　监测值变化速率较大或出现反常急剧变化时,应增大监测频率。

9.1.6　基坑拆撑期间监测频率宜适当加密。

9.1.7　盾构施工地段,盾构到达前 1d 至盾构通过后 3d,对各监测项目应加强监测。出现情况异常时,各监测项目均应增大监测频率。

9.1.8　盾构施工更换刀具时,对开挖面附近的管片衬砌、周围岩土体及周边环境加强监测。

9.1.9　浅埋暗挖法施工因特殊原因造成工程停滞时,对掌子面附近各监测项目应加强监测。

9.1.10　隧道穿越重要建(构)筑物时,应对所穿越建(构)筑物宜采用 24h 全天候监测。

9.1.11　在基坑回填施工完成、隧道结构变形稳定后或进行二次衬砌施工时,可停止基坑、隧道支护结构的各监测项目。

9.1.12　周围岩土体各监测项目应在基坑、隧道支护结构监测项目停止监测后,根据监测值的变化情况和工程需要决定是否停止监测。

9.1.13　基坑、隧道支护结构和周围岩土体各监测项目停止监测后，当周边环境变形趋于稳定（建、构筑物沉降速率达到 1～4mm/100d、地表沉降速率达到 1mm/30d）时可停止周边环境监测。

9.2　明(盖)挖法及竖井施工监控量测频率

9.2.1　明（盖）挖法及竖井施工监测项目的监测频率见表 16-5。

明(盖)挖法及竖井施工监测频率表　　表 16-5

施工状况		监测频率
基坑开挖期间	$H \leqslant 5m$	1 次/3d
	$5m < H \leqslant 10m$	1 次/2d
	$10m < H \leqslant 15m$	1 次/d
	$H > 15m$	2 次/d
基坑开挖完成以后	1～7d	1 次/d
	7～15d	1 次/2d
	15～30d	1 次/3d
	30d 以后	1 次/周
	经数据分析确认达到基本稳定后	1 次/月

注：1. H—基坑开挖深度。

2. 当基坑安全等级为一级时，基坑开挖完成以后 1～7d 监测频率为 2 次/d，7～15d 监测频率为 1 次/d。

3. 地下水位监测频率为 1 次/2d。

9.2.2　建（构）筑物裂缝监测频率按照控制两次观测期间裂缝发展不大于 0.1mm 及裂缝所处位置而定。

9.2.3　初期支护竖井井壁净空收敛监测在开挖及井壁结构施工期间 1 次/d，结构完成后 1 次/2d，经数据分析确认达到基本稳定后 1 次/月。

9.2.4　支撑立柱沉降、倾斜和内力监测在开挖及结构施工期间 2 次/d，结构完成后 1 次/周，经数据分析确认达到基本稳定后 1 次/月。

9.2.5　盖挖法施工时，其监测频率可按盖挖深度比照上述基坑开挖深度执行。

9.3　盾构法施工监控量测频率

9.3.1　盾构法施工周边环境及周围岩土体监测项目的监测频率见表 16-6。

盾构法施工周边环境及周围岩土体监测频率表　　表 16-6

施工状况	监测频率	施工状况	监测频率
掘进面距监测断面前后≤20m 时	1～2 次/d	掘进面距监测断面前后＞50m 时	1 次/周
掘进面距监测断面前后≤50m 时	1 次/2d	根据数据分析确定沉降基本稳定后	1 次/月

9.3.2　管片衬砌变形（拱顶沉降、净空收敛）、管片内力分别在衬砌拼装成环尚未脱出盾尾即无外荷载作用时和衬砌环脱出盾尾承受外荷载作用且能通视时两个阶段进行监测。衬砌环脱出盾尾后 1 次/d，距盾尾 50m 后 1 次/2d，100m 后 1 次/周，基本稳定后 1 次/月。

9.4　浅埋暗挖法施工监控量测频率

9.4.1　浅埋暗挖法施工周边环境及周围岩土体监测项目的监测频率见表 16-7。

浅埋暗挖法施工周边环境及周围岩土体监测频率表　表16-7

施工状况	监测频率	施工状况	监测频率
当开挖面到监测断面前后的距离 $L \le 2B$ 时	1~2次/d	当开挖面到监测断面前后的距离 $L > 5B$ 时	1次/周
当开挖面到监测断面前后的距离 $2B < L \le 5B$ 时	1次/2d	基本稳定后	1次/1月

注:1. B-隧道直径或跨度;L-开挖面与监测点的水平距离。

2. 地下水水位监测频率为1次/2d。

9.4.2　拱顶沉降、底板隆起和净空收敛监测频率见表16-8。

拱顶沉降、底板隆起和净空收敛监测频率　表16-8

沉降或收敛速率	距开挖面距离	监测频率	沉降或收敛速率	距开挖面距离	监测频率
>2mm/d	$(0 \sim 1)B$	1~2次/d	<0.1mm/d	$5B$以上	1次/周
0.5~2mm/d	$(1 \sim 2)B$	1次/d	基本稳定后		1次/月
0.1~0.5mm/d	$(2 \sim 5)B$	1次/2d			

注:1. B—隧道直径或跨度(m)。

2. 当拆除临时支撑时应增大监测频率。

9.4.3　中柱沉降及内力监测频率为土体开挖时,1次/d;结构施作时,1~2次/周。

9.4.4　对开挖后尚未支护的围岩土层及掌子面探孔应随时进行观察并做记录,对开挖后已支护段的支护状态以及施工段相应地表和建(构)筑物,每施工循环观察和记录1次。

10　监控量测精度及控制指标

10.1　一般规定

10.1.1　应根据监测项目和工程要求确定监测精度,并根据监测精度选择监测仪器。

10.1.2　监测精度可采用控制指标值的百分率,也可采用本章第10.2小节规定的固定值,应取两者的小值。采用控制指标值的百分率时宜取其控制指标值的2/100。

10.1.3　地铁工程监控量测控制指标要应根据监测对象的性质、受力状态、变形特征、使用要求,并结合工程特点综合确定。

10.1.4　对各类环境风险点控制指标的确定,应根据工程及周边环境的实际状况和现场普查的综合分析结果,并经评估后予以确定。

10.1.5　对未明确规定控制指标的监测项目,可参照类似工程的监测资料制定。

10.2　监控量测精度

10.2.1　周边环境监测精度。

周围环境监测精度见表16-9。

周围环境监测精度表　表16-9

监测项目	监测精度
建(构)筑物沉降	1.0mm
建(构)筑物倾斜	2″
建(构)筑物裂缝、隧道结构变形缝开合度、隧道结构裂缝	0.1mm
地下管线沉降	1.0mm

续上表

监测项目	监测精度
地下管线水平位移	1.0mm
路面、路基、挡墙、桥梁墩台沉降和横纵向差异沉降	1.0mm
桥梁墩台、挡墙倾斜	2″
梁板应力	0.15% F·S
隧道结构沉降、道床结构沉降、轨道几何尺寸	1.0mm
隧道结构水平位移	1.0mm
地表沉降(隆起)	1.0mm

注:F·S表示满量程,余同。

10.2.2 支护结构监测精度。

(1)明(盖)挖法及竖井施工支护结构监测精度。

明(盖)挖法及竖井施工支护结构监测精度见表16-10。

明(盖)挖法及竖井施工支护结构监测精度表 表16-10

监测项目	监测精度	监测项目	监测精度
桩(墙)顶水平位移	1.0mm	锚杆(锚索、土钉)拉力	0.1kN
桩(墙)顶垂直位移	1.0mm	支撑立柱沉降	1.0mm
桩(墙)体水平位移	0.02mm/0.5m	支撑立柱倾斜	2″
桩(墙)体内力	0.15% F·S	支撑立柱内力	0.15% F·S
支撑轴力	0.15% F·S	初期支护竖井井壁净空收敛	0.06mm

(2)盾构法支护结构监测精度。

盾构法支护结构监测精度见表16-11。

盾构法支护结构监测精度表 表16-11

监测项目	监测精度	监测项目	监测精度
管片衬砌拱顶沉降	1.0mm	管片内力	0.15% F·S
管片衬砌净空收敛	0.06mm		

(3)浅埋暗挖法支护结构监测精度。

浅埋暗挖法支护结构监测精度见表16-12。

浅埋暗挖法支护结构监测精度表 表16-12

监测项目	监测精度	监测项目	监测精度
初期支护结构拱顶沉降	1.0mm	中柱沉降	1.0mm
初期支护结构净空收敛	0.06mm	中柱内力	0.15% F·S
初期支护结构内力	0.15% F·S		

10.2.3 周围岩土体监测精度。

周围岩土体监测精度见表16-13。

周围岩土体监测精度表 表16-13

监测项目	监测精度	监测项目	监测精度
土体沉降	1.0mm	围岩压力	0.15% F·S
土体水平位移	0.02mm/0.5m	地下水水位	5.0mm
基坑底部隆起	1.0mm	孔隙水压力	0.15% F·S

10.3 监控量测控制指标及预警

10.3.1 纳入设计范围的监测项目应制定相应的监测控制指标。

10.3.2 监控量测控制指标包括允许变化控制值、平均变化速率和最大变化速率。

10.3.3 周边环境控制指标。

(1)周边环境控制指标应由评估单位在现状普查、分析计算和评估的基础上,结合产权单位的要求综合确定。

(2)建(构)筑物控制指标包括允许沉降控制值和差异沉降控制值,对高耸建(构)筑物还应包括倾斜控制值。

(3)市政桥梁控制指标应包括桥梁墩台允许沉降控制值和相邻桥梁墩台间差异沉降控制值。

(4)市政道路控制指标应包括路基位移最大速率控制值、路面允许位移控制值和平整度。

(5)地表沉降(隆起)控制指标应包括允许位移控制值、位移平均速率控制值和位移最大速率控制值。

(6)地下管线控制指标应包括管线允许位移控制值和倾斜率控制值。

(7)地铁既有线控制指标应包括既有线结构允许垂直、水平位移控制值、位移平均速率控制值、最大速率控制值;差异沉降控制值、轨道几何尺寸容许偏差管理值、轨道坡度允许控制值、道床剥离量允许控制值、结构变形缝开合度、轨道结构允许垂直位移控制值。

(8)既有铁路控制指标应包括路基沉降控制值、位移平均速率控制值、最大速率控制值、轨道几何尺寸容许偏差管理值、轨道坡度允许控制值。

10.3.4 支护结构控制指标。

(1)支护结构控制指标应由设计单位根据周边环境、工程地质条件、支护结构形式综合分析计算确定。

(2)支护结构变形控制指标。

①明(盖)挖法及竖井施工支护结构变形控制指标应包括桩(墙)顶沉降和水平位移、桩(墙)体水平位移、支撑立柱沉降和倾斜、初期支护竖井井壁净空收敛的允许位移控制值、位移平均速率控制值和位移最大速率控制值。

②盾构法隧道支护结构变形控制指标应包括:管片衬砌拱顶沉降、净空收敛的允许位移控制值、位移平均速率控制值和位移最大速率控制值。

③浅埋暗挖法隧道初期支护结构变形控制指标应包括隧道初期支护结构拱顶沉降、底板隆起、净空收敛、中柱沉降的允许位移控制值、位移平均速率控制值和位移最大速率控制值。

(3)支护结构结构力学控制指标。

①明(盖)挖法及竖井施工支护结构力学控制指标应包括支撑轴力设计值、锚杆(锚索、土钉)拉力设计值和支撑立柱内力设计值。

②盾构法隧道支护结构力学控制指标为管片内力设计值。

③浅埋暗挖法隧道初期支护结构力学控制指标应包括支护结构内力设计值、中柱内力设计值。

10.3.5 监测项目应按“分区、分级、分阶段”的原则制定监控量测控制标准,并按黄色、橙色和红色三级预警进行反馈和控制。具体内容见表16-14。

三级预警状态控制表 表16-14

预警级别	预警状态描述
黄色预警	实测位移(或沉降)的绝对值和速率值双控指标均达到极限值的70%时;或双控指标之一达到极限值的80%而另一指标未达到该值时

续上表

预警级别	预警状态描述
橙色预警	实测位移(或沉降)的绝对值和速率值双控指标均达到极限值的80%;或双控指标之一达到极限值而另一指标未达到时;或双控指标均达到极限值而整体工程尚未出现不稳定迹象时
红色预警	实测位移(或沉降)的绝对值和速率值双控指标均达到极限值,与此同时,还出现下列情况之一时:实测的位移(或沉降)速率出现急剧增长;隧道或基坑支护混凝土表面已出现裂缝,同时裂缝处已开始渗流水

注:对于桥梁监测,表中双控指标应为横向差异沉降和纵向差异沉降值。

10.3.6　发出黄色预警时,监测组和施工单位应加密监测频率,加强对地面和建筑物沉降动态的观察,尤其应加强对预警点附近的雨污水管和有压管线的检查和处理。

10.3.7　发出橙色报警时,除应继续加强上述监测、观察、检查和处理外,应根据预警状态的特点进一步完善针对该状态的预警方案,同时应对施工方案、开挖进度、支护参数、工艺方法等做检查和完善,在获得设计和建设单位同意后执行。

10.3.8　发出红色预警时,除应立即向上述单位报警外还应立即采取补强措施,并经设计、施工、监理和建设单位分析和认定后,改变施工程序或设计参数,必要时应立即停止开挖,进行施工处理。

10.3.9　当实测数据出现任何一种预警状态时,监测组应立即向施工主管、监理和建设单位报告,获得确认后应立即提交预警报告。

10.3.10　监控量测控制指标值的确定可参阅附件5。

本章条文说明

3.1.5 监控量测应具有系统性是指各监测项目应有机结合、形成整体;测点布置点、线、面相结合且近密远疏;监测过程连贯,数据完整、系统且能相互校核和验证。

监控量测可靠性原则指设计中采用的监测手段成熟,监测仪器、元件有效,电测、光测式与机械式仪器结合并互相校核,布设测点保护设计有效。

监控量测设计多层次性指地表和地下监测相结合;监测对象以位移为主,兼顾其他物理量;仪器选型以机械式仪器为主,辅以电测、光测式仪器。

3.1.6 监控量测设计应在全面统筹考虑基础上,将测点布置在工程的关键点,并于关键的工序、过程、时间内进行监测。

监控量测应对设计中使用的关键参数、评审中有争议的工艺、原理所涉及的部位进行监测,以便在施工过程中进一步优化设计;应结合施工实际调整监测测点的布设方法、位置及仪器保护措施,尽量减少对施工的影响。

5.1 基坑、隧道工程施工对周围土体的扰动情况不同,相应反映到地表时,对周边环境的影响程度也存在差异。一般基坑、隧道临近地段尤其隧道上方区域,土体受扰动程度最大,本章称之为强烈影响区。相应向基坑、隧道外部扩展,分别划分出显著影响区和一般影响区。

基坑、隧道影响区划的制定主要借鉴《建筑基坑支护工程技术规程》(DBJ/T 15-20—1997)(广东)对基坑安全等级划分的思路。该规程根据不同的土质条件把基坑周围地段按其受基坑工程扰动的程度划分为3个区,其中Ⅰ区为受扰动最大区,Ⅱ区为受扰动较小区,Ⅲ区为基本不受扰动区。主要由淤泥、淤泥质土或其他高压缩性土构成的软弱地基分区相应调整。具体说明图16-1、说明图16-2。

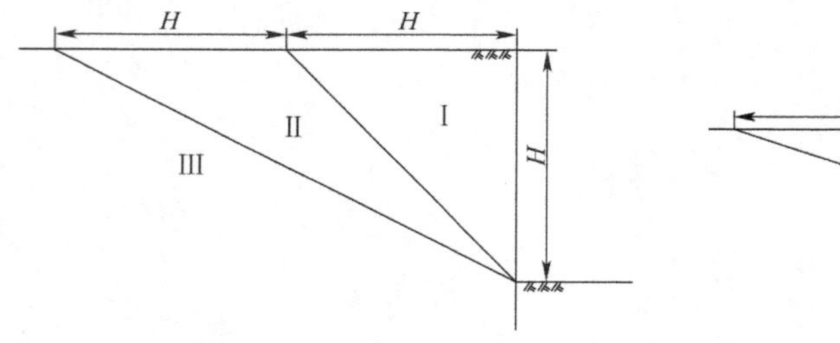

说明图16-1 一般地基的扰动区划分

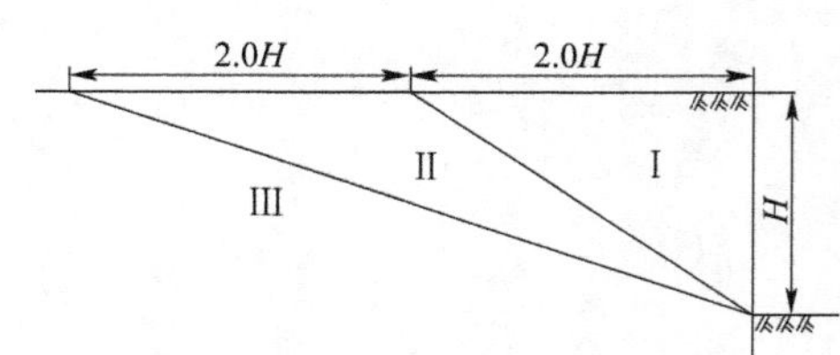

说明图16-2 软弱地基的扰动区划分

该规程综合考虑Ⅰ区、Ⅱ区、Ⅲ区范围内建(构)筑物、地下管线重要性、建(构)筑物年代、结构、基础形式、地基敏感性等因素制定了基坑的安全等级。

本章依据《城市轨道交通工程监测技术规范》(GB 50911—2013)相关规定,基坑周边影响分区结合基坑深度(大于5m)和安全等级的制定情况,以$0.7H$、$1.0H$、$2.0H$(H为基坑开挖深度)为分界点进行分区;隧道周边影响分区主要考虑北京地区为浅埋隧道,对隧道埋深小于$3D$(D为隧道洞径)的隧道以$0.7H_i$、$1.0H_i$、$1.5H_i$(H_i为隧道底板埋深)为分界点进行分区。隧道埋深大于$3D$时,可参照本分区思路进行监测设计。

7.2.2 城市地下管线按照压力、材质、埋设方式有不同的分类:

(1)按其压力情况分为有压管道、无压管道和各种电缆。有压管道包括自来水管、煤气管道、热力管道等;无压管道包括污水、雨水管道;各种电缆包括电力电缆、通信电缆、光缆等。

(2)按其材质分为铸铁管、钢管、混凝土管、钢筋混凝土管、塑料管、石棉水泥管、陶土管、陶瓷管、砖石沟等。

(3)按其埋设方式分为直埋和管沟。

对于有压管线,宜将测点直接埋设在管线上,如受条件所限,也可在管线上方埋设地表桩进行间接监测;对于重要管线,条件允许时测点应全部直接布设在管线上,如受条件所限、无法达到上述要求时,应将部分测点直接布设在管线上和检查井下的管线处,并在管线上方对应的地表处通过埋设地表桩布设测点进行间接监测,地表桩与直接布设在管线上的测点应位于同一测点位置,以进行对比分析,且地表桩的间距一般应不大于5m。

地下管线直接测点是通过埋设一些装置直接监测管线的沉降,常用方法有:

(1)抱箍式。

其形式如说明图16-3所示,由扁铁做成的稍大于管线直径的圆环,将测杆与管线连接成为整体,测杆伸至地面,地面处布置相应窨井,保证道路、交通和人员正常通行。抱箍式测点具有监测精度高的特点,能测得管线的沉降和隆起,其不足是埋设必须凿开路面,并开挖至管线的底面,这对城市主干道路是很难办到的,但对于次干道和十分重要的地下管线,如高压煤气管道,按此方案设置测点并予以严格监测,是必要和可行的。

(2)套筒式。

基坑开挖对相邻管线的影响主要表现在沉降方面,根据这一特点采用一硬塑料管或金属管打设或埋设于所测管线顶面和地表之间,量测时将测杆放入埋管,再将标尺搁置在测杆顶端。只要测杆放置的位置固定不变,测试结果能够反映出管线的沉降变化。套筒式埋设方案如说明图16-4所示。按套筒方案埋设测点的最大特点是简单易行,特别是对于埋深较浅的管线,通过地面埋设金属管至管线顶部,再清除整理,可避免道路开挖,但其缺点在于监测精度较低。

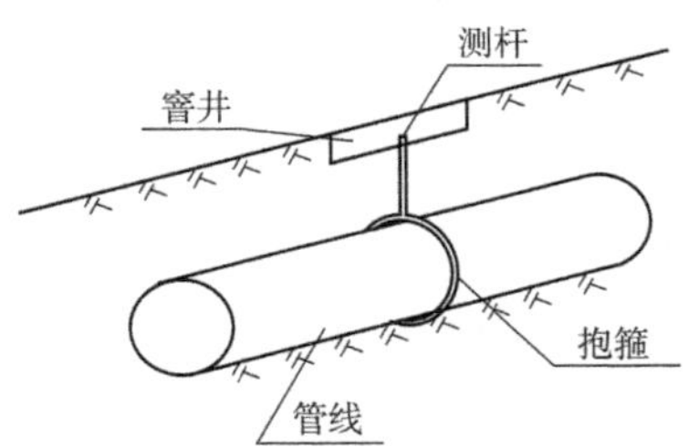

说明图16-3　抱箍式埋设方案

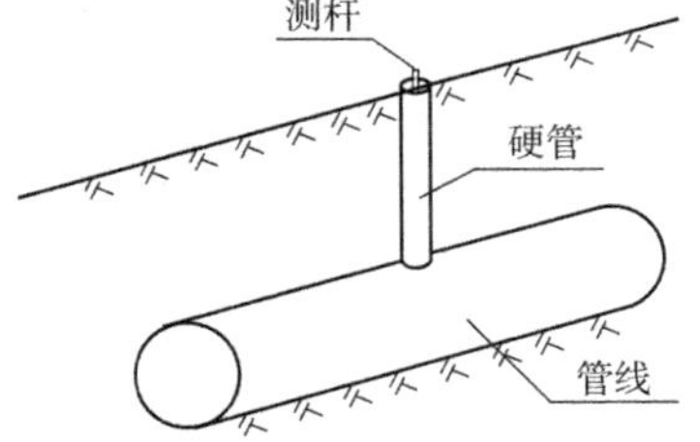

说明图16-4　套筒式埋设方案

7.2.3　市政道桥主要包括城市道路、桥梁。

(1)城市道路包括城市主干道、高速公路和一般道路。

(2)桥梁包括高架桥、立交桥、匝道桥、人行天桥等。

7.2.4　随着北京城市建设的发展,在其城区和郊区以及在其地面和地下出现了越来越多的各类建(构)筑物。其中较典型的有:地铁既有线、铁路隧道、立交桥梁、人行天桥、房屋、地下管线等。今后地铁新建线路难免会与之相近或相交,包括上穿、下穿和侧穿以上各类地铁、铁道线路和建(构)筑物。说明表16-1以地铁穿越既有隧道为例,说明了上穿、下穿和侧穿3种基本情况。

地铁工程穿越方式分类(以穿越既有隧道为例)　　说明表16-1

地铁与既有隧道相互位置关系	几何关系	预计的既有隧道动态	穿越方式
与既有隧道并列	与隧道平行新建地铁的情况	既有隧道向接近的新建地铁方向发生位移;因并列隧道的施工,既有隧道周边围岩松弛,而使作用在衬砌上的荷载增加	侧穿
与既有隧道交叉	从既有隧道上部穿过的情况	新建地铁在既有隧道上部通过,当深埋时,既有隧道向上方变形,围岩的拱作用受到破坏,而使衬砌上的荷载增加;当浅埋时,有明显卸载作用,衬砌荷载减小,有可能上浮	上穿
	从既有隧道下部穿过的情况	新建隧道在既有隧道下部通过时,既有隧道会发生下沉	下穿

10.2 沉降监测控制网的布设应符合下列要求：

(1)垂直沉降监测控制网宜与城市轨道交通工程高程系统一致；

(2)垂直沉降监测控制网应采用精密水准测量方法布设,并应布设成闭合、附合网；

(3)垂直沉降监测控制网高程控制点不应少于3个,在监测中应定期对高程控制点进行检测。

沉降监测控制网的主要技术要求见说明表16-2。

沉降监测的技术要求和测量方法 说明表16-2

等级	高程中误差(mm)	相邻点高差中误差(mm)	往返较差,附合或环线闭合差(mm)	使用仪器、监测方法及主要技术要求
Ⅰ	±0.3	±0.1	$0.15\sqrt{n}$	采用DS_{05}水准仪,按国家一等水准测量技术要求作业,其观测限差宜符合上述规定的1/2要求
Ⅱ	±0.5	±0.3	$0.30\sqrt{n}$	采用DS_{05}水准仪,按国家一等水准测量技术要求作业
Ⅲ	±1.0	±0.5	$0.60\sqrt{n}$	采用DS_1水准仪,按国家二等水准测量技术要求作业

注:n为测站数。

本章附件

附件1　监测项目代号及图例

(1)监测项目代号和图例应具有唯一性。

(2)工程监测断面、监测点编号应结合监测项目及其图例，按工点统一编制。监测点编号宜符合下列规定：

①监测点编号组成格式宜由检测项目代号与监测点序列号共同组成；

②监测项目代号宜采用大写英文字母的形式表示；

③监测点序列号宜采用阿拉伯数字并按一定的顺序或方向进行编号。

(3)支护结构监测项目代号和图例宜符合附表16-1～附表16-3的规定。

明挖法和盖挖法的基坑支护结构监测项目代号和图例　　附表16-1

监测项目	项目代号	图例
支护桩(墙)、边坡顶部水平位移	ZQS	
支护桩(墙)、边坡顶部竖向位移	ZQC	
支护桩(墙)体水平位移	ZQT	
支护桩(墙)结构内力	ZQL	
立柱结构竖向位移	LZC	
立柱结构水平位移	LZS	
立柱结构应力	LZL	
支撑轴力	ZCL	
顶板应力	DBL	
锚杆拉力	MGL	
土钉拉力	TDL	
竖井井壁支护结构净空收敛	SJJ	

盾构法隧道管片结构监测项目代号和图例　　附表16-2

监测项目	项目代号	图例
管片结构竖向位移	GGC	
管片结构水平位移	GGS	
管片结构净空收敛	GGJ	
管片结构应力、管片链接螺栓应力	GGL	

矿山法支护结构监测项目代号和图例 附表 16-3

监测项目	项目代号	图例
初期支护结构拱顶沉降	GDC	
初期支护结构底板竖向位移	DBS	
初期支护结构净空收敛 隧道拱脚竖向位移	JKJ	
中柱竖向位移、倾斜	ZZC	
中柱结构内力	ZNL	
初期支护结构、二次衬砌应力	ZHL	

(4)周围岩土体监测项目代号和图例宜符合附表 16-4 的规定。

(5)周边环境监测项目代号和图例宜符合附表 16-5 的规定。

周围岩土体监测项目代号和图例 附表 16-4

监测项目	项目代号	图例
地表沉降	DBC	
土体深层水平位移	TST	
坑底隆起(回弹)	KDC	
支护桩(墙)侧向土压力、 管片围岩压力、围岩压力	WL	
地下水位	DSW	
孔隙水压力	KSL	

周边环境监测项目代号和图例 附表 16-5

监测项目	项目代号	图例
建(构)筑物、桥梁墩台、挡墙竖向位移	JGC	
建(构)筑物、桥梁墩台、挡墙差异沉降竖向位移	JGY	
隧道结构沉降竖向位移、轨道结构(道床)竖向位移	SGC	
建(构)筑物、隧道结构水平位移	JGS	
隧道结构变形缝差异沉降	JGK	
轨道静态几何形位(轨距、轨向、高低、水平)	GDX	
建(构)筑物倾斜	JGQ	
桥梁墩台倾斜、挡墙倾斜	QGQ	
建(构)筑物裂缝	JGF	
桥梁裂缝	QGF	
隧道、轨道结构裂缝	SGF	
地下管线竖向位移	GXC	
地下管线水平位移	GXS	

续上表

监测项目	项目代号	图例
路面竖向位移	LMC	▼
路基竖向位移	LJC	
桥梁梁板应力	LBL	▄
爆破振动	BPZ	○

附件2　基点、测点大样图

(1)深埋双金属管水准基点标石应按附图16-1的规格埋设。

(2)深埋钢管水准基点标石应按附图16-2的规格埋设。

(3)混凝土基本水准标石应按附图16-3的规格埋设。

(4)浅埋钢管水准标石应按附图16-4的规格埋设。

(5)混凝土普通水准标石应按附图16-5的规格埋设。

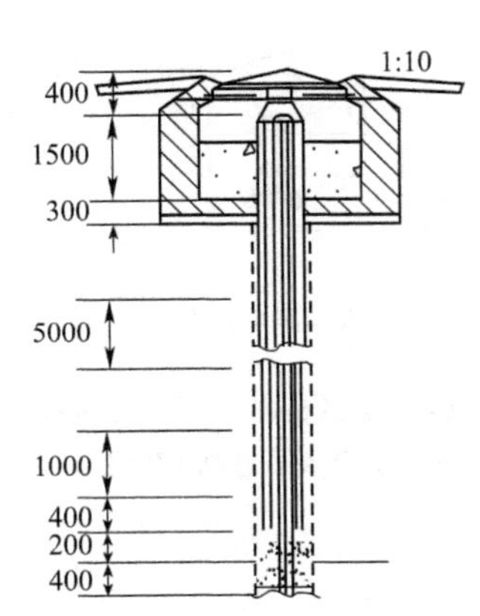

附图16-1　深层双金属管水准基点标石(尺寸单位:mm)

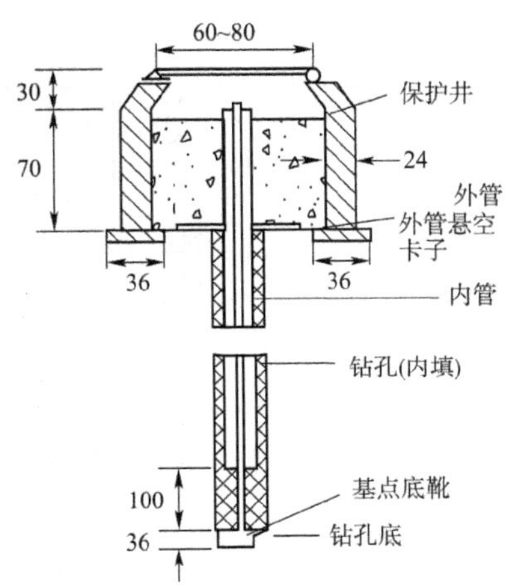

附图16-2　深埋钢管水准基点标石(尺寸单位:mm)

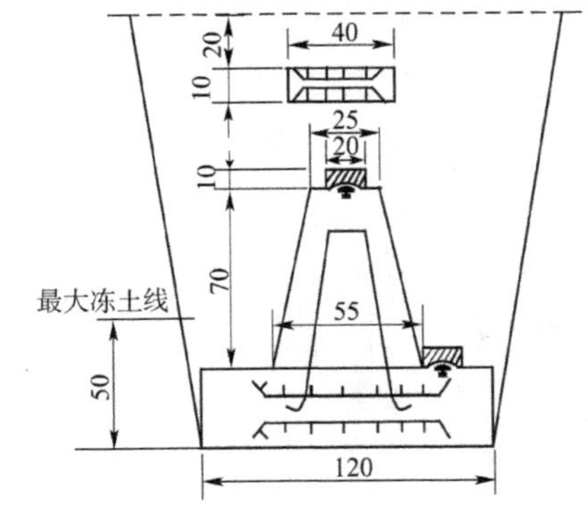

附图16-3　混凝土基本水准标石(尺寸单位:mm)

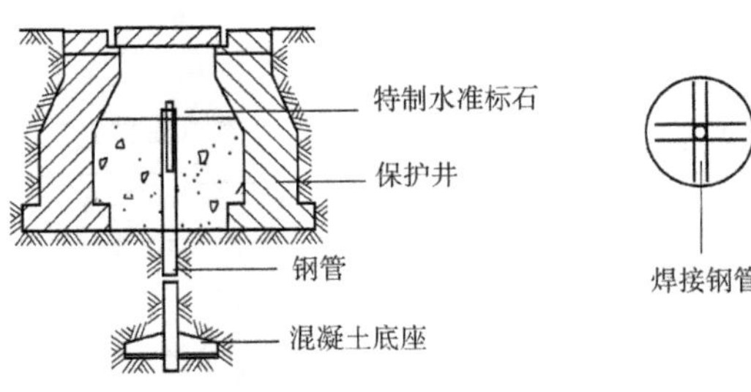

附图16-4　浅埋钢管水准标石

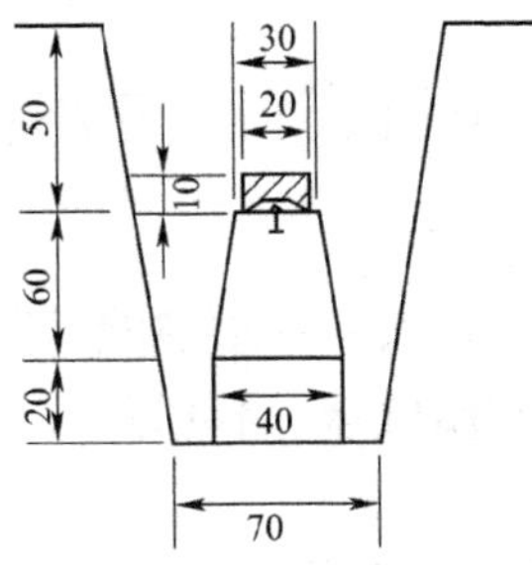

附图16-5　混凝土普通水准标石(尺寸单位:mm)

(6)水平位移观测墩应按附图16-6的规格埋设。

(7)隐蔽式沉降观测标志应按附图16-7、附图16-8或附图16-9的规格埋设。

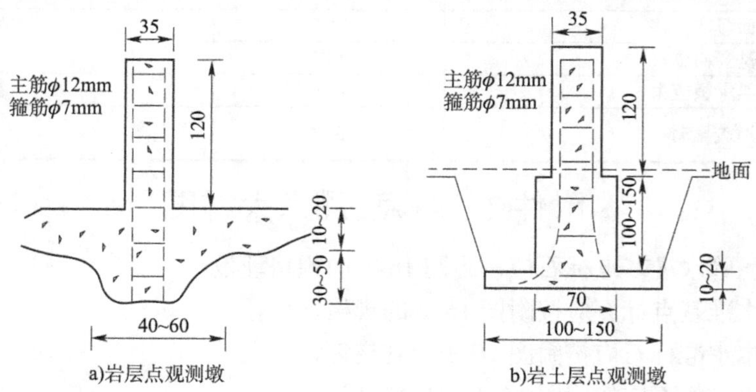

附图16-6　水平位移观测墩(尺寸单位:cm)

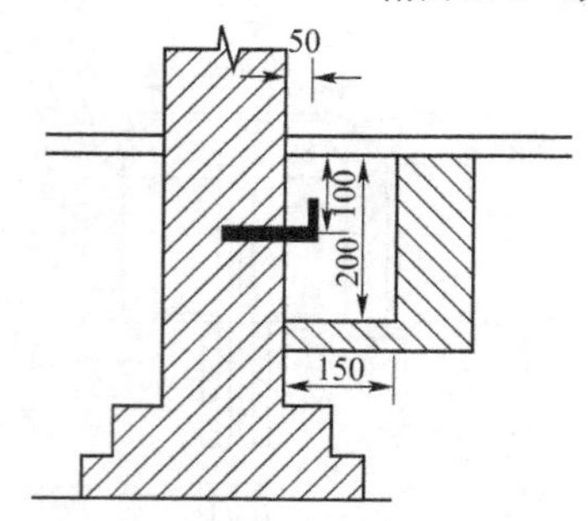

附图16-7　窨井式标志(尺寸单位:mm)

注:适用于建筑物内部埋设

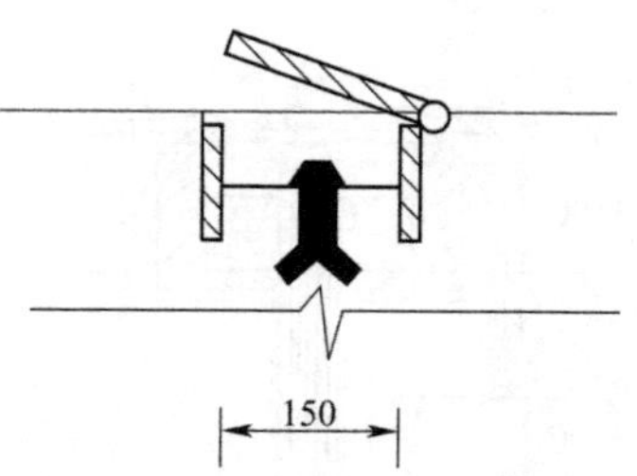

附图16-8　盒式标志(尺寸单位:mm)

注:适用于设备基础上埋设

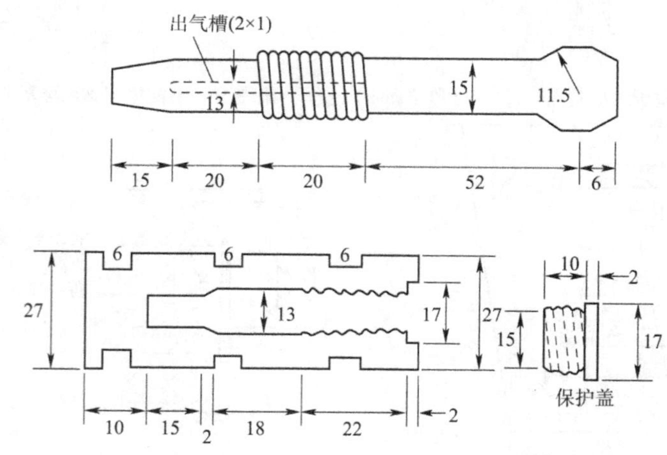

附图16-9　螺栓式标志(尺寸单位:mm)

注:适用于墙体上埋设

附件3　基坑、隧道内外观察内容

(1)基坑及周围环境描述内容包括:

①基坑开挖后地层的工程地质特性、地表及地层裂缝情况。

②地下水类型、渗水量大小、位置、水质气味、颜色等。

③围护结构(含桩)及支撑结构状况。

④盖挖法施工时,桩、柱与盖板的连接及混凝土状况。

⑤基坑周边建筑物及其基础状况。

(2)盾构法隧道施工过程中应进行洞内和洞外的观察。洞内观察主要是对已安装的管片衬砌的工作状态(包括:管片变形、开裂、错台、拼装缝、掉块以及漏水状况等)、盾构机和出土情况进行观察和记录;洞外观察主要是地表开裂、地表隆沉、建(构)筑物开裂、倾斜、隆沉等状况的观察和记录。

(3)浅埋暗挖法隧道内外观察内容包括:

①地层的工程地质特性及其描述,包含开挖面地质描述和掌子面预测探孔的地质描述。

②地下水类型、渗漏水状况、涌水量大小、位置和颜色等。

③开挖工作面的稳定状态,有无剥落现象。

④初期支护完成后对喷层表面的观察、裂缝状况及渗漏水状况的描述,同时记录喷混凝土是否产生剥离。

⑤与施工段相应的地表和建(构)筑物状况。

(4)观察中,如果发生异常现象,要详细记录发现的时间、距开挖工作面的距离以及附近监控量测点的各项监控量测数据。目测结果可作为修改设计、指导施工的参考依据。

(5)对于地质变化部位和重要地段,应拍摄照片进行记载。

附件4　监控量测仪器

1.周边环境监测仪器

周边环境监测仪器见附表16-6。

周边环境监测仪器表　附表16-6

监测项目	监测仪器	监测项目	监测仪器
建(构)筑物沉降	水准仪	隧道结构沉降、道床结构沉降	水准仪
建(构)筑物倾斜	经纬仪或全站仪	隧道结构水平位移	经纬仪或全站仪
建(构)筑物裂缝、隧道结构裂缝	裂缝宽度板、游标卡尺或裂缝观测仪	隧道结构变形缝开合度	游标卡尺
地下管线沉降、水平位移	水准仪、经纬仪或全站仪	轨道几何尺寸	轨道尺
路面、路基、挡墙、桥梁墩台沉降和横纵向差异沉降	水准仪	地表沉降(隆起)	水准仪
桥梁墩台、挡墙倾斜	经纬仪或全站仪	实时监测	静力水准仪、位移计、电水平尺、数据采集仪
梁板应力	应力计		

2.支护结构监测仪器

(1)明(盖)挖法及竖井施工支护结构监测仪器。

明(盖)挖法及竖井施工支护结构监测仪器见附表16-7。

明(盖)挖法及竖井施工支护结构监测仪器表　附表16-7

监测项目	监测仪器	监测项目	监测仪器
桩(墙)顶水平位移	经纬仪或全站仪	锚杆(锚索、土钉)拉力	锚杆轴力计、钢筋计、频率接收仪
桩(墙)顶垂直位移	水准仪	支撑立柱沉降	水准仪
桩(墙)体水平位移	测斜仪	支撑立柱倾斜	经纬仪或全站仪
桩(墙)体内力	应力计、频率接收仪	支撑立柱内力	表面应变计、频率接收仪
支撑轴力	应变计、轴力计、频率接收仪	初期支护竖井井壁净空收敛	收敛计、测距仪

(2)盾构法支护结构监测仪器。

盾构法支护结构监测仪器见附表16-8。

盾构法支护结构监测仪器表　　附表16-8

监测项目	监测仪器	监测项目	监测仪器
管片衬砌拱顶沉降	水准仪	管片内力	钢筋应力计、混凝土应变计、螺栓应力计
管片衬砌净空收敛	收敛仪、断面扫描仪、测距仪		

(3)浅埋暗挖法初期支护结构监测仪器。

浅埋暗挖法初期支护结构监测仪器见附表16-9。

浅埋暗挖法支护结构监测仪器表　　附表16-9

监测项目	监测仪器	监测项目	监测仪器
初期支护结构拱顶沉降	水准仪	中柱沉降	水准仪
初期支护结构净空收敛	收敛计、测距仪	中柱内力	应力计、表面应变计、频率接受仪
初期支护结构内力	应变计		

3. 周围岩土体监测仪器

周围岩土体监测仪器见附表16-10。

周围岩土体监测仪器表　　附表16-10

监测项目	监测仪器	监测项目	监测仪器
土体沉降	水准仪、分层沉降仪	围岩压力	土压力盒、频率接收仪
土体水平位移	测斜仪、测斜管、多点位移计(洞内观测)	地下水水位	电测水位计、PVC管
基坑底部隆起	水准仪	孔隙水压力	孔隙水压力计

附件5　监控量测控制指标

1. 周边环境监控量测控制标准

1)地表变形监控量测控制标准(附表16-11)

地表变形监控量测值控制标准　　附表16-11

<table>
<tr><th rowspan="2">施工工法</th><th rowspan="2">监测项目或范围</th><th colspan="3">允许位移控制值 U_0(mm)</th><th rowspan="2">位移平均速率控制值(mm/d)</th><th rowspan="2">位移最大速率控制值(mm/d)</th></tr>
<tr><th>一级基坑</th><th>二级基坑</th><th>三级基坑</th></tr>
<tr><td>明挖(盖)法及竖井施工</td><td>地表沉降</td><td>≤0.15%H或≤30，两者取小值</td><td>≤0.2%H或≤40，两者取小值</td><td>≤0.3%H或≤50，两者取小值</td><td>2</td><td>2</td></tr>
<tr><td rowspan="2">盾构法</td><td>地表沉降</td><td colspan="3">30</td><td>1</td><td>3</td></tr>
<tr><td>地表隆起</td><td colspan="3">10</td><td>1</td><td>3</td></tr>
<tr><td rowspan="2">浅埋暗挖法</td><td>区间</td><td colspan="3">30</td><td rowspan="2">2</td><td rowspan="2">5</td></tr>
<tr><td>车站</td><td colspan="3">60</td></tr>
</table>

注:1. H-基坑开挖深度。

2. 位移平均速率为任意7d的位移平均值;位移最大速率为任意1d的最大位移值。

3. 本表中区间隧道跨度为<8m;车站跨度为>16m和≤25m。

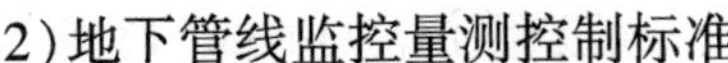

2）地下管线监控量测控制标准

（1）市政管道变形监控报警值：

煤气管道变形：沉降或水平位移超过 10mm，连续 3d 超过 2mm/d。

供水管道变形：沉降或水平位移超过 30mm，连续 3d 超过 5mm/d。

注：摘自《基坑工程技术规程》（DB 42/159—2004）（湖北）。

（2）各类地下管线接头的技术标准可参考附表 16-12。

各类管子接头的技术标准　　附表 16-12

管材													
尺寸	铸铁管								钢筋混凝土管			钢管	
管内径（mm）	接头类型：承压式接头				法兰接头	管节长度（m）	管壁厚度（mm）	每100只接头允许漏水量（L/15 min）	管节长度（m）	承插接头接口间隙（mm）	每100只接头允许漏水量（L/15 min）	管壁厚度（mm）	焊接接头每100只接头允许漏水量（L/15min，水压＜$7kg/cm^2$）
	承口长度 P(mm)	调剂借转角 θ（° ′）	限制开口 F(mm)	接口间隙 Δ(mm)	橡皮垫厚度（mm）								
75	90	5 00	8.1	3～5	3～5	3	9	—	—	—	—	4.5	—
100	95	4 00	8.2	3～5	3～5	3	9	3.15	3	10	5.94	5	1.76
150	100	3 30	10.3	3～5	3～5	4	9	5.27	3	15	8.91	4.5～6	2.63
200	100	3 05	12.5	3～5	3～5	4	10	7.02	3	15	11.87	6～8	3.51
300	105	3 00	16.9	3～5	3～5	4	11.4	10.54	4	17	17.81	6～8	5.27
400	110	2 28	18.3	3～5	3～5	4	12.8	14.05	4.98	20	23.75	6～8	7.02
500	115	2 05	19.2	3～5	3～5	5	14	17.56	4.93	20	29.63	6～8	8.78
600	120	1 49	20.0	3～5	3～5	5	15.4	21.07	4.98	20	35.62	8～10	10.54
700	125	1 37	20.8	3～5	3～5	5	16.5	24.58	4.98	20	41.56	8～10	12.20
800	130	1 29	21.7	3～5	3～5	5	18.0	28.10	4.98	20	47.49	8～12	14.05
900	135	1 22	22.5	3～5	3～5	5	19.5	31.61	4.98	20	53.43	10～12	15.80
1000	140	1 17	23.3	3～5	3～5	5	22	35.12	4.98	20	59.37	10～12	17.55
1200	150	1 09	25.0	3～5	3～5	5	25	42.15	4.98	20	71.24	10～12	21.07
1500	165	1 01	27.5	3～5	3～5	5	30	52.63	—	—	89.05	10～12	23.34
1800	—	—	—	—	3～5	5	—	—	—	—	106.86	10～14	31.61
2000	—	—	—	—	—	5	—	—	—	—	118.73	10～14	35.12

注：1. 钢筋混凝土管：直径 75～300mm 为有应力钢筋混凝土管；直径 400～1200mm 为预应力钢筋混凝土管。管节接头用橡胶圈止水。

2. 铸铁管承插式接头中调剂借转角等参数如附图 16-10 所示。承插接头中嵌缝材料用铅或石棉水泥。

3. 钢管材料一般为 16Mn 钢或 A_3 钢。

4. 接头是管线最易受损的部位，本表列出的几种接头技术标准，可作为管接头对差异沉降产生相对转角的承受能力的设计和监控依据。对难以查清的煤气管、上水管及重要通信电缆管，可按相对转角 1/100 作为设计和监控标准。

5. 本表是上海市政工程管理局于 1990 年对各类地下管线接头调研后列出的技术标准。有的地下管线年代已久，难以查清，但又很易损坏，应予以重视。常见的地下管线每节长度在 5m 之内，1/100 转角相当于 0.6°，其标准高于表中列出的其他接头。

6. 摘自《上海市基坑工程设计规程》（DBJ-61—1997）。

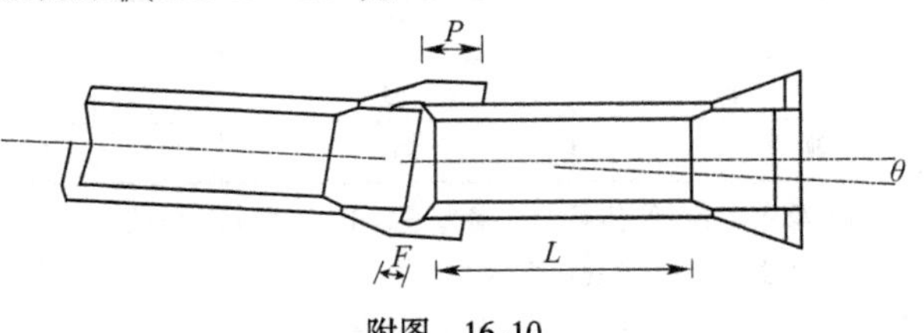

附图　16-10

(3)市政道路监控量测控制标准:高速公路沉降控制值20mm,一般道路沉降30mm(根据北京已有经验)。

(4)周边环境控制指标应综合所包含的环境内容,取各环境因素的最小值。

2. 支护结构监控量测控制标准

(1)明(盖)挖法及竖井施工支护结构监控量测控制标准(附表16-13~附表16-15)。

明(盖)挖法施工支护结构监控量测值控制标准 附表16-13

序号	监测项目及范围	允许位移控制值 U_0(mm)			位移平均速率控制值(mm/d)	位移最大速率控制值(mm/d)
		一级基坑	二级基坑	三级基坑		
1	围护桩(墙)顶部沉降	≤10			1	1
2	围护桩(墙)水平位移	≤0.15%H或≤30,两者取小值	≤0.2%H或≤40,两者取小值	≤0.3%H或≤50,两者取小值	2	3
3	竖井水平收敛	50			2	5

注:1. H-基坑开挖深度。

2. 位移平均速率为任意7d的位移平均值;位移最大速率为任意1d的最大位移值。

墙体应力和水平支撑轴力控制标准 附表16-14

监测项目	安全或危险判别的内容	安全性判别			
		判别标准	危险	注意	安全
墙体应力	钢筋拉应力	F_2 = 钢筋抗拉强度/实测(或预测值)拉应力	$F_2<0.8$	$0.8 \leq F_2 \leq 1.0$	$F_2>1.0$
	墙体弯矩	F_3 = 墙体允许弯矩/实测(或预测值)弯矩	$F_3<0.8$	$0.8 \leq F_3 \leq 1.0$	$F_3>1.0$
水平支撑轴力	允许轴力	F_4 = 允许轴力/实测(或预测值)轴力	$F_4<0.8$	$0.8 \leq F_4 \leq 1.0$	$F_4>1.0$

注:1. 支撑允许轴力为其在允许偏心下,极限轴力除以等于或小于1.4的安全系数。

2. 摘自《深基坑工程信息化施工技术》。

立柱沉降控制标准 附表16-15

监 测 项 目	控 制 标 准
立柱沉降	不得超过10mm,下降速率不得超过2mm/d

注:摘自《深基坑工程》。

(2)盾构法支护结构监控量测控制标准(附表16-16)。

拱顶沉降监控量测值控制标准 附表16-16

监测项目及范围	允许位移控制值 U_0(mm)	位移平均速率控制值(mm/d)	位移最大速率控制值(mm/d)
拱顶沉降	20	1	3

注:位移平均速率为任意7d的位移平均值;位移最大速率为任意1d的最大位移值。

(3)浅埋暗挖法初期支护结构监控量测控制标准(附表16-17)。

浅埋暗挖法施工设计允许值 附表16-17

序号	监测项目及范围		允许位移控制值 U_0(mm)	位移平均速率控制值(mm/d)	位移最大速率控制值(mm/d)
1	拱顶沉降	区间	30	2	5
		车站	40		
2	水平收敛		20	1	3

注:1. 位移平均速率为任意7d的位移平均值;位移最大速率为任意1d的最大位移值。

2. 本表中区间隧道跨度为<8m;车站跨度为>16m和≤25m。

3. 本表中拱顶沉降系指拱部开挖以后设置在拱顶的沉降测点所测值。

3. 周围岩土体监控量测控制标准(附表16-18、附表16-19)

地铁明(盖)挖法施工周围岩土体监控量测值控制标准　　附表16-18

监测项目及范围	允许位移控制值 U_0(mm)			位移平均速率控制值(mm/d)	位移最大速率控制值(mm/d)
	一级基坑	二级基坑	三级基坑		
基坑底部土体隆起	20	25	30	2	3

注:1. H-基坑开挖深度。

2. 位移平均速率为任意7d的位移平均值;位移最大速率为任意1d的最大位移值。

基坑水、土压力控制标准　　附表16-19

监 测 项 目	安全或危险判别的内容	安全性判别			
		判别标准	危险	注意	安全
侧压(水、土压)	设计时应用的侧压力	F_1 = 设计用侧压力/实测侧压力(或预测值)	$F_1 \leqslant 0.8$	$0.8 \leqslant F_1 \leqslant 1.2$	$F_1 > 1.2$